さ行

た行

な行

は行

ま行

や行

ら・わ行

コンパクト
学習条約集
第3版

編集代表
芹田健太郎

信山社

【編集代表】

芹田健太郎（せりたけんたろう）　神戸大学名誉教授
元京都ノートルダム女子大学学長

【編集委員】

黒神直純（くろかみなおずみ）　岡山大学教授

林　美香（はやしみか）　神戸大学教授

李　禎之（りよしゆき）　岡山大学教授

新井　京（あらいきょう）　同志社大学教授

小林友彦（こばやしともひこ）　小樽商科大学教授

前田直子（まえだなおこ）　京都女子大学教授

第3版 はしがき

各家庭に本書1冊を！という私たちの願いはなかなかかなえられません．とはいえ，第2版もおかげさまで多くの方々に利用されてきました．利用していただいている学生の皆さんには，本書を死蔵するのではなく，時には開いてみてくださるようにお願いします．今回も，読者の皆さまのご意見を受け，若干の見直しをしました．

第1に，地球上の「誰一人取り残さない」と誓った，いわゆるSDGsを取り上げた．これは，途上国のみならず，先進国も含めた，2030年までに世界の目指す目標です．続いて環境分野で，京都議定書にかえて，2015年のパリで開かれたCOP21で採択されたパリ協定を取り入れた．これは産業革命期からの世界の平均気温上昇を「2度未満」に抑え，加えて，平均気温上昇「1.5度未満」を目指すものです．2019年末現在200近い国が入っています．

続いて，経済面で，いわゆるTPPで，米国が抜けたが，残る11か国の間で「包括的および先進的環太平洋パートナーシップ協定」CPTTP，いわゆるTPP11が発効したので，これも入れました．

その他ご意見を考慮しつつ，条文等についても見直し，取捨選択を新たにしました．期待に応えられることを願っています．

なお，初版から編集委員を務められた森川俊孝さんが引かれ，今回から，新たに京都女子大学の前田直子さんに編集委員に加わっていただきました．いつもながら，信山社は惜しみなく労を割いてくださった．心から感謝したい．

2020年2月立春の日に

神戸にて
編集代表　芹田健太郎

はしがき

各家庭に，日本語の辞書が1冊あるように，本書1冊を備えて貰いたい，というのが私たちの願いです．本書は，日本も一員である国際社会で起きている事象について，少し立ち止まって考えてみたいと思うときに頼りになる基本材料を提供したいと思って編みました．また，大学の講義の最良の補助教材となることも目指しました．

私たちの周りでは，毎日のように，あふれんばかりのニュースが世界との関わりについて報道しています．もう少し知りたい，調べたいと思う間もなく次のニュースが飛び込んで来るのが日常です．私たちは，国内・国際ニュースを問わず，そのニュースの背景にあって世界を動かしている枠組みを知りたいと思います．私たちの日常は世界の中に組み込まれています．日本だけが孤立して生きることはできません．日本を取り巻く環境も世界の動きを知ることによって良くすることができます．また，世界そのものに働きかけてこれを変えていくこともできます．そのためには，世界に起きる現象をニュースとして追いかけるにとどまらず，世界という社会の枠組みを知ることが必要になります．いずれの社会も基本枠組みは法によって支えられています．しかし，国際社会については私たちの生活経験から全体構造を把握するのは容易ではありません．本書において，私たちは，国家と同時に，国際協力を浮かび上がらせるように編んでみました．それによって，19世紀や20世紀前半とは異なる現代の国際社会の全体的法構造が見えてきます．また，それに伴って自国を客観的に見る目も育ってくると確信しています．

経験的に私たちは，良かれ悪しかれ，自国を中心に考えを巡らします．現実にも，現在の国際社会は国家を中心に構成され，国家を中心に動いています．そこで，私たちは，まず，第Ⅰ部に国家に関する一般的な国際ルールを集めてみました．そして，世界にどのような国があるのかを一覧し，日本の領域や海洋や日本の安全保障に関連して日米安全保障条約もここで取り上げました．国際社会では国家は自国の外務省，外交官等を通じて交渉を行います．そこで，日本の外務省の組織はどのようになっているのかも図示しました．

さて，現代国際社会の大きな課題は，人権，環境，軍縮，開発だろうと思います．人権保障は近代国家の最大の課題でもありますので，人権条約を「すべての人民とすべての国」が守るべき，現在および未来の地球社会の憲法典と位置づけ，第Ⅱ部にまとめてみました．国家中心の国際社会を人間中心の地球共同体へと突き動かす力です．こうした変容しつつある現代社会の最大の特徴は，多様な市民社会が存在するほか，国際連合を中核に各種の国際機構が国際協力の中心として大きな役割を果たし，そこで実に多様な人々が働いていることです．第Ⅲ部では国際連合と国際公務員の現実を理解できるように工夫をしてみました．また，第Ⅳ部では，国際協力の内容について取り上げ，政治安全保障協力と社会経済文化協力に大別し，それぞれに関わる条約等を整理し，理解を少しでも進めるため小さな解説等の試みをしてみました．ここでは，環境や軍縮や開発に関わる文書が見られます．なお，とくに，開発協力や災害時の緊急援助関連文書を取り上げておきました．

第Ⅴ部国際裁判と第Ⅵ部武力衝突についてのルールは，とくに19世紀以来人類が知恵を絞って世界の平和のために行ってきた努力の成果であり，これに加えて，最近の人類の新しい努力を跡づけてみました．

最後に第Ⅶ部は，日本が第2大戦後今日までの60有余年の間に善隣友好関係の再構築を目指して努力してきたことを示す諸文書を集めてみました．単に国家間関係のみならず，人々との関係や先の戦争に関する村山談話や小泉談話など歴史観にまで踏み込んだ文書も，未来志向のために盛り込んでみました．

ところで，従来の条約集は基本的には大学での講義の補助のための資料集として編まれてきました．持ち運びに便利なように条約が精選され小型化されても基本は同じです．本書は，しかしながら，原則として家庭用を目指して編みました．新聞やテレビ・ラジオの報道では分からない点について本書を開いて確かめるためのものです．そのため，条約には，場合によって，条約や条文に編者注やミニ解説やコラムを付してみました．しかし，文書や注等は最小限必要なものに限定しましたので，今日の情報化社会を念頭に置き，「インターネット活用のすすめ」を付してみました．私たちの試みがどこまで成功しているかは分かりません．皆さまからご意見を頂き，共同で，更に良いものに仕上げていきたいと思っております．なお，条文については，現今の教育状況を考え，政府による公式な翻訳であっても片仮名のものは思い切って平仮名に直し，濁音も付し，ルビも多用しました．

最後に，なお，森田章夫(法政大学)，柴田明穂(神戸大学)の両教授からもご協力いただいた．また，編者たちの試みを快く引き受け，惜しみなく労を割いていただいた信山社の袖山 貴，稲葉文子，今井 守の諸氏に心から感謝したい．

2010年2月22日

神戸にて

編集代表　芹田健太郎

凡　例

1　文書（条約名等）の名称

文書はすべて，先ず新聞報道等で用いられる略称・通称を掲げ，次に正式名称を付した．

2　条約文

日本が当事国である条約は，日本語正文または外国語が正文の場合には内閣が条約締結の承認を求めて国会に提出する際に添えられる，いわゆる公定訳が官報で公布されており，それをそのまま収録した．国際連合安全保障理事会決議についても，外務省訳が官報に告示として発表されることがあり，これもそのまま収録した．ただし，促音「つ」については，下付活字「っ」に統一し，片仮名は平仮名とした．また，その際，濁音を付したり，国名，地名を分かりやすくした．

これら以外の文書は，編者自ら翻訳したり，既存の各種の訳文を参考に翻訳した．この場合文書名に（翻訳）を付した．「生命倫理と人権に関する世界宣言」は，町野朔上智大学教授のご好意で同教授訳を使わせていただいた．

なお，いずれの場合も，原語を付すのが有益と思われる場合には原語を付し，読み難い言葉には適宜ルビを付した．

3　条文の見出し

原文の見出しは（　）で，編者が付したものは〔　〕と区別した．

4　省略方法

一部の条文を省略し収録したものには文書名に(抄)を付した．ただし，前文と末文・署名以外に省略のないものには(抄)を付していない．前者の場合，必要な条文のみを一部収録したものと，必要な条文のほか，文書の構造を知るために条文の見出しのみは残し，その条文に(抄)を付したものとがある．

文書の前文は原則として省略したが，文書採択の動機や経緯等を知るために必要と思われる部分や条約解釈に有益と思われるものを掲げたものがある．

5　表記方法

条文，年月日，番号の数字について，第三百六十五条は第365条，千九百四十一年三月十日は1941年3月10日のように，アラビア数字に変え，単位語を省略して表記した．

6　内容現在の基準日

2019年12月28日現在までに入手可能な資料によった．

〔付録〕インターネットで調べる国際法

最近は，インターネットを活用することにより，国際法に関する多くの資料を収集することができる．もっとも，情報が氾濫している分，得られる資料は，1次資料もあればそうでないものも多々あり，信頼度の高いものから低いものまで実にさまざまである．したがって，インターネットを使っていかに迅速にかつ正確な情報を得られるかが重要になってくる．ここに示すウェブサイトは，数あるものの中でもほんの一部に過ぎない．これらを手がかりにして，資料を入手するための最良の方法を自分自身で身につけて欲しい．なお，ここに挙げるウェブサイトはすべて2019年8月現在のものである．

1　国際法一般の情報の調べ方

■国連が関わっている国際法に関する情報を調べる．

国連HP内の国際法のサイトには，国連が関わる国際法の情報が集められている．

https://www.un.org/en/sections/what-we-do/uphold-international-law/index.html

たとえば，この中で，国際法の法典化に多大な貢献を果たしている国連国際法委員会のサイトでは，同委員会で採択された草案や採択経緯等の情報を得ることができる．

http://legal.un.org/ilc/

国連法律発行物のサイトでは，これまで冊子体でしか発行されていなかった国連の国際法関係の資料が多く電子データベースされており，非常に有用である．

http://legal.un.org/globalsearch/dtSearch/Search_Forms/dtSearch.html

ここでは，以下のような発行物のバックナンバーを見ることができる．

国連国際法委員会年鑑（Yearbook of International Law Commission）

http://legal.un.org/ilc/publications/yearbooks/

国連司法年鑑（United Nations Juridical Yearbook）

http://legal.un.org/unjuridicalyearbook/

国連機関実行集（Repertory of Practice of United Nations Organs）

http://legal.un.org/repertory/

国連「オーディオ・ビジュアル・ライブラリー」では，国際法に関する歴史的な事実を写真や動画とともに学ぶことができ，さまざまな文書を得るためのリンクも充実している．また，世界の国際法学者による講義（Lecture Series）が動画で配信されており，コンピューターの前で国際法を学ぶことができる．

http://legal.un.org/avl/intro/welcome_avl.html

■その他国際法一般の情報リンク

ハーグの平和宮図書館のサイトでは，トピック別に国際法関係の情報やリンクを調べることができる．

https://www.peacepalacelibrary.nl/

2　条約の調べ方

■国連に寄託された条約を調べる．

国連に寄託された条約（United Nations Treaty Series: UNTS）の検索サイトである「国連条約集（United Nations Treaty Collection）」は，条約全文のみならず，条約の当事国や効力発生時期など有益な基礎情報を得ることができる．

https://treaties.un.org/

■日本が締結した条約を調べる．

外務省HPの中の「条約データ検索」は，現行の国会承認条約（締結承認を得るために国会へ提出した条約であって，発効したもの）を調べることができる．

https://www3.mofa.go.jp/mofaj/gaiko/treaty/index.php

■その他の有益なウェブサイト

イェール大学の「アヴァロン・プロジェクト」のサイトでは，歴史的に重要な条約や資料を得ることができる.

https://avalon.law.yale.edu/default.asp

ミネソタ大学人権センター図書館のサイトでは, 主な人権条約の全文がさまざまな言語に翻訳されている（邦訳もある）.

http://hrlibrary.umn.edu/japanese/Jindex.html

3　判例の調べ方

■国際司法裁判所（ICJ）の判決や勧告的意見を調べる.

国際司法裁判所のサイトでは, 今までに下された判決や勧告的意見, その他現在付託されている事件などを調べることができる.

https://www.icj-cij.org/

■主な国際裁判所（または紛争解決機関）の判決（または決定）を調べる.

国際海洋法裁判所（ITLOS）

https://www.itlos.org/

ヨーロッパ人権裁判所（ECHR）

https://www.echr.coe.int/Pages/home.aspx?p=home&c=

米州人権裁判所

http://www.corteidh.or.cr/index-en.cfm

アフリカ人権裁判所（AfCHPR）

http://www.african-court.org/en/

国際刑事裁判所（ICC）

https://www.icc-cpi.int/Pages/Main.aspx

旧ユーゴスラヴィア国際刑事裁判所（ICTY）

http://www.icty.org/en

ルワンダ国際刑事裁判所（ICTR）

https://unictr.irmct.org/en

世界貿易機関（WTO）

https://www.wto.org/index.htm

EU 裁判所

https://curia.europa.eu/jcms/jcms/Jo1_6308/fr/

■仲裁裁判の判決を調べる.

国際仲裁裁判判決集（RIAA）

http://legal.un.org/riaa/

常設仲裁裁判所（PCA）

https://pca-cpa.org/

国際投資紛争解決センター（ICSID）

https://icsid.worldbank.org/en/

4　各国の国家実行の調べ方

■日本の国家実行を調べる.

国会図書館が提供する「国会会議録検索システム」では, 国会での政府答弁や審議を検索できる.

http://kokkai.ndl.go.jp/

■諸外国の国家実行を調べる.

国会図書館が提供する「国別資料 Index」で, 諸外国の資料を収集することができる.

https://rnavi.ndl.go.jp/politics/list-countries.php

5　国連に関する資料の調べ方

■国連の活動を調べる.

国連年鑑（United Nations Yearbook）は, 国連の活動を知るための入口である. これまで冊子体であったものが電子化されたことにより, 検索もできて非常に便利である.

https://unyearbook.un.org/

■国連の主要機関の決議をはじめ種々の文書を調べる.

国連文書（Documents）のサイトには, 総会, 安全保障理事会, 経済社会理事会など主要機関の決議などへのリンクがある.

https://www.un.org/en/sections/general/documents/index.html

さらに詳細に文書を検索する場合は, 国連の公式文書システム（Official Document System (ODS)）がある. これは, 国連文書全文を包括的に収録したデータベースである.

https://documents.un.org/prod/ods.nsf/home.xsp

■国連に関する最新のニュースを調べる.

https://news.un.org/en/

■人権に関する資料を調べる.

国連人権高等弁務官事務所のサイトでは, 人権関連の国際条約, 人権関連条約の実施手続に関する文書, 市民的及び政治的権利に関する国際規約（自由権規約）の選択議定書上の個人通報制度における人権委員会の見解などを調べることができる.

https://www.ohchr.org/EN/pages/home.aspx

■海洋法に関する資料を調べる.

国連法務局の海洋問題・海洋法部が国連海洋法条約を中心に, 海洋法に関する情報を提供している.

https://www.un.org/Depts/los/index.htm

■国連と NGO との関係について調べる.

国連広報局 NGO 課(DPI/ NGO)のサイトでは, 国連 NGO の法的地位・資格に関する文書や, 国連 NGO の一覧などを調べることができる.

https://outreach.un.org/ngorelations/

6　国際社会で働くための情報の調べ方

■外交官, 専門調査員など外務省職員に関する情報を調べる.

https://www.mofa.go.jp/mofaj/annai/saiyo/index.html

■国際公務員に関する情報を調べる.

外務省国際機関人事センターのサイトでは, 国際公務員になるための基礎情報, アソシエート・エキスパート（JPO; Junior Professional Officer), 国連競争試験などの情報が得られる.

https://www.mofa-irc.go.jp/

また, 国連広報センターのサイトにも国連で働くことに関する情報がある.

https://www.unic.or.jp/working_at_un/

国連ボランティア（UNV）のサイトでは, 同ボランティアへの応募案内が掲載されている.

https://www.unv.org/

国連でのあらゆる形での勤務を希望する場合, 国連 HP 内の「国連キャリア（UN Careers)」で情報を得ることができる.

https://careers.un.org/lbw/home.aspx?lang=en-US

目　次

Ⅲ 国際機構

解説

1 国際連合

b

2 国際公務員

Ⅳ 国際協力 d

解説

1 政治安全保障協力 e

ⅰ）安全保障

ⅱ）軍備規制

i

2 社会経済文化協力

ⅰ）経済・開発協力

〈ミニ解説とコラム目次〉（＊はコラム）

I 国　家

1 基本権（国の権利義務，非植民地化，国家間関係原則，自衛権，主権免除）
2 国家領域・国際化区域（海洋，空間，南極・宇宙，日本の領域）
3 国家機関（外交官，領事官，国家代表）
4 国家の行為（条約締結）
5 国家責任

現在の国際社会は，17世紀に登場した国家の主権平等を原則とするヨーロッパ国際社会を原型としている．当時のアジアの国家間関係は，清（中国）を中心とする冊封体制で説明されるように，国家平等を原則とするものではなかった．しかし，そうしたアジアの国家間関係は19世紀のヨーロッパ列強の進出によって崩壊し，弱肉強食の世界ながらも，形式的には国家平等の関係に移行した．

ヨーロッパ列強は，ヨーロッパ世界内では互いに国家平等を原則としたが，非ヨーロッパ世界では支配・被支配を原則とする植民地支配を行った．これら諸国が植民地支配を脱し完全に独立を達成し平等の関係に入るのは，20世紀中葉のことである．

現在の国際社会は，国家の利害調整を中心とする社会（society）から地縁・血縁といった人間の繋がりを中心とする共同体（community）へと移行しつつある，とみられる．というのは，19世紀から20世紀初めまでは，人間は国家の陰に隠れ，いわば国家の付属物であるかのように扱われてきたが，現在では人類や地球社会が語られ，地球益が語られるようになったからである．

76億人を数える人類は，しかし，いずれかの国家に属している．国家社会と同じような意味で地球社会があるわけではない．現実の国際社会では，国家代表が自国の利益を念頭に置きながら，「人類のため」「地球のため」に課題を論じ，合意を創り上げている．同時に，人々は，国家の枠を越え，国境を越え，人々のために働いている．この動きも加速している．また，自国の中で，世界を思い，自国を揺り動かして，世界のために働いてもいる．これらは急速にネットワーク化されてきている．世界は急速に小さくなっているが，その中心は依然として国家のネットワークである．国際関係や地球社会の有り様を学ぶに当たって，そこで，まず，当分は，国家から始めなければならない．

本章では，人間の平等を実現するための道具としての国家の基本的な権利・義務，従って植民地の否定と国家間関係の民主的な基本原則に関わる国際文書を取り上げ，続いて，人々は土地の上に住んでいるので国家の領域や国際化された海洋や空間，さらに国家は国家機関である個人を通じて行動するので2国間で交わされる外交官や領事官，国際会議や国際機関での国家代表の任務等，また，国家は他の国家との約束によって自国の行動を律しているので，そうした国家の行為としての国際約束の中核である条約の締結・解釈・適用についての国際条約，そして，国家は国際法上の違法行為や不法行為を行えば当然その責任をとらなければならないので，それに関する国際文書を取り上げた．

1 基本権

i） 国の権利義務

1 国の権利義務条約

国の権利及び義務に関する条約（モンテビデオ条約）
〔署名〕1933年12月26日，モンテビデオ
〔効力発生〕1934年12月26日／〔当事国〕16（米国を含む）

第７回米州国際会議に代表を出した政府は，国の権利および義務に関する条約を締結することを希望し，次の全権委員を任命した．

（参加20国の全権委員名　略）

これらの各全権委員は，その全権委任状を示し，それが良好妥当であると認められた後，次のとおり協定した．

第１条〔国の要件〕 国際法上の人格としての国は次の要件を備えなければならない．(a)永続的住民，(b)明確な領域，(c)政府，および(d)他国と関係を取り結ぶ能力

第２条〔連邦国家〕 連邦国家は，国際法上単一の人格を構成する．

第３条〔政治的存在と承認の関係〕 国の政治的存在は，他国による承認とは無関係である．承認前においても，国はその統一および独立を守り，その存続および繁栄のために備え，それゆえ，その適当と認めるところに従って自国を組織し，その関心事項について法令を制定し，その公務を執行し，その裁判所の管轄および権限を定める権利を有する．

右の諸権利の行使は，国際法に従って他国が権利を行使する場合を除き，いかなる制限にも服しない．

第４条〔権利と能力の平等〕 国は，法的に平等であり，同一の権利を享有し，その行使において平等の能力を有する．各国の権利は，その行使を確保するために当該国が有する力に応じたものではなく，当該国が国際法上の人格として存在するという単純な事実に基づく．

第５条〔基本的権利〕 国の基本的権利は，いかなる形でも損なわれることはない．

第６条〔承認の意義〕 国の承認とは，承認国が，他国の人格を国際法により定められるすべての権利および義務とともに認めることを意味するにとどまる．承認は無条件であり，かつ，撤回することができない．

第７条〔承認の方法〕 国の承認は，明示的または黙示的でありうる．黙示的承認は，新国家を承認する意図を含むすべての行為から生ずる．

第８条〔不干渉〕 いかなる国も，他国の国内または対外問題に干渉する権利を有しない．

第９条〔管轄権〕 国家領域の範囲内における国の管轄権は，すべての居住者に適用される．

国民および外国人は，法および国家機関の同一の保護を受け，また外国人は，国民の権利以外の権利またはそれより広い権利を要求することができない．

第10条〔平和の維持〕 諸国の主要な関心は，平和の維持である．国の間に生ずるいかなる種類の紛争〔differences〕も，承認された平和的方法によって解決しなければならない．

第11条〔力による領域的取得または特別利益の不承認，領域の不可侵〕 締約国は，武器の使用，脅迫的な外交上の主張その他のいかなる実効的な強制措置であるかを問わず，力によりもたらされた領域取得または特別の利益を承認しない厳密な義務を，その行為規範として確立する．国の領域は不可侵であり，それは，直接であるか間接であるか，いかなる理由によるか，また一時的であるか否かにかかわらず，軍事占領あるいは他国が課す力を用いたその他の措置の対象としてはならない．

ii） 非植民地化

2 植民地独立付与宣言 翻訳

植民地諸国およびその人民に対する独立の付与に関する宣言（国連総会決議1514（XV））
〔採択〕1960年12月14日（国連第15総会）
賛成89，反対０，棄権９（米，英，仏，ベルギー，ポルトガル，スペイン，南ア，オーストラリア，ドミニカ共和国）にて採択

前　文

国際連合総会は，

基本的人権，人の尊厳と価値，男女および大小各国の同権に対する信念を確認し，かつ，より拡大された自由のもとでの社会の進歩とよりよい生活水準を促進するという，国際連合憲章において世界の人民によって表明された決意に留意し，

すべての人民の同権と自決の原則と，人種，性，言語または宗教による差別なくすべての人の人権と基本的自由を普遍的に尊重し遵守するという原則に基づいて，安定と福利と平和的で

友好的な関係の条件を創り出す必要を認識し，

従属下にあるすべての人民の自由を求める切実な願いと，これらの人民が独立の達成のために決定的な役割を果たすことを承認し，

これらの人民の自由の否認または障害に起因する紛争が増加し，それが世界平和に対する重大な脅威となっていることを認め，

信託統治地域と非自治地域の独立運動に対する支援に国際連合が果たす重要な役割を考慮し，

世界の人民があらゆる形態の植民地主義の終焉を熱烈に望んでいることを認め，

植民地主義の継続が国際経済協力の発展を阻害し，従属下にある人民の社会的，文化的および経済的発展を妨げ，普遍的平和という国際連合の理想に反するものであることを確信し，

人民は，人民自身のために，国際経済協力から生じるいかなる義務も損なうことなく，相互利益の原則と国際法に基づいて，人民に属する天然の富と資源を自由に処分することができることを認め，

解放の過程は逆らうことも覆すこともできないものであり，重大な危機を避けるためには，植民地主義とそれに付随するあらゆる分離と差別の慣行を終わらせなければならないことを確信し，

近年，多数の従属地域が自由と独立を達成したことを歓迎し，いまだ独立を達成していない従属地域において自由に向けた動きがますます強まっていることを認め，

すべての人民は完全な自由，主権の行使およびその国土の保全に対する不可譲の権利を有することを確信して，

あらゆる形態の植民地主義を速やかにかつ無条件に終結させる必要のあることを厳粛に宣言する．

そして，この目的のために，以下を宣言する．

1 外国による人民の征服，支配および搾取は，基本的人権を否認するものであり，国際連合憲章に違反し，世界の平和と協力の促進に対する障害となる．

2 すべての人民は，自決の権利をもち，この権利によって，その政治的地位を自由に決定し，かつ，その経済的，社会的および文化的発展を自由に追求する．

3 政治的，経済的，社会的または教育的な準備が不十分なことをもって，独立を遅延する口実としてはならない．

4 従属下の人民が完全な独立への権利を平和的にかつ自由に行使できるようにするために，これらの人民に向けられたすべての武力行動またはあらゆる種類の抑圧手段を停止し，かつ，これらの人民の国土の保全を尊重しなければならない．

5 信託統治地域，非自治地域その他のまだ独立を達成していないすべての地域において，これらの地域人民が完全な独立と自由を享有できるようにするため，いかなる条件または留保もなしに，これらの地域人民の自由に表明する意思および希望に従い，人種，信条または皮膚の色による差別なく，すべての権力をこれらの地域人民に委譲する即時的な措置を講じなければならない．

6 国の国民的統一および領土保全の部分的または全体的な破壊をめざすいかなる企図も，国際連合憲章の目的および原則に反するものである．

7 すべての国家は，平等，すべての国家の国内事項への不介入ならびにすべての人民の主権的権利および領土保全の尊重を基礎とする，国際連合憲章，世界人権宣言および本宣言の諸条項を，誠実にかつ厳格に遵守しなければならない．

iii） 国家間関係原則

❸ 友好関係原則宣言 翻訳

国際連合憲章に従った諸国間の友好関係および協力についての国際法の原則に関する宣言（国連総会決議2625（XXV））
〔採択〕1970年10月24日（国連第25総会）
　コンセンサス（全員一致）にて採択

前　文

総会は，

国際連合憲章において，国際の平和と安全の維持ならびに諸国間の友好関係および協力の発展が国際連合の基本的目的に含まれることを再確認し，

国際連合加盟国の人民が寛容を実行し，かつ，善良な隣人として互いに平和に生活することを決意していることを想起し，

自由，平等，正義および基本的人権の尊重に基づいた国際の平和の維持および強化ならびに政治的，経済的および社会的な体制またはその発展の程度にかかわりなく諸国間の友好関係を発展させることの重要性に留意し，

また，国際連合憲章（以下憲章）が，諸国間における法の支配の推進に最も重要であることに留意し，

〈→ 6 頁へ〉

国際連合加盟国一覧

世界のほぼすべての国が国際連合加盟国である. 国際連合（United Nations）は, 第2大戦末期に, 連合国（United Nations）が創設したもので, 原加盟国（Original Members）は, 1942年1月の連合国宣言に署名し, 枢軸国である日本またはドイツに宣戦布告した47国（ポーランドは暫定政府形成中につき欠席）ならびに1945年4月開催の連合国会議で参加を認められたアルゼンチン, 白ロシア（現ベラルーシ）, ウクライナおよび占領から解放されたばかりのデンマークの51国である. その後の加盟は, すべての平和愛好国（peace-loving States）に開放されている.

1 原加盟国

アジア	中国 インド イラン イラク レバノン フィリピン サウジアラビア シリア トルコ
ヨーロッパ	ベルギー 白ロシア（現ベラルーシ）(注1) チェコスロバキア(注2) デンマーク フランス ギリシャ ルクセンブルク オランダ ノルウェー ウクライナ(注1) ソビエト連邦(注1) イギリス ユーゴスラビア(注3) ポーランド
大洋州	ニュージーランド オーストラリア
アフリカ	エジプト エチオピア リベリア 南アフリカ
アメリカ	アルゼンチン ボリビア ブラジル カナダ チリ コロンビア コスタリカ キューバ ドミニカ共和国 エクアドル エルサルバドル グアテマラ ハイチ ホンジュラス メキシコ ニカラグア パナマ パラグアイ ペルー アメリカ合衆国 ウルグアイ ベネズエラ

2 新規加盟国（加盟承認年月日）

① 第2大戦の枢軸国

イタリア	1955.12.14
ハンガリー	同上
フィンランド	同上
ブルガリア	同上
ルーマニア	同上
日本	1956.12.18
ドイツ(注4)	1973. 9.18
(特殊)	
アルバニア	1955.12.14
オーストリア	同上
タイ	1946.12.16

② 第2大戦の中立国

アフガニスタン	1946.11.19
スウェーデン	同上
アイルランド	1955.12.14
スペイン	同上
ポルトガル	同上
リヒテンシュタイン	1990. 9.18
サンマリノ	1992. 3. 2
モナコ	1993. 5.28
スイス	2002. 9.10
バチカン	オブザーバー

③ 植民地からの独立国

アイスランド	1946.11.19
イエメン(注5)	1947. 9.30
パキスタン	1947. 9.30
ミャンマー	1948. 4.19
イスラエル	1949. 5.11
インドネシア	1955. 9.28
ヨルダン	1955.12.14
スリランカ	同上
ネパール	同上
リビア	1955.12.14
カンボジア	同上
ラオス	同上
スーダン	1956.11.12
モロッコ	同上
チュニジア	同上
ガーナ	1957. 3. 3
マレー連邦(注6)	1957. 9.17
ギニア	1958.12.12

カメルーン	1960. 9.20	バーレーン	同上
トーゴ	同上	カタール	同上
マダガスカル	同上	オマーン	1971.10. 7
ソマリア	同上	アラブ首長国連邦	1971.12. 9
ザイール(現コンゴ民主共和国)	同上	バハマ	1973. 9.18
ベナン	同上	バングラデシュ	1974. 9.17
ニジェール	同上	グレナダ	同上
ブルキナファソ	同上	ギニアビサウ	同上
コートジボアール	同上	モザンビーク	1975. 9.16
チャド	同上	サントメ・プリンシペ	同上
コンゴ	同上	カーボベルデ	同上
ガボン	同上	パプアニューギニア	1975.10.10
中央アフリカ	同上	コモロ	1975.11.12
キプロス	同上	スリナム	1975.12. 4
マリ	同上	セイシェル	1976. 9.21
セネガル	同上	アンゴラ	1976.12. 1
ナイジェリア	1960.10. 7	西サモア	1976.12.15
シエラレオネ	1961. 9.27	ジブチ	1977. 9.20
モンゴル	1961.10.27	ベトナム	同上
モーリタニア	同上	ソロモン	1978. 9.19
タンザニア	1961.12.14	ドミニカ国	1978.12.18
ルワンダ	1962. 9.18	セントルシア	1979. 9.18
ブルンジ	同上	ジンバブエ	1980. 8.25
ジャマイカ	同上	セントビンセント・グレナディーン	1980. 9.16
トリニダード・トバゴ	同上	バヌアツ	1981. 9.15
アルジェリア	1962.10. 8	ベリーズ	1981. 9.25
ウガンダ	1962.10.25	アンチグア・バーブーダ	1981.11.11
クウェート	1963. 5.14	セントクリストファー・ネイビス	1983. 9.23
ケニア	1963.12.16	ブルネイ	1984. 9.21
マラウィ	1964.12. 1	ナミビア	1990. 4.23
マルタ	同上	朝鮮民主主義人民共和国	1991. 9.17
ザンビア	同上	大韓民国	同上
ガンビア	1965. 9.21	ミクロネシア連邦	同上
モルジブ	同上	マーシャル諸島	同上
シンガポール(注6)	同上	エリトリア	1993. 5.23
ガイアナ	1966. 9.20	アンドラ	1993. 7.28
ボツワナ	1966.10.17	パラオ	1994.12.15
レソト	同上	キリバス	1999. 9.14
バルバドス	1966.12. 6	ナウル	同上
モーリシャス	1968. 4.24	トンガ	同上
スワジランド	1968. 9.24	ツバル	2000. 9. 5
赤道ギニア	1968.11.12	東ティモール（ティモール・レステ）	2002. 9.27
フィジー	1970.10.13	南スーダン	2011. 7.14
ブータン	1971. 9.21		

④ 社会主義連邦の解体による新国家

エストニア(注1)	1991. 9.17	アゼルバイジャン(注1)	同上
ラトビア(注1)	同上	ボスニア・ヘルツェゴビナ(注3)	1992. 5.22
リトアニア(注1)	同上	クロアチア(注3)	同上
カザフスタン(注1)	1992. 3. 2	スロベニア(注3)	同上
タジキスタン(注1)	同上	グルジア(注1)	1992. 7.31
ウズベキスタン(注1)	同上	チェコ(注2)	1993. 1.19
キルギス(注1)	同上	スロバキア(注2)	同上
アルメニア(注1)	同上	旧ユーゴマケドニア(注3)	1993. 4. 8
モルドバ(注1)	同上	ユーゴスラビア連邦(注3)	2000.12. 5
トルクメニスタン(注1)	同上	モンテネグロ(注3)	2006. 6.28

※計 193 カ国（2013 年末現在）

（注 1） ソビエト社会主義連邦共和国は，1991 年 12 月に解体し，連邦構成国のうち，ロシア連邦が国連加盟国の地位および安全保障理事会常任理事国の地位を承継し，他の諸国は新規加盟した．

（注 2） チェコスロバキアは 1993 年 1 月連邦を解体し，チェコ共和国とスロバキア共和国が成立，新規加盟した．

（注 3） ユーゴスラビアは，1991 年 6 月のスロベニア，クロアチアの独立宣言から解体が始まり，91 年 9 月マケドニア，翌 92 年 3 月ボスニア・ヘルツェゴビナ，そして同年 4 月にセルビアとモンテネグロがユーゴスラビア連邦を結成して解体が完成し，消滅した．これら諸国は新加盟手続をとった．その後 2006 年 6 月 3 日モンテネグロが分離独立し，改めて加盟した．

（注 4） ドイツは，ドイツ連邦共和国（西ドイツ）とドイツ民主主義共和国（東ドイツ）とが 1973 年に同時加盟が認められたが，その後東ドイツがドイツ連邦共和国に編入され，1990 年 10 月 3 日に統一された．

（注 5） イエメンは，内戦により分離したイエメン民主人民共和国が 1967 年に加盟したが，1990 年 5 月に再統合した．

（注 6） マレー連邦は，シンガポール等が連邦に加入することにより，1963 年 9 月 16 日にマレーシアとなったが，その後 1965 年 8 月 9 日にシンガポールが分離独立し新規加盟した．

憲章に従って，諸国間の友好関係および協力に関する国際法の原則を誠実に遵守することならびに国が負っている義務を誠実に履行することが，国際の平和と安全の維持および国際連合の他の目的の遂行に最大の重要性を有することを考慮し，

(1945年の) 憲章の採択以来，科学の進歩において世界に起こった政治的，経済的および社会的な多大の変化により，これらの原則およびこれらの原則をあらゆる場所における国の行動に対していっそう実行的に適用する必要性がさらに重要になっていることに留意し，

月その他の天体を含む宇宙空間は，主権の主張，使用もしくは占拠またはその他のいかなる手段によっても国による取得の対象としてはならないという確立した原則を想起し，同様の基調に基づく他の規定の設定について国際連合において考慮が払われていることに留意し，

いかなる形態の干渉も，憲章の精神および文言に違反するのみならず，国際の平和と安全を脅かす状況の発生を導くものであるから，国が他国の事項に干渉しない義務を厳守することは，諸国が互いに平和に生活することを確保する不可欠な条件であることを確信して，

国が，その国際関係においていかなる国の政治的独立または領土保全に対する軍事的，政治的，経済的その他のいかなる強制も慎むべき義務を想起し，

すべての国が，その国際関係において，武力による威嚇または武力の行使を，いかなる国の領土保全または政治的独立に対するものも，また，国際連合の目的と両立しない他のいかなる方法によるものも慎むことが不可欠であることを考慮し，

すべての国が，憲章に従って国際紛争を平和的に解決することも同様に不可欠であることを考慮し，

憲章に従って，主権平等の基本的重要性を再確認し，国際連合の目的は，国が主権平等を享有し，かつ，国際関係においてこの原則の要件を完全に満たして初めて遂行されることを強調し，

人民を外国の征服，支配および搾取の下に置くことは，国際の平和と安全の促進に重大な障害となることを確信し，

人民の同権および自決の原則は現実の国際法への大きな貢献となること，および，その実効的適用は主権平等の原則の遵守を基礎とした諸国間の友好関係の促進に最も重要であることを確信し，

したがって，国または領域の国民的統一および領土保全の部分的または全体的破壊に対して，またはその政治的独立に対して行われるいかなる試みも，憲章の目的および原則に反することを確信し，

憲章の諸規定を全体として考慮し，国際連合の権限ある機関によって採択されたこれらの原則に関連する決議を考慮し，

次の原則，すなわち，

(a) 国は，その国際関係において，武力による威嚇または武力の行使を，いかなる国の領土保全または政治的独立に対するものも，また，国際連合の目的と両立しない他のいかなる方法によるものも慎まなければならないという原則
(b) 国は，その国際紛争を平和的手段によって国際の平和と安全ならびに正義を危うくしないように解決しなければならないという原則
(c) 憲章に従って，いかなる国の国内管轄権内にある事項にも干渉しない義務
(d) 憲章に従って，国が相互に協力すべき義務
(e) 人民の同権および自決の原則
(f) 国の主権平等の原則
(g) 国は，憲章に従って負っている義務を誠実に履行しなければならないという原則

の漸進的発達および法典化ならびに当該原則の国際共同体におけるいっそう実効的な適用の確保が国際連合の目的の達成を促進することを考慮し，

諸国間の友好関係および協力に関する国際法の原則を検討して，

I　次の原則を厳粛に宣言する．

国は，その国際関係において，武力による威嚇または武力の行使を，いかなる国の領土保全または政治的独立に対するものも，また，国際連合の目的と両立しない他のいかなる方法によるものも慎まなければならないという原則

いずれの国も，その国際関係において，武力による威嚇または武力の行使を，いかなる国の領土保全または政治的独立に対するものも，また，国際連合の目的と両立しない他のいかなる方法によるものも慎む義務を負う．このような武力による威嚇または武力の行使は，国際法および国際連合憲章に違反するものであり，国際問題〔international issues〕を解決する手段としては決して使用してはならない．

侵略戦争は，平和に対する罪を構成するものであり，それに対しては国際法上の責任が生ずる．

国際連合の目的および原則に従って，国は，侵略戦争の宣伝を慎む義務を負う．

いずれの国も，他国の現行の国境〔international boundaries〕を侵すようなまたは領土紛争および国の境界〔frontiers〕に関する問題を含む国際紛争を解決する手段としての武力による威嚇または武力の行使を慎む義務を負う．

いずれの国も，同様に，自ら締約国であるかまたは他の理由によって尊重する義務を負う国際合意によりまたは当該合意に従って確定された休戦ライン等の国際境界線〔international lines of demarcation〕を侵すような武力による威嚇または武力の行使を慎む義務を負う．前記のいかなる部分も，それぞれの特別な制度の下におけるこのような境界線の地位および効果に関して，関係当事者の立場を損なうものと解釈してはならず，また，当該境界線の暫定的性格に影響を及ぼすものと解釈してはならない．

国は，武力の行使を伴う復仇行為〔acts of reprisal〕を慎む義務を負う．

いずれの国も，同権および自決の原則を詳述する際に述べた人民から自決権，自由および独立を奪う強制的な行為を慎む義務を負う．

いずれの国も，他国の領域に侵入するために，傭兵を含む不正規軍または武装集団を組織しまたは組織を奨励することを慎む義務を負う．

いずれの国も，他国において内戦行為またはテロリズム行為を組織し，教唆し，援助しもしくはそれらに参加すること，またはこのような行為を行うことを目的とした自国の領域内における組織的活動を黙認することについて，これらの行為が武力による威嚇または武力の行使を伴う場合には慎む義務を負う．

国の領域は，憲章に違反する武力の行使から生ずる軍事占領の対象としてはならない．国の領域は，武力による威嚇または武力の行使から生ずる他国による取得の対象としてはならない．武力による威嚇または武力の行使から生ずるいかなる領土取得も合法的なものとして承認してはならない．前記のいかなる部分も，次のことに影響を及ぼすものと解釈してはならない．

(a) 憲章または憲章の制度以前のいずれかの国際的な合意であって国際法上効力を有するもの

(b) 憲章に基づく安全保障理事会の権限

すべての国は，実効的な国際管理の下における全面的かつ完全な軍備縮小に関する普遍的な条約の早期締結のために誠実に交渉を行うものとし，国際的な緊張を和らげ，かつ，諸国間の信頼を強化する目的で適当な措置をとるために努力する．

すべての国は，国際の平和と安全の維持に関し国際法の一般に承認された原則と規則に基づく義務を誠実に履行するものとし，憲章に基づく国際連合の安全保障体制をいっそう実効的なものにするために努力する．

前記のいかなる規定も，武力の行使が合法的である場合に関する憲章の規定の適用範囲を何ら拡大しまたは縮小するものと解釈してはならない．

国は，その国際紛争を平和的手段によって国際の平和と安全ならびに正義を危うくしないように解決しなければならないという原則

いずれの国も，他国との国際紛争を平和的手段によって国際の平和と安全および正義を危うくしないように解決しなければならない．

したがって，国は，その国際紛争の交渉，審査，仲介，調停，仲裁裁判，司法的解決，地域的機関または地域的取極の利用その他当事者が選ぶ平和的手段による迅速で公正な解決を求める．当事国は，このような解決を求めるにあたって，紛争の状況と性質に適した平和的手段について合意する．

紛争当事国は，前記の平和的手段のいずれかによって解決が得られない場合には，合意する他の平和的手段によって紛争の解決を引き続き求める義務を負う．

国際紛争の当事国および他の国は，事態を悪化させ，かつ，国際の平和と安全の維持を危うくするおそれのあるいかなる行為も慎むものとし，国際連合の目的と原則に従って行動する．

国際紛争は，国の主権平等に基づいて，かつ，手段の自由な選択の原則に従って解決する．自らが当事者である現在のまたは将来の紛争に関して，国が自由に合意する解決手続に訴えまたはそれを受諾することを，主権平等に反するものとみなしてはならない．

前記のいかなる規定も，憲章の関連する規定，とくに国際紛争の平和的解決に関する規定を害しまたはそれから逸脱するものではない．

憲章に従って，いかなる国の国内管轄権内にある事項にも干渉しない義務に関する原則

いかなる国または国の集団も，理由のいかんを問わず，直接または間接に，他国の国内または対外の事項に干渉する権利を有しない．したがって，国の人格またはその政治的，経済的および文化的要素に対する武力干渉およびその他いかなる介入もしくは威嚇の試みも，国際法に違反する．

いかなる国も，他国の主権的権利の行使を自

国に従属させ，かつ，その国から何らかの利益を確保するために，経済的，政治的その他他国を強制する措置をとりまたはとることを奨励してはならない．また，いかなる国も，他国の制度の転覆を目的とした破壊活動，テロリズム活動もしくは武力活動を組織し，援助し，醸成し，資金を調達し，扇動しまたは許容してはならず，また，他国の内戦に介入してはならない．

人民からその民族的同一性を奪うための武力の行使は，当該人民の奪うことのできない権利および不干渉の原則を侵害するものである．

いずれの国も，他国によるいかなる介入も受けずに，その政治的，経済的，社会的および文化的体制を選択する不可譲の権利を有する．

前記のいかなる規定も，国際の平和と安全の維持に関する憲章の関連規定に影響を及ぼすものと解釈してはならない．

憲章に従って，国が相互に協力すべき義務

国は，国際の平和と安全を維持し，国際経済の安定および進歩ならびに国の一般的福祉ならびにその政治的，経済的，社会的体制の相違による差別のない国際協力を促進するために，このような相違にかかわりなく，国際関係の種々の分野において互いに協力する義務を負う．

このために，

(a) 国は，国際の平和と安全の維持のために他国と協力する．

(b) 国は，すべての者の人権と基本的自由の普遍的な尊重および遵守の促進のためならびにあらゆる形態の人種差別および宗教的不寛容の撤廃のために協力する．

(c) 国は，経済的，社会的，文化的および貿易分野における国際関係を，主権平等および不干渉の原則に従って遂行する．

(d) 国際連合加盟国は，憲章の関連規定に従って，国際連合と協力して，共同および個別の行動をとる義務を負う．

国は，経済的，社会的および文化的分野ならびに科学および技術の分野において協力するものとし，国際的な文化および教育の進歩のために協力する．国は，全世界における経済成長，とくに，発展途上国の経済成長の促進のために協力する．

人民の同権および自決の原則

国際連合憲章にうたわれた人民の同権および自決の原則によって，すべての人民は，外部からの介入なしにその政治的地位を自由に決定し，その経済的，社会的および文化的発展を追求する権利を有し，いずれの国も，憲章に従ってこの権利を尊重する義務を負う．

いずれの国も，憲章に従って，共同および個別の行動を通じて人民の同権および自決の原則の実現を促進し，ならびに

(a) 諸国間の友好関係および協力を促進するため，および

(b) 当該人民の自由に表明した意思に妥当な考慮を払って，植民地主義の迅速な終了を実現するために，

人民を外国の征服，支配および搾取の下に置くことは，この原則に違反し，基本的人権を否認し，憲章に反するものであることに留意して，この原則の実施に関して憲章によって委託された責任を国際連合が履行するにあたり，国際連合に援助を与える義務を負う．

いずれの国も，憲章に従った人権と基本的自由の普遍的な尊重および遵守を，共同および個別の行動を通じて促進する義務を負う．

主権独立国家の確立，独立国家との自由な連合もしくは統合または人民が自由に決定したその他の政治的地位の獲得は，当該人民による自決権の行使の形態を成す．

いずれの国も，前にこの原則を詳述する際に述べた人民から自決権，自由および独立を奪ういかなる強制的な行為も慎む義務を負う．人民は，自決権行使の過程においてこのような強制的な行為に対する反対行動および抵抗において，憲章の目的および原則に従って支持を求め，かつ，受ける権利を有する．

植民地その他非自治地域は，憲章に基づき，それを施政する国の領域とは分離した別個の地位〔separate and distinct status〕を有する．憲章の下におけるこのような分離した別個の地位は，植民地または非自治地域の人民が，憲章，とくにその目的または原則に従って自決権を行使するまで存続する．

前記のいかなる規定も，そこに規定する人民の同権または自決の原則に従って行動し，人種，信条または皮膚の色による差別なしにその地域に属する人民全体を代表する政府を有するに至った主権独立国家の領土保全または政治的統一を全体としてまたは部分的にも分割しまたは害するいかなる行動も認めまたは奨励するものと解釈してはならない．

いずれの国も，他のいかなる国または領域の国民的統一および領土保全の部分的または全体的破壊を目的とするいかなる行動も慎むものとする．

国の主権平等の原則

すべての国は，主権平等を享有する．国は，経

済的，社会的，政治的その他の性質の相違にかかわらず，平等の権利および義務を有し，国際共同体の平等の構成員である．

主権平等は，とくに次の要素を含む．

(a) 国は，法的に平等であること．

(b) 各国は，完全な主権に固有の権利を享有すること．

(c) 各国は，他国の人格を尊重する義務を負うこと．

(d) 国の領土保全および政治的独立は，不可侵であること．

(e) 各国は，その政治的，社会的，経済的および文化的体制を自由に選択し，発展させる権利を有すること．

(f) 各国は，その国際的義務を完全にかつ誠実に履行し，他国と平和に生存する義務を負うこと．

国は，憲章に従って負っている義務を誠実に履行するという原則

いずれの国も，国際連合憲章に従って負っている義務を誠実に履行する義務を負う．

いずれの国も，一般に承認された国際法の原則および規則に基づく義務を誠実に履行する義務を負う．

いずれの国も，一般に承認された国際法の原則および規則に基づき効力を有する国際的な合意による義務を誠実に履行する義務を負う．

国際的な合意に基づき生ずる義務が，国際連合加盟国の国際連合憲章に基づく義務と抵触する場合には，憲章に基づく義務が優先する．

一般的部分

Ⅱ　次のことを宣言する．

前記の原則は，その解釈と適用に関して相互に関連しており，それぞれの原則は，他の原則と照らし合わせて解釈すべきである．

この宣言には憲章に基づく加盟国および人民の権利が詳述されていることを考慮して，この宣言のいかなる規定も，憲章の規定，憲章に基づく加盟国の権利および義務または憲章に基づく人民の権利をいかなる形でも損なうものと解釈してはならない．

Ⅲ　さらに，次のことを宣言する．

この宣言に具体化された憲章の原則は，国際法の基本原則を構成するものであり，したがって，すべての国に対して，その国際行動においてこれらの原則に導かれるよう，かつ，相互関係をこれらの原則の厳格な遵守に基づいて発展させるよう訴える．

iv）　自衛権

ミニ解説：自衛権

人類の関心は，国家の武力行使がもたらす惨害をいかに小さくするかに向けられてきた．これを包括的に示したものが戦争放棄をうたった不戦条約である．しかし，諸国は戦争の違法化の過程で自衛権をその例外とした．国連憲章第2条，第51条にそのことが示され，3友好関係原則宣言でも確認された．各国は自国の軍備を擁し，また友好国との間に，日米安保条約のように，安全保障条約を結んでいる．

4 不戦条約

戦争抛棄ニ関スル条約
〔署名〕1928年8月27日，パリ
〔効力発生〕1929年7月24日／〔日本国〕1929年6月27日

ドイツ国大統領，アメリカ合衆国大統領，ベルギー国皇帝陛下，フランス共和国大統領，「グレート，ブリテン」「アイルランド」及び「グレート，ブリテン」海外領土皇帝インド皇帝陛下，イタリア国皇帝陛下，日本国皇帝陛下，ポーランド共和国大統領，チェッコスロヴァキア共和国大統領は，

人類の福祉を増進すべきその厳粛なる責務を深く感銘し，

その人民間に現存する平和及び友好の関係を永久ならしめんがため，国家の政策の手段としての戦争を率直に抛棄(ほうき)すべき時期の到来せることを確信し，

その相互関係における一切の変更は，平和的手段によりてのみこれを求むべく，又平和的にして秩序ある手続の結果たるべきこと，及び今後戦争に訴へて国家の利益を増進せんとする署名国は，本条約の供与する利益を拒否せらるべきものなることを確信し，

その範例に促され世界の他の一切の国がこの人道的努力に参加し且本条約の実施後速に加入することによりてその人民をして本条約の規定する恩沢（おんたく）に浴せしめ，もって国家の政策の手段としての戦争の共同放棄に世界の文明諸国を結合せんことを希望し，

ここに条約を締結することに決し，これがため左の如くその全権委員を任命せり．

（略）

よって各全権委員は互いにその全権委任状を示し，これが良好妥当なるを認めたる後，左の諸条を協定せり．

第1条〔戦争放棄〕　締約国は，国際紛争解決の

ため戦争に訴ふることを非とし，かつその相互関係に於て国家の政策の手段としての戦争を放棄することをその各自の人民の名に於て厳粛に宣言する．

第2条〔紛争の平和的解決〕　締約国は，相互間に起こることあるべき一切の紛争又は紛議は，その性質又は起因の如何を問はず，平和的手段によるの外これが処理又は解決を求めざることを約す．

第3条〔批准，加入〕　本条約は，前文に掲げらるる締約国により各自の憲法上の要件に従ひ批准せらるべく，かつ各国の批准書がすべてワシントンに於て寄託せられたる後直に締約国間に実施せらるべし．

本条約は，前項に定むる所により実施せられたるときは，世界の他の一切の国の加入のため必要なる間開き置かるべし．１国の加入を証する各文書は，ワシントンに於て寄託せらるべく，本条約は，右寄託の時より直に該加入国と本条約の他の当事国との間に実施せらるべし．

アメリカ合衆国政府は，前文に掲げらるる各国政府及び爾後本条約に加入する各国政府に対し，本条約及び一切の批准書又は加入書の認証謄本を交付するの義務を有す．アメリカ合衆国政府は，各批准書又は加入書が同国政府に寄託ありたるときは，直に右諸国政府に電報を以て通告するの義務を有す．

右証拠として，各全権委員は，フランス語及びイギリス語を以て作成せられ両本文共に同等の効力を有する本条約に署名調印せり．

1928年8月27日パリに於て作成す

〔全権委員署名省略〕

【日本国政府宣言】

（昭和4年6月27日）

帝国政府は，1928年8月27日パリに於て署名せられたる戦争放棄に関する条約第1条中の「その各自の人民の名に於いて」なる字句は，帝国憲法の条章より観て，日本国に限り適用なきものと了解することを宣言す．

5 国連憲章 第2条・第51条〔⇨55〕

〔署名〕1945年6月26日，サンフランシスコ
〔効力発生〕1945年10月24日／〔日本国〕1956年12月18日

第2条 4　すべての加盟国は，その国際関係において，武力による威嚇又は武力の行使を，いかなる国の領土保全又は政治的独立に対するものも，また，国際連合の目的と両立しない他のいかなる方法によるものも慎まなければならない．

第51条〔自衛権〕　この憲章のいかなる規定も，国際連合加盟国に対して武力攻撃が発生した場合には，安全保障理事会が国際の平和及び安全の維持に必要な措置をとるまでの間，個別的又は集団的自衛の固有の権利を害するものではない．この自衛権の行使に当って加盟国がとった措置は，直ちに安全保障理事会に報告しなければならない．また，この措置は，安全保障理事会が国際の平和及び安全の維持または回復のために必要と認める行動をいつでもとるこの憲章に基く権能及び責任に対しては，いかなる影響も及ぼすものではない．

6 日米安保条約

日本国とアメリカ合衆国との間の相互協力及び安全保障条約
〔署名〕1960年1月19日，ワシントン
〔効力発生〕1960年6月23日

日本国及びアメリカ合衆国は，

両国の間に伝統的に存在する平和及び友好の関係を強化し，並びに民主主義の諸原則，個人の自由及び法の支配を擁護することを希望し，

また，両国の間の一層緊密な経済的協力を促進し，並びにそれぞれの国における経済的安定及び福祉の条件を助長することを希望し，

国際連合憲章の目的及び原則に対する信念並びにすべての国民及びすべての政府とともに平和のうちに生きようとする願望を再確認し，

両国が国際連合憲章に定める個別的又は集団的自衛の固有の権利を有していることを確認し，

両国が極東における国際の平和及び安全の維持に共通の関心を有することを考慮し，

相互協力及び安全保障条約を締結することを決意し，

よって，次のとおり協定する．

第1条〔国連憲章との関係〕　締約国は，国際連合憲章に定めるところに従い，それぞれが関係することのある国際紛争を平和的手段によって国際の平和及び安全並びに正義を危うくしないように解決し，並びにそれぞれの国際関係において，武力による威嚇又は武力の行使を，

いかなる国の領土保全又は政治的独立に対するものも，また，国際連合の目的と両立しない他のいかなる方法によるものも慎むことを約束する．

締約国は，他の平和愛好国と協同して，国際の平和及び安全を維持する国際連合の任務が一層効果的に遂行されるように国際連合を強化することに努力する．

第2条〔経済的協力〕 締約国は，その自由な諸制度を強化することにより，これらの制度の基礎をなす原則の理解を促進することにより，並びに安定及び福祉の条件を助長することによって，平和的かつ友好的な国際関係の一層の発展に貢献する．締約国は，その国際経済政策におけるくい違いを除くことに努め，また，両国の間の経済的協力を促進する．

第3条〔自助および相互援助〕 締約国は，個別的に及び相互に協力して，継続的かつ効果的な自助及び相互援助により，武力攻撃に抵抗するそれぞれの能力を，憲法上の規定に従うことを条件として，維持し発展させる．

第4条〔協議〕 締約国は，この条約の実施に関して随時協議し，また，日本国の安全又は極東における国際の平和及び安全に対する脅威が生じたときはいつでも，いずれか一方の締約国の要請により協議する．

第5条〔共同防衛〕 各締約国は，日本国の施政の下にある領域における，いずれか一方に対する武力攻撃が，自国の平和及び安全を危うくするものであることを認め，自国の憲法上の規定及び手続に従って共通の危険に対処するように行動することを宣言する．

前記の武力攻撃及びその結果として執ったすべての措置は，国際連合憲章第51条の規定に従って直ちに国際連合安全保障理事会に報告しなければならない．その措置は，安全保障理事会が国際の平和及び安全を回復し及び維持するために必要な措置を執ったときは，終止しなければならない．

第6条〔基地許与〕 日本国の安全に寄与し，並びに極東における国際の平和及び安全の維持に寄与するため，アメリカ合衆国は，その陸軍，空軍及び海軍が日本国において施設及び区域を使用することを許される．

前記の施設及び区域の使用並びに日本国における合衆国軍隊の地位は，1952年2月28日に東京で署名された日本国とアメリカ合衆国との間の安全保障条約第3条に基く行政協定（改正を含む．）に代わる別個の協定及び合意される他の取極により規律される．

第7条〔国連加盟国たる地位との関係〕 この条約は，国際連合憲章に基づく締約国の権利及び義務又は国際の平和及び安全を維持する国際連合の責任に対しては，どのような影響も及ぼすものではなく，また，及ぼすものと解釈してはならない．

第8条〔批准〕 この条約は，日本国及びアメリカ合衆国により各自の憲法上の手続に従って批准されなければならない．この条約は，両国が東京で批准書を交換した日に効力を生ずる．

第9条〔旧安全保障条約の失効〕 1951年9月8日にサン・フランシスコ市で署名された日本国とアメリカ合衆国との間の安全保障条約は，この条約の効力発生の時に効力を失う．

第10条〔効力終了〕 この条約は，日本区域における国際の平和及び安全の維持のため十分な定めをする国際連合の措置が効力を生じたと日本国政府及びアメリカ合衆国政府が認める時まで効力を有する．

もっとも，この条約が10年間効力を存続した後は，いずれの締約国も，他方の締約国に対しこの条約を終了させる意思を通告することができ，その場合には，この条約は，そのような通告が行なわれた後1年で終了する．

以上の証拠として，下名の全権委員は，この条約に署名した．

1960年1月19日にワシントンで，ひとしく正文である日本語及び英語により本書2通を作成した．

〔交換条文〕
条約第6条の実施に関する交換公文

〔1960年1月19日署名〕

（日本側往簡）

書簡をもって啓上いたします．本大臣は，本日署名された日本国とアメリカ合衆国との間の相互協力及び安全保障条約に言及し，次のことが同条約第6条の実施に関する日本国政府の了解であることを閣下に通報する光栄を有します．

合衆国軍隊の日本国への配置における重要な変更，同軍隊の装備における重要な変更並びに日本国から行われる戦闘作戦行動（前記の条約第五条の規定に基づいて行われるものを除く．）のための基地としての日本国内の施設及び区域の使用は，日本国政府との事前の協議の主題となる．

本大臣は，閣下が，前記のことがアメリカ合衆国政府の了解でもあることを貴国政府に代わって確認されれば幸いであります．

本大臣は，以下を申し進めるに際し，ここに重ねて閣下に向かって敬意を表します．

（合衆国側返簡）

書簡をもって啓上いたします．本長官は，本日付けの閣下の次の書簡を受領したことを確認する光栄を有します．

（日本側書簡　略）

本長官は，前記のことがアメリカ合衆国政府の了解でもあることを本国政府に代わって確認する光栄を有します．

本長官は，以下を申し進めるに際し，ここに重ねて閣下に向かって敬意を表します．

（以下略）

7 在日米軍地位協定

日本国とアメリカ合衆国との間の相互協力及び安全保障条約第６条に基づく施設及び区域並びに日本国における合衆国軍隊の地位に関する協定
〔署名〕1960年１月19日，ワシントン
〔効力発生〕1960年６月23日

日本国及びアメリカ合衆国は，1960年１月19日にワシントンで署名された日本国とアメリカ合衆国との間の相互協力及び安全保障条約第６条の規定に従い，次に掲げる条項によりこの協定を締結した．

第１条〔定義〕　この協定において，

(a)「合衆国軍隊の構成員」とは，日本国の領域にある間におけるアメリカ合衆国の陸軍，海軍又は空軍に属する人員で現に服役中のものをいう．

(b)「軍属」とは，合衆国の国籍を有する文民で日本国にある合衆国軍隊に雇用され，これに勤務し，又はこれに随伴するもの（通常日本国に居住する者及び第14条１に掲げる者を除く．）をいう．この協定のみの適用上，合衆国及び日本国の二重国籍者で合衆国が日本国に入れたものは，合衆国国民とみなす．

(c)「家族」とは，次のものをいう．

(1) 配偶者及び21才未満の子

(2) 父，母及び21才以上の子で，その生計費の半額以上を合衆国軍隊の構成員又は軍属に依存するもの

第２条〔施設および区域〕 1　(a) 合衆国は，相互協力及び安全保障条約第６条の規定に基づき，日本国内の施設及び区域の使用を許される．個個の施設及び区域に関する協定は，第25条に定める合同委員会を通じて両政府が締結しなければならない．「施設及び区域」には，当該施設及び区域の運営に必要な現存の設備，備品及び定着物を含む．

(b) 合衆国が日本国とアメリカ合衆国との間の安全保障条約第３条に基く行政協定の終了の時に使用している施設及び区域は，両政府が(a)の規定に従って合意した施設及び区域とみなす．

2　日本国政府及び合衆国政府は，いずれか一方の要請があるときは，前記の取極を再検討しなければならず，また，前記の施設及び区域を日本国に返還すべきこと又は新たに施設及び区域を提供することを合意することができる．

3　合衆国軍隊が使用する施設及び区域は，この協定の目的のため必要でなくなったときは，いつでも，日本国に返還しなければならない．合衆国は，施設及び区域の必要性を前記の返還を目的としてたえず検討することに同意する．

4 (a) 合衆国軍隊が施設及び区域を一時的に使用していないときは，日本国政府は，臨時にそのような施設及び区域をみずから使用し，又は日本国民に使用させることができる．ただし，この使用が，合衆国軍隊による当該施設及び区域の正規の使用の目的にとって有害でないことが合同委員会を通じて両政府間に合意された場合に限る．

(b) 合衆国軍隊が一定の期間を限って使用すべき施設及び区域に関しては，合同委員会は，当該施設及び区域に関する協定中に，適用があるこの協定の規定の範囲を明記しなければならない．

第３条〔合衆国の権利〕 1　合衆国は，施設及び区域内において，それらの設定，運営，警護及び管理のため必要なすべての措置を執ることができる．日本国政府は，施設及び区域の支持，警護及び管理のための合衆国軍隊の施設及び区域への出入の便を図るため，合衆国軍隊の要請があったときは，合同委員会を通ずる両政府間の協議の上で，それらの施設及び区域に隣接し又はそれらの近傍の土地，領水及び空間において，関係法令の範囲内で必要な措置を執るものとする．合衆国も，また，合同委員会を通ずる両政府間の協議の上で前記の目的のため必要な措置を執ることができる．

2　合衆国は，１に定める措置を，日本国の領域への，領域からの又は領域内の航海，航空，通信又は陸上交通を不必要に妨げるような方法によっては執らないことに同意する．合衆国が使用する電波放射の装置が用いる周波数，電力及びこれらに類する事項に関するすべての問題

は，両政府の当局間の取極により解決しなければならない．日本国政府は，合衆国軍隊が必要とする電気通信用電子装置に対する妨害を防止し又は除去するためのすべての合理的な措置を関係法令の範囲内で執るものとする．

3　合衆国軍隊が使用している施設及び区域における作業は，公共の安全に妥当な考慮を払って行なわなければならない．

第4条〔施設・区域の返還〕 1　合衆国は，この協定の終了の際又はその前に日本国に施設及び区域を返還するに当たって，当該施設及び区域をそれらが合衆国軍隊に提供された時の状態に回復し，又はその回復の代りに日本国に補償する義務を負わない．

2　日本国は，この協定の終了の際又はその前における施設及び区域の返還の際，当該施設及び区域に加えられている改良又はそこに残される建物若しくはその他の工作物について，合衆国にいかなる補償をする義務も負わない．

3　前記の規定は，合衆国政府が日本国政府との特別取極に基づいて行なう建設には適用しない．

第5条〔公の船舶・航空機の出入国〕 1　合衆国及び合衆国以外の国の船舶及び航空機で，合衆国によって，合衆国のために又は合衆国の管理の下に公の目的で運航されるものは，入港料又は着陸料を課されないで日本国の港又は飛行場に出入することができる．この協定による免除を与えられない貨物又は旅客がそれらの船舶又は航空機で運送されるときは，日本国の当局にその旨の通告を与えなければならず，その貨物又は旅客の日本国への入国及び同国からの出国は，日本国の法令による．

2　1に掲げる船舶及び航空機，合衆国政府所有の車両（機甲車両を含む．）並びに合衆国軍隊の構成員及び軍属並びにそれらの家族は，合衆国軍隊が使用している施設及び区域に出入し，これらのものの間を移動し，及びこれらのものと日本国の港又は飛行場との間を移動することができる．合衆国の軍用車両の施設及び区域への出入並びにこれらのものの間の移動には，道路使用料その他の課徴金を課さない．

3　1に掲げる船舶が日本国の港に入る場合には，通常の状態においては，日本国の当局に適当な通告をしなければならない．その船舶は，強制水先を免除される．もっとも，水先人を使用したときは，応当する料率で水先料を支払わなければならない．

第6条〔航空・通信の協力〕 1　すべての非軍用及び軍用の航空交通管理及び通信の体系は，緊密に協調して発達を図るものとし，かつ，集団安全保障の利益を達成するため必要な程度に整合するものとする．この協調及び整合を図るため必要な手続及びそれに対するその後の変更は，両政府の当局間の取極によって定める．

2　合衆国軍隊が使用している施設及び区域並びにそれらに隣接し又はそれらの近傍の領水に置かれ，又は設置される燈火その他の航行補助施設及び航空保安施設は，日本国で使用されている様式に合致しなければならない．これらの施設を設置した日本国及び合衆国の当局は，その位置及び特徴を相互に通告しなければならず，かつ，それらの施設を変更し，又は新たに設置する前に予告をしなければならない．

第7条〔利用優先権〕 合衆国軍隊は，日本国政府の各省その他の機関に当該時に適用されている条件よりも不利でない条件で，日本国政府が有し，管理し，又は規制するすべての公益事業及び公共の役務を利用することができ，並びにその利用における優先権を享有するものとする．

第8条〔気象業務の提供〕 日本国政府は，両政府の当局間の取極に従い，次の気象業務を合衆国軍隊に提供することを約束する．

(a) 地上及び海上からの気象観測（気象観測船からの観測を含む．）

(b) 気象資料（気象庁の定期的概報及び過去の資料を含む．）

(c) 航空機の安全かつ正確な運航のため必要な気象情報を報ずる電気通信業務

(d) 地震観測の資料（地震から生ずる津波の予想される程度及びその津波の影響を受ける区域の予報を含む．）

第9条〔出入国〕 1　この条の規定に従うことを条件として，合衆国は，合衆国軍隊の構成員及び軍属並びにそれらの家族である者を日本国に入れることができる．

2　合衆国軍隊の構成員は，旅券及び査証に関する日本国の法令の適用から除外される．合衆国軍隊の構成員及び軍属並びにそれらの家族は，外国人の登録及び管理に関する日本国の法令の適用から除外される．ただし，日本国の領域における永久的な居所又は住所を要求する権利を取得するものとみなされない．

3　合衆国軍隊の構成員は，日本国への入国又は日本国からの出国に当たって，次の文書を携帯しなければならない．

(a) 氏名，生年月日，階級及び番号，軍の区分並びに写真を掲げる身分証明書

(b) その個人又は集団が合衆国軍隊の構成員として有する地位及び命令された旅行の証

明となる個別的又は集団的旅行の命令書
　合衆国軍隊の構成員は，日本国にある間の身分証明のため，前記の身分証明書を携帯していなければならない．身分証明書は，要請があるときは日本国の当局に提示しなければならない．

4　軍属，その家族及び合衆国軍隊の構成員の家族は，合衆国の当局が発給した適当な文書を携帯し，日本国への入国若しくは日本国からの出国に当たって又は日本国にある間のその身分を日本国の当局が確認することができるようにしなければならない．

5　1の規定に基づいて日本国に入国した者の身分に変更があってその者がそのような入国の資格を有しなくなった場合には，合衆国の当局は，日本国の当局にその旨を通告するものとし，また，その者が日本国から退去することを日本国の当局によって要求されたときは，日本国政府の負担によらないで相当の期間内に日本国から輸送することを確保しなければならない．

6　日本国政府が合衆国軍隊の構成員若しくは軍属の日本国の領域からの送出を要請し，又は合衆国軍隊の旧構成員若しくは旧軍属に対し若しくは合衆国軍隊の構成員，軍属，旧構成員若しくは旧軍属の家族に対し退去命令を出したときは，合衆国の当局は，それらの者を自国の領域内に受け入れ，その他日本国外に送出することにつき責任を負う．この項の規定は，日本国民でない者で合衆国軍隊の構成員若しくは軍属として又は合衆国軍隊の構成員若しくは軍属となるために日本国に入国したもの及びそれらの者の家族に対してのみ適用する．

第10条〔自動車〕 1　日本国は，合衆国が合衆国軍隊の構成員及び軍属並びにそれらの家族に対して発給した運転許可証若しくは運転免許証又は軍の運転許可証を，運転者試験又は手数料を課さないで，有効なものとして承認する．

2　合衆国軍隊及び軍属用の公用車両は，それを容易に識別させる明確な番号標又は個別の記号を付けていなければならない．

3　合衆国軍隊の構成員及び軍属並びにそれらの家族の私有車両は，日本国民に適用される条件と同一の条件で取得する日本国の登録番号標を付けていなければならない．

第11条〔税関〕 1　合衆国軍隊の構成員及び軍属並びにそれらの家族は，この協定中に規定がある場合を除くほか，日本国の税関当局が執行する法令に服さなければならない．

2　合衆国軍隊，合衆国軍隊の公認調達機関又は第15条に定める諸機関が合衆国軍隊の公用のため又は合衆国軍隊の構成員及び軍属並びにそれらの家族の使用のため輸入するすべての資材，需品及び備品並びに合衆国軍隊が専用すべき資材，需品及び備品又は合衆国軍隊が使用する物品若しくは施設に最終的には合体されるべき資材，需品及び備品は，日本国に入れることを許される．この輸入には，関税その他の課徴金を課さない．前記の資材，需品及び備品は，合衆国軍隊，合衆国軍隊の公認調達機関又は第15条に定める諸機関が輸入するものである旨の適当な証明書（合衆国軍隊が専用すべき資材，需品及び備品又は合衆国軍隊が使用する物品若しくは施設に最終的には合体されるべき資材，需品及び備品にあっては，合衆国軍隊が前記の目的のために受領すべき旨の適当な証明書）を必要とする．

3　合衆国軍隊の構成員及び軍属並びにそれらの家族に仕向けられ，かつ，これらの者の私用に供される財産には，関税その他の課徴金を課する．ただし，次のものについては，関税その他の課徴金を課さない．

(a) 合衆国軍隊の構成員若しくは軍属が日本国で勤務するため最初に到着した時に輸入し，又はそれらの家族が当該合衆国軍隊の構成員若しくは軍属と同居するため最初に到着した時に輸入するこれらの者の私用のための家具及び家庭用品並びにこれらの者が入国の際持ち込む私用のための身回品

(b) 合衆国軍隊の構成員又は軍属が自己又はその家族の私用のため輸入する車両及び部品

(c) 合衆国軍隊の構成員及び軍属並びにそれらの家族の私用のため合衆国において通常日常用として購入される種類の合理的な数量の衣類及び家庭用品で，合衆国軍事郵便局を通じて日本国に郵送されるもの

4　2及び3で与える免除は，物の輸入の場合のみに適用するものとし，関税及び内国消費税がすでに徴収された物を購入する場合に，当該物の輸入の際税関当局が徴収したその関税及び内国消費税を払いもどすものと解してはならない．

5　税関検査は，次のものの場合には行なわないものとする．

(a) 命令により日本国に入国し，又は日本国から出国する合衆国軍隊の部隊

(b) 公用の封印がある公文書及び合衆国軍事郵便路線上にある公用郵便物

(c) 合衆国政府の船荷証券により船積みされる軍事貨物

6　関税の免除を受けて日本国に輸入された物

は，日本国及び合衆国の当局が相互間で合意する条件に従って処分を認める場合を除くほか，関税の免除を受けて当該物を輸入する権利を有しない者に対して日本国内で処分してはならない．

7　2及び3の規定に基づき関税その他の課徴金の免除を受けて日本国に輸入された物は，関税その他の課徴金の免除を受けて再輸出することができる．

8　合衆国軍隊は，日本国の当局と協力して，この条の規定に従って合衆国軍隊，合衆国軍隊の構成員及び軍属並びにそれらの家族に与えられる特権の濫用を防止するため必要な措置を執らなければならない．

9 (a) 日本国の当局及び合衆国軍隊は，日本国政府の税関当局が執行する法令に違反する行為を防止するため，調査の実施及び証拠の収集について相互に援助しなければならない．

(b) 合衆国軍隊は，日本国政府の税関当局によって又はこれに代わって行なわれる差押えを受けるべき物件がその税関当局に引き渡されることを確保するため，可能なすべての援助を与えなければならない．

(c) 合衆国軍隊は，合衆国軍隊の構成員若しくは軍属又はそれらの家族が納付すべき関税，租税及び罰金の納付を確保するため，可能なすべての援助を与えなければならない．

(d) 合衆国軍隊に属する車両及び物件で，日本国政府の関税又は財務に関する法令に違反する行為に関連して日本国政府の税関当局が差し押えたものは，関係部隊の当局に引き渡さなければならない．

第12条〔調達〕 1　合衆国は，この協定の目的のため又はこの協定で認められるところにより日本国で供給されるべき需品又は行なわれるべき工事のため，供給者又は工事を行なう者の選択に関して制限を受けないで契約することができる．そのような需品又は工事は，また，両政府の当局間で合意されるときは，日本国政府を通じて調達することができる．

2　現地で供給される合衆国軍隊の維持のため必要な資材，需品，備品，及び役務でその調達が日本国の経済に不利な影響を及ぼすおそれがあるものは，日本国の権限のある当局との調整の下に，また，望ましいときは日本国の権限のある当局を通じて又はその援助を得て，調達しなければならない．

3　合衆国軍隊又は合衆国軍隊の公認調達機関が適当な証明書を附して日本国で公用のため調達する資材，需品，備品及び役務は，日本の次の租税を免除される．

(a) 物品税
(b) 通行税
(c) 揮発油税
(d) 電気ガス税

最終的には合衆国軍隊が使用するため調達される資材，需品，備品及び役務は，合衆国軍隊の適当な証明書があれば，物品税及び揮発油税を免除される．両政府は，この条に明示していない日本の現在の又は将来の租税で，合衆国軍隊によって調達され，又は最終的には合衆国軍隊が使用するため調達される資材，需品，備品及び役務の購入価格の重要なかつ容易に判別することができる部分をなすと認められるものに関しては，この条の目的に合致する免税又は税の軽減を認めるための手続について合意するものとする．

4　現地の労務に対する合衆国軍隊及び第15条に定める諸機関の需要は，日本国の当局の援助を得て充足される．

5　所得税，地方住民税及び社会保障のための納付金を源泉徴収して納付するための義務並びに，相互間で別段の合意をする場合を除くほか，賃金及び諸手当に関する条件その他の雇用及び労働の条件，労働者の保護のための条件並びに労働関係に関する労働者の権利は，日本国の法令で定めるところによらなければならない．

6　合衆国軍隊又は，適当な場合には，第15条に定める機関により労働者が解職され，かつ，雇用契約が終了していない旨の日本国の裁判所又は労働委員会の決定が最終的のものとなった場合には，次の手続が適用される．

(a) 日本国政府は，合衆国軍隊又は前記の機関に対し，裁判所又は労働委員会の決定を通報する．

(b) 合衆国軍隊又は前記の機関が当該労働者を就労させることを希望しないときは，合衆国軍隊又は前記の機関は，日本国政府から裁判所又は労働委員会の決定について通報を受けた後7日以内に，その旨を日本国政府に通告しなければならず，暫定的にその労働者を就労させないことができる．

(c) 前記の通告が行なわれたときは，日本国政府及び合衆国軍隊又は前記の機関は，事件の実際的な解決方法を見出すため遅滞なく協議しなければならない．

(d) (c)の規定に基づく協議の開始の日から30日の期間内にそのような解決に到達しなかつたときは，当該労働者は，就労することができない．このような場合には，合衆国政府は，日本国政府に対し，両政府間で合意される期間の当該労働者の雇用の費用に等しい額を支払わなければならない．

7　軍属は，雇用の条件に関して日本国の法令に服さない．

8　合衆国軍隊の構成員及び軍属並びにそれらの家族は，日本国における物品及び役務の個人的購入について日本国の法令に基づいて課される租税又は類似の公課の免除をこの条の規定を理由として享有することはない．

9　3に掲げる租税の免除を受けて日本国で購入した物は，日本国及び合衆国の当局が相互間で合意する条件に従って処分を認める場合を除くほか，当該租税の免除を受けて当該物を購入する権利を有しない者に対して日本国内で処分してはならない．

第13条〔課税〕 1　合衆国軍隊は，合衆国軍隊が日本国において保有し，使用し，又は移転する財産について租税又は類似の公課を課されない．

2　合衆国軍隊の構成員及び軍属並びにそれらの家族は，これらの者が合衆国軍隊に勤務し，又は合衆国軍隊若しくは第15条に定める諸機関に雇用された結果受ける所得について，日本国政府又は日本国にあるその他の課税権者に日本の租税を納付する義務を負わない．この条の規定は，これらの者に対し，日本国の源泉から生ずる所得についての日本の租税の納付を免除するものではなく，また，合衆国の所得税のために日本国に居所を有することを申し立てる合衆国市民に対し，所得についての日本の租税の納付を免除するものではない．これらの者が合衆国軍隊の構成員若しくは軍属又はそれらの家族であるという理由のみによって日本国にある期間は，日本の租税の賦課上，日本国に居所又は住所を有する期間とは認めない．

3　合衆国軍隊の構成員及び軍属並びにそれらの家族は，これらの者が一時的に日本国にあることのみに基づいて日本国に所在する有体又は無体の動産の保有，使用，これらの者相互間の移転又は死亡による移転についての日本国における租税を免除される．ただし，この免除は，投資若しくは事業を行なうため日本国において保有される財産又は日本国において登録された無体財産権には適用しない．この条の規定は，私有車両による道路の使用について納付すべき租税の免除を与える義務を定めるものではない．

第14条〔特殊契約者〕 1　通常合衆国に居住する人（合衆国の法律に基づいて組織された法人を含む．）及びその被用者で，合衆国軍隊のための合衆国との契約の履行のみを目的として日本国にあり，かつ，合衆国政府が2の規定に従い指定するものは，この条に規定がある場合を除くほか，日本国の法令に服さなければならない．

2　1にいう指定は，日本国政府との協議の上で行なわれるものとし，かつ，安全上の考慮，関係業者の技術上の適格要件，合衆国の標準に合致する資材若しくは役務の欠如又は合衆国の法令上の制限のため競争入札を実施することができない場合に限り行なわれるものとする．

前記の指定は，次のいずれかの場合には，合衆国政府が取り消すものとする．

(a) 合衆国軍隊のための合衆国との契約の履行が終わったとき．
(b) それらの者が日本国において合衆国軍隊関係の事業活動以外の事業活動に従事していることが立証されたとき．
(c) それらの者が日本国で違法とされる活動を行なっているとき．

3　前記の人及びその被用者は，その身分に関する合衆国の当局の証明があるときは，この協定による次の利益を与えられる．

(a) 第5条2に定める出入及び移動の権利
(b) 第9条の規定による日本国への入国
(c) 合衆国軍隊の構成員及び軍属並びにそれらの家族について第11条3に定める関税その他の課徴金の免除
(d) 合衆国政府により認められたときは，第15条に定める諸機関の役務を利用する権利
(e) 合衆国軍隊の構成員及び軍属並びにそれらの家族について第19条2に定めるもの
(f) 合衆国政府により認められたときは，第20条に定めるところにより軍票を使用する権利
(g) 第21条に定める郵便施設の利用
(h) 雇用の条件に関する日本国の法令の適用からの除外

4　前記の人及びその被用者は，その身分の者であることが旅券に記載されていなければならず，その到着，出発及び日本国にある間の居所は，合衆国軍隊が日本国の当局に随時に通告しなければならない．

5　前記の人及びその被用者が1に掲げる契約の履行のためにのみ保有し，使用し，又は移転する減価償却資産（家屋を除く．）については，合衆国軍隊の権限のある官憲の証明があるときは，日本の租税又は類似の公課を課されない．

6　前記の人及びその被用者は，合衆国軍隊の権限のある官憲の証明があるときは，これらの

者が一時的に日本国にあることのみに基づいて日本国に所在する有体又は無体の動産の保有, 使用, 死亡による移転又はこの協定に基づいて租税の免除を受ける権利を有する人若しくは機関への移転についての日本国における租税を免除される. ただし, この免除は, 投資のため若しくは他の事業を行なうため日本国において保有される財産又は日本国において登録された無体財産権には適用しない. この条の規定は, 私有車両による道路の使用について納付すべき租税の免除を与える義務を定めるものではない.

7　1に掲げる人及びその被用者は, この協定に定めるいずれかの施設又は区域の建設, 維持又は運営に関して合衆国政府と合衆国において結んだ契約に基づいて発生する所得について, 日本国政府又は日本国にあるその他の課税権者に所得税又は法人税を納付する義務を負わない. この項の規定は, これらの者に対し, 日本国の源泉から生ずる所得についての所得税又は法人税の納付を免除するものではなく, また, 合衆国の所得税のために日本国に居所を有することを申し立てる前記の人及びその被用者に対し, 所得についての日本の租税の納付を免除するものではない. これらの者が合衆国政府との契約の履行に関してのみ日本国にある期間は, 前記の租税の賦課上, 日本国に居所又は住所を有する期間とは認めない.

8　日本国の当局は, 1に掲げる人及びその被用者に対し, 日本国において犯す罪で日本国の法令によって罰することができるものについて裁判権を行使する第1次の権利を有する. 日本国の当局が前記の裁判権を行使しないことに決定した場合には, 日本国の当局は, できる限りすみやかに合衆国の軍当局にその旨を通告しなければならない. この通告があったときは, 合衆国の軍当局は, これらの者に対し, 合衆国の法令により与えられた裁判権を行使する権利を有する.

第15条〔販売〕 1(a) 合衆国の軍当局が公認し, かつ, 規制する海軍販売所, ピー・エックス, 食堂, 社交クラブ, 劇場, 新聞その他の歳出外資金による諸機関は, 合衆国軍隊の構成員及び軍属並びにそれらの家族の利用に供するため, 合衆国軍隊が使用している施設及び区域内に設置することができる. これらの諸機関は, この協定に別段の定めがある場合を除くほか, 日本の規制, 免許, 手数料, 租税又は類似の管理に服さない.

(b) 合衆国の軍当局が公認し, かつ, 規制する新聞が一般の公衆に販売されるときは, 当該新聞は, その頒布に関する限り, 日本の規制, 免許, 手数料, 租税又は類似の管理に服する.

2　これらの諸機関による商品及び役務の販売には, 1(b)に定める場合を除くほか, 日本の租税を課さず, これらの諸機関による商品及び需品の日本国内における購入には, 日本の租税を課する.

3　これらの諸機関が販売する物品は, 日本国及び合衆国の当局が相互間で合意する条件に従つて処分を認める場合を除くほか, これらの諸機関から購入することを認められない者に対して日本国内で処分してはならない.

4　この条に掲げる諸機関は, 日本国の当局に対し, 日本国の税法が要求するところにより資料を提供するものとする.

第16条〔日本法令の尊重〕 日本国において, 日本国の法令を尊重し, 及びこの協定の精神に反する活動, 特に政治的活動を慎むことは, 合衆国軍隊の構成員及び軍属並びにそれらの家族の義務である.

第17条〔刑事裁判権〕 1　この条の規定に従うことを条件として,

(a) 合衆国の軍当局は, 合衆国の軍法に服するすべての者に対し, 合衆国の法令により与えられたすべての刑事及び懲戒の裁判権を日本国において行使する権利を有する.

(b) 日本国の当局は, 合衆国軍隊の構成員及び軍属並びにそれらの家族に対し, 日本国の領域内で犯す罪で日本国の法令によって罰することができるものについて, 裁判権を有する.

2　(a)合衆国の軍当局は, 合衆国の軍法に服する者に対し, 合衆国の法令によって罰することができる罪で日本国の法令によっては罰することができないもの（合衆国の安全に関する罪を含む.）について, 専属的裁判権を行使する権利を有する.

(b) 日本国の当局は, 合衆国軍隊の構成員及び軍属並びにそれらの家族に対し, 日本国の法令によって罰することができる罪で合衆国の法令によっては罰することができないもの（日本国の安全に関する罪を含む.）について, 専属的裁判権を行使する権利を有する.

(c) 2及び3の規定の適用上, 国の安全に関する罪は, 次のものを含む.

(i) 当該国に対する反逆

(ii) 妨害行為（サボタージュ）, 諜報行為又は当該国の公務上若しくは国防上の秘密に関する法令の違反

3　裁判権を行使する権利が競合する場合に

は，次の規定が適用される．

(a) 合衆国の軍当局は，次の罪については，合衆国軍隊の構成員又は軍属に対して裁判権を行使する第1次の権利を有する．

(i) もっぱら合衆国の財産若しくは安全のみに対する罪又はもつぱら合衆国軍隊の他の構成員若しくは軍属若しくは合衆国軍隊の構成員若しくは軍属の家族の身体若しくは財産のみに対する罪

(ii) 公務執行中の作為又は不作為から生ずる罪

(b) その他の罪については，日本国の当局が，裁判権を行使する第1次の権利を有する．

(c) 第1次の権利を有する国は，裁判権を行使しないことに決定したときは，できる限りすみやかに他方の国の当局にその旨を通告しなければならない．第1次の権利を有する国の当局は，他方の国がその権利の放棄を特に重要であると認めた場合において，その他方の国の当局から要請があつたときは，その要請に好意的考慮を払わなければならない．

4 前諸項の規定は，合衆国の軍当局が日本国民又は日本国に通常居住する者に対し裁判権を行使する権利を有することを意味するものではない．ただし，それらの者が合衆国軍隊の構成員であるときは，この限りでない．

5 (a) 日本国の当局及び合衆国の軍当局は，日本国の領域内における合衆国軍隊の構成員若しくは軍属又はそれらの家族の逮捕及び前諸項の規定に従って裁判権を行使すべき当局へのそれらの者の引渡しについて，相互に援助しなければならない．

(b) 日本国の当局は，合衆国の軍当局に対し，合衆国軍隊の構成員若しくは軍属又はそれらの家族の逮捕についてすみやかに通告しなければならない．

(c) 日本国が裁判権を行使すべき合衆国軍隊の構成員又は軍属たる被疑者の拘禁は，その者の身柄が合衆国の手中にあるときは，日本国により公訴が提起されるまでの間，合衆国が引き続き行なうものとする．

6 (a) 日本国の当局及び合衆国の軍当局は，犯罪についてのすべての必要な捜査の実施並びに証拠の収集及び提出（犯罪に関連する物件の押収及び相当な場合にはその引渡しを含む．）について，相互に援助しなければならない．ただし，それらの物件の引渡しは，引渡しを行なう当局が定める期間内に還付されることを条件として行なうことができる．

(b) 日本国の当局及び合衆国の軍当局は，裁判権を行使する権利が競合するすべての事件の処理について，相互に通告しなければならない．

7 (a) 死刑の判決は，日本国の法制が同様の場合に死刑を規定していない場合には，合衆国の軍当局が日本国内で執行してはならない．

(b) 日本国の当局は，合衆国の軍当局がこの条の規定に基づいて日本国の領域内で言い渡した自由刑の執行について合衆国の軍当局から援助の要請があったときは，その要請に好意的考慮を払わなければならない．

8 被告人がこの条の規定に従って日本国の当局又は合衆国の軍当局のいずれかにより裁判を受けた場合において，無罪の判決を受けたとき，又は有罪の判決を受けて服役しているとき，服役したとき，若しくは赦免されたときは，他方の国の当局は，日本国の領域内において同一の犯罪について重ねてその者を裁判してはならない．ただし，この項の規定は，合衆国の軍当局が合衆国軍隊の構成員を，その者が日本国の当局により裁判を受けた犯罪を構成した作為又は不作為から生ずる軍紀違反について，裁判することを妨げるものではない．

9 合衆国軍隊の構成員若しくは軍属又はそれらの家族は，日本国の裁判権に基づいて公訴を提起された場合には，いつでも，次の権利を有する．

(a) 遅滞なく迅速な裁判を受ける権利

(b) 公判前に自己に対する具体的な訴因の通知を受ける権利

(c) 自己に不利な証人と対決する権利

(d) 証人が日本国の管轄内にあるときは，自己のために強制的手続により証人を求める権利

(e) 自己の弁護のため自己の選択する弁護人をもつ権利又は日本国でその当時通常行なわれている条件に基づき費用を要しないで若しくは費用の補助を受けて弁護人をもつ権利

(f) 必要と認めたときは，有能な通訳を用いる権利

(g) 合衆国の政府の代表者と連絡する権利及び自己の裁判にその代表者を立ち会わせる権利

10 (a) 合衆国軍隊の正規に編成された部隊又は編成隊は，第2条の規定に基づき使用する施設及び区域において警察権を行なう権利を有する．合衆国軍隊の軍事警察は，それらの施設及び区域において，秩序及び安全の維持を確保するためすべての適当な措置を執ることができる．

(b) 前記の施設及び区域の外部においては，前記の軍事警察は，必ず日本国の当局との取極に従うことを条件とし，かつ，日本国の当局と連絡して使用されるものとし，その使用は，合衆国軍隊の構成員の間の規律及び秩序の維持のため必要な範囲内に限るものとする．

11　相互協力及び安全保障条約第５条の規定が適用される敵対行為が生じた場合には，日本国政府及び合衆国政府のいずれの一方も，他方の政府に対し 60 日前に予告を与えることによつて，この条のいずれの規定の適用も停止させる権利を有する．この権利が行使されたときは，日本国政府及び合衆国政府は，適用を停止される規定に代わるべき適当な規定を合意する目的をもって直ちに協議しなければならない．

12　この条の規定は，この協定の効力発生前に犯したいかなる罪にも適用しない．それらの事件に対しては，日本国とアメリカ合衆国との間の安全保障条約第３条に基く行政協定第 17 条の当該時に存在した規定を適用する．

第 18 条〔請求権、民事裁判権〕 1　各当事国は，自国が所有し，かつ，自国の陸上，海上又は航空の防衛隊が使用する財産に対する損害については，次の場合には，他方の当事国に対するすべての請求権を放棄する．

(a) 損害が他方の当事国の防衛隊の構成員又は被用者によりその者の公務の執行中に生じた場合

(b) 損害が他方の当事国が所有する車両，船舶又は航空機でその防衛隊が使用するものの使用から生じた場合．ただし，損害を与えた車両，船舶若しくは航空機が公用のため使用されていたとき，又は損害が公用のため使用されている財産に生じたときに限る．

　海難救助についての一方の当事国の他方の当事国に対する請求権は，放棄する．ただし，救助された船舶又は積荷が，一方の当事国が所有し，かつ，その防衛隊が公用のため使用しているものであった場合に限る．

2 (a) いずれか一方の当事国が所有するその他の財産で日本国内にあるものに対して１に掲げるようにして損害が生じた場合には，両政府が別段の合意をしない限り，(b)の規定に従って選定される１人の仲裁人が，他方の当事国の責任の問題を決定し，及び損害の額を査定する．仲裁人は，また，同一の事件から生ずる反対の請求を裁定する．

(b) (a)に掲げる仲裁人は，両政府間の合意によって，司法関係の上級の地位を現に有し，又は有したことがある日本国民の中から選定する．

(c) 仲裁人が行なった裁定は，両当事国に対して拘束力を有する最終的のものとする．

(d) 仲裁人が裁定した賠償の額は，5(e)(i)，(ii)及び(iii)の規定に従って分担される．

(e) 仲裁人の報酬は，両政府間の合意によって定め，両政府が，仲裁人の任務の遂行に伴う必要な費用とともに，均等の割合で支払う．

(f) もっとも，各当事国は，いかなる場合においても 1400 合衆国ドル又は 50 万４千円までの額については，その請求権を放棄する．これらの通貨の間の為替相場に著しい変動があった場合には，両政府は，前記の額の適当な調整について合意するものとする．

3　１及び２の規定の適用上，船舶について「当事国が所有する」というときは，その当事国が裸用船した船舶，裸の条件で徴発した船舶又は拿捕した船舶を含む．ただし，損失の危険又は責任が当該当事国以外の者によつて負担される範囲については，この限りでない．

4　各当事国は，自国の防衛隊の構成員がその公務の執行に従事している間に被った負傷又は死亡については，他方の当事国に対するすべての請求権を放棄する．

5　公務執行中の合衆国軍隊の構成員若しくは被用者の作為若しくは不作為又は合衆国軍隊が法律上責任を有するその他の作為，不作為若しくは事故で，日本国において日本国政府以外の第三者に損害を与えたものから生ずる請求権（契約による請求権及び６又は７の規定の適用を受ける請求権を除く．）は，日本国が次の規定に従って処理する．

(a) 請求は，日本国の自衛隊の行動から生ずる請求権に関する日本国の法令に従って，提起し，審査し，かつ，解決し，又は裁判する．

(b) 日本国は，前記のいかなる請求をも解決することができるものとし，合意され，又は裁判により決定された額の支払を日本円で行なう．

(c) 前記の支払（合意による解決に従ってされたものであると日本国の権限のある裁判所による裁判に従ってされたものであるとを問わない．）又は支払を認めない旨の日本国の権限のある裁判所による確定した裁判は，両当事国に対し拘束力を有する最終的のものとする．）

(d) 日本国が支払をした各請求は，その明細並びに(e)(i)及び(ii)の規定による分担案とともに，合衆国の当局に通知しなければならない．２箇月以内に回答がなかったときは，その分担案は，受諾されたものとみなす．

(e) (a)から(d)まで及び2の規定に従い請求を満たすために要した費用は，両当事国が次のとおり分担する．

(i) 合衆国のみが責任を有する場合には，裁定され，合意され，又は裁判により決定された額は，その25パーセントを日本国が，その75パーセントを合衆国が分担する．

(ii) 日本国及び合衆国が損害について責任を有する場合には，裁定され，合意され，又は裁判により決定された額は，両当事国が均等に分担する．損害が日本国又は合衆国の防衛隊によって生じ，かつ，その損害をこれらの防衛隊のいずれか一方又は双方の責任として特定することができない場合には，裁定され，合意され，又は裁判により決定された額は，日本国及び合衆国が均等に分担する．

(iii) 比率に基づく分担案が受諾された各事件について日本国が6箇月の期間内に支払つた額の明細書は，支払要請書とともに，6箇月ごとに合衆国の当局に送付する．その支払は，できる限りすみやかに日本円で行なわなければならない．

(f) 合衆国軍隊の構成員又は被用者（日本の国籍のみを有する被用者を除く．）は，その公務の執行から生ずる事項については，日本国においてその者に対して与えられた判決の執行手続に服さない．

(g) この項の規定は，(e)の規定が2に定める請求権に適用される範囲を除くほか，船舶の航行若しくは運用又は貨物の船積み，運送若しくは陸揚げから生じ，又はそれらに関連して生ずる請求権には適用しない．ただし，4の規定の適用を受けない死亡又は負傷に対する請求権については，この限りでない．

6 日本国内における不法の作為又は不作為で公務執行中に行なわれたものでないものから生ずる合衆国軍隊の構成員又は被用者（日本国民である被用者又は通常日本国に居住する被用者を除く．）に対する請求権は，次の方法で処理する．

(a) 日本国の当局は，当該事件に関するすべての事情（損害を受けた者の行動を含む．）を考慮して，公平かつ公正に請求を審査し，及び請求人に対する補償金を査定し，並びにその事件に関する報告書を作成する．

(b) その報告書は，合衆国の当局に交付するものとし，合衆国の当局は，遅滞なく，慰謝料の支払を申し出るかどうかを決定し，かつ，申し出る場合には，その額を決定する．

(c) 慰謝料の支払の申出があった場合において，請求人がその請求を完全に満たすものとしてこれを受諾したときは，合衆国の当局は，みずから支払をしなければならず，かつ，その決定及び支払った額を日本国の当局に通知する．

(d) この項の規定は，支払が請求を完全に満たすものとして行なわれたものでない限り，合衆国軍隊の構成員又は被用者に対する訴えを受理する日本国の裁判所の裁判権に影響を及ぼすものではない．

7 合衆国軍隊の車両の許容されていない使用から生ずる請求権は，合衆国軍隊が法律上責任を有する場合を除くほか，6の規定に従って処理する．

8 合衆国軍隊の構成員又は被用者の不法の作為又は不作為が公務執行中にされたものであるかどうか，また，合衆国軍隊の車両の使用が許容されていたものであるかどうかについて紛争が生じたときは，その問題は，2(b)の規定に従って選任された仲裁人に付託するものとし，この点に関する仲裁人の裁定は，最終的のものとする．

9 (a) 合衆国は，日本国の裁判所の民事裁判権に関しては，5(f)に定める範囲を除くほか，合衆国軍隊の構成員又は被用者に対する日本国の裁判所の裁判権からの免除を請求してはならない．

(b) 合衆国軍隊が使用している施設及び区域内に日本国の法律に基づき強制執行を行なうべき私有の動産（合衆国軍隊が使用している動産を除く．）があるときは，合衆国の当局は，日本国の裁判所の要請に基づき，その財産を差し押えて日本国の当局に引き渡さなければならない．

(c) 日本国及び合衆国の当局は，この条の規定に基づく請求の公平な審理及び処理のための証拠の入手について協力するものとする．

10 合衆国軍隊による又は合衆国軍隊のための資材，需品，備品，役務及び労務の調達に関する契約から生ずる紛争でその契約の当事者によって解決されないものは，調停のため合同委員会に付託することができる．ただし，この項の規定は，契約の当事者が有することのある民事の訴えを提起する権利を害するものではない．

11 この条にいう「防衛隊」とは，日本国についてはその自衛隊をいい，合衆国についてはその軍隊をいうものと了解される．

12 2及び5の規定は，非戦闘行為に伴って生じた請求権についてのみ適用する．

13　この条の規定は，この協定の効力発生前に生じた請求権には適用しない．それらの請求権は，日本国とアメリカ合衆国との間の安全保障条約第３条に基く行政協定第18条の規定によって処理する．

第19条〔為替管理〕 1　合衆国軍隊の構成員及び軍属並びにそれらの家族は，日本国政府の外国為替管理に服さなければならない．

2　1の規定は，合衆国ドル若しくはドル証券で，合衆国の公金であるもの，合衆国軍隊の構成員及び軍属がこの協定に関連して勤務し，若しくは雇用された結果取得したもの又はこれらの者及びそれらの家族が日本国外の源泉から取得したものの日本国内又は日本国外への移転を妨げるものと解してはならない．

3　合衆国の当局は，2に定める特権の濫用又は日本国の外国為替管理の回避を防止するため適当な措置を執らなければならない．

第20条〔軍票〕 1 (a) ドルをもって表示される合衆国軍票は，合衆国によって認可された者が，合衆国軍隊の使用している施設及び区域内における相互間の取引のため使用することができる．合衆国政府は，合衆国の規則が許す場合を除くほか，認可された者が軍票を用いる取引に従事することを禁止するよう適当な措置を執るものとする．日本国政府は，認可されない者が軍票を用いる取引に従事することを禁止するため必要な措置を執るものとし，また，合衆国の当局の援助を得て，軍票の偽造又は偽造軍票の使用に関与する者で日本国の当局の裁判権に服すべきものを逮捕し，及び処罰するものとする．

(b) 合衆国の当局が認可されない者に対し軍票を行使する合衆国軍隊の構成員及び軍属並びにそれらの家族を逮捕し，及び処罰すること並びに，日本国における軍票の許されない使用の結果として，合衆国又はその機関が，その認可されない者又は日本国政府若しくはその機関に対していかなる義務をも負うことはないことが合意される．

2　軍票の管理を行なうため，合衆国は，その監督の下に，合衆国が軍票の使用を認可した者の用に供する施設を維持し，及び運営する一定のアメリカの金融機関を指定することができる．軍用銀行施設を維持することを認められた金融機関は，その施設を当該機関の日本国における商業金融業務から場所的に分離して設置し，及び維持するものとし，これに，この施設を維持し，かつ，運営することを唯一の任務とする職員を置く．この施設は，合衆国通貨による銀行勘定を維持し，かつ，この勘定に関するすべての金融取引（第19条2に定める範囲内における資金の受領及び送付を含む．）を行なうことを許される．

第21条〔軍事郵便局〕　合衆国は，合衆国軍隊の構成員及び軍属並びにそれらの家族が利用する合衆国軍事郵便局を，日本国にある合衆国軍事郵便局間及びこれらの軍事郵便局と他の合衆国郵便局との間における郵便物の送達のため，合衆国軍隊が使用している施設及び区域内に設置し，及び運営することができる．

第22条〔軍事訓練〕　合衆国は，日本国に在留する適格の合衆国市民で合衆国軍隊の予備役団体への編入の申請を行なうものを同団体に編入し，及び訓練することができる．

第23条〔安全措置〕　日本国及び合衆国は，合衆国軍隊，合衆国軍隊の構成員及び軍属並びにそれらの家族並びにこれらのものの財産の安全を確保するため随時に必要となるべき措置を執ることについて協力するものとする．日本国政府は，その領域において合衆国の設備，備品，財産，記録及び公務上の情報の十分な安全及び保護を確保するため，並びに適用されるべき日本国の法令に基づいて犯人を罰するため，必要な立法を求め，及び必要なその他の措置を執ることに同意する．

第24条〔経費負担〕 1　日本国に合衆国軍隊を維持することに伴うすべての経費は，2に規定するところにより日本国が負担すべきものを除くほか，この協定の存続期間中日本国に負担をかけないで合衆国が負担することが合意される．

2　日本国は，第2条及び第3条に定めるすべての施設及び区域並びに路線権（飛行場及び港における施設及び区域のように共同に使用される施設及び区域を含む．）をこの協定の存続期間中合衆国に負担をかけないで提供し，かつ，相当の場合には，施設及び区域並びに路線権の所有者及び提供者に補償を行なうことが合意される．

3　この協定に基づいて生ずる資金上の取引に適用すべき経理のため，日本国政府と合衆国政府との間に取極を行なうことが合意される．

第25条〔合同委員会〕 1　この協定の実施に関して相互間の協議を必要とするすべての事項に関する日本国政府と合衆国政府との間の協議機関として，合同委員会を設置する．合同委員会は，特に，合衆国が相互協力及び安全保障条約の目的の遂行に当たって使用するため必要とされる日本国内の施設及び区域を決定する協議機関として，任務を行なう．

2　合同委員会は，日本国政府の代表者1人及び合衆国政府の代表者1人で組織し，各代表者は，1人又は2人以上の代理及び職員団を有するものとする．合同委員会は，その手続規則を定め，並びに必要な補助機関及び事務機関を設ける．合同委員会は，日本国政府又は合衆国政府のいずれか一方の代表者の要請があるときはいつでも直ちに会合することができるように組織する．

3　合同委員会は，問題を解決することができないときは，適当な経路を通じて，その問題をそれぞれの政府にさらに考慮されるように移すものとする．

第26条〔効力〕 1　この協定は，日本国及び合衆国によりそれぞれの国内法上の手続に従つて承認されなければならず，その承認を通知する公文が交換されるものとする．

2　この協定は，1に定める手続が完了した後，相互協力及び安全保障条約の効力発生の日に効力を生じ，1952年2月28日に東京で署名された日本国とアメリカ合衆国との間の安全保障条約第3条に基く行政協定(改正を含む．)は，その時に終了する．

3　この協定の各当事国の政府は，この協定の規定中その実施のため予算上及び立法上の措置を必要とするものについて，必要なその措置を立法機関に求めることを約束する．

第27条〔改正〕　いずれの政府も，この協定のいずれの条についてもその改正をいつでも要請することができる．その場合には，両政府は，適当な経路を通じて交渉するものとする．

第28条〔終期〕　この協定及びその合意された改正は，相互協力及び安全保障条約が有効である間，有効とする．ただし，それ以前に両政府間の合意によって終了させたときは，この限りでない．

v）　主権免除

8 国連裁判権免除条約（抄）

国及びその財産の裁判権からの免除に関する国際連合条約
〔採択〕2004年12月2日
〔効力発生〕未発効／〔日本国〕2007年1月11日署名2010年5月11日受諾

この条約の締約国は，

国及びその財産の裁判権からの免除が国際慣習法の原則として一般的に受け入れられていることを考慮し，

国際連合憲章に規定する国際法の諸原則に留意し，

国及びその財産の裁判権からの免除に関する国際条約が，特に国と自然人又は法人との間の取引における法の支配及び法的な確実性を高め，並びに国際法の法典化及び発展並びにこの分野における慣行の調和に貢献することを信じ，

国及びその財産の裁判権からの免除に関する国の慣行の推移を考慮し，

この条約により規律されない事項については，引き続き国際慣習法の諸規則により規律されることを確認して，

次のとおり協定した．

第1部　序

第1条（この条約の適用範囲）　この条約は，国及びその財産の他の国の裁判所の裁判権からの免除について適用する．

第2条（用語）1　この条約の適用上，

(a)「裁判所」とは，名称のいかんを問わず，司法機能を遂行する権限を有する国の機関をいう．

(b)「国」とは，次のものをいう．

(i) 国家及びその政府の諸機関

(ii) 連邦国家の構成単位又は国家の行政区画であって，主権的な権能の行使としての行為を行う権限を有し，かつ，それらの資格において行動しているもの

(iii) 国家の機関若しくは下部機関又は他の団体（これらが国家の主権的な権能の行使としての行為を行う権限を有し，かつ，そのような行為を現に行っている場合に限る．）

(iv) 国家の代表であってその資格において行動しているもの

(c)「商業的取引」とは，次のものをいう．

(i) 物品の販売又は役務の提供のための商業的な契約又は取引

(ii) 貸付けその他の金融的な性質を有する取引に係る契約（そのような貸付け又は取引についての保証又はてん補に係る義務を含む．）

(iii) 商業的，工業的，通商的又は職業的な性質を有するその他の契約又は取引．ただし，人の雇用契約を含まない．

2　契約又は取引が1(c)に定める「商業的取引」であるか否かを決定するに当たっては，その契約又は取引の性質を主として考慮すべきものとする．ただし，契約若しくは取引の当事者間でその契約若しくは取引の目的も考慮すべきことについて合意した場合又は法廷地国の慣行により契約若しくは取引の目的がその契約

若しくは取引の非商業的な性質を決定することに関係を有する場合には，当該契約又は取引の目的も考慮すべきものとする．

3　この条約における用語について定める1及び2の規定は，他の国際文書又はいずれの国の国内法におけるこれらの用語の用法及び意味に影響を及ぼすものではない．

第3条（この条約によって影響を受けない特権及び免除） 1　この条約は，次に掲げるものの任務の遂行に関係する国際法に基づき国が享有する特権及び免除に影響を及ぼすものではない．

(a) 外交使節団，領事機関，特別使節団，国際機関に派遣されている使節団又は国際機関の内部機関若しくは国際会議に派遣されている代表団

(b) (a)に規定するものに関係する者

2　この条約は，国の元首に対し，その者が国の元首であるとの理由により国際法に基づいて与えられる特権及び免除に影響を及ぼすものではない．

3　この条約は，国が所有し又は運航する航空機又は宇宙物体に関し，国際法に基づき国が享有する免除に影響を及ぼすものではない．

第4条（この条約の不遡及）　この条約は，国及びその財産の裁判権からの免除の問題であって，関係国についてこの条約が効力を生ずる日前にいずれかの国に対して開始された他の国の裁判所における裁判手続において生じたものについては，適用しない．ただし，この条約に規定されている規則のうちこの条約との関係を離れ国際法に基づき国及びその財産の裁判権からの免除を規律する規則については，その適用を妨げるものではない．

第2部　一般原則

第5条（免除）　いずれの国も，この条約に従い，自国及びその財産に関し，他の国の裁判所の裁判権からの免除を享有する．

第6条（免除を実施するための方法） 1　いずれの国も，自国の裁判所における裁判手続において他の国に対して裁判権を行使することを差し控えることにより前条に規定する免除を実施するものとし，このため，自国の裁判所が，当該他の国が同条の規定に基づいて享有する免除が尊重されるよう職権によって決定することを確保する．

2　いずれかの国の裁判所における裁判手続は，次の(a)又は(b)の場合には，他の国に対して開始されたものとみなす．

(a) 当該他の国が当該裁判手続の当事者として指定される場合

(b) 当該他の国が当該裁判手続の当事者として指定されていないが，当該裁判手続が実際には当該他の国の財産，権利，利益又は活動に影響を及ぼすものである場合

第7条（裁判権の行使についての明示の同意）

1　いずれの国も，次のいずれかの方法により，ある事項又は事件に関して他の国の裁判所による裁判権の行使について明示的に同意した場合には，当該事項又は事件に関する当該他の国の裁判所における裁判手続において，裁判権からの免除を援用することができない．

(a) 国際的な合意

(b) 書面による契約

(c) 裁判所において行う宣言又は個別の裁判手続における書面による通知

2　他の国の法令を適用することに関するいずれかの国の同意は，当該他の国の裁判所による裁判権の行使についての同意と解してはならない．

第8条（裁判所における裁判手続への参加の効果） 1　いずれの国も，次の場合には，他の国の裁判所における裁判手続において，裁判権からの免除を援用することができない．

(a) 自ら当該裁判手続を開始した場合

(b) 当該裁判手続に参加し，又は本案に関して他の措置をとった場合．この場合において，自国が当該措置をとるまで免除の請求の根拠となる事実を知ることができなかったことを裁判所に対して証明するときは，当該事実に基づいて免除を主張することができる．ただし，できる限り速やかにその主張を行うことを条件とする．

2　いずれの国も，次の(a)又は(b)のことのみを目的として，裁判手続に参加し，又は他の措置をとる場合には，他の国の裁判所による裁判権の行使について同意したものとは認められない．

(a) 免除を援用すること．

(b) 裁判手続において対象となっている財産に関する権利又は利益を主張すること．

3　国の代表が他の国の裁判所に証人として出廷することは，当該他の国の裁判所による裁判権の行使についての当該国の同意と解してはならない．

4　いずれかの国が他の国の裁判所における裁判手続において出廷しなかったことは，当該他の国の裁判所による裁判権の行使についての当該国の同意と解してはならない．

第9条（反訴） 1　いずれの国も，他の国の裁判所において裁判手続を開始した場合には，本

訴に係る法律関係又は事実と同一のものから生じたいかなる反訴についても，当該他の国の裁判所の裁判権からの免除を援用することができない．

2　いずれの国も，他の国の裁判所における裁判手続において請求を行うために当該裁判手続に参加した場合には，自国が行った請求に係る法律関係又は事実と同一のものから生じたいかなる反訴についても，当該他の国の裁判所の裁判権からの免除を援用することができない．

3　いずれの国も，自国に対して開始された他の国の裁判所における裁判手続において反訴を行った場合には，本訴について当該他の国の裁判所の裁判権からの免除を援用することができない．

第3部　免除を援用することができない裁判手続

第10条（商業的取引） 1　いずれの国も，自国以外の国の自然人又は法人との間で商業的取引を行う場合において，適用のある国際私法の規則に基づき他の国の裁判所が当該商業的取引に関する紛争について管轄権を有するときは，当該商業的取引から生じた裁判手続において，当該他の国の裁判所の裁判権からの免除を援用することができない．

2　1の規定は，次の場合には，適用しない．

(a) 国の間で行う商業的取引の場合

(b) 商業的取引の当事者間で明示的に別段の合意をした場合

3　独立の法人格を有し，かつ，次の(a)及び(b)の能力を有する国営企業その他の国によって設立された団体が，当該団体が行う商業的取引に関する裁判手続に関与する場合であっても，当該国が享有する裁判権からの免除は，影響を受けない．

(a) 訴え，又は訴えられる能力

(b) 財産（当該国が当該団体による運用又は管理を許可した財産を含む．）を取得し，所有し，又は占有し，及び処分する能力

第11条（雇用契約） 1　いずれの国も，自国と個人との間の雇用契約であって，他の国の領域内において全部又は一部が行われ，又は行われるべき労働に係るものに関する裁判手続において，それについて管轄権を有する当該他の国の裁判所の裁判権からの免除を援用することができない．ただし，関係国間で別段の合意をする場合は，この限りでない．

2　1の規定は，次の場合には，適用しない．

(a) 被用者が政府の権限の行使としての特定の任務を遂行するために採用されている場合

(b) 被用者が次の者である場合

(i) 1961年の外交関係に関するウィーン条約に定める外交官

(ii) 1963年の領事関係に関するウィーン条約に定める領事官

(iii) 国際機関に派遣されている常駐の使節団若しくは特別使節団の外交職員又は国際会議において国を代表するために採用された者

(iv) 外交上の免除を享有するその他の者

(c) 裁判手続の対象となる事項が個人の採用，雇用契約の更新又は復職に係るものである場合

(d) 裁判手続の対象となる事項が個人の解雇又は雇用契約の終了に係るものであり，かつ，雇用主である国の元首，政府の長又は外務大臣が当該裁判手続が当該国の安全保障上の利益を害し得るものであると認める場合

(e) 裁判手続が開始された時点において，被用者が雇用主である国の国民である場合．ただし，当該被用者が法廷地国に通常居住している場合を除く．

(f) 雇用主である国と被用者との間で書面により別段の合意をした場合．ただし，公の秩序に関する考慮により，裁判手続の対象となる事項を理由として法廷地国の裁判所に専属的な管轄権が与えられているときは，この限りでない．

第12条（身体の傷害及び財産の損傷）　いずれの国も，人の死亡若しくは身体の傷害又は有体財産の損傷若しくは滅失が自国の責めに帰するとされる作為又は不作為によって生じた場合において，当該作為又は不作為の全部又は一部が他の国の領域内で行われ，かつ，当該作為又は不作為を行った者が当該作為又は不作為を行った時点において当該他の国の領域内に所在していたときは，当該人の死亡若しくは身体の傷害又は有体財産の損傷若しくは滅失に対する金銭によるてん補に関する裁判手続において，それについて管轄権を有する当該他の国の裁判所の裁判権からの免除を援用することができない．ただし，関係国間で別段の合意をする場合は，この限りでない．

第13条（財産の所有，占有及び使用）　いずれの国も，次の事項についての決定に関する裁判手続において，それについて管轄権を有する他の国の裁判所の裁判権からの免除を援用することができない．ただし，関係国間で別段の合

意をする場合は, この限りでない.

(a) 法廷地国にある不動産に関する自国の権利若しくは利益, 自国による当該不動産の占有若しくは使用又は当該不動産に関する自国の利益から若しくは自国による当該不動産の占有若しくは使用から生ずる自国の義務

(b) 動産又は不動産に関する自国の権利又は利益であって, 承継, 贈与又は無主物の取得によって生ずるもの

(c) 信託財産, 破産者の財産, 清算時の会社の財産その他の財産の管理に関する自国の権利又は利益

第14条（知的財産及び産業財産） いずれの国も, 次の事項に関する裁判手続において, それについて管轄権を有する他の国の裁判所の裁判権からの免除を援用することができない. ただし, 関係国間で別段の合意をする場合は, この限りでない.

(a) 特許, 意匠, 商号, 商標, 著作権その他すべての種類の知的財産又は産業財産に係る自国の権利であって, 法廷地国において法的な保護措置（暫定的なものを含む.）の対象となるものについての決定

(b) (a)に規定する性質を有する権利であって, 第三者に属し, かつ, 法廷地国において保護されているものに対して自国が法廷地国の領域内において行ったとされる侵害

第15条（会社その他の団体への参加） 1 いずれの国も, 次の(a)及び(b)の条件を満たす会社その他の団体〔法人格の有無を問わない.〕に自国が参加していることに関する裁判手続, すなわち, 自国と当該団体又は当該団体の他の参加者との関係に関する裁判手続において, それについて管轄権を有する他の国の裁判所の裁判権からの免除を援用することができない.

(a) 当該団体が国又は国際機関以外の参加者を有すること.

(b) 当該団体が法廷地国の法令に基づいて設立されていること又はその本部若しくは主たる営業所が法廷地国内に所在すること.

2 もっとも, 1に規定する裁判手続において裁判権からの免除を援用することができる旨を関係国間で合意している場合, 紛争当事者間の書面による合意によりその旨を定めている場合又は1に規定する団体を設立し若しくは規律する文書がその旨の規定を有する場合には, いずれの国も, 当該裁判手続において, 裁判権からの免除を援用することができる.

第16条（国が所有し又は運航する船舶） 1 船舶を所有し又は運航する国は, 当該船舶が裁
判の原因の生じた時点において政府の非商業 a
的目的以外に使用されていた場合には, 当該船
舶の運航に関する裁判手続において, それにつ
いて管轄権を有する他の国の裁判所の裁判権
からの免除を援用することができない. ただ
し, 関係国間で別段の合意をする場合は, この b
限りでない.

2 1の規定は, 軍艦又は軍の支援船については
適用せず, また, 国が所有し又は運航する他の
船舶であって政府の非商業的役務にのみ使用
されているものについても適用しない. c

3 いずれの国も, 自国が所有し又は運航する
船舶が裁判の原因の生じた時点において政府
の非商業的目的以外に使用されていた場合に
は, 当該船舶による貨物の運送に関する裁判手
続において, それについて管轄権を有する他の d
国の裁判所の裁判権からの免除を援用するこ
とができない. ただし, 関係国間で別段の合意
をする場合は, この限りでない.

4 3の規定は, 2に規定する船舶によって運
送される貨物については適用せず, また, 国が e
所有し, かつ, 政府の非商業的目的にのみ使用
され, 又はそのような使用が予定される貨物に
ついても適用しない.

5 いずれの国も, 私有の船舶及び貨物並びに
これらの所有者にとって利用可能な防御, 時効 f
及び責任の制限に関するすべての措置を申し
立てることができる.

6 裁判手続において, いずれかの国が所有し
若しくは運航する船舶又はいずれかの国が所
有する貨物に係る政府の非商業的な性質に関 g
して問題が生ずる場合には, 当該国の外交上の
代表者その他の権限のある当局が署名した証
明書であって裁判所に送付されたものが, 当該
船舶又は貨物の性質に関する証拠となる.

第17条（仲裁の合意の効果） いずれの国も, h
自国以外の国の自然人又は法人との間で商業
的取引に関する紛争を仲裁に付することを書
面により合意する場合には, 次の事項に関する
裁判手続において, それについて管轄権を有す
る他の国の裁判所の裁判権からの免除を援用 i
することができない. ただし, 仲裁の合意に別
段の定めがある場合は, この限りでない.

(a) 仲裁の合意の有効性, 解釈又は適用

(b) 仲裁手続

(c) 仲裁判断の確認又は取消し j

第4部 裁判所における裁判手続に関連する強制的な措置からの免除

第18条（判決前の強制的な措置からの免除）
いずれの国の財産に対するいかなる判決前 k

の強制的な措置〔仮差押え，仮処分等〕も，他の国の裁判所における裁判手続に関連してとられてはならない．ただし，次の場合は，この限りでない．

(a) 当該国が，次のいずれかの方法により，そのような強制的な措置がとられることについて明示的に同意した場合
　(i) 国際的な合意
　(ii) 仲裁の合意又は書面による契約
　(iii) 裁判所において行う宣言又は当事者間で紛争が生じた後に発出する書面による通知
(b) 当該国が当該裁判手続の目的である請求を満たすために財産を割り当て，又は特定した場合

第19条（判決後の強制的な措置からの免除）　いずれの国の財産に対するいかなる判決後の強制的な措置〔差押え，強制執行等〕も，他の国の裁判所における裁判手続に関連してとられてはならない．ただし，次の場合は，この限りでない．

(a) 当該国が，次のいずれかの方法により，そのような強制的な措置がとられることについて明示的に同意した場合
　(i) 国際的な合意
　(ii) 仲裁の合意又は書面による契約
　(iii) 裁判所において行う宣言又は当事者間で紛争が生じた後に発出する書面による通知
(b) 当該国が当該裁判手続の目的である請求を満たすために財産を割り当て，又は特定した場合
(c) 当該財産が，政府の非商業的目的以外に当該国により特定的に使用され，又はそのような使用が予定され，かつ，法廷地国の領域内にあることが立証された場合．ただし，そのような強制的な措置については，裁判手続の対象とされた団体と関係を有する財産に対してのみとることができる．

第20条（裁判権の行使についての同意が強制的な措置に及ぼす効果）　前2条の規定に基づき強制的な措置についての同意が必要となる場合において，第7条の規定に基づく裁判権の行使についての同意は，強制的な措置がとられることについての同意を意味するものではない．

第21条（特定の種類の財産）　1　国の財産のうち特に次の種類の財産は，第19条(c)に規定する政府の非商業的目的以外に当該国により特定的に使用され，又はそのような使用が予定される財産とは認められない．

(a) 当該国の外交使節団，領事機関，特別使節団，国際機関に派遣されている使節団又は国際機関の内部機関若しくは国際会議に派遣されている代表団の任務の遂行に当たって使用され，又はそのような使用が予定される財産（銀行預金を含む．）
(b) 軍事的な性質の財産又は軍事的な任務の遂行に当たって使用され，若しくはそのような使用が予定される財産
(c) 当該国の中央銀行その他金融当局の財産
(d) 当該国の文化遺産の一部又は公文書の一部を構成する財産であって，販売されておらず，かつ，販売が予定されていないもの
(e) 科学的，文化的又は歴史的に意義のある物の展示の一部を構成する財産であって，販売されておらず，かつ，販売が予定されていないもの

2　1の規定は，第18条並びに第19条(a)及び(b)の規定の適用を妨げるものではない．

第5部　雑　則

第22条（送達）　1　呼出状その他のいずれかの国に対して裁判手続を開始する文書の送達は，次のいずれかの方法によって実施する．

(a) 法廷地国及び当該国に対して拘束力を有する適用のある国際条約に基づく方法
(b) 申立人と当該国との間の送達のための特別の合意に基づく方法．ただし，法廷地国の法令によって禁止されていない場合に限る．
(c) (a)に規定する国際条約又は(b)に規定する特別の合意が存在しない場合には，
　(i) 外交上の経路を通じて当該国の外務省に送付する方法
　(ii) 当該国が受け入れるその他の方法．ただし，法廷地国の法令によって禁止されていない場合に限る．

2　1(c)(i)の方法による送達は，外務省による文書の受領により，実施されたものとみなす．

3　これらの文書には，必要があるときは，1に規定する国の公用語（公用語が2以上あるときは，そのうちの1）による訳文を付する．

4　いずれの国も，自国に対して開始された裁判手続の本案に関して出廷した場合には，その後は，送達が1又は3の規定に適合していなかった旨を主張することができない．

第23条（欠席判決）　1　欠席判決は，裁判所が次のすべてのことを認定しない限り，いずれの国に対してもこれを言い渡してはならない．

(a) 前条1及び3に定める要件が満たされたこと．
(b) 前条1及び2の規定に従い呼出状その他の裁判手続を開始する文書の送達が実施された日又は実施されたとみなされる日から

4箇月以上の期間が経過したこと.

(c) 当該裁判所が当該国に対して裁判権を行使することがこの条約によって禁止されていないこと.

2 いずれかの国に対して言い渡した欠席判決の写しは, 必要があるときは当該国の公用語(公用語が2以上あるときは, そのうちの1)による訳文を付して, 前条1に定めるいずれかの方法により, かつ, 同条1の規定に従って当該国に送付する.

3 欠席判決の取消しを求める申立ての期限は, 4箇月を下回らないものとし, 2に規定する国が判決の写しを受領した日又は受領したとみなされる日から起算する.

第24条（裁判手続における特権及び免除）

1 裁判手続のために特定の行為を行い, 若しくは行うことを差し控え, 又は書類を提出し, 若しくは他の情報を開示することをいずれかの国に対して求める他の国の裁判所の命令に当該国が従わなかったこと又は従うことを拒否したことは, 事件の本案との関係においてそのような行動がもたらすことのある結果を除くほか, 他のいかなる結果ももたらすものではない. 特に, 命令に従わなかったこと又は従うことを拒否したことを理由として, 当該国に対して過料又は制裁を課してはならない.

2 いずれの国も, 他の国の裁判所において相手方となっている裁判手続において, 裁判費用の支払を保証するためのいかなる担保, 保証証書又は供託金（いかなる名称が付されているかを問わない.）の提供も要求されない.

第6部　最終規程

第25条（附属書） この条約の附属書は, この条約の不可分の一部を成す.

第26条（他の国際協定） この条約のいかなる規定も, この条約で取り扱われている事項に関する既存の国際協定の当事国の間において締約国が当該国際協定に基づいて有する権利及び義務に影響を及ぼすものではない.

第27条（紛争の解決） 1 締約国は, この条約の解釈又は適用に関する紛争を交渉によって解決するよう努める.

2 この条約の解釈又は適用に関する締約国間の紛争であって6箇月以内に交渉によって解決することができないものは, いずれかの紛争当事国の要請により, 仲裁に付される. 仲裁の要請の日の後6箇月以内に仲裁の組織について紛争当事国間で合意に達しない場合には, いずれの紛争当事国も, 国際司法裁判所規程に従い国際司法裁判所に紛争を付託することができる.

3 締約国は, この条約への署名, この条約の批准, 受諾若しくは承認又はこの条約への加入の際に, 2の規定に拘束されない旨を宣言することができる. 他の締約国は, そのような宣言を行った締約国との関係において同規定に拘束されない.

4 3の規定に基づいて宣言を行った締約国は, 国際連合事務総長に対して通告を行うことにより, いつでもその宣言を撤回することができる.

第31条（廃棄） 1 いずれの締約国も, 国際連合事務総長に対して書面による通告を行うことにより, この条約を廃棄することができる.

2 廃棄は, 国際連合事務総長が1の通告を受領した日の後1年で効力を生ずる. ただし, この条約は, 国及びその財産の裁判権からの免除の問題であって, 関係国のいずれかについて廃棄が効力を生ずる日前にいずれかの国に対して開始された他の国の裁判所における裁判手続において生じたものについては, 引き続き適用する.

3 廃棄は, この条約に定める義務のうちこの条約との関係を離れ国際法に従って負うこととなる義務を履行する締約国の責務に何ら影響を及ぼすものではない.

附属書　この条約の特定の規定に関する了解

この附属書は, この条約の特定の規定に関する了解を定めることを目的とするものである.

（第10条の規定に関する了解）

第10条に規定する「免除」とは, この条約全体の文脈により了解される.

同条3の規定は, 「法人格の否認」の問題, 国営企業その他の国によって設立された団体が, 裁判手続の目的である請求を満たすことを避けるため, その財務状況について故意に虚偽の表示を行い, 若しくは事後にその資産を減ずるような事態に関する問題又はその他の関連する問題を予断するものではない.

（第11条の規定に関する了解）

第11条2(d)に規定する雇用主である国の「安全保障上の利益」とは, 国家の安全保障並びに外交使節団及び領事機関の安全に関する事項を主として意図したものである.

1961年の外交関係に関するウィーン条約第41条及び1963年の領事関係に関するウィーン条約第55条の規定に基づき, これらの規定にいうすべての者は, 接受国の法令（労働諸法令を含む.）を尊重する義務を有する. また, 接受国は, 1961年の外交関係に関するウィーン条約第38条及び1963年の領事関係に関するウィーン条約第71条の規定に基づき，外交使節団又は領事機関の任務の遂行を不当に妨げないような方法によって裁判権を行使する義務を有する．

（第13条及び第14条の規定に関する了解）

「決定」は，保護される権利の存否についての確認又は検証のみでなく，当該権利の実体（当該権利の内容，範囲及び程度を含む．）の評価も意味するものとして用いる．

（第17条の規定に関する了解）

「商業的取引」には，投資に関する事項を含む．

（第19条の規定に関する了解）

第19条(c)に規定する「団体」とは，独立した法人格としての国家又は連邦国家の構成単位，国家の行政区画，国家の機関若しくは下部機関若しくは他の団体であって，独立した法人格を有するものをいう．

同条(c)に規定する「団体と関係を有する財産」とは，所有され，又は占有される財産よりも広範なものと了解される．

同条の規定は，「法人格の否認」の問題，国営企業その他の国によって設立された団体が，裁判手続の目的である請求を満たすことを避けるため，その財務状況について故意に虚偽の表示を行い，若しくは事後にその資産を減ずるような事態に関する問題又はその他の関連する問題を予断するものではない．

2　国家領域・国際化区域

i）海　洋

9 国連海洋法条約（抄）

海洋法に関する国際連合条約（海洋法条約）
〔採択〕1982年4月30日
〔効力発生〕1994年11月16日／〔日本国〕1996年7月20日

この条約の締約国は，

海洋法に関するすべての問題を相互の理解及び協力の精神によって解決する希望に促され，また，平和の維持，正義及び世界のすべての人民の進歩に対する重要な貢献としてのこの条約の歴史的な意義を認識し，

1958年及び1960年にジュネーヴで開催された国際連合海洋法会議以降の進展により新たなかつ一般的に受け入れられ得る海洋法に関する条約の必要性が高められたことに留意し，

海洋の諸問題が相互に密接な関連を有し及び全体として検討される必要があることを認識し，

この条約を通じ，すべての国の主権に妥当な考慮を払いつつ，国際交通を促進し，かつ，海洋の平和的利用，海洋資源の衡平かつ効果的な利用，海洋生物資源の保存並びに海洋環境の研究，保護及び保全を促進するような海洋の法的秩序を確立することが望ましいことを認識し，

このような目標の達成が，人類全体の利益及びニーズ，特に開発途上国（沿岸国であるか内陸国であるかを問わない．）の特別の利益及びニーズを考慮した公正かつ衡平な国際経済秩序の実現に貢献することに留意し，

国の管轄権の及ぶ区域の境界の外の海底及びその下並びにその資源が人類の共同の財産であり，その探査及び開発が国の地理的な位置のいかんにかかわらず人類全体の利益のために行われること等を国際連合総会が厳粛に宣言した1970年12月17日の決議第2749号（第25回会期）に規定する諸原則をこの条約により発展させることを希望し，

この条約により達成される海洋法の法典化及び漸進的発展が，国際連合憲章に規定する国際連合の目的及び原則に従い，正義及び同権の原則に基づくすべての国の間における平和，安全，協力及び友好関係の強化に貢献し並びに世界のすべての人民の経済的及び社会的発展を促進することを確信し，

この条約により規律されない事項は，引き続き一般国際法の規則及び原則により規律されることを確認して，

次のとおり協定した．

第1部　序

第1条（用語及び適用範囲） 1　この条約の適用上，

(1)「深海底」とは，国の管轄権の及ぶ区域の境界の外の海底及びその下をいう．

(2)「機構」とは，国際海底機構をいう．

(3)「深海底における活動」とは，深海底の資源の探査及び開発のすべての活動をいう．

(4)「海洋環境の汚染」とは，人間による海洋環境（三角江を含む．）への物質又はエネルギーの直接的又は間接的な導入であって，生物資源及び海洋生物に対する害，人の健康に対する危険，海洋活動（漁獲及びその他の適法な海洋の利用を含む．）に対する障害，海水の水質を利用に適さなくすること並びに快適性の減殺のような有害な結果をもたらし又

はもたらすおそれのあるものをいう.

(5) (a)「投棄」とは,次のことをいう.

(i) 廃棄物その他の物を船舶,航空機又はプラットフォームその他の人工海洋構築物から故意に処分すること.

(ii) 船舶,航空機又はプラットフォームその他の人工海洋構築物を故意に処分すること.

(b)「投棄」には,次のことを含まない.

(i) 船舶,航空機又はプラットフォームその他の人工海洋構築物及びこれらのものの設備の通常の運用に付随し又はこれに伴って生ずる廃棄物その他の物を処分すること.ただし,廃棄物その他の物であって,その処分に従事する船舶,航空機又はプラットフォームその他の人工海洋構築物によって又はこれらに向けて運搬されるもの及び当該船舶,航空機又はプラットフォームその他の人工海洋構築物における当該廃棄物その他の物の処理に伴って生ずるものを処分することを除く.

(ii) 物を単なる処分の目的以外の目的で配置すること.ただし,その配置がこの条約の目的に反しない場合に限る.

2 (1)「締約国」とは,この条約に拘束されることに同意し,かつ,自国についてこの条約の効力が生じている国をいう.

(2) この条約は,第305条1の(b)から(f)までに規定する主体であって,そのそれぞれに関連する条件に従ってこの条約の当事者となるものについて準用し,その限度において「締約国」というときは,当該主体を含む.

第2部　領海及び接続水域

第1節　総　則

第2条（領海,領海の上空並びに領海の海底及びその下の法的地位）1　沿岸国の主権は,その領土若しくは内水又は群島国の場合にはその群島水域に接続する水域で領海といわれるものに及ぶ.

2　沿岸国の主権は,領海の上空並びに領海の海底及びその下に及ぶ.

3　領海に対する主権は,この条約及び国際法の他の規則に従って行使される.

第2節　領海の限界

第3条（領海の幅）　いずれの国も,この条約の定めるところにより決定される基線から測定して12海里を超えない範囲でその領海の幅を定める権利を有する.

第4条（領海の外側の限界）　領海の外側の限界は,いずれの点をとっても基線上の最も近い点からの距離が領海の幅に等しい線とする.

第5条（通常の基線）　この条約に別段の定めがある場合を除くほか,領海の幅を測定するための通常の基線は,沿岸国が公認する大縮尺海図に記載されている海岸の低潮線とする.

第6条（礁）　環礁の上に所在する島又は裾（きょ）礁を有する島については,領海の幅を測定するための基線は,沿岸国が公認する海図上に適当な記号で示される礁の海側の低潮線とする.

第7条（直線基線）1　海岸線が著しく曲折しているか又は海岸に沿って至近距離に一連の島がある場所においては,領海の幅を測定するための基線を引くに当たって,適当な点を結ぶ直線基線の方法を用いることができる.

2　三角州その他の自然条件が存在するために海岸線が非常に不安定な場所においては,低潮線上の海へ向かって最も外側の適当な諸点を選ぶことができるものとし,直線基線は,その後,低潮線が後退する場合においても,沿岸国がこの条約に従って変更するまで効力を有する.

3　直線基線は,海岸の全般的な方向から著しく離れて引いてはならず,また,その内側の水域は,内水としての規制を受けるために陸地と十分に密接な関連を有しなければならない.

4　直線基線は,低潮高地との間に引いてはならない.ただし,恒久的に海面上にある灯台その他これに類する施設が低潮高地の上に建設されている場合及び低潮高地との間に基線を引くことが一般的な国際的承認を受けている場合は,この限りでない.

5　直線基線の方法が1の規定に基づいて適用される場合には,特定の基線を決定するに当たり,その地域に特有な経済的利益でその現実性及び重要性が長期間の慣行によって明白に証明されているものを考慮に入れることができる.

6　いずれの国も,他の国の領海を公海又は排他的経済水域から切り離すように直線基線の方法を適用することができない.

第8条（内水）1　第4部に定める場合を除くほか,領海の基線の陸地側の水域は,沿岸国の内水の一部を構成する.

2　前条に定める方法に従って定めた直線基線がそれ以前には内水とされていなかった水域を内水として取り込むこととなる場合には,この条約に定める無害通航権は,これらの水域において存続する.

第9条（河口）　河川が海に直接流入している場合には,基線は,河口を横切りその河川の両岸の低潮線上の点の間に引いた直線とする.

第10条（湾） 1　この条は，海岸が単一の国に属する湾についてのみ規定する．

2　この条約の適用上，湾とは，奥行が湾口の幅との対比において十分に深いため，陸地に囲まれた水域を含み，かつ，単なる海岸のわん曲以上のものを構成する明白な湾入をいう．ただし，湾入は，その面積が湾口を横切って引いた線を直径とする半円の面積以上のものでない限り，湾とは認められない．

3　測定上，湾入の面積は，その海岸の低潮線と天然の入口の両側の低潮線上の点を結ぶ線とにより囲まれる水域の面積とする．島が存在するために湾入が2以上の湾口を有する場合には，それぞれの湾口に引いた線の長さの合計に等しい長さの線上に半円を描くものとする．湾入内にある島は，湾入の水域の一部とみなす．

4　湾の天然の入口の両側の低潮線上の点の間の距離が24海里を超えないときは，これらの点を結ぶ閉鎖線を引き，その線の内側の水域を内水とする．

5　湾の天然の入口の両側の低潮線上の点の間の距離が24海里を超えるときは，24海里の直線基線を，この長さの線で囲むことができる最大の水域を囲むような方法で湾内に引く．

6　この条の規定は，いわゆる歴史的湾について適用せず，また，第7条に定める直線基線の方法が適用される場合についても適用しない．

第11条（港）　領海の限界の画定上，港湾の不可分の一部を成す恒久的な港湾工作物で最も外側にあるものは，海岸の一部を構成するものとみなされる．沖合の施設及び人工島は，恒久的な港湾工作物とはみなされない．

第12条（停泊地）　積込み，積卸し及び船舶の投びょうのために通常使用されている停泊地は，その全部又は一部が領海の外側の限界よりも外方にある場合にも，領海とみなされる．

第13条（低潮高地） 1　低潮高地とは，自然に形成された陸地であって，低潮時には水に囲まれ水面上にあるが，高潮時には水中に没するものをいう．低潮高地の全部又は一部が本土又は島から領海の幅を超えない距離にあるときは，その低潮線は，領海の幅を測定するための基線として用いることができる．

2　低潮高地は，その全部が本土又は島から領海の幅を超える距離にあるときは，それ自体の領海を有しない．

第14条（基線を決定する方法の組合せ）　沿岸国は，異なる状態に適応させて，前諸条に規定する方法を適宜用いて基線を決定することができる．

第15条（向かい合っているか又は隣接している海岸を有する国の間における領海の境界画定）　2の国の海岸が向かい合っているか又は隣接しているときは，いずれの国も，両国間に別段の合意がない限り，いずれの点をとっても両国の領海の幅を測定するための基線上の最も近い点から等しい距離にある中間線を越えてその領海を拡張することができない．ただし，この規定は，これと異なる方法で両国の領海の境界を定めることが歴史的権原その他特別の事情により必要であるときは，適用しない．

第16条（海図及び地理学的経緯度の表） 1　第7条，第9条及び第10条の規定に従って決定される領海の幅を測定するための基線又はこれに基づく限界線並びに第12条及び前条の規定に従って引かれる境界画定線は，それらの位置の確認に適した縮尺の海図に表示する．これに代えて，測地原子を明示した各点の地理学的経緯度の表を用いることができる．

2　沿岸国は，1の海図又は地理学的経緯度の表を適当に公表するものとし，当該海図又は表の写しを国際連合事務総長に寄託する．

第3節　領海における無害通航

A　すべての船舶に適用される規則

第17条（無害通航権）　すべての国の船舶は，沿岸国であるか内陸国であるかを問わず，この条約に従うことを条件として，領海において無害通航権を有する．

第18条（通航の意味） 1　通航とは，次のことのために領海を航行することをいう．

(a) 内水に入ることなく又は内水の外にある停泊地若しくは港湾施設に立ち寄ることなく領海を通過すること．

(b) 内水に向かって若しくは内水から航行すること又は(a)の停泊地若しくは港湾施設に立ち寄ること．

2　通航は，継続的かつ迅速に行わなければならない．ただし，停船及び投びょうは，航行に通常付随するものである場合，不可抗力若しくは遭難により必要とされる場合又は危険若しくは遭難に陥った人，船舶若しくは航空機に援助を与えるために必要とされる場合に限り，通航に含まれる．

第19条（無害通航の意味） 1　通航は，沿岸国の平和，秩序又は安全を害しない限り，無害とされる．無害通航は，この条約及び国際法の他の規則に従って行わなければならない．

2　外国船舶の通航は，当該外国船舶が領海において次の活動のいずれかに従事する場合には，沿岸国の平和，秩序又は安全を害するものとされる．

(a) 武力による威嚇又は武力の行使であって，

沿岸国の主権, 領土保全若しくは政治的独立に対するもの又はその他の国際連合憲章に規定する国際法の諸原則に違反する方法によるもの
(b) 兵器(種類のいかんを問わない.)を用いる訓練又は演習
(c) 沿岸国の防衛又は安全を害することとなるような情報の収集を目的とする行為
(d) 沿岸国の防衛又は安全に影響を与えることを目的とする宣伝行為
(e) 航空機の発着又は積込み
(f) 軍事機器の発着又は積込み
(g) 沿岸国の通関上, 財政上, 出入国管理士又は衛生上の法令に違反する物品, 通貨又は人の積込み又は積卸し
(h) この条約に違反する故意のかつ重大な汚染行為
(i) 漁獲行為
(j) 調査活動又は測量活動の実施
(k) 沿岸国の通信系又は他の施設への妨害を目的とする行為
(l) 通航に直接の関係を有しないその他の活動

第20条 (潜水船その他の水中航行機器) 潜水船その他の水中航行機器は, 領海においては, 海面上を航行し, かつ, その旗を掲げなければならない.

第21条 (無害通航に係る沿岸国の法令) 1 沿岸国は, この条約及び国際法の他の規則に従い, 次の事項の全部又は一部について領海における無害通航に係る法令を制定することができる.
(a) 航行の安全及び海上交通の規制
(b) 航行援助施設及び他の施設の保護
(c) 電線及びパイプラインの保護
(d) 海洋生物資源の保存
(e) 沿岸国の漁業に関する法令の違反の防止
(f) 沿岸国の環境の保全並びにその汚染の防止, 軽減及び規制
(g) 海洋の科学的調査及び水路測量
(h) 沿岸国の通関上, 出入国管理上又は衛生上の法令の違反の防止

2 1に規定する法令は, 外国船舶の設計, 構造, 乗組員の配乗又は設備については, 適用しない. ただし当該法令が一般的に受け入れられている国際的な規則又は基準を実施する場合は, この限りでない.

3 沿岸国は, 1に規定するすべての法令を適当に公表する.

4 領海において無害通航権を行使する外国船舶は, 1に規定するすべての法令及び海上における衝突の予防に関する一般的に受け入れられているすべての国際的な規則を遵守する.

第22条 (領海における航路帯及び分離通航帯)
1 沿岸国は, 航行の安全を考慮して必要な場合には, 自国の領海において無害通航権を行使する外国船舶に対し, 船舶の通航を規制するために自国が指定する航路帯及び設定する分離通航帯を使用するよう要求することができる.

2 沿岸国は, 特に, タンカー, 原子力船及び核物質又はその他の本質的に危険若しくは有害な物質若しくは原料を運搬する船舶に対し, 1の航路帯のみを通航するよう要求することができる.

3 沿岸国は, この条の規定により航路帯の指定及び分離通航帯の設定を行うに当たり, 次の事項を考慮する.
(a) 権限のある国際機関の勧告
(b) 国際航行のために慣習的に使用されている水路
(c) 特定の船舶及び水路の特殊な性質
(d) 交通のふくそう状況

4 沿岸国は, この条に定める航路帯及び分離通航帯を海図上に明確に表示し, かつ, その海図を適当に公表する.

第23条 (外国の原子力船及び核物質又はその他の本質的に危険若しくは有害な物質を運搬する船舶) 外国の原子力船及び核物質又はその他の本質的に危険若しくは有害な物質を運搬する船舶は, 領海において無害通航権を行使する場合には, そのような船舶について国際協定が定める文書を携行し, かつ, 当該国際協定が定める特別の予防措置をとる.

第24条 (沿岸国の義務) 1 沿岸国は, この条約に定めるところによる場合を除くほか, 領海における外国船舶の無害通航を妨害してはならない. 沿岸国は, 特に, この条約又はこの条約に従って制定される法令の適用に当たり, 次のことを行ってはならない.
(a) 外国船舶に対し無害通航権を否定し又は害する実際上の効果を有する要件を課すること.
(b) 特定の国の船舶に対し又は特定の国へ, 特定の国から著しくは特定の国のために貨物を運搬する船舶に対して法律上又は事実上の差別を行うこと.

2 沿岸国は, 自国の領海内における航行上の危険で自国が知っているものを適当に公表する.

第25条 (沿岸国の保護権) 1 沿岸国は, 無害でない通航を防止するため, 自国の領海内において必要な措置をとることができる.

2　沿岸国は，また，船舶が内水に向かって航行している場合又は内水の外にある港湾施設に立ち寄る場合には，その船舶が内水に入るため又は内水の外にある港湾施設に立ち寄るために従うべき条件に違反することを防止するため，必要な措置をとる権利を有する．

3　沿岸国は，自国の安全の保護（兵器を用いる訓練を含む．）のため不可欠である場合には，その領海内の特定の水域において，外国船舶の間に法律上又は事実上の差別を設けることなく，外国船舶の無害通航を一時的に停止することができる．このような停止は，適当な方法で公表された後においてのみ，効力を有する．

第26条（外国船舶に対して課し得る課徴金）

1　外国船舶に対しては，領海の通航のみを理由とするいかなる課徴金も課することができない．

2　領海を通航する外国船舶に対しては，当該外国船舶に提供された特定の役務の対価としてのみ，課徴金を課することができる．これらの課徴金は，差別なく課する．

B　商船及び商業的目的のために運航する政府船舶に適用される規則

第27条（外国船舶内における刑事裁判権）

1　沿岸国の刑事裁判権は，次の場合を除くほか，領海を通航している外国船舶内において，その通航中に当該外国船舶内で行われた犯罪に関連していずれかの者を逮捕し又は捜査を行うために行使してはならない．

(a) 犯罪の結果が当該沿岸国に及ぶ場合
(b) 犯罪が当該沿岸国の安寧又は領海の秩序を乱す性質のものである場合
(c) 当該外国船舶の船長又は旗国の外交官若しくは領事官が当該沿岸国の当局に対して援助を要請する場合
(d) 麻薬又は向精神薬の不正取引を防止するために必要である場合

2　1の規定は，沿岸国が，内水を出て領海を通航している外国船舶内において逮捕又は捜査を行うため，自国の法令で認められている措置をとる権利に影響を及ぼすものではない．

3　1及び2に定める場合においては，沿岸国は，船長の要請があるときは，措置をとる前に当該外国船舶の旗国の外交官又は領事官に通報し，かつ，当該外交官又は領事官と当該外国船舶の乗組員との間の連絡を容易にする．緊急の場合には，その通報は，当該措置をとっている間に行うことができる．

4　沿岸国の当局は，逮捕すべきか否か，また，いかなる方法によって逮捕すべきかを考慮するに当たり，航行の利益に対して妥当な考慮を払う．

5　沿岸国は，第12部に定めるところによる場合及び第5部に定めるところにより制定する法令の違反に関する場合を除くほか，外国の港を出て，内水に入ることなく単に領海を通航する外国船舶につき，当該外国船舶が領海に入る前に船内において行われた犯罪に関連していずれかの者を逮捕し又は捜査を行うため，いかなる措置もとることができない．

第28条（外国船舶に関する民事裁判権）　1　沿岸国は，領海を通航している外国船舶内にある者に関して民事裁判権を行使するために当該外国船舶を停止させてはならず，又はその航路を変更させてはならない．

2　沿岸国は，外国船舶が沿岸国の水域を航行している間に又はその水域を航行するために当該外国船舶について生じた債務又は責任に関する場合を除くほか，当該外国船舶に対し民事上の強制執行又は保全処分を行うことができない．

3　2の規定は，沿岸国が，領海に停泊しているか又は内水を出て領海を通航している外国船舶に対し，自国の法令に従って民事上の強制執行又は保全処分を行う権利を害するものではない．

C　軍艦及び非商業的目的のために運航するその他の政府船舶に適用される規則

第29条（軍艦の定義）　この条約の適用上，「軍艦」とは，1の国の軍隊に属する船舶であって，当該国の国籍を有するそのような船舶であることを示す外部標識を掲げ，当該国の政府によって正式に任命されてその氏名が軍務に従事する者の適当な名簿又はこれに相当するものに記載されている士官の指揮の下にあり，かつ，正規の軍隊の規律に服する乗組員が配置されているものをいう．

第30条（軍艦による沿岸国の法令の違反）　軍艦が領海の通航に係る沿岸国の法令を遵守せず，かつ，その軍艦に対して行われた当該法令の遵守の要請を無視した場合には，当該沿岸国は，その軍艦に対し当該領海から直ちに退去することを要求することができる．

第31条（軍艦又は非商業的目的のために運航するその他の政府船舶がもたらした損害についての旗国の責任）　旗国は，軍艦又は非商業的目的のために運航するその他の政府船舶が領海の通航に係る沿岸国の法令，この条約又は国際法の他の規則を遵守しなかった結果として沿岸国に与えたいかなる損失又は損害についても国際的責任を負う．

第32条（軍艦及び非商業的目的のために運航

するその他の政府船舶に与えられる免除）　この節のＡ及び前２条の規定による例外を除くほか，この条約のいかなる規定も，軍艦及び非商業的目的のために運航するその他の政府船舶に与えられる免除に影響を及ぼすものではない．

第４節　接続水域

第33条（接続水域） １　沿岸国は，自国の領海に接続する水域で接続水域といわれるものにおいて，次のことに必要な規制を行うことができる．
(a) 自国の領土又は領海内における通関上，財政上，出入国管理上又は衛生上の法令の違反を防止すること．
(b) 自国の領土又は領海内で行われた(a)の法令の違反を処罰すること．
２　接続水域は，領海の幅を測定するための基線から24海里を超えて拡張することができない．

第3部　国際航行に使用されている海峡

第１節　総　則

第34条（国際航行に使用されている海峡を構成する水域の法的地位） １　この部に定める国際航行に使用されている海峡の通航制度は，その他の点については，当該海峡を構成する水域の法的地位に影響を及ぼすものではなく，また，当該水域，当該水域の上空並びに当該水域の海底及びその下に対する海峡沿岸国の主権又は管轄権の行使に影響を及ぼすものではない．
２　海峡沿岸国の主権又は管轄権は，この部の規定及び国際法の他の規則に従って行使される．

第35条（この部の規定の適用範囲）　この部のいかなる規定も，次のものに影響を及ぼすものではない．
(a) 海峡内の内水である水域．ただし，第７条に定める方法に従って定めた直線基線がそれ以前には内水とされていなかった水域を内水として取り込むこととなるものを除く．
(b) 海峡沿岸国の領海を越える水域の排他的経済水域又は公海としての法的地位
(c) 特にある海峡について定める国際条約であって長い間存在し現に効力を有しているものがその海峡の通航を全面的又は部分的に規制している法制度

第36条（国際航行に使用されている海峡内の公海又は排他的経済水域の航路）　この部の規定は，国際航行に使用されている海峡であって，その海峡内に航行止及び水路上の特性において同様に便利な公海又は排他的経済水域の航路が存在するものについては，適用しない．これらの航路については，この条約の他の関連する部の規定（航行及び上空飛行の自由に関する規定を含む．）を適用する．

第２節　通過通航

第37条（この節の規定の適用範囲）　この節の規定は，公海又は排他的経済水域の一部分と公海又は排他的経済水域の他の部分との間にある国際航行に使用されている海峡について適用する．

第38条（通過通航権） １　すべての船舶及び航空機は，前条に規定する海峡において，通過通航権を有するものとし，この通過通航権は，害されない．ただし，海峡が海峡沿岸国の島及び本土から構成されている場合において，その島の海側に航行上及び水路上の特性において同様に便利な公海又は排他的経済水域の航路が存在するときは，通過通航は，認められない．
２　通過通航とは，この部の規定に従い，公海又は排他的経済水域の一部分と公海又は排他的経済水域の他の部分との間にある海峡において，航行及び上空飛行の自由が継続的かつ迅速な通過のためのみに行使されることをいう．ただし，継続的かつ迅速な通過という要件は，海峡沿岸国への入国に関する条件に従い当該海峡沿岸国への入国又は当該海峡沿岸国からの出国若しくは帰航の目的で海峡を通航することを妨げるものではない．
３　海峡における通過通航権の行使に該当しないいかなる活動も，この条約の他の適用される規定に従うものとする．

第39条（通過通航中の船舶及び航空機の義務）
１　船舶及び航空機は，通過通航権を行使している間，次のことを遵守する．
(a) 海峡又はその上空を遅滞なく通過すること．
(b) 武力による威嚇又は武力の行使であって，海峡沿岸国の主権，領土保全若しくは政治的独立に対するもの又はその他の国際連合憲章に規定する国際法の諸原則に違反する方法によるものを差し控えること．
(c) 不可抗力又は遭難により必要とされる場合を除くほか，継続的かつ迅速な通過の通常の形態に付随する活動以外のいかなる活動も差し控えること．
(d) この部の他の関連する規定に従うこと．
２　通過通航中の船舶は，次の事項を遵守する．
(a) 海上における安全のための一般的に受け入れられている国際的な規則，手続及び方式（海上における衝突の予防のための国際規則を含む.）

(b) 船舶からの汚染の防止, 軽減及び規制のための一般的に受け入れられている国際的な規則, 手続及び方式

3　通過通航中の航空機は, 次のことを行う.

(a) 国際民間航空機関が定める民間航空機に適用される航空規則を遵守すること. 国の航空機については, 航空規則に係る安全措置を原則として遵守し及び常に航行の安全に妥当な考慮を払って運航すること.

(b) 国際的に権限のある航空交通管制当局によって割り当てられた無線周波数又は適当な国際遭難無線周波数を常に聴守すること.

第 40 条（調査活動及び測量活動）　外国船舶（海洋の科学的調査又は水路測量を行う船舶を含む.）は, 通過通航中, 海峡沿岸国の事前の許可なしにいかなる調査活動又は測量活動も行うことができない.

第 41 条（国際航行に使用されている海峡における航路帯及び分離通航帯） 1　海峡沿岸国は, 船舶の安全な通航を促進するために必要な場合には, この部の規定により海峡内に航行のための航路帯を指定し及び分離通航帯を設定することができる.

2　1の海峡沿岸国は, 必要がある場合には, 適当に公表した後, 既に指定した航路帯又は既に設定した分離通航帯を他の航路帯又は分離通航帯に変更することができる.

3　航路帯及び分離通航帯は, 一般的に受け入れられている国際的な規則に適合したものとする.

4　海峡沿岸国は, 航路帯の指定若しくは変更又は分離通航帯の設定若しくは変更を行う前に, これらの採択のための提案を権限のある国際機関に行う. 当該権限のある国際機関は, 当該海峡沿岸国が同意する航路帯及び分離通航帯のみを採択することができるものとし, 当該海峡沿岸国は, その採択の後にそれに従って航路帯の指定若しくは変更又は分離通航帯の設定若しくは変更を行うことができる.

5　ある海峡において2以上の海峡沿岸国の水域を通る航路帯又は分離通航帯が提案される場合には, 関係国は, 権限のある国際機関と協議の上, その提案の作成に協力する.

6　海峡沿岸国は, 自国が指定したすべての航路帯及び設定したすべての分離通航帯を海図上に明確に表示し, かつ, その海図を適当に公表する.

7　通過通航中の船舶は, この条の規定により設定された適用される航路帯及び分離通航帯を尊重する.

第 42 条（通過通航に係る海峡沿岸国の法令）

1　海峡沿岸国は, この節に定めるところにより, 次の事項の全部又は一部について海峡の通過通航に係る法令を制定することができる.

(a) 前条に定めるところに従う航行の安全及び海上交通の規制

(b) 海峡における油, 油性廃棄物その他の有害な物質の排出に関して適用される国際的な規則を実施することによる汚染の防止, 軽減及び規制

(c) 漁船については, 漁獲の防止（漁具の格納を含む）

(d) 海峡沿岸国の通関上, 財政上, 出入国管理上又は衛生上の法令に違反する物品, 通貨又は人の積込み又は積卸し

2　1の法令は, 外国船舶の間に法律上又は事実上の差別を設けるものであってはならず, また, その適用に当たり, この節に定める通過通航権を否定し, 妨害し又は害する実際上の効果を有するものであってはならない.

3　海峡沿岸国は, 1のすべての法令を適当に公表する.

4　通過通航権を行使する外国船舶は, 1の法令を遵守する.

5　主権免除を享受する船舶又は航空機が1の法令又はこの部の他の規定に違反して行動した場合には, その旗国又は登録国は, 海峡沿岸国にもたらしたいかなる損失又は損害についても国際的責任を負う.

第 43 条（略）

第 44 条（海峡沿岸国の義務）　海峡沿岸国は, 通過通航を妨害してはならず, また, 海峡内における航行上又はその上空における飛行上の危険で自国が知っているものを適当に公表する. 通過通航は, 停止してはならない.

第 3 節　無害通航

第 45 条（無害通航） 1　第 2 部第 3 節の規定に基づく無害通航の制度は, 国際航行に使用されている海峡のうち次の海峡について適用する.

(a) 第 38 条 1 の規定により通過通航の制度の適用から除外される海峡

(b) 公海又は1の国の排他的経済水域の一部と他の国の領海との間にある海峡

2　1の海峡における無害通航は, 停止してはならない.

第 4 部　群島国

第 46 条（用語）　この条約の適用上,

(a)「群島国」とは, 全体が1又は2以上の群島から成る国をいい, 他の島を含めることがで

きる.
(b)「群島」とは，島の集団又はその一部，相互に連結する水域その他天然の地形が極めて密接に関係しているため，これらの島，水域その他天然の地形が本質的に1の地理的，経済的及び政治的単位を構成しているか又は歴史的にそのような単位と認識されているものをいう.

第47条（群島基線） 1　群島国は，群島の最も外側にある島及び低潮時に水面上にある礁の最も外側の諸点を結ぶ直線の群島基線を引くことができる．ただし，群島基線の内側に主要な島があり，かつ，群島基線の内側の水域の面積と陸地（環礁を含む.）の面積との比率が1対1から9対1までの間のものとなることを条件とする.

2　群島基線の長さは，100海里を超えてはならない．ただし，いずれの群島についても，これを取り囲む基線の総数の3パーセントまでのものについて，最大の長さを125海里までにすることができる.

3　群島基線は，群島の全般的な輪郭から著しく離れて引いてはならない.

4　群島基線は，低潮高地との間に引いてはならない．ただし，恒久的に海面上にある灯台その他，これに類する施設が低潮高地の上に建設されている場合及び低潮高地の全部又は一部が最も近い島から領海の幅を超えない距離にある場合は，この限りでない.

5　いずれの群島国も，他の国の領海を公海又は排他的経済水域から切り離すように群島基線の方法を適用してはならない.

6　群島国の群島水域の一部が隣接する国の2の部分の間にある場合には，当該隣接する国が当該群島水域の一部で伝統的に行使している現行の権利及び他のすべての適法な利益並びにこれらの国の間の合意により定められているすべての権利は，存続しかつ尊重される.

7　1の水域と陸地との面積の比率の計算に当たり，陸地の面積には，島の裾（きょ）礁及び環礁の内側の水域（急斜面を有する海台の上部の水域のうちその周辺にある一連の石灰岩の島及び低潮時に水面上にある礁によって取り囲まれ又はほとんど取り囲まれている部分を含む.）を含めることができる.

8　この条の規定に従って引かれる基線は，その位置の確認に適した縮尺の海図に表示する．これに代えて，測地原子を明示した各点の地理学的経緯度の表を用いることができる.

9　群島国は，8の海図又は地理学的経緯度の表を適当に公表するものとし，当該海図又は表の写しを国際連合事務総長に寄託する.

第48条（領海，接続水域，排他的経済水域及び大陸棚の幅の測定）　領海，接続水域，排他的経済水域及び大陸棚の幅は，前条の規定に従って引かれる群島基線から測定する.

第49条（群島水域，群島水域の上空並びに群島水域の海底及びその下の法的地位） 1　群島国の主権は，第47条の規定に従って引かれる群島基線により取り囲まれる水域で群島水域といわれるもの（その水深又は海岸からの距離を問わない.）に及ぶ.

2　群島国の主権は，群島水域の上空，群島水域の海底及びその下並びにそれらの資源に及ぶ.

3　群島国の主権は，この部の規定に従って行使される.

4　この部に定める群島航路帯の通航制度は，その他の点については，群島水域（群島航路帯を含む.）の法的地位に影響を及ぼすものではなく，また，群島水域，群島水域の上空，群島水域の海底及びその下並びにそれらの資源に対する群島国の主権の行使に影響を及ぼすものではない.

第50条（内水の境界画定）　群島国は，その群島水域において，第9条から第11条までの規定に従って内水の境界画定のための閉鎖線を引くことができる.

第51条（既存の協定，伝統的な漁獲の権利及び既設の海底電線） 1　群島国は，第49条の規定の適用を妨げることなく，他の国との既存の協定を尊重するものとし，また，群島水域内の一定の水域における自国に隣接する国の伝統的な漁獲の権利及び他の適法な活動を認めるものとする．そのような権利を行使し及びそのような活動を行うための条件（これらの権利及び活動の性質，限度及び適用される水域を含む.）については，いずれかの関係国の要請により，関係国間における2国間の協定により定める．そのような権利は，第3国又はその国民に移転してはならず，また，第3国又はその国民との間で共有してはならない.

2　群島国は，他の国により敷設された既設の海底電線であって，陸地に接することなく自国の水域を通っているものを尊重するものとし，また，そのような海底電線の位置及び修理又は交換の意図についての適当な通報を受領した場合には，その海底電線の維持及び交換を許可する.

第52条（無害通航権） 1　すべての国の船舶は，第50条の規定の適用を妨げることなく，第2部第3節の規定により群島水域において無害通航権を有する．ただし，次条の規定に従うものとする.

2　群島国は，自国の安全の保護のため不可欠である場合には，その群島水域内の特定の水域において，外国船舶の間に法律上又は事実上の差別を設けることなく，外国船舶の無害通航を一時的に停止することができる．このような停止は，適当な方法で公表された後においてのみ，効力を有する．

第 53 条（群島航路帯通航権） **1**　群島国は，自国の群島水域，これに接続する領海及びそれらの上空における外国の船舶及び航空機の継続的かつ迅速な通航に適した航路帯及びその上空における航空路を指定することができる．

2　すべての船舶及び航空機は，1 の航路帯及び航空路において群島航路帯通航権を有する．

3　群島航路帯通航とは，この条約に従い，公海又は排他的経済水域の一部分と公海又は排他的経済水域の他の部分との間において，通常の形態での航行及び上空飛行の権利が継続的な，迅速なかつ妨げられることのない通過のためのみに行使されることをいう．

4　1 の航路帯及び航空路は，群島水域及びこれに接続する領海を貫通するものとし，これらの航路帯及び航空路には，群島水域又はその上空における国際航行又は飛行に通常使用されているすべての通航のための航路及び船舶に関してはその航路に係るすべての通常の航行のための水路を含める．ただし，同一の入口及び出口の間においては，同様に便利な 2 以上の航路は必要としない．

5　1 の航路帯及び航空路は，通航のための航路の入口の点から出口の点までの一連の連続する中心線によって定める．群島航路帯を通航中の船舶及び航空機は，これらの中心線のいずれの側についても 25 海里を超えて離れて通航してはならない．ただし，その船舶及び航空機は，航路帯を挟んで向かい合っている島と島とを結ぶ最短距離の 10 パーセントの距離よりも海岸に近づいて航行してはならない．

6　この条の規定により航路帯を指定する群島国は，また，当該航路帯内の狭い水路における船舶の安全な通航のために分離通航帯を設定することができる．

7　群島国は，必要がある場合には，適当に公表した後，既に指定した航路帯又は既に設定した分離通航帯を他の航路帯又は分離通航帯に変更することができる．

8　航路帯及び分離通航帯は，一般的に受け入れられている国際的な規則に適合したものとする．

9　群島国は，航路帯の指定若しくは変更又は分離通航帯の設定若しくは変更を行うに当たり，これらの採択のための提案を権限のある国際機関に行う．当該権限のある国際機関は，当該群島国が同意する航路帯及び分離通航帯のみを採択することができるものとし，当該群島国は，その採択の後にそれに従って航路帯の指定若しくは変更又は分離通航帯の設定若しくは変更を行うことができる．

10　群島国は，自国が指定した航路帯の中心線及び設定した分離通航帯を海図上に明確に表示し，かつ，その海図を適当に公表する．

11　群島航路帯を通航中の船舶は，この条の規定により設定された適用される航路帯及び分離通航帯を尊重する．

12　群島国が航路帯又は航空路を指定しない場合には，群島航路帯通航権は，通常国際航行に使用されている航路において行使することができる．

第 54 条（通航中の船舶及び航空機の義務，調査活動及び測量活動，群島国の義務並びに群島航路帯通航に関する群島国の法令）　第 39 条，第 40 条，第 42 条及び第 44 条の規定は，群島航路帯通航について準用する．

第 5 部　排他的経済水域

第 55 条（排他的経済水域の特別の法制度）

排他的経済水域とは，領海に接続する水域であって，この部に定める特別の法制度によるものをいう．この法制度の下において，沿岸国の権利及び管轄権並びにその他の国の権利及び自由は，この条約の関連する規定によって規律される．

第 56 条（排他的経済水域における沿岸国の権利，管轄権及び義務） **1**　沿岸国は，排他的経済水域において，次のものを有する．

(a) 海底の上部水域並びに海底及びその下の天然資源（生物資源であるか非生物資源であるかを問わない．）の探査，開発，保存及び管理のための主権的権利並びに排他的経済水域における経済的な目的で行われる探査及び開発のためのその他の活動（海水，海流及び風からのエネルギーの生産等）に関する主権的権利

(b) この条約の関連する規定に基づく次の事項に関する管轄権

(i) 人工島，施設及び構築物の設置及び利用

(ii) 海洋の科学的調査

(iii) 海洋環境の保護及び保全

(c) この条約に定めるその他の権利及び義務

2　沿岸国は，排他的経済水域においてこの条約により自国の権利を行使し及び自国の義務

を履行するに当たり，他の国の権利及び義務に妥当な考慮を払うものとし，また，この条約と両立するように行動する．

3　この条に定める海底及びその下についての権利は，第6部の規定により行使する．

第57条（排他的経済水域の幅）　排他的経済水域は，領海の幅を測定するための基線から200海里を超えて拡張してはならない．

第58条（排他的経済水域における他の国の権利及び義務）　1　すべての国は，沿岸国であるか内陸国であるかを問わず，排他的経済水域において，この条約の関連する規定に定めるところにより，第87条に定める航行及び上空飛行の自由並びに海底電線及び海底パイプラインの敷設の自由並びにこれらの自由に関連し及びこの条約のその他の規定と両立するその他の国際的に適法な海洋の利用（船舶及び航空機の運航並びに海底電線及び海底パイプラインの運用に係る海洋の利用等）の自由を享有する．

2　第88条から第115条までの規定及び国際法の他の関連する規則は，この部の規定に反しない限り，排他的経済水域について適用する．

3　いずれの国も，排他的経済水域においてこの条約により自国の権利を行使し及び自国の義務を履行するに当たり，沿岸国の権利及び義務に妥当な考慮を払うものとし，また，この部の規定に反しない限り，この条約及び国際法の他の規則に従って沿岸国が制定する法令を遵守する．

第59条（排他的経済水域における権利及び管轄権の帰属に関する紛争の解決のための基礎）　この条約により排他的経済水域における権利又は管轄権が沿岸国又はその他の国に帰せられていない場合において，沿岸国とその他の国との間に利害の対立が生じたときは，その対立は，当事国及び国際社会全体にとっての利益の重要性を考慮して，衡平の原則に基づき，かつ，すべての関連する事情に照らして解決する．

第60条（排他的経済水域における人工島，施設及び構築物）　1　沿岸国は，排他的経済水域において，次のものを建設し並びにそれらの建設，運用及び利用を許可し及び規制する排他的権利を有する．

(a) 人工島

(b) 第56条に規定する目的その他の経済的な目的のための施設及び構築物

(c) 排他的経済水域における沿岸国の権利の行使を妨げ得る施設及び構築物

2　沿岸国は，1に規定する人工島，施設及び構築物に対して，通関上，財政上，保健上，安全上及び出入国管理上の法令に関する管轄権を含む排他的管轄権を有する．

3　1に規定する人工島，施設又は構築物の建設については，適当な通報を行わなければならず，また，その存在について注意を喚起するための恒常的な措置を維持しなければならない．放棄され又は利用されなくなった施設又は構築物は，権限のある国際機関がその除去に関して定める一般的に受け入れられている国際的基準を考慮して，航行の安全を確保するために除去する．その除去に当たっては，漁業，海洋環境の保護並びに他の国の権利及び義務に対しても妥当な考慮を払う．完全に除去されなかった施設又は構築物の水深，位置及び規模については，適当に公表する．

4　沿岸国は，必要な場合には，1に規定する人工島，施設及び構築物の周囲に適当な安全水域を設定することができるものとし，また，当該安全水域において，航行の安全並びに人工島，施設及び構築物の安全を確保するために適当な措置をとることができる．

5　沿岸国は，適用のある国際的基準を考慮して安全水域の幅を決定する．安全水域は，人工島，施設又は構築物の性質及び機能と合理的な関連を有するようなものとし，また，その幅は，一般的に受け入れられている国際的基準によって承認され又は権限のある国際機関によって勧告される場合を除くほか，当該人工島，施設又は構築物の外縁のいずれの点から測定した距離についても500メートルを超えるものであってはならない．安全水域の範囲に関しては，適当な通報を行う．

6　すべての船舶は，4の安全水域を尊重しなければならず，また，人工島，施設，構築物及び安全水域の近傍における航行に関して一般的に受け入れられている国際的基準を遵守する．

7　人工島，施設及び構築物並びにそれらの周囲の安全水域は，国際航行に不可欠な認められた航路帯の使用の妨げとなるような場所に設けてはならない．

8　人工島，施設及び構築物は，島の地位を有しない．これらのものは，それ自体の領海を有せず，また，その存在は，領海，排他的経済水域又は大陸棚の境界画定に影響を及ぼすものではない．

第61条（生物資源の保存）　1　沿岸国は，自国の排他的経済水域における生物資源の漁獲可能量を決定する．

2　沿岸国は，自国が入手することのできる最良の科学的証拠を考慮して排他的経済水域における生物資源の維持が過度の開発によって脅かされないことを適当な保存措置及び管理措置を通じて確保する. このため, 適当な場合には, 沿岸国及び権限のある国際機関（小地域的なもの, 地域的なもの又は世界的なもののいずれであるかを問わない.）は, 協力する.

3　2に規定する措置は, また, 環境上及び経済上の関連要因（沿岸漁業社会の経済上のニーズ及び開発途上国の特別の要請を含む.）を勘案し, かつ, 漁獲の態様, 資源間の相互依存関係及び一般的に勧告された国際的な最低限度の基準（小地域的なもの, 地域的なもの又は世界的なもののいずれであるかを問わない.）を考慮して, 最大持続生産量を実現することのできる水準に漁獲される種の資源量を維持し又は回復することのできるようなものとする.

4　沿岸国は, 2に規定する措置をとるに当たり, 漁獲される種に関連し又は依存する種の資源量をその再生産が著しく脅威にさらされることとなるような水準よりも高く維持し又は回復するために, 当該関連し又は依存する種に及ぼす影響を考慮する.

5　入手することのできる科学的情報, 漁獲量及び漁獲努力量に関する統計その他魚類の保存に関連するデータについては, 適当な場合には権限のある国際機関へ小地域的なもの, 地域的なもの又は世界的なもののいずれであるかを問わない.）を通じ及びすべての関係国（その国民が排他的経済水域における漁獲を認められている国を含む.）の参加を得て, 定期的に提供し及び交換する.

第62条（生物資源の利用） 1　沿岸国は, 前条の規定の適用を妨げることなく, 排他的経済水域における生物資源の最適利用の目的を促進する.

2　沿岸国は, 排他的経済水域における生物資源についての自国の漁獲能力を決定する. 沿岸国は, 自国が漁獲可能量のすべてを漁獲する能力を有しない場合には, 協定その他の取極により, 4に規定する条件及び法令に従い, 第69条及び第70条の規定（特に開発途上国に関するもの）に特別の考慮を払って漁獲可能量の余剰分の他の国による漁獲を認める.

3　沿岸国は, この条の規定に基づく他の国による自国の排他的経済水域における漁獲を認めるに当たり, すべての関連要因, 特に, 自国の経済その他の国家的利益にとっての当該排他的経済水域における生物資源の重要性, 第69条及び第70条の規定, 小地域又は地域の開発途上国が余剰分の一部を漁獲する必要性, その国民が伝統的に当該排他的経済水域で漁獲を行ってきた国又は資源の調査及び識別に実質的な努力を払ってきた国における経済的混乱を最小のものにとどめる必要性等の関連要因を考慮する.

4　排他的経済水域において漁獲を行う他の国の国民は, 沿岸国の法令に定める保存措置及び他の条件を遵守する. これらの法令は, この条約に適合するものとし, また, 特に次の事項に及ぶことができる.

(a) 漁業者, 漁船及び設備に関する許可証の発給（手数料その他の形態の報酬の支払を含む, これらの支払は, 沿岸国である開発途上国の場合については, 水産業に関する財政, 設備及び技術の分野での十分な補償から成ることができる.）
(b) 漁獲することのできる種及び漁獲割当ての決定. この漁獲割当てについては, 特定の資源若しくは資源群の漁獲, 一定の期間における1隻当たりの漁獲又は特定の期間におけるいずれかの国の国民による漁獲のいずれについてのものであるかを問わない.
(c) 漁期及び漁場, 漁具の種類, 大きさ及び数量並びに利用することのできる漁船の種類, 大きさ及び数の規制
(d) 漁獲することのできる魚その他の種の年齢及び大きさの決定
(e) 漁船に関して必要とされる情報（漁獲量及び漁獲努力量に関する統計並びに漁船の位置に関する報告を含む.）の明示
(f) 沿岸国の許可及び規制の下で特定の漁業に関する調査計画の実施を要求すること並びにそのような調査の実施（漁獲物の標本の抽出, 標本の処理及び関連する科学的データの提供を含む.）を規制すること
(g) 沿岸国の監視員又は訓練生の漁船への乗船
(h) 漁船による漁獲量の全部又は一部の沿岸国の港への陸揚げ
(i) 合弁事業に関し又はその他の協力についての取決めに関する条件
(j) 要員の訓練及び漁業技術の移転（沿岸国の漁業に関する調査を行う能力の向上を含む）のための要件
(k) 取締手続

5　沿岸国は, 保存及び管理に関する法令について適当な通報を行う.

第63条（2以上の沿岸国の排他的経済水域内に又は排他的経済水域内及び当該排他的経済水域に接続する水域内の双方に存在する資源）

1　同一の資源又は関連する種の資源が2以上の沿岸国の排他的経済水域内に存在する場合には, これらの沿岸国は, この部の他の規定の

適用を妨げることなく，直接に又は適当な小地域的若しくは地域的機関を通じて，当該資源の保存及び開発を調整し及び確保するために必要な措置について合意するよう努める．

2　同一の資源又は関連する種の資源が排他的経済水域内及び当該排他的経済水域に接続する水域内の双方に存在する場合には，沿岸国及び接続する水域において当該資源を漁獲する国は，直接に又は適当な小地域的若しくは地域的機関を通じて，当該接続する水域における当該資源の保存のために必要な措置について合意するよう努める．

第 64 条（高度回遊性の種） 1　沿岸国その他その国民がある地域において附属書Ⅰに掲げる高度回遊性の種を漁獲する国は，排他的経済水域の内外を問わず当該地域全体において当該種の保存を確保しかつ最適利用の目的を促進するため，直接に又は適当な国際機関を通じて協力する．適当な国際機関が存在しない地域においては，沿岸国その他その国民が当該地域において高度回遊性の種を漁獲する国は，そのような機関を設立し及びその活動に参加するため，協力する．

2　1の規定は，この部の他の規定に加えて適用する．

第 65 条（海産哺乳動物）　この部のいかなる規定も，沿岸国又は適当な場合には国際機関が海産哺乳動物の開発についてこの部に定めるよりも厳しく禁止し，制限し又は規制する権利又は権限を制限するものではない．いずれの国も，海産哺乳動物の保存のために協力するものとし，特に，鯨類については，その保存，管理及び研究のために適当な国際機関を通じて活動する．

第 66 条（溯河性資源） 1　溯河性資源の発生する河川の所在する国は，当該溯河性資源について第一義的利益及び責任を有する．

2　溯河性資源の母川国は，自国の排他的経済水域の外側の限界より陸地側のすべての水域における漁獲及び3(b)に規定する漁獲のための適当な規制措置を定めることによって溯河性資源の保存を確保する．母川国は，当該溯河性資源を漁獲する3及び4に規定する他の国と協議の後，自国の河川に発生する資源の総漁獲可能量を定めることができる．

3 (a) 溯河性資源の漁獲は，排他的経済水域の外側の限界より陸地側の水域においてのみ行われる．ただし，これにより母川国以外の国に経済的混乱がもたらされる場合は，この限りでない．排他的経済水域の外側の限界を越える水域における溯河性資源の漁獲に関しては，関係国は，当該溯河性資源に係る保存上の要請及び母川国のニーズに妥当な考慮を払い，当該漁獲の条件に関する合意に達するため協議を行う．

(b) 母川国は，溯河性資源を漁獲する他の国の通常の漁獲量及び操業の形態並びにその漁獲が行われてきたすべての水域を考慮して，当該他の国の経済的混乱を最小のものにとどめるために協力する．

(c) 母川国は，(b)に規定する他の国が自国との合意により溯河性資源の再生産のための措置に参加し，特に，そのための経費を負担する場合には，当該他の国に対して，自国の河川に発生する資源の漁獲について特別の考慮を払う．

(d) 排他的経済水域を越える水域における溯河性資源に関する規制の実施は，母川国と他の関係国との間の合意による．

4　溯河性資源が母川国以外の国の排他的経済水域の外側の限界より陸地側の水域に入り又はこれを通過して回遊する場合には，当該国は，当該溯河性資源の保存及び管理について母川国と協力する．

5　溯河性資源の母川国及び当該溯河性資源を漁獲するその他の国は，適当な場合には，地域的機関を通じて，この条の規定を実施するための取極を締結する．

第 67 条（降河性の種） 1　降河性の種がその生活史の大部分を過ごす水域の所在する沿岸国は，当該降河性の種の管理について責任を有し，及び回遊する魚が出入りすることができるようにする．

2　降河性の種の漁獲は，排他的経済水域の外側の限界より陸地側の水域においてのみ行われる，その漁獲は，排他的経済水域において行われる場合には，この条の規定及び排他的経済水域における漁獲に関するこの条約のその他の規定に定めるところによる．

3　降河性の魚が稚魚又は成魚として他の国の排他的経済水域を通過して回遊する場合には，当該魚の管理（漁獲を含む．）は，1の沿岸国と当該他の国との間の合意によって行われる．この合意は，種の合理的な管理が確保され及び1の沿岸国が当該種の維持について有する責任が考慮されるようなものとする．

第 68 条（定着性の種族）　この部の規定は，第 77 条4に規定する定着性の種族については，適用しない．

第 69 条（内陸国の権利） 1　内陸国は，自国と同一の小地域又は地域の沿岸国の排他的経済水域における生物資源の余剰分の適当な部分の開発につき，すべての関係国の関連する経済的及び地理的状況を考慮し，この条，第61条及び第62条に定めるところにより，衡平の原則に基づいて参加する権利を有する．

2　1に規定する参加の条件及び方法は，関係国が2国間の，小地域的な又は地域的な協定により定めるものとし，特に次の事項を考慮する．

(a) 沿岸国の漁業社会又は水産業に対する有害な影響を回避する必要性

(b) 内陸国が，この条の規定に基づき，現行の2国間の，小地域的な又は地域的な協定により，他の沿岸国の排他的経済水域における生物資源の開発に参加しており又は参加する権利を有する程度

(c) その他の内陸国及び地理的不利国が沿岸国の排他的経済水域における生物資源の開発に参加している程度及びその結果としていずれかの単一の沿岸国又はその一部が特別の負担を負うことを回避する必要性が生ずること．

(d) それぞれの国の国民の栄養上の必要性

3　沿岸国の漁獲能力がその排他的経済水域における生物資源の漁獲可能量のすべてを漁獲することのできる点に近づいている場合には，当該沿岸国その他の関係国は，同一の小地域又は地域の内陸国である開発途上国が当該小地域又は地域の沿岸国の排他的経済水域における生物資源の開発について状況により適当な方法で及びすべての当事者が満足すべき条件の下で参加することを認めるため，2国間の，小地域的な又は地域的な及び衡平な取極の締結に協力する．この規定の実施に当たっては，2に規定する要素も考慮する．

4　内陸国である先進国は，この条の規定に基づき，自国と同一の小地域又は地域の沿岸国である先進国の排他的経済水域においてのみ生物資源の開発に参加することができる．この場合において，当該沿岸国である先進国がその排他的経済水域における生物資源について他の国による漁獲を認めるに当たり，その国民が伝統的に当該排他的経済水域で漁獲を行ってきた国の漁業社会に対する有害な影響及び経済的混乱を最小のものにとどめる必要性をどの程度考慮してきたかが勘案される．

5　1から4までの規定は，沿岸国が自国と同一の小地域又は地域の内陸国に対して排他的経済水域における生物資源の開発のための平等又は優先的な権利を与えることを可能にするため当該小地域又は地域において合意される取極に影響を及ぼすものではない．

第70条（地理的不利国の権利） 1　地理的不利国は，自国と同一の小地域又は地域の沿岸国の排他的経済水域における生物資源の余剰分の適当な部分の開発につき，すべての関係国の関連する経済的及び地理的状況を考慮し，この条，第61条及び第62条に定めるところにより，衡平の原則に基づいて参加する権利を有する．

2　この部の規定の適用上，「地理的不利国」とは，沿岸国（閉鎖海又は半閉鎖海に面した国を含む．）であって，その地理的状況のため自国民又はその一部の栄養上の目的のための魚の十分な供給を自国と同一の小地域又は地域の他の国の排他的経済水域における生物資源の開発に依存するもの及び自国の排他的経済水域を主張することができないものをいう．

3　1に規定する参加の条件及び方法は，関係国が2国間の，小地域的な又は地域的な協定により定めるものとし，特に次の事項を考慮する．

(a) 沿岸国の漁業社会又は水産業に対する有害な影響を回避する必要性

(b) 地理的不利国が，この条の規定に基づき，現行の2国間の，小地域的な又は地域的な協定により，他の沿岸国の排他的経済水域における生物資源の開発に参加しており又は参加する権利を有する程度

(c) その他の地理的不利国及び内陸国が沿岸国の排他的経済水域における生物資源の開発に参加している程度及びその結果としていずれかの単一の沿岸国又はその一部が特別の負担を負うことを回避する必要性が生ずること．

(d) それぞれの国の国民の栄養上の必要性

4　沿岸国の漁獲能力がその排他的経済水域における生物資源の漁獲可能量のすべてを漁獲することのできる点に近づいている場合には，当該沿岸国その他の関係国は，同一の小地域又は地域の地理的不利国である開発途上国が当該小地域又は地域の沿岸国の排他的経済水域における生物資源の開発について状況により適当な方法で及びすべての当事者が満足すべき条件の下で参加することを認めるため，2国間の，小地域的な又は地域的な及び衡平な取極の締結に協力する．この規定の実施に当たっては，3に規定する要素も考慮する．

5　地理的不利国である先進国は，この条の規定に基づき，自国と同一の小地域又は地域の沿岸国である先進国の排他的経済水域においてのみ生物資源の開発に参加することができる．この場合において，当該沿岸国である先進国がその排他的経済水域における生物資源について他の国による漁獲を認めるに当たり，そ

の国民が伝統的に当該排他的経済水域で漁獲を行ってきた国の漁業社会に対する有害な影響及び経済的混乱を最小のものにとどめる必要性をどの程度考慮してきたかが勘案される.

6　1から5までの規定は,沿岸国が自国と同一の小地域又は地域の地理的不利国に対して排他的経済水域における生物資源の開発のための平等又は優先的な権利を与えることを可能にするため当該小地域又は地域において合意される取極に影響を及ぼすものではない.

第71条（前2条の規定の不適用）　前2条の規定は,沿岸国の経済がその排他的経済水域における生物資源の開発に依存する度合が極めて高い場合には,当該沿岸国については,適用しない.

第72条（略）

第73条（沿岸国の法令の執行）　1　沿岸国は,排他的経済水域において生物資源を探査し,開発し,保存し及び管理するための主権的権利を行使するに当たり,この条約に従って制定する法令の遵守を確保するために必要な措置（乗船,検査,拿（だ）捕及び司法上の手続を含む.）をとることができる.

2　拿（だ）捕された船舶及びその乗組員は,合理的な保証金の支払又は合理的な他の保証の提供の後に速やかに釈放される.

3　排他的経済水域における漁業に関する法令に対する違反について沿岸国が科する罰には,関係国の別段の合意がない限り拘禁を含めてはならず,また,その他のいかなる形態の身体刑も含めてはならない.

4　沿岸国は,外国船舶を拿（だ）捕し又は抑留した場合には,とられた措置及びその後科した罰について,適当な経路を通じて旗国に速やかに通報する.

第74条（向かい合っているか又は隣接している海岸を有する国の間における排他的経済水域の境界画定）　1　向かい合っているか又は隣接している海岸を有する国の間における排他的経済水域の境界画定は,衡平な解決を達成するために,国際司法裁判所規程第38条に規定する国際法に基づいて合意により行う.

2　関係国は,合理的な期間内に合意に達することができない場合には,第15部に定める手続に付する.

3　関係国は,1の合意に達するまでの間,理解及び協力の精神により,実際的な性質を有する暫定的な取極を締結するため及びそのような過渡的期間において最終的な合意への到達を危うくし又は妨げないためにあらゆる努力を払う.暫定的な取極は,最終的な境界画定に影響を及ぼすものではない.

4　関係国間において効力を有する合意がある場合には,排他的経済水域の境界画定に関する問題は,当該合意に従って解決する.

第75条（略）

第6部　大陸棚

第76条（大陸棚の定義）　1　沿岸国の大陸棚とは,当該沿岸国の領海を越える海面下の区域の海底及びその下であってその領土の自然の延長をたどって大陸縁辺部の外縁に至るまでのもの又は,大陸縁辺部の外縁が領海の幅を測定するための基線から200海里の距離まで延びていない場合には,当該沿岸国の領海を越える海面下の区域の海底及びその下であって当該基線から200海里の距離までのものをいう.

2　沿岸国の大陸棚は,4から6までに定める限界を越えないものとする.

3　大陸縁辺部は,沿岸国の陸塊の海面下まで延びている部分から成るものとし,棚,斜面及びコンチネンタル・ライズの海底及びその下で構成される.ただし,大洋底及びその海洋海嶺又はその下を含まない.

4(a)　この条約の適用上,沿岸国は,大陸縁辺部が領海の幅を測定するための基線から200海里を超えて延びている場合には,次のいずれかの線により大陸縁辺部の外縁を設定する.

(i)　ある点における堆（たい）積岩の厚さが当該点から大陸斜面の脚部までの最短距離の1パーセント以上であるとの要件を満たすときにこのような点のうち最も外側のものを用いて7の規定に従って引いた線

(ii)　大陸斜面の脚部から60海里を超えない点を用いて7の規定に従って引いた線

(b)　大陸斜面の脚部は,反証のない限り,当該大陸斜面の基部における勾配が最も変化する点とする.

5　4(a)の(i)又は(ii)の規定に従って引いた海底における大陸棚の外側の限界線は,これを構成する各点において,領海の幅を測定するための基線から350海里を超え又は2500メートル等深線（2500メートルの水深を結ぶ線をいう.）から100海里を超えてはならない.

6　5の規定にかかわらず,大陸棚の外側の限界は,海底海嶺の上においては領海の幅を測定するための基線から350海里を超えてはならない.この6の規定は,海台,海膨,キャップ,堆（たい）及び海脚のような大陸縁辺部の自然の構成要素である海底の高まりについては,適用しない.

7 沿岸国は，自国の大陸棚が領海の幅を測定するための基線から200海里を超えて延びている場合には，その大陸棚の外側の限界線を経緯度によって定める点を結ぶ60海里を超えない長さの直線によって引く.

8 沿岸国は，領海の幅を測定するための基線から200海里を超える大陸棚の限界に関する情報を，衡平な地理的代表の原則に基づき附属書IIに定めるところにより設置される大陸棚の限界に関する委員会に提出する．この委員会は，当該大陸棚の外側の限界の設定に関する事項について当該沿岸国に対し勧告を行う．沿岸国がその勧告に基づいて設定した大陸棚の限界は，最終的なものとし，かつ，拘束力を有する.

9 沿岸国は，自国の大陸棚の外側の限界が恒常的に表示された海図及び関連する情報（測地原子を含む.）を国際連合事務総長に寄託する．同事務総長は，これらを適当に公表する.

10 この条の規定は，向かい合っているか又は隣接している海岸を有する国の間における大陸棚の境界画定の問題に影響を及ぼすものではない.

第77条（大陸棚に対する沿岸国の権利） 1 沿岸国は，大陸棚を探査し及びその天然資源を開発するため，大陸棚に対して主権的権利を行使する.

2 1の権利は，沿岸国が大陸棚を探査せず又はその天然資源を開発しない場合においても，当該沿岸国の明示の同意なしにそのような活動を行うことができないという意味において，排他的である.

3 大陸棚に対する沿岸国の権利は，実効的な若しくは名目上の先占又は明示の宣言に依存するものではない.

4 この部に規定する天然資源は，海底及びその下の鉱物その他の非生物資源並びに定着性の種族に属する生物，すなわち，採捕に適した段階において海底若しくはその下で静止しており又は絶えず海底若しくはその下に接触していなければ動くことのできない生物から成る.

第78条（上部水域及び上空の法的地位並びに他の国の権利及び自由） 1 大陸棚に対する沿岸国の権利は，上部水域又はその上空の法的地位に影響を及ぼすものではない.

2 沿岸国は，大陸棚に対する権利の行使により，この条約に定める他の国の航行その他の権利及び自由を侵害してはならず，また，これらに対して不当な妨害をもたらしてはならない.

第79条（大陸棚における海底電線及び海底パイプライン） 1 すべての国は，この条の規定に従って大陸棚に海底電線及び海底パイプラインを敷設する権利を有する.

2 沿岸国は，大陸棚における海底電線又は海底パイプラインの敷設又は維持を妨げることができない．もっとも，沿岸国は，大陸棚の探査，その天然資源の開発並びに海底パイプラインからの汚染の防止，軽減及び規制のために適当な措置をとる権利を有する.

3 海底パイプラインを大陸棚に敷設するための経路の設定については，沿岸国の同意を得る.

4 この部のいかなる規定も，沿岸国がその領土若しくは領海に入る海底電線若しくは海底パイプラインに関する条件を定める権利又は大陸棚の探査，その資源の開発若しくは沿岸国が管轄権を有する人工島，施設及び構築物の運用に関連して建設され若しくは利用される海底電線及び海底パイプラインに対する当該沿岸国の管轄権に影響を及ぼすものではない.

5 海底電線又は海底パイプラインを敷設する国は，既に海底に敷設されている電線又はパイプラインに妥当な考慮を払わなければならない．特に，既設の電線又はパイプラインを修理する可能性は，害してはならない.

第80条（大陸棚における人工島，施設及び構築物） 第60条の規定は，大陸棚における人工島，施設及び構築物について準用する.

第81条（大陸棚における掘削） 沿岸国は，大陸棚におけるあらゆる目的のための掘削を許可し及び規制する排他的権利を有する.

第82条（200海里を超える大陸棚の開発に関する支払及び拠出） 1 沿岸国は，領海の幅を測定する基線から200海里を超える大陸棚の非生物資源の開発に関して金銭による支払又は現物による拠出を行う.

2 支払又は拠出は，鉱区における最初の5年間の生産の後，当該鉱区におけるすべての生産に関して毎年行われる，6年目の支払又は拠出の割合は，当該鉱区における生産額又は生産量の1パーセントとする，この割合は，12年目まで毎年1パーセントずつ増加するものとし，その後は7パーセントとする．生産には，開発に関連して使用された資源を含めない.

3 その大陸棚から生産される鉱物資源の純輸入国である開発途上国は，当該鉱物資源に関する支払又は拠出を免除される.

4 支払又は拠出は，機構を通じて行われるものとし，機構は，開発途上国，特に後発開発途上国及び内陸国である開発途上国の利益及びニーズに考慮を払い，衡平な配分基準に基づいて締約国にこれらを配分する.

第83条（向かい合っているか又は隣接してい

る海岸を有する国の間における大陸棚の境界画定）1 向かい合っているか又は隣接している海岸を有する国の間における大陸棚の境界画定は，衡平な解決を達成するために，国際司法裁判所規程第38条に規定する国際法に基づいて合意により行う．
2 関係国は，合理的な期間内に合意に達することができない場合には，第15部に定める手続に付する．
3 関係国は，1の合意に達するまでの間，理解及び協力の精神により，実際的な性質を有する暫定的な取極を締結するため及びそのような過渡的期間において最終的な合意への到達を危うくし又は妨げないためにあらゆる努力を払う．暫定的な取極は，最終的な境界画定に影響を及ぼすものではない．
4 関係国間において効力を有する合意がある場合には，大陸棚の境界画定に関する問題は，当該合意に従って解決する．

第84条（海図及び地理学的経緯度の表） 1 大陸棚の外側の限界線及び前条の規定に従って引かれる境界画定線は，この部に定めるところにより，それらの位置の確認に適した縮尺の海図に表示する．適当な場合には，当該外側の限界線又は当該境界画定線に代えて，測地原子を明示した各点の地理学的経緯度の表を用いることができる．
2 沿岸国は，1の海図又は地理学的経緯度の表を適当に公表するものとし，当該海図又は表の写しを国際連合事務総長に及び，大陸棚の外側の限界線を表示した海図又は表の場合には，これらの写しを機構の事務局長に寄託する．

第85条（トンネルの掘削） この部の規定は，トンネルの掘削により海底（水深のいかんを問わない．）の下を開発する沿岸国の権利を害するものではない．

第7部 公 海

第1節 総 則

第86条（この部の規定の適用） この部の規定は，いずれの国の排他的経済水域，領海若しくは内水又はいずれの群島国の群島水域にも含まれない海洋のすべての部分に適用する．この条の規定は，第58条の規定に基づきすべての国が排他的経済水域において享有する自由にいかなる制約も課するものではない．

第87条（公海の自由） 1 公海は，沿岸国であるか内陸国であるかを問わず，すべての国に開放される．公海の自由は，この条約及び国際法の他の規則に定める条件に従って行使される．この公海の自由には，沿岸国及び内陸国のいずれについても，特に次のものが含まれる．
(a) 航行の自由
(b) 上空飛行の自由
(c) 海底電線及び海底パイプラインを敷設する自由．ただし，第6部の規定の適用が妨げられるものではない．
(d) 国際法によって認められる人工島その他の施設を建設する自由．ただし，第6部の規定の適用が妨げられるものではない．
(e) 第2節に定める条件に従って漁獲を行う自由
(f) 科学的調査を行う自由．ただし，第6部及び第13部の規定の適用が妨げられるものではない．
2 1に規定する自由は，すべての国により，公海の自由を行使する他の国の利益及び深海底における活動に関するこの条約に基づく権利に妥当な考慮を払って行使されなければならない．

第88条（平和的目的のための公海の利用） 公海は，平和的目的のために利用されるものとする．

第89条（公海に対する主権についての主張の無効） いかなる国も，公海のいずれかの部分をその主権の下に置くことを有効に主張することができない．

第90条（航行の権利） いずれの国も，沿岸国であるか内陸国であるかを問わず，自国を旗国とする船舶を公海において航行させる権利を有する．

第91条（船舶の国籍） 1 いずれの国も，船舶に対する国籍の許与，自国の領域内における船舶の登録及び自国の旗を掲げる権利に関する条件を定める．船舶は，その旗を掲げる権利を有する国の国籍を有する．その国と当該船舶との間には，真正な関係が存在しなければならない．
2 いずれの国も，自国の旗を掲げる権利を許与した船舶に対し，その旨の文書を発給する．

第92条（船舶の地位） 1 船舶は，一の国のみの旗を掲げて航行するものとし，国際条約又はこの条約に明文の規定がある特別の場合を除くほか，公海においてその国の排他的管轄権に服する．船舶は，所有権の現実の移転又は登録の変更の場合を除くほか，航海中又は寄港中にその旗を変更することができない．
2 2以上の国の旗を適宜に使用して航行する船舶は，そのいずれの国の国籍も第三国に対して主張することができないものとし，また，このような船舶は，国籍のない船舶とみなすことができる．

第93条（国際連合，その専門機関及び国際原子力機関の旗を掲げる船舶） 前諸条の規定は，国際連合，その専門機関又は国際原子力機関の公務に使用され，かつ，これらの機関の旗を掲げる船舶の問題に影響を及ぼすものではない．

第94条（旗国の義務） 1 いずれの国も，自国を旗国とする船舶に対し，行政上，技術上及び社会上の事項について有効に管轄権を行使し及び有効に規制を行う．

2 いずれの国も，特に次のことを行う．

(a) 自国を旗国とする船舶の名称及び特徴を記載した登録簿を保持すること．ただし，その船舶が小さいため一般的に受け入れられている国際的な規則から除外されているときは，この限りでない．

(b) 自国を旗国とする船舶並びにその船長，職員及び乗組員に対し，当該船舶に関する行政上，技術上及び社会上の事項について国内法に基づく管轄権を行使すること．

3 いずれの国も，自国を旗国とする船舶について，特に次の事項に関し，海上における安全を確保するために必要な措置をとる．

(a) 船舶の構造，設備及び堪（たん）航性

(b) 船舶における乗組員の配乗並びに乗組員の労働条件及び訓練．この場合において，適用のある国際文書を考慮に入れるものとする．

(c) 信号の使用，通信の維持及び衝突の予防

4 3の措置には，次のことを確保するために必要な措置を含める．

(a) 船舶が，その登録前に及びその後は適当な間隔で，資格のある船舶検査員による検査を受けること並びに船舶の安全な航行のために適当な海図，航海用刊行物，航行設備及び航行器具を船内に保持すること．

(b) 船舶が，特に運用，航海，通信及び機関について適当な資格を有する船長及び職員の管理の下にあること並びに乗組員の資格及び人数が船舶の型式，大きさ，機関及び設備に照らして適当であること．

(c) 船長，職員及び適当な限度において乗組員が海上における人命の安全，衝突の予防，海洋汚染の防止，軽減及び規制並びに無線通信の維持に関して適用される国際的な規則に十分に精通しており，かつ，その規則の遵守を要求されていること．

5 いずれの国も，3及び4に規定する措置をとるに当たり，一般的に受け入れられている国際的な規則，手続及び慣行を遵守し並びにその遵守を確保するために必要な措置をとることを要求される．

6 船舶について管轄権が適正に行使されず又は規制が適正に行われなかったと信ずるに足りる明白な理由を有する国は，その事実を旗国に通報することができる．旗国は，その通報を受領したときは，その問題の調査を行うものとし，適当な場合には，事態を是正するために必要な措置をとる．

7 いずれの国も，自国を旗国とする船舶の公海における海事損害又は航行上の事故であって，他の国の国民に死亡若しくは重大な傷害をもたらし又は他の国の船舶若しくは施設若しくは海洋環境に重大な損害をもたらすものについては，適正な資格を有する者によって又はその立会いの下で調査が行われるようにしなければならない．旗国及び他の国は，海事損害又は航行上の事故について当該他の国が行う調査の実施において協力する．

第95条（公海上の軍艦に与えられる免除） 公海上の軍艦は，旗国以外のいずれの国の管轄権からも完全に免除される．

第96条（政府の非商業的役務にのみ使用される船舶に与えられる免除） 国が所有し又は運航する船舶で政府の非商業的役務にのみ使用されるものは，公海において旗国以外のいずれの国の管轄権からも完全に免除される．

第97条（衝突その他の航行上の事故に関する刑事裁判権） 1 公海上の船舶につき衝突その他の航行上の事故が生じた場合において，船長その他当該船舶に勤務する者の刑事上又は懲戒上の責任が問われるときは，これらの者に対する刑事上又は懲戒上の手続は，当該船舶の旗国又はこれらの者が属する国の司法当局又は行政当局においてのみとることができる．

2 懲戒上の問題に関しては，船長免状その他の資格又は免許の証明書を発給した国のみが，受有者がその国の国民でない場合においても，適正な法律上の手続を経てこれらを取り消す権限を有する．

3 船舶の拿（だ）捕又は抑留は，調査の手段としても，旗国の当局以外の当局が命令してはならない．

第98条（援助を与える義務） 1 いずれの国も，自国を旗国とする船舶の船長に対し，船舶，乗組員又は旅客に重大な危険を及ぼさない限度において次の措置をとることを要求する．

(a) 海上において生命の危険にさらされている者を発見したときは，その者に援助を与えること．

(b) 援助を必要とする旨の通報を受けたときは，当該船長に合理的に期待される限度にお

いて，可能な最高速力で遭難者の救助に赴くこと．

(c) 衝突したときは，相手の船舶並びにその乗組員及び旅客に援助を与え，また，可能なときは，自己の船舶の名称，船籍港及び寄港しようとする最も近い港を相手の船舶に知らせること．

2　いずれの沿岸国も，海上における安全に関する適切かつ実効的な捜索及び救助の機関の設置，運営及び維持を促進し，また，状況により必要とされるときは，このため，相互間の地域的な取極により隣接国と協力する．

第 99 条（奴隷の運送の禁止）　いずれの国も，自国の旗を掲げることを認めた船舶による奴隷の運送を防止し及び処罰するため並びに奴隷の運送のために自国の旗が不法に使用されることを防止するため，実効的な措置をとる．いずれの船舶（旗国のいかんを問わない．）に避難する奴隷も，避難したという事実によって自由となる．

第 100 条（海賊行為の抑止のための協力の義務）　すべての国は，最大限に可能な範囲で，公海その他いずれの国の管轄権にも服さない場所における海賊行為の抑止に協力する．

第 101 条（海賊行為の定義）　海賊行為とは，次の行為をいう．

(a) 私有の船舶又は航空機の乗組員又は旅客が私的目的のために行うすべての不法な暴力行為，抑留又は略奪行為であって次のものに対して行われるもの

(i) 公海における他の船舶若しくは航空機又はこれらの内にある人若しくは財産

(ii) いずれの国の管轄権にも服さない場所にある船舶，航空機，人又は財産

(b) いずれかの船舶又は航空機を海賊船舶又は海賊航空機とする事実を知って当該船舶又は航空機の運航に自発的に参加するすべての行為

(c) (a)又は(b)に規定する行為を扇動し又は故意に助長するすべての行為

第 102 条（乗組員が反乱を起こした軍艦又は政府の船舶若しくは航空機による海賊行為）　前条に規定する海賊行為であって，乗組員が反乱を起こして支配している軍艦又は政府の船舶若しくは航空機が行うものは，私有の船舶又は航空機が行う行為とみなされる．

第 103 条（海賊船舶又は海賊航空機の定義）　船舶又は航空機であって，これを実効的に支配している者が第 101 条に規定するいずれかの行為を行うために使用することを意図しているものについては，海賊船舶又は海賊航空機とする．当該いずれかの行為を行うために使用された船舶又は航空機であって，当該行為につき有罪とされる者により引き続き支配されているものについても，同様とする．

第 104 条（海賊船舶又は海賊航空機の国籍の保持又は喪失）　船舶又は航空機は，海賊船舶又は海賊航空機となった場合にも，その国籍を保持することができる．国籍の保持又は喪失は，当該国籍を与えた国の法律によって決定される．

第 105 条（海賊船舶又は海賊航空機の拿捕）　いずれの国も，公海その他いずれの国の管轄権にも服さない場所において，海賊船舶，海賊航空機又は海賊行為によって奪取され，かつ，海賊の支配下にある船舶又は航空機を拿捕し及び当該船舶又は航空機内の人を逮捕し又は財産を押収することができる．拿捕を行った国の裁判所は，科すべき刑罰を決定することができるものとし，また，善意の第三者の権利を尊重することを条件として，当該船舶，航空機又は財産についてとるべき措置を決定することができる．

第 106 条（十分な根拠なしに拿捕が行われた場合の責任）　海賊行為の疑いに基づく船舶又は航空機の拿捕が十分な根拠なしに行われた場合には，拿捕を行った国は，その船舶又は航空機がその国籍を有する国に対し，その拿捕によって生じたいかなる損失又は損害についても責任を負う．

第 107 条（海賊行為を理由とする拿捕を行うことが認められる船舶及び航空機）　海賊行為を理由とする拿捕は，軍艦，軍用航空機その他政府の公務に使用されていることが明らかに表示されておりかつ識別されることのできる船舶又は航空機でそのための権限を与えられているものによってのみ行うことができる．

第 108 条（麻薬又は向精神薬の不正取引）　1　すべての国は，公海上の船舶が国際条約に違反して麻薬及び向精神薬の不正取引を行うことを防止するために協力する．

2　いずれの国も，自国を旗国とする船舶が麻薬又は向精神薬の不正取引を行っていると信ずるに足りる合理的な理由がある場合には，その取引を防止するため他の国の協力を要請することができる．

第 109 条（公海からの許可を得ていない放送）

1　すべての国は，公海からの許可を得ていない放送の防止に協力する．

2　この条約の適用上，「許可を得ていない放送」とは，国際的な規則に違反して公海上の船舶又は施設から行われる音響放送又はテレビ

ジョン放送のための送信であって，一般公衆による受信を意図するものをいう．ただし，遭難呼出しの送信を除く．

3　許可を得ていない放送を行う者については，次の国の裁判所に訴追することができる．

(a) 船舶の旗国
(b) 施設の登録国
(c) 当該者が国民である国
(d) 放送を受信することができる国
(e) 許可を得ている無線通信が妨害される国

4　3の規定により管轄権を有する国は，公海において，次条の規定に従い，許可を得ていない放送を行う者を逮捕し又はそのような船舶を拿（だ）捕することができるものとし，また，放送機器を押収することができる．

第110条（臨検の権利） 1　条約上の権限に基づいて行われる干渉行為によるものを除くほか，公海において第95条及び第96条の規定に基づいて完全な免除を与えられている船舶以外の外国船舶に遭遇した軍艦が当該外国船舶を臨検することは，次のいずれかのことを疑うに足りる十分な根拠がない限り，正当と認められない．

(a) 当該外国船舶が海賊行為を行っていること．
(b) 当該外国船舶が奴隷取引に従事していること．
(c) 当該外国船舶が許可を得ていない放送を行っており，かつ，当該軍艦の旗国が前条の規定に基づく管轄権を有すること．
(d) 当該外国船舶が国籍を有していないこと．
(e) 当該外国船舶が，他の国の旗を掲げているか又は当該外国船舶の旗を示すことを拒否したが，実際には当該軍艦と同一の国籍を有すること．

2　軍艦は，1に規定する場合において，当該外国船舶がその旗を掲げる権利を確認することができる．このため，当該軍艦は，疑いがある当該外国船舶に対し士官の指揮の下にボートを派遣することができる．文書を検閲した後もなお疑いがあるときは，軍艦は，その船舶内において更に検査を行うことができるが，その検査は，できる限り慎重に行わなければならない．

3　疑いに根拠がないことが証明され，かつ，臨検を受けた外国船舶が疑いを正当とするいかなる行為も行っていなかった場合には，当該外国船舶は，被った損失又は損害に対する補償を受ける．

4　1から3までの規定は，軍用航空機について準用する．

5　1から3までの規定は，政府の公務に使用されていることが明らかに表示されておりかつ識別されることのできるその他の船舶又は航空機で正当な権限を有するものについても準用する．

第111条（追跡権） 1　沿岸国の権限のある当局は，外国船舶が自国の法令に違反したと信ずるに足りる十分な理由があるときは，当該外国船舶の追跡を行うことができる．この追跡は，外国船舶又はそのボートが追跡国の内水，群島水域，領海又は接続水域にある時に開始しなければならず，また，中断されない限り，領海又は接続水域の外において引き続き行うことができる．領海又は接続水域にある外国船舶が停船命令を受ける時に，その命令を発する船舶も同様に領海又は接続水域にあることは必要でない．外国船舶が第33条に定める接続水域にあるときは，追跡は，当該接続水域の設定によって保護しようとする権利の侵害があった場合に限り，行うことができる．

2　追跡権については，排他的経済水域又は大陸棚（大陸棚上の施設の周囲の安全水域を含む）において，この条約に従いその排他的経済水域又は大陸棚（当該安全水域を含む．）に適用される沿岸国の法令の違反がある場合に準用する．

3　追跡権は，被追跡船舶がその旗国又は第3国の領海に入ると同時に消滅する．

4　追跡は，被追跡船舶又はそのボート若しくは被追跡船艇を母船としてこれと一団となって作業する舟艇が領海又は，場合により，接続水域，排他的経済水域若しくは大陸棚の上部にあることを追跡船舶がその場における実行可能な手段により確認しない限り，開始されたものとされない．追跡は，視覚的又は聴覚的停船信号を外国船舶が視認し又は聞くことができる距離から発した後にのみ，開始することができる．

5　追跡権は，軍艦，軍用航空機その他政府の公務に使用されていることが明らかに表示されておりかつ識別されることのできる船舶又は航空機でそのための権限を与えられているものによってのみ行使することができる．

6　追跡が航空機によって行われる場合には，

(a) 1から4までの規定を準用する．
(b) 停船命令を発した航空機は，船舶を自ら拿（だ）捕することができる場合を除くほか，自己が呼び寄せた沿岸国の船舶又は他の航空機が到着して追跡を引き継ぐまで，当該船舶を自ら積極的に追跡しなければならない．当該船舶が停船命令を受け，かつ，当該航空機又は追跡を中断することなく引き続き行う他の航空機若しくは船舶によって追跡されたのでない限り，当該航空機が当該船舶を違反を犯したもの又は違反の疑いがあるものとして発見しただけでは，領海の外における拿捕を正当とするために十分ではない．

7　いずれかの国の管轄権の及ぶ範囲内で拿捕され，かつ，権限のある当局の審理を受けるためその国の港に護送される船舶は，事情により護送の途中において排他的経済水域又は公海の一部を航行することが必要である場合に，その航行のみを理由として釈放を要求することができない．

8　追跡権の行使が正当とされない状況の下に領海の外において船舶が停止され又は拿（だ）捕されたときは，その船舶は，これにより被った損失又は損害に対する補償を受ける．

第 112 条（海底電線及び海底パイプラインを敷設する権利） 1　すべての国は，大陸棚を越える公海の海底に海底電線及び海底パイプラインを敷設する権利を有する．

2　第 79 条 5 の規定は，1 の海底電線及び海底パイプラインについて適用する．

第 113 条（海底電線又は海底パイプラインの損壊）　いずれの国も，自国を旗国とする船舶又は自国の管轄権に服する者が，故意又は過失により，電気通信を中断し又は妨害することとなるような方法で公海にある海底電線を損壊し，及び海底パイプライン又は海底高圧電線を同様に損壊することが処罰すべき犯罪であることを定めるために必要な法令を制定する．この法令の規定は，その損壊をもたらすことを意図し又はその損壊をもたらすおそれのある行為についても適用する．ただし，そのような損壊を避けるために必要なすべての予防措置をとった後に自己の生命又は船舶を守るという正当な目的のみで行動した者による損壊については，適用しない．

第 114 条（海底電線又は海底パイプラインの所有者による他の海底電線又は海底パイプラインの損壊）　いずれの国も，自国の管轄権に服する者であって公海にある海底電線又は海底パイプラインの所有者であるものが，その海底電線又は海底パイプラインを敷設し又は修理するに際して他の海底電線又は海底パイプラインを損壊したときにその修理の費用を負担すべきであることを定めるために必要な法令を制定する．

第 115 条（海底電線又は海底パイプラインの損壊を避けるための損失に対する補償）　いずれの国も，海底電線又は海底パイプラインの損壊を避けるためにいかり，網その他の漁具を失ったことを証明することができる船舶の所有者に対し，当該船舶の所有者が事前にあらゆる適当な予防措置をとったことを条件として当該海底電線又は海底パイプラインの所有者により補償が行われることを確保するために必要な法令を制定する．

第 2 節　公海における生物資源の保存及び管理

第 116 条（公海における漁獲の権利）　すべての国は，自国民が公海において次のものに従って漁獲を行う権利を有する．

(a) 自国の条約上の義務

(b) 特に第 63 条 2 及び第 64 条から第 67 条までに規定する沿岸国の権利，義務及び利益

(c) この節の規定

第 117 条（公海における生物資源の保存のための措置を自国民についてとる国の義務）　すべての国は，公海における生物資源の保存のために必要とされる措置を自国民についてとる義務及びその措置をとるに当たって他の国と協力する義務を有する．

第 118 条（生物資源の保存及び管理における国の間の協力）　いずれの国も，公海における生物資源の保存及び管理について相互に協力する．2 以上の国の国民が同種の植物資源を開発し又は同一の水域において異なる種類の生物資源を開発する場合には，これらの国は，これらの生物資源の保存のために必要とされる措置をとるために交渉を行う．このため，これらの国は，適当な場合には，小地域的又は地域的な漁業機関の設立のために協力する．

第 119 条（公海における生物資源の保存） 1　いずれの国も，公海における生物資源の漁獲可能量を決定し及び他の保存措置をとるに当たり，次のことを行う．

(a) 関係国が入手することのできる最良の科学的証拠に基づく措置であって，環境上及び経済上の関連要因（開発途上国の特別の要請を含む．）を勘案し，かつ，漁獲の態様，資源間の相互依存関係及び一般的に勧告された国際的な最低限度の基準（小地域的なもの，地域的なもの又は世界的なもののいずれであるかを問わない．）を考慮して，最大持続生産量を実現することのできる水準に漁獲される種の資源量を維持し又は回復することのできるようなものをとること．

(b) 漁獲される種に関連し又は依存する種の資源量をその再生産が著しく脅威にさらされることとなるような水準よりも高く維持し又は回復するために，当該関連し又は依存する種に及ぼす影響を考慮すること．

2　入手することのできる科学的情報，漁獲量

及び漁獲努力量に関する統計その他魚類の保存に関連するデータは，適当な場合には権限のある国際機関（小地域的なもの，地域的なもの又は世界的なもののいずれであるかを問わない．）を通じ及びすべての関係国の参加を得て，定期的に提供し，及び交換する．

3　関係国は，保存措置及びその実施がいずれの国の漁業者に対しても法律上又は事実上の差別を設けるものではないことを確保する．

第120条（海産哺乳動物）　第65条の規定は，公海における海産哺乳動物の保存及び管理についても適用する．

第8部　島の制度

第121条（島の制度） 1　島とは，自然に形成された陸地であって，水に囲まれ，高潮時においても水面上にあるものをいう．

2　3に定める場合を除くほか，島の領海，接続水域，排他的経済水域及び大陸棚は，他の領土に適用されるこの条約の規定に従って決定される．

3　人間の居住又は独自の経済的生活を維持することのできない岩は，排他的経済水域又は大陸棚を有しない．

第9部　閉鎖海又は半閉鎖海（略）

第10部　内陸国の海への出入りの権利及び通貨の自由（略）

第11部　深海底

第1節　総　則

第133条（用語）　この部の規定の適用上，

(a)「資源」とは，自然の状態で深海底の海底又はその下にあるすべての固体状，液体状又は気体状の鉱物資源（多金属性の団塊を含む．）をいう．

(b) 深海底から採取された資源は「鉱物」という．

第134条（この部の規定の適用範囲） 1　この部の規定は，深海底について適用する．

2　深海底における活動は，この部の規定により規律される．

3　第1条1(1)に規定する境界を示す海図又は地理学的経緯度の表の寄託及び公表に関する要件については，第六部に定める．

4　この条の規定は，第六部に定めるところによる大陸棚の外側の限界の設定に影響を及ぼすものではなく，また，向かい合っているか又は隣接している海岸を有する国の間の境界画定に関する合意の有効性に影響を及ぼすものではない．

第135条（上部水域及び上空の法的地位）　この部の規定及びこの部の規定により認められ又は行使される権利は，深海底の上部水域又はその上空の法的地位に影響を及ぼすものではない．

第2節　深海底を規律する原則

第136条（人類の共同の財産）　深海底及びその資源は，人類の共同の財産〔common heritage of mankind〕である．

第137条（深海底及びその資源の法的地位） 1　いずれの国も深海底又はその資源のいかなる部分についても主権又は主権的権利を主張し又は行使してはならず，また，いずれの国又は自然人若しくは法人も深海底又はその資源のいかなる部分も専有してはならない．このような主権若しくは主権的権利の主張若しくは行使又は専有は，認められない．

2　深海底の資源に関するすべての権利は，人類全体に付与されるものとし，機構は，人類全体のために行動する．当該資源は，譲渡の対象とはならない．ただし，深海底から採取された鉱物は，この部の規定並びに機構の規則及び手続に従うことによってのみ譲渡することができる．

3　いずれの国又は自然人若しくは法人も，この部の規定に従う場合を除くほか，深海底から採取された鉱物について権利を主張し，取得し又は行使することはできず，このような権利のいかなる主張，取得又は行使も認められない．

第138条（深海底に関する国の一般的な行為）　深海底に関する国の一般的な行為は，平和及び安全の維持並びに国際協力及び相互理解の促進のため，この部の規定，国際連合憲章に規定する原則及び国際法の他の規則に従う．

第139条（遵守を確保する義務及び損害に対する責任） 1　締約国は，深海底における活動（締約国，国営企業又は締約国の国籍を有し若しくは締約国若しくはその国民によって実効的に支配されている自然人若しくは法人のいずれにより行われるかを問わない．）がこの部の規定に適合して行われることを確保する義務を負う．国際機関は，当該国際機構の行う深海底における活動に関し，同様の義務を負う．

2　締約国又は国際機関によるこの部の規定に基づく義務の不履行によって生ずる損害については，国際法の規則及び附属書Ⅲ第22条の規定の適用を妨げることなく，責任が生ずる．共同で行動する締約国又は国際機関は，連帯して責任を負う．ただし，締約国は，第153条4及び同附属書第4条4の規定による実効的な遵守を確保するためのすべての必要かつ適当な措置をとった場合には，第153条2(b)に定めるところによって当該締約国が保証した者がこの部の規定を遵守しないことにより生ずる損害について責任を負わない．

3　国際機関の構成国である締約国は，当該国際機関につきこの条の規定の実施を確保するための適当な措置をとる．

第140条（人類の利益） 1　深海底における活動については，沿岸国であるか内陸国であるかの地理的位置にかかわらず，また，開発途上国の利益及びニーズ並びに国際連合総会決議第1514号（第15回会期）及び他の関連する総会決議に基づいて国際連合によって認められた完全な独立又はその他の自治的地位を獲得していない人民の利益及びニーズに特別の考慮を払って，この部に明示的に定めるところに従い，人類全体の利益のために行う．

2　機構は，第160条2(f)(i)の規定により，深海底における活動から得られる金銭的利益その他の経済的利益の衡平な配分を適当な制度を通じて，かつ，無差別の原則に基づいて行うことについて定める．

第141条（専ら平和的目的のための深海底の利用） 深海底は，無差別に，かつ，この部の他の規定の適用を妨げることなく，すべての国（沿岸国であるか内陸国であるかを問わない．）による専ら平和的目的のための利用に開放する．

第142条（沿岸国の権利及び正当な利益） 1　沿岸国の管轄権の及ぶ区域の境界にまたがって存在する深海底の資源の鉱床に関する深海底における活動については，当該沿岸国の権利及び正当な利益に妥当な考慮を払って行う．

2　1の権利及び利益の侵害を回避するため，関係国との間において協議（事前通報の制度を含む．）を維持するものとする．深海底における活動により沿岸国の管轄権の及ぶ区域内に存在する資源を開発する可能性がある場合には，当該沿岸国の事前の同意を得るものとする．

3　この部の規定及びこの部の規定により認められ又は行使されるいかなる権利も，自国の沿岸又は関係利益に対する重大なかつ急迫した危険であって深海底における活動に起因し又はこれから生ずる汚染，汚染のおそれ又はその他の危険な事態から生ずるものを防止し，軽減し又は除去するために必要な措置（第12部の関連する規定に適合するもの）をとる沿岸国の権利に影響を及ぼすものではない．

第143条（海洋の科学的調査） 1　深海底における海洋の科学的調査は，第13部の規定に従い，専ら平和的目的のため，かつ，人類全体の利益のために実施する．

2　機構は，深海底及びその資源に関する海洋の科学的調査を実施することができるものとし，この目的のため，契約を締結することができる．機構は，深海底における海洋の科学的調査の実施を促進し及び奨励するものとし，また，調査及び分析の結果が利用可能な場合には，当該結果を調整し及び普及させる．

3　締約国は，深海底における海洋の科学的調査を実施することができる．締約国は，次に掲げることにより深海底における海洋の科学的調査における国際協力を促進する．

(a) 国際的な計画に参加すること並びに各国及び機構の要員による海洋の科学的調査における協力を奨励すること．

(b) 機構又は適当な場合には他の国際機関を通じ，開発途上国及び技術面における開発の程度が低い国の利益のため，次に掲げることを目的とする計画が作成されることを確保すること．

(i) これらの国の調査能力を強化すること．

(ii) 調査の技術及び実施に関し，これらの国及び機構の要員を訓練すること．

(iii) 深海底における調査において，これらの国の資格を有する要員の雇用を促進すること．

(c) 調査及び分析の結果が利用可能な場合には，機構を通じ又は適当なときは他の国際的な経路を通じて当該結果を効果的に普及させること．

第144条（技術の移転） 1　機構は，次に掲げることを目的として，この条約に従って措置をとる．

(a) 深海底における活動に関する技術及び科学的知識を取得すること．

(b) すべての締約国が(a)の技術及び科学的知識から利益を得るようにするため，当該技術及び科学的知識の開発途上国への移転を促進し及び奨励すること．

2　機構及び締約国は，このため，事業体及びすべての締約国が利益を得ることができるように，深海底における活動に関する技術及び科学的知識の移転の促進に協力する．機構及び締約国は，特に，次の計画及び措置を提案し及び促進する．

(a) 事業体及び開発途上国に対し深海底における活動に関する技術を移転するための計画（当該計画には，特に，事業体及び開発途上国が公正かつ妥当な条件の下で関連する技術を取得することを容易にするための方策を含める．）

(b) 事業体の技術及び開発途上国の技術の進

歩を目的とする措置（特に，事業体及び開発途上国の要員に対し，海洋科学及び海洋技術に関する訓練の機会並びに深海底における活動に対する十分な参加の機会を与えるもの）

第145条（海洋環境の保護） 深海底における活動に関しては，当該活動により生ずる有害な影響からの海洋環境の効果的な保護を確保するため，この条約に基づき必要な措置をとる．機構は，このため，特に，次の事項に関する適当な規則及び手続を採択する．

(a) 海洋環境（沿岸を含む．）の汚染その他の危険の防止，軽減及び規制並びに海洋環境の生態学的均衡に対する影響の防止，軽減及び規制．特に，ボーリング，しゅんせつ，掘削，廃棄物の処分，これらの活動に係る施設，パイプラインその他の装置の建設，運用及び維持等の活動による有害な影響からの保護の必要性に対して特別の注意が払われなければならない．

(b) 深海底の天然資源の保護及び保存並びに海洋環境における植物相及び動物相に対する損害の防止

第146条（人命の保護） 深海底における活動に関し，人命の効果的な保護を確保するために必要な措置をとるものとする．機構は，このため，関連する条約に規定されている現行の国際法を補足するために適当な規則及び手続を採択する．

第147条（深海底における活動と海洋環境における活動との調整） 1　深海底における活動については，海洋環境における他の活動に対して合理的な考慮を払いつつ行う．

2　深海底における活動を行うために使用される施設は，次の条件に従うものとする．

(a) 当該施設について，専らこの部の規定に基づき，かつ，機構の規則及び手続に従い，組み立て，設置し及び撤去する．当該施設の組立て，設置及び撤去については，適当な通報を行わなければならず，また，当該施設の存在について注意を喚起するための恒常的な措置を維持しなければならない．

(b) 当該施設については，国際航行に不可欠な認められた航路帯の使用の妨げとなるような場所又は漁業活動が集中的に行われている水域に設置してはならない．

(c) 航行及び当該施設の安全を確保するため，その施設の周囲に適当な標識を設置することによって安全水域を設定するものとする．当該安全水域の形状及び位置は，船舶の特定の海域への合法的な出入り又は国際的な航路帯上の航行を妨げる帯状となるようなものとしてはならない．

(d) 当該施設については，専ら平和的目的のために使用する．

(e) 当該施設は，島の地位を有しない．当該施設は，それ自体の領海を有せず，また，その存在は，領海，排他的経済水域又は大陸棚の境界画定に影響を及ぼすものではない．

3　海洋環境における他の活動については，深海底における活動に対して合理的な考慮を払いつつ行う．

第148条（深海底における活動への開発途上国の参加） 深海底における活動への開発途上国の効果的な参加については，開発途上国の特別の利益及びニーズ，特に開発途上国のうちの内陸国及び地理的不利国が不利な位置にあること（深海底から離れていること，深海底への及び深海底からのアクセスが困難であること等）から生ずる障害を克服することの必要性に妥当な考慮を払い，この部に明示的に定めるところによって促進する．

第149条（考古学上の物及び歴史的な物） 深海底において発見された考古学上の又は歴史的な特質を有するすべての物については，当該物の原産地である国，文化上の起源を有する国又は歴史上及び考古学上の起源を有する国の優先的な権利に特別の考慮を払い，人類全体の利益のために保存し又は用いる．

第5節　紛争の解決及び勧告的意見

第191条（勧告的意見） 海底紛争裁判部は，総会又は理事会の活動の範囲内で生ずる法律問題に関し，総会又は理事会の要請に応じて勧告的意見を与える．当該勧告的意見の付与は，緊急に処理を要する事項として取り扱われるものとする．

第12部　海洋環境の保護及び保全

第1節　総　則

第192条（一般的義務） いずれの国も，海洋環境を保護し及び保全する義務を有する．

第193条（天然資源を開発する国の主権的権利） いずれの国も，自国の環境政策に基づき，かつ，海洋環境を保護し及び保全する職務に従い，自国の自然資源を開発する主権的権利を有する．

第194条（海洋環境の汚染を防止し，軽減し及び規制するための措置） 1　いずれの国も，あらゆる発生源からの海洋環境の汚染を防止し，軽減し及び規制するため，利用することができる実行可能な最善の手段を用い，かつ，自国の能力に応じ，単独で又は適当なときは共同して，この条約に適合するすべての必要な措置をとるものとし，また，この点に関して政策を調和させるよう努力する．

2　いずれの国も，自国の管轄又は管理の下における活動が他の国及びその環境に対し汚染による損害を生じさせないように行われること並びに自国の管轄又は管理の下における事件又は活動から生ずる汚染がこの条約に従って自国が主権的権利を行使する区域を越えて拡大しないことを確保するためにすべての必要な措置をとる．

3　この部の規定によりとる措置は，海洋環境の汚染のすべての発生源を取り扱う．この措置には，特に，次のことをできる限り最小にするための措置を含める．

(a) 毒性の又は有害な物質（特に持続性のもの）の陸にある発生源からの放出，大気からの若しくは大気を通ずる放出又は投棄による放出

(b) 船舶からの汚染（特に，事故を防止し及び緊急事態を処理し，海上における運航の安全を確保し，意図的な及び意図的でない排出を防止し並びに船舶の設計，構造，設備，運航及び乗組員の配乗を規制するための措置を含む．）

(c) 海底及びその下の天然資源の探査又は開発に使用される施設及び機器からの汚染（特に，事故を防止し及び緊急事態を処理し，海上における運用の安全を確保し並びにこのような施設又は機器の設計，構造，設備，運用及び人員の配置を規制するための措置を含む．）

(d) 海洋環境において運用される他の施設及び機器からの汚染（特に，事故を防止し及び緊急事態を処理し，海上における運用の安全を確保し並びにこのような施設又は機器の設計，構造，設備，運用及び人員の配置を規制するための措置を含む）

4　いずれの国も，海洋環境の汚染を防止し，軽減し又は規制するための措置をとるに当たり，他の国のこの条約に基づく権利の行使に当たっての活動及び義務の履行に当たっての活動に対する不当な干渉を差し控える．

5　この部の規定によりとる措置には，稀少又はぜい弱な生態系及び減少しており，脅威にさらされており又は絶滅のおそれのある種その他の海洋生物の生息地を保護し及び保全するために必要な措置を含める．

第195条（損害若しくは危険を移転させ又は一の類型の汚染を他の類型の汚染に変えない義務）　いずれの国も，海洋環境の汚染を防止し，軽減し又は規制するための措置をとるに当たり，損害若しくは危険を一の区域から他の区域へ直接若しくは間接に移転させないように又は一の類型の汚染を他の類型の汚染に変えないように行動する．

第196条（技術の利用又は外来種若しくは新種の導入）　**1**　いずれの国も，両国の管轄又は管理の下における技術の利用に起因する海洋環境の汚染及び海洋環境の特定の部分に重大かつ有害な変化をもたらすおそれのある外来種又は新種の当該部分への導入へ意図的であるか否かを問わない．）を防止し，軽減し及び規制するために必要なすべての措置をとる．

2　この条の規定は，海洋環境の汚染の防止，軽減及び規制に関するこの条約の適用に影響を及ぼすものではない．

第2節　世界的及び地域的な協力

第197条（世界的又は地域的基礎における協力）　いずれの国も，世界的基礎において及び，適当なときは地域的基礎において，直接に又は権限のある国際機関を通じ，地域的特性を考慮した上で，海洋環境を保護し及び保全するため，この条約に適合する国際的な規則及び基準並びに勧告される方式及び手続を作成するため協力する．

第198条（損害の危険が差し迫った場合又は損害が実際に生じた場合の通報）　海洋環境が汚染により損害を受ける差し迫った危険がある場合又は損害を受けた場合において，このことを知った国は，その損害により影響を受けるおそれのある他の国及び権限のある国際機関に直ちに通報する．

第199条（汚染に対する緊急時の計画）　前条に規定する場合において，影響を受ける地域にある国及び権限のある国際機関は，当該国についてはその能力に応じ，汚染の影響を除去し及び損害を防止し又は最小にするため，できる限り協力する．このため，いずれの国も，海洋環境の汚染をもたらす事件に対応するための緊急時の計画を共同して作成し及び促進する．

第200条（研究，調査の計画並びに情報及びデータの交換）　いずれの国も，直接に又は権限のある国際機関を通じ，研究を促進し，科学的調査の計画を実施し並びに海洋環境の汚染について取得した情報及びデータの交換を奨励するため協力する．いずれの国も，汚染の性質及び範囲，汚染にさらされたものの状態並びに汚染の経路，危険及び対処の方法を評価するための知識を取得するため，地域的及び世界的な計画に積極的に参加するよう努力する．

第201条（規則のための科学的基準）　前条

の規定により取得した情報及びデータに照らし，いずれの国も，直接に又は権限のある国際機関を通じ，海洋環境の汚染の防止，軽減及び規制のための規則及び基準並びに勧告される方式及び手続を作成するための適当な科学的基準を定めるに当たって協力する．

第4節　監視及び環境評価

第204条（汚染の危険又は影響の監視） 1　いずれの国も，他の国の権利と両立する形で，直接に又は権限のある国際機関を通じ，認められた科学的方法によって海洋環境の汚染の危険又は影響を観察し，測定し，評価し及び分析するよう，実行可能な限り努力する．

2　いずれの国も，特に，自国が許可し又は従事する活動が海洋環境を汚染するおそれがあるか否かを決定するため，当該活動の影響を監視する．

第205条（報告の公表）　いずれの国も，前条の規定により得られた結果についての報告を公表し，又は適当な間隔で権限のある国際機関に提供する，当該国際機関は，提供された報告をすべての国の利用に供すべきである．

第206条（活動による潜在的な影響の評価）　いずれの国も，自国の管轄又は管理の下における計画中の活動が実質的な海洋環境の汚染又は海洋環境に対する重大かつ有害な変化をもたらすおそれがあると信ずるに足りる合理的な理由がある場合には，当該活動が海洋環境に及ぼす潜在的な影響を実行可能な限り評価するものとし，前条に規定する方法によりその評価の結果についての報告を公表し又は国際機関に提供する．

第5節　海洋環境の汚染を防止し，軽減し及び規制するための国際的規則及び国内法

第207条（陸にある発生源からの汚染） 1　いずれの国も，国際的に合意される規則及び基準並びに勧告される方式及び手続を考慮して，陸にある発生源（河川，三角江，パイプライン及び排水口を含む．）からの海洋環境の汚染を防止し，軽減し及び規制するための法令を制定する．

2　いずれの国も，1に規定する汚染に防止し，軽減し及び規制するために必要な他の措置をとる．

3　いずれの国も1に規定する汚染に関し，適当な地域的規模において政策を調和させるよう努力する．

4　いずれの国も，地域的特性並びに開発途上国の経済力及び経済開発のニーズを考慮して，特に，権限のある国際機関又は外交会議を通じ陸にある発生源からの海洋環境の汚染を防止し，軽減し及び規制するため，世界的及び地域的な規則及び基準並びに勧告される方式及び手続を定めるよう努力する．これらの，基準並びに勧告される方式及び手続は，必要に応じ随時再検討する．

5　1，2及び4に規定する法令，措置，規則，基準並びに勧告される方式及び手続には，毒性の又は有害な物質（特に持続性のもの）の海洋環境への放出をできる限り最小にするためのものを含める．

第208条（国の管轄の下で行う海底における活動からの汚染） 1　沿岸国は，自国の管轄の下で行う海底における活動から又はこれに関連して生ずる海洋環境の汚染並びに第60条及び第80条の規定により自国の管轄の下にある人工島，施設及び構築物から生ずる海洋環境の汚染を防止し，軽減し及び規制するため法令を制定する．

2　いずれの国も，1に規定する汚染を防止し，軽減し及び規制するために必要な他の措置をとる．

3　1及び2に規定する法令及び措置は，少なくとも国際的な規則及び基準並びに勧告される方式及び手続と同様に効果的なものとする．

4　いずれの国も，1に規定する汚染に関し，適当な地域的規模において政策を調和させるよう努力する．

5　いずれの国も，特に，権限のある国際機関又は外交会議を通じ，1に規定する海洋環境の汚染を防止し，軽減し及び規制するため，世界的及び地域的な規則及び基準並びに勧告される方式及び手続を定める．これらの規則，基準並びに勧告される方式及び手続は，必要に応じ随時再検討する．

第209条（深海底における活動からの汚染） 1　深海底における活動からの海洋環境の汚染を防止し，軽減し及び規制するため，国際的な規則及び手続が，第11部の規定に従って定められる．これらの規則及び手続は，必要に応じ随時再検討される．

2　いずれの国も，この節の関連する規定に従うことを条件として，自国を旗国とし，自国において登録され又は自国の権限の下で運用される船舶，施設，構築物及び他の機器により行われる深海底における活動からの海洋環境の汚染を防止し，軽減し及び規制するため法令を制定する．この法令の要件は，少なくとも1に規定する国際的規則及び手続と同様に効果的なものとする．

第210条（投棄による汚染） 1　いずれの国も，投棄による海洋環境の汚染を防止し，軽減し及び規制するため法令を制定する．

2　いずれの国も，1に規定する汚染を防止し，軽減し及び規制するために必要な他の措置をとる．
3　1及び2に規定する法令及び措置は，国の権限のある当局の許可を得ることなく投棄が行われないことを確保するものとする．
4　いずれの国も，特に，権限のある国際機関又は外交会議を通じ，投棄による海洋環境の汚染を防止し，軽減し及び規制するため，世界的及び地域的な規則及び基準並びに勧告される方式及び手続を定めるよう努力する．これらの規則，基準並びに勧告される方式及び手続は，必要に応じ随時再検討する．
5　領海及び排他的経済水域における投棄又は大陸棚への投棄は，沿岸国の事前の明示の承認なしに行わないものとし，沿岸国は，地理的事情のため投棄により悪影響を受けるおそれのある他の国との問題に，妥当な考慮を払った後，投棄を許可し，規制し及び管理する権利を有する．
6　国内法令及び措置は，投棄による海洋環境の汚染を防止し，軽減し及び規制する上で少なくとも世界的な規則及び基準と同様に効果的なものとする．

第211条（船舶からの汚染） 1　いずれの国も権限のある国際機関又は一般的な外交会議を通じ船舶からの海洋環境の汚染を防止し，軽減し及び規制するため，国際的な規則及び基準を定めるものとし，同様の方法で，適当なときはいつでも，海洋環境（沿岸を含む．）の汚染及び沿岸国の関係利益に対する汚染損害をもたらすおそれのある事故の脅威を最小にするための航路指定の制度の採択を促進する．これらの規則及び基準は，同様の方法で必要に応じ随時再検討する．
2　いずれの国も，自国を旗国とし又は自国において登録された船舶からの海洋環境の汚染を防止し，軽減し及び規制するための法令を制定する．この法令は，権限のある国際機関又は一般的な外交会議を通じて定められる一般的に受け入れられている国際的な規則及び基準と少なくとも同等の効果を有するものとする．
3　いずれの国も，外国船舶が自国の港若しくは内水に入り又は自国の沖合の係留施設に立ち寄るための条件として海洋環境の汚染を防止し，軽減し及び規制するための特別の要件を定める場合には，当該要件を適当に公表するものとし，また，権限のある国際機関に通報する．2以上の沿岸国が政策を調和させるために同一の要件を定める取決めを行う場合には，通報には，当該取決めに参加している国を明示する．いずれの国も，自国を旗国とし又は自国において登録された船舶の船長に対し，このような取決めに参加している国の領海を航行している場合において，当該国の要請を受けたときは，当該取決めに参加している同一の地域の他の国に向かって航行しているか否かについての情報を提供すること及び，当該他の国に向かって航行しているときは，当該船舶がその国の入港，要件を満たしているか否かを示すことを要求する．この条の規定は，船舶による無害通航権の継続的な行使又は第25条2の規定の適用を妨げるものではない．
4　沿岸国は，自国の領海における主権の行使として，外国船舶（無害通航権を行使している船舶を含む．）からの海洋汚染を防止し，軽減し及び規制するための法令を制定することができる．）この法令は，第2部第3節の定めるところにより，外国船舶の無害通航を妨害するものであってはならない．
5　沿岸国は，第6節に規定する執行の目的のため，自国の排他的経済水域について，船舶からの汚染を防止し，軽減し及び規制するための法令であって，権限のある国際機関又は一般的な外交会議を通じて定められる一般的に受け入れられている国際的な規則及び基準に適合し，かつ，これら実施するための法令を制定することができる．
6 (a) 沿岸国は，1に規定する国際的な規則及び基準が特別の事情に応ずるために不適当であり，かつ，自国の排他的経済水城の明確に限定された特定の水域において，海洋学上及び生態学上の条件並びに当該水域の利用又は資源の保護及び交通の特殊性に関する認められた技術上の理由により，船舶からの汚染を防止するための拘束力を有する特別の措置をとることが必要であると信ずるに足りる合理的な理由がある場合には，権限のある国際機関を通じて他のすべての関係国と適当な協議を行った後，当該水域に関し，当該国際機関に通告することができるものとし，その通告に際し，裏付けとなる科学的及び技術的証拠並びに必要な受入施設に関する情報を提供する．当該国際機関は，通告を受領した後12箇月以内に当該水域における条件が第一段に規定する要件に合致するか否かを決定する．当該国際機関が合致すると決定した場合には，当該沿岸国は，当該水域について，船舶からの汚染の防止，軽減及び規制のための法令であって，当該国際機関が特別の水域に適用し得るとしている国際的な規則及び基準又は航行上の方式を実施するための法令を制定することができる．この法令は，当該国際機関への通告の後15箇月間は，外国船舶に適用されない．

(b) 沿岸国は，(a)に規定する明確に限定された特定の水域の範囲を公表する．

(c) 沿岸国は，(a)に規定する水域について船舶からの汚染の防止，軽減及び規制のための追加の法令を制定する意図を有する場合には，その旨を(a)の通報と同時に国際機関に通報する．この追加の法令は，排出又は航行上の方式について定めることができるものとし，外国船舶に対し，設計，構造，乗組員の配乗又は設備につき，一般的に受け入れられている国際的な規則及び基準以外の基準の遵守を要求するものであってはならない．この追加の法令は，当該国際機関への通報の後12箇月以内に当該国際機関が合意することを条件として，通報の後15箇月で外国船舶に適用される．

7 この条に規定する国際的な規則及び基準には，特に，排出又はその可能性を伴う事件（海難を含む．）によ自国の沿岸又は関係利益が影響を受けるおそれのある沿岸国への迅速な通報に関するものを含めるべきである．

第212条 （大気からの又は大気を通ずる汚染）

1 いずれの国も，国際的に合意される規則及び基準並びに勧告される方式及び手続並びに航空の安全を考慮し，大気からの又は火気を通ずる海洋環境の汚染を防止し，軽減し及び規制するため，自国の主権の下にある空間及び自国を旗国とする船舶又は自国において登録された船舶若しくは航空機について適用のある法令を制定する．

2 いずれの国も，1に規定する汚染を防止し，軽減し及び規制するために必要な他の措置をとる．

3 いずれの国も，特に，権限のある国際機関又は外交会議を通じ，1に規定する汚染を防止し，軽減し及び規制するため，世界的及び地域的な規則及び基準並びに勧告される方式及び手続を定めるよう努力する．

第6節 執 行

第213条（陸にある発生源からの汚染に関する執行） いずれの国も，第207条の規定に従って制定する自国の法令を執行するものとし陸にある発生源からの海洋環境の汚染を防止し，軽減し及び規制するため，権限のある国際機関又は外交会議を通じて定められる適用のある国際的な規則及び基準を実施するために必要な法令を制定し及び他の措置をとる．

第214条（海底における活動からの汚染に関する執行） いずれの国も，第208条の規定に従って制定する自国の法令を執行するものとし，自国の管轄の下で行う海底における活動から又はこれに関連して生ずる海洋環境の汚染並びに第60条及び第80条の規定により自国の管轄の下にある人工島，施設及び構築物から生ずる海洋環境の汚染を防止し，軽減し及び規制するため，権限のある国際機関又は外交会議を通じて定められる適用のある国際的な規則及び基準を実施するために必要な法令を制定し及び他の措置をとる．

第215条（深海底における活動からの汚染に関する執行） 深海底における活動からの海洋環境の汚染を防止し，軽減し及び規制するため第11部の規定に従って定められる国際的な規則及び手続の執行は，同部の規定により規律される．

第216条（投棄による汚染に関する執行） 1 この条約に従って制定する法令並びに権限のある国際機関又は外交会議を通じて定められる適用のある国際的な規則及び基準であって，投棄による海洋環境の汚染を防止し，軽減し及び規制するためのものについては，次の国が執行する．

(a) 沿岸国の領海若しくは排他的経済水域における投棄又は大陸棚への投棄については当該沿岸国

(b) 自国を旗国とする船舶については当該旗国又は自国において登録された船舶若しくは航空機についてはその登録国

(c) 国の領土又は沖合の係留施設において廃棄物その他の物を積み込む行為については当該国

2 いずれの国も，他の間がこの条の規定に従って既に手続を開始している場合には，この条の規定により手続を開始する義務を負うものではない．

第217条（旗国による執行） 1 いずれの国も，自国を旗国とし又は自国において登録された船舶が，船舶からの海洋環境の汚染の防止，軽減及び規制のため，権限のある国際機関又は一般的な外交会議を通じて定められる適用のある国際的な規則及び基準に従うこと並びにこの条約に従って制定する自国の法令を遵守することを確保するものとし，これらの規則，基準及び法令を実施するために必要な法令を制定し及び他の措置をとる．旗国は，違反が生ずる場所のいかんを問わず，これらの規則，基準及び法令が効果的に執行されるよう必要な手段を講ずる．

2 いずれの国も，特に，自国を旗国とし又は自国において登録された船舶が1に規定する国際的な規則及び基準の要件（船舶の設計，構造，設備及び乗組員の配乗に関する要件を含む.）に従って航行することができるようになるまで，その航行を禁止されることを確保するために適当な措置をとる.

3　いずれの国も，自国を旗国とし又は自国において登録された船舶が1に規定する国際的な規則及び基準により要求され，かつ，これらに従って発給される証書を船内に備えることを確保する.いずれの国も，当該証書が船舶の実際の状態と合致しているか否かを確認するため自国を旗国とする船舶が定期的に検査されることを確保する.当該証書は，他の国により船舶の状態を示す証拠として認容されるものとし，かつ，当該他の国が発給する証書と同一の効力を有するものとみなされる.ただし，船舶の状態が実質的に証書の記載事項どおりでないと信ずるに足りる明白な理由がある場合は，この限りでない.

4　船舶が権限のある国際機関又は一般的な外交会議を通じて定められる規則及び基準に違反する場合には，旗国は，違反が生じた場所又は当該違反により引き起こされる汚染が発生し若しくは発見された場所のいかんを問わず，当該違反について，調査を直ちに行うために必要な措置をとるものとし，適当なときは手続を開始する.ただし，次条，第220条及び第228条の規定の適用を妨げるものではない.

5　旗国は，違反の調査を実施するに当たり，事件の状況を明らかにするために他の国の協力が有用である場合には，当該他の国の援助を要請することができる.いずれの国も，旗国の適当な要請に応ずるよう努力する.

6　いずれの国も，他の国の書面による要請により，自国を旗国とする船舶によるすべての違反を調査する.旗国は，違反につき手続をとることを可能にするような十分な証拠が存在すると認める場合には，遅滞なく自国の法律に従って手続を開始する.

7　旗国は，とった措置及びその結果を要請国及び権限のある国際機関に速やかに通報する.このような情報は，すべての国が利用し得るものとする.

8　国の法令が自国を旗国とする船舶に関して定める罰は，場所のいかんを問わず違反を防止するため十分に厳格なものとする.

第218条（寄港国による執行） **1**　いずれの国も，船舶が自国の港又は沖合の係留施設に任意にとどまる場合には，権限のある国際機関又は一般的な外交会議を通じて定められる適用のある国際的な規則及び基準に違反する当該船舶からの排出であって，当該国の内水，領海又は排他的経済水域の外で生じたものについて，調査を実施することができるものとし，証拠により正当化される場合には，手続を開始することができる.

2　1に規定するいかなる手続も，他の国の内水，領海又は排他的経済水域における排出の違反については，開始してはならない.ただし，当該他の国，旗国若しくは排出の違反により損害若しくは脅威を受けた国が要請する場合又は排出の違反が手続を開始する国の内水，領海若しくは排他的経済水域において汚染をもたらし若しくはもたらすおそれがある場合は，この限りでない.

3　いずれの国も，船舶が自国の港又は沖合の係留施設に任意にとどまる場合には，1に規定する排出の違反であって，他の国の内水，領海若しくは排他的経済水域において生じたもの又はこれらの水域に損害をもたらし若しくはもたらすおそれがあると認めるものについて，当該他の国からの調査の要請に実行可能な限り応ずる.いずれの国も，船舶が自国の港又は沖合の係留地般に任意にとどまる場合には，1に規定する排出の違反について，違反が生じた場所のいかんを問わず，旗国からの調査の要請に同様に実行可能な限り応ずる.

4　この条の規定に従い寄港国により実施された調査の記録は，要請により，旗国又は沿岸国に送付する.違反が，沿岸国の内水，領海又は排他的経済水域において生じた場合には，当該調査に基づいて寄港国により開始された手続は，第7節の規定に従うことを条件として，当該沿岸国の要請により停止することができる.停止する場合には，事件の証拠及び記録並びに寄港国の当局に支払われた保証金又は提供された他の金銭上の保証は，沿岸国に送付する.寄港国における手続は，その送付が行われた場合には，継続することができない.

第219条（汚染を，回避するための船舶の堪航性に関する措置）　いずれの国も，第7節の規定に従うことを条件として，要請により又は自己の発意により，自国の港の1又は沖合の係留施設の1にある船舶が船舶の堪航性に関する適用のある国際的な規則及び基準に違反し，かつ，その違反が海洋環境に損害をもたらすおそれがあることを確認した場合には，実行可能な限り当該船舶を航行させないようにするための行政上の措置をとる.当該国は，船舶に対し最寄りの修繕のための適当な場所までに限り航行を許可することができるものとし，当該違反の原因が除去された場合には，直ちに当該船船の航行の継続を許可する.

第220条（沿岸国による執行） 1　いずれの国も, 船舶が自国の港又は沖合の係留施設に任意にとどまる場合において, この条約に従って制定する自国の法令又は適用のある国際的な規則及び基準であって, 船舶からの汚染の防止, 軽減及び規制のためのものに対する違反が自国の領海又は排他的経済水域において生じたときは, 第7節の規定に従うことを条件として, 当該違反について手続を開始することができる.

2　いずれの国も, 自国の領海を航行する船舶が当該領海の通航中にこの条約に従って制定する自国の法令又は適用のある国際的な規則及び基準であって, 船舶からの汚染の防止, 軽減及び規制のためのものに違反したと信ずるに足りる明白な理由がある場合には, 第2部第3節の関連する規定の適用を妨げることなく, その違反について当該船舶の物理的な検査を実施することができ, また, 証拠により正当化されるときは, 第7節の規定に従うことを条件として, 自国の法律に従って手続（船舶の抑留を含む.）を開始することができる.

3　いずれの国も, 自国の排他的経済水域又は領海を航行する船舶が当該排他的経済水域において船舶からの汚染の防止, 軽減及び規制のための適用のある国際的な規則及び基準又はこれらに適合し, かつ, これらを実施するための自国の法令に違反したと信ずるに足りる明白な理由がある場合には, 当該船舶に対しその識別及び船籍港に関する情報, 直前及び次の寄港地に関する情報並びに違反が生じたか否かを確定するために必要とされる他の関連する情報を提供するよう要請することができる.

4　いずれの国も, 自国を旗国とする船舶が3に規定する情報に関する要請に従うように法令を制定し及び他の措置をとる.

5　いずれの国も, 自国の排他的経済水域又は領海を航行する船舶が当該排他的経済水域において3に規定する規則及び基準又は法令に違反し, その違反により著しい海洋環境の汚染をもたらし又はもたらすおそれのある実質的な排出が生じたと信ずるに足りる明白な理由がある場合において, 船舶が情報の提供を拒否したとき又は船舶が提供した情報が明白な実際の状況と明らかに相違しており, かつ, 事件の状況により検査を行うことが正当と認められるときは, 当該違反に関連する事項について当該船舶の物理的な検査を実施することができる.

6　いずれの国も, 自国の排他的経済水域又は領海を航行する船舶が当該排他的経済水域において3に規定する規則及び基準又は法令に違反し, その違反により自国の沿岸若しくは関係利益又は自国の領海若しくは排他的経済水域の資源に対し著しい損害をもたらし又はもたらすおそれのある排出が生じたとの明白かつ客観的な証拠がある場合には, 第7節の規定に従うこと及び証拠により正当化されることを条件として, 自国の法律に従って手続（船舶の抑留を含む.）を開始することができる.

7　6の規定にかかわらず, 6に規定する国は, 保証金又は他の適当な金銭上の保証に係る要求に従うことを確保する適当な手続が, 権限のある国際機関を通じ又は他の方法により合意されているところに従って定められる場合において, 当該国が当該手続に拘束されるときは, 船舶の航行を認めるものとする.

8　3から7までの規定は, 第211条6の規定に従って制定される国内法令にも適用する.

第221条（海難から生ずる汚染を回避するための措置） 1　この部のいずれの規定も, 著しく有害な結果をもたらすことが合理的に予測される海難又はこれに関連する行為の結果としての汚染又はそのおそれから自国の沿岸又は関係利益（漁業を含む.）を保護するため実際に被った又は被るおそれのある損害に比例する措置を領海を越えて慣習上及び条約上の国際法に従ってとり及び執行する国の権利を害するものではない.

2　この条の規定の適用上,「海難」とは, 船舶の衝突, 座礁その他の航行上の事故又は船舶内若しくは船舶外のその他の出来事であって, 船舶又は積荷に対し実質的な損害を与え又は与える急迫したおそれがあるものをいう.

第222条（大気からの又は大気を通ずる汚染に関する執行）　いずれの国も, 自国の主権の下にある空間において又は自国を旗国とする船舶若しくは自国において登録された船舶若しくは航空機について, 第212条1の規定及びこの条約の他の規定に従って制定する自国の法令を執行するものとし, 航空の安全に関するすべての関連する国際的な規則及び基準に従って, 大気からの又は大気を通ずる海洋環境の汚染を防止し, 軽減し及び規制するため, 権限のある国際機関又は外交会議を通じて定められる適用のある国際的な規則及び基準を実施するために必要な法令を制定し及び他の措置をとる.

第7節　保障措置

第223条～第232条（略）

第233条（国際航行に使用される海峡に関す

る保障措置） 第5節からこの節までのいずれの規定も，国際航行に使用される海峡の法制度に影響を及ぼすものではない．ただし，第10節に規定する船舶以外の外国船艇が第42条1の(a)及び(b)に規定する法令に違反し，かつ，海峡の海洋環境に対し著しい損害をもたらし又はもたらすおそれがある場合には，海峡沿岸国は，適当な執行措置をとることができるものとし，この場合には，この節の規定を適用する．

第8節 氷に覆われた水域

第234条（氷に覆われた水域） 沿岸国は，自国の排他的経済水域の範囲内における氷に覆われた水域であって，特に厳しい気象条件及び年間の大部分の期間当該水域を覆う氷の存在が航行に障害又は特別の危険をもたらし，かつ，海洋環境の汚染が生態学的均衡に著しい害又は回復不可能な障害をもたらすおそれのある水域において，船舶からの海洋汚染の防止，軽減及び規制のための無差別の法令を制定し及び執行する権利を有する．この法令は，航行並びに入手可能な最良の科学的証拠に基づく海洋環境の保護及び保全に妥当な考慮を払ったものとする．

第9節 責 任

第235条（責任） **1** いずれの国も，海洋環境の保護及び保全に関する自国の国際的義務を履行するものとし，国際法に基づいて責任を負う．

2 いずれの国も，自国の管轄の下にある自然人又は法人による海洋環境の汚染によって生ずる損害に関し，自国の法制度に従って迅速かつ適正な補償その他の救済のための手段が利用し得ることを確保する．

3 いずれの国も，海洋環境の汚染によって生ずるすべての損害に関し迅速かつ適正な賠償及び補償を確保するため，損害の評価，賠償及び補償並びに関連する紛争の解決について，責任に関する現行の国際法を実施し及び国際法を一層発展させるために協力するものとし，適当なときは，適正な保障及び補償の支払に関する基準及び手続（例えば，強制保険又は補償基金）を作成するために協力する．

第10節 主権免除

第236条（主権免除） 海洋環境の保護及び保全に関するこの条約の規定は，軍艦，軍の支援船又は国が所有し若しくは運航する他の船舶若しくは航空機で政府の非商業的役務にのみ使用しているものについては，適用しない．ただし，いずれの国も，自国が所有し又は運航するこれらの船舶又は航空機の運航又は運航能力を阻害しないような適当な措置をとることにより，これらの船舶又は航空機が合理的かつ実行可能である限りこの条約に即して行動することを確保する．

第11節 海洋環境の保護及び保全に関する他の条約に基づく義務

第237条（海洋環境の保護及び保全に関する他の条約に基づく義務） **1** この部の規定は，海洋環境の保護及び保全に関して既に締結された特別の条約及び協定に基づき国が負う特定の義務に影響を与えるものではなく，また，この条約に定める一般原則を促進するために締結される協定の適用を妨げるものではない．

2 海洋環境の保護及び保全に関し特別の条約に基づき国が負う特定の義務は，この条約の一般原則及び一般的な目的に適合するように履行すべきである．

第13部 海洋の科学的調査

第1節 総 則

第238条（海洋の科学的調査を実施する権利）
すべての国（地理的位置のいかんを問わない．）及び権限のある国際機関は，この条約に規定する他の国の権利及び義務を害さないことを条件として，海洋の科学的調査を実施する権利を有する．

第239条（海洋の科学的調査の促進） いずれの国及び権限のある国際機関も，この集約に従って海洋の科学的調査の発展及び実施を促進し及び容易にする．

第240条（海洋の科学的調査の実施のための一般原則） 海洋の科学的調査の実施に当たっては，次の原則を適用する．

(a) 海洋の科学的調査は，専ら平和的目的のために実施する．

(b) 海洋の科学的調査は，この条約に抵触しない適当な科学的方法及び手段を用いて実施する．

(c) 海洋の科学的調査は，この条約に抵触しない他の適法な海洋の利用を不当に妨げないものとし，そのような利用の際に十分に尊重される．

(d) 海洋の科学的調査は，この条約に基づいて制定されるすべての関連する規則（海洋環境の保護及び保全のための規則を含む．）に従って実施する．

第241条（権利の主張の法的根拠としての海洋の科学的調査の活動の否認） 海洋の科学的調査の活動は，海洋環境又はその資源のいずれの部分に対するいかなる権利の主張の法的根拠も構成するものではない．

第2節 国際協力

第242条～第242条（略）

第3節　海洋の科学的調査の実施及び促進

第245条（略）

第246条（排他的経済水域及び大陸棚における海洋の科学的的調査） 1　沿岸国は, 自国の管轄権の行使として, この条約の関連する規定に従って排他的経済水域及び大陸棚における海洋の科学的調査を規制し, 許可し及び実施する権利を有する.

2　排他的経済水域及び大陸棚における海洋の科学的調査は, 沿岸国の同意を得て実施する.

3　沿岸国は, 自国の排他的経済水域又は大陸棚において他の国又は権限のある国際機関が, この条約に従って, 専ら, 平和的目的で, かつ, すべての人類の利益のために海洋環境に関する科学的知識を増進加させる目的で実施する海洋の科学的調査の計画については, 通常の状況においては, 同意を与える. このため, 沿岸国は, 同意が不当に遅滞し又は拒否されないことを確保するための規則及び手続を定める.

4　3の規定の適用上, 沿岸国と調査を実施する国との間に外交関係がない場合にも, 通常の状況が存在するものとすることができる.

5　沿岸国は, 他の国又は権限のある国際機関による自国の排他的経済水域又は大陸棚における海洋の科学的調査の計画の実施について, 次の場合には, 自国の裁量により同意を与えないことができる.

(a) 計画が天然資源（生物であるか非生物であるかを問わない.）の探査及び開発に直接影響を及ぼす場合

(b) 計画が大陸棚の掘削, 爆発物の使用又は海洋環境への有害物質の導入を伴う場合

(c) 計画が第60条及び第80条に規定する人工島, 施設及び構築物の建設, 運用又は利用を伴う場合

(d) 第248条の規定により計画の性質及び目的に関し提供される情報が不正確である場合又は調査を実施する国若しくは権限のある国際機関が前に実施した調査の計画について沿岸国に対する義務を履行していない場合

6　5の規定にかかわらず, 沿岸国は, 領海の幅を測定するための基線から200海里を超える大陸棚（開発又は詳細な探査の活動が行われており又は合理的な期間内に行われようとしている区域として自国がいつでも公の指定をすることのできる特定の区域を除く.）においてこの部の規定に従って実施される海洋の科学的調査の計画については, 5(a)の規定に基づく同意を与えないとする裁量を行使してはならない. 沿岸国は, 当該区域の指定及びその変更について合理的な通報を行う. ただし, 当該区域における活動の詳細を通報する義務を負わない.

7　6の規定は, 第77条に定める大陸棚に対する沿岸国の権利を害するものではない.

8　この条の海洋の科学的調査の活動は, 沿岸国がこの条約に定める主権的権利及び管轄権を行使して実施する活動を不当に妨げてはならない.

第247条（国際機関により又は国際機関の主導により実施される海洋の科学的調査の計画） 国際機関の構成国である沿岸国又は国際機関との間で協定を締結している沿岸国の排他的経済水域又は大陸棚において当該国際機関が海洋の科学的調査の計画を直接に又は自己の主導により実施することを希望する場合において, 当該沿岸国が当該国際機関による計画の実施の決定に当たり詳細な計画を承認したとき又は計画に参加する意思を有し, かつ, 当該国際機関による計画の通報から4箇月以内に反対を表明しなかったときは, 合意された細目により実施される調査について当該沿岸国の許可が与えられたものとする.

第248条（沿岸国に対し情報を提供する義務） 沿岸国の排他的経済水域又は大陸棚において海洋の科学的調査を実施する意図を有する国及び権限のある国際機関は, 海洋の科学的調査の計画の開始予定日の少なくとも6箇月前に当該沿岸国に対し次の事項についての十分な説明を提供する.

(a) 計画の性質及び目的

(b) 使用する方法及び手段（船舶の名称, トン数, 種類及び船級並びに科学的機材の説明を含む.）

(c) 計画が実施される正確な地理的区域

(d) 調査船の最初の到着予定日及び最終的な出発予定日又は, 適当な場合には, 機材の設置及び撤去の予定日

(e) 責任を有する機関の名称及びその代表者の氏名並びに計画の担当者の氏名

(f) 沿岸国が計画に参加し又は代表を派遣することができると考えられる程度

第249条（一定の条件を遵守する義務） 1　いずれの国及び権限のある国際機関も, 沿岸国の排他的経済水域又は大陸棚において海洋の科学的調査を実施するに当たり, 次の条件を遵守する.

(a) 沿岸国が希望する場合には, 沿岸国の科学者に対し報酬を支払うことなく, かつ, 沿岸国に対し計画の費用の分担の義務を負わせ

ることなしに,海洋の科学的調査の計画に参加し又は代表を派遣する沿岸国の権利を確保し,特に,実行可能なときは,調査船その他の舟艇又は科学的調査のための施設への同乗の権利を確保すること.
(b) 沿岸国に対し,その要請により,できる限り速やかに暫定的な報告並びに調査の完了の後は最終的な結果及び結論を提供すること.
(c) 沿岸国に対し,その要請により,海洋の科学的調査の計画から得られたすべてのデータ及び試料を利用する機会を提供することを約束し並びに写しを作成することのできるデータについてはその写し及び科学的価値を害することなく分割することのできる試料についてはその部分を提供することを約束すること.
(d) 要請があった場合には,沿岸国に対し,(c)のデータ,試料及び調査の結果の評価を提供し又は沿岸国が当該データ,試料及び調査の結果を評価し若しくは解釈するに当たり援助を提供すること.
(e) 2の規定に従うことを条件として,調査の結果ができる限り速やかに適当な国内の経路又は国際的な経路を通じ国際的な利用に供されることを確保すること.
(f) 調査の計画の主要な変更を直ちに沿岸国に通報すること.
(g) 別段の合意がない限り,調査が完了したときは,科学的調査のための施般又は機材を撤去すること.

2　この条の規定は,第246条5の規定に基づき同意を与えるか否かの裁量を行使するため沿岸国の法令によって定められる条件(天然資源の探査及び開発に直接影響を及ぼす計画の調査の結果を国際的な利用に供することについて事前の合意を要求することを含む.)を害するものではない.

第250条(海洋の科学的調査の計画に関する通報)　別段の合意がない限り,海洋の科学的調査の計画に関する通報は,適当な公の経路を通じて行う.

第251条(一般的な基準及び指針)　いずれの国も,各国が海洋の科学的調査の性質及び意味を確認することに資する一般的な基準及び指針を定めることを権限のある国際機関を通じて促進するよう努力する.

第252条(黙示の同意)　いずれの国又は権限のある国際機関も,第248条の規定によって要求される情報を沿岸国に対し提供した日から6箇月が経過したときは,海洋の科学的調査の計画を進めることができる.ただし,沿岸国が,この情報を含む通報の受領の後4箇月以内に,調査を実施しようとする国又は権限のある国際機関に対し次のいずれかのことを通報した場合は,この限りでない.
(a) 第246条の規定に基づいて同意を与えなかったこと.
(b) 計画の性質又は目的について当該国又は国際機関が提供した情報が明白な事実と合致しないこと.
(c) 第248条及び第249条に定める条件及び情報に関連する補足的な情報を要求すること.
(d) 当該国又は国際機関が前に実施した海洋の科学的調資の計画に関し,第249条に定める条件についての義務が履行されていないこと.

第253条(海洋の科学的調査の活動の停止又は終了)　**1**　沿岸国は,次のいずれかの場合には,自国の排他的経済水域又は大陸棚において実施されている海洋の科学的調査の活動の停止を要求する権利を宥する.
(a) 活動が,第248条の規定に基づいて提供された情報であって沿岸国の同意の基礎となったものに従って実施されていない場合
(b) 活動を実施している国又は権限のある国際機関が,海洋の科学的調査の計画についての沿岸国の権利に関する第249条の規定を遵守していない場合

2　沿岸国は,第248条の規定の不履行であって海洋の科学的調査の計画又は活動の,主要な変更に相当するものがあった場合には,当該海洋の科学的調査の活動の終了を要求する権利を有する.

3　沿岸国は,また,1に規定するいずれかの状態が合理的な期間内に是正されない場合には,海洋の科学的調査の活動の終了を要求することができる.

4　海洋の科学的調査の活動の実施を許可された国又は権限のある国際機関は,沿岸国による停止又は終了を命ずる決定の通報に従い,当該通報の対象となっている調査の活動を取りやめる.

5　調査を実施する国又は権限のある国際機関が第248条及び第249条の規定により要求される条件を満たした場合には,沿岸国は,1の規定による停止の命令を撤回し,海洋の科学的調査の活動の継続を認めるものとする.

第254条(沿岸国に隣接する内陸国及び地理的不利国の権利)　**1**　第246条3に規定する海洋の科学的調査を実施する計画を沿岸国に

提出した国及び権限のある国際機関は，提案された調査の計画を沿岸国に隣接する内陸国及び地理的不利国に通報するものとし，また，その旨を沿岸国に通報する．

2　第246条及びこの条約の他の関連する規定に従って沿岸国が提案された海洋の科学的調査の計画に同意を与えた後は，当該計画を実施する国及び権限のある国際機関は，沿岸国に隣接する内陸国及び地理的不利国に対し，これらの国の要請があり，かつ，適当である場合には，第248条及び第249条1(f)の関連する情報を提供する．

3　2の内陸国及び地理的不利国は，自国の要請により，提案された海洋の科学的調査の計画について，沿岸国と海洋の科学的調査を実施する国又は権限のある国際機関との間でこの集約の規定に従って合意された条件に基づき，自国が任命し，かつ，沿岸国の反対がない資格のある専門家の参加を通じ，実行可能な限り，当該計画に参加する機会を与えられる．

4　1に規定する国及び権限のある国際機関は，3の内陸国及び地理的不利国に対し，これらの国の要請により，第249条2の規定に従うことを条件として，同条1(d)の情報及び援助を提供する．

第255条（海洋の科学的調査を容易にし及び調査船を援助するための措置）　いずれの国も，自国の領海を越える水域においてこの条約に従って実施される海洋の科学的調査を促進し及び容易にするため合理的な規則及び手続を定めるよう努力するものとし，また，適当な場合には，自国の法令に従い，この部の関連する規定を遵守する海洋の科学的調査のための調査船の自国の港への出入りを容易にし及び当該調査船に対する援助を促進する．

第256条（深海底における海洋の科学的調査）　すべての国（地理的位置のいかんを問わない．）及び権限のある国際機関は，第11部の規定に従って，深海底における海洋の科学的調査を実施する権利を有する．

第257条（排他的経済水域を越える水域（海底及びその下を除く．）における海洋の科学的調査）　すべての国へ地理的位置のいかんを問わない．）及び権限のある国際機関は，この条約に基づいて，排他的経済水域を越える水域（海底及びその下を除く．）における海洋の科学的調査を実施する権利を有する．

第4節　海洋環境における科学的調査のための施設又は機材

第258条（設置及び利用）　海洋環境のいかなる区域においても，科学的調査のためのいかなる種類の施設又は機材の設置及び利用も，当該区域における海洋の科学的調査の実施についてこの条約の定める条件と同一の条件に従う．

第259条（法的地位）　この節に規定する施設又は機材は，島の地位を有しない．これらのものは，それ自体の領海を有せず，また，その存在は，領海，排他的経済水域又は大陸棚の境界画定に影響を及ぼすものではない．

第260条（安全水域）　この条約の関連する規定に従って，科学的調査のための施設の周囲に500メートルを超えない合理的な幅を有する安全水域を設定することができる．すべての国は，自国の船舶が当該安全水域を尊重することを確保する．

第261条（航路を妨げてはならない義務）　科学的調査のためのいかなる種類の施設又は機材の設置及び利用も，確立した国際航路の妨げとなってはならない．

第262条（識別標識及び注意を喚起するための信号）　この節に規定する施設又は機材は，権限のある国際機関が定める規則及び基準を考慮して，登録国又は所属する国際機関を示す識別標識を掲げるものとし，海上における安全及び航空の安全を確保するため，国際的に合意される注意を喚起するための適当な信号を発することができるものとする．

第5節　責　任

第263条（責任）1　いずれの国及び権限のある国際機関も，海洋の科学的調査（自ら実施するものであるか，自らに代わって実施されるものであるかを問わない．）がこの条約に従って実施されることを確保する責任を負う．

2　いずれの国及び権限のある国際機関も，他の国，その自然人若しくは法人又は権限のある国際機関が実施する海洋の科学的調査に関し，この条約に違反してとる措置について責任を負い，当該措置から生ずる損害を賠償する．

3　いずれの国及び権限のある国際機関も，自ら実施し又は自らに代わって実施される海洋の科学的調査から生ずる海洋環境の汚染によりもたらされた損害に対し第235条の規定に基づいて責任を負う．

第6節　紛争の解決及び暫定措置

第264条（紛争の解決）　海洋の科学的調査に関するこの条約の解釈又は適用に関する紛争は，第15部の第2節及び第3節の規定によって解決する．

第265条（暫定措置）　海洋の科学的調査の計画を実施することを許可された国又は権限のある国際機関は，第15部の第2節及び第3節の規定により紛争が解決されるまでの間，関係沿岸国の明示の同意なしに調査の活動を開始し又は継続してはならない.

第 14 部　海洋技術の発展及び移転

第 15 部　紛争の解決

第 1 節　総　則

第 279 条（平和的手段によって紛争を解決する義務） 締約国は, 国際連合憲章第 2 条 3 の規定に従いこの条約の解釈又は適用に関する締約国間の紛争を平和的手段によって解決するものとし, このため, 同憲章第 33 条 1 に規定する手段によって解決を求める.

第 280 条（紛争当事者が選択する平和的手段による紛争の解決） この部のいかなる規定も, この条約の解釈又は適用に関する締約国間の紛争を当該締約国が選択する平和的手段によって解決することにつき当該締約国がいつでも合意する権利を害するものではない.

第 281 条（紛争当事者によって解決が得られない場合の手続） 1　この条約の解釈又は適用に関する紛争の当事者である締約国が, 当該締約国が選択する平和的手段によって紛争の解決を求めることについて合意した場合には, この部に定める手続は, 当該平和的手段によって解決が得られず, かつ, 当該紛争の当事者間の合意が他の手続の可能性を排除していないときに限り適用される.

2　紛争当事者が期限についても合意した場合には, 1 の規定は, その期限の満了のときに限り適用される.

第 282 条（一般的な, 地域的な又は 2 国間の協定に基づく義務） この条約の解釈又は適用に関する紛争の当事者である締約国が, 一般的な, 地域的な又は 2 国間の協定その他の方法によって, いずれかの紛争当事者の要請により拘束力を有する決定を伴う手続に紛争を付することについて合意した場合には, 当該手続は, 紛争当事者が別段の合意をしない限り, この部に定める手続の代わりに適用される.

第 283 条（意見を交換する義務） 1　この条約の解釈又は適用に関して締約国間に紛争が生ずる場合には, 紛争当事者は, 交渉その他の平和的手段による紛争の解決について速やかに意見の交換を行う.

2　紛争当事者は, 紛争の解決のための手続が解決をもたらさずに終了したとき又は解決が得られた場合においてその実施の方法につき更に協議が必要であるときは, 速やかに意見の交換を行う.

第 284 条（調停） 1　この条約の解釈又は適用に関する紛争の当事者である締約国は, 他の紛争当事者に対し, 附属書 V 第 1 節に定める手続その他の調停手続に従って紛争を調停に付するよう要請することができる.

2　1 の要請が受け入れられ, かつ, 適用される調停手続について紛争当事者が合意する場合には, いずれの紛争当事者も, 紛争を当該調停手続に付することができる.

3　1 の要請が受け入れられない場合又は紛争当事者が手続について合意しない場合には, 調停手続は, 終了したものとみなされる.

4　紛争が調停に付された場合には, 紛争当事者が別段の合意をしない限りその手続は, 合意された調停手続に従ってのみ終了することができる.

第 285 条（第 11 部の規定によって付託される紛争についてのこの節の規定の適用） この節の規定は, 第 11 部第 5 節の規定によりこの部に定める手続に従って解決することとされる紛争についても適用する. 締約国以外の主体がこのような紛争の当事者である場合には, この節の規定を準用する.

第 2 節　拘束力を有する決定を伴う義務的手続

第 286 条（この節の規定に基づく手続の適用） 第 3 節の規定に従うことを条件として, この条約の解釈又は適用に関する紛争であって第 1 節に定める方法によって解決が得られなかったものは, いずれかの紛争当事者の要請により, この節の規定に基づいて管轄権を有する裁判所に付託される.

第 287 条（手続の選択） 1　いずれの国も, この条約に署名し, これを批准し若しくはこれに加入する時に又はその後いつでも, 書面による宣言を行うことにより, この条約の解釈又は適用に関する紛争の解決のための次の手段のうち 1 又は 2 以上の手段を自由に選択することができる.

(a) 附属書Ⅵによって設立される国際海洋法裁判所
(b) 国際司法裁判所
(c) 附属書Ⅶによって組織される仲裁裁判所
(d) 附属書Ⅷに規定する 1 又は 2 以上の種類の紛争のために同附属書によって組織される特別仲裁裁判所

2　1 の規定に基づいて行われる宣言は, 第 11 部第 5 節に定める範囲及び方法で国際海洋法裁判所の海底紛争裁判部が管轄権を有することを受け入れる締約国の義務に影響を及ぼすものではなく, また, その義務から影響を受けるものでもない.

3　締約国は, その時において効力を有する宣言の対象とならない紛争の当事者である場合には，附属書Ⅶに定める仲裁手続を受け入れているものとみなされる．

4　紛争当事者が紛争の解決のために同一の手続を受け入れている場合には，当該紛争については，紛争当事者が別段の合意をしない限り，当該手続にのみ付することができる．

5　紛争当事者が紛争の解決のために同一の手続を受け入れていない場合には，当該紛争については，紛争当事者が別段の合意をしない限り，附属書Ⅶに従って仲裁にのみ付することができる．

6　1の規定に基づいて行われる宣言は，その撤回の通告が国際連合事務総長に寄託された後3箇月が経過するまでの間，効力を有する．

7　新たな宣言，宣言の撤回の通告又は宣言の期間の満了は，紛争当事者が別段の合意をしない限り，この条の規定に基づいて管轄権を有する裁判所において進行中の手続に何ら影響を及ぼすものではない．

8　この条に規定する宣言及び通告については，国際連合事務総長に寄託するものとし，同事務総長は，その写しを締約国に送付する．

第288条（管轄権） 1　前条に規定する裁判所は，この条約の解釈又は適用に関する紛争であってこの部の規定に従って付託されるものについて管轄権を有する．

2　前条に規定する裁判所は，また，この条約の目的に関係のある国際協定の解釈又は適用に関する紛争であって当該協定に従って付託されるものについて管轄権を有する．

3　附属書Ⅵによって設置される国際海洋法裁判所の海底紛争裁判部並びに第11部第5節に規定するその他の裁判部及び仲裁裁判所は，同節の規定に従って付託される事項について管轄権を有する．

4　裁判所が管轄権を有するか否かについて争いがある場合には，当該裁判所の裁判で決定する．

第289条（専門家）　科学的又は技術的な事項に係る紛争において，この節の規定に基づいて管轄権を行使する裁判所は，いずれかの紛争当事者の要請により又は自己の発意により，投票権なしで当該裁判所に出席する2人以上の科学又は技術の分野における専門家を紛争当事者と協議の上選定することができる．これらの専門家は，附属書Ⅷ第2条の規定に従って作成された名簿のうち関連するものから選出することが望ましい．

第290条（暫定措置） 1　紛争が裁判所に適正に付託され，当該裁判所がこの部又は第11部第5節の規定に基づいて管轄権を有すると推定する場合には，当該裁判所は，終局裁判を行うまでの間，紛争当事者のそれぞれの権利を保全し又は海洋環境に対して生ずる重大な害を防止するため，状況に応じて適当と認める暫定措置を定めることができる．

2　暫定措置を正当化する状況が変化し又は消滅した場合には，当該暫定措置を修正し又は取り消すことができる．

3　いずれかの紛争当事者が要請し，かつ，すべての紛争当事者が陳述する機会を与えられた後にのみ，この条の規定に基づき暫定措置を定め，修正し又は取り消すことができる．

4　裁判所は，暫定措置を定め，修正し又は取り消すことにつき，紛争当事者その他裁判所が適当と認める締約国に直ちに通告する．

5　この節の規定に従って紛争の付託される仲裁裁判所が構成されるまでの間，紛争当事者が合意する裁判所又は暫定措置に対する要請が行われた日から2週間以内に紛争当事者が合意しない場合には国際海洋法裁判所若しくは深海底における活動に関しては海底紛争裁判部は，構成される仲裁裁判所が紛争について管轄権を有すると推定し，かつ，事態の緊急性により必要と認める場合には，この条の規定に基づき暫定措置を定め，修正し又は取り消すことができる．紛争が付託された仲裁裁判所が構成された後は，当該仲裁裁判所は，1から4までの規定に従い暫定措置を修正し，取り消し又は維持することができる．

6　紛争当事者は，この策の規定に基づいて定められた暫定措置に速やかに従う．

第291条（手続の開放） 1　この部に定めるすべての紛争解決手続は，締約国に開放する．

2　この部に定める紛争解決手続は，この条約に明示的に定めるところによってのみ，締約国以外の主体に開放する．

第292条（船舶及び乗組員の速やかな釈放） 1　締約国の当局が他の締約国を旗国とする船舶を抑留した場合において，合理的な保証金の支払又は合理的な他の金銭上の保証の提供の後に船舶及びその乗組員を速やかに釈放するというこの条約の規定を抑留した国が遵守しなかったと主張されているときは，釈放の問題については，紛争当事者が合意する裁判所に付託することができる．抑留の時から10日以内に紛争当事者が合意しない場合には，釈放の問題については，紛争当事者が別段の合意をしない限り，抑留した国が第287条の規定によって受け入れている裁判所又は国際海洋法裁判所に付託することができる．

2　釈放に係る申立てについては，船舶の旗国又はこれに代わるものに限って行うことができる．
3　裁判所は，遅滞なく釈放に係る申立てを取り扱うものとし，釈放の問題のみを取り扱う．ただし，適当な国内の裁判所に係属する船舶又はその所有者若しくは乗組員に対する事件の本案には，影響を及ぼさない．抑留した国の当局は，船舶又はその乗組員をいつでも釈放することができる．
4　裁判所によって決定された保証金が支払われ又は裁判所によって決定された他の金銭上の保証が提供された場合には，抑留した国の当局は，船舶又はその乗組員の釈放についての当該裁判所の決定に速やかに従う．

第 293 条（適用のある法）**1**　この節の規定に基づいて管轄権を有する裁判所は，この条約及び，この条約に反しない国際法の他の規則を適用する．
2　1の規定は，紛争当事者が合意する場合には，この節の規定に基づいて管轄権を有する裁判所が衡平及び善に基づいて裁判する権限を害するものではない．

第 294 条（先決的手続）**1**　第 287 条に規定する裁判所に対して第 297 条に規定する紛争についての申立てが行われた場合には，当該裁判所は，当該申立てによる権利の主張が法的手続の濫用であるか否か又は当該権利の主張に十分な根拠があると推定されるか否かについて，いずれかの紛争当事者が要請するときに決定するものとし，又は自己の発意により決定することができる．当該裁判所は，当該権利の主張が法的手続の濫用であると決定し又は根拠がないと推定されると決定した場合には，事件について新たな措置をとらない．
2　1の裁判所は，申立てを受領した時に，当該申立てに係る他の紛争当事者に対して直ちに通告するものとし，当該他の紛争当事者が1の規定により裁判所に決定を行うよう要請することができる合理的な期間を定める．
3　この条のいかなる規定も，紛争当事者が，適用のある手続規則に従って先決的抗弁を行う権利に影響を及ぼすものではない．

第 295 条（国内的な救済措置を尽くすこと）この条約の解釈又は適用に関する締約国間の紛争は，国内的な救済措置を尽くすことが国際法によって要求されている場合には，当該救済措置が尽くされた後でなければこの節に定める手続に付することができない．

第 296 条（裁判が最終的なものであること及び裁判の拘策力）**1**　この節の規定に基づいて管轄権を有する裁判所が行う裁判は，最終的なものとし，すべての紛争当事者は，これに従う．
2　1の裁判は，紛争当事者間において，かつ，当該紛争に関してのみ拘束力を有する．

第3節　第2節の規定の適用に係る制限及び除外

第 297 条（第2節の規定の適用の制限）**1**　この条約の解釈又は適用に関する紛争であって，この条約に定める主権的権利又は管轄権の沿岸国による行使に係るものは，次のいずれかの場合には，第2節に定める手続の適用を受ける．
(a) 沿岸国が，航行，上空飛行若しくは海底電線及び海底パイプラインの敷設の自由若しくは権利又は第 58 条に規定するその他の国際的に適法な海洋の利用について，この条約の規定に違反して行動したと主張されている場合
(b) 国が，(a)に規定する自由若しくは権利を行使し又は(a)に規定する利用を行うに当たり，この条約の規定に違反して又はこの条約及びこの条約に反しない国際法の他の規則に従って沿岸国の制定する法令に違反して行動したと主張されている場合
(c) 沿岸国が，当該沿岸国に適用のある海洋環境の保護及び保全のための特定の国際的な規則及び基準であって，この条約によって定められ又はこの条約に従って，権限のある国際機関若しくは外交会議を通じて定められたものに違反して行動したと主張されている場合

2(a) この条約の解釈又は適用に関する紛争であって，海洋の科学的調査に係るものについては，第2節の規定に従って解決する．ただし，沿岸国は，次の事項から生ずるいかなる紛争についても，同節の規定による解決のための手続に付することを受け入れる義務を負うものではない．
(i) 第 246 条の規定に基づく沿岸国の権利又は裁量の行使
(ii) 第 253 条の規定に基づく海洋の科学的調査の活動の停止又は終了を命ずる沿岸国の決定
(b) 海洋の科学的調査に係る特定の計画に関し沿岸国がこの条約に合致する方法で第 246 条又は第 253 条の規定に基づく権利を行使していないと調査を実施する国が主張することによって生ずる紛争は，いずれかの紛争当事者の要請により，附属書Ｖ第2節に定める調停に付される．ただし，調停委員会は，第 246 条6に規定する特定の区域を

指定する沿岸国の裁量の行使又は同条5の規定に基づいて同意を与えない沿岸国の裁量の行使については取り扱わない.

3(a) この条約の解釈又は適用に関する紛争であって, 漁獲に係るものについては, 第2節の規定に従って解決する. ただし, 沿岸国は, 排他的経済水域における植物資源に関する自国の主権的権利（漁獲可能量, 漁獲能力及び他の国に対する余剰分の割当てを決定するための裁量権並びに保存及び管理に関する自国の法令に定める条件を決定するための裁量権を含む.）又はその行使に係るいかなる紛争についても, 同節の規定による解決のための手続に付することを受け入れる義務を負うものではない.

(b) 第1節の規定によって解決が得られなかった場合において, 次のことが主張されているときは, 紛争は, いずれかの紛争当事者の要請により, 附属書Ｖ第2節に定める調停に付される.

(i) 沿岸国が, 自国の排他的経済水域における生物資源の維持が著しく脅かされないことを適当な保存措置及び管理措置を通じて確保する義務を明らかに遵守しなかったこと.

(ii) 沿岸国が, 他の国が漁獲を行うことに関心を有する資源について, 当該他の国の要請にもかかわらず, 漁獲可能量及び植物資源についての自国の漁獲能力を決定することを恣意的に拒否したこと.

(iii) 沿岸国が, 自国が存在すると宣言した余剰分の全部又は一部を, 第62条, 第69条及び第70条の規定により, かつ, この集約に適合する条件であって自国が定めるものに従って, 他の国に割り当てることを恣意的に拒否したこと.

(c) 調停委員会は, いかなる場合にも, 調停委員会の裁量を沿岸国の裁量に代わるものとしない.

(d) 調停委員会の報告については, 適当な国際機関に送付する.

(e) 第69条及び第70条の規定により協定を交渉するに当たって, 締約国は, 別段の合意をしない限り, 当該協定の解釈又は適用に係る意見の相違の可能性を最小にするために当該締約国がとる措置に関する条項及び当該措置にもかかわらず意見の相違が生じた場合に当該締約国がとるべき手続に関する条項を当該協定に含める.

第298条（第2節の規定の適用からの選択的除外） 1　第1節の規定に従って生ずる義務に影響を及ぼすことなく, いずれの国も, この条約に署名し, これを批准し若しくはこれに加入する時に又はその後いつでも, 次の種類の紛争のうち1又は2以上の紛争について, 第2節に定める手続のうち1又は2以上の手続を受け入れないことを書面によって宣言することができる.

(a)(i) 海洋の境界画定に関する第15条, 第74条及び第83条の規定の解釈若しくは適用に関する紛争又は歴史的湾若しくは歴史的権原に関する紛争. ただし, 宣言を行った国は, このような紛争がこの条約の効力発生の後に生じ, かつ, 紛争当事者間の交渉によって合理的な期間内に合意が得られない場合には, いずれかの紛争当事者の要請により, この問題を附属書Ｖ第2節に定める調停に付することを受け入れる. もっとも, 大陸又は島の領土に対する主権その他の権利に関する未解決の紛争についての検討が必要となる紛争については, 当該調停に付さない.

(ii) 調停委員会が報告（その基礎となる理由を付したもの）を提出した後, 紛争当事者は, 当該報告に基づき合意の達成のために交渉する. 交渉によって合意に達しない場合には, 紛争当事者は, 別段の合意をしない限り, この問題を第2節に定める手続のうちいずれかの手続に相互の同意によって付する.

(iii) この(a)の規定は, 海洋の境界に係る紛争であって, 紛争当事者間の取決めによって最終的に解決されているもの又は紛争当事者を拘束する2国間若しくは多数国間の協定によって解決することとされているものについては, 適用しない.

(b) 軍事的活動（非商業的役務に従事する政府の船舶及び航空機による軍事的活動を含む.）に関する紛争並びに法の執行活動であって前条の2及び3の規定により裁判所の管轄権の範囲から除外される主権的権利又は管轄権の行使に係るものに関する紛争

(c) 国際連合安全保障理事会が国際連合憲章によって与えられた任務を紛争について遂行している場合の当該紛争. ただし, 同理事会が, 当該紛争をその審議事項としないことを決定する場合又は紛争当事者に対し当該紛争をこの条約に定める手段によって解決するよう要請する場合は, この限りでない.

2　1の規定に基づく宣言を行った締約国は, いつでも, 当該宣言を撤回することができ, 又は当該宣言によって除外された紛争をこの条約に定める手続に付することに同意することができる.

3　1の規定に基づく宣言を行った締約国は，除外された種類の紛争に該当する紛争であって他の締約国を当事者とするものを，当該他の締約国の同意なしには，この条約に定めるいずれの手続にも付することができない．

4　締約国が1(a)の規定に基づく宣言を行った場合には，他の締約国は，除外された種類の紛争に該当する紛争であって当該宣言を行った締約国を当事者とするものを，当該宣言において特定される手続に付することができる．

5　新たな宣言又は宣言の撤回は，紛争当事者が別段の合意をしない限り，この条の規定により裁判所において進行中の手続に何ら影響を及ぼすものではない．

6　この条の規定に基づく宣言及び宣言の撤回の通告については，国際連合事務総長に寄託するものとし，同事務総長は，その写しを締約国に送付する．

第299条（紛争当事者が手続について合意する権利）1　第297条の規定により第2節に定める紛争解決手続から除外された紛争又は前条の規定に基づいて行われた宣言により当該手続から除外された紛争については，当該紛争当事者間の合意によってのみ，当該手続に付することができる．

2　この節のいかなる規定も，紛争当事者が紛争の解決のための他の手続について合意する権利又は紛争当事者が紛争の友好的な解決を図る権利を害するものではない．

第16部　一般規程

第300条（信義誠実及び権利の濫用）　締約国は，この条約により負う義務を誠実に履行するものとし，またこの条約により認められる権利，管轄権及び自由を権利の濫用とならないように行使する．

第301条（海洋の平和的利用）　締約国は，この条約に基づく権利を行使し及び義務を履行するに当たり，武力による威嚇又は武力の行使を，いかなる国の領土保全又は政治的独立に対するものも，また，国際連合憲章に規定する国際法の諸原則と両立しない他のいかなる方法によるものも慎まなければならない．

第302条（情報の開示）　この条約のいかなる規定も，締約国がこの条約に基づく義務を履行するに当たり，その開示が当該締約国の安全保障上の重大な利益に反する情報の提供を当該締約国に要求するものと解してはならない．ただし，この規定は，この条約に定める紛争解決手続に付する締約国の権利を害するものではない．

第303条（海洋において発見された考古学上の物及び歴史的な物）1　いずれの国も，海洋において発見された考古学上の又は歴史的な特質を有する物を保護する義務を有し，このために協力する．

2　沿岸国は，1に規定する物の取引を規制するため，第33条の規定の適用に当たり，自国の承認なしに同条に規定する水域の海底からこれらの物を持ち去ることが同条に規定する法令の自国の領土又は領海内における違反となると推定することができる．

3　この条のいかなる規定も，認定することのできる所有者の権利，引揚作業に関する法律又はその他の海事に関する規則並びに文化交流に関する法律及び慣行に影響を及ぼすものではない．

4　この条の規定は，考古学上の又は歴史的な特質を有する物の保護に関するその他の国際協定及び国際法の規則に影響を及ぼすものではない．

第304条（損害についての責任）　この条約の損害についての責任に関する規定は，国際法に基づく責任に関する現行の規則の適用及び新たな規則の発展を妨げるものではない．

第17部　最終規程

第308条（効力発生）1　この条約は，60番目の批准書又は加入書が寄託された日の後12箇月で効力を生ずる．

2　60番目の批准書又は加入書が寄託された後にこの条約を批准し又はこれに加入する国については，この条約は，1の規定に従うことを条件として，その批准書又は加入書の寄託の日の後30日目の日に効力を生ずる．

3　機構の総会は，この条約の効力発生の日に会合し，機構の理事会の理事国を選出する．機構の第1回の理事会は，第161条の規定を厳格に適用することができない場合には，同条に規定する目的に適合するように構成する．

4　準備委員会が起草する規則及び手続は，第11部に定めるところにより機構が正式に採択するまでの間，暫定的に適用する．

5　機構及びその諸機関は，先行投資に関する第3次国際連合海洋法会議の決議Ⅱに従い及びこの決議に基づいて行われる準備委員会の決定に従って行動する．

第309条（留保及び除外）　この条約については，他の条の規定により明示的に認められている場合を除くほか，留保を付することも，また，除外を設けることもできない．

第310条（宣言及び声明）　前条の規定は，こ

a の条約の署名若しくは批准又はこれへの加入の際に, 国が, 特に当該国の法令をこの条約に調和させることを目的として, 用いられる文言及び名称のいかんを問わず, 宣言又は声明を行うことを排除しない. ただし, このような宣言
b 又は声明は, 当該国に対するこの条約の適用において, この条約の法的効力を排除し又は変更することを意味しない.

第311条（他の条約及び国際協定との関係）1　この条約は, 締約国間において, 1958年4
c 月29日の海洋法に関するジュネーヴ諸条約に, 優先する.

2　この条約は, この条約と両立する他の協定の規定に基づく締約国の権利及び義務であって他の締約国がこの条約に基づく権利を享受
d し又は義務を履行することに影響を及ぼさないものを変更するものではない.

3　2以上の締約国は, 当該締約国間の関係に適用される限りにおいて, この条約の運用を変更し又は停止する協定を締結することができ
e る. ただし, そのような協定は, この条約の規定であってこれからの逸脱がこの条約の趣旨及び目的の効果的な実現と両立しないものに関するものであってはならず, また, この条約に定める基本原則の適用に影響を及ぼし又は他
f の締約国がこの条約に基づく権利を享受し若しくは義務を履行することに影響を及ぼすものであってはならない.

4　3に規定する協定を締結する意思を有する締約国は, 他の締約国に対し, この条約の寄託
g 者を通じて, 当該協定を締結する意思及び当該協定によるこの条約の変更, 又は停止を通報する.

5　この条の規定は, 他の条の規定により明示的に認められている国際協定に影響を及ぼす
h ものではない.

6　締約国は, 第136条に規定する人類の共同の財産に関する基本原則についていかなる改正も行わないこと及びこの基本原則から逸脱するいかなる協定の締約国にもならないこと
i を合意する.

第314条（深海底における活動のみに関する規定の改正）1　締約国は, 機構の事務局長にあてた書面による通報により, 深海底における活動のみに関する規定（附属書Ⅵ第四節の規
j 定を含む.）の改正案を提案することができる. 事務局長は, 当該通報をすべての締約国に送付する. 改正案は, 理事会による承認の後, 総会によって承認されなければならない. 理事会及び総会における締約国の代表は, 改正案を審
k 議し及び承認する全権を有する. 理事会及び総会が承認した場合には, 改正案は, 採択されたものとする.

2　理事会及び総会は, 1の規定に基づく改正案を承認するのに先立ち, 第155条の規定に基づく再検討のための会議までの間, 深海底の資源の探査及び開発の制度が当該改正案によって妨げられないことを確保する.

第316条（改正の効力発生）1　この条約の改正で5に規定する改正以外のものは, 締約国の3分の2又は60の締約国のいずれか多い方の数の締約国による批准書又は加入書の寄託の後30日目の日に, 改正を批准し又はこれに加入する締約国について効力を生ずる. 当該改正は, その他の締約国がこの条約に基づく権利を享受し又は義務を履行することに影響を及ぼすものではない.

10 国連公海漁業協定（抄）

分布範囲が排他的経済水域の内外に存在する魚類資源（ストラドリング魚類資源）及び高度回遊性魚類資源の保存及び管理に関する1982年12月10日の海洋法に関する国際連合条約の規定の実施のための協定
〔採択〕1995年8月4日, ニューヨーク
〔効力発生〕2001年12月11日／〔日本国〕2006年9月6日

この協定の締約国は,

1982年12月10日の海洋法に関する国際連合条約の関連規定を想起し,

分布範囲が排他的経済水域の内外に存在する魚類資源（以下「ストラドリング魚類資源」という.）及び高度回遊性魚類資源の長期的な保存及び持続可能な利用を確保することを決意し,

この目的のために諸国間の協力を促進することを決意し,

旗国, 寄港国及び沿岸国が, これらの資源について定められた保存管理措置について一層効果的な取締りを行うことを求め,

公海漁業の管理が多くの分野で不十分であり, いくつかの資源が過剰に利用されているとの国際連合環境開発会議において採択されたアジェンダ21第17章プログラムエリアCに明示された問題（規制されていない漁業, 過剰な投資, 過大な船団規模, 規制を回避するための漁船の旗国変更, 選別性の高い漁具の不十分さ, 不正確なデータベース及び諸国間の十分な協力の欠如）に特に取り組むことを希望し,

責任ある漁業を行うことを約束し,

海洋環境に対する悪影響を回避し, 生物の多様性を保全し, 海洋生態系を本来のままの状態

において維持し，及び漁獲操業が長期の又は回復不可能な影響を及ぼす危険性を最小限にする必要性を意識し，

開発途上国がストラドリング魚類資源及び高度回遊性魚類資源の保存，管理及び持続可能な利用への効果的な参加を可能にするための具体的な援助（財政的，科学的及び技術的援助を含む.）を必要としていることを認識し，

1982 年 12 月 10 日の海洋法に関する国際連合条約の関連規定の実施に関する合意が，これらの目的に最も寄与し，かつ，国際の平和及び安全の維持に資することを確信し，

1982 年 12 月 10 日の海洋法に関する国際連合条約又はこの協定によって規律されない事項は，一般国際法の規則及び原則により引き続き規律されることを確認して，

次のとおり協定した.

第 1 部　総　則

第 1 条〔用語及び対象〕 1　この協定の適用上，

(a)「条約」とは，1982 年 12 月 10 日の海洋法に関する国際連合条約をいう.

(b)「保存管理措置」とは，海洋生物資源の 1 又は 2 以上の種を保存し，及び管理するための措置であって，条約及びこの協定に反映されている国際法の関連規則に適合するように定められ，かつ，適用されるものをいう.

(c)「魚類」には，軟体動物及び甲殻類（条約第 77 条に定める定着性の種族に属する種を除く.）を含む.

(d)「枠組み」とは，特に，小地域又は地域において 1 又は 2 以上のストラドリング魚類資源又は高度回遊性魚類資源についての保存管理措置を定めるため，2 以上の国が条約及びこの協定に従って定める協力の仕組みをいう.

2　(a)「締約国」とは，この協定に拘束されることに同意し，かつ，自国についてこの協定の効力が生じている国をいう.

(b) この協定は，次に掲げる主体であってこの協定の当事者となるものについて準用し，その限度において「締約国」というときは，当該主体を含む.

(i) 条約第 305 条 1(c)から(e)までに規定する主体

(ii) 条約の附属書Ⅸ第 1 条において「国際機関」と規定されている主体. ただし，第 47 条に従うことを条件とする.

3　この協定は，その漁船が公海において漁業を行うその他の漁業主体についても準用する.

第 2 条〔目的〕　この協定の目的は，条約の関連規定を効果的に実施することを通じてストラドリング魚類資源及び高度回遊性魚類資源の長期的な保存及び持続可能な利用を確保することにある.

第 3 条〔適用範囲〕 1　この協定は，別段の定めがある場合を除くほか，国の管轄の下にある水域を越える水域におけるストラドリング魚類資源及び高度回遊性魚類資源の保存及び管理について適用する. ただし，第 6 条及び第 7 条の規定は，条約が定める異なる法制度であって，国の管轄の下にある水域に適用されるもの及び国の管轄の下にある水域を越える水域に適用されるものに従うことを条件として，国の管轄の下にある水域内のこれらの資源の保存及び管理についても適用する.

2　沿岸国は，国の管轄の下にある水域内においてストラドリング魚類資源及び高度回遊性魚類資源を探査し，及び開発し，保存し，並びに管理するための主権的権利を行使するに際し，第 5 条に掲げる一般原則を準用する.

3　いずれの国も，開発途上国が自国の管轄の下にある水域内において第 5 条から第 7 条までの規定を適用するための能力及びこの協定が規定する開発途上国に対する援助の必要性に妥当な考慮を払う. このため，第 7 部の規定は，国の管轄の下にある水域について準用する.

第 4 条〔この協定と条約との関係〕　この協定のいかなる規定も，条約に基づく各国の権利，管轄権及び義務に影響を及ぼすものではない. この協定については，条約の範囲内で，かつ，条約と適合するように解釈し，及び適用する.

第 2 部　ストラドリング魚類資源及び高度回遊性魚類資源の保存及び管理

第 5 条，第 6 条（略）

第 7 条〔保存管理措置の一貫性〕 1　国の管轄の下にある水域内において海洋生物資源を探査し，及び開発し，保存し，並びに管理するための沿岸国の主権的権利であって条約に規定するもの並びに条約に従って公海において自国民を漁獲に従事させるすべての国の権利を害することなく，

(a) ストラドリング魚類資源に関しては，関係する沿岸国及び当該沿岸国の管轄の下にある水域に接続する公海水域において自国民が当該資源を漁獲する国は，直接に又は第 3 部に規定する協力のための適当な仕組みを通じて，当該沿岸国の管轄の下にある水域に接続する公海水域における当該資源の保存

のために必要な措置について合意するよう努める.

(b) 高度回遊性魚類資源に関しては, 関係する沿岸国その他自国民がある地域において当該資源を漁獲する国は, 国の管轄の下にある水域の内外を問わず, 当該地域全体において当該資源の保存を確保し, かつ, 当該資源の最適な利用という目的を促進するため, 直接に又は第3部に規定する協力のための適当な仕組みを通じて協力する.

2 公海について定められる保存管理措置と国の管轄の下にある水域について定められる保存管理措置とは, ストラドリング魚類資源及び高度回遊性魚類資源全体の保存及び管理を確保するために一貫性のあるものでなければならない. このため, 沿岸国及び公海において漁獲を行う国は, ストラドリング魚類資源及び高度回遊性魚類資源について一貫性のある措置を達成するために協力する義務を負う. いずれの国も, 一貫性のある保存管理措置を決定するに当たって, 次のことを行う.

(a) 沿岸国が自国の管轄の下にある水域において同一の資源に関し条約第61条の規定に従って定め, 及び適用している保存管理措置を考慮すること並びに当該資源に関し公海について定められる措置が当該保存管理措置の実効性を損なわないことを確保すること.

(b) 関係する沿岸国及び公海において漁獲を行う国が同一の資源に関し条約に従って公海について定め, 及び適用している措置であって従前に合意されたものを考慮すること.

(c) 小地域的又は地域的な漁業管理のための機関又は枠組みが同一の資源に関し条約に従って定め, 及び適用している措置であって従前に合意されたものを考慮すること.

(d) ストラドリング魚類資源及び高度回遊性魚類資源の生物学的一体性その他の生物学的特性並びにこれらの資源の分布, 漁場及び関係地域の地理的特殊性の間の関係（ストラドリング魚類資源及び高度回遊性魚類資源が国の管轄の下にある水域内において存在し, 及び漁獲される程度を含む.）を考慮すること.

(e) 沿岸国及び公海において漁獲を行う国が関係の資源に依存している程度を考慮すること.

(f) ストラドリング魚類資源及び高度回遊性魚類資源についての一貫性のある保存管理措置が海洋生物資源全体に対して有害な影響を及ぼす結果とならないことを確保すること.

3 いずれの国も, 協力する義務を履行するに当たり, 合理的な期間内に一貫性のある保存管理措置に合意するために, あらゆる努力を払う.

4 いずれの関係国も, 合理的な期間内に合意に達することができない場合には, 第8部に規定する紛争解決手続をとることができる.

5 関係国は, 一貫性のある保存管理措置について合意に達するまでの間, 理解及び協力の精神により, 実際的な性質を有する暫定的な枠組みを設けるためにあらゆる努力を払う. 暫定的な枠組みに合意することができない場合には, いずれの関係国も, 暫定的な措置を得るため, 第8部に規定する紛争解決手続に従って裁判所に紛争を付託することができる.

6 5の規定に基づいて設けられた暫定的な枠組み又は決定された暫定的な措置は, この部の規定を考慮し, 並びにすべての関係国の権利及び義務に妥当な考慮を払ったものでなければならず, また, 一貫性のある保存管理措置に関する最終的な合意への到達を危うくし, 又は妨げ, 及びいかなる紛争解決手続の確定的な結果にも影響を及ぼすものであってはならない.

7 沿岸国は, 小地域又は地域の公海において漁獲を行う国に対し, 直接に又は適当な小地域的若しくは地域的な漁業管理のための機関若しくは枠組みその他適当な方法を通じて, 当該沿岸国の管轄の下にある水域内のストラドリング魚類資源及び高度回遊性魚類資源に対してとった措置について定期的に通報する.

8 公海において漁獲を行う国は, 関心を有する他の国に対し, 直接に又は適当な小地域的若しくは地域的な漁業管理のための機関若しくは枠組みその他適当な方法を通じて, 公海においてストラドリング魚類資源及び高度回遊性魚類資源を漁獲する自国を旗国とする漁船の活動を規制するためにとった措置について定期的に通報する.

第3部～第5部（略）

第6部　遵守及び取締り

第19条, 第20条（略）

第21条〔取締りのための小地域的又は地域的な協力〕1 小地域的又は地域的な漁業管理のための機関又は枠組みの対象水域である公海において, 当該機関の加盟国又は当該枠組みの参加国である締約国は, 当該機関又は枠組みが定めたストラドリング魚類資源及び高度回遊性魚類資源についての保存管理措置の遵守を確保するため, 2の規定に従い, 正当に権限を与えた自国の検査官により，この協定の他の締約国（当該機関の加盟国又は当該枠組みの参加国であるか否かを問わない.）を旗国とする漁船に乗船し，及びこれを検査することができる.

2　いずれの国も，小地域的又は地域的な漁業管理のための機関又は枠組みを通じ，１の規定に基づく乗船及び検査の手続並びにこの条の他の規定を実施するための手続を定める．この手続は，この条の規定及び次条に規定する基本的な手続に適合するものとし，また，当該機関の非加盟国又は当該枠組みの非参加国を差別するものであってはならない．乗船及び検査並びにその後の取締りは，そのような手続に従って行われる．いずれの国も，この２の規定に従って定められた手続を適当に公表する.

3　この協定の採択後２年以内に，小地域的又は地域的な漁業管理のための機関又は枠組みが２に定める手続を定めない場合には，当該手続が定められるまでの間，１の規定に基づく乗船及び検査並びにその後の取締りは，この条の規定及び次条に規定する基本的な手続に従って実施されるものとする.

4　検査国は，この条の規定に基づく措置をとるに先立ち，小地域又は地域の公海においてその漁船が漁獲を行っているすべての国に対し，直接に又は関係する小地域的若しくは地域的な漁業管理のための機関若しくは枠組みを通じ，正当に権限を与えた自国の検査官に発行した身分証明書の様式を通報する．乗船及び検査に用いられる船舶は，政府の公務に使用されていることが明らかに表示されており，かつ，識別されることができるものとする．いずれの国も，この協定の締結の際に，この条の規定に基づく通報を受領する適当な当局を指定するものとし，そのように指定した当局を関係する小地域的又は地域的な漁業管理のための機関又は枠組みを通じて適当に公表する.

5　乗船及び検査の結果，漁船が１に規定する保存管理措置に違反する活動に従事したと信ずるに足りる明白な根拠がある場合には，検査国は，適当なときは，証拠を確保し，及び旗国に対し違反の容疑を速やかに通報する.

6　旗国は，５に規定する通報に対し，その受領から３作業日以内又は２の規定に従って定められた手続に定める期間内に回答するものとし，次のいずれかのことを行う.

(a) ５に規定する漁船について調査し，及び証拠により正当化される場合には取締りを行うことにより第19条に基づく義務を遅滞なく履行すること．この場合において，旗国は，調査の結果及び行った取締りについて検査国に速やかに通報する.

(b) 検査国が調査することを許可すること.

7　旗国が検査国に対して違反の容疑を調査することを許可する場合には，当該検査国は，当該旗国に対し調査結果を遅滞なく通報する．旗国は，証拠により正当化される場合には，５に規定する漁船について取締りを行うことにより義務を履行する．これに代えて，旗国は，検査国に対し，当該漁船に関して旗国が明示する取締りであってこの協定に基づく旗国の権利及び義務に反しないものをとることを許可することができる.

8　乗船及び検査の結果，漁船が重大な違反を行っていたと信ずるに足りる明白な根拠がある場合において，旗国が６又は７の規定に基づいて必要とされる回答を行わなかったとき，又は措置をとらなかったときは，検査官は，乗船を継続し，及び証拠を確保することができるものとし，また，船長に対し，更なる調査（適当な場合には，当該漁船を最も近い適当な港又は２の規定に従って定められた手続に定める港に遅滞なく移動させて行う調査を含む.）に協力することを要請することができる．検査国は，当該漁船が向かう港の名称を直ちに旗国に通報する．検査国，旗国及び適当な場合には寄港国は，乗組員の国籍のいかんを問わず，乗組員に対する良好な取扱いを確保するために必要なすべての措置をとる.

9　検査国は，旗国及び関係する機関又は関係する枠組みのすべての参加国に対し更なる調査の結果を通報する.

10　検査国は，自国の検査官に対し，船舶及び船員の安全に関する一般的に認められた国際的な規則，手続及び慣行を遵守すること，漁獲操業の妨げとなることを最小限にすること並びに船上の漁獲物の品質に悪影響を与えるような行動を実行可能な範囲で避けることを義務付ける．検査国は，乗船及び検査が漁船に対する不当な妨げとなるような方法で実施されないことを確保する.

11　この条の規定の適用上，「重大な違反」とは，次のいずれかのことをいう.

(a) 旗国が第18条3(a)の規定に従って与える有効な免許，許可又は承認を得ることなく漁獲を行うこと.

(b) 関係する小地域的若しくは地域的な漁業管理のための機関若しくは枠組みによって義務付けられた漁獲量の正確な記録及び漁獲量に関連するデータを保持しないこと又は当該機関若しくは枠組みによって義務付

けられた漁獲量報告に関して重大な誤りのある報告を行うこと.

(c) 禁漁区域において漁獲を行うこと，禁漁期において漁獲を行うこと及び関係する小地域的又は地域的な漁業管理のための機関又は枠組みが定めた漁獲割当てを有せずに又は当該漁獲割当ての達成後に漁獲を行うこと.

(d) 漁獲が一時的に停止されている資源又は漁獲が禁止されている資源を対象とする漁獲を行うこと.

(e) 禁止されている漁具を使用すること.

(f) 漁船の標識，識別又は登録を偽造し，又は隠ぺいすること.

(g) 調査に関連する証拠を隠ぺいし，改ざんし，又は処分すること.

(h) 全体として保存管理措置の重大な軽視となるような複数の違反を行うこと.

(i) 関係する小地域的又は地域的な漁業管理のための機関又は枠組みが定めた手続において重大な違反と明記するその他の違反を行うこと.

12　この条の他の規定にかかわらず，旗国は，いつでも，違反の容疑に関し，第19条の規定に基づく義務を履行するための措置をとることができる. 漁船が検査国の指示の下にある場合には，当該検査国は，旗国の要請により，自国が行った調査の進展及び結果に関する十分な情報と共に当該漁船を旗国に引き渡す.

13　この条の規定は，自国の法律に従って措置（制裁を課す手続を含む.）をとる旗国の権利を妨げるものではない.

14　この条の規定は，小地域的若しくは地域的な漁業管理のための機関の加盟国又はそのような枠組みの参加国である締約国が，この協定の他の締約国を旗国とする漁船が当該機関又は枠組みの対象水域である公海において1に規定する関係する保存管理措置に違反する活動に従事したと信ずるに足りる明白な根拠を有している場合において，当該漁船がその後，同一の漁獲のための航行中に，検査国の管轄の下にある水域に入ったときは，当該機関の加盟国又は当該枠組みの参加国である締約国が行う乗船及び検査について準用する.

15　小地域的又は地域的な漁業管理のための機関又は枠組みが，この協定に基づく当該機関の加盟国又は当該枠組みの参加国の義務であって当該機関又は枠組みの定めた保存管理措置の遵守の確保に係るものの効果的な履行を可能とするような代替的な仕組みを定めた場合には，当該機関の加盟国又は当該枠組みの参加国は，関係する公海水域について定められた保存管理措置に関し，これらの国々の間において1の規定の適用を制限することについて合意することができる.

16　旗国以外の国が小地域的又は地域的な保存管理措置に違反する活動に従事した漁船に対してとる措置は，違反の重大さと均衡がとれたものとする.

17　公海上の漁船が国籍を有していないことを疑うに足りる合理的な根拠がある場合には，いずれの国も，当該漁船に乗船し，及びこれを検査することができる. 証拠が十分である場合には，当該国は，国際法に従って適当な措置をとることができる.

18　いずれの国も，この条の規定によりとった措置が違法であった場合又は入手可能な情報に照らしてこの条の規定を実施するために合理的に必要とされる限度を超えた場合には，当該措置に起因する損害又は損失であって自国の責めに帰すべきものについて責任を負う.

第22条〔前条による乗船及び検査のための基本的な手続〕 1　検査国は，正当に権限を与えた自国の検査官が次のことを行うことを確保する.

(a) 船長に身分証明書を提示し，及び関係する保存管理措置又は問題となっている公海水域において有効な規則であって当該保存管理措置に基づくものの写しを提示すること.

(b) 乗船及び検査を行う時点において旗国への通報を開始すること.

(c) 乗船及び検査を行っている間，船長が旗国の当局と連絡を取ることを妨げないこと.

(d) 船長及び旗国の当局に乗船及び検査についての報告書（船長が希望する場合には，異議又は陳述を含める.）の写しを提供すること.

(e) 重大な違反の証拠が見つからない場合には，検査が終了した後，漁船から速やかに下船すること.

(f) 実力の行使を避けること. ただし，検査官がその任務の遂行を妨害される場合において，その安全を確保するために必要なときは，この限りでない. この場合において，実力の行使は，検査官の安全を確保するために及び状況により合理的に必要とされる限度を超えてはならない.

2　検査国が正当に権限を与えた検査官は，漁船，その免許，漁具，装置，記録，設備，漁獲物及びその製品並びに関係する保存管理措置の遵守を確認するために必要な関係書類を検査する権限を有する.

3　旗国は，船長が次のことを行うことを確保する.

(a) 検査官の迅速かつ安全な乗船を受け入れ，及び容易にすること.

(b) この条及び前条に規定する手続に従って実施される漁船に対する検査に協力し，及び支援すること.

(c) 検査官の任務の遂行に当たり，検査官に対し妨害，威嚇又は干渉を行わないこと.

(d) 乗船及び検査が行われている間，検査官が旗国の当局及び検査国の当局と連絡を取ることを認めること.

(e) 適当な場合には，食料及び宿泊施設を含む合理的な便益を検査官に提供すること.

(f) 検査官の安全な下船を容易にすること.

4　旗国は，船長がこの条及び前条の規定に基づく乗船及び検査の受入れを拒否する場合（海上における安全に関する一般的に認められた国際的な規則，手続及び慣行に従って乗船及び検査を遅らせる必要がある場合を除く.）には，当該船長に対し直ちに乗船及び検査を受け入れるよう指示する. 当該船長が旗国のそのような指示にも従わない場合には，当該旗国は，当該漁船の漁獲のための許可を停止し，及び当該漁船に対して直ちに帰港するよう命ずる. 当該旗国は，この4に規定する事態が発生した場合には，とった措置を検査国に通報する.

第23条（略）

第8部〜第13部（略）

ii　空　間

11 国際民間航空条約（抄）

（ICAO条約）
〔採択〕1944年12月7日，シカゴ
〔効力発生〕1947年4月4日／〔日本国〕1953年10月8日

前　文

国際民間航空の将来の発達は，世界の各国及び各国民の間における友好と理解を創造し，且つ，維持することを大いに助長することができるが，国際民間航空の濫用は，一般的安全に対する脅威となることがあるので，また，

各国及び各国民の間における摩擦を避け，且つ，世界平和の基礎である各国及び各国民の間における協力を促進することが望ましいので，

よって，下名の政府は，国際民間航空が安全に且つ整然と発達するように，また，国際航空運送業務が機会均等主義に基いて確立されて健全且つ経済的に運営されるように，一定の原則及び取極について合意し，

その目的のためこの条約を締結した.

第1部　航　空

第1章　一般原則及び条約の適用

第1条（主権） 締約国は，各国がその領域上の空間において完全且つ排他的な主権を有することを承認する.

第2条（領域） この条約の適用上，国の領域とは，その国の主権，宗主権，保護又は委任統治の下にある陸地及びこれに隣接する領水をいう.

第3条（民間航空機及び国の航空機） (a)この条約は，民間航空機のみに適用するものとし，国の航空機には適用しない.

(b) 軍，税関及び警察の業務に用いる航空機は，国の航空機とみなす.

(c) 締約国の国の航空機は，特別協定その他の方法による許可を受け，且つ，その条件に従うのでなければ，他の国の領域の上空を飛行し，又はその領域に着陸してはならない.

(d) 締約国は，自国の国の航空機に関する規制を設けるに当り，民間航空機の航行の安全について妥当な考慮を払うことを約束する.

第3条の2〔要撃および着陸要求の措置〕 (a)締約国は，各国が飛行中の民間航空機に対して武器の使用に訴えることを差し控えなければならず及び，要撃の場合には，航空機内における人命を脅かし又は航空機の安全を損なってはならないことを承認する. この規定は，国際連合憲章に定める国の権利及び義務を修正するものと解してはならない.

(b) 締約国は，各国がその主権の行使として，その領域の上空を許可なく飛行する民間航空機に対し又はその領域の上空を飛行する民間航空機であってこの条約の目的と両立しない目的のために使用されていると結論するに足りる十分な根拠があるものに対し指定空港に着陸するよう要求する権利を有し及びこれらの民間航空機に対しそのような違反を終止させるその他の指示を与えることができることを承認する. このため，締約国は，国際法の関連規則（この条約の関連規定，特に(a)の規定を含む.）に適合する適当な手段をとることができる. 各締約国は，民間航空機に対する要撃についての現行の自国の規則を公表することに同意する.

(c) すべての民間航空機は，(b)の規定に基づいて発せられる命令に従う. このため，各締約

国は，自国において登録された民間航空機又は自国内に主たる営業所若しくは住所を有する運航者によって運航される民間航空機が当該命令に従うことを義務とするために必要なすべての規定を自国の国内法令において定める．各締約国は，そのような関係法令の違反について重い制裁を課することができるようにするものとし，自国の法令に従って自国の権限のある当局に事件を付託する．

(d) 各締約国は，自国において登録された民間航空機又は自国内に主たる営業所若しくは住所を有する運航者によって運航される民間航空機がこの条約の目的と両立しない目的のために意図的に使用されることを禁止するために適当な措置をとる．この規定は，(a)の規定に影響を及ぼすものではなく，また，(b)及び(c)の規定を害するものではない．

第4条（民間航空の濫用） 各締約国は，この条約の目的と両立しない目的のために民間航空を使用しないことに同意する．

第2章　締約国の領域の上空の飛行

第5条（不定期飛行の権利） 各締約国は，他の締約国の航空機で定期国際航空業務に従事しないものが，すべて，事前の許可を得ることを必要としないで，且つ，その航空機が上空を飛行する国の着陸要求権に従うことを条件として，その国の領域内への飛行又は同領域の無着陸横断飛行をし，及び運輸以外の目的での着陸をする権利を，この条約の条項を遵守することを条件として有することに同意する．但し，各締約国は，飛行の安全のため，近づき難い地域又は適当な航空施設のない地域の上空の飛行を希望する航空機に対し，所定の航空路を飛行すること又はこのような飛行のために特別の許可を受けることを要求する権利を留保する．

前記の航空機は，定期国際航空業務としてではなく有償又は貸切で行う旅客，貨物又は郵便物の運送に従事する場合には，第7条の規定に従うことを条件として，旅客，貨物又は郵便物の積込又は積卸をする特権をも有する．但し，積込又は積卸が行われる国は，その望ましいと認める規制，条件又は制限を課する権利を有する．

第6条（定期航空業務） 定期国際航空業務は，締約国の特別の許可その他の許可を受け，且つ，その許可の条件に従う場合を除く外，その締約国の領域の上空を通って又はその領域に乗り入れて行うことができない．

第7条（国内営業） 各締約国は，他の締約国の航空機に対し，有償又は貸切で自国の領域内の他の地点に向けて運送される旅客，郵便物及び貨物をその領域内において積み込む許可を与えない権利を有する．各締約国は，他の国又は他の国の航空企業に対して排他的な基礎の上にそのような特権を特に与える取極をしないこと及び他の国からそのような排他的な特権を獲得しないことを約束する．

第8条（無操縦者航空機） 操縦者なしで飛行することができる航空機は，締約国の特別の許可を受け，且つ，その許可の条件に従うのでなければ，その締約国の領域の上空を操縦者なしで飛行してはならない．各締約国は，民間航空機に開放されている地域におけるそのような無操縦者航空機の飛行が，民間航空機に及ぼす危険を予防するように管制されることを確保することを約束する．

第9条（禁止区域） (a)各締約国は，軍事上の必要又は公共の安全のため，他の国の航空機が自国の領域内の一定の区域の上空を飛行することを一律に制限し，又は禁止することができる．但し，このことに関しては，当該領域の属する国の航空機で定期国際航空業務に従事するものと他の締約国の航空機で同様の業務に従事するものとの間に差別を設けてはならない．この禁止区域は，航空を不必要に妨害することのない適当な範囲及び位置のものでなければならない．締約国の領域内におけるこの禁止区域の明細及びその後のその変更は，できる限りすみやかに他の締約国及び国際民間航空機関に通知しなければならない．

(b) 各締約国は，また，特別の事態において若しくは緊急の期間又は公共の安全のため，即時，その領域の全部又は一部の上空の飛行を一時的に制限し，又は禁止する権利を留保する．但し，その制限又は禁止は，他のすべての国の航空機に対し，国籍のいかんを問わず適用するものでなければならない．

(c) 各締約国は，その設ける規制に基き，前記の(a)又は(b)に定める区域に入る航空機に対し，その後できる限りすみやかにその領域内の指定空港に着陸するよう要求することができる．

第10条（税関空港への着陸） 航空機がこの条約の条項又は特別の許可の条件に基いて締約国の領域の無着陸横断を許されている場合を除く外，締約国の領域に入るすべての航空機は，その国の規制が要求するときは，税関検査その他の検査を受けるため，その国が指定する空港に着陸しなければならない．その航空機は，締約国の領域からの出発に当っては，同様に指定される税関空港から出発しなければならない．指定されるすべての税関空港の詳細は，その国が発表しなければならず，且つ，他のすべての締約国への通知のため，この条約の第2部に基いて設立される国際民間航空機関に伝達しなければならない．

第11条（航空に関する規制の適用） 締約国の法令で，国際航空に従事する航空機の当該締約国の領域への入国若しくはそこからの出国又は同領域内にある間の運航及び航行に関するものは，この条約の規定に従うことを条件として，国籍のいかんを問わずすべての締約国の航空機に適用されるものとし，また，その国の領域への入国若しくはそこからの出国に当り，又は同領域内にある間，当該航空機によって遵守されなければならない．

第12条（航空規則） 各締約国は，その領域の上空を飛行し，又は同領域内で作動するすべての航空機及び，所在のいかんを問わず，その国籍記号を掲げるすべての航空機が当該領域に施行されている航空機の飛行又は作動に関する規則に従うことを確保する措置を執ることを約束する．各締約国は，これらの点に関する自国の規則をこの条約に基いて随時設定される規則にできる限り一致させることを約束する．公海の上空においては，施行される規則は，この条約に基いて設定されるものでなければならない．各締約国は，適用される規則に違反したすべての者の訴追を確保することを約束する．

第13条（入国及び出国に関する規制） 締約国の法令で，航空機の旅客，乗組員又は貨物の当該締約国の領域への入国又はそこからの出国に関するもの，たとえば，入国，出国，移民，旅券，税関及び検疫に関する規制は，その国の領域への入国若しくはそこからの出国に当り，又は同領域内にある間，その旅客，乗組員若しくは貨物によって又はそれらの名において遵守されなければならない．

第14条（疾病のまん延の防止） 各締約国は，コレラ，チフス（伝染性），天然痘，黄熱，ペスト及び締約国が随時決定して指定するその他の伝染病の航空によるまん延を防止する効果的な措置を執ることに同意し，このため，締約国は，航空機に適用される衛生上の措置に関する国際的規制に関係のある機関と常に緊密な協議を行う．この協議は，この問題に関する現存の国際条約で締約国がその当事国であるものの適用を妨げるものではない．

第15条（空港の使用料金その他の使用料金） 締約国内の空港でその国の航空機の使用に公開されているものは，第68条の規定に従うことを条件として，他のすべての締約国の航空機に対しても同様に均等の条件の下に公開しなければならない．同様の均等の条件は，各締約国の航空機が，無線及び気象の施設を含むすべての航空保安施設で航空の安全及び迅速化のために公共の用に供されるものを使用する場合にも，適用する．

締約国が他の締約国の航空機によるそれらの空港及び航空保安施設の使用について課し，又は課することを許す料金は，次の料金より高額であってはならない．

(a) 定期国際航空業務に従事しない航空機に関しては，類似の運航に従事する自国の同級の航空機が支払う料金

(b) 定期国際航空業務に従事する航空機に関しては，類似の国際航空業務に従事する自国の航空機が支払う料金

前記の料金は，すべて公表し，且つ，国際民間航空機関に通知しなければならない．但し，関係締約国の申立があったときは，空港その他の施設の使用について課せられる料金は，理事会の審査を受けなければならず，理事会は，1又は2以上の関係国の考慮を求めるため，これについて報告し，且つ，勧告をしなければならない．いずれの締約国も，他の締約国の航空機又はその航空機上の人若しくは財産が自国の領域の上空の通過，同領域への入国又はそこからの出国をする権利のみに関しては，手数料，使用料その他の課徴金を課してはならない．

第16条（航空機の検査） 各締約国の当局は，不当に遅滞することなく，他の締約国の航空機を着陸又は出発の際に検査し，及びこの条約で定める証明書その他の書類を検閲する権利を有する．

第3章　航空機の国籍

第17条（航空機の国籍） 航空機は，登録を受けた国の国籍を有する．

第18条（二重登録） 航空機は，2以上の国で有効に登録を受けることができない．但し，その登録は，1国から他国に変更することができる．

第19条（登録に関する国内法） 締約国における航空機の登録又は登録の変更は，その国の法令に従って行われなければならない．

第20条（記号の表示） 国際航空に従事するすべての航空機は，その適正な国籍及び登録の記号を掲げなければならない．

第21条（登録の報告） 各締約国は，要求があっ

a たときは，他の締約国又は国際民間航空機関に対し，自国で登録された特定の航空機の登録及び所有権に関する情報を提供することを約束する．更に，各締約国は，国際民間航空機関に対し，同機関が定める規則に従い，自国で登録さ
b れ，且つ，通常国際航空に従事する航空機の所有及び管理に関する入手可能な関係資料を掲げた報告書を提供しなければならない．国際民間航空機関は，他の締約国が要請したときは，このようにして入手した資料をその用に供し
c なければならない．

第6章　国際標準及び勧告方式

第37条（国際の標準及び手続の採択） 各締約国は，航空機，航空従事者，航空路及び附属業務
d に関する規則，標準，手続及び組織の実行可能な最高度の統一を，その統一が航空を容易にし，且つ，改善するすべての事項について確保することに協力することを約束する．

このため，国際民間航空機関は，次の事項に
e 関する国際標準並びに勧告される方式及び手続を必要に応じて随時採択し，及び改正する．

(a) 通信組織及び航空保安施設（地上標識を含む．）
(b) 空港及び着陸場の性質
f (c) 航空規則及び航空交通管制方式
(d) 運航関係及び整備関係の航空従事者の免許
(e) 航空機の耐空性
(f) 航空機の登録及び識別
g (g) 気象情報の収集及び交換
(h) 航空日誌
(i) 航空地図及び航空図
(j) 税関及び出入国の手続
(k) 遭難航空機及び事故の調査

h 並びに航空の安全，正確及び能率に関係のあるその他の事項で随時適当と認めるもの

第38条（国際の標準及び手続からの背離） すべての点について国際の標準若しくは手続に従うこと若しくは国際の標準若しくは手続の
i 改正後自国の規制若しくは方式をそれに完全に一致させることを不可能と認める国又は国際標準によって設定された規則若しくは方式と特定の点において異なる規制若しくは方式を採用することを必要と認める国は，自国の方
j 式と国際標準によって設定された方式との相違を直ちに国際民間航空機関に通告しなければならない．国際標準の改正があった場合に自国の規制又は方式に適当な改正を加えない国は，国際標準の改正の採択の日から60日以内
k に理事会に通告し，又は自国が執ろうとする措置を明示しなければならない．この場合には，理事会は，国際標準の1又は2以上の特異点とこれに対応するその国の国内方式との相違を直ちに他のすべての国に通告しなければならない．

第2部　国際民間航空機関

第7章　機　関

第43条（名称及び構成） この条約により，国際民間航空機関という機関を組織する．この機関は，総会，理事会その他の必要な機関からなる．

iii）南極・宇宙

12 南極条約（抄）

〔署名〕1959年12月1日，ワシントン
〔効力発生〕1961年6月23日／〔日本国〕1961年6月23日

アルゼンティン，オーストラリア，ベルギー，チリ，フランス共和国，日本国，ニュー・ジーランド，ノールウェー，南アフリカ連邦，ソヴィエト社会主義共和国連邦，グレート・ブリテン及び北部アイルランド連合王国及びアメリカ合衆国の政府は，

南極地域がもっぱら平和的目的のため恒久的に利用され，かつ，国際的不和の舞台又は対象とならないことが，全人類の利益であることを認め，

南極地域における科学的調査についての国際協力が，科学的知識に対してもたらした実質的な貢献を確認し，

国際地球観測年の間に実現された南極地域における科学的調査の自由を基礎とする協力を継続し，かつ，発展させるための確固たる基礎を確立することが，科学上の利益及び全人類の進歩に沿うものであることを確信し，

また，南極地域を平和的目的のみに利用すること及び南極地域における国際間の調和を継続することを確保する条約が，国際連合憲章に掲げられた目的及び原則を助長するものであることを確信して，

次のとおり協定した．

第1条〔平和的利用〕 1　南極地域は，平和的目的のみに利用する．軍事基地及び防備施設の設置，軍事演習の実施並びにあらゆる型の兵器の実験のような軍事的性質の措置は，特に，禁

止する.

2　この条約は, 科学的研究のため又はその他の平和的目的のために, 軍の要員又は備品を使用することを妨げるものではない.

第2条〔科学的調査〕　国際地球観測年の間に実現された南極地域における科学的調査の自由及びそのための協力は, この条約の規定に従うことを条件として, 継続するものとする.

第3条〔科学的調査についての国際協力〕 1　締約国は, 第2条に定めるところにより南極地域における科学的調査についての国際協力を促進するため, 実行可能な最大限度において, 次のことに同意する.

(a) 南極地域における科学的計画の最も経済的なかつ能率的な実施を可能にするため, その計画に関する情報を交換すること.

(b) 南極地域において探検隊及び基地の間で科学要員を交換すること.

(c) 南極地域から得られた科学的観測及びその結果を交換し, 及び自由に利用することができるようにすること.

2　この条の規定を実施するに当り, 南極地域に科学的又は技術的な関心を有する国際連合の専門機関及びその他の国際機関との協力的活動の関係を設定することを, あらゆる方法で奨励する.

第4条〔領土主権・請求権の凍結〕 1　この条約のいかなる規定も, 次のことを意味するものと解してはならない.

(a) いずれかの締約国が, かつて主張したことがある南極地域における領土主権又は領土についての請求権を放棄すること.

(b) いずれかの締約国が, 南極地域におけるその活動若しくはその国民の活動の結果又はその他の理由により有する南極地域における領土についての請求権の基礎の全部又は一部を放棄すること.

(c) 他の国の南極地域における領土主権, 領土についての請求権又はその請求権の基礎を承認し, 又は否認することについてのいずれかの締約国の地位を害すること.

2　この条約の有効期間中に行なわれた行為又は活動は, 南極地域における領土についての請求権を主張し, 支持し, 若しくは否認するための基礎をなし, 又は南極地域における主権を設定するものではない. 南極地域における領土についての新たな請求権又は既存の請求権の拡大は, この条約の有効期間中は, 主張してはならない.

第5条〔核爆発・放射性廃棄物処分の禁止〕 1　南極地域におけるすべての核の爆発及び放
射性廃棄物の同地域における処分は, 禁止する. a

2　核の爆発及び放射性廃棄物の処分を含む核エネルギーの利用に関する国際協定が, 第9条に定める会合に代表者を参加させる権利を有するすべての締約国を当事国として締結される場合には, その協定に基づいて定められる規 b
則は, 南極地域に適用する.

第6条〔地理的適用範囲〕　この条約の規定は, 南緯60度以南の地域（すべての氷だなを含む.）に適用する. ただし, この条約のいかなる規定も, 同地域内の公海に関する国際法に基づ c
くいずれの国の権利又は権利の行使をも害するものではなく, また, これらにいかなる影響をも及ぼすものではない.

第7条〔査察制度〕 1　この条約の目的を促進し, かつ, その規定の遵守を確保するため, 第9 d
条にいう会合に代表者を参加させる権利を有する各締約国は, この条に定める査察を行なう監視員を指名する権利を有する. 監視員は, その者を指名する締約国の国民でなければならない. 監視員の氏名は, 監視員を指名する権利 e
を有する他のすべての締約国に通報し, また, 監視員の任務の終了についても, 同様の通告を行なう.

2　1の規定に従つて指名された各監視員は, 南極地域のいずれかの又はすべての地域にいつ f
でも出入する完全な自由を有する.

3　南極地域のすべての地域（これらの地域におけるすべての基地, 施設及び備品並びに南極地域における貨物又は人員の積卸し又は積込みの地点にあるすべての船舶及び航空機を含 g
む.）は, いつでも, 1の規定に従つて指名される監視員による査察のため開放される.

4　監視員を指名する権利を有するいずれの締約国も, 南極地域のいずれかの又はすべての地域の空中監視をいつでも行なうことができる. h

5　各締約国は, この条約がその国について効力を生じた時に, 他の締約国に対し, 次のことについて通報し, その後は, 事前に通告を行なう.

(a) 自国の船舶又は国民が参加する南極地域 i
向けの又は同地域にあるすべての探検隊及び自国の領域内で組織され, 又は同領域から出発するすべての探検隊

(b) 自国の国民が占拠する南極地域におけるすべての基地 j

(c) 第1条2に定める条件に従つて南極地域に送り込むための軍の要員又は備品

第8条〔裁判〕 1　この条約に基づく自己の任務の遂行を容易にするため, 第7条1の規定に基づいて指名された監視員及び第3条(1)(b)の k

規定に基づいて交換された科学要員並びにこれらの者に随伴する職員は，南極地域におけるその他のすべての者に対する裁判権についての締約国のそれぞれの地位を害することなく，南極地域にある間に自己の任務を遂行する目的をもって行なったすべての作為又は不作為については，自己が国民として所属する締約国の裁判権にのみ服する．

2　1の規定を害することなく，南極地域における裁判権の行使についての紛争に関係する締約国は，第9条1(e)の規定に従う措置が採択されるまでの間，相互に受諾することができる解決に到達するため，すみやかに協議する．

第9条〔締約国会合〕 1　この条約の前文に列記する締約国の代表者は，情報を交換し，南極地域に関する共通の利害関係のある事項について協議し，並びに次のことに関する措置を含むこの条約の原則及び目的を助長する措置を立案し，審議し，及びそれぞれの政府に勧告するため，この条約の効力発生の日の後2箇月以内にキャンベラで，その後は，適当な間隔を置き，かつ，適当な場所で，会合する．

(a) 南極地域を平和的目的のみに利用すること．
(b) 南極地域における科学的研究を容易にすること．
(c) 南極地域における国際間の科学的協力を容易にすること．
(d) 第7条に定める査察を行なう権利の行使を容易にすること．
(e) 南極地域における裁判権の行使に関すること．
(f) 南極地域における生物資源を保護し，及び保存すること．

2　第13条の規定に基づく加入によりこの条約の当事国となった各締約国は，科学的基地の設置又は科学的探検隊の派遣のような南極地域における実質的な科学的研究活動の実施により，南極地域に対する自国の関心を示している間は，1にいう会合に参加する代表者を任命する権利を有する．

3　第7条にいう監視員からの報告は，1にいう会合に参加する締約国の代表者に送付する．

4　1にいう措置は，その措置を審議するために開催された会合に代表者を参加させる権利を有したすべての締約国により承認された時に効力を生ずる．

5　この条約において設定されたいずれかの又はすべての権利は，この条に定めるところによりその権利の行使を容易にする措置が提案され，審議され，又は承認されたかどうかを問わず，この条約の効力発生の日から行使することができる．

第10条〔原則・目的の履行確保〕　各締約国は，いかなる者も南極地域においてこの条約の原則又は目的に反する活動を行なわないようにするため，国際連合憲章に従った適当な努力をすることを約束する．

第11条〔紛争解決〕 1　この条約の解釈又は適用に関して2以上の締約国間に紛争が生じたときは，それらの締約国は，交渉，審査，仲介，調停，仲裁裁判，司法的解決又はそれらの締約国が選択するその他の平和的手段により紛争を解決するため，それらの締約国間で協議する．

2　前記の方法により解決されないこの種の紛争は，それぞれの場合にすべての紛争当事国の同意を得て，解決のため国際司法裁判所に付託する．もっとも，紛争当事国は，国際司法裁判所に付託することについて合意に達することができなかったときにも，1に掲げる各種の平和的手段のいずれかにより紛争を解決するため，引き続き努力する責任を免れない．

第12条〔修正又は改正〕 1 (a) この条約は，第9条に定める会合に代表者を参加させる権利を有する締約国の一致した合意により，いつでも修正し，又は改正することができる．その修正又は改正は，これを批准した旨の通告を寄託政府が前記のすべての締約国から受領した時に，効力を生ずる．

(b) その後，この条約の修正又は改正は，他の締約国については，これを批准した旨の通告を寄託政府が受領した時に，効力を生ずる．他の締約国のうち，(a)の規定に従って修正又は改正が効力を生じた日から2年の期間内に批准の通告が受領されなかったものは，その期間の満了の日に，この条約から脱退したものとみなされる．

2 (a) この条約の効力発生の日から30年を経過した後，第9条に定める会合に代表者を参加させる権利を有するいずれかの締約国が寄託政府あての通報により要請するときは，この条約の運用について検討するため，できる限りすみやかにすべての締約国の会議を開催する．

(b) 前記の会議において，その会議に出席する締約国の過半数（ただし第9条に定める会合に代表者を参加させる権利を有する締約国の過半数を含むものとする．）により承認されたこの条約の修正又は改正は，その会議の終了後直ちに寄託政府によりすべての締約国に通報され，かつ，1の規定に従つて効力を生ずる.
(c) 前記の修正又は改正がすべての締約国に通報された日の後2年の期間内に1(a)の規定に従って効力を生じなかつたときは, いずれの締約国も, その期間の満了の後はいつでも, この条約から脱退する旨を寄託政府に通告することができる. その脱退は, 寄託政府が通告を受領した後2年で効力を生ずる.

第13条〔批准, 加入, 寄託, 効力発生, 登録〕
1　この条約は, 署名国によって批准されるものとする. この条約は, 国際連合加盟国又は第9条に定める会合に代表者を参加させる権利を有するすべての締約国の同意を得てこの条約に加入するよう招請されるその他の国による加入のため開放される.
2　この条約の批准又はこれへの加入は, それぞれの国がその憲法上の手続に従って行なう.
3　批准書及び加入書は, 寄託政府として指定されたアメリカ合衆国政府に寄託する.
4　寄託政府は, すべての署名国及び加入国に対し, 批准書又は加入書の寄託の日並びにこの条約及びその修正又は改正の効力発生の日を通報する.
5　この条約は, すべての署名国が批准書を寄託した時に, それらの国及び加入書を寄託している国について, 効力を生ずる. その後, この条約は, いずれの加入国についても, その加入書の寄託の時に効力を生ずる.
6　この条約は, 寄託政府が国際連合憲章第102条の規定に従って登録する.

⑬ 宇宙条約

月その他の天体を含む宇宙空間の探査及び利用における国家活動を律する原則に関する条約
〔採択〕1966年12月19日, 国連総会
〔効力発生〕1967年10月10日／〔日本国〕1967年10月10日

この条約の当事国は,
人間の宇宙空間への進入の結果, 人類の前に展開する広大な将来性に鼓舞され,
平和目的のための宇宙空間の探査及び利用の進歩が全人類の共同の利益であることを認識し,
宇宙空間の探査及び利用がすべての人民のために, その経済的又は科学的発展の程度にかかわりなく, 行われなければならないことを信じ,
平和目的のための宇宙空間の探査及び利用の科学面及び法律面における広範な国際協力に貢献することを希望し,
この国際協力が, 諸国間及び諸人民間の相互理解の増進及び友好関係の強化に貢献することを信じ, a
1963年12月13日に国際連合総会が全会一致で採択した決議1962号（第18回会期）「宇宙空間の探査及び利用における国家活動を律する法原則に関する宣言」を想起し, b
核兵器若しくは他の種類の大量破壊兵器を運ぶ物体を地球を回る軌道に乗せること又はこれらの兵器を天体に設置することを慎むように諸国に要請する1963年10月17日の国際連合総会の全会一致の採択による決議1884号（第18回会期）を想起し, c
平和に対する脅威, 平和の破壊又は侵略行為を誘発し若しくは助長することを意図し, 又はこれらを誘発し若しくは助長するおそれのある宣伝を非難する1947年11月3日の国際連合決議110号（第2回会期）を考慮し, かつ, この決議が宇宙空間に適用されることを考慮し, d
月その他の天体を含む宇宙空間の探査及び利用における国家活動を律する原則に関する条約が, 国際連合憲章の目的及び原則を助長するものであることを確信して, e
次のとおり協定した.

第1条〔探査及び利用の自由〕　月その他の天体を含む宇宙空間の探査及び利用は, すべての国の利益のために, その経済的又は科学的発展の程度にかかわりなく行なわれるものであり, 全人類に認められる活動分野である. f
月その他の天体を含む宇宙空間は, すべての国がいかなる種類の差別もなく, 平等の基礎に立ち, かつ, 国際法に従って, 自由に探査し及び利用できるものとし, また天体のすべての地域への立入は, 自由である. g
月その他の天体を含む宇宙空間における科学的調査は, 自由であり, また, 諸国はこの調査における国際協力を容易にし, かつ, 奨励するものとする. h

第2条〔領有・取得の禁止〕　月その他の天体を含む宇宙空間は, 主権の主張, 使用若しくは占拠又はその他のいかなる手段によっても国家による取得の対象とはならない. i

第3条〔国際法準拠〕　条約の当事国は, 国際連合憲章を含む国際法に従って, 国際の平和及び安全の維持並びに国際間の協力及び理解の促進のために, 月その他の天体を含む宇宙空間の探査及び利用における活動を行なわなければならない. j

第4条〔軍事的利用の制限・禁止〕　条約の当事国は, 核兵器及び他の種類の大量破壊兵器を運ぶ物体を地球を回る軌道に乗せないこ k

と，これらの兵器を天体に設置しないこと並びに他のいかなる方法によってもこれらの兵器を宇宙空間に配置しないことを約束する．

月その他の天体は，もっぱら平和目的のために，条約のすべての当事国によって利用されるものとする．天体上においては，軍事基地，軍事施設及び防備施設の設置，あらゆる型の兵器の実験並びに軍事演習の実施は，禁止する．科学的研究その他の平和的目的のために軍の要員を使用することは，禁止しない．月その他の天体の平和的探査のために必要なすべての装備又は施設を使用することも，また，禁止しない．

第 5 条〔宇宙飛行士に対する援助〕 条約の当事国は，宇宙飛行士を宇宙空間への人類の使節とみなし，事故，遭難又は他の当事国の領域若しくは公海における緊急着陸の場合には，その宇宙飛行士にすべての可能な援助を与えるものとする．宇宙飛行士は，そのような着陸を行なったときは，その宇宙飛行士の登録国へ安全かつ迅速に送還されるものとする．

いずれかの当事国の宇宙飛行士は，宇宙空間及び天体上において活動を行うときは，他の当事国の宇宙飛行士にすべての可能な援助を与えるものとする．

条約の当事国は，宇宙飛行士の生命又は健康に危険となるおそれのある現象を，月その他の天体を含む宇宙空間において発見したときは，直ちに，これを条約の他の当事国又は国際連合事務総長に通報するものとする．

第 6 条〔国家の責任〕 条約の当事国は，月その他の天体を含む宇宙空間における自国の活動について，それが政府機関によって行なわれるか非政府団体によって行なわれるかを問わず，国際責任を有し，自国の活動がこの条約の規定に従って行なわれることを確保する国際的責任を有する．月その他の天体を含む宇宙空間における非政府団体の活動は，条約の関係当事国の許可及び継続的監督を必要とするものとする．国際機関が，月その他の天体を含む宇宙空間において活動を行う場合には，当該国際機関及びこれに参加する条約当事国の双方がこの条約を遵守する責任を有する．

第 7 条〔損害についての当事国の責任〕 条約の当事国は，月その他の天体を含む宇宙空間に物体を発射し若しくは発射させる場合又は自国の領域若しくは施設から物体が発射される場合には，その物体又はその構成部分が地球上，大気空間又は月その他の天体を含む宇宙空間において条約の他の当事国又はその自然人若しくは法人に与える損害について国際責任を有する．

第 8 条〔管轄権及び管理権〕 宇宙空間に発射された物体が登録されている条約の当事国は，その物体及びその乗員に対し，それらが宇宙空間又は天体上にある間，管轄権及び管理の権限を保持する．宇宙空間に発射された物体（天体上に着陸させられ又は建造された物体を含む．）及びその構成部分の所有権は，それらが宇宙空間若しくは天体上にあること又は地球に帰還することによって影響を受けない．これらの物体又は構成部分は，物体が登録されている条約の当事国の領域外で発見されたときは，その当事国に，返還されるものとする．その当事国は，要請されたときは，それらの物体又は構成部分の返還に先立ち，識別のための資料を提供するものとする．

第 9 条〔協力及び相互援助の原則〕 条約の当事国は，月その他の天体を含む宇宙空間の探査及び利用において，協力及び相互援助の原則に従うものとし，かつ，条約の他のすべての当事国の対応する利益に妥当な考慮を払って，月その他の天体を含む宇宙空間におけるすべての活動を行うものとする．条約の当事国は，月その他の天体を含む宇宙空間の有害な汚染，及び地球外物質の導入から生ずる地球環境の悪化を避けるように月その他の天体を含む宇宙空間の研究及び探査を実施し，かつ，必要な場合には，このための適当な措置を執るものとする．条約の当事国は，自国又は自国民によって計画された月その他の天体を含む宇宙空間における活動又は実験が月その他の天体を含む宇宙空間の平和的探査及び利用における他の当事国の活動に潜在的に有害な干渉を及ぼすおそれがあると信ずる理由があるときは，その活動又は実験が行なわれる前に，適当な国際的協議を行なうものとする．条約の当事国は，他の当事国が計画した月その他の天体を含む宇宙空間における活動又は実験が月その他の天体を含む宇宙空間の平和的な探査及び利用における活動に潜在的に有害な干渉を及ぼすおそれがあると信ずる理由があるときは，その活動又は実験に関する協議を要請することができる．

第 10 条〔宇宙物体の飛行観測〕 条約の当事国は，月その他の天体を含む宇宙空間の探査及び利用における国際協力をこの条約の目的に従って促進するために，条約の他の当事国が打ち上げる宇宙物体の飛行を観測する機会を与えられることについての当該他の当事国の要請に対し，平等の原則に基づいて考慮を払うものとする．

その観測の機会の性質及びその機会が与えられる条件は，関係国間の合意により決定されるものとする．

第 11 条〔情報の提供・公表〕　月その他の天体を含む宇宙空間における活動を行なう条約の当事国は，宇宙空間の平和的な探査及び利用における国際協力を促進するために，その活動の性質，実施状況，場所及び結果について，国際連合事務総長並びに公衆及び国際科学界に対し，実行可能な最大限度まで情報を提供することに合意する．国際連合事務総長は，この情報を受けたときは，それが迅速かつ効果的に公表されるようにするものとする．

第 12 条〔天体上の基地等の開放〕　月その他の天体上のすべての基地，施設，装備及び宇宙飛行機は，相互主義に基づいて，条約の他の当事国の代表者に開放される．これらの代表者は，適当な協議が行われるため及び訪問する施設等における安全を確保し，かつ，そこでの正常な作業に対する干渉を避けるように最大限の予防措置が執られるために，計画された訪問につき合理的な予告を行うものとする．

第 13 条〔共同活動〕　この条約の規定は，月その他の天体を含む宇宙空間の探査及び利用における条約の当事国の活動に適用するものとし，それらの活動が条約の一当事国により行なわれる場合であるか他の国家と共同で行なわれる場合（政府間国際機関の枠内で行なわれる場合を含む．）であるかを問わない．

月その他の天体を含む宇宙空間の探査及び利用における政府間国際機関が行う活動に関連して生ずる実際的問題は，条約の当事国が，当該国際機関又はその加盟国でこの条約の当事国である１若しくは２以上の国と共同して解決するものとする．

第 14 条〔署名，批准，加入，効力発生〕 1　この条約は，署名のためすべての国に開放される．この条約が３の規定に従って効力を生ずる前にこの条約に署名しない国は，いつでもこの条約に加入することができる．

2　この条約は，署名国により批准されなければならない．批准書及び加入書は，寄託国政府として指定されたアメリカ合衆国，グレートブリテン及び北アイルランド連合王国並びにソヴィエト社会主義共和国連邦の政府に寄託するものとする．

3　この条約は，この条約により寄託国政府として指定された政府を含む５の政府が批准書を寄託したときに効力を生ずる．

4　この条約の効力発生後に批准書又は加入書を寄託する国については，この条約はその批准書又は加入書の寄託の日に効力を生じる．

5　寄託国政府は，すべての署名国及び加入国に対し，署名の日，この条約の批准書及び加入書の寄託の日，この条約の効力発生の日その他についてすみやかに通報するものとする．

6　この条約は，寄託国政府が国際連合憲章第 102 条の規定に従って登録するものとする．

第 15 条〔改正〕　条約のいずれの当事国も，この条約の改正を提案することができる．改正は，条約の当事国の過半数がこれを受諾した時に，その改正を受諾した条約の当事国について効力を生じ，その後は，条約の他の各当事国については，その国による受諾の日に効力を生ずる．

第 16 条〔脱退〕　条約のいずれの当事国も，この条約の効力発生の後１年を経過したときは，寄託国政府にあてた通告書により，条約からの脱退を通告することができる．その脱退は，通告書の受領の日から１年で効力を生ずる．

iv）日本の領域

ミニ解説：日本の領土

日本は，開国し近代国家として出発するにあたり，幕末から明治初期にかけて周辺の領域を確定した．その後，日清・日露等の戦争によって領土を拡大したが，第２大戦の結果，近代国家出発の原点に戻った．これを定めるのが対日平和条約第２条であり，それに至る過程にポツダム宣言，SCAPIN 第 677 号がある．なお，排他的経済水域との関連で，隣国の韓国・中国との間に漁業条約がある．

⑭ 対日平和条約第２条

〔⇨⑫⓪〕

〔署名〕1951年９月８日，サンフランシスコ
〔効力発生〕1952年４月28日

第２章　領　域

第２条（領土権の放棄）（a）日本国は，朝鮮の独立を承認して，済州島，巨文島及びウツ陵島を含む朝鮮に対するすべての権利，権原及び請求権を放棄する．

（b）日本国は，台湾及び澎湖諸島に対するすべての権利，権原及び請求権を放棄する．

（c）日本国は，千島列島並びに日本国が 1905 年９月５日のポーツマス条約の結果として主権を獲得した樺太の一部及びこれに近接する諸島に対するすべての権利，権原及び請

求権を放棄する.

(d) 日本国は, 国際連盟の委任統治制度に関連するすべての権利, 権原及び請求権を放棄し, 且つ, 以前に日本国の委任統治の下にあった太平洋の諸島に信託統治制度を及ぼす1947年4月2日の国際連合安全保障理事会の行動を受諾する.

(e) 日本国は, 日本国民の活動に由来するか又は他に由来するかを問わず, 南極地域のいずれの部分に対する権利若しくは権原又はいずれの部分に関する利益についても, すべての請求権を放棄する.

(f) 日本国は, 新南群島及び西沙群島に対するすべての権利, 権原及び請求権を放棄する.

⑮ ポツダム宣言第8項 〔⇨118〕

〔署名〕1945年7月26日, ポツダム
〔日本国〕1945年8月14日受諾

8　カイロ宣言の条項は履行せらるべく又日本国の主権は本州, 北海道, 九州及四国並に吾等の決定する諸小島に局限せらるべし

⑯ 連合軍最高司令部訓令(SCAPIN) 第677号 (抄)

〔指令〕1949年1月29日

1　日本国外の総ての地域に対し, 又その地域にある政府役人, 雇傭員その他総ての者に対して, 政治上又は行政上の権力を行使すること, 及, 行使しようと企てることは総て停止するよう日本帝国政府に指令する.

3　この指令の目的から日本と言ふ場合は次の定義による.

日本の範囲に含まれる地域として
日本の四主要島嶼(北海道, 本州, 四国, 九州)と, 対馬諸島, 北緯30度以北の琉球(南西)諸島(口之島を除く)を含む約1千の隣接小島嶼

日本の範囲から除かれる地域として
(a) 鬱陵島, 竹島, 済州島. (b)北緯30度以南の琉球(南西)列島(口之島を含む), 伊豆, 南方, 小笠原, 硫黄群島, 及び大東群島, 沖ノ鳥島, 南鳥島, 中ノ鳥島を含むその他の外廓太平洋全諸島. (c)千島列島, 歯舞群島(水晶, 勇留, 秋勇留, 志発, 多楽島を含む), 色丹島.

4　更に, 日本帝国政府の政治上行政上の管轄権から特に除外せられる地域は次の通りである.

(a) 1914年の世界大戦以来, 日本が委任統治その他の方法で, 奪取又は占領した全太平洋諸島. (b)満洲, 台湾, 澎湖列島. (c)朝鮮及び(d)樺太.

5　この指令にある日本の定義は, 特に指定する場合以外, 今後当司令部から発せられるすべての指令, 覚書又は命令に適用せられる.

6　この指令中の条項は何れも, ポツダム宣言の第8条にある小島嶼の最終的決定に関する連合国側の政策を示すものと解釈してはならない.

⑰ 日韓漁業協定

漁業に関する日本国と大韓民国との間の協定
〔署名〕1998年11月28日, 鹿児島
〔効力発生〕1999年1月22日

日本国及び大韓民国は, 海洋生物資源の合理的な保存及び管理並びに最適利用の重要性を認識し, 1965年6月22日に東京で署名された日本国と大韓民国との間の漁業に関する協定を基礎として維持されてきた両国の間の漁業の分野における協力関係の伝統を想起し, 両国が1982年12月10日に作成された海洋法に関する国際連合条約(以下「国連海洋法条約」という.)の締約国であることに留意し, 国連海洋法条約を基礎として, 両国の間に新しい漁業秩序を確立し, 両国の間の漁業の分野における協力関係を更に発展させることを希望して, 次のとおり協定した.

第1条〔協定水域〕 この協定は, 日本国の排他的経済水域及び大韓民国の排他的経済水域(以下「協定水域」という.) に適用する.

第2条〔漁獲許可〕 各締約国は, 互恵の原則に立脚して, この協定及び自国の関係法令に従い, 自国の排他的経済水域において他方の締約国の国民及び漁船が漁獲を行うことを許可する.

第3条〔操業条件の決定〕 1　各締約国は, 自国の排他的経済水域における他方の締約国の国民及び漁船の漁獲が認められる魚種, 漁獲割当量, 操業区域その他の操業に関する具体的な条件を毎年決定し, その決定を他方の締約国に書面により通報する.

2　各締約国は，1の決定を行うに当たり，第12条の規定に基づいて設置される日韓漁業共同委員会の協議の結果を尊重し，及び自国の排他的経済水域における海洋生物資源の状態，自国の漁獲能力，相互入会いの状況その他の関係する要因を考慮する．

第4条〔許可証の発給〕 1　各締約国の権限のある当局は，他方の締約国から前条に規定する決定について書面による通報を受けた後，他方の締約国の排他的経済水域において漁獲を行うことを希望する自国の国民及び漁船に対する許可証の発給を他方の締約国の権限のある当局に申請する．当該他方の締約国の権限のある当局は，この協定及び漁業に関する自国の関係法令に従って，この許可証を発給する．

2　許可を受けた漁船は，許可証を操舵室の見やすい場所に掲示し，及び漁船の標識を明確に表示して操業する．

3　各締約国の権限のある当局は，許可証の申請及び発給，漁獲実績に関する報告，漁船の標識並びに操業日誌の記載に関する規則を含む手続規則を他方の締約国の権限のある当局に書面により通報する．

4　各締約国の権限のある当局は，入漁料及び許可証の発給に関する妥当な料金を徴収することができる．

第5条〔法令遵守の義務〕 1　各締約国の国民及び漁船は，他方の締約国の排他的経済水域において漁獲を行うときには，この協定及び漁業に関する他方の締約国の関係法令を遵守する．

2　各締約国は，自国の国民及び漁船が他方の締約国の排他的経済水域において漁獲を行うときには，第3条の規定に従い他方の締約国が決定する他方の締約国の排他的経済水域における操業に関する具体的な条件及びこの協定の規定を遵守するよう，必要な措置をとる．この措置は，他方の締約国の排他的経済水域における自国の国民及び漁船に対する臨検，停船その他の取締りを含まない．

第6条〔拿捕・抑留〕 1　各締約国は，他方の締約国の国民及び漁船が自国の排他的経済水域において漁獲を行うときには，第3条の規定に従い自国が決定する自国の排他的経済水域における操業に関する具体的な条件及びこの協定の規定を遵守するよう，国際法に従い，自国の排他的経済水域において必要な措置をとることができる．

2　各締約国の権限のある当局は，1の措置として，他方の締約国の漁船及びその乗組員を拿捕し又は抑留した場合には，とられた措置及びその後科された罰について，外交上の経路を通じて他方の締約国に迅速に通報する．

3　拿捕され又は抑留された漁船及びその乗組員は，適切な担保金又はその提供を保証する書面を提供した後に速やかに釈放される．

4　各締約国は，漁業に関する自国の関係法令に定める海洋生物資源の保存措置その他の条件を他方の締約国に遅滞なく通報する．

第7条〔漁業暫定線〕 1　各締約国は，次の点を順次に直線により結ぶ線より自国側の協定水域において漁業に関する主権的権利を行使するものとし，第2条から前条までの規定の適用上もこの水域を自国の排他的経済水域とみなす．

(1)～(35)（略）

2　各締約国は，1の線より他方の締約国側の協定水域において漁業に関する主権的権利を行使しないものとし，第2条から前条までの規定の適用上もこの水域を他方の締約国の排他的経済水域とみなす．

第8条〔適用除外水域〕 第2条から第6条までの規定は，協定水域のうち次の(1)及び(2)の水域には適用しない．

(1) 次条1に定める水域
(2) 次条2に定める水域

第9条〔暫定水域〕 1　次の各点を順次に直線により結ぶ線によって囲まれる水域においては，附属書Ⅰの2の規定を適用する．

(1)～(16)（略）

2　次の各線によって囲まれる水域であって，大韓民国の排他的経済水域の最南端の緯度線以北の水域においては，附属書Ⅰの3の規定を適用する．

(1)～(5)（略）

第10条〔相互協力〕 両締約国は，協定水域における海洋生物資源の合理的な保存及び管理並びに最適利用に関し相互に協力する．この協力は，当該海洋生物資源の統計学的な情報及び水産業資料の交換を含む．

第11条〔自国の国民・漁船に対する国内措置〕 1　両締約国は，それぞれ自国の国民及び漁船に対して，航行に関する国際法規の遵守，両締約国の漁船間の操業の安全及び秩序の維持並びに海上における両締約国の漁船間の事故の円滑かつ迅速な解決のため，適切な措置をとる．

2　1に掲げる目的のため，両締約国の関係当局は，できる限り緊密に相互に連絡し，及び協力する．

第12条〔日韓漁業共同委員会〕 1　両締約国は，この協定の目的を効率的に達成するため，日韓漁業共同委員会（以下「委員会」という．）を設置する．

2　委員会は，両締約国の政府がそれぞれ任命する1人の代表及び1人の委員で構成されるものとし，必要な場合には，専門家で構成される下部機構を設置することができる．

3　委員会は，毎年1回，両国で交互に開催するものとし，両締約国が合意する場合には，臨時に開催することができる．2の下部機構が設置される場合には，当該下部機構は，委員会の両締約国の政府の代表の合意により，いつでも開催することができる．

4　委員会は，次の事項に関し協議し，協議の結果を両締約国に勧告する．両締約国は，委員会の勧告を尊重する．

(1) 第3条に規定する操業に関する具体的な条件に関する事項

(2) 操業の秩序の維持に関する事項

(3) 海洋生物資源の実態に関する事項

(4) 両国の間の漁業の分野における協力に関する事項

(5) 第9条1に定める水域における海洋生物資源の保存及び管理に関する事項

(6) その他この協定の実施に関連する事項

5　委員会は，第9条2に定める水域における海洋生物資源の保存及び管理に関する事項に関し協議し，決定する．

6　委員会のすべての勧告及び決定は，両締約国の政府の代表の合意によってのみ行う．

第13条〔紛争の解決〕 1　この協定の解釈及び適用に関する両締約国間の紛争は，まず，協議によって解決する．

2　1にいう紛争が協議により解決されない場合には，そのような紛争は，両締約国の同意により，次に定める手続きに従い解決する．

(1) いずれか一方の締約国の政府が他方の締約国の政府から紛争の原因が記載された当該紛争の仲裁を要請する公文を受領した場合においてその要請に応ずる旨の通報を他方の締約国の政府に対して行うときには，当該紛争は，当該通報が受領された日から30日の期間内に各締約国政府が任命する各1人の仲裁委員と，こうして選定された2人の仲裁委員が当該期間の後30日以内に合意する第3の仲裁委員又は当該期間の後30日以内にその2人の仲裁委員が合意する第三国の政府が指名する第3の仲裁委員との3人の仲裁委員から構成される仲裁委員会に決定のため付託される．ただし，第3の仲裁委員は，いずれの一方の締約国の国民であってもならない．

(2) いずれか一方の締約国の政府が(1)に定める期間内に仲裁委員を任命しなかった場合又は第3の仲裁委員若しくは第3国について(1)に定める期間内に合意されなかった場合には，仲裁委員会は，いずれかの場合における所定の期間の後30日以内に各締約国政府が選定する国の政府が指名する各1人の仲裁委員とそれらの政府が協議により決定する第3国の政府が指名する第3の仲裁委員をもって構成される．

(2) 各締約国は，自国の政府が任命した仲裁委員又は自国の政府が選定する国の政府が指名した仲裁委員に関する費用及び自国の政府が仲裁に参加する費用をそれぞれ負担する．第3の仲裁委員がその職務を遂行するための費用は，両締約国が折半して負担する．

(4) 両締約国政府は，この条の規定に基づく仲裁委員会の多数決による決定に服する．

第14条〔附属書の地位〕 この協定の附属書I及び附属書IIは，この協定の不可分の一部を成す．

第15条〔漁業事項以外に関する立場留保〕 この協定のいかなる規定も，漁業に関する事項以外の国際法上の問題に関する各締約国の立場を害するものとみなしてはならない．

第16条〔批准，効力発生及び有効期間〕 1　この協定は，批准されなければならない．批准書は，できる限り速やかにソウルで交換されるものとする．この協定は，批准書の交換の日に効力を生ずる．

2　この協定は，その効力発生の日から3年間効力を有する．その後は，いずれの一方の締約国も，この協定を終了させる意思を他方の締約国に対し書面により通告することができるものとし，この協定は，そのような通告がなされた日から6箇月後に終了し，そのようにして終了しない限り引き続き効力を有する．

第17条〔1965年協定の失効〕 1965年6月22日に東京で署名された日本国と大韓民国との間の漁業に関する協定は，この協定の効力発生の日に効力を失う．

18 日中漁業協定

漁業に関する日本国と中華人民共和国との間の協定
〔署名〕1997年11月11日，東京
〔効力発生〕2000年6月1日

日本国政府及び中華人民共和国政府は，

1972年9月29日に発出された日本国政府と中華人民共和国政府の共同声明を想起し，

1975 年 8 月 15 日に署名された日本国と中華人民共和国との間の漁業に関する協定に基づく関係を含む漁業の分野における伝統的な協定関係を考慮し，

1982 年 12 月 10 日に作成された海洋法に関する国際連合条約の趣旨に沿った新しい漁業秩序を両国の間に確立し，共に関心を有する海洋生物資源を保存し及び合理的に利用し並びに海上における正常な操業の秩序を維持するため，

友好的な協議を経て，

次のとおり協定した．

第 1 条〔協定水域〕 この協定が適用される水域（以下「協定水域」という．）は，日本国の排他的経済水域及び中華人民共和国の排他的経済水域とする．

第 2 条〔漁獲の許可〕 1　各締約国は，相互利益の原則に立って，この協定及び自国の関係法令に従い，自国の排他的経済水域において他方の締約国の国民及び漁船が漁獲を行うことを許可する．

2　各締約国の権限のある当局は，この協定の附属書 I の規定に基づき，他方の締約国の国民及び漁船に対し入漁に関する許可証を発給する．当該権限のある当局は，許可証の発給に関し妥当な料金を徴収することができる．

3　各締約国の国民及び漁船は，他方の締約国の排他的経済水域において，この協定及び当該他方の締約国の関係法令に従って漁獲を行う．

第 3 条〔操業の条件〕 各締約国は，自国の排他的経済水域における資源状況，自国の漁獲能力，伝統的な漁業活動及び相互入会いの状況その他の関連する要因を考慮し，自国の排他的経済水域における他方の締約国の国民及び漁船の漁獲が認められる魚種，漁獲割当量，操業区域その他の操業の条件を毎年決定する．この決定は，第 11 条の規定に基づいて設置される日中漁業共同委員会における協議の結果を尊重して行われる．

第 4 条〔協定及び相手国法令の遵守の確保〕 1　各締約国は，自国の国民及び漁船が他方の締約国の排他的経済水域において漁獲を行うときは，この協定の規定及び他方の締約国の関係法令に定める海洋生物資源の保存措置その他の条件を遵守することを確保するために必要な措置をとる．

2　各締約国は，他方の締約国に対し，自国の関係法令に定める海洋生物資源の保存措置その他の条件につき，遅滞なく通報を行う．

第 5 条〔拿捕又は抑留〕 1　各締約国は，自国の関係法令に定める海洋生物資源の保存措置その他の条件を他方の締約国の国民及び漁船が遵守することを確保するために，国際法に従い，自国の排他的経済水域において，必要な措置をとることができる．

2　拿捕又は抑留された漁船及びその乗組員は，適当な担保又はその他の保証の提供の後に速やかに釈放される．

3　各締約国の権限のある当局は，他方の締約国の漁船及びその乗組員を拿捕し又は抑留した場合には，とられた措置及びその後科された罰について，適当な経路を通じて他方の締約国に速やかに通報する．

第 6 条〔協定外の水域〕 第 2 条から前条までの規定は，協定水域のうち次の(a)及び(b)の水域を除く部分について適用する．

(a) 第 7 条 1 に定める水域

(b) 北緯 27 度以南の東海の協定水域及び東海より南の東経 125 度 30 分以西の協定水域（南海における中華人民共和国の排他的経済水域を除く．）

第 7 条〔暫定措置水域〕 1　次に掲げる各点を順次に直線で結ぶ線によって囲まれる水域（以下「暫定措置水域」という．）においては，2 及び 3 の規定を適用する．

(a)〜(k)（略）

2　両締約国は，第 11 条の規定に基づいて設置される日中漁業共同委員会における決定に従い，暫定措置水域において，各締約国の伝統的な漁業活動への影響を考慮しつつ，海洋生物資源の維持が過度の開発によって脅かされないことを確保するため，適当な保存措置及び量的な管理措置をとる．

3　各締約国は，暫定措置水域において漁獲を行う自国の国民及び漁船に対し，取締りその他の必要な措置をとる．各締約国は，当該水域において漁獲を行う他方の締約国の国民及び漁船に対し，取締りその他の措置をとらない．ただし，一方の締約国は，他方の締約国の国民及び漁船が第 11 条の規定に基づいて設置される日中漁業共同委員会が決定する操業についての規制に違反していることを発見した場合には，その事実につき当該国民及び漁船の注意を喚起するとともに，当該他方の締約国に対し，その事実及び関連する状況を通報することができる．当該他方の締約国は，その通報を尊重して必要な措置をとった後，その結果を当該一方の締約国に対して通報する．

第 8 条〔安全の確保，秩序の維持〕 各締約国は，自国の国民及び漁船に対し，航行及び操業の安全の確保，海上における正常な操業の秩序の維持並びに海上における事故の円滑かつ迅速な処理のため，指導その他の必要な措置をとる．

第9条（略）

第10条〔資源保存の協力〕 両締約国は，漁業に関する科学的研究及び海洋生物資源の保存のための協力を行う．

第11条〔漁業委員会〕 1　両締約国は，この協定の目的を達成するため，日中漁業共同委員会（以下「漁業委員会」という．）を設置する．漁業委員会は，両締約国の政府が任命するそれぞれ2人の委員で構成する．

2　漁業委員会の任務は，次のとおりとする．

(1) 第3条の規定に関する事項及び第6条(b)の水域に関する事項について協議し，各締約国の政府に勧告する．これらの協議を行う事項には，次のものが含まれる．

(a) 第3条に規定する他方の締約国の国民及び漁船の漁獲が認められる魚種，漁獲割当量その他の具体的な操業の条件に関する事項

(b) 操業の秩序の維持に関する事項

(c) 海洋生物資源の状況及び保存に関する事項

(d) 両締約国間の漁業についての協力に関する事項

(2) 第7条の規定に関する事項について協議し，決定する．

(3) 必要に応じ，この協定の附属書の修正に関し，両締約国の政府に勧告する．

(4) この協定の実施状況その他のこの協定に関する事項について検討する．

3　漁業委員会のすべての勧告及び決定は，双方の委員の合意によってのみ行う．

4　両締約国の政府は，2(1)の勧告を尊重し及び2(2)の決定に従って必要な措置をとる．

5　漁業委員会は，毎年1回，日本国又は中華人民共和国で交互に会合する．漁業委員会は，必要に応じ，両締約国の間の合意により臨時に会合することができる．

第12条〔立場留保〕 この協定のいかなる規定も，海洋法に関する諸問題についての両締約国のそれぞれの立場を害するものとみなしてはならない．

第13条〔附属書の地位〕 1　この協定の附属書（2の規定に従って修正された後の附属書を含む．）は，この協定の不可分の一部を構成する．

2　両締約国の政府は，文書による合意により，この協定の附属書を修正することができる．

第14条〔効力発生〕 1　この協定は，その効力発生のために国内法上必要とされる手続がそれぞれの国において完了した後，両締約国の政府の間の公文の交換によって合意される日に効力を生ずる．この協定は，5年間効力を有する．その後は，2の規定に従ってこの協定が終了するまで効力を有する．

2　いずれの一方の締約国も，他方の締約国に対し，6箇月前に文書による予告を与えることにより，最初の5年の期間の満了の際又はその後いつでもこの協定を終了させることができる．

3　1975年8月15日に署名された日本国と中華人民共和国との間の漁業に関する協定は，この協定の効力発生の日に効力を失う．

⑲ 日本の島・領海・排他的経済水域・大陸棚図

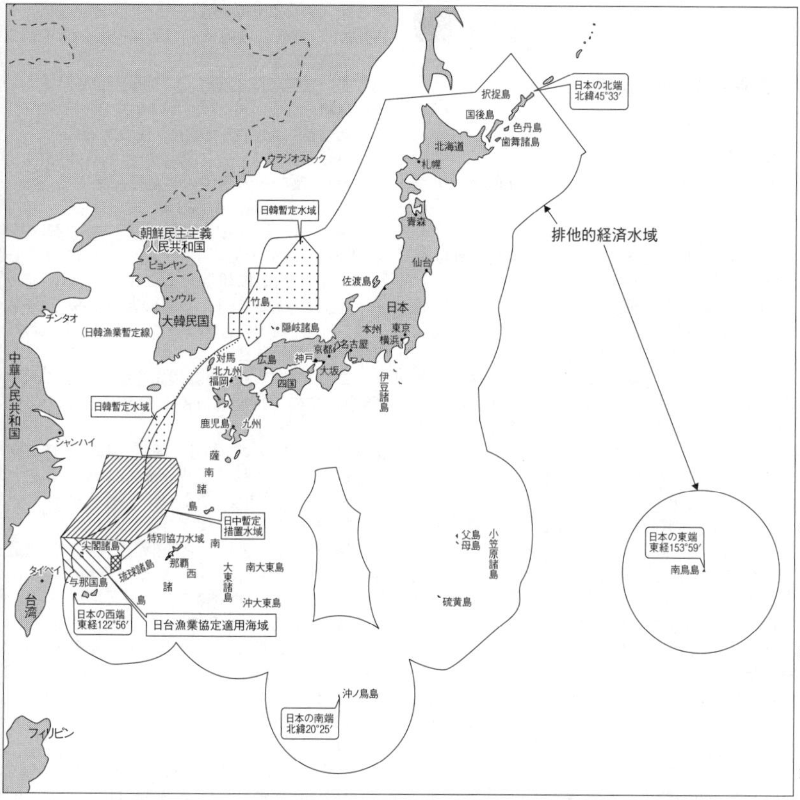

国土面積	約38万km^2	領海（含:内水）+接続水域	約74万km^2
領海（含:内水）	約43万km^2	排他的経済水域	約405万km^2
接続水域	約32万km^2	領海（含:内水）+排他的経済水域	約447万km^2

図は，https://www.zengyoren.or.jp/kids/oshiete/sub/2gyogyou_W/pdf/200suiiki.pdf を参考に作成した.

3　国家機関

i）　外交官

20 外交関係条約（抄）

外交関係に関するウィーン条約
〔採択〕1961年4月18日作成，ウィーン
〔効力発生〕1964年4月24日／〔日本国〕1964年7月8日

この条約の当事国は，

すべての国の国民が古くから外交官の地位を承認してきたことを想起し，

国の主権平等，国際の平和及び安全の維持並びに諸国間の友好関係の促進に関する国際連合憲章の目的及び原則に留意し，

外交関係並びに外交上の特権及び免除に関する国際条約が，国家組織及び社会制度の相違にかかわらず，諸国間の友好関係の発展に貢献するであろうことを信じ，

このような特権及び免除の目的が，個人に利益を与えることにあるのではなく，国を代表する外交使節団の任務の能率的な遂行を確保することにあることを認め，

この条約の規定により明示的に規制されていない問題については，引き続き国際慣習法の諸規則によるべきことを確認して

次のとおり協定した．

第1条〔定義〕 この条約の適用上，

(a)「使節団の長」とは，その資格において行動する任務を派遣国により課せられた者をいう．

(b)「使節団の構成員」とは，使節団の長及び使節団の職員をいう．

(c)「使節団の職員」とは，使節団の外交職員，事務及び技術職員並びに役務職員をいう．

(d)「外交職員」とは，使節団の職員で外交官の身分を有するものをいう．

(e)「外交官」とは，使節団の長又は使節団の外交職員をいう．

(f)「事務及び技術職員」とは，使節団の職員で使節団の事務的業務又は技術的業務のために雇用されているものをいう．

(g)「役務職員」とは，使節団の職員で使節団の役務に従事するものをいう．

(h)「個人的使用人」とは，使節団の構成員の家事に従事する者で派遣国が雇用する者でないものをいう．

(i)「使節団の公館」とは，所有者のいかんを問わず，使節団のために使用されている建物又はその一部及びこれに附属する土地（使節団の長の住居であるこれらのものを含む．）をいう．

第2条〔外交関係の開設〕 諸国間の外交関係の開設及び常駐の使節団の設置は，相互の同意によって行なう．

第3条〔使節団の任務〕 1　使節団の任務は，特に，次のことから成る．

(a) 接受国において派遣国を代表すること．

(b) 接受国において，国際法が認める範囲内で派遣国及びその国民の利益を保護すること．

(c) 接受国の政府と交渉すること．

(d) 接受国における諸事情をすべての適法な手段によって確認し，かつ，これらについて派遣国の政府に報告すること．

(e) 派遣国と接受国との間の友好関係を促進し，かつ，両国の経済上，文化上及び科学上の関係を発展させること．

2　この条約のいかなる規定も，使節団による領事任務の遂行を妨げるものと解してはならない．

第4条〔アグレマン〕 1　派遣国は，自国が使節団の長として接受国に派遣しようとする者について接受国のアグレマンが与えられていることを確認しなければならない．

2　接受国は，アグレマンの拒否について，派遣国に対し，その理由を示す義務を負わない．

〔編者注：アグレマンとは同意のこと〕

第5条〔2国以上への使節の任命〕 1　派遣国は，関係接受国に対し適当な通告を行なった後，同一の使節団の長又は外交職員を同時に2以上の国に派遣することができる．ただし，いずれかの関係接受国が明示的に異議を申し入れた場合は，この限りでない．

2　派遣国は，同一の使節団の長を他の1又は2以上の国に派遣している場合には，その使節団の長が常駐しない各国に臨時代理大使又は臨時代理公使を首席の職員とする使節団を設置することができる．

3　使節団の長又は使節団の外交職員は，国際機関における自国の代表として行動することができる．

第6条〔2国以上による同一使節の任命〕 2以上の国は，同一の者を同時にそれぞれの国の使節団の長として他の1国に派遣することができる．ただし，接受国が異議を申し入れた場合は，この限りでない．

第7条〔使節団職員の任命〕 第5条，第8条，第9条及び第11条の規定に従うことを条件として，派遣国は，使節団の職員を自由に任命する

ことができる. 使節団付きの陸軍駐在官, 海軍駐在官又は空軍駐在官の任命については, 接受国は, 承認のため, あらかじめその氏名を申し出ることを要求することができる.

第8条〔外交職員の国籍〕 1　使節団の外交職員は, 原則として, 派遣国の国籍を有する者でなければならない.

2　使節団の外交職員は, 接受国の国籍を有する者の中から任命してはならない. ただし, 接受国が同意した場合は, この限りでない. 接受国は, いつでも, この同意を撤回することができる.

3　接受国は, 派遣国の国民でない第三国の国民についても, 同様の権利を留保することができる.

第9条〔好ましからざる人物〔〔ラテン〕persona non grata〕〕 1　接受国は, いつでも, 理由を示さないで, 派遣国に対し, 使節団の長若しくは使節団の外交職員である者がペルソナ・ノン・グラータであること又は使節団のその他の職員である者が受け入れ難い者であることを通告することができる. その通告を受けた場合には, 派遣国は, 状況に応じ, その者を召還し, 又は使節団におけるその者の任務を終了させなければならない. 接受国は, いずれかの者がその領域に到着する前においても, その者がペルソナ・ノン・グラータであること又は受け入れ難い者であることを明らかにすることができる.

2　派遣国が1に規定する者に関するその義務を履行することを拒否した場合又は相当な期間内にこれを履行しなかった場合には, 接受国は, その者を使節団の構成員と認めることを拒否することができる.

第10条〔着任, 離任等の通告〕 1　接受国の外務省（合意により指定した他の省を含む. 以下同じ.）は, 次の事項について通告を受けるものとする.

(a) 使節団の構成員の任命, 到着及び最終的出発又は使節団における任務の終了

(b) 使節団の構成員の家族である者の到着及び最終的出発並びに, 状況に応じ, いずれかの者が使節団の構成員の家族となる事実又は家族でなくなる事実

(c) (a)に掲げる者が雇用している個人的使用人の到着及び最終的出発並びに, 状況に応じ, そのような雇用が終了する事実

(d) 接受国内に居住する者を使節団の構成員として又は特権及び免除を受ける権利を有する個人的使用人として雇用すること及びこれを解雇すること.

2　1に規定する到着及び最終的出発の通告は, 可能な場合には, 事前にも行なわなければならない.

第11条〔職員の数〕 1　使節団の職員の数に関して特別の合意がない場合には, 接受国は, 使節団の職員の数を接受国が自国内の諸事情及び当該使節団の必要を考慮して合理的かつ正常と認める範囲内のものとすることを要求することができる.

2　接受国は, また, 同様の制限の下に, かつ, 無差別の原則の下に, 特定の職種の職員を受け入れることを拒否することができる.

第12条〔公館事務所の設置〕 派遣国は, 接受国による事前の明示の同意を得ないで, 使節団の設置の場所以外の場所に, 使節団の一部を構成する事務所を設置してはならない.

第13条〔使節の任務の開始〕 1　使節団の長は, 接受国において一律に適用されるべき一般的な習律に従い, 自己の信任状を提出した時又は自己の到着を接受国の外務省に通告し, かつ, 自己の信任状の真正な写しを外務省に提出した時において接受国における自己の任務を開始したものとみなされる.

2　信任状又はその真正な写しを提出する順序は, 使節団の長の到着の日時によって決定する.

第14条〔使節の階級〕 1　使節団の長は, 次の3の階級に分かたれる.

(a) 国の元首に対して派遣された大使又はローマ法王の大使及びこれらと同等の地位を有する他の使節団の長

(b) 国の元首に対して派遣された公使及びローマ法王の公使

(c) 外務大臣に対して派遣された代理公使

2　席次及び儀礼に関する場合を除くほか, 階級によって使節団の長を差別してはならない.

第15条〔階級に関する合意〕 使節団の長に与える階級は, 関係国の間で合意するところによる.

第16条〔使節の席次〕 1　使節団の長は, それぞれの階級においては, 第13条の規定による任務開始の日時の順序に従って席次を占めるものとする.

2　使節団の長の信任状の変更で階級の変更を伴わないものは, その使節団の長の席次に影響を及ぼさないものとする.

3　この条の規定は, ローマ法王の代表者の席次に関する習律で接受国が容認するものに影響を及ぼすものではない.

第17条〔外交職員の席次〕 使節団の外交職員の席次は, 使節団の長が接受国の外務省に通告するものとする.

第18条〔使節の接受〕 使節団の長の接受に関しよるべき手続は，当該接受国において，それぞれの階級につき同一でなければならない．

第19条〔臨時代理大(公)使〕 1　使節団の長が欠けた場合又は使節団の長がその任務を遂行することができない場合には，臨時代理大使又は臨時代理公使が暫定的に使節団の長として行動するものとする．その臨時代理大使又は臨時代理公使の氏名は，使節団の長又は，使節団の長がすることが不可能な場合には，派遣国の外務省が接受国の外務省に通告するものとする．

2　派遣国は，その使節団の外交職員が接受国にいない場合には，接受国の同意を得て，事務及び技術職員を使節団の日常の管理的事務の担当者に指定することができる．

第20条〔国旗及び国章掲揚の権利〕 使節団及び使節団の長は，使節団の公館（使節団の長の住居を含む．）及び使節団の長の輸送手段に派遣国の国旗及び国章を掲げる権利を有する．

第21条〔公館開設のための便宜〕 1　接受国は，派遣国が自国の使節団のために必要な公館を接受国の法令に従って接受国の領域内で取得することを容易にし，又は派遣国が取得以外の方法で施設を入手することを助けなければならない．

2　接受国は，また，必要な場合には，使節団が使節団の構成員のための適当な施設を入手することを助けなければならない．

第22条〔公館の不可侵〕 1　使節団の公館は，不可侵とする．接受国の官吏は，使節団の長が同意した場合を除くほか，公館に立ち入ることができない．

2　接受国は，侵入又は損壊に対し使節団の公館を保護するため及び公館の安寧の妨害又は公館の威厳の侵害を防止するため適当なすべての措置を執る特別の責務を有する．

3　使節団の公館，公館内にある用具類その他の財産及び使節団の輸送手段は，捜索，徴発，差押え又は強制執行を免除される．

第23条〔公館に対する課税免除〕 1　派遣国及び使節団の長は，使節団の公館（所有しているものであると賃借しているものであるとを問わない．）について，国又は地方公共団体のすべての賦課金及び租税を免除される．ただし，これらの賦課金又は租税であって，提供された特定の役務に対する給付としての性質を有するものは，この限りでない．

2　この条に規定する賦課金又は租税の免除は，派遣国又は使節団の長と契約した者が接受国の法律に従って支払うべき賦課金又は租税については適用しない．

第24条〔公文書の不可侵〕 使節団の公文書及び書類は，いずれの時及びいずれの場所においても不可侵とする．

第25条〔任務のための便宜〕 接受国は，使節団に対し，その任務の遂行のため十分な便宜を与えなければならない．

第26条〔移動及び旅行の自由〕 接受国は，国の安全上の理由により立入りが禁止され又は規制されている地域に関する法令に従うことを条件として，使節団のすべての構成員に対し，自国の領域内における移動の自由及び旅行の自由を確保しなければならない．

第27条〔通信の自由〕 1　接受国は，すべての公の目的のためにする使節団の自由な通信を許し，かつ，これを保護しなければならない．使節団は，自国の政府並びに，いずれの場所にあるかを問わず，自国の他の使節団及び領事館と通信するにあたり，外交伝書使及び暗号又は符号による通信文を含むすべての適当な手段を用いることができる．ただし，使節団が，無線送信機を設置し，かつ，使用するには，接受国の同意を得なければならない．

2　使節団の公用通信は，不可侵とする．公用通信とは，使節団及びその任務に関するすべての通信をいう．

3　外交封印袋は，開き又は留置することができない．

4　外交封印袋である包みには，外交封印袋であることを外部から識別しうる記号を附さなければならず，また，外交上の書類又は公の使用のための物品のみを入れることができる．

5　外交伝書使は，自己の身分及び外交封印袋である包みの数を示す公文書が交付されていることを要し，その任務の遂行について接受国により保護されるものとする．その外交伝書使は，身体の不可侵を享有し，いかなる方法によってもこれを抑留し又は拘禁することができない．

6　派遣国又はその使節団は，臨時の外交伝書使を指名することができる．その場合には，5の規定の適用があるものとする．ただし，5に規定する免除は，その外交伝書使が自己の管理の下にある外交封印袋を受取人に交付した時に，適用されなくなるものとする．

7　外交封印袋は，公認の入国空港に着陸することになっている商業航空機の機長にその輸送を委託することができる．その機長は，外交封印袋である包みの数を示す公文書を交付されるが，外交伝書使とはみなされない．使節団は，その機長から直接にかつ自由に外交封印袋を受領するため，使節団の構成員を派遣することができる．

第28条〔手数料に対する課税の免除〕 使節団がその公の任務の遂行にあたって課する手数料及び料金は，すべての賦課金及び租税を免除される．

第29条〔身体の不可侵〕 外交官の身体は，不可侵とする．外交官は，いかなる方法によっても抑留し又は拘禁することができない．接受国は，相応な敬意をもって外交官を待遇し，かつ，外交官の身体，自由又は尊厳に対するいかなる侵害をも防止するためすべての適当な措置を執らなければならない．

第30条〔住居，書類，通信及び財産の不可侵〕

1　外交官の個人的住居は，使節団の公館と同様の不可侵及び保護を享有する．

2　外交官の書類，通信及び，第31条3の規定による場合を除くほか，その財産も，同様に，不可侵を享有する．

第31条〔裁判権の免除〕 1　外交官は，接受国の刑事裁判権からの免除を享有する．外交官は，また，次の訴訟の場合を除くほか，民事裁判権及び行政裁判権からの免除を享有する．

(a) 接受国の領域内にある個人の不動産に関する訴訟（その外交官が使節団の目的のため派遣国に代わって保有する不動産に関する訴訟を含まない．）

(b) 外交官が，派遣国の代表者としてではなく個人として，遺言執行者，遺産管理人，相続人又は受遺者として関係している相続に関する訴訟

(c) 外交官が，接受国において自己の公の任務の範囲外で行なう職業活動又は商業活動に関する訴訟

2　外交官は，証人として証言を行なう義務を負わない．

3　外交官に対する強制執行の措置は，外交官の身体又は住居の不可侵を害さないことを条件として，1(a)，(b)又は(c)に規定する訴訟の場合にのみ執ることができる．

4　外交官が享有する接受国の裁判権からの免除は，その外交官を派遣国の裁判権から免れさせるものではない．

第32条〔派遣国による免除の放棄〕 1　派遣国は，外交官及び第37条の規定に基づいて免除を享有する者に対する裁判権からの免除を放棄することができる．

2　放棄は，常に明示的に行なわなければならない．

3　外交官又は第37条の規定に基づいて裁判権からの免除を享有する者が訴えを提起した場合には，本訴に直接に関連する反訴について裁判権からの免除を援用することができない．

4　民事訴訟又は行政訴訟に関する裁判権からの免除の放棄は，その判決の執行についての免除の放棄をも意味するものとみなしてはならない．判決の執行についての免除の放棄のためには，別にその放棄をすることを必要とする．

第33条〔社会保障規程の免除〕 1　外交官は，3の規定に従うことを条件として，派遣国のために提供された役務について，接受国で施行されている社会保障規程の適用を免除される．

2　1に規定する免除は，また，次のことを条件として，もっぱら外交官に雇用されている個人的使用人にも適用される．

(a) その使用人が，接受国の国民でないこと，又は接受国内に通常居住していないこと．

(b) その使用人が派遣国又は第三国で施行されている社会保障規程の適用を受けていること．

3　2に規定する免除が適用されない者を雇用している外交官は，接受国の社会保障規程が雇用者に課する義務に従わなければならない．

4　1及び2に規定する免除は，接受国における社会保障制度への自発的な参加を妨げるものではない．ただし，その参加には，接受国の許可を必要とする．

5　この条の規定は，社会保障に関する2国間又は多数国間の協定ですでに締結されたものに影響を及ぼすものではなく，また，将来におけるこのような協定の締結を妨げるものではない．

第34条〔租税の免除〕 外交官は，次のものを除くほか，人，動産又は不動産に関し，国又は地方公共団体のすべての賦課金及び租税を免除される．

(a) 商品又は役務の価格に通常含められるような間接税

(b) 接受国の領域内にある個人の不動産に対する賦課金及び租税（その外交官が使節団の目的のため派遣国に代わって保有する不動産に対する賦課金及び租税を含まない．）

(c) 第39条4の規定に従うことを条件として，接受国によって課される遺産税又は相続税

(d) 接受国内に源泉がある個人的所得に対する賦課金及び租税並びに接受国内の商業上の企業への投資に対する資本税

(e) 給付された特定の役務に対する課徴金

(f) 第23条の規定に従うことを条件として，登録税，裁判所手数料若しくは記録手数料，担保税又は印紙税であって，不動産に関する

もの.

第35条〔役務及び軍事上の義務の免除〕 接受国は,外交官に対し,すべての人的役務,種類のいかんを問わないすべての公的役務並びに徴発,軍事上の金銭的負担及び宿舎割当てに関する義務のような軍事上の義務を免除する.

第36条〔関税と検査の免除〕 1 接受国は,自国が制定する法令に従って,次の物品の輸入を許可し,かつ,それらについてすべての関税,租税及び関係がある課徴金を免除する.ただし,倉入れ,運搬及びこれらに類似する役務に対する課徴金は,この限りでない.

(a) 使節団の公の使用のための物品

(b) 外交官又はその家族の構成員でその世帯に属するものの個人的な使用のための物品(外交官の居住のための物品を含む.)

2 外交官の手荷物は,検査を免除される.ただし,手荷物中に1に掲げる免除の適用を受けない物品又は輸出入が接受国の法律によって禁止されており若しくはその検疫規則によって規制されている物品が含まれていると推定すべき重大な理由がある場合は,この限りでない.その場合には,検査は,当該外交官又は当該外交官が委任した者の立会いの下においてのみ行なわれなければならない.

第37条〔外交官以外の職員及び家族の特権〕

1 外交官の家族の構成員でその世帯に属するものは,接受国の国民でない場合には,第29条から第36条までに規定する特権及び免除を享有する.

2 使節団の事務及び技術職員並びにその家族の構成員でその世帯に属するものは,接受国の国民でない場合又は接受国に通常居住していない場合には,第29条から第35条までに規定する特権及び免除を享有する.ただし,第31条1に規定する接受国の民事裁判権及び行政裁判権からの免除は,その者が公の任務の範囲外で行なった行為には及ばない.前記の者は,また,最初の到着にあたって輸入する物品について,第36条1に規定する特権を享有する.

3 使節団の役務職員であって,接受国の国民でないもの又は接受国に通常居住していないものは,その公の任務の遂行にあたって行なった行為についての裁判権からの免除,自己が雇用されていることによって受ける報酬に対する賦課金及び租税の免除並びに第33条に規定する免除を享有する.

4 使節団の構成員の個人的使用人は,接受国の国民でない場合又は接受国に通常居住していない場合には,自己が雇用されていることによって受ける報酬に対する賦課金及び租税を免除される.その他の点については,その者は,接受国によって認められている限度まで特権及び免除を享有する.もっとも,接受国は,その者に対して裁判権を行使するには,使節団の任務の遂行を不当に妨げないような方法によらなければならない.

第38条〔接受国国民たる職員の特権〕 1 接受国の国民である外交官又は接受国に通常居住している外交官は,その任務の遂行にあたって行なった行為についてのみ裁判権からの免除及び不可侵を享有する.ただし,接受国によってそれ以上の特権及び免除が与えられる場合は,この限りでない.

2 外交職員以外の使節団の職員又は個人的使用人であって,接受国の国民であるもの又は接受国内に通常居住しているものは,接受国によって認められている限度まで特権及び免除を享有する.もっとも,接受国は,その者に対して裁判権を行使するには,使節団の任務の遂行を不当に妨げないような方法によらなければならない.

第39条〔特権享有の期間〕 1 特権及び免除を受ける権利を有する者は,赴任のため接受国の領域にはいつた時又は,すでに接受国の領域内にある場合には,自己の任命が外務省に通告された時から,特権及び免除を享有する.

2 特権及び免除を享有する者の任務が終了した場合には,その者の特権及び免除は,通常その者が接受国を去る時に,又は,接受国を去るために要する相当な期間が経過したときは,その時に消滅する.ただし,その時までは,その特権及び免除は,武力抗争が生じた場合においても存続するものとし,また,前記の者が使節団の構成員として任務を遂行するにあたって行なった行為についての裁判権からの免除は,その者の特権及び免除の消滅後も引き続き存続するものとする.

3 使節団の構成員が死亡した場合において,その家族は,接受国を去るために要する相当な期間が経過する時まで,自己が受ける権利を有する特権及び免除を引き続き享有する.

4 使節団の構成員であって,接受国の国民でないもの若しくは接受国に通常居住していないもの又はそれらの者の家族の構成員であって,その世帯に属するものが死亡した場合において,接受国は,その者が接受国内で取得した財産で死亡の時に輸出を禁止されていたものを除くほか,その者の動産の持出しを許可するものとする.その者が使節団の構成員又はその家族として接受国にあったことのみに基づいて接受国に所在する動産に対しては,遺産税及び相続税を課さない.

第 40 条〔第三国の義務〕 1　外交官が, 赴任, 帰任又は帰国の途中において, 旅券査証が必要な場合にその査証を与えた第三国の領域を通過している場合又はその領域内にある場合には, その第三国は, その外交官に, 不可侵及びその通過又は帰還を確実にするため必要な他の免除を与えなければならない. 外交官の家族で特権若しくは免除を享有するものがその外交官と同行する場合又はその外交官のもとにおもむくために若しくは帰国するために別個に旅行中である場合についても, 同様とする.

2　1に規定する場合と同様の場合において, 第三国は, 使節団の事務及び技術職員若しくは役務職員又はそれらの者の家族が当該第三国の領域を通過することを妨げてはならない.

3　第三国は, 暗号又は符号による通信文を含む通過中のすべての公用通信に対し, 接受国が与えるべき自由及び保護と同様の自由及び保護を与えなければならない. 第三国は, 旅券査証が必要な場合にその査証を与えられた通過中の外交伝書使及び通過中の外交封印袋に対し, 接受国が与えるべき不可侵及び保護と同様の不可侵及び保護を与えなければならない.

4　1, 2及び3の規定に基づき第三国が有する義務は, それらの項に規定する者並びに公用通信及び外交封印袋が不可抗力によって当該第三国の領域にはいった場合についても, また, 同様とする.

第 41 条〔接受国の法令の尊重〕 1　特権及び免除を害することなく, 接受国の法令を尊重することは, 特権及び免除を享有するすべての者の義務である. それらの者は, また, 接受国の国内問題に介入しない義務を有する.

2　派遣国がその使節団に課した接受国を相手方とするすべての公の職務は, 接受国の外務省を相手方として, 又は接受国の外務省を通じて, 行なうものとする.

3　使節団の公館は, この条約, 一般国際法の他の規則又は派遣国と接受国との間で効力を有する特別の合意により定める使節団の任務と両立しない方法で使用してはならない.

第 42 条〔営利活動の禁止〕 外交官は, 接受国内で, 個人的な利得を目的とするいかなる職業活動又は商業活動をも行なってはならない.

第 43 条〔任務の終了時期〕 外交官の任務は, 特に, 次の時において終了する.

(a) 派遣国が, 接受国に対し, その外交官の任務が終了した旨の通告を行なった時

(b) 接受国が, 派遣国に対し, 第9条2の規定に従って, その外交官を使節団の構成員と認めることを拒否する旨の通告を行なった時

第 44 条〔退去の便宜供与〕 接受国は, 武力抗争が生じた場合においても, 特権及び免除を享有する者で接受国の国民でないもの及びその家族（国籍のいかんを問わない.）ができる限り早い時期に退去できるように便宜を与えなければならない. 特に, 接受国は, 必要な場合には, それらの者及びその財産のために必要な輸送手段を提供しなければならない.

第 45 条〔派遣国の利益保護〕 2国間で外交関係が断絶した場合又は使節団が永久的に若しくは一時的に召還された場合には,

(a) 接受国は, 武力抗争が生じたときにおいても, 使節団の公館並びに使節団の財産及び公文書を尊重し, かつ, 保護しなければならない.

(b) 派遣国は, 接受国が容認することができる第三国に, 使節団の公館並びに財産及び公文書の管理を委託することができる.

(c) 派遣国は, 接受国が容認することができる第三国に, 自国の利益及び自国民の利益の保護を委託することができる.

第 46 条〔第三国の利益保護〕 派遣国は, 接受国に使節団を設置していない第三国の要請に基づき, 接受国の事前の同意を得て, 当該第三国及びその国民の利益を一時的に保護することができる.

第 47 条〔無差別適用〕 1　接受国は, この条約の規定を適用するにあたって, 国家間に差別をしてはならない.

2　もっとも, 次の場合には, 差別が行なわれているものとはみなされない.

(a) この条約のいずれかの規定が, 派遣国において, 接受国の使節団に対して制限的に適用されていることを理由として, 接受国が当該いずれかの規定を制限的に適用する場合

(b) 諸国が, 慣習又は合意により, この条約の規定が定める待遇よりも一層有利な待遇を相互に与えている場合

ii） 領事官

21 領事関係条約（抄）

領事関係に関するウィーン条約
〔採択〕1963年4月24日作成, ウィーン
〔効力発生〕1967年3月19日／〔日本国〕1983年11月2日

この条約の締約国は,

領事関係が古くから諸国民の間に設定されて

きたことを想起し,

国の主権平等, 国際の平和及び安全の維持並びに諸国間の友好関係の促進に関する国際連合憲章の目的及び原則に留意し,

外交関係及び外交上の免除に関する国際連合の会議が, 1961年4月18日に外交関係に関するウィーン条約を採択し, 署名のために開放したことを考慮し,

領事関係並びに領事上の特権及び免除に関する国際条約も, 国（憲法体制及び社会体制のいかんを問わない.）の間の友好関係の発展に貢献することを信じ,

領事上の特権及び免除の目的が, 個人に利益を与えることにあるのではなく, 領事機関が自国のために行う任務の能率的な遂行を確保することにあることを認め,

この条約により明示的に規律されない問題については, 引き続き国際慣習法の規則により規律されることを確認して,

次のとおり協定した.

第1条（定義） 1　この条約の適用上,

(a)「領事機関」とは, 総領事館, 領事館, 副領事館又は代理領事事務所をいう.

(b)「領事管轄区域」とは, 領事機関について領事任務の遂行のために定められた地域をいう.

(c)「領事機関の長」とは, その資格において行動する責務を有する者をいう.

(d)「領事官」とは, その資格において領事任務を遂行する者(領事機関の長を含む.)をいう.

(e)「事務技術職員」とは, 領事機関の事務的業務又は技術的業務のために雇用されている者をいう.

(f)「役務職員」とは, 領事機関の役務のために雇用されている者をいう.

(g)「領事機関の構成員」とは, 領事官, 事務技術職員及び役務職員をいう.

(h)「領事機関の職員」とは, 領事機関の長以外の領事官, 事務技術職員及び役務職員をいう.

(i)「個人的使用人」とは, 専ら領事機関の構成員の個人的な役務のために雇用されている者をいう.

(j)「領事機関の公館」とは, 建物又はその一部及びこれに附属する土地であって, 専ら領事機関のために使用されているもの（所有者のいかんを問わない.）をいう.

(k)「領事機関の公文書」には, 領事機関に属するすべての書類, 文書, 通信文, 書籍, フィルム, テープ及び登録簿並びに符号及び暗号, 索引カード並びにこれらを保護し又は保管するための家具を含む.

2　領事官は, 2の種類の者, すなわち, 本務領事官及び名誉領事官とする. 第2章の規定は, 本務領事官を長とする領事機関に適用するものとし, 第3章の規定は, 名誉領事官を長とする領事機関を規律する.

3　領事機関の構成員であって接受国の国民であるもの又は接受国に通常居住しているものの地位については, 第71条に定める.

第1章　領事関係一般

第1節　領事関係の開設及び運営

第2条（領事関係の開設） 1　国の間の領事関係の開設は, 相互の同意によって行う.

2　2国間の外交関係の開設についての同意は, 別段の意思表示がない限り, 領事関係の開設についての同意をも意味する.

3　外交関係の断絶自体は, 領事関係の断絶をもたらすものではない.

第3条（領事任務の遂行） 領事任務は, 領事機関によって遂行される. 領事任務は, また, この条約の定めるところにより, 外交使節団によっても遂行される.

第4条（領事機関の設置） 1　領事機関は, 接受国の同意がある場合にのみ, 接受国の領域内に設置することができる.

2　領事機関の所在地及び種類並びに領事管轄区域は, 派遣国が決定するものとし, 接受国の承認を受けなければならない.

3　領事機関の所在地及び種類並びに領事管轄区域の派遣国によるその後の変更は, 接受国の同意がある場合にのみ行うことができる.

4　総領事館又は領事館がその所在地以外の場所に副領事館又は代理領事事務所を開設することを希望する場合にも, 接受国の同意を必要とする.

5　既に存在する領事機関の所在地以外の場所に当該領事機関の一部を構成する事務所を開設する場合にも, 接受国の事前の明示の同意を必要とする.

第5条（領事任務） 領事任務は, 次のことから成る.

(a) 接受国において, 国際法の認める範囲内で派遣国及びその国民（自然人であるか法人であるかを問わない.）の利益を保護すること.

(b) この条約の定めるところにより, 派遣国と接受国との間の通商上, 経済上, 文化上及び科学上の関係の発展を助長することその他両国間の友好関係を促進すること.

(c) 接受国の通商上, 経済上, 文化上及び科学上の活動の状況及び進展を適法なすべての手段によって把握し, 当該状況及び進展につ

いて派遣国の政府に報告し並びに関心を有する者に情報を提供すること.

(d) 派遣国の国民に対し旅券又は渡航文書を発給し及び派遣国への渡航を希望する者に対し査証又は適当な文書を発給すること.

(e) 派遣国の国民（自然人であるか法人であるかを問わない.）を援助すること.

(f) 接受国の法令に反対の規定がないことを条件として，公証人若しくは身分事項登録官としての資格又はこれに類する資格において行動し及び行政的性質を有する一定の任務を遂行すること.

(g) 死亡を原因とする相続が接受国の領域内で行われる場合に，派遣国の国民（自然人であるか法人であるかを問わない.）の利益を接受国の法令の定めるところにより保護すること.

(h) 派遣国の国民である未成年者その他の無能力者の利益を，特にこれらの者について後見又は財産管理が必要な場合に，接受国の法令の定める範囲内で保護すること.

(i) 派遣国の国民が不在その他の理由で適切な時期に自己の権利及び利益を守ることができない場合に，当該権利及び利益を保全するために接受国の法令の定めるところにより暫定的措置がとられるようにするため，接受国の裁判所その他の当局において当該国民を代理し又は当該国民が適当に代理されるよう取り計らうこと. ただし，接受国の慣行及び手続に従うことを条件とする.

(j) 現行の国際取極に従い又は，国際取極がない場合には，接受国の法令に合致する方法により，裁判上若しくは裁判外の文書を送達し又は派遣国の裁判所のために証拠調べの嘱託状若しくは委任状を執行すること.

(k) 派遣国の国籍を有する船舶及び派遣国に登録された航空機並びにこれらの船舶及び航空機の乗組員につき，派遣国の法令の定める監督及び検査の権利を行使すること.

(l) (k)に規定する船舶及び航空機並びにこれらの乗組員に援助を与え，船舶の航海に関する報告を受理し，船舶の書類を検査し及びこれに押印し，接受国の当局の権限を害することなく，航海中に生じた事故を調査し並びに船長，職員及び部員の間のあらゆる種類の紛争を派遣国の法令により認められる限度において解決すること.

(m) 派遣国が領事機関に委任した他の任務であって，接受国の法令により禁止されていないもの，接受国が異議を申し立てないもの又は派遣国と接受国との間で効力を有する国際取極により定められたものを遂行すること.

第6条（領事管轄区域外における領事任務の遂行） 領事官は，特別の場合には，接受国の同意を得て，領事管轄区域外で任務を遂行することができる.

第7条（第三国における領事任務の遂行） 派遣国は，関係国に対し通告を行った後，いずれかの国に設置された領事機関に他の国における領事任務を行わせることができる. ただし，関係国のいずれかが明示的に異議を申し立てた場合は，この限りでない.

第8条（第三国のための領事任務の遂行） 派遣国の領事機関は，接受国に対し適当な通告を行った後，接受国において第三国のために領事任務を遂行することができる. ただし，接受国が異議を申し立てた場合は，この限りでない.

第9条（領事機関の長の階級） 1　領事機関の長は，次の4の階級に分けられる.

(a) 総領事

(b) 領事

(c) 副領事

(d) 代理領事

2　1の規定は，領事機関の長以外の領事官の名称を定める締約国の権利を何ら制限するものではない.

第2章　領事機関及び本務領事官その他の領事機関の構成員に係る便益，特権及び免除

第1節　領事機関に係る便益，特権及び免除

第31条（領事機関の公館の不可侵） 1　領事機関の公館は，この条に定める限度において不可侵とする.

2　接受国の当局は，領事機関の長若しくはその指名した者又は派遣国の外交使節団の長の同意がある場合を除くほか，領事機関の公館で専ら領事機関の活動のために使用される部分に立ち入ってはならない. ただし，火災その他迅速な保護措置を必要とする災害の場合には，領事機関の長の同意があったものとみなす.

3　接受国は，2の規定に従うことを条件として，領事機関の公館を侵入又は損壊から保護するため及び領事機関の安寧の妨害又は領事機関の威厳の侵害を防止するためすべての適当な措置をとる特別の責務を有する.

4　領事機関の公館及びその用具類並びに領事機関の財産及び輸送手段は，国防又は公共事業の目的のためのいかなる形式の徴発からも免除される. この目的のために収用を必要とする場合には，領事任務の遂行の妨げとならないよ

うあらゆる可能な措置がとられるものとし，また，派遣国に対し，迅速，十分かつ有効な補償が行われる．

第 36 条（派遣国の国民との通信及び接触）

1　派遣国の国民に関する領事任務の遂行を容易にするため，

(a) 領事官は，派遣国の国民と自由に通信し及び面接することができる．派遣国の国民も，同様に，派遣国の領事官と通信し及び面接することができる．

(b) 接受国の権限のある当局は，領事機関の領事管轄区域内で，派遣国の国民が逮捕された場合，留置された場合，裁判に付されるため勾留された場合又は他の事由により拘禁された場合において，当該国民の要請があるときは，その旨を遅滞なく当該領事機関に通報する．逮捕され，留置され，勾留され又は拘禁されている者から領事機関にあてたいかなる通信も，接受国の権限のある当局により，遅滞なく送付される．当該当局は，その者がこの(b)の規定に基づき有する権利について遅滞なくその者に告げる．

(c) 領事官は，留置され，勾留され又は拘禁されている派遣国の国民を訪問し，当該国民と面談し及び文通し並びに当該国民のために弁護人をあっせんする権利を有する．領事官は，また，自己の管轄区域内で判決に従い留置され，拘留され又は拘禁されている派遣国の国民を訪問する権利を有する．ただし，領事官が当該国民のために行動することに対し，当該国民が明示的に反対する場合には，領事官は，そのような行動を差し控える．

2　1に定める権利は，接受国の法令に反しないように行使する．もっとも，当該法令は，この条に定める権利の目的とするところを十分に達成するようなものでなければならない．

第 2 節　本務領事官その他の領事機関の構成員に係る便益，特権及び免除

第 40 条（領事官の保護） 接受国は，相応の敬意をもって領事官を待遇するとともに，領事官の身体，自由又は尊厳に対するいかなる侵害も防止するためすべての適当な措置をとる．

第 41 条（領事官の身体の不可侵） 1　領事官は，抑留されず又は裁判に付されるため拘禁されない．ただし，重大な犯罪の場合において権限のある司法当局の決定があったときを除く．

2　領事官は，最終的効力を有する司法上の決定の執行の場合を除くほか，拘禁されず又は身体の自由に対する他のいかなる制限も課されない．ただし，1のただし書に該当する場合を除く．

3　領事官は，自己について刑事訴訟手続が開始された場合には，権限のある当局に出頭しなければならない．もっとも，刑事訴訟手続は，領事官としての公の地位に相応の敬意を払いつつ行うものとし，1のただし書に該当する場合を除くほか，領事任務の遂行をできる限り妨げない方法で行う．1のただし書に該当する場合において領事官を拘禁したときは，当該領事官についての訴訟手続は，できる限り遅滞なく開始する．

第 42 条（抑留，拘禁又は訴追の通告） 領事機関の職員が抑留された場合若しくは裁判に付されるため拘禁された場合又は当該職員につき刑事訴訟手続が開始された場合には，接受国は，その旨を速やかに当該領事機関の長に通報する．領事機関の長自身が前段に定める措置の対象となる場合には，接受国は，外交上の経路を通じて派遣国に通報する．

第 43 条（裁判権からの免除） 1　領事官及び事務技術職員は，領事任務の遂行に当たって行った行為に関し，接受国の司法当局又は行政当局の裁判権に服さない．

2　もっとも，1の規定は，次の民事訴訟については，適用しない．

(a) 領事官又は事務技術職員が，派遣国のためにする旨を明示的にも黙示的にも示すことなく締結した契約に係る民事訴訟

(b) 接受国において車両，船舶又は航空機により引き起こされた事故による損害について第三者の提起する民事訴訟

第 44 条（証言の義務） 1　領事機関の構成員に対しては，司法上又は行政上の手続において証人として出頭するよう要求することができる．事務技術職員又は役務職員は，3に定める場合を除くほか，証言を拒否してはならない．領事官については，出頭又は証言を拒否した場合においても，いかなる強制的措置又は刑罰も適用しない．

2　領事官の証言を要求する当局は，領事官の任務の遂行を妨げないようにする．当該当局は，可能な場合には，領事官の住居において若しくは領事機関内で証言を録取すること又は書面による領事官の供述を受理することができる．

3　領事機関の構成員は，任務の遂行に関連する事項に関し証言を行う義務並びに当該事項に関する公の通信文及び公の書類を提出する義務を負わない．領事機関の構成員は，また，派遣国の法令に関し鑑定人として証言を行うことを拒否する権利を有する．

第 45 条（特権及び免除の放棄） 1　派遣国は，

領事機関の構成員について，第 41 条，第 43 条及び前条に定める特権及び免除を放棄することができる．

2　放棄は，3に定める場合を除くほか，すべての場合において明示的に行うものとし，接受国に対し書面により通告する．

3　領事官又は事務技術職員は，第 43 条の規定により裁判権からの免除を享受する事項について訴えを提起した場合には，本訴に直接係る反訴について裁判権からの免除を援用することができない．

4　民事訴訟又は行政訴訟に関する裁判権からの免除の放棄は，当該訴訟の判決の執行についての免除の放棄を意味するものとはみなされない．判決の執行についての免除の放棄のためには，別個の放棄を必要とする．

コラム：日本の在外公館

外務省の在外公館として，今日，世界各地に大使館，総領事館および政府代表部がある．

大使館は，基本的に各国の首都に置かれ，接受国に対し日本を代表するもので，接受国政府との交渉や連絡など外交上の任務を担っている．この外交関係を規律しているのが，「外交関係に関するウィーン条約（外交関係条約）」である．

総領事館は，各国の主要な都市に置かれ，在留邦人の保護をはじめとする領事任務を担っている．この領事関係を規律しているのが「領事関係に関するウィーン条約（領事関係条約）」である．

政府代表部は，国際機構に対して日本政府を代表する機関で，ニューヨークの国連，ブリュッセルの欧州連合（EU），パリの経済協力開発機構（OECD），ウィーンにある複数の国際機構，ジュネーブにある複数の国際機構（と軍縮会議）に対する政府代表部などがある．国際機構に派遣される国家代表を規律する条約としては，1975 年 3 月 14 日に採択された「普遍的性格を有する国際機関との関係における国家代表に関するウィーン条約（国家代表条約）」があるが，派遣国側と本部所在地国側に意見対立があるため，未だ発効していない．

4　国家の行為（条約締結）

22 条約法条約

条約法に関するウィーン条約
〔採択〕1969年5月23日作成，ウィーン
〔効力発生〕1980年1月27日／〔日本国〕1981年8月1日

この条約の当事国は，

国際関係の歴史における条約の基本的な役割を考慮し，

条約が，国際法の法源として，また，国（憲法体制及び社会体制のいかんを問わない．）の間の平和的協力を発展させるための手段として，引き続き重要性を増しつつあることを認め，

自由意思による同意の原則及び信義誠実の原則並びに「合意は守られなければならない」との規則が普遍的に認められていることに留意し，

条約に係る紛争が，他の国際紛争の場合におけると同様に，平和的手段により，かつ，正義の原則及び国際法の諸原則に従って解決されなければならないことを確認し，

国際連合加盟国の国民が，正義と条約から生ずる義務の尊重とを維持するために必要な条件の確立を決意したことを想起し，

人民の同権及び自決の原則，すべての国の主権平等及び独立の原則，国内問題への不干渉の原則，武力による威嚇又は武力の行使の禁止の原則，すべての者の人権及び基本的自由の普遍的な尊重及び遵守の原則等国際連合憲章に規定する国際法の諸原則を考慮し，

この条約において条約法の法典化及び漸進的発達が図られたことにより，国際連合憲章に定める国際連合の目的，すなわち，国際の平和及び安全の維持，諸国間の友好関係の発展並びに国際協力の達成が推進されることを確信し，

この条約により規律されない問題については，引き続き国際慣習法の諸規則により規律されることを確認して，

次のとおり協定した．

第1部　序

第1条（この条約の適用範囲） この条約は，国の間の条約について適用する．

第2条（用語） 1　この条約の適用上，

(a)「条約」とは，国の間において文書の形式により締結され，国際法によって規律される国際的な合意（単一の文書によるものであるか関連する２以上の文書によるものであるかを問わず，また，名称のいかんを問わない．）をいう．

(b)「批准」，「受諾」，「承認」及び「加入」とは，それぞれ，そのように呼ばれる国際的な行為をいい，条約に拘束されることについての国の同意は，これらの行為により国際的に確定的なものとされる．

(c)「全権委任状」とは，国の権限のある当局の発給する文書であって，条約文の交渉，採択若しくは確定を行うため，条約に拘束されることについての国の同意を表明するため又は条約に関するその他の行為を遂行するために国を代表する１又は２以上の者を指名しているものをいう．

(d)「留保」とは，国が，条約の特定の規定の自国への適用上その法的効果を排除し又は変更することを意図して条約への署名，条約の批准，受諾若しくは承認又は条約への加入の際に単独に行う声明（用いられる文言及び名称のいかんを問わない．）をいう．

(e)「交渉国」とは，条約文の作成及び採択に参加した国をいう．

(f)「締約国」とは，条約（効力を生じているかいないかを問わない.）に拘束されることに同意した国をいう．

(g)「当事国」とは，条約に拘束されることに同意し，かつ，自国について条約の効力が生じている国をいう．

(h)「第三国」とは，条約の当事国でない国をいう．

(i)「国際機関」とは，政府間機関をいう．

2　この条約における用語につき規定する１の規定は，いずれの国の国内法におけるこれらの用語の用法及び意味にも影響を及ぼすものではない．

第３条（この条約の適用範囲外の国際的な合意）　この条約が国と国以外の国際法上の主体との間において又は国以外の国際法上の主体の間において締結される国際的な合意及び文書の形式によらない国際的な合意については適用されないということは，次の事項に影響を及ぼすものではない．

(a) これらの合意の法的効力

(b) この条約に規定されている規則のうちこの条約との関係を離れ国際法に基づきこれらの合意を規律するような規則のこれらの合意についての適用

(c) 国及び国以外の国際法上の主体が当事者となっている国際的な合意により規律されている国の間の関係へのこの条約の適用

第４条（この条約の不遡及）　この条約は，自国についてこの条約の効力が生じている国によりその効力発生の後に締結される条約についてのみ適用する．ただし，この条約に規定されている規則のうちこの条約との関係を離れ国際法に基づき条約を規律するような規則のいかなる条約についての適用も妨げるものではない．

第５条（国際機関を設立する条約及び国際機関内において採択される条約）　この条約は，国際機関の設立文書である条約及び国際機関内において採択される条約について適用する．ただし，当該国際機関の関係規則の適用を妨げるものではない．

第２部　条約の締結及び効力発生

第１節　条約の締結

第６条（国の条約締結能力）　いずれの国も，条約を締結する能力を有する．

第７条（全権委任状）　1　いずれの者も，次の場合には，条約文の採択若しくは確定又は条約に拘束されることについての国の同意の表明の目的のために国を代表するものと認められる．

(a) 当該者から適切な全権委任状の提示がある場合

(b) 当該者につきこの１に規定する目的のために国を代表するものと認めかつ全権委任状の提示を要求しないことを関係国が意図していたことが関係国の慣行又はその他の状況から明らかである場合

2　次の者は，職務の性質により，全権委任状の提示を要求されることなく，自国を代表するものと認められる．

(a) 条約の締結に関するあらゆる行為について，元首，政府の長及び外務大臣

(b) 派遣国と接受国との間の条約の条約文の採択については，外交使節団の長

(c) 国際会議又は国際機関若しくはその内部機関における条約文の採択については，当該国際会議又は国際機関若しくはその内部機関に対し国の派遣した代表者

第８条（権限が与えられることなく行われた行為の追認）　条約の締結に関する行為について国を代表する権限を有するとは前条の規定により認められない者の行ったこれらの行為は，当該国の追認がない限り，法的効果を伴わない．

第９条（条約文の採択）　1　条約文は，２の場合を除くほか，その作成に参加したすべての国の同意により採択される．

2　国際会議においては，条約文は，出席しかつ投票する国の３分の２以上の多数による議決で採択される．ただし，出席しかつ投票する国が３分の２以上の多数による議決で異なる規則を適用することを決定した場合は，この限りでない．

第10条（条約文の確定）　条約文は，次のいずれかの方法により真正かつ最終的なものとされる．

(a) 条約文に定められている手続又は条約文の作成に参加した国が合意する手続
(b) (a)の手続がない場合には，条約文の作成に参加した国の代表者による条約文又は条約文を含む会議の最終議定書への署名，追認を要する署名又は仮署名

第11条（条約に拘束されることについての同意の表明の方法） 条約に拘束されることについての国の同意は，署名，条約を構成する文書の交換，批准，受諾，承認若しくは加入により又は合意がある場合には他の方法により表明することができる．

第12条（条約に拘束されることについての同意の署名による表明） 1　条約に拘束されることについての国の同意は，次の場合には，国の代表者の署名により表明される．
(a) 署名が同意の表明の効果を有することを条約が定めている場合
(b) 署名が同意の表明の効果を有することを交渉国が合意したことが他の方法により認められる場合
(c) 署名に同意の表明の効果を付与することを国が意図していることが当該国の代表者の全権委任状から明らかであるか又は交渉の過程において表明されたかのいずれかの場合

2　1の規定の適用上，
(a) 条約文への仮署名は，交渉国の合意があると認められる場合には，条約への署名とされる．
(b) 国の代表者による条約への追認を要する署名は，当該国が追認をする場合には，条約への完全な署名とされる．

第13条（条約に拘束されることについての同意の条約構成文書の交換による表明） 国の間で交換される文書により構成されている条約に拘束されることについての国の同意は，次の場合には，当該文書の交換により表明される．
(a) 文書の交換が同意の表明の効果を有することを当該文書が定めている場合
(b) 文書の交換が同意の表明の効果を有することを国の間で合意したことが他の方法により認められる場合

第14条（条約に拘束されることについての同意の批准，受諾又は承認による表明） 1　条約に拘束されることについての国の同意は，次の場合には，批准により表明される．
(a) 同意が批准により表明されることを条約が定めている場合
(b) 批准を要することを交渉国が合意したことが他の方法により認められる場合
(c) 国の代表者が批准を条件として条約に署名した場合
(d) 批准を条件として条約に署名することを国が意図していることが当該国の代表者の全権委任状から明らかであるか又は交渉の過程において表明されたかのいずれかの場合

2　条約に拘束されることについての国の同意は，批准により表明される場合の条件と同様の条件で，受諾又は承認により表明される．

第15条（条約に拘束されることについての同意の加入による表明） 条約に拘束されることについての国の同意は，次の場合には，加入により表明される．
(a) 当該国が加入により同意を表明することができることを条約が定めている場合
(b) 当該国が加入により同意を表明することができることを交渉国が合意したことが他の方法により認められる場合
(c) 当該国が加入により同意を表明することができることをすべての当事国が後に合意した場合

第16条（批准書，受諾書，承認書又は加入書の交換又は寄託） 条約に別段の定めがない限り，批准書，受諾書，承認書又は加入書は，これらについて次のいずれかの行為が行われた時に，条約に拘束されることについての国の同意を確定的なものとする．
(a) 締約国の間における交換
(b) 寄託者への寄託
(c) 合意がある場合には，締約国又は寄託者に対する通告

第17条（条約の一部に拘束されることについての同意及び様々な規定のうちからの特定の規定の選択） 1　条約の一部に拘束されることについての国の同意は，条約が認めている場合又は他の締約国の同意がある場合にのみ，有効とされる．もっとも，第19条から第23条までの規定の適用を妨げるものではない．

2　様々な規定のうちからの特定の規定の選択を認めている条約に拘束されることについての国の同意は，いずれの規定に係るものであるかが明らかにされる場合にのみ，有効とされる．

第18条（条約の効力発生前に条約の趣旨及び目的を失わせてはならない義務） いずれの国も，次の場合には，それぞれに定める期間，条約の趣旨及び目的を失わせることとなるような行為を行わないようにする義務がある．
(a) 批准，受諾若しくは承認を条件として条約に署名し又は条約を構成する文書を交換した場合には，その署名又は交換の時から条約

の当事国とならない意図を明らかにする時までの間

(b) 条約に拘束されることについての同意を表明した場合には，その表明の時から条約が効力を生ずる時までの間．ただし，効力発生が不当に遅延する場合は，この限りでない．

第2節　留　保

第19条（留保の表明） いずれの国も，次の場合を除くほか，条約への署名，条約の批准，受諾若しくは承認又は条約への加入に際し，留保を付することができる．

(a) 条約が当該留保を付することを禁止している場合

(b) 条約が，当該留保を含まない特定の留保のみを付することができる旨を定めている場合

(c) (a)及び(b)の場合以外の場合において，当該留保が条約の趣旨及び目的と両立しないものであるとき．

第20条（留保の受諾及び留保に対する異議）

1　条約が明示的に認めている留保については，条約に別段の定めがない限り，他の締約国による受諾を要しない．

2　すべての当事国の間で条約を全体として適用することが条約に拘束されることについての各当事国の同意の不可欠の条件であることが，交渉国数が限定されていること並びに条約の趣旨及び目的から明らかである場合には，留保については，すべての当事国による受諾を要する．

3　条約が国際機関の設立文書である場合には，留保については，条約に別段の定めがない限り，当該国際機関の権限のある内部機関による受諾を要する．

4　1から3までの場合以外の場合には，条約に別段の定めがない限り，

(a) 留保を付した国は，留保を受諾する他の締約国との間においては，条約がこれらの国の双方について効力を生じているときはその受諾の時に，条約がこれらの国の双方又は一方について効力を生じていないときは双方について効力を生ずる時に，条約の当事国関係に入る．

(b) 留保に対し他の締約国が異議を申し立てることにより，留保を付した国と当該他の締約国との間における条約の効力発生が妨げられることはない．ただし，当該他の締約国が別段の意図を明確に表明する場合は，この限りでない．

(c) 条約に拘束されることについての国の同意を表明する行為で留保を伴うものは，他の締約国の少なくとも1が留保を受諾した時に有効となる．

5　2及び4の規定の適用上，条約に別段の定めがない限り，いずれかの国が，留保の通告を受けた後12箇月の期間が満了する日又は条約に拘束されることについての同意を表明する日のいずれか遅い日までに，留保に対し異議を申し立てなかった場合には，留保は，当該国により受諾されたものとみなす．

第21条（留保及び留保に対する異議の法的効果） 1　第19条，前条及び第23条の規定により他の当事国との関係において成立した留保は，

(a) 留保を付した国に関しては，当該他の当事国との関係において，留保に係る条約の規定を留保の限度において変更する．

(b) 当該他の当事国に関しては，留保を付した国との関係において，留保に係る条約の規定を留保の限度において変更する．

2　1に規定する留保は，留保を付した国以外の条約の当事国相互の間においては，条約の規定を変更しない．

3　留保に対し異議を申し立てた国が自国と留保を付した国との間において条約が効力を生ずることに反対しなかった場合には，留保に係る規定は，これらの2の国の間において，留保の限度において適用がない．

第22条（留保の撤回及び留保に対する異議の撤回） 1　留保は，条約に別段の定めがない限り，いつでも撤回することができるものとし，撤回については，留保を受諾した国の同意を要しない．

2　留保に対する異議は，条約に別段の定めがない限り，いつでも撤回することができる．

3　条約に別段の定めがある場合及び別段の合意がある場合を除くほか，

(a) 留保の撤回は，留保を付した国と他の締約国との関係において，当該他の締約国が当該撤回の通告を受領した時に効果を生ずる．

(b) 留保に対する異議の撤回は，留保を付した国が当該撤回の通告を受領した時に効果を生ずる．

第23条（留保に関連する手続） 1　留保，留保の明示的な受諾及び留保に対する異議は，書面によって表明しなければならず，また，締約国及び条約の当事国となる資格を有する他の国に通報しなければならない．

2　批准，受諾又は承認を条件として条約に署名するに際して付された留保は，留保を付した国により，条約に拘束されることについての同意を表明する際に，正式に確認されなければな

らない．この場合には，留保は，その確認の日に付されたものとみなす．

3　留保の確認前に行われた留保の明示的な受諾又は留保に対する異議の申立てについては，確認を要しない．

4　留保の撤回及び留保に対する異議の撤回は，書面によって行わなければならない．

第3節　条約の効力発生及び暫定的適用

第24条（効力発生） 1　条約は，条約に定める態様又は交渉国が合意する態様により，条約に定める日又は交渉国が合意する日に効力を生ずる．

2　1の場合以外の場合には，条約は，条約に拘束されることについての同意がすべての交渉国につき確定的なものとされた時に，効力を生ずる．

3　条約に拘束されることについての国の同意が条約の効力発生の後に確定的なものとされる場合には，条約は，条約に別段の定めがない限り，当該国につき，その同意が確定的なものとされた日に効力を生ずる．

4　条約文の確定，条約に拘束されることについての国の同意の確定，条約の効力発生の態様及び日，留保，寄託者の任務その他必然的に条約の効力発生前に生ずる問題について規律する規定は，条約文の採択の時から適用する．

第25条（暫定的適用） 1　条約又は条約の一部は，次の場合には，条約が効力を生ずるまでの間，暫定的に適用される．

(a) 条約に定めがある場合

(b) 交渉国が他の方法により合意した場合

2　条約又は条約の一部のいずれかの国についての暫定的適用は，条約に別段の定めがある場合及び交渉国による別段の合意がある場合を除くほか，当該いずれかの国が，条約が暫定的に適用されている関係にある他の国に対し，条約の当事国とならない意図を通告した場合には，終了する．

第3部　条約の遵守，適用及び解釈

第1節　条約の遵守

第26条（「合意は守られなければならない」） 効力を有するすべての条約は，当事国を拘束し，当事国は，これらの条約を誠実に履行しなければならない．

第27条（国内法と条約の遵守） 当事国は，条約の不履行を正当化する根拠として自国の国内法を援用することができない．この規則は，第46条の規定の適用を妨げるものではない．

第2節　条約の適用

第28条（条約の不遡及） 条約は，別段の意図が条約自体から明らかである場合及びこの意図が他の方法によって確認される場合を除くほか，条約の効力が当事国について生ずる日前に行われた行為，同日前に生じた事実又は同日前に消滅した事態に関し，当該当事国を拘束しない．

第29条（条約の適用地域） 条約は，別段の意図が条約自体から明らかである場合及びこの意図が他の方法によって確認される場合を除くほか，各当事国をその領域全体について拘束する．

第30条（同一の事項に関する相前後する条約の適用） 1　国際連合憲章第103条の規定が適用されることを条件として，同一の事項に関する相前後する条約の当事国の権利及び義務は，2から5までの規定により決定する．

2　条約が前の若しくは後の条約に従うものであること又は前の若しくは後の条約と両立しないものとみなしてはならないことを規定している場合には，当該前の又は後の条約が優先する．

3　条約の当事国のすべてが後の条約の当事国となっている場合において，第59条の規定による条約の終了又は運用停止がされていないときは，条約は，後の条約と両立する限度においてのみ，適用する．

4　条約の当事国のすべてが後の条約の当事国となっている場合以外の場合には，

(a) 双方の条約の当事国である国の間においては，3の規則と同一の規則を適用する．

(b) 双方の条約の当事国である国といずれかの条約のみの当事国である国との間においては，これらの国が共に当事国となっている条約が，これらの国の相互の権利及び義務を規律する．

5　4の規定は，第41条の規定の適用を妨げるものではなく，また，第60条の規定による条約の終了又は運用停止の問題及びいずれかの国が条約により他の国に対し負っている義務に反することとなる規定を有する他の条約を締結し又は適用することから生ずる責任の問題に影響を及ぼすものではない．

第3節　条約の解釈

第31条（解釈に関する一般的な規則） 1　条約は，文脈によりかつその趣旨及び目的に照らして与えられる用語の通常の意味に従い，誠実に解釈するものとする．

2　条約の解釈上，文脈というときは，条約文（前文及び附属書を含む．）のほかに，次のものを含める．

(a) 条約の締結に関連してすべての当事国の

間でされた条約の関係合意
(b) 条約の締結に関連して当事国の1又は2以上が作成した文書であってこれらの当事国以外の当事国が条約の関係文書として認めたもの

3　文脈とともに，次のものを考慮する．
(a) 条約の解釈又は適用につき当事国の間で後にされた合意
(b) 条約の適用につき後に生じた慣行であって，条約の解釈についての当事国の合意を確立するもの
(c) 当事国の間の関係において適用される国際法の関連規則

4　用語は，当事国がこれに特別の意味を与えることを意図していたと認められる場合には，当該特別の意味を有する．

第32条（解釈の補足的な手段） 前条の規定の適用により得られた意味を確認するため又は次の場合における意味を決定するため，解釈の補足的な手段，特に条約の準備作業及び条約の締結の際の事情に依拠することができる．
(a) 前条の規定による解釈によっては意味があいまい又は不明確である場合
(b) 前条の規定による解釈により明らかに常識に反した又は不合理な結果がもたらされる場合

第33条（2以上の言語により確定がされた条約の解釈） 1　条約について2以上の言語により確定がされた場合には，それぞれの言語による条約文がひとしく権威を有する．ただし，相違があるときは特定の言語による条約文によることを条約が定めている場合又はこのことについて当事国が合意する場合は，この限りでない．

2　条約文の確定に係る言語以外の言語による条約文は，条約に定めがある場合又は当事国が合意する場合にのみ，正文とみなされる．

3　条約の用語は，各正文において同一の意味を有すると推定される．

4　1の規定に従い特定の言語による条約文による場合を除くほか，各正文の比較により，第31条及び前条の規定を適用しても解消されない意味の相違があることが明らかとなった場合には，条約の趣旨及び目的を考慮した上，すべての正文について最大の調和が図られる意味を採用する．

第4節　条約と第三国

第34条（第三国に関する一般的な規則） 条約は，第三国の義務又は権利を当該第三国の同意なしに創設することはない．

第35条（第三国の義務について規定している条約） いずれの第三国も，条約の当事国が条約のいずれかの規定により当該第三国に義務を課することを意図しており，かつ，当該第三国が書面により当該義務を明示的に受け入れる場合には，当該規定に係る当該義務を負う．

第36条（第三国の権利について規定している条約） 1　いずれの第三国も，条約の当事国が条約のいずれかの規定により当該第三国若しくは当該第三国の属する国の集団に対し又はいずれの国に対しても権利を与えることを意図しており，かつ，当該第三国が同意する場合には，当該規定に係る当該権利を取得する．同意しない旨の意思表示がない限り，第三国の同意は，存在するものと推定される．ただし，条約に別段の定めがある場合は，この限りでない．

2　1の規定により権利を行使する国は，当該権利の行使につき，条約に定められている条件又は条約に合致するものとして設定される条件を遵守する．

第37条（第三国の義務又は権利についての撤回又は変更） 1　第35条の規定によりいずれかの第三国が義務を負っている場合には，条約の当事国及び当該第三国の同意があるときに限り，当該義務についての撤回又は変更をすることができる．ただし，条約の当事国及び当該第三国が別段の合意をしたと認められる場合は，この限りでない．

2　前条の規定によりいずれかの第三国が権利を取得している場合において，当該第三国の同意なしに当該権利についての撤回又は変更をすることができないことが意図されていたと認められるときは，条約の当事国は，当該権利についての撤回又は変更をすることができない．

第38条（国際慣習となることにより第三国を拘束することとなる条約の規則） 第34条から前条までの規定のいずれも，条約に規定されている規則が国際法の慣習的規則と認められるものとして第三国を拘束することとなることを妨げるものではない．

第4部　条約の改正及び修正

第39条（条約の改正に関する一般的な規則） 条約は，当事国の間の合意によって改正することができる．当該合意については，条約に別段の定めがある場合を除くほか，第2部に定める規則を適用する．

第40条（多数国間の条約の改正） 1　多数国間の条約の改正は，当該条約に別段の定めがない限り，2から5までの規定により規律する．

2　多数国間の条約をすべての当事国の間で改

正するための提案は，すべての締約国に通告しなければならない．各締約国は，次のことに参加する権利を有する．
(a) 当該提案に関してとられる措置についての決定
(b) 当該条約を改正する合意の交渉及び締結
3　条約の当事国となる資格を有するいずれの国も，改正がされた条約の当事国となる資格を有する．
4　条約を改正する合意は，既に条約の当事国となっている国であっても当該合意の当事者とならないものについては，拘束しない．これらの国については，第30条4(b)の規定を適用する．
5　条約を改正する合意が効力を生じた後に条約の当事国となる国は，別段の意図を表明しない限り，
(a) 改正がされた条約の当事国とみなす．
(b) 条約を改正する合意に拘束されていない条約の当事国との関係においては，改正がされていない条約の当事国とみなす．

第41条（多数国間の条約を一部の当事国の間においてのみ修正する合意） 1　多数国間の条約の2以上の当事国は，次の場合には，条約を当該2以上の当事国の間においてのみ修正する合意を締結することができる．
(a) このような修正を行うことができることを条約が規定している場合
(b) 当該2以上の当事国が行おうとする修正が条約により禁止されておらずかつ次の条件を満たしている場合
(i) 条約に基づく他の当事国による権利の享有又は義務の履行を妨げるものでないこと．
(ii) 逸脱を認めれば条約全体の趣旨及び目的の効果的な実現と両立しないこととなる条約の規定に関するものでないこと．
2　条約を修正する合意を締結する意図を有する当事国は，当該合意を締結する意図及び当該合意による修正を他の当事国に通告する．ただし，1(a)の場合において条約に別段の定めがあるときは，この限りでない．

第5部　条約の無効，終了及び運用停止

第1節　総　則

第42条（条約の有効性及び条約の効力の存続）
1　条約の有効性及び条約に拘束されることについての国の同意の有効性は，この条約の適用によってのみ否認することができる．
2　条約の終了若しくは廃棄又は条約からの当事国の脱退は，条約又はこの条約の適用によってのみ行うことができる．条約の運用停止についても，同様とする．

第43条（条約との関係を離れ国際法に基づいて課される義務） この条約又は条約の適用によりもたらされる条約の無効，終了若しくは廃棄，条約からの当事国の脱退又は条約の運用停止は，条約に規定されている義務のうち条約との関係を離れても国際法に基づいて課されるような義務についての国の履行の責務に何ら影響を及ぼすものではない．

第44条（条約の可分性） 1　条約を廃棄し，条約から脱退し又は条約の運用を停止する当事国の権利であって，条約に定めるもの又は第56条の規定に基づくものは，条約全体についてのみ行使することができる．ただし，条約に別段の定めがある場合又は当事国が別段の合意をする場合は，この限りでない．
2　条約の無効若しくは終了，条約からの脱退又は条約の運用停止の根拠としてこの条約において認められるものは，3から5まで及び第60条に定める場合を除くほか，条約全体についてのみ援用することができる．
3　2に規定する根拠が特定の条項にのみ係るものであり，かつ，次の条件が満たされる場合には，当該根拠は，当該条項についてのみ援用することができる．
(a) 当該条項がその適用上条約の他の部分から分離可能なものであること．
(b) 当該条項の受諾が条約全体に拘束されることについての他の当事国の同意の不可欠の基礎を成すものでなかったことが，条約自体から明らかであるか又は他の方法によって確認されるかのいずれかであること．
(c) 条約の他の部分を引き続き履行することとしても不当ではないこと．
4　第49条及び第50条の場合には，詐欺又は買収を根拠として援用する権利を有する国は，条約全体についてこの権利を行使することができるものとし，特定の条項のみについても，3の規定に従うことを条件として，この権利を行使することができる．
5　第51条から第53条までの場合には，条約の分割は，認められない．

第45条（条約の無効若しくは終了，条約からの脱退又は条約の運用停止の根拠を援用する権利の喪失） いずれの国も，次条から第50条までのいずれか，第60条又は第62条の規定に基づき条約を無効にし若しくは終了させ，条約から脱退し又は条約の運用を停止する根拠となるような事実が存在することを了知した上で次のことを行った場合には，当該根拠を援用することができない．

(a) 条約が有効であること，条約が引き続き効力を有すること又は条約が引き続き運用されることについての明示的な同意
(b) 条約の有効性，条約の効力の存続又は条約の運用の継続を黙認したとみなされるような行為

第2節 条約の無効

第46条（条約を締結する権能に関する国内法の規定） 1 いずれの国も，条約に拘束されることについての同意が条約を締結する権能に関する国内法の規定に違反して表明されたという事実を，当該同意を無効にする根拠として援用することができない．ただし，違反が明白でありかつ基本的な重要性を有する国内法の規則に係るものである場合は，この限りでない．

2 違反は，条約の締結に関し通常の慣行に従いかつ誠実に行動するいずれの国にとっても客観的に明らかであるような場合には，明白であるとされる．

第47条（国の同意を表明する権限に対する特別の制限） 特定の条約に拘束されることについての国の同意を表明する代表者の権限が特別の制限を付して与えられている場合に代表者が当該制限に従わなかったという事実は，当該制限が代表者による同意の表明に先立って他の交渉国に通告されていない限り，代表者によって表明された同意を無効にする根拠として援用することができない．

第48条（錯誤） 1 いずれの国も，条約についての錯誤が，条約の締結の時に存在すると自国が考えていた事実又は事態であって条約に拘束されることについての自国の同意の不可欠の基礎を成していた事実又は事態に係る錯誤である場合には，当該錯誤を条約に拘束されることについての自国の同意を無効にする根拠として援用することができる．

2 1の規定は，国が自らの行為を通じて当該錯誤の発生に寄与した場合又は国が何らかの錯誤の発生の可能性を予見することができる状況に置かれていた場合には，適用しない．

3 条約文の字句のみに係る錯誤は，条約の有効性に影響を及ぼすものではない．このような錯誤については，第79条の規定を適用する．

第49条（詐欺） いずれの国も，他の交渉国の詐欺行為によって条約を締結することとなった場合には，当該詐欺を条約に拘束されることについての自国の同意を無効にする根拠として援用することができる．

第50条（国の代表者の買収） いずれの国も，条約に拘束されることについての自国の同意が，他の交渉国が直接又は間接に自国の代表者を買収した結果表明されることとなった場合には，その買収を条約に拘束されることについての自国の同意を無効にする根拠として援用することができる．

第51条（国の代表者に対する強制） 条約に拘束されることについての国の同意の表明は，当該国の代表者に対する行為又は脅迫による強制の結果行われたものである場合には，いかなる法的効果も有しない．

第52条（武力による威嚇又は武力の行使による国に対する強制） 国際連合憲章に規定する国際法の諸原則に違反する武力による威嚇又は武力の行使の結果締結された条約は，無効である．

第53条（一般国際法の強行規範に抵触する条約） 締結の時に一般国際法の強行規範に抵触する条約は，無効である．この条約の適用上，一般国際法の強行規範とは，いかなる逸脱も許されない規範として，また，後に成立する同一の性質を有する一般国際法の規範によってのみ変更することのできる規範として，国により構成されている国際社会全体が受け入れ，かつ，認める規範をいう．

第3節 条約の終了及び運用停止

第54条（条約又は当事国の同意に基づく条約の終了又は条約からの脱退） 条約の終了又は条約からの当事国の脱退は，次のいずれかの場合に行うことができる．
(a) 条約に基づく場合
(b) すべての当事国の同意がある場合．この場合には，いかなる時点においても行うことができる．もっとも，当事国となっていない締約国は，事前に協議を受ける．

第55条（多数国間の条約の効力発生に必要な数を下回る数への当事国数の減少） 多数国間の条約は，条約に別段の定めがない限り，当事国数が条約の効力発生に必要な数を下回る数に減少したことのみを理由として終了することはない．

第56条（終了，廃棄又は脱退に関する規定を含まない条約の廃棄又はこのような条約からの脱退） 1 終了に関する規定を含まずかつ廃棄又は脱退について規定していない条約については，次の場合を除くほか，これを廃棄し，又はこれから脱退することができない．
(a) 当事国が廃棄又は脱退の可能性を許容する意図を有していたと認められる場合
(b) 条約の性質上廃棄又は脱退の権利があると考えられる場合

2 当事国は，1の規定に基づき条約を廃棄し又は条約から脱退しようとする場合には，その

意図を廃棄又は脱退の12箇月前までに通告する.

第57条（条約又は当事国の同意に基づく条約の運用停止） 条約の運用は,次のいずれかの場合に,すべての当事国又は特定の当事国について停止することができる.

(a) 条約に基づく場合

(b) すべての当事国の同意がある場合.この場合には,いかなる時点においても停止することができる.もっとも,当事国となっていない締約国は,事前に協議を受ける.

第58条（多数国間の条約の一部の当事国の間のみの合意による条約の運用停止） 1　多数国間の条約の2以上の当事国は,次の場合には,条約の運用を一時的にかつ当該2以上の当事国の間においてのみ停止する合意を締結することができる.

(a) このような運用停止を行うことができることを条約が規定している場合

(b) 当該2以上の当事国が行おうとする運用停止が条約により禁止されておらずかつ次の条件を満たしている場合

(i) 条約に基づく他の当事国による権利の享有又は義務の履行を妨げるものでないこと.

(ii) 条約の趣旨及び目的に反することとなるものでないこと.

2　条約の運用を停止する合意を締結する意図を有する当事国は,当該合意を締結する意図及びその運用を停止することとしている条約の規定を他の当事国に通告する.ただし,1(a)の場合において条約に別段の定めがあるときは,この限りでない.

第59条（後の条約の締結による条約の終了又は運用停止） 1　条約は,すべての当事国が同一の事項に関し後の条約を締結する場合において次のいずれかの条件が満たされるときは,終了したものとみなす.

(a) 当事国が当該事項を後の条約によって規律することを意図していたことが後の条約自体から明らかであるか又は他の方法によって確認されるかのいずれかであること.

(b) 条約と後の条約とが著しく相いれないものであるためこれらの条約を同時に適用することができないこと.

2　当事国が条約の運用を停止することのみを意図していたことが後の条約自体から明らかである場合又は他の方法によって確認される場合には,条約は,運用を停止されるにとどまるものとみなす.

第60条（条約違反の結果としての条約の終了又は運用停止） 1　2国間の条約につきその一方の当事国による重大な違反があった場合には,他方の当事国は,当該違反を条約の終了又は条約の全部若しくは一部の運用停止の根拠として援用することができる.

2　多数国間の条約につきその1の当事国による重大な違反があった場合には,

(a) 他の当事国は,一致して合意することにより,次の関係において,条約の全部若しくは一部の運用を停止し又は条約を終了させることができる.

(i) 他の当事国と違反を行った国との間の関係

(ii) すべての当事国の間の関係

(b) 違反により特に影響を受けた当事国は,自国と当該違反を行った国との間の関係において,当該違反を条約の全部又は一部の運用停止の根拠として援用することができる.

(c) 条約の性質上,1の当事国による重大な違反が条約に基づく義務の履行の継続についてのすべての当事国の立場を根本的に変更するものであるときは,当該違反を行った国以外の当事国は,当該違反を自国につき条約の全部又は一部の運用を停止する根拠として援用することができる.

3　この条の規定の適用上,重大な条約違反とは,次のものをいう.

(a) 条約の否定であってこの条約により認められないもの

(b) 条約の趣旨及び目的の実現に不可欠な規定についての違反

4　1から3までの規定は,条約違反があった場合に適用される当該条約の規定に影響を及ぼすものではない.

5　1から3までの規定は,人道的性格を有する条約に定める身体の保護に関する規定,特にこのような条約により保護される者に対する報復（形式のいかんを問わない.）を禁止する規定については,適用しない.

第61条（後発的履行不能） 1　条約の実施に不可欠である対象が永久的に消滅し又は破壊された結果条約が履行不能となった場合には,当事国は,当該履行不能を条約の終了又は条約からの脱退の根拠として援用することができる.履行不能は,一時的なものである場合には,条約の運用停止の根拠としてのみ援用することができる.

2　当事国は,条約に基づく義務についての自国の違反又は他の当事国に対し負っている他の国際的な義務についての自国の違反の結果条約が履行不能となった場合には,当該履行不能を条約の終了,条約からの脱退又は条約の運用停止の根拠として援用することができない.

第62条（事情の根本的な変化） 1　条約の締結の時に存在していた事情につき生じた根本的な変化が当事国の予見しなかったものである場合には，次の条件が満たされない限り，当該変化を条約の終了又は条約からの脱退の根拠として援用することができない.

(a) 当該事情の存在が条約に拘束されることについての当事国の同意の不可欠の基礎を成していたこと.

(b) 当該変化が，条約に基づき引き続き履行しなければならない義務の範囲を根本的に変更する効果を有するものであること.

2　事情の根本的な変化は，次の場合には，条約の終了又は条約からの脱退の根拠として援用することができない.

(a) 条約が境界を確定している場合

(b) 事情の根本的な変化が，これを援用する当事国による条約に基づく義務についての違反又は他の当事国に対し負っている他の国際的な義務についての違反の結果生じたものである場合

3　当事国は，1及び2の規定に基づき事情の根本的な変化を条約の終了又は条約からの脱退の根拠として援用することができる場合には，当該変化を条約の運用停止の根拠としても援用することができる.

第63条（外交関係又は領事関係の断絶） 条約の当事国の間の外交関係又は領事関係の断絶は，当事国の間に当該条約に基づき確立されている法的関係に影響を及ぼすものではない．ただし，外交関係又は領事関係の存在が当該の適用に不可欠である場合は，この限りでない.

第64条（一般国際法の新たな強行規範の成立） 一般国際法の新たな強行規範が成立した場合には，当該強行規範に抵触する既存の条約は，効力を失い，終了する.

第4節　手　続

第65条（条約の無効若しくは終了，条約からの脱退又は条約の運用停止に関してとられる手続） 1　条約の当事国は，この条約に基づき，条約に拘束されることについての自国の同意の瑕疵(かし)を援用する場合又は条約の有効性の否認，条約の終了，条約からの脱退若しくは条約の運用停止の根拠を援用する場合には，自国の主張を他の当事国に通告しなければならない．通告においては，条約についてとろうとする措置及びその理由を示す.

2　一定の期間（特に緊急を要する場合を除くほか，通告の受領の後3箇月を下る期間であってはならない．）の満了の時までに他のいずれの当事国も異議を申し立てなかった場合には，通告を行った当事国は，とろうとする措置を第67条に定めるところにより実施に移すことができる.

3　他のいずれかの当事国が異議を申し立てた場合には，通告を行った当事国及び当該他のいずれかの当事国は，国際連合憲章第33条に定める手段により解決を求める.

4　1から3までの規定は，紛争の解決に関し当事国の間において効力を有するいかなる条項に基づく当事国の権利又は義務にも影響を及ぼすものではない.

5　第45条の規定が適用される場合を除くほか，1の通告を行っていないいずれの国も，他の当事国からの条約の履行の要求又は条約についての違反の主張に対する回答として，1の通告を行うことを妨げられない.

第66条（司法的解決，仲裁及び調停の手続） 前条3の規定が適用された場合において，異議が申し立てられた日の後12箇月以内に何らの解決も得られなかったときは，次の手続に従う.

(a) 第53条又は第64条の規定の適用又は解釈に関する紛争の当事者のいずれも，国際司法裁判所に対し，その決定を求めるため書面の請求により紛争を付託することができる．ただし，紛争の当事者が紛争を仲裁に付することについて合意する場合は，この限りでない.

(b) この部の他の規定の適用又は解釈に関する紛争の当事者のいずれも，国際連合事務総長に対し要請を行うことにより，附属書に定める手続を開始させることができる.

第67条（条約の無効を宣言し，条約を終了させ，条約から脱退させ又は条約の運用を停止させる文書） 1　第65条1の通告は，書面によって行わなければならない.

2　条約の規定又は第65条2若しくは3の規定に基づく条約の無効の宣言，条約の終了，条約からの脱退又は条約の運用停止は，他の当事国に文書を伝達することにより実施に移される．文書に元首，政府の長は外務大臣の署名がない場合には，文書を伝達する国の代表者は，全権委任状の提示を要求されることがある.

第68条（第65条及び前条に規定する通告及び文書の撤回） 第65条及び前条に規定する通告又は文書は，効果を生ずる前にいつでも撤回することができる.

第5節　条約の無効，終了又は運用停止の効果

第69条（条約の無効の効果） 1　この条約によりその有効性が否定された条約は，無効であ

る. 無効な条約は, 法的効力を有しない.

2　この条約によりその有効性が否定された条約に依拠して既に行為が行われていた場合には,

(a) いずれの当事国も, 他の当事国に対し, 当該行為が行われなかったとしたならば存在していたであろう状態を相互の関係においてできる限り確立するよう要求することができる.

(b) 条約が無効であると主張される前に誠実に行われた行為は, 条約が無効であることのみを理由として違法とされることはない.

3　第 49 条から第 52 条までの場合には, 2 の規定は, 詐欺, 買収又は強制を行った当事国については, 適用しない.

4　多数国間の条約に拘束されることについての特定の国の同意が無効とされた場合には, 1 から 3 までに定める規則は, 当該特定の国と条約の当事国との関係において適用する.

第 70 条（条約の終了の効果） 1　条約に別段の定めがある場合及び当事国が別段の合意をする場合を除くほか, 条約又はこの条約に基づく条約の終了により,

(a) 当事国は, 条約を引き続き履行する義務を免除される.

(b) 条約の終了前に条約の実施によって生じていた当事国の権利, 義務及び法的状態は, 影響を受けない.

2　1 の規定は, いずれかの国が多数国間の条約を廃棄し又はこれから脱退する場合には, その廃棄又は脱退が効力を生ずる日から, 当該いずれかの国と条約の他の各当事国との間において適用する.

第 71 条（一般国際法の強行規範に抵触する条約の無効の効果） 1　条約が第 53 条の規定により無効であるとされた場合には, 当事国は, 次のことを行う.

(a) 一般国際法の強行規範に抵触する規定に依拠して行った行為によりもたらされた結果をできる限り除去すること.

(b) 当事国の相互の関係を一般国際法の強行規範に適合したものとすること.

2　第 64 条の規定により効力を失い, 終了するとされた条約については, その終了により,

(a) 当事国は, 条約を引き続き履行する義務を免除される.

(b) 条約の終了前に条約の実施によって生じていた当事国の権利, 義務及び法的状態は, 影響を受けない. ただし, これらの権利, 義務及び法的状態は, 条約の終了後は, 一般国際法の新たな強行規範に抵触しない限度においてのみ維持することができる.

第 72 条（条約の運用停止の効果） 1　条約に別段の定めがある場合及び当事国が別段の合意をする場合を除くほか, 条約又はこの条約に基づく条約の運用停止により,

(a) 運用が停止されている関係にある当事国は, 運用停止の間, 相互の関係において条約を履行する義務を免除される.

(b) 当事国の間に条約に基づき確立されている法的関係は, (a)の場合を除くほか, いかなる影響も受けない.

2　当事国は, 運用停止の間, 条約の運用の再開を妨げるおそれのある行為を行わないようにしなければならない.

第 6 部　雑　則

第 73 条（国家承継, 国家責任及び敵対行為の発生の場合） この条約は, 国家承継, 国の国際責任又は国の間の敵対行為の発生により条約に関連して生ずるいかなる問題についても予断を下しているものではない.

第 74 条（外交関係及び領事関係と条約の締結） 国の間において外交関係又は領事関係が断絶した場合又はこれらの関係が存在しない場合にも, これらの国の間における条約の締結は, 妨げられない. 条約を締結すること自体は, 外交関係又は領事関係につきいかなる影響も及ぼさない.

第 75 条（侵略を行った国の場合） この条約は, 侵略を行った国が, 当該侵略に関して国際連合憲章に基づいてとられる措置の結果いずれかの条約に関連して負うことのある義務に影響を及ぼすものではない.

第 7 部　寄託者, 通告, 訂正及び登録

第 76 条（条約の寄託者） 1　交渉国は, 条約において又は他の方法により条約の寄託者を指定することができる. 寄託者は, 国（その数を問わない.）, 国際機関又は国際機関の主たる行政官のいずれであるかを問わない.

2　条約の寄託者の任務は, 国際的な性質を有するものとし, 寄託者は, 任務の遂行に当たり公平に行動する義務を負う. 特に, この義務は, 条約が一部の当事国の間においては効力を生じていないという事実又は寄託者の任務の遂行に関しいずれかの国と寄託者との間に意見の相違があるという事実によって影響を受けることがあってはならない.

第 77 条（寄託者の任務） 1　寄託者は, 条約に別段の定めがある場合及び締約国が別段の合意をする場合を除くほか, 特に次の任務を有す

る.

(a) 条約の原本及び寄託者に引き渡された全権委任状を保管すること.

(b) 条約の原本の認証謄本及び条約の要求する他の言語による条約文を作成し，これらを当事国及び当事国となる資格を有する国に送付すること.

(c) 条約への署名を受け付けること並びに条約に関連する文書，通告及び通報を受領しかつ保管すること.

(d) 条約への署名又は条約に関連する文書，通告若しくは通報が正式な手続によるものであるかないかを検討し，必要な場合には関係国の注意を喚起すること.

(e) 条約に関連する行為，通告及び通報を当事国及び当事国となる資格を有する国に通知すること.

(f) 条約の効力発生に必要な数の署名，批准書，受諾書，承認書又は加入書の受付又は寄託の日を当事国となる資格を有する国に通知すること.

(g) 国際連合事務局に条約を登録すること.

(h) この条約の他の規定に定める任務を遂行すること.

2　寄託者の任務の遂行に関しいずれかの国と寄託者との間に意見の相違がある場合には，寄託者は，この場合の問題につき，署名国及び締約国又は適当なときは関係国際機関の権限のある内部機関の注意を喚起する.

第 78 条（通告及び通報） 条約又はこの条約に別段の定めがある場合を除くほか，この条約に基づいていずれの国の行う通告又は通報も，

(a) 寄託者がない場合には通告又は通報があてられている国に直接送付し，寄託者がある場合には寄託者に送付する.

(b) 通告又は通報のあてられている国が受領した時又は場合により寄託者が受領した時に行われたものとみなす.

(c) 寄託者に送付される場合には，通告又は通報のあてられている国が前条 1(e)の規定による寄託者からの通知を受けた時に当該国によって受領されたものとみなす.

第 79 条（条約文又は認証謄本における誤りの訂正） 1　条約文の確定の後に署名国及び締約国が条約文に誤りがあると一致して認めた場合には，誤りは，これらの国が別段の訂正方法を決定しない限り，次のいずれかの方法によって訂正する.

(a) 条約文について適当な訂正を行い，正当な権限を有する代表者がこれにつき仮署名すること.

(b) 合意された訂正を記載した文書を作成し又は交換すること.

(c) 訂正済みの条約文全体を原本の作成手続と同一の手続によって作成すること.

2　寄託者のある条約の場合には，寄託者は，誤り及び誤りを訂正する提案を署名国及び締約国に通告し，かつ，これらの国が提案された訂正に対して異議を申し立てることができる適当な期限を定めるものとし，

(a) 定められた期限内に異議が申し立てられなかったときは，条約文の訂正を行い，これにつき仮署名するとともに訂正の調書を作成し，その写しを当事国及び当事国となる資格を有する国に送付する.

(b) 定められた期限内に異議が申し立てられたときは，これを署名国及び締約国に通報する.

3　1 及び 2 に定める規則は，条約文が 2 以上の言語により確定されている場合において，これらの言語による条約文が符合していないことが明らかにされかつ署名国及び締約国がこれらを符合させるよう訂正することを合意するときにも，適用する.

4　訂正された条約文は，署名国及び締約国が別段の決定をしない限り，誤りがあった条約文に当初から代わる.

5　登録された条約の条約文の訂正は，国際連合事務局に通告する.

6　条約の認証謄本に誤りが発見された場合には，寄託者は，訂正の調書を作成し，その写しを署名国及び締約国に送付する.

第 80 条（条約の登録及び公表） 1　条約は，効力発生の後，登録又は記録のため及び公表のため国際連合事務局に送付する.

2　寄託者が指定された場合には，寄託者は，1 の規定による行為を遂行する権限を与えられたものとする.

第 8 部　最終規定

第 81 条（署名） この条約は，1969 年 11 月 30 日まではオーストリア共和国連邦外務省において，その後 1970 年 4 月 30 日まではニュー・ヨークにある国際連合本部において，国際連合，いずれかの専門機関又は国際原子力機関のすべての加盟国，国際司法裁判所規程の当事国及びこの条約の当事国となるよう国際連合総会が招請したその他の国による署名のために開放しておく.

第 82 条（批准） この条約は，批准されなければならない．批准書は，国際連合事務総長に寄託する.

第83条（加入）この条約は，第81条に定める種類のいずれかに属する国による加入のために開放しておく．加入書は，国際連合事務総長に寄託する．

第84条（効力発生）1　この条約は，35番目の批准書又は加入書が寄託された日の後30日目の日に効力を生ずる．

2　35番目の批准書又は加入書が寄託された後にこの条約を批准し又はこれに加入する国については，この条約は，その批准書又は加入書の寄託の後30日目の日に効力を生ずる．

第85条（正文）中国語，英語，フランス語，ロシア語及びスペイン語をひとしく正文とするこの条約の原本は，国際連合事務総長に寄託する．

以上の証拠として，下名の全権委員は，それぞれの政府から正当に委任を受けてこの条約に署名した．

1969年5月23日にウィーンで作成した．

5 国家責任

23 国家責任条文 翻訳

「国際違法行為に対する国の責任」に関する条文
〔採択〕2001年国連国際法委員会第53会期で採択し，同年12月12日の国連総会決議56／83の付録に収録

第1部　国の国際違法行為

第1章　一般原則

第1条（国際違法行為に対する国の責任） 国のすべての国際違法行為は，その国の国際責任を伴う．

第2条（国の国際違法行為の構成要素） 国の国際違法行為は，作為又は不作為からなる行為が，次の場合に存在する．

(a) 国際法上当該国に帰属し，かつ，
(b) 当該国の国際義務の違反を構成するとき

第3条（国の行為を国際的に違法とする性格づけ） 国の行為を国際的に違法とする性格づけは，国際法によって規律される．この性格づけは，同一の行為が国内法によって適法とされることに影響されない．

第2章　行為の国への帰属

第4条（国の機関の行為） 1　国のいかなる機関の行為も，当該機関が立法，行政，司法その他のいずれの任務を遂行しているか，国の組織の中でいかなる地位を占めるか，又は国の中央政府若しくは領域的単位の機関としていかなる性格のものであるかを問わず，国際法上当該国の行為とみなされる．

2　機関には，当該国の国内法に従って機関としての地位を有するいかなる人又は実体を含む．

第5条（統治権能の一部を行使する人又は実体の行為） 第4条に定める国の機関ではないが，当該国の法令上統治権能の一部を行使する権限を付与された人又は実体の行為は，特定の事案において当該人又は実体がその資格で行動している場合には，国際法上当該国の行為とみなされる．

第6条（国の使用に供された他国の機関の行為） 国の使用に供された他国の機関の行為は，当該機関が国の統治権能の一部を行使する場合には，国際法上国の行為とみなされる．

第7条（権限の踰越又は指示の違反） 国の機関又は統治権能の一部を行使する権限を付与された人若しくは実体の行為は，当該機関，人又は実体がその資格で行動する場合には，その権限を踰越し又は指示に違反する場合であっても，国際法上当該国の行為とみなされる．

第8条（国により指揮又は統制された行為） 人又は人の集団の行為は，当該人又は人の集団が，当該行為を行うに際して，事実上国の指示に基づき，又は国による指揮若しくは統制の下で行動している場合には，国際法上当該国の行為とみなされる．

第9条（公の当局が存在しないか又は機能しない場合に行われた行為） 人又は人の集団の行為は，公の当局が存在しないか又は機能しないときで，かつ統治権能の一部の行使が必要とされる事情の下で当該人又は人の集団がこれらの権能の一部を行使する場合には，国際法上国の行為とみなされる．

第10条（反乱その他の活動団体の行為） 1　国の新政府となった反乱活動団体の行為は，国際法上当該国の行為とみなされる．

2　既存の国の領域の一部又はその国の施政の下にある領域において新たな国の樹立に成功した反乱その他の活動団体の行為は，国際法上当該新国家の行為とみなされる．

3　本条は，第4条ないし第9条により国の行為とみなされるものが，当該団体の行為に関連

するものであっても，当該国に帰属することを妨げない．

第 11 条（国により自己の行為として認められかつ採用された行為） 前諸条の規定に基づき国に帰属しない行為であっても，国が当該行為を自己の行為として認めかつ採用した場合には，その限りにおいて，国際法上当該国の行為とみなされる．

第 3 章　国際義務の違反

第 12 条（国際義務の違反の存在） 国の行為が国際義務により当該国に要求されているものに合致しない場合には，当該義務の淵源又は性格にかかわらず，当該国による国際義務の違反が存在する．

第 13 条（国に対する現行の国際義務） 国の行為は，当該行為が行われた時点で当該国が国際義務に拘束されていない場合には，当該義務の違反とならない．

第 14 条（国際義務違反の時間的範囲） 1　継続的な性質を有しない国の行為による国際義務の違反は，その行為の効果が継続する場合であっても，当該行為が行われた時に生じる．

2　継続的な性質を有する国の行為による国際義務の違反は，当該行為が継続しかつ国際義務と合致しない状態にあるすべての期間に及ぶ．

3　特定の事態の発生の防止を国に要求する国際義務の違反は，当該事態が発生した時に生じ，当該事態が継続しかつ国際義務と合致しない状態にあるすべての期間に及ぶ．

第 15 条（複合的な行為からなる違反） 1　一連の作為又は不作為が全体として違法とされる国の国際義務の違反は，他の作為又は不作為と結びついて違法行為を構成するのに十分な作為又は不作為が生じた時に生じる．

2　この場合，当該違反は，一連の作為又は不作為の最初のものに始まるすべての期間に及び，これらの作為又は不作為が繰り返されかつ国際義務と合致しない状態が続く限り継続する．

第 4 章　他の国の行為に関連する国の責任

第 16 条（国際違法行為の実行に対する支援又は援助） 他国による国際違法行為の実行を支援又は援助する国は，次の場合，当該支援又は援助について国際法上責任を負う．

(a) 当該国が，その国際違法行為に関する事情を知りながらこれを行い，かつ，

(b) その行為が，当該国により行われたならば国際法上違法である場合

第 17 条（国際違法行為の実行の指揮及び統制） 他国による国際違法行為の実行において当該他国を指揮しかつ統制する国は，次の場合，当該行為について国際法上責任を負う．

(a) 当該国が，その国際違法行為に関する事情を知りながらこれを行い，かつ，

(b) その行為が，当該国により行われたならば国際法上違法である場合

第 18 条（他国の強制） ある行為の遂行を他国に強制する国は，次の場合，当該行為について国際法上責任を負う．

(a) 当該強制がなかったならば，当該行為を強制された国の国際違法行為となるものであり，かつ，

(b) 強制をした国が，当該行為に関する事情を知りながらこれを行う場合

第 19 条（本章の効果） 本章は，問題となる行為を行った国又は他のいずれかの国の本条文の他の諸規定に基づく国際責任を妨げない．

第 5 章　違法性阻却事由

第 20 条（同意） 国が他国による特定の行為の実行に対して与えた有効な同意は，その行為が当該同意の範囲内にある限り，当該国との関係で当該行為の違法性を阻却する．

第 21 条（自衛） 国の行為の違法性は，その行為が国際連合憲章に従ってとられる自衛の適法な措置を構成する場合には，阻却される．

第 22 条（国際違法行為に対する対抗措置） 他国に対する国際義務と合致しない国の行為の違法性は，その行為が第 3 部第 2 章に従って当該他国に対してとられる対抗措置を構成する場合には，その限りにおいて，阻却される．

第 23 条（不可抗力） 1　国の国際義務と合致しない当該国の行為の違法性は，不可抗力，すなわち当該義務の履行を実質的に不可能とするような当該国の支配を越えた抗し難い力又は予見不能な外的事情によるものである場合には，阻却される．

2　1 は，次の場合には，適用しない．

(a) 不可抗力の状況が，単独で若しくは他の要因と結び付いて，これを援用する国の行為に基因するものである場合，又は，

(b) その国が，当該状況の発生の危険を予め引き受けていた場合

第 24 条（遭難） 1　国の国際義務と合致しない当該国の行為の違法性は，当該行為の実行者が，遭難状態において，自己の生命又はその者に保護を委ねられた他の者の生命を守るため他の合理的な方法をもたない場合には，阻却される．

2　1は，次の場合には，適用しない．
(a) 遭難状態が，単独で若しくは他の要因と結び付いて，これを援用する国の行為に基因するものである場合，又は
(b) 当該行為が，それと同等の若しくはより重大な危険を生じさせるおそれがある場合

第25条（緊急避難）1　国は，次の場合を除くほか，自国の国際義務と合致しない行為の違法性を阻却する根拠として緊急避難を援用することができない．
(a) 当該行為が，重大かつ急迫した危険から根本的利益を守るために当該国にとって唯一の方法であり，かつ，
(b) 当該行為が，その義務の相手国又は国際共同体全体の根本的利益に対する重大な侵害とならない場合．

2　国は，次のいかなる場合にも，緊急避難を違法性を阻却する根拠として援用することができない．
(a) 問題とされる国際義務が，緊急避難の援用の可能性を排除している場合，又は
(b) 当該国が，緊急避難の状態に寄与した場合

第26条（強行規範の遵守）本章のいかなる規定も，一般国際法の強行規範に基づいて生じる義務と合致しない国の行為の違法性を阻却しない．

第27条（違法性阻却事由を援用する効果）本章に基づく違法性阻却事由の援用は，次のことを害するものではない．
(a) 違法性を阻却する事由がもはや存在しない場合に，その限りにおいて当該義務を遵守すること．
(b) 当該行為により生じた物的損害に対する金銭賠償に関する問題

第2部　国の国際責任の内容

第1章　一般原則

第28条（国際違法行為の法的効果）第1部の規定に従って国際違法行為に伴い生じる国の国際責任は，この部に定める法的効果を伴う．

第29条（履行すべき義務の継続）この部に基づく国際違法行為の法的効果は，責任を負う国が違反した義務を履行すべき義務の継続に影響を与えない．

第30条（停止及び再発防止）国際違法行為に関して責任を負う国は，次の義務を負う．
(a) その行為が継続している場合には，当該行為を停止すること．
(b) 事情がそれを必要とする場合には，適当な再発防止の約束及び保障を与えること．

第31条（賠償）1　責任を負う国は，国際違法行為により生じた被害に対して十分な賠償を行う義務を負う． a

2　被害には，物質的であるか精神的であるかを問わず，国の国際違法行為により生じたいかなる損害も含む． b

第32条（国内法の無関係性）責任を負う国は，この部の下での義務の不遵守を正当化する根拠として自国の国内法の規定を援用することはできない．

第33条（この部に定める国際義務の範囲） c
1　この部に定める責任を負う国の義務は，とくに国際義務の性格及び内容並びに違反の状況に応じて，相手国，複数の国又は国際共同体全体に対するものとなりうる．

2　この部は，国の国際責任から生じた国以外の人又は実体に対して直接に与えられるいかなる権利も妨げるものではない． d

第2章　侵害の賠償

第34条（賠償の形態）国際違法行為により生じた侵害に対する完全な賠償は，本章の規定に従い，原状回復，金銭賠償及び満足の形態を単独で又は組み合わせて行う． e

第35条（原状回復）国際違法行為に対して責任を負う国は，原状回復，すなわち違法行為が f
行われる前に存在した状態を回復する義務を負う．ただし，原状回復が，次の場合に，その範囲内であることを条件とする．
(a) 実質的に不可能ではないこと．
(b) 金銭賠償に代わって原状回復させることから生じる利益と著しく均衡を欠くような負担を伴わないこと． g

第36条（金銭賠償）1　国際違法行為に対して責任を負う国は，損害が原状回復によっては十分に回復されない限りにおいて，それにより生じた損害に対する金銭賠償を行う義務を負う． h

2　金銭賠償は，金銭上評価可能ないかなる損害も対象とし，それが立証される限りにおいて逸失利益を含む． i

第37条（満足）1　国際違法行為に対して責任を負う国は，侵害が原状回復又は金銭賠償によっては十分に回復されない限りにおいて，違法行為により生じた侵害に対する満足を与える義務を負う． j

2　満足は，違反の自認，遺憾の意の表明，公式の陳謝その他の適当な態様により行うことができる．

3　満足は，侵害と均衡を欠くものであってはならず，責任を負う国に屈辱を与える形態をと k

ることはできない．

第38条（利息） 1　本章に基づき支払われるべき賠償額に対する利息は，完全な賠償を保証するために必要とされる場合には，支払われなければならない．利息の利率及び計算方法は，そのような結果を達成するように定められる．

2　利息は，賠償元金が支払われるべきであった日から発生し，支払の義務が履行される日まで及ぶ．

第39条（侵害に対する寄与） 賠償の決定にあたっては，被害国又はそれとの関係で賠償が請求される人若しくは実体の故意又は過失による作為又は不作為による侵害への寄与について考慮する．

第3章　一般国際法の強行規範に基づく義務の重大な違反

第40条（本章の適用） 1　本章は，一般国際法の強行規範に基づいて発生する義務の国による重大な違反に伴って生じる国際責任に適用する．

2　そのような義務の違反は，責任国による当該義務の著しい又は系統的な不履行を伴う場合には，重大であるとされる．

第41条（本章に基づく義務の重大な違反の特別の効果） 1　国は，前条の重大な違反を適法な手段によって終了させるために協力する．

2　いかなる国も，前条の重大な違反によりもたらされた状態を適法なものとして承認してはならず，当該状態を維持するための支援又は援助を与えてはならない．

3　本条は，この部で言及されたその他の効果及び本章の適用される違反によって国際法上もたらされるその他の効果に影響を及ぼすものではない．

第3部　国の国際責任の履行

第1章　国の責任の援用

第42条（被害国による責任の援用） 国は，次の場合には，被害国として他国の責任を援用する権利を有する．

(a) 侵害された義務が個別的に当該被害国に対して負うものである場合，又は

(b) 当該被害国を含む国の集団若しくは国際共同体全体に対する義務であり，かつ，その義務の違反が，

(i) 当該被害国に特別に影響を及ぼすか，若しくは

(ii) その義務の更なる履行について他のすべての国の立場を根本的に変更する性格のものである場合

第43条（被害国による請求の通告） 1　他国の責任を援用する被害国は，その国に対して請求の通告を行う．

2　被害国は，特に次のものを特定することができる．

(a) 違法行為が継続している場合には，それを中止するために責任国がとるべき行為

(b) 第2部の規定に従ってとられるべき賠償の形態

第44条（請求の許容性） 国の責任は，次の場合には援用できない．

(a) 請求が，請求の国籍に関して適用される規則に従ってなされていない場合

(b) 請求が，国内的救済完了の原則の適用されるものであり，利用可能でかつ実効的な国内救済が尽くされていない場合

第45条（責任を援用する権利の喪失） 国の責任は，次の場合には援用することができない．

(a) 被害国が請求を有効に放棄した場合

(b) 被害国が自国の行為により，請求の消滅を有効に黙認したとみなされる場合

第46条（被害国が複数である場合） 複数の国が同一の国際違法行為により侵害を被った場合には，それぞれの被害国が個別に国際違法行為を行った国の責任を援用することができる．

第47条（責任国が複数である場合） 1　複数の国が同一の国際違法行為に対して責任を負う場合には，当該行為との関係でそれぞれの国の責任を援用できる．

2　1の規定は，

(a) いかなる被害国も，金銭賠償によって，自らが被った損害以上のものを回復することを許すものではない．

(b) 他の責任国に対する訴えの権利を害するものではない．

第48条（被害国以外の国による責任の援用）

1　被害国以外のいかなる国も，次の場合には，2に従って他国の責任を援用する権利を有する．

(a) 侵害された義務が，当該国を含む国の集団に対するものであり，かつ，当該集団の集団的利益の保護のために設けられたものである場合，又は

(b) 侵害された義務が，国際共同体全体に対して負うものである場合

2　1に基づき責任を援用する権利を有するいかなる国も，責任国に対して次の請求を行うことができる．

(a) 第30条に従った国際違法行為の停止，再発防止の確約及び保証，並びに

(b) 被害国及び侵害された義務の受益者の利益のために，前諸条の規定に従った賠償の義務の履行

3　第43条，第44条及び第45条に基づく被害国による責任の援用のための要件は，１に基づきそのような権利を有する国による責任の援用に適用される．

第２章　対抗措置

第49条（対抗措置の目的と限定） 1　被害国は，国際違法行為の責任を負う国に対して第２部に基づく義務の履行を促すためにのみ，対抗措置をとることができる．

2　対抗措置は，責任国に対して措置をとる当該国の国際義務の一時的な不履行に限定される．

3　対抗措置は，可能な限り，当該義務の履行の再開を可能にするような方法で行わなければならない．

第50条（対抗措置の影響を受けない義務）

1　対抗措置は，次のものに影響を与えてはならない．

(a) 国際連合憲章に具現された武力による威嚇又は武力の行使を慎む義務

(b) 基本的人権の保護に関する義務

(c) 復仇（ふっきゅう）を禁止する人道的性格の義務

(d) 一般国際法の強行規範に基づくその他の義務

2　対抗措置をとる国は，次の義務の履行を免れない．

(a) 当該国と責任国との間に適用されるあらゆる紛争解決手続上の義務

(b) 外交官又は領事，それらの公館，公文書及び書類の不可侵の尊重義務

第51条（均衡性） 対抗措置は，当該国際違法行為の重大性及び問題となる権利を考慮しつつ，被った侵害と均衡するものでなければならない．

第52条（対抗措置に訴える条件） 1　対抗措置をとる前に，被害国は，次のことを行わなければならない．

(a) 第43条に従って，第２部に基づく義務の履行を責任国に対して要求すること．

(b) 対抗措置をとる決定を責任国に通告し，当該国に交渉を提議すること．

2　1(b)にかかわらず，被害国は，自国の権利を保全するために必要な緊急の対抗措置をとることができる．

3　次の場合には，対抗措置をとることができない．すでに対抗措置をとっている場合には不当は遅滞なく停止しなければならない．

(a) 国際違法行為が停止され，かつ

(b) 紛争が，当事国を拘束する決定を行う権限を有する裁判所に係属している場合

4　3は，責任国が紛争解決手続を誠実に履行しない場合には，適用しない．

第53条（対抗措置の終了） 対抗措置は，責任国がその国際違法行為との関係で第２部に基づく義務を遵守した場合には，直ちに終了させなければならない．

第54条（被害国以外の国がとる措置） この章は，第48条１に基づき他の国の責任を援用する権利を有する国が，被害国又は侵害された義務の受益者の利益のために，違反の停止及び賠償を確保するために，責任国に対して適法な措置をとることを害するものではない．

第４部　一般規定

第55条（特別法） 本条文は，国際違法行為の存在に関する条件又は国の国際責任の内容若しくはその実施が国際法の特別の規則によって規律される場合には，その限りにおいて適用しない．

第56条（本条文により規律されない国家責任の問題） 国際違法行為に対する国の責任に関する問題は，それが本条文により規律されない限りにおいて，適用可能な国際法の規則が引き続き規律する．

第57条（国際組織の責任） 本条文は，国際組織の国際法上の責任又は国際組織の行為に対する国の国際法上の責任に関するいかなる問題にも影響を及ぼすものではない．

第58条（個人責任） 本条文は，国のために行動するいかなる者の国際法上の個人責任に関するいかなる問題にも影響を及ぼすものではない．

第59条（国際連合憲章） 本条文は，国際連合憲章に影響を及ぼすものではない．

24 〈参考〉外交的保護条文草案（第２読）　翻訳

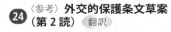

外交的保護に関する条文草案（第２読）
〔採択〕2006年（国連国際法委員会第58会期）

第１部　一般規定

第１条（定義及び範囲）　この条文草案の適用上，外交的保護とは，国が，他国の国際違法行為により自国民である自然人又は法人に生じた被害について，当該他国の責任の履行を求め

a て，外交的行動その他の平和的解決手段を通じて，その責任を追及することをいう．

第２条（外交的保護を行使する権利） 国は，この条文草案に従って，外交的保護を行使する権利を有する．

b

第２部 国 籍

第１章 一般原則

第３条（国籍国による保護） 1 外交的保護を行使する権利を有する国は，国籍国である．

c

2 1にかかわらず，外交的保護は，国が，草案第8条に従って，自国民ではない者について行使することができる．

第２章 自然人

d

第４条（自然人の国籍国） 自然人の外交的保護の適用上，国籍国とは，個人が出生，血統，帰化，国家承継又は国際法と抵触しないその他の方法により，当該国の法令に従って取得した国籍の国をいう．

第５条（自然人の継続的国籍） 1 国は，被害の日から請求の正式な提出の日まで継続的にその国民である者について，外交的保護を行使する権利を有する．これらいずれの日付においても，当該国籍が存在する場合には，継続性が推定される．

2 1にかかわらず，国は，請求の正式な提出の日にはその国民であるが，被害の日にその国民でなかった者については，その者が先行国の国籍を有していたか又はその従前の国籍を喪失しており，かつ，請求の提起とは無関係の理由で国際法と抵触しない方法により当該国の国籍を取得したことを条件として，外交的保護を行使することができる．

3 外交的保護は，個人が前国籍国の国民でありかつ現国籍国の国民でなかったときに生じた被害については，当該前国籍国に対して現国籍国により行使されてはならない．

4 国は，請求の正式な提出の日より後に被請求国の国籍を取得する者については，もはや外交的保護を行使する権利を有しない．

第６条（重国籍及び第三国に対する請求）

1 2重国籍又は多重国籍を有する国民のいずれの国籍国も，自国民について，その者が国民ではない国に対して外交的保護を行使することができる．

2 2又はそれ以上の国籍国は，二重国籍又は多重国籍者について共同して外交的保護を行使することができる．

第７条（重国籍及び国籍国に対する請求） 国籍国は，重国籍者について，被害の日及び請求の正式な提出の日のいずれにおいても自国の国籍が優越的でない限り，その者の他の国籍国に対して外交的保護を行使することができない．

第８条（無国籍者及び難民） 1 国は，被害の日及び請求の正式な提出の日においてその国に合法に居住しかつ常居所を有する無国籍者について，外交的保護を行使することができる．

2 国は，国際的に受け入れられた基準に従って，その国が難民として認める者について，その者が被害の日及び請求の正式な提出の日においてその国に合法に居住しかつ常居所を有する場合には，外交的保護を行使することができる．

3 2は，難民の国籍国の国際違法行為によって生じた被害については適用されない．

第３章 法 人

第９条（会社の国籍国） 会社の外交的保護の適用上，国籍国とは，その法令の下に，会社が設立された国をいう．但し，当該会社が1又は複数の他国の国民によって管理されており，設立国では何ら実質的な事業活動を行わず，かつ，会社の経営及び財務上の管理の本拠がいずれも他国に置かれている場合には，当該他国が国籍国とみなされる．

第10条（会社の継続的国籍） 1 国は，被害の日から請求の正式な提出の日まで継続的にその国の国籍又はその先行国の国籍を有していた会社について，外交的保護を行使する権利を有する．これらいずれの日付においても当該国籍が存在する場合には，継続性が推定される．

2 国は，請求の提出より後に被請求国の国籍を取得する会社については，もはや外交的保護を行使する権利を有しない．

3 1にかかわらず，国は，被害の日にその国籍を有しており，かつ，被害の結果設立国の法令に従って存在しなくなった会社について，引き続き外交的保護を行使する権利を有する．

第11条（株主の保護） 会社の株主の国籍国は，その会社に対して被害がある場合，株主について外交的保護を行使する権利を有しない．但し，次の場合はこの限りでない．

(a) その会社が，当該被害とは無関係の理由により，設立国の法令に従って存在しなくなった場合，又は

(b) その会社が，当該被害の日に，被害発生の責任を負うと主張される国の国籍を有しており，かつ，その国での設立がそこで事業を行うための前提条件として当該国から要求されていた場合

第12条（株主に対する直接被害） 国の国際違法行為が，会社自身の権利とは区別される株主としての権利それ自体に対して直接の被害を生じる限りにおいて，いかなるその株主の国籍国も，自国民について外交的保護を行使する権利を有する．

第13条（その他の法人） この章に定める原則は，適当な場合には，会社以外の法人の外交的保護に適用され得る．

第3部　国内救済

第14条（国内救済の完了） 1　国は，自国民又は草案第8条にいうその他の者に対する被害について，草案第15条を条件として，被害者がすべての国内救済を尽くしていない間は，国際請求を提出することができない．

2 「国内救済」とは，被害発生の責任を負うと主張される国の，通常のもの又は特別のもののいずれにかかわらず，司法裁判所若しくは行政裁判所又は司法機関若しくは行政機関で，被害者に開かれている法的救済をいう．

3　国際請求又は当該請求に関連する宣言判決の要請が，主に国民又は草案第8条にいうその他の者に対する被害を基礎として提起される場合，国内救済が尽くされなければならない．

第15条（国内救済原則に対する例外） 国内救済は，次の場合には尽くされる必要はない．

(a) 実効的な救済を提供する合理的に利用可能な国内救済が何ら存在しないか，又は国内救済がかかる救済の合理的可能性を何ら提供しない場合

(b) 責任を負うと主張される国に起因する救済手続の不当な遅延が存在する場合

(c) 被害の日に被害者と責任を負うと主張される国との間に，何らの関連するつながりも存在しなかった場合

(d) 被害者が国内救済の続行から明白に排除される場合，又は

(e) 責任を負うと主張される国が国内救済を完了することの要求を放棄した場合

第4部　雑　則

第16条（外交的保護以外の行動又は手続） 国，自然人，法人又はその他の団体が国際違法行為の結果として蒙った被害に対する救済を確保するために，国際法の下で，外交的保護以外の行動又は手続に訴える権利は，この条文草案によって影響を受けない．

第17条（国際法の特別規則） この条文草案は，投資保護のための条約規定のような国際法の特別の規則と両立しない限りにおいて，適用されない．

第18条（船員の保護） 船員の国籍国が外交的保護を行使する権利は，国際違法行為から生じた船舶に対する被害に関連して船員が被害を受けたとき，当該船員の国籍のいかんにかかわらず，当該船員のために救済を求める船籍国の権利によって影響を受けない．

第19条（勧告される実行） この条文草案に従って外交的保護を行使する権利を有する国は，次のことを行うべきである．

(a) 特に重大な被害が生じた場合には，外交的保護を行使する可能性について妥当な考慮を払うこと．

(b) 外交的保護に訴えること及び求められるべき賠償に関して，可能な場合には，被害者の見解を考慮すること，並びに

(c) 責任を負う国から被害に対して得られた補償は，何らかの合理的な控除を条件として，被害者に引き渡すこと．

Ⅱ　人権保障

諸国家は人権保障については，国内憲法で当該国家社会の構成員に対して約束してきた．人間の権利を謳う典型的な文書として，1776年のアメリカ独立宣言，1789年のフランス人権宣言が挙げられ，そうしたものの系譜に日本国憲法も繋がっている．多くの人が知るとおり，13世紀のイギリスのマグナカルタは17世紀以来イギリス人の自由の守護神として崇められてきた．ヨーロッパ以外の世界では，しかし，ヨーロッパ諸国は16世紀から19世紀まで奴隷貿易から莫大な利益を上げ，20世紀に至るまで植民地を経営してきた．　歴史的な大転換は，20世紀になって２度にわたる世界戦争を行い，しかも，人権思想を育て，実定法化を進めてきたヨーロッパの中心で，ユダヤ人大虐殺などの人権侵害が発生したことであった．第２世界大戦後，戦勝国は平和条約等を通じて敗戦国に人権の尊重を約束させ，国際連合を創り，世界人権宣言を発し，これを「すべての人民とすべての国とが達成すべき基準」とした．ここから，人権の国際的保障が始まった．

始まりはヨーロッパであった．なぜか．それは，人権思想を育てたヨーロッパの地で言語を絶する人権蹂躙が行われたからである．世界人権宣言を実施した，1953年発効のヨーロッパ人権条約である．そして，カリブ海の独裁国家が崩壊した1960年に南北アメリカに米州人権委員会が創設され，やがて人権条約も採択された．

飛躍的発展を示すのは，1960年代以降である．一つは人種差別に対する広範な闘争があり，他方では，相次ぐ植民地からの独立が背景にある．60年代だけで，何と40カ国もの国家が独立を達成した．こうした潮流の中で，国際人権規約（自由権規約，同付属議定書，社会権規約）が効力を発生した．そして，これまで歴史の中で虐げられてきた人たちに光が当てられ，人種差別や女性差別の禁止が条約化された．さらに，人類の将来を担う子どもたちが権利享有主体として認められるようになり，21世紀に入り障害者の権利が条約化された．近年人類は科学から多大な恩恵を受けつつも新たな挑戦を受けている．生命科学研究は人間の尊厳を根底から突き崩す危険をも内包しており，その倫理問題に取り組むこととなった．

地域的にはアフリカにも人権条約が生まれ，そして，2009年になってASEAN諸国にも政府間の人権促進の機関が設置されるようになった．

国家間に結ばれた人権諸条約の網は，今では，世界を覆う人類社会の権利章典となった．　人々は，しかし，人権諸条約で保障された「国際人権」をそれぞれの属する国家の枠内で享有する．つまり自国の立法，司法，行政によって保障される．人類社会の権利章典とはいえ，その実現には国家の力を借りねばならず，国際社会が創り上げている国際人権機関には，いまだ，人権を国家を越えて直接に実現させる力はなく，国家による人権実現を監視しているに過ぎない．しかし，この監視には人類の連帯が大いに力を発揮しているのである．しかも，ここに至って，ヨーロッパや米州の人権裁判所の判例や自由権規約委員会の決定が国内司法にも大きな影響を与え，またこれらの国際機関も互いに決定を参照・援用するようになり，またその長たちの相互交流等を通じ，法曹としての一体感を急速に深めていくことは特筆に値することである．

㉕ 世界人権宣言 翻訳

〔採択〕1948年12月10日

前　文

人類社会のすべての構成員の固有の尊厳と，平等で譲ることのできない権利とを承認することは，世界における自由，正義及び平和の基礎であるので，

人権の無視及び軽侮とは，人類の良心をふみにじった野蛮行為を生ぜしめ，また，人間が言論及び信仰の自由と恐怖及び欠乏からの自由とを享有する世界の出現は，一般の人々の最高の願望として宣言されたので，

人間が専制と圧迫とに対する最後の手段として反逆に訴えざるを得ないものであってはならないならば，人権は法の支配によって保護されなければならないことが，肝要であるので，

各国間の友好関係の発展を促進することは，肝要であるので，

国際連合の諸国民は，基本的人権，人間の尊厳及び価値並びに男女の同権に関するその信念を憲章において再確認し，且つ，一層大きな自由の中で社会的進歩と生活水準の向上とを促進することを決意したので，

加盟国は，人権及び基本的自由の世界的な尊重及び遵守の促進を国際連合と協力して達成することを誓約したので，

これらの権利と自由に関する共通の理解は，この誓約の完全な実現のために最も重要であるので，

よって，ここに，国際連合総会は，

社会の各個人及び各機関が，加盟国自身の人民の間及び加盟国の管轄下にある地域の人民の間において，これらの権利と自由との尊重を教育及び教化によって促進すること並びにその世界的で有効な承認と遵守とを国内及び国際の漸進的措置によって確保することに，この人権に関する世界宣言を常に念頭に置きつつ，努力するように，すべての人民とすべての国とが達成すべき共通の基準として，この宣言を布告する．

第1条〔自由平等〕 すべての人間は，生れながら自由で，尊厳と権利とについて平等である．人間は，理性と良心とを授けられており，同胞の精神をもって互に行動しなければならない．

第2条〔権利と自由の享有に関する無差別待遇〕

1　何人も，人種，皮膚の色，性，言語，宗教，政治上若しくは他の意見，民族的若しくは社会的出身，財産，門地又はその他の地位というようないかなる種類の差別も受けることなしに，この宣言に掲げられているすべての権利と自由とを享有する権利を有する．

2　なお，個人の属する国又は地域が独立地域であると，信託統治地域であると，非自治地域であると，その他の何らかの主権制限の下にあるとを問わず，その国又は地域の政治上，管轄上又は国際上の地位に基くいかなる差別も設けてはならない．

第3条〔生命，自由，身体の安全〕 何人も，生命，自由及び身体の安全を享有する権利を有する．

第4条〔奴隷の禁止〕 何人も，奴隷又は苦役の下に置かれることはない．奴隷及び奴隷売買は，いかなる形式においても禁止する．

第5条〔非人道的な待遇又は刑罰の禁止〕 何人も，拷問又は残虐な，非人道的な若しくは体面を汚す待遇若しくは刑罰を受けることはない．

第6条〔法の前に人としての承認〕 何人も，法の前において，いかなる場所においても，人として認められる権利を有する．

第7条〔法の前における平等〕 すべての人は，法の前において平等であり，また，いかなる差別もなしに法の平等な保護を受ける権利を有する．すべての人は，この宣言に違反するいかなる差別に対しても，また，このような差別のいかなる扇動に対しても，平等な保護を受ける権利を有する．

第8条〔基本的権利の侵害に対する救済〕 何人も，憲法又は法律が与えた基本的権利を侵害する行為に対して，権限ある国内裁判所による効果的な救済を受ける権利を有する．

第9条〔逮捕，拘禁または追放の制限〕 何人も，ほしいままに逮捕され，拘禁され，又は追放されることはない．

第10条〔裁判所の公正な審理〕 何人も，その権利及び義務並びに自己に対する刑事上の告訴についての決定に当って，独立の公平な裁判所による公正な公開の審理を完全に平等に受ける権利を有する．

第11条〔無罪の推定，事後法による処罰の禁止〕

1　何人も，刑事犯罪の告訴を受けた者は，自己の弁護に必要なすべての保障を与えられた公開の裁判において法律に従って有罪と立証されるまでは，無罪と推定される権利を有する．

2　何人も，行われた時には国内法によっても国際法によっても刑事犯罪を構成しなかった作為又は不作為のために，刑事犯罪について有罪と判決されることはない．また，何人も，犯罪が行われた時に適用されていた刑罰よりも重い刑罰を科されない．

第12条〔私生活, 名誉, 信用の保護〕何人も, そのプライバシー, 家庭, 住居若しくは通信に対する専断的な干渉又はその名誉及び信用に対する攻撃を受けることはない. 何人も, この干渉又は攻撃に対して法の保護を受ける権利を有する.

第13条〔移動と居住〕1　何人も, 各国の境界内において移動及び居住の自由を享有する権利を有する.

2　何人も, 自国を含むいずれの国をも去り, 及び自国に帰る権利を有する.

第14条〔迫害〕1　何人も, 迫害からの庇護を他国において求め且つ享有する権利を有する.

2　右の権利は, 非政治的犯罪又は国際連合の目的及び原則に反する行為を真の原因とする訴追の場合には, 援用することができない.

第15条〔国籍〕1　何人も, 国籍を有する権利を有する.

2　何人も, ほしいままに, その国籍を奪われ, 又はその国籍を変更する権利を否認されることはない.

第16条〔婚姻と家庭〕1　成年の男女は, 人種, 国籍又は宗教によるいかなる制限をも受けないで, 婚姻し, 且つ, 家庭を設ける権利を有する. 成年の男女は, 婚姻中及びその解消の際に, 婚姻に関し平等の権利を有する.

2　婚姻は, 配偶者となる意思を有する者の自由且つ完全な同意のみによって成立する.

3　家庭は, 社会の自然且つ基本的な集団単位であって, 社会及び国の保護を受ける権利を有する.

第17条〔財産〕1　何人も, 単独で及び他の者と共同して財産を所有する権利を有する.

2　何人も, その財産をほしいままに奪われることはない.

第18条〔思想, 良心および宗教〕何人も, 思想, 良心及び宗教の自由を享有する権利を有する. この権利は, その宗教又は信念を変更する自由, 並びに, 単独に又は他の者と共同して, また公に又は私に, 教育, 行事, 礼拝及び儀式執行によって, その宗教又は信念を表明する自由を含む.

第19条〔意見および発表〕何人も, 意見及び発表の自由を享有する権利を有する. この権利は, 干渉を受けないで自己の意見をいだく自由, 並びに, あらゆる手段によって且つ国境にかかわらず, 情報及び思想を求め, 受け且つ伝える自由を含む.

第20条〔集会および結社〕1　何人も, 平和的な集会及び結社の自由を享有する権利を有する.

2　何人も, 結社に属することを強制されることはない.

第21条〔参政権〕1　何人も, 直接に又は自由に選出される代表者を通じて, 自国の統治に参与する権利を有する.

2　何人も, 自国において, ひとしく公務につく権利を有する.

3　人民の意思が, 統治の権力の基礎でなければならない. この意思は, 定期の真正な選挙によって表明されなければならない. この選挙は, 平等な普通選挙によるものでなければならず, 且つ, 秘密投票又はこれと同等の自由な投票手続によって行われなければならない.

第22条〔社会保障〕何人も, 社会の一員として, 社会保障を受ける権利を有し, 且つ, 国家的努力及び国際的協力を通じ, また, 各国の組織及び資源に応じて, 自己の尊厳と自己の人格の自由な発展とに欠くことのできない経済的, 社会的及び文化的権利を実現する権利を有する.

第23条〔労働の権利〕1　何人も, 労働し, 職業を自由に選択し, 公正且つ有利な労働条件を得, 及び失業に対する保護を受ける権利を有する.

2　何人も, いかなる差別も受けないで, 同等の労働に対し, 同等の報酬を受ける権利を有する.

3　何人も, 労働するものは, 人間の尊厳にふさわしい生活を自己及び家族に対して保障し, 且つ, 必要な場合には, 他の社会的保護手段によって補足される公正且つ有利な報酬を受ける権利を有する.

4　何人も, その利益の保護のために労働組合を組織し, 及びこれに参加する権利を有する.

第24条〔休息および余暇〕何人も, 労働時間の合理的な制限と定期的な有給休暇とを含む休息及び余暇を得る権利を有する.

第25条〔生活の保障〕1　何人も, 衣食住, 医療及び必要な社会的施設を含む, 自己及び家族の健康及び福利のために充分な生活水準を享有する権利, 並びに, 失業, 疾病, 能力喪失, 配偶者の喪失, 老齢, 又は不可抗力に基く他の生活不能の場合に保障を受ける権利を有する.

2　母と子とは, 特別の保護及び援助を受ける権利を有する. すべての児童は, 嫡出であるかどうかを問わず, 同一の社会的保護を享有する.

第26条〔教育〕1　何人も, 教育を受ける権利を有する. 教育は, 少くとも初等且つ基礎的の段階においては, 無償でなければならない. 初等教育は, 義務的でなければならない. 技術教育及び職業教育は, 一般が受けることのできるものとし, また, 高等教育は, 能力本位で, すべての者にひとしく開放しなければならない.

2　教育は, 人格の完全な発展と人権及び基本的自由の尊重の強化とを目的としなければならない. 教育は, すべての国及び人種的又は宗教的団体の間における理解, 寛容及び友好関係を増進し, 且つ, 平和の維持のための国際連合の活動を促進しなければならない.

3　親は, その子供に与えられる教育の種類を選択する優先的権利を有する.

第27条〔文化〕 1　何人も, 自由に社会の文化生活に参加し, 芸術をたのしみ, 且つ, 科学の進歩とその恩恵とにあずかる権利を有する.

2　何人も, その創作した科学的, 文学的又は美術的作品から生ずる無形及び有形の利益の保護を受ける権利を有する.

第28条〔社会的および国際的秩序〕 何人も, この宣言に掲げられている権利及び自由が完全に実現されうる社会的及び国際的な秩序を享有する権利を有する.

第29条〔社会に対する義務〕 1　何人も, 社会に対して義務を負い, その中にあってのみ自己の人格の自由且つ完全な発達が可能である.

2　何人も, その権利及び自由を行使するに当っては, 他人の権利及び自由の妥当な承認及び尊重を保障すること, 並びに, 民主的社会における道徳, 公の秩序及び一般の福祉の正当な要求を充足することをもっぱら目的として法律が規定している制限のみに従わなければならない.

3　これらの権利及び自由は, いかなる場合にも, 国際連合の目的及び原則に反して行使してはならない.

第30条〔権利と自由に対する破壊的活動の不承認〕 この宣言は, いずれかの国, 団体又は個人が, この宣言に掲げられている権利及び自由のいずれかを破壊することを目的とする活動に従事し, 又は右の目的を有する行為を遂行するいかなる権利をも包含しているものと解釈してはならない.

26 日本国憲法（抄）

1946(昭和21)年11月3日公布
1947(昭和22)年5月3日施行

日本国民は, 正当に選挙された国会における代表者を通じて行動し, われらとわれらの子孫のために, 諸国民との協和による成果と, わが国全土にわたって自由のもたらす恵沢を確保し, 政府の行為によって再び戦争の惨禍が起ることのないやうにすることを決意し, ここに主権が国民に存することを宣言し, この憲法を確定する. そもそも国政は, 国民の厳粛な信託によるものであって, その権威は国民に由来し, その権力は国民の代表者がこれを行使し, その福利は国民がこれを享受する. これは人類普遍の原理であり, この憲法は, かかる原理に基くものである. われらは, これに反する一切の憲法, 法令及び詔勅を排除する.

日本国民は, 恒久の平和を念願し, 人間相互の関係を支配する崇高な理想を深く自覚するのであって, 平和を愛する諸国民の公正と信義に信頼して, われらの安全と生存を保持しようと決意した. われらは, 平和を維持し, 専制と隷従, 圧迫と偏狭を地上から永遠に除去しようと努めてゐる国際社会において, 名誉ある地位を占めたいと思ふ. われらは, 全世界の国民が, ひとしく恐怖と欠乏から免かれ, 平和のうちに生存する権利を有することを確認する.

われらは, いづれの国家も, 自国のことのみに専念して他国を無視してはならないのであって, 政治道徳の法則は, 普遍的なものであり, この法則に従ふことは, 自国の主権を維持し, 他国と対等関係に立たうとする各国の責務であると信ずる.

日本国民は, 国家の名誉にかけ, 全力をあげてこの崇高な理想と目的を達成することを誓ふ.

第1章　天　皇

第1条〔天皇の地位・国民主権〕 天皇は, 日本国の象徴であり日本国民統合の象徴であつて, この地位は, 主権の存する日本国民の総意に基く.

第7条〔天皇の国事行為〕 天皇は, 内閣の助言と承認により, 国民のために, 左の国事に関する行為を行ふ.

1　憲法改正, 法律, 政令及び条約を公布すること.
2　国会を召集すること.
3　衆議院を解散すること.
4　国会議員の総選挙の施行を公示すること.
5　国務大臣及び法律の定めるその他の官吏の任免並びに全権委任状及び大使及び公使の信任状を認証すること.
6　大赦, 特赦, 減刑, 刑の執行の免除及び復権を認証すること.
7　栄典を授与すること.
8　批准書及び法律の定めるその他の外交文書を認証すること.
9　外国の大使及び公使を接受すること.
10　儀式を行ふこと.

第2章　戦争の放棄

第9条〔戦争の放棄，戦力及び交戦権の否認〕 ① 日本国民は，正義と秩序を基調とする国際平和を誠実に希求し，国権の発動たる戦争と，武力による威嚇又は武力の行使は，国際紛争を解決する手段としては，永久にこれを放棄する．
② 前項の目的を達するため，陸海空軍その他の戦力は，これを保持しない．国の交戦権は，これを認めない．

第3章　国民の権利及び義務

第10条〔国民の要件〕 日本国民たる要件は，法律でこれを定める．

第11条〔基本的人権の享有と本質〕 国民は，すべての基本的人権の享有を妨げられない．この憲法が国民に保障する基本的人権は，侵すことのできない永久の権利として，現在及び将来の国民に与へられる．

第12条〔自由・権利の保持義務，濫用の禁止，公共の福祉のために利用する責任〕 この憲法が国民に保障する自由及び権利は，国民の不断の努力によつて，これを保持しなければならない．又，国民は，これを濫用してはならないのであつて，常に公共の福祉のためにこれを利用する責任を負ふ．

第13条〔個人の尊重，生命・自由・幸福追求権・公共の福祉〕 すべて国民は，個人として尊重される．生命，自由及び幸福追求に対する国民の権利については，公共の福祉に反しない限り，立法その他の国政の上で，最大の尊重を必要とする．

第14条〔法の下の平等，貴族の制度禁止，栄典の限界〕 ① すべて国民は，法の下に平等であつて，人種，信条，性別，社会的身分又は門地により，政治的，経済的又は社会的関係において，差別されない．
② 華族その他の貴族の制度は，これを認めない．
③ 栄誉，勲章その他の栄典の授与は，いかなる特権も伴はない．栄典の授与は，現にこれを有し，又は将来これを受ける者の一代に限り，その効力を有する．

第15条〔公務員，選挙制度〕 ① 公務員を選定し，及びこれを罷免することは，国民固有の権利である．
② すべて公務員は，全体の奉仕者であつて，一部の奉仕者ではない．
③ 公務員の選挙については，成年者による普通選挙を保障する．
④ すべて選挙における投票の秘密は，これを
侵してはならない．選挙人は，その選択に関し a
公的にも私的にも責任を問はれない．

第16条〔請願権〕 何人も，損害の救済，公務員の罷免，法律，命令又は規則の制定，廃止又は改正その他の事項に関し，平穏に請願する権利を
有し，何人も，かかる請願をしたためにいかな b
る差別待遇も受けない．

第17条〔国及び公共団体の賠償責任〕 何人も，公務員の不法行為により，損害を受けたときは，法律の定めるところにより，国又は公共団
体に，その賠償を求めることができる． c

第18条〔奴隷的拘束及び苦役からの自由〕 何人も，いかなる奴隷的拘束も受けない．又，犯罪に因る処罰の場合を除いては，その意に反する苦役に服させられない．

第19条〔思想及び良心の自由〕 思想及び良心 d
の自由は，これを侵してはならない．

第20条〔信教の自由，政教分離〕 ① 信教の自由は，何人に対してもこれを保障する．いかなる宗教団体も，国から特権を受け，又は政治上
の権力を行使してはならない． e
② 何人も，宗教上の行為，祝典，儀式又は行事に参加することを強制されない．
③ 国及びその機関は，宗教教育その他いかなる宗教的活動もしてはならない．

第21条〔集会・結社・表現・出版の自由，検 f
閲の禁止・通信の秘密〕 ① 集会，結社及び言論，出版その他一切の表現の自由は，これを保障する．
② 検閲は，これをしてはならない．通信の秘
密は，これを侵してはならない． g

第22条〔居住・移転及び職業選択の自由，外国移住及び国籍離脱の自由〕 ① 何人も，公共の福祉に反しない限り，居住，移転及び職業選択の自由を有する．
② 何人も，外国に移住し，又は国籍を離脱す h
る自由を侵されない．

第23条〔学問の自由〕 学問の自由は，これを保障する．

第24条〔家族生活における個人の尊厳と両性
の平等〕 ① 婚姻は，両性の合意のみに基いて i
成立し，夫婦が同等の権利を有することを基本として，相互の協力により，維持されなければならない．
② 配偶者の選択，財産権，相続，住居の選定，
離婚並びに婚姻及び家族に関するその他の事 j
項に関しては，法律は，個人の尊厳と両性の本質的平等に立脚して，制定されなければならない．

第25条〔生存権，国の使命〕 ① すべて国民は，
健康で文化的な最低限度の生活を営む権利を k

有する.
② 国は, すべての生活部面について, 社会福祉, 社会保障及び公衆衛生の向上及び増進に努めなければならない.

第 26 条〔教育を受ける権利, 教育の義務〕 ① すべて国民は, 法律の定めるところにより, その能力に応じて, ひとしく教育を受ける権利を有する.
② すべて国民は, 法律の定めるところにより, その保護する子女に普通教育を受けさせる義務を負ふ. 義務教育は, これを無償とする.

第 27 条〔勤労の権利及び義務, 勤労条件の基準, 児童酷使の禁止〕 ① すべて国民は, 勤労の権利を有し, 義務を負ふ.
② 賃金, 就業時間, 休息その他の勤労条件に関する基準は, 法律でこれを定める.
③ 児童は, これを酷使してはならない.

第 28 条〔労働基本権〕 勤労者の団結する権利及び団体交渉その他の団体行動をする権利は, これを保障する.

第 29 条〔財産権〕 ① 財産権は, これを侵してはならない.
② 財産権の内容は, 公共の福祉に適合するやうに, 法律でこれを定める.
③ 私有財産は, 正当な補償の下に, これを公共のために用ひることができる.

第 30 条〔納税の義務〕 国民は, 法律の定めるところにより, 納税の義務を負ふ.

第 31 条〔法定の手続の保障〕 何人も, 法律の定める手続によらなければ, その生命若しくは自由を奪はれ, 又はその他の刑罰を科せられない.

第 32 条〔裁判を受ける権利〕 何人も, 裁判所において裁判を受ける権利を奪はれない.

第 33 条〔逮捕の要件〕 何人も, 現行犯として逮捕される場合を除いては, 権限を有する司法官憲が発し, 且つ理由となつてゐる犯罪を明示する令状によらなければ, 逮捕されない.

第 34 条〔抑留・拘禁の要件〕 何人も, 理由を直ちに告げられ, 且つ, 直ちに弁護人に依頼する権利を与へられなければ, 抑留又は拘禁されない. 又, 何人も, 正当な理由がなければ, 拘禁されず, 要求があれば, その理由は, 直ちに本人及びその弁護人の出席する公開の法廷で示されなければならない.

第 35 条〔住居の不可侵〕 ① 何人も, その住居, 書類及び所持品について, 侵入, 捜索及び押収を受けることのない権利は, 第 33 条の場合を除いては, 正当な理由に基いて発せられ, 且つ捜索する場所及び押収する物を明示する令状がなければ, 侵されない.
② 捜索又は押収は, 権限を有する司法官憲が発する各別の令状により, これを行ふ.

第 36 条〔拷問及び残虐な刑罰の禁止〕 公務員による拷問及び残虐な刑罰は, 絶対にこれを禁ずる.

第 37 条〔刑事被告人の権利〕 ① すべて刑事事件においては, 被告人は, 公平な裁判所の迅速な公開裁判を受ける権利を有する.
② 刑事被告人は, すべての証人に対して審問する機会を充分に与へられ, 又, 公費で自己のために強制的手続により証人を求める権利を有する.
③ 刑事被告人は, いかなる場合にも, 資格を有する弁護人を依頼することができる. 被告人が自らこれを依頼することができないときは, 国でこれを附する.

第 38 条〔自己に不利益な供述強要の禁止, 自白の証拠能力〕 ① 何人も, 自己に不利益な供述を強要されない.
② 強制, 拷問若しくは脅迫による自白又は不当に長く抑留若しくは拘禁された後の自白は, これを証拠とすることができない.
③ 何人も, 自己に不利益な唯一の証拠が本人の自白である場合には, 有罪とされ, 又は刑罰を科せられない.

第 39 条〔遡及処罰の禁止・一事不再理〕 何人も, 実行の時に適法であつた行為又は既に無罪とされた行為については, 刑事上の責任を問はれない. 又, 同一の犯罪について, 重ねて刑事上の責任を問はれない.

第 40 条〔刑事補償〕 何人も, 抑留又は拘禁された後, 無罪の裁判を受けたときは, 法律の定めるところにより, 国にその補償を求めることができる.

第 4 章　国　会

第 41 条〔国会の地位・立法権〕 国会は, 国権の最高機関であつて, 国の唯一の立法機関である.

第 60 条〔衆議院の予算先議と優越〕 ① 予算は, さきに衆議院に提出しなければならない.
② 予算について, 参議院で衆議院と異なつた議決をした場合に, 法律の定めるところにより, 両議院の協議会を開いても意見が一致しないとき, 又は参議院が, 衆議院の可決した予算を受け取つた後, 国会休会中の期間を除いて 30 日以内に, 議決しないときは, 衆議院の議決を国会の議決とする.

第 61 条〔条約の承認と衆議院の優越〕 条約の締結に必要な国会の承認については, 前条第 2 項の規定を準用する.

第5章　内　閣

第73条〔内閣の職権〕 内閣は，他の一般行政事務の外，左の事務を行ふ．

1　法律を誠実に執行し，国務を総理すること．

2　外交関係を処理すること．

3　条約を締結すること．但し，事前に，時宜によつては事後に，国会の承認を経ることを必要とする．

4　法律の定める基準に従ひ，官吏に関する事務を掌理すること．

5　予算を作成して国会に提出すること．

6　この憲法及び法律の規定を実施するために，政令を制定すること．但し，政令には，特にその法律の委任がある場合を除いては，罰則を設けることができない．

7　大赦，特赦，減刑，刑の執行の免除及び復権を決定すること．

第6章　司　法

第81条〔違憲審査制〕 最高裁判所は，一切の法律，命令，規則又は処分が憲法に適合するかしないかを決定する権限を有する終審裁判所である．

第10章　最高法規

第97条〔基本的人権〕 この憲法が日本国民に保障する基本的人権は，人類の多年にわたる自由獲得の努力の成果であつて，これらの権利は，過去幾多の試錬に堪へ，現在及び将来の国民に対し，侵すことのできない永久の権利として信託されたものである．

第98条〔憲法の最高法規性条約及び国際法規の遵守〕 ①　この憲法は，国の最高法規であつて，その条規に反する法律，命令，詔勅及び国務に関するその他の行為の全部又は一部は，その効力を有しない．

②　日本国が締結した条約及び確立された国際法規は，これを誠実に遵守することを必要とする．

第99条〔憲法を尊重し擁護する義務〕 天皇又は摂政及び国務大臣，国会議員，裁判官その他の公務員は，この憲法を尊重し擁護する義務を負ふ．

27 自由権規約

市民的及び政治的権利に関する国際規約（国際人権規約）
〔採択〕1966年12月16日国連第21総会
〔効力発生〕1976年3月23日／〔日本国〕1979年9月21日

この規約の締約国は，

国際連合憲章において宣明された原則によれば，人類社会のすべての構成員の固有の尊厳及び平等のかつ奪い得ない権利を認めることが世界における自由，正義及び平和の基礎をなすものであることを考慮し，

これらの権利が人間の固有の尊厳に由来することを認め，

世界人権宣言によれば，自由な人間は市民的及び政治的自由並びに恐怖及び欠乏からの自由を享受するものであるとの理想は，すべての者がその経済的，社会的及び文化的権利とともに市民的及び政治的権利を享有することのできる条件が作り出される場合に初めて達成されることになることを認め，

人権及び自由の普遍的な尊重及び遵守を助長すべき義務を国際連合憲章に基づき諸国が負っていることを考慮し，

個人が，他人に対し及びその属する社会に対して義務を負うこと並びにこの規約において認められる権利の増進及び擁護のために努力する責任を有することを認識して，

次のとおり協定する．

第1部

第1条〔人民の自決の権利〕 1　すべての人民は，自決の権利を有する．この権利に基づき，すべての人民は，その政治的地位を自由に決定し並びにその経済的，社会的及び文化的発展を自由に追求する．

2　すべての人民は，互恵の原則に基づく国際的経済協力から生ずる義務及び国際法上の義務に違反しない限り，自己のためにその天然の富及び資源を自由に処分することができる．人民は，いかなる場合にも，その生存のための手段を奪われることはない．

3　この規約の締約国（非自治地域及び信託統治地域の施政の責任を有する国を含む．）は，国際連合憲章の規定に従い，自決の権利が実現されることを促進し及び自決の権利を尊重する．

第2部

第2条〔締約国の義務〕 1　この規約の各締約

国は，その領域内にあり，かつ，その管轄の下にあるすべての個人に対し，人種，皮膚の色，性，言語，宗教，政治的意見その他の意見，国民的若しくは社会的出身，財産，出生又は他の地位等によるいかなる差別もなしにこの規約において認められる権利を尊重し及び確保することを約束する．

2　この規約の各締約国は，立法措置その他の措置がまだとられていない場合には，この規約において認められる権利を実現するために必要な立法措置その他の措置をとるため，自国の憲法上の手続及びこの規約の規定に従って必要な行動をとることを約束する．

3　この規約の各締約国は，次のことを約束する．

(a) この規約において認められる権利又は自由を侵害された者が，公的資格で行動する者によりその侵害が行われた場合にも，効果的な救済措置を受けることを確保すること．

(b) 救済措置を求める者の権利が権限のある司法上，行政上若しくは立法上の機関又は国の法制で定める他の権限のある機関によって決定されることを確保すること及び司法上の救済措置の可能性を発展させること．

(c) 救済措置が与えられる場合に権限のある機関によって執行されることを確保すること．

第3条〔男女の平等〕 この規約の締約国は，この規約に定めるすべての市民的及び政治的権利の享有について男女に同等の権利を確保することを約束する．

第4条〔非常事態における効力停止〕 1　国民の生存を脅かす公の緊急事態の場合においてその緊急事態の存在が公式に宣言されているときは，この規約の締約国は，事態の緊急性が真に必要とする限度において，この規約に基づく義務に違反する（derogate から免れる）措置をとることができる．ただし，その措置は，当該締約国が国際法に基づき負う他の義務に抵触してはならず，また，人種，皮膚の色，性，言語，宗教又は社会的出身のみを理由とする差別を含んではならない．

2　1の規定は，第6条，第7条，第8条1及び2，第11条，第15条，第16条並びに第18条の規定に違反すること（derogation 効力停止）を許すものではない．

3　義務に違反する措置をとる権利（the right of derogation 効力停止の権利）を行使するこの規約の締約国は，違反した（derogate 効力停止した）規定及び違反するに至った理由を国際連合事務総長を通じてこの規約の他の締約国に直ちに通知する．更に，違反（such derogation こうした効力停止）が終了する日に，同事務総長を通じてその旨通知する．

〔⇨㊿ 第27条〕

第5条〔保護の基準〕 1　この規約のいかなる規定も，国，集団又は個人が，この規約において認められる権利及び自由を破壊し若しくはこの規約に定める制限の範囲を超えて制限することを目的とする活動に従事し又はそのようなことを目的とする行為を行う権利を有することを意味するものと解することはできない．

2　この規約のいずれかの締約国において法律，条約，規則又は慣習によって認められ又は存する基本的人権については，この規約がそれらの権利を認めていないこと又はその認める範囲がより狭いことを理由として，それらの権利を制限し又は侵してはならない．

第3部

第6条〔生命に対する固有の権利および死刑〕

1　すべての人間は，生命に対する固有の権利を有する．この権利は，法律によって保護される．何人も，恣意的にその生命を奪われない．

2　死刑を廃止していない国においては，死刑は，犯罪が行われた時に効力を有しており，かつ，この規約の規定及び集団殺害犯罪の防止及び処罰に関する条約の規定に抵触しない法律により，最も重大な犯罪についてのみ科することができる．この刑罰は，権限のある裁判所が言い渡した確定判決によってのみ執行することができる．

3　生命の剝奪が集団殺害犯罪を構成する場合には，この条のいかなる規定も，この規約の締約国が集団殺害犯罪の防止及び処罰に関する条約の規定に基づいて負う義務を方法のいかんを問わず免れることを許すものではないと了解する．

4　死刑を言い渡されたいかなる者も，特赦又は減刑を求める権利を有する．死刑に対する大赦，特赦又は減刑はすべての場合に与えることができる．

5　死刑は，18歳未満の者が行った犯罪について科してはならず，また，妊娠中の女子に対して執行してはならない．

6　この条のいかなる規定も，この規約の締約国により死刑の廃止を遅らせ又は妨げるために援用されてはならない．

第7条〔拷問または残虐な刑罰等の禁止〕 何人も，拷問又は残虐な，非人道的な若しくは品位を傷つける取扱い若しくは刑罰を受けない．特に，何人も，その自由な同意なしに医学的又は科学的実験を受けない．

第8条〔奴隷制度および強制労働〕 1　何人も，奴隷の状態に置かれない．あらゆる形態の奴隷制度及び奴隷取引は，禁止する．

2　何人も，隷属状態に置かれない．

3 (a) 何人も，強制労働に服することを要求されない．

(b) (a)の規定は，犯罪に対する刑罰として強制労働を伴う拘禁刑を科することができる国において，権限のある裁判所による刑罰の言渡しにより強制労働をさせることを禁止するものと解してはならない．

(c) この3の適用上，「強制労働」には，次のものを含まない．

(i) 作業又は役務であって，(b)の規定において言及されておらず，かつ，裁判所の合法的な命令によって抑留されている者又はその抑留を条件付きで免除されている者に通常要求されるもの

(ii) 軍事的性質の役務及び，良心的兵役拒否が認められている国においては，良心的兵役拒否者が法律によって要求される国民的役務

(iii) 社会の存立又は福祉を脅かす緊急事態又は災害の場合に要求される役務

(iv) 市民としての通常の義務とされる作業又は役務

第9条〔身体の自由および安全についての権利ならびに逮捕又は抑留の手続〕 1　すべての者は，身体の自由及び安全についての権利を有する．何人も，恣意的に逮捕され又は抑留されない．何人も，法律で定める理由及び手続によらない限り，その自由を奪われない．

2　逮捕される者は，逮捕の時にその理由を告げられるものとし，自己に対する被疑事実を速やかに告げられる．

3　刑事上の罪に問われて逮捕され又は抑留された者は，裁判官又は司法権を行使することが法律によって認められている他の官憲の面前に速やかに連れて行かれるものとし，妥当な期間内に裁判を受ける権利又は釈放される権利を有する．裁判に付される者を抑留することが原則であってはならず，釈放に当たっては，裁判その他の司法上の手続のすべての段階における出頭及び必要な場合における判決の執行のための出頭が保証されることを条件とすることができる．

4　逮捕又は抑留によって自由を奪われた者は，裁判所がその抑留が合法的であるかどうかを遅滞なく決定すること及びその抑留が合法的でない場合にはその釈放を命ずることができるように，裁判所において手続をとる権利を有する．

5　違法に逮捕され又は抑留された者は，賠償を受ける権利を有する．

第10条〔被告人の取扱い・行刑制度〕 1　自由を奪われたすべての者は，人道的にかつ人間の固有の尊厳を尊重して，取り扱われる．

2 (a) 被告人は，例外的な事情がある場合を除くほか有罪の判決を受けた者とは分離されるものとし，有罪の判決を受けていない者としての地位に相応する別個の取扱いを受ける．

(b) 少年の被告人は，成人とは分離されるものとし，できる限り速やかに裁判に付される．

3　行刑の制度は，被拘禁者の矯正及び社会復帰を基本的な目的とする処遇を含む．少年の犯罪者は，成人とは分離されるものとし，その年齢及び法的地位に相応する取扱いを受ける．

第11条〔契約不履行による拘禁〕 何人も，契約上の義務を履行することができないことのみを理由として拘禁されない．

第12条〔移動・居住の自由〕 1　合法的にいずれかの国の領域内にいるすべての者は，当該領域内において，移動の自由及び居住の自由についての権利を有する．

2　すべての者は，いずれの国（自国を含む．）からも自由に離れることができる．

3　1及び2の権利は，いかなる制限も受けない．ただし，その制限が，法律で定められ，国の安全，公の秩序，公衆の健康若しくは道徳又は他の者の権利及び自由を保護するために必要であり，かつ，この規約において認められる他の権利と両立するものである場合は，この限りでない．

4　何人も，自国に戻る権利を恣意的に奪われない．

第13条〔外国人の追放〕 合法的にこの規約の締約国の領域内にいる外国人は，法律に基づいて行われた決定によってのみ当該領域から追放することができる．国の安全のためのやむを得ない理由がある場合を除くほか，当該外国人は，自己の追放に反対する理由を提示すること及び権限のある機関又はその機関が特に指名する者によって自己の事案が審査されることが認められるものとし，この為にその機関又はその者に対する代理人の出頭が認められる．

第14条〔公正な裁判を受ける権利〕 1　すべての者は，裁判所の前に平等とする．すべての者は，その刑事上の罪の決定又は民事上の権利及び義務の争いについての決定のため，法律で設置された，権限のある，独立の，かつ，公平な裁判所による公正な公開審理を受ける権利を

有する.報道機関及び公衆に対しては,民主的社会における道徳,公の秩序若しくは国の安全を理由として,当事者の私生活の利益のため必要な場合において又はその公開が司法の利益を害することとなる特別な状況において裁判所が真に必要があると認める限度で,裁判の全部又は一部を公開しないことができる.もっとも,刑事訴訟又は他の訴訟において言い渡される判決は,少年の利益のために必要がある場合又は当該手続が夫婦間の争い若しくは児童の後見に関するものである場合を除くほか,公開する.

2　刑事上の罪に問われているすべての者は,法律に基づいて有罪とされるまでは,無罪と推定される権利を有する.

3　すべての者は,その刑事上の罪の決定について,十分平等に,少なくとも次の保障を受ける権利を有する.

(a) その理解する言語で速やかにかつ詳細にその罪の性質及び理由を告げられること.

(b) 防御の準備のために十分な時間及び便益を与えられ並びに自ら選任する弁護人と連絡すること.

(c) 不当に遅延することなく裁判を受けること.

(d) 自ら出席して裁判を受け及び,直接に又は自ら選任する弁護人を通じて,防御すること.弁護人がいない場合には,弁護人を持つ権利を告げられること.司法の利益のために必要な場合には,十分な支払手段を有しないときは自らその費用を負担することなく,弁護人を付されること.

(e) 自己に不利な証人を尋問し又はこれに対し尋問させること並びに自己に不利な証人と同じ条件で自己のための証人の出席及びこれに対する尋問を求めること.

(f) 裁判所において使用される言語を理解すること又は話すことができない場合には,無料で通訳の援助を受けること.

(g) 自己に不利益な供述又は有罪の自白を強要されないこと.

4　少年の場合には,手続は,その年齢及びその更生の促進が望ましいことを考慮したものとする.

5　有罪の判決を受けたすべての者は,法律に基づきその判決及び刑罰を上級の裁判所によって再審理される権利を有する.

6　確定判決によって有罪と決定された場合において,その後に,新たな事実又は新しく発見された事実により誤審のあったことが決定的に立証されたことを理由としてその有罪の判決が破棄され又は赦免が行われたときは,その有罪の判決の結果刑罰に服した者は,法律に基づいて補償を受ける.ただし,その知られなかった事実が適当な時に明らかにされなかったことの全部又は一部がその者の責めに帰するものであることが証明される場合は,この限りでない.

7　何人も,それぞれの国の法律及び刑事手続に従って既に確定的に有罪又は無罪の判決を受けた行為について再び裁判され又は処罰されることはない.

第15条〔遡及処罰の禁止〕 **1**　何人も,実行の時に国内法又は国際法により犯罪を構成しなかった作為又は不作為を理由として有罪とされることはない.何人も,犯罪が行われた時に適用されていた刑罰よりも重い刑罰を科されない.犯罪が行われた後により軽い刑罰を科する規定が法律に設けられる場合には,罪を犯した者は,その利益を受ける.

2　この条のいかなる規定も,国際社会の認める法の一般原則により実行の時に犯罪とされていた作為又は不作為を理由として裁判しかつ処罰することを妨げるものでない.

第16条〔人として認められる権利〕 すべての者は,すべての場所において,法律の前に人として認められる権利を有する.

第17条〔私生活・名誉および信用の尊重〕 **1**　何人も,その私生活,家族,住居若しくは通信に対して恣意的に若しくは不法に干渉され又は名誉及び信用を不法に攻撃されない.

2　すべての者は,1の干渉又は攻撃に対する法律の保護を受ける権利を有する.

第18条〔思想・良心および宗教の自由についての権利〕 **1**　すべての者は,思想,良心及び宗教の自由についての権利を有する.この権利には,自ら選択する宗教又は信念を受け入れ又は有する自由並びに,単独で又は他の者と共同して及び公に又は私的に,礼拝,儀式,行事及び教導によってその宗教又は信念を表明する自由を含む.

2　何人も,自ら選択する宗教又は信念を受け入れ又は有する自由を侵害するおそれのある強制を受けない.

3　宗教又は信念を表明する自由については,法律で定める制限であって公共の安全,公の秩序,公衆の健康若しくは道徳又は他の者の基本的な権利及び自由を保護するために必要なもののみを課することができる.

4　この規約の締約国は父母及び場合により法定保護者が,自己の信念に従って児童の宗教的及び道徳的教育を確保する自由を有することを尊重することを約束する.

第19条〔意見・表現の自由についての権利〕
1　すべての者は,干渉されることなく意見を持つ権利を有する.
2　すべての者は,表現の自由についての権利を有する.この権利には,口頭,手書き若しくは印刷,芸術の形態又は自ら選択する他の方法により,国境とのかかわりなく,あらゆる種類の情報及び考えを求め,受け及び伝える自由を含む.
3　2の権利の行使には,特別の義務及び責任を伴う.したがって,この権利の行使については,一定の制限を課すことができる.ただし,その制限は,法律によって定められ,かつ,次の目的のために必要とされるものに限る.
(a) 他の者の権利又は信用の尊重
(b) 国の安全,公の秩序又は公衆の健康若しくは道徳の保護

第20条〔戦争のための宣伝,差別等の唱道の禁止〕 1　戦争のためのいかなる宣伝も,法律で禁止する.
2　差別,敵意又は暴力の扇動となる国民的,人種的又は宗教的憎悪の唱道は,法律で禁止する.

第21条〔集会の権利〕 平和的な集会の権利は,認められる.この権利の行使については,法律で定める制限であって国の安全若しくは公共の安全,公の秩序,公衆の健康若しくは道徳の保護又は他の者の権利及び自由の保護のため民主的社会において必要なもの以外のいかなる制限も課することができない.

第22条〔結社の自由についての権利〕 1　すべての者は,結社の自由についての権利を有する.この権利には,自己の利益の保護のために労働組合を結成し及びこれに加入する権利を含む.
2　1の権利の行使については,法律で定める制限であって国の安全若しくは公共の安全,公の秩序,公衆の健康若しくは道徳の保護又は他の者の権利及び自由の保護のため民主的社会において必要なもの以外のいかなる制限も課することができない.この条の規定は,1の権利の行使につき,軍隊及び警察の構成員に対して合法的な制限を課することを妨げるものではない.
3　この条のいかなる規定も,結社の自由及び団結権の保護に関する1948年の国際労働機関の条約の締約国が,同条約に規定する保障を阻害するような立法措置を講ずること又は同条約に規定する保障を阻害するような方法により法律を適用することを許すものではない.

第23条〔家族の保護〕 1　家族は,社会の自然かつ基礎的な単位であり,社会及び国による保護を受ける権利を有する.
2　婚姻をすることができる年齢の男女が婚姻をしかつ家族を形成する権利は,認められる.
3　婚姻は,両当事者の自由かつ完全な合意なしには成立しない.
4　この規約の締約国は,婚姻中及び婚姻の解消の際に,婚姻に係る配偶者の権利及び責任の平等を確保するため,適当な措置をとる.その解消の場合には,児童に対する必要な保護のため,措置がとられる.

第24条〔児童の権利〕 1　すべての児童は,人種,皮膚の色,性,言語,宗教,国民的若しくは社会的出身,財産又は出生によるいかなる差別もなしに,未成年者としての地位に必要とされる保護の措置であって家族,社会及び国による措置について権利を有する.
2　すべての児童は,出生の後直ちに登録され,かつ,氏名を有する.
3　すべての児童は,国籍を取得する権利を有する.

第25条〔政治に参与する権利〕 すべての市民は,第2条に規定するいかなる差別もなく,かつ,不合理な制限なしに,次のことを行う権利及び機会を有する.
(a) 直接に,又は自由に選んだ代表者を通じて,政治に参与すること.
(b) 普通かつ平等の選挙権に基づき秘密投票により行われ,選挙人の意思の自由な表明を保障する真正な定期的選挙において,投票し及び選挙されること.
(c) 一般的な平等条件の下で自国の公務に携わること.

第26条〔法律の前の平等〕 すべての者は,法律の前に平等であり,いかなる差別もなしに法律による平等の保護を受ける権利を有する.このため,法律は,あらゆる差別を禁止し及び人種,皮膚の色,性,言語,宗教,政治的意見その他の意見,国民的若しくは社会的出身,財産,出生又は他の地位等のいかなる理由による差別に対しても平等のかつ効果的な保護をすべての者に保障する.

第27条〔少数民族の権利〕 種族的,宗教的又は言語的少数民族が存在する国において,当該少数民族に属する者は,その集団の他の構成員とともに自己の文化を享有し,自己の宗教を信仰しかつ実践し又は自己の言語を使用する権利を否定されない.

第4部

第28条〔「人権委員会」の設置および構成〕 1

人権委員会（以下「委員会」という．）を設置する．委員会は，18人の委員で構成するものとして，この部に定める任務を行う．

2　委員会は，高潔な人格を有し，かつ，人権の分野において能力を認められたこの規約の締約国の国民で構成する．この場合において，法律関係の経験を有する者の参加が有益であることに考慮を払う．

3　委員会の委員は，個人の資格で，選挙され及び職務を遂行する．

第29条〔委員の選挙〕 1　委員会の委員は，前条に定める資格を有し，かつ，この規約の締約国により選挙のために指名された者の名簿の中から秘密投票により選出される．

2　この規約の各締約国は，1人又は2人を指名することができる．指名される者は，指名する国の国民とする．

3　いずれの者も，再指名される資格を有する．

第30条〔選挙の手続〕 1　委員会の委員の最初の選挙は，この規約の効力発生の日の後6箇月以内に行う．

2　第34条の規定に従って空席（第33条の規定により宣言された空席をいう．）を補充するための選挙の場合を除くほか，国際連合事務総長は，委員会の委員の選挙の日の遅くとも4箇月前までに，この規約の締約国に対し，委員会の委員に指名された者の氏名を3箇月以内に提出するよう書面で要請する．

3　国際連合事務総長は，2にいう指名された者のアルファベット順による名簿（これらの者を指名した締約国名を表示した名簿とする．）を作成し，名簿を各選挙の日の遅くとも1箇月前までにこの規約の締約国に送付する．

4　委員会の委員の選挙は，国際連合事務総長により国際連合本部に招集されるこの規約の締約国の会合において行う．この会合は，この規約の締約国の3分の2をもって定足数とする．この会合においては，出席しかつ投票する締約国の代表によって投じられた票の最多数で，かつ，過半数の票を得た指名された者をもって委員会に選出された委員とする．

第31条〔委員の配分〕 1　委員会は，1の国の国民を2人以上含むことができない．

2　委員会の選挙に当たっては，委員の配分が地理的に衡平に行われること並びに異なる文明形態及び主要な法体系が代表されることを考慮に入れる．

第32条〔委員の任期〕 1　委員会の委員は，4年の任期で選出される．委員は，再指名された場合には，再選される資格を有する．ただし，最初の選挙において選出された委員のうち9人の委員の任期は，2年で終了するものとし，これらの9人の委員は，最初の選挙の後直ちに，第30条4に規定する会合において議長によりくじ引で選ばれる．

2　任期満了の際の選挙は，この部の前諸条の規定に従って行う．

第33条〔欠員の宣言〕 1　委員会の委員が一時的な不在以外の理由のためその職務を遂行することができなくなったことを他の委員が一致して認める場合には，委員会の委員長は国際連合事務総長にその旨を通知するものとし，同事務総長は，当該委員の職が空席となったことを宣言する．

2　委員会の委員が死亡し又は辞任した場合には，委員長は，直ちに国際連合事務総長にその旨を通知するものとし，同事務総長は，死亡し又は辞任した日から当該委員の職が空席となったことを宣言する．

第34条〔欠員の補充〕 1　前条の規定により空席が宣言された場合において，当該宣言の時から6箇月以内に交代される委員の任期が満了しないときは，国際連合事務総長は，この規約の各締約国にその旨を通知する．各締約国は，空席を補充するため，2箇月以内に第29条の規定により指名された者の氏名を提出することができる．

2　国際連合事務総長は，1にいう指名された者のアルファベット順による名簿を作成し，この規約の締約国に送付する．空席を補充するための選挙は，この部の関連規定に従って行う．

3　前条の規定により宣言された空席を補充するために選出された委員会の委員は，同条の規定により委員会における職が空席となった委員の残余の期間在任する．

第35条〔委員の報酬〕 委員会の委員は，国際連合総会が委員会の任務の重要性を考慮して決定する条件に従い，同総会の承認を得て，国際連合の財源から報酬を受ける．

第36条〔便宜の提供〕 国際連合事務総長は，委員会がこの規約に定める任務を効果的に遂行するために必要な職員及び便益を提供する．

第37条〔会合〕 1　国際連合事務総長は，委員会の最初の会合を国際連合本部に招集する．

2　委員会は，最初の会合の後は，手続規則に定める時期に会合する．

3　委員会は，通常，国際連合本部又はジュネーヴにある国際連合事務所において会合する．

第38条〔就任宣誓〕 委員会のすべての委員は，職務の開始に先立ち，公開の委員会において，職務を公平かつ良心的に遂行する旨の厳粛な宣誓を行う．

第39条〔定足数・表決手続〕 1　委員会は,役員を2年の任期で選出する.役員は,再選されることができる.

2　委員会は,手続規則を定める.この手続規則には,特に次のことを定める.

(a) 12人の委員をもって定足数とすること.

(b) 委員会の決定は,出席する委員が投ずる票の過半数によって行うこと.

第40条〔報告の提出義務〕 1　この規約の締約国は,(a)当該締約国についてこの規約が効力を生ずる時から1年以内に,(b)その後は委員会が要請するときに,この規約において認められる権利の実現のためにとった措置及びこれらの権利の享受についてもたらされた進歩に関する報告を提出することを約束する.

2　すべての報告は,国際連合事務総長に提出するものとし,同事務総長は,検討のため,これらの報告を委員会に送付する.報告には,この規約の実施に影響を及ぼす要因及び障害が存在する場合には,これらの要因及び障害を記載する.

3　国際連合事務総長は,委員会との協議の後,報告に含まれるいずれかの専門機関の権限の範囲内にある事項に関する部分の写しを当該専門機関に送付することができる.

4　委員会は,この規約の締約国の提出する報告を検討する.委員会は,委員会の報告及び適当と認める一般的な性格を有する意見を締約国に送付しなければならず,また,この規約の締約国から受領した報告の写しとともに当該一般的な性格を有する意見を経済社会理事会に送付することができる.

5　この規約の締約国は,4の規定により送付される一般的な性格を有する意見に関する見解を委員会に提示することができる.

第41条〔締約国の義務不履行と「委員会」の審議権〕 1　この規約の締約国は,この規約に基づく義務が他の締約国によって履行されていない旨を主張するいずれかの締約国からの通報を委員会が受理しかつ検討する権限を有することを認めることを,この条の規定に基づいていつでも宣言することができる.この条の規定に基づく通報は,委員会の当該権限を自国について認める宣言を行った締約国による通報である場合に限り,受理しかつ検討することができる.委員会は,宣言を行っていない締約国についての通報を受理してはならない.この条の規定により受理される通報は,次の手続に従って取り扱う.

(a) この規約の締約国は,他の締約国がこの規約を実施していないと認める場合には,書面による通知により,その事態につき当該他の締約国の注意を喚起することができる.通知を受領する国は,通知の受領の後3箇月以内に,当該事態について説明する文書その他の文書を,通知を送付した国に提供する.これらの文書は,当該事態について既にとられ,現在とっており又は将来とることができる国内的な手続及び救済措置に,可能かつ適当な範囲において,言及しなければならない.

(b) 最初の通知の受領の後6箇月以内に当該事案が関係締約国の双方の満足するように調整されない場合には,いずれの一方の締約国も,委員会及び他方の締約国に通告することにより当該事案を委員会に付託する権利を有する.

(c) 委員会は,付託された事案について利用し得るすべての国内的な救済措置がとられかつ尽くされたことを確認した後に限り,一般的に認められた国際法の原則に従って,付託された事案を取り扱う.ただし,救済措置の実施が不当に遅延する場合は,この限りでない.

(d) 委員会は,この条の規定により通報を検討する場合には,非公開の会合を開催する.

(e) (c)の規定に従うことを条件として,委員会は,この規約において認められる人権及び基本的自由の尊重を基礎として事案を友好的に解決するため,関係締約国に対してあっ旋を行う.

(f) 委員会は,付託されたいずれの事案についても,(b)にいう関係締約国に対し,あらゆる関連情報を提供するよう要請することができる.

(g) (b)にいう関係締約国は,委員会において事案が検討されている間において代表を出席させる権利を有するものとし,また,口頭又は書面により意見を提出する権利を有する.

(h) 委員会は,(b)の通告を受領した日の後12箇月以内に,報告を提出する.報告は,各事案ごとに,関係締約国に送付する.

(i) (e)の規定により解決に到達した場合には,委員会は,事実及び到達した解決について簡潔に記述したものを報告する.

(ii) (e)の規定により解決に到達しない場合には,委員会は,事実について簡潔に記述したものを報告するものとし,当該報告に関係締約国の口頭による意見の記録及び書面による意見を添付する.

2　この条の規定は,この規約の10の締約国が1の規定に基づく宣言を行った時に効力を生ずる.宣言は,締約国が国際連合事務総長に寄託するものとし，同事務総長は，その写しを他の締約国に送付する．宣言は，同事務総長に対する通告によりいつでも撤回することができる．撤回は，この条の規定に従って既に送付された通報におけるいかなる事案の検討をも妨げるものではない．宣言を撤回した締約国による新たな通報は，同事務総長がその宣言の撤回の通告を受領した後は，当該締約国が新たな宣言を行わない限り，受理しない．

第 42 条〔特別調停委員会の設置運用〕

1 (a) 前条の規定により委員会に付託された事案が関係締約国の満足するように解決されない場合には，委員会は，関係締約国の事前の同意を得て，特別調停委員会（以下「調停委員会」という．）を設置することができる．調停委員会は，この規約の尊重を基礎として当該事案を友好的に解決するため，関係締約国に対してあっ旋を行う．

(b) 調停委員会は，関係締約国が容認する 5 人の者で構成する．調停委員会の構成について 3 箇月以内に関係締約国が合意に達しない場合には，合意が得られない調停委員会の委員については，委員会の秘密投票により，3 分の 2 以上の多数による議決で，委員会の委員の中から選出する．

2　調停委員会の委員は，個人の資格で，職務を遂行する．委員は，関係締約国，この規約の締約国でない国又は前条の規定に基づく宣言を行っていない締約国の国民であってはならない．

3　調停委員会は，委員長を選出し及び手続規則を採択する．

4　調停委員会の会合は，通常，国際連合本部又はジュネーヴにある国際連合事務所において開催する．もっとも，この会合は，調停委員会が国際連合事務総長及び関係締約国との協議の上決定する他の適当な場所において開催することができる．

5　第 36 条の規定により提供される事務局は，また，この条の規定に基づいて設置される調停委員会のために役務を提供する．

6　委員会が受領しかつ取りまとめる情報は，調停委員会の利用に供しなければならず，また，調停委員会は，関係締約国に対し，他のあらゆる関連情報を提供するよう要請することができる．

7　調停委員会は，事案を十分に検討した後に，かつ，検討のため事案を取り上げた後いかなる場合にも 12 箇月以内に，関係締約国に通知するため，委員会の委員長に報告を提出する．

(a) 12 箇月以内に事案の検討を終了することができない場合には，調停委員会は，事案の検討状況について簡潔に記述したものを報告する．

(b) この規約において認められる人権の尊重を基礎として事案の友好的な解決に到達した場合には，調停委員会は，事実及び到達した解決について簡潔に記述したものを報告する．

(c) (b)に規定する解決に到達しない場合には，調停委員会の報告には，関係締約国間の係争問題に係るすべての事実関係についての調査結果及び当該事案の友好的な解決の可能性に関する意見を記載するとともに関係締約国の口頭による意見の記録及び書面による意見を添付する．

(d) (c)の規定により調停委員会の報告が提出される場合には，関係締約国は，その報告の受領の後 3 箇月以内に，委員会の委員長に対し，調停委員会の報告の内容を受諾するかどうかを通告する．

8　この条の規定は，前条の規定に基づく委員会の任務に影響を及ぼすものではない．

9　関係締約国は，国際連合事務総長が作成する見積りに従って，調停委員会の委員に係るすべての経費を平等に分担する．

10　国際連合事務総長は，必要なときは，9 の規定による関係締約国の経費の分担に先立って調停委員会の委員の経費を支払う権限を有する．

第 43 条〔委員に対する特権および免除〕 委員会の委員及び前条の規定に基づいて設置される調停委員会の委員は，国際連合の特権及び免除に関する条約の関連規定に規定する国際連合のための職務を行う専門家の便益，特権及び免除を享受する．

第 44 条〔契約の実態に関する規定と国連および専門機関の基本文書等に定められた手続との関係〕 この規約の実施に関する規定は，国際連合及び専門機関の基本文書並びに国際連合及び専門機関において作成された諸条約により又はこれらの基本文書及び諸条約に基づき人権の分野に関し定められた手続を妨げることなく適用するものとし，この規約の締約国の間で効力を有する一般的な又は特別の国際取極による紛争の解決のため，この規約の締約国が他の手続を利用することを妨げるものではない．

第 45 条〔委員会の年次報告〕 委員会は，その活動に関する年次報告を経済社会理事会を通じて国際連合総会に提出する．

第5部

第46条〔国連憲章および専門機関の基本文書の規定との関係〕 この規約のいかなる規定も，この規約に規定されている事項につき，国際連合の諸機関及び専門機関の任務をそれぞれ定めている国際連合憲章及び専門機関の基本文書の規定の適用を妨げるものと解してはならない．

第47条〔天然の富および資源の享受及び利用の権利〕 この規約のいかなる規定も，すべての人民がその天然の富及び資源を十分かつ自由に享受し及び利用する固有の権利を害するものと解してはならない．

【日本国の解釈宣言】
日本国政府は，結社の自由及び団結権の保護に関する条約（第87号）の批准に際し，同条約第9条にいう「警察」には日本国の消防が含まれると解する旨の立場をとったことを想起し，経済的，社会的及び文化的権利に関する国際規約第8条2及び市民的及び政治的権利に関する国際規約第22条2にいう「警察の構成員」には日本国の消防職員が含まれると解釈するものであることを宣言する．

㉘ 自由権規約選択議定書 翻訳

市民的及び政治的権利に関する国際規約の選択議定書
〔採択〕1966年12月16日（国連第21総会）
〔効力発生〕1976年3月23日

ミニ解説：人権条約における個人通報制度

㉗自由権規約，㉚社会権規約，㉝女性差別撤廃条約，㉜人種差別撤廃条約などは，選択議定書あるいは選択条項によっていわゆる個人通報制度を設け，個人が各人権条約のモニタリング委員会に対し，権利侵害を通報する権利を認めている．しかし日本政府は「司法権の独立を含め，司法制度との関連で問題が生じるおそれがある」ことを理由に，いずれの条約に基づく個人通報制度も受諾していない．

本議定書の当事国は，

市民的及び政治的権利に関する規約（以下「規約」という）の目的及びその諸規定の実施を一層達成するためには，規約第4部で設けられた人権専門委員会（以下「委員会」という）に，規約に掲げられている諸権利のいずれかの侵害の犠牲であると主張する個人からの通報〔communications〕を本議定書に規定する通りに受理し且つ審理する機能を，与えることが適切であろうことを考慮し，

以下の通り協定した．

第1条〔個人からの通報を受理し審理する委員会の権限〕 本議定書の当事者となる規約の当事国は，その管轄に服する者で，その当事国による規約中に掲げられている諸権利のいずれかの侵害の犠牲であると主張する個人からの通報を受理し且つ審理する委員会の権限を認める．いかなる通報も，本議定書の当事者でない規約の当事国に関係する場合には，委員会は受理してはならない．

第2条〔通報提出権者〕 第1条の諸規定を条件として，規約中に列挙されているその権利のいずれかを侵害されたと主張する個人であって且つすべての利用可能な国内的救済を尽くした者は，審理のため委員会に書面の通報を提出することができる．

第3条〔通報の許容要件〕 委員会は，本議定書による通報で，匿名であるもの，又はかかる通報提出権の濫用であるか若しくは規約の諸規定と相容れないと看做するものを非許容〔inadmissible〕と看做さなければならない．

第4条〔注意喚起と受理国の説明義務〕 1 第3条の諸規定を条件として，委員会は，本議定書によって提出された通報について，規約のいずれかの諸規定を侵害していると主張されている本議定書の当事国の注意を喚起することができる．

2 6ケ月以内に受理国は，問題を明らかにし，また同国によってとらえたことのある救済があればこれを指摘する書面の説明又は陳述を委員会に提出しなければならない．

第5条〔通報の審理と見解〕 1 委員会は，個人及び関係当事国によって付託されたすべての書面の情報に照らして，本議定書によって受理した通報を審理するものとする．

2 委員会は，次のことを確認した上でなければいかなる通報も審理してはならない．

(a) 同一問題が他の国際的調査又は解決手続のもとで検討中でないこと

(b) 個人がすべての利用可能な国内的救済を尽くしていること．このことは，救済の適用が不合理に延期される場合には規則としない．

3 委員会は，本議定書の通報を検討するときは秘密会議を開くこととする．

4 委員会は，関係当国国及び個人に対してその見解を送付しなければならない．

第6条〔活動摘要の報告〕 委員会は，規約第45条の年次報告の中に，本議定書による活動の摘要を含めなければならない．

㉙ 自由権規約・死刑廃止条約 翻訳

死刑の廃止を目指す「市民的及び政治的権利に関する国際規約」の第2選択議定書
〔採択〕1989年12月15日（国連第44総会）
〔効力発生〕1991年7月11日

第1条〔死刑の廃止〕 1　本選択議定書の当事国の管轄内にある何人も，死刑を執行されない．

2　各当事国は，自国の管轄内において死刑を廃止するためのすべての必要な措置をとる．

第2条〔留保〕 1　批准又は加入のときに行われる留保であって，戦時中に行われる軍事的性質の最も重大な犯罪に対する有罪判決に従って戦時に死刑を適用することを定めたものを除くほか，留保は，この議定書に対しては許されない．

2　そのような留保を行う当事国は，批准又は加入のときに，戦時中に適用できる国内立法の関連規定を国際連合事務総長に通報する．

3　そのような留保を行った当事国は，自国領域に適用できる戦争状態の開始又は終了について国際連合事務総長に通告する．

第3条〔報告〕　本議定書の当事国は，規約の第40条に従って人権委員会へ提出する報告の中に，本議定書に効果を与えるためにとった措置に関する情報を含める．

第4条〔国家からの通報〕　規約の当事国で第41条に基づいて宣言を行ったものについては，他の当事国がその義務を履行していないと一当事国が主張する通報を受理しかつ検討する人権委員会の権限は，本議定書の規定にも及ぶ．ただし，当該当事国が，批准又は加入の際に別段の声明を行った場合は，この限りでない．

第5条〔個人からの通報〕　1966年12月16日に採択された市民的及び政治的権利に関する国際規約の選択議定書の当事国については，その管轄の下にある個人からの通報を受理し且つ検討する人権委員会の権限は，本議定書の規定にも及ぶ．ただし，当該当事国が批准又は加入の際に別段の声明を行った場合は，この限りでない．

第6条〔効力停止の禁止〕 1　本議定書の規定は，規約に対する追加規定として適用する．

2　本議定書の第2条に基づく留保の可能性を害することなく，本議定書の第1条1で保障される権利は，規約の第4条に基づく効力停止に服さない．

㉚ 社会権規約（抄）

経済的，社会的及び文化的権利に関する国際規約（国際人権規約）
〔採択〕1966年12月16日（国連第21総会）
〔効力発生〕1976年1月3日／〔日本国〕1979年9月21日

この規約の締約国は，

〔以下，㉗前文のうち，「その経済的，社会的及び文化的権利」が「その市民的及び政治的権利」とされている以外，同文〕

第1部

第1条〔人民の自決の権利〕〔㉗第1条と同文〕

第2部

第2条〔締約国の義務〕 1　この規約の各締約国は，立法措置その他のすべての適当な方法によりこの規約において認められる権利の完全な実現を漸進的に達成するため，自国における利用可能な手段を最大限に用いることにより，個々に又は国際的な援助及び協力，特に，経済上及び技術上の援助及び協力を通じて，行動をとることを約束する．

2　この規約の締約国は，この規約に規定する権利が人種，皮膚の色，性，言語，宗教，政治的意見その他の意見，国民的若しくは社会的出身，財産，出生又は他の地位によるいかなる差別もなしに行使されることを保障することを約束する．

3　開発途上にある国は，人権及び自国の経済の双方に十分な考慮を払い，この規約において認められる経済的権利をどの程度まで外国人に保障するかを決定することができる．

第3条〔男女の同等の権利〕〔㉘第3条「市民的及び政治的権利」が「経済的，社会的及び文化的権利」とされている以外，同文〕

第4条〔一般的福祉〕　この規約の締約国は，この規約に合致するものとして国により確保される権利の享受に関し，その権利の性質と両立しており，かつ，民主的社会における一般的福祉を増進することを目的としている場合に限り，法律で定める制限のみをその権利に課すことができることを認める．

第5条〔保護の基準〕〔㉘第5条「権利及び自由」が「権利若しくは自由」とされている以外，同文〕

第3部

第6条〔労働の権利〕 1　この規約の締約国は，労働の権利を認めるものとし，この権利を保障するため適当な措置をとる．この権利には，すべての者が自由に選択し又は承諾する労働によって生計を立てる機会を得る権利を含む．

2 この規約の締約国が1の権利の完全な実現を達成するためとる措置には，個人に対して基本的な政治的及び経済的自由を保障する条件の下で着実な経済的，社会的及び文化的発展を実現し並びに完全かつ生産的な雇用を達成するための技術及び職業の指導及び訓練に関する計画，政策及び方法を含む．

第7条〔公正かつ良好な労働条件〕 この規約の締約国は，すべての者が公正かつ良好な労働条件を享受する権利を有することを認める．この労働条件は，特に次のものを確保する労働条件とする．

(a) すべての労働者に最小限度次のものを与える報酬

(i) 公正な賃金及びいかなる差別もない同一価値の労働についての同一報酬．特に，女子については，同一の労働についての同一報酬とともに男子が享受する労働条件に劣らない労働条件が保障されること．

(ii) 労働者及びその家族のこの規約に適合する相応な生活

(b) 安全かつ健康的な作業条件

(c) 先任及び能力以外のいかなる事由も考慮されることなく，すべての者がその雇用関係においてより高い適当な地位に昇進する均等な機会

(d) 休息，余暇，労働時間の合理的な制限及び定期的な有給休暇並びに公の休日についての報酬

第8条〔労働基本権〕 1 この規約の締約国は，次の権利を確保することを約束する．

(a) すべての者がその経済的及び社会的利益を増進し及び保護するため，労働組合を結成し及び当該労働組合の規則にのみ従うことを条件として自ら選択する労働組合に加入する権利．この権利の行使については，法律で定める制限であって国の安全若しくは公の秩序のため又は他の者の権利及び自由の保護のため民主的社会において必要なもの以外のいかなる制限も課することができない．

(b) 労働組合が国内の連合又は総連合を設立する権利及びこれらの連合又は総連合が国際的な労働組合団体を結成し又はこれに加入する権利

(c) 労働組合が，法律で定める制限であって国の安全若しくは公の秩序のため又は他の者の権利及び自由の保護のため民主的社会において必要なもの以外のいかなる制限も受けることなく，自由に活動する権利 a

(d) 同盟罷業をする権利．ただし，この権利は，各国の法律に従って行使されることを条件とする．

2 この条の規定は，軍隊若しくは警察の構成員又は公務員による1の権利の行使について合法的な制限を課することを妨げるものではない． b

3 この条のいかなる規定も，結社の自由及び団結権の保護に関する1948年の国際労働機関の条約の締約国が，同条約に規定する保障を阻害するような立法措置を講ずること又は同条約に規定する保障を阻害するような方法により法律を適用することを許すものではない． c

第9条〔社会保障〕 この規約の締約国は，社会保険その他の社会保障についてのすべての者の権利を認める． d

第10条〔家族，母親，児童に対する保護〕 この規約の締約国は，次のことを認める．

1 できる限り広範な保護及び援助が，社会の自然かつ基礎的な単位である家族に対し，特に，家族の形成のために並びに扶養児童の養育及び教育について責任を有する間に，与えられるべきである．婚姻は，両当事者の自由な合意に基づいて成立するものでなければならない． e f

2 産前産後の合理的な期間においては，特別な保護が母親に与えられるべきである．働いている母親には，その期間において，有給休暇又は相当な社会保障給付を伴う休暇が与えられるべきである． g

3 保護及び援助のための特別な措置が，出生の他の事情を理由とするいかなる差別もなく，すべての児童及び年少者のためにとられるべきである．児童及び年少者は，経済的及び社会的な搾取から保護されるべきである．児童及び年少者を，その精神若しくは健康に有害であり，その生命に危険があり又はその正常な発育を妨げるおそれのある労働に使用することは，法律で処罰すべきである．また，国は年齢による制限を定め，その年齢に達しない児童を賃金を支払って使用することを法律で禁止しかつ処罰すべきである． h i

第11条〔相当な生活水準および食糧の確保〕

1 この規約の締約国は，自己及びその家族のための相当な食糧，衣類及び住居を内容とする相当な生活水準についての並びに生活条件の不断の改善についてのすべての者の権利を認める．締約国は，この権利の実現を確保するために適当な措置をとり，このためには，自由な合意に基づく国際協力が極めて重要であるこ j k

とを認める.

2　この規約の締約国は,すべての者が飢餓から免れる基本的な権利を有することを認め,個々に及び国際協力を通じて,次の目的のため,具体的な計画その他の必要な措置をとる.

(a) 技術的及び科学的知識を十分に利用することにより,栄養に関する原則についての知識を普及させることにより並びに天然資源の最も効果的な開発及び利用を達成するように農地制度を発展させ又は改革することにより,食糧の生産,保存及び分配の方法を改善すること.

(b) 食糧の輸入国及び輸出国の双方の問題に考慮を払い,需要との関連において世界の食糧の供給の衡平な分配を確保すること.

第12条〔心身の健康を享受する権利〕 1　この規約の締約国は,すべての者が到達可能な最高水準の身体及び精神の健康を享受する権利を有することを認める.

2　この規約の締約国が1の権利の完全な実現を達成するためにとる措置には,次のことに必要な措置を含む.

(a) 死産率及び幼児の死亡率を低下させるための並びに児童の健全な発育のための対策

(b) 環境衛生及び産業衛生のあらゆる状態の改善

(c) 伝染病,風土病,職業病その他の疾病の予防,治療及び抑圧

(d) 病気の場合にすべての者に医療及び看護を確保するような条件の創出

第13条〔教育に対する権利〕 1　この規約の締約国は,教育についてのすべての者の権利を認める.締約国は,教育が人格の完成及び人格の尊厳についての意識の十分な発達を指向し並びに人権及び基本的自由の尊重を強化すべきことに同意する.更に,締約国は,教育が,すべての者に対し,自由な社会に効果的に参加すること,諸国民の間及び人種的,種族的又は宗教的集団の間の理解,寛容及び友好を促進すること並びに平和の維持のための国際連合の活動を助長することを可能にすべきことに同意する.

2　この規約の締約国は,1の権利の完全な実現を達成するため,次のことを認める.

(a) 初等教育は,義務的なものとし,すべての者に対して無償のものとすること.

(b) 種々の形態の中等教育(技術的及び職業的中等教育を含む.)は,すべての適当な方法により,特に,無償教育の漸進的な導入により,一般的に利用可能であり,かつ,すべての者に対して機会が与えられるものとすること.

(c) 高等教育は,すべての適当な方法により,特に,無償教育の漸進的な導入により,能力に応じ,すべての者に対して均等に機会が与えられるものとすること.

(d) 基礎教育は,初等教育を受けなかった者又はその全課程を修了しなかった者のため,できる限り奨励され又は強化されること.

(e) すべての段階にわたる学校制度の発展を積極的に追求し,適当な奨学金制度を設立し及び教育職員の物質的条件を不断に改善すること.

3　この規約の締約国は,父母及び場合により法定保護者が,公の機関によって設置される学校以外の学校であって国によって定められ又は承認される最低限度の教育上の基準に適合するものを児童のために選択する自由並びに自己の信念に従って児童の宗教的及び道徳的教育を確保する自由を有することを尊重することを約束する.

4　この条のいかなる規定も,個人及び団体が教育機関を設置し及び管理する自由を妨げるものと解してはならない.ただし,常に,1に定める原則が遵守されること及び当該教育機関において行なわれる教育が国によって定められる最低限度の基準に適合することを条件とする.

第14条〔無償の初等義務教育を確保するための措置〕 この規約の締約国となる時にその本土地域又はその管轄の下にある他の地域において無償の初等義務教育を確保するに至っていない各締約国は,すべての者に対する無償の義務教育の原則をその計画中に定める合理的な期間内に漸進的に実施するための詳細な行動計画を2年以内に作成しかつ採用することを約束する.

第15条〔科学および文化に関する権利〕 1　この規約の締約国は,すべての者の次の権利を認める.

(a) 文化的な生活に参加する権利

(b) 科学の進歩及びその利用による利益を享受する権利

(c) 自己の科学的,文学的又は芸術的作品により生ずる精神的及び物質的利益が保護されることを享受する権利

2　この規約の締約国が1の権利の完全な実現を達成するためにとる措置には,科学及び文化の保存,発展及び普及に必要な措置を含む.

3　この規約の締約国は,科学研究及び創作活動に不可欠な自由を尊重することを約束する.

4　この規約の締約国は,科学及び文化の分野

における国際的な連絡及び協力を奨励し及び発展させることによって得られる利益を認める.

第4部

第16条〔報告の提出義務〕 1　この規約の締約国は,この規約において認められる権利の実現のためにとった措置及びこれらの権利の実現についてもたらされた進歩に関する報告をこの部の規定に従って提出することを約束する.

2 (a) すべての報告は,国際連合事務総長に提出するものとし,同事務総長は,この規約による経済社会理事会の審議のため,その写しを同理事会に送付する.

(b) 国際連合事務総長は,また,いずれかの専門機関の加盟国であるこの規約の締結によって提出される報告又はその一部が当該専門機関の基本文書によりその任務の範囲内にある事項に関連を有するものである場合には,それらの報告又は関係部分の写しを当該専門機関に送付する.

第17条〔報告の提出手続〕 1　この規約の締約国は,経済社会理事会が締約国及び関係専門機関との協議の後この規約の効力発生の後1年以内に作成する計画に従い,報告を段階的に提出する.

2　報告には,この規約に基づく義務の履行程度に影響を及ぼす要因及び障害を記載することができる.

3　関連情報がこの規約の締約国により国際連合又はいずれかの専門機関に既に提供されている場合には,その情報については,再び提供の必要はなく,提供に係る情報について明確に言及することで足りる.

第18条〔専門機関からの報告〕 経済社会理事会は,人権及び基本的自由の分野における国際連合憲章に規定する責任に基づき,いずれかの専門機関の任務の範囲内にある事項に関するこの規約の規定の遵守についてもたらされた進歩に関し当該専門機関が同理事会に報告することにつき,当該専門機関と取極を行うことができる.報告には,当該専門機関の権限のある機関がこの規約の当該規定の実施に関して採択した決定及び勧告についての詳細を含ませることができる.

第19条〔報告の人権委員会への送付〕 経済社会理事会は,第16条及び第17条の規定により締約国が提出する人権に関する報告並びに前条の規定により専門機関が提出する人権に関する報告を,検討及び一般的な性格を有する勧告のため又は適当な場合には情報用として,人権委員会に送付することができる. a

第20条〔締約国および専門機関による意見の提出〕 この規約の締約国及び関係専門機関は,前条にいう一般的な性格を有する勧告に関する意見又は人権委員会の報告において若しく b はその報告で引用されている文書において言及されている一般的な性格を有する勧告に関する意見を,経済社会理事会に提出することができる.

第21条〔経済社会理事会の総会への提出〕 経 c 済社会理事会は,一般的な性格を有する勧告を付した報告,並びにこの規約の締約国及び専門機関から得た情報であってこの規約において認められる権利の実現のためにとられた措置及びこれらの権利の実現についてもたらされ d た進歩に関する情報の概要を,総会に随時提出することができる.

第22条〔経済社会理事会による注意の喚起〕 経済社会理事会は,技術援助の供与に関係を有する国際連合の他の機関及びこれらの補助機 e 関並びに専門機関に対し,この部に規定する報告により提起された問題であって,これらの機関がそれぞれの権限の範囲内でこの規約の効果的かつ漸進的な実施に寄与すると認められる国際的措置をとることの適否の決定に当 f たって参考となるものにつき,注意を喚起することができる.

第23条〔権利の実現のための国際的措置〕 この規約の締約国は,この規約において認められる権利の実現のための国際的措置には条約の g 締結,勧告の採択,技術援助の供与並びに関係国の政府との連携により組織される協議及び検討のための地域会議及び専門家会議の開催のような措置が含まれることに同意する.

第24条〔国連憲章および専門機関の基本文書の規定との関係〕 h この規約のいかなる規定も,この規約に規定されている事項につき,国際連合の諸機関及び専門機関の任務をそれぞれ定めている国際連合憲章及び専門機関の基本文書の規定の適用を妨げるものと解してはなら i ない.

第25条〔天然の富および資源の享受〕 この規約のいかなる規定も,すべての人民がその天然の富及び資源を十分かつ自由に享受し及び利用する固有の権利を害するものと解してはな j らない.

【日本国の宣言】

日本国政府は,この規約の批准書の寄託に当たり,署名の際に行った宣言を確認する旨の通 k

告を国際連合事務総長あて書簡により行った.右書簡の日本語訳文は,次に掲げるとおりである.

書簡をもって啓上いたします.本使は,本国政府に代わり,日本国政府は経済的,社会的及び文化的権利に関する国際規約及び市民的及び政治的権利に関する国際規約を批准するに当たり署名の際に行った次の宣言を確認することを通告する光栄を有します.

1　日本国は,経済的,社会的及び文化的権利に関する国際規約第7条(d)の規定の適用に当たり,この規定にいう「公の休日についての報酬」に拘束されない権利を留保する.

2　日本国は,経済的,社会的及び文化的権利に関する国際規約第8条1(d)の規定に拘束されない権利を留保する.ただし,日本国政府による同規約の批准の時に日本国の法令により前記の規定にいう権利が与えられている部門については,この限りでない.

3　日本国は,経済的,社会的及び文化的権利に関する国際規約第13条2(b)及び(c)の規定の適用に当たり,これらの規定にいう「特に,無償教育の漸進的な導入により」に拘束されない権利を留保する.

4　日本国政府は,結社の自由及び団結権の保護に関する条約の批准に際し同条約第9条にいう「警察」には日本国の消防が含まれると解する旨の立場をとったことを想起し,経済的,社会的及び文化的権利に関する国際規約第8条2及び市民的及び政治的権利に関する国際規約第22条2にいう「警察の構成員」には日本国の消防職員が含まれると解釈するものであることを宣言する.(中略)

1979年6月21日(後略)

留保の撤回(平成24年9月11日)

第13条2 (b) 種々の形態の中等教育(技術的及び職業的中等教育を含む.)は,すべての適当な方法により,特に,無償教育の漸進的な導入により,一般的に利用可能であり,かつ,すべての者に対して機会が与えられるものとすること.

(c) 高等教育は,すべての適当な方法により,特に,無償教育の漸進的な導入により,能力に応じ,すべての者に対して均等に機会が与えられるものとすること.

31 社会権規約選択議定書　翻訳

経済的,社会的及び文化的権利に関する国際規約の選択議定書
〔採択〕2008年12月10日(国連第63総会117附属書)
〔効力発生〕2013年5月5日

本議定書の当事国は,

(略)

規約の目的及び規定の実施をより達成するためには,経済的,社会的及び文化的権利に関する委員会(以下「委員会」という)が,本議定書に定められた職務を遂行できるようにすることが適切であろうことを考慮し,以下の通り協定した.

第1条(通報を受理し審理する委員会の権限) 1　本議定書の当事者となる規約の当事国は,本議定書の規定が定める通報を受理し且つ審理する委員会の権限を認める.

2　いかなる通報も,本議定書の当事者でない規約の当事国に関係する場合には,委員会は,受理してはならない.

第2条(通報) 通報は,当事国の管轄の下にある個人又は個人の集団であって,規約に定める経済的,社会的及び文化的権利の当該当事国による侵害の被害者であると主張する者により,又はその者のために提出することができる.通報が個人又は個人の集団のために提出されるものである場合には,当該通報はこれらの者の同意を得たものでなければならない.ただし,通報者がこのような同意なしに行動することを正当化しうる場合には,この限りではない.

第3条(許容性) 1　委員会は,利用しうるすべての国内的救済が尽くされたことを確認しない限り,通報を審理しない.このような救済措置の実施が不当に遅延する場合は,この規則を適用しない.

2　委員会は,次の場合には通報は非許容と宣言する.

(a) 通報が,国内的救済が尽くされたのち1年以内に提出されたものでない場合.ただし,通報者がこの期限内に通報を提出することが不可能であったことを証明しうる場合には,この限りではない.

(b) 通報の主題である事実が,当該当事国にとって本議定書が効力を発生する以前に生じたものである場合.ただし,これらの事実がこの日付以後も継続している場合には,この限りではない.

(c) 同一の事案が委員会によって既に検討されたか,又は他の国際的な調査又は解決の手続の下で検討されたか若しくは検討されている場合

(d) 通報が,規約の規定と両立しない場合

(e) 通報が,明確に根拠不十分であるか,十分に疎明されていないか又はもっぱらマスメディアの報道に基づくものである場合

(f) 通報が通報を行う権利の濫用である場合,又は,

(g) 通報が匿名であるか又は書面によるものでない場合

第4条（明確な不利益を示さない通報） 委員会は必要な場合には，通報者が明確な不利益を被っていることを通報が示さない場合には，その審理を拒むことができる．ただし，通報が一般的重要性を有する重大な争点を提起すると委員会が考える場合には，この限りではない．

第5条（暫定措置） 1 委員会は通報の受理ののち本案の決定に至るいずれの時においても，当該当事国に対して，主張される違反の1又はそれ以上の被害者に対して生じるかもしれない回復不可能な損害を避けるために例外的な状況において必要とされることがある暫定措置をとるように求める要請を，同国の緊急の考慮を促すために送付することができる．

2 委員会が1にいう裁量を行使することは，通報の許容性又は本案に関する決定を意味するものではない．

第6条（通報の送付） 1 委員会は，通報が関係国に照会するまでもなく非許容とされる場合を除いて，本議定書に基づいて行われたいずれの通報についても，非公開で当該当事国の注意を喚起する．

2 注意を喚起された国は，6箇月以内に，当該の事案，及び当該国がとった救済措置がある場合には当該救済措置についての説明書又は声明を委員会に送付する．

第7条（友好的解決） 1 委員会は，規約に定める義務の尊重を基礎として事案を友好的に解決するため当事者に対してあっせんを行う．

2 友好的解決に対する合意は，本議定書に基づく通報の審理を終了させる．

第8条（通報の検討） 1 委員会は，本議定書の第2条に基づいて受理した通報を，委員会に提出されたすべての文書に照らして検討する．ただし，この文書が当事者に送付されることを条件とする．

2 委員会は，本議定書に基づいて通報を検討する場合には，非公開の会合を開催する．

3 本議定書に基づいて通報を検討する場合には，委員会は適当な場合には，国際連合の機関，専門機関，基金，計画及び機構並びにその他の国際機関が発行する関連文書（地域的人権システムのものを含む．）並びに関係国の所見又は意見を参照することができる．

4 本議定書に基づいて通報を検討する場合には，委員会は当事国が規約の第2部に従ってとった措置の合理性を検討する．この場合委員会は，当事国が規約に定める権利の実施のために一定の限度内で政策措置を選定できることに留意する． a

第9条（委員会の見解のフォローアップ） 1 委員会は通報を検討したのちに，勧告がある場合にはこれを添えて，通報に関する見解を関係当事者に送付する．

2 当事国は，勧告がある場合にはこれとともに，委員会の見解に妥当な考慮を払い，委員会に対して6箇月以内に書面による回答（委員会の見解及び勧告に照らしてとられた行動に関する情報を含む．）を行う． b

3 委員会は当事国に，委員会の見解又は勧告に応じてとった措置がある場合には，これに関する追加の情報を提出するよう，要請することができる．委員会が適当と認める場合には，追加の情報は締約国が規約第16条及び第17条に基づいて提出する後の報告に含めることができる． c d

第10条（国家間の通報） 1 本議定書の当事国は，規約に基づく義務が他の当事国によって履行されていない旨を主張するいずれかの当事国からの通報を委員会が受理し且つ審理する権限を有することを認めることを，この条の規定に基づいていつでも宣言することができる．この条に基づく通報は，委員会の当該権限を自国について認める宣言を行った当事国による通報である場合に限り，受理し且つ審理することができる．委員会は，宣言を行っていない当事国についての通報を受理してはならない．この条の規定により受理される通報は，次の手続に従って取り扱う． e f

(a) 本議定書の当事国は，他の当事国が規約に基づく義務を履行していないと認める場合には，書面による通知により，その事態につき当該他の当事国の注意を喚起することができる．当事国はまた，委員会に対して事態を通知することができる．通知を受領する国は，通知の受領の後3箇月以内に，当該事態について説明する文書その他の文書を，通知を送付した国に提供する．これらの文書は，当該事態について既にとられ，現在とっておりまたは将来とることができる国内的な手続および救済措置に，可能かつ適当な範囲において，言及しなければならない． g h i

(b) 最初の通知の受領の後6箇月以内に当該事案が関係国の双方の満足するように解決されない場合には，いずれの一方の当事国も，委員会及び他方の当事国に通告することにより当該事案を委員会に付託する権利を有する． j

(c) 委員会は，付託された事案について利用し得るすべての国内的救済がとられ且つ尽く k

されたことを確認した後に限り，付託された事案を取り扱う．ただし，救済措置の実施が不当に遅延する場合は，この限りではない．

(d) (c)の規定に従うことを条件として，委員会は，規約に定める義務の尊重を基礎として事案を友好的に解決するため，関係国に対してあっせんを行う．

(e) 委員会は，この条の規定により通報を検討する場合には，非公開の会合を開催する．

(f) 委員会は，(b)の規定に従って付託されたいずれの事案についても，(b)にいう関係国に対し，あらゆる関連情報を提供するよう要請することができる．

(g) (b)にいう関係国は，委員会において事案が検討されている間において代表を出席させる権利を有するものとし，また，口頭又は書面により意見を提出する権利を有する．

(h) 委員会は，(b)の通告を受領した日の後できるだけ速やかに，以下のように報告を提出する．報告は，各事案ごとに，関係国に送付する．

(i) (d)の規定により解決に到達した場合には，委員会は，事実及び到達した解決について簡潔に記述したものを報告する．

(ii) (d)の規定により解決に到達しない場合には，委員会はその報告において，関係国間における争点に関する関連事実について簡潔に記述するものとし，当該報告には関係国の口頭による意見の記録及び書面による意見を添付する．委員会はまた，関係国間における争点に関連すると考える見解を，これらの当事国に対してだけ通報することができる．

2　1の規定に基づく宣言は，当事国が国際連合事務総長に寄託するものとし，同事務総長は，その写しを他の当事国に送付する．宣言は，同事務総長に対する通告によりいつでも撤回することができる．撤回は，この条の規定に従って既に送付された通報におけるいかなる事案の審理をも妨げるものではない．宣言を撤回した当事国による新たな通報は，同事務総長がその宣言の撤回を受領した後は，当該当事国が新たな宣言を行わない限り，受理しない．

第11条（調査手続） 1　本議定書の当事国は，この条の規定に基づく委員会の権限を認めることを，いつでも宣言することができる．

2　委員会は，当事国が規約に定める経済的，社会的及び文化的権利の重大な又は系統的な侵害を行っていることを示す信頼できる情報を受領した場合には当該当事国に対し，当該情報の検討に協力し及びこのために当該情報についての見解を提出するよう要請する．

3　委員会は，当該当事国が提出することのあるすべての見解をその他の入手可能な信頼できる情報とともに考慮した上で，1人又は2人以上の委員を指名して調査を行わせ及び委員会に緊急に報告させることができる．正当と認められる根拠がありかつ関係国の同意がある場合には，調査には当該当事国の領域への訪問を含めることができる．

4　調査は非公開で行うものとし，手続のすべての段階において当事国の協力を求める．

5　委員会は，この調査の所見を検討した後に，見解及び勧告がある場合にはこれらを添えて関係当事国に対して所見を送付する．

6　関係当事国は，委員会が送付した所見，見解及び勧告を受領した後6箇月以内に，その意見を委員会に提出する．

7　2に従って行われる調査に関する手続が完了した後，委員会は，関係国との協議の後に手続の結果の要旨を第15条に規定する年次報告に含めることを決定することができる．

8　1に従って宣言を行った当事国は，事務総長に対する通告によりこの宣言をいつでも撤回することができる．

第12条（調査手続のフォローアップ） 1　委員会は，関係国に対して，規約第16条及び第17条に基づいて提出する報告に，本議定書の第11条に基づいて行った調査に応じてとった措置の詳細を含めるよう，要請することができる．

2　委員会は必要な場合には，第11条6にいう6箇月の期間の終了後に，関係国に対して調査に応じてとった措置について通報するように要請することができる．

第13条（保護措置） 当事国は，自国の管轄の下にある個人が本議定書に基づいて委員会に通報を行った結果として過酷な取り扱い又は脅迫を受けないよう確保するために，すべての適当な措置をとる．

第14条（国際的な援助及び協力） 1　委員会は，適当と考える場合には，かつ，関係国の同意を得て，通報及び調査に関するその見解又は勧告であって技術的助言又は援助の必要性を示すものを，これらの見解又は勧告に対する当該当事国の所見又は提案がある場合にはこれらを添えて，国際連合の専門機関，基金及び計画並びにその他の権限ある機関に対して送付する．

2　委員会はまた，関係国の同意を得て，本議定書に基づいて審理した通報から生じる事項であって，当事国が規約に認める権利の実施において進歩を達成するのに貢献すると思われる国際的措置の妥当性について，これらの機関がその権限内において決定することに役立つものにつき，これらの機関の注意を喚起することができる．

3　規約に定める権利の実施を促進し，本議定書との関連における経済的，社会的及び文化的権利の分野における国の能力の構築に貢献するために，当事国の同意を得てこれに専門家の援助及び技術援助を提供することを目的に，国際連合の財政規則に従って運用される信託基金を，総会の関連規則に従って設立する．

4　この条の規定は，規約に基づく義務を履行する当事国の義務を損なうものではない．

第15条（年次報告） 委員会は，年次報告の中に，本議定書による活動の摘要を含めなければならない．

第16条（普及及び情報） 当事国は，規約及び本議定書を広く普及させ，また，委員会の見解及び勧告に関する情報を（特に当該当事国に関する事項について）容易に利用可能とすることを約束する．この際には，障害者に利用可能な形式によるものとする．

32 人種差別撤廃条約（抄）

あらゆる形態の人種差別の撤廃に関する国際条約
〔採択〕1965年12月21日（国連第20総会）
〔効力発生〕1969年1月4日／〔日本国〕1996年1月14日

第1部

第1条〔人種差別の定義〕 1　この条約において，「人種差別」とは，人種，皮膚の色，世系又は民族的若しくは種族的出身に基づくあらゆる区別，排除，制限又は優先であって，政治的，経済的，社会的，文化的その他のあらゆる公的生活の分野における平等の立場での人権及び基本的自由を認識し，享有し又は行使することを妨げ又は害する目的又は効果を有するものをいう．

2　この条約は，締約国が市民と市民でない者との間に設ける区別，排除，制限又は優先については，適用しない．

3　この条約のいかなる規定も，国籍，市民権又は帰化に関する締約国の法規に何ら影響を及ぼすものと解してはならない．ただし，これらに関する法規は，いかなる特定の民族に対しても差別を設けていないことを条件とする．

4　人権及び基本的自由の平等な享有又は行使を確保するため，保護を必要としている特定の人種若しくは種族の集団又は個人の適切な進歩を確保することのみを目的として，必要に応じてとられる特別措置は，人種差別とみなさない．ただし，この特別措置は，その結果として，異なる人種の集団に対して別個の権利を維持することとなってはならず，また，その目的が達成された後は継続してはならない．

第2条〔締約国の差別撤廃義務〕 1　締約国は，人種差別を非難し，また，あらゆる形態の人種差別を撤廃する政策及びあらゆる人種間の理解を促進する政策をすべての適当な方法により遅滞なくとることを約束する．このため，

(a) 各締約国は，個人，集団又は団体に対する人種差別の行為又は慣行に従事しないこと並びに国及び地方のすべての公の当局及び機関がこの義務に従って行動するよう確保することを約束する．

(b) 各締約国は，いかなる個人又は団体による人種差別も後援せず，擁護せず又は支持しないことを約束する．

(c) 各締約国は，政府（国及び地方）の政策を再検討し及び人種差別を生じさせ又は永続化させる効果を有するいかなる法令も改正し，廃止し又は無効にするために効果的な措置をとる．

(d) 各締約国は，すべての適当な方法（状況により必要とされるときは，立法を含む．）により，いかなる個人，集団又は団体による人種差別も禁止し，終了させる．

(e) 各締約国は，適当なときは，人種間の融和を目的とし，かつ，複数の人種で構成される団体及び運動を支援し並びに人種間の障壁を撤廃する他の方法を奨励すること並びに人種間の分断を強化するようないかなる動きも抑制することを約束する．

2　締約国は，状況により正当とされる場合には，特定の人種の集団又はこれに属する個人に対し人権及び基本的自由の十分かつ平等な享有を保障するため，社会的，経済的，文化的その他の分野において，当該人種の集団又は個人の適切な発展及び保護を確保するための特別かつ具体的な措置をとる．この措置は，いかなる場合においても，その目的が達成された後，その結果として，異なる人種の集団に対して不平等な又は別個の権利を維持することとなってはならない．

第3条〔アパルトヘイトの禁止等〕 締約国は，特に，人種隔離及びアパルトヘイトを非難し，また，自国の管轄の下にある領域におけるこの種のすべての慣行を防止し，禁止し及び根絶することを約束する．

第4条〔人種的優越性に基づく差別・扇動の禁止〕 締約国は，一の人種の優越性若しくは一の皮膚の色若しくは種族的出身の人の集団の優越性の思想若しくは理論に基づくあらゆる宣伝及び団体又は人種的憎悪及び人種差別(形態のいかんを問わない.）を正当化し若しくは助長することを企てるあらゆる宣伝及び団体を非難し，また，このような差別のあらゆる扇動又は行為を根絶することを目的とする迅速かつ積極的な措置をとることを約束する．このため，締約国は，世界人権宣言に具現された原則及び次条に明示的に定める権利に十分な考慮を払って，特に次のことを行う．

(a) 人種的優越又は憎悪に基づく思想のあらゆる流布，人種差別の扇動，いかなる人種若しくは皮膚の色若しくは種族的出身を異にする人の集団に対するものであるかを問わずすべての暴力行為又はその行為の扇動及び人種主義に基づく活動に対する資金援助を含むいかなる援助の提供も，法律で処罰すべき犯罪であることを宣言すること．

(b) 人種差別を助長し及び扇動する団体及び組織的宣伝活動その他のすべての宣伝活動を違法であるとして禁止するものとし，このような団体又は活動への参加が法律で処罰すべき犯罪であることを認めること．

(c) 国又は地方の公の当局又は機関が人種差別を助長し又は扇動することを認めないこと．

第5条〔無差別・法律の前の平等〕 第2条に定める基本的義務に従い，締約国は，特に次の権利の享有に当たり，あらゆる形態の人種差別を禁止し及び撤廃すること並びに人種，皮膚の色又は民族的若しくは種族的出身による差別なしに，すべての者が法律の前に平等であるという権利を保障することを約束する．

(a) 裁判所その他のすべての裁判及び審判を行う機関の前での平等な取扱いについての権利

(b) 暴力又は傷害（公務員によって加えられるものであるかいかなる個人，集団又は団体によって加えられるものであるかを問わない.）に対する身体の安全及び国家による保護についての権利

(c) 政治的権利，特に普通かつ平等の選挙権に基づく選挙に投票及び立候補によって参加し，国政及びすべての段階における政治に参与し並びに公務に平等に携わる権利

(d) 他の市民的権利，特に，

(i) 国境内における移動及び居住の自由についての権利

(ii) いずれの国（自国を含む.）からも離れ及び自国に戻る権利

(iii) 国籍についての権利

(iv) 婚姻及び配偶者の選択についての権利

(v) 単独で及び他の者と共同して財産を所有する権利

(vi) 相続する権利

(vii) 思想，良心及び宗教の自由についての権利

(viii) 意見及び表現の自由についての権利

(ix) 平和的な集会及び結社の自由についての権利

(e) 経済的，社会的及び文化的権利，特に，

(i) 労働，職業の自由な選択，公正かつ良好な労働条件，
失業に対する保護，同一の労働についての同一報酬
及び公正かつ良好な報酬についての権利

(ii) 労働組合を結成し及びこれに加入する権利

(iii) 住居についての権利

(iv) 公衆の健康，医療，社会保障及び社会的サービスについての権利

(v) 教育及び訓練についての権利

(vi) 文化的な活動への平等な参加についての権利

(f) 輸送機関，ホテル，飲食店，喫茶店，劇場，公園等一般公衆の使用を目的とするあらゆる場所又はサービスを利用する権利

第6条〔人種差別に対する救済〕 締約国は，自国の管轄の下にあるすべての者に対し，権限のある自国の裁判所及び他の国家機関を通じて，この条約に反して人権及び基本的自由を侵害するあらゆる人種差別の行為に対する効果的な保護及び救済措置を確保し，並びにその差別の結果として被ったあらゆる損害に対し，公正かつ適正な賠償又は救済を当該裁判所に求める権利を確保する．

第7条〔教育・文化上の措置〕 締約国は，人種差別につながる偏見と戦い，諸国民の間及び人種又は種族の集団の間の理解，寛容及び友好を促進し並びに国際連合憲章，世界人権宣言，あらゆる形態の人種差別の撤廃に関する国際連合宣言及びこの条約の目的及び原則を普及させるため，特に教授，教育，文化及び情報の分野において，迅速かつ効果的な措置をとることを約束する．

第2部

第8条〔人種差別撤廃委員会〕 1　締約国により締約国の国民の中から選出される徳望が高

く，かつ，公平と認められる 18 人の専門家で構成する人種差別の撤廃に関する委員会（以下「委員会」という．）を設置する．委員会の委員は，個人の資格で職務を遂行する．その選出に当たっては，委員の配分が地理的に衡平に行われること並びに異なる文明形態及び主要な法体系が代表されることを考慮に入れる．

第 9 条〔報告の提出義務〕 **1**　締約国は，次の場合に，この条約の諸規定の実現のためにとった立法上，司法上，行政上その他の措置に関する報告を，委員会による検討のため，国際連合事務総長に提出することを約束する．

(a) 当該締約国についてこの条約が効力を生ずる時から 1 年以内

(b) その後は 2 年ごとに，更には委員会が要請するとき．

委員会は，追加の情報を締約国に要請することができる．

2　委員会は，その活動につき国際連合事務総長を通じて毎年国際連合総会に報告するものとし，また，締約国から得た報告及び情報の検討に基づく提案及び一般的な性格を有する勧告を行うことができる．これらの提案及び一般的な性格を有する勧告は，締約国から意見がある場合にはその意見と共に，総会に報告する．

第 11 条〔締約国の義務不履行〕 **1**　締約国は，他の締約国がこの条約の諸規定を実現していないと認める場合には，その事案につき委員会の注意を喚起することができる．委員会は，その通知を関係締約国に送付する．当該通知を受領する国は，3 箇月以内に，当該事案について及び，当該国がとった救済措置がある場合には，当該救済措置についての書面による説明又は声明を委員会に提出する．

2　最初の通知の受領の後 6 箇月以内に当該事案が二国間交渉又は当事国にとって可能な他のいかなる手続によっても当事国の双方の満足するように調整されない場合には，いずれの一方の締約国も，委員会及び他方の締約国に通告することにより当該事案を再び委員会に付託する権利を有する．

3　委員会は，2 の規定により委員会に付託された事案について利用し得るすべての国内的な救済措置がとられかつ尽くされたことを確認した後に，一般的に認められた国際法の原則に従って，当該事案を取り扱う．ただし，救済措置の実施が不当に遅延する場合は，この限りでない．

4　委員会は，付託されたいずれの事案についても，関係締約国に対し，他のあらゆる関連情報を提供するよう要請することができる．

5　この条の規定から生ずるいずれかの事案が委員会により検討されている場合には，関係締約国は，当該事案が検討されている間，投票権なしで委員会の議事に参加する代表を派遣する権利を有する．

第 12 条〔特別調停委員会の設置〕 **1** (a) 委員長は，委員会が必要と認めるすべての情報を入手し，かつ，取りまとめた後，5 人の者（委員会の委員であるか否かを問わない．）から成る特別調停委員会（以下「調停委員会」という．）を設置する．調停委員会の委員は，すべての紛争当事国の同意を得て任命するものとし，調停委員会は，この条約の尊重を基礎として事案を友好的に解決するため，関係国に対してあっせんを行う．

第 13 条〔調停委員会の任務〕 **1**　調停委員会は，事案を十分に検討した後，当事国間の係争問題に係るすべての事実関係についての調査結果を記載し，かつ，紛争の友好的な解決のために適当と認める勧告を付した報告を作成し，委員会の委員長に提出する．

2　委員会の委員長は，調停委員会の報告を各紛争当事国に通知する．これらの紛争当事国は，3 箇月以内に，委員会の委員長に対し，調停委員会の報告に付されている勧告を受諾するか否かを通知する．

3　委員会の委員長は，2 に定める期間の後，調停委員会の報告及び関係締約国の意図の表明を，他の締約国に通知する．

第 14 条〔個別および集団からの委員会への通報〕 **1**　締約国は，この条約に定めるいずれかの権利の当該締約国による侵害の被害者であると主張する当該締約国の管轄の下にある個人又は集団からの通報を，委員会が受理しかつ検討する権限を有することを認める旨を，いつでも宣言することができる．委員会は，宣言を行っていない締約国についての通報を受理してはならない．

6 (a) 委員会は，付託されたいずれの通報についても，この条約のいずれかの規定に違反していると申し立てられている締約国の注意を内密に喚起する．ただし，関係のある個人又は集団の身元関係事項は，当該個人又は集団の明示の同意なしに明らかにしてはならない．委員会は，匿名の通報を受領してはならない．

(b) 注意を喚起された国は，3 箇月以内に，当該事案について及び，当該国がとった救済措置がある場合には，当該救済措置についての書面による説明又は声明を委員会に提出する．

7 (a) 委員会は，関係締約国及び請願者により委員会の利用に供されたすべての情報に照らして通報を検討する．委員会は，請願者が利用し得るすべての国内的な救済措置を尽くしたことを確認しない限り，請願者からのいかなる通報も検討してはならない．ただし，救済措置の実施が不当に遅延する場合は，この限りでない．

(b) 委員会は，提案及び勧告をする場合には，これらを関係締約国及び請願者に送付する．

8 委員会は，通報の概要並びに，適当なときは，関係締約国の書面による説明及び声明の概要並びに当該委員会の提案及び勧告の概要を，その年次報告に記載する．

第3部

第20条〔留保〕 1 国際連合事務総長は，批准又は加入の際に行われた留保を受領し，かつ，この条約の締約国であるか又は将来締約国となる可能性のあるすべての国に当該留保を送付する．留保に異議を有する国は，その送付の日から90日の期間内に，その留保を承認しない旨を同事務総長に通告する．

2 この条約の趣旨及び目的と両立しない留保は，認められない．また，この条約による設置する機関の活動を抑制するような効果を有する留保は，認められない．留保は締約国の少なくとも3分の2が異議を申し立てる場合には，両立しないもの又は抑制的なものとみなされる．

3 留保は，国際連合事務総長にあてた通告によりいつでも撤回することができる．通告は，その受領の日に効力を生ずる．

【日本国の留保】
日本国は，あらゆる形態の人種差別の撤廃に関する国際条約第4（a）及び（b）の規定の適用にあたり，同条に「世界人権宣言に具現された原則及び次条に明示的に定める権利に十分な考慮を払って」と規定してあることに留意し，日本国憲法の下における集会，結社及び表現の自由その他の権利の保障と抵触しない限度において，これらの規定に基づく義務を履行する．

33 女性差別撤廃条約（抄）

女子に対するあらゆる形態の差別の撤廃に関する条約
〔採択〕1979年12月18日（国連第34総会）
〔効力発生〕1981年9月3日／〔日本国〕1985年7月25日

第1部

第1条〔女子差別の定義〕 この条約の適用上，「女子に対する差別」とは，性に基づく区別，排除又は制限であって，政治的，経済的，社会的，文化的，市民的その他のいかなる分野においても，女子（婚姻をしているかいないかを問わない．）が男女の平等を基礎として人権及び基本的自由を認識し，享有し又は行使することを害し又は無効にする効果又は目的を有するものをいう．

第2条〔締約国の差別撤廃義務〕 締約国は，女子に対するあらゆる形態の差別を非難し，女子に対する差別を撤廃する政策をすべての適当な手段により，かつ，遅滞なく追求することに合意し，及びこのため次のことを約束する．

(a) 男女の平等の原則が自国の憲法その他の適当な法令に組み入れられていない場合にはこれを定め，かつ，男女の平等の原則の実際的な実現を法律その他の適当な手段により確保すること．

(b) 女子に対するすべての差別を禁止する適当な立法その他の措置（適当な場合には制裁を含む．）をとること．

(c) 女子の権利の法的な保護を男子との平等を基礎として確立し，かつ，権限のある自国の裁判所その他の公の機関を通じて差別となるいかなる行為からも女子を効果的に保護することを確保すること．

(d) 女子に対する差別となるいかなる行為又は慣行も差し控え，かつ，公の当局及び機関がこの義務に従って行動することを確保すること．

(e) 個人，団体又は企業による女子に対する差別を撤廃するためのすべての適当な措置をとること．

(f) 女子に対する差別となる既存の法律，規則，慣習及び慣行を修正し又は廃止するためのすべての適当な措置（立法を含む．）をとること．

(g) 女子に対する差別となる自国のすべての刑罰規定を廃止すること．

第3条〔女子の能力開発および向上の確保〕 締約国は，あらゆる分野，特に，政治的，社会的，経済的及び文化的分野において，女子に対して男子との平等を基礎として人権及び基本的自由を行使し及び享有することを保障することを目的として，女子の完全な能力開発及び向上を確保するためのすべての適当な措置（立法を含む．）をとる．

第4条〔差別とならない特別措置〕 **1** 締約国が男女の事実上の平等を促進することを目的とする暫定的な特別措置をとることは，この条約に定義する差別と解してはならない．ただし，その結果としていかなる意味においても不平等な又は別個の基準を維持し続けることとなってはならず，これらの措置は，機会及び待遇の平等の目的が達成された時に廃止されなければならない．

2 締約国が母性を保護することを目的とする特別措置（この条約に規定する措置を含む．）をとることは，差別と解してはならない．

第5条〔役割分担の否定〕 締約国は，次の目的のためのすべての適当な措置をとる．

(a) 両性のいずれかの劣等性若しくは優越性の観念又は男女の定型化された役割に基づく偏見及び慣習その他あらゆる慣行の撤廃を実現するため，男女の社会的及び文化的な行動様式を修正すること．

(b) 家庭についての教育に，社会的機能としての母性についての適正な理解並びに子の養育及び発育における男女の共同責任についての認識を含めることを確保すること．あらゆる場合において，子の利益は最初に考慮するものとする．

第6条〔女子の売買等の禁止〕 締約国は，あらゆる形態の女子の売買及び女子の売春からの搾取を禁止するためのすべての適当な措置（立法を含む．）をとる．

第2部

第7条〔政治的・公的活動における平等〕 締約国は，自国の政治的及び公的活動における女子に対する差別を撤廃するためのすべての適当な措置をとるものとし，特に，女子に対して男子と平等の条件で次の権利を確保する．

(a) あらゆる選挙及び国民投票において投票する権利並びにすべての公選による機関に選挙される資格を有する権利

(b) 政府の政策の策定及び実施に参加する権利並びに政府のすべての段階において公職に就き及びすべての公務を遂行する権利

(c) 自国の公的又は政治的活動に関係のある非政府機関及び非政府団体に参加する権利

第8条〔国際的活動への参加の平等〕 締約国は，国際的に自国政府を代表し及び国際機関の活動に参加する機会を，女子に対して男子と平等の条件でかついかなる差別もなく確保するためのすべての適当な措置をとる．

第9条〔国籍に関する平等の権利〕 **1** 締約国は，国籍の取得，変更及び保持に関し，女子に対して男子と平等の権利を与える．締約国は，特に，外国人との婚姻又は婚姻中の夫の国籍の変更が，自動的に妻の国籍を変更し，妻を無国籍にし又は夫の国籍を妻に強制することとならないことを確保する．

2 締約国は，子の国籍に関し，女子に対して男子と平等の権利を与える．

第3部

第10条〔教育の分野における差別の撤廃〕 締約国は，教育の分野において，女子に対して男子と平等の権利を確保することを目的として，特に，男女の平等を基礎として次のことを確保することを目的として，女子に対する差別を撤廃するためのすべての適当な措置をとる．

(a) 農村及び都市のあらゆる種類の教育施設における職業指導，修学の機会及び資格証書の取得のための同一の条件．このような平等は，就学前教育，普通教育，技術教育，専門教育及び高等技術教育並びにあらゆる種類の職業訓練において確保されなければならない．

(b) 同一の教育課程，同一の試験，同一の水準の資格を有する教育職員並びに同一の質の学校施設及び設備を享受する機会

(c) すべての段階及びあらゆる形態の教育における男女の役割についての定型化された概念の撤廃を，この目的の達成を助長する男女共学その他の種類の教育を奨励することにより，また，特に，教材用図書及び指導計画を改訂すること並びに指導方法を調整することにより行うこと．

(d) 奨学金その他の修学援助を享受する同一の機会

(e) 継続教育計画（成人向けの及び実用的な識字計画を含む．），特に，男女間に存在する教育上の格差をできる限り早期に減少させることを目的とした継続教育計画を利用する同一の機会

(f) 女子の中途退学率を減少させること及び早期に退学した女子のための計画を策定すること．

(g) スポーツ及び体育に積極的に参加する同一の機会

(h) 家族の健康及び福祉の確保に役立つ特定

の教育的情報（家族計画に関する情報及び助言を含む.）を享受する機会

第11条〔雇用における差別撤廃〕 1　締約国は, 男女の平等を基礎として同一の権利, 特に次の権利を確保することを目的として, 雇用の分野における女子に対する差別を撤廃するためのすべての適当な措置をとる.

(a) すべての人間の奪い得ない権利としての労働の権利

(b) 同一の雇用機会（雇用に関する同一の選考基準の適用を含む.）についての権利

(c) 職業を自由に選択する権利, 昇進, 雇用の保障ならびに労働に係るすべての給付及び条件についての権利並びに職業訓練及び再訓練（見習, 上級職業訓練及び継続的訓練を含む.）を受ける権利

(d) 同一価値の労働についての同一報酬（手当を含む.）及び同一待遇についての権利並びに労働の質の評価に関する取扱いの平等についての権利

(e) 社会保障（特に, 退職, 失業, 傷病, 障害, 老齢その他の労働不能の場合における社会保障）についての権利及び有給休暇についての権利

(f) 作業条件に係る健康の保護及び安全（生殖機能の保護を含む.）についての権利

2　締約国は, 婚姻又は母性を理由とする女子に対する差別を防止し, かつ, 女子に対して実効的な労働の権利を確保するため, 次のことを目的とする適当な措置をとる.

(a) 妊娠又は母性休暇を理由とする解雇及び婚姻をしているかいないかに基づく差別的解雇を制裁を課して禁止すること.

(b) 給料又はこれに準ずる社会的給付を伴い, かつ, 従前の雇用関係, 先任及び社会保障上の利益の喪失を伴わない母性休暇を導入すること.

(c) 親が家庭責任と職業上の責務及び社会的活動への参加とを両立させることを可能とするために必要な補助的な社会的サービスの提供を, 特に保育施設網の設置及び充実を促進することにより奨励すること.

(d) 妊娠中の女子に有害であることが証明されている種類の作業においては, 当該女子に対して特別の保護を与えること.

3　この条に規定する事項に関する保護法令は, 科学上及び技術上の知識に基づき定期的に検討するものとし, 必要に応じて, 修正し, 廃止し, 又はその適用を拡大する.

第12条〔保健における差別撤廃〕 1　締約国は, 男女の平等を基礎として保健サービス（家族計画に関連するものを含む.）を享受する機会を確保することを目的として, 保健の分野における女子に対する差別を撤廃するためのすべての適当な措置をとる.

2　1の規定にかかわらず, 締約国は, 女子に対し, 妊娠, 分娩及び産後の期間中の適当なサービス（必要な場合には無料にする.）並びに妊娠及び授乳の期間中の適当な栄養を確保する.

第13条〔経済的および社会的活動における差別撤廃〕 締約国は, 男女の平等を基礎として同一の権利, 特に次の権利を確保することを目的として, 他の経済的及び社会的活動の分野における女子に対する差別を撤廃するためのすべての適当な措置をとる.

(a) 家族給付についての権利

(b) 銀行貸付け, 抵当その他の形態の金融上の信用についての権利

(c) レクリエーション, スポーツ及びあらゆる側面における文化的活動に参加する権利

第14条〔農村女子に対する差別撤廃〕 1　締約国は, 農村の女子が直面する特別の問題及び家族の経済的生存のために果たしている重要な役割（貨幣化されていない経済の部門における労働を含む.）を考慮に入れるものとし, 農村の女子に対するこの条約の適用を確保するためのすべての適当な措置をとる.

2　締約国は, 男女の平等を基礎として農村の女子が農村の開発に参加すること及びその開発から生ずる利益を受けることを確保することを目的として, 農村の女子に対する差別を撤廃するためのすべての適当な措置をとるものとし, 特に, これらの女子に対して次の権利を確保する.

(a) すべての段階における開発計画の作成及び実施に参加する権利

(b) 適当な保健サービス（家族計画に関する情報, カウンセリング及びサービスを含む.）を享受する権利

(c) 社会保障制度から直接に利益を享受する権利

(d) 技術的な能力を高めるために, あらゆる種類（正規であるかないかを問わない.）の訓練及び教育（実用的な識字に関するものを含む.）並びに, 特に, すべての地域サービス及び普及サービスからの利益を享受する権利

(e) 経済分野における平等な機会を雇用又は自営を通じて得るために, 自助的集団及び協同組合を組織する権利

(f) あらゆる地域活動に参加する権利

(g) 農業信用及び貸付け, 流通機構並びに適当

な技術を利用する権利並びに土地及び農地の改革並びに入植計画において平等な待遇を享受する権利
(h) 適当な生活条件（特に, 住居, 衛生, 電力及び水の供給, 運輸並びに通信に関する条件）を享受する権利

第4部

第15条〔法律の前の平等〕 1　締約国は, 女子に対し, 法律の前の男子との平等を認める.
2　締約国は, 女子に対し, 民事に関して男子と同一の法的能力を与えるものとし, また, この能力を行使する同一の機会を与える. 特に, 締約国は, 契約を締結し及び財産を管理することにつき女子に対して男子と平等の権利を与えるものとし, 裁判所における手続のすべての段階において女子を男子と平等に取り扱う.
3　締約国は, 女子の法的能力を制限するような法的効果を有するすべての契約及び他のすべての私的文書（種類のいかんを問わない.）を無効とすることに同意する.
4　締約国は, 個人の移動並びに居所及び住所の選択の自由に関する法律において男女に同一の権利を与える.

第16条〔婚姻・家族関係に係る差別撤廃〕 1　締約国は, 婚姻及び家族関係に係るすべての事項について女子に対する差別を撤廃するためのすべての適当な措置をとるものとし, 特に, 男女の平等を基礎として次のことを確保する.
(a) 婚姻をする同一の権利
(b) 自由に配偶者を選択し及び自由かつ完全な合意のみにより婚姻をする同一の権利
(c) 婚姻中及び婚姻の解消の際の同一の権利及び責任
(d) 子に関する事項についての親（婚姻をしているかいないかを問わない.）としての同一の権利及び責任. あらゆる場合において, 子の利益は至上である.
(e) 子の数及び出産の間隔を自由にかつ責任をもって決定する同一の権利並びにこれらの権利の行使を可能にする情報, 教育及び手段を享受する同一の権利
(f) 子の後見及び養子縁組又は国内法令にこれらに類する制度が存在する場合にはその制度に係る同一の権利及び責任. あらゆる場合において, 子の利益は至上である.
(g) 夫及び妻の同一の個人的権利（姓及び職業を選択する権利を含む.）
(h) 無償であるか有償であるかを問わず, 財産を所有し, 取得し, 運用し, 管理し, 利用し及び処分することに関する配偶者双方の同一の権利 a
2　児童の婚約及び婚姻は, 法的効果を有しないものとし, また, 婚姻最低年齢を定め及び公の登録所への婚姻の登録を義務付けるためのすべての必要な措置（立法を含む.）がとられ b
なければならない.

第5部

第17条〔女子差別撤廃委員会〕 1　この条約の実施に関する進捗状況を検討するために, c
女子に対する差別の撤廃に関する委員会（以下「委員会」という.）を設置する. 委員会は, この条約の効力発生の時は18人の, 35番目の締約国による批准又は加入の後は23人の徳望が高く, かつ, この条約が対象とする分野 d
において十分な能力を有する専門家で構成する. 委員は, 締約国の国民の中から締約国により選出されるものとし, 個人の資格で職務を遂行する. その選出に当たっては, 委員の配分が地理的に衡平に行われること並びに異なる文 e
明形態及び主要な法体系が代表されることを考慮に入れる.

第18条〔締約国の報告義務〕 1　締約国は, 次の場合に, この条約の実施のためにとった立法上, 司法上, 行政上その他の措置及びこれら f
の措置によりもたらされた進歩に関する報告を, 委員会による検討のため, 国際連合事務総長に提出することを約束する.
(a) 当該締約国についてこの条約が効力を生ずる時から1年以内 g
(b) その後は少なくとも4年ごと, 更には委員会が要請するとき.
2　報告には, この条約に基づく義務の履行の程度に影響を及ぼす要因及び障害を記載することができる. h

第21条〔委員会の報告・提案・勧告〕 1　委員会は, その活動につき経済社会理事会を通じて毎年国際連合総会に報告するものとし, また, 締約国から得た報告及び情報の検討に基づく提案及び一般的な性格を有する勧告を行う i
ことができる. これらの提案及び一般的な性格を有する勧告は, 締約国から意見がある場合にはその意見とともに, 委員会の報告に記載する.
2　国際連合事務総長は, 委員会の報告を, 情報用として, 婦人の地位委員会に送付する. j

第22条〔専門機関と委員会〕 専門機関は, その任務の範囲内にある事項に関するこの条約の規定の実施についての検討に際し, 代表を出す権利を有する. 委員会は, 専門機関に対し, その任務の範囲内にある事項に関するこの条約 k

の実施について報告を提出するよう要請することができる.

第6部

第23条〔国内法及び他の国際条約との関係〕 この条約のいかなる規定も,次のものに含まれる規定であって男女の平等の達成に一層貢献するものに影響を及ぼすものではない.
(a) 締約国の法令
(b) 締約国について効力を有する他の国際条約又は国際協定

第24条〔条約上の権利の完全な実現〕 締約国は,自国においてこの条約の認める権利の完全な実現を達成するためのすべての必要な措置をとることを約束する.

第28条〔留保〕 1　国際連合事務総長は,批准又は加入の際に行われた留保の書面を受領し,かつ,すべての国に送付する.
2　この条約の趣旨及び目的と両立しない留保は,認められない.
3　留保は,国際連合事務総長にあてた通告によりいつでも撤回することができるものとし,同事務総長は,その撤回をすべての国に通報する.このようにして通報された通告は,受領された日に効力を生ずる.

34 女性差別撤廃条約選択議定書
（抄）　翻訳

女子に対するあらゆる形態の差別の撤廃に関する条約の選択議定書
〔採択〕1999年10月6日（国連第54総会）
〔効力発生〕2000年12月22日

第1条〔個人通報に対する委員会の権限〕 本議定書の締約国（以下「締約国」という.）は,第2条に基づいて提出される通報を,女子に対する差別の撤廃に関する委員会(以下「委員会」という.）が受理し且つ審理する権限を有することを認める.

第2条〔個人通報の提出〕 通報は,締約国の管轄の下にある個人又は集団であって,条約に定めるいずれかの権利の当該締約国による侵害の被害者であると主張する者により,又はその者のために提出することができる.通報が個人又は集団のために提出される場合には,当該通報は,これらの者の同意を得たものでなければならない.ただし,通報者がこのような同意なしに行動することを正当化しうる場合には,この限りではない.

第3条〔受理できない通報〕 通報は,書面によらなければならず,かつ,匿名であってはならない.委員会は,条約の締約国であるが本議定書の締約国でないものについての通報を受理してはならない.

第4条〔許容性〕 1　委員会は,利用し得るすべての国内的救済を尽くしたことを確認しない限り,通報を審理してはならない.ただし,救済措置の実施が不当に遅延する場合又は効果的救済をもたらさない場合は,この限りでない.
2　委員会は,次の場合には,通報を非許容と宣言する.
(i) 同一の事案が委員会で既に検討されたか又は他の国際的調査若しくは解決の手続の下で検討されたか若しくは検討されている場合
(ii) 通報が条約の規定と両立しない場合
(iii) 通報が明白に根拠不十分であるか又は十分に疎明されていない場合
(iv) 通報が通報を行う権利の濫用である場合
(v) 通報の対象となる事実が,関係締約国につき本議定書が効力を生じる前に生じた場合.ただし,当該事実が効力発生の日以降も継続している場合はこの限りでない.

第5条〔暫定措置〕 1　委員会は,通報の受理ののち本案の決定に至るまでのいずれの時においても,関係締約国に対して,主張された違反の被害者について生じうる回復不能な損害を避けるために必要となる暫定措置をとるように求める要請を,同国の緊急の考慮を促すために送付することができる.
2　委員会がこの条の1に基づき裁量権を行使する場合,これは通報の許容性又は本案についての決定を予断するものではない.

第6条〔締約国への照会〕 1　委員会は,通報が関係締約国に照会するまでもなく非許容と考える場合に該当せず,かつ,個人が身元関係事項を締約国に明らかにすることに同意する場合には,本議定書に基づき提出された通報を内密に当該締約国に通知する.
2　注意を喚起された国は,6箇月以内に,当該事案について及び,当該国がとった救済措置がある場合には,当該救済措置についての説明書又は声明を委員会に提出する.

第7条〔通報の審理〕 1　委員会は,個人若しくは集団により又はそれらのために及び関係締約国により委員会の利用に供されたすべての情報に照らして本議定書に基づいて受理した通報を審理する.ただし,この情報は関係当事者に送付されることを条件とする.
2　委員会は,本議定書に基づいて通報を検討する場合には非公開の会合を開く.

3　委員会は，通報を検討した後，通報に関する委員会の見解を，勧告がある場合には勧告とともに，関係当事者に検討する.

4　締約国は，委員会の見解及び勧告がある場合にはその勧告に妥当な考慮を払い，並びに，6箇月以内に，委員会に対して書面の回答（委員会の見解及び勧告に照らしてとった措置についての情報を含む.）を送付する.

5　委員会は，委員会の見解及び，勧告がある場合には，当該勧告に応えて締約国がとった措置についての追加的情報（委員会が妥当と見なすものを含む.）を条約第18条に基づく締約国の後の報告において提出するように要請することができる.

第8条〔情報に対する委員会の調査〕 1　委員会は，締約国が条約に定める権利の重大な又は系統的な侵害を行っていることを示す信頼できる情報を受領した場合には，当該締約国に対し，当該情報の検討に協力し及びこのために当該情報についての見解を提出するよう要請する.

2　委員会は，関係締約国が提出することのあるすべての見解を他の信頼できる入手可能な情報と共に考慮した上で，1人又は2人以上の委員を指名して調査を行わせ及び委員会に緊急に報告させることができる. 正当な根拠がありかつ関係締約国の同意がある場合には，調査には当該国の領域への訪問を含めることができる.

3　委員会は，2の調査結果を検討した後，当該調査結果を意見及び勧告とともに関係締約国に送付する.

4　関係締約国は，委員会が送付した調査結果，意見及び勧告を受領した後6箇月以内に，当該国の見解を委員会に送付する.

5　調査は内密に実施し，当該手続のすべての段階において関係締約国の協力を求めなければならない.

第9条〔調査に応えてとった措置の報告〕 1　委員会は，本議定書の第8条に基づいて行われる調査に応えて関係締約国がとった措置の詳細を条約第18条に基づく当該国の報告の中に含めるよう締約国に要請することができる.

2　委員会は，必要とみなす場合には，第8条4に定める6箇月の期間の終了後に，当該調査に応えてとった措置を委員会に通報するよう関係締約国に要請することができる.

第10条〔8条及び9条に対する留保〕 1　各国は，本議定書の署名若しくは批准又はこの条約への加入の際に，委員会が第8条及び第9条に規定する権限を有することを認めない旨を宣言することができる.

2　1の規定に従って宣言を付した締約国は，国際連合事務総長に対する通告により，いつでもこの宣言を撤回することができる.

第11条〔通報者の保護〕 締約国は，自国の管轄の下にある個人が本議定書に基づいて委員会に通報を行った結果として過酷な取扱い又は脅迫を受けないよう確保するためのあらゆる適当な措置をとる.

第12条〔年次報告〕 委員会は，本議定書に基づいて行った委員会の活動の摘要を条約第21条に基づく年次報告に含めなければならない.

第13条〔広報〕 各締約国は，条約及び本議定書を広く周知させ及び広報すること並びに委員会の見解及び勧告についての情報を（特に当該締約国に関する事項について）容易に利用可能とすることを約束する.

35 子どもの権利条約（抄）

児童の権利に関する条約
〔採択〕1989年11月20日（国連第44総会）
〔効力発生〕1990年9月2日／〔日本国〕1994年5月22日
改正〔第43条2〕1995年12月12日，〔効力発生〕2002年11月18日／〔日本国〕2003年6月12日

第1部

第1条〔定義〕 この条約の適用上，児童とは，18歳未満のすべての者をいう. ただし，当該児童で，その者に適用される法律によりより早く成年に達したものを除く.

第2条〔差別の禁止〕 1　締約国は，その管轄の下にある児童に対し，児童又はその父母若しくは法定保護者の人種，皮膚の色，性，言語，宗教，政治的意見その他の意見，国民的，種族的若しくは社会的出身，財産，心身障害，出生又は他の地位にかかわらず，いかなる差別もなしにこの条約に定める権利を尊重し，及び確保する.

2　締約国は，児童がその父母，法定保護者又は家族の構成員の地位，活動，表明した意見又は信念によるあらゆる形態の差別又は処罰から保護されることを確保するためのすべての適当な措置をとる.

第3条〔児童の利益の優先〕 1　児童に関するすべての措置をとるに当たっては，公的若しくは私的な社会福祉施設，裁判所，行政当局又は立法機関のいずれによって行われるもので

あっても，児童の最善の利益が主として考慮されるものとする．

2　締約国は，児童の父母，法定保護者又は児童について法的に責任を有する他の者の権利及び義務を考慮に入れて，児童の福祉に必要な保護及び養護を確保することを約束し，このため，すべての適当な立法上及び行政上の措置をとる．

3　締約国は，児童の養護又は保護のための施設，役務の提供及び設備が，特に安全及び健康の分野に関し並びにこれらの職員の数及び適格性並びに適正な監督に関し権限のある当局の設定した基準に適合することを確保する．

第4条〔締約国による措置〕締約国は，この条約において認められる権利の実現のため，すべての適当な立法措置，行政措置その他の措置を講ずる．締約国は，経済的，社会的及び文化的権利に関しては，自国における利用可能な手段の最大限の範囲内で，また，必要な場合には国際協力の枠内で，これらの措置を講ずる．

第5条〔父母等の責任，権利，義務の尊重〕締約国は，児童がこの条約において認められる権利を行使するに当たり，父母若しくは場合により地方の慣習により定められている大家族若しくは共同体の構成員，法定保護者又は児童について法的に責任を有する他の者がその児童の発達しつつある能力に適合する方法で適当な指示及び指導を与える責任，権利及び義務を尊重する．

第6条〔生命に対する権利〕1　締約国は，すべての児童が生命に対する固有の権利を有することを認める．

2　締約国は，児童の生存及び発達を可能な最大限の範囲において確保する．

第7条〔登録，氏名，国籍の権利〕1　児童は，出生の後直ちに登録される．児童は，出生の時から氏名を有する権利及び国籍を取得する権利を有するものとし，また，できる限りその父母を知りかつその父母によって養育される権利を有する．

2　締約国は，特に児童が無国籍となる場合を含めて，国内法及びこの分野における関連する国際文書に基づく自国の義務に従い，1の権利の実現を確保する．

第8条〔身元関係事項保持の権利〕1　締約国は，児童が法律によって認められた国籍，氏名及び家族関係を含むその身元関係事項について不法に干渉されることなく保持する権利を尊重することを約束する．

2　締約国は，児童がその身元関係事項の一部又は全部を不法に奪われた場合には，その身元関係事項を速やかに回復するため，適当な援助及び保護を与える．

第9条〔父母からの分離の禁止〕1　締約国は，児童がその父母の意思に反してその父母から分離されないことを確保する．ただし，権限のある当局が司法の審査に従うことを条件として適用のある法律及び手続に従いその分離が児童の最善の利益のために必要であると決定する場合は，この限りでない．このような決定は，父母が児童を虐待し若しくは放置する場合又は父母が別居しており児童の居住地を決定しなければならない場合のような特定の場合において必要となることがある．

2　すべての関係当事者は，1の規定に基づくいかなる手続においても，その手続に参加しかつ自己の意見を述べる機会を有する．

3　締約国は，児童の最善の利益に反する場合を除くほか，父母の一方又は双方から分離されている児童が定期的に父母のいずれとも人的な関係及び直接の接触を維持する権利を尊重する．

4　3の分離が，締約国がとった父母の一方若しくは双方又は児童の抑留，拘禁，追放，退去強制，死亡（その者が当該締約国により身体を拘束されている間に何らかの理由により生じた死亡を含む．）等のいずれかの措置に基づく場合には，当該締約国は，要請に応じ，父母，児童又は適当な場合には家族の他の構成員に対し，家族のうち不在となっている者の所在に関する重要な情報を提供する．ただし，その情報の提供が児童の福祉を害する場合は，この限りでない．締約国は，更に，その要請の提出自体が関係者に悪影響を及ぼさないことを確保する．

第10条〔家族再統合のための出入国〕1　前条1の規定に基づく締約国の義務に従い，家族の再統合を目的とする児童又はその父母による締約国への入国又は締約国からの出国の申請については，締約国が積極的，人道的かつ迅速な方法で取り扱う．締約国は，更に，その申請の提出が申請者及びその家族の構成員に悪影響を及ぼさないことを確保する．

2　父母と異なる国に居住する児童は，例外的な事情がある場合を除くほか定期的に父母との人的な関係及び直接の接触を維持する権利を有する．このため，前条1の規定に基づく締約国の義務に従い，締約国は，児童及びその父母がいずれの国（自国を含む．）からも出国し，かつ，自国に入国する権利を尊重する．出国する権利は，法律で定められ，国の安全，公の秩序，公衆の健康若しくは道徳又は他の者の権利及び自由を保護するために必要であり，かつ，この条約において認められる他の権利と両立する制限にのみ従う.

第11条〔不法移送の禁止と帰還の確保〕 1 締約国は,児童が不法に国外へ移送されることを防止し及び国外から帰還することができない事態を除去するための措置を講ずる.

2 このため,締約国は,2国間若しくは多数国間の協定の締結又は現行の協定への加入を促進する.

第12条〔意見表明の権利〕 1 締約国は,自己の意見を形成する能力のある児童がその児童に影響を及ぼすすべての事項について自由に自己の意見を表明する権利を確保する.この場合において,児童の意見は,その児童の年齢及び成熟度に従って相応に考慮されるものとする.

2 このため,児童は,特に,自己に影響を及ぼすあらゆる司法上及び行政上の手続において,国内法の手続規則に合致する方法により直接に又は代理人若しくは適当な団体を通じて聴取される機会を与えられる.

第13条〔表現の自由〕 1 児童は,表現の自由についての権利を有する.この権利には,口頭,手書き若しくは印刷,芸術の形態又は自ら選択する他の方法により,国境とのかかわりなく,あらゆる種類の情報及び考えを求め,受け及び伝える自由を含む.

2 1の権利の行使については,一定の制限を課することができる.ただし,その制限は,法律によって定められ,かつ,次の目的のために必要とされるものに限る.

(a) 他の者の権利又は信用の尊重

(b) 国の安全,公の秩序又は公衆の健康若しくは道徳の保護

第14条〔思想,良心,宗教の自由〕 1 締約国は,思想,良心及び宗教の自由についての児童の権利を尊重する.

2 締約国は,児童が1の権利を行使するに当たり,父母及び場合により法定保護者が児童に対しその発達しつつある能力に適合する方法で指示を与える権利及び義務を尊重する.

3 宗教又は信念を表明する自由については,法律で定める制限であって公共の安全,公の秩序,公衆の健康若しくは道徳又は他の者の基本的な権利及び自由を保護するために必要なもののみを課することができる.

第15条〔結社および集会の自由〕 1 締約国は,結社の自由及び平和的な集会の自由についての児童の権利を認める.

2 1の権利の行使については,法律で定める制限であって国の安全若しくは公共の安全,公の秩序,公衆の健康若しくは道徳の保護又は他の者の権利及び自由の保護のため民主的社会において必要なもの以外のいかなる制限も課することができない.

第16条〔私生活,名誉,信用の尊重〕 1 いかなる児童も,その私生活,家族,住居若しくは通信に対して恣意的に若しくは不法に干渉され又は名誉及び信用を不法に攻撃されない.

2 児童は,1の干渉又は攻撃に対する法律の保護を受ける権利を有する.

第17条〔マス・メディアの役割〕 締約国は,大衆媒体(マス・メディア)の果たす重要な機能を認め,児童が国の内外の多様な情報源からの情報及び資料,特に児童の社会面,精神面及び道徳面の福祉並びに心身の健康の促進を目的とした情報及び資料を利用することができることを確保する.このため,締約国は,

(a) 児童にとって社会面及び文化面において有益であり,かつ,第29条の精神に沿う情報及び資料を大衆媒体(マス・メディア)が普及させるよう奨励する.

(b) 国の内外の多様な情報源(文化的にも多様な情報源を含む.)からの情報及び資料の作成,交換及び普及における国際協力を奨励する.

(c) 児童用書籍の作成及び普及を奨励する.

(d) 少数集団に属し又は原住民である児童の言語上の必要性について大衆媒体(マス・メディア)が特に考慮するよう奨励する.

(e) 第13条及び次条の規定に留意して,児童の福祉に有害な情報及び資料から児童を保護するための適当な指針を発展させることを奨励する.

第18条〔父母の共同責任〕 1 締約国は,児童の養育及び発達について父母が共同の責任を有するという原則についての認識を確保するために最善の努力を払う.父母又は場合により法定保護者は,児童の養育及び発達についての第一義的な責任を有する.児童の最善の利益は,これらの者の基本的な関心事項となるものとする.

2 締約国は,この条約に定める権利を保障し及び促進するため,父母及び法定保護者が児童の養育についての責任を遂行するに当たりこれらの者に対して適当な援助を与えるものとし,また,児童の養護のための施設,設備及び役務の提供の発展を確保する.

3 締約国は,父母が働いている児童が利用する資格を有する児童の養護のための役務の提供及び設備からその児童が便益を受ける権利を有することを確保するためのすべての適当

な措置をとる.

第19条〔虐待, 搾取等からの保護〕 1　締約国は, 児童が父母, 法定保護者又は児童を監護する他の者による監護を受けている間において, あらゆる形態の身体的若しくは精神的な暴力, 傷害若しくは虐待, 放置若しくは怠慢な取扱い, 不当な取扱い又は搾取（性的虐待を含む.）からその児童を保護するためすべての適当な立法上, 行政上, 社会上及び教育上の措置をとる.

2　1の保護措置には, 適当な場合には, 児童及び児童を監護する者のために必要な援助を与える社会的計画の作成その他の形態による防止のための効果的な手続並びに1に定める児童の不当な取扱いの事件の発見, 報告, 付託, 調査, 処置及び事後措置並びに適当な場合には司法の関与に関する効果的な手続を含むものとする.

第20条〔家族環境を奪われた児童の養護〕 1　一時的若しくは恒久的にその家庭環境を奪われた児童又は児童自身の最善の利益にかんがみその家庭環境にとどまることが認められない児童は, 国が与える特別の保護及び援助を受ける権利を有する.

2　締約国は, 自国の国内法に従い, 1の児童のための代替的な監護を確保する.

3　2の監護には, 特に, 里親委託, イスラム法のカファーラ, 養子縁組又は必要な場合には児童の監護のための適当な施設への収容を含むことができる. 解決策の検討に当たっては, 児童の養育において継続性が望ましいこと並びに児童の種族的, 宗教的, 文化的及び言語的な背景について, 十分な考慮を払うものとする.

第21条〔養子縁組〕 養子縁組の制度を認め又は許容している締約国は, 児童の最善の利益について最大の考慮が払われることを確保するものとし, また,

(a) 児童の養子縁組が権限のある当局によってのみ認められることを確保する. この場合において, 当該権限のある当局は, 適用のある法律及び手続に従い, かつ, 信頼し得るすべての関連情報に基づき, 養子縁組が父母, 親族及び法定保護者に関する児童の状況にかんがみ許容されること並びに必要な場合には, 関係者が所要のカウンセリングに基づき養子縁組について事情を知らされた上での同意を与えていることを認定する.

(b) 児童がその出身国内において里親若しくは養家に託され又は適切な方法で監護を受けることができない場合には, これに代わる児童の監護の手段として国際的な養子縁組を考慮することができることを認める.

(c) 国際的な養子縁組が行われる児童が国内における養子縁組の場合における保護及び基準と同等のものを享受することを確保する.

(d) 国際的な養子縁組において当該養子縁組が関係者に不当な金銭上の利得をもたらすことがないことを確保するためのすべての適当な措置をとる.

(e) 適当な場合には, 2国間又は多数国間の取極又は協定を締結することによりこの条の目的を促進し, 及びこの枠組みの範囲内で他国における児童の養子縁組が権限のある当局又は機関によって行われることを確保するよう努める.

第22条〔難民児童の保護〕 1　締約国は, 難民の地位を求めている児童又は適用のある国際法及び国際的な手続若しくは国内法及び国内的な手続に基づき難民と認められている児童が, 父母又は他の者に付き添われているかいないかを問わず, この条約及び自国が締約国となっている人権又は人道に関する他の国際文書に定める権利であって適用のあるものの享受に当たり, 適当な保護及び人道的援助を受けることを確保するための適当な措置をとる.

2　このため, 締約国は, 適当と認める場合には, 1の児童を保護し及び援助するため, 並びに難民の児童の家族との再統合に必要な情報を得ることを目的としてその難民の児童の父母又は家族の他の構成員を捜すため, 国際連合及びこれと協力する他の権限のある政府間機関又は関係非政府機関による努力に協力する. その難民の児童は, 父母又は家族の他の構成員が発見されない場合には, 何らかの理由により恒久的又は一時的にその家庭環境を奪われた他の児童と同様にこの条約に定める保護が与えられる.

第23条〔障害を有する児童の権利〕 1　締約国は, 精神的又は身体的な障害を有する児童が, その尊厳を確保し, 自立を促進し及び社会への積極的な参加を容易にする条件の下で十分かつ相応な生活を享受すべきであることを認める.

2　締約国は, 障害を有する児童が特別の養護についての権利を有することを認めるものとし, 利用可能な手段の下で, 申込みに応じた, かつ, 当該児童の状況及び父母又は当該児童を養護している他の者の事情に適した援助を, これを受ける資格を有する児童及びこのような児童の養護について責任を有する者に与えることを奨励し, かつ, 確保する.

3　障害を有する児童の特別な必要を認めて，2の規定に従って与えられる援助は，父母又は当該児童を養護している他の者の資力を考慮して可能な限り無償で与えられるものとし，かつ，障害を有する児童が可能な限り社会への統合及び個人の発達（文化的及び精神的な発達を含む．）を達成することに資する方法で当該児童が教育，訓練，保健サービス，リハビリテーション・サービス，雇用のための準備及びレクリエーションの機会を実質的に利用し及び享受することができるように行われるものとする．

4　締約国は，国際協力の精神により，予防的な保健並びに障害を有する児童の医学的，心理学的及び機能的治療の分野における適当な情報の交換（リハビリテーション，教育及び職業サービスの方法に関する情報の普及及び利用を含む．）であってこれらの分野における自国の能力及び技術を向上させ並びに自国の経験を広げることができるようにすることを目的とするものを促進する．これに関しては，特に，開発途上国の必要を考慮する．

第24条〔健康および医療に関する権利〕 1　締約国は，到達可能な最高水準の健康を享受すること並びに病気の治療及び健康の回復のための便宜を与えられることについての児童の権利を認める．締約国は，いかなる児童もこのような保健サービスを利用する権利が奪われないことを確保するために努力する．

2　締約国は，1の権利の完全な実現を追求するものとし，特に，次のことのための適当な措置をとる．

(a) 幼児及び児童の死亡率を低下させること．

(b) 基礎的な保健の発展に重点を置いて必要な医療及び保健をすべての児童に提供することを確保すること．

(c) 環境汚染の危険を考慮に入れて，基礎的な保健の枠組みの範囲内で行われることを含めて，特に容易に利用可能な技術の適用により並びに十分に栄養のある食物及び清潔な飲料水の供給を通じて，疾病及び栄養不良と闘うこと．

(d) 母親のための産前産後の適当な保健を確保すること．

(e) 社会のすべての構成員特に父母及び児童が，児童の健康及び栄養，母乳による育児の利点，衛生（環境衛生を含む．）並びに事故の防止についての基礎的な知識に関して，情報を提供され，教育を受ける機会を有し及びその知識の使用について支援されることを確保すること．

(f) 予防的な保健，父母のための指導並びに家族計画に関する教育及びサービスを発展させること．

3　締約国は，児童の健康を害するような伝統的な慣行を廃止するため，効果的かつ適当なすべての措置をとる．

4　締約国は，この条において認められる権利の完全な実現を漸進的に達成するため，国際協力を促進し及び奨励することを約束する．これに関しては，特に，開発途上国の必要を考慮する．

第25条〔被収容児童の処遇の定期審査〕 締約国は，児童の身体又は精神の養護，保護又は治療を目的として権限のある当局によって収容された児童に対する処遇及びその収容に関連する他のすべての状況に関する定期的な審査が行われることについての児童の権利を認める．

第26条〔社会保障の権利〕 1　締約国は，すべての児童が社会保険その他の社会保障からの給付を受ける権利を認めるものとし，自国の国内法に従い，この権利の完全な実現を達成するための必要な措置をとる．

2　1の給付は，適当な場合には，児童及びその扶養について責任を有する者の資力及び事情並びに児童によって又は児童に代わって行われる給付の申請に関する他のすべての事項を考慮して，与えられるものとする．

第27条〔生活水準に関する権利〕 1　締約国は，児童の身体的，精神的，道徳的及び社会的な発達のための相当な生活水準についてのすべての児童の権利を認める．

2　父母又は児童について責任を有する他の者は，自己の能力及び資力の範囲内で，児童の発達に必要な生活条件を確保することについての第一義的な責任を有する．

3　締約国は，国内事情に従い，かつ，その能力の範囲内で，1の権利の実現のため，父母及び児童について責任を有する他の者を援助するための適当な措置をとるものとし，また，必要な場合には，特に栄養，衣類及び住居に関して，物的援助及び支援計画を提供する．

4　締約国は，父母又は児童について金銭上の責任を有する他の者から，児童の扶養料を自国内で及び外国から，回収することを確保するためのすべての適当な措置をとる．特に，児童について金銭上の責任を有する者が児童と異なる国に居住している場合には，締約国は，国際協定への加入又は国際協定の締結及び他の適当な取決めの作成を促進する．

第28条〔教育に関する権利〕 1　締約国は，教

育についての児童の権利を認めるものとし,この権利を漸進的にかつ機会の平等を基礎として達成するため,特に,

(a) 初等教育を義務的なものとし,すべての者に対して無償のものとする.

(b) 種々の形態の中等教育（一般教育及び職業教育を含む.）の発展を奨励し,すべての児童に対し,これらの中等教育が利用可能であり,かつ,これらを利用する機会が与えられるものとし,例えば,無償教育の導入,必要な場合における財政的援助の提供のような適当な措置をとる.

(c) すべての適当な方法により,能力に応じ,すべての者に対して高等教育を利用する機会が与えられるものとする.

(d) すべての児童に対し,教育及び職業に関する情報及び指導が利用可能であり,かつ,これらを利用する機会が与えられるものとする.

(e) 定期的な登校及び中途退学率の減少を奨励するための措置をとる.

2　締約国は,学校の規律が児童の人間の尊厳に適合する方法で及びこの条約に従って運用されることを確保するためのすべての適当な措置をとる.

3　締約国は,特に全世界における無知及び非識字の廃絶に寄与し並びに科学上及び技術上の知識並びに最新の教育方法の利用を容易にするため,教育に関する事項についての国際協力を促進し,及び奨励する.これに関しては,特に,開発途上国の必要を考慮する.

第29条〔教育の目的〕 **1**　締約国は,児童の教育が次のことを指向すべきことに同意する.

(a) 児童の人格,才能並びに精神的及び身体的な能力をその可能な最大限度まで発達させること.

(b) 人権及び基本的自由並びに国際連合憲章にうたう原則の尊重を育成すること.

(c) 児童の父母,児童の文化的同一性,言語及び価値観,児童の居住国及び出身国の国民的価値観並びに自己の文明と異なる文明に対する尊重を育成すること.

(d) すべての人民の間の,種族的,国民的及び宗教的集団の間の並びに原住民である者の理解,平和,寛容,両性の平等及び友好の精神に従い,自由な社会における責任ある生活のために児童に準備させること.

(e) 自然環境の尊重を育成すること.

2　この条又は前条のいかなる規定も,個人及び団体が教育機関を設置し及び管理する自由を妨げるものと解してはならない.ただし,常に,1に定める原則が遵守されること及び当該教育機関において行われる教育が国によって定められる最低限度の基準に適合することを条件とする.

第30条〔少数者および原住民の児童の権利〕 種族的,宗教的若しくは言語的少数民族又は原住民である者が存在する国において,当該少数民族に属し又は原住民である児童は,その集団の他の構成員とともに自己の文化を享有し,自己の宗教を信仰しかつ実践し又は自己の言語を使用する権利を否定されない.

第31条〔休息,余暇等に関する権利〕 **1**　締約国は,休息及び余暇についての児童の権利並びに児童がその年齢に適した遊び及びレクリエーションの活動を行い並びに文化的な生活及び芸術に自由に参加する権利を認める.

2　締約国は,児童が文化的及び芸術的な生活に十分に参加する権利を尊重しかつ促進するものとし,文化的及び芸術的な活動並びにレクリエーション及び余暇の活動のための適当かつ平等な機会の提供を奨励する.

第32条〔経済的搾取および有害労働からの保護〕 **1**　締約国は,児童が経済的な搾取から保護され及び危険となり若しくは児童の教育の妨げとなり又は児童の健康若しくは身体的,精神的,道徳的若しくは社会的な発達に有害となるおそれのある労働への従事から保護される権利を認める.

2　締約国は,この条の規定の実施を確保するための立法上,行政上,社会上及び教育上の措置をとる.このため,締約国は,他の国際文書の関連規定を考慮して,特に,

(a) 雇用が認められるための1又は2以上の最低年齢を定める.

(b) 労働時間及び労働条件についての適当な規則を定める.

(c) この条の規定の効果的な実施を確保するための適当な罰則その他の制裁を定める.

第33条〔麻薬および向精神薬からの保護〕 締約国は,関連する国際条約に定義された麻薬及び向精神薬の不正な使用から児童を保護し並びにこれらの物質の不正な生産及び取引における児童の使用を防止するための立法上,行政上,社会上及び教育上の措置を含むすべての適当な措置をとる.

第34条〔性的搾取,性的虐待からの保護〕 締約国は,あらゆる形態の性的搾取及び性的虐待から児童を保護することを約束する.このため,締約国は,特に,次のことを防止するためのすべての適当な国内,2国間及び多数国間の措置をとる.

(a) 不法な性的な行為を行うことを児童に対して勧誘し又は強制すること.
(b) 売春又は他の不法な性的な業務において児童を搾取的に使用すること.
(c) わいせつな演技及び物において児童を搾取的に使用すること.

第35条〔誘拐, 売買, 取引の防止〕 締約国は, あらゆる目的のための又はあらゆる形態の児童の誘拐, 売買又は取引を防止するためのすべての適当な国内, 2国間及び多数国間の措置をとる.

第36条〔その他の搾取からの保護〕 締約国は, いずれかの面において児童の福祉を害する他のすべての形態の搾取から児童を保護する.

第37条〔拷問, 死刑等の禁止〕 締約国は, 次のことを確保する.
(a) いかなる児童も, 拷問又は他の残虐な, 非人道的な若しくは品位を傷つける取扱い若しくは刑罰を受けないこと. 死刑又は釈放の可能性がない終身刑は, 18歳未満の者が行った犯罪について科さないこと.
(b) いかなる児童も, 不法に又は恣意的にその自由を奪われないこと. 児童の逮捕, 抑留又は拘禁は, 法律に従って行うものとし, 最後の解決手段として最も短い適当な期間のみ用いること.
(c) 自由を奪われたすべての児童は, 人道的に, 人間の固有の尊厳を尊重して, かつ, その年齢の者の必要を考慮した方法で取り扱われること. 特に, 自由を奪われたすべての児童は, 成人とは分離されないことがその最善の利益であると認められない限り成人とは分離されるものとし, 例外的な事情がある場合を除くほか, 通信及び訪問を通じてその家族との接触を維持する権利を有すること.
(d) 自由を奪われたすべての児童は, 弁護人その他適当な援助を行う者と速やかに接触する権利を有し, 裁判所その他の権限のある, 独立の, かつ, 公平な当局においてその自由の剝奪の合法性を争い並びにこれについての決定を速やかに受ける権利を有すること.

第38条〔武力紛争における児童保護〕 1　締約国は, 武力紛争において自国に適用される国際人道法の規定で児童に関係を有するものを尊重し及びこれらの規定の尊重を確保することを約束する.
2　締約国は, 15歳未満の者が敵対行為に直接参加しないことを確保するためのすべての実行可能な措置をとる.
3　締約国は, 15歳未満の者を自国の軍隊に採用することを差し控えるものとし, また, 15歳以上18歳未満の者の中から採用するに当たっては, 最年長者を優先させるよう努める.
4　締約国は, 武力紛争において文民を保護するための国際人道法に基づく自国の義務に従い, 武力紛争の影響を受ける児童の保護及び養護を確保するためのすべての実行可能な措置をとる.

第39条〔被害児童の回復および社会復帰〕 締約国は, あらゆる形態の放置, 搾取若しくは虐待, 拷問若しくは他のあらゆる形態の残虐な, 非人道的な若しくは品位を傷つける取扱い若しくは刑罰又は武力紛争による被害者である児童の身体的及び心理的な回復及び社会復帰を促進するためのすべての適当な措置をとる. このような回復及び復帰は, 児童の健康, 自尊心及び尊厳を育成する環境において行われる.

第40条〔司法的保護〕 1　締約国は, 刑法を犯したと申し立てられ, 訴追され又は認定されたすべての児童が尊厳及び価値についての当該児童の意識を促進させるような方法であって, 当該児童が他の者の人権及び基本的自由を尊重することを強化し, かつ, 当該児童の年齢を考慮し, 更に, 当該児童が社会に復帰し及び社会において建設的な役割を担うことがなるべく促進されることを配慮した方法により取り扱われる権利を認める.
2　このため, 締約国は, 国際文書の関連する規定を考慮して, 特に次のことを確保する.
(a) いかなる児童も, 実行の時に国内法又は国際法により禁じられていなかった作為又は不作為を理由として刑法を犯したと申し立てられ, 訴追され又は認定されないこと.
(b) 刑法を犯したと申し立てられ又は訴追されたすべての児童は, 少なくとも次の保障を受けること.
(i) 法律に基づいて有罪とされるまでは無罪と推定されること.
(ii) 速やかにかつ直接に, また, 適当な場合には当該児童の父母又は法定保護者を通じてその罪を告げられること並びに防御の準備及び申立てにおいて弁護人その他適当な援助を行う者を持つこと.
(iii) 事案が権限のある, 独立の, かつ, 公平な当局又は司法機関により法律に基づく公正な審理において, 弁護人その他適当な援助を行う者の立会い及び, 特に当該児童の年齢又は境遇を考慮して児童の最善の利益にならないと認められる場合を除くほか, 当該児童の父母又は法定保護者の立会いの下に遅滞なく決定されること.

(iv) 供述又は有罪の自白を強要されないこと．不利な証人を尋問し又はこれに対し尋問させること並びに対等の条件で自己のための証人の出席及びこれに対する尋問を求めること．

(v) 刑法を犯したと認められた場合には，その認定及びその結果科せられた措置について，法律に基づき，上級の，権限のある，独立の，かつ，公平な当局又は司法機関によって再審理されること．

(vi) 使用される言語を理解すること又は話すことができない場合には，無料で通訳の援助を受けること．

(vii) 手続のすべての段階において当該児童の私生活が十分に尊重されること．

3　締約国は，刑法を犯したと申し立てられ，訴追され又は認定された児童に特別に適用される法律及び手続の制定並びに当局及び施設の設置を促進するよう努めるものとし，特に，次のことを行う．

(a) その年齢未満の児童は刑法を犯す能力を有しないと推定される最低年齢を設定すること．

(b) 適当なかつ望ましい場合には，人権及び法的保護が十分に尊重されていることを条件として，司法上の手続に訴えることなく当該児童を取り扱う措置をとること．

4　児童がその福祉に適合し，かつ，その事情及び犯罪の双方に応じた方法で取り扱われることを確保するため，保護，指導及び監督命令，カウンセリング，保護観察，里親委託，教育及び職業訓練計画，施設における養護に代わる他の措置等の種々の処置が利用し得るものとする．

第 41 条〔児童に有利な法の優先適用〕 この条約のいかなる規定も，次のものに含まれる規定であって児童の権利の実現に一層貢献するものに影響を及ぼすものではない．

(a) 締約国の法律

(b) 締約国について効力を有する国際法

第 2 部

第 42 条〔締約国の広報義務〕 締約国は，適当かつ積極的な方法でこの条約の原則及び規定を成人及び児童のいずれにも広く知らせることを約束する．

第 43 条〔児童の権利委員会〕 1　この条約において負う義務の履行の達成に関する締約国による進捗の状況を審査するため，児童の権利に関する委員会（以下「委員会」という．）を設置する．委員会は，この部に定める任務を行う．

2　委員会は，徳望が高く，かつ，この条約が対象とする分野において能力を認められた 18 人の専門家で構成する．委員会の委員は，締約国の国民の中から締約国により選出されるものとし，個人の資格で職務を遂行する．その選出に当たっては，衡平な地理的配分及び主要な法体系を考慮に入れる．

〔編者注〕委員会は当初 10 人で構成されたが，1995 年 12 月に改正され（日本につき，2003 年 6 月 12 日発効），18 人とされた．

第 44 条〔締約国の報告義務〕

1　締約国は，(a)当該締約国についてこの条約が効力を生ずる時から 2 年以内に、(b)その後は 5 年ごとに，この条約において認められる権利の実現のためにとった措置及びこれらの権利の享受についてもたらされた進歩に関する報告を国際連合事務総長を通じて委員会に提出することを約束する．

2　この条の規定により行われる報告には，この条約に基づく義務の履行の程度に影響を及ぼす要因及び障害が存在する場合には，これらの要因及び障害を記載する．当該報告には，また，委員会が当該国における条約の実施について包括的に理解するために十分な情報を含める．

3　委員会に対して包括的な最初の報告を提出した締約国は，1(b)の規定に従って提出するその後の報告においては，既に提供した基本的な情報を繰り返す必要はない．

4　委員会は，この条約の実施に関連する追加の情報を締約国に要請することができる．

5　委員会は，その活動に関する報告を経済社会理事会を通じて 2 年ごとに国際連合総会に提出する．

6　締約国は，1 の報告を自国において公衆が広く利用できるようにする．

第 3 部

第 51 条〔留保〕（㉝第 28 条と同文）

【日本国の留保】

日本国は，児童の権利に関する条約第 37 条(c)の適用にあたり，日本国においては，自由を奪われた者に関しては，国内法上原則として 20 歳未満の者と 20 歳以上の者とを分離することとされていることに鑑み，この規定の第 2 文にいう「自由を奪われたすべての児童は，成人とは分離されないことがその最善の利益であると認められない限り成人とは分離される」に拘束されない権利を留保する．

【日本国の宣言】

1　日本国政府は，児童の権利に関する条約第9条1は，出入国管理法に基づく退去強制の結果として児童が父母から分離される場合に適用されるものではないと解釈するものであることを宣言する．

2　日本国政府は，更に，児童の権利に関する条約第10条1に規定される家族の再統合を目的とする締約国への入国又は締約国からの出国の申請を「積極的，人道的かつ迅速な方法」で取り扱うとの義務はそのような申請の結果に影響を与えるものではないと解釈するものであることを宣言する．

36 子どもの権利条約・子ども兵士禁止条約（抄）

武力紛争における児童の関与に関する児童の権利に関する条約の選択議定書（児童兵士禁止条約）
〔採択〕2000年5月25日（国連第54総会）
〔効力発生〕2002年2月12日／〔日本国〕2004年9月2日

第1条〔敵対行為への参加の防止〕 締約国は，18歳未満の自国の軍隊の構成員が敵対行為に直接参加しないことを確保するためのすべての実行可能な措置をとる．

第2条〔徴兵の禁止〕 締約国は，18歳未満の者を自国の軍隊に強制的に徴集しないことを確保する．

第3条〔志願者の最低年齢〕 1　締約国は，児童の権利に関する条約第38条に定める原則を考慮し及び同条約に基づき18歳未満の者は特別な保護を受ける権利を有することを認識して，自国の軍隊に志願する者の採用についての最低年齢を同条3に定める年齢より年単位で引き上げる．

2　各締約国は，この議定書を批准し又はこれに加入する際に，自国の軍隊に志願する者の採用が認められる最低年齢を記載する拘束力のある宣言及びそのような採用が強制され又は強要されたものではないことを確保するためにとられた保障措置についての説明を寄託する．

3　自国の軍隊に志願する18歳未満の者の採用を認める締約国は，少なくとも次のことを確保するための保障措置を維持する．

(a) 当該採用が真に志願する者を対象とするものであること．

(b) 当該採用につき当該者の父母又は法定保護者が事情を知らされた上で同意していること．

(c) 当該者が軍務における任務につき十分な情報の提供を受けていること．

(d) 当該者が，自国の軍務に服することが認められる前に，年齢についての信頼し得る証明を提出すること．

4　各締約国は，国際連合事務総長にあてた通告により，いつでも自国の宣言の内容を拡充することができるものとし，同事務総長は，これをすべての締約国に通報する．そのような通告は，同事務総長により受領された日に効力を生ずる．

5　1に定める最低年齢を引き上げる義務は，締約国の軍隊により運営され又は管理されている学校であって，児童の権利に関する条約第28条及び第29条の規定の趣旨に沿うものについては適用されない．

第4条〔国の軍隊以外の武装集団〕 1　国の軍隊と異なる武装集団は，いかなる状況においても，18歳未満の者を採用し又は敵対行為に使用すべきでない．

2　締約国は，1に規定する採用及び使用を防止するため，すべての実行可能な措置（1に規定する採用及び使用を禁止し並びにこれらの行為を犯罪とするために必要な法律上の措置を含む．）をとる．

3　この議定書におけるこの条の規定の適用は，武力紛争のいかなる当事者の法的地位にも影響を及ぼすものではない．

第5条〔他の法との関係〕 この議定書のいかなる規定も，児童の権利の実現に一層貢献する締約国の法律，国際文書又は国際人道法の規定の適用を妨げるものと解してはならない．

第6条〔実施措置等〕 1　各締約国は，自国の管轄の下においてこの議定書の規定の効果的な実施を確保するため，すべての必要な法律上，行政上その他の措置をとる．

2　締約国は，適当な方法でこの議定書の原則及び規定を成人及び児童のいずれにも広く知らせることを約束する．

3　締約国は，自国の管轄の下にある者であってこの議定書に反して採用され又は敵対行為に使用されたものを除隊させ又は他の方法により任務から解放することを確保するため，すべての実行可能な措置をとる．締約国は，必要な場合には，これらの者に対し，その身体的及び心理的な回復並びに社会復帰のためのすべての適当な援助を与える．

第7条〔国際協力〕 1　締約国は，技術協力，財政的援助等を通じて，この議定書に反するあらゆる行為の防止，この議定書に反する行為の被害者のリハビリテーション及び社会復帰その他のこの議定書の実施について協力する. このような援助及び協力は, 関係締約国及び関係国際機関と協議した上で実施する.

2　締約国は, 可能な場合には, 既存の多数国間, 2国間その他の計画を通じ, 又は国際連合総会の規則に従って設立される任意の基金を通じ, このような援助を提供する.

第8条〔報告義務〕 1　各締約国は, この議定書が自国について効力を生じた後2年以内に, 参加及び採用に関する規定の実施のためにとった措置その他のこの議定書の規定の実施のためにとった措置に関する包括的な情報を提供する報告を児童の権利に関する委員会に提出する.

2　各締約国は, 包括的な報告を提出した後, 児童の権利に関する条約第44条の規定に従って児童の権利に関する委員会に提出する報告に, この議定書の実施に関するあらゆる追加の情報を含める. この議定書のその他の締約国は, 5年ごとに報告を提出する.

3　児童の権利に関する委員会は, この議定書の実施に関連する追加の情報を締約国に要請することができる.

37 子どもの権利条約・子どもポルノ禁止条約（抄）

児童の売買, 児童買春及び児童ポルノに関する児童の権利に関する条約の選択議定書（児童ポルノ禁止条約）
〔採択〕2000年5月25日
〔効力発生〕2002年1月18日／〔日本国〕2005年2月24日

第1条〔目的〕 締約国は, この議定書に従って児童の売買, 児童買春及び児童ポルノを禁止する.

第2条〔定義〕 この議定書の適用上,

(a)「児童の売買」とは, 報酬その他の対償のために, 児童が個人若しくは集団により他の個人若しくは集団に引き渡されるあらゆる行為又はこのような引渡しについてのあらゆる取引をいう.

(b)「児童買春」とは, 報酬その他の対償のために, 児童を性的な行為に使用することをいう.

(c)「児童ポルノ」とは, 現実の若しくは擬似のあからさまな性的な行為を行う児童のあらゆる表現（手段のいかんを問わない.）又は主として性的な目的のための児童の身体の性的な部位のあらゆる表現をいう.

第3条〔犯罪化〕 1　各締約国は, その犯罪が国内で行われたか国際的に行われたかを問わず, また, 個人により行われたか組織により行われたかを問わず, 少なくとも次の行為が自国の刑法又は刑罰法規の適用を完全に受けることを確保する.

(a) 前条に定義する児童の売買に関し,

(i)　児童を次の目的のため提供し, 移送し又は収受すること（手段のいかんを問わない.）.

a　児童を性的に搾取すること.

b　営利の目的で児童の臓器を引き渡すこと.

c　児童を強制労働に従事させること.

(ii)　養子縁組に関する適用可能な国際的な法的文書に違反する児童の養子縁組について同意するよう, 仲介者として不当に勧誘すること.

(b) 前条に定義する児童買春のため, 児童を提供し, 取得し, あっせんし及び供給すること.

(c) 前条に定義する児童ポルノを製造し, 配布し, 頒布し, 輸入し, 輸出し, 提供し若しくは販売し又はこれらの行為の目的で保有すること.

2　締約国の国内法の規定に従って, 1に規定する行為の未遂及び1に規定する行為を共謀し又は1に規定する行為に加担する行為についても, 1の規定を適用する.

3　各締約国は, 1及び2に定める犯罪について, その重大性を考慮した適当な刑罰を科することができるようにする.

4　各締約国は, 自国の国内法の規定に従って, 適当な場合には, 1に定める犯罪についての法人の責任を確立するための措置をとる. 法人のこの責任は, 締約国の法的原則に従って, 刑事上, 民事上又は行政上のものとすることができる.

5　締約国は, 児童の養子縁組に関与するすべての者が適用可能な国際的な法的文書に従って行動することを確保するためのすべての適当な法律上及び行政上の措置をとる.

第4条〔裁判権〕 1　各締約国は, 前条1に定める犯罪が自国の領域内で又は自国において登録された船舶若しくは航空機内で行われる場合において当該犯罪についての自国の裁判権を設定するため, 必要な措置をとる.

2　各締約国は, 次の場合において前条1に定める犯罪についての自国の裁判権を設定するため, 必要な措置をとることができる.

(a) 容疑者が, 自国の国民である場合又は自国の領域内に常居所を有する者である場合

(b) 被害者が自国の国民である場合

3　各締約国は，容疑者が自国の領域内に所在し，かつ，犯罪が自国の国民によって行われたことを理由として他の締約国に対して当該容疑者の引渡しを行わない場合において前条1に定める犯罪についての自国の裁判権を設定するため，必要な措置をとる．

4　この議定書は，国内法に従って行使される刑事裁判権を排除するものではない．

第5条〔犯罪人引渡し〕 1　第3条1に定める犯罪は，締約国間の現行の犯罪人引渡条約における引渡犯罪とみなされ，また，締約国間で今後締結されるすべての犯罪人引渡条約における引渡犯罪に含まれるものとする．ただし，これらの条約に定める条件に従うことを条件とする．

2　条約の存在を犯罪人引渡しの条件とする締約国は，自国との間に犯罪人引渡条約を締結していない他の締約国から犯罪人引渡しの請求を受けた場合には，この議定書を第3条1に定める犯罪に関する犯罪人引渡しのための法的根拠とみなすことができる．この犯罪人引渡しは，請求を受けた国の法令に定める条件に従う．

3　条約の存在を犯罪人引渡しの条件としない締約国は，犯罪人引渡しの請求を受けた国の法令に定める条件に従い，相互間で，第3条1に定める犯罪を引渡犯罪と認める．

4　第3条1に定める犯罪は，締約国間の犯罪人引渡しに関しては，当該犯罪が発生した場所のみでなく，前条の規定に従って裁判権を設定しなければならない国の領域内においても行われたものとみなされる．

5　第3条1に定める犯罪に関して引渡しの請求が行われた場合において，請求を受けた締約国が犯人の国籍を理由として引渡しを行わないときは，当該締約国は，訴追のため自国の権限のある当局に事件を付託するための適当な措置をとる．

第6条〔司法共助〕 1　締約国は，第3条1に定める犯罪について行われる捜査，刑事訴訟又は犯罪人引渡しに関する手続について，相互に最大限の援助（これらの手続に必要であり，かつ，自国が提供することができる証拠の収集に係る援助を含む．）を与える．

2　締約国は，相互間に法律上の相互援助に関する条約又は他の取極が存在する場合には，当該条約又は他の取極に合致するように，1に規定する義務を履行する．締約国は，そのような条約又は取極が存在しない場合には，自国の国内法に従って相互に援助を与える．

第7条〔押収および没収〕 締約国は，自国の国内法の規定に従って，次のことを行う．

(a) 適当な場合には，次のものを押収し又は没収することを定めるための措置をとること．

(i)　この議定書に定める犯罪を行い又は助長するために使用された物（例えば，材料，財産及び他の道具）

(ii)　この議定書に定める犯罪から生じた収益

(b) (a)に規定する物又は収益の押収又は没収についての他の締約国からの要請を実施すること．

(c) この議定書に定める犯罪を行うために使用された場所を一時的又は恒久的に閉鎖するための措置をとること．

第8条〔被害者の利益保護〕 1　締約国は，刑事司法手続のすべての段階において，特に次のことを行うことによって，この議定書によって禁止されている行為の被害者である児童の権利及び利益を保護するための適当な措置をとる．

(a) 被害者である児童が被害を受けやすいことを認め，及び当該児童の特別な必要（証人としての特別な必要等）を認めるために刑事司法手続を適合させること．

(b) 被害者である児童に対し，当該児童が有する権利及び役割並びに刑事司法手続に係る範囲，時期及び進捗（ちょく）状況について通知し，また，当該児童に係る事件の処理について通知すること．

(c) 被害者である児童の個人的な利益に影響を及ぼす刑事司法手続において，国内法の手続規則に合致する方法により，当該児童の意見，必要及び懸念が表明され及び考慮されることを認めること．

(d) 訴訟手続の間を通じて被害者である児童に対し適当な支援サービスを与えること．

(e) 被害者である児童の私生活及び身元関係事項を適当な場合に保護し，並びに被害者である児童の身元の特定につながるような情報の不適当な公表を避けるために国内法に従って措置をとること．

(f) 適当な場合には，被害者である児童，その家族及び被害者である児童のための証人に対する脅迫及び報復からの保護のための措置をとること．

(g) 事件の処理及び被害者である児童に対して賠償を与える命令又は決定の執行において不必要な遅延を避けること．

2　締約国は，被害者の実際の年齢が不確実であることが捜査（被害者の年齢を立証するための捜査を含む．）を開始する妨げとならないことを確保する．

3　締約国は，この議定書に定める犯罪の被害者である児童の刑事司法制度における取扱いにおいて，児童の最善の利益が主として考慮されることを確保する．

4　締約国は，この議定書によって禁止されている犯罪の被害者のために働く者に対して，適当な研修，特に法律及び心理学に関する研修を確保するための措置をとる．

5　締約国は，適当な場合には，この議定書によって禁止されている犯罪の防止又はこのような犯罪の被害者の保護及びリハビリテーションに関与する個人又は団体の安全及び信頼性を保護するための措置をとる．

6　この条のいかなる規定も，被告人が有する公正かつ公平な裁判を受ける権利を害し又はこれと両立しないものと解してはならない．

第9条〔犯罪防止措置および被害者に対する援助〕 1　締約国は，この議定書に定める犯罪を防止するため，法律，行政措置，社会政策及び計画を採用し又は強化し，実施し及び周知させる．このような犯罪により特に被害を受けやすい児童の保護に特別の考慮を払う．

2　締約国は，この議定書に定める犯罪の防止措置及び有害な影響に関し，すべての適当な手段による広報並びに教育及び研修を通じ，児童を含む公衆一般の意識を向上させる．この条の規定に基づく義務を履行するに当たり，締約国は，社会，特に被害者である児童その他の子どもが，このような広報，教育及び研修に関する計画（国際的な規模のものを含む．）に参加することを奨励する．

3　締約国は，この議定書に定める犯罪の被害者に対し，十分な社会復帰並びに十分な身体的及び心理的な回復その他のすべての適当な援助を確保するためのすべての実行可能な措置をとる．

4　締約国は，この議定書に定める犯罪の被害者であるすべての児童が，法的な責任を負う者に対し差別されることなく損害についての賠償を求めるための適当な手続を利用することができることを確保する．

5　締約国は，この議定書に定める犯罪を宣伝する物の製造及び頒布を効果的に禁止するための適当な措置をとる．

第10条〔国際協力〕 1　締約国は，児童の売買，児童買春，児童ポルノ及び児童買春旅行に係る行為に責任を負う者について，このような行為の防止，並びに発見，捜査，訴追及び処罰のための多数国間の，地域的な又は2国間の取決めにより国際協力を強化するためのすべての必要な措置をとる．また，締約国は，締約国の当局，国内の及び国際的な非政府機関並びに国際機関の間における国際的な協力及び協調を促進する．

2　締約国は，被害者である児童の身体的及び心理的な回復，社会復帰並びに帰還を援助するための国際協力を促進する．

3　締約国は，児童が児童の売買，児童買春，児童ポルノ及び児童買春旅行により被害を受ける一因となっている貧困，不十分な開発その他の根本的な原因に対処するための国際協力を強化することを促進する．

4　締約国は，可能な場合には，既存の多数国間の，地域的な又は2国間の計画その他の計画を通じて財政的，技術的その他の援助を提供する．

第11条〔適用関係〕 この議定書のいかなる規定も，次のものに含まれる規定であって児童の権利の実現に一層貢献するものに影響を及ぼすものではない．

(a) 締約国の法律

(b) 締約国について効力を有する国際法

第12条〔実施に関する報告〕 1　各締約国は，この議定書が自国について効力を生じた後2年以内に，この議定書の規定の実施のためにとった措置に関する包括的な情報を提供する報告を児童の権利に関する委員会に提出する．

2　各締約国は，包括的な報告を提出した後，児童の権利に関する条約第44条の規定に従って児童の権利に関する委員会に提出する報告に，この議定書の実施に関するあらゆる追加の情報を含める．この議定書のその他の締約国は，5年ごとに報告を提出する．

3　児童の権利に関する委員会は，この議定書の実施に関連する追加の情報を締約国に要請することができる．

38 障害者の権利に関する条約（抄）

〔採択〕2006年12月13日（国連第61総会）
〔効力発生〕2008年5月3日／〔日本国〕2014年2月19日

前　文

この条約の締約国は，

(a) 国際連合憲章において宣明された原則が，人類社会のすべての構成員の固有の尊厳及び価値並びに平等のかつ奪い得ない権利が世界における自由，正義及び平和の基礎を成すものであると認めていることを想起し，

(b) 国際連合が，世界人権宣言及び人権に関する国際規約において，すべての人はいかなる

差別もなしに同宣言及びこれらの規約に掲げるすべての権利及び自由を享有することができることを宣明し，及び合意したことを認め，

(c) すべての人権及び基本的自由が普遍的であり，不可分のものであり，相互に依存し，かつ，相互に関連を有すること並びに障害者がすべての人権及び基本的自由を差別なしに完全に享有することを保障することが必要であることを再確認し，

(d) 経済的，社会的及び文化的権利に関する国際規約，市民的及び政治的権利に関する国際規約，あらゆる形態の人種差別の撤廃に関する国際条約，女子に対するあらゆる形態の差別の撤廃に関する条約，拷問及び他の残虐な，非人道的な又は品位を傷つける取扱い又は刑罰に関する条約，児童の権利に関する条約及びすべての移住労働者及びその家族の構成員の権利の保護に関する国際条約を想起し，

(e) 障害が，発展する概念であり，並びに障害者と障害者に対する態度及び環境による障壁との間の相互作用であって，障害者が他の者と平等に社会に完全かつ効果的に参加することを妨げるものによって生ずることを認め，

(f) 障害者に関する世界行動計画及び障害者の機会均等化に関する標準規則に定める原則及び政策上の指針が，障害者の機会均等を更に促進するための国内的，地域的及び国際的な政策，計画及び行動の促進，作成及び評価に影響を及ぼす上で重要であることを認め，

(g) 持続可能な開発の関連戦略の不可分の一部として障害に関する問題を主流に組み入れることが重要であることを強調し，

(h) また，いかなる者に対する障害を理由とする差別も，人間の固有の尊厳及び価値を侵害するものであることを認め，

(i) さらに，障害者の多様性を認め，

(j) すべての障害者（より多くの支援を必要とする障害者を含む．）の人権を促進し，及び保護することが必要であることを認め，

(k) これらの種々の文書及び約束にもかかわらず，障害者が，世界のすべての地域において，社会の平等な構成員としての参加を妨げる障壁及び人権侵害に依然として直面していることを憂慮し，

(l) あらゆる国（特に開発途上国）における障害者の生活条件を改善するための国際協力が重要であることを認め，

(m) 障害者が地域社会における全般的な福祉及び多様性に対して既に又は潜在的に貢献していることを認め，また，障害者による人権及び基本的自由の完全な享有並びに完全な参加を促進することにより，その帰属意識が高められること並びに社会の人的，社会的及び経済的開発並びに貧困の撲滅に大きな前進がもたらされることを認め，

(n) 障害者にとって，個人の自律（自ら選択する自由を含む．）及び自立が重要であることを認め，

(o) 障害者が，政策及び計画（障害者に直接関連する政策及び計画を含む．）に係る意思決定の過程に積極的に関与する機会を有すべきであることを考慮し，

(p) 人種，皮膚の色，性，言語，宗教，政治的意見その他の意見，国民的な，種族的な，原住民としての若しくは社会的な出身，財産，出生，年齢又は他の地位に基づく複合的又は加重的な形態の差別を受けている障害者が直面する困難な状況を憂慮し，

(q) 障害のある女子が，家庭の内外で暴力，傷害若しくは虐待，放置若しくは怠慢な取扱い，不当な取扱い又は搾取を受ける一層大きな危険にしばしばさらされていることを認め，

(r) 障害のある児童が，他の児童と平等にすべての人権及び基本的自由を完全に享有すべきであることを認め，また，このため，児童の権利に関する条約の締約国が負う義務を想起し，

(s) 障害者による人権及び基本的自由の完全な享有を促進するためのあらゆる努力に性別の視点を組み込む必要があることを強調し，

(t) 障害者の大多数が貧困の状況下で生活している事実を強調し，また，この点に関し，貧困が障害者に及ぼす悪影響に対処することが真に必要であることを認め，

(u) 国際連合憲章に定める目的及び原則の十分な尊重並びに人権に関する適用可能な文書の遵守に基づく平和で安全な状況が，特に武力紛争及び外国による占領の期間中における障害者の十分な保護に不可欠であることに留意し，

(v) 障害者がすべての人権及び基本的自由を完全に享有することを可能とするに当たっては，物理的，社会的，経済的及び文化的な環境，健康及び教育並びに情報及び通信についての機会が提供されることが重要であることを認め，

(w) 個人が，他人に対し及びその属する地域社会に対して義務を負うこと並びに人権に関する国際的な文書において認められる権利の増進及び擁護のために努力する責任を有することを認識し，

(x) 家族が，社会の自然かつ基礎的な単位であること並びに社会及び国家による保護を受ける権利を有することを確信し，また，障害者及びその家族の構成員が，障害者の権利の完全かつ平等な享有に向けて家族が貢献することを可能とするために必要な保護及び支援を受けるべきであることを確信し，

(y) 障害者の権利及び尊厳を促進し，及び保護するための包括的かつ総合的な国際条約が，開発途上国及び先進国において，障害者の社会的に著しく不利な立場を是正することに重要な貢献を行うこと並びに障害者が市民的，政治的，経済的，社会的及び文化的分野に均等な機会により参加することを促進することを確信して，

次のとおり協定した．

第1条　（目的） この条約は，すべての障害者（all persons with disabities 障害を持つすべての人）によるあらゆる人権及び基本的自由の完全かつ平等な享有を促進し，保護し，及び確保すること並びに障害者の固有の尊厳の尊重を促進することを目的とする．

障害者には，長期的な身体的，精神的，知的又は感覚的な障害（impairements 機能障害）を有する者であって，様々な障壁（barriers）との相互作用により他の者と平等に社会に完全かつ効果的に参加することを妨げられることのあるものを含む．

第2条　（定義） この条約の適用上，

「意思疎通」とは，言語，文字表記，点字，触覚を使った意思疎通，拡大文字，利用可能なマルチメディア並びに筆記，聴覚，平易な言葉及び朗読者による意思疎通の形態，手段及び様式並びに補助的及び代替的な意思疎通の形態，手段及び様式（利用可能な情報通信技術を含む．）をいう．

「言語」とは，音声言語及び手話その他の形態の非音声言語をいう．

「障害を理由とする差別」とは，障害を理由とするあらゆる区別，排除又は制限であって，政治的，経済的，社会的，文化的，市民的その他のあらゆる分野において，他の者と平等にすべての人権及び基本的自由を認識し，享有し，又は行使することを害し，又は妨げる目的又は効果を有するものをいう．障害を理由とする差別には，あらゆる形態の差別（合理的配慮の否定を含む．）を含む．

「合理的配慮」とは，障害者が他の者と平等にすべての人権及び基本的自由を享有し，又は行使することを確保するための必要かつ適当な変更及び調整であって，特定の場合において必要とされるものであり，かつ，均衡を失した又は過度の負担を課さないものをいう．

「ユニバーサルデザイン」とは，調整又は特別な設計を必要とすることなく，最大限可能な範囲ですべての人が使用することのできる製品，環境，計画及びサービスの設計をいう．ユニバーサルデザインは，特定の障害者の集団のための支援装置が必要な場合には，これを排除するものではない．

第3条　（一般原則） この条約の原則は，次のとおりとする．

(a) 固有の尊厳，個人の自律（自ら選択する自由を含む．）及び個人の自立を尊重すること．
(b) 差別されないこと．
(c) 社会に完全かつ効果的に参加し，及び社会に受け入れられること（inclusion）．
(d) 人間の多様性及び人間性の一部として，障害者の差異を尊重し，及び障害者を受け入れること．
(e) 機会の均等
(f) 施設及びサービスの利用を可能にすること．
(g) 男女の平等
(h) 障害のある児童の発達しつつある能力を尊重し，及び障害のある児童がその同一性を保持する権利を尊重すること．

第4条　（一般的義務） 1　締約国は，障害を理由とするいかなる差別もなしに，すべての障害者のあらゆる人権及び基本的自由を完全に実現することを確保し，及び促進することを約束する．このため，締約国は，次のことを約束する．

(a) この条約において認められる権利の実現のため，すべての適当な立法措置，行政措置その他の措置をとること．
(b) 障害者に対する差別となる既存の法律，規則，慣習及び慣行を修正し，又は廃止するためのすべての適当な措置（立法を含む．）をとること．
(c) すべての政策及び計画において障害者の人権の保護及び促進を考慮に入れること．
(d) この条約と両立しないいかなる行為又は慣行も差し控え，かつ，公の当局及び機関がこの条約に従って行動することを確保すること．
(e) 個人，団体又は民間企業による障害を理由とする差別を撤廃するためのすべての適当な措置をとること．

(f) 障害者による利用可能性及び使用を促進し，並びに基準及び指針の整備に当たりユニバーサルデザインを促進するため，第２条に定めるすべての人が使用することのできる製品，サービス，設備及び施設であって，障害者に特有のニーズを満たすために可能な限り最低限の調整及び最小限の費用を要するものについての研究及び開発を約束し，又は促進すること．

(g) 障害者に適した新たな技術（情報通信技術，移動補助具，装置及び支援技術を含む．）であって，妥当な費用であることを優先させたものについての研究及び開発を約束し，又は促進し，並びにその新たな技術の利用可能性及び使用を促進すること．

(h) 移動補助具，装置及び支援技術（新たな技術を含む．）並びに他の形態の援助，支援サービス及び施設に関する情報であって，障害者にとって利用可能なものを提供すること．

(i) この条約において認められる権利によって保障される支援及びサービスをより良く提供するため，障害者と共に行動する専門家及び職員に対する研修を促進すること．

2　締約国は，経済的，社会的及び文化的権利に関しては，これらの権利の完全な実現を漸進的に達成するため，自国における利用可能な手段を最大限に用いることにより，また，必要な場合には国際協力の枠内で，措置をとることを約束する．ただし，この条約に定める義務であって，国際法に従って直ちに適用可能なものに影響を及ぼすものではない．

3　締約国は，この条約を実施するための法令及び政策の作成及び実施に当たり，並びにその他の障害者に関する問題についての意思決定過程において，障害者（障害のある児童を含む．）を代表する団体を通じ，障害者と緊密に協議し，及び障害者を積極的に関与させる．

4　この条約のいかなる規定も，締約国の法律又は締約国について効力を有する国際法に含まれる規定であって障害者の権利の実現に一層貢献するものに影響を及ぼすものではない．この条約のいずれかの締約国において法律，条約，規則又は慣習によって認められ，又は存する人権及び基本的自由については，この条約がそれらの権利若しくは自由を認めていないこと又はその認める範囲がより狭いことを理由として，それらの権利及び自由を制限し，又は侵してはならない．

5　この条約は，いかなる制限又は例外もなしに，連邦国家のすべての地域について適用する．

第５条　（平等及び差別されないこと） 1　締約国は，すべての者が，法律の前に又は法律に基づいて平等であり，並びにいかなる差別もなしに法律による平等の保護及び利益を受ける権利を有することを認める．

2　締約国は，障害を理由とするあらゆる差別を禁止するものとし，いかなる理由による差別に対しても平等のかつ効果的な法的保護を障害者に保障する．

3　締約国は，平等を促進し，及び差別を撤廃することを目的として，合理的配慮が提供されることを確保するためのすべての適当な措置をとる．

4　障害者の事実上の平等を促進し，又は達成するために必要な特別の措置は，この条約に規定する差別と解してはならない．

第６条　（障害のある女子） 1　締約国は，障害のある女子が複合的な差別を受けていることを認識し，及びこの点に関し，障害のある女子がすべての人権及び基本的自由を完全かつ平等に享有することを確保するための措置をとる．

2　締約国は，女子に対してこの条約に定める人権及び基本的自由を行使し，及び享有することを保障することを目的として，女子の完全な能力開発，向上及び自律的な意思決定力を確保するためのすべての適当な措置をとる．

第７条　（障害のある児童） 1　締約国は，障害のある児童が他の児童と平等にすべての人権及び基本的自由を完全に享有することを確保するためのすべての必要な措置をとる．

2　障害のある児童に関するすべての措置をとるに当たっては，児童の最善の利益が主として考慮されるものとする．

3　締約国は，障害のある児童が，自己に影響を及ぼすすべての事項について自由に自己の意見を表明する権利並びにこの権利を実現するための障害及び年齢に適した支援を提供される権利を有することを確保する．この場合において，障害のある児童の意見は，他の児童と平等に，その児童の年齢及び成熟度に従って相応に考慮されるものとする．

第８条　（意識の向上） 1　締約国は，次のことのための即時の，効果的なかつ適当な措置をとることを約束する．

(a) 障害者に関する社会全体（家族を含む．）の意識を向上させ，並びに障害者の権利及び尊厳に対する尊重を育成すること．

(b) あらゆる活動分野における障害者に関する定型化された観念，偏見及び有害な慣行（性及び年齢を理由とするものを含む．）と戦うこと．

(c) 障害者の能力及び貢献に関する意識を向上させること.

2　このため，1の措置には，次のことを含む.

(a) 次のことのための効果的な公衆の意識の啓発活動を開始し，及び維持すること.

(i) 障害者の権利に対する理解を育てること.

(ii) 障害者に対する肯定的認識及び一層の社会の啓発を促進すること.

(iii) 障害者の技術，価値及び能力並びに職場及び労働市場に対する障害者の貢献についての認識を促進すること.

(b) 教育制度のすべての段階（幼年期からのすべての児童に対する教育制度を含む.）において，障害者の権利を尊重する態度を育成すること.

(c) すべてのメディア機関が，この条約の目的に適合するように障害者を描写するよう奨励すること.

(d) 障害者及びその権利に関する啓発のための研修計画を促進すること.

第9条　(施設及びサービスの利用可能性)

1　締約国は，障害者が自立して生活し，及び生活のあらゆる側面に完全に参加することを可能にすることを目的として，障害者が，他の者と平等に，都市及び農村の双方において，自然環境，輸送機関，情報通信（情報通信技術及び情報通信システムを含む.）並びに公衆に開放され，又は提供される他の施設及びサービスを利用することができることを確保するための適当な措置をとる．この措置は，施設及びサービスの利用可能性における障害及び障壁を特定し，及び撤廃することを含むものとし，特に次の事項について適用する.

(a) 建物，道路，輸送機関その他の屋内及び屋外の施設（学校，住居，医療施設及び職場を含む.）

(b) 情報，通信その他のサービス（電子サービス及び緊急事態に係るサービスを含む.）

2　締約国は，また，次のことのための適当な措置をとる.

(a) 公衆に開放され，又は提供される施設及びサービスの利用可能性に関する最低基準及び指針の実施を発展させ，公表し，及び監視すること.

(b) 公衆に開放され，又は提供される施設及びサービスを提供する民間の団体が，障害者にとっての施設及びサービスの利用可能性のあらゆる側面を考慮することを確保すること.

(c) 障害者が直面している施設及びサービスの利用可能性に係る問題についての研修を関係者に提供すること.

(d) 公衆に開放された建物その他の施設において，点字の標識及び読みやすく，かつ，理解しやすい形式の標識を提供すること.

(e) 公衆に開放された建物その他の施設の利用可能性を容易にするための生活支援及び仲介する者（案内者，朗読者及び専門の手話通訳を含む.）を提供すること.

(f) 障害者による情報の利用を確保するため，障害者に対する他の適当な形態の援助及び支援を促進すること.

(g) 障害者による新たな情報通信技術及び情報通信システム（インターネットを含む.）の利用を促進すること.

(h) 情報通信技術及び情報通信システムを最小限の費用で利用可能とするため，早い段階で，利用可能な情報通信技術及び情報通信システムの設計，開発，生産及び分配を促進すること.

第10条　(生命に対する権利)　締約国は，すべての人間が生命に対する固有の権利を有することを再確認するものとし，障害者が他の者と平等にその権利を効果的に享有することを確保するためのすべての必要な措置をとる.

第11条　(危険な状況及び人道上の緊急事態)

締約国は，国際法（国際人道法及び国際人権法を含む.）に基づく自国の義務に従い，危険な状況（武力紛争，人道上の緊急事態及び自然災害の発生を含む.）において障害者の保護及び安全を確保するためのすべての必要な措置をとる.

第12条　(法律の前にひとしく認められる権利)

1　締約国は，障害者がすべての場所において法律の前に人として認められる権利を有することを再確認する.

2　締約国は，障害者が生活のあらゆる側面において他の者と平等に法的能力を享有することを認める.

3　締約国は，障害者がその法的能力の行使に当たって必要とする支援を利用することができるようにするための適当な措置をとる.

4　締約国は，法的能力の行使に関連するすべての措置において，濫用を防止するための適当かつ効果的な保護を国際人権法に従って定めることを確保する．当該保護は，法的能力の行使に関連する措置が，障害者の権利，意思及び選好を尊重すること，利益相反を生じさせず，及び不当な影響を及ぼさないこと，障害者の状況に応じ，かつ，適合すること，可能な限り短い期間に適用すること並びに権限のある，独立の，かつ，公平な当局又は司法機関による定期的な審査の対象とすることを確保するものとする. 当該保護は, 当該措置が障害者の権利及び利益に及ぼす影響の程度に応じたものとする.

5　締約国は, この条の規定に従うことを条件として, 障害者が財産を所有し, 又は相続し, 自己の会計を管理し, 及び銀行貸付け, 抵当その他の形態の金融上の信用について均等な機会を有することについての平等の権利を確保するためのすべての適当かつ効果的な措置をとるものとし, 障害者がその財産を恣意的に奪われないことを確保する.

第13条　(司法手続の利用) 1　締約国は, 障害者がすべての法的手続 (捜査段階その他予備的な段階を含む.) において直接及び間接の参加者 (証人を含む.) として効果的な役割を果たすことを容易にするため, 手続上の配慮及び年齢に適した配慮が提供されること等により, 障害者が他の者と平等に司法手続を効果的に利用することを確保する.

2　締約国は, 障害者が司法手続を効果的に利用することに役立てるため, 司法に係る分野に携わる者 (警察官及び刑務官を含む.) に対する適当な研修を促進する.

第14条　(身体の自由及び安全) 1　締約国は, 障害者に対し, 他の者と平等に次のことを確保する.

(a) 身体の自由及び安全についての権利を享有すること.

(b) 不法に又は恣意的に自由を奪われないこと, いかなる自由のはく奪も法律に従って行われること及びいかなる場合においても自由のはく奪が障害の存在によって正当化されないこと.

2　締約国は, 障害者がいずれの手続を通じて自由を奪われた場合であっても, 当該障害者が, 他の者と平等に国際人権法による保障を受ける権利を有すること並びにこの条約の目的及び原則に従って取り扱われること (合理的配慮の提供によるものを含む.) を確保する.

第15条　(拷問又は残虐な, 非人道的な若しくは品位を傷つける取扱い若しくは刑罰からの自由) 1　いかなる者も, 拷問又は残虐な, 非人道的な若しくは品位を傷つける取扱い若しくは刑罰を受けない. 特に, いかなる者も, その自由な同意なしに医学的又は科学的実験を受けない.

2　締約国は, 障害者が拷問又は残虐な, 非人道的な若しくは品位を傷つける取扱い若しくは刑罰を受けることを防止するため, 他の者との平等を基礎として, すべての効果的な立法上, 行政上, 司法上その他の措置をとる.

第16条　(搾取, 暴力及び虐待からの自由)

1　締約国は, 家庭の内外におけるあらゆる形態の搾取, 暴力及び虐待 (性別を理由とするものを含む.) から障害者を保護するためのすべての適当な立法上, 行政上, 社会上, 教育上その他の措置をとる.

2　また, 締約国は, 特に, 障害者及びその家族並びに介護者に対する適当な形態の性別及び年齢に配慮した援助及び支援 (搾取, 暴力及び虐待の事案を防止し, 認識し, 及び報告する方法に関する情報及び教育を提供することによるものを含む.) を確保することにより, あらゆる形態の搾取, 暴力及び虐待を防止するためのすべての適当な措置をとる. 締約国は, 保護事業が年齢, 性別及び障害に配慮したものであることを確保する.

3　締約国は, あらゆる形態の搾取, 暴力及び虐待の発生を防止するため, 障害者に役立つことを意図したすべての施設及び計画が独立した当局により効果的に監視されることを確保する.

4　締約国は, あらゆる形態の搾取, 暴力又は虐待の被害者となる障害者の身体的, 認知的及び心理的な回復及びリハビリテーション並びに社会復帰を促進するためのすべての適当な措置 (保護事業の提供によるものを含む.) をとる. このような回復及び復帰は, 障害者の健康, 福祉, 自尊心, 尊厳及び自律を育成する環境において行われるものとし, 性別及び年齢に応じたニーズを考慮に入れる.

5　締約国は, 障害者に対する搾取, 暴力及び虐待の事案が特定され, 捜査され, 及び適当な場合には訴追されることを確保するための効果的な法令及び政策 (女子及び児童に重点を置いた法令及び政策を含む.) を実施する.

第17条　(個人が健全であることの保護)

すべての障害者は, 他の者と平等に, その心身が健全であることを尊重される権利を有する.

第18条　(移動の自由及び国籍についての権利)

1　締約国は, 障害者に対して次のことを確保すること等により, 障害者が他の者と平等に移動の自由, 居住の自由及び国籍についての権利を有することを認める.

(a) 国籍を取得し, 及び変更する権利を有すること並びにその国籍を恣意的に又は障害を理由として奪われないこと.

(b) 国籍に係る文書若しくは身元に係る他の文書を入手し, 所有し, 及び利用すること又は移動の自由についての権利の行使を容易にするために必要とされる関連手続（例えば，出入国の手続）を利用することを，障害を理由として奪われないこと．
(c) いずれの国（自国を含む．）からも自由に離れることができること．
(d) 自国に戻る権利を恣意的に又は障害を理由として奪われないこと．
2　障害のある児童は，出生の後直ちに登録される．障害のある児童は，出生の時から氏名を有する権利及び国籍を取得する権利を有するものとし，また，できる限りその父母を知り，かつ，その父母によって養育される権利を有する．

第19条　（自立した生活及び地域社会に受け入れられること）　この条約の締約国は，すべての障害者が他の者と平等の選択の機会をもって地域社会で生活する平等の権利を認めるものとし，障害者が，この権利を完全に享受し，並びに地域社会に完全に受け入れられ，及び参加することを容易にするための効果的かつ適当な措置をとる．この措置には，次のことを確保することによるものを含む．
(a) 障害者が，他の者と平等に，居住地を選択し，及びどこで誰と生活するかを選択する機会を有すること並びに特定の居住施設で生活する義務を負わないこと．
(b) 地域社会における生活及び地域社会への受入れを支援し，並びに地域社会からの孤立及び隔離を防止するために必要な在宅サービス，居住サービスその他の地域社会支援サービス（人的支援を含む．）を障害者が利用することができること．
(c) 一般住民向けの地域社会サービス及び施設が，障害者にとって他の者と平等に利用可能であり，かつ，障害者のニーズに対応していること．

第20条　（個人的な移動を容易にすること）
締約国は，障害者ができる限り自立して移動することを容易にすることを確保するための効果的な措置をとる．この措置には，次のことによるものを含む．
(a) 障害者が，自ら選択する方法で，自ら選択する時に，かつ，妥当な費用で個人的に移動することを容易にすること．
(b) 障害者が質の高い移動補助具，装置，支援技術，生活支援及び仲介する者を利用することを容易にすること（これらを妥当な費用で利用可能なものとすることを含む．）．
(c) 障害者及び障害者と共に行動する専門職員に対し，移動技術に関する研修を提供すること．
(d) 移動補助具，装置及び支援技術を生産する事業体に対し，障害者の移動のあらゆる側面を考慮するよう奨励すること．

第21条　（表現及び意見の自由並びに情報の利用）
締約国は，障害者が，第2条に定めるあらゆる形態の意思疎通であって自ら選択するものにより，表現及び意見の自由（他の者と平等に情報及び考えを求め，受け，及び伝える自由を含む．）についての権利を行使することができることを確保するためのすべての適当な措置をとる．この措置には，次のことによるものを含む．
(a) 障害者に対し，様々な種類の障害に相応した利用可能な様式及び技術により，適時に，かつ，追加の費用を伴わず，一般公衆向けの情報を提供すること．
(b) 公的な活動において，手話，点字，補助的及び代替的な意思疎通並びに障害者が自ら選択する他のすべての利用可能な意思疎通の手段，形態及び様式を用いることを受け入れ，及び容易にすること．
(c) 一般公衆に対してサービス（インターネットによるものを含む．）を提供する民間の団体が情報及びサービスを障害者にとって利用可能又は使用可能な様式で提供するよう要請すること．
(d) マスメディア（インターネットを通じて情報を提供する者を含む．）がそのサービスを障害者にとって利用可能なものとするよう奨励すること．
(e) 手話の使用を認め，及び促進すること．

第22条　（プライバシーの尊重）1　いかなる障害者も，居住地又は居住施設のいかんを問わず，そのプライバシー，家族，住居又は通信その他の形態の意思疎通に対して恣意的に又は不法に干渉されず，また，名誉及び信用を不法に攻撃されない．障害者は，このような干渉又は攻撃に対する法律の保護を受ける権利を有する．
2　締約国は，他の者と平等に，障害者の個人，健康及びリハビリテーションに関する情報に係るプライバシーを保護する．

第23条　（家庭及び家族の尊重）1　締約国は，他の者と平等に，婚姻，家族及び親子関係に係るすべての事項に関し，障害者に対する差別を撤廃するための効果的かつ適当な措置をとる．この措置は，次のことを確保することを目的とする．
(a) 婚姻をすることができる年齢のすべての障害者が，両当事者の自由かつ完全な合意に基づいて婚姻をし，かつ，家族を形成する権利を認めること．

(b) 障害者が子の数及び出産の間隔を自由に
かつ責任をもって決定する権利並びに障害
者が年齢に適した情報，生殖及び家族計画に
係る教育を享受する権利を認め，並びに障害
者がこれらの権利を行使することを可能と
するために必要な手段を提供されること．
(c) 障害者（児童を含む．）が，他の者と平等に
生殖能力を保持すること．
2 締約国は，子の後見，養子縁組又はこれらに
類する制度が国内法令に存在する場合には，そ
れらの制度に係る障害者の権利及び責任を確
保する．あらゆる場合において，子の最善の利
益は至上である．締約国は，障害者が子の養育
についての責任を遂行するに当たり，当該障害
者に対して適当な援助を与える．
3 締約国は，障害のある児童が家庭生活につ
いて平等の権利を有することを確保する．締
約国は，この権利を実現し，並びに障害のある
児童の隠匿，遺棄，放置及び隔離を防止するた
め，障害のある児童及びその家族に対し，包括
的な情報，サービス及び支援を早期に提供する
ことを約束する．
4 締約国は，児童がその父母の意思に反して
その父母から分離されないことを確保する．た
だし，権限のある当局が司法の審査に従うこと
を条件として適用のある法律及び手続に従い
その分離が児童の最善の利益のために必要で
あると決定する場合は，この限りでない．いか
なる場合にも，児童は，自己が障害を有するこ
と又は父母の一方若しくは双方が障害を有す
ることを理由として父母から分離されない．
5 締約国は，近親の家族が障害のある児童を
監護することができない場合には，一層広い範
囲の家族の中で代替的な監護を提供し，及びこ
れが不可能なときは，地域社会の中で家庭的な
環境により代替的な監護を提供するようあら
ゆる努力を払うことを約束する．
第24条 （教育）1 締約国は，教育についての
障害者の権利を認める．締約国は，この権利を
差別なしに，かつ，機会の均等を基礎として実
現するため，次のことを目的とするあらゆる段
階における障害者を包容する教育（inclusive
education 分けない教育）制度及び生涯学習
を確保する．
(a) 人間の潜在能力並びに尊厳及び自己の価
値についての意識を十分に発達させ，並びに
人権，基本的自由及び人間の多様性の尊重を
強化すること．
(b) 障害者が，その人格，才能及び創造力並び
に精神的及び身体的な能力をその可能な最
大限度まで発達させること．
(c) 障害者が自由な社会に効果的に参加する a
ことを可能とすること．
2 締約国は，1の権利の実現に当たり，次のこ
とを確保する．
(a) 障害者が障害を理由として教育制度一般
から排除されないこと及び障害のある児童 b
が障害を理由として無償のかつ義務的な初
等教育から又は中等教育から排除されない
こと．
(b) 障害者が，他の者と平等に，自己の生活す
る地域社会において，包容され，質が高く，か c
つ，無償の初等教育の機会及び中等教育の機
会を与えられること．
(c) 個人に必要とされる合理的配慮が提供さ
れること．
(d) 障害者が，その効果的な教育を容易にする d
ために必要な支援を教育制度一般の下で受
けること．
(e) 学問的及び社会的な発達を最大にする環
境において，完全な包容という目標に合致す
る効果的で個別化された支援措置がとられ e
ることを確保すること．
3 締約国は，障害者が地域社会の構成員とし
て教育に完全かつ平等に参加することを容易
にするため，障害者が生活する上での技能及び
社会的な発達のための技能を習得することを f
可能とする．このため，締約国は，次のことを含
む適当な措置をとる．
(a) 点字，代替的な文字，意思疎通の補助的及
び代替的な形態，手段及び様式並びに適応及
び移動のための技能の習得並びに障害者相 g
互による支援及び助言を容易にすること．
(b) 手話の習得及び聴覚障害者の社会の言語
的な同一性の促進を容易にすること．
(c) 視覚障害若しくは聴覚障害又はこれらの
重複障害のある者（特に児童）の教育が，そ h
の個人にとって最も適当な言語並びに意思
疎通の形態及び手段で，かつ，学問的及び社
会的な発達を最大にする環境において行わ
れることを確保すること．
4 締約国は，1の権利の実現の確保を助長す i
ることを目的として，手話又は点字について能
力を有する教員（障害のある教員を含む．）を
雇用し，並びに教育のすべての段階に従事する
専門家及び職員に対する研修を行うための適
当な措置をとる．この研修には，障害について j
の意識の向上を組み入れ，また，適当な意思疎
通の補助的及び代替的な形態，手段及び様式の
使用並びに障害者を支援するための教育技法
及び教材の使用を組み入れるものとする．
5 締約国は，障害者が，差別なしに，かつ，他の k

者と平等に高等教育一般，職業訓練，成人教育及び生涯学習の機会を与えられることを確保する．このため，締約国は，合理的配慮が障害者に提供されることを確保する．

第25条（健康） 締約国は，障害者が障害を理由とする差別なしに到達可能な最高水準の健康を享受する権利を有することを認める．締約国は，障害者が性別に配慮した保健サービス（保健に関連するリハビリテーションを含む．）を利用することができることを確保するためのすべての適当な措置をとる．締約国は，特に，次のことを行う．

(a) 障害者に対して他の者に提供されるものと同一の範囲，質及び水準の無償の又は妥当な保健及び保健計画（性及び生殖に係る健康並びに住民のための公衆衛生計画の分野を含む．）を提供すること．

(b) 障害者が特にその障害のために必要とする保健サービス（適当な場合には，早期発見及び早期関与を含む．）並びに特に児童及び高齢者の間で障害の悪化を最小限にし，及び防止するためのサービスを提供すること．

(c) これらの保健サービスを，障害者自身が属する地域社会（農村を含む．）の可能な限り近くにおいて提供すること．

(d) 保健に従事する者に対し，特に，研修を通じて及び公私の保健に関する倫理基準を定めることによって障害者の人権，尊厳，自立及びニーズに関する意識を高めることにより，他の者と同一の質の医療（例えば，情報に基づく自由な同意を基礎とした医療）を障害者に提供するよう要請すること．

(e) 健康保険及び国内法により認められている場合には生命保険の提供に当たり，公正かつ妥当な方法で行い，及び障害者に対する差別を禁止すること．

(f) 保健若しくは保健サービス又は食糧及び飲料の提供に関し，障害を理由とする差別的な拒否を防止すること．

第26条（リハビリテーション） 1　締約国は，障害者が，最大限の自立並びに十分な身体的，精神的，社会的及び職業的な能力を達成し，及び維持し，並びに生活のあらゆる側面に完全に受け入れられ，及び参加することを達成し，及び維持することを可能とするための効果的かつ適当な措置（障害者相互による支援を通じたものを含む．）をとる．このため，締約国は，特に，保健，雇用，教育及び社会に係るサービスの分野において，包括的なリハビリテーションのサービス及びプログラムを企画し，強化し，及び拡張する．この場合において，これらのサービス及びプログラムは，次のようなものとする．

(a) 可能な限り初期の段階において開始し，並びに個人のニーズ及び長所に関する総合的な評価を基礎とすること．

(b) 地域社会及び社会のあらゆる側面への参加及び受入れを支援し，自発的なものとし，並びに障害者自身が属する地域社会（農村を含む．）の可能な限り近くにおいて利用可能なものとすること．

2　締約国は，リハビリテーションのサービスに従事する専門家及び職員に対する初期研修及び継続的な研修の充実を促進する．

3　締約国は，障害者のために設計された支援装置及び支援技術であって，リハビリテーションに関連するものの利用可能性，知識及び使用を促進する．

第27条（労働及び雇用） 1　締約国は，障害者が他の者と平等に労働についての権利を有することを認める．この権利には，障害者に対して開放され，障害者を受け入れ，及び障害者にとって利用可能な労働市場及び労働環境において，障害者が自由に選択し，又は承諾する労働によって生計を立てる機会を有する権利を含む．締約国は，特に次のことのための適当な措置（立法によるものを含む．）をとることにより，労働についての障害者（雇用の過程で障害を有することとなった者を含む．）の権利が実現されることを保障し，及び促進する．

(a) あらゆる形態の雇用に係るすべての事項（募集，採用及び雇用の条件，雇用の継続，昇進並びに安全かつ健康的な作業条件を含む．）に関し，障害を理由とする差別を禁止すること．

(b) 他の者と平等に，公正かつ良好な労働条件（例えば，均等な機会及び同一価値の労働についての同一報酬），安全かつ健康的な作業条件（例えば，嫌がらせからの保護）及び苦情に対する救済についての障害者の権利を保護すること．

(c) 障害者が他の者と平等に労働組合についての権利を行使することができることを確保すること．

(d) 障害者が技術及び職業の指導に関する一般的な計画，職業紹介サービス並びに職業訓練及び継続的な訓練を効果的に利用することを可能とすること．

(e) 労働市場において障害者の雇用機会の増大を図り，及びその昇進を促進すること並びに職業を求め，これに就き，これを継続し，及びその職業に復帰する際の支援を促進すること.
(f) 自営活動の機会, 起業能力, 協同組合の発展及び自己の事業の開始を促進すること.
(g) 公的部門において障害者を雇用すること.
(h) 適当な政策及び措置（積極的差別是正措置, 奨励措置その他の措置を含めることができる.）を通じて, 民間部門における障害者の雇用を促進すること.
(i) 職場において合理的配慮が障害者に提供されることを確保すること.
(j) 開かれた労働市場において障害者が実務経験を取得することを促進すること.
(k) 障害者の職業リハビリテーション, 職業の保持及び職場復帰計画を促進すること.

2　締約国は, 障害者が, 奴隷の状態又は隷属状態に置かれないこと及び他の者と平等に強制労働から保護されることを確保する.

第28条　（相当な生活水準及び社会的な保障）

1　締約国は, 障害者及びその家族の相当な生活水準（相当な食糧, 衣類及び住居を含む.）についての障害者の権利並びに生活条件の不断の改善についての障害者の権利を認めるものとし, 障害を理由とする差別なしにこの権利を実現することを保障し, 及び促進するための適当な措置をとる.

2　締約国は, 社会的な保障についての障害者の権利及び障害を理由とする差別なしにこの権利を享受することについての障害者の権利を認めるものとし, この権利の実現を保障し, 及び促進するための適当な措置をとる. この措置には, 次の措置を含む.
(a) 障害者が清浄な水のサービスを平等に利用することを確保し, 及び障害者が障害に関連するニーズに係る適当かつ利用可能なサービス, 装置その他の援助を利用することを確保するための措置
(b) 障害者（特に, 障害のある女子及び高齢者）が社会的な保障及び貧困削減に関する計画を利用することを確保するための措置
(c) 貧困の状況において生活している障害者及びその家族が障害に関連する費用を伴った国の援助（適当な研修, カウンセリング, 財政的援助及び休息介護を含む.）を利用することを確保するための措置
(d) 障害者が公営住宅計画を利用することを確保するための措置
(e) 障害者が退職に伴う給付及び計画を平等に利用することを確保するための措置

第29条　（政治的及び公的活動への参加）　締約国は, 障害者に対して政治的権利を保障し, 及び他の者と平等にこの権利を享受する機会を保障するものとし, 次のことを約束する.
(a) 特に次のことを行うことにより, 障害者が, 直接に, 又は自由に選んだ代表者を通じて, 他の者と平等に政治的及び公的活動に効果的かつ完全に参加することができること（障害者が投票し, 及び選挙される権利及び機会を含む.）を確保すること.
(i) 投票の手続, 設備及び資料が適当であり, 利用可能であり, 並びにその理解及び使用が容易であることを確保すること.
(ii) 適当な場合には技術支援及び新たな技術の使用を容易にすることにより, 障害者が, 選挙及び国民投票において脅迫を受けることなく秘密投票によって投票する権利並びに選挙に立候補する権利並びに政府のあらゆる段階において効果的に在職し, 及びあらゆる公務を遂行する権利を保護すること.
(iii) 選挙人としての障害者の意思の自由な表明を保障すること. このため, 必要な場合には, 障害者の要請に応じて当該障害者が選択する者が投票の際に援助することを認めること.
(b) 障害者が, 差別なしに, かつ, 他の者と平等に政治に効果的かつ完全に参加することができる環境を積極的に促進し, 及び政治への障害者の参加を奨励すること. 政治への参加には, 次のことを含む.
(i) 国の公的及び政治的活動に関係のある非政府機関及び非政府団体に参加し, 並びに政党の活動及び運営に参加すること.
(ii) 国際, 国内, 地域及び地方の各段階において障害者を代表するための組織を結成し, 並びにこれに参加すること.

第30条　（文化的な生活, レクリエーション, 余暇及びスポーツへの参加）　**1**　締約国は, 障害者が他の者と平等に文化的な生活に参加する権利を認めるものとし, 障害者が次のことを行うことを確保するためのすべての適当な措置をとる.
(a) 利用可能な様式を通じて, 文化的な作品を享受すること.
(b) 利用可能な様式を通じて, テレビジョン番組, 映画, 演劇その他の文化的な活動を享受すること.
(c) 文化的な公演又はサービスが行われる場所（例えば, 劇場, 博物館, 映画館, 図書館, 観光サービス）へのアクセスを享受し, 並びにできる限り自国の文化的に重要な記念物及び遺跡へのアクセスを享受すること.

2　締約国は, 障害者が, 自己の利益のためのみ

でなく，社会を豊かにするためにも，創造的，芸術的及び知的な潜在能力を開発し，及び活用する機会を有することを可能とするための適当な措置をとる．

3　締約国は，国際法に従い，知的財産権を保護する法律が，障害者が文化的な作品を享受する機会を妨げる不当な又は差別的な障壁とならないことを確保するためのすべての適当な措置をとる．

4　障害者は，他の者と平等に，その独自の文化的及び言語的な同一性（手話及び聴覚障害者の文化を含む．）の承認及び支持を受ける権利を有する．

5　締約国は，障害者が他の者と平等にレクリエーション，余暇及びスポーツの活動に参加することを可能とすることを目的として，次のことのための適当な措置をとる．

(a) 障害者があらゆる水準の一般のスポーツ活動に可能な限り参加することを奨励し，及び促進すること．

(b) 障害者が障害に応じたスポーツ活動及びレクリエーション活動を組織し，及び発展させ，並びにこれらに参加する機会を有することを確保すること．このため，適当な指導，研修及び資源が他の者と平等に提供されるよう奨励すること．

(c) 障害者がスポーツ，レクリエーション及び観光の場所へのアクセスを認められることを確保すること．

(d) 障害のある児童が遊び，レクリエーション，余暇及びスポーツ活動（学校制度におけるこれらの活動を含む．）への参加について均等な機会を享受することを確保すること．

(e) 障害者がレクリエーション，観光，余暇及びスポーツ活動の企画に関与する者によるサービスを利用することを確保すること．

第31条　（統計及び資料の収集）1　締約国は，この条約を実現するための政策を立案し，及び実施することを可能とするための適当な情報（統計資料及び研究資料を含む．）を収集することを約束する．この情報を収集し，及び保存する過程は，次のことを満たさなければならない．

(a) 障害者の秘密の保持及びプライバシーの尊重を確保するため，法令によって定められた保護（資料の保護に関する法令を含む．）を遵守すること．

(b) 人権及び基本的自由を保護するための国際的に受け入れられた規範並びに統計の収集及び利用に関する倫理上の原則を遵守すること．

2　この条の規定に従って収集された情報は，適宜分類されるものとし，この条約に基づく締約国の義務の履行の評価に役立てるため，並びに障害者がその権利を行使する際に直面する障壁を特定し，及び当該障壁に対処するために利用される．

3　締約国は，これらの統計の普及について責任を負うものとし，障害者及び他の者が当該統計を利用可能とすることを確保する．

第32条　（国際協力）1　締約国は，この条約の目的及び趣旨を実現するための自国の努力を支援するために国際協力及びその促進が重要であることを認識し，この点に関し，国家間において並びに適当な場合には関連のある国際的及び地域的機関並びに市民社会（特に障害者の組織）と連携して，適当かつ効果的な措置をとる．これらの措置には，特に次のことを含むことができる．

(a) 国際協力（国際的な開発計画を含む．）が，障害者を受け入れ，かつ，障害者にとって利用可能なものであることを確保すること．

(b) 能力の開発（情報，経験，研修計画及び最良の実例の交換及び共有を通じたものを含む．）を容易にし，及び支援すること．

(c) 研究における協力並びに科学及び技術に関する知識の利用を容易にすること．

(d) 適当な場合には，技術援助及び経済援助（利用可能な支援技術の利用及び共有を容易にすることによる援助並びに技術移転を通じた援助を含む．）を提供すること．

2　この条の規定は，この条約に基づく義務を履行する各締約国の義務に影響を及ぼすものではない．

第33条　（国内における実施及び監視）1　締約国は，自国の制度に従い，この条約の実施に関連する事項を取り扱う1又は2以上の中央連絡先を政府内に指定する．また，締約国は，異なる部門及び段階における関連のある活動を容易にするため，政府内における調整のための仕組みの設置又は指定に十分な考慮を払う．

2　締約国は，自国の法律上及び行政上の制度に従い，この条約の実施を促進し，保護し，及び監視するための枠組み（適当な場合には，1又は2以上の独立した仕組みを含む．）を自国内において維持し，強化し，指定し，又は設置する．締約国は，このような仕組みを指定し，又は設置する場合には，人権の保護及び促進のための国内機構の地位及び役割に関する原則を考慮に入れる．

3　市民社会（特に，障害者及び障害者を代表する団体）は，監視の過程に十分に関与し，かつ，参加する．

第 34 条（障害者の権利に関する委員会）

1　障害者の権利に関する委員会（以下「委員会」という．）を設置する．委員会は，以下に定める任務を遂行する．

2　委員会は，この条約の効力発生の時は 12 人の専門家で構成する．更に 60 の国がこの条約を批准し，又はこれに加入した後は，委員会の委員の数を 6 人まで増加させ，最大で 18 人とする．

3　委員会の委員は，個人の資格で職務を遂行するものとし，徳望が高く，かつ，この条約が対象とする分野において能力及び経験を認められた者とする．締約国は，委員の候補者を指名するに当たり，第 4 条 3 の規定に十分な考慮を払うよう要請される．

4　委員会の委員については，締約国が，委員の配分が地理的に衡平に行われること，異なる文明形態及び主要な法体系が代表されること，男女が衡平に代表されること並びに障害のある専門家が参加することを考慮に入れて選出する．

5～13（略）

第 35 条（締約国による報告）1　各締約国は，この条約に基づく義務を履行するためにとった措置及びこれらの措置によりもたらされた進歩に関する包括的な報告を，この条約が自国について効力を生じた後 2 年以内に国際連合事務総長を通じて委員会に提出する．

2　その後，締約国は，少なくとも四年ごとに，更に委員会が要請するときはいつでも，その後の報告を提出する．

3　委員会は，報告の内容について適用される指針を決定する．

4　委員会に対して包括的な最初の報告を提出した締約国は，その後の報告においては，既に提供した情報を繰り返す必要はない．締約国は，委員会に対する報告を作成するに当たり，公開され，かつ，透明性のある過程において作成することを検討し，及び第 4 条 3 の規定に十分な考慮を払うよう要請される．

5　報告には，この条約に基づく義務の履行の程度に影響を及ぼす要因及び障害を記載することができる．

第 36 条（報告の検討）1　委員会は，各報告を検討する．委員会は，当該報告について，適当と認める提案及び一般的な性格を有する勧告を行うことができるものとし，これらの提案及び一般的な性格を有する勧告を関係締約国に送付する．当該関係締約国は，委員会に対し，自国が選択する情報を提供することにより回答することができる．委員会は，この条約の実施に関連する追加の情報を当該関係締約国に要請することができる．

2　いずれかの締約国による報告の提出が著しく遅延している場合には，委員会は，委員会にとって利用可能な信頼し得る情報を基礎として当該締約国におけるこの条約の実施状況を審査することが必要であることを当該締約国に通報することができる．ただし，この審査は，関連する報告がその通報の後 3 箇月以内に提出されない場合にのみ行われる．委員会は，当該締約国がその審査に参加するよう要請する．当該締約国が関連する報告を提出することにより回答する場合には，1 の規定を適用する．

3　国際連合事務総長は，1 の報告をすべての締約国が利用することができるようにする．

4　締約国は，1 の報告を自国において公衆が広く利用することができるようにし，これらの報告に関連する提案及び一般的な性格を有する勧告の利用を容易にする．

5　委員会は，適当と認める場合には，締約国からの報告に記載されている技術的な助言若しくは援助の要請又はこれらの必要性の記載に対処するため，これらの要請又は必要性の記載に関する委員会の見解及び勧告がある場合には当該見解及び勧告とともに，国際連合の専門機関，基金及び計画その他の権限のある機関に当該報告を送付する．

第 37 条～第 50 条（略）

39 難民条約（抄）

難民の地位に関する条約
〔採択〕1951年 7 月28日，ジュネーヴ
〔効力発生〕1954年 4 月22日／〔日本国〕1982年 1 月 1 日

ミニ解説：難民条約の適用

「難民議定書」（1967 年発効．日本は 1982 年 1 月 1 日に加入同日発効）によって，「難民条約」から同条約第 1 条 A(2)の時間的制約を撤廃し，また地理的な制限も撤廃した．したがって，難民条約は，日本については，時間的にも地理的にもいかなる制約もなく適用される．

前　文

締約国は，

国際連合憲章及び 1948 年 12 月 10 日に国際連合総会により承認された世界人権宣言が，人間は基本的な権利及び自由を差別を受けることなく享有するとの原則を確認していることを考

慮し,

国際連合が,種々の機会に難民に対する深い関心を表明し並びに難民に対して基本的な権利及び自由のできる限り広範な行使を保証することに努力してきたことを考慮し,

難民の地位に関する従前の国際協定を修正し及び統合すること並びにこれらの文書の適用範囲及びこれらの文書に定める保護を新たな協定において拡大することが望ましいと考え,

難民に対する庇護の付与が特定の国にとって不当に重い負担となる可能性のあること並びに国際的な広がり及び国際的な性格を有すると国際連合が認める問題についての満足すべき解決は国際協力なしには得ることができないことを考慮し,

すべての国が,難民問題の社会的及び人道的性格を認識して,この問題が国家間の緊張の原因となることを防止するため可能なすべての措置をとることを希望し,

国際連合難民高等弁務官が難民の保護について定める国際条約の適用を監督する任務を有していることに留意し,また,各国と国際連合難民高等弁務官との協力により,難民問題を処理するためにとられる措置の効果的な調整が可能となることを認めて,

次のとおり協定した.

第1章　一般規定

第1条(「難民」の定義) **A**　この条約の適用上,「難民」とは,次の者をいう.

(1) 1926年5月12日の取極,1928年6月30日の取極,1933年10月28日の条約,1938年2月10日の条約,1939年9月14日の議定書又は国際避難民機関憲章により難民と認められている者

国際避難民機関がその活動期間中いずれかの者について難民としての要件を満たしていないと決定したことは,当該者が(2)の条件を満たす場合に当該者に対し難民の地位を与えることを妨げるものではない.

(2) 1951年1月1日前に生じた事件の結果として,かつ,人種,宗教,国籍若しくは特定の社会的集団の構成員であること又は政治的意見を理由に迫害を受けるおそれがあるという十分に理由のある恐怖を有するために,国籍国の外にいる者であって,その国籍国の保護を受けることができないもの又はそのような恐怖を有するためにその国籍国の保護を受けることを望まないもの及びこれらの事件の結果として常居所を有していた国の外にいる無国籍者であって,当該常居所を有していた国に帰ることができないもの又はそのような恐怖を有するために当該常居所を有していた国に帰ることを望まないもの

2以上の国籍を有する者の場合には,「国籍国」とは,その者がその国籍を有する国のいずれをもいい,迫害を受けるおそれがあるという十分に理由のある恐怖を有するという正当な理由なくいずれか1の国籍国の保護を受けなかったとしても,国籍国の保護がないとは認められない.

B(1) この条約の適用上,Aの「1951年1月1日前に生じた事件」とは,次の事件のいずれかをいう.

(a) 1951年1月1日前に欧州において生じた事件

(b) 1951年1月1日前に欧州又は他の地域において生じた事件

各締約国は,署名,批准又は加入の際に,この条約に基づく自国の義務を履行するに当たって(a)又は(b)のいずれの規定を適用するかを選択する宣言を行う.

(2) (a)の規定を適用することを選択した国は,いつでも,(b)の規定を適用することを選択する旨を国際連合事務総長に通告することにより,自国の義務を拡大することができる.

C　Aの規定に該当する者についてのこの条約の適用は,当該者が次の場合のいずれかに該当する場合には,終止する.

(1) 任意に国籍国の保護を再び受けている場合

(2) 国籍を喪失していたが,任意にこれを回復した場合

(3) 新たな国籍を取得し,かつ,新たな国籍国の保護を受けている場合

(4) 迫害を受けるおそれがあるという恐怖を有するため,定住していた国を離れ又は定住していた国の外にとどまっていたが,当該定住していた国に任意に再び定住するに至った場合

(5) 難民であると認められる根拠となった事由が消滅したため,国籍国の保護を受けることを拒むことができなくなった場合

ただし,この(5)の規定は,A(1)の規定に該当する難民であって,国籍国の保護を受けることを拒む理由として過去における迫害に起因するやむを得ない事情を援用することができるものについては,適用しない.

(6) 国籍を有していない場合において,難民であると認められる根拠となった事由が消滅したため,常居所を有していた国に帰ること

ができるとき.

ただし,この(6)の規定は,A(1)の規定に該当する難民であって,常居所を有していた国に帰ることを拒む理由として過去における迫害に起因するやむを得ない事情を援用することができるものについては,適用しない.

D この条約は,国際連合難民高等弁務官以外の国際連合の機関の保護又は援助を現に受けている者については,適用しない.

これらの保護又は援助を現に受けている者の地位に関する問題が国際連合総会の採択する関連決議に従って最終的に解決されることなくこれらの保護又は援助の付与が終止したときは,これらの者は,その終止により,この条約により与えられる利益を受ける.

E この条約は,居住国の権限のある機関によりその国の国籍を保持することに伴う権利及び義務と同等の権利を有し及び同等の義務を負うと認められる者については,適用しない.

F この条約は,次のいずれかに該当すると考えられる相当な理由がある者については,適用しない.

(a) 平和に対する犯罪,戦争犯罪及び人道に対する犯罪に関して規定する国際文書の定めるこれらの犯罪を行ったこと.

(b) 難民として避難国に入国することが許可される前に避難国の外で重大な犯罪(政治犯罪を除く.)を行ったこと.

(c) 国際連合の目的及び原則に反する行為を行ったこと.

第2条(一般的義務) すべての難民は,滞在する国に対し,特に,その国の法令を遵守する義務及び公の秩序を維持するための措置に従う義務を負う.

第3条(無差別) 締約国は,難民に対し,人種,宗教又は出身国による差別なしにこの条約を適用する.

第4条(宗教) 締約国は,その領域内の難民に対し,宗教を実践する自由及び子の宗教的教育についての自由に関し,自国民に与える待遇と少なくとも同等の好意的待遇を与える.

第5条(この条約に係わりなく与えられる権利) この条約のいかなる規定も,締約国がこの条約に係わりなく難民に与える権利及び利益を害するものと解してはならない.

第6条(「同一の事情の下で」の意味) この条約の適用上,「同一の事情の下で」とは,その性格上難民が満たすことのできない要件を除くほか,ある者が難民でないと仮定した場合に当該者が特定の権利を享受するために満たさなければならない要件(滞在又は居住の期間及び条件に関する要件を含む.)が満たされていることを条件として,ということを意味する.

第7条(相互主義の適用の免除) 1 締約国は,難民に対し,この条約が一層有利な規定を設けている場合を除くほか,一般に外国人に対して与える待遇と同一の待遇を与える.

2 すべての難民は,いずれかの締約国の領域内に3年間居住した後は,当該締約国の領域内において立法上の相互主義を適用されることはない.

3 締約国は,自国についてこの条約の効力が生ずる日に相互の保証なしに難民に既に認めている権利及び利益が存在する場合には,当該権利及び利益を引き続き与える.

4 締約国は,2及び3の規定により認められる権利及び利益以外の権利及び利益を相互の保証なしに難民に与えることの可能性並びに2に規定する居住の条件を満たしていない難民並びに3に規定する権利及び利益が認められていない難民に対しても相互主義を適用しないことの可能性を好意的に考慮する.

5 2及び3の規定は,第13条,第18条,第19条,第21条及び第22条に規定する権利及び利益並びにこの条約に規定していない権利及び利益のいずれについても,適用する.

第8条(例外的措置の適用の免除) 締約国は,特定の外国の国民の身体,財産又は利益に対してとることのある例外的措置については,形式上当該外国の国民である難民に対し,その国籍のみを理由としてこの措置を適用してはならない.前段に定める一般原則を適用することが法制上できない締約国は,適当な場合には,当該難民について当該例外的措置の適用を免除する.

第9条(暫定措置) この条約のいかなる規定も,締約国が,戦時に又は他の重大かつ例外的な状況において,特定の個人について国の安全のために不可欠であると認める措置を暫定的にとることを妨げるものではない.もっとも,当該特定の個人について真に難民であるか難民でないか又は当該特定の個人について当該不可欠であると認める措置を引き続き適用することが国の安全のために必要であるか必要でないかを当該締約国が決定するまでの間に限る.

第10条(居住の継続) 1 第2次世界戦争中に退去を強制されていずれかの締約国の領域に移動させられ,かつ,当該領域内に居住している難民は,この滞在を強制された期間合法的に当該領域内に居住していたものとみなす.

2　難民が第２次世界戦争中にいずれかの締約国の領域からの退去を強制され，かつ，居住のため当該領域にこの条約の効力発生の日前に帰った場合には，この強制された退去の前後の居住期間は，継続的な居住が必要とされるいかなる場合においても継続した１の期間とみなす．

第 11 条（難民である船員） 締約国は，自国を旗国とする船舶の常傭の乗組員として勤務している難民については，自国の領域における定住について好意的考慮を払うものとし，特に他の国における定住を容易にすることを目的として，旅行証明書を発給し又は自国の領域に一時的に入国を許可することについて好意的考慮を払う．

第２章　法的地位

第 12 条（属人法） 1　難民については，その属人法は住所を有する国の法律とし，住所を有しないときは，居所を有する国の法律とするものとする．

2　難民が既に取得した権利であって属人法に基づくもの特に婚姻に伴う権利は，難民が締約国の法律に定められる手続に従うことが必要な場合にはこれに従うことを条件として，当該締約国により尊重される．ただし，この権利は，当該難民が難民でないとした場合においても，当該締約国の法律により認められるものでなければならない．

第 13 条（動産及び不動産） 締約国は，難民に対し，動産及び不動産の所有権並びに動産及び不動産についてのその他の権利の取得並びに動産及び不動産に関する賃貸借その他の契約に関し，できる限り有利な待遇を与えるものとし，いかなる場合にも，同一の事情の下で一般に外国人に対して与える待遇よりも不利でない待遇を与える．

第 14 条（著作権及び工業所有権） 難民は，発明，意匠，商標，商号等の工業所有権の保護並びに文学的，美術的及び学術的著作物についての権利の保護に関しては，常居所を有する国において，その国の国民に与えられる保護と同一の保護を与えられるものとし，他のいずれの締約国の領域においても，当該難民が常居所を有する国の国民に対して当該締約国の領域において与えられる保護と同一の保護を与えられる．

第 15 条（結社の権利） 締約国は，合法的にその領域内に滞在する難民に対し，非政治的かつ非営利的な団体及び労働組合に係る事項に関し，同一の事情の下で外国の国民に与える待遇のうち最も有利な待遇を与える．

第 16 条（裁判を受ける権利） 1　難民は，すべての締約国の領域において，自由に裁判を受ける権利を有する．

2　難民は，常居所を有する締約国において，裁判を受ける権利に関連する事項（法律扶助及び訴訟費用の担保の免除を含む．）につき，当該締約国の国民に与えられる待遇と同一の待遇を与えられる．

3　難民は，常居所を有する締約国以外の締約国において，２に規定する事項につき，当該常居所を有する締約国の国民に与えられる待遇と同一の待遇を与えられる．

第３章　職　業

第 17 条（賃金が支払われる職業） 1　締約国は，合法的にその領域内に滞在する難民に対し，賃金が支払われる職業に従事する権利に関し，同一の事情の下で外国の国民に与える待遇のうち最も有利な待遇を与える．

2　いかなる場合にも，締約国が国内労働市場の保護のため外国人又は外国人の雇用に関してとる制限的措置は，当該締約国についてこの条約の効力が生ずる日に既にそれらの措置の適用を免除されている難民又は次の条件のいずれかを満たす難民については，適用しない．

(a) 当該締約国に３年以上居住していること．

(b) 当該難民が居住している当該締約国の国籍を有する配偶者があること．難民は，その配偶者を遺棄した場合には，この(b)の規定による利益を受けることができない．

(c) 当該難民が居住している当該締約国の国籍を有する子があること．

3　締約国は，賃金が支払われる職業に関し，すべての難民，特に，労働者募集計画又は移住者受入計画によって当該締約国の領域に入国した難民の権利を自国民の権利と同一のものとすることについて好意的考慮を払う．

第 18 条（自営業） 締約国は，合法的にその領域内にいる難民に対し，独立して農業，工業，手工業及び商業に従事する権利並びに商業上及び産業上の会社を設立する権利に関し，できる限り有利な待遇を与えるものとし，いかなる場合にも，同一の事情の下で一般に外国人に対して与える待遇よりも不利でない待遇を与える．

第 19 条（自由業） 1　締約国は，合法的にその領域内に滞在する難民であって，当該締約国の権利のある機関が承認した資格証書を有し，かつ，自由業に従事することを希望するものに対し，できる限り有利な待遇を与えるものとし，いかなる場合にも，同一の事情の下で一般に外国人に対して与える待遇よりも不利でない待遇を与える.

2　締約国は, 自国が国際関係について責任を有する領域（本土地域を除く.）内に1に規定する難民が定住することを確保するため, 自国の憲法及び法律に従って最善の努力を払う.

第4章　福　祉

第20条（配給） 難民は, 供給が不足する物資の分配を規制する配給制度であって住民全体に適用されるものが存在する場合には, 当該配給制度の適用につき, 国民に与えられる待遇と同一の待遇を与えられる.

第21条（住居） 締約国は, 住居に係る事項が法令の規制を受け又は公の機関の管理の下にある場合には, 合法的にその領域内に滞在する難民に対し, 住居に関し, できる限り有利な待遇を与えるものとし, いかなる場合にも, 同一の事情の下で一般に外国人に対して与える待遇よりも不利でない待遇を与える.

第22条（公の教育） 1　締約国は, 難民に対し, 初等教育に関し, 自国民に与える待遇と同一の待遇を与える.

2　締約国は, 難民に対し, 初等教育以外の教育, 特に, 修学の機会, 学業に関する証明書, 資格証書及び学位であって外国において与えられたものの承認, 授業料その他の納付金の減免並びに奨学金の給付に関し, できる限り有利な待遇を与えるものとし, いかなる場合にも, 同一の事情の下で一般に外国人に対して与える待遇よりも不利でない待遇を与える.

第23条（公的扶助） 締約国は, 合法的にその領域内に滞在する難民に対し, 公的扶助及び公的援助に関し, 自国民に与える待遇と同一の待遇を与える.

第24条（労働法制及び社会保障） 1　締約国は, 合法的にその領域内に滞在する難民に対し, 次の事項に関し, 自国民に与える待遇と同一の待遇を与える.

(a) 報酬（家族手当がその一部を成すときは, これを含む.）, 労働時間, 時間外労働, 有給休暇, 家内労働についての制限, 雇用についての最低年齢, 見習及び訓練, 女子及び年少者の労働並びに団体交渉の利益の享受に係る事項であって, 法令の規律を受けるもの又は行政機関の管理の下にあるもの

(b) 社会保障（業務災害, 職業病, 母性, 疾病, 廃疾, 老齢, 死亡, 失業, 家族的責任その他国内法令により社会保障制度の対象とされている給付事由に関する法規）. ただし, 次の措置をとることを妨げるものではない.

(i) 当該難民が取得した権利又は取得の過程にあった権利の維持に関し適当な措置をとること.

(ii) 当該難民が居住している当該締約国の国内法令において, 公の資金から全額支給される給付の全部又は一部に関し及び通常の年金の受給のために必要な拠出についての条件を満たしていない者に支給される手当に関し, 特別の措置を定めること.

2　業務災害又は職業病に起因する難民の死亡について補償を受ける権利は, この権利を取得する者が締約国の領域外に居住していることにより影響を受けない.

3　締約国は, 取得された又は取得の過程にあった社会保障についての権利の維持に関し他の締約国との間で既に締結した協定又は将来締結することのある協定の署名国の国民に適用される条件を難民が満たしている限り, 当該協定による利益と同一の利益を当該難民に与える.

4　締約国は, 取得された又は取得の過程にあった社会保障についての権利の維持に関する協定であって非締約国との間で現在効力を有し又は将来効力を有することのあるものによる利益と同一の利益をできる限り難民に与えることについて好意的考慮を払うものとする.

第5章　行政上の措置

第25条（行政上の援助） 1　難民がその権利の行使につき通常外国の機関の援助を必要とする場合において当該外国の機関の援助を求めることができないときは, 当該難民が居住している締約国は, 自国の機関又は国際機関により同様の援助が当該難民に与えられるように取り計らう.

2　1にいう自国の機関又は国際機関は, 難民に対し, 外国人が通常本国の機関から又は本国の機関を通じて交付を受ける文書又は証明書と同様の文書又は証明書を交付するものとし, また, その監督の下にこれらの文書又は証明書が交付されるようにする.

3　2の規定により交付される文書又は証明書は, 外国人が本国の機関から又は本国の機関を通じて交付を受ける公文書に代わるものとし, 反証のない限り信用が与えられるものとする.

4　生活に困窮する者に対する例外的な取扱いがある場合には, これに従うことを条件として, この条に規定する事務については手数料を徴収することができるが, その手数料は, 妥当な, かつ, 同種の事務について国民から徴収す

る手数料に相応するものでなければならない.

5　この条の規定は，第27条及び第28条の規定の適用を妨げるものではない.

第26条（移動の自由） 締約国は，合法的にその領域内にいる難民に対し，当該難民が同一の事情の下で一般に外国人に対して適用される規制に従うことを条件として，居住地を選択する権利及び当該締約国の領域内を自由に移動する権利を与える.

第27条（身分証明書） 締約国は，その領域内にいる難民であって有効な旅行証明書を所持していないものに対し，身分証明書を発給する.

第28条（旅行証明書） 1　締約国は，合法的にその領域内に滞在する難民に対し，国の安全又は公の秩序のためのやむを得ない理由がある場合を除くほか，その領域外への旅行のための旅行証明書を発給するものとし，この旅行証明書に関しては，附属書の規定が適用される．締約国は，その領域内にいる他の難民に対してもこの旅行証明書を発給することができるものとし，特に，その領域内にいる難民であって合法的に居住している国から旅行証明書の発給を受けることができないものに対して旅行証明書を発給することについて好意的考慮を払う.

2　従前の国際協定の締約国が当該国際協定の定めるところにより難民に対して発給した旅行証明書は，この条約の締約国により有効なものとして認められ，かつ，この条の規定により発給されたものとして取り扱われる.

第29条（公租公課） 1　締約国は，難民に対し，同様の状態にある自国民に課している若しくは課すことのある租税その他の公課（名称のいかんを問わない.）以外の公課を課してはならず，また，租税その他の公課（名称のいかんを問わない.）につき同様の状態にある自国民に課する額よりも高額のものを課してはならない.

2　1の規定は，行政機関が外国人に対して発給する文書（身分証明書を含む.）の発給についての手数料に関する法令を難民について適用することを妨げるものではない.

第30条（資産の移転） 1　締約国は，自国の法令に従い，難民がその領域内に持ち込んだ資産を定住のために入国を許可された他の国に移転することを許可する.

2　締約国は，難民が入国を許可された他の国において定住するために必要となる資産（所在地のいかんを問わない.）につき当該難民から当該資産の移転の許可の申請があった場合には，この申請に対し好意的考慮を払う.

第31条（避難国に不法にいる難民） 1　締約国は，その生命又は自由が第1条の意味において脅威にさらされていた領域から直接来た難民であって許可なく当該締約国の領域に入国し又は許可なく当該締約国の領域内にいるものに対し，不法に入国し又は不法にいることを理由として刑罰を科してはならない．ただし，当該難民が遅滞なく当局に出頭し，かつ，不法に入国し又は不法にいることの相当な理由を示すことを条件とする.

2　締約国は，1の規定に該当する難民の移動に対し，必要な制限以外の制限を課してはならず，また，この制限は，当該難民の当該締約国における滞在が合法的なものとなるまでの間又は当該難民が他の国への入国許可を得るまでの間に限って課すことができる．締約国は，1の規定に該当する難民に対し，他の国への入国許可を得るために妥当と認められる期間の猶予及びこのために必要なすべての便宜を与える.

第32条（追放） 1　締約国は，国の安全又は公の秩序を理由とする場合を除くほか，合法的にその領域内にいる難民を追放してはならない.

2　1の規定による難民の追放は，法律の定める手続に従って行われた決定によってのみ行う．国の安全のためのやむを得ない理由がある場合を除くほか，1に規定する難民は，追放される理由がないことを明らかにする証拠の提出並びに権限のある機関又はその機関が特に指名する者に対する不服の申立て及びこのための代理人の出頭を認められる.

3　締約国は，1の規定により追放されることとなる難民に対し，他の国への入国許可を求めるのに妥当と認められる期間の猶予を与える．締約国は，この期間中必要と認める国内措置をとることができる.

第33条（追放及び送還の禁止） 1　締約国は，難民を，いかなる方法によっても，人種，宗教，国籍若しくは特定の社会的集団の構成員であること又は政治的意見のためにその生命又は自由が脅威にさらされるおそれのある領域の国境へ追放し又は送還してはならない.

2　締約国にいる難民であって，当該締約国の安全にとって危険であると認めるに足りる相当な理由があるもの又は特に重大な犯罪について有罪の判決が確定し当該締約国の社会にとって危険な存在となったものは，1の規定による利益の享受を要求することができない.

第34条（帰化） 締約国は，難民の当該締約国の社会への適応及び帰化をできる限り容易なものとする．締約国は，特に，帰化の手続が迅速に行われるようにするため並びにこの手続に係る手数料及び費用をできる限り軽減するため，あらゆる努力を払う．

40 国内避難民カンパラ条約（抄）

アフリカにおける国内避難民の保護及び支援のためのアフリカ連合条約（カンパラ条約）
〔採択〕2009年10月23日アフリカ連合特別首脳会議（カンパラ）
〔効力発生〕2012年12月６日

第１条（定義） この条約の適用上，

a「アフリカ憲章」とは，人及び人民の権利に関するアフリカ憲章［バンジュール憲章］，
b「アフリカ委員会」とは，人及び人民の権利に関するアフリカ委員会，
c「アフリカ司法人権裁判所」とは，アフリカ司法人権裁判所，
d 恣意的な強制移動とは，４条４項(a)から(h)の恣意的な強制移動，
e「武装勢力」とは，国の軍隊とは異なる反政府武装部隊又は組織化された武装勢力，
f「AU」とは，アフリカ連合，
g「AU委員会」とは，地域的条約を寄託するアフリカ連合事務局，
h「子ども」とは，18歳以下のすべての者，
i「設立法」とは，アフリカ連合設立法，
j「有害な実行」とは，以下に限定されるものではないが，例えば，生命，健康，尊厳，教育，精神的肉体的に整合された教育のような基本的人権に悪い影響をおよぼすあらゆる行動，態度及び／又は実行，
k「国内避難民」とは，住居若しくは常居所から逃れ若しくは離れることを強いられ又は余儀なくされた者若しくはその集団であって，国際的に承認された国境を越えていない者であり，特に武力紛争，一般化した暴力の事態，人権侵害又は自然災害若しくは人為的災害の影響の結果又はその影響を避けるためであり，
l「国内強制移動」とは，国際的に承認された国境の内部で，人若しくはその集団が，非自発的又は強制的に移動，避難若しくは移住させられること，
m「加盟国」とは，アフリカ連合加盟国，
n「非国家主体」とは，１条（d）を含まないが，武装勢力を含む国家公務員でない私人であり，国家に正式に帰属しない行為をする者，
o「OAU」とは，アフリカ統一機構，
p「女性」とは，女の子を含む女性ジェンダーの者，
q「スフィア基準」とは，人道支援の効率及びインパクトのモニタリング及び評価の基準，
r「締約国」とは，この条約を批准及び加入したアフリカの国家をいう．

第２条（目的） 本条約の目的は，

a 恒久的解決を規定すると共に，国内強制移動の根本原因を防ぎ又は緩和し，禁止及び消滅させるための地域的及び国家的な措置を促進及び強化し，
b 国内強制移動を防ぎ，アフリカにおける国内避難民を保護及び支援するための法的枠組みを設立し，
c 強制移動に対処し，その結果に取り組むために，締約国間で，連帯，協力，恒久的解決の促進及び相互支援のための法的枠組みを設立し，
d 国内強制移動の防御及び国内避難民の保護並びに支援に関する締約国の義務と責任を規定し，
e 国内強制移動の防御及び国内避難民の保護並びに支援に関する市民社会団体を含む，武装勢力，非国家主体並びに他関係者に各々の義務，責任並びに役割を規定することである．

第４条（国内強制同からの保護に関する締約国の義務）

４項 すべての者は恣意的な強制移動から保護される権利を有する．禁止される恣意的な強制移動は以下に限定するものではないが，例えば，

a 民族，宗教若しくは人種構成を変えることを目的とし又はそういう結果となる人種差別又は類似の実行の政策に基づく強制移動，
b 国際人道法にしたがい，文民の安全に関連又は必須の軍事的理由以外の武力紛争時における文民の個人若しくは大人数の強制移動，
c 武力紛争時における敵対行為の手法又は他の国際人道法を侵害する国内的な強制移動，
d 一般化した暴力又は人権侵害に起因する強制移動，
e 有害な実行の結果としての強制移動，
f 自然災害若しくは人為的災害又は他の要因によって，安全及び健康に影響がなく避難が不必要である場合の強制的避難，
g 集団処罰としての強制移動，

h 上のすべてに相当する重大なあらゆる行為，出来事，要因又は現象に起因する強制移動であり，人権法及び国際人道法を含む国際法で正統化されない強制移動をいう．

41 ヒトゲノムと人権に関する世界宣言（1997）

〔採択〕1997年11月11日

国際連合教育科学文化機関（ユネスコ）の総会は，

ユネスコ憲章前文が，「人間の尊厳・平等・相互の尊重という民主主義の原理」に言及し，あらゆる「人間と人種の不平等という教義」を否認し，「文化の広い普及と正義・自由・平和のための人類の教育とは，人間の尊厳に欠くことのできないものであり，かつ，すべての国民が相互の援助及び相互の関心の精神をもって果たさなければならない神聖な義務である」ことを明記し，「平和は，人類の知的及び精神的連帯の上に築かなければならない」と宣言し，ユネスコは，「世界の諸人民の教育，科学及び文化上の関係を通じて，国際連合の設立の目的であり，かつ，その憲章が宣言している国際平和と人類の共通の福祉という目的」を促進することを希求すると述べていることを想起し，

（略）

ヒトゲノムに関する研究及びその結果の応用が個人及び人類全体の健康の改善における前進に広大な展望を開くことを認識し，しかしながら，そのような研究が人間の尊厳，自由及び人権，並びに遺伝的特徴に基づくあらゆる形態の差別の禁止を十分に尊重すべきことを強調し，

以下の諸原則を宣明し，この宣言を採択する．

A. 人間の尊厳とヒトゲノム

第1条

ヒトゲノムは，人類社会のすべての構成員の根元的な単一性並びにこれら構成員の固有の尊厳及び多様性の認識の基礎となる．象徴的な意味において，ヒトゲノムは，人類の遺産である．

第2条

(a) 何人も，その遺伝的特徴の如何を問わず，その尊厳と人権を尊重される権利を有する．

(b) その尊厳ゆえに，個人をその遺伝的特徴に還元してはならず，また，その独自性及び多様性を尊重しなければならない．

第3条

ヒトゲノムは，その性質上進化するものであり，変異することがある．ヒトゲノムは，各人の健康状態，生活条件，栄養及び教育を含む自然的・社会的環境によって様々に発現する可能性を内包している．

第4条

自然状態にあるヒトゲノムは，経済的利益を生じさせてはならない．

B. 当事者の権利

第5条

(a) 個人のゲノムに影響を与える研究，治療又は診断は，それに伴う潜在的な危険や利益の厳格な事前評価の後にのみ，国内法上のその他の要件に従って，着手することができる．

(b) あらゆる場合において，当事者から事前の，自由意志による，説明に基づく同意を得なければならない．当事者が同意を与え得る状況にない場合には，当事者の最善の利益に沿って，法の定める方法で同意又は許可を得なければならない．

(c) 遺伝子検査の結果やそれに由来する結果に関する説明を受けるか否かを決定する各人の権利は，尊重されるべきである．

(d) 研究の場合には，さらに，関連する国内的及び国際的な研究の基準又は指針に従って，事前審査のために研究計画調書を提出しなければならない．

(e) 法律上同意能力を持たない者の場合には，その者のゲノムに影響を与える研究は，法の定める許可が得られ，かつ法の定める保護条件が満たされている場合に限って，その者の直接の健康上の利益のためにのみ行うことができる．直接の健康上の利益が期待されない研究は，最大限の抑制をもって，その者のさらされる危険及び負担を最小限度にとどめ，その研究が同年齢層又は同じ遺伝的状態にある他の人々の健康上の利益に貢献することが意図されている場合に，法の定める条件を満たしている場合に限って，かつそのような研究が個人の人権の保護と両立し得ることを条件に，例外的に着手することができる．

第6条

何人も，遺伝的特徴に基づいて，人権，基本的自由及び人間の尊厳を侵害する意図又は効果をもつ差別を受けることがあってはならない．

第7条

特定可能な個人と結びついた遺伝データで研究目的又は何らかの他の目的で保存又は処理されるものは，法の定めた条件において，機密

性が保持されなければならない.

第8条

何人も,自己のゲノムに影響を与える操作の直接的かつ決定的な結果として被った損害に対し,国内法及び国際法に従って,正当な賠償を得る権利を有する.

第9条

人権及び基本的自由を保護するため,同意及び機密性の原則に対する制限は,やむを得ない理由のある場合に限り,国際公法及び人権に関する国際法の範囲内で,法によってのみ定めることができる.

C.ヒトゲノムに関する研究

第10条

ヒトゲノムに関するいかなる研究又はその応用も,特に生物学,遺伝学及び医学の分野におけるものも,個人の又は該当する場合は集団の人権,基本的自由及び人間の尊厳に優越するものではない.

第11条

ヒトのクローン個体作製のような人間の尊厳に反する行為は,許されてはならない.国及び権限ある国際機関は,そのような行為を特定すること,並びにこの宣言に述べられている諸原則の尊重を確保するために講ずべき適切な措置を国内的に又は国際的に決定することに協力するよう要請される.

第12条

(a) ヒトゲノムに関して生物学,遺伝学及び医学の進歩から得られた利益は,個人の尊厳と人権を十分に尊重しつつ,すべての人が利用し得るようにしなければならない.

(b) 研究の自由は,知識の進歩にとって必要なものであり,思想の自由の一部である.ヒトゲノムに関する研究の応用は,生物学,遺伝学及び医学における研究の応用も含め,個人及び人類全体の苦痛を軽減し健康を改善しようとするものでなければならない.

D.科学活動の実施条件

第13条

ヒトゲノムに関する研究の枠組みにおいては,その倫理的・社会的含意ゆえに,研究の実施並びに研究結果の発表及び利用における細心さ,慎重さ,知的誠実さ及び高潔さなどの研究者の活動固有の責任は,特別の注意を払う主題となるべきである.公的及び私的な科学政策立案者もまた,この点に関し,特別の責任を有する.

第14条

国は,この宣言に述べられている諸原則に基づき,ヒトゲノムに関する研究活動の自由にとって好ましい知的及び物的条件を育むため,また,そのような研究の倫理的,法的,社会的及び経済的含意を検討するため,適切な措置を講ずべきである.

第15条

国は,人権,基本的自由及び人間の尊厳の尊重を保障し,公衆の健康を保護するため,この宣言に述べられている諸原則を十分に尊重しつつ,ヒトゲノムに関する研究の自由な実施のための枠組みを提供するための適切な措置を講ずべきである.国は,研究結果が非平和的目的のために利用されないことを確保するよう努めるべきである.

第16条

国は,ヒトゲノムに関する研究及びその応用によって提起される倫理的,法的及び社会的論点を評価するための独立の学際的で多元的な倫理委員会の設置を適切な様々なレベルで促進することの価値を認識すべきである.

E.連帯及び国際協力

第17条

国は,遺伝性の疾病若しくは障害に対して特に脆弱であるか又はそのような疾病に罹患し若しくはそのような障害のある個人,家族及び人口集団に対する連帯の実践を尊重し,促進すべきである.国は,とりわけ,遺伝に基づく疾病及び遺伝の影響を受ける疾病,特に世界の多くの人々が罹患する希少病及び風土病の特定,予防及び治療に関する研究を育成すべきである.

第18条

国は,この宣言に述べられている諸原則を十分かつ適切に尊重しつつ,ヒトゲノム,ヒトの多様性及び遺伝学的研究に関する科学的知識の国際的普及を引き続き促進し,そのことに関し,科学的,文化的協力,特に先進国と開発途上国の間のそのような協力を促進するため,あらゆる努力を払うべきである.

第19条

(a) 開発途上国との国際協力の枠組みの中で,国は,以下の諸事項を奨励するよう努めるべきである.

(i) ヒトゲノムに関する研究に関連する危険と利益の評価が確認され,濫用が防止されること.

(ii) 人類生物学及び人類遺伝学に関する研究を実施する開発途上国の能力が,それら諸国に特有の問題を考慮に入れつつ,発展・強化されること.

(iii) 開発途上国が科学的・技術的研究の成果から利益を享受することができ,そのような成果の経済的・社会的進歩のための利用がすべての者の利益になるようにできること.

(iv) 生物学, 遺伝学及び医学の領域における科学的な知識及び情報の自由な交換が促進されること.

(b) 関係国際機関は, 前項の目的のために各国によって講ぜられる措置を支援し, 促進しなければならない.

F. 宣言に述べられた諸原則の推進

第20条

国は, 教育及び適切な方策を通じて, とりわけ, 学際的分野の研究及び研修の実施を通じ, また, あらゆるレベルにおける特に科学政策の責任者向けの生命倫理教育の推進を通じ, この宣言に述べられている諸原則を推進するため, 適切な措置を講ずべきである.

第21条

国は, 生物学, 遺伝学及び医学における研究, 並びにそれらの応用によって提起される可能性のある人間の尊厳を守ることに関する基本的論点について, 社会及びその全構成員の責任の自覚を高めることに資するその他の形態の研究, 研修及び情報の普及を推奨するため, 適切な措置を講ずべきである. 国は, また, この主題に関し, 様々な社会文化的, 宗教的及び哲学的な意見の自由な表明を保障しつつ, 開かれた国際的議論を促進することを約束すべきである.

G. 宣言の実施

第22条

国は, この宣言に述べられている諸原則を推進するため, あらゆる努力を払うべきであり, また, あらゆる措置によって, それら諸原則の実施を推進すべきである.

第23条

国は, 前述の諸原則の尊重を教育, 研修及び情報普及を通じて促進し, それら諸原則の承認と効果的な適用を促進するため, 適切な措置を講ずべきである. 国は, また, 独立した倫理委員会が設置されている場合, それら委員会相互の間の全面的な協力を促進するための交流及びネットワークを奨励すべきである.

第24条

ユネスコ国際生命倫理委員会(IBC)は, 本宣言に述べられている諸原則の普及に貢献すべきであり, さらに, それら諸原則の適用及び論議の対象となる技術の発展によって提起される論点の検討にも貢献すべきである. 同委員会は, 弱者集団などの関係当事者と適切な協議を実施すべきである. 同委員会は, この宣言のフォローアップについて, 特に生殖細胞系列の操作のような人間の尊厳に反する可能性のある行為の特定について, ユネスコの手続き規則に則って総会に勧告を行い, 助言を与えるべきである.

第25条

この宣言のいずれの条項も, 国, 集団又は個人が, とりわけ本宣言に述べられている諸原則を含む人権と基本的自由に反する活動に従事し, 又はこれらに反する行為を行うための何らかの主張を行い得ることを意味するものと解釈してはならない.

42 生命倫理と人権に関する世界宣言(抄) 翻訳

〔採択〕2005年10月19日

1948年12月10日の世界人権宣言, 1997年11月11日のユネスコ総会において採択されたヒトゲノムと人権に関する世界宣言及び2003年10月16日のユネスコ総会において採択されたヒト遺伝情報に関する国際宣言を想起し,

1966年12月16日の経済的, 社会的及び文化的権利に関する国際規約と市民的及び政治的権利に関する国際規約の2つの規約, 1965年12月21日のあらゆる形態の人種差別の撤廃に関する国際条約, 1979年12月18日の女性に対するあらゆる形態の差別の撤廃に関する条約, 1989年11月20日の児童の権利に関する条約, 1992年6月5日の生物の多様性に関する条約, 1993年の国際連合総会において採択された障害者の機会均等化に関する標準規則, 1989年6月27日の独立国における原住民及び種族民に関する国際労働機関第169号条約, 2001年11月3日の国連食糧農業機関総会において採択され, 2004年6月29日に効力発生した食糧農業植物遺伝資源に関する国際条約, 1974年11月20日の科学研究者の地位に関するユネスコ勧告, 1978年11月27日の人種及び人種的偏見に関するユネスコ宣言, 1997年11月12日の現在の世代の未来世代への責任に関するユネスコ宣言, 2001年11月2日の文化多様性に関するユネスコ世界宣言, 1995年1月1日に発効した世界貿易機関を設立するマラケシュ協定附属書・知的所有権の貿易関連の側面に関する協定(TRIPS), 2001年11月14日のTRIPS協定と公衆衛生に関するドーハ宣言, 及び国際連合や国際連合の各専門機関, 特に国際連合食糧農業機関(FAO)及び世界保

健機関（WHO）において採択された他の関連する国際文書に留意し，

また，1997 年に採択され，1999 年に発効した生物学と医学の応用に関する人権及び人間の尊厳の保護のための条約：欧州評議会人権と生物医学に関する条約並びに同条約の追加議定書を含む生命倫理に関する国際的及び地域的文書，生命倫理に関する国内法や規制，1964 年に採択され，1975，1989，1993，1996，2000，2002 年に改正された世界医師会のヒトを対象とする医学研究の倫理的原則に関するヘルシンキ宣言や，1982 年に採択され 1993 年と 2002 年に改正された国際医科学評議会のヒトを対象とした生物医学研究のための国際的倫理ガイドライン等の生命倫理分野における国際的及び地域的な行動規範やガイドライン並びにその他の文書にも留意し，

この宣言が，人権法に合致した国内法及び国際法と整合的に理解すべきものであると認識し，

1945 年 11 月 16 日に採択されたユネスコ憲章を想起し，

現在の世代の未来世代への責任を考慮して，科学技術において生じつつある課題を同定するために，科学技術の発展と社会変革を導く共有された倫理的価値に基礎を置く普遍的な原則を明らかにするユネスコの役割を考慮し，また，国際的な側面を必然的に有する生命倫理の問題は，ヒトゲノムと人権に関する世界宣言及びヒト遺伝情報に関する国際宣言に既に言及されている原則に基づいて，現在の科学的な文脈のみならず，将来の発展も考慮して全体として処理されるべきであることを考慮し，

人類は，生物圏の不可分の一部であり，相互に，また，他の生物，とりわけ動物を保護する重要な役割を有することを認識し，

科学及び研究の自由に基づき，科学技術の発展が，人類に多大な利益，とりわけ平均寿命を延ばし生活の質を改善するという，大きな利益を人類に与えてきたこと，また与え得ることを認識し，そのような発展が，人間の尊厳及び人権と基本的自由の普遍的な尊重及びその遵守を認識して，個人，家族，集団又は共同体及び人類全体の福祉を常に促進すべきものであるべきことを強調し，

健康が単に科学技術の研究開発のみならず，社会心理的及び文化的な要因にも依存するものであることを認識し，

また，医学，生命科学及び関連技術における倫理的な問題に関する決定が，個人，家族，集団又は共同体及び人類全体に影響を及ぼし得るものであることを認識し，

文化多様性が，交流，技術革新及び創造性の源泉として，人類にとって必要なものであり，この意味において人類の共通遺産であることに留意し，しかし，文化多様性が，人権及び基本的自由を犠牲にして達成され得ないことを強調し，

個人のアイデンティティが，生物学的，心理学的，社会的，文化的及び精神的な次元を含むことに留意し，

非倫理的な科学技術の行為が，原住民社会や地域社会に特別な影響を与えてきたことを認識し，

道徳的感受性や倫理的内省が科学技術の発展の過程の不可分の一体であり，また，生命倫理が，そのような発展から起こる問題に関して行われるべき選択において主要な役割を担うべきであると確信し，

科学技術の発展が正義，衡平及び人類の利益に貢献することを確保するために，社会的責任に対する新たな手法を発展させることが望ましいことを考慮し，

社会の現実を評価し，衡平を達成するための重要な方法の１つが女性の地位に注目することであることを認識し，

特に発展途上国，原住民社会及び脆弱な集団の特別なニーズを考慮しつつ，生命倫理の領域において国際協力を強化する必要性を強調し，

すべての人間が，差別なく，医学及び生命科学研究における高い倫理的な基準の恩恵に等しくあずかるべきことを考慮し，

以下に続く原則を宣言し，この宣言を採択する．

一般規定

第１条（適用範囲） a）この宣言は，人間に適用される医学，生命科学及び関連技術に関係した倫理的問題をその社会的，法的，環境的側面も考慮して扱うものである．

b）この宣言は，国家を名宛人としたものである．また，適切かつ関連のある場合には，この宣言は公私を問わず，個人，集団，地域社会，組織，企業の決定又は実行のための指針を提供する．

第２条（目的） この宣言の目的は，

(i) 各国が生命倫理の分野における法令，政策，その他の取決めを作成するにあたり，指針となる原則及び手続の普遍的な枠組みを提供すること．

(ii) 公私を問わず，個人，集団，地域社会，組織及び企業の行動を導くこと．

(iii) 国際人権法に適合する形で，人間の生命及び基本的自由の尊重を確保することに

よって，人間の尊厳の尊重を促進し，人権を保護すること．

(iv) 科学的研究の自由及び科学技術の発展から派生する利益の重要性を認識すると同時に，そのような研究及び発展がこの宣言に定める倫理的原則の枠組みの範囲内で行われ，人間の尊厳，人権及び基本的自由が尊重される必要性を強調すること．

(v) すべての利害関係者間及び社会全体で，生命倫理問題に関する，学際的かつ多元的な対話を促進すること．

(vi) 特に発展途上国のニーズに留意し，医学，科学技術の発展を公平に利用する機会を促進し，その発展及び利益配分に関する知識の最大限可能な流通及び迅速な共有を促進すること．

(vii) 現在及び未来の世代の利益を保障及び促進すること．

(viii) 人類共通の関心事として，生物多様性及びその保全の重要性を強調すること．

原　則

この宣言の名宛人は，この宣言の適用範囲内で決定し及び実行するに当たり，次の原則を尊重する．

第3条（人間の尊厳及び人権） a）人間の尊厳，人権及び基本的自由は十分に尊重される．

b）個人の利益及び福祉は科学又は社会のみの利益に優越すべきである．

第4条（利益及び害悪） 科学知識，医療行為及び関連技術を適用し推進するに当たり，患者，被験者及びその他の影響が及ぶ個人が受ける直接的及び間接的利益は最大に，また，それらの者が受けるいかなる害悪も最小とすべきである．

第5条（自律及び個人の責任） 意思決定を行う個人の自律は，当人がその決定につき責任を取り，かつ他者の自律を尊重する限り，尊重される．自律を行使する能力を欠く個人に対しては，その者の権利及び利益を守るための特別な措置が取られる．

第6条（同意） a）いかなる予防的，診断的，治療的な医療的介入行為も，関係する個人の，十分な情報に基づく，事前の，自由な同意がある場合にのみ行われる．同意は，適当な場合には，明示的でなければならず，また，いつでも，いかなる理由によっても，その個人に損失又は不利益を及ぼすことなく撤回されるべきである．

b）科学的研究は，関係する個人の，事前の，自由な，明示の及び情報に基づく同意が得られた場合にのみ実施されるべきである．情報は，十分で，わかりやすい形で提供され，同意を撤回する方法も含むべきである．同意は，いつでも，いかなる理由によっても，その個人に損失又は不利益を及ぼすことなく撤回することができる．この原則の例外は，この宣言に定める原則及び規定，特に第27条，並びに国際人権法に適合し，各国により採択された倫理的，法律的基準に従う場合にのみ認められるべきである．

c）集団又は地域社会などを対象とした研究につき，適当な場合には，その集団又は社会を法的に代表する者の追加的同意も求められることがある．いかなる場合にも，集団的な地域社会の同意又は地域社会の指導者その他の権限ある機関の同意が個人の情報に基づく同意に代替されるべきでない．

第7条（同意能力を持たない個人） 同意能力を持たない個人には，国内法に従い，特別な保護が与えられる．

a）研究及び医療行為の実施の許可は，関係する個人の最大の利益にかなうかたちで，国内法に従って，取得されるべきである．しかし，関係する個人は，同意の意思決定過程及び撤回過程に最大限可能な限り関与すべきである．

b）研究は法律によって定められた許可及び保護条件に従い，関係する個人の直接の健康上の利益のためにのみ実施され，その研究と同等の価値を持ち被験者が同意し得る実効的代替研究が他に存在しない場合に行われるべきである．直接の健康上の利益をもたらす可能性のない研究は，最大限の抑制をもって，この個人の危険性及び負担を最小にし，同等の人々の健康上の利益に貢献するとされる場合に，法律に定める条件に従い，関係する個人の人権の保護と両立するかたちで，例外としてのみ実施されるべきである．そのような個人の研究への参加の拒否は尊重されるべきである．

第8条（人間の脆弱性及び個人のインテグリティの尊重） 科学知識，医療行為及び関連する技術を適用し，推進するにあたり，人間の脆弱性が考慮されるべきである．特別に脆弱な個人及び集団は保護され，そのような個人のインテグリティは尊重されるべきである．

第9条（プライバシー及び秘密） 関係する個人のプライバシー及び個人情報に関する秘密は尊重されるべきである．そのような情報は，国際法，特に国際人権法に適合して，最大限可能な限り，その情報が集められ，同意を得た目的以外に使用され又は開示されるべきでない.

第10条（平等, 正義及び衡平） すべての人間が公正かつ衡平に扱われるために, 人間の尊厳及び権利における基本的な平等は尊重される.

第11条（差別の禁止及び偏見の禁止） 個人及び集団は, いかなる理由によっても, 人間の尊厳, 人権及び基本的自由に反して差別され, 偏見を持たれるべきでない.

第12条（文化多様性及び多元主義の尊重） 文化多様性及び多元主義の重要性は十分な考慮が払われるべきである. しかしそのような考慮は, 人間の尊厳, 人権及び基本的自由, 並びに本宣言に定める原則を侵害し, その適用範囲を制限するために援用されない.

第13条（連帯及び協力） この目的に向けての人の連帯及び国際協力は奨励される.

第14条（社会的責任及び健康） a）国民の健康及び社会の発展の促進は政府の中心的目的であり, 社会の全ての部門が共有するものである.

b）人種, 宗教, 政治的信条, 社会経済的状況の差別なく, 到達できる限りの最高の健康水準を享受することがすべての人間の基本的人権の1つであることを考慮し, 科学技術の進歩は次のことを促進すべきである.

(i) 健康は生命そのものにとって不可欠であり, 社会的及び人間的価値とされるべきであるため, 特に女性及び子どもの健康のためのものを含めて, 質の高い医療及び必須医薬品を利用する機会の提供

(ii) 十分な栄養及び水を利用する機会の提供

(iii) 生活条件及び環境の改善

(iv) あらゆる理由に基づく人の軽視及び排除の撤廃

(v) 貧困, 非識字者の削減

第15条（利益の共有） a）あらゆる科学的研究及びその適用によって得られる利益は, 社会全体で共有すべきであり, 国際社会においては特に発展途上国と共有すべきである. この原則を実効的なものにするにあたり, 利益は次のいかなる形態をも取ることができる.

(i) 研究に参加した個人又は集団に対する, 特別かつ持続的な支援及び承認

(ii) 質の高い医療を利用する機会の提供

(iii) 研究から生み出される新しい診断法及び治療法又は製品の提供

(iv) 医療役務に対する支援

(v) 科学的又は技術的知見を利用する機会の提供

(vi) 研究を目的とした人材育成施設

(vii) この宣言に定める原則に適合するその他の形態の利益

b）利益は, 研究に参加するための不適切な誘因となるべきではない.

第16条（未来世代の保護） 生命科学が未来世代に及ぼす影響（遺伝学的な構造に及ぼす影響も含む.）に十分な考慮が払われるべきである.

第17条（環境, 生物圏及び生物多様性の保護） 人類とその他の生命体との相互関係, 生物及び遺伝資源の適切な利用機会の提供及び使用の重要性, 伝統的知識の尊重, 並びに環境, 生物圏及び生物多様性の保護における人間の役割について, 十分な考慮を払う.

原則の適用

第18条（意思決定及び生命倫理問題への取組） a）意思決定を行うに当たり, 専門性, 誠実性, インテグリティ, 及び透明性が促進されるべきであり, 特に利益相反の申告及び知識の適切な共有においては, 尚更促進されるべきである. 生命倫理の問題を扱い定期的に審査するに当たり, 入手し得る最善の科学的知識及び方法論を利用するためにあらゆる努力がなされるべきである.

b）関係する個人及び専門家並びに社会全体が, 定期的に対話を行うべきである.

c）関連するあらゆる見解の表明を求め, 多元的な公開討論の機会を設けることが促進されるべきである.

第19条（倫理委員会） 次の目的のために, 独立した学際的かつ多元的な倫理委員会が適切な段階で設立, 促進及び, 支援されるべきである.

(i) 人間に関わる研究案件に関連する倫理的, 法的, 科学的及び社会的問題を評価すること.

(ii) 医療現場における倫理的な問題について助言を提供すること.

(iii) 科学技術の発展を評価し, 勧告を行い, この宣言の適用範囲内の問題に関する指針の準備に貢献すること.

(iv) 生命倫理に関する討論, 教育, 公衆の啓発及び関与を促進すること.

第20条（危険性の評価及び管理） 医学, 生命科学及び関連技術に関する危険性の適切な評価及び十分な管理が促進されるべきである.

第21条（国境を越える実施） a）国境を越える活動に従事する国家, 私的又は公的機関及び専門家は, 異なる国において全部又は一部が実施され, 資金が提供され, 又は継続されるこの宣言の適用範囲内のいかなる活動

も，この宣言に定める原則に適合することを確保するために努力すべきである．

b）研究がひとつ又はそれ以上の国（受入国）で実施又は継続され，その資金が別の国家内の資金源より提供される場合，そのような研究は受入国及び資金提供者が存在する国において，適切な段階で倫理的な審査の対象とされるべきである．この審査はこの宣言に定める原則に適合する倫理的及び法律的基準に基づくべきである．

c）国境を越えて実施される医学研究は受入国のニーズに応えるべきであり，また，緊急の地球規模の健康上の問題の削減に貢献する研究の重要性が認識されるべきである．

d）研究契約を交渉する場合には，協同の条件及び研究の利益についての合意は，交渉当事者が平等に参加して設定すべきである．

e）各国は，バイオテロリズム及び臓器，組織，標本，遺伝資源又は遺伝関連物質の不正な取引に対処するために，国内的及び国際的に適当な措置をとるべきである．

宣言の促進

第22条（国家の役割） a）各国は，立法上の，行政上の又は他の性質のものであるかを問わず，国際人権法に基づき，この宣言に定める原則を実効的にするためのあらゆる適当な措置をとるべきである．そのような措置は，教育，訓練及び広報の領域における行動により支援されるべきである．

b）各国は，第19条に定める独立した学際的かつ多元的な倫理委員会の設立を奨励すべきである．

第23条（生命倫理教育，訓練及び情報） a）この宣言に定める原則を促進し，特に若者が科学技術の発展の倫理的な含意をより良く理解することを達成するために，各国はあらゆる段階で生命倫理教育及び訓練を促進し，生命倫理に関する情報及び知識の普及計画を奨励するために努力すべきである．

b）各国は，国際的及び地域的な政府間機関，並びに国際的，地域的及び国内の非政府機関のこの取組への参加を奨励すべきである．

第24条（国際協力） a）各国は科学情報の国際的な普及を促進し，科学技術の知識の自由な流通及び共有を奨励すべきである．

b）国際協力の枠組みの中で，各国は文化的及び科学的な協力を促進し，発展途上国が科学知識，関連するノウハウ及びそれより得られる利益を生み出し，共有することに参加する能力を育成できる2国間・多数国間の合意を取り付けるべきである．

c）各国は，疾病又は障害，他の個人的，社会的又は環境的条件により脆弱な立場にある者及び最も資源を持たない人々を特に考慮し，国家並びに個人，家族，集団及び地域社会が連帯することを尊重し，促進すべきである．

第25条（ユネスコによる事後活動） a）ユネスコはこの宣言に定める原則の促進及び普及に努める．このため，ユネスコは政府間生命倫理委員(IGBC)及び国際生命倫理委員会(IBC)に助力及び支援を求めるべきである．

b）ユネスコは生命倫理に関わり，IGBC及びIBCとの協同関係を促進することを再確認する．

最終規定

第26条（原則の相互関係及び相補性） この宣言はその全文をもって理解され，各原則は相補的で相互に関連しているものと理解する．適当かつ関連する状況において，各原則は他の原則との関係において考慮される．

第27条（原則の適用の制限） この宣言に定める原則の適用が制限される場合には，その制限は，犯罪の捜査，発見及び訴追のため，並びに，公衆衛生の保護，又は他者の権利及び自由を保護するために，法律（公共の安全のための法律を含む．）により行われるべきである．そのようないかなる法律も，国際人権法に適合する必要がある．

第28条（人権，基本的自由及び人間の尊厳に反する活動の否定） この宣言のいかなる規定も，いかなる国家，集団又は個人が，人権，基本的自由及び人間の尊厳に反する活動に従事し，又はこれに反する行為を行うための主張を意味するように解釈されない．

43 改正ヨーロッパ人権条約
（抄） 翻訳

人権及び基本的自由の保護のための条約
〔署名〕 1950年11月4日，ローマ
〔効力発生〕 1953年9月3日，
最終改正：2004年5月13日署名（第14議定書），2010年6月1日発効

欧州評議会加盟国である署名政府は，

1948年12月10日国際連盟総会が布告した世界人権宣言を考慮し，

この宣言が，その中で宣言された権利の普遍

的かつ実効的承認と遵守とを確保することを目的としていることを考慮し,

欧州評議会の目的が加盟国間のより強い一致の達成であり,その目的が追求されるべき方法の1つが人権及び基本的自由の維持と一層の実現とであることを考慮し,

これらの基本的自由——それは世界の正義及び平和の基礎であり,またそれは一方の真に民主的な政治制度と,他方のそれ自体が依存している人権の共通の理解と遵守によって最もよく維持される——に対する深い信念を再確認し,

心を同じくし,かつ政治的伝統,理想,自由及び法の支配についての共通の遺産を有するヨーロッパ諸国の政府として,世界人権宣言中に述べる諸権利の若干のものの集団的保障を確保するに適切な最初の手段をとることを決意し,

次のとおり協定した.

第1条(人権尊重義務) 締約国は,その管轄に属するすべての者に対して,この条約の第1節に明定する権利及び自由を保障する.

第1節　実体規定

第2条(生命権) 1　何人の生命に対する権利も法によって保護される.何人も故意にその生命を奪われることはない,ただし死刑をもって法が罰する犯罪の場合に裁判所が宣告する判決の執行をのぞく.

2　生命のはく奪は,それが次の目的のために絶対に必要な,力の行使の結果であるときは,本条に違反して行われたものとみなされない.

(a) 不法の暴力から人を守るため

(b) 合法的な逮捕を行い,又は合法的に拘禁した者の逃亡を防ぐため

(c) 暴動又は反乱を合法的に鎮圧するため

第3条(拷問の禁止) 何人も,拷問又は非人道的なもしくは品位を傷つける取扱いもしくは刑罰を受けることはない.

第4条(奴隷及び強制労働の禁止) 1　何人も奴隷又は苦役の下に置かれることはない.

2　何人も強制的又は義務的労働をすることを要求されることはない.

3　本条の目的のためには「強制的又は義務的労働」という用語には次のものは含まれない.

(a) 本条約第5条に規定する諸条件のもとで拘禁中の者又はこの拘禁からの条件付釈放中の者に通常要求される作業

(b) 軍事的性質の役務,又は良心的兵役拒否が認められている国における良心的兵役拒否者の場合には義務的軍務のかわりになされる役務

(c) 社会の生命又は福祉を脅かす緊急事態又は災害の場合に強いられる役務

(d) 通常の市民的義務の一部をなす作業又は役務

第5条(身体の自由と安全の権利) 1　何人も身体の自由と安全を享有する権利を有する.何人も次の場合において,かつ法律の定める手続に従ってなされる場合の外,自由を奪われることはない.

(a) 権限ある裁判所の有罪決定ののちにする人の合法的拘禁

(b) 裁判所の合法的命令に従わないため,又は法律の定めるいずれかの義務の履行を確保するためにする人の合法的逮捕又は拘禁

(c) 犯罪を犯したと疑うにたる相当の理由があるとき,又は犯罪の遂行もしくは犯罪遂行後の逃亡を防ぐ必要に迫まられていると信ずる合理的な理由があるときに,権限ある司法当局に引き渡す目的でする人の合法的逮捕又は拘禁

(d) 教育上の監督の目的で合法的命令によってする未成年者の拘禁,又は権限ある司法当局に引き渡す目的でする未成年者の合法的拘禁

(e) 伝染病をまん延するおそれのある人,精神異常者,アルコール中毒者,麻薬中毒者又は浮浪者の合法的拘禁

(f) 不正規に入国するのを防ぐための,又は退去強制もしくは犯罪人引渡しの手続がなされている人の合法的逮捕又は拘禁

2　逮捕されている者は何人も,速やかに,自己の理解する言語で,逮捕の理由ならびに自己に対する問責〔charge〕の理由を告げられなければならない.

3　本条1cの規定に従って逮捕又は拘禁された者は何人も,速やかに裁判官又は司法権の行使を法律によって許された他の官吏に引き渡され,合理的な期間内に裁判を受け又は裁判中に釈放を受ける権利を有する.釈放には裁判のため出頭する保証を条件とすることができる.

4　逮捕又は拘禁によってその自由を奪われている者は何人も,裁判所が自己の拘禁の合法性について敏速に決定しかつ拘禁が合法的でない場合に釈放を命ずることができるために,裁判所の手続をとる権利を有する.

5　本条の諸規定に反する逮捕又は拘禁の犠牲であった者は何人も,強行可能な補償を受ける権利を有する.

第6条(公正な裁判を受ける権利) 1　何人も,その民事上の権利及び義務,又は自己に対する刑事上の問責の決定にあたって,法律によって設けられた独立の公平な裁判所による合理的

な期間内の公正な公開の審理を受ける権利を有する. 判決は公開で言い渡される. ただし報道機関又は公衆は, 民主的社会における道徳, 公の秩序もしくは国の安全のため, 又は少年の利益もしくは当事者の私的生活保護のために必要な場合, 又は公開が裁判の利益を害すると思われる特別の事情のもとに法廷の意見により厳格に必要な限度で, 裁判の全部又は一部から閉め出すことができる.

2 刑事犯罪の責を問われた者は何人も, 法律に従って有罪と立証されるまでは無罪と推定される.

3 刑事犯罪の責を問われた者は何人も, 以下の最小限の権利を有する.

(a) 自己に対する告訴の性質及び原因を自己の理解する言語で速やかにかつ詳細に告げられること

(b) 自己の弁護の準備のために十分な時間および便益を持つこと

(c) 自から又は自己自身の選択する法的援助によって自己を弁護すること, 又は法的援助に対する十分な支払手段を有さない場合に, 裁判のために必要な場合は無料で法的援助を与えられること

(d) 検察側証人を尋問し又は尋問させること, ならびに検察側証人と同一の条件の下に弁護側証人の喚問及び尋問を得ること

(e) 法廷で使用される言語を理解できないか又は話せない場合無料の通訳の援助を受けること

第7条（法に基づかない処罰の禁止） **1** 何人も, 犯行の時に国内法又は国際法のもとで刑事犯罪を構成しなかった作為又は不作為のためにいかなる刑事犯罪についても有罪とされることはない. またその刑事犯罪が遂行された当時に適用された刑より重い刑が科せられることはない.

2 本条は, 犯行の当時文明国の認める法の一般原則に従って犯罪であった作為又は不作為を理由とする人の裁判及び処罰を妨げるものではない.

第8条（私的生活および家庭の生活が尊重される権利） **1** 何人も, 私的生活および家庭の生活, 住居及び通信の尊重を受ける権利を有する.

2 法律に合致し, かつ, 国の安全, 公けの安全又は国の経済的福利のため, 無秩序又は犯罪の防止のため, 衛生又は道徳の保護のため, 又は他人の権利及び自由の保護のために民主的社会において必要であるものの外は, この権利の行使に対していかなる公権による介入もあってはならない.

第9条（思想・良心・宗教の自由） **1** 何人も, 思想, 良心及び宗教の自由を享有する権利を有する. この権利には, 自己の宗教又は信念を変更する自由, ならびに, 単独で又は他の者と共同して, また公に又は私に, 礼拝, 教育, 行事及び儀式執行によって, 自己の宗教又は信念を表明する自由が含まれる.

2 自己の宗教又は信念を表明する自由は, 法律によって定められ, かつ, 公けの安全のため, 公けの秩序, 衛生又は道徳の保護のため, 又は他人の権利及び自由の保護のために民主的社会において必要である制限にのみ従わせるものとする.

第10条（表現の自由） **1** 何人も表現の自由を享有する権利を有する. この権利には, 意見をいだく自由, ならびに, 公権の介入を受けず, また国境にかかわらず, 情報及び思想を受けかつ伝える自由が含まれる. 本条は, 国家が放送, テレビ又は映画の諸企業の許可制を要求するのを妨げるものではない.

2 これらの自由の行使は, 責務と責任がともなうので, 法律によって定められ, かつ, 国の安全, 領土保全又は公けの安全のため, 無秩序又は犯罪の防止のため, 衛生又は道徳の保護のため, 他人の名声又は権利の保護のため, 秘密に受けた情報の暴露を防止するため, 又は司法部の権威と公平さを維持するために民主的社会において必要である手続, 条件, 制約又は刑罰に従わせることができる.

第11条（集会・結社の自由） **1** 何人も, 平和的集会の自由及び他人との結社の自由を享有する権利（自己の利益の保護のため労働組合を結成し, 加入する権利を含む.）を有する.

2 いかなる制約も, 法律によって定められ, かつ, 国の安全又は公けの安全のため, 無秩序又は犯罪の防止のため, 衛生又は道徳の保護のため, 又は他人の権利及び自由の保護のために民主的社会において必要であるものの外は, これらの権利の行使に対して加えてはならない. 本条は, 国家の軍隊又は警察又は行政府の構成員によるこれらの権利行使に対して合法的制約を課すことを妨げるものではない.

第12条（婚姻の権利） 婚姻適齢の男女は, 婚姻し家庭を設ける権利を有する. ただし, この権利の行使を規制する国法に従う.

第13条（実効的救済を受ける権利） 本条約に掲げる権利及び自由を侵害された者には何人にも, その侵害が公的資格で行動する人によってなされた場合にも, 国の当局の前における実効的救済が与えられる.

第14条（差別の禁止） 本条約に掲げる権利及

び自由の享有は，性，人種，皮膚の色，言語，宗教，政治上その他の意見，民族的又は社会的出身，民族的少数者への所属，財産，門地又はその他の地位のようないかなる理由に基づく差別もなく，確保される．

第15条（緊急時の効力停止） 1　戦争その他の国の生存を脅かす公共の緊急事態のときには，いずれの締約国も，事態の緊急性が要求する厳密な限度内でこの条約上のその義務から免れる措置を執ることができる．ただし，かかる措置は，国際法上の他の義務と両立しないものであってはならない．

2　第2条（適法な戦争行為から生じる死亡の場合を除く），第3条，第4条1及び第7条の効力停止は，この規定のもとではしてはならない．

3　この効力停止の権利を利用するいずれの締約国も，執った措置及びその理由について欧州評議会事務総長に十分通報していなければならない．締約国はまた，かかる措置が実施されなくなり，かつ条約の諸規定が再び完全に履行されているときにも，欧州評議会事務総長に通報しなければならない．

第16条（外国人の政治活動の制限） 第10条，第11条及び第14条中のいかなる規定も，締約国が外国人の政治活動に対して制約を課すことを妨げるものとみなしてはならない．

第17条（権利濫用の禁止） 本条約中のいかなる規定も，いずれかの国家，団体又は個人が本条約中に掲げられている権利及び自由のいずれかを破壊すること，又は本条約中に規定されているよりも大きくそれらを制限することを目的とする活動に従事し，又は右の目的を有する行為を遂行するいかなる権利をも包含しているものと解釈することはできない．

第18条（権利制約の限定） 前記の権利及び自由に対して本条約のもとで許されている制約は，これを定めた目的以外のいかなる目的のためにも適用してはならない．

第2節　ヨーロッパ人権裁判所

第19条（裁判所の設置） 本条約及び議定書において締約国が行った約束の遵守を確保するために，ヨーロッパ人権裁判所（以下「裁判所」という．）を設立する．裁判所は，常設の機関として機能する．

第20条（裁判官の数） 裁判所は，締約国の数と同数の裁判官で構成される．

第21条（就任の基準） 1　裁判官は，徳望が高く，かつ，高等の司法官に任ぜられるのに必要な資格を有する者又は有能の名のある法律家とする．

2　裁判官は，個人の資格で裁判官となる．

3　裁判官は，その任期中，裁判官の独立，公平性又は専任職としての必要性と両立しないいかなる活動にも従事してはならない．この項の適用から生ずるすべての問題は，裁判所が決定する． a

第22条（裁判官の選挙） 1　裁判官は，議員総会によって，各締約国について当該締約国により指名される3名の候補者の名簿の中から投じられた投票の多数により選出される． b

第23条（任期および解任） 1　裁判官は，9年の任期で選出される．裁判官は，再任されることができない． c

2　裁判官の任期は，裁判官が70歳に達する時に終了する．

3　裁判官は，後任者と代わるまで在任するものとする．ただし，裁判官は，既に審理中の事件は引き続き取り扱わなければならない． d

4　いかなる裁判官も，他の裁判官が3分の2の多数決により当該裁判官は必要とされる条件を充たさなくなったと決定するのでない限り，職務から解任されることはない． e

第24条（書記局および報告者） 1　裁判所は，書記局を置き，書記局の職務および組織は，裁判所規則で定める．

2　単独裁判官制で開廷する場合には，裁判所は，裁判所長の権威の下で職務を遂行する報告者により補佐される．報告者は，書記局の一部を構成する． f

第25条（裁判所の全員法廷） 裁判所の全員法廷は，次のことを定める．

(a) 3年の任期で，裁判所長及び1又は2名の裁判所次長を選任すること．裁判所長及び裁判所次長は再任されることができる． g

(b) 期間を定めて構成される小法廷を設置すること．

(c) 各小法廷の裁判長を選任すること．小法廷の裁判長は，再任されることができる． h

(d) 裁判所規則を採択すること．

(e) 書記及び1又は2名以上の書記補を選任すること．

(f) 第26条2の要請を行うこと． i

第26条（単独裁判官，委員会，小法廷および大法廷） 1　裁判所は，付託された事件を審理するため，単独裁判官制，3人の裁判官からなる委員会，7人の裁判官からなる小法廷および17人の裁判官からなる大法廷を置く．小法廷は，期間を定めて委員会を設置する． j

2　閣僚委員会は，全員法廷の要請に基づき，全員一致の決定により期間を定めて，小法廷の裁判官の数を5人にすることができる．

3　単独裁判官制で開廷する場合には，裁判官 k

は，自らが選出された締約国に対する申立てを審理してはならない．

4　関係当事国のために選出された裁判官は，小法廷及び大法廷の職権による裁判官として出席するものとし，関係当事国のために選出された裁判官がいないか又は出席できない場合には，当該国が裁判官の資格で出席するよう選定した者が小法廷及び大法廷の職権による裁判官として出席する．

5　大法廷にはまた，裁判所長，裁判所次長，小法廷の裁判長及び裁判所規則に従って選任される他の裁判官を含める．事件が第43条に基づいて大法廷に付託される場合には，判決を行った小法廷の裁判官は，小法廷の裁判長及び関係当事国のために出席した裁判官を除き，大法廷に出席してはならない．

第27条（単独裁判官の権限） 1　単独裁判官は，第34条に基づいて付託された申立てをそれ以上審理することなく決定できる場合には，非許容と宣言することまたは総件名簿から削除することができる．

2　〔第1項の〕決定は，終結とする．

3　単独裁判官は，申立てを非許容と宣言せず総件名簿から削除もしない場合には，当該申立てを更なる審理のために委員会または小法廷に送付する．

第28条（委員会の権限） 1　第34条に基づいて付託された申立てに関して，委員会は，全員一致によって，次のことを行うことができる．

(a) それ以上審理することなく決定できる場合に，申立てを非許容と宣言し，または総件名簿から削除すること．

(b) 本条約または議定書の解釈または適用に関する事件の基礎となる問題が，既に裁判所の十分に確立した判例法の主題となっている場合には，当該申立てを許容すると宣言し，同時に本案に関する判決を下すこと．

2　第1項に基づく決定および判決は，終結とする．

3　関係当事国から選出された裁判官が委員会の構成員ではない場合，委員会は，あらゆる関連要素（当該当事国が4(b)に基づく手続の適用を争っているかどうかを含む）を考慮して，手続のいかなる段階においても当該裁判官を委員会の構成員のうち1人と代わるように招聘することができる．

第29条（小法廷による許容性及び本案に関する決定） 1　第27条又は第28条に基づく決定が行われない場合には，小法廷は，第34条に基づいて付託される個人の申立の許容性及び本案について決定する．許容性に関する決定は，別個に行うことができる．

2　小法廷は，第33条に基づいて付託される国家間の申立の許容性及び本案について決定する．許容性に関する決定は，裁判所が例外的な場合に別段の決定をするのでない限り，別個に行うものとする．

第30条（大法廷に対する管轄権の移管） 小法廷に係属する事件が本条約又は議定書の解釈に影響を与える重大な問題を生じさせる場合又は小法廷での問題の決定が裁判所が以前に行った判決と一致しない結果をもたらす可能性のある場合には，小法廷は，判決を行う前のいずれの時でも，大法廷のために管轄権を移管することができる．ただし，事件の当事者の一がこれに反対した場合は，この限りでない．

第31条（大法廷の権限） 大法廷は，次のことを行う．

(a) 第33条又は第34条に基づいて付託される申立について，小法廷が第30条に基づいて管轄権を移管した場合又は事件が第43条に基づいて大法廷に付託された場合に，決定を行うこと，

(b) 第46条4に従って閣僚委員会が裁判所に付託する問題を決定すること，並びに，

(c) 第47条に基づいて付託される勧告的意見の要請について審理すること

第32条（裁判所の管轄権） 1　裁判所の管轄は，第33条，第34条，第46条及び第47条に基づいて裁判所に付託される本条約及び議定書の解釈及び適用に関するすべての事項に及ぶ．

2　裁判所が管轄権を有するかどうかについて争いがある場合には，裁判所が決定する．

第33条（国家間の事件） いずれの締約国も，他の締約国による本条約及び議定書の規定の違反を裁判所に付託することができる．

第34条（個人の申立） 裁判所は，締約国の一による本条約又は議定書に定める権利の侵害の被害者であると主張する自然人，非政府団体又は集団からの申立を受理することができる．締約国は，この権利の効果的な行使を決して妨げないことを約束する．

第35条（許容性の基準） 1　裁判所は，一般的に認められた国際法の原則に従ってすべての国内的な救済措置が尽くされた後で，かつ，最終的な決定がなされた日から6箇月の期間内にのみ，事案を取り扱うことができる．

2　裁判所は，第34条に基づいて付託される個人の申立で，次のものは取り扱ってはならない．

(1) 匿名のもの，又は

(2) 裁判所が既に審理したか，又は既に他の国際的調査若しくは解決の手続に付託された

事案と実質的に同一であって, かつ, いかなる新しい関連情報も含んでいないもの

3　裁判所は, 次のいずれかに該当すると考える場合は, 第34条に基づいて付託される個人の申立を非許容と宣言する.

(a) 申立が, 本条約又は議定書の規定と両立しないか, 明白に根拠不十分か, 又は申立権の濫用である場合

(b) 申立人が相当の不利益を被っていない場合. ただし, 条約及び議定書が定める人権の尊重のために当該申立の本案審理が必要な場合はこの限りではなく, 国内裁判所で適正に審理されなかった事件をこの理由に基づいて却下してはならない.

4　裁判所は, この条に基づいて非許容と考えるいかなる申立も却下する. 裁判所は, 手続のいずれの段階でもこの却下を行うことができる.

第36条（第三者の参加） 1　小法廷及び大法廷でのすべての事件において, 自国の国民が申立人となっている締約国は, 書面の陳述を提出し及び口頭審理に参加する権利を有する.

2　裁判所長は, 司法の適正な運営のために, 裁判手続の当事者ではない締約国又は申立人ではない関係者に書面の陳述を提出し又は口頭審理に参加するよう招請することができる.

3　小法廷又は大法廷におけるすべての事件において, 欧州評議会人権弁務官は書面で意見を提出し口頭審理に参加することができる.

第37条（申立の削除） 1　裁判所は, 事情が次の結論に導く場合には, 手続のいずれの段階においても, 申立を総件名簿から削除することを決定することができる.

(a) 申立人が自己の申立の継続を望んでいない, 又は

(b) 事案が解決された, 又は

(c) 裁判によって確認されたその他の理由により, 引き続き申立の審理を行うことが正当化できない. ただし, 裁判所は, 本条約及び議定書に定義された人権の尊重のために必要な場合には, 引き続き申立の審理を行う.

2　裁判所は, 事情により正当であると考える場所には, 申立を総件名簿に再び記載することを決定することができる.

第38条（事件の審理） 裁判所は, 当事者の代理人とともに事件の審理を行い, 必要があれば調査を行う. この調査を効果的に行うために, 関係国は, すべての必要な便宜を供与する.

第39条（友好的解決） 1　本条約及び議定書が定める人権の尊重を基礎とする事案の友好的解決を確保するために, 手続のあらゆる段階において, 裁判所は自らを関係当事者に利用させる.

2　第1項に基づいて行われる手続は, 非公開とする.

3　友好的解決が成立する場合には, 裁判所は, 事実および到達した解決の簡潔な記述にとどめる決定を行うことにより, 名簿から事件を削除する.

4　この決定は閣僚委員会に送付され, 閣僚委員会は決定が定める友好的解決の条件の執行を監視する.

第40条（公開の口頭審理及び文書の入手） 1　口頭審理は, 裁判所が例外的な場合に別段の決定をする場合を除き, 公開とする.

2　書記に寄託された文書は, 裁判所長が別段の決定をする場合を除き, 公衆が入手できるようにする.

第41条（公正な満足） 裁判所が本条約又は議定書の違反を認定し, かつ, 当該締約国の国内法が部分的賠償がなされることしか認めていない場合には, 裁判所は, 必要な場合, 被害当事者に公正な満足を与えなければならない.

第42条（小法廷の判決） 小法廷の判決は, 第44条2の規定に従って終結となる.

第43条（大法廷への付託） 1　事件のいずれの当事者も, 例外的な事件の場合には, 小法廷の判決の日から3箇月の期間内に当該事件が大法廷に付託されるよう請求することができる.

2　大法廷の5人の裁判官で構成される審査部会は, 当該の事件が本条約若しくは議定書の解釈又は適用に影響する重大な問題又は一般的重要性を有する重大な問題を提起する場合には, その請求を受理する.

3　審査部会が請求を受理する場合には, 大法廷は, 当該の事件を判決により決定しなければならない.

第44条（終結判決） 1　大法廷の判決は, 終結とする.

2　小法廷の判決は, 次の場合に終結となる.

(a) 当事者が事件を大法廷に付託するよう請求する意思のないことを宣言する場合, 又は

(b) 判決の日の後3箇月経過し, その間に事件の大法廷への付託が請求されなかった場合, 又は

(c) 大法廷の審査部会が第43条に基づく付託の請求を却下する場合

3　終結判決は, 公表される.

第45条（判決及び決定の理由） 1　判決及び決定（申立が許容できるか非許容かを宣言するもの）には, 理由を付さなければならない.

2　判決がその全部又は一部について裁判官の全員一致の意見を表明していないときは，いずれの裁判官も，個別の意見を表明する権利を有する．

第46条（判決の拘束力及び執行）**1**　締約国は，自国が当事者であるいかなる事件においても，裁判所の終結判決に従うことを約束する．

2　裁判所の終結判決は，閣僚委員会に送付され，閣僚委員会は，その執行を監視する．

3　終結判決執行の監視が判決解釈の問題により妨げられると閣僚委員会が考える場合，閣僚委員会は，解釈問題の判断を求めるため，問題を裁判所に付託できる．付託の決定は，閣僚委員会に出席する権利を有する代表者の3分の2の多数決による．

4　ある締約国が自身が当事者である事件の終局判決に従うことを拒否していると閣僚委員会が考える場合，当該締約国に正式な通告を行った後，閣僚委員会に出席する権利を有する代表者の3分の2の多数決で採択された決定により，当該締約国が第1項に基づく義務を履行していないかどうかの問題を裁判所に付託できる．

5　裁判所が第1項の違反を認定した場合，裁判所は採られるべき措置を検討するために閣僚委員会に事件を付託する．裁判所が第1項の違反を認定しない場合，裁判所は閣僚委員会事件を付託し，閣僚委員会は事件の審理を終了する．

第47条（勧告的意見）**1**　裁判所は，閣僚委員会の要請により，本条約及び議定書の解釈に関する法律問題について勧告的意見を与えることができる．

2　この意見は，本条約の第一節及び議定書に定義する権利及び自由の内容若しくは範囲に関するいかなる問題も，又は，裁判所若しくは閣僚委員会が，本条約に基づいて開始されうる手続の結果検討しなければならなくなるその他のいかなる問題も，取り扱ってはならない．

3　裁判所の勧告的意見を要請する閣僚委員会の決定は，同委員会に出席する資格のある代表者の3分の2の多数の投票を必要とする．

第48条（裁判所の勧告に関する管轄権）裁判所は，閣僚委員会が付託した勧告的意見の要請が，第47条に定義する権限内にあるかどうかを決定する．

第49条（勧告的意見の理由）**1**　裁判所の勧告的意見には，理由を付さなければならない．

2　勧告的意見がその全部又は一部について裁判官の全員一致の意見を表明していないときは，いずれの裁判官も，個別の意見を表明する権利を有する．

3　裁判所の勧告的意見は，閣僚委員会に通知される．

第50条（裁判所の経費）裁判所の経費は，欧州評議会が負担する．

第51条（裁判官の特権及び免除）裁判官は，その任務の水工中は，欧州評議会規程の第40条及びそれに基づいて作成される協定に定める特権及び免除を受ける権利を有する．

第3節　雑　則

第57条（留保）**1**　いずれの国も，この条約に署名するとき又は批准書を寄託するときに，その領域でそのときに有効ないずれかの法律がこの条約の特定の規定と抵触する限りで，その規定について留保を付すことができる．一般的性格の留保は，この条のもとでは許されない．

2　この条に基づいて付されるいかなる留保も，関係する法律の簡潔な記述を含むものとする．

44 ヨーロッパ人権条約第1議定書（抄）翻訳

人権及び基本的自由の保護のための条約についての議定書（第1）
〔署名〕1952年3月20日
〔効力発生〕1954年5月18日
改正：1994年5月11日署名（第11議定書），1998年11月1日発効

欧州評議会加盟国である署名政府は，

1950年11月4日にローマで署名した人権及び基本的自由の保護のための条約（以下「条約」という．）の第1節に既に含まれているもの以外の若干の権利及び自由の集団的保障を確保する手段をとることを決意し，

次のとおり協定した．

第1条（財産の保護）自然人又は法人はみな財産を平和的に享有する権利を有する．何人も，公益のために，かつ，法律及び国際法の一般原則で定める条件に従う場合を除くほか，その財産を奪われることはない．

ただし，前の規定は，国が一般的福祉に従って財産の使用を規制するため，又は税その他の負担若しくは罰金の支払いを確保するために必要とみなす法律を実施する権利を決して妨げるものではない．

第2条（教育を受ける権利）何人も，教育を受ける権利を否定されることはない．国は，教育及び教授に関連してとるいかなる任務を行う

にあたっても，両親が自己の宗教的及び哲学的信念に適合する教育及び教授を確保する権利を尊重しなければならない．

第３条（自由選挙の権利） 締約国は，立法機関の選出にあたって人民の自由な意見の表明を確保する条件のもとで，合理的な期間内に，秘密投票による自由選挙を行うことを約束する．

第４条（適用領域） いずれの締約国も，署名若しくは批准のとき又はその後のいずれのときでも，欧州評議会事務総長に宣言を通知し，自国が国際関係について責任を有する地域であってその宣言の中で指定するものについて，本議定書の諸規定を適用することを約束する程度を記述することができる．

前項によって宣言を通知したいずれの締約国も，先の宣言の条件を変更し又はいずれかの地域についてこの議定書の諸規定の適用を終了させる新たな宣言を随時通知することができる．

本条に基づいてなされた宣言は，条約第56条１に基づいてなされたものとみなされる．

第５条（条約との関係） 締約国間においては，この議定書の第１条，第２条，第３条及び第４条の諸規定は，条約への追加条文とみなされ，条約のすべての規定はそれに応じて適用されるものとする．

45 ヨーロッパ人権条約第４議定書（抄）　翻訳

人権及び基本的自由の保護のための条約についての議定書（第４）
〔署名〕1963年９月16日
〔効力発生〕1968年５月２日
改正：1994年５月11日署名（第11議定書），1998年11月１日発効

欧州評議会加盟国である署名政府は，

1950年11月４日にローマで署名した人権及び基本的自由の保護のための条約（以下「条約」という．）の第１節並びに1952年３月20日パリで署名した条約の第１議定書の第１条から第３条に既に含まれているもの以外の若干の権利及び自由の集団的保障を確保する手段をとることを決意して，

次のとおり協定した．

第１条（契約不履行による抑留の禁止） 何人も，単に契約上の義務を履行することができないことを理由として自由を奪われることはない．

第２条（移動の自由） １　合法的にいずれかの国の領域内にいるすべての者は，移動の自由及び居住の自由を享有する権利を有する．

２　すべての者は，いずれの国（自国を含む．）からも自由に離れることができる．

３　１及び２の権利の行使については，法律に基づく制限であって国の安全若しくは公共の安全，公の秩序の維持，犯罪の防止，健康若しくは道徳の保護又は他の者の権利及び自由の保護のため民主的社会において必要なもの以外のいかなる制限も課してはならない．

４　１の権利についてはまた，法律に基づいて課す制限であって民主的社会において公益のために正当化される制限を，特定の範囲で課すことができる．

第３条（国民の追放の禁止） １　何人も，自己が国民である国の領域から，個別的又は集団的措置によって，追放されることはない．

２　何人も，自己が国民である国の領域に戻る権利を奪われない．

第４条（外国人の集団的追放の禁止） 外国人の集団的追放は，禁止される．

46 ヨーロッパ人権条約第７議定書（抄）　翻訳

人権及び基本的自由の保護のための条約についての議定書（第７）
〔署名〕1984年11月22日
〔効力発生〕1988年11月１日
改正：1994年５月11日署名（第11議定書），1998年11月１日発効

欧州評議会加盟国である署名政府は，

1950年11月４日にローマで署名した人権及び基本的自由の保護のための条約（以下「条約」という．）による若干の権利及び自由の集団的保障を確保するさらなる手段をとることを決意して，

次のとおり協定した．

第１条（外国人の追放についての手続的保障）

１　合法的に国の領域内に居住する外国人は，法律に基づいて行われた決定による場合を除くほか，追放されてはならず，かつ，次のことが認められる．

(a) 自己の追放に反対する理由を提示すること，
(b) 自己の事案が審査されること，かつ，
(c) このために権限ある機関又はその機関が指名する者に対して代理人が出頭すること．

２　外国人は，追放が公の秩序のために必要な

場合又は国の安全を理由とする場合には，この条の1の(a)，(b)及び(c)に基づく権利を行使する以前にも追放することができる．

第2条（刑事事件における上訴の権利） 1　裁判所により有罪の判決を受けたすべての者は，その判決又は刑罰を上級の裁判所によって再審理される権利を有する．この権利の行使は，それを行使できる事由を含め，法律によって規律される．

2　この権利については，法律が定める軽微な性質の犯罪に関する例外，又は，当該の者が最上級の裁判所によって第一審の審理を受けた場合若しくは無罪の決定に対する上訴の結果有罪の判決を受けた場合の例外を設けることができる．

第3条（誤審による有罪判決に対する補償） 確定判決によって有罪と決定された場合において，その後に，新たな事実又は新しく発見された事実により誤審のあったことが決定的に立証されたことを理由としてその有罪の判決が破棄され又は赦免が行われたときは，その有罪の判決の結果刑罰に服した者は，関係国の法律又は慣行に基づいて補償を受ける．ただし，その知られなかった事実が明らかにされなかったことの全部又は一部がその者の責めに帰するものであることが証明される場合は，この限りでない．

第4条（一事不再理の権利） 1　何人も，その国の法律及び刑事手続に基づいて既に確定的に無罪又は有罪の判決を受けた行為について，同一国の管轄下での刑事訴訟手続において，再び裁判され又は処罰されることはない．

2　1の規定は，新しい事実若しくは新しく発見された事実の証拠がある場合，又は，以前の訴訟手続に当該事案の結果に影響を与えるような根本的瑕疵がある場合には，関係国の法律及び刑事手続に基づいて事案の審理を再開することを妨げるものではない．

3　この条の規定について条約第15条に基づく効力停止を行ってはならない．

第5条（配偶者の平等） 配偶者は，婚姻中及び婚姻の解消の際に，配偶者相互間及びその児童との関係において，婚姻に係る私法的性質の権利及び責任の平等を享受する．この条は，国が児童の利益のために必要な措置をとることを妨げるものではない．

47 ヨーロッパ人権条約第12議定書（抄） 翻訳

人権及び基本的自由の保護のための条約についての議定書（第12）
〔署名〕2000年11月4日　効力発生：2005年4月1日

欧州評議会加盟国である署名政府は，

すべての者は法の前に平等であり，法による平等の保護を受ける権利を有するという基本原則を考慮し，

1950年11月4日にローマで署名した人権及び基本的自由の保護のための条約（以下「条約」という．）による差別の一般的な禁止の集団的保障を通じて，すべての者の平等を促進するさらなる手段をとることを決意し，

締約国が完全かつ効果的な平等を促進するために執る措置で，客観的かつ合理的な正当化理由のある場合には，これらの措置を執ることを差別禁止原則は妨げるものではないことを再確認して，

次のとおり協定した．

第1条（差別の一般的な禁止）

1　法によって定められたいかなる権利の享有も，性，人種，皮膚の色，言語，宗教，政治上その他の意見，民族的又は社会的出身，民族的少数者への所属，財産，門地又はその他の地位のようないかなる理由に基づく差別もなく，確保される．

2　何人も，1に定めるような理由で公権により差別されてはならない．

48 ヨーロッパ人権条約第13議定書（死刑廃止）（抄） 翻訳

人権及び基本的自由の保護のための条約についての議定書（第13）
〔署名〕2002年5月3日
〔効力発生〕2003年7月1日

欧州評議加盟国である署名政府は，

すべての者の生命についての権利は，民主社会における基本的価値であり，かつ，死刑の廃止は，この権利の保護及びあらゆる人間の固有の尊厳の承認にとって不可欠であると確信し，

1950年11月4日にローマで署名した人権及び基本的自由の保護のための条約（以下「条約」という．）により保障された生命についての権利の保護を強化することを希望し，

1983年4月28日にストラスブールで署名

された死刑の廃止に関する条約についての第6議定書は，戦時又は急迫した戦争の脅威があるときになされる行為について死刑を排除していないことに留意し，

あらゆる状況の下で死刑を廃止するために最終的措置をとることを決意して，

次のとおり協定した．

第1条（死刑の廃止） 死刑は，廃止される．何人も，死刑を宣告され又は執行されることはない．

第2条（効力停止の禁止） 本議定書の規定について，条約第15条に基づく効力停止を行ってはならない．

第3条（留保の禁止） この議定書については，いかなる留保も，条約第57条に基づいて付すことはできない．

49 ヨーロッパ人権条約第16議定書（抄） 翻訳

人権及び基本的自由の保護のための条約 第16議定書
〔署名〕2013年10月2日
〔効力発生〕2018年8月1日

ヨーロッパ評議会の加盟国および，1950年11月4日にローマで署名された人権および基本的自由の保護のための条約（以下「条約」という）のその他の締約当事者である下記署名者は，

条約規定，とくにヨーロッパ人権裁判所（以下「裁判所」という）を設置する第19条を考慮し，

勧告的意見を与えるよう裁判所の権限を拡大することが，補完性の原則に従って，裁判所と国内当局との間の相互作用を高め，それによって条約の実施を強化するであろうことを考慮し

2013年6月28日にヨーロッパ評議会議員会議が採択した意見285（2013）を考慮し，

以下のように協定した．

第1条〔先行意見の要請〕 1 第10条に従って特定される締約国の最高次の国内裁判所は，条約およびその諸議定書に定義する権利および自由の解釈または適用に関する原則問題について，裁判所に勧告的意見を要請することができる．

2 要請を行う国内裁判所は，自らに係属中の事件の文脈においてのみ勧告的意見を求めることができる．

3 要請を行う国内裁判所は，その要請の理由を述べ，係属中の事件の関連する法的・事実的背景を示さなければならない．

第2条〔大法廷審査部会による要請の受理〕 1 大法廷の5人の裁判官で構成される審査部会は，第1条を考慮して勧告的意見の要請を受理するかどうか決定する．審査部会は，要請を受理しない場合には，理由を述べなければならない．

2 審査部会が要請を受理する場合，大法廷が勧告的意見を述べる．

3 前2項にいう審査部会および大法廷には，要請を行った国内裁判所の属する締約国について選挙された裁判官を職務上当然に含むものとする．かかる裁判官が裁判することができない場合には，当該締約国があらかじめ提出した名簿の中から裁判所長が選定する者が，裁判官の資格で裁判するものとする．

第3条〔審理への参加〕 ヨーロッパ評議会人権弁務官および要請を行った国内裁判所の属する締約国は，書面の陳述を提出しおよび口頭審理に参加する権利を有する．裁判所長は，適正な司法の運営のために，いずれの締約国にもまたいずれの者にも，書面の陳述を提出しまたは口頭審理に参加するよう招請することができる．

第4条〔先行意見の形式〕 1 勧告的意見には理由を付さなければならない．

2 勧告的意見が，その全部または一部について裁判官の全員一致の意見を表わすものでない場合には，いずれの裁判官も分離意見を述べる権利を有する．

3 勧告的意見は，要請を行った裁判所およびその裁判所が属する締約国に送付する．

4 勧告的意見は，公表される．

第5条〔先行意見の効力〕 勧告的意見は，拘束的なものではない．

第6条〔本議定書と条約との関係〕 締約当事者の間においては，本議定書の第1条から第5条までは，条約の追加条文とみなされ，すべての条約規定はそれに応じて適用される．

第9条〔留保〕 本議定書の規定に関しては，条約第57条に基づくいかなる留保も付すことができない．

第10条〔要請国内裁判所の特定〕 締約当事者はそれぞれ，署名の時または批准書，受諾書もしくは承認書の寄託の時に，ヨーロッパ評議会事務総長に宛てた宣言の形式で，本議定書第1条1項の適用上それが指定する国内裁判所を示すものとする．この宣言はその後いつでも同一の方式で変更することができる．

50 米州人権条約（抄）翻訳

人権に関する米州条約
〔採択〕1969年11月22日，サンホセ
〔効力発生〕1978年7月18日

本条約署名の米州諸国は，

人の本質的権利の尊重に基づく人格的自由と社会正義の体系を，民主制度の枠組内に，この半球で堅固にしようとする意図を再確認し，

人の本質的権利は，人がある国家の国民であることから派生するものではなく，人間人格の諸属性に基づいていること，並びにそれゆえ米州諸国の国内法によって提供される保護を補強又は補完する条約のかたちの国際的保護を正当化することを認め，

これらの諸原則は，米州機構憲章，人の権利及び義務についての米州宣言，世界人権宣言の中に掲げられてきていること，並びにその他の国際的文書――範囲において世界的なものも地域的なものも――の中で再確認され純化されてきていることを考慮し，

世界人権宣言に従い，恐怖と欠乏からの自由を享有する自由な人間という理想は，あらゆる人がその市民的及び政治的権利と同様，その経済的，社会的及び文化的権利を享有しうる条件が創られはじめて達成されることを繰返し，

第3回特別特別米州会議（ブエノス・アイレス1967）が，経済的，社会的及び教育的権利に関するより広い基準の機構憲章自体への編入を是認し，かつ，1つの米州人権条約によってこれらの事項について責任を負う機関の構成，権限及び手続を決定すべき旨決議したことを考慮して，

以下の条文に同意した．

第1部　国家の義務と保護される権利

第1章　一般的義務

第1条（権利を尊重する義務） 1　この条約の当事国は，本条約中に認められている権利と自由を尊重し，また，人種，皮膚の色，性，言語，宗教，政治上その他の意見，民族的もしくは社会的出身，経済的地位，門地，又はその他のいかなる社会的状態を理由とするいかなる差別もなく，その管轄に服するすべての人に対して，これらの権利と自由の自由かつ完全な行使を保障することを約束する．

2　この条約の目的のためには，「人」はあらゆる人間を意味する．

第2条（国内の法的効力） 第1条に言及する権利又は自由のいずれかの行使が立法その他の規定によっていまだ保障されていない場合には，当事国は，これらの権利又は自由に実効を与えるために必要である立法その他の措置を，自国の憲法上の手続及びこの条約の諸規定に従って，採用することを約束する．

第2章　市民的及び政治的権利

第3条（法的人格を享有する権利） あらゆる人は法の前において人として認められる権利を有する．

第4条（生命権） 1　あらゆる人は自己の生命を尊重させる権利を有する．この権利は法律によって，かつ一般的には受胎のときから，保護されねばならない．何人も恣意的にその生命を奪われることはない．

2　死刑が廃止せられていない国において，死刑は，最も重い犯罪に対してのみ，かつ，権限ある裁判所によって犯罪遂行以前に制定されたかかる刑罰を設けている法律に従って下された最終判決によって，科することができる．かかる刑罰の適用は現在適用されていない犯罪にまで広げてはならない．

3　死刑は，それを廃止した国家において再び設けてはならない．

4　死刑はいかなる場合にも政治犯罪又は牽連普通犯罪に対して科してはならない．

5　死刑は，犯罪を犯されたときに18歳未満か70歳以上であった者には科してはならないし，また妊娠している女子には適用してはならない．

6　死を宣告されたあらゆる人は，刑の大赦，恩赦又は減刑を申請する権利を有し，これらはすべての場合に与えることができる．死刑は，かかる請願が権限ある当局による決定を待つ間は，科してはならない．

第5条（人間らしい待遇をうける権利） 1　あらゆる人は自己の肉体的，精神的及び道徳的一体性を尊重させる権利を有する．

2　何人も，拷問を受けることはなく，また残虐な，非人道的な又は体面を汚す刑罰もしくは待遇を受けることもない．自由を奪われた人はすべて人間人格の固有の尊厳に対する敬意をもって待遇される．

3　犯罪者以外のいかなる人に対しても刑罰を広げてはならない．

4　告訴された者は，例外的事情を除き，有罪決定された者から隔離され，有罪決定されていない者としてその地位に適した別の待遇を受ける．

5　未成年者は刑事手続に服している間，未成年者としての地位に従って待遇されるように，できるだけ速やかに，成年者から隔離され専門裁判所に引き渡される．
6　自由剥奪からなる刑罰は囚人の矯正と社会再適応を基本目的とする．

第6条（奴隷からの自由） 1　何人も奴隷又は意に反する苦役の下に置かれることはない．これらは奴隷貿易及び婦女売買と同じくすべての形態が禁止されている．
2　何人も強制的又は義務的労働をすることを要求されることはない．若干の犯罪に対して設けられた刑罰が強制労働による自由剥奪であるような国において，権限ある裁判所が課したかかる宣告の執行が禁止されていることをこの規定は，意味すると解釈してはならない．強制労働は囚人の尊厳又は肉体的もしくは知的能力に逆に作用するものであってはならない．
3　本条の目的のためには次のものは強制的又は義務的労働を構成しない．
(a) 権限ある司法当局が下した宣告又は正式の決定の執行にあたって在監者に通常要求される作業又は役務．かかる作業又は役務は公けの当局の監督と管理のもとに行われねばならず，かかる作業又は役務を遂行するいかなる人も私的な団体，会社又は法人の意のままに任されてはならない．
(b) 軍事的役務及び良心的兵役拒否が認められている国において軍事的役務のかわりに法律が規定することのある国の役務
(c) 社会の生存又は福祉を脅かす危険又は災害の場合に強いられる役務，又は
(d) 通常の市民的義務の一部をなす作業又は役務

第7条（身体の自由を享有する権利） 1　あらゆる人は身体の自由と安全を享有する権利を有する．
2　何人も，関係当事国の憲法又はそれに従って設けられた法律によって前以って設けられた理由及び条件によるの外，その肉体的自由を奪われることはない．
3　何人も恣意的な逮捕又は投獄をうけない．
4　拘禁されている者は何人も，拘禁の理由を告げられ，かつ速やかに自己に対する問責理由を通告されなければならない．
5　拘禁された者は何人も，速やかに裁判官又は司法権の行使を法律によって許された他の官吏に引き渡され，合理的な期間内に裁判を受け又は手続の継続を妨げることなく釈放される権利を有する．釈放には裁判のための出頭を確保する保証を条件とすることができる．
6　自由を奪われている者は何人も，裁判所が自己の逮捕又は拘禁の合法性について遅滞なく決定し，かつ逮捕又は拘禁が不法である場合に釈放を命ずることができるために，権限ある裁判所に提訴する権利を有する．自己の自由の剥奪をもって脅かされていると信じる者は何人も，その脅威の合法性について決定することができるために権限ある裁判所に提訴する権利を有する旨自国の法律が規定する当事国においては，この救済は制約又は廃止することはできない．関係当事者又はその他のその代位者は，これらの救済を求める権利を有する．
7　何人も負債のために拘禁されることはない．この原則は扶養義務の不履行のために発せられる権限ある司法当局の命令を制限するものではない．

第8条（公正な裁判をうける権利） 1　あらゆる人は，自己に対する刑事的性格のいかなる告訴の決定にあたっても，又は民事，労働，金銭上その他の性格の自己の権利及び義務の決定のためにも，法律によって前以って設けられた権限ある独立の公平な裁判所による，正当な保障をもった合理的期間内の審理をうける権利を有する．
2　刑事犯罪で告訴されたあらゆる人は，その有罪が法律に従って立証されていないかぎり無罪と推定される権利を有する．あらゆる人は，手続中，次の最小限の保障を完全に平等に受ける権利を有する．
(a) 裁判所又は法定の言語を理解しないか，又は話さない場合負担なく翻訳者又は通訳者によって援助される被告人の権利
(b) 自己に対する問責の被告人に対する詳細な事前の通告
(c) 自己の弁護の準備のために十分な時間と手段
(d) 自から自己を弁護するか又は自己の選択する法律弁護士に援助される被告人の権利及び自己の弁護士と自由かつ私的に連絡する被告人の権利
(e) 被告人が自から自己を弁護しないか，又は法律によって設けられた期間内に自己の弁護士を雇わない場合，国内法が規定するように有料又は無料で，国家が提供する弁護士によって援助される譲ることのできない権利
(f) 裁判所に出廷する証人を尋問し，かつ事実に解明の光を投げかけうる鑑定人その他の人の，証人としての出頭を得る弁護の権利
(g) 自己に不利な証人となること，又は有罪である旨を陳述することを強要されない権利
(h) 上級裁判所に上訴する権利

3　被告人により有罪の自白はいかなる種類の強制もなく行われる場合にのみ有効である.

4　告訴された人で上訴できない判決によって無罪とされた者は同一の事由のため新たな裁判を受けることはない.

5　刑事手続は, 裁判の利益を保護するのに必要である場合の外, 公開とする.

第9条（事後法からの自由） 何人も犯行の時に適用可能な法のもとで刑事犯罪を構成しなかった作為又は不作為のために有罪決定されることはない. その刑事犯罪が遂行された当時に適用された刑より重い刑が科せられることはない. 犯罪遂行の後に軽い刑を科すことを法律が規定する場合には有罪者はその恩恵を受ける.

第10条（補償をうける権利） あらゆる人は, 裁判の誤審を通して最終判決によって宣告された場合には, 法律に従って補償される権利を有する.

第11条（プライバシーの権利） 1　何人も自己の名誉が尊重され, 自己の尊厳が認められる権利を有する.

2　何人もその私的生活, 家庭, 住居, 及び通信に対する恣意的もしくは侮辱的干渉の対象となりえないし, またその名誉又は信用に対する不法な攻撃の対象となりえない.

3　何人もかかる干渉又は攻撃に対して法の保護を受ける権利を有する.

第12条（良心・宗教の自由） 1　何人も良心及び宗教の自由を享有する権利を有する. これには, 自己の宗教又は信念を維持するか又は変更する自由, 及び, 単独に又は他の者と共に, 公けに又は私に, 自己の宗教又は信念を公言するか又は普及させる自由が含まれる.

2　何人も自己の宗教又は信念を維持するか又は変更する自由を害するおそれのある制約を受けない.

3　自己の宗教及び信念を表明する自由は, 法律によって定められ, かつ, 公けの安全, 公けの秩序, 公衆衛生もしくは公衆道徳, 又は他人の権利もしくは自由を保護するために必要である制限のみ従わせることができる.

4　親又は場合によっては後見人は, その子供又は被後見人の宗教的及び道徳的教育で自己の信念に一致するものを提供する権利を有する.

第13条（思想・表現の自由） 1　何人も思想及び表現の自由を享有する権利を有する. この権利には, 国境にかかわらず, 口頭, 手書き, 印刷, 芸術の形式であるか, 又は自己の選択するその他の手段のいずれかによって, すべての種類の情報及び思想を求め, 受けかつ伝える自由が含まれる.

2　前項に規定する権利の行使は, 事前の検閲を受けることはない. 但し, 次のことを確保するために必要な限度で法律によって明白に設けられる責任の負担には従わなければならない.

(a) 他人の権利又は信用の尊重, 又は,

(b) 国の安全, 公けの秩序, 又は公衆衛生もしくは道徳

3　表現の権利は, 情報の普及にあたって用いられる新聞印刷用紙, ラジオ放送周波数又は設備に対する統治権の濫用又は私的統制のような間接的方法又は手段によって, 又は思想及び意見の伝達及び流布を妨げるようなその他の手段によって, 制約されることはない.

4　前2項の諸規定にもかかわらず, 公共の娯楽は児童及び青年の道徳的保護のためそれらの娯楽に近づく機会を規制するという目的のみのために, 法律によって事前の検閲に従わせることができる.

5　いかなる戦争宣伝も, また人種, 皮膚の色, 宗教, 言語又は民族的出身を含むいずれかの根拠による人もしくは人の集団に対する不法な暴力又はその他の類似の違法行為の煽動を構成するいかなる民族的, 人種的又は宗教的憎悪の唱道も, 法律によって罰すべき犯罪と看做されなければならない.

第14条（回答権） 1　法律に規制された報道機関によって公衆一般に普及した不正確な又は攻撃的陳述もしくは思想によって傷つけられた者は何人も, 法律が設ける条件で, 同一の報道経路を用いて回答又は訂正を行う権利を有する.

2　訂正又は回答は, いかなる場合にも, それが引き起こしたおそれのある他の法的責任を免除するものではない.

3　あらゆる出版社並びにあらゆる新聞, 映画, ラジオ及びテレビ会社は, 名誉及び信用の実効的保護のために, 免除又は特別の特権によって保護されていない責任ある人物を有していなければならない.

第15条（集会の権利） 武器をもたない平和的集会の権利は認められている. いかなる制約も, 法律に従って課せられ, かつ国の安全, 公けの安全又は公けの秩序ため, あるいは公衆衛生もしくは道徳, 又は他人の権利もしくは自由を保護するために, 民主的社会において必要であるものの外は, この権利の行使に対して加えることはできない.

第16条（結社の自由） 1　何人も, イデオロ

ギー，宗教，政治，経済，労働，社会，文化，スポーツ，又はその他の目的で自由に結社する権利を有する．
2　この権利の行使は，法律によって設けられ，国の安全，公けの安全又は公けの秩序のため，あるいは公衆衛生もしくは道徳，又は他人の権利もしくは自由を保護するために，民主的社会において必要である制約のみを条件としなければならない．
3　本条の諸規定は，結社権の剝奪さえ含む法的制約を軍隊及び警察の構成員に課すことを妨げない．
第17条（家庭の権利） 1　家庭は，社会の自然かつ基本的な単位集団であって，社会及び国家の保護を受ける権利を有する．
2　婚姻適齢の男女は，国内法が要求する諸条件がこの条約中に設けられた無差別原則に影響を及ぼさないかぎりかかる条件を満たす場合には婚姻し家庭をつくる権利を認められなければならない．
3　いかなる婚姻も，配偶者となる意思を有する者の自由かつ完全な同意なくしては成立しない．
4　当事国は，婚姻中及びその解消の場合の夫婦の婚姻に関する権利の平等と責任の十分な均衡を保障するための適切な手段を執るものとする．解消の場合，児童に必要な保護を与えるために，もっぱら児童自身の最善の利益を基盤にして対策がたてられなければならない．
5　非嫡出子及び嫡出子に平等な権利を法律によって認めなければならない．
第18条（姓名をうける権利） あらゆる人は，名〔a given name〕及び両親の双方の姓〔the surnames〕又はいずれか一方の姓をうける権利を有する．この権利をすべての人に，必要なら仮りの名〔assumed names〕の使用によって保障する方法を法律によって規定しなければならない．
第19条（児童の権利） あらゆる未成年の児童は未成年者としてのその状態によって必要とされる保護措置を，その家庭，社会及び国家から受ける権利を有する．
第20条（国籍をうける権利） 1　あらゆる人は国籍をうける権利を有する．
2　あらゆる人は，いかなるその他の国籍をもうける権利を有さない場合は自己が生まれた領域の国家の国籍をうける権利を有する．
3　何人も自己の国籍又は国籍を変更する権利を恣意的に奪われることはない．
第21条（財産権） 1　あらゆる人は自己の財産の使用と享有の権利を有する．かかる使用と享有を法律によって社会の利益に従わせることができる．
2　何人も，正当な補償支払に基づき，公益又は社会的利益を理由とする，かつ法律が定める場合と形式に従うの外，自己の財産を奪われることはない．
3　高利業及びその他いかなる形の人による人の搾取も法律によって禁止される．
第22条（移動及び居住の自由） 1　合法的に当事国の領域にいるあらゆる人は，法律の諸規定を条件としてその中を移動しかつその中に居住する権利を有する．
2　あらゆる人は自国を含むいずれの国をも自由に去る権利を有する．
3　前述の権利の行使は，犯罪を防止するため，又は国の安全，公けの安全，公けの秩序，公衆道徳，公衆衛生，又は他人の権利もしくは自由を保護するために民主的社会において必要な程度で法律に従ってのみ制約することができる．
4　第1項で認める権利の行使はまた公共の利益を理由に指定区域で法律によって制約することができる．
5　何人も自己がその国民である国家の領域から追放されたり，入国する権利を奪われることはない．
6　合法的にこの条約の当事国の領域にいる外国人は，法律に従って達した決定に従ってのみそこから追放することができる．
7　あらゆる人は，政治犯罪又は牽連普通犯罪で追及されている場合，国家の立法及び国際条約に従って，外国領域で庇護を求めかつ与えられる権利を有する．
8　外国人は，自己の出身国であるなしにかかわらず，その国において生命又は身体の自由を享有する自己の権利がその人種，国籍，宗教，社会的地位又は政治上の意見を理由に侵害される危険にさらされている場合には，いかなる場合にも，その国へ向けて出国強制又は送還することはできない．
9　外国人の集団的追放は禁止されている．
第23条（統治に参加する権利） 1　あらゆる市民は次の権利と機会を享有する．
(a) 直接に，又は自由に選んだ代表者を通して，公務の処理に参加すること
(b) 普通平等選挙によりかつ秘密投票による，投票者の自由な意思の表明を保証する真正の定期的選挙において投票すること及び選挙されること，並びに
(c) 自国の公職に，一般的な平等の条件でつくこと

2　前項に言及する権利と機会の行使は，年齢，国籍，居住，言語，教育，民事上精神上の能力，又は権限ある裁判所による刑事手続での宣告を基盤にしてのみ法律によって規制することができる．

第 24 条（平等の保護をうける権利） 人はすべて法の前において平等である．したがって，差別なく，法の平等の保護をうける権利を有する．

第 25 条（司法的保護をうける権利） 1　何人も，関係国の憲法もしくは法律又はこの条約が認める自己の基本的権利を侵害する行為に対する保護のため，かかる侵害が公用の任務中に行為する人によって犯された場合にも，単純かつ即時の提訴又は何らかのその他の実効的提訴を権限ある法廷又は裁判所に行う権利を有する．

2　当事国は次のことを約束する．

(a) かかる救済を請求するいかなる人も自己の権利を国家の法体系が規定する権限ある当局によって決定させるものとするのを確保すること

(b) 司法的救済の可能性を発展させること，及び

(c) 権限ある当局がかかる救済の付与の場合にこれを強制するものとするのを確保すること

第 3 章　経済的，社会的及び文化的権利

第 26 条（漸進的発展） 当事国は，国内的にもまた国際的協力を通しても，ブエノス・アイレス議定書によって改正された米州機構憲章に掲げられる経済的，社会的，教育的，科学的及び文化的基準に含蓄的な諸権利の完全な実現を，立法その他の適切な手段によって，漸進的に達成する目的をもつ諸手段，殊に経済的及び技術的なものを採ることを約束する．

第 4 章　保証の停止，解釈及び適用

第 27 条（保証の停止） 1　戦争，公けの危険，又は当事国の独立もしくは安全を脅かすその他の緊急事態のときには，当事国は，事態の緊急性が要求する厳密な限度と期間内で，本条約上のその義務から免れる（derogate）措置を執ることができる．但し，かかる措置は，国際法上の他の義務と両立しないものであってはならず，また，人種，皮膚の色，性，言語，宗教，又は社会的出身を理由とする差別を含むものであってはならない．

2　前述の規定は，次の条文，第 3 条（法人格を享有する権利），第 4 条（生命権），第 5 条（人間らしい待遇をうける権利），第 6 条（奴隷からの自由），第 9 条（事後法からの自由），第 12 条（良心・宗教の自由），第 17 条（家庭の権利），第 18 条（姓名をうける権利），第 19 条（児童の権利），第 20 条（国籍をうける権利）と第 23 条（統治に参加する権利），あるいはかかる権利保護のために不可欠な司法的保障，のいかなる停止をも許さない．

3　停止の権利（the right of suspension）を利用するいかなる当事国も，適用を停止した諸規定，停止のもととなった理由及びかかる停止の終了予定日について，米州機構事務総長を通して，直ちにその他の当事国に通知しなければならない．

〔⇨㉓第 4 条〕

第 28 条（連邦条項） 1　当事国が連邦国家として構成されている場合，かかる当事国の全国政府は，この条約の諸規定でその内容に対して自己が立法及び司法上の管轄権を行使するものはすべて実施しなければならない．

2　その内容に対して連邦国家の構成単位が管轄権を有している諸規定については，全国政府は，構成単位の権限ある当局がこの条約の実行のために適切な対策を採るように，その憲法と法律に従って，適わしい措置を直ちに執らなければならない．

3　2 又は 3 の当事国は，いつ国家連合又はその他の類型の結合を形成することに同意しようとも，組織される新国家の中でこの条約の諸基準を継続しかつ実効的にさせるために必要な規定を，結果として生じる連邦その他の契約に含ませる配慮をしなければならない．

第 29 条（解釈に関する制約） この条約のいかなる規定も次のものとして解釈してはならない．

(a) いずれかの国家，団体又は個人がその条約中に認められている権利と自由の享有又は行使を抑圧すること，又はこの条約中に規定されているよりも大きくそれらを制約すること，を許している．

(b) いずれかの当事国の法律によって又は当事国の 1 が当事者であるその他の条約によって認められているいずれかの権利又は自由の享有又は行使を制約する．

(c) 人間人格に固有な又は統治形態としての代議制民主主義から派生するその他の権利又は保証を排除する．

(d) 人の権利及び義務についての米州宣言及びその他の同じ性格の国際的文書が有する効力を除外又は制限する．

第 30 条（制約の範囲） この条約に従ってこの条約中に認められている権利又は自由の享

有又は行使に対して加えることのできる制約は，一般的利益を理由に制定された法律に従い，かつかかる制的が設けられた目的に従うの外，適用することができない．

第31条（その他の権利の承認）　第76条及び第77条に設ける手続に従って認められたその他の権利及び自由は，この条約の保護の体系に含めることができる．

第5章　人の責任

第32条（義務と権利の関係）　1　あらゆる人は自己の家庭，共同体及び人類に対して責任を有する．

2　各人の権利は，民主的社会において，他人の権利，すべての人の安全，及び一般的福祉の正当な要求によって制限されている．

第2部　保護の手段

第6章　権限ある機関

第33条　次の機関がこの条約の当事国がなした公約の実行に関連する事項に関する管轄を有するものとする．

(a) 米州人権委員会，以下「委員会」と呼ぶ，及び

(b) 米州人権裁判所，以下「裁判所」と呼ぶ．

第7章　米州人権委員会

第1節　組　織

第34条　米州人権委員会は7人の委員で構成する．委員は徳望が高くかつ人権の分野に有能の名のある人でなければならない．

第35条　委員会は米州機構のすべての加盟国を代表する．

第36条　委員会の委員は，加盟国政府が提案した名簿の中から機構総会によって個人的資格で選挙される．

第2節　任　務

第41条　委員会の主要な任務は，人権の尊重と擁護とを促進することである．委員会はその委任の実行にあたり，次の任務と権限を有する．

(a) 米州の人民間に人権意識を啓発すること

(b) 適当と思われる場合には，国内立法と憲法規定の枠内での人権のための漸進的措置及び，これらの権利の遵守の促進のための適切な措置の採択を加盟国政府に対して勧告をすること

(c) 責任遂行にあたって適当と思われる研究又は報告を準備すること

(d) 人権の事項で採択した措置に関する情報を提供するよう加盟国政府に要求すること

(e) 人権に関連する事項について加盟国政府がなした問合せに対して，米州機構事務総局を通して，答えること，及びこれらの国家が要求する助言的役務を，委員会の可能性の限界内で，これらに提供すること

(f) この条約の第44条ないし第51条の諸規定によって，委員会の権威に従って請願及びその他の通報に関して行動を執ること，及び

(g) 米州機構総会に年次報告を提出すること

第42条　当事国は，委員会がブエノス・アイレス議定書によって改正された米州機構憲章に掲げられている経済的，社会的，教育的，科学的及び文化的基準に含蓄的権利の促進を監視できるように，米州経済社会理事会と米州教育科学文化理事会の執行委員会に対して，それぞれの分野で，毎年提出する各報告と研究の写しを委員会に送付しなければならない．

第43条　当事国は，自国の国内法がこの条約のいずれもの規定の実効的適用を確保する方法に関して委員会が要求する情報を委員会に提供することを約束する．

第3節　権　限

第44条　いずれかの個人もしくは個人の集団，又は1もしくはそれ以上の機構加盟国内で法的に認められている非政府団体は，当事国によるこの条約の侵害の告発又は異議申立を含む請願を委員会に提出することができる．

第45条　1　いずれの当事国も，この条約の批准又は加入の文書を寄託するときに，又はその後のいずれの時にも，他の当事国がこの条約に掲げる人権の侵害を犯したと主張する通報を受理しかつ審理する委員会の権限を認める旨宣言することができる．

2　本条によって提出される通報は，委員会の前述の権限を認める宣言をすでになしている当事国によって提出された場会にのみ許容しかつ審理することができる．委員会は，かかる宣言をなしていない当事国に対するいかなる通報も許容してはならない．

3　権限の承認に関する宣言は，無期限に特定の期間，又は特定の事件に有効であるようにすることができる．

4　宣言書は米州機構事務総局に寄託され，事務総局は機構加盟国にその写しを送付する．

第46条　1　第44条又は第45条に従って提出する請願又は通報の委員会による許容は次の要件を条件とする．

(a) 一般に承認された国際法諸原則に従って国内法上の救済が追求され，かつ尽くされていること．

(b) 自己の権利の侵害を主張する当事者が最

終判決を通告された日から6カ月の期間内にその請願又は通報が提出されていること

(c) その請願又は通報の主題がその他の国際的解決手続の前に係属中でないこと，及び

(d) 第44条の場合は，請願が請願を提出する個人もしくは複数の個人又は団体の法的代表者の氏名，国籍，職業，住居，及び署名を含んでいること

2　本条の1(a)及び(b)の規定は次の場合適用してはならない．

(a) 関係国の国内立法が，侵害されたと主張される権利又は請権利の保護のために法の適正手続を付与しない場合

(b) 自己の権利の侵害を主張する当事者が，国内法上の救済に近づくことを拒否されたか又はこれを尽くすことを妨げられた場合，又は

(c) 前述の救済のもとで最終判決を下すにあたって不当な遅延があった場合

第47条　委員会は，第44条又は第45条によって付託されるいかなる請願又は通報も次の場合には非許容と看做さなければならない．

(a) 第46条に指示する要件のいずれかが満たされていない場合

(b) その請願又は通報がこの条約によって保証されている権利の侵害の認定に資する事実を述べていない場合

(c) その請願又は通報が明白に無根拠であるか明瞭に不正規であることを請願者又は国家の陳述が，指示する場合，又は

(d) その請願又は通報が，委員会又はその他の国際機構によって以前に研究されたものと実質的に同一である場合

第4節　手　続

第48条　1　委員会は，この条約によって保護されている諸権利のいずれかの侵害を主張する請願又は通報を受理する場合には，次のように手続しなければならない．

(a) 委員会は，請願又は通報を許容すべきと看做す場合には，主張された侵害に対して責任があると指示された国家の政府から情報を要求し，またその政府に請願又は通報の関連部分の写本を供与しなければならない．この情報は各事件の状況によって委員会が決定する合理的期間内に付託しなければならない．

(b) 情報が受理された後，又は定められた期間が経過しかつ情報が受理されなかったとき，委員会は，請願又は通報の理由がいまだ存在するかどうかを確かめなければならない．存在しない場合には，委員会は記録を閉じるよう命令しなければならない．

(c) 委員会はまた，後に受理した情報又は証拠を基礎に請願又は通報を非許容又は不正規と宣言することができる．

(d) 委員会は，記録が閉じられなかった場合，事実を明らかにするために請願又は通報に掲げられている事項を，当事者に知らせて，審理する．必要かつ得策な場合，委員会は調査を行う．この調査を実効的に行うために委員会はすべての必要な便宜を要求し，関係国はこれを委員会に供与するものとする．

(e) 委員会は関係国に関連情報を供与するよう要求でき，また要求した場合，関係当事者から口頭の陳述を聴聞するか，又は書面の陳述を受理しなければならない．

(f) この条約に認められている人権の尊重を基礎とする問題の友好的解決に達するために，委員会を関係当事者の利用にまかせる．

2　但し，重大で緊急な場合，すべての形式的許容要件を満たす請願又は通報の提出のみが，違反が犯されたと主張される領域の国家の事前の同意を得て委員会が調査を行うために必要なものとする．

第49条　第48条1(f)に従って友好的解決に達した場合には，委員会は報告書を作成し，報告書は請願者及びこの条約の当事国に送付され，次いで公表のために米州機構事務総長に送付される．この報告書は，事実と達した解決との簡単な陳述を含むものとする．事件のいずれかの当事者が要求する場合には，できるだけ完全な情報がこれに提供されなければならない．

第50条　1　解決に達しない場合には，委員会は，委員会規程が定める期限内に，事実を説明し結論を述べる報告書を作成する．報告書のその全部又は一部について委員会の委員の全員一致の同意を表明していないときは，いずれの委員も，個別の意見を報告書に付すことができる．第48条1(e)に従って当事者によってなされた書面及び口頭の陳述もまた，報告書に付さなければならない．

2　報告書は関係国に送付されるが，関係国はこれを公表する自由はもたない．

3　委員会は，報告書を送付するにあたって，適当と思う提案及び勧告をすることができる．

第51条　1　関係国への委員会の報告書送付の日から3カ月期間内に，問題が解決されないか又は委員会もしくは関係国によって裁判所に付託されず，またその管轄が受諾されない場合には，委員会は，委員の絶対多数の投票によって，審議のため付託された問題に関して委員会の意見及び結論を開陳することができる．

2　適当な場合には，委員会はそれに合った勧告を行い，また審理された事態を救済するために国家の責任である措置を国家が執るべき期間を定める．
3　定められた期間が経過した場合，委員会は，委員の絶対多数の投票によって，国家が十分な措置をとったかどうか，及び報告書を公表するかどうかについて決定する．

第8章　米州人権裁判所

第1節　組　織

第52条　裁判所は，機構加盟国の国民である7人の裁判官で構成する．裁判官は，徳望がもっとも高く，人権の分野で有能の名のある法律家で，これらの法律家が国民である国家又はこれらの法律家を候補者として提案する国家の法律に従って最高の司法上の任務を行使するのに必要な資格を有する者の中から個人的資格で選挙される．
2　いずれの2人の裁判官も同一国家の国民であることはできない．
第53条　1　裁判所の裁判官は，条約当事国が提案した候補者の名簿の中から，機構総会において条約当事国の絶対多数によって秘密投票で選挙される．

第2節　管轄及び任務

第61条　1　当事国及び委員会のみが裁判所に事件を付託する権利を有する．
2　裁判所が事件を審理するためには，第48条から第50条に掲げる手続が完了していることが必要である．
第62条　1　当事国は，この条約の解釈又は適用に関するすべての事項についての裁判所の管轄を当然にかつ特別の合意を要することなく拘束的であると認めることを，この条約の批准又は加入の文書の寄託と同時に又はその後のいずれの時にも，宣言することができる．
2　かかる宣言は，無条件で，相互条件で一定の期間，又は特定の事件のために行うことができる．宣言書は機構事務総長に提出され，機構事務総長はその写しをその他の機構加盟国及び裁判所の書記に送付する．
3　裁判所の管轄は，裁判所に付託されるこの条約の諸規定の解釈及び適用に関するすべての事件に及ぶ．但し，事件の当事国が，前諸項に従う特別の宣言によってであろうと特別の合意によってであろうとかかる管轄を認めるか又は認めていることを条件とする．
第63条　1　裁判所は，この条約が保護する権利又は自由の侵害があったことを認定する場合，被害当事者が侵害された権利又は自由の
享有を保障されるよう裁定しなければならな a
い．適切な場合には，裁判所はまた，かかる権利又は自由の侵害を構成した措置又は事態の結果が救済され，また正当な補償が被害当事者に支払われるよう裁定しなければならない．
2　極度に重大かつ緊急の場合で，個人に対す b
る取返しのできない損害を避けるために必要なとき，裁判所は，審議中の事項に見合う暫定措置を採らなければならない．まだ裁判所に付託されていない事件に関して，裁判所は委員会の要求で行動することができる． c
第64条　1　機構加盟国はこの条約又は米州諸国における人権の保護に関するその他の条約の解釈に関して裁判所に協議することができる．ブエノス・アイレス議定書によって改正
された米州機構憲章第10章に列挙する機関 d
は，自己の権限の範囲内で，同様に裁判所に協議することができる．
2　裁判所は，機構加盟国の要請によって，前述の国際的文書と自国の国内法のいずれかとの
両立性に関する意見をこの国家に提供するこ e
とができる．
第65条　米州機構総会の各通常会期に対して，裁判所は，総会の審議のために，前年度中の事業に関する報告書を提出しなければならな
い．報告書は特に，国家が判決に従わなかった f
事件を，それに見合う何らかの勧告をすることによって，明記しなければならない．

第3節　手　続

第66条　1　裁判所の判決には理由を付けね
ばならない． g
2　判決がその全部又は一部について裁判官の全員一致の意見を表明していないときは，いずれの裁判官も，自己の反対又は個別の意見を判決に付してもらう権利を有する．
第67条　裁判所の判決は終結とし，上訴を許 h
さない．判決の意義又は範囲について不一致がある場合には，裁判所は，当事者のいずれかの要請で判決を解釈しなければならない．但し，要請は判決の通告の日から90日内になされ
ることを条件とする． i
第68条　1　条約当事国は，自国が当事者であるいかなる事件における裁判所の判決にも従うことを約束する．
2　損害賠償を規定する判決の部分は，国に対
する判決の執行を律する国内手続に従って関 j
係国において執行することができる．
第69条　事件の当事者は裁判所の判決について通告され，判決は条約当事国に送付される．

k

51 アフリカ人権憲章（バンジュール憲章）（抄）翻訳

人及び人民の権利に関するアフリカ憲章
〔採択〕1981年6月27日，ナイロビ（ケニア）
〔効力発生〕1986年10月21日

ミニ解説：OAU と AU

アフリカの連帯と反植民地主義をかかげて1963年に発足したアフリカ統一機構（OAU）は，その使命を終え，2002年にアフリカ連合（AU）へと発展した．

「人及び人民の権利に関するアフリカ憲章」と題する本条約の締約国であるアフリカ統一機構の加盟国たるアフリカ諸国は，

「自由，平等，正義及び尊厳は，アフリカ人民の正当な願望を達成するための基本的な目標である」と規定するアフリカ統一機構憲章を考慮し，

同憲章の第2条において，あらゆる形態の植民地主義をアフリカから一掃し，アフリカ人民のためのよりよい生活を達成するよう諸国の協力及び努力を調整しかつ強化し，国際連合憲章並びに世界人権宣言を十分に尊重して，国際協力を促進するために，加盟国が厳粛に行った誓約を再確認し，

人及び人民の権利の概念に関する諸国の考え方に影響を与え，それを特徴づける諸国の歴史的伝統の美点並びにアフリカ文明の価値を考慮に入れ，

一方において，基本的人権が人間の属性に由来し，国内的及び国際的に保護を正当化すること，他方において，人民の権利が存在し尊重されることが，必然的に人権を保障することを認め，

権利及び自由の享有は，またすべての者による義務の履行を含んでいることを考慮し，

今後発展の権利に特別な考慮を払うことが肝要であり，市民的及び政治的権利は，その観念においてもまた普遍性においても経済的，社会的及び文化的権利と切り離しえないものであり，経済的，社会的及び文化的権利の充足が市民的及び政治的権利を享受するための保障となるものであることを確信し，

アフリカにおいて人及び人民の権利並びに自由に対して伝統的に与えられてきた重要性を考慮に入れ，これらの権利及び自由を伸長しかつ保護すべき諸国の義務を強く確信して，

次のとおり協定した．

第1部　権利及び義務

第1章　人及び人民の権利

第1条〔締約国の義務〕 この憲章の締約国であるアフリカ統一機構加盟国は，この憲章に掲げられた権利，義務及び自由を認め，それらを実現するために立法その他の措置をとることを約束する．

第2条〔無差別の原則〕 すべての個人は，人種，種族集団，皮膚の色，性，言語，宗教，政治的意見その他の意見，国民的及び社会的出身，財産，出生又はその他の地位によるいかなる差別もなしに，この憲章により認められ，かつ保護されている権利及び自由を享受する資格を有する．

第3条〔法の前の平等〕 1　すべての個人は，法の前において平等である．

2　すべての個人は，法による平等の保護を受ける権利を有する．

第4条〔人間の不可侵〕 人間は不可侵である．すべての人間は，自己の生命の尊重及び身体の完全性に対する権利を有する．何人も，この権利を恣意的に奪われない．

第5条〔人間の尊厳の尊重〕 すべての個人は，人間に固有な尊厳の尊重及び自己の法的地位の承認についての権利を有する．あらゆる形態の人間の搾取及び蔑視，特に奴隷制度，奴隷取引，拷問，残虐な非人道的な又は品位を傷つける刑罰及び取扱いは禁止される．

第6条〔身体の自由と安全〕 すべての個人は，身体の自由及び安全についての権利を有する．何人も，予め法律によって定められた理由及び条件によらない限り，その自由を奪われない．特に，何人も，恣意的に逮捕又は抑留されない．

第7条〔公正な裁判，事後法による処罰の禁止〕

1　すべての個人は，自己の主張について審理を受ける権利を有する．これは，次のことを含む．

(a) 現行の条約，法律，規則及び慣習によって認められかつ保障された基本的権利を侵害する行為に対し権限ある国家機関に訴える権利

(b) 権限ある裁判所によって有罪が立証されるまでは無罪と推定される権利

(c) 自ら選任する弁護人によって防御される権利を含む防御の権利

(d) 合理的な期間内に公平な裁判所によって裁判を受ける権利

2　何人も，実行の時の法的に処罰しうる犯罪を構成しなかった作為又は不作為について有

罪とされない. 実行の時に何ら規定がなされていなかった犯罪について刑罰を科されない. 刑罰は属人的なものであり, 犯罪者に対してのみ科される.

第8条〔良心, 宗教の告白及び実行の自由〕 良心の自由, 宗教の告白及び実行の自由は保障される. 何人も, 法及び秩序に従うことを条件として, これらの自由の行使を制限する措置に服さない.

第9条〔情報を受ける権利, 表現の権利〕 1　すべての個人は, 情報を受ける権利を有する.

2　すべての個人は, 法律の範囲内において自己の意思を表現し, かつ広める権利を有する.

第10条〔結社の自由〕 1　すべての個人は, 法律に従うことを条件として, 自由な結社の権利を有する.

2　何人も, 第29条に規定される連帯の義務に従うことを条件として, 結社に参加することを強制されない.

第11条〔集会の権利〕 すべての個人は, 他の者と自由に集会する権利を有する. この権利の行使は, 法律, 特に国の安全, 他の者の安全, 健康, 倫理, 権利及び自由のために制定された法律に定められた必要な制限にのみ服する.

第12条〔移動, 居住, 出国, 庇護, 追放〕 1　すべての個人は, 法律に従うことを条件として, 国の領域内において移動及び居住の自由についての権利を有する.

2　すべての個人は, いずれの国（自国を含む.）からも離れ, また自国に戻る権利を有する. この権利は, 国の安全, 法及び秩序, 公衆の健康又は道義を守るために法律により定められた制限にのみ服する.

3　すべての個人は, 迫害されたとき, 他の国に対し, その国の法律及び国際条約に従い, 庇護を求めかつそれを受ける権利を有する.

4　国民でない者で, この憲章の締約国の領域に合法的に入国を認められたものは, 法律に従ってなされた決定によってのみその領域から追放することができる.

5　国民でない者の大量追放は禁止される. 大量追放とは, 国民的, 人種的, 種族的又は宗教的集団に向けられたものをいう.

第13条〔統治への参加, 公の財産及び役務の利用〕 1　すべての市民は, 直接に, 又は法律の規定に従って自由に選ばれた代表を通じて, 自国の統治に自由に参加する権利を有する.

2　すべての市民は, 自国の公務に平等に携わる権利を有する.

3　すべての個人は, 法の前におけるすべての人の厳格な平等の下で, 公の財産及び役務を利用する権利を有する. a

第14条〔財産権〕 財産権は保障される. 財産は, 公共の必要のため又は社会の一般利益のために, かつ適当な法律の規定に従ってのみ侵害することができる.

第15条〔労働の権利〕 すべての個人は, 公正 b かつ満足な条件の下で労働する権利を有し, 同一の労働について同一の報酬を受ける.

第16条〔健康の権利〕 1　すべての個人は, 到達可能な最高水準の肉体及び精神の健康を享受する権利を有する. c

2　この憲章の締約国は, その人民の健康を保護し, またこれらの者が病気の時に看護を受けられることを確保するために, 必要な措置をとる.

第17条〔教育, 文化〕 1　すべての個人は, 教 d 育についての権利を有する.

2　すべての個人は, その社会の文化生活に自由に参加することができる.

3　社会によって認められた道徳及び伝統的価値を伸長しかつ保護することは, 国の義務であ e る.

第18条〔家族, 女性, 子ども, 高齢者, 障害者の保護〕 1　家族は, 社会の自然の単位でありかつ基礎である. 家族は, 国によって保護され, 国は家族の肉体的健康と道徳に注意する. f

2　国は, 社会によって認められた道徳及び伝統的価値の擁護者である家族を援助する義務を有する.

3　国は, 女性に対するすべての差別の撤廃を確保し, また, 国際的な宣言及び条約に規定さ g れている女性及び子どもの権利の保護を確保する.

4　高齢者及び障害者もまた, その肉体的及び精神的な必要に応じて, 特別な保護措置を受ける権利を有する. h

第19条〔人民の平等〕 すべての人民は, 平等である. すべての人民は, 同一の尊重を享受し, 同一の権利を有する. いかなることも人民が他の人民によって支配されることを正当化しない.

第20条〔人民の自決の原則〕 1　すべての人 i 民は, 生存の権利を有する. すべての人民は, 疑う余地のない, かつ, 譲りえない自決の権利を有する. すべての人民は, その政治的地位を自由に決定し, 並びに自らが自由に選んだ政策に従ってその経済的及び社会的発展を追求する. j

2　植民地人民又は抑圧された人民は, 国際社会により認められたあらゆる手段に訴え, 支配の束縛から自己を解放する権利を有する.

3　すべての人民は, 外国の政治的, 経済的又は文化的な支配に対する解放闘争において, この k

憲章の締約国から援助を受ける権利を有する.

第21条〔富及び天然資源に対する権利〕 1　すべての人民は,その富及び天然資源を自由に処分する.この権利は,もっぱら人民の利益のために行使されなければならない.人民は,いかなる場合にも,この権利を奪われてはならない.

2　略奪が行われた場合には,略奪された人民は,その財産を合法的に取り戻し,かつ,十分な補償を受ける権利を有する.

3　富及び天然資源の自由な処分は,相互の尊重,公平な交換及び国際法の原則に基づいた国際経済協力を促進する義務を損なうことなく行使される.

4　この憲章の締約国は,アフリカの統一及び連帯を強化するために,その富及び天然資源を自由に処分する権利を個別的又は集団的に行使する.

5　この憲章の締約国は,その人民がその国家資源から得られる利益を十分に享受しうるように,あらゆる形態,特に国際的独占企業により行われる外国の経済的搾取を排除することを約束する.

第22条〔発展の権利〕 1　すべての人民は,その自由及び独自性を十分に尊重し,かつ人類の共同遺産を平等に享受して,経済的,社会的及び文化的に発展する権利を有する.

2　国は,個別的又は集団的に,発展の権利の行使を確保する義務を有する.

第23条〔平和と安全に対する権利〕 1　すべての人民は,国家及び国家間の平和と安全に対する権利を有する.国際連合憲章によって黙示的に確認され,かつ,アフリカ統一機構憲章によって再確認された連帯と友好関係の原則が,国家間の関係に適用される.

2　平和,連帯及び友好関係を強化する目的のために,この憲章の締約国は,次のことを確保する.

(a) この憲章の第12条の下で庇護権を享受するいかなる個人も,その出身国又はこの憲章の他の締約国に対する転覆活動に従事しないこと.

(b) その領域が,この憲章の他の締約国の人民に対する転覆又はテロ活動の基地として使用されないこと.

第24条〔環境に対する権利〕 すべての人民は,その発展に好ましい,一般的に満足すべき環境に対する権利を有する.

第25条〔広報の義務〕 この憲章の締約国は,教化,教育及び刊行物を通じて,この憲章に含まれる権利及び自由の尊重を伸長しかつ確保し,これらの自由及び権利並びにそれに対応する義務が理解されるように注意する義務を有する.

第26条〔権利及び自由のための施設〕 1　この憲章の締約国は,裁判所の独立を保障する義務を有し,この憲章によって保障された権利及び自由の伸長及び保護を委ねる適当な国家的施設を設立し改善する.

第2章　義　務

第27条〔家族,社会,国,国際社会に対する義務〕 1　すべての個人は,自己の家族及び社会,国並びにその他の法的に認められた共同体及び国際社会に対する義務を有する.

2　各個人の権利及び義務は,他の者の権利,集団の安全,道徳及び共通の利益を十分尊重して行使される.

第28条〔同胞に対する義務〕 すべての個人は,差別なくその同胞を尊敬しかつ思いやり,並びに,相互の尊敬及び寛容を促進し,擁護しかつ強化することをめざした関係を維持する義務を有する.

第29条〔その他の義務〕 個人はまた,次の義務を有する.

(1) 家族の調和ある発展を保持し,家族の結合と尊敬のために努めること,及び,いかなる時にも両親を尊敬し,困窮の時に両親を扶養すること.

(2) 自己の肉体的及び知的能力を提供することによって国家社会に奉仕すること.

(3) 自己の国籍国又は居住国の安全を損なわないこと.

(4) 社会及び国の連帯を,特にそれが脅かされたとき,保持しかつ強化すること.

(5) 自国の国家的独立及び領土保全を保持しかつ強化し,並びに,法律に従ってその防衛に貢献すること.

(6) 自己の才能及び能力のすべてを尽くして働き,並びに,社会のために法律によって課せられた租税を支払うこと.

(7) 寛容,対話及び協議の精神をもって,社会の他の成員との関係において積極的なアフリカ文化の価値を保持しかつ強化すること,並びに,一般的に社会の道徳的福祉の促進に貢献すること.

(8) 自己の才能のすべてを尽くし,常に,また,すべての段階において,アフリカの統一の促進及び達成に貢献すること.

第2部　保障措置

第1章　人及び人民の権利に関するアフリカ委員会の設置及び組織

第30条〔アフリカ委員会の設置〕アフリカにおける人及び人民の権利を伸長し，かつ，その保護を確保するために，アフリカ統一機構内に人及び人民の権利に関するアフリカ委員会（以下「委員会」という.）を設置する.

第31条〔委員会の構成〕1　委員会は，高い徳性，誠実，公平並びに人及び人民の権利の分野における能力で知られた人望の高いアフリカ人の中から選ばれた11人の委員で構成する．法律経験を有する者に特に特別な考慮を払う.

2　委員会の委員は，個人の資格で任務を行うものとする.

第32条〔委員の配分〕委員会は，1の国の国民を2人以上含むことができない.

第2章　委員会の権限

第45条〔委員会の任務〕委員会の任務は，次のとおりとする.

(1) 人及び人民の権利を伸長すること，特に，

(a) 人及び人民の権利の分野におけるアフリカの問題についての資料を収集し，研究及び調査を行うこと，セミナーやシンポジウム及び会議を準備し，情報を広め，人及び人民の権利に関係する国家及び地方の施設を援助し，問題が生じた場合に，政府に対し意見を述べ，又は勧告すること.

(b) アフリカの政府が立法の基礎にしうるように，人及び人民の権利並びに基本的自由に関する法律問題を解決することを目的として原則及び規則を定めかつ規定すること.

(c) 人及び人民の権利の伸長及び保護に関係する他のアフリカの機構及び国際機構と協力すること.

(2) この憲章によって定められた条件の下で人及び人民の権利の保護を確保すること.

(3) 締約国，アフリカ統一機構の機関又はアフリカ統一機構によって認められたアフリカの機構の要請により，この憲章のすべての規定を解釈すること.

(4) 元首首長会議によって委ねられたその他の職務を遂行すること.

第3章　委員会の手続

第46条〔調査の方法〕委員会は，いかなる適
当な調査方法も用いることができる．委員会は a
アフリカ統一機構の事務総長，その他情報を提
供しうるいかなる人からも聴取することができる.

【国からの通報】 b

第47条〔他の締約国の注意喚起〕この憲章の
締約国は，この憲章の他の締約国が憲章の規
定に違反したと信ずるに足る十分な理由があ
る場合には，書面による通報により，その事態
について当該国の注意を喚起することができ c
る．この通報は，アフリカ統一機構の事務総長
及び委員会の委員長にも送付される．通報が送
られた国は，通報を受理した後3箇月以内に問
合せをした国に対し書面により当該事態を明
らかにする説明又は陳述を行う．この文書に d
は，適用され，また適用することができる法律
及び手続規則，並びに既に与えられた救済又は
とりうる措置に関する関連の情報を，可能な限
り含んでいなければならない.

第48条〔委員会への付託〕最初の通報が通報 e
の送られた国により受領された日から3箇月
以内に，当該事案が，2国間交渉その他の平
和的手続によって関係両国が満足するように
解決されない場合には，いずれの国も，委員長
を通じて事案を委員会に付託する権利を有す f
る．当該国は他の関係国にその旨通告する.

第49条〔委員会への直接の付託〕第47条の
規定にかかわらず，この憲章の締約国は，他の
締約国が憲章の規定に違反したと認める場合
には，委員会，アフリカ統一機構の事務総長及 g
び関係国に通報することによって，当該事案を
直接委員会に付託することができる.

第50条〔国内的救済の原則〕委員会は，国内
的救済措置が存在する場合には，すべての国内
的救済措置が尽くされたことを確認した後に h
のみ，付託された事案を取り扱うことができ
る．ただし，救済を受ける手続が不当に遅延し
ていることが委員会に明らかである場合は，こ
の限りでない.

第51条〔関係国による意見の提出〕1　委員 i
会は，関係国に対し，あらゆる関連情報を提供
するよう要請することができる.

2　関係国は，委員会が事案を審理している
間，代表を出席させ，かつ，書面又は口頭により
意見を提出することができる. j

第52条〔報告の作成〕委員会は，関係国及び
その他の情報源から必要と認めるすべての情
報を収集し，かつ，人及び人民の権利の尊重を
基礎とした友好的解決に達するためのすべて
の適当な手続を試みた後，第48条にいう通告 k

から合理的な期間内に，事実及びその判断を記述した報告を準備する．この報告は，関係国に送達され，かつ，首脳会議に送付される．

第53条〔委員会による勧告〕 委員会は，報告を送付する際に，首脳会議に対し有用と認める勧告を行うことができる．

第54条〔委員会の活動報告〕 委員会は，首脳会議の各通常会期に，その活動に関する報告を提出する．

【その他の通報】

第55条〔締約国以外による通報〕 1　各会期の前に，委員会の事務局長は，この憲章の締約国による通報以外の通報の一覧表を作成し，これを委員会の委員に送付し，委員は，どの通報が委員会によって審理されるべきかを指示する．

2　通報は，委員の単純多数により決定された場合，委員会によって審理される．

第56条〔通報の要件〕 第55条にいう人及び人民の権利に関する通報で委員会によって受理されたものは，次の場合に検討される．

(1) 通報者が匿名を要求した場合にも，通報者が示されていること．

(2) アフリカ統一機構憲章又は本憲章と両立しうるもの．

(3) 関係国及びその機関又はアフリカ統一機構を軽視又は侮辱する用語で書かれていないこと．

(4) マスメディアによって広められた情報のみに基づいていないこと．

(5) 国内的救済措置が存在する場合には，それを尽くした後送付されていること．ただし，この手続が不当に遅延していることが明らかな場合は，この限りでない．

(6) 国内的救済措置が尽くされた時又は委員会が当該事態を知った時から合理的な期間内に提出されること．

(7) 国際連合憲章若しくはアフリカ統一機構憲章の原則又はこの憲章の規定に従って関係国によって解決された問題を扱っていないこと．

第57条〔関係国への通知〕 実質的な審理の前に，すべての通報は，委員会の委員長によって関係国に通知される．

第58条〔重大又は大量の人権侵害〕 1　委員会の審議の後，1又はそれ以上の通報が，人及び人民の権利の一連の重大又は大量の侵害の存在を示す特別の事態に明らかに関係するとみられる場合には，委員会は，この特別の事態に対して首脳会議の注意を喚起する．

2　その場合，首脳会議は，委員会に対し，この事態の詳細な研究を行い，委員会の判断及び勧告を付した事実報告を作成することを要請することができる．

3　委員会が正式に認めた緊急事態は，委員会によって首脳会議議長に付託される．同議長は詳細な研究を要請することができる．

第59条〔公表〕 1　首脳会議が別段の決定をする時まで，この憲章の規定の下でとられたすべての措置は秘密とする．

2　ただし，報告は，首脳会議の決定に基づき，委員会の委員長によって公表される．

3　委員会の活動に関する報告は，首脳会議によって検討された後，委員会の委員長によって公表される．

第4章　適用すべき原則

第60条〔人権文書〕 委員会は，人及び人民の権利に関する国際法，特に，人及び人民の権利に関する様々なアフリカの文書，国際連合憲章，アフリカ統一機構憲章，世界人権宣言，人及び人民の権利の分野において国際連合及びアフリカ諸国によって採択された他の文書の規定，並びにこの憲章の締約国が加盟国である国際連合の専門機関によって採択された様々な文書の規定から示唆を受ける．

第61条〔補助手段〕 委員会は，法原則を決定する補助手段として，アフリカ統一機構の加盟国によって明示的に認められた規則を定めるその他の一般的又は特別の国際条約，人及び人民の権利に関する国際規範と両立するアフリカの慣行，法として一般的に認められた慣習，アフリカ諸国によって認められた法の一般原則，並びに先例及び学説も考慮に入れる．

第62条〔締約国の報告義務〕 各締約国は，この憲章が効力を生ずる時から，2年ごとに，この憲章によって認められ保障された権利及び自由を実現するためにとった立法その他の措置に関する報告を提出することを約束する．

52 アフリカ人権裁判所設立議定書

人及び人民の権利に関するアフリカ裁判所を設立する人及び人民の権利に関するアフリカ憲章の議定書
〔採択〕1998年6月10日，ワガドゥグ（ブルキナ・ファソ）
〔効力発生〕2004年1月25日

人及び人民の権利に関するアフリカ憲章の締約国である，アフリカ統一機構（以下「OAU」と

いう．）の加盟国は，

（略）

人及び人民の権利に関するアフリカ憲章の目標の達成が，人及び人民の権利に関するアフリカ委員会の任務を補完し及び強化するため，人及び人民の権利に関するアフリカ裁判所の設立を要請していることを堅く確信して，

次のとおり協定した．

第1条（裁判所の設立） 人及び人民の権利に関するアフリカ裁判所（以下，「裁判所」という．）は，アフリカ統一機構内に設置され，その組織，管轄及び任務は本議定書により規律される．

第2条（委員会と裁判所との関係） 裁判所は，本議定書の規定に留意しつつ，人及び人民の権利に関するアフリカ憲章（以下，「憲章」という．）によって与えられた人及び人民の権利に関するアフリカ委員会（以下，「委員会」という．）の保護任務を補完する．

第3条（管轄） 1　裁判所の管轄は，憲章，本議定書並びに関係締約国が批准した他のあらゆる関連人権文書の解釈及び適用に関して付託されたすべての事件及び紛争に及ぶ．

2　裁判所が管轄を有するかどうかについて争いがある場合には，裁判所が決定する．

第4条（勧告的意見） 1　OAUのいずれかの加盟国，OAU，OAUのいずれかの機関若しくはOAUによって承認されたアフリカの機構の要請により，裁判所は，憲章その他のあらゆるアフリカの関連人権文書に関する法律問題について意見を与えることができる．ただし，意見の主題が，委員会によって検討されている事項に関連していないことを条件とする．

2　裁判所は，勧告的意見に際して理由を付さなければならない．ただし，いずれの裁判官も，個別若しくは反対の意見を表明する権利を有する．

第5条（裁判所へのアクセス） 1　次のものが，裁判所に事件を付託する権利を有する．

(a) 委員会
(b) 委員会に申立を付託した締約国
(c) 委員会に申立を付託された締約国
(d) 市民が人権侵害の被害者である締約国
(e) アフリカの政府間機構

2　締約国は事件に利害関係を有する場合，裁判所に参加の許可を求める要請を提出することができる．

3　裁判所は，本議定書第34条6に従って，委員会に協議資格を持つ関係非政府組織及び個人に，裁判所に直接事件を付託する権利を付与することができる．

第6条（事件の許容性） 1　本議定書第5条3に基づいて提起された事件の許容性について決定する場合，委員会の意見を要請することができる．委員会は，できるだけすみやかに意見を与えなければならない．

2　裁判所は，憲章第56条の規定を考慮しつつ，事件の許容性を決定する．

3　裁判所は，事件を審理するか，若しくは委員会にこれを送付することができる．

第7条（法源） 裁判所は，憲章及び関係締約国によって批准された他の関連人権文書の規定を適用する．

第8条（事件の審理） 裁判所手続規則は，詳細な条件を定める．その条件に基づき，裁判所は，委員会及び裁判所の間の補完性に留意しつつ，付託された事件を審理する．

第9条（友好的解決） 裁判所は，憲章の規定に従い，係争中の事件において友好的解決に到達するように試みることができる．

第10条（聴聞及び出廷） 1　裁判所は，公開でその手続きを行う．ただし，手続規則に定める場合には，非公開で手続きを行うことができる．

2　事件のいかなる当事者も，自らの選択する弁護人を代理とする権利を有する．正義の観点から必要とされる場合には，無料の弁護を与えられる．

3　裁判所に出廷する当事者のすべての者，証人又は代理人は，裁判所に関連する職務，任務及び義務を果たすために必要な保護及びあらゆる便宜を，国際法に従って享受する．

第11条（構成） 1　裁判所は，徳望の高い法律家であって，人及び人民の権利の分野で実務的，裁判官に適した又は学術的に有能な能力又は経験を有する法律家の中から，個人的資格によって選ばれたOAU加盟国の国民である，11人の裁判官で構成される．

2　裁判官は，いずれの2人も，同一の締約国の国民であってはならない．

第27条（認定） 1　裁判所は，人又は人民の権利の侵害があることを認定する場合には，その侵害を救済する適当な措置（適正な補償又は賠償の支払いを含む．）を命令する．

2　極度の重大性及び緊急性がある場合には，並びに，人に対する回復不能な損害を回避するために必要である場合には，裁判所は必要と思われる範囲内で暫定措置をとることができる．

第28条（判決） 1　裁判所は，審理が完了した後90日以内に判決を言い渡す．

2　多数決によって決定された裁判所の判決は，終結であり，かつ，上訴に服さない．

3　2を害することなく, 裁判所は, 手続規則に定める条件に基づき新しい証拠に照らしてその決定を再審理することができる.

4　裁判所は, 自らの決定を解釈することができる.

5　裁判所の判決は, 公開法廷で朗読され, しかるべき通知が両当事者に与えられる.

6　裁判所の判決には, 理由が付されなければならない.

7　裁判所の判決が, 全部若しくは一部について裁判官の全員一致の意見を表明しないときは, いずれの裁判官も, 個別又は反対の意見を表明する権利を有する.

第 29 条（判決の通知） 1　事件の当事者は, 裁判所の判決を通知される. また, 判決は, OAU 加盟国及び委員会に送付される.

2　閣僚理事会にも判決は通知され, 首脳会議に代わりその執行を監視する.

第 30 条（判決の執行） 本議定書の締約国は, 当事者となったいずれの事件における判決も履行し, その執行を保障することを約束する.

第 31 条（報告書） 裁判所は, 首脳会議の各通常会期に, 前年の活動に関する報告書を提出する. 報告書は, 特に, 締約国が裁判所の判決を履行していない事件を明記する.

53 アセアン政府間人権委員会規程（抄）

〔採択〕2009年7月20日（第42回アセアン首脳会議）

（目的）

1.1　アセアン諸人民の人権と基本的自由を促進し、克つ保護すること

1.2　アセアン諸人民が平和, 尊厳および繁栄のうちに生きる権利を支持すること

1.3　地域の安定と調和、アセアン加盟諸国間の友情と協力, ならびにアセアン諸人民の福利, 暮らし, 福祉およびアセアン共同体形成過程への参加を促進すること

1.4　国家的, 地域的特性および異なる歴史的, 文化的, 宗教的背景を心に留め, および, 権利と責任のバランスを考慮し, 地域的文脈の中で人権を促進すること

1.5　人権の伸張と保護に関する国家的, 国際的努力を補完する目的で地域的協力を強化すること

1.6　世界人権宣言, ウィーン宣言および行動計画ならびにアセアン諸国が当事国となっている国際人権文書に規定される国際人権基準を支持すること

（原則）

2.1　アセアン憲章第2条に具体化されたアセアンの諸原則を尊重すること, 就中,

a）すべてのアセアン加盟諸国の独立, 主権, 平等, 領土保全および国家的アイデンティティの尊重

b）アセアン加盟諸国の内政への不干渉

c）外部的介入, 転覆および強制から自由に国家的存在を主導する各加盟国の権利

d）法の支配, 良き統治, 民主主義の諸原則および立憲的政府の堅持

e）基本的自由の尊重, 人権の伸張と保護, および社会正義の促進

f）アセアン加盟諸国が同意した国際人道法を含む, 国連憲章および国際法の支持

g）アセアン諸人民の異なる文化, 言語および宗教の尊重, ならびに, 他方で多様性の中の一体性の精神をもつ共通価値の強調

2.2　すべての人権および基本的自由の普遍性, 個別性, 相互依存性および相互関係性を含む, 国際人権原則の尊重

2.3　人権および基本的自由を伸張し保護する第一義的責任が各加盟国にあることの承認

2.4　人権の伸張および保護を高めるため建設的かつ対話的アプローチと協力に従うこと

2.5　アセアンにおける人権規範と基準の発展に寄与する発展的アプローチの採用

（協議的政府間機関）

アセアン政府間人権委員会（以下人権委員会）は政府間機関であり, アセアンの組織構造の不可分の部分である. これは協議機関である.

（任務と機能）（略）

（構成）

5.1　人権委員会はアセアン加盟諸国から構成される.

5.2　各アセアン加盟国は指名政府に責任を負う1名の代表を任命する.（以下略）

（規則）

6.1　人権委員会における決定はアセアン憲章第20条に従い協議とコンセンサスの基礎で行われる.（以下略）

54 アセアン人権宣言（抄）

〔採択〕2012年11月18日，プノンペン（カンボジア）

アセアン憲章が掲げるアセアンの目的と原則に忠実であること，特に，人権と基本的自由並びに民主主義の原則，法の支配及び良い統治を尊重し，促進し保護することを再確認し，

さらに世界人権宣言，国際連合憲章，ウィーン宣言及び行動計画，アセアン加盟国が当事国となっている他の国際人権文書への誓約を再確認し，

また，アセアン地域における，女性の地位向上に関する宣言及びアセアン地域における女性に対する暴力の撤廃に関する宣言を含む，人権の促進におけるアセアンの取組みの重要性を再確認し，

本宣言が，本地域における人権に関する協力枠組みを構築する助けとなり，アセアン共同体設立過程に貢献することを確信し，

以下のとおり宣言する.

（略）

（原則）

第4条〔弱い立場にある人々の権利〕 女性，子ども，高齢者，障害者，移住労働者，弱者や周辺においやられた集団の権利は，人権と基本的自由の，不可譲で不可欠，不可分の一部をなす.

第6条〔権利と義務〕 すべての者がすべての他者並びにその者が生存する共同体及び社会に対して責任を有するのと同様に，人権と基本的自由の享受は，それに対応する義務の履行との均衡がとられなければならない．すべての人権と基本的自由を促進し，かつ保護することは，最終的には，すべてのアセアン加盟国の一義的責任である.

第7条〔権利の対等性と地域的・国家的性質〕 すべての人権は，普遍的，個別的，相互依存的そして相互連関的である．この宣言でうたわれるすべての人権と基本的自由は，公正で対等な方法で，同一の基礎に基づき，同一の重点をもって，取り扱われなければならない．同時に，人権の実現は，異なる政治，経済，法，社会，文化，歴史及び宗教的背景を心に留めつつ，地域的・国家的文脈において，考慮されなければならない.

第8条〔権利に対する制約〕 すべての者の人権と基本的自由は，他者の人権と基本的自由に対する妥当な考慮をもって，行使されなければならない．人権と基本的自由の行使は，他者の人権や基本的自由に対する妥当な承認を確保すること，かつ，国の安全，公の秩序，公の健康，公共の安全及び公共の道徳，そして民主的社会における人々の一般の福祉の要請に合致することを目的とする場合に限り，法により定められた制約にのみ服する.

（発展の権利）

第35条〔発展の権利〕 アセアンのすべての者と人民が，経済的，社会的，文化的及び政治的な発展に参加し，貢献し，享受し，公平かつ持続的に利益を享受する権利を有することにより，発展の権利は，剥奪することができない人権である．発展の権利は，現在及び将来世代の，発展と環境への要請を衡平に満たすよう実現されなければならない．発展はすべての人権の享有を促進し，またすべての人権の享受に必要なものであるが，発展の欠如が，国際的に認識されている人権侵害の正当化事由とされてはならない.

（平和に対する権利）

第38条〔平和に対する権利〕 アセアンのすべての者及び人民は，安全と安定，中立と自由というアセアンの枠組みにおいて，本宣言に定められる権利が十分に実現されるよう，平和を享受する権利を有する．この目的のために，アセアン加盟国は，本地域における平和，調和及び安定の促進のため，友好と協力の強化を継続しなければならない.

（国際協力）

第39条〔共通の関心と約束〕 アセアン加盟国は，アセアン憲章に従い，とりわけ，相互の協力や関係する国家，地域及び国際機構・組織との協力を通じて達成されるべき人権や基本的自由の促進と保護に対する共通の関心と約束を共有する.

第40条〔権利や基本的自由に対する破壊行為の不承認〕 この宣言のいかなる規定も，いかなる国，集団や個人が，アセアンの目的及び原則を損なわせる目的で，あるいは，この宣言やアセアン加盟国が締約国となっている国際人権文書で謳われている権利や基本的自由を破壊する目的で，何らかの行為を行ういかなる権利をも認めるものと解釈してはならない.

Ⅲ 国際機構

1 国際連合
2 国際公務員

国際機構（国際組織，国際機関ともいう）は，国家間の関係が敵対関係つまり相互不信と対立から大きく転換して相互依存関係つまり信頼と連帯に代わることによって生まれる．現実的な基盤は，ヨーロッパにおいて19世紀に各国とも産業革命と交通・通信手段の飛躍的発展によって国境を越えた人の移動や物の移動が活発化し，共通の利益に向けて協調せざるをえなくなったことにある．ヨーロッパ諸国は，戦火を交えたり，互いに覇を競い合いながらも，郵便連合や通信連合，国際河川委員会などによる行政協力から出発し，やがて，第１世界大戦後には，平和そのものを見据えた国際連盟を登場させた．そして，第２世界大戦の末期に，連合国（United Nations）は戦後世界を睨んで国際連合（United Nations）を成立させた．今日，国際連合は，第２大戦の枢軸国，中立国のほか，植民地からの独立国が参加し，国際社会の中心的存在となっている．そして，国際連合の下に各分野の専門機関が連携協定を結び参加し，国際連合総会や安全保障理事会の補助機関とともに，一大国連ファミリー（UN Family）を構成している．

現在の国際社会では国際連合の影響力は多大である．国際連合は，平和や人権や途上国の開発，環境等の分野で活発に活動している．単に机上で計画を作り，国際会議を招集するのみならず，途上国や戦乱の現場で働いている．何よりも国際連合の強みは，国際機構として国家間の討論の場を提供し，調整を行うのみならず，現場をもっていることである．国際公務員は本部所在地で働く人だけではなく，専門家として，あるいはPKO等の要員として，現場で働く人から成っている．また国際連合は人々をリクルートし，ボランティアとして現場に送り込んでもいる．

国際連合は，その意味からは，華やかな総会や安全保障理事会の行動のみならず，事務総長をトップとする運営機構にも注目するべきである．国連事務総長の下には，ニューヨークの事務局の各局長を務める事務次長約10名がcabinet（いわば各国の内閣に相当する）を構成し，主要な意思決定をする．そして，たとえば人道問題であれば，人道問題担当の事務次長の下に国連難民高等弁務官，ユニセフ事務局長，世界食糧計画事務局長との定期協議が電話回線を結んで行われるのである．

地球社会は，しかし，地域ごとに発展段階の異なる国家群から成っている．そして心許せる隣国同志で国際協力を進めてきた．その最も進んだ形態がヨーロッパに見られる．欧州連合である．アフリカ大陸は最も遅くまで植民地支配下にあった．そこで，あらゆる形態の植民地主義と闘い，アフリカの解放と統一を目指して，1963年５月に南アフリカを除く全アフリカ諸国が結集してアフリカ統一機構が創られた．アフリカ大陸が解放され，南アフリカのアパルトヘイト支配が終わり，2000年になり，アフリカ統一機構はその使命を終え，アフリカ連合へと変容した．その他，南北アメリカに米州機構，東南アジアにASEAN，アラブ諸国にアラブ連盟等がある．

1 国際連合

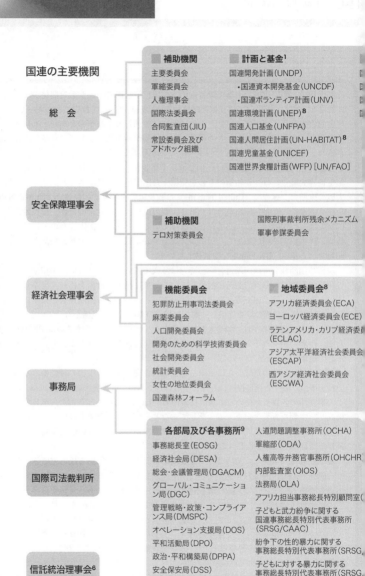

国連の主要機関

総　会

補助機関
- 主要委員会
- 軍縮委員会
- 人権理事会
- 国際法委員会
- 合同監査団(JIU)
- 常設委員会及びアドホック組織

計画と基金[1]
- 国連開発計画(UNDP)
  - ・国連資本開発基金(UNCDF)
  - ・国連ボランティア計画(UNV)
- 国連環境計画(UNEP)[8]
- 国連人口基金(UNFPA)
- 国連人間居住計画(UN-HABITAT)[8]
- 国連児童基金(UNICEF)
- 国連世界食糧計画(WFP)[UN/FAO]

安全保障理事会

補助機関
- テロ対策委員会
- 国際刑事裁判所残余メカニズム
- 軍事参謀委員会

経済社会理事会

機能委員会
- 犯罪防止刑事司法委員会
- 麻薬委員会
- 人口開発委員会
- 開発のための科学技術委員会
- 社会開発委員会
- 統計委員会
- 女性の地位委員会
- 国連森林フォーラム

地域委員会[8]
- アフリカ経済委員会(ECA)
- ヨーロッパ経済委員会(ECE)
- ラテンアメリカ・カリブ経済委 (ECLAC)
- アジア太平洋経済社会委員会 (ESCAP)
- 西アジア経済社会委員会 (ESCWA)

事務局

各部局及び各事務所[9]
- 事務総長室(EOSG)
- 経済社会局(DESA)
- 総会・会議管理局(DGACM)
- グローバル・コミュニケーション局(DGC)
- 管理戦略・政策・コンプライアンス局(DMSPC)
- オペレーション支援局(DOS)
- 平和活動局(DPO)
- 政治・平和構築局(DPPA)
- 安全保安局(DSS)
- 人道問題調整事務所(OCHA)
- 軍縮部(ODA)
- 人権高等弁務官事務所(OHCHR
- 内部監査室(OIOS)
- 法務局(OLA)
- アフリカ担当事務総長特別顧問室(
- 子どもと武力紛争に関する国連事務総長特別代表事務所(SRSG/CAAC)
- 紛争下の性的暴力に関する事務総長特別代表事務所(SRSG
- 子どもに対する暴力に関する事務総長特別代表事務所(SRSG

国際司法裁判所

信託統治理事会[6]

:所
NIDIR)
所(UNITAR)
ソフ・カレッジ(UNSSC)

その他の国連機関

国際貿易センター(ITC)[UN/WTO]
国連貿易開発会議(UNCTAD)[1,8]
国連難民高等弁務官事務所(UNHCR)[1]
国連プロジェクトサービス機関(UNOPS)
国連パレスチナ難民救済事業機関(UNRWA)[1]
ジェンダー平等と女性のエンパワーメントのための国連機関(UN-Women)[1]

関連機関

包括的核実験禁止条約機関準備委員会(CTBTO-PrepCom)
国際原子力機関(IAEA)[1,3]
国際刑事裁判所(ICC)
国際移住機関(IOM)
国際海底機構(ISA)
国際海洋法裁判所(ITLOS)
化学兵器禁止機関(OPCW)[3]
世界貿易機関(WTO)[1,4]

持活動・政治ミッション
員会(アドホック)
員会及びアドホック組織

平和構築委員会

持続可能な開発に関するハイレベル政治フォーラム(HLPF)

の他の機関
策委員会
門家委員会
組織委員会
問題に関する常設フォーラム
イズ合同計画(UNAIDS)
的名称に関する
門家グループ(UNGEGN)
び研修所
域犯罪司法研究所(UNICRI)
会開発研究所(UNRISD)

専門機関[1,5]

国連食糧農業機関(FAO)
国際民間航空機関(ICAO)
国際農業開発基金(IFAD)
国際労働機関(ILO)
国際通貨基金(IMF)
国際海事機関(IMO)
国際電気通信連合(ITU)
国連教育科学文化機関(UNESCO)
国連工業開発機関(UNIDO)
世界観光機関(UNWTO)
万国郵便連合(UPU)
世界保健機関(WHO)
世界知的所有権機関(WIPO)
世界気象機関(WMO)
世界銀行グループ(World Bank Group)[7]
・国際復興開発銀行(IBRD)
・国際開発協会(IDA)
・国際金融公社(IFC)

際防災戦略事務所(UNISDR)
物犯罪事務所(UNODC)[1]
ュネーブ事務所(UNOG)
発途上国、内陸開発途上国、
国開発途上国担当
表事務所(UN-OHRLLS)
イロビ事務所(UNON)
ートナーシップ事務所
P)[2]
ィーン事務所(UNOV)

備 考

1 国連システム事務局調整委員会(CEB)の全メンバー。
2 国連パートナーシップ事務所(UNOP)は国連財団とのフォーカルポイント。
3 国連原子力機関(IAEA)と化学兵器禁止機関(OPCW)は安全保障理事会および総会に報告する。
4 世界貿易機関(WTO)には総会に対する報告義務はないが、金融および開発問題などについて、総会および経済社会理事会に対して、アドホックに報告を行う。
5 専門機関は自治機関。その活動の調整は、政府間レベルでは経済社会理事会を通じて、事務局レベルではCEBを通じて行われる。
6 信託統治理事会は、最後の国連信託統治領パラオが1994年10月1日に独立したことに伴い、1994年11月1日以降活動を停止している。
7 国際投資紛争開発センター(ICSID)と多国間投資保証機関(MIGA)は専門機関ではないが、憲章の57条と63条に従い、世界銀行グループの一部である。
8 これらの機関の事務局は、国連事務局の一部である。
9 事務局を構成するその他の部局として、倫理事務所、国連オンブズマン、調停事務所、司法行政事務所などがある。

この組織図は国連システムの機能的な組織関係を反映しており、広報を目的として作成された資料です。
国連システムのすべての機関を網羅するものではありません。

国連グローバル・コミュニケーション局発行 18-00159-1 January 2019 (日本語作成 国連広報センター 2019年1月)

55 国連憲章

国際連合憲章
〔採択〕1945年6月26日，サンフランシスコ
〔効力発生〕1945年10月24日／〔日本国〕1956年12月18日

われら連合国の人民は，

　われらの一生のうちに２度まで言語に絶する悲哀を人類に与えた戦争の惨害から将来の世代を救い，

　基本的人権と人間の尊厳及び価値と男女及び大小各国の同権とに関する信念をあらためて確認し，

　正義と条約その他の国際法の源泉から生ずる義務の尊重とを維持することができる条件を確立し，

　一層大きな自由の中で社会的進歩と生活水準の向上とを促進すること，

　並びに，このため，

　寛容を実行し，且つ，善良な隣人として互に平和に生活し，

　国際の平和及び安全を維持するためにわれらの力を合わせ，

　共同の利益の場合を除く外は武力を用いないことを原則の受諾と方法の設定によって確保し，

　すべての人民の経済的及び社会的発達を促進するために国際機構を用いることを決意して，

　これらの目的を達成するために，われらの努力を結集することに決定した．

　よって，われらの各自の政府は，サン・フランシスコ市に会合し，全権委任状を示してそれが良好妥当であると認められた代表者を通じて，この国際連合憲章に同意したので，ここに国際連合という国際機構を設ける．

第１章　目的及び原則

第１条〔目的〕 国際連合の目的は，次のとおりである．

1　国際の平和及び安全を維持すること．そのために，平和に対する脅威の防止及び除去と侵略行為その他の平和の破壊の鎮圧とのため有効な集団的措置をとること並びに平和を破壊するに至る虞のある国際的の紛争又は事態の調整又は解決を平和的手段によって且つ正義及び国際法の原則に従って実現すること．

2　人民の同権及び自決の原則の尊重に基礎をおく諸国間の友好関係を発展させること並びに世界平和を強化するために他の適当な措置をとること．

3　経済的，社会的，文化的又は人道的性質を有

CHARTER OF THE UNITED NATIONS

WE THE PEOPLES OF THE UNITED NATIONS DETERMINED

to save succeeding generations from the scourge of war, which twice in our lifetime has brought untold sorrow to mankind, and

to reaffirm faith in fundamental human rights, in the dignity and worth of the human person, in the equal rights of men and women and of nations large and small, and

to establish conditions under which justice and respect for the obligations arising from treaties and other sources of international law can be maintained, and

to promote social progress and better standards of life in larger freedom,

AND FOR THESE ENDS

to practice tolerance and live together in peace with one another as good neighbours, and

to unite our strength to maintain international peace and security, and

to ensure, by the acceptance of principles and the institution of methods, that armed force shall not be used, save in the common interest, and

to employ international machinery for the promotion of the economic and social advancement of all peoples,

HAVE RESOLVED TO COMBINE OUR EFFORTS TO ACCOMPLISH THESE AIMS

Accordingly, our respective Governments, through representatives assembled in the city of San Francisco, who have exhibited their full powers found to be in good and due form, have agreed to the present Charter of the United Nations and do hereby establish an international organization to be known as the United Nations.

CHAPTER I　PURPOSES AND PRINCIPLES

Article 1 The Purposes of the United Nations are:

1. To maintain international peace and security, and to that end: to take effective collective measures for the prevention and removal of threats to the peace, and for the suppression of acts of aggression or other breaches of the peace, and to bring about by peaceful means, and in conformity with the principles of justice and international law, adjustment or settlement of international disputes or situations which might lead to a breach of the peace;

2.To develop friendly relations among nations based on respect for the principle of equal rights and self-determination of peoples, and to take other appropriate measures to strengthen universal peace;

3. To achieve international co-operation in solving international problems of an economic, social, cultural, or hu-

する国際問題を解決することについて，並びに人種，性，言語又は宗教による差別なくすべての者のために人権及び基本的自由を尊重するように助長奨励することについて，国際協力を達成すること．

4　これらの共通の目的の達成に当って諸国の行動を調和するための中心となること．

第2条〔原則〕 この機構及びその加盟国は，第1条に掲げる目的を達成するに当っては，次の原則に従って行動しなければならない．

1　この機構は，そのすべての加盟国の主権平等の原則に基礎をおいている．

2　すべての加盟国は，加盟国の地位から生ずる権利及び利益を加盟国のすべてに保障するために，この憲章に従って負っている義務を誠実に履行しなければならない．

3　すべての加盟国は，その国際紛争を平和的手段によって国際の平和及び安全並びに正義を危うくしないように解決しなければならない．

4　すべての加盟国は，その国際関係において，武力による威嚇又は武力の行使を，いかなる国の領土保全又は政治的独立に対するものも，また，国際連合の目的と両立しない他のいかなる方法によるものも慎まなければならない．

5　すべての加盟国は，国際連合がこの憲章に従ってとるいかなる行動についても国際連合にあらゆる援助を与え，且つ，国際連合の防止行動又は強制行動の対象となっているいかなる国に対しても援助の供与を慎まなければならない．

6　この機構は，国際連合加盟国でない国が，国際の平和及び安全の維持に必要な限り，これらの原則に従って行動することを確保しなければならない．

7　この憲章のいかなる規定も，本質上いずれかの国の国内管轄権内にある事項に干渉する権限を国際連合に与えるものではなく，また，その事項をこの憲章に基く解決に付託することを加盟国に要求するものでもない．但し，この原則は，第7章に基く強制措置の適用を妨げるものではない．

第2章　加盟国の地位

第3条〔原加盟国〕 国際連合の原加盟国とは，サン・フランシスコにおける国際機構に関する連合国会議に参加した国又はさきに1942年1月1日の連合国宣言に署名した国で，この憲章に署名し，且つ，第110条に従ってこれを批准するものをいう．

第4条〔加盟〕 1　国際連合における加盟国の地位は，この憲章に掲げる義務を受諾し，且

manitarian character, and in promoting and encouraging respect for human rights and for fundamental freedoms for all without distinction as to race, sex, language, or religion; and

4. To be a centre for harmonizing the actions of nations in the attainment of these common ends.

Article 2 The Organization and its Members, in pursuit of the Purposes stated in Article 1, shall act in accordance with the following Principles.

1. The Organization is based on the principle of the sovereign equality of all its Members.

2. All Members, in order to ensure to all of them the rights and benefits resulting from membership, shall fulfill in good faith the obligations assumed by them in accordance with the present Charter.

3. All Members shall settle their international disputes by peaceful means in such a manner that international peace and security, and justice, are not endangered.

4. All Members shall refrain in their international relations from the threat or use of force against the territorial integrity or political independence of any state, or in any other manner inconsistent with the Purposes of the United Nations.

5. All Members shall give the United Nations every assistance in any action it takes in accordance with the present Charter, and shall refrain from giving assistance to any state against which the United Nations is taking preventive or enforcement action.

6. The Organization shall ensure that states which are not Members of the United Nations act in accordance with these Principles so far as may be necessary for the maintenance of international peace and security.

7. Nothing contained in the present Charter shall authorize the United Nations to intervene in matters which are essentially within the domestic jurisdiction of any state or shall require the Members to submit such matters to settlement under the present Charter; but this principle shall not prejudice the application of enforcement measures under Chapter Ⅶ.

CHAPTER Ⅱ MEMBERSHIP

Article 3 The original Members of the United Nations shall be the states which, having participated in the United Nations Conference on International Organization at San Francisco, or having previously signed the Declaration by United Nations of January 1, 1942, sign the present Charter and ratify it in accordance with Article 110.

Article 4 1. Membership in the United Nations is open to all other peace-loving states which accept the obliga-

つ，この機構によってこの義務を履行する能力及び意思があると認められる他のすべての平和愛好国に開放されている．

2　前記の国が国際連合加盟国となることの承認は，安全保障理事会の勧告に基いて，総会の決定によって行われる．

tions contained in the present Charter and, in the judgment of the Organization, are able and willing to carry out these obligations.

2. The admission of any such state to membership in the United Nations will be effected by a decision of the General Assembly upon the recommendation of the Security Council.

第5条〔権利と特権の停止〕 安全保障理事会の防止行動又は強制行動の対象となった国際連合加盟国に対しては，総会が，安全保障理事会の勧告に基いて，加盟国としての権利及び特権の行使を停止することができる．これらの権利及び特権の行使は，安全保障理事会が回復することができる．

Article 5 A Member of the United Nations against which preventive or enforcement action has been taken by the Security Council may be suspended from the exercise of the rights and privileges of membership by the General Assembly upon the recommendation of the Security Council. The exercise of these rights and privileges may be restored by the Security Council.

第6条〔除名〕 この憲章に掲げる原則に執ように違反した国際連合加盟国は，総会が，安全保障理事会の勧告に基いて，この機構から除名することができる．

Article 6 A Member of the United Nations which has persistently violated the Principles contained in the present Charter may be expelled from the Organization by the General Assembly upon the recommendation of the Security Council.

> **コラム：国連からの脱退**
>
> 国際連盟規約（1条3項）と異なり，国連憲章には脱退についての規定はない．国際連盟の崩壊が加盟国の相次ぐ脱退によって促進された苦い経験から，国連憲章を審議したサンフランシスコ会議では，脱退の可能性を明示するべきではないとの理由で，脱退規定を設けないこととした．しかし，①加盟国が，例外的事情により，脱退しかつ国際の平和と安全を維持する責任を他の加盟国に委ねることを余儀なくされたと考える場合，②国連に平和維持の能力がないことが判明するか，または法と正義を犠牲にしてのみ平和を維持できる場合，③自ら同意せず，しかも受諾できない憲章の改正によって加盟国の権利義務が変更される場合，④総会や全体会議で所要の多数により適正に受諾された改正がその改正を発効させるのに必要な批准を確保できない場合には，脱退が許容されるとの解釈宣言が採択された．国連では，これまで，1965年のインドネシアの脱退通告（翌年復帰）はあったが，脱退の例はない．

第3章　機　関

CHAPTER Ⅲ ORGANS

第7条〔機関〕 1　国際連合の主要機関として，総会，安全保障理事会，経済社会理事会，信託統治理事会，国際司法裁判所及び事務局を設ける．

Article 7 1. There are established as the principal organs of the United Nations:

a General Assembly, a Security Council, an Economic and Social Council, a Trusteeship Council, an International Court of Justice, and a Secretariat.

2　必要と認められる補助機関は，この憲章に従って設けることができる．

2. Such subsidiary organs as may be found necessary may be established in accordance with the present Charter.

第8条〔男女の資格の平等〕 国際連合は，その主要機関及び補助機関に男女がいかなる地位にも平等の条件で参加する資格があることについて，いかなる制限も設けてはならない．

Article 8 The United Nations shall place no restrictions on the eligibility of men and women to participate in any capacity and under conditions of equality in its principal and subsidiary organs.

第4章　総　会

CHAPTER Ⅳ THE GENERAL ASSEMBLY

構　成

Composition

第9条〔構成〕 1　総会は，すべての国際連合加盟国で構成する．

2　各加盟国は，総会において5人以下の代表者を有するものとする．

Article 9 1. The General Assembly shall consist of all the Members of the United Nations.

2. Each Member shall have not more than five representatives in the General Assembly.

任務及び権限

Functions and Powers

第10条〔総則〕 総会は，この憲章の範囲内にある問題若しくは事項又はこの憲章に規定す

Article 10 The General Assembly may discuss any questions or any matters within the scope of the

る機関の権限及び任務に関する問題若しくは事項を討議し，並びに，第12条に規定する場合を除く外，このような問題又は事項について国際連合加盟国若しくは安全保障理事会又はこの両者に対して勧告をすることができる．

present Charter or relating to the powers and functions a
of any organs provided for in the present Charter, and,
except as provided in Article 12, may make recommendations to the Members of the United Nations or to the
Security Council or to both on any such questions or
matters.
b

第11条〔平和と安全の維持〕 1　総会は，国際の平和及び安全の維持についての協力に関する一般原則を，軍備縮少及び軍備規制を律する原則も含めて，審議し，並びにこのような原則について加盟国若しくは安全保障理事会又はこの両者に対して勧告をすることができる．

Article 11 1. The General Assembly may consider the
general principles of co-operation in the maintenance
of international peace and security, including the principles governing disarmament and the regulation of armaments, and may make recommendations with regard c
to such principles to the Members or to the Security
Council or to both.

2　総会は，国際連合加盟国若しくは安全保障理事会によって，又は第35条2に従い国際連合加盟国でない国によって総会に付託される国際の平和及び安全の維持に関するいかなる問題も討議し，並びに，第12条に規定する場合を除く外，このような問題について，1若しくは2以上の関係国又は安全保障理事会あるいはこの両者に対して勧告をすることができる．このような問題で行動を必要とするものは，討議の前又は後に，総会によって安全保障理事会に付託されなければならない．

2. The General Assembly may discuss any questions
relating to the maintenance of international peace and
security brought before it by any Member of the United d
Nations, or by the Security Council, or by a state which
is not a Member of the United Nations in accordance
with Article 35, paragraph 2, and, except as provided in
Article 12, may make recommendations with regard to
any such questions to the state or states concerned or e
to the Security Council or to both. Any such question on
which action is necessary shall be referred to the Security Council by the General Assembly either before or
after discussion.

3　総会は，国際の平和及び安全を危くする虞のある事態について，安全保障理事会の注意を促すことができる．

3. The General Assembly may call the attention of the Security Council to situations which are likely to endanger f
international peace and security.

4　本条に掲げる総会の権限は，第10条の一般的範囲を制限するものではない．

4. The powers of the General Assembly set forth in this
Article shall not limit the general scope of Article 10.

第12条〔安全保障理事会との関係〕 1　安全保障理事会がこの憲章によって与えられた任務をいずれかの紛争又は事態について遂行している間は，総会は，安全保障理事会が要請しない限り，この，紛争又は事態について，いかなる勧告もしてはならない．

Article 12 1. While the Security Council is exercising
in respect of any dispute or situation the functions as- g
signed to it in the present Charter, the General Assembly shall not make any recommendation with regard to
that dispute or situation unless the Security Council so
requests.

2　事務総長は，国際の平和及び安全の維持に関する事項で安全保障理事会が取り扱っているものを，その同意を得て，会期ごとに総会に対して通告しなければならない．事務総長は，安全保障理事会がその事項を取り扱うことをやめた場合にも，直ちに，総会又は，総会が開会中でないときは，国際連合加盟国に対して同様に通告しなければならない．

h
2. The Secretary-General, with the consent of the Security Council, shall notify the General Assembly at each
session of any matters relative to the maintenance of
international peace and security which are being dealt
with by the Security Council and shall similarly notify
the General Assembly, or the Members of the United i
Nations if the General Assembly is not in session, immediately the Security Council ceases to deal with such matters.

第13条〔国際協力〕 1　総会は，次の目的のために研究を発議し，及び勧告をする．

a　政治的分野において国際協力を促進すること並びに国際法の漸進的発達及び法典化を奨励すること．

b　経済的，社会的，文化的，教育的及び保健的分野において国際協力を促進すること並びに人種，性，言語又は宗教による差別なくす

Article 13 1. The General Assembly shall initiate studies and make recommendations for the purpose of:

a. promoting international co-operation in the political j
field and encouraging the progressive development of
international law and its codification;

b. promoting international co-operation in the economic,
social, cultural, educational, and health fields, and assisting in the realization of human rights and fundamental k

べての者のために人権及び基本的自由を実現するように援助すること.

freedoms for all without distinction as to race, sex, language, or religion.

2 前記の1bに掲げる事項に関する総会の他の責任, 任務及び権限は, 第9章及び第10章に掲げる.

2. The further responsibilities, functions and powers of the General Assembly with respect to matters mentioned in paragraph 1 (b) above are set forth in Chapters IX and X.

第14条〔平和的調整〕 第12条の規定を留保して, 総会は, 起因にかかわりなく, 一般的福祉又は諸国間の友好関係を害する虞があると認めるいかなる事態についても, これを平和的に調整するための措置を勧告することができる. この事態には, 国際連合の目的及び原則を定めるこの憲章の規定の違反から生ずる事態が含まれる.

Article 14 Subject to the provisions of Article 12, the General Assembly may recommend measures for the peaceful adjustment of any situation, regardless of origin, which it deems likely to impair the general welfare or friendly relations among nations, including situations resulting from a violation of the provisions of the present Charter setting forth the Purposes and Principles of the United Nations.

第15条〔報告の受理〕 1 総会は, 安全保障理事会から年次報告及び特別報告を受け, これを審議する. この報告は, 安全保障理事会が国際の平和及び安全を維持するために決定し, 又はとった措置の説明を含まなければならない.

2 総会は, 国際連合の他の機関から報告を受け, これを審議する.

Article 15 1. The General Assembly shall receive and consider annual and special reports from the Security Council; these reports shall include an account of the measures that the Security Council has decided upon or taken to maintain international peace and security.

2. The General Assembly shall receive and consider reports from the other organs of the United Nations.

第16条〔信託統治に関する任務〕 総会は, 第12章及び第13章に基いて与えられる国際信託統治制度に関する任務を遂行する. この任務には, 戦略地区として指定されない地区に関する信託統治協定の承認が含まれる.

Article 16 The General Assembly shall perform such functions with respect to the international trusteeship system as are assigned to it under Chapters XII and XIII, including the approval of the trusteeship agreements for areas not designated as strategic.

第17条〔財政に関する任務〕 1 総会は, この機構の予算を審議し, 且つ, 承認する.

2 この機構の経費は, 総会によって割り当てられるところに従って, 加盟国が負担する.

3 総会は, 第57条に掲げる専門機関との財政上及び予算上の取極を審議し, 且つ, 承認し, 並びに, 当該専門機関に勧告をする目的で, この専門機関の行政的予算を検査する.

Article 17 1. The General Assembly shall consider and approve the budget of the Organization.

2. The expenses of the Organization shall be borne by the Members as apportioned by the General Assembly.

3. The General Assembly shall consider and approve any financial and budgetary arrangements with specialized agencies referred to in Article 57 and shall examine the administrative budgets of such specialized agencies with a view to making recommendations to the agencies concerned.

コラム：国連財政

通常予算は2年ごとに編成する. 2018～19年は, 約54億ドル. 国連の経費は加盟国の分担金によって賄われる. 分担金は, 総会が任命し個人資格で勤務する18名の委員から構成される分担金委員会の助言に基づき, 総会が決定する分担率に従って加盟国が支払う. 分担率は, 加盟国の国民総所得などに基づいて決められ, 原則として3年に1回改定する. 現行の基準（2019～21年分）では, 1位アメリカ（22 %）, 2位中国（12.005 %）, 3位日本（8.564%）, 4位ドイツ（6.090%）, 5位イギリス（4.567 %）である.

国連には, 通常予算のほかに, 自発的拠出金その他の特別勘定または信託基金などがある. なお, PKOの経費は別の分担方式により賄われる.

表 決

Voting

第18条〔表決手続〕 1 総会の各構成国は, 1個の投票権を有する.

2 重要問題に関する総会の決定は, 出席し且つ投票する構成国の3分の2の多数によって行われる. 重要問題には, 国際の平和及び安全の維持に関する勧告, 安全保障理事会の非常任理事国の選挙, 経済社会理事

Article 18 1. Each member of the General Assembly shall have one vote.

2. Decisions of the General Assembly on important questions shall be made by a two-thirds majority of the members present and voting. These questions shall include: recommendations with respect to the maintenance of international peace and security, the election of the non-permanent members

会の理事国の選挙, 第86条1cによる信託統治理事会の理事国の選挙, 新加盟国の国際連合への加盟の承認, 加盟国としての権利及び特権の停止, 加盟国の除名, 信託統治制度の運用に関する問題並びに予算問題が含まれる.

of the Security Council, the election of the members of the Economic and Social Council, the election of members of the Trusteeship Council in accordance with paragraph 1 (c) of Article 86, the admission of new Members to the United Nations, the suspension of the rights and privileges of membership, the expulsion of Members, questions relating to the operation of the trusteeship system, and budgetary questions.

3　その他の問題に関する決定は, 3分の2の多数によって決定されるべき問題の新たな部類の決定を含めて, 出席し且つ投票する構成国の過半数によって行われる.

3. Decisions on other questions, including the determination of additional categories of questions to be decided by a two-thirds majority, shall be made by a majority of the members present and voting.

第19条〔分担金の支払遅滞〕 この機構に対する分担金の支払が延滞している国際連合加盟国は, その延滞金の額がその時までの満2年間にその国から支払われるべきであった分担金の額に等しいか又はこれをこえるときは, 総会で投票権を有しない. 但し, 総会は, 支払いの不履行がこのような加盟国にとってやむを得ない事情によると認めるときは, その加盟国に投票を許すことができる.

Article 19 A Member of the United Nations which is in arrears in the payment of its financial contributions to the Organization shall have no vote in the General Assembly if the amount of its arrears equals or exceeds the amount of the contributions due from it for the preceding two full years. The General Assembly may, nevertheless, permit such a Member to vote if it is satisfied that the failure to pay is due to conditions beyond the control of the Member.

手　続

Procedure

第20条〔会期〕 総会は, 年次通常会期として, また, 必要がある場合に特別会期として会合する. 特別会期は, 安全保障理事会の要請又は国際連合加盟国の過半数の要請があったとき, 事務総長が招集する.

Article 20 The General Assembly shall meet in regular annual sessions and in such special sessions as occasion may require. Special sessions shall be convoked by the Secretary-General at the request of the Security Council or of a majority of the Members of the United Nations.

> **コラム：総会の会期**
>
> 通常会期は, 毎年9月第3週の火曜日に始まる (総会手続規則1). 加盟国の代表団は事前に信任状を事務総長に提出し, 信任状委員会の審査を経て自国の代表資格が認められる.

第21条〔手続規則〕 総会は, その手続規則を採択する. 総会は, その議長を会期ごとに選挙する.

Article 21 The General Assembly shall adopt its own rules of procedure. It shall elect its President for each session.

第22条〔補助機関〕 総会は, その任務の遂行に必要と認める補助機関を設けることができる.

Article 22 The General Assembly may establish such subsidiary organs as it deems necessary for the performance of its functions.

第5章　安全保障理事会

CHAPTER V　THE SECURITY COUNCIL

構　成

Composition

第23条〔構成〕 1　安全保障理事会は, 15の国際連合加盟国で構成する. 中華民国, フランス, ソヴィエト社会主義共和国連邦, グレート・ブリテン及び北部アイルランド連合王国及びアメリカ合衆国は, 安全保障理事会の常任理事国となる. 総会は, 第1に国際の平和及び安全の維持とこの機構のその他の目的とに対する国際連合加盟国の貢献に, 更に衡平な地理的分配に特に妥当な考慮を払って, 安全保障理事会の非常任理事国となる他の10の国際連合加盟国を選挙する.

Article 23 1. The Security Council shall consist of fifteen Members of the United Nations. The Republic of China, France, the Union of Soviet Socialist Republics, the United Kingdom of Great Britain and Northern Ireland, and the United States of America shall be permanent members of the Security Council. The General Assembly shall elect ten other Members of the United Nations to be non-permanent members of the Security Council, due regard being specially paid, in the first instance to the contribution of Members of the United Nations to the maintenance of international peace and security and to the other purposes of the Organization, and also to equitable geographical distribution.

2　安全保障理事会の非常任理事国は，2年の任期で選挙される．安全保障理事会の理事国の定数が11から15に増加された後の第1回の非常任理事国の選挙では，追加の4理事国のうち2理事国は，1年の任期で選ばれる．退任理事国は，引き続いて再選される資格がない．

2. The non-permanent members of the Security Council shall be elected for a term of two years. In the first election of the non-permanent members after the increase of the membership of the Security Council from eleven to fifteen, two of the four additional members shall be chosen for a term of one year. A retiring member shall not be eligible for immediate re-election.

3　安全保障理事会の各理事国は，1人の代表を有する．

3. Each member of the Security Council shall have one representative.

> **コラム：非常任理事国の選挙**
>
> 非常任理事国は，次の地理的配分により選出される．アジア・アフリカ5国〔実行上，アジア2，アフリカ3〕，東欧1国，ラテンアメリカ2国，西欧その他2国（A/RES/1991(XVIII)）．日本は加盟国中最多の11回非常任理事国に選出されている．

任務及び権限

Functions and Powers

第24条〔平和と安全の維持〕 1　国際連合の迅速且つ有効な行動を確保するために，国際連合加盟国は，国際の平和及び安全の維持に関する主要な責任を安全保障理事会に負わせるものとし，且つ，安全保障理事会がこの責任に基く義務を果すに当って加盟国に代って行動することに同意する．

Article 24 1. In order to ensure prompt and effective action by the United Nations, its Members confer on the Security Council primary responsibility for the maintenance of international peace and security, and agree that in carrying out its duties under this responsibility the Security Council acts on their behalf.

2　前記の義務を果すに当っては，安全保障理事会は，国際連合の目的及び原則に従って行動しなければならない．この義務を果すために安全保障理事会に与えられる特定の権限は，第6章，第7章，第8章及び第12章で定める．

2. In discharging these duties the Security Council shall act in accordance with the Purposes and Principles of the United Nations. The specific powers granted to the Security Council for the discharge of these duties are laid down in Chapters Ⅵ, Ⅶ, Ⅷ, and Ⅻ.

3　安全保障理事会は，年次報告を，また，必要があるときは特別報告を総会に審議のため提出しなければならない．

3. The Security Council shall submit annual and, when necessary, special reports to the General Assembly for its consideration.

第25条〔決定の拘束力〕 国際連合加盟国は，安全保障理事会の決定をこの憲章に従って受諾し且つ履行することに同意する．

Article 25 The Members of the United Nations agree to accept and carry out the decisions of the Security Council in accordance with the present Charter.

第26条〔軍備規制〕 世界の人的及び経済的資源を軍備のために転用することを最も少くして国際の平和及び安全の確立及び維持を促進する目的で，安全保障理事会は，軍備規制の方式を確立するため国際連合加盟国に提出される計画を，第47条に掲げる軍事参謀委員会の援助を得て，作成する責任を負う．

Article 26 In order to promote the establishment and maintenance of international peace and security with the least diversion for armaments of the world's human and economic resources, the Security Council shall be responsible for formulating, with the assistance of the Military Staff Committee referred to in Article 47, plans to be submitted to the Members of the United Nations for the establishment of a system for the regulation of armaments.

表　決

Voting

第27条〔表決手続〕 1　安全保障理事会の各理事国は，1個の投票権を有する．

Article 27 1. Each member of the Security Council shall have one vote.

2　手続事項に関する安全保障理事会の決定は，9理事国の賛成投票によって行われる．

2. Decisions of the Security Council on procedural matters shall be made by an affirmative vote of nine members.

3　その他のすべての事項に関する安全保障理事会の決定は，常任理事国の同意投票を含む9理事国の賛成投票によって行われる．但し，第6章及び第52条3に基く決定については，紛

3. Decisions of the Security Council on all other matters shall be made by an affirmative vote of nine members including the concurring votes of the permanent members; provided that, in decisions under Chapter Ⅵ, and under

争当事国は，投票を棄権しなければならない．

手　続

第 28 条〔組織と会議〕 1　安全保障理事会は，継続して任務を行うことができるように組織する．このために，安全保障理事会の各理事国は，この機構の所在地に常に代表者をおかなければならない．

2　安全保障理事会は，定期会議を開く．この会議においては，各理事国は，希望すれば，閣員又は特に指名する他の代表者によって代表されることができる．

3　安全保障理事会は，その事業を最も容易にすると認めるこの機構の所在地以外の場所で，会議を開くことができる．

第 29 条〔補助機関〕 安全保障理事会は，その任務の遂行に必要と認める補助機関を設けることができる．

第 30 条〔手続規則〕 安全保障理事会は，議長を選定する方法を含むその手続規則を採択する．

第 31 条〔利害関係国の参加〕 安全保障理事会の理事国でない国際連合加盟国は，安全保障理事会に付託された問題について，理事会がこの加盟国の利害に特に影響があると認めるときはいつでも，この問題の討議に投票権なしで参加することができる．

第 32 条〔紛争当事国の参加〕 安全保障理事会の理事国でない国際連合加盟国又は国際連合加盟国でない国は，安全保障理事会の審議中の紛争の当事者であるときは，この紛争に関する討議に投票権なしで参加するように勧誘されなければならない．安全保障理事会は，国際連合加盟国でない国の参加のために公正と認める条件を定める．

第 6 章　紛争の平和的解決

第 33 条〔平和的解決の義務〕 1　いかなる紛争でもその継続が国際の平和及び安全の維持を危うくする虞のあるものについては，その当事者は，まず第一に，交渉，審査，仲介，調停，仲裁裁判，司法的解決，地域的機関又は地域的取極の利用その他当事者が選ぶ平和的手段による解決を求めなければならない．

2　安全保障理事会は，必要と認めるときは，当事者に対して，その紛争を前記の手段によって解決するように要請する．

第 34 条〔調査〕 安全保障理事会は，いかなる紛争についても，国際的摩擦に導き又は紛争を発生させる虞のあるいかなる事態についても，その紛争又は事態の継続が国際の平和及び

paragraph 3 of Article 52, a party to a dispute shall ab- a
stain from voting.

Procedure

Article 28 1. The Security Council shall be so organized as to be able to function continuously. Each member of the Security Council shall for this purpose be b
represented at all times at the seat of the Organization.

2. The Security Council shall hold periodic meetings at which each of its members may, if it so desires, be represented by a member of the government or by some c
other specially designated representative.

3. The Security Council may hold meetings at such places other than the seat of the Organization as in its judgment will best facilitate its work.

Article 29 The Security Council may establish such d
subsidiary organs as it deems necessary for the performance of its functions.

Article 30 The Security Council shall adopt its own rules of procedure, including the method of selecting its President. e

Article 31 Any Member of the United Nations which is not a member of the Security Council may participate, without vote, in the discussion of any question brought before the Security Council whenever the latter considers that the interests of that Member are f
specially affected.

Article 32 Any Member of the United Nations which is not a member of the Security Council or any state which is not a Member of the United Nations, if it is a party to a dispute under consideration by the Security Council, shall g
be invited to participate, without vote, in the discussion relating to the dispute. The Security Council shall lay down such conditions as it deems just for the participation of a state which is not a Member of the United Nations.

CHAPTER VI　PACIFIC SETTLEMENT OF DISPUTES h

Article 33 1. The parties to any dispute, the continuance of which is likely to endanger the maintenance of international peace and security, shall, first of all, seek a solution by negotiation, enquiry, mediation, conciliation, i
arbitration, judicial settlement, resort to regional agencies or arrangements, or other peaceful means of their own choice.

2. The Security Council shall, when it deems necessary, call upon the parties to settle their dispute by such j
means.

Article 34 The Security Council may investigate any dispute, or any situation which might lead to international friction or give rise to a dispute, in order to determine whether the continuance of the dispute or k

安全の維持を危うくする虞があるかどうかを決定するために調査することができる．

第 35 条〔付託〕 1　国際連合加盟国は，いかなる紛争についても，第 34 条に掲げる性質のいかなる事態についても，安全保障理事会又は総会の注意を促すことができる．

2　国際連合加盟国でない国は，自国が当事者であるいかなる紛争についても，この憲章に定める平和的解決の義務をこの紛争についてあらかじめ受諾すれば，安全保障理事会又は総会の注意を促すことができる．

3　本条に基いて注意を促された事項に関する総会の手続は，第 11 条及び第 12 条の規定に従うものとする．

第 36 条〔調整の手続と方法の勧告〕 1　安全保障理事会は，第 33 条に掲げる性質の紛争又は同様の性質の事態のいかなる段階においても，適当な調整の手続又は方法を勧告することができる．

2　安全保障理事会は，当事者が既に採用した紛争解決の手続を考慮に入れなければならない．

3　本条に基いて勧告をするに当っては，安全保障理事会は，法律的紛争が国際司法裁判所規程の規定に従い当事者によって原則として同裁判所に付託されなければならないことも考慮に入れなければならない．

第 37 条〔付託の義務と勧告〕 1　第 33 条に掲げる性質の紛争の当事者は，同条に示す手段によってこの紛争を解決することができなかったときは，これを安全保障理事会に付託しなければならない．

2　安全保障理事会は，紛争の継続が国際の平和及び安全の維持を危うくする虞が実際にあると認めるときは，第 36 条に基く行動をとるか，適当と認める解決条件を勧告するかのいずれかを決定しなければならない．

第 38 条〔合意による付託〕 第 33 条から第 37 条までの規定にかかわらず，安全保障理事会は，いかなる紛争についても，すべての紛争当事者が要請すれば，その平和的解決のためにこの当事者に対して勧告をすることができる．

第 7 章　平和に対する脅威，平和の破壊及び侵略行為に関する行動

第 39 条〔安全保障理事会の一般的権能〕 安全保障理事会は，平和に対する脅威，平和の破壊又は侵略行為の存在を決定し，並びに，国際の平和及び安全を維持し又は回復するために，勧告をし，又は第 41 条及び第 42 条に従っていかなる措置をとるかを決定する．

situation is likely to endanger the maintenance of international peace and security.

Article 35 1. Any Member of the United Nations may bring any dispute, or any situation of the nature referred to in Article 34, to the attention of the Security Council or of the General Assembly.

2. A state which is not a Member of the United Nations may bring to the attention of the Security Council or of the General Assembly any dispute to which it is a party if it accepts in advance, for the purposes of the dispute, the obligations of pacific settlement provided in the present Charter.

3. The proceedings of the General Assembly in respect of matters brought to its attention under this Article will be subject to the provisions of Articles 11 and 12.

Article 36 1. The Security Council may, at any stage of a dispute of the nature referred to in Article 33 or of a situation of like nature, recommend appropriate procedures or methods of adjustment.

2. The Security Council should take into consideration any procedures for the settlement of the dispute which have already been adopted by the parties.

3. In making recommendations under this Article the Security Council should also take into consideration that legal disputes should as a general rule be referred by the parties to the International Court of Justice in accordance with the provisions of the Statute of the Court.

Article 37 1. Should the parties to a dispute of the nature referred to in Article 33 fail to settle it by the means indicated in that Article, they shall refer it to the Security Council.

2. If the Security Council deems that the continuance of the dispute is in fact likely to endanger the maintenance of international peace and security, it shall decide whether to take action under Article 36 or to recommend such terms of settlement as it may consider appropriate.

Article 38 Without prejudice to the provisions of Articles 33 to 37, the Security Council may, if all the parties to any dispute so request, make recommendations to the parties with a view to a pacific settlement of the dispute.

CHAPTER VII ACTION WITH RESPECT TO THREATS TO THE PEACE, BREACHES OF THE PEACE, AND ACTS OF AGGRESSION

Article 39 The Security Council shall determine the existence of any threat to the peace, breach of the peace, or act of aggression and shall make recommendations, or decide what measures shall be taken in accordance with Articles 41 and 42, to maintain or restore international peace and security.

第40条〔暫定措置〕 事態の悪化を防ぐため，第39条の規定により勧告をし，又は措置を決定する前に，安全保障理事会は，必要又は望ましいと認める暫定措置に従うように関係当事者に要請することができる．この暫定措置は，関係当事者の権利，請求権又は地位を害するものではない．安全保障理事会は，関係当事者がこの暫定措置に従わなかったときは，そのことに妥当な考慮を払わなければならない．

Article 40 In order to prevent an aggravation of the situation, the Security Council may, before making the recommendations or deciding upon the measures provided for in Article 39, call upon the parties concerned to comply with such provisional measures as it deems necessary or desirable. Such provisional measures shall be without prejudice to the rights, claims, or position of the parties concerned. The Security Council shall duly take account of failure to comply with such provisional measures.

第41条〔非軍事的措置〕 安全保障理事会は，その決定を実施するために，兵力の使用を伴わないいかなる措置を使用すべきかを決定することができ，且つ，この措置を適用するように国際連合加盟国に要請することができる．この措置は，経済関係及び鉄道，航海，航空，郵便，電信，無線通信その他の運輸通信の手段の全部又は一部の中断並びに外交関係の断絶を含むことができる．

Article 41 The Security Council may decide what measures not involving the use of armed force are to be employed to give effect to its decisions, and it may call upon the Members of the United Nations to apply such measures. These may include complete or partial interruption of economic relations and of rail, sea, air, postal, telegraphic, radio, and other means of communication, and the severance of diplomatic relations.

第42条〔軍事的措置〕 安全保障理事会は，第41条に定める措置では不充分であろうと認め，又は不充分なことが判明したと認めるときは，国際の平和及び安全の維持又は回復に必要な空軍，海軍又は陸軍の行動をとることができる．この行動は，国際連合加盟国の空軍，海軍又は陸軍による示威，封鎖その他の行動を含むことができる．

Article 42 Should the Security Council consider that measures provided for in Article 41 would be inadequate or have proved to be inadequate, it may take such action by air, sea, or land forces as may be necessary to maintain or restore international peace and security. Such action may include demonstrations, blockade, and other operations by air, sea, or land forces of Members of the United Nations.

第43条〔特別協定〕 1　国際の平和及び安全の維持に貢献するため，すべての国際連合加盟国は，安全保障理事会の要請に基き且つ1又は2以上の特別協定に従って，国際の平和及び安全の維持に必要な兵力，援助及び便益を安全保障理事会に利用させることを約束する．この便益には，通過の権利が含まれる．

2　前記の協定は，兵力の数及び種類，その出動準備程度及び一般的配置並びに提供されるべき便益及び援助の性質を規定する．

3　前記の協定は，安全保障理事会の発議によって，なるべくすみやかに交渉する．この協定は，安全保障理事会と加盟国との間又は安全保障理事会と加盟国群との間に締結され，且つ，署名国によって各自の憲法上の手続に従って批准されなければならない．

Article 43 1. All Members of the United Nations, in order to contribute to the maintenance of international peace and security, undertake to make available to the Security Council, on its call and in accordance with a special agreement or agreements, armed forces, assistance, and facilities, including rights of passage, necessary for the purpose of maintaining international peace and security.

2. Such agreement or agreements shall govern the numbers and types of forces, their degree of readiness and general location, and the nature of the facilities and assistance to be provided.

3. The agreement or agreements shall be negotiated as soon as possible on the initiative of the Security Council. They shall be concluded between the Security Council and Members or between the Security Council and groups of Members and shall be subject to ratification by the signatory states in accordance with their respective constitutional processes.

第44条〔非理事国の参加〕 安全保障理事会は，兵力を用いることに決定したときは，理事会に代表されていない加盟国に対して第43条に基いて負った義務の履行として兵力を提供するように要請する前に，その加盟国が希望すれば，その加盟国の兵力中の割当部隊の使用に関する安全保障理事会の決定に参加するようにその加盟

Article 44 When the Security Council has decided to use force it shall, before calling upon a Member not represented on it to provide armed forces in fulfilment of the obligations assumed under Article 43, invite that Member, if the Member so desires, to participate in the decisions of the Security Council concerning the employment of contingents of that Member's armed forces.

国を勧誘しなければならない.

第45条〔空軍割当部隊〕 国際連合が緊急の軍事措置をとることができるようにするために,加盟国は,合同の国際的強制行動のため国内空軍割当部隊を直ちに利用に供することができるように保持しなければならない.これらの割当部隊の数量及び出動準備程度並びにその合同行動の計画は,第43条に掲げる1又は2以上の特別協定の定める範囲内で,軍事参謀委員会の援助を得て安全保障理事会が決定する.

第46条〔兵力の使用計画〕 兵力使用の計画は,軍事参謀委員会の援助を得て安全保障理事会が作成する.

第47条〔軍事参謀委員会〕 1 国際の平和及び安全の維持のための安全保障理事会の軍事的要求,理事会の自由に任された兵力の使用及び指揮,軍備規制並びに可能な軍備縮少に関するすべての問題について理事会に助言及び援助を与えるために,軍事参謀委員会を設ける.

2 軍事参謀委員会は,安全保障理事会の常任理事国の参謀総長又はその代表者で構成する.この委員会に常任委員として代表されていない国際連合加盟国は,委員会の責任の有効な遂行のため委員会の事業へのその国の参加が必要であるときは,委員会によってこれと提携するように勧誘されなければならない.

3 軍事参謀委員会は,安全保障理事会の下で,理事会の自由に任された兵力の戦略的指導について責任を負う.この兵力の指揮に関する問題は,後に解決する.

4 軍事参謀委員会は,安全保障理事会の許可を得て,且つ,適当な地域的機関と協議した後に,地域的小委員会を設けることができる.

第48条〔決定の履行〕 1 国際の平和及び安全の維持のための安全保障理事会の決定を履行するのに必要な行動は,安全保障理事会が定めるところに従って国際連合加盟国の全部または一部によってとられる.

2 前記の決定は,国際連合加盟国によって直接に,また,国際連合加盟国が参加している適当な国際機関におけるこの加盟国の行動によって履行される.

第49条〔相互援助〕 国際連合加盟国は,安全保障理事会が決定した措置を履行するに当って,共同して相互援助を与えなければならない.

第50条〔経済的困難についての協議〕 安全保

Article 45 In order to enable the United Nations to take urgent military measures, Members shall hold immediately available national air-force contingents for combined international enforcement action. The strength and degree of readiness of these contingents and plans for their combined action shall be determined, within the limits laid down in the special agreement or agreements referred to in Article 43, by the Security Council with the assistance of the Military Staff Committee.

Article 46 Plans for the application of armed force shall be made by the Security Council with the assistance of the Military Staff Committee.

Article 47 1. There shall be established a Military Staff Committee to advise and assist the Security Council on all questions relating to the Security Council's military requirements for the maintenance of international peace and security, the employment and command of forces placed at its disposal, the regulation of armaments, and possible disarmament.

2. The Military Staff Committee shall consist of the Chiefs of Staff of the permanent members of the Security Council or their representatives. Any Member of the United Nations not permanently represented on the Committee shall be invited by the Committee to be associated with it when the efficient discharge of the Committee's responsibilities requires the participation of that Member in its work.

3. The Military Staff Committee shall be responsible under the Security Council for the strategic direction of any armed forces placed at the disposal of the Security Council. Questions relating to the command of such forces shall be worked out subsequently.

4. The Military Staff Committee, with the authorization of the Security Council and after consultation with appropriate regional agencies, may establish regional subcommittees.

Article 48 1. The action required to carry out the decisions of the Security Council for the maintenance of international peace and security shall be taken by all the Members of the United Nations or by some of them, as the Security Council may determine.

2. Such decisions shall be carried out by the Members of the United Nations directly and through their action in the appropriate international agencies of which they are members.

Article 49 The Members of the United Nations shall join in affording mutual assistance in carrying out the measures decided upon by the Security Council.

Article 50 If preventive or enforcement measures

障理事会がある国に対して防止措置又は強制措置をとったときは，他の国でこの措置の履行から生ずる特別の経済問題に自国が当面したと認めるものは，国際連合加盟国であるかどうかを問わず，この問題の解決について安全保障理事会と協議する権利を有する．

第51条〔自衛権〕 この憲章のいかなる規定も，国際連合加盟国に対して武力攻撃が発生した場合には，安全保障理事会が国際の平和及び安全の維持に必要な措置をとるまでの間，個別的又は集団的自衛の固有の権利を害するものではない．この自衛権の行使に当って加盟国がとった措置は，直ちに安全保障理事会に報告しなければならない．また，この措置は，安全保障理事会が国際の平和及び安全の維持又は回復のために必要と認める行動をいつでもとるこの憲章に基く権能及び責任に対しては，いかなる影響も及ぼすものではない．

第8章　地域的取極

第52条〔地域的取極，地方的紛争の解決〕

1　この憲章のいかなる規定も，国際の平和及び安全の維持に関する事項で地域的行動に適当なものを処理するための地域的取極又は地域的機関が存在することを妨げるものではない．但し，この取極又は機関及びその行動が国際連合の目的及び原則と一致することを条件とする．

2　前記の取極を締結し，又は前記の機関を組織する国際連合加盟国は，地方的紛争を安全保障理事会に付託する前に，この地域的取極又は地域的機関によってこの紛争を平和的に解決するようにあらゆる努力をしなければならない．

3　安全保障理事会は，関係国の発意に基くものであるか安全保障理事会からの付託によるものであるかを問わず，前記の地域的取極又は地域的機関による地方的紛争の平和的解決の発達を奨励しなければならない．

4　本条は，第34条及び第35条の適用をなんら害するものではない．

第53条〔強制行動〕 **1**　安全保障理事会は，その権威の下における強制行動のために，適当な場合には，前記の地域的取極又は地域的機関を利用する．但し，いかなる強制行動も，安全保障理事会の許可がなければ，地域的取極に基いて又は地域的機関によってとられてはならない．もっとも，本条2に定める敵国のいずれかに対する措置で，第107条に従って規定されるもの又はこの敵国における侵略政策の再現に備える地域的取極において規定されるものは，関係政府の要請に基いてこの機構がこの敵

against any state are taken by the Security Council, any other state, whether a Member of the United Nations or not, which finds itself confronted with special economic problems arising from the carrying out of those measures shall have the right to consult the Security Council with regard to a solution of those problems.

Article 51 Nothing in the present Charter shall impair the inherent right of individual or collective self-defence if an armed attack occurs against a Member of the United Nations, until the Security Council has taken the measures necessary to maintain international peace and security. Measures taken by Members in the exercise of this right of self-defence shall be immediately reported to the Security Council and shall not in any way affect the authority and responsibility of the Security Council under the present Charter to take at any time such action as it deems necessary in order to maintain or restore international peace and security.

CHAPTER Ⅷ REGIONAL ARRANGEMENTS

Article 52 1. Nothing in the present Charter precludes the existence of regional arrangements or agencies for dealing with such matters relating to the maintenance of international peace and security as are appropriate for regional action, provided that such arrangements or agencies and their activities are consistent with the Purposes and Principles of the United Nations.

2. The Members of the United Nations entering into such arrangements or constituting such agencies shall make every effort to achieve pacific settlement of local disputes through such regional arrangements or by such regional agencies before referring them to the Security Council.

3. The Security Council shall encourage the development of pacific settlement of local disputes through such regional arrangements or by such regional agencies either on the initiative of the states concerned or by reference from the Security Council.

4. This Article in no way impairs the application of Articles 34 and 35.

Article 53 1. The Security Council shall, where appropriate, utilize such regional arrangements or agencies for enforcement action under its authority. But no enforcement action shall be taken under regional arrangements or by regional agencies without the authorization of the Security Council, with the exception of measures against any enemy state, as defined in paragraph 2 of this Article, provided for pursuant to Article 107 or in regional arrangements directed against renewal of aggressive policy on the part of any such state, until such time as the Organization may, on request of the Governments concerned, be charged with the responsibility for

国による新たな侵略を防止する責任を負うときまで例外とする.

2　本条1で用いる敵国という語は, 第2次世界戦争中にこの憲章のいずれかの署名国の敵国であった国に適用される.

第54条〔安全保障理事会に対する通報〕 安全保障理事会は, 国際の平和及び安全の維持のために地域的取極に基いて又は地域的機関によって開始され又は企図されている活動について, 常に充分に通報されていなければならない.

第9章　経済的及び社会的国際協力

第55条〔目的〕 人民の同権及び自決の原則の尊重に基礎をおく諸国間の平和的且つ友好的関係に必要な安定及び福祉の条件を創造するために, 国際連合は, 次のことを促進しなければならない.

a　一層高い生活水準, 完全雇用並びに経済的及び社会的の進歩及び発展の条件

b　経済的, 社会的及び保健的国際問題と関係国際問題の解決並びに文化的及び教育的国際協力

c　人種, 性, 言語又は宗教による差別のないすべての者のための人権及び基本的自由の普遍的な尊重及び遵守

第56条〔加盟国の誓約〕 すべての加盟国は, 第55条に掲げる目的を達成するために, この機構と協力して, 共同及び個別の行動をとることを誓約する.

第57条〔専門機関〕 1　政府間の協定によって設けられる各種の専門機関で, 経済的, 社会的, 文化的, 教育的及び保健的分野並びに関係分野においてその基本的文書で定めるところにより広い国際的責任を有するものは, 第63条の規定に従って国際連合と連携関係をもたされなければならない.

2　こうして国際連合と連携関係をもたされる前記の機関は, 以下専門機関という.

第58条〔専門機関に対する勧告〕 この機構は, 専門機関の政策及び活動を調整するために勧告をする.

第59条〔新専門機関の創設〕 この機構は, 適当な場合には, 第55条に掲げる目的の達成に必要な新たな専門機関を設けるために関係国間の交渉を発議する.

第60条〔総会と経済社会理事会の責任〕 この章に掲げるこの機構の任務を果す責任は, 総会及び, 総会の権威の下に, 経済社会理事会に課せられる. 理事会は, このために第10章に掲げる権限を有する.

preventing further aggression by such a state.

2. The term enemy state as used in paragraph 1 of this Article applies to any state which during the Second World War has been an enemy of any signatory of the present Charter.

Article 54 The Security Council shall at all times be kept fully informed of activities undertaken or in contemplation under regional arrangements or by regional agencies for the maintenance of international peace and security.

CHAPTER IX INTERNATIONAL ECONOMIC AND SOCIAL COOPERATION

Article 55 With a view to the creation of conditions of stability and well-being which are necessary for peaceful and friendly relations among nations based on respect for the principle of equal rights and self-determination of peoples, the United Nations shall promote:

a. higher standards of living, full employment, and conditions of economic and social progress and development;

b. solutions of international economic, social, health, and related problems; and international cultural and educational cooperation; and

c. universal respect for, and observance of, human rights and fundamental freedoms for all without distinction as to race, sex, language, or religion.

Article 56 All Members pledge themselves to take joint and separate action in cooperation with the Organization for the achievement of the purposes set forth in Article 55.

Article 57 1. The various specialized agencies, established by intergovernmental agreement and having wide international responsibilities, as defined in their basic instruments, in economic, social, cultural, educational, health, and related fields, shall be brought into relationship with the United Nations in accordance with the provisions of Article 63.

2. Such agencies thus brought into relationship with the United Nations are hereinafter referred to as specialized agencies.

Article 58 The Organization shall make recommendations for the coordination of the policies and activities of the specialized agencies.

Article 59 The Organization shall, where appropriate, initiate negotiations among the states concerned for the creation of any new specialized agencies required for the accomplishment of the purposes set forth in Article 55.

Article 60 Responsibility for the discharge of the functions of the Organization set forth in this Chapter shall be vested in the General Assembly and, under the authority of the General Assembly, in the Economic and Social Council, which shall have for this purpose the powers set forth in Chapter X.

第10章　経済社会理事会

構　成

第61条〔構成〕 1　経済社会理事会は，総会によって選挙される54の国際連合加盟国で構成する．

2　3の規定を留保して，経済社会理事会の18理事国は，3年の任期で毎年選挙される．退任理事国は，引き続いて再選される資格がある．

3　経済社会理事会の理事国の定数が27から54に増加された後の第1回の選挙では，その年の終りに任期が終了する9理事国に代わって選挙される理事国に加えて，更に27理事国が選挙される．このようにして選挙された追加の27理事国のうち，総会の定めるところに従って，9理事国の任期は1年の終りに，他の9理事国の任期は2年の終りに終了する．

4　経済社会理事会の各理事国は，1人の代表者を有する．

第62条〔研究，報告，勧告〕 1　経済社会理事会は，経済的，社会的，文化的，教育的及び保健的国際事項並びに関係国際事項に関する研究及び報告を行い，又は発議し，並びにこれらの事項に関して総会，国際連合加盟国及び関係専門機関に勧告をすることができる．

2　理事会は，すべての者のための人権及び基本的自由の尊重及び遵守を助長するために，勧告をすることができる．

3　理事会は，その権限に属する事項について，総会に提出するための条約案を作成することができる．

4　理事会は，国際連合の定める規則に従って，その権限に属する事項について国際会議を招集することができる．

第63条〔専門機関との協定〕 1　経済社会理事会は，第57条に掲げる機関のいずれとの間にも，その機関が国際連合と連携関係をもたされるについての条件を定める協定を締結することができる．この協定は，総会の承認を受けなければならない．

2　理事会は，専門機関との協議及び専門機関に対する勧告並びに総会及び国際連合加盟国に対する勧告によって，専門機関の活動を調整することができる．

第64条〔報告の受理〕 1　経済社会理事会は，専門機関から定期報告を受けるために，適当な措置をとることができる．理事会は，理事会の

CHAPTER X THE ECONOMIC AND SOCIAL COUNCIL a

Composition

Article 61 1. The Economic and Social Council shall
consist of fifty-four Members of the United Nations
elected by the General Assembly. b

2. Subject to the provisions of paragraph 3, eighteen
members of the Economic and Social Council shall be
elected each year for a term of three years. A retiring
member shall be eligible for immediate re-election.

3. At the first election after the increase in the member- c
ship of the Economic and Social Council from twenty-
seven to fifty-four members, in addition to the members
elected in place of the nine members whose term of
office expires at the end of that year, twenty-seven ad-
ditional members shall be elected. Of these twenty-seven
additional members, the term of office of nine members d
so elected shall expire at the end of one year, and of nine
other members at the end of two years, in accordance
with arrangements made by the General Assembly.

4. Each member of the Economic and Social Council shall
have one representative. e

Functions and Powers

Article 62 1. The Economic and Social Council may
make or initiate studies and reports with respect to
international economic, social, cultural, educational,
health, and related matters and may make recommen- f
dations with respect to any such matters to the General
Assembly, to the Members of the United Nations, and
to the specialized agencies concerned.

2. It may make recommendations for the purpose of pro-
moting respect for, and observance of, human rights and g
fundamental freedoms for all.

3. It may prepare draft conventions for submission to the
General Assembly, with respect to matters falling within
its competence.

4. It may call, in accordance with the rules prescribed by h
the United Nations, international conferences on matters
falling within its competence.

Article 63 1. The Economic and Social Council may
enter into agreements with any of the agencies referred
to in Article 57, defining the terms on which the agency i
concerned shall be brought into relationship with the
United Nations. Such agreements shall be subject to ap-
proval by the General Assembly.

2. It may coordinate the activities of the specialized agen-
cies through consultation with and recommendations to j
such agencies and through recommendations to the Gen-
eral Assembly and to the Members of the United Nations.

Article 64 1. The Economic and Social Council may
take appropriate steps to obtain regular reports from
the specialized agencies. It may make arrangements k

勧告と理事会の権限に属する事項に関する総会の勧告とを実施するためにとられた措置について報告を受けるため，国際連合加盟国及び専門機関と取極を行うことができる．

with the Members of the United Nations and with the specialized agencies to obtain reports on the steps taken to give effect to its own recommendations and to recommendations on matters falling within its competence made by the General Assembly.

2　理事会は，前記の報告に関するその意見を総会に通報することができる．

2. It may communicate its observations on these reports to the General Assembly.

第 65 条〔安全保障理事会に対する援助〕 経済社会理事会は，安全保障理事会に情報を提供することができる．経済社会理事会は，また，安全保障理事会の要請があったときは，これを援助しなければならない．

Article 65 The Economic and Social Council may furnish information to the Security Council and shall assist the Security Council upon its request.

第 66 条〔他の任務〕 1　経済社会理事会は，総会の勧告の履行に関して，自己の権限に属する任務を遂行しなければならない．

Article 66 1. The Economic and Social Council shall perform such functions as fall within its competence in connection with the carrying out of the recommendations of the General Assembly.

2　理事会は，国際連合加盟国の要請があったとき，又は専門機関の要請があったときは，総会の承認を得て役務を提供することができる．

2. It may, with the approval of the General Assembly, perform services at the request of Members of the United Nations and at the request of specialized agencies.

3　理事会は，この憲章の他の箇所に定められ，又は総会によって自己に与えられるその他の任務を遂行しなければならない．

3. It shall perform such other functions as are specified elsewhere in the present Charter or as may be assigned to it by the General Assembly.

表　決

Voting

第 67 条〔表決手続〕 1　経済社会理事会の各理事国は，1 個の投票権を有する．

Article 67 1. Each member of the Economic and Social Council shall have one vote.

2　経済社会理事会の決定は，出席し且つ投票する理事国の過半数によって行われる．

2. Decisions of the Economic and Social Council shall be made by a majority of the members present and voting.

手　続

Procedure

第 68 条〔委員会〕 経済社会理事会は，経済的及び社会的分野における委員会，人権の伸張に関する委員会並びに自己の任務の遂行に必要なその他の委員会を設ける．

Article 68 The Economic and Social Council shall set up commissions in economic and social fields and for the promotion of human rights, and such other commissions as may be required for the performance of its functions.

第 69 条〔特別の関係を有する国の参加〕 経済社会理事会は，いずれの国際連合加盟国に対しても，その加盟国に特に関係のある事項についての審議に投票権なしで参加するように勧誘しなければならない．

Article 69 The Economic and Social Council shall invite any Member of the United Nations to participate, without vote, in its deliberations on any matter of particular concern to that Member.

第 70 条〔専門機関との相互的代表〕 経済社会理事会は，専門機関の代表者が理事会の審議及び理事会の設ける委員会の審議に投票権なしで参加するための取極並びに理事会の代表者が専門機関の審議に参加するための取極を行うことができる．

Article 70 The Economic and Social Council may make arrangements for representatives of the specialized agencies to participate, without vote, in its deliberations and in those of the commissions established by it, and for its representatives to participate in the deliberations of the specialized agencies.

第 71 条〔民間団体〕 経済社会理事会は，その権限内にある事項に関係のある民間団体と協議するために，適当な取極を行うことができる．この取極は，国際団体との間に，また，適当な場合には，関係のある国際連合加盟国と協議した後に国内団体との間に行うことができる．

Article 71 The Economic and Social Council may make suitable arrangements for consultation with non-governmental organizations which are concerned with matters within its competence. Such arrangements may be made with international organizations and, where appropriate, with national organizations after consultation with the Member of the United Nations concerned.

第72条〔手続規則〕1　経済社会理事会は，議長を選定する方法を含むその手続規則を採択する．

2　経済社会理事会は，その規則に従って必要があるときに会合する．この規則は，理事国の過半数の要請による会議招集の規定を含まなければならない．

第11章　非自治地域に関する宣言

第73条〔住民の福利〕人民がまだ完全には自治を行うに至っていない地域の施政を行う責任を有し，又は引き受ける国際連合加盟国は，この地域の住民の利益が至上のものであるという原則を承認し，且つ，この地域の住民の福祉をこの憲章の確立する国際の平和及び安全の制度内で最高度まで増進する義務並びにそのために次のことを行う義務を神聖な信託として受託する．

a　関係人民の文化を充分に尊重して，この人民の政治的，経済的，社会的及び教育的進歩，公正な待遇並びに虐待からの保護を確保すること．

b　各地域及びその人民の特殊事情並びに人民の進歩の異なる段階に応じて，自治を発達させ，人民の政治的願望に妥当な考慮を払い，且つ，人民の自由な政治制度の漸進的発達について人民を援助すること．

c　国際の平和及び安全を増進すること．

d　本条に掲げる社会的，経済的及び科学的目的を実際に達成するために，建設的な発展措置を促進し，研究を奨励し，且つ，相互に及び適当な場合には専門国際団体と協力すること．

e　第12章及び第13章の適用を受ける地域を除く外，前記の加盟国がそれぞれ責任を負う地域における経済的，社会的及び教育的状態に関する専門的性質の統計その他の資料を，安全保障及び憲法上の考慮から必要な制限に従うことを条件として，情報用として事務総長に定期的に送付すること．

第74条〔世界各国の利益の考慮〕国際連合加盟国は，また，本章の適用を受ける地域に関するその政策を，その本土に関する政策と同様に，世界の他の地域の利益及び福祉に妥当な考慮を払った上で，社会的，経済的及び商業的事項に関して善隣主義の一般原則に基かせなければならないことに同意する．

Article 72 1. The Economic and Social Council shall adopt its own rules of procedure, including the method of selecting its President.

2. The Economic and Social Council shall meet as required in accordance with its rules, which shall include provision for the convening of meetings on the request of a majority of its members.

CHAPTER XI DECLARATION REGARDING NON-SELF-GOVERNING TERRITORIES

Article 73 Members of the United Nations which have or assume responsibilities for the administration of territories whose peoples have not yet attained a full measure of self-government recognize the principle that the interests of the inhabitants of these territories are paramount, and accept as a sacred trust the obligation to promote to the utmost, within the system of international peace and security established by the present Charter, the well-being of the inhabitants of these territories, and, to this end:

a. to ensure, with due respect for the culture of the peoples concerned, their political, economic, social, and educational advancement, their just treatment, and their protection against abuses;

b. to develop self-government, to take due account of the political aspirations of the peoples, and to assist them in the progressive development of their free political institutions, according to the particular circumstances of each territory and its peoples and their varying stages of advancement;

c. to further international peace and security;

d. to promote constructive measures of development, to encourage research, and to cooperate with one another and, when and where appropriate, with specialized international bodies with a view to the practical achievement of the social, economic, and scientific purposes set forth in this Article; and

e. to transmit regularly to the Secretary-General for information purposes, subject to such limitation as security and constitutional considerations may require, statistical and other information of a technical nature relating to economic, social, and educational conditions in the territories for which they are respectively responsible other than those territories to which Chapters XII and XIII apply.

Article 74 Members of the United Nations also agree that their policy in respect of the territories to which this Chapter applies, no less than in respect of their metropolitan areas, must be based on the general principle of good-neighbourliness, due account being taken of the interests and well-being of the rest of the world, in social, economic, and commercial matters.

第12章 国際信託統治制度

第75条〔信託統治制度の設定〕 国際連合は，その権威の下に，国際信託統治制度を設ける．この制度は，今後の個個の協定によってこの制度の下におかれる地域の施政及び監督を目的とする．この地域は，以下信託統治地域という．

第76条〔基本目的〕 信託統治制度の基本目的は，この憲章の第1条に掲げる国際連合の目的に従って，次のとおりとする．

a 国際の平和及び安全を増進すること．

b 信託統治地域の住民の政治的，経済的，社会的及び教育的進歩を促進すること．各地域及びその人民の特殊事情並びに関係人民が自由に表明する願望に適合するように，且つ，各信託統治協定の条項が規定するところに従って，自治又は独立に向っての住民の漸進的発達を促進すること．

c 人種，性，言語又は宗教による差別なくすべての者のために人権及び基本的自由を尊重するように奨励し，且つ，世界の人民の相互依存の認識を助長すること．

d 前記の目的の達成を妨げることなく，且つ，第80条の規定を留保して，すべての国際連合加盟国及びその国民のために社会的，経済的及び商業的事項について平等の待遇を確保し，また，その国民のために司法上で平等の待遇を確保すること．

第77条〔信託統治地域〕 **1** 信託統治制度は，次の種類の地域で信託統治協定によってこの制度の下におかれるものに適用する．

a 現に委任統治の下にある地域

b 第2次世界戦争の結果として敵国から分離される地域

c 施政について責任を負う国によって自発的にこの制度の下におかれる地域

2 前記の種類のうちのいずれの地域がいかなる条件で信託統治制度の下におかれるかについては，今後の協定で定める．

第78条〔国連の加盟国となった地域〕 国際連合加盟国の間の関係は，主権平等の原則の尊重を基礎とするから，信託統治制度は，加盟国となった地域には適用しない．

第79条〔信託統治協定〕 信託統治制度の下におかれる各地域に関する信託統治の条項は，いかなる変更又は改正も含めて，直接関係国によって協定され，且つ，第83条及び第85条に規定するところに従って承認されなければな

CHAPTER XII INTERNATIONAL TRUSTEESHIP SYSTEM

Article 75 The United Nations shall establish under its authority an international trusteeship system for the administration and supervision of such territories as may be placed thereunder by subsequent individual agreements. These territories are hereinafter referred to as trust territories.

Article 76 The basic objectives of the trusteeship system, in accordance with the Purposes of the United Nations laid down in Article 1 of the present Charter, shall be:

a. to further international peace and security;

b. to promote the political, economic, social, and educational advancement of the inhabitants of the trust territories, and their progressive development towards self-government or independence as may be appropriate to the particular circumstances of each territory and its peoples and the freely expressed wishes of the peoples concerned, and as may be provided by the terms of each trusteeship agreement;

c. to encourage respect for human rights and for fundamental freedoms for all without distinction as to race, sex, language, or religion, and to encourage recognition of the interdependence of the peoples of the world; and

d. to ensure equal treatment in social, economic, and commercial matters for all Members of the United Nations and their nationals, and also equal treatment for the latter in the administration of justice, without prejudice to the attainment of the foregoing objectives and subject to the provisions of Article 80.

Article 77 1. The trusteeship system shall apply to such territories in the following categories as may be placed thereunder by means of trusteeship agreements:

a. territories now held under mandate;

b. territories which may be detached from enemy states as a result of the Second World War; and

c. territories voluntarily placed under the system by states responsible for their administration.

2. It will be a matter for subsequent agreement as to which territories in the foregoing categories will be brought under the trusteeship system and upon what terms.

Article 78 The trusteeship system shall not apply to territories which have become Members of the United Nations, relationship among which shall be based on respect for the principle of sovereign equality.

Article 79 The terms of trusteeship for each territory to be placed under the trusteeship system, including any alteration or amendment, shall be agreed upon by the states directly concerned, including the mandatory power in the case of territories held under mandate by

らない．この直接関係国は，国際連合加盟国の委任統治の下にある地域の場合には，受任国を含む．

第 80 条〔現存権利の留保〕 1　第 77 条，第 79 条及び第 81 条に基いて締結され，各地域を信託統治制度の下におく個個の信託統治協定において協定されるところを除き，また，このような協定が締結される時まで，本章の規定は，いずれの国又はいずれの人民のいかなる権利をも，また，国際連合加盟国がそれぞれ当事国となっている現存の国際文書の条項をも，直接又は間接にどのようにも変更するものと解釈してはならない．

2　本条 1 は，第 77 条に規定するところに従って委任統治地域及びその他の地域を信託統治制度の下におくための協定の交渉及び締結の遅滞又は延期に対して，根拠を与えるものと解釈してはならない．

第 81 条〔施政権者〕 信託統治協定は，各場合において，信託統治地域の施政を行うについての条件を含み，且つ，信託統治地域の施政を行う当局を指定しなければならない．この当局は，以下施政権者といい，1 若しくは 2 以上の国又はこの機構自身であることができる．

第 82 条〔戦略地区〕 いかなる信託統治協定においても，その協定が適用される信託統治地域の一部又は全部を含む 1 又は 2 以上の戦略地区を指定することができる．但し，第 43 条に基いて締結される特別協定を害してはならない．

第 83 条〔戦略地区に関する安全保障理事会の任務〕 1　戦略地区に関する国際連合のすべての任務は，信託統治協定の条項及びその変更又は改正の承認を含めて，安全保障理事会が行う．

2　第 76 条に掲げる基本目的は，各戦略地区の人民に適用する．

3　安全保障理事会は，国際連合の信託統治制度に基く任務で戦略地区の政治的，経済的，社会的及び教育的事項に関するものを遂行するために，信託統治理事会の援助を利用する．但し，信託統治協定の規定には従うものとし，また，安全保障の考慮が妨げられてはならない．

第 84 条〔平和に関する施政権者の義務〕 信託統治地域が国際の平和及び安全の維持についてその役割を果すようにすることは，施政権者の義務である．このため，施政権者は，この点に関して安全保障理事会に対して負う義務を履行するに当って，また，地方的防衛並びに信託統治地域における法律及び秩序の維持のために，信託統治地域の義勇軍，便益及び援助を利用することができる．

a Member of the United Nations, and shall be approved as provided for in Articles 83 and 85.

Article 80 1. Except as may be agreed upon in individual trusteeship agreements, made under Articles 77, 79, and 81, placing each territory under the trusteeship system, and until such agreements have been concluded, nothing in this Chapter shall be construed in or of itself to alter in any manner the rights whatsoever of any states or any peoples or the terms of existing international instruments to which Members of the United Nations may respectively be parties.

2. Paragraph 1 of this Article shall not be interpreted as giving grounds for delay or postponement of the negotiation and conclusion of agreements for placing mandated and other territories under the trusteeship system as provided for in Article 77.

Article 81 The trusteeship agreement shall in each case include the terms under which the trust territory will be administered and designate the authority which will exercise the administration of the trust territory. Such authority, hereinafter called the administering authority, may be one or more states or the Organization itself.

Article 82 There may be designated, in any trusteeship agreement, a strategic area or areas which may include part or all of the trust territory to which the agreement applies, without prejudice to any special agreement or agreements made under Article 43.

Article 83 1. All functions of the United Nations relating to strategic areas, including the approval of the terms of the trusteeship agreements and of their alteration or amendment, shall be exercised by the Security Council.

2. The basic objectives set forth in Article 76 shall be applicable to the people of each strategic area.

3. The Security Council shall, subject to the provisions of the trusteeship agreements and without prejudice to security considerations, avail itself of the assistance of the Trusteeship Council to perform those functions of the United Nations under the trusteeship system relating to political, economic, social, and educational matters in the strategic areas.

Article 84 It shall be the duty of the administering authority to ensure that the trust territory shall play its part in the maintenance of international peace and security. To this end the administering authority may make use of volunteer forces, facilities, and assistance from the trust territory in carrying out the obligations towards the Security Council undertaken in this regard by the administering authority, as well as for local defence and the maintenance of law and order within the trust territory.

a 第85条〔非戦略地区に関する総会と信託統治理事会の任務〕1　戦略地区として指定されないすべての地区に関する信託統治協定についての国際連合の任務は，この協定の条項及びその変更又は改正の承認を含めて，総会が行う．

b 2　総会の権威の下に行動する信託統治理事会は，前記の任務の遂行について総会を援助する．

Article 85 1. The functions of the United Nations with regard to trusteeship agreements for all areas not designated as strategic, including the approval of the terms of the trusteeship agreements and of their alteration or amendment, shall be exercised by the General Assembly.

2. The Trusteeship Council, operating under the authority of the General Assembly shall assist the General Assembly in carrying out these functions.

第13章　信託統治理事会（略）

CHAPTER XIII THE TRUSTEESHIP COUNCIL

c

コラム：信託統治理事会の任務終了

信託統治理事会は，国連発足から今日まで11の地域の独立のために貢献した．最後の信託統治地域のパラオが1994年10月に，施政国アメリカと自由連合協定を締結して独立を達成し，翌月，信託統治協定終了の確認決議が安全保障理事会において全会一致で採択され，信託統治理事会は以来事実上任務を終了した．

d

第14章　国際司法裁判所

第92条〔裁判所の地位〕国際司法裁判所は，

e 国際連合の主要な司法機関である．この裁判所は，付属の規程に従って任務を行う．この規程は，常設国際司法裁判所規程を基礎とし，且つ，この憲章と不可分の一体をなす．

f 第93条〔規程の参加国〕1　すべての国際連合加盟国は，当然に，国際司法裁判所規程の当事国となる．

2　国際連合加盟国でない国は，安全保障理事会の勧告に基いて総会が各場合に決定する条

g 件で国際司法裁判所規程の当事国となることができる．

第94条〔判決の履行〕1　各国際連合加盟国は，自国が当事者であるいかなる事件においても，国際司法裁判所の裁判に従うことを約束する．

h

2　事件の一方の当事者が裁判所の与える判決に基いて自国が負う義務を履行しないときは，他方の当事者は，安全保障理事会に訴え

i ることができる．理事会は，必要と認めるときは，判決を執行するために勧告をし，又はとるべき措置を決定することができる．

第95条〔他の裁判所への付託〕この憲章のいかなる規定も，国際連合加盟国が相互間の紛争

j の解決を既に存在し又は将来締結する協定によって他の裁判所に付託することを妨げるものではない．

第96条〔勧告的意見〕1　総会又は安全保障理事会は，いかなる法律問題についても勧告的

k 意見を与えるように国際司法裁判所に要請す

CHAPTER XIV THE INTERNATIONAL COURT OF JUSTICE

Article 92 The International Court of Justice shall be the principal judicial organ of the United Nations. It shall function in accordance with the annexed Statute, which is based upon the Statute of the Permanent Court of International Justice and forms an integral part of the present Charter.

Article 93 1. All Members of the United Nations are *ipso facto* parties to the Statute of the International Court of Justice.

2. A state which is not a Member of the United Nations may become a party to the Statute of the International Court of Justice on conditions to be determined in each case by the General Assembly upon the recommendation of the Security Council.

Article 94 1. Each Member of the United Nations undertakes to comply with the decision of the International Court of Justice in any case to which it is a party.

2. If any party to a case fails to perform the obligations incumbent upon it under a judgment rendered by the Court, the other party may have recourse to the Security Council, which may, if it deems necessary, make recommendations or decide upon measures to be taken to give effect to the judgment.

Article 95 Nothing in the present Charter shall prevent Members of the United Nations from entrusting the solution of their differences to other tribunals by virtue of agreements already in existence or which may be concluded in the future.

Article 96 1. The General Assembly or the Security Council may request the International Court of Justice to give an advisory opinion on any legal question.

ることができる.

2　国際連合のその他の機関及び専門機関でいずれかの時に総会の許可を得るものは, また, その活動の範囲内において生ずる法律問題について裁判所の勧告的意見を要請することができる.

2. Other organs of the United Nations and specialized agencies, which may at any time be so authorized by the General Assembly, may also request advisory opinions of the Court on legal questions arising within the scope of their activities.

第15章　事務局

CHAPTER XV　THE SECRETARIAT

第97条〔構成〕 事務局は, 1人の事務総長及びこの機構が必要とする職員からなる. 事務総長は, 安全保障理事会の勧告に基いて総会が任命する. 事務総長は, この機構の行政職員の長である.

Article 97 The Secretariat shall comprise a Secretary-General and such staff as the Organization may require. The Secretary-General shall be appointed by the General Assembly upon the recommendation of the Security Council. He shall be the chief administrative officer of the Organization.

第98条〔事務総長の任務〕 事務総長は, 総会, 安全保障理事会, 経済社会理事会及び信託統治理事会のすべての会議において事務総長の資格で行動し, 且つ, これらの機関から委託される他の任務を遂行する. 事務総長は, この機構の事業について総会に年次報告を行う.

Article 98 The Secretary-General shall act in that capacity in all meetings of the General Assembly, of the Security Council, of the Economic and Social Council, and of the Trusteeship Council, and shall perform such other functions as are entrusted to him by these organs. The Secretary-General shall make an annual report to the General Assembly on the work of the Organization.

第99条〔平和維持に関する任務〕 事務総長は, 国際の平和及び安全の維持を脅威すると認める事項について, 安全保障理事会の注意を促すことができる.

Article 99 The Secretary-General may bring to the attention of the Security Council any matter which in his opinion may threaten the maintenance of international peace and security.

第100条〔職員の国際性〕 1　事務総長及び職員は, その任務の遂行に当って, いかなる政府からも又はこの機構外のいかなる他の当局からも指示を求め, 又は受けてはならない. 事務総長及び職員は, この機構に対してのみ責任を負う国際的職員としての地位を損ずる虞のあるいかなる行動も慎まなければならない.

2　各国際連合加盟国は, 事務総長及び職員の責任のもっぱら国際的な性質を尊重すること並びにこれらの者が責任を果すに当ってこれらの者を左右しようとしないことを約束する.

Article 100 1. In the performance of their duties the Secretary-General and the staff shall not seek or receive instructions from any government or from any other authority external to the Organization. They shall refrain from any action which might reflect on their position as international officials responsible only to the Organization.

2. Each Member of the United Nations undertakes to respect the exclusively international character of the responsibilities of the Secretary-General and the staff and not to seek to influence them in the discharge of their responsibilities.

第101条〔職員の任命〕 1　職員は, 総会が設ける規則に従って事務総長が任命する.

2　経済社会理事会, 信託統治理事会及び, 必要に応じて, 国際連合のその他の機関に, 適当な職員を常任として配属する. この職員は, 事務局の一部をなす.

3　職員の雇用及び勤務条件の決定に当って最も考慮すべきことは, 最高水準の能率, 能力及び誠実を確保しなければならないことである. 職員をなるべく広い地理的基礎に基いて採用することの重要性については, 妥当な考慮を払わなければならない.

Article 101 1. The staff shall be appointed by the Secretary-General under regulations established by the General Assembly.

2. Appropriate staffs shall be permanently assigned to the Economic and Social Council, the Trusteeship Council, and, as required, to other organs of the United Nations. These staffs shall form a part of the Secretariat.

3. The paramount consideration in the employment of the staff and in the determination of the conditions of service shall be the necessity of securing the highest standards of efficiency, competence, and integrity. Due regard shall be paid to the importance of recruiting the staff on as wide a geographical basis as possible.

コラム：国連事務局

歴代事務総長は，トリグヴ・リー（Trygve Lie, ノルウェー, 在任 1946 〜 52 年），ダグ・ハマーショルド（Dag Hammarskjöld, スウェーデン，1953 〜 61 年），ウ・タント（U Thant, ビルマ，1961 〜 71 年），クルト・ワルトハイム（Kurt Waldheim, オーストリア，1972 〜 81 年），ハヴィエル・ペレス・デクエヤル（Javier Pérez de Cuéllar, ペルー，1982 〜 91 年），ブートロス・ブートロス＝ガリ（Boutros Boutros-Ghali, エジプト，1992 〜 96 年），コフィ・アナン（Kofi Annan, ガーナ，1997 〜 2006 年），潘基文（Ban Ki-Moon, 韓国, 2007 年〜 16 年），アントニオ・グテーレス（António Guterres, ポルトガル, 2017 年〜）.

事務局職員の採用には，地理的配分に配慮しなければならず，今日事務局および関係機関で働く約 4 万名のうち，上位の専門職約 3000 を地理的配分ポストの対象とし，①加盟資格（40%），②人口（5%）および③分担率（55 %）を考慮して，各加盟国からの職員数の「望ましい範囲」が毎年決められる（1988 年 1 月より実施）. 日本人職員数は，近年望ましい範囲の平均値約 200 に対し 80 名程度しかおらず，この点からしばしば日本人職員が少ないといわれる.

第 16 章　雑　則

第 102 条〔条約の登録〕 1　この憲章が効力を生じた後に国際連合加盟国が締結するすべての条約及びすべての国際協定は，なるべくすみやかに事務局に登録され，且つ，事務局によって公表されなければならない.

2　前記の条約又は国際協定で本条 1 の規定に従って登録されていないものの当事国は，国際連合のいかなる機関に対しても当該条約又は協定を援用することができない.

第 103 条〔憲章義務の優先〕 国際連合加盟国のこの憲章に基く義務と他のいずれかの国際協定に基く義務とが抵触するときは，この憲章に基く義務が優先する.

第 104 条〔法律行為能力〕 この機構は，その任務の遂行及びその目的の達成のために必要な法律上の能力を各加盟国の領域において享有する.

第 105 条〔特権及び免除〕 1　この機構は，その目的の達成に必要な特権及び免除を各加盟国の領域において享有する.

2　これと同様に，国際連合加盟国の代表者及びこの機構の職員は，この機構に関連する自己の任務を独立に遂行するために必要な特権及び免除を享有する.

3　総会は，本条 1 及び 2 の適用に関する細目を決定するために勧告をし，又はそのために国際連合加盟国に条約を提案することができる.

第 17 章　安全保障の過渡的規定

第 106 条〔特別協定成立前の 5 大国の責任〕 第 43 条に掲げる特別協定でそれによって安全保障理事会が第 42 条に基く責任の遂行を開始することができると認めるものが効力を生ずるまでの間，1943 年 10 月 30 日にモス

CHAPTER XVI MISCELLANEOUS PROVISIONS

Article 102 1. Every treaty and every international agreement entered into by any Member of the United Nations after the present Charter comes into force shall as soon as possible be registered with the Secretariat and published by it.

2. No party to any such treaty or international agreement which has not been registered in accordance with the provisions of paragraph 1 of this Article may invoke that treaty or agreement before any organ of the United Nations.

Article 103 In the event of a conflict between the obligations of the Members of the United Nations under the present Charter and their obligations under any other international agreement, their obligations under the present Charter shall prevail.

Article 104 The Organization shall enjoy in the territory of each of its Members such legal capacity as may be necessary for the exercise of its functions and the fulfilment of its purposes.

Article 105 1. The Organization shall enjoy in the territory of each of its Members such privileges and immunities as are necessary for the fulfilment of its purposes.

2. Representatives of the Members of the United Nations and officials of the Organization shall similarly enjoy such privileges and immunities as are necessary for the independent exercise of their functions in connection with the Organization.

3. The General Assembly may make recommendations with a view to determining the details of the application of paragraphs 1 and 2 of this Article or may propose conventions to the Members of the United Nations for this purpose.

CHAPTER XVII TRANSITIONAL SECURITY ARRANGEMENTS

Article 106 Pending the coming into force of such special agreements referred to in Article 43 as in the opinion of the Security Council enable it to begin the exercise of its responsibilities under Article 42, the parties to the Four-Nation Declaration, signed at Mos-

コーで署名された4国宣言の当事国及びフランスは，この宣言の第5項の規定に従って，国際の平和及び安全の維持のために必要な共同行動をこの機構に代ってとるために相互に及び必要に応じて他の国際連合加盟国と協議しなければならない．

cow, October 30 1943, and France, shall, in accordance with the provisions of paragraph 5 of that Declaration, consult with one another and as occasion requires with other Members of the United Nations with a view to such joint action on behalf of the Organization as may be necessary for the purpose of maintaining international peace and security.

第107条〔敵国に関する行動〕 この憲章のいかなる規定も，第2次世界戦争中にこの憲章の署名国の敵であった国に関する行動でその行動について責任を有する政府がこの戦争の結果としてとり又は許可したものを無効にし，又は排除するものではない．

Article 107 Nothing in the present Charter shall invalidate or preclude action, in relation to any state which during the Second World War has been an enemy of any signatory to the present Charter, taken or authorized as a result of that war by the Governments having responsibility for such action.

コラム：旧敵国条項

国連憲章には，旧「敵国」という語が第53条，第77条1項bおよび第107条の3か所にある．これらの規定を総称して旧敵国条項と呼ぶ．日本は，1970年の愛知外務大臣の総会演説以降，第2大戦後国際社会に復帰した日本に当該規定の適用の余地はないとして一貫してその削除を主張してきた．国連は，1995年の総会決議で，旧敵国条項削除のための憲章改正手続を将来の最も早い適当な時期に開始する意思を表明した（A/RES/50/52）．

第18章　改　正

CHAPTER XVIII AMENDMENTS

第108条〔改正〕 この憲章の改正は，総会の構成国の3分の2の多数で採択され，且つ，安全保障理事会のすべての常任理事国を含む国際連合加盟国の3分の2によって各自の憲法上の手続に従って批准された時に，すべての国際連合加盟国に対して効力を生ずる．

Article 108 Amendments to the present Charter shall come into force for all Members of the United Nations when they have been adopted by a vote of two thirds of the members of the General Assembly and ratified in accordance with their respective constitutional processes by two thirds of the Members of the United Nations, including all the permanent members of the Security Council.

第109条〔全体会議〕 1 この憲章を再審議するための国際連合加盟国の全体会議は，総会の構成国の3分の2の多数及び安全保障理事会の9理事会の投票によって決定される日及び場所で開催することができる．各国際連合加盟国は，この会議において1個の投票権を有する．

2　全体会議の3分の2の多数によって勧告されるこの憲章の変更は，安全保障理事会のすべての常任理事国を含む国際連合加盟国の3分の2によって各自の憲法上の手続に従って批准された時に効力を生ずる．

3　この憲章の効力発生後の総会の第10回年次会期までに全体会議が開催されなかった場合には，これを招集する提案を総会の第10回年次会期の議事日程に加えなければならず，全体会議は，総会の構成国の過半数及び安全保障理事会の7理事国の投票によって決定されたときに開催しなければならない．

Article 109 1. A General Conference of the Members of the United Nations for the purpose of reviewing the present Charter may be held at a date and place to be fixed by a two-thirds vote of the members of the General Assembly and by a vote of any nine members of the Security Council. Each Member of the United Nations shall have one vote in the conference.

2. Any alteration of the present Charter recommended by a two-thirds vote of the conference shall take effect when ratified in accordance with their respective constitutional processes by two thirds of the Members of the United Nations including all the permanent members of the Security Council.

3. If such a conference has not been held before the tenth annual session of the General Assembly following the coming into force of the present Charter, the proposal to call such a conference shall be placed on the agenda of that session of the General Assembly, and the conference shall be held if so decided by a majority vote of the members of the General Assembly and by a vote of any seven members of the Security Council.

第19章　批准及び署名

第110条〔批准と効力発生〕 1　この憲章は，署名国によって各自の憲法上の手続に従って批准されなければならない．

2　批准書は，アメリカ合衆国政府に寄託される．同政府は，すべての署名国及び，この機構の事務総長が任命された場合には，事務総長に対して各寄託を通告する．

3　この憲章は，中華民国，フランス，ソヴィエト社会主義共和国連邦，グレート・ブリテン及び北部アイルランド連合王国，アメリカ合衆国及びその他の署名国の過半数が批准書を寄託した時に効力を生ずる．批准書寄託調書は，その時にアメリカ合衆国政府が作成し，その謄本をすべての署名国に送付する．

4　この憲章の署名国で憲章が効力を生じた後に批准するものは，各自の批准書の寄託の日に国際連合の原加盟国となる．

第111条〔正文〕 この憲章は，中国語，フランス語，ロシア語，英語及びスペイン語の本文をひとしく正文とし，アメリカ合衆国政府の記録に寄託しておく．この憲章の認証謄本は，同政府が他の署名国の政府に送付する．

以上の証拠として，連合国政府の代表者は，この憲章に署名した．

1945年6月26日にサン・フランシスコ市で作成した．

CHAPTER XIX　RATIFICATION AND SIGNATURE

Article 110 1. The present Charter shall be ratified by the signatory states in accordance with their respective constitutional processes.

2. The ratifications shall be deposited with the Government of the United States of America, which shall notify all the signatory states of each deposit as well as the Secretary-General of the Organization when he has been appointed.

3. The present Charter shall come into force upon the deposit of ratifications by the Republic of China, France, the Union of Soviet Socialist Republics, the United Kingdom of Great Britain and Northern Ireland, and the United States of America, and by a majority of the other signatory states. A protocol of the ratifications deposited shall thereupon be drawn up by the Government of the United States of America which shall communicate copies thereof to all the signatory states.

4. The states signatory to the present Charter which ratify it after it has come into force will become original Members of the United Nations on the date of the deposit of their respective ratifications.

Article 111 The present Charter, of which the Chinese, French, Russian, English, and Spanish texts are equally authentic, shall remain deposited in the archives of the Government of the United States of America. Duly certified copies thereof shall be transmitted by that Government to the Governments of the other signatory states.

IN FAITH WHEREOF the representatives of the Governments of the United Nations have signed the present Charter.

DONE at the city of San Francisco the twenty-sixth day of June, one thousand nine hundred and forty-five.

---

56 〈参考〉**国際連盟規約**（抄）

国際連盟規約（ヴェルサイユ平和条約第1編・連盟規約）
〔採択〕1919年6月28日，ヴェルサイユ，解散1946年4月19日
〔効力発生〕1920年1月10日
〔日本国〕1920年1月10日，1933年3月27日脱退通告

前　文（略）

第1条〔加盟と脱退〕 1　本規約附属書列記の署名国及留保なくして本規約に加盟する該附属書列記の爾余諸国を以て，国際連盟の原連盟国とす．右加盟は，本規約実施後2月以内に宣言書を連盟事務局に寄託して之を為すべし．右に関しては，一切の他の連盟国に通告すべきものとす．

2　附属書に列記せざる国，領地又は植民地にして完全なる自治を有するものは，其の加入に付，連盟総会3分の2の同意を得るに於ては，総て連盟国と為ることを得．但し其の国際義務遵守の誠意あることに付有効なる保障を与へ，且其の陸海及空軍の兵力其の他の軍備に関し連盟の定むることあるべき準則を受諾することを要す．

3　連盟国は，2年の予告を以て連盟を脱退することを得．但し脱退の時迄に其の一切の国際上及本規約上の義務は履行せられたることを要す．

第2条〔機関〕 本規約に依る連盟の行動は，連盟総会及連盟理事会並附属の常設連盟事務局に依りて之を為すべきものとす．

第3条〔連盟総会〕 1　連盟総会は，連盟国の

代表者を以て之を組織す.
2 連盟総会は, 連盟本部所在地又は別に定むることあるべき地に於て定期に及必要に応じ随時に之を開く.
3 連盟総会は, 連盟の行動範囲に属し又は世界の平和に影響する一切の事項を其の会議に於て処理す.
4 連盟国は, 連盟総会の会議に於て各1箇の表決権を有すべく, 且3名を超えざる代表者を出すことを得.

第4条〔連盟理事会〕 1 連盟理事会は, 主たる同盟及連合国の代表者並他の4連盟国の代表者を以て之を組織す. 該4連盟国は, 連盟総会其の裁量に依り随時之を選定す. 連盟総会か第1次に選定する4連盟国に於て其の代表者を任命する迄は, 白耳義〔ベルギー〕国, 伯剌西爾〔ブラジル〕国, 西班牙〔スペイン〕国及希臘〔ギリシア〕国の代表者を以て連盟理事会員とす.
2の1 連盟理事会は, 連盟総会の過半数の同意あるときは, 連盟理事会に常に代表者を出すべき連盟国を追加指定することを得. 連盟理事会は, 同会に代表せしむる為, 連盟総会の選定すべき連盟国の数を前同様の同意を以て増加することを得.
2の2 連盟総会は, 連盟理事会非常任代表国の選挙に関する規則特に其の任期及再選の条件に関する規則を3分の2の多数に依り定むべし.
3 連盟理事会は, 連盟本部所在地又は別に定むることあるべき地に於て必要に応じ随時に且少くとも毎年1回之を開く.
4 連盟理事会は, 連盟の行動範囲に属し又は世界の平和に影響する一切の事項を其の会議に於て処理す.
5 連盟理事会に代表せられざる連盟各国は, 特に其の利益に影響する事項の審議中, 連盟理事会会議に理事会員として列席する代表者1名の派遣を招請せらるべし.
6 連盟理事会に代表せらるる連盟各国は, 連盟理事会会議に於て1箇の表決権を有すべく, 且1名の代表者を出すことを得.

第5条〔総会と理事会の議事〕 1 本規約中又は本条約の条項中別段の明文ある場合を除くの外, 連盟総会又は連盟理事会の会議の議決は, 其の会議に代表せらるる連盟国全部の同意を要す.
2 連盟総会又は連盟理事会の会議に於ける手続に関する一切の事項は, 特殊事項調査委員の任命と共に, 連盟総会又は連盟理事会之を定む. 此の場合に於ては, 其の会議に代表せらるる連盟国の過半数に依りて, 之を決定することを得.
3 連盟総会の第1回会議及連盟理事会の第1回会議は, 亜米利加〔アメリカ〕合衆国大統領之を招集すべし.

第6条〔連盟事務局〕 1 常設連盟事務局は, 連盟本部所在地に之を設置す. 連盟事務局には, 事務総長1名並必要なる事務官及属員を置く.
2 第1次の事務総長は, 附属書に之を指定し, 爾後の事務総長は, 連盟総会過半数の同意を以て連盟理事会之を任命す.
3 連盟事務局の事務官及属員は, 連盟理事会の同意を以て, 事務総長之を任命す.
4 事務総長は, 連盟総会及連盟理事会の一切の会議に於て, 其の資格にて行動す.
5 連盟の経費は, 連盟総会の決定する割合に従ひ, 連盟国之を負担す.

第7条〔連盟本部所在地, 職員, 特権〕 1 連盟本部所在地は, 「ジュネーヴ」とす.
2 連盟理事会は, 何時たりとも, 其の議決に依り, 他の地を以て連盟本部所在地と為すことを得.
3 連盟に関し又は之に附帯する一切の地位は, 連盟事務局の地位と共に, 男女均しく之に就くことを得.
4 連盟国代表者及連盟職員は, 連盟の事務に従事する間, 外交官の特権及免除を享有す.
5 連盟, 連盟職員又は連盟会議参列代表者の使用する建物其の他の財産は, 之を不可侵とす.

第8条〔軍備縮小〕(略)

第9条〔常設軍事委員会〕(略)

第10条〔領土保全と政治的独立〕(略)

第11条〔戦争の脅威〕 1 戦争又は戦争の脅威は, 連盟国の何れかに直接の影響あると否とを問はず, 総て連盟全体の利害関係事項たることを茲に声明す. 仍て連盟は, 国際の平和を擁護する為適当且有効と認むる措置を執るべきものとす. 此の種の事変発生したるときは, 事務総長は, 何れかの連盟国の請求に基き直に連盟理事会の会議を招集すべし.
2 国際関係に影響する一切の事態にして国際の平和又は其の基礎たる各国間の良好なる了解を攪乱せむとする虞あるものに付, 連盟総会又は連盟理事会の注意を喚起するは, 連盟各国の友誼的権利なることを併せて茲に声明す.

第12条〔紛争の平和的解決〕 1 連盟国は, 連盟国間に国交断絶に至るの虞ある紛争発生するときは, 当該事件を仲裁裁判若は司法的解決又は連盟理事会の審査に付すべく, 且仲裁裁判官の判決若は司法裁判の判決後又は連盟理事会の報告後3月を経過する迄, 如何なる場合に於ても, 戦争に訴へざることを約す.
2 本条に依る一切の場合に於て, 仲裁裁判官の判決又は司法裁判の判決は，相当期間内に，連盟理事会の報告は，紛争事件付託後6月以内に之を為すべし．

第13条〔裁判〕1　連盟国は，連盟国間に仲裁裁判又は司法的解決に付し得と認むる紛争を生じ，其の紛争が外交手段に依りて満足なる解決を得ること能はざるときは，当該事件全部を仲裁裁判又は司法的解決に付すべきことを約す．

2　条約の解釈，国際法上の問題，国際義務の違反と為るべき事実の存否並該違反に対する賠償の範囲及性質に関する紛争は，一般に仲裁裁判又は司法的解決に付し得る事項に属するものなることを声明す．

3　審理の為紛争事件を付託すべき裁判所は，第14条の規定に依り設立せられたる常設国際司法裁判所又は当事国の合意を以て定め若は当事国間に現存する条約の規定の定むる裁判所たるべし．

4　連盟国は，一切の判決を誠実に履行すべく，且判決に服する連盟国に対しては戦争に訴へざることを約す．判決を履行せざるものあるときは，連盟理事会は，其の履行を期する為必要なる処置を提議すべし．

第14条〔常設国際司法裁判所〕連盟理事会は，常設国際司法裁判所設置案を作成し，之を連盟国の採択に付すべし．該裁判所は，国際的性質を有する一切の紛争にして其の当事国の付託に係るものを裁判するの権限を有す．尚該裁判所は，連盟理事会又は連盟総会の諮問する一切の紛争又は問題に関し意見を提出することを得．

第15条〔紛争解決手続〕1　連盟国間に国交断絶に至るの虞ある紛争発生し，第13条に依る仲裁裁判又は司法的解決に付せられざるときは，連盟国は，当該事件を連盟理事会に付託すべきことを約す．何れの紛争当事国も，紛争の存在を事務総長に通告し，以て前記の付託を為すことを得．事務総長は，之が充分なる取調及審理に必要なる一切の準備を為すものとす．

2　此の目的の為，紛争当事国は，成るべく速に当該事件に関する陳述書を一切の関係事実及書類と共に事務総長に提出すべく，連盟理事会は，直に其の公表を命ずることを得．

3　連盟理事会は，紛争の解決に力むべく，其の努力効を奏したるときは，其の適当と認むる所に依り，当該紛争に関する事実及説明並其の解決条件を記載せる調書を公表すべし．

4　紛争解決に至らざるときは，連盟理事会は，全会一致又は過半数の表決に基き当該紛争の事実を述べ，公正且適当と認むる勧告を載せたる報告書を作成し之を公表すべし．

5　連盟理事会に代表せらるる連盟国は，何れも当該紛争の事実及之に関する自国の決定に付陳述書を公表することを得．

6　連盟理事会の報告書が紛争当事国の代表者を除き他の連盟理事会員全部の同意を得たるものなるときは，連盟国は，該報告書の勧告に応ずる紛争当事国に対し戦争に訴へざるべきことを約す．

7　連盟理事会に於て，紛争当事国の代表者を除き，他の連盟理事会員全部の同意ある報告書を得るに至らざるときは，連盟国は，正義公道を維持する為必要と認むる処置を執るの権利を留保す．

8　紛争当事国の1国に於て，紛争が国際法上専ら該当事国の管轄に属する事項に付生じたるものなることを主張し，連盟理事会之を是認したるときは，連盟理事会は，其の旨を報告し，且之が解決に関し何等の勧告をも為さざるものとす．

9　連盟理事会は，本条に依る一切の場合に於て紛争を連盟総会に移すことを得．紛争当事国一方の請求ありたるときは，亦之を連盟総会に移すべし．但し右請求は，紛争を連盟理事会に付託したる後14日以内に之を為すことを要す．

10　連盟理事会の行動及権限に関する本条及第12条の規定は，連盟総会に移したる事件に関し，総て之を連盟総会の行動及権能に適用す．但し紛争当事国の代表者を除き連盟理事会に代表せらるる連盟各国代表者及爾余過半数連盟国の代表者の同意を得たる連盟総会の報告書は，紛争当事国の代表者を除き他の連盟理事会員全部の同意を得たる連盟理事会の報告書と同一の効力を有すべきものとす．

第16条〔制裁〕1　第12条，第13条又は第15条に依る約束を無視して戦争に訴へたる連盟国は，当然他の総ての連盟国に対し戦争行為を為したるものと看做す．他の総ての連盟国は，之に対し直に一切の通商上又は金融上の関係を断絶し，自国民と違約国国民との一切の交通を禁止し，且連盟国たると否とを問はず他の総ての国の国民と違約国国民との間の一切の金融上，通商上又は個人的交通を防遏（ぼうあつ）すべきことを約す．

2　連盟理事会は，前項の場合に於て連盟の約束擁護の為使用すべき兵力に対する連盟各国の陸海又は空軍の分担程度を関係各国政府に提案するの義務あるものとす．

3　連盟国は，本条に依り金融上及経済上の措置を執りたる場合に於て之に基く損失及不便を最少限度に止むる為相互に支持すべきこと，連盟の1国に対する違約国の特殊の措置を抗拒する為相互に支持すべきこと，並連盟の約束擁護の為協力する連盟国軍隊の版図内通過に付必要なる処置を執るべきことを約す．

4　連盟の約束に違反したる連盟国に付ては，連盟理事会に代表せらるる他の一切の連盟国代表者の連盟理事会に於ける一致の表決を以て，連盟より之を除名する旨を声明することを得．

第17条〔非連盟国の関係する紛争〕（略）

第18条〔条約の登録〕（略）

第19条〔条約の再審議〕（略）

第20条〔規約と両立しない国際約定〕（略）

第21条〔局地的了解〕（略）

第22条〔委任統治〕 1　今次の戦争の結果従前支配したる国の統治を離れたる植民地及領土にして近代世界の激甚なる生存競争状態の下に未だ自立し得ざる人民の居住するものに対しては，該人民の福祉及発達を計るは，文明の神聖なる使命なること，及其の使命遂行の保障は本規約中に之を包容することの主義を適用す．

2　此の主義を実現する最善の方法は，該人民に対する後見の任務を先進国にして資源，経験又は地理的位置に因り最此の責任を引受くるに適し且之を受諾するものに委任し，之をして連盟に代り受任国として右後見の任務を行はしむるに在り．

3　委任の性質に付ては，人民発達の程度，領土の地理的地位，経済状態其の他類似の事情に従ひ差異を設くることを要す．

4　従前土耳其〔トルコ〕帝国に属したる或部族は，独立国として仮承認を受け得る発達の程度に達したり．尤も其の自立し得る時期に至る迄，施政上受任国の助言及援助を受くべきものとす．前記受任国の選定に付ては，主として当該部族の希望を考慮することを要す．

5　他の人民殊に中央阿弗利加〔アフリカ〕の人民は，受任国に於て其の地域の施政の責に任ずべき程度に在り．尤も受任国は，公の秩序及善良の風俗に反せざる限り良心及信教の自由を許与し，奴隷の売買又は武器若は火酒類の取引の如き弊習を禁止し，並築城又は陸海軍根拠地の建設及警察又は地域防衛以外の為にする土民の軍事教育を禁遏すべきことを保障し，且他の連盟国の通商貿易に対し均等の機会を確保することを要す．

6　西南阿弗利加［アフリカ］及或南太平洋諸島の如き地域は，人口の稀薄，面積の狭小，文明の中心より遠きこと又は受任国領土と隣接せること其の他の事情に因り受任国領土の構成部分として其の国法の下に施政を行ふを以て最善とす．但し受任国は，土著人民の利益の為前記の保障を与ふることを要す．

7　各委任の場合に於て，受任国は，其の委託地域に関する年報を連盟理事会に提出すべし．

8　受任国の行ふ権限，監理又は施政の程度に関し，予め連盟国間に合意なきときは，聯盟理事会は，各場合に付之を明定すべし．

9　受任国の年報を受理審査せしめ，且委任の実行に関する一切の事項に付連盟理事会に意見を具申せしむる為，常設委員会を設置すべし．

第23条〔人道的，社会的，経済的国際協力〕

連盟国は，現行又は将来協定せらるべき国際条約の規定に遵由し，

(イ) 自国内に於て及其の通商産業関係の及ぶ一切の国に於て，男女及児童の為に，公平にして人道的なる労働条件を確保するに力め，且之が為必要なる国際機関を設立維持すべし．

(ロ) 自国の監理に属する地域内の土着住民に対し，公正なる待遇を確保することを約す．

(ハ) 婦人及児童の売買並阿片其の他の有害薬物の取引に関する取極の実行に付，一般監視を連盟に委託すべし．

(ニ) 武器及弾薬の取引を共通の利益上取締るの必要ある諸国との間に於ける該取引の一般監視を連盟に委託すべし．

(ホ) 交通及通過の自由並一切の連盟国の通商に対する衡平なる待遇を確保する為方法を講ずべし．右に関しては，1914年乃至1918年の戦役中荒廃に帰したる地方の特殊の事情を考慮すべし．

(ヘ) 疾病の予防及撲滅の為，国際利害関係事項に付措置を執るに力むべし．

第24条〔国際事務局〕 1　一般条約に依る既設の国際事務局は，当該条約当事国の承諾あるに於ては，総て之を連盟の指揮下に属せしむべし．国際利害関係事項処理の為今後設けらるべき国際事務局及委員会は，総て之を連盟の指揮下に属せしむべきものとす．

57 平和のための結集決議 翻訳

（国連総会決議377(V)）
〔採択〕1950年11月3日（国連第5総会）

決議 A

総会は，

（略）

安全保障理事会が国際の平和及び安全の維持に関する同理事会の主要な責任を遂行することの重要性並びに全員一致の追求及び拒否権の行使の抑制に関する常任理事国の義務を再確認し,

憲章第 43 条に定める軍隊のための協定の交渉を発議することが安全保障理事会に属することを再確認し, かつ, その協定が締結されるまでの間は, 国際連合が国際の平和及び安全の維持のための手段を意のままに有するよう確保することを希望し,

安全保障理事会がその責任, 特に前 2 段に掲げる責任をすべての加盟国に代わって遂行することに失敗することが, 加盟国からその義務を, 又は国際連合から国際の平和及び安全を維持するというその憲章上の責任を免ずるものでないことを認識し,

この失敗が, 総会からその権利を奪わないこと, 又は総会から国際の平和及び安全の維持に関するその憲章上の責任を免ずるものではないことを特に承認し,

総会がこれらの点に関してその責任を遂行するためには, 事実を確認し, かつ, 侵略者をあらわにするための観察の可能性, 集団的に使用しうる兵力の存在及び効果的であるためには迅速であるべき集団的行動について総会が国際連合加盟国に時宜を得た勧告を行なうことの可能性を必要とすることを承認し,

A

1　平和に対する脅威, 平和の破壊又は侵略行為があると思われる場合において, 安全保障理事会が, 常任理事国の全員一致が得られないために国際の平和及び安全の維持に関するその主要な責任の遂行に失敗したときには, 総会は, 国際の平和及び安全を維持し, 又は回復するための集団的措置 (平和の破壊又は侵略行為の場合には必要に応じ兵力を使用することを含む.) を執るように加盟国に対し適当な勧告を行なう目的をもって, 直ちにその問題を審議しなければならないことを決議する. 総会は, その時会期中でない場合には, そのための要請があった時から 24 時間以内に緊急特別会期を開くことができる. この緊急特別会期は, いずれかの 7 理事国〔編者注：現在は 9 理事国〕の投票に基づく安全保障理事会の要請又は国際連合加盟国の過半数の要請があったときに招集されるものとする.

(以下略)

58 UNHCR 規程　翻訳

国際連合難民高等弁務官 (UNHCR) 事務所規程
(国連総会決議428(V)附属書)
〔採択〕1950年12月14日 (国連第 5 総会)

第 1 章　一般規定

1　国際連合難民高等弁務官は, 総会の権威の下で行動し, 国際連合の監督の下でこの規定の範囲内にある難民に国際的保護を与える職務, 並びにその難民の自発的帰還又は新たな国民社会内でのその同化を促進するために, 政府及び関係政府の承認を条件として民間団体を援助することによって難民問題の恒久的解決を求めるという職務を負う.

この職務を遂行するに当たって困難が生じた場合は特に, また, たとえばこれらの者の国際的地位に関する論議に関しては, 高等弁務官は, 難民諮問委員会が創設された場合, 同委員会の意見を要請する.

2　高等弁務官の作業は, 完全に非政治的な性格を有する. それは, 人道的及び社会的なもので, 原則として難民の集団及び部類に関するものとする.

3　高等弁務官は, 総会又は経済社会理事会により自らに与えられる政策指令に従う.

4　経済社会理事会は, 高等弁務官の見解を聴取した後に難民諮問委員会の設置を決定することができる. この委員会は, 難民問題の解決への明確な関心及び献身を基礎として, 理事会が選出する国際連合加盟国及び非加盟国の代表で構成する.

5　総会は, その第 8 回通常会期までに, 高等弁務官事務所が 1953 年 12 月 31 日以降も存続するべきか否かを決定するために, 同事務所のための取極を再検討する.

第 2 章　高等弁務官の職務

6　高等弁務官の権限は, 次の者に及ぶ.

A　(i) 1926 年 5 月 12 日の取極, 1928 年 6 月 30 日の取極, 1933 年 10 月 28 日の取極, 1938 年 2 月 10 日の条約, 1939 年 9 月 14 日の議定書又は国際避難民機関憲章に基づいて難民と認められている者.

(ii) 1951 年 1 月 1 日前に生じた事件の結果として, かつ, 人種, 宗教, 国籍若しくは政治的意見を理由に迫害を受けるおそれがあるという十分に理由のある恐怖を有するために, 国籍国の外にいる者であって, その国籍

国の保護を受けることができないもの又はそのような恐怖を有するため若しくは個人的便宜以外の理由のためにその国籍国の保護を受けることを望まないもの，又は以前に常居所を有していた国の外にいる無国籍者であって，当該常居所を有していた国に帰ることができないもの又はそのような恐怖を有するため若しくは個人的便宜以外の理由のために当該常居所を有していた国に帰ることを望まないもの

国際避難民機関がその活動期間中に下した適格性に関する決定は，この項の条件を満たす者に難民の地位を付与することを妨げない．

A に定める者についての高等弁務官の権限の適用は，当該者が次の場合のいずれかに該当する場合には，終了する．

(a) 任意に国籍国の保護を受けている場合
(b) 国籍を喪失していたが，任意にそれを回復した場合
(c) 新たな国籍を取得し，かつ，新たな国籍国の保護を受けている場合
(d) 迫害を受けるおそれがあるという恐怖を有するため，定住していた国を離れ又は定住していた国の外にとどまっていたが，当該定住していた国に任意に再び定住するに至った場合
(e) 難民であると認められる根拠となった事由が消滅したため，国籍国の保護を受けることを拒むことができなくなった場合．純然たる経済的性格の理由は，援用することができない．
(f) 国籍を有していない場合において，難民であると認められる根拠となった事由が消滅したため，常居所を有していた国に帰ることができるために，当該国に帰ることを拒む個人的便宜以外の理由を主張することができなくなった場合

B 人種，宗教，国籍又は政治的意見によって迫害を受けるおそれがあるという十分に理由のある恐怖を有するために，国籍国又は無国籍者の場合には常居所を有していた国の外にいる者であって，その国籍国政府の保護を受けることができないか若しくはその恐怖のためにそれを望まないもの，又は無国籍者の場合には常居所を有していた国に帰ることができないか若しくはその恐怖のためにそれを望まないもの

7 ただし，6 に定める高等弁務官の権限は，次の者には及ばない．

(a) 重国籍者．ただし，いずれかの国籍国について前項の規定を満たす場合はその限りではない．
(b) 居住国の権限ある当局によってその国の国籍を保持することに伴う権利及び義務を有すると認められている者
(c) 国際連合の他の機関又は組織から保護又は援助を引き続き受けている者
(d) 犯罪人引渡条約の規定の適用対象となっている犯罪又は国際軍事法廷に関するロンドン憲章第 4 条若しくは世界人権宣言第 14 条 2 の規定にいう犯罪を行ったとみなされる相当な理由のある者

8 高等弁務官は，次のことによって，事務所の権限に該当する難民の保護を与える．

(a) 難民保護のための国際条約の締結及び批准を推進し，その適用を監督し，かつ，その改正を提案すること．
(b) 政府との特別協定によって，難民の状態を改善し，かつ，保護を必要とする人数を減らすと思われるいかなる措置の実施も促進すること．
(c) 自発的帰還又は新たな国民社会への同化を促進するための政府及び民間の努力を援助すること．
(d) 極貧状態にある難民を排除することなく，国家領域への難民の入国を促進すること．
(e) 難民がその資産，特に再定住に必要な資産を移転する許可を得るため努力すること．
(f) 政府からその領域の難民の数及び状態並びに難民に関する法令及び規則に関する情報を入手すること．
(g) 関係する政府及び政府間機関と緊密に連絡を取り合うこと．
(h) 高等弁務官が最適と認める方法で，難民問題を扱う民間団体と連絡を取ること．
(i) 難民の福祉に関する民間団体の努力の調整を促進すること．

9 高等弁務官は，自らが自由に処分しうる財源の限度内で，帰還及び再定住を含む，総会が決定する追加的活動に従事する．

10 高等弁務官は，難民への援助のために受理する公私のいかなる基金も管理し，その援助を運営するのにもっとも適格であると認める民間機関，及び適当な場合には，公的機関にこの基金を分配する．

高等弁務官は，適当と認められないとき又は利用しえないいかなる申し出も拒否することができる．

高等弁務官は，総会の事前の承認がなければ，政府に基金提供を求め，又は一般的な援助要請をしてはならない．

高等弁務官は，この分野における自らの活動の記録をその年次報告の中に含める．

11 高等弁務官は，総会，経済社会理事会及びそれらの補助機関に対して自己の見解を表明する権利を有する．

高等弁務官は，毎年経済社会理事会を通じて総会に報告を行う．その報告は，総会の個別の議題項目とみなされる．

12 高等弁務官は，種々の専門機関の協力を招請することができる．

第3章 組織と財政

13 高等弁務官は，事務総長の指名に基づいて総会が選出する．高等弁務官の任用条件は，事務総長が提案し，かつ，総会が承認する．高等弁務官は，1951年1月1日から3年の任期で選出される．

14 高等弁務官は，同一の任期の間，国籍を異にする副高等弁務官を任命する．

15 (a) 提供された予算割当ての限度内で，高等弁務官事務所の職員は，高等弁務官が任命し，職務遂行に当たっては，高等弁務官に対して責任を負う．

(b) 当該職員は，高等弁務官事務所の目的に献身する者の中から選ばれる．

(c) 職員の雇用条件は，総会が採択した職員規則及びそれに基づいて事務総長が公布する細則によって定める．

(d) 無報酬の人員の雇用を許容するように規定を設けることができる．

16 高等弁務官は，難民居住国の政府と，当該国内における代表を任命する必要性に関して協議する．その必要を認めるいかなる国においても，当該国政府が承認する代表を任命することができる．前記規定を条件として，当該代表は2以上の国において勤務することができる．

17 高等弁務官及び事務総長は，相互の関心事項に関する連絡及び協議のために適当な取極を結ばなければならない．

18 事務総長は，高等弁務官に対して，予算の限度内であらゆる必要な便宜を提供する．

19 高等弁務官事務所は，スイスのジュネーヴに置く．

20 高等弁務官事務所は，国際連合の予算によって財政を賄われる．総会が今後，別段の決定をしない限り，高等弁務官事務所の職務遂行に関する行政的支出以外のいかなる支出も，国際連合の予算に計上されない．高等弁務官の活動に関する他のすべての支出は自発的拠出金により賄われる．

21 高等弁務官事務所の運営は，国際連合財政規則及びそれに基づいて事務総長が公布する財政細則に従う．

22 高等弁務官の基金に関する取引は，国際連合会計検査委員会の会計検査に服する．ただし，同委員会は，基金の割当てを受けた機関から会計検査済みの会計簿を受け取ることができる．その基金の保管及び割当てのための行政取極は，国際連合財政規則及びそれに基づいて事務総長が公布する財政細則に従って，高等弁務官と事務総長との間で協定されるものとする．

59 国連開発計画（UNDP）設立決議（抄） 翻訳

「特別基金及び技術援助拡大計画の国際連合開発計画への統合」に関する国際連合総会決議(2029(XX))
〔採択〕1965年11月22日（国連第20総会）

総会は，

（略）

1 技術援助拡大計画及び特別基金を国際連合開発計画という計画に統合することを決定する．2つの計画並びに2つの別個の基金の特別の性格及び活動が維持されること，並びに，拠出金は従前のように，2つの計画へ別々に保証され得ることが了解される．

2 本決議と矛盾しない，技術援助拡大計画及び特別基金を規律する原則，手続及び規定を再確認し，並びに，それらは国際連合開発計画の関連する活動に引き続き適用されることを宣言する．

3 第4項に規定される執行理事会が，総会決議1219（XII）のIII節及び同決議1240（XIII）のC部の諸規定の効果的な実施のための条件を審議することを要求する．

4 特別基金執行理事会及び技術援助委員会が従前に遂行していた任務（事業及び計画の審議及び承認並びに資金の割当を含む．）を遂行するために，国際連合開発計画執行理事会という，37の加盟国からなる単一の政府間委員会を設置することを決議する．さらに，それは，国際連合開発計画全体及び国際連合の通常の技術援助計画に対する一般的な政策指針及び指示を定める．それは，1年に2回会合し，並びに，それに関する報告書及び勧告を経済社会理事会の夏会期における審議のために同理事会へ提出する．執行理事会の決定は，出席しかつ投票する加盟国の多数決によって行われる．

5 経済的先進国の国際連合開発計画への貢献

に妥当な考慮を払って当該諸国の代表,及び,開発途上国からの適切な地域的な代表の必要を考慮して当該諸国の代表を,衡平かつ公正に定めて,国際連合の加盟国又は専門機関若しくは国際原子力機関の加盟国の中から執行理事会の理事国を選出することを経済社会理事会に要請する.この決議の附属書の規定に従って,第1回の選挙は,この決議の採択の後,経済社会理事会の最初の会合で行われる.

6 技術援助委員会及び特別基金諮問委員会に代えて,国際連合開発計画合同諮問委員会という諮問委員会を設置することを決定する.それは,第7項に規定される総裁又は総裁代理の議長の下で会合し,国際連合事務総長並びに専門機関及び国際原子力機関の事務局長又はその代表を含むものとする.国際連合児童基金及び世界食料計画の事務局長は,必要に応じて参加することを招請されるべきである.参加機関が,諮問的資格において,政策決定過程に完全に参加する機会を与えられることができるように,合同諮問委員会は国際連合開発計画のすべての重要な側面について諮問を受けることとし,特に,以下のことを含むものとする.合同諮問委員会は,

(a) より効果的な協力を確保するために,技術援助計画が諮問委員会に代表される機関の通常の計画の下で実施されることを考慮して,現地事務所代表を介して政府により提出された計画及び事業が承認のために執行理事会に付託される前に,それらに関する運営について助言する.諮問委員会が,開発計画全体に対して又は政府により要請された計画及び事業に対して一般的な政策の承認を勧告する場合に,諮問委員会の意見は,それが要請するときには,総裁の表明する見解とともに,総裁により執行理事会に通知される.

(b) 必要に応じて,特定の事業の実施機関の選定について諮問を受ける.

(c) 現地事務所代表の任命について諮問を受け,及び,当該代表が提出する年次報告書を審査する.

合同諮問委員会は,上記の任務の達成のため必要なたびごとにかつ必要な期間会合する.

7 (略)

8 この決議は1966年1月1日に効力を発生し,かつ,この決議の規定の中で要求されている行動は当該日より前にとられることを決定する.

60 国連環境計画(UNEP)設立決議(抄) 翻訳

国際環境協力のための制度上及び財政上の取極(国連総会決議2997(XXVII))
〔採択〕1972年12月15日(国連第27総会)

総会は,(略)

I 国際連合環境計画管理理事会

1 次の点に基づき,3年の任期で総会により選出される58の加盟国で構成する国際連合環境計画管理理事会を設立することを決定する.

(a) アフリカ諸国から16議席

(b) アジア諸国から13議席

(c) 東欧諸国から6議席

(d) ラテン・アメリカ諸国から10議席

(e) 西欧及びその他の諸国から13議席

2 管理理事会が,次の主要な機能と責任を有することを決定する.

(a) 環境分野における国際協力を促進し,かつ,適当な場合には,この目的のために政策を勧告すること.

(b) 国際連合システム内の環境計画の管理及び調整のために,一般的な政策指導を行うこと.

(c) 国際連合システム内の環境計画の実施に関し,II,2にいう国際連合環境計画事務局長の定期報告を受理しかつ審査すること.

(d) 広く国際的に重要性を有して生起する環境問題が政府により適当かつ十分に検討されることを確保するために,世界の環境状況を継続して審査すること.

(e) 関連する国際的な科学的その他の専門的集団が,環境に関する知識及び情報の獲得,評価及び交換に貢献し,かつ,適当な場合には,国際連合システム内の環境計画の策定及び実施の技術的側面に貢献することを促進すること.

(f) 国内的及び国際的環境政策及び措置の途上国への影響と,環境計画及び事業の実施において途上国が負うことになる追加的費用の問題を引き続き審査し,並びにその計画及び事業が当該途上国の開発計画及び優先順位と両立するよう確保すること.

(g) IIIにいう環境基金の資金利用計画を毎年審査しかつ承認すること.

3 管理理事会が,経済社会理事会を通じて総会に毎年報告を行うことを決定する.経済社会理事会は,特に,調整の問題,並びに国際連合システム内の環境政策及び計画と,経済・社会政

策全体及び優先順位との関係に関して，必要とみなしうる当該報告に関する意見を総会に送付する．

Ⅱ　環境事務局

1　国際連合システム内の環境に関する行動及び調整の中心として，高度の効率的運営を確保するような方法で業務を行う小規模な事務局を，国際連合において設立することを決定する．

2　環境事務局が，４年の任期で事務総長の指名に基づいて総会が選出し，かつ，とりわけ次の責任を委ねられる国際連合環境計画事務局長をその長とすることを決定する．

(a) 国際連合環境計画管理理事会に実質的な支援を提供すること．

(b) 管理理事会の指導の下で，国際連合内の環境計画を調整し，その実施を継続して審査し，かつ，その実効性を評価すること．

(c) 適当な場合には，管理理事会の指導の下で，環境計画の策定及び実施に関して，国際連合システムの政府間機関に助言を行うこと．

(d) 全世界の関連する科学的その他の専門的集団からの実効的協力及び貢献を確保すること．

(e) 環境分野における国際協力の促進のために，すべての関係当事者の要請に応じて助言業務を行うこと．

(f) 環境分野における国際連合計画のための中期及び長期計画を具体化する提案を，事務局長の発議又は要請に基づいて，管理理事会に提出すること．

(g) 管理理事会による検討が必要であると事務局長がみなすいかなる事項についても，管理理事会が注意を喚起すること．

(h) Ⅲにいう環境基金を，管理理事会の権限及び政策指導の下で管理すること．

(i) 環境に関連する事項を管理理事会に報告すること．

(j) 管理理事会が事務局長に委ねるその他の職務を遂行すること．

3　管理理事会の運営及び１にいう小規模な事務局の準備にかかる費用が，国際連合の通常予算により賄われること，並びに運用計画費用，計画支援及びⅢの下で設立される環境基金の管理費用が，同基金により賄われることを決定する．

Ⅲ　環境基金

1　環境計画のための追加的資金調達を準備するために，現行の国際連合財政手続に従い，1973年１月１日より有効となる自発的基金を設立することを決定する．

2－6　(略)

7　管理理事会が，環境基金の運用を統制するのに必要な一般的手続を制定することを決定する．

Ⅳ　環境調整委員会

1　国際連合環境計画の最も能率的な調整を行うために，国際連合環境計画事務局長を議長とする環境調整委員会を，行政調整委員会の監督の下でかつその枠内で設立することを決定する．

2　環境調整委員会が，環境計画の実施において関係するすべての団体間の協力及び調整を確保するために，定期的に開催されること，並びに当該委員会が国際連合環境計画管理理事会に毎年報告を行うことをさらに決定する．

(以下略)

61 人権理事会設立決議　翻訳

国連総会決議60/251
〔採択〕 2006年3月15日 (国連第60総会)

総会は，(略)

1　人権委員会に代えて，ジュネーヴに所在する人権理事会を，総会の補助機関として設立することを決定する．総会は，理事会の地位を５年以内に再検討するものとする．

2　理事会は，いかなる種類の差別もなく，かつ，公正かつ平等なやり方で，すべての者のためにすべての人権及び基本的自由の保護の普遍的な尊重を促進することに責任を負うことを決定する．

3　また，理事会は，重大かつ組織的な侵害を含む人権侵害の状況に対処し，それについての勧告を行うべきであると決定する．同理事会はまた，国際連合システムの中での実効的調整及び人権の主流化を促進すべきである．

4　さらに，理事会の作業は，すべての人権，すなわち，発展の権利を含む市民的，政治的，経済的，社会的及び文化的権利の伸張及び保護を強化するために，普遍性，公平性，客観性及び非選別性の原則，建設的国際対話並びに協力により導かれなければならないと決定する．

5　理事会は，とりわけ次のことをなすものと決定する．

(a) 人権教育及び学習並びに助言業務，技術援助及び能力形成が関係加盟国との協議のうえで，かつ，その同意を得て提供されるのを促進すること

(b) すべての人権のテーマ別問題に関する対話のための場となること
(c) 人権分野における国際法のさらなる発展のために総会に勧告を行うこと
(d) 諸国が引き受ける人権義務の完全な実施，並びに国際連合の会議及び首脳会議に由来する人権の伸張及び保護に関係する目標及び約束の検証を促進すること
(e) 各国の人権義務及び約束の履行について，適用範囲の普遍性及びすべての国家についての平等な取扱いを確保するようなやり方で，客観的かつ信頼できる情報に基づき，普遍的定期審査を行うこと．この審査は，関係国が十分に関わり，その能力形成の必要性を考慮して相互対話に基づく協力の仕組みでなければならない．この仕組みは，人権機関の作業を補完しなければならず，それと重複してはならない．理事会は，普遍的定期審査の仕組みのための方式及び必要な時間配分をその第1会期開催後1年以内に案出するものとする．
(f) 対話と協力を通じて，人権侵害の防止に貢献し，かつ，人権の緊急事態に即時に対応すること
(g) 1993年12月20日の決議48/141で総会により決定された国際連合人権高等弁務官事務所の作業に関する人権委員会の役割及び責任を引き受けること
(h) 人権分野で政府，地域的機関，国内人権機関及び市民社会と緊密に協力して作業すること
(i) 人権の伸張及び保護に関して勧告を行うこと
(j) 総会に年次報告書を提出すること

6　また，理事会は，特別手続の制度，専門家による助言及び不服申立手続を維持するために，人権委員会のすべての任務，仕組み，機能及び責任を引き受け，再検討し，必要な場合には，改善しかつ合理化しなければならないことを決定する．理事会は，この再検討を第1会期開催後1年以内に完了しなければならない．

7　さらに理事会は，47の加盟国で構成し，総会の構成国の多数による秘密投票により直接かつ個別的に選挙されることを決定する．理事国の構成は，公平な地理的配分に基づくものとし，議席は地域グループの間で次のように配分される．アフリカ諸国グループ13，アジア諸国グループ13，東欧諸国グループ6，ラテンアメリカ及びカリブ海諸国グループ8，西欧その他の諸国グループ7．理事国の任期は3年とし，連続2期を務めた後は引き続き再選されないものとする．

8　理事国の資格は，すべての国際連合加盟国に開かれることを決定する．理事国を選挙する際，加盟国は，候補国の人権の伸張及び保護への貢献並びにそれに関する自発的誓約及び約束を考慮に入れなければならない．総会は，出席しかつ投票する構成国の3分の2の多数により，人権の重大かつ組織的侵害を行った理事国の理事国としての権利を停止することができる．

9　理事国に選挙される国は，人権の伸張及び保護について最高水準を保持し，理事会と十分に協力し，その任期中に普遍的定期審査の仕組みの下で審査されなければならないことを決定する．

10　理事会は，年間を通して定期的に会合し，及び合計で10週以上の期間に主要会期を含め年間3回以上の会期を予定し，並びに必要な場合には，理事国の3分の1の支持を得て特別会期を開催できることを決定する．

11　理事国は，後に総会又は理事会が別段の定めをしない限り，適用可能な場合には，総会の委員会のために設けられた手続規則を適用することを決定し，また，非理事国，専門機関，その他の政府間国際機関及び国内人権機関，並びに民間団体を含むオブザーバーの参加及びそれとの協議は，この実体の最も実効的な貢献を確保しつつ，1996年7月25日の経済社会理事会決議1996/31及び人権委員会が遵守してきた慣行を含む取極に基づくことを決定する．

12　理事会の作業方法は，透明，公正かつ公平であること，並びに真の対話を可能にし，結果志向的であり，勧告及びその実施に向けての後の検証の議論を可能にし，また，特別手続及び仕組みとの実質的相互作用を可能にすることを決定する．

13　経済社会理事会が人権委員会にその作業を第62会期で終えることを要請すること，及び同理事会が同委員会を2006年6月16日に廃止することを勧告する．

14　新理事国を選挙することを決定する．理事国の任期はずらすものとし，その決定は，衡平な地理的配分を考慮に入れ，くじ引きにより最初の選挙において行われるものとする．

15　最初の理事国の選挙は，2006年5月9日に行われ，理事国の最初の会合は，2006年6月19日に召集されることを決定する．

16　理事会は，その設立から5年後にその作業及び機能遂行を再検討し，総会に報告することを決定する．

2 国際公務員

コラム：国際公務員

国際公務員（International Civil Servants）は，国際機構の任務に従事する職員（事務局の長を含む）を指す．「国際官僚（International Officials）」，「職員（staff members, staff）」，「人員（personnel）」，「官吏（agents）」も同義語として用いられる．

国際公務員の法的地位の特徴は，責任の国際性と独立した地位である．この法的地位を確保するため，たとえば国連では，憲章105条2項において特権・免除を定め，国連特権免除条約や「国連本部に関する国連とアメリカの間の協定」（いわゆる「国連本部協定」．1947年11月21日発効）によりその詳細を定めている．

こうした法的地位に鑑み，国際公務員は，任務の遂行に当たって，勤務地の法ではなく機構が定める職員諸規則により規律される．規則は，国連では，憲章101条1項に基づいて総会が定め，事務総長が公示する．

国際公務員は，不利益を被った際，機構が享有する裁判権免除のため，あるいはその規律する法が国内裁判所に馴染まないため，十全な救済が得られないことがある．そこで，国際機構は，これを救済するために，国際行政裁判所と総称される国際公務員の身分保障のための司法機関を設けた．国連，ILO，世銀，IMF，アジア開発銀行，EU（EU裁判所の第1審として「公務員裁判所」がある）などに設けられ，また，1つの裁判所が複数の国際機構職員に管轄権を拡大している（なお，国連では2009年より「紛争裁判所」と「上訴裁判所」の2審制を導入）．以上のことから，各国際機構が類似した職員規則を設け，各行政裁判所が判例を集積することにより，今日，国際公務員法と呼ぶべき法体系が発展してきているといえる．

62 国連特権免除条約（抄）

国際連合の特権及び免除に関する条約
〔採択〕1946年2月13日
〔効力発生〕1946年9月17日／〔日本国〕1963年4月18日

前　文（略）

第1条（法人格）

第1項　国際連合は，法人格を有し，次の能力を有する．

(a) 契約すること．
(b) 不動産及び動産を取得し，及び処分すること．
(c) 訴えを提起すること．

第2条（財産，基金及び資産）（略）

第3条（通信に関する便益）（略）

第4条（加盟国の代表者）

第11項　国際連合の主要機関及び補助機関に対する加盟国の代表者並びに国際連合が招集した会議に対する加盟国の代表者は，その任務の遂行中及び会合地への往復の旅行中，次の特権及び免除を享有する．

(a) 身柄の逮捕又は抑留及び手荷物の押収の免除並びに，代表者としての資格で行なった口頭又は書面による陳述及びすべての行動に関して，あらゆる種類の訴訟手続の免除
(b) すべての書類及び文書の不可侵
(c) 暗号を使用し，及び伝書使又は封印袋により書類又は信書を接受する権利
(d) 自己及び配偶者に関して，その任務の遂行のため入国し，又は通過する国において，出入国制限，外国人登録又は国民的服役義務の免除
(e) 通貨又は為替の制限に関して，一時的な公的任務を有する外国政府の代表者に与えられる便益と同一の便益
(f) 手荷物に関して，外交使節に与えられる免除及び便益と同一の免除及び便益
(g) 外交使節が享有するその他の特権，免除及び便益で前各号の規定に矛盾しないもの．ただし，輸入貨物（手荷物の一部としての輸入貨物を除く．）に対する関税又は消費税若しくは取引税の免除を要求する権利は，有しない．

第12項　国際連合の主要機関及び補助機関に対する加盟国の代表者並びに国際連合が招集した会議に対する加盟国の代表者に完全な言論の自由及び任務の遂行に当たっての完全な独立を保障するために，任務の遂行に当たって行なった口頭又は書面による陳述及びすべての行動に関する訴訟手続の免除は，それらの者が加盟国の代表者でなくなった場合にも，引き続き与えなければならない．

第13項　なんらかの形式の課税上の取扱いが居住を条件とする場合には，国際連合の主要機関及び補助機関に対する加盟国の代表者並びに国際連合が招集した会議に対する加盟国の代表者がその任務の遂行のために1国に滞在する期間は，居住期間と認めない．

第14項　特権及び免除は，加盟国の代表者個人の一身上の便宜のために与えられるものではなく，国際連合に関連する任務を独立して遂行することを保障するために与えられるもの

である．したがって，加盟国は，自国の代表者に与えられる免除が裁判の進行を阻害するものであり，かつ，免除が与えられる目的を害することなくこれを放棄することができると判断する場合には，その免除を放棄する権利を有するばかりでなく，これを放棄する義務を負う．

第15項　第11項，第12項及び第13項の規定は，代表者とその代表者が国民である国又はその代表者が代表する若しくは代表した国の当局との間には，適用しない．

第16項　この条において「代表者」とは，代表団のすべての代表，代表代理，顧問，技術専門家及び書記を含むものとする．

第5条（職員）

第17項　事務総長は，この条及び第7条の規定の適用を受ける職員の種類を定める．事務総長は，この種類を総会に提出する．この種類は，その後，すべての加盟国の政府に通知される．この種類に含まれる職員の氏名は，随時加盟国の政府に通知される．

第18項　国際連合の職員は，

(a) 公的資格で行なった口頭又は書面による陳述及びすべての行動に関して，訴訟手続を免除される．

(b) 国際連合が支払った給料及び手当に対する課税を免除される．

(c) 国民的服役義務を免除される．

(d) 配偶者及び扶養親族とともに，出入国制限及び外国人登録を免除される．

(e) 為替の便益に関して，当該国政府に派遣されている外交使節団に属する外交官で自已の地位と同等のものに与えられる特権と同一の特権を与えられる．

(f) 配偶者及び扶養親族とともに，国際的危機の場合に外交使節に与えられる帰国の便益と同一の便益を与えられる．

(g) 当該国で最初にその地位につく際に家具及び携帯品を無税で輸入する権利を有する．

第19項　第18項に定める免除及び特権のほか，事務総長及びすべての事務次長は，自己，配偶者及び未成年の子に関して，国際法に従って外交使節に与えられる特権，免除及び便益を与えられる．

第20項　特権及び免除は，国際連合の利益のために職員に与えられるものであって，職員個人の一身上の便宜のために与えられるものではない．事務総長は，職員に与えられる免除が裁判の進行を阻害するものであり，かつ，国際連合の利益を害することなくこれを放棄することができると判断する場合には，その免除を放棄する権利及び義務を有する．事務総長の場合には，安全保障理事会がその免除を放棄する権利を有する．

第21項　国際連合は，裁判の正当な運営を容易にし，警察法令の遵守を確保し，並びにこの条に掲げる特権，免除及び便益に関連する濫用の発生を防止するために，加盟国の関係当局と常に協力しなければならない．

第6条（国際連合のための任務を行なう専門家）

第22項　国際連合のための任務を遂行する専門家（第5条の範囲に属する職員を除く．）は，その任務に関連する旅行に費やす時間を含めて，任務の期間中，任務を独立して遂行するために必要な特権及び免除を与えられる．この専門家は，特に，次の特権及び免除を与えられる．

(a) 身柄の逮捕又は抑留及び手荷物の押収の免除

(b) 任務の遂行中に前記の者が行なった口頭又は書面による陳述及び行動に関して，あらゆる種類の訴訟手続の免除．この訴訟手続の免除は，その者が国際連合の任務に従事しなくなった場合にも，引き続き与えなければならない．

(c) すべての書類及び文書の不可侵

(d) 国際連合との通信のために，暗号を使用し，及び伝書使又は封印袋により書類又は信書を接受する権利

(e) 通貨又は為替の制限に関して，一時的な公的任務を有する外国政府の代表者に与えられる便益と同一の便益

(f) 手荷物に関して，外交使節に与えられる免除及び便益と同一の免除及び便益

第23項　特権及び免除は，国際連合の利益のために専門家に与えられるものであって，専門家個人の一身上の便宜のために与えられるものではない．事務総長は，専門家に与えられる免除が裁判の進行を阻害するものであり，かつ，国際連合の利益を害することなくこれを放棄することができると判断する場合には，その免除を放棄する権利及び義務を有する．

第7条（国際連合通行証）

第24項　国際連合は，その職員に対し国際連合通行証を発給することができる．加盟国の当局は，第25項の規定を考慮し，この通行証を有効な旅行証明書と認める．

第25項　国際連合通行証の所持者から国際連合の用務で旅行しているという証明書を添附して査証の申請（その必要がある場合）があったときは，なるべくすみやかに処理しなければならない．さらに，この所持者には，すみやかに旅行することができるよう便益を与えなければならない．

第26項　専門家その他の者で，国際連合通行証を所持していないが国際連合の用務で旅行しているという証明書を有するものには，第25項に定める便益と同様の便益を与えなければならない．

第27項　国際連合の用務で国際連合通行証を携帯して旅行する事務総長，事務次長及び部長は，外交使節に与えられる便益と同一の便益を与えられる．

第28項　この条の規定は，国際連合憲章第63条の規定に基づいて連携関係のために締結された協定が規定する場合には，専門機関の同等の地位にある職員に適用することができる．

第8条（紛争の解決）

第29項　国際連合は，次の紛争の適当な解決方法について定めなければならない．

(a) 契約から生ずる紛争又は他の私法的性格を有する紛争で，国際連合を当事者とするもの

(b) 公的地位により免除を享有する国際連合の職員に関する紛争．ただし，事務総長がその免除を放棄していない場合に限る．

第30項　この条約の解釈又は適用から生ずるすべての紛争は，当事者が他の解決方法によることを合意する場合を除き，国際司法裁判所に付託する．紛争が国際連合と加盟国との間に生じた場合には，紛争に含まれる法律問題については，国際連合憲章第96条及び国際司法裁判所規程第65条の規定に従って勧告的意見を要請する．裁判所が与えた意見は，関係当事者により最終的なものとして受諾される．

最終条項（略）

63 国連要員等安全条約（抄）

国際連合要員及び関連要員の安全に関する条約
〔採択〕1994年12月9日，ニューヨーク
〔効力発生〕1999年1月15日／〔日本国〕1999年1月15日

前　文（略）

第1条（定義） この条約の適用上，

(a)「国際連合要員」とは，次の者をいう．

(i) 国際連合事務総長により，国際連合活動の軍事，警察又は文民の部門の構成員として任用され又は配置された者

(ii) 国際連合，その専門機関又は国際原子力機関の職務を行うその他の職員及び専門家であって，国際連合活動が行われている地域内に公的資格で所在するもの

(b)「関連要員」とは，次に掲げる者であって，国際連合活動の任務の遂行を支援する活動を行うものをいう．

(i) 国際連合の権限のある機関の同意を得て，政府又は政府間機関によって配属された者

(ii) 国際連合事務総長，専門機関又は国際原子力機関によって任用された者

(iii) 国際連合事務総長，専門機関又は国際原子力機関との合意に基づいて，人道的な目的を有する非政府機関によって配置された者

(c)「国際連合活動」とは，国際連合憲章に従い国際連合の権限のある機関によって設けられ，かつ，国際連合の権限及び管理の下で実施される活動であって，次の(i)又は(ii)に定める条件を満たすものをいう．

(i) 当該活動が国際の平和及び安全の維持又は回復を目的とするものであること．

(ii) この条約の適用のため，安全保障理事会又は国際連合総会が当該活動に参加する要員の安全に対して例外的な危険が存在する旨を宣言したこと．

(d)「受入国」とは，その領域内で国際連合活動が実施される国をいう．

(e)「通過国」とは，受入国以外の国であって，国際連合要員及び関連要員又はこれらの要員の装備が国際連合活動に関連してその領域を通過し又はその領域内に一時的に所在するものをいう．

第2条（適用範囲） 1　この条約は，前条に定める国際連合要員及び関連要員並びに国際連合活動について適用する．

2　この条約は，国際連合憲章第7章の規定に基づく強制行動として安全保障理事会が認めた国際連合活動であって，その要員のいずれかが組織された軍隊との交戦に戦闘員として従事し，かつ，国際武力紛争に係る法規が適用されるものについては適用しない．

第3条（識別） 1　国際連合活動の軍事及び警察の部門の構成員並びにこれらの構成員に係る車両，船舶及び航空機には，明確な標識を付する．国際連合活動に係るその他の要員，車両，船舶及び航空機は，国際連合事務総長が別段の決定を行わない限り，適切に識別されるようにする．

2　すべての国際連合要員及び関連要員は，適当な身分証明書を携帯する．

第4条（国際連合活動の地位に関する協定） 受入国及び国際連合は，できる限り速やかに，国際連合活動及び当該活動に従事するすべての

要員の地位に関する協定（特に当該活動の軍事及び警察の部門の構成員の特権及び免除に係る規定を含むもの）を締結する.

第5条（通過） 通過国は，国際連合要員及び関連要員並びにこれらの要員の装備が受入国に入国し及び受入国から出国する際に妨げられることなく通過することを容易にする.

第6条（法令の尊重） 1　国際連合要員及び関連要員は，自己の享有する特権及び免除並びに自己の職務上の義務を害されない限りにおいて，(a)受入国及び通過国の法令を尊重し，並びに(b)自己の職務の中立性及びその国際的な性質に反するいかなる行動又は活動も差し控える.

2　国際連合事務総長は，1の義務が遵守されることを確保するための適当なすべての措置をとる.

第7条（国際連合要員及び関連要員の安全を確保する義務） 1　国際連合要員及び関連要員並びにこれらの要員の装備及び施設は，攻撃その他これらの要員がその任務を遂行することを妨げる行為の対象とされてはならない.

2　締約国は，国際連合要員及び関連要員の安全を確保するための適当なすべての措置をとる. 特に，締約国は，自国の領域内に配置された国際連合要員及び関連要員を第9条に定める犯罪から保護するための適当なすべての措置をとる.

3　締約国は，この条約の実施に当たり，適当と認める場合，特に受入国自身が必要な措置をとることができない場合には，国際連合及び他の締約国と協力する.

第8条（捕らえられ又は拘禁された国際連合要員及び関連要員を釈放し又は送還する義務） 適用のある軍隊の地位に関する協定に別段の定めがある場合を除くほか，国際連合要員又は関連要員が自己の職務の執行の過程で補らえられ又は拘禁された場合において，その身分が確認されたときは，尋問されることなく速やかに釈放され，かつ，国際連合その他の適当な当局に送還される. そのような要員は，釈放されるまでの間，普遍的に認められている人権に関する基準並びに1949年のジュネーヴ諸条約の原則及び精神に従って取り扱われる.

第9条（国際連合要員及び関連要員に対する犯罪） 1　締約国は，自国の国内法により，故意に行う次の行為を犯罪とする.

(a) 国際連合要員又は関連要員を殺し又は誘拐すること及びこれらの要員の身体又は自由に対するその他の侵害行為

(b) 国際連合要員又は関連要員の公的施設，個人的施設又は輸送手段に対する暴力的侵害行為であって，これらの要員の身体又は自由を害するおそれのあるもの

(c) これらの行為を行うとの脅迫であって，何らかの行為を行うこと又は行わないことを自然人又は法人に対して強要することを目的とするもの

(d) これらの行為の未遂

(e) これらの行為若しくはその未遂に加担すること又はこれらの行為を行わせるために他の者を組織し若しくは他の者に命ずること.

2　締約国は，1に定める犯罪について，その重大性を考慮した適当な刑罰を科することができるようにする.

第10条（裁判権の設定） 1　締約国は，次の場合において前条に定める犯罪についての自国の裁判権を設定するため，必要な措置をとる.

(a) 犯罪が自国の領域内で又は自国において登録された船舶若しくは航空機内で行われる場合

(b) 容疑者が自国の国民である場合

2　締約国は，次の場合において前条に定める犯罪についての自国の裁判権を設定することができる.

(a) 犯罪が自国内に常居所を有する無国籍者によって行われる場合

(b) 犯罪が自国の国民に関して行われる場合

(c) 犯罪が，何らかの行為を行うこと又は行わないことを自国に対して強要する目的で行われる場合

3　2に定める裁判権を設定した締約国は，その旨を国際連合事務総長に通報する. 当該締約国は，その後に当該裁判権を廃止した場合には，その旨を国際連合事務総長に通報する.

4　締約国は，容疑者が自国の領域内に所在し，かつ，自国が1又は2の規定に従って裁判権を設定したいずれの締約国に対しても第15条の規定による当該容疑者の引渡しを行わない場合において前条に定める犯罪についての自国の裁判権を設定するため，必要な措置をとる.

5　この条約は，国内法に従って行使される刑事裁判権を排除するものではない.

第11条（国際連合要員及び関連要員に対する犯罪の防止）（略）

第12条（情報の伝達）（略）

第13条（訴追又は引渡しを確保するための措置） 1　容疑者が領域内に所在する締約国は，状況により正当である場合には，訴追又は引渡しのために当該容疑者の所在を確実にするた

め，自国の国内法により適当な措置をとる．

2　1の規定に基づいてとられる措置は，国内法に従って，かつ，遅滞なく，国際連合事務総長に通報し，及び直接又は同事務総長を通じて次の国に通報する．

(a) 犯罪が行われた国

(b) 容疑者の国籍国又は容疑者が無国籍者である場合には当該容疑者が領域内に常居所を有する国

(c) 被害者の国籍国

(d) その他の関係国

第14条（容疑者の訴追） 容疑者が領域内に所在する締約国は，当該容疑者を引き渡さない場合には，いかなる例外もなしに，かつ，不当に遅滞することなく，自国の法令による手続を通じて訴追のため自国の権限のある当局に事件を付託する．その当局は，自国の法令に規定する通常の重大な犯罪の場合と同様の方法で決定を行う．

第15条（容疑者の引渡し） **1**　第9条に定める犯罪は，締約国間の現行の犯罪人引渡条約における引渡犯罪でない場合には，当該条約における引渡犯罪とみなされる．締約国は，相互間で締結されるすべての犯罪人引渡条約に同条に定める犯罪を引渡犯罪として含めることを約束する．

2　条約の存在を犯罪人引渡しの条件とする締約国は，自国との間に犯罪人引渡条約を締結していない他の締約国から犯罪人引渡しの請求を受けた場合には，随意にこの条約を第9条に定める犯罪に関する犯罪人引渡しのための法的根拠とみなすことができる．この犯罪人引渡しは，請求を受けた国の法令に定めるところによる．

3　条約の存在を犯罪人引渡しの条件としない締約国は，犯罪人引渡しの請求を受けた国の法令に定めるところにより，相互間で，第9条に定める犯罪を引渡犯罪と認める．

4　第9条に定める犯罪は，締約国間の犯罪人引渡しに関しては，当該犯罪が発生した場所のみでなく，第10条の1又は2の規定に従って裁判権を設定した締約国の領域内においても行われたものとみなされる．

第16条（刑事問題に関する相互援助）（略）

第17条（公正な取扱い） **1**　いずれの者も，自己につき第9条に定める犯罪のいずれかに関して捜査が行われ又は訴訟手続がとられている場合には，そのすべての段階において公正な取扱い，公正な裁判及び自己の権利の十分な保護を保障される．

2　いずれの容疑者も，次の権利を有する．

(a) 当該容疑者の国籍国その他当該容疑者の権利を保護する資格を有する国又は当該容疑者が無国籍者である場合には当該容疑者の要請に応じてその権利を保護する意思を有する国の最寄りの適当な代表と遅滞なく連絡を取る権利

(b) (a)に規定する国の代表の訪問を受ける権利

第18条（訴訟手続の結果の通報）（略）

第19条（周知）（略）

第20条（保留条項） この条約のいかなる規定も，次の事項に影響を及ぼすものではない．

(a) 国際連合活動並びに国際連合要員及び関連要員の保護について国際文書に定められている国際人道法及び普遍的に認められている人権に関する基準が適用されること，並びにこれらの要員がこれらの法及び基準を尊重する責任

(b) 自国の領域に人が入ることについての同意に関する締約国の権利及び義務であって国際連合憲章に合致するもの．

(c) 国際連合要員及び関連要員が国際連合活動の任務に関する規定に従って行動する義務

(d) 国際連合活動に自発的に要員を派遣する国が当該活動から自国の要員を撤退させる権利

(e) 各国によって国際連合活動に自発的に派遣される者の平和維持のための役務による死亡，廃疾，負傷又は疾病に関して支払われるべき適当な補償を受ける権利

第21条（自衛のための権利） この条約のいかなる規定も，自衛のための行動をとる権利に影響を及ぼすものと解してはならない．

第22条（紛争解決） **1**　この条約の解釈又は適用に関する締約国間の紛争で交渉によって解決されないものは，いずれかの紛争当事国の要請により，仲裁に付される．仲裁の要請の日から6箇月以内に仲裁の組織について紛争当事国が合意に達しない場合には，いずれの紛争当事国も，国際司法裁判所規程に従って国際司法裁判所に紛争を付託することができる．

2　締約国は，この条約の署名，批准，受諾若しくは承認又はこの条約への加入の際に，1の全部又は一部の規定に拘束されない旨を宣言することができる．他の締約国は，そのような留保を付した締約国との関係において1の全部又はその関係部分の規定に拘束されない．

3　2の規定に基づいて留保を付した締約国は，国際連合事務総長に対する通告により，いつでもその留保を撤回することができる．

第23条（検討会合）1又は2以上の締約国からの要請がある場合において，締約国の過半数によって承認されるときは，国際連合事務総長は，この条約の実施について及びこの条約の適用に関して生ずる問題について検討するため，締約国の会合を招集する．
（以下略）

64 国連職員規則（抄）翻訳

国際連合職員規則，国連総会決議590（VI）
〔採択〕1952年2月2日
改正：2009年4月7日（国連総会決議63/271採択），
2009年7月1日発効（ST/SGB/2009/6発行）

※ 近年の大幅な改正は上記であるが，その後部分的な改正は随時なされている．現行最新版は，2013年6月26日発行の事務総長告示（ST/SGB/2013/3）参照．

範囲と目的（略）

第1条（任務，義務及び特権）

規則1.1（職員の地位）

（a）職員は，国際公務員である．その職員としての責任は，国家的なものではなく，専ら国際的なものである．

（b）職員は，事務総長又はその権限を認められた代理人の立ち会いの下で，以下の書面による宣言を行わなければならない．

「私は，国際連合の国際公務員として自らに委託された職務を専ら誠実に，慎重にかつ良心に従って遂行し，国際連合のみの利益のために，それらの職務を遂行しかつ自らの行動を規律し，その任務の遂行に関して，いかなる政府又はこの機構外の他の当局からも，指示を求め，又は受入れないことを厳粛に宣誓します．

私は，また，この職員規則及び細則に規定された，自らに課された義務を尊重することを宣誓します．」

（c）−（e）（略）

（f）国際連合憲章第105条によって国際連合が享有する特権及び免除は，この機構の利益において付与される．この特権及び免除を付与される職員は，自らが所在する国の法律及び警察規則の不遵守又はその私的義務の不履行のいずれについても，当該特権及び免除を口実としてはならない．この特権及び免除の適用に関して問題が発生するいかなる場合においても，職員は，直ちに問題を事務総長に報告しなければならない．事務総長は，その特権及び免除が存在するか否か，及びそれらが関連文書に従って放棄されなければならないかを単独で決定することができる． a

規則1.2（職員の基本的権利及び義務）

中核となる価値 b

（a）職員は，基本的人権，人間の尊厳及び価値並びに男女同権への誓約を含む国際連合憲章に定められた原則を支持しかつ尊重しなければならない．したがって，職員は，あらゆる文化に敬意を表さなければならない．職員 c は，いかなる個人又は個人から成る集団に対して差別をしてはならず，あるいはまた，自らに付与された権力又は権限を濫用してはならない．

（b）職員は，最高水準の能率，能力及び誠実を d 保持しなければならない．誠実の概念は，職員の仕事及び地位に影響を与えるあらゆる事項において，高潔，不偏，公正，正直及び忠実であることを含むが，これらに限定されることはない． e

一般的な権利及び義務

（c）−（i）（略）

叙位，贈物又は報酬

（j）職員は，いかなる政府からも叙位，叙勲，記念品，贈物又は報酬を受けてはならない． f

（k），（l）（略）

利益の対立

（m），（n）（略）

外部での雇用及び活動

（o）職員は，報酬の有無にかかわらず，事務総 g 長の承認なしにいかなる外部の職業又は雇用にも従事してはならない．

（p）（略）

財産及び資産の使用（略）

規則1.3 h

職員の勤務評定（略）

第2条（官職及び職員の区分）（略）

第3条（俸給及び関連諸手当）

規則3.1

職員の俸給は，この規則の付属書Ⅰの規定に i 従って，事務総長がこれを定める．

規則3.2

（a）事務総長は，承認された本国以外で居住しかつ勤務する職員の扶養する子女が，将来当該本国において再定住することを容易にす j ると事務総長が考える学校，大学又はそのような同等の教育機関にフルタイムで出席する場合，当該職員に対し，教育補助金が利用できる条件を設ける．同補助金は，高等教育4年間の終了まで当該子女に関して支払わ k

れなければならない．各子女のための学年毎の補助金額は，総会が承認する最高額の補助金に従って，実際に掛かった認容できる教育経費の 75 パーセントとされる．当該子女の旅費もまた，各学年に 1 度，教育機関と職員の勤務地との間の海外往復旅行に対し，支払われうる．ただし，職員がその子女のために望む言語又は文化的伝統で授業を行う学校が存在しない指定勤務地で勤務する職員の場合，その旅費は，職員が帰国休暇の資格を有さない年には 2 度支払われうる．その旅行は，事務総長が承認した経路でなければならず，本国と勤務地との間の旅費を超える額であってはならない．

(b) 事務総長はまた，指定勤務地で，総会が承認する年間最高額に従って，搭乗費用の 100 パーセントの追加額が小・中学校に通う子女に関して支払われうる条件を設ける．

(c) 事務総長はまた，言語が自身のそれと異なる国に勤務し，かつ，教育が母国語と異なる言語でなされる現地校に通っている扶養する子女に，母国語を教えるために学費を支払う義務を負う職員に対し，教育補助金が利用可能となる条件を設ける．

(d) 事務総長はまた，子女が身体的又は精神的障害により，通常の教育機関に通うことができず，それゆえ，当該子女が社会に十分に溶け込む準備をするための特別な指導若しくは訓練を必要とするか，又は通常の教育機関に通いながら，当該子女がその障害を克服するのを援助するために，特別な指導若しくは訓練を必要とする職員に対し，教育補助金が利用可能となる条件を設ける．障害を持つ各子女に対するこの補助金の年間の額は，総会が承認する最高額までで，実際に掛かった教育経費の 100 パーセントに等しい額とする．

(e) 事務総長は，それぞれの場合において，教育補助金が，認知された子女又は継子に拡大されるか否かを決定することができる．

（以下略）

第 4 条　（任用及び昇任）

規則 4.1

職員の任命権は，国際連合憲章第 101 条に規定するところにより，事務総長にある．任命に際して，政府職からの派遣に基づく職員を含む各職員は，この規則の附属書Ⅱの規定に従って，事務総長又は事務総長の名において職員が署名した任命書を受領する．

規則 4.2

職員の任用，配置換又は昇任に当たって最も考慮すべきことは，最高水準の能率，能力及び誠実を確保しなければならないことである．職員をなるべく広い地理的基礎に基づいて採用することの重要性については，妥当な考慮を払わなければならない．

規則 4.3

職員の選考は，国際連合憲章の原則に従って，人種，性又は宗教による差別なく行われなければならない．実行可能である限り，選考は競争原理に基づいて行われなければならない．

規則 4.4（略）

規則 4.5

(a) 事務次長及び事務次長補の任用は，通常 5 年までの期間とし，延長又は更新することができる．他の職員は，事務総長が定め得るこの規則に合致する条件の下に，臨時，期限付又は継続任用を付与される．

(b) 臨時任用は，法的その他いかなる更新の期待も伴うものではない．臨時任用は，いかなる他の任用形態にも変更されない．

(c) 期限付任用は，勤務の長さにかかわらず，法的その他いかなる更新又は変更の期待も伴うものではない．

(d) 事務総長は，いずれの職員が継続任用のために考慮される資格を有するかを定めなければならない．

規則 4.6

事務総長は，職員が任用前に満たすべき適当な健康上の基準を設定しなければならない．

第 5 条　（年次及び特別休暇）

規則 5.1

職員は，適当な年次休暇を付与される．

規則 5.2

特別休暇は，例外的な場合に，事務総長が許可することができる．

規則 5.3

資格ある職員は，24 カ月ごとに 1 度，帰国休暇を与えられる．ただし，生活及び労働に非常に困難な条件を有する指定勤務地の場合，資格ある職員は，12 カ月ごとに 1 度，帰国休暇を与えられる．自国が自らの公的な勤務地か又は常居所である職員は，国際連合での勤務の間，帰国休暇の資格はない．

第 6 条　（社会保障）（略）

第 7 条　（旅費及び移転費用）（略）

第 8 条　（職員関係）

規則 8.1

(a) 事務総長は，労働条件，生活の一般条件及びその他の人的資源政策を含む職員の福祉に関する問題を認定，検討及び解決することに職員が実効的に参加することを確保するために，職員との継続した連絡及び伝達を設定しかつ維持しなければならない.

(b) 職員代表機関は，上記の(a)に規定した目的のために設置され，かつ事務総長に提案する資格を有する．当該機関は，各職員代表機関によって作成されかつ事務総長が同意した選挙規定の下で，少なくとも2年に1度実施される選挙により，すべての職員に対し，公平な代表を提供するように組織されなければならない.

規則 8.2

事務総長は，人的資源政策及び規則 8.1 に規定した職員福祉の一般問題に関して，自らに忠告を与える現地及び事務局全体の双方レベルにおける合同職員管理機構を設置しなければならない.

第9条　（離　職）

規則 9.1

職員は，その任用条件の下で必要とされる通告を事務総長に与え，辞職することができる.

規則 9.2

職員は，60 歳を超えて，又は 1990 年 1 月 1 日以降に任用された場合は 62 歳を超えて，常勤職に留まってはならない．事務総長は，この機構の利益において，例外的にこの年齢制限を延長することができる.

規則 9.3

(a) 事務総長は，職員の任用条件に従って，又は次のいずれかの理由で，臨時，期限付又は継続任用を有する職員の任用を，理由を付して停止することができる.

(i) 勤務の必要性から，官職の廃止又は職員の減員が求められる場合

(ii) 職員の勤務成績が不良であることが明らかな場合

(iii) 職員が，健康上の理由でそれ以上の勤務が不可能である場合

(iv) 職員が国際連合憲章第 101 条 3 により必要とされる最高水準の誠実を満たさないことが，当該職員の行動から認められる場合

(v) 職員の任命以前の職員の適格性に関する事実で，任命時に知られていれば国際連合憲章に設けられた水準の下では任用されなかったはずの事実が明らかになった場合

(vi) 関係職員が当該行為を争わない限り，この機構の良き行政の利益においてかつ国際連合憲章の基準に従う場合

(b) 以上に加えて，継続任用を有する職員に関し，事務総長は，職員の解任が，この機構の良き行政の利益となり，主に委任の変更又は終了として解釈されかつ国際連合憲章の基準に従うと考える場合，職員の同意なくその任用を終了させることができる.

(c) 事務総長が職員の任用を終了させる場合，職員は，職員規則及び細則の下で適用され得る告知並びに補償金の支払いを受ける．解任補償金の支払いは，この規則の付属書Ⅲに特定された割合及び条件に従って，事務総長が行うものとする.

(d) 事務総長は，事情が許しかつ正当であると認める場合，任用が終了させられた職員に対し，当該解任に争いがない限り，職員規則の下で通常支払い可能とされる額以上でかつその 50 パーセントを超えない範囲で解任補償金を支払うことができる.

規則 9.4

事務総長は，この規則の付属書Ⅳに特定された最大限の割合に従いかつそこに特定された条件の下で，帰還補助金の支払いのための計画を設定しなければならない.

第 10 条　（懲戒処分）

規則 10.1

(a) 事務総長は，非行を犯す職員に懲戒処分を科すことができる.

(b) 性的搾取及び性的虐待は，重大な非行を構成する.

第 11 条　（請求）

規則 11.1

司法運営制度における 2 審制公式制度を設ける.

(a) 国際連合紛争裁判所は，その規程及び規則に規定された条件の下で，すべての関連規則及び細則を含む，その任用条件又は雇用契約の不履行を主張する職員からの申立てに関して，審理しかつ判決を言い渡す.

(b) 国際連合上訴裁判所は，その規程及び規則に規定された条件の下で，国際連合紛争裁判所が言い渡した判決のいずれかの当事者が提出した請求に対して上訴管轄権を行使する.

第 12 条　（一般規定）

規則 12.1

この規則は，職員の既得権を害することなく，総会が追加し又は改正することができる.

（以下略）

65 国連ボランティア（UNV）設立決議（抄）　翻訳

（国連総会決議2659（XXV））
〔採択〕1970年12月7日（国連第25総会）

総会は，（略）

社会及び経済生活のあらゆる面へのより若い世代の積極的な参加が，よりよい社会にとって必要な集団的努力の実効性向上の確保において，重要な要因であることを確信し，

次の場合，すなわち，

(a) その業務が，うまく計画及び管理され，特に途上国を含むなるべく広い地理的基礎に基づいて採用されかつ勤務するボランティアを利用し，並びに必要な人材が利用可能である場合，

(b) ボランティアが，技能の移転を含む，被援助国の発展のために必要とされる技術的及び個人的資格を有している場合，

(c) ボランティアが，関係する被援助国政府の明示の要請及び承認なしには，当該国に派遣されない場合には，

開発援助活動におけるボランティア業務が，実りある参加形態であり，かつ，追加的資源となる訓練された労働力の提供により，当該活動の成功に実質的に貢献しうるものであることもまた確信し，

1. 事務総長報告に含まれたその提案を歓迎する．

2. 国際連合システムの既存の枠内で，1971年1月1日より有効となる，構成員が集団的及び個別的に配置されるボランティアの国際的集団を，国際連合ボランティアとして設立することを決定する．

3. 事務総長に次のことを要請する．

(a) 国際連合開発計画総裁を国際連合ボランティア総裁と定めること

(b) 国際連合開発計画総裁との協議のうえ，同計画内で調整官を任命すること，関係する国際連合機関と共同し，並びに国内的及び国際的ボランティア業務を扱う機関及び，適当な場合には，関連する青少年機関と協力して，国際連合システム内での国際連合ボランティアの採用，選考，訓練及び当該ボランティアの活動の行政管理を促進しかつ調整すること，

4. 国際連合ボランティアの活動を支援するため，国際連合加盟国政府又は専門機関加盟国，国際非政府間機関及び個人に対し，特別自発的基金に貢献することを求める．

（以下略）

Ⅳ 国際協力

1 政治安全保障協力（安全保障，軍備規制）
2 社会経済文化協力（経済協力，開発協力・緊急援助，環境保護，文化財保護，犯罪鎮圧，犯罪人引渡）

国際社会における国家の相互依存関係の深化を端的に示すのは国家間協力の広がりと深まりである．国際協力は政治安全保障にかかわるものと，その他，社会・経済・文化にかかわるものに大別できる．

政治安全保障にかかわるものは，政治団体としての人の集団が形成されて以来，大げさに言えば，人類の有史以来何らかの形で存在してきた．しかし今日グローバルなそれとしては，第2世界大戦を契機にするもので，連合国が創り上げた国際連合の「国際の平和と安全の維持」のシステムとして存在し，国際連合憲章第7章「平和に対する脅威，平和の破壊および侵略行為に関する行動」を中心に語られる．地域的な同盟条約としては，ワルシャワ条約機構が消え，今ではNATOが新しい姿を見せつつある．アジアの安全保障体制は日米，米韓，米比の2国間安保条約のネットワークとしてある．この分野は「力による平和」がその中心とされ，従来は，各国に「軍備自由」が認められた来た．しかし，今日では，一国の過大な軍備は周辺国のみならず世界の恐怖と不安を呼び起こし，「軍縮」ないし「軍備規制」が国際法の原則とされるようになった．核兵器の規制のほか，生物・化学兵器いわゆるBC兵器や通常兵器の規制も行われる．武器による被害者は常に無辜（むこ）の民であり，こうした人々の声を反映して，対人地雷やクラスター弾の規制が行われるようになった．

社会経済文化協力の初期の形態は，古代国家間でも見られた犯罪人引渡である．19世紀後半から発達してきた郵便，通信その他船舶航行，航空など，今日すでに日常化しているものは本書では特に取り上げず，近年大きく取り上げられるようになった経済協力，開発援助，緊急援助，人類の遺産である文化や地球環境の保護，さらに人類の尊厳を踏みにじる虐殺や大量殺人等の犯罪防止，処罰に関する国際文書を取り上げた．

地球環境保護の問題は，特に近年，喫緊の課題として論じられているが，人類がこの問題を取り上げるに至ったのは，ごく最近のことである．19世紀以降の産業革命，技術革新によって人類は大量のエネルギーを消費するようになり，20世紀にはこの傾向に拍車がかかった．1958年の海洋法条約により海洋汚染が初めて取り上げられた．その後，水銀汚染や酸性雨等への対処から，1972年に人間環境会議が初めて開催され，人への害を中心に見る公害問題という視点から，エコロジーを基軸に据え問題を広く環境全体の中に取り込んで取り扱うことが意識され，今日に至った．したがって，生物多様性や野生動植物の保護についても，人間の問題の一環として，目配りするようになった．

1　政治安全保障協力

i）　安全保障

66 国連憲章第７章・第８章（⇨55）

第７章　平和に対する脅威，平和の破壊及び侵略行為に関する行動

第 39 条〔安全保障理事会の一般的権能〕 安全保障理事会は，平和に対する脅威，平和の破壊又は侵略行為の存在を決定し，並びに，国際の平和及び安全を維持し又は回復するために，勧告をし，又は第 41 条及び第 42 条に従っていかなる措置をとるかを決定する．

第 40 条〔暫定措置〕 事態の悪化を防ぐため，第 39 条の規定により勧告をし，又は措置を決定する前に，安全保障理事会は，必要又は望ましいと認める暫定措置に従うように関係当事者に要請することができる．この暫定措置は，関係当事者の権利，請求権又は地位を害するものではない．安全保障理事会は，関係当事者がこの暫定措置に従わなかったときは，そのことに妥当な考慮を払わなければならない．

第 41 条〔非軍事的措置〕 安全保障理事会は，その決定を実施するために，兵力の使用を伴わないいかなる措置を使用すべきかを決定することができ，且つ，この措置を適用するように国際連合加盟国に要請することができる．この措置は，経済関係及び鉄道，航海，航空，郵便，電信，無線通信その他の運輸通信の手段の全部又は一部の中断並びに外交関係の断絶を含むことができる．

第 42 条〔軍事的措置〕 安全保障理事会は，第 41 条に定める措置では不充分であろうと認め，又は不充分なことが判明したと認めるときは，国際の平和及び安全の維持又は回復に必要な空軍，海軍又は陸軍の行動をとることができる．この行動は，国際連合加盟国の空軍，海軍又は陸軍による示威，封鎖その他の行動を含むことができる．

第 43 条〔特別協定〕 1　国際の平和及び安全の維持に貢献するため，すべての国際連合加盟国は，安全保障理事会の要請に基き且つ１又は２以上の特別協定に従って，国際の平和及び安全の維持に必要な兵力，援助及び便益を安全保障理事会に利用させることを約束する．この便益には，通過の権利が含まれる．

2　前記の協定は，兵力の数及び種類，その出動準備程度及び一般的配置並びに提供されるべき便益及び援助の性質を規定する．

3　前記の協定は，安全保障理事会の発議によって，なるべくすみやかに交渉する．この協定は，安全保障理事会と加盟国との間又は安全保障理事会と加盟国群との間に締結され，且つ，署名国によって各自の憲法上の手続に従って批准されなければならない．

第 44 条〔非理事国の参加〕 安全保障理事会は，兵力を用いることに決定したときは，理事会に代表されていない加盟国に対して第 43 条に基いて負った義務の履行として兵力を提供するように要請する前に，その加盟国が希望すれば，その加盟国の兵力中の割当部隊の使用に関する安全保障理事会の決定に参加するようにその加盟国を勧誘しなければならない．

第 45 条〔空軍割当部隊〕 国際連合が緊急の軍事措置をとることができるようにするために，加盟国は，合同の国際的強制行動のため国内空軍割当部隊を直ちに利用に供することができるように保持しなければならない．これらの割当部隊の数量及び出動準備程度並びにその合同行動の計画は，第 43 条に掲げる１又は２以上の特別協定の定める範囲内で，軍事参謀委員会の援助を得て安全保障理事会が決定する．

第 46 条〔兵力の使用計画〕 兵力使用の計画は，軍事参謀委員会の援助を得て安全保障理事会が作成する．

第 47 条〔軍事参謀委員会〕 1　国際の平和及び安全の維持のための安全保障理事会の軍事的要求，理事会の自由に任された兵力の使用及び指揮，軍備規制並びに可能な軍備縮小に関するすべての問題について理事会に助言及び援助を与えるために，軍事参謀委員会を設ける．

2　軍事参謀委員会は，安全保障理事会の常任理事国の参謀総長又はその代表者で構成する．この委員会に常任委員として代表されていない国際連合加盟国は，委員会の責任の有効な遂行のため委員会の事業へのその国の参加が必要であるときは，委員会によってこれと提携するように勧誘されなければならない．

3　軍事参謀委員会は，安全保障理事会の下で，理事会の自由に任された兵力の戦略的指導について責任を負う．この兵力の指揮に関する問題は，後に解決する．

4　軍事参謀委員会は，安全保障理事会の許可を得て，且つ，適当な地域的機関と協議した後に，地域的小委員会を設けることができる．

第 48 条〔決定の履行〕 **1**　国際の平和及び安全の維持のための安全保障理事会の決定を履行するのに必要な行動は，安全保障理事会が定めるところに従って国際連合加盟国の全部又は一部によってとられる．

2　前記の決定は，国際連合加盟国によって直接に，また，国際連合加盟国が参加している適当な国際機関におけるこの加盟国の行動によって履行される．

第 49 条〔相互援助〕国際連合加盟国は，安全保障理事会が決定した措置を履行するに当って，共同して相互援助を与えなければならない．

第 50 条〔経済的困難についての協議〕安全保障理事会がある国に対して防止措置又は強制措置をとったときは，他の国でこの措置の履行から生ずる特別の経済問題に自国が当面したと認めるものは，国際連合加盟国であるかどうかを問わず，この問題の解決について安全保障理事会と協議する権利を有する．

第 51 条〔自衛権〕この憲章のいかなる規定も，国際連合加盟国に対して武力攻撃が〔(仏) une agression armée〕発生した場合には，安全保障理事会が国際の平和及び安全の維持に必要な措置をとるまでの間，個別的又は集団的自衛の固有の権利〔(仏) droit naturel de légitime défense〕を害するものではない．この自衛権の行使に当って加盟国がとった措置は，直ちに安全保障理事会に報告しなければならない．また，この措置は，安全保障理事会が国際の平和及び安全の維持又は回復のために必要と認める行動をいつでもとるこの憲章に基く権能及び責任に対しては，いかなる影響も及ぼすものではない．

第 8 章　地域的取極

第 52 条〔地域的取極，地方的紛争の解決〕 **1**　この憲章のいかなる規定も，国際の平和及び安全の維持に関する事項で地域的行動に適当なものを処理するための地域的取極又は地域的機関が存在することを妨げるものではない．但し，この取極又は機関及びその行動が国際連合の目的及び原則と一致することを条件とする．

2　前記の取極を締結し，又は前記の機関を組織する国際連合加盟国は，地方的紛争を安全保障理事会に付託する前に，この地域的取極又は地域的機関によってこの紛争を平和的に解決するようにあらゆる努力をしなければならない．

3　安全保障理事会は，関係国の発意に基くものであるか安全保障理事会からの付託によるものであるかを問わず，前記の地域的取極又は地域的機関による地方的紛争の平和的解決の発達を奨励しなければならない．

4　本条は，第 34 条及び第 35 条の適用をなんら害するものではない．

第 53 条〔強制行動〕 **1**　安全保障理事会は，その権威の下における強制行動のために，適当な場合には，前記の地域的取極又は地域的機関を利用する．但し，いかなる強制行動も，安全保障理事会の許可がなければ，地域的取極に基いて又は地域的機関によってとられてはならない．もっとも，本条 2 に定める敵国のいずれかに対する措置で，第 107 条に従って規定されるもの又はこの敵国における侵略政策の再現に備える地域的取極において規定されるものは，関係政府の要請に基いてこの機構がこの敵国による新たな侵略を防止する責任を負うときまで例外とする．

2　本条 1 で用いる敵国という語は，第二次世界戦争中にこの憲章のいずれかの署名国の敵国であった国に適用される．

第 54 条〔安全保障理事会に対する通報〕安全保障理事会は，国際の平和及び安全の維持のために地域的取極に基いて又は地域的機関によって開始され又は企図されている活動について，常に充分に通報されていなければならない．

67 侵略の定義決議　翻訳

侵略の定義に関する決議（国連総会決議3314（XXIX））
〔採択〕1974年12月14日（国連第29総会）

総会は，

国際連合の基本目的の一つが，国際の平和と安全を維持すること，ならびに平和に対する脅威の防止と除去および侵略行為その他の平和の破壊の鎮圧のため実効的な集団的措置をとることであるとの事実に基づき，

安全保障理事会が，国際連合憲章第 39 条に従い，平和に対する脅威，平和の破壊または侵略行為の存在を決定し，ならびに国際の平和と安全を維持しまたは回復するために，勧告をし，または第 41 条および第 42 条に従っていかなる措置をとるかを決定することを想起し，

また，国際紛争を平和的手段によって国際の平和と安全および正義を危うくしないように解決しなければならない諸国の憲章上の義務を想起し，

この定義のいかなる規定も国際連合の諸機関の任務と権限に関する憲章の規定の範囲に影響を及ぼすものと解してはならないことに留意し，

また，侵略は，あらゆる種類の大量破壊兵器の存在により創出された状況において，世界的紛争およびそのすべての破局的結果の発生のおそれを伴う最も深刻かつ危険な形態の違法な武力行使であるので，現段階で侵略を定義すべきであることを考慮し，

人民からその自決，自由および独立の権利を奪うため，または領土保全を破壊するために武力を行使してはならないという諸国の義務を再確認し，

また，国の領域は，一時的にせよ他国による憲章違反の軍事占領その他の武力的措置の対象とされることにより侵されてはならないこと，およびこのような措置またはその威嚇の結果として他国による取得の対象とされてはならないことを再確認し，

また，「国際連合憲章に従った諸国間の友好関係および協力についての国際法の原則に関する宣言」の諸規定を再確認し，

侵略の定義の採択は，潜在的侵略者を抑止する効果を有するであろうこと，侵略行為の決定とこれを鎮圧するための措置の実施を容易にするであろうこと，ならびに犠牲者の権利と合法的利益の保護および犠牲者に対する援助の供与を容易にするであろうことを確信し，

侵略行為が行われたか否かの問題は，個々の事件ごとのあらゆる状況に照らして判断されなければならないが，それにもかかわらずそのような判定のための指針として基本的な原則を定めることが望ましいことを信じて，

次の侵略の定義を採択する．

第1条〔侵略の定義〕 侵略とは，一国による他国の主権，領土保全もしくは政治的独立に対する，または国際連合憲章と両立しないその他の方法による武力の行使であって，この定義に定めるものをいう．

注　この定義において「国」は，

(a) 承認の問題またはある国が国際連合加盟国であるかどうかとは関係なく用いられ，かつ，

(b) 適当な場合には，「国家群」という概念を含む．

第2条〔武力の先制行使〕 国による憲章に違反する武力の先制行使は，侵略行為の一応の証拠となる．ただし，安全保障理事会は，憲章に従い，侵略行為が行われたとの決定が他の関連状況（当該行為またはその結果が十分な重大性を有するものではないという事実を含む．）に照らして正当化されないとの結論を下すことができる．

第3条〔侵略の行為〕 次に掲げるいずれの行為も，宣戦布告の有無にかかわりなく，第2条の規定に従って，侵略行為とされる．

(a) 一国の兵力による他国の領域への侵入もしくは攻撃，一時的なものであってもこのような侵入もしくは攻撃の結果として生じた軍事占領または武力の行使による他国の領域の全部もしくは一部の併合

(b) 一国の兵力による他国の領域に対する砲爆撃または一国による他国の領域に対する兵器の使用

(c) 一国の兵力による他国の港または沿岸の封鎖

(d) 一国の兵力による他国の陸軍，海軍もしくは空軍または船隊もしくは航空隊に対する攻撃

(e) 受入国との合意に基づきその国の領域内に駐留する軍隊の合意に定められた条件に反する使用または当該合意終了後の右領域内における当該軍隊の駐留の継続

(f) 他国の使用に供した領域を，当該他国が第三国に対する侵略行為を行うために使用することを許容する国の行為

(g) 前記の諸行為に相当する重大性を有する武力行為を他国に対して実行する武装部隊，集団，不正規兵または傭兵の国による派遣もしくは国のための派遣またはこのような行為に対する国の実質的関与〔substantial involvement〕

第4条〔安保理の認定権〕 前条に列挙された行為は，網羅的なものではない．安全保障理事会は，その他の行為が憲章の規定に定める侵略を構成すると認定することができる．

第5条〔侵略の絶対的禁止〕 1　政治的，経済的，軍事的またはその他のいかなる性質の事由も侵略を正当化するものではない．

2　侵略戦争は，国際の平和に対する罪である．侵略は，国際責任を生じさせる．

3　侵略による領域の取得または特殊権益は，合法的なものでなく，また合法的なものと承認してはならない．

第6条〔憲章規定の不変性〕 この定義のいかなる規定も，武力の行使が合法的である場合の規定を含め，憲章の範囲をいかなる意味においても拡大し，または縮小するものと解してはならない．

第7条〔自決権〕 この定義のいかなる規定も，とくに第3条は，憲章から導き出された自決，自由および独立の権利を強制的に奪われ，かつ

「国際連合憲章に従った諸国間の友好関係および協力についての国際法の原則に関する宣言」にいう人民の自決，自由および独立の権利をいかなる意味でも害するものではない．これらの人民には，とくに植民地体制および人種差別体制その他の外国支配体制の下にある人民が含まれる．また，この定義中の規定，とくに第３条は，憲章の諸原則に従い，かつ，前記宣言に従ってそうした目的のために闘争し，ならびに支援を求めまたは受けるこれらの人民の権利を，いかなる意味でも害するものではない．

第８条〔解釈原則〕 前記の諸規定は，その解釈および適用上，相互に関連するものであり，各規定は，他の規定との関連において解釈しなければならない．

68 北大西洋条約

（NATO 条約）
〔署名〕1949年４月４日，ワシントン
〔効力発生〕1949年８月24日

この条約の締約国は，国際連合憲章の目的および原則に対する信念ならびにすべての国民および政府とともに平和のうちに生きようとする願望を再確認する．

締約国は，民主主義の諸原則，個人の自由および法の支配のもとに築かれたその国民の自由，共同の遺産および文明を擁護する決意を有する．

締約国は，北大西洋地域における安定および福利の促進に努める．

締約国は，集団的防衛ならびに平和と安全の維持のためにその努力を結集する決意を有する．

よって，締約国は，この北大西洋条約を協定する．

第１条〔紛争の平和的解決と武力行使の禁止〕
締約国は，国際連合憲章に規定するように，それぞれが関係する国際紛争を平和的手段によって国際の平和と安全ならびに正義を危うくしないように解決し，ならびに国際関係において，国際連合の目的と両立しない方法による武力による威嚇または武力の行使を慎むことを約束する．

第２条〔国際協力〕 締約国は，その自由な諸制度を強化すること，これらの制度の基礎をなす原則の理解を促進すること，ならびに安定および福利の条件を促進することによって，平和的かつ友好的な国際関係のいっそうの発展に貢献する．締約国は，その国際経済政策における対立を除去することに努め，また，いずれかのまたはすべての締約国の間の経済協力を奨励する． a

第３条〔武力攻撃に対抗する能力の発展〕 締約国は，この条約の目的をいっそう有効に達成するために，単独かつ共同して，継続的かつ実効的な自助および相互援助により，武力攻撃に対抗する個別的および集団的な能力を維持し，発展させる． b

第４条〔協議〕 締約国は，いずれかの締約国の領土保全，政治的独立または安全が脅かされているといずれかの締約国が認めたときはいつでも協議する． c

第５条〔武力攻撃に対する共同防衛〕 締約国は，欧州または北米における１または２以上の締約国に対する武力攻撃を全締約国に対する攻撃とみなすことに同意する．したがって，締約国は，そのような武力攻撃が発生した場合には，各締約国が国際連合憲章第 51 条の規定によって認められている個別的または集団的自衛権を行使して，北大西洋地域の安全を回復し維持するために必要と認める行動（武力の使用を含む．）を個別的におよび他の締約国と共同して直ちにとることにより，その攻撃を受けた締約国を援助することに同意する． d e

前記の武力攻撃およびその結果としてとったすべての措置は，直ちに安全保障理事会に報告しなければならない．その措置は，安全保障理事会が国際の平和と安全を回復し，かつ，維持するために必要な措置をとったときは，終了しなければならない． f g

第６条〔武力攻撃の対象〕 第５条の規定の適用上，１または２以上の締約国に対する武力攻撃とは，次のものに対する武力攻撃を含むものとする．

(i) 欧州もしくは北米におけるいずれかの締約国の領域，フランス領アルジェリアの諸県[注]，トルコの領域または北回帰線以北の北大西洋地域におけるいずれかの締約国の管轄下にある島 h

注 北大西洋理事会は，旧フランス領アルジェリア諸県に関するかぎり，本条約の関連条項は，1962 年７月３日以降適用されない点確認した． i

(ii) いずれかの締約国の軍隊，船舶または航空機で，前記の地域，いずれかの締約国の占領軍がこの条約の効力発生の日に駐留していた欧州の他の地域，地中海もしくは北回帰線以北の北大西洋地域，または，それらの上空にあるもの j

第７条〔憲章に対する影響〕 この条約は，国際連合の加盟国たる締約国の憲章の基づく権利 k

および義務または国際の平和と安全を維持する安全保障理事会の主要な責任に対しては，いかなる影響も及ぼすものではなく，また，及ぼすものと解釈してはならない．

第8条〔他の協定との関係〕 各締約国は，自国と他のいずれかの締約国またはいずれかの第三国との間の効力を有するいかなる国際約束もこの条約の規定に抵触しないことを宣言し，かつ，この条約の規定に抵触するいかなる国際約束をも締結しないことを約束する．

第9条〔理事会〕 締約国は，この条約の実施に関する事項を審議するため，各締約国の代表が参加する理事会を設置する．理事会は，いつでも速やかに会合することができるように組織される．理事会は，必要な補助機関を設置し，とくに，第3条および第5条の規定の実施に関する措置を勧告する防衛委員会を直ちに設置する．

第10条〔加入〕 締約国は，この条約の諸原則を促進し，かつ，北大西洋地域の安全に貢献することができる他の欧州の国に対し，この条約に加入するよう，全員一致の合意により招請することができる．招請された国は，その加入書をアメリカ合衆国政府に寄託することによりこの条約の締約国となることができる．アメリカ合衆国政府は，その加入書の寄託を各締約国に通報する．

第11条〔批准，効力発生〕 この条約は，締約国により各自の憲法上の手続に従って，批准され，かつ，実施されなければならない．批准書は，できる限り速やかにアメリカ合衆国政府に寄託する．同政府は，その寄託を他のすべての署名国に通告する．この条約は，ベルギー，カナダ，フランス，ルクセンブルク，オランダ，連合王国および合衆国の批准書を含む署名国の過半数の批准書が寄託された時に，この条約を批准した国の間で効力を生じ，その他の国については，その批准書の寄託の日に効力を生ずる．

第12条〔再協議〕 締約国は，この条約が10年間効力を存続した後にまたはその後いつでも，いずれかの締約国の要請があったときは，その時に北大西洋地域の平和と安全に影響を及ぼしている諸要素（国際連合憲章に基づく国際の平和と安全の維持のための世界的および地域的取極の発展を含む．）を考慮して，この条約を再検討するために協議する．

第13条〔離脱〕 締約国は，この条約が20年間効力を存続した後は，アメリカ合衆国政府に対し離脱通告を行ってから1年後に締約国でなくなることができる．アメリカ合衆国政府は，離脱通告の寄託を他の締約国政府に通知する．

第14条〔正文〕 この条約は，英語およびフランス語の本文をひとしく正文とし，アメリカ合衆国政府の記録書庫に寄託する．この条約の認証謄本は，同政府により他の署名国政府に送付される．

以上の証拠として，下名の全権委員は，この条約に署名した．

1949年4月4日にワシントンで作成した．
（全権委員署名略）

ii）軍備規制

69 核兵器の禁止に関する条約

〔署名〕2017年9月20日，ニューヨーク

この条約の締約国は，

国際連合憲章の目的及び原則の実現に貢献することを決意し，

あらゆる核兵器の使用から生ずる壊滅的で非人道的な結末を深く憂慮し，したがって，いかなる場合にも核兵器が再び使用されないことを保証する唯一の方法として，核兵器を完全に廃絶することが必要であることを認識し，

事故，誤算又は設計による核兵器の爆発から生じるものを含め，核兵器が継続して存在することがもたらす危険に留意し，また，これらの危険が全ての人類の安全に関わること及び全ての国があらゆる核兵器の使用を防止するための責任を共有することを強調し，

核兵器の壊滅的な結末は，十分に対応することができず，国境を越え，人類の生存，環境，社会経済開発，世界経済，食糧安全保障並びに現在及び将来の世代の健康に重大な影響を及ぼし，及び電離放射線の結果によるものを含め女子に対し均衡を失した影響を与えることを認識し，

核軍縮が倫理上必要不可欠であること並びに国家安全保障上及び集団安全保障上の利益の双方に資する最上位の国際的な公益である核兵器のない世界を達成し及び維持することの緊急性を認め，

核兵器の使用の被害者（被爆者）が受けた又はこれらの者に対してもたらされた容認し難い苦しみ及び害並びに核兵器の実験により影響を受けた者の容認し難い苦しみに留意し，

核兵器に関する活動が先住民にもたらす均衡

を失した影響を認識し，

全ての国が，国際人道法及び国際人権法を含む適用可能な国際法を常に遵守する必要性を再確認し，

国際人道法の諸原則及び諸規則，特に武力紛争の当事者が戦闘の方法及び手段を選ぶ権利は無制限ではないという原則，区別の規則，無差別な攻撃の禁止，攻撃における均衡性及び予防措置に関する規則，その性質上過度の傷害又は無用の苦痛を与える武器の使用の禁止並びに自然環境の保護のための規則に立脚し，

あらゆる核兵器の使用は，武力紛争の際に適用される国際法の諸規則，特に国際人道法の諸原則及び諸規則に反することを考慮し，

あらゆる核兵器の使用は，人道の諸原則及び公共の良心にも反することを再確認し，

諸国が，国際連合憲章に従い，その国際関係において，武力による威嚇又は武力の行使を，いかなる国の領土保全又は政治的独立に対するものも，また，国際連合の目的と両立しない他のいかなる方法によるものも慎しまなければならないこと，並びに国際の平和及び安全の確立及び維持が，世界の人的及び経済的資源の軍備のための転用を最も少なくして促進されなければならないことを想起し，

また，1946 年 1 月 24 日に採択された国際連合総会の最初の決議及び核兵器の廃絶を要請するその後の決議を想起し，

核軍縮の進展が遅いこと，軍事及び安全保障上の概念，ドクトリン及び政策において核兵器への依存が継続していること並びに核兵器の生産，保守及び近代化のための計画に経済的及び人的資源が浪費されていることを憂慮し，

法的拘束力のある核兵器の禁止は，不可逆的な，検証可能なかつ透明性のある核兵器の廃棄を含め，核兵器のない世界を達成し及び維持するための重要な貢献となることを認識し，

また，その目的に向けて行動することを決意し，

厳重かつ効果的な国際管理の下における全面的かつ完全な軍備の縮小に向けての効果的な進展を図ることを決意し，

厳重かつ効果的な国際管理の下で全ての側面における核軍縮をもたらす交渉を，誠実に行い完結する義務が存在することを再確認し，

また，核軍縮及び不拡散に関する制度の基礎である核兵器の不拡散に関する条約の完全かつ効果的な実施が，国際の平和及び安全の促進において不可欠な役割を果たすことを再確認し，

包括的核実験禁止条約及びその検証制度が核軍縮及び不拡散に関する制度の中核的な要素として極めて重要であることを認識し， a

関係地域の諸国の任意の取極に基づく国際的に認められた核兵器のない地域の設定は，世界的及び地域的な平和及び安全を促進し，核不拡散に関する制度を強化し，及び核軍縮という目的の達成に資するとの確信を再確認し， b

この条約のいかなる規定も，無差別に平和的目的のための原子力の研究，生産及び利用を発展させることについての締約国の奪い得ない権利に影響を及ぼすものと解してはならないことを強調し， c

男女双方の平等，完全かつ効果的な参加が持続可能な平和及び安全の促進及び達成のための不可欠の要素であることを認識し，また，核軍縮への女子の効果的な参加を支援し及び強化することを約束し， d

また，全ての側面における平和及び軍備の縮小に関する教育並びに現在及び将来の世代に対する核兵器の危険及び結末についての意識を高めることの重要性を認識し，また，この条約の諸原則及び規範を普及させることを約束し， e

核兵器の全面的な廃絶の要請に示された人道の諸原則の推進における公共の良心の役割を強調し，また，このために国際連合，国際赤十字・赤新月運動，その他国際機関及び地域機関，非政府機関，宗教指導者，議会の議員，学者並びに被 f
爆者が行っている努力を認識して，

次のとおり協定した．

第 1 条（禁止）

締約国は，いかなる場合にも次のことを行わないことを約束する． g

(a) 核兵器その他の核爆発装置を開発し，実験し，生産し，製造し，その他の方法によって取得し，占有し，又は貯蔵すること．

(b) 核兵器その他の核爆発装置又はその管理をいずれかの者に対して直接又は間接に移 h
譲すること．

(c) 核兵器その他の核爆発装置又はその管理を直接又は間接に受領すること．

(d) 核兵器その他の核爆発装置を使用し，又はこれを使用するとの威嚇を行うこと． i

(e) この条約によって締約国に対して禁止されている活動を行うことにつき，いずれかの者に対して，援助し，奨励し又は勧誘すること．

(f) この条約によって締約国に対して禁止さ j
れている活動を行うことにつき，いずれかの者に対して，援助を求め，又は援助を受けること．

(g) 自国の領域内又は自国の管轄若しくは管理の下にあるいずれかの場所において，核兵 k

器その他の核爆発装置を配置し，設置し，又は展開することを認めること．

第2条（申告） 1　締約国は，この条約が自国について効力を生じた後30日以内に，国際連合事務総長に対して，以下を内容とする申告を行う．

(a) この条約が自国について効力を生ずる前に，自国が核兵器その他の核爆発装置を所有したか否か，占有したか否か又は管理したか否か及び自国の核兵器計画を廃止したか否か（全ての核兵器関連施設の廃棄又は不可逆的な転換を含む．）を申告する．

(b) 前条(a)の規定にかかわらず，自国が核兵器その他の核爆発装置を所有するか否か，占有するか否か又は管理するか否かを申告する．

(c) 前条(g)の規定にかかわらず，自国の領域内又は自国の管轄若しくは管理の下にある場所に，他の国によって所有され，占有され又は管理される核兵器その他の核爆発装置が存在するか否かを申告する．

2　国際連合事務総長は，受領した申告の全てを全締約国に送付する．

第3条（保障措置） 1　次条1又は2の規定が適用されない締約国は，少なくとも，この条約が効力を生ずる時に効力を有している国際原子力機関の保障措置の義務を維持する．ただし，当該締約国が将来追加的な関連文書を採択することを妨げない．

2　次条1又は2の規定が適用されない締約国であって，国際原子力機関との間で包括的な保障措置協定（INFCIRC/153（訂正されたもの））を締結しておらず，また，当該協定を実施していないものは，同機関との間で当該協定を締結し及び実施する．当該協定の交渉は，この条約が当該締約国について効力を生じた時から180日以内に開始しなければならない．当該協定は，この条約が当該締約国について効力を生じた時から18ヶ月以内に効力を生ずるものとする．当該締約国が将来関連する追加的な文書や枠組を採択する可能性を害することなく，当該締約国は，その後は，その義務を維持する．

第4条（核兵器の全面的な廃絶に向けて） 1　2017年7月7日後に核兵器その他の核爆発装置を所有し，占有し又は管理した締約国であって，この条約が自国について効力を生ずる前に自国の核兵器計画を廃止（全ての核兵器関連施設の廃棄又は不可逆的な転換を含む．）したものは，当該計画の不可逆的な廃止を検証するため，6の規定に従って指定される権限のある国際的な機関と協力する．当該機関は，全締約国に報告する．前記の締約国は，申告された核物質が平和的な原子力活動から転用されていないこと及び当該締約国全体において申告されていない核物質又は活動が存在しないことについての確証を与える上で十分な保障措置協定を国際原子力機関との間で締結する．当該協定の交渉は，この条約が当該締約国について効力を生じた時から180日以内に開始しなければならない．当該協定は，この条約が当該締約国について効力を生じた時から18ヶ月以内に効力を生ずるものとする．当該締約国は，その後，少なくともこれらの保障措置の義務を維持する．ただし，当該締約国が将来追加的な関連文書を採択することを妨げない．

2　第1条(a)にかかわらず，核兵器その他の核爆発装置を所有し，占有し又は管理する締約国は，それらを運用状態から直ちに撤去し，また，できる限り速やかに，遅くとも第一回締約国会合が決定する期限までに，自国の核兵器計画の検証されたかつ不可逆的な廃止（全ての核兵器関連施設の廃棄又は不可逆的な転換を含む．）のための，法的拘束力を有し期限が定められた計画に従い，それらを廃棄する．当該締約国は，この条約が自国について効力を生じた後60日以内に，全締約国に対し又は全締約国により指定される権限のある国際的な機関に対し，当該計画を提出する．当該計画については，権限のある国際的な機関と交渉し，当該機関により，次の締約国会合又は次の検討会議のいずれか早い時期に開催されるものに，その手続規則に従い，承認のため提出される．

3　2の規定の適用を受ける締約国は，申告された核物質が平和的な原子力活動から転用されていないこと及び当該締約国全体において申告されていない核物質又は活動が存在しないことについての確証を与える上で十分な保障措置協定を国際原子力機関との間で締結する．当該協定の交渉は，2に規定する計画の実施が完了する日までに開始しなければならない．当該協定は，交渉の開始の日の後18ヶ月以内に効力を生ずるものとする．当該締約国は，その後，少なくともこれらの保障措置の義務を維持する．ただし，当該締約国が将来追加的な関連文書を採択することを妨げない．この3に規定する協定が効力を生じた後，当該締約国は，国際連合事務総長に対し，自国がこの条に基づく義務を履行した旨の最終的な申告を行う．

4　第1条(b)及び(g)の規定にかかわらず，自国の領域内又は自国の管轄若しくは管理の下にあるいずれかの場所において，他の国が所有し，占有し又は管理する核兵器その他の核爆発装置を有する締約国は，できる限り速やかに，遅くとも第一回締約国会合が決定する期限までに，当該核兵器の速やかな撤去を確保する．当該核兵器その他の核爆発装置が撤去されたときは，当該締約国は，国際連合事務総長に対し，自国がこの条に基づく義務を履行した旨の申告を行う．

5　この条の規定の適用を受ける締約国は，この条の規定に基づく自国の義務を履行するまでの間，当該義務の実施の進捗状況に関する報告を締約国会合及び検討会議に毎回提出する．

6　締約国は，１から３までの規定に従い核兵器計画の不可逆的な廃止（全ての核兵器関連施設の廃棄又は不可逆的な転用を含む．）について交渉し及び検証するための権限ある国際的な機関を，一つまたはそれ以上，指定する．１又は２の規定の適用を受ける締約国についてこの条約が効力を生ずる前にそのような指定が行われなかった場合には，国際連合事務総長は，必要な決定を行うため，締約国特別会合を招集する．

第５条（国内の実施） 1　締約国は，この条約に基づく自国の義務を履行するために必要な措置をとる．

2　締約国は，この条約によって締約国に対して禁止されている活動であって，自国の管轄若しくは管理の下にある者によるもの又は自国の管轄若しくは管理の下にある領域におけるものを防止し，及び抑止するため，立法上，行政上その他のあらゆる適当な措置（罰則を設けることを含む．）をとる．

第６条（被害者に対する援助及び環境の修復） 1　締約国は，自国の管轄の下にある個人であって核兵器の使用又は実験によって影響を受けるものについて，適用可能な国際人道法及び国際人権法に従い，差別なく，年齢及び性別に配慮した援助（医療，リハビリテーション及び心理的な支援を含む．）を適切に提供し，並びにそのような個人が社会的及び経済的に包容されるようにする．

2　締約国は，核兵器その他の核爆発装置の実験又は使用に関連する活動の結果汚染された地域であって，自国の管轄又は管理の下にあるものについて，当該汚染された地域の環境を修復するため必要かつ適切な措置をとる．

3　１及び２の規定に基づく義務は，国際法又は二国間の協定に基づく他国の責務及び義務に影響を及ぼすものではない．

第７条（国際的な協力及び援助） 1　締約国は，この条約の実施を容易にするため，他の締約国と協力する．

2　締約国は，この条約に基づく義務を履行するにあたり，実現可能な場合には他の締約国からの，援助を求め及び受ける権利を有する．

3　援助を提供することのできる締約国は，核兵器の使用又は実験によって影響を受けた締約国に対し，この条約の実施を進展させるための技術的，物的及び財政的援助を提供する．

4　援助を提供することのできる締約国は，核兵器その他の核爆発装置の使用又は実験による被害者に対し，援助を提供する．

5　この条の規定に基づく援助は，特に，国際連合及びその関連機関，国際機関，地域機関若しくは国の機関，非政府機関，赤十字国際委員会，国際赤十字・赤新月社連盟又は各国の赤十字社及び赤新月社を通じて又は二国間で提供することができる．

6　核兵器その他の核爆発装置を使用し又は実験を行った締約国は，当該締約国が国際法の下有しうる他のいかなる責務又は義務にも影響を及ぼすことなく，被害者に対する援助及び環境の修復のために影響を受けた締約国に対して十分な援助を提供する責任を有する．

第８条（締約国会合） 1　締約国は，この条約の適用又は実施に関する下記を含むすべての事項に関して，この条約の関連規定に従って，および核軍縮のために更にとるべき措置に関して，検討し，必要な場合には決定を行うために，定期的に会合する．

(a) この条約の実施及び締結状況

(b) 核兵器計画の検証された，期限が定められた，かつ，不可逆的な廃止のための措置（この条約の追加的な議定書を含む．）

(c) この条約の規定に基づくその他の事項及びこの条約の規定に合致するその他の事項

2　第一回締約国会合は，この条約が効力を生じた後１年以内に国際連合事務総長が招集する．締約国間において別段の合意がある場合を除くほか，更なる締約国会合は，２年ごとに同事務総長が招集する．締約国会合は，第一回の会合において手続規則を採択する．手続規則が採択されるまでの間，核兵器の全面的な廃絶に向けた核兵器を禁止するための法的拘束力のある文書について交渉するための国連会議の手続規則を適用する．

3　締約国特別会合は，必要と認められるときには，いずれかの締約国から書面による要請がある場合において締約国の少なくとも三分の一がその要請を支持するときに国際連合事務総長が招集する．

4　この条約が効力を生じた日から５年の期間

の満了の後，国際連合事務総長は，この条約の運用及びこの条約の目的の達成についての進捗状況を検討するための会議を招集する．同事務総長は，締約国が別の合意をしない限り，同様の目的を有する検討会議を6年ごとに更に招集する．

5　締約国会合及び検討会議には，この条約の締約国でない国並びに国際連合及びその関連機関の関連団体，その他関連する国際機関や国際的な組織，地域機関，赤十字国際委員会，国際赤十字・赤新月社連盟並びに関連する非政府機関を，オブザーバーとして出席するよう招請する．

第9条（費用） 1　締約国会合，検討会議及び締約国特別会合の費用については，適切に調整された国際連合の分担率に従い，締約国及びこれらの会議にオブザーバーとして参加するこの条約の締約国でない国が負担する．

2　第2条の規定に基づく申告，第4条の規定に基づく報告及び第10条の規定に基づく改正案の配布に当たって国際連合事務総長が要する費用は，適切に調整された国際連合の分担率に従って締約国が負担する．

3　第4条の規定に基づいて要求される検証措置の実施に関連する費用並びに核兵器その他の核爆発装置の廃棄及び核兵器計画の廃止（全ての核兵器関連施設の廃棄又は転換を含む．）に関連する費用は，これらの適用を受ける締約国が負担する．

第10条（改正） 1　いずれの締約国も，この条約が効力を生じた後いつでもこの条約の改正を提案することができる．改正案については，国際連合事務総長に通報するものとし，同事務総長は，当該改正案を全ての締約国に通報し，当該提案を検討すべきか否かについての締約国の見解を求める．締約国の過半数が当該提案を更に検討することを支持する旨を当該提案の通報の後90日以内に同事務総長に通報する場合には，当該提案は，締約国の次の会合又は次の検討会議のいずれか早い時期に開催されるものにおいて検討される．

2　締約国会合又は検討会議は，この条約の改正を合意することができる．改正は，締約国の三分の二以上の多数が賛成票を投ずることによって採択される．寄託者は，採択された改正を全ての締約国に送付する．

3　改正は，当該改正が採択された時に締約国であった国の過半数が批准書又は受諾書を寄託した後90日で，改正の批准書又は受諾書を寄託する締約国について効力を生ずる．その後は，改正は，改正の批准書又は受諾書を寄託する他のいずれの締約国についても，その寄託の後90日で効力を生ずる．

第11条（紛争の解決） 1　この条約の解釈又は適用に関して二またはそれ以上の締約国間で紛争が生ずる場合には，これらの関係当事国は，交渉又は国際連合憲章第33条に従って当該関係当事国が選択するその他の平和的手段によって紛争を解決するため，協議する．

2　締約国会合は，この条約及び国際連合憲章の関連規定に従い，あっせんを提供すること，関係締約国に対して当該関係締約国が選択する解決のための手続を開始するよう要請すること，合意された手続に関する期限を勧告すること等により，紛争の解決に貢献することができる．

第12条（普遍性） 締約国は，全ての国によるこの条約への普遍的な参加を目標として，この条約の締約国でない国に対し，この条約に署名し，これを批准し，受諾し，承認し，又はこれに加入するよう奨励する．

第13条（署名） この条約は，2017年9月20日から，ニューヨークにある国際連合本部において署名のため全ての国に開放される．

第14条（批准，受諾，承認又は加入） この条約は，署名国によって批准され，受諾され，又は承認されなければならない．この条約は，加入のために開放しておく．

第15条（効力発生） 1　この条約は，50番目の批准書，受諾書，承認書又は加入書が寄託された後90日で効力を生ずる．

2　50番目の批准書，受諾書，承認書又は加入書が寄託された日の後に批准書，受諾書，承認書又は加入書を寄託する国については，この条約は，その批准書，受諾書，承認書又は加入書が寄託された日の後90日で効力を生ずる．

第16条（留保） この条約の各条の規定には，留保を付することができない．

第17条（有効期間及び脱退） 1　この条約の有効期間は，無期限とする．

2　締約国は，この条約の対象である事項に関係する異常な事態が自国の至高の利益を危うくしていると認める場合には，その主権を行使してこの条約から脱退する権利を有する．この権利を行使する締約国は，寄託者に対してその脱退を通告する．その通告には，自国の至高の利益を危うくしていると認める異常な事態についても記載しなければならない．

3　脱退は，寄託者が脱退の通告を受領した日の後12ヶ月で効力を生ずる．ただし，脱退する締約国が当該12ヶ月の期間の満了の時において武力紛争の当事国である場合には，当該締約国が武力紛争の当事国でなくなるまで，この条約及びこの条約の追加的な議定書の義務に引き続き拘束される．

第18条（他の協定との関係） この条約の実施は，締約国が当事国である既存の国際協定との関連で当該締約国が負う義務がこの条約と両立する場合にはこれらの義務に影響を及ぼすものではない．

第19条（寄託者） 国際連合事務総長は，ここに，この条約の寄託者として指名される．

第20条（正文） この条約は，アラビア語，中国語，英語，フランス語，ロシア語及びスペイン語をひとしく正文とする．

70 包括的核実験禁止条約（抄）

（CTBT 条約）
〔署名〕1996年９月24日，ニューヨーク
〔効力発生〕未発効／〔日本国〕1996年12月24日署名

この条約の締約国（以下「締約国」という．）は，
（略）

すべての国によるこの条約への参加を得るという目的並びにすべての側面における核兵器の拡散の防止，核軍備の縮小の過程の進展並びに国際の平和及び安全の強化に効果的に貢献するというこの条約の趣旨を確認して，次のとおり協定した．

第１条（基本的義務） 1　締約国は，核兵器の実験的爆発又は他の核爆発を実施せず並びに自国の管轄又は管理の下にあるいかなる場所においても核兵器の実験的爆発及び他の核爆発を禁止し及び防止することを約束する．

2　締約国は，更に，核兵器の実験的爆発又は他の核爆発の実施を実現させ，奨励し又はいかなる態様によるかを問わずこれに参加することを差し控えることを約束する．

第２条（機関）

A　一般規定

1　締約国は，この条約の趣旨及び目的を達成し，この条約の規定（この条約の遵守についての国際的な検証に関する規定を含む．）の実施を確保し並びに締約国間の協議及び協力のための場を提供するため，この条約により包括的核実験禁止条約機関（以下「機関」という．）を設立する．

2　すべての締約国は，機関の加盟国となる．締約国は，機関の加盟国としての地位を奪われることはない．

3　機関の所在地は，オーストリア共和国ウィーンとする．

4　機関の内部機関として，締約国会議，執行理事会及び技術事務局（国際データセンターを含む．）をこの条約により設置する．

5　締約国は，この条約に従い機関がその任務を遂行することに協力する．締約国は，この条約の趣旨及び目的又はその規定の実施に関して提起される事項について，締約国間で直接又は機関若しくは他の適当な国際的な手続（国際連合憲章に基づく国際連合の枠内の手続を含む．）を通じて協議する．

6　機関は，できる限り干渉の程度が低く，かつ，検証活動の目的の適時の及び効果的な達成に合致する方法で，この条約に規定する検証活動を行う．機関は，この条約に基づく自己の責任を果たすために必要な情報及び資料のみを要請する．機関は，この条約の実施を通じて知るに至った非軍事上及び軍事上の活動及び施設に関する情報の秘密を保護するためにすべての措置をとるものとし，特に，秘密の保護に関するこの条約の規定を遵守する．

7　締約国は，この条約の実施に関連して機関から秘密のものとして受領する情報及び資料を秘密のものとして取り扱い，並びに当該情報及び資料に対して特別の取扱いを行う．締約国は，当該情報及び資料をこの条約に基づく自国の権利及び義務との関連においてのみ利用する．

8　機関は，独立の機関として，国際原子力機関等の他の国際機関との間の協力のための措置を通じ，可能な場合には既存の専門的知識及び施設を利用するよう及び費用対効果を最大にするよう努める．当該措置については，軽微な及び通常の商業的かつ契約的な性質を有するものを除くほか，承認のために締約国会議に提出される協定で定める．

9　機関の活動に要する費用については，国際連合と機関との間の加盟国の相違を考慮して調整される国際連合の分担率に従って締約国が毎年負担する．

10　準備委員会に対する締約国の財政的負担については，適当な方法によって機関の通常予算に対する当該締約国の分担金から控除する．

11　機関に対する分担金の支払が延滞している機関の加盟国は，その未払の額が当該年に先立つ２年の間に当該加盟国から支払われるべきであった分担金の額に等しい場合又はこれを超える場合には，機関において投票権を有しない．ただし，締約国会議は，支払の不履行が当該加盟国にとってやむを得ない事情によると

a 認めるときは，当該加盟国に投票を許すことができる．

12〜57（略）

第3条（国内の実施措置） 1　締約国は，自国の憲法上の手続に従いこの条約に基づく自国の義務を履行するために必要な措置をとる．締約国は，特に，次のことのために必要な措置をとる．

(a) 自国の領域内のいかなる場所又は国際法によって認められる自国の管轄の下にあるその他のいかなる場所においても，自然人及び法人がこの条約によって締約国に対して禁止されている活動を行うことを禁止すること．

(b) 自然人及び法人が自国の管理の下にあるいかなる場所においても(a)の活動を行うことを禁止すること．

(c) 自国の国籍を有する自然人がいかなる場所においても(a)の活動を行うことを国際法に従って禁止すること．

2　締約国は，1の規定に基づく義務の履行を容易にするため，他の締約国と協力し，及び適当な形態の法律上の援助を与える．

3　締約国は，この条の規定に従ってとる措置を機関に通報する．

4　締約国は，この条約に基づく自国の義務を履行するため，国内当局を指定し又は設置し及び，この条約が自国について効力を生じたときは，その指定又は設置について機関に通報する．国内当局は，機関及び他の締約国との連絡のための国内の連絡先となる．

第4条（検証）

A　一般規定

1　この条約の遵守について検証するために，次のものから成る検証制度を設ける．当該検証制度は，この条約が効力を生ずる時に検証についてこの条約が定める要件を満たすことができるものとする．

(a) 国際監視制度

(b) 協議及び説明

(c) 現地査察

(d) 信頼の醸成についての措置

2　検証活動については，客観的な情報に基づくものとし，この条約の対象である事項に限定し，並びに締約国の主権を十分に尊重することを基礎として並びにできる限り干渉の程度が低く，かつ，当該検証活動の目的の効果的な及び適時の遂行に合致する方法で実施する．締約国は，検証についての権利の濫用を差し控える．

3　締約国は，この条約の遵守についての検証を容易にするために，この条約に従って，前条4の規定に従って設置する国内当局を通じて特に次のことによって機関及び他の締約国と協力することを約束する．

(a) 当該検証のための措置に参加するために必要な施設及び通信手段を設置すること．

(b) 国際監視制度の一部を成す国内の観測所から得られたデータを提供すること．

(c) 適当な場合には協議及び説明の手続に参加すること．

(d) 現地査察の実施を認めること．

(e) 適当な場合には信頼の醸成についての措置に参加すること．

4　すべての締約国は，技術的及び財政的な能力のいかんを問わず，検証についての平等の権利を有し，及び検証を受け入れる平等の義務を負う．

5　この条約の適用上，いかなる締約国も，一般的に認められている国際法の原則（国の主権の尊重の原則を含む．）に適合する方法で国内の検証技術によって得た情報を使用することを妨げられない．

6　締約国は，この条約の検証制度又は5の規定による国内の検証技術の運用を妨げてはならない．ただし，この条約に関係しない機微に係る設備，活動又は場所を保護する締約国の権利を害するものではない．

7　締約国は，この条約に関係しない機微に係る設備を保護し並びにこの条約に関係しない秘密の情報及び資料の開示を防止するための措置をとる権利を有する．

8　更に，非軍事上及び軍事上の活動及び施設に関する情報であって検証活動の間に得られたものの秘密を保護するためのすべての必要な措置がとられるものとする．

9　機関がこの条約によって設けられた検証制度を通じて得た情報については，8の規定に従うことを条件として，この条約及び議定書の関連規定に従ってすべての締約国が利用することができる．

10　この条約は，科学的な目的のために行われる資料の国際的な交換を制限するものと解してはならない．

11　締約国は，適当な場合にはこの条約の検証制度の効率及び費用対効果を高めることとなる特定の措置を開発するため，検証制度を改善し及び追加的な監視技術（電磁衝撃波監視及び衛星による監視を含む．）の潜在的な検証能力を検討することについて機関及び他の締約国と協力することを約束する．そのような特定の措置は，合意される場合には，第7条の規定に従ってこの条約の現行の規定若しくは議定書に若しくは議定書の追加的な規定として含められ又は，適当な場合には，第2条44の規定に従って運用手引書に反映される．

12　締約国は，すべての締約国が国内における検証措置の実施を強化し及びこの条約の検証制度において使用される技術の平和的目的のための応用から利益を受けることを可能にするために，当該技術についての交流を可能な最大限度まで行うことを容易にし及びその交流に参加することについての相互間の協力を促進することを約束する．

13　この条約は，平和的目的のための原子力の応用を一層発展させるための締約国の経済的及び技術的な発展を妨げないような態様で実施する．

14, 15（略）

B　国際監視制度

16　国際監視制度は，地震学的監視施設，放射性核種監視施設（公認された実験施設を含む．），水中音波監視施設及び微気圧振動監視施設並びにその各通信手段によって構成され，並びに技術事務局の国際データセンターの支援を受ける．

17　国際監視制度は，技術事務局の権限の下に置かれる．国際監視制度のすべての監視施設については，議定書に従い，当該監視施設を受け入れ又はその他の方法によってこれについて責任を負う国が所有し及び運用する．

18　締約国は，データの国際的な交換に参加し及び国際データセンターが利用し得るすべてのデータへのアクセスが認められる権利を有する．締約国は，自国の国内当局を通じて国際データセンターと協力する．

19〜33（略）

D　現地査察

現地査察の要請

34　締約国は，この条及び議定書第2部の規定に基づき，いかなる締約国の領域内若しくはいかなる締約国の管轄若しくは管理の下にあるその他の場所についても又はいずれの国の管轄若しくは管理の下にもない場所について現地査察を要請する権利を有する．

35　現地査察の唯一の目的は，核兵器の実験的爆発又は他の核爆発が第1条の規定に違反して実施されたか否かを明らかにし及び違反した可能性のある者の特定に資する事実を可能な限り収集することとする．

36　要請締約国は，現地査察の要請をこの条約の範囲内で行い，及び37の規定に従って当該要請において情報を提供する義務を負う．要請締約国は，根拠がない又は濫用にわたる査察の要請を差し控える．

37　現地査察の要請は，国際監視制度によって収集された情報若しくは一般的に認められている国際法の原則に適合する方法で国内の検証技術によって得られた関連する技術上の情報又はこれらの組合せに基づくものとする．当該要請には，議定書第2部41に規定する事項を含める．

38　要請締約国は，執行理事会に対して現地査察の要請を行い，及び事務局長が速やかに手続を開始することができるよう同時に事務局長に対して当該要請を提出する．

現地査察の要請を提出した後の措置

39　執行理事会は，現地査察の要請を受領したときは，直ちにその検討を開始する．

40　事務局長は，現地査察の要請を受領した後，2時間以内に要請締約国に対して当該要請の受領を確認し，6時間以内に当該要請を査察が行われることが求められている締約国に通報する．事務局長は，当該要請が議定書第2部41に定める要件を満たしていることを確認し，必要な場合には要請締約国が当該要件に従って当該要請を行うことを援助し，並びに当該要請を受領した後24時間以内に執行理事会及び他のすべての締約国に対して当該要請を通報する．

41　技術事務局は，現地査察の要請が40の要件を満たしている場合には，現地査察のための準備を遅滞なく開始する．

42　事務局長は，いずれかの締約国の管轄又は管理の下にある査察区域に係る現地査察の要請を受領したときは，査察が行われることが求められている締約国に対し，当該要請において提起された懸念について明らかにされ及びこれが解決されるように直ちに説明を求める．

43　42の規定によって説明の求めを受領する締約国は，当該説明の求めを受領した後できる限り速やかに，遅くとも72時間以内に，事務局長に対して，説明を行い及び利用可能な他の関連する情報を提供する．

44　事務局長は，執行理事会が現地査察の要請について決定する前に，当該要請において特定される事象に関する利用可能な追加の情報であって国際監視制度によって得られるもの又は締約国が提供するもの（42及び43の規定に従って行われる説明を含む．）及び事務局長が関連すると認め又は執行理事会が要請する技術事務局内のその他の情報を執行理事会に対して直ちに送付する．

45　執行理事会は，要請締約国が現地査察の要請において提起した懸念が解決されたと認めて当該要請を撤回する場合を除くほか，46の規定に従って当該要請について決定する．

執行理事会の決定

46　執行理事会は，要請締約国から現地査察の要請を受領した後96時間以内に当該要請について決定する．現地査察を承認する決定は，執行理事会の理事国の30以上の賛成票による議決で行われる．執行理事会が当該現地査察を承認しなかった場合には，そのための準備は終了し，及び当該要請に基づく新たな措置はとられない．

47　査察団は，46の規定による現地査察の承認の後25日以内に，査察の経過報告を事務局長を通じて執行理事会に提出する．査察の継続は，執行理事会が当該経過報告を受領した後72時間以内にそのすべての理事国の過半数による議決で査察を継続しないことを決定する場合を除くほか，承認されたものとされる．執行理事会が査察を継続しないことを決定する場合には，査察は，終了し，査察団は，議定書第2部の109及び110の規定に従って査察区域及び被査察締約国の領域からできる限り速やかに退去する．

48　査察団は，現地査察が行われている間掘削の実施についての提案を事務局長を通じて執行理事会に提出することができる．執行理事会は，当該提案を受領した後72時間以内に当該提案について決定する．掘削を承認する決定は，執行理事会のすべての理事国の過半数による議決で行われる．

49　査察団は，その査察命令を遂行することができるようにするために査察期間の延長が不可欠であると認める場合には，事務局長を通じて執行理事会に対し，議定書第2部4に定める60日の期間を超えて最長70日の査察期間の延長を要請することができる．査察団は，その要請において，議定書第2部69に規定する活動及び技術であって延長された期間中に実施し又は使用しようとするものを明示する．執行理事会は，その要請を受領した後72時間以内にこれについて決定する．査察期間の延長を承認する決定は，執行理事会のすべての理事国の過半数による議決で行われる．

50　査察団は，47の規定に従って現地査察の継続が承認された後いつでも，事務局長を通じて執行理事会に対し査察を終了させるための勧告を提出することができる．当該勧告は，執行理事会がこれを受領した後72時間以内にそのすべての理事国の3分の2以上の多数による議決で査察の終了を承認しないと決定する場合を除くほか，承認されたものとされる．査察団は，査察が終了する場合には，議定書第2部の109及び110の規定に従って査察区域及び被査察締約国の領域からできる限り速やかに退去する．

51　要請締約国及び査察が行われることが求められている締約国は，現地査察の要請に関する執行理事会の審議に投票権なしで参加することができる．要請締約国及び被査察締約国は，その後の当該現地査察に関する執行理事会の審議にも投票権なしで参加することができる．

52　事務局長は，46から50までの規定に従って行われた執行理事会の決定並びに執行理事会に対する報告，提案，要請及び勧告を24時間以内にすべての締約国に通報する．

執行理事会が現地査察を承認した後の措置

53　執行理事会が承認した現地査察は，この条約及び議定書に従い事務局長が選定した査察団によって遅滞なく実施される．査察団は，執行理事会が要請締約国から現地査察の要請を受領した後6日以内に入国地点に到着する．

54　事務局長は，現地査察の実施のための査察命令を発する．査察命令には，議定書第2部42に規定する事項を含める．

55　事務局長は，議定書第2部43の規定に従い，査察団の入国地点への到着予定時刻の24時間前までに，被査察締約国に対して査察を通告する．

現地査察の実施

56　締約国は，自国の領域内又は自国の管轄若しくは管理の下にある場所において機関がこの条約及び議定書に従って現地査察を実施することを認める．ただし，いかなる締約国も，自国の領域内又は自国の管轄若しくは管理の下にある場所における2以上の現地査察を同時に受け入れることを要しない．

57　被査察締約国は，この条約及び議定書によって，次の権利を有し，及び次の義務を負う．

(a) この条約の遵守を証明するためにあらゆる合理的な努力を払う権利及び義務並びにこのために査察団がその査察命令を遂行することができるようにする権利及び義務

(b) 国家の安全保障上の利益を保護し及び査察の目的に関係しない秘密の情報の開示を防止するために必要と認める措置をとる権利

(c) (b)の規定並びに財産権又は捜索及び押収に関する自国の憲法上の義務を考慮して，査察の目的に関連する事実を確定するための査察区域内へのアクセスを認める義務

(d) 第1条に規定する義務の違反を隠すため

核兵器の拡散が核戦争の危険を著しく増大させるものであることを信じ，

核兵器の一層広範にわたる分散の防止に関する協定を締結することを要請する国際連合総会の諸決議に従い，

（略）

次のとおり協定した．

第1条〔核兵器国の不拡散義務〕 締約国である核兵器国は，核兵器その他の核爆発装置又はその管理をいかなる者に対しても直接又は間接に移譲しないこと及び核兵器その他の核爆発装置の製造若しくはその他の方法による取得又は核兵器その他の核爆発装置の管理の取得につきいかなる非核兵器国に対しても何ら援助，奨励又は勧誘を行わないことを約束する．

第2条〔非核兵器国の拡散回避義務〕 締約国である各非核兵器国は，核兵器その他の核爆発装置又はその管理をいかなる者からも直接又は間接に受領しないこと，核兵器その他の核爆発装置を製造せず又はその他の方法によって取得しないこと及び核兵器その他の核爆発装置の製造についていかなる援助をも求めず又は受けないことを約束する．

第3条〔転用防止のための保障措置〕 1　締約国である各非核兵器国は，原子力が平和的利用から核兵器その他の核爆発装置に転用されることを防止するため，この条約に基づいて負う義務の履行を確認することのみを目的として国際原子力機関憲章及び国際原子力機関の保障措置制度に従い国際原子力機関との間で交渉しかつ締結する協定に定められる保障措置を受諾することを約束する．この条の規定によって必要とされる保障措置の手続は，原料物質又は特殊核分裂性物質につき，それが主要な原子力施設において生産され，処理され若しくは使用されているか又は主要な原子力施設の外にあるかを問わず，遵守しなければならない．この条の規定によって必要とされる保障措置は，当該非核兵器国の領域内若しくはその管轄下で又は場所のいかんを問わずその管理の下で行われるすべての平和的な原子力活動に係るすべての原料物質及び特殊核分裂性物資につき，適用される．

2　各締約国は，(a)原料物質若しくは特殊核分裂性物質又は(b)特殊核分裂性物質の処理，使用若しくは生産のために特に設計され若しくは作成された設備若しくは資材を，この条の規定によって必要とされる保障措置が当該原料物質又は当該特殊各核分裂性物質について適用されない限り，平和的目的のためいかなる非核兵器国にも供給しないことを約束する．

3　この条の規定によって必要とされる保障措置は，この条の規定及び前文に規定する保障措置の原則に従い，次条の規定に適合する態様で，かつ，締約国の経済的若しくは技術的発展又は平和的な原子力活動の分野における国際協力（平和的目的のため，核物質及びその処理，使用又は生産のための設備を国際的に交換することを含む．）を妨げないような態様で，実施するものとする．

4　締約国である非核兵器国は，この条に定める要件を満たすため，国際原子力機関憲章に従い，個々に又は他の国と共同して国際原子力機関と協定を締結するものとする．その協定の交渉は，この条約が最初に効力を生じた時から180日以内に開始しなければならない．この180日の期間の後に批准書又は加入書を寄託する国については，その協定の交渉は，当該寄託の日までに開始しなければならない．その協定は，交渉開始の日の後18箇月以内に効力を生ずるものとする．

第4条〔原子力平和利用の権利〕 1　この条約のいかなる規定も，無差別にかつ第1条及び第2条の規定に従って平和的目的のための原子力の研究，生産及び利用を発展させることについてのすべての締約国の奪い得ない権利に影響を及ぼすものと解してはならない．

2　すべての締約国は，原子力の平和的利用のため設備，資材並びに科学的及び技術的情報を可能な最大限度まで交換することを容易にすることを約束し，また，その交換に参加する権利を有する．締約国は，また，可能なときは，単独で又は他の国若しくは国際機関と共同して，世界の開発途上にある地域の必要に妥当な考慮を払って，平和的目的のための原子力の応用，特に締約国である非核兵器の領域におけるその応用の一層の発展に貢献することに協力する．

第5条〔非核兵器国への核爆発の平和的応用の利益の提供〕 各締約国は，核爆発のあらゆる平和的応用から生ずることのある利益が，この条約に従い適当な国際的監視の下でかつ適当な国際的手続により無差別の原則に基づいて締約国である非核兵器国に提供されること並びに使用される爆発装置についてその非核兵器国の負担する費用が，できる限り低額であり，かつ，研究及び開発のためのいかなる費用をも含まないことを確保するため，適当な措置をとることを約束する．締約国である国が十分に代表されている適当な国際機関を通じてこのような利益を享受することができる．この問題に関する交渉は，この条約が効力を生じた後できる限り速やかに開始するものとする. 締約国である非核兵器国は, 希望するときは, 2国間協定によってもこのような利益を享受することができる.

第6条〔核軍縮交渉〕各締約国は, 核軍備競争の早期の停止及び核軍備の縮小に関する効果的な措置につき, 並びに厳重かつ効果的な国際管理の下における全面的かつ完全な軍備縮小に関する条約について, 誠実に交渉を行うことを約束する.

第7条〔地域的非核化条約〕この条約のいかなる規定も, 国の集団がそれらの国の領域に全く核兵器の存在しないことを確保するため地域的な条約を締結する権利に対し, 影響を及ぼすものではない.

第8条〔改正・再検討〕1 いずれの締約国も, この条約の改正を提案することができる. 改正案は, 寄託国政府に提出するものとし, 寄託国政府は, これをすべての締約国に配布する. その後, 締約国政府の3分の1以上の要請があったときは, 寄託国政府は, その改正を審議するため, すべての締約国を招請して会議を開催する.

2 この条約のいかなる改正も, すべての締約国の過半数の票(締約国であるすべての核兵器国の票及び改正案が配布された日に国際原子力機関の理事国である他のすべての締約国の票を含む.)による議決で承認されなければならない. その改正は, すべての締約国の過半数の改正の批准書(締約国であるすべての核兵器国の改正の批准書及び改正案が配布された日に国際原子力機関の理事国である他のすべての締約国の改正の批准書を含む.)が寄託された時に, その批准書を寄託した各締約国について効力を生ずる. その後は, 改正は, 改正の批准書を寄託する他のいずれの締約国についても, その寄託の時に効力を生ずる.

3 前文の目的の実現及びこの条約の規定の遵守を確保するようにこの条約の運用を検討するため, この条約の効力発生の5年後にスイスのジュネーヴで締約国の会議を開催する. その後5年ごとに, 締約国の過半数が寄託国政府に提案する場合には, 条約の運用を検討するという同様の目的をもって, 更に会議を開催する.

第9条〔署名・批准・加入・効力発生・核兵器国の定義〕1 この条約は, 署名のためすべての国に開放される. この条約が3の規定に従って効力を生ずる前にこの条約に署名しない国は, いつでもこの条約に加入することができる.

2 この条約は, 署名国によって批准されなければならない. 批准書及び加入書は, ここに寄託国政府として指定されるグレート・ブリテン及び北部アイルランド連合王国, ソヴィエト社会主義共和国及びアメリカ合衆国の政府に寄託する.

3 この条約は, その政府が条約の寄託者として指定される国及びこの条約の署名国である他の40の国が批准しかつその批准書を寄託した後に, 効力を生ずる. この条約の適用上, 「核兵器国」とは, 1967年1月1日前に核兵器その他の核爆発装置を製造しかつ爆発させた国をいう.

第10条〔脱退・有効期間〕1 各締約国は, この条約の対象である事項に関連する異常な事態が自国の至高の利益を危うくしていると認める場合には, その主権を行使してこの条約から脱退する権利を有する. 当該締約国は, 他のすべての締約国及び国際連合安全保障理事会に対し3箇月前にその脱退を通知する. その通知には, 自国の至高の利益を危うくしていると認める異常な事態についても記載しなければならない.

2 この条約の効力発生の25年後に, 条約が無期限に効力を有するか追加の一定期間延長されるかを決定するため, 会議を開催する. その決定は, 締約国の過半数による議決で行う.

72 IAEA憲章(抄)

国際原子力機関憲章
〔採択〕1956年10月26日
〔効力発生〕1957年7月29日／〔日本国〕1957年7月29日

第1条(機関の設立)この憲章の当事国は, 以下に定める条件に基き国際原子力機関(以下「機関」という.)を設立する.

第2条(目的)機関は, 全世界における平和, 保健及び繁栄に対する原子力の貢献を促進し, 及び増大するように努力しなければならない. 機関は, できる限り, 機関がみずから提供し, その要請により提供され, 又はその監督下若しくは管理下において提供された援助がいずれかの軍事的目的を助長するような方法で利用されないことを確保しなければならない.

第3条(任務)A 機関は, 次のことを行う権限を有する.

1 全世界における平和的利用のための原子力の研究, 開発及び実用化を奨励しかつ援助し, 要請を受けたときは, 機関のいずれかの加盟国による他の加盟国のための役務の実施又は物質，設備及び施設の供給を確保するため仲介者として行動し，並びに平和的目的のための原子力の研究，開発又は実用化に役だつ活動又は役務を行うこと．

2　平和的目的のための原子力の研究，開発及び実用化（電力の生産を含む．）の必要を満たすため，世界の低開発地域におけるその必要に妥当な考慮を払った上で，この憲章に従って，物質，役務，設備及び施設を提供すること．

3　原子力の平和的利用に関する科学上及び技術上の情報の交換を促進すること．

4　原子力の平和的利用の分野における科学者及び専門家の交換及び訓練を奨励すること．

5　機関がみずから提供し，その要請により提供され，又はその監督下若しくは管理下において提供された特殊核分裂性物質その他の物質，役務，設備，施設及び情報がいずれかの軍事的目的を助長するような方法で利用されないことを確保するための保障措置を設定し，かつ，実施すること並びに，いずれかの2国間若しくは多数国間の取極の当事国の要請を受けたときは，その取極に対し，又はいずれかの国の要請を受けたときは，その国の原子力の分野におけるいずれかの活動に対して，保障措置を適用すること．

6　国際連合の権限のある機関及び関係専門機関と協議し，かつ，適当な場合にはそれらと協力して，健康を保護し，並びに人命及び財産に対する危険を最小にするための安全上の基準（労働条件のための基準を含む．）を設定し，又は採用すること，機関みずからの活動並びに機関がみずから提供し，その要請により提供され，又はその管理下若しくは監督下において提供された物質，役務，設備，施設及び情報を利用する活動に対して，前記の基準が適用されるように措置を執ること並びに，いずれかの2国間若しくは多数国間の取極の当事国の要請を受けたときは，その取極に基く活動に対し，又はいずれかの国の要請を受けたときは，その国の原子力の分野におけるいずれかの活動に対して，前記の基準が適用されるように措置を執ること．

7　関係地域で機関が利用しうる施設，工場及び設備が，不適当であるか，又は機関の不満足であると考える条件によるほか利用しえないときはいつでも，機関が認められた任務を遂行するため必要な施設，工場及び設備を取得し，又は設置すること．

B　機関は，その任務を遂行するため，次のことを行うものとする．

1　平和及び国際協力を助長する国際連合の目的及び原則に従い，並びに保障された世界的軍備縮小の確立を促進する国際連合の政策及びその政策に従って締結されるすべての国際協定に従って，機関の事業を行うこと．

2　機関が受領する特殊核分裂性物質の利用につき，それらの物質が平和的目的にのみ利用されることを確保するため，管理を設定すること．

3　機関の資源を，世界の低開発地域における特別の必要を考慮した上で，世界のすべての地域における効果的な利用及び最大限の一般的利益を確保するような方法により，配分すること．

4　機関の事業に関する報告を毎年国際連合総会に提出し，かつ，適当な場合には，安全保障理事会に提出すること．機関の事業に関して安全保障理事会の権限内の問題が生じたときは，機関は，国際の平和及び安全の維持に関する主要な責任を負う機関である安全保障理事会に通告するものとし，また，この憲章に基き機関にとって可能な措置（第12条Cに定める措置を含む．）を執ることができる．

5　国際連合の経済社会理事会その他の機関に対し，それらの機関の権限内の事項に関し，報告を提出すること．

C　機関は，その任務を遂行するに当り，加盟国に対し，この憲章の規定と両立しない政治上，経済上，軍事上その他の条件による援助を行ってはならない．

D　機関の事業は，この憲章の規定及びいずれかの国又は一群の国と機関との間で締結され，かつ，この憲章の規定に合致する諸協定の条項に従うことを条件として，諸国の主権に対して妥当な尊敬を払って実施しなければならない．

第4条～第10条（略）

第11条（機関の計画） A　機関のいずれかの加盟国又は加盟国群は，平和的目的のための原子力の研究，開発又は実用化の計画を設定することを希望するときは，このため必要な特殊核分裂性物質及び他の物質，役務，設備並びに施設の確保に当って，機関の援助を要請することができる．この要請には，計画の目的及び範囲の説明を添えるものとし、理事会は，その要請を検討するものとする．

B　機関は，また，要請を受けたときは，いずれかの加盟国又は加盟国群が前記の計画を遂行するため必要な融資を外部から確保するように取りきめることについて，援助することができる．この援助の供与に当っては，機関は，その計画のために，いかなる担保の提供又は財政的責任の負担をも要求されないものとする．

C　機関は，要請を行った加盟国の希望を考慮した上，前記の計画のため必要な物質，役務，設備及び施設が，1若しくは2以上の加盟国により供給されるように取り計らうことができるものとし，又は機関が，みずから，それらのもののいずれか若しくはすべてを直接に提供することを引き受けることができる．

D　機関は，前記の要請を検討するため，計画を審査する資格を有する者を，その要請を行った加盟国又は加盟国群の領域内に送ることができる．この目的のため，機関は，その要請を行った加盟国又は加盟国群の承認を得て，機関の職員を使用し，又はいずれかの加盟国の国民で適当な資格を有するものを雇用することができる．

E　理事会は，この条の規定に基く計画を承認する前に，次の事項に妥当な考慮を払うものとする．

1　計画の有用性（その科学的及び技術的実行可能性を含む．）

2　計画の効果的な実施を確保するための企画，資金及び技術要員の妥当性

3　物質の取扱及び貯蔵のため並びに施設の運用のための提案された保健上及び安全上の基準の妥当性

4　要請を行った加盟国又は加盟国群の必要な資金調達，物質，施設，設備及び役務を確保することについての能力の不足

5　機関が利用しうる物質及び他の資源の公平な配分

6　世界の低開発地域における特別の必要

7　その他関係のある事項

F　機関は，計画を承認したときは，その計画を提出した加盟国又は加盟国群と協定を締結するものとし，その協定は，次のことを定めるものとする．

1　必要な特殊核分裂性物質及び他の物質の計画への割当

2　特殊核分裂性物質のその時の保管（機関により保管されているか，又は機関の計画への利用のため提供する加盟国により保管されているかを問わない．）の場所から，計画を提出した加盟国又は加盟国群への，必要な積送の安全を確保し，かつ，妥当な保健上及び安全上の基準に合致する条件の下における移転

3　機関がみずからいずれかの物質，役務，設備及び施設を提供するときは，その提供の条件（料金を含む．）並びに，いずれかの加盟国がそれらの物質，役務，設備及び施設を供給するときは，計画を提出した加盟国又は加盟国群と供給国とが取りきめる条件

4　(a)提供される援助が，いずれかの軍事的目的を助長するような方法で利用されないこと及び(b)計画が第12条に定める保障措置（関係保障措置は，協定中に明記するものとする．）に従うべきことについて，計画を提出した加盟国又は加盟国群が行う約束

5　計画から生ずる発明若しくは発見又はその発明若しくは発見に関する特許についての機関及び関係加盟国の権利及び利益に関する適当な規定

6　紛争の解決に関する適法な規定

7　その他の適当な規定

G　この条の規定は，また，適当な場合には，既存の計画に関する物質，役務，施設又は設備に対する要請にも適用される．

第12条（機関の保障措置） A　機関は，機関のいずれかの計画に関し，又は，他の取極の関係当事国が機関に対して保障措置の適用を要請する場合に，その取極に関し，その計画又は取極に関連する限度において，次のことを行う権利及び責任を有する．

1　専門的設備及び施設（原子炉を含む．）の設計を検討すること並びに，その設計が軍事的目的を助長するものでなく，妥当な保健上及び安全上の基準に合致しており，かつ，この条に定める保障措置を実効的に適用しうるものであることを確保するという見地からのみ，その設計を承認すること．

2　機関が定める保健上及び安全上の措置の遵守を要求すること．

3　前記の計画又は取極において使用され，又は生産される原料物質及び特殊核分裂性物質の計量性の確保に役だつ操作記録の保持及び提出を要求すること．

4　経過報告を要求し，及び受領すること．

5　照射を受けた物質の化学処理のため用いられる方法を，その化学処理が物質の軍事的目的への転用に役だてられるものでなく，かつ，妥当な保健上及び安全上の基準に合致するものであることを確保することのみを目的として，承認すること，回収され又は副産物として生産された特殊核分裂性物質が，関係加盟国の指定する研究のため，又はその指定する既存の若しくは建設中の原子炉において，継続的に機関の保障措置の下で，平和的目的に利用されるように要求すること並びに回収され又は副産物として生産された特殊核分裂性物質で前記の利用のため必要な量をこえる余分のものを，その蓄積を防ぐため，機関に寄託するように要求すること．ただし，機関に寄託されたその特殊核分裂性物質は，その後関係加盟国が要

請したときは，前記の規定に基く利用のため，関係加盟国にすみやかに返還されるものとする．

6　機関が関係国と協議の後指定した視察員を受領国の領域に派遣すること．その視察員は，いつでも，供給された原料物質及び特殊核分裂性物質並びに核分裂性生産物の計量のため，並びに第11条F 4にいう軍事的目的の助長のために利用しないことについての約束，この条のA 2にいう保健上及び安全上の措置並びに機関と関係国との間の協定に定める他のいずれかの条件に対する違反の有無の決定のために必要なすべての場所，資料及び人（この憲章に基き保障措置の適用が要求される物質，設備又は施設に職掌上関係する者）に近づくことができる．機関が指定した視察員は，関係国の要請を受けたときは，自己の職務の執行を遅滞させられ，又は妨げられないことを条件として，その国の当局の代表者を伴わなければならない．

7　違反が存在し，かつ，受領国が要請された是正措置を適当な期間内に執らなかったときは，援助を停止し，又は終止し，並びに当該計画の促進のため機関又は加盟国が提供したいずれかの物質及び設備を撤収すること．

B　機関は，必要な場合には，視察部を設置するものとする．視察部は，機関の承認，監督又は管理を受ける計画に対して適用するために定めた保健上及び安全上の措置に機関が違反していないかどうか，並びに機関が保管し，又はその作業において使用され若しくは生産される原料物質及び特殊核分裂性物質がいずれかの軍事的目的の助長のため使用されることを防止するために，機関が十分な措置を執っているかどうかを決定するため，機関がみずから行うすべての作業を検査する責任を負うものとする．機関は，前記の違反が存在すること又は前記の十分な措置が執られていないことを是正するための改善の措置を直ちに執らなければならない．

C　視察部は，また，この条のA 6にいう計量の結果を入手しかつ検認する責任並びに第11条F 4にいう約束，この条のA 2にいう措置及び機関と関係国との間の協定に定める計画の他のすべての条件に対する違反の有無を決定する責任を負うものとする．視察員は，違反を事務局長に報告しなければならず，事務局長は，その報告を理事会に伝達しなければならない．理事会は，発生したと認める違反を直ちに改善するように受領国に要求ししなければならない．理事会は，その違反をすべての加盟国並びに国際連合の安全保障理事会及び総会に報告しなければならない．受領国が適当な期間内に十分な是正措置を執らなかった場合には，理事会は，機関又は加盟国が提供する援助の削減又は停止を命ずる措置並びに受領加盟国又は受領加盟国群に提供された物質及び設備の返還を要求する措置のうちの一方又は双方を執ることができる．機関は，また，第19条の規定に従い，違反を行った加盟国に対し，加盟国としての特権及び権利の行使を停止することができる．

第13条〜第19条（略）

第20条（定義） この憲章において，

1 「特殊核分裂性物質」とは，プルトニウム239，ウラン233，同位元素ウラン235又は233の濃縮ウラン，前記のものの1又は2以上を含有している物質及び理事会が随時決定する他の核分裂性物質をいう．ただし，「特殊核分裂性物質」には，原料物質を含まない．

2 「同位元素ウラン235又は233の濃縮ウラン」とは，同位元素ウラン235若しくは233又はその双方を，同位元素ウラン238に対するそれらの2同位元素の合計の含有率が，天然ウランにおける同位元素ウラン238に対する同位元素ウラン235の率より大きくなる量だけ含有しているウランをいう．

3 「原料物質」とは，次のものをいう．

- ウランの同位元素の天然の混合率からなるウラン
- 同位元素ウラン235の劣化ウラン
- トリウム
- 金属，合金，化合物又は高含有物の形状において前掲のいずれかの物質を含有する物質
- 他の物質で理事会が随時決定する含有率において前掲の物質の1又は2以上を含有するもの
- 理事会が随時決定するその他の物質

73 ジュネーヴ・ガス禁止議定書

窒息性ガス，毒性ガス又はこれらに類するガス及び細菌学的手段の戦争における使用の禁止に関する議定書
〔採択〕1925年6月17日，ジュネーヴ
〔効力発生〕1928年2月8日／〔日本国〕1970年5月21日

下名の全権委員は，各自の政府の名において，

窒息性ガス，毒性ガス又はこれらに類するガス及びこれらと類似のすべての液体，物質又は

考案を戦争に使用することが，文明世界の世論によって正当にも非難されているので，

前記の使用の禁止が，世界の大多数の国が当事国である諸条約中に宣言されているので，

この禁止が，諸国の良心及び行動をひとしく拘束する国際法の一部として広く受諾されるために，

次のとおり宣言する．

締約国は，前記の使用を禁止する条約の当事国となっていない限りこの禁止を受諾し，かつ，この禁止を細菌学的戦争手段の使用についても適用すること及びこの宣言の文言に従って相互に拘束されることに同意する．

（以下略）

74 生物兵器禁止条約（抄）

細菌兵器（生物兵器）及び毒素兵器の開発，生産及び貯蔵の禁止並びに廃棄に関する条約
〔採択〕1972年4月10日，ロンドン，モスクワ，ワシントン
〔効力発生〕1975年3月26日／〔日本国〕1982年6月8日

前　文（略）

第1条〔開発，生産，貯蔵等の禁止〕 締約国は，いかなる場合にも，次の物を開発せず，生産せず，貯蔵せず若しくはその他の方法によって取得せず又は保有しないことを約束する．

(1) 防疫の目的，身体防護の目的その他の平和的目的による正当化ができない種類及び量の微生物剤その他の生物剤又はこのような種類及び量の毒素（原料又は製法のいかんを問わない．）

(2) 微生物剤その他の生物剤又は毒素を敵対的目的のために又は武力紛争において使用するために設計された兵器，装置又は運搬手段

第2条〔廃棄と平和目的への転用〕 締約国は，この条約の効力発生の後できる限り速やかに，遅くとも9箇月以内に，自国の保有し又は自国の管轄若しくは管理の下にある前条に規定するすべての微生物剤その他の生物剤，毒素，兵器，装置及び運搬手段を廃棄し又は平和的目的のために転用することを約束する．この条の規定の実施に当たっては，住民及び環境の保護に必要なすべての安全上の予防措置をとるものとする．

第3条〔移譲及び取得援助等の禁止〕 締約国は，第1条に規定する微生物剤その他の生物剤，毒素，兵器，装置又は運搬手段をいかなる者に対しても直接又は間接に移譲しないこと及びこれらの物の製造又はその他の方法による取得につき，いかなる国，国の集団又は国際機関に対しても，何ら援助，奨励又は勧誘を行わないことを約束する．

第4条〔国内措置〕 締約国は，自国の憲法上の手続に従い，その領域内及びその管轄又は管理の下にあるいかなる場所においても，第1条に規定する微生物剤その他の生物剤，毒素，兵器，装置及び運搬手段の開発，生産，貯蔵，取得又は保有を禁止し及び防止するために必要な措置をとる．

第5条〜第7条（略）

第8条〔ジュネーヴ議定書との関係〕 この条約のいかなる規定も，1925年6月17日にジュネーヴで署名された窒息性ガス，毒性ガス又はこれらに類するガス及び細菌学的手段の戦争における使用の禁止に関する議定書に基づく各国の義務を限定し又は軽減するものと解してはならない．

第9条〜第13条（略）

75 化学兵器禁止条約（抄）

化学兵器の開発，生産，貯蔵及び使用の禁止並びに廃棄に関する条約
〔署名〕1993年1月13日，パリ
〔効力発生〕1997年4月29日／〔日本国〕1997年4月29日

前　文

この条約の締約国は，

厳重かつ効果的な国際管理の下における全面的かつ完全な軍備縮小（あらゆる種類の大量破壊兵器の禁止及び廃棄を含む）に向けての．効果的な進展を図ることを決意し，

国際連合憲章の目的及び原則の実現に貢献することを希望し，

国際連合総会が，1925年6月17日にジュネーヴで署名された窒息性ガス，毒性ガス又はこれらに類するガス及び細菌学的手段の戦争における使用の禁止に関する議定書（以下「1925年のジュネーヴ議定書」という．）の原則及び目的に反するすべての行為を繰り返し非難してきたことを想起し，

この条約は，1925年のジュネーヴ議定書並びに1972年4月10日にロンドン，モスクワ及びワシントンで署名された細菌兵器（生物兵器）及び毒素兵器の開発，生産及び貯蔵の禁止並びに廃棄に関する条約の原則及び目的並びに同議

定書及び同条約に基づく義務を再確認するものであることを認識し，

細菌兵器（生物兵器）及び毒素兵器の開発，生産及び貯蔵の禁止並びに廃棄に関する条約第9条に規定する目標に留意し，

全人類のために，1925年のジュネーヴ議定書に基づく義務を補完するこの条約の実施によって化学兵器の使用の可能性を完全に無くすことを決意し，

戦争の方法としての除草剤の使用の禁止が関連する協定及び国際法の原則において定められていることを認識し，

化学の分野における成果は人類の利益のためにのみ使用されるべきであることを考慮し，

すべての締約国の経済的及び技術的発展を促進するため，この条約によって禁止されていない目的のために，化学に関する活動の分野における国際協力並びに科学的及び技術的
情報の交換並びに化学物質の自由な貿易を促進することを希望し，

化学兵器の開発，生産，取得，貯蔵，保有，移譲及び使用の完全かつ効果的な禁止並びに廃棄が，これらの共通の目的を達成するために必要な措置であることを確信して，

次のとおり協定した．

第1条（一般的義務） 1　締約国は，いかなる場合にも，次のことを行わないことを約束する．

(a) 化学兵器を開発し，生産その他の方法によって取得し，貯蔵し若しくは保有し又はいずれかの者に対して直接若しくは間接に移譲すること．

(b) 化学兵器を使用すること．

(c) 化学兵器を使用するための軍事的な準備活動を行うこと．

(d) この条約によって締約国に対して禁止されている活動を行うことにつき，いずれかの者に対して，援助し，奨励し又は勧誘すること．

2　締約国は，この条約に従い，自国が所有し若しくは占有する化学兵器又は自国の管轄若しくは管理の下にある場所に存在する化学兵器を廃棄することを約束する．

3　締約国は，この条約に従い，他の締約国の領域内に遺棄したすべての化学兵器を廃棄することを約束する．

4　締約国は，この条約に従い，自国が所有し若しくは占有する化学兵器生産施設又は自国の管轄若しくは管理の下にある場所に存在する化学兵器生産施設を廃棄することを約束する．

5　締約国は，暴動鎮圧剤を戦争の方法として使用しないことを約束する．

第2条（定義及び基準） この条約の適用上，

1「化学兵器」とは，次の物を合わせたもの又は次の物を個別にいう．

(a) 毒性化学物質及びその前駆物質．ただし，この条約によって禁止されていない目的のためのものであり，かつ，種類及び量が当該目的に適合する場合を除く．

(b) 弾薬類及び装置であって，その使用の結果放出されることとなる(a)に規定する毒性化学物質の毒性によって，死その他の害を引き起こすように特別に設計されたもの

(c) (b)に規定する弾薬類及び装置の使用に直接関連して使用するように特別に設計された装置

2「毒性化学物質」とは，生命活動に対する化学作用により，人又は動物に対し，死，一時的に機能を著しく害する状態又は恒久的な害を引き起こし得る化学物質（原料及び製法のいかんを問わず，また，施設内，弾薬内その他のいかなる場所において生産されるかを問わない．）をいう．

（この条約の実施上，検証措置の実施のために特定された毒性化学物質は，化学物質に関する附属書の表に掲げる．）

3「前駆物質」とは，毒性化学物質の生産（製法のいかんを問わない．）のいずれかの段階で関与する化学反応体をいうものとし，2成分又は多成分の化学系の必須成分を含む．

（この条約の実施上，検証措置の実施のために特定された前駆物質は，化学物質に関する附属書の表に掲げる．）

4「2成分又は多成分の化学系の必須成分」（以下「必須成分」という．）とは，最終生成物の毒性を決定する上で最も重要な役割を果たし，かつ，2成分又は多成分の化学系の中で他の化学物質と速やかに反応する前駆物質をいう．

5「老朽化した化学兵器」とは，次のものをいう．

(a) 1925年より前に生産された化学兵器

(b) 1925年から1946年までの間に生産された化学兵器であって，化学兵器として使用することができなくなるまでに劣化したもの

6「遺棄化学兵器」とは，

1925年1月1日以降にいずれかの国が他の国の領域内に当該他の国の同意を得ることなく遺棄した化学兵器（老朽化した化学兵器を含む．）をいう．

7「暴動鎮圧剤」とは，化学物質に関する附属書の表に掲げていない化学物質であって，短時間で消失するような人間の感覚に対する刺激又は行動を困難にする身体への効果を速やかに引き起こすものをいう．

8「化学兵器生産施設」とは，

(a) 1946年1月1日以降のいずれかの時に，次の(i)に該当するものとして又は次の(ii)のために設計され，建造され又は使用された設備及びこれを収容する建物をいう．

(i) 化学物質の生産段階（「技術の最終段階」）の一部であって，当該設備が稼働している時に物質の流れが次のいずれかの化学物質を含むもの

(1) 化学物質に関する附属書の表1に掲げる化学物質

(2) 化学兵器のために使用され得る他の化学物質であって，締約国の領域内又はその管轄若しくは管理の下にあるその他の場所において，この条約によって禁止されていない目的のためには年間1トンを超える用途がないもの

(ii) 化学兵器の充塡（特に，化学物質に関する附属書の表1に掲げる化学物質の弾薬類，装置又はばらの状態で貯蔵するための容器への充塡，組立て式の2成分型弾薬類及び装置の部分を構成する容器への充塡，組立て式の単一成分型弾薬類及び装置の部分を構成する化学物質充塡子爆弾弾薬類への充塡並びに充塡された容器及び化学物質充塡子爆弾弾薬類の弾薬類及び装置への搭載を含む．）

(b) もっとも，次のものを意味するものではない．

(i) (a)(i)に規定する化学物質を合成するための生産能力を有する施設であって当該能力が1トン未満のもの

(ii) (a)(i)に規定する化学物質をこの条約によって禁止されていない目的のための活動の不可避の副産物として生産し又は生産した施設．ただし，当該化学物質が総生産量の3パーセントを超えないこと並びに当該施設が実施及び検証に関する附属書（以下「検証附属書」という．）に従って申告及び査察の対象となることを条件とする．

(iii) この条約によって禁止されていない目的のために化学物質に関する附属書の表1に掲げる化学物質を生産する検証附属書第6部に規定する単一の小規模な施設

9 「この条約によって禁止されていない目的」とは，次のものをいう．

(a) 工業，農業，研究，医療又は製薬の目的その他の平和的目的

(b) 防護目的，すなわち，毒性化学物質及び化学兵器に対する防護に直接関係する目的

(c) 化学兵器の使用に関連せず，かつ，化学物質の毒性を戦争の方法として利用するものではない軍事的目的

(d) 国内の暴動の鎮圧を含む法の執行のための目的

10 「生産能力」とは，関係する施設において実際に使用されている技術的工程又はこの工程がまだ機能していない場合には使用される予定の技術的工程に基づいて特定の化学物質を1年間に製造し得る量をいう．生産能力は，標示された能力又はこれが利用可能でない場合には設計上の能力と同一であるとみなす．標示された能力は，生産施設にとっての最大量を生産するための最適な条件の下における生産量であって，1又は2以上の実験によって証明されたものとする．設計上の能力は，標示された能力に対応する理論的に計算された生産量とする．

11 「機関」とは，第8条の規定に基づいて設立する化学兵器の禁止のための機関をいう．

12 第6条の規定の適用上，

(a) 化学物質の「生産」とは，化学反応により化学物質を生成することをいう．

(b) 化学物質の「加工」とは，化学物質が他の化学物質に転換することのない物理的な工程（例えば，調合，抽出，精製）をいう．

(c) 化学物質の「消費」とは，化学物質が化学反応により他の化学物質に転換することをいう．

第3条（申告） **1** 締約国は，この条約が自国について効力を生じた後30日以内に，機関に対して申告を行うものとし，当該申告において，

(a) 化学兵器に関し，

(i) 自国が化学兵器を所有するか否か若しくは占有するか否か又は自国の管轄若しくは管理の下にある場所に化学兵器が存在するか否かを申告する．

(ii) 検証附属書第4部(A)の1から3までの規定に従い，自国が所有し若しくは占有する化学兵器又は自国の管轄若しくは管理の下にある場所に存在する化学兵器の正確な所在地，総量及び詳細な目録を明示する．ただし，(iii)に規定する化学兵器を除く．

(iii) 検証附属書第4部(A)4の規定に従い，他の国が所有し及び占有し，かつ，他の国の管轄又は管理の下にある場所に存在する化学兵器であって，自国の領域内にあるものを報告する．

(iv) 1946年1月1日以降自国が直接又は間接に化学兵器を移譲したか否か又は受領したか否かを申告し，及び検証附属書第4部(A)5の規定に従って化学兵器の移譲又は受領について明示する．

(v) 検証附属書第4部(A)6の規定に従い，自国が所有し若しくは占有する化学兵器又は自国の管轄若しくは管理の下にある場所に存在する化学兵器の廃棄のための全般的な計画を提出する．

(b) 老朽化した化学兵器及び遺棄化学兵器に関し，

(i) 自国の領域内に老朽化した化学兵器を有するか否かを申告し，及び検証附属書第4部(B)3の規定に従ってすべての入手可能な情報を提供する．

(ii) 自国の領域内に遺棄化学兵器が存在するか否かを申告し，及び検証附属書第4部(B)8の規定に従ってすべての入手可能な情報を提供する．

(iii) 他の国の領域内に化学兵器を遺棄したか否かを申告し，及び検証附属書第4部(B)10の規定に従ってすべての入手可能な情報を提供する．

(c) 化学兵器生産施設に関し，

(i) 1946年1月1日以降のいずれかの時に，自国が化学兵器生産施設を所有し若しくは占有するか否か若しくは所有し若しくは占有していたか否か又は自国の管轄若しくは管理の下にある場所に化学兵器生産施設が存在するか否か若しくは存在していたか否かを申告する．

(ii) 検証附属書第5部1の規定に従い，1946年1月1日以降のいずれかの時に，自国が所有し若しくは占有し若しくは所有していた若しくは占有していた化学兵器生産施設又は自国の管轄若しくは管理の下にある場所に存在し若しくは存在していた化学兵器生産施設を明示する．ただし，(iii)に規定する化学兵器生産施設を除く．

(iii) 検証附属書第5部2の規定に従い，1946年1月1日以降のいずれかの時に，他の国が所有し及び占有し又は所有していた及び占有していた化学兵器生産施設であって，他の国の管轄又は管理の下にある場所に存在し又は存在していたもの（自国の領域内にあるものに限る．）を報告する．

(iv) 1946年1月1日以降自国が直接又は間接に化学兵器の生産のための設備を移譲したか否か又は受領したか否かを申告し，及び検証附属書第5部の3から5までの規定に従って当該設備の移譲又は受領について明示する．

(v) 検証附属書第5部6の規定に従い，自国が所有し若しくは占有する化学兵器生産施設又は自国の管轄若しくは管理の下にある場所に存在する化学兵器生産施設の廃棄のための全般的な計画を提出する．

(vi) 検証附属書第5部1(i)の規定に従い，自国が所有し若しくは占有する化学兵器生産施設又は自国の管轄若しくは管理の下にある場所に存在する化学兵器生産施設の閉鎖のためにとるべき措置を明示する．

(vii) 検証附属書第5部7の規定に従い，自国が所有し若しくは占有する化学兵器生産施設又は自国の管轄若しくは管理の下にある場所に存在する化学兵器生産施設を一時的に化学兵器の廃棄施設に転換する場合には，そのための全般的な計画を提出する．

(d) 他の施設に関し，自国が所有し若しくは占有する施設又は自国の管轄若しくは管理の下にある場所に存在する施設であって，1946年1月1日以降主に化学兵器の開発のために設計され，建設され又は使用されたものの正確な所在地並びに活動の性質及び全般的な範囲を明示する．この申告には，特に，実験施設及び試験評価場を含める．

(e) 暴動鎮圧剤に関し，暴動の鎮圧のために保有する化学物質の化学名，構造式及びケミカル・アブストラクツ・サービス（以下「CAS」という．）登録番号が付されている場合には当該番号を明示する．この申告は，その内容に変更が生じた後30日以内に改定する．

2　この条の規定及び検証附属書第4部の関連規定は，1977年1月1日前に締約国の領域内に埋められた化学兵器であって引き続き埋められたままであるもの又は1985年1月1日前に海洋に投棄された化学兵器については，当該締約国の裁量により適用しないことができる．

第4条（化学兵器） 1　この条の規定及びその実施のための詳細な手続は，締約国が所有し若しくは占有するすべての化学兵器又はその管轄若しくは管理の下にある場所に存在するすべての化学兵器について適用する．ただし，検証附属書第4部(B)の規定が適用される老朽化した化学兵器及び遺棄化学兵器を除く．

2　この条の規定を実施するための詳細な手続は，検証附属書に定める．

3　1に規定する化学兵器が貯蔵され又は廃棄されるすべての場所は，検証附属書第4部(A)の規定に従い，現地査察及び現地に設置する機器による監視を通じた体系的な検証の対象とする．

4　締約国は，現地査察を通じた申告の体系的な検証のため，前条1(a)の規定に基づく申告を行った後直ちに1に規定する化学兵器へのアクセスを認める．締約国は，その後，当該化学兵器のいずれも移動させてはならないものとし(化学兵器の廃棄施設への移動を除く.), 体系的な現地検証のため, 当該化学兵器へのアクセスを認める.

5 締約国は, 現地査察及び現地に設置する機器による監視を通じた体系的な検証のため, 自国が所有し若しくは占有する化学兵器の廃棄施設及びその貯蔵場所又は自国の管轄若しくは管理の下にある場所に存在する化学兵器の廃棄施設及びその貯蔵場所へのアクセスを認める.

6 締約国は, 検証附属書並びに合意された廃棄についての比率及び順序(以下「廃棄の規律」という.)に従い, 1に規定するすべての化学兵器を廃棄する. 廃棄は, この条約が自国について効力を生じた後2年以内に開始し, この条約が効力を生じた後10年以内に完了する. 締約国は, 当該化学兵器をより速やかに廃棄することを妨げられない.

7 締約国は, 次のことを行う.

(a) 検証附属書第4部(A)29の規定に従い, 1に規定する化学兵器の廃棄のための詳細な計画を各年の廃棄期間の開始の遅くとも60日前までに提出すること. その詳細な計画には, 当該年の廃棄期間中に廃棄するすべての貯蔵されている化学兵器を含めるものとする.

(b) 1に規定する化学兵器の廃棄のための自国の計画の実施状況に関する申告を毎年, 各年の廃棄期間の満了の後60日以内に行うこと.

(c) 廃棄の過程が完了した後30日以内に, 1に規定するすべての化学兵器を廃棄したことを証明すること.

8 締約国は, 6に規定する10年の廃棄のための期間が経過した後にこの条約を批准し又はこの条約に加入する場合には, 1に規定する化学兵器をできる限り速やかに廃棄する. 当該締約国のための廃棄の規律及び厳重な検証の手続については, 執行理事会が決定する.

9 化学兵器に関する冒頭申告の後に締約国がその存在を知った化学兵器については, 検証附属書第4部(A)の規定に従って, 報告し, 保全し及び廃棄する.

10 締約国は, 化学兵器の輸送, 試料採取, 貯蔵及び廃棄に当たっては, 人の安全を確保し及び環境を保護することを最も優先させる. 締約国は, 安全及び排出に関する自国の基準に従って, 化学兵器の輸送, 試料採取, 貯蔵及び廃棄を行う.

11 締約国は, 他の国が所有し若しくは占有する化学兵器又は他の国の管轄若しくは管理の下にある場所に存在する化学兵器を自国の領域内に有する場合には, この条約が自国について効力を生じた後1年以内にこれらの化学兵器が自国の領域から撤去されることを確保するため, 最大限度の努力を払う. これらの化学兵器が1年以内に撤去されない場合には, 当該締約国は, 機関及び他の締約国に対し, これらの化学兵器の廃棄のために援助を提供するよう要請することができる.

12 締約国は, 2国間で又は技術事務局を通じて化学兵器の安全かつ効率的な廃棄のための方法及び技術に関する情報又は援助の提供を要請する他の締約国に対して協力することを約束する.

13 機関は, この条の規定及び検証附属書第4部(A)の規定に従って検証活動を行うに当たり, 化学兵器の貯蔵及び廃棄の検証に関する締約国間の2国間又は多数国間の協定との不必要な重複を避けるための措置を検討する.

このため, 執行理事会は, 次のことを認める場合には, 当該2国間又は多数国間の協定に従って実施する措置を補完する措置に検証を限定することを決定する.

(a) 当該2国間又は多数国間の協定の検証に関する規定がこの条及び検証附属書第4部(A)の検証に関する規定に適合すること.

(b) 当該2国間又は多数国間の協定の実施によってこの条約の関連規定の遵守が十分に確保されること.

(c) 当該2国間又は多数国間の協定の締約国がその検証活動について機関に対し常時十分な情報の提供を行うこと.

14 執行理事会が13の規定に従って決定する場合には, 機関は, 13に規定する2国間又は多数国間の協定の実施を監視する権利を有する.

15 13及び14のいかなる規定も, 締約国が前条, この条及び検証附属書第4部(A)の規定に従って申告を行う義務に影響を及ぼすものではない.

16 締約国は, 自国が廃棄の義務を負う化学兵器の廃棄の費用を負担する. また, 締約国は, 執行理事会が別段の決定を行う場合を除くほか, 当該化学兵器の貯蔵及び廃棄の検証の費用を負担する. 執行理事会が13の規定に従い機関の検証措置を限定することを決定した場合には, 機関が行う補完的な検証及び監視の費用については, 第8条7に規定する国際連合の分担率に従って支払う.

17 この条の規定及び検証附属書第4部の関連規定は, 1977年1月1日前に締約国の領域内に埋められた化学兵器であって引き続き埋められたままであるもの又は1985年1月1日前に海洋に投棄された化学兵器については，当該締約国の裁量により適用しないことができる．

第5条（化学兵器生産施設） 1　この条の規定及びその実施のための詳細な手続は，締約国が所有し若しくは占有するすべての化学兵器生産施設又はその管轄若しくは管理の下にある場所に存在するすべての化学兵器生産施設について適用する．

2　この条の規定を実施するための詳細な手続は，検証附属書に定める．

3　1に規定するすべての化学兵器生産施設は，検証附属書第5部の規定に従い，現地査察及び現地に設置する機器による監視を通じた体系的な検証の対象とする．

4　締約国は，閉鎖のために必要な活動を除くほか，1に規定する化学兵器生産施設におけるすべての活動を直ちに停止する．

5　いかなる締約国も，化学兵器の生産又はこの条約によって禁止されているその他のすべての活動のため，新たな化学兵器生産施設を建設してはならず，又は既存の施設を変更してはならない．

6　締約国は，現地査察を通じた申告の体系的な検証のため，第3条1(c)の規定に基づく申告を行った後直ちに1に規定する化学兵器生産施設へのアクセスを認める．

7　締約国は，次のことを行う．

(a) この条約が自国について効力を生じた後90日以内に1に規定するすべての化学兵器生産施設を検証附属書第5部の規定に従って閉鎖し，その旨を通報すること．

(b) 1に規定する化学兵器生産施設の閉鎖の後，当該施設が引き続き閉鎖されていること及びその後に廃棄されることを確保するため，現地査察及び現地に設置する機器による監視を通じた体系的な検証のために当該施設へのアクセスを認めること．

8　締約国は，検証附属書並びに合意された廃棄についての比率及び順序（以下「廃棄の規律」という）に従い，1に規定するすべての化学兵器生産施設並びに関連する施設．及び設備を廃棄する．廃棄は，この条約が自国について効力を生じた後1年以内に開始し，この条約が効力を生じた後10年以内に完了する．締約国は，当該化学兵器生産施設並びに関連する施設及び設備をより速やかに廃棄することを妨げられない．

9　締約国は，次のことを行う．

(a) 1に規定する化学兵器生産施設の廃棄のための詳細な計画を各施設の廃棄の開始の遅くとも180日前までに提出すること．

(b) 1に規定するすべての化学兵器生産施設の廃棄のための自国の計画の実施状況に関する申告を毎年，各年の廃棄期間の満了の後90日以内に行うこと．

(c) 廃棄の過程が完了した後30日以内に，1に規定するすべての化学兵器生産施設を廃棄したことを証明すること．

10　締約国は，8に規定する10年の廃棄のための期間が経過した後にこの条約を批准し又はこの条約に加入する場合には，1に規定する化学兵器生産施設をできる限り速やかに廃棄する．当該締約国のための廃棄の規律及び厳重な検証の手続については，執行理事会が決定する．

11　締約国は，化学兵器生産施設の廃棄に当たっては，人の安全を確保し及び環境を保護することを最も優先させる．締約国は，安全及び排出に関する自国の基準に従って化学兵器生産施設を廃棄する．

12　1に規定する化学兵器生産施設は，検証附属書第5部の18から25までの規定に従って化学兵器の廃棄のために一時的に転換することができる．転換した施設については，化学兵器の廃棄のために使用しなくなった場合には速やかに，いかなる場合にもこの条約が効力を生じた後10年以内に廃棄しなければならない．

13　締約国は，やむを得ず必要となる例外的な場合には，この条約によって禁止されていない目的のために1に規定する化学兵器生産施設を使用するための承認を要請することができる．締約国会議は，検証附属書第5部Dの規定に従い，執行理事会の勧告に基づき，当該要請を承認するか否かを決定し，及び承認のための条件を定める．

14　化学兵器生産施設は，工業，農業，研究，医療又は製薬の目的その他の平和的目的のために使用する施設であって，化学物質に関する附属書の表1に掲げる化学物質に関係しないものよりも，化学兵器生産施設に再転換する可能性が高くならないように転換する．

15　すべての転換した施設は，検証附属書第5部Dの規定に従い，現地査察及び現地に設置する機器による監視を通じた体系的な検証の対象とする．

16　機関は，この条の規定及び検証附属書第5部の規定に従って検証活動を行うに当たり，化学兵器生産施設及びその廃棄の検証に関する締約国間の2国間又は多数国間の協定との不必要な重複を避けるための措置を検討する．

このため，執行理事会は，次のことを認める場合には，当該２国間又は多数国間の協定に従って実施する措置を補完する措置に検証を限定することを決定する．

(a) 当該２国間又は多数国間の協定の検証に関する規定がこの条及び検証附属書第５部の検証に関する規定に適合すること．

(b) 当該２国間又は多数国間の協定の実施によってこの条約の関連規定の遵守が十分に確保されること．

(c) 当該２国間又は多数国間の協定の締約国がその検証活動について機関に対し常時十分な情報の提供を行うこと．

17　執行理事会が16の規定に従って決定する場合には，機関は，16に規定する２国間又は多数国間の協定の実施を監視する権利を有する．

18　16及び17のいかなる規定も，締約国が第３条，この条及び検証附属書第５部の規定に従って申告を行う義務に影響を及ぼすものではない．

19　締約国は，自国が廃棄の義務を負う化学兵器生産施設の廃棄の費用を負担する．また，締約国は執行理事会が別段の決定を行う場合を除くほか，この条の規定に基づく検証の費用を負担する．執行理事会が16の規定に従い機関の検証措置を限定することを決定した場合には，機関が行う補完的な検証及び監視の費用については，第８条７に規定する国際連合の分担率に従って支払う．

第６条（この条約によって禁止されていない活動）　**1**　締約国は，この条約に従い，この条約によって禁止されていない目的のため毒性化学物質及びその前駆物質を開発し，生産その他の方法によって取得し，保有し，移譲し及び使用する権利を有する．

2　締約国は，毒性化学物質及びその前駆物質が，自国の領域内又は自国の管轄若しくは管理の下にあるその他の場所において，この条約によって禁止されていない目的のためにのみ開発され，生産その他の方法によって取得され，保有され，移譲され及び使用されることを確保するために必要な措置をとる．このため及びこれらの活動がこの条約に規定する義務に適合していることを検証するため，締約国は，化学物質に関する附属書の表１から表３までに掲げる毒性化学物質及びその前駆物質並びにこのような化学物質に関係する施設及び検証附属書に規定するその他の施設であって，自国の領域内又は自国の管轄若しくは管理の下にあるその他の場所に存在するものを検証附属書に規定する検証措置の対象とする．

3　締約国は，化学物質に関する附属書の表１に掲げる化学物質（以下「表１の化学物質」という）を検証附属書第６部に規定する生産，取得，保有，移譲及び使用の禁止．の対象とする．締約国は，検証附属書第６部の規定に従い，表１の化学物質及び同附属書第６部に規定する施設を現地査察及び現地に設置する機器による監視を通じた体系的な検証の対象とする．

4　締約国は，検証附属書第７部の規定に従い，化学物質に関する附属書の表２に掲げる化学物質（以下「表２の化学物質」という．）及び検証附属書第７部に規定する施設を資料による監視及び現地検証の対象とする．

5　締約国は，検証附属書第８部の規定に従い，化学物質に関する附属書の表３に掲げる化学物質（以下「表３の化学物質」という．）及び検証附属書第８部に規定する施設を資料による監視及び現地検証の対象とする．

6　締約国は，検証附属書第９部22の規定に従って締約国会議が別段の決定を行う場合を除くほか，同附属書第９部の規定に従い，同附属書第９部に規定する施設を資料による監視及び最終的には現地検証の対象とする．

7　締約国は，この条約が自国について効力を生じた後30日以内に，検証附属書に従い，関連する化学物質及び施設に関する冒頭申告を行う．

8　締約国は，検証附属書に従い，関連する化学物質及び施設に関する年次申告を行う．

9　締約国は，現地検証のため，検証附属書に従って査察員に対して施設へのアクセスを認める．

10　技術事務局は，検証活動を行うに当たり，この条約によって禁止されていない目的のための締約国の化学に関する活動に対する不当な干渉を回避し，及び特に，秘密情報の保護に関する附属書（以下「秘密扱いに関する附属書」という．）に定める規定を遵守する．

11　この条の規定については，締約国の経済的又は技術的発展及びこの条約によって禁止されていない目的のための化学に関する活動の分野における国際協力（この条約によって禁止されていない目的のための化学物質の生産，加工又は使用に関する科学的及び技術的情報，化学物質並びに装置の国際的な交換を含む．）を妨げないように実施する．

第７条（国内の実施措置）

一般的約束

1　締約国は，自国の憲法上の手続に従い，この条約に基づく自国の義務を履行するために必要な措置をとる. 締約国は, 特に, 次のことを行う.

(a) 自国の領域内のいかなる場所又は国際法によって認められる自国の管轄の下にあるその他のいかなる場所においても, 自然人及び法人がこの条約によって締約国に対して禁止されている活動を行うことを禁止すること(当該活動に対する罰則を規定する法令を制定することを含む.).

(b) 自国の管理の下にあるいかなる場所においても, この条約によって締約国に対して禁止されている活動を認めないこと.

(c) 自国の国籍を有する自然人が行った活動(場所のいかんを問わない.)であってこの条約によって締約国に対して禁止されているものに対し, 国際法に従い, (a)の規定に従って制定する罰則を規定する法令を適用すること.

2　締約国は, 1の規定に基づく義務の履行を容易にするため, 他の締約国と協力し, 及び適当な形態の法律上の援助を与える.

3　締約国は, この条約に基づく自国の義務を履行するに当たっては, 人の安全を確保し及び環境を保護することを最も優先させるものとし, 適当な場合にはこの点に関して他の締約国と協力する.

締約国と機関との関係

4　締約国は, この条約に基づく自国の義務を履行するため, 機関及び他の締約国との効果的な連絡のための国内の連絡先となる国内当局を指定し又は設置する. 締約国は, この条約が自国について効力を生ずる時に自国の国内当局を機関に通報する.

5　締約国は, この条約を実施するためにとる立法措置及び行政措置を機関に通報する.

6　締約国は, この条約の実施に関連して機関から秘密のものとして受領する情報及び資料を秘密情報として取り扱い, 並びに当該情報及び資料に対し特別の取扱いを行う. 締約国は, 当該情報及び資料を, この条約に基づく自国の権利及び義務との関連においてのみ利用するものとし, 秘密扱いに関する附属書に定める規定に従って取り扱う.

7　締約国は, 機関のすべての任務の遂行に当たって機関に協力すること及び特に技術事務局に対する援助をすることを約束する.

第8条（機関）

A　一般規定

1　締約国は, この条約の趣旨及び目的を達成し, この条約の規定（この条約の遵守についての国際的な検証に関する規定を含む）の実施を確保し並びに締約国間の協議及び協力のための場を提供するため, この条約により化学兵器の禁止のための機関を設立する.

2　すべての締約国は, 機関の加盟国となる. 締約国は, 機関の加盟国としての地位を奪われることはない.

3　機関の本部の所在地は, オランダ王国ヘーグとする.

4　機関の内部機関として, 締約国会議, 執行理事会及び技術事務局をこの条約により設置する.

5　機関は, できる限り干渉の程度が低く, かつ, 検証活動の目的の適時の及び効果的な達成に合致する方法で, この条約に規定する検証活動を行う. 機関は, この条約に基づく自己の責任を果たすために必要な情報及び資料のみを要請する. 機関は, この条約の実施を通じて知るに至った非軍事上及び軍事上の活動及び施設に関する情報の秘密を保護するためにすべての措置をとるものとし, 特に, 秘密扱いに関する附属書に定める規定を遵守する.

6　機関は, その検証活動を行うに当たり, 科学及び技術の進歩を利用するための措置を検討する.

7　機関の活動に要する費用は, 国際連合と機関との間の加盟国の相違を考慮して調整される国際連合の分担率に従い並びに第4条及び第5条に定めるところにより, 締約国が支払う. 準備委員会に対する締約国の財政的負担については, 適当な方法により, 機関の通常予算に対する当該締約国の分担金から控除する. 機関の予算は, 運営費その他の費用に関連するもの及び検証の費用に関連するものの2の別個の項目から成る.

8　機関に対する分担金の支払が延滞している機関の加盟国は, その未払の額が当該年に先立つ2年の間に当該加盟国から支払われるべきであった分担金の額に等しい場合又はこれを超える場合には, 機関において投票権を有しない. ただし, 締約国会議は, 支払の不履行が当該加盟国にとってやむを得ない事情によると認めるときは, 当該加盟国に投票を許すことができる.

B　締約国会議

構成, 手続及び意思決定

9　締約国会議(以下「会議」という)は, 機関のすべての加盟国により構成す. る. 各加盟国は, 会議において1人の代表を有するものとし, その代表は, 代表代理及び随員を伴うことができる.

10　会議の第1回会期は, この条約が効力を生じた後30日以内に寄託者が招集する.

11 会議は, 別段の決定を行う場合を除くほか, 毎年通常会期として会合する.

12 会議の特別会期は, 次のいずれかの場合に開催される. この場合において, (d)に規定する場合を除くほか, 開催の要請において別段の明示がない限り, 技術事務局の事務局長がその要請を受領した後30日以内に開催される.

(a) 会議が決定する場合

(b) 執行理事会が要請する場合

(c) いずれかの加盟国が要請し, かつ, 加盟国の3分の1が支持する場合

(d) 22の規定に従ってこの条約の運用について検討する場合

13 会議は, また, 第15条2の規定に従って改正会議として開催される.

14 会議の会期は, 会議が別段の決定を行う場合を除くほか, 機関の所在地で開催される.

15 会議は, その手続規則を採択する. 会議は, 各通常会期の始めに, 議長及び他の必要な役員を選出する. これらの者は, 次の通常会期において新たな議長及び他の役員が選出されるまで在任する.

16 会議の定足数は, 機関の加盟国の過半数とする.

17 機関の各加盟国は, 会議において1の票を有する.

18 会議は, 出席しかつ投票する加盟国の単純多数による議決で手続事項についての決定を行う. 実質事項についての決定は, できる限りコンセンサス方式によって行うべきである. 決定に当たりコンセンサスが得られない場合には, 議長は, いかなる投票も24時間延期し, この間にコンセンサスの達成を容易にするためのあらゆる努力を払い, 及び当該24時間の終了の前に会議に対して報告する. 当該24時間の終了の時にコンセンサスが得られない場合には, 会議は, この条約に別段の定めがある場合を除くほか, 出席しかつ投票する加盟国の3分の2以上の多数による議決で決定を行う. 実質事項であるか否かについて問題が生ずる場合には, 会議が実質事項についての決定に必要な多数による議決で別段の決定を行わない限り, 実質事項として取り扱う.

権限及び任務

19 会議は, 機関の主要な内部機関であり, この条約の範囲内のいかなる問題又は事項(執行理事会及び技術事務局の権限及び任務に関するものを含む)も検討する. 会議は締約国が提起し又は執行理事会が注意を喚起するこの条約に関するいかなる問題又は事項についても, 勧告及び決定を行うことができる.

20 会議は, この条約の実施を監督し, 並びにその趣旨及び目的を推進するために行動する. 会議は, この条約の遵守状況を検討する. 会議は, 執行理事会及び技術事務局の活動も監督するものとし, この条約に従いこれらのいずれの内部機関に対してもその任務の遂行に関し指針を与えることができる.

21 会議は, 次のことを行う.

(a) 執行理事会が提出する機関の報告, 計画及び予算を通常会期において検討し及び採択し並びに他の報告を検討すること.

(b) 7の規定に従って締約国が支払う分担金の率につき決定すること.

(c) 執行理事会の理事国を選出すること.

(d) 技術事務局の事務局長(以下「事務局長」という.)を任命すること.

(e) 執行理事会が提出する執行理事会の手続規則を承認すること.

(f) この条約に従い会議がその任務を遂行するために必要と認める補助機関を設置すること.

(g) 平和的目的のために, 化学に関する活動の分野における国際協力を促進すること.

(h) この条約の運用に影響を及ぼし得る科学的及び技術的発展を検討すること. このため, 事務局長がその任務の遂行に当たり会議, 執行理事会又は締約国に対してこの条約に関連する科学及び技術の分野における専門的な助言を行うことができるようにするために, 科学諮問委員会を設置することを事務局長に指示すること. 科学諮問委員会は, 会議が採択する付託事項に従って任命される独立した専門家で構成する.

(i) 第1回会期において, 準備委員会が作成する協定案, 規則案及び指針案を検討し及び承認すること.

(j) 第1回会期において, 第10条の規定による援助のための任意の基金を設置すること.

(k) 第12条の規定に従い, この条約の遵守を確保し並びにこの条約に違反する事態を是正し及び改善するため, 必要な措置をとること.

22 会議は, この条約が効力を生じた後5年及び10年が経過した後1年以内に並びに会議が決定する場合にはその期間内の他の時期に, この条約の運用について検討するため特別会期を開催する. その検討においては, 関連する科学的及び技術的発展を考慮する. その後は, 別段の決定が行われる場合を除くほか, 同様の目的を有する会議の特別会期は, 5年ごとに開

催される.

C　執行理事会

構成, 手続及び意思決定

23　執行理事会は, 41の理事国により構成する. 締約国は, 輪番の原則に従い, 理事国としての任務を遂行する権利を有する. 理事国は, 2年の任期で会議が選出する. 特に, 衡平な地理的配分, 化学産業の重要性並びに政治上及び安全保障上の利益に十分な考慮を払い, この条約が効果的に機能することを確保するため, 執行理事会の構成は, 次のとおりとする.

(a) アフリカ地域の締約国が指名する9のアフリカの締約国. この指名の基礎として, これらの9の締約国のうち, 3の国は, 原則として, 国際的に報告され及び公表されている資料によって当該地域において最も重要であると決定される国内化学産業を有する締約国とするものとする. 更に, 当該地域の集団は, これらの3の理事国を指名するに当たり, 他の地域的要素も考慮することに同意する.

(b) アジア地域の締約国が指名する9のアジアの締約国. この指名の基礎として, これらの9の締約国のうち, 4の国は, 原則として, 国際的に報告され及び公表されている資料によって当該地域において最も重要であると決定される国内化学産業を有する締約国とするものとする. 更に, 当該地域の集団は, これらの4の理事国を指名するに当たり, 他の地域的要素も考慮することに同意する.

(c) 東欧地域の締約国が指名する5の東欧の締約国. この指名の基礎として, これらの5の締約国のうち, 1の国は, 原則として, 国際的に報告され及び公表されている資料によって当該地域において最も重要であると決定される国内化学産業を有する締約国とするものとする. 更に, 当該地域の集団は, この1の理事国を指名するに当たり, 他の地域的要素も考慮することに同意する.

(d) ラテン・アメリカ及びカリブ地域の締約国が指名する7のラテン・アメリカ及びカリブの締約国. この指名の基礎として, これらの7の締約国のうち, 3の国は, 原則として, 国際的に報告され及び公表されている資料によって当該地域において最も重要であると決定される国内化学産業を有する締約国とするものとする. 更に, 当該地域の集団は, これらの3の理事国を指名するに当たり, 他の地域的要素も考慮することに同意する.

(e) 西欧及び他の国の地域の締約国が指名する10の西欧及び他の国の地域の締約国. この指名の基礎として, これらの10の締約国のうち, 5の国は, 原則として, 国際的に報告され及び公表されている資料によって当該地域において最も重要であると決定される国内化学産業を有する締約国とするものとする. 更に, 当該地域の集団は, これらの5の理事国を指名するに当たり, 他の地域的要素も考慮することに同意する.

(f) アジア地域並びにラテン・アメリカ及びカリブ地域の締約国が連続して指名する更に1の締約国. この指名の基礎として, 当該締約国は, 両地域から交互に選出されるものとする.

24　執行理事会の第1回の選挙においては, 23に規定する定められた理事国の数の割合に十分な考慮を払い, 選出される理事国のうち20の理事国の任期を1年とする.

25　第4条及び第5条の規定が完全に実施された後, 会議は, 執行理事会の理事国の過半数の要請により, 執行理事会の構成を規律する23に規定する原則に関係する進展を考慮し, その構成を再検討することができる.

26　執行理事会は, その手続規則を作成し, 承認のためこれを会議に提出する.

27　執行理事会は, その議長を理事国より選出する.

28　執行理事会は, 通常会期として会合するほか, 通常会期と通常会期との間においては, その権限及び任務の遂行のため必要に応じて会合する.

29　執行理事会の各理事国は, 1の票を有する. 執行理事会は, この条約に別段の定めがある場合を除くほか, すべての理事国の3分の2以上の多数による議決で実質事項についての決定を行う. 執行理事会は, すべての理事国の単純多数による議決で手続事項についての決定を行う. 実質事項であるか否かについて問題が生ずる場合には, 執行理事会が実質事項についての決定に必要な多数による議決で別段の決定を行わない限り, 実質事項として取り扱う.

権限及び任務

30　執行理事会は, 機関の執行機関である. 執行理事会は, 会議に対して責任を負う. 執行理事会は, この条約によって与えられる権限及び任務並びに会議によって委任される任務を遂行する. 執行理事会は, これらを遂行するに当たり, 会議の勧告, 決定及び指針に従って行動し, 並びにこれらの勧告, 決定及び指針の適切かつ継続的な実施を確保する.

31　執行理事会は, この条約の効果的な実施及び遵守を促進する. 執行理事会は, 技術事務局の活動を監督し, 締約国の国内当局と協力し, 並びに締約国の要請に応じて締約国間の協議及び協力を促進する.

32　執行理事会は, 次のことを行う.

(a) 機関の計画案及び予算案を検討し及び会議に提出すること.

(b) この条約の実施に関する機関の報告案, 執行理事会の活動に関する報告及び執行理事会が必要と認める特別報告又は会議が要請する場合には当該要請による特別報告を検討し及び会議に提出すること.

(c) 会議の会期のための準備（議題案の作成を含む.）を行うこと.

33　執行理事会は, 会議の特別会期の開催を要請することができる.

34　執行理事会は, 次のことを行う.

(a) 会議が事前に承認することを条件として, 機関に代わって国及び国際機関と協定又は取決めを締結すること.

(b) 第10条の規定に関連して機関に代わって締約国と協定を締結し及び同条に規定する任意の基金を監督すること.

(c) 技術事務局が締約国と交渉する検証活動の実施に関する協定又は取決めを承認すること.

35　執行理事会は, その権限の範囲内のいかなる問題又は事項であってこの条約及びその実施に影響を及ぼすもの（この条約の遵守についての懸念及び違反を含む）も検討し並びに, 適当な場合には, 締約国に通報し及び当該問題又は事項について会議の注意を喚起する.

36　執行理事会は, この条約の遵守についての疑義又は懸念及び違反（特に, この条約に規定する権利の濫用を含む.）を検討するに当たり, 関係締約国と協議し及び, 適当な場合には, 当該締約国に対し, 一定の期間内に事態を是正するために措置をとるよう要請する. 執行理事会は, 更に行動が必要であると認める場合には, 特に, 次の1又は2以上の措置をとる.

(a) すべての締約国に対し問題又は事項を通報する.

(b) 問題又は事項について会議の注意を喚起する.

(c) 事態を是正し及びこの条約の遵守を確保するための措置に関して会議に対し勧告を行う.

執行理事会は, 特に重大かつ緊急な場合には, 問題又は事項（関連する情報及び判断を含む.）につき, 直接に, 国際連合総会及び国際連合安全保障理事会の注意を喚起する. 執行理事会は, 同時に, すべての締約国に対しこの措置を通報する.

D　技術事務局

37　技術事務局は, 会議及び執行理事会が任務を遂行するに当たり, 会議及び執行理事会を補佐する. 技術事務局は, この条約に規定する検証措置を実施する. 技術事務局は, この条約によって与えられるその他の任務並びに会議及び執行理事会によって委任される任務を遂行する.

38　技術事務局は, 次のことを行う.

(a) 機関の計画案及び予算案を作成し及び執行理事会に提出すること.

(b) この条約の実施に関する機関の報告案及び会議又は執行理事会が要請する場合には他の報告を作成し及び執行理事会に提出すること.

(c) 会議, 執行理事会及び補助機関に対し, 運営上及び技術上の援助を提供すること.

(d) この条約の実施に関する事項につき, 機関に代わり, 締約国に対し通報し及び締約国からの通報を受けること.

(e) この条約の実施に当たり, 技術上の援助及び評価(化学物質に関する附属書の表に掲げる化学物質及び掲げていない化学物質の評価を含む)を締約国に対して提供すること.

39　技術事務局は, 次のことを行う.

(a) 執行理事会が承認することを条件として, 検証活動の実施に関する協定又は取決めにつき締約国と交渉すること.

(b) この条約が効力を生じた後180日以内に, 第10条7の(b)及び(c)の規定に基づき, 締約国による緊急の及び人道上の援助の常設的な備蓄の設置及び維持について調整すること. 技術事務局は, 常備されている援助が使用に供し得ることを検査することができる. 常備されるべき援助の一覧表は, 21(i)の規定に従って会議が検討し及び承認する.

(c) 第10条に規定する任意の基金を管理し, 締約国が行う申告を取りまとめ及び, 要請がある場合には, 同条の規定の実施のために締約国間で締結する2国間協定又は締約国と機関との間で締結する協定を登録すること.

40　技術事務局は, 任務の遂行に関連して生じた問題（検証活動の実施に当たり知るに至ったこの条約の遵守についての疑義, あいまいな点又は不確かな点であって, 当該締約国との間の協議により解消することができなかったものを含む.）を執行理事会に通報する.

41　技術事務局は, 技術事務局の長でありかつ首席行政官である事務局長, 査察員及び科学要員，技術要員その他の必要な人員により構成する．

42　査察部は，技術事務局の1の組織であり，事務局長の監督の下で行動する．

43　事務局長は，執行理事会の勧告に基づき4年の任期で会議が任命する．その任期は，1回に限り更新することができる．

44　事務局長は，技術事務局の職員の任命，組織及び任務の遂行につき会議及び執行理事会に対して責任を負う．職員の雇用及び勤務条件の決定に当たっては，最高水準の能率，能力及び誠実性を確保することの必要性に最大の考慮を払う．締約国の国民のみが，事務局長，査察員並びに他の専門職員及び事務職員となる．できる限り広範な地理的基礎に基づいて職員を採用することが重要であることについて，十分な考慮を払う．職員の採用に当たっては，技術事務局の責任を適切に遂行するために職員を必要な最小限度に保つという原則を指針とする．

45　事務局長は，21(h)に規定する科学諮問委員会の組織及び任務について責任を負う．事務局長は，締約国と協議の上，個人の資格において職務を遂行する科学諮問委員会の委員を任命する．当該委員は，この条約の実施に関連する特定の科学の分野における専門的知識に基づいて任命する．事務局長は，また，適当な場合には，科学諮問委員会の委員と協議の上，特定の問題について勧告を行うための科学専門家の暫定的な作業部会を設置することができる．これに関連して，締約国は，事務局長に対して専門家の名簿を提出することができる．

46　事務局長及び査察員その他の職員は，その任務の遂行に当たって，いかなる政府からも又は機関外のいかなるところからも指示を求め又は受けてはならない．これらの者は，会議及び執行理事会に対してのみ責任を有する国際公務員としての立場に影響を及ぼすおそれのあるいかなる行動も慎まなければならない．

47　締約国は，事務局長及び査察員その他の職員の責任の専ら国際的な性質を尊重するものとし，これらの者が責任を果たすに当たってこれらの者を左右しようとしてはならない．

E　特権及び免除

48　機関は，締約国の領域内又はその管轄若しくは管理の下にあるその他の場所において，機関の任務の遂行のために必要な法律上の能力並びに特権及び免除を享受する．

49　締約国の代表，その代表代理及び随員並びに執行理事会のために任命された代表，その代表代理及び随員並びに事務局長及び機関の職員は，機関に関連する自己の任務を独立して遂行するために必要な特権及び免除を享受する．

50　この条に規定する法律上の能力，特権及び免除については，機関と締約国との間の協定及び機関と機関の本部が所在する国との間の協定で定める．これらの協定は，21(i)の規定に従って会議が検討し及び承認する．

51　48及び49の規定にかかわらず，検証活動が行われている間事務局長及び技術事務局の職員が享受する特権及び免除については，検証附属書第2部Bに定める．

第9条（協議，協力及び事実調査） 1　締約国は，この条約の趣旨及び目的又は実施に関連して問題が生ずる場合には，当該問題について，締約国間で直接に又は機関を通じて若しくは他の適当な国際的手続（国際連合の枠内で及び国際連合憲章に従って行われる手続を含む．）により，協議し及び協力する．

2　締約国は，この条約の遵守について疑義を引き起こす問題又はあいまいと認められる関連する事項について懸念を引き起こす問題を，まず締約国間の情報交換及び協議により明らかにし及び解決するため，可能なときはいつでもあらゆる努力を払うべきである．もっとも，すべての締約国の申立てによる査察を要請する権利は害されない．締約国は，このような疑義又は懸念を引き起こすと他の締約国が認める問題を明らかにするよう当該他の締約国から要請される場合には，できる限り速やかに，いかなる場合にも当該要請の後10日以内に，当該他の締約国に対し，提起された疑義又は懸念に答えるために十分な情報を提供し，及びその情報がどのようにして当該問題を解決するかについての説明を行う．この条約のいかなる規定も，2以上の締約国が，遵守について疑義を引き起こす問題又はあいまいと認められる関連する事項について懸念を引き起こす問題を明らかにし及び解決するため，相互の合意により締約国間で査察その他の手続について取り決める権利に影響を及ぼすものではない．このような取決めは，この条約の他の規定に基づく締約国の権利及び義務に影響を及ぼすものではない．

事態を明らかにするための説明を要請する手続

3　締約国は，あいまいと認められる事態又は他の締約国によるこの条約の違反の可能性について懸念を引き起こす事態を明らかにするに当たって援助するよう執行理事会に要請する権利を有する．執行理事会は，このような懸念に関連する自己の保有する適当な情報を提供する．

4　締約国は，あいまいと認められる事態又は他の締約国によるこの条約の違反の可能性について懸念を引き起こす事態を明らかにするための説明を当該他の締約国から得るよう執行理事会に要請する権利を有する. この場合において, 次の規定を適用する.

(a) 執行理事会は, 事務局長を通じ, 説明の要請の受領の後24時間以内に当該他の締約国に対しこれを送付する.

(b) 説明の要請を受けた締約国は, できる限り速やかに, いかなる場合にも要請の受領の後10日以内に, 執行理事会に説明を行う.

(c) 執行理事会は, (b)の規定に従って行われた説明に留意し, 当該説明の受領の後24時間以内に説明の要請を行った締約国に対しこれを送付する.

(d) 説明の要請を行った締約国が(b)の規定に従って行われた説明が十分でないと認める場合には, 当該締約国は, 説明の要請を受けた締約国から更に説明を得るよう執行理事会に要請する権利を有する.

(e) (d)の規定により更に説明を得るため, 執行理事会は, 事務局長に対し, 懸念を引き起こす事態に関連するすべての利用可能な情報及び資料を検討するために, 技術事務局の職員により構成される専門家の会合又は技術事務局において適当な職員を利用することができない場合には技術事務局の職員以外の専門家の会合を設置するよう要請することができる. 専門家の会合は, その検討結果に基づく事実関係についての報告を執行理事会に提出する.

(f) 説明の要請を行った締約国が(d)及び(e)の規定に基づいて得た説明が十分でないと認める場合には, 当該締約国は, 執行理事会の理事国でない関係締約国が参加することのできる執行理事会の特別会期を要請する権利を有する. 執行理事会は, 当該特別会期において, この問題を検討し, 及び事態を解決するために適当と認める措置を勧告することができる.

5 締約国は, また, 自国についてあいまいと認められた事態又は自国によるこの条約の違反の可能性について懸念を引き起こした事態について明らかにするよう執行理事会に要請する権利を有する. 執行理事会は, これに対し, 適当と認める援助を提供する.

6 執行理事会は, この条に規定する説明の要請について締約国に通報する.

7 締約国は, この条約の違反の可能性について自国が提起した疑義又は懸念が, 説明の要請を執行理事会に提出した後60日以内に解消されなかった場合又はこのような疑義が緊急な検討を正当化するに足りるものであると信ずる場合には, 前条12(c)の規定に基づき, 会議の特別会期を要請することができる. もっとも, 申立てによる査察を要請する当該締約国の権利は害されない. 会議は, 当該特別会期において, この問題を検討し, 及び事態を解決するために適当と認める措置を勧告することができる.

申立てによる査察のための手続

8 締約国は, この条約の違反の可能性についての問題を明らかにし及び解決することのみを目的として他の締約国の領域内又は他の締約国の管轄若しくは管理の下にあるその他の場所におけるいかなる施設又は区域に対しても申立てによる現地査察を要請する権利並びにこの査察がいかなる場所においても事務局長が指名する査察団により遅滞なく, かつ, 検証附属書に従って行われることを求める権利を有する.

9 締約国は, 査察の要請をこの条約の範囲内で行う義務を負い, 及びこの条約の違反の可能性について懸念を引き起こす基礎となったすべての適当な情報を検証附属書に従って当該査察の要請の中で提供する義務を負う. 締約国は, 濫用を避けるために注意を払い, 根拠のない査察の要請を慎まなければならない. 申立てによる査察は, この条約の違反の可能性に関係する事実を決定することのみを目的として行う.

10 この条約の遵守の検証のため, 締約国は, 技術事務局が8の規定に従い申立てによる現地査察を行うことを認める.

11 被査察締約国は, 施設又は区域に対する申立てによる査察の要請及び検証附属書に規定する手続に従い, 次の権利を有し, 又は義務を負う.

(a) 自国によるこの条約の遵守を証明するためにあらゆる合理的な努力を払う権利及び義務並びにこのために査察団がその査察命令を遂行することができるようにする権利及び義務

(b) 専らこの条約の違反の可能性についての懸念に関連する事実を確認することを目的として, 要請される施設又は区域内へのアクセスを認める義務

(c) この条約に関係しない機微に係る設備を保護し並びにこの条約に関係しない秘密の情報及び資料の開示を防止するための措置をとる権利

12 オブザーバーについては, 次の規定を適用

する.

(a) 要請締約国は, 被査察締約国の同意を得て, 自国又は第3の締約国のいずれか一方の国民である代表者を申立てによる査察の実施に立ち会わせるために派遣することができる.

(b) (a)の場合において, 被査察締約国は, 検証附属書に従ってオブザーバーに対してアクセスを認める.

(c) 被査察締約国は, 原則として, 提案されたオブザーバーを受け入れる. ただし, 被査察締約国が拒否する場合には, その事実は, 最終報告に記録される.

13 要請締約国は, 執行理事会に対し申立てによる現地査察のための査察の要請を行い, また, 速やかな手続の開始のために同時に事務局長に対して当該要請を行う.

14 事務局長は, 直ちに, 査察の要請が検証附属書第10部4に定める要件を満たすことを確認し及び, 必要な場合には, 要請締約国が当該要件に従って査察の要請を行うことを援助する. 査察の要請が当該要件を満たす場合には, 申立てによる査察のための準備を開始する.

15 事務局長は, 被査察締約国に対し, 査察団の入国地点への到着予定時刻の少なくとも12時間前までに, 査察の要請を伝達する.

16 執行理事会は, 査察の要請を受領した後, 当該要請に基づいて事務局長がとる措置に留意するものとし, 査察が行われている間を通じてこの問題を検討する. ただし, 執行理事会の検討は, 査察を遅滞させるものであってはならない.

17 執行理事会は, 査察の要請が根拠がなく, 権利を濫用するものであり又は8に定めるこの条約の範囲を明らかに超えると認める場合には, 査察の要請を受領した後12時間以内に, 執行理事会のすべての理事国の4分の3以上の多数による議決で, 申立てによる査察の実施に反対することを決定することができる. その決定には, 要請締約国及び被査察締約国は参加してはならない. 執行理事会が申立てによる査察について反対することを決定する場合には, 査察のための準備は停止され, 査察の要請に基づく新たな措置はとられず, 及び関係締約国に対しその旨の通報が行われる.

18 事務局長は, 申立てによる査察の実施のための査察命令を与える. 査察命令は, 8及び9に規定する査察の要請を遂行するためのものであり, かつ, 査察の要請に適合するものとする.

19 申立てによる査察は, 検証附属書第10部の規定に従い又は化学兵器の使用若しくは戦争の方法としての暴動鎮圧剤の使用の疑いがある場合には同附属書第11部の規定に従って行う. 査察団は, できる限り干渉の程度が低く, かつ, 任務の効果的な及び適時の遂行に合致する方法で申立てによる査察を行うとの原則を指針とする.

20 被査察締約国は, 申立てによる査察が行われている間を通じて, 査察団を援助し, 及びその任務の遂行を容易にする. 被査察締約国は, 検証附属書第10部Cの規定に従い, この条約の遵守を証明するための措置であって十分かつ包括的なアクセスに代わるものを提案する場合には, この条約の遵守を証明することを目的として事実を確認する方法について合意に達するため, 査察団との協議を通じてあらゆる合理的な努力を払う.

21 最終報告には, 事実関係の調査結果並びに申立てによる査察の十分な実施のために認められたアクセス及び協力の程度及び性質についての査察団による評価を含める. 事務局長は, 要請締約国, 被査察締約国, 執行理事会及び他のすべての締約国に対し, 査察団の最終報告を速やかに送付する. 事務局長は, 更に, 執行理事会に対し, 要請締約国及び被査察締約国による評価並びに評価のため他の締約国の見解が事務局長に提出される場合には当該見解を速やかに送付し, その後これらをすべての締約国に送付する.

22 執行理事会は, その権限及び任務に従い, 査察団の最終報告が提出された後直ちに当該最終報告を検討し, 及び次の事項について検討する.

(a) 違反があったか否か.

(b) 査察の要請がこの条約の範囲内で行われたか否か.

(c) 申立てによる査察を要請する権利が濫用されたか否か.

23 執行理事会は, その権限及び任務に従い, 22の規定に関して更に措置が必要となるとの結論に到達する場合には, 事態を是正し及びこの条約の遵守を確保するための適当な措置(会議に対する具体的な勧告を含む)をとる. 要請する権利が濫用された場合には., 執行理事会は, 要請締約国が申立てによる査察の財政的負担の一部を負うべきであるか否かについて検討する.

24 要請締約国及び被査察締約国は, 22に規定する検討に参加する権利を有する. 執行理事会は, このような検討の結果につき, 締約国に対し及び次の会期において会議に対し報告する.

25 執行理事会が会議に対して具体的な勧告を行った場合には，会議は，第12条の規定に従って措置を検討する.

第10条（援助及び化学兵器に対する防護） 1 この条の規定の適用上，「援助」とは，化学兵器に対する防護（特に，探知装置及び警報装置，防護機具，除染装置及び除染剤，解毒剤及び治療並びにこれらの防護手段に関する助言を含む.）につき調整し及び締約国に対しその防護を提供することをいう.

2 この条約のいかなる規定も，締約国が，この条約によって禁止されていない目的のため化学兵器に対する防護手段を研究し，開発し，生産し，取得し，移譲し又は使用する権利を妨げるものと解してはならない.

3 締約国は，化学兵器に対する防護手段に関する装置，資材並びに科学的及び技術的情報を可能な最大限度まで交換することを容易にすることを約束し，また，その交換に参加する権利を有する.

4 締約国は，防護目的に関係する自国の計画の透明性を増進するため，第8条21(i)の規定に基づき会議が検討し及び承認する手続に従い，毎年，当該計画に関する情報を技術事務局に提供する.

5 技術事務局は，要請する締約国の使用に供するため，化学兵器に対する各種の防護手段に関する自由に入手可能な情報及び締約国が提供する情報から成るデータバンクをこの条約が効力を生じた後180日以内に設置し及び維持する.

技術事務局は，また，その利用可能な資源の範囲内で，かつ，締約国の要請に応じ，締約国が化学兵器に対する防護能力の開発及び向上のための計画をいかなる方法で実施することができるかについて特定するに当たり，当該締約国に専門的な助言を行い，及び援助する.

6 この条約のいかなる規定も，締約国が，2国間で援助を要請し及び提供する権利並びに援助の緊急な調達に関して他の締約国と個別の協定を締結する権利を妨げるものと解してはならない.

7 締約国は，機関を通じて援助を提供すること及びこのため次の1又は2以上の措置を選択することを約束する.

(a) 会議の第1回会期において設置される援助のための任意の基金に拠出すること.

(b) この条約が自国について効力を生じた後できる限り180日以内に，要請に基づく援助の調達に関して機関と協定を締結すること.

(c) この条約が自国について効力を生じた後180日以内に，機関の要請に応じ提供することのできる援助の種類を申告すること．締約国は，その後，申告した援助を提供することができなくなった場合にも，引き続き，この7の規定に従って援助を提供する義務を負う.

8 締約国は，次のことを認める場合には，援助及び化学兵器の使用又は使用の脅威に対する防護を要請し並びに9から11までに規定する手続に従ってこれらを受ける権利を有する.

(a) 自国に対し化学兵器が使用されたこと.

(b) 自国に対し暴動鎮圧剤が戦争の方法として使用されたこと.

(c) 自国が，いずれかの国の措置又は活動であって，第1条の規定によって締約国に対し禁止されているものにより脅威を受けていること.

9 8の要請については，当該要請を裏付ける関連する情報を付して事務局長に対して行うものとし，事務局長は，当該要請を直ちに執行理事会及びすべての締約国に伝達する．事務局長は，当該要請を，7の(b)及び(c)の規定に従い，化学兵器の使用又は戦争の方法としての暴動鎮圧剤の使用の場合においては緊急の援助，化学兵器の使用又は戦争の方法としての暴動鎮圧剤の使用の重大な脅威の場合においては人道上の援助を要請の受領の後12時間以内に関係締約国に提供することを自発的に申し出た締約国に対し，直ちに伝達する．事務局長は，当該要請の受領の後24時間以内に，更にとるべき措置のための基礎を提供するために調査を開始する．事務局長は，72時間以内に調査を完了し，執行理事会に対し報告を提出する．調査を完了するために追加の期間を必要とする場合には，当該72時間以内に中間報告を提出する．調査に必要な当該追加の期間は，72時間を超えてはならない．ただし，同様の期間により更に1回又は2回以上の期間の追加をすることができる．各追加の期間の終了の時に執行理事会に報告を提出する．調査は，適当な場合には，要請及び要請に付された情報に従い，要請に関係する事実並びに必要とされる追加的な援助及び防護の種類及び範囲を確定する.

10 執行理事会は，調査の報告の受領の後24時間以内に事態を検討するために会合するものとし，技術事務局に対し追加的な援助を提供するよう指示するか否かを次の24時間以内に単純多数による議決で決定する．技術事務局は，すべての締約国及び関係国際機関に対し，当該報告及び執行理事会の決定を直ちに送付する．執行理事会が技術事務局に対し追加的な援助を提供するよう指示することを決定する場合には，事務局長は，直ちに援助を提供する．このため，事務局長は，要請した締約国，他の締約国及び関係国際機関と協力することができる．締約国は，援助を提供するために可能な最大限度の努力をする．

11　化学兵器の使用による犠牲者が存在すること及び速やかな措置が不可欠であることが実施中の調査又は他の信頼し得る情報源からの入手可能な情報により十分に明らかとなる場合には，事務局長は，すべての締約国に通報するものとし，会議がこのような事態のために事務局長の利用に供した資源を用いて援助のための緊急措置をとる．事務局長は，この 11 の規定に従ってとる措置を常時執行理事会に通報する．

第 11 条（経済的及び技術的発展） 1　この条約は，締約国の経済的又は技術的発展及びこの条約によって禁止されていない目的のための化学に関する活動の分野における国際協力（この条約によって禁止されていない目的のための化学物質の生産，加工又は使用に関する科学的及び技術的情報，化学物質並びに装置の国際的な交換を含む．）を妨げないように実施する．

2　締約国は，この条約の規定に従うことを条件として，かつ，国際法の諸原則及び適用のある国際法の諸規則を害することなく，

(a) 単独で又は共同して，化学物質を研究し，開発し，生産し，取得し，保有し，移譲し及び使用する権利を有する．

(b) この条約によって禁止されていない目的のための化学の開発及び利用に関係する化学物質，装置並びに科学的及び技術的情報を可能な最大限度まで交換することを容易にすることを約束し，また，その交換に参加する権利を有する．

(c) 工業，農業，研究，医療又は製薬の目的その他の平和的目的のための化学の分野における貿易並びに科学的及び技術的知識の開発及び促進を妨げる制限（国際協定による制限を含む）であって，この条に基づく義務に反するものは，締約国間で維持してはならない．

(d) この条約に規定され又はこの条約が認める措置以外の措置を実施するための根拠としてこの条約を利用してはならず，及びこの条約に適合しない目的を追求するために他のいかなる国際協定も利用してはならない．

(e) この条約の趣旨及び目的に適合したものにすることを目的として，化学物質の貿易の分野における既存の国内法令を検討することを約束する．

第 12 条（事態を是正し及びこの条約の遵守を確保するための措置（制裁を含む．）） 1　会議は，この条約の遵守を確保し並びにこの条約に違反する事態を是正し及び改善するため，2 から 4 までに規定する必要な措置をとる．会議は，この 1 の規定に基づく措置を検討するに当たり，問題に関し執行理事会が提出するすべての情報及び勧告を考慮する．

2　締約国が，自国によるこの条約の遵守に関して問題を引き起こしている事態を是正する措置をとることを執行理事会により要請され，かつ，一定の期間内に当該要請に応ずることができなかった場合には，会議は，特に，執行理事会の勧告に基づき，当該締約国がこの条約に基づく義務に従うための必要な措置をとるまでの間，この条約に基づく当該締約国の権利及び特権を制限し又は停止することができる．

3　この条約の趣旨及び目的に対する重大な障害がこの条約（特に第 1 条の規定）によって禁止されている活動から生ずる可能性のある場合には，会議は，締約国に対して国際法に適合する集団的な措置を勧告することができる．

4　会議は，特に重大な場合には，問題（関連する情報及び判断を含む．）につき，国際連合総会及び国際連合安全保障理事会の注意を喚起する．

第 13 条（他の国際協定との関係） この条約のいかなる規定も，1925 年のジュネーヴ議定書並びに 1972 年 4 月 10 日にロンドン，モスクワ及びワシントンで署名された細菌兵器（生物兵器）及び毒素兵器の開発，生産及び貯蔵の禁止並びに廃棄に関する条約に基づく各国の義務を限定し又は軽減するものと解してはならない．

第 14 条–第 15 条（略）

第 16 条（有効期間及び脱退） 1　この条約の有効期間は，無期限とする．

2　締約国は，この条約の対象である事項に関係する異常な事態が自国の至高の利益を危うくしていると認める場合には，その主権を行使してこの条約から脱退する権利を有する．この権利を行使する締約国は，他のすべての締約国，執行理事会，寄託者及び国際連合安全保障理事会に対しその 90 日前にその旨を通告する．その通告には，自国の至高の利益を危うくしていると認める異常な事態についても記載する．

3　この条約からの締約国の脱退は，国際法の関連規則，特に 1925 年のジュネーヴ議定書に基づく義務を引き続き履行することについての国の義務に何ら影響を及ぼすものではない．

a **第17条（附属書の地位）** 附属書は，この条約の不可分の一部を成す「この条約」というときは，附属書を含めていうものとする．

第22条（留保） この条約の本文については，留保は付することができない．この条約の附属書
b については，この条約の趣旨及び目的と両立しない留保は付することができない．

c
76 大量破壊兵器の不拡散 翻訳

大量破壊兵器等の不拡散等に関する決議（安保理決議1540（2004））
〔採択〕2004年4月28日

d

安全保障理事会は，

核兵器，化学兵器及び生物兵器並びにそれらの運搬手段の拡散が国際の平和及び安全に対する脅威を構成することを確認し，

e この関連で，すべての加盟国が軍備管理及び軍縮に関連する義務を履行すること，また，すべての大量破壊兵器のあらゆる側面における拡散を防止することの必要性を含む1992年1月31日の国家及び政府の首脳レベルの安全保障
f 理事会会合において採択された議長声明（S／23500）を再確認し，

さらに，その声明が，すべての加盟国がその関連で地域的及び世界的な安定の維持を脅かし又は混乱させるいかなる問題をも，憲章に従い平
g 和的に解決する必要性を強調していることを想起し，

核兵器，化学兵器及び生物兵器並びにそれらの運搬手段の拡散によって生ずる国際の平和及び安全に対するいかなる脅威に対しても，国連
h 憲章に規定されているその主要な責任に従って，適切かつ有効な行動をとる決意を確認し，

核兵器，化学兵器又は生物兵器の拡散の除去又は防止を目的とする多数国間条約への支持及び国際的な安定を促進するためにこれらの条約
i のすべての締約国が当該条約を完全に実施することの重要性を確認し，

不拡散に貢献する多数国間取決めによるこの関連での努力を歓迎し，

平和的利用の目標は拡散の隠蔽に用いられる
j べきではないが，核兵器，化学兵器及び生物兵器の拡散の防止が平和的目的のための物資，設備及び技術に関する国際協力を妨げるべきではないことを確認し，

テロリズムの脅威，並びに，安全保障理事会決
k 議第1267号に基づいて設立された委員会により定められ保全されている国連の一覧表において明らかにされている者及び決議第1373号が適用される者といった非国家主体が，核兵器，化学兵器及び生物兵器並びにそれらの運搬手段を取得，開発，取引又は使用することの危険性を重大に懸念し，

核兵器，化学兵器及び生物兵器の拡散の問題に新たな広がりを付加し，国際の平和及び安全に対して脅威を与えるそのような兵器及びそれらの運搬手段並びに関連物資の不正取引の脅威を重大に懸念し，

国際の安全に対するこの深刻な課題及び脅威への世界的な対応を強化するために，国の，小地域の，地域の及び国際的な段階における努力の調整を強化する必要性を認識し，

大部分の国が，自らが締結国となっている条約の下で拘束力のある法的義務を果たし，又は核兵器，化学兵器若しくは生物兵器の拡散の防止を目的としたその他の約束を行うとともに，核物質防護条約により必要とされ，放射性源の安全及び防護に関する国際原子力機関（IAEA）行動規範により勧告されているような機微な物質の使途を明らかにし，安全を確保し及び防護するための効果的な措置をとっていることを認識し，

さらに，すべての国が，核兵器，化学兵器又は生物兵器及びそれらの運搬手段の拡散を防止する追加的な効果的措置をとることが緊急に必要であることを認識し，

すべての加盟国が，自らが締約国となっている軍縮に関する条約及び合意を完全に実施することを奨励し，

国連憲章に従い，あらゆる手段を尽くしてテロリストの行為によって生ずる国際の平和及び安全に対する脅威に対処する必要性を再確認し，

今後，不拡散の分野における世界的な脅威に対する効果的な対応を促進することを決意し，

国連憲章第7章の下で行動して，

1 すべての国は，核兵器，化学兵器又は生物兵器及びそれらの運搬手段の開発，取得，製造，所持，輸送，移転又は使用を企てる非国家主体に対し，いかなる形態の支援も提供することを差し控えることを決定する．

2 また，すべての国は，自らの国内手続に従って，いかなる非国家主体も，特にテロリストの目的のために，核兵器，化学兵器又は生物兵器及びそれらの運搬手段の製造，取得，所持，開発，輸送，移転又は使用並びにこれらの活動に従事することを企てること，共犯としてこれらの活動に参加すること，これらの活動を援助又はこれらの活動に資金を供することを禁ずる

適切で効果的な法律を採択し執行することを決定する.

3　また, すべての国は, 関連物質に対する適切な管理を確立することを含め, 核兵器, 化学兵器又は生物兵器及びそれらの運搬手段の拡散を防止する国内管理を確立するための効果的な措置を採用し実施することを決定し, この目的のため, すべての国が, 以下を行うことを決定する.

(a) 生産, 使用, 貯蔵又は輸送において, そのような品目の使途を明らかにし, 安全を確保するための適切かつ効果的な措置を策定し維持すること.

(b) 適切で効果的な防護措置を策定し維持すること.

(c) 自らの国内法的権限及び法律に従って, 並びに, 国際法に合致して, 必要なときは国際的な協力を通ずることを含め, そのような品目の不正取引及び不正仲介を探知し, 抑止し, 防止し及び対処するための適切で効果的な国境管理及び法執行の努力を策定し維持すること.

(d) 輸出, 通過, 積換及び再輸出を管理する適切な法令, 資金供与及び拡散に貢献する輸送といったそのような輸出及び積換に関連する資金及び役務の提供に対する管理並びに最終需要者管理の確立を含め, そのような品目に対する適切で効果的な国内的輸出及び積換管理を確立し, 発展させ, 再検討し及び維持すること. また, そのような輸出管理に関する法令の違反に対する適切な刑事上又は民事上の罰則を確立し及び執行すること.

4　安全保障理事会の仮手続規則28に従って, 2年を超えない期間の間, すべての同理事会理事国により構成される同理事会の委員会を設置し, この委員会が, 適当な場合には他の専門的意見も求めつつ, この決議の実施状況について, 安全保障理事会の検討のために同理事会に対して報告することを決定するとともに, この目的のため, 国に対し, この決議の採択から6か月以内に, この決議の実施のためにとった又はとろうとする措置に関する最初の報告を委員会に提出するよう要請する.

5　この決議に規定するいかなる義務も, 核兵器不拡散条約(NPT), 化学兵器禁止条約(CWC)及び生物兵器禁止条約(BWC)の締結国の権利及び義務と抵触する若しくはこれらを変更するものとして解してはならず, 又は, 国際原子力機関(IAEA)若しくは化学兵器禁止機関(OPCW)の責任を変更するものとして解してはならないことを決定する.

6　この決議を実施するにあたり, 効果的な国内管理表が有用であることを認識し, すべての加盟国に対して, 必要なときは, そのような表をできる限り早い機会に策定することを追求するよう要請する.

7　一部の国はこの決議の規定をその領域内において実施するにあたり支援を必要とすることを認識し, 国に対し, 可能なときは, 個々の要請に応じて, 上記の規定を履行するための法令上の基盤, 実施の経験または資源を欠く国に対して適当な援助を提供するよう招請する.

8　すべての国に対して以下を要請する.

(a) 核兵器, 化学兵器又は生物兵器の拡散を防止することを目的とし, 自らが締約国となっている多数国間条約の普遍的な採択, 完全な実施及び必要な場合には強化を促進すること.

(b) 不拡散に関する主要な多数国間条約の下での約束の遵守を確保するための国内法令を採択していない場合には, これを行うこと.

(c) 不拡散の分野における共通の目的を追求し達成するため及び平和的目的のための国際協力を促進するための重要な手段として, 特に国際原子力機関（IAEA）, 化学兵器禁止機関（OPCW）及び生物兵器禁止条約（BWC）の枠内において, 多国間の協力への約束を新たにし, これを満たすこと.

(d) そのような法律の下での義務について産業界や公衆に通報し, これらとともに作業する適当な方法を策定すること.

9　すべての国に対し, 核兵器, 化学兵器又は生物兵器及びそれらの運搬手段の拡散による脅威に対応するよう不拡散に関する対話及び協力を促進するよう要請する.

10　さらに, その脅威に対処するため, すべての国に対し, 自らの国内法的権限及び法律に従って, 並びに, 国際法に合致して, 核兵器, 化学兵器又は生物兵器, それらの運搬手段及び関連物資の不正取引を防止するための協力行動をとるよう要請する.

11　この決議の実施を緊密に監視し, 適当な段階で, この目的のために必要とされる更なる決定を行う意図を表明する.

12　この問題に引き続き関与することを決定する.

＊この決議のみを目的とする定義

運搬手段：核兵器, 化学兵器又は生物兵器を運搬する能力を有するミサイル, ロケット及びその他の無人システムであって, そのような使用のために特別に設計されたもの.

非国家主体：この決議が対象とする活動を行う

にあたり，いかなる国の法律に基づく権限の下でも行動していない個人又は団体．

関連物資：核兵器，化学兵器及び生物兵器並びにそれらの運搬手段の設計，開発，生産又は使用のために用いることができる物資，設備及び技術であって，関係する多国間条約及び取決めの対象となっているもの又は国内管理表に含まれているもの．

ミニ解説：対人地雷禁止条約

大量破壊兵器の規制以外にも重要なのが通常兵器の規制で，その点，対人地雷禁止条約（1997年採択）は，対象兵器の使用と保有の両方を包括的に禁止する画期的な条約．締約国は敷設地雷の除去を含む対人地雷の廃棄の義務を負い，条約の運用状況は締約国会合・検討会議で定期的に検討される．地雷の部分的規制は，特定通常兵器使用禁止制限条約（1980年採択）の議定書II（1996年改訂）によってもなされていたが，包括的な禁止を望む声が高まり，「地雷禁止国際キャンペーン」（NGO）等が対人地雷禁止条約の採択を強く推進した．対人地雷禁止条約以降も，クラスター弾条約（2008年採択），武器貿易条約（2013年採択）等，通常兵器を対象とした多国間条約がある．

2　社会経済文化協力

i）　経済・開発協力

77 国際通貨基金協定（IMF協定）（抄）

〔署名〕1945年12月27日，ワシントン
〔効力発生〕1945年12月27日
〔日本国〕1952年8月14日（最終改正：2011年3月24日）

序

(i)　国際通貨基金は，当初採択され，その後に改正されたこの協定の規定に従って設立し及び運営する．

(ii)　基金がその操作及び取引を行うことができるようにするため，基金に一般会計及び特別引出権会計を置く．基金への加盟は，特別引出権会計に参加する権利を思う．

(iii)　この協定によって認められた操作及び取引は，この協定の規定に従い一般資金勘定，特別支払勘定及び投資勘定によって構成される一般会計を通じて行う．ただし，特別引出権に係る操作及び取引は，特別引出権会計を通じて行う．

第1条（目的） 国際通貨基金の目的は，次のとおりである．

(i)　国際通貨問題に関する協議及び協力のための機構となる常設機関を通じて，通貨に関する国際協力を促進すること．

(ii)　国際貿易の拡大及び均衡のとれた増大を助長し，もって経済政策の第一義的目標である全加盟国の高水準の雇用及び実質所得の促進及び維持並びに生産資源の開発に寄与すること．

(iii)　為替の安定を促進し，加盟国間の秩序ある為替取極を維持し，及び競争的為替減価を防止すること．

(iv)　加盟国間の経常取引に関する多角的支払制度の樹立を援助し，及び世界貿易の増大を妨げる外国為替制限の除去を援助すること．

(v)　適当な保障の下に基金の一般資金を一時的に加盟国に利用させ，このようにして国内的又は国際的な繁栄を破壊するような措置に訴えることなしに国際収支の失調を是正する機会を提供することにより，加盟国に安心感を与えること．

(vi)　(i)から(v)までの規定に従い，加盟国の国際収支の不均衡の持続期間を短縮し，かつ，その程度を軽減すること．

基金は，そのすべての政策及び決定につき，この条に定める目的を指針としなければならない．

第3条（割当額及び出資）

第1項　割当額及び出資額の払込み

各加盟国は，特別引出権で表示される割当額を割り当てられる．連合国通貨金融会議に代表された加盟国で1945年12月31日前に加盟国の地位を受諾するものの割当額は，付表Aに掲げる額とする．その他の加盟国の割当額は，総務会が定める．各加盟国の出資額は，当該加盟国の割当額と同額とし，全額を適当な寄託所において基金に払い込む．

第2項　割当額の調整

(a) 総務会は，5年を超えない間隔を置いて加盟国の割当額につき一般的検討を行い，適当と認めるときは，その調整を提議する．総務会は，また，その他のいかなる時にも，適当と認めるときは，加盟国の要請に基づいてその割当額の調整を考慮することができる．

(c) いかなる割当額の変更にも，総投票権数の85パーセントの多数を必要とする．

第3項　割当額が変更された場合の払込み

(a) 前項(a)の規定に基づく自国の割当額の増加に同意した各加盟国は，基金が定める期間内に，増加額の25パーセントを特別引出権

で基金に払い込む.

第４条（為替取極に関する義務）

第１項　加盟国の一般的義務

各加盟国は，国際通貨制度の基本的な目的が諸国間における商品，役務及び資本の交流を助長しかつ健全な経済成長を維持するわく組を提供することであること並びにその中心的な目的が金融上及び経済上の安定のために必要な秩序ある基礎的条件を継続的に発展させることであることを認識して，秩序ある為替取極を確保し及び安定した為替相場制度を促進するため，基金及び他の加盟国と協力することを約束する.

第２項　一般的為替取極

(a) 各加盟国は，前項の規定に基づく自国の義務を履行するに当たって適用する意図を有する為替取極をこの協定の第二次改正の日の後 30 日以内に基金に通告し，また自国の為替取極のいかなる変更をも速やかに基金に通告する.

第５条（基金の操作及び取引）

第１項　基金と取引する機関

各加盟国は，自国の大蔵省，中央銀行，安定基金その他これらに類似する財務機関を通じてのみ基金と取引するものとし，基金は，これらの機関とのみ又はこれらの機関を通じてのみ取引するものとする.

第２項　基金の操作及び取引に対する制限

(a) この協定に別段の定めがある場合を除くほか，基金の計算で行う取引は，加盟国の発意で，その加盟国に対して，買入れを希望するその加盟国の通貨と引換えに一般資金勘定において保有する基金の一般資金から特別引出権又は他の加盟国の通貨を供給することを目的とする取引に限る.

第３項　基金の一般資金の利用に関する条件

(a) 基金は，その一般資金の利用に関する政策（スタンド・バイ取極又はこれに類似する取極に関する政策を含む.）を採択するものとし，また，特別な国際収支問題のための特別な政策を採択することができる.これらの政策は，加盟国がその国際収支上の問題をこの協定の規定に合致する方法で解決することを援助し及び基金の一般資金の一時的な利用のための適当な保障を確立するような内容のものとする.

第 11 項　価額の維持

(a) 一般資金勘定において保有される加盟国通貨の価額は，第 19 条第７項(a)の規定に基づく交換比率により特別引出権で表示されるところによって維持されなければならない.

第６条（資本移動）

第１項　資本移動のための基金の一般資金の利用

(a) 加盟国は，次項に規定する場合を除くほか，巨額な又は持続的な資他の流出に応ずるために基金の一般資金を利用してはならず，また，基金は，その一般資金のこのような利用を防止するための管理を行うことを加盟国に要請することができる.いずれかの加盟国がこの要請を受けた後に適当な管理を行わなかつた場合には，基金は，その加盟国が基金の一般資金を利用する資格がないことを宣言することができる.

第８条（加盟国の一般的義務）

第１項　序言

各加盟国は，この協定の他の条の規定に基づく義務のほか，この条に定める義務を負う.

第２項　経常的支払に対する制限の回避

(a) 前条第３項(b)及び第 14 条第２項の規定が適用される場合を除くほか，加盟国は，基金の承認なしに，経常的国際取引のための支払及び資金移動に制限を課してはならない.

(b) いずれかの加盟国の通貨に関する為替契約で，この協定の規定に合致して存続し又は設定されるその加盟国の為替管理に関する規制に違反するものは，いずれの加盟国の領域においても強制力を有しない.更に，加盟国は，相互の合意により，いずれの為替管理に関する規制を一層効果的にするための措置についても協力することができる.ただし，この措置及び規制は，この協定の規定に合致したものでなければならない.

第３項　差別的通貨措置の回避

加盟国は，この協定に基づいて権限を与えられ又は基金の承認を得た場合を除くほか，第４条の規定に基づくマージン又は付表Ｃに定めるマージン若しくは同付表の規定に基づくマージンの範囲内であるかどうかを問わず，差別的通貨取極若しくは複数通貨措置を行ってはならず，また，第５条第１項に規定する自国の財務機関がこれを行うことを許してはならない.この協定が効力を生ずる日にそれらの取極又は措置が行われているときは，当該加盟国は，その漸進的撤廃について基金と協議しなければならない.ただし，それらの取極又は措置が第 14 条第２項の規定に基づいて存続し又は設定されるときは，この限りでない.この場合には，同条第３項の規定を適用する.

第４項　外国保有残高の交換可能性

(a) 各加盟国は，他の加盟国が買入れを要請するに当たって次のいずれかの事実を示すときは，当該他の加盟国が保有する当該加盟国の通貨の残高を買い入れなければならない．

(i) 買い入れられる残高が経常取引の結果最近において取得されたこと．

(ii) その交換が経常取引のための支払をするために必要であること．

買入れを行う加盟国は，特別引出権（第19条第4項の規定に従うことを条件とする．）又は要請した加盟国の通貨のいずれで支払うかを選択する権利を有する．

第12条（組織及び運営）

第1項　基金の機構

基金に，総務会，理事会，専務理事一人及び職員並びに，総務会が付表Dの規定が適用されることを総投票権数の85パーセントの多数によって決定する場合には，評議会を置く．

第2項　総務会

(a) この協定に基づく権限であって，直接に総務会，理事会又は専務理事に付与されていないものは，すべて総務会に属する．総務会は，各加盟国がその決定する方法で任命する総務1人及び総務代理1人によって構成する．各総務及び各総務代理は，新たな任命が行われるまでの間在任する．総務代理は，総務が不在である場合を除くほか，投票することができない．総務会は，総務のうち1人を議長に選定する．

(b) 総務会は，この協定によって直接に総務会に付与されている権限を除くほか，その権限の行使を理事会に委任することができる．

第3項　理事会

(a) 理事会は，基金の業務を運営する責任を有し，このため総務会から委任されたすべての権限を行使する．

(b) (c)の規定が適用される場合を除くほか，理事会は，専務理事を議長とし，加盟国が選出する20人の理事によって構成する．

(c) 総務会は，理事の各定期選挙のため，総投票権数の85パーセントの多数により，(b)に定める理事の数を増加させ，又は減少させることができる．

第4項　専務理事及び職員

(a) 理事会は，専務理事1人を選定する．専務理事は，総務又は理事であってはならない．専務理事は，理事会の議長となるが，可否同数の場合の決定投票を除くほか，投票権を有しない．専務理事は，総務会の会合に参加することができるが，その会合では投票してはならない．専務理事は，理事会の決定により退任する．

(b) 専務理事は，基金の職員の長とし，理事会の指揮の下に，基金の通常業務を行う．専務理事は，理事会の一般的監督の下に，基金の職員の組織及び任免の責任を負う．

(c) 基金の専務理事及び職員は，その職務の遂行に当たり，基金に対してのみ責任を負うものとし，その他の当局に対しては責任を負わない．各加盟国は，この責任の国際的な性質を尊重し，その職務の遂行についてこれらの者を左右しようとするすべての企図を慎まなければならない．

(d) 職員の任命に当たっては，最高水準の能率及び技術的能力を確保することが最も重要であるが，専務理事は，職員をなるべく広い地理的基礎に基づいて採用することの重要性についても十分な考慮を払わなければならない．

第5項　投票

(a) 各加盟国の総票数は，基本票数と割当額に基づく票数との合計に等しいものとする．

(i) 各加盟国の基本票数は，すべての加盟国の総投票権数の合計票数の5.502パーセントをすべての加盟国の間に均等に分配して算出される票数とする．ただし，基本票数は，1未満の端数を伴つてはならない．

(ii) 各加盟国の割当額に基づく票数は，自国の割当額の10万特別引出権相当額ごとに一票を分配して算出される票数とする．

(b) 第5条第4項又は第5項の規定の下で必要とされる投票については，各加盟国が(a)の規定に基づいて与えられる票数は，次の調整を受ける．ただし，買入れ又は売却の純額は，いかなる時にも，当該加盟国の割当額に等しい額を超えないものとみなす．

(i) 投票が行われる日までに行われた基金の一般資金からの当該加盟国の通貨の売却の純額の40万特別引出権相当額ごとに一票を加える．

(ii) 投票が行われる日までに当該加盟国が第5条第3項(b)及び(f)の規定に基づいて行った買入れの純額の40万特別引出権相当額ごとに一票を減ずる．

(c) 明示的な別段の定めがある場合を除くほか，基金のすべての決定は，投じられた票の過半数によって行う．

第15条（特別引出権）

第1項　特別引出権を配分する権限

基金は，既存の準備資産を補充する必要が生じたときにこれに応ずるため，特別引出権会計の参加国である加盟国に対して特別引出権を配分する権限を与えられる．

第２項　特別引出権の評価

基金は，総投票権数の70パーセントの多数により，特別引出権の評価方法を決定する．ただし，評価の原則の変更又は実施されている評価の原則の適用における基本的な変更には，総投票権数の85パーセントの多数を必要とする．

78 世界銀行協定（抄）

国際復興開発銀行協定
〔署名〕1945年12月27日，ワシントン
〔効力発生〕1945年12月27日（最終改正年：2012年）／〔日本国〕1952年８月14日（最終改正：2012年６月13日）

序

国際復興開発銀行は，次の規定に従って設立し，且つ，運営する．

第１条（目的） 銀行の目的は，次のとおりである．

(i) 戦争により破壊され，又は解体された経済の回復，生産施設の平時需要への再転換並びに開発の程度が低い国における生産施設及び生産資源の開発を含む生産的目的のための資本投下を容易にすることにより，加盟国の領域の復興及び開発を援助すること．

(ii) 民間投資者が行う貸付その他の投資を保証し，又はこれに参加することにより民間の対外投資を促進すること及び，民間資本が相当の条件で得られないときは，銀行の自己資本，銀行が調達する資金その他の銀行の資金から生産的目的のための金融を適当な条件で供与することにより民間投資を補足すること．

(iii) 加盟国の生産資源の開発のための国際投資を助長し，もってその領域内における生産性，生活水準及び労働条件の向上を援助することにより国際貿易の長期にわたる均衡のとれた増大及び国際収支の均衡の維持を促進すること．

(iv) 銀行が行い，又は保証する貸付について，他の径路による国債貸付との関係において有用度及び緊要度の高い事業計画が大小を問わず優先して取り扱われるようにすること．

(v) 国際投資が加盟国の領域内における経済活動の状況に及ぼす影響を適当に考慮して銀行の業務を行うこと及び，戦争直後の数年間は，戦時経済から平時経済への円滑な推移の実現を援助すること．

銀行は，いかなる決定をするについても，本条に掲げる目的を指針としなければならない．

銀行は，いかなる決定をするについても，本条に掲げる目的を指針としなければならない．

第２条（銀行の加盟国の地位及び銀行の資本）

第１項　加盟国の地位

(a) 銀行の原加盟国とは，国際通貨基金の加盟国で第11条第２項(e)に明記する日の前に銀行の加盟国の地位を受諾するものをいう．

(b) 加盟国の地位は，銀行が定める時期に，且つ，銀行が定める条件に従ってその他の基金の加盟国にも開放される．

第２項　授権資本

(a) 銀行の授権資本は，1944年７月１日現在の量目及び純分を有する合衆国ドルによる100億ドルとする．資本は，各10万ドルの額面価額を有する10万株に分ち，この株式は，加盟国のみが応募することができる．

(b) 資本は，銀行が総投票権数の４分の３の多数によって適当と認めたときは，増額することができる．

第３項　株式の応募

(a) 各加盟国は，銀行の資本の株式に応募しなければならない．原加盟国が応募すべき株式の最小限は，附表Aに掲げるものとする．その他の加盟国が応募すべき株式の最小限は，銀行が定め，銀行は，その資本のうちこの加盟国の応募のために充分な部分を留保する．

第５項　応募額の区分及び払込請求

各加盟国の応募額は，次の２部に分ける．

(i) 20パーセントは，銀行の業務上の必要に応じて，本条第７項(i)に基いて払い込まれ，又は払込請求を受ける．

(ii) 残余の80パーセントは，第４条第１項(a) ii 及び(iii)に基いて起された銀行の債務の支払のために必要とするときに限り，銀行から払込請求を受ける．

未払込の応募額に対する払込請求は，全株式に対して一律とする．

第６項　責任の限度

株式に基く責任は，当該株式の発行価格の未払込部分相当額を限度とする．

第７項　株式応募額の払込方法

株式応募額の払込は，金又は合衆国ドル及び加盟国通貨により，次のとおり行う．

(i) 本条第５項(i)に基いて，各株式の価格の２パーセントは金又は合衆国ドルで払い込まれ，残余の18パーセントは払込請求があったときに当該加盟国通貨で払い込まれる．

第３条（貸付及び保証に関する一般規定）

第１項　資金の使用

(a) 銀行の資金及び便宜は，開発計画及び復興計画のいずれにも公平な考慮を払って，もっぱら加盟国の利益のために使用しなければならない．

第２項　加盟国と銀行との取引

各加盟国は，自国の国庫，中央銀行，安定基金その他これに類似する財務機関を通じてのみ銀行と取引を行うものとし，銀行は，これらの機関によってのみ又はこれらの機関を通じてのみ加盟国と取引を行う．

第３項　銀行の保証及び貸付の限度

銀行がする保証，貸付参加及び直接の貸付の現在高総額は，その増額によって総額が銀行のき損されていない応募済資本，準備金及び剰余金の合計の 100 パーセントをこえることとなるときは，いかなる時でも増額してはならない．

第４項　銀行が保証又は貸付をすることができる条件

銀行は，次に掲げる条件に従って，加盟国又はその行政区画並びに加盟国の領域内にあるすべての商業，工業及び農業の企業に対して保証，貸付参加又は貸付をすることができる．

(i) 当該事業計画が領域内で実現される加盟国自身が借入人でないときは，当該加盟国又は当該加盟国の中央銀行若しくはこれに準ずる機関で銀行が受諾することができるものが，元本の償還並びに当該貸付に対する利子及び他の手数料の支払を完全に保証すること．

(ii) 銀行が，借入人が当該市況の下において他の方法では当該借入人について合理的であると銀行が認める条件で貸付を得ることができないと認めること．

第５項　銀行が保証し，貸付参加し，又は貸し付けた貸付金の使用

(a) 銀行は，貸付金が特定の１又は２以上の加盟国の領域内で費消されなければならないという条件を課さないものとする．

(b) 銀行は，節約及び能率の点に適当に留意した上，政治的その他の経済外の影響及び考慮を顧慮することなく，すべての貸付金が当該貸付の供与された目的のためにのみ使用されることを確保するための措置をとるものとする．

(c) 銀行がする貸付の場合には，銀行は，借入人名義の勘定を開くものとし，当該貸付の額は，当該貸付に用いた１又は２以上の通貨でこの勘定に貸記するものとする．銀行は，借入人が当該事業計画に関して実際に生じた費用に充てるためにのみこの勘定から引き出すことを許容する．

第６項　国際金融公社に対する貸付

(a) 銀行は，銀行と連携関係を有する国際金融公社に対して，公社の貸付業務用として貸付，貸付参加又は保証をすることができる．

貸付，貸付参加又は保証の現在高総額は，それらがされた時に又はその結果として，公社がいずれかの源泉から受けており，且つ，未済である債務（債務の保証を含む．）の総額が公社のき損されていない応募済資本及び剰余金の合計の４倍に等しい額をこえることとなるときは，増額してはならない．

第４条（業務）

第１項　貸付をし，又は貸付を促進する方法

(a) 銀行は，次の方法のいずれかによって，第３条の一般的条件を満たす貸付をし，又はこれを促進することができる．

(i) き損されていない払込済資本及び剰余金に相当する自己資金並びに，本条第６項の制限の範囲内において，準備金に相当する自己資金から直接の貸付をし，又はこれに参加すること．

(ii) 加盟国の市場における調達その他の方法により銀行が借り入れた資金から直接の貸付をし，又はこれに参加すること．

(iii) 民間投資者が通常の投資径路によってする貸付の全部又は一部を保証すること．

(b) 銀行の前記の(ii)に基く資金の借入又は(iii)に基く貸付の保証は，当該資金が調達される市場の属する加盟国及び当該貸付が表示される通貨の属する加盟国の同意によってのみ，且つ，これらの加盟国が当該貸付金が他の加盟国の通貨に制限なく引き換えられるべきことに同意したときにのみ，行うことができる．

第３項　直接の貸付のための通貨の供給

本条第１項(a)(i)及び(ii)に基く直接の貸付については，次の規定を適用する．

(a) 銀行は，借入人に対し，当該事業計画が領域内で実現される加盟国以外の加盟国の通貨でその領域内において当該借入人が当該貸付の目的の達成のためにすべき支出に必要なものを供与しなければならない．

(b) 銀行は，例外的な場合において，借入人が当該貸付の目的のために必要な国内通貨を合理的な条件の下に調達することができないときは，借入人に対し当該通貨の適当な額を当該貸付の一部として供与することができる．

第４項　直接の貸付に対する支払に関する規定

本条第１項(a)(i)又は(ii)に基く貸付契約は，支払に関する次の規定に従って締結するものと

する.

(a) 各貸付の利子及び償却支払の条件, 満期並びに支払期日は, 銀行が決定する. この貸付に関して負担すべき手数料の率その他の条件も, 銀行が定める.

(b) すべての貸付契約には, 銀行に対して契約に基く支払をするのに用いる１又は２以上の通貨を定めるものとする. 但し, これらの支払は, 借入人の選択により, 金又は, 銀行の同意を得て, 当該契約に定める加盟国通貨以外の加盟国通貨ですることができる. (後略)

(c) 加盟国が急激な為替のひっ迫を被り, その結果当該加盟国が契約した貸付又は当該加盟国若しくはその一機関が保証した貸付の元利その他の支払が定められたとおり行うことができないときは, 当該加盟国は, 銀行に対し支払条件の緩和を申請することができる. 銀行は, 緩和が当該加盟国並びに銀行の業務及びその全加盟国のために有利であると認めたときは, 毎年の元利その他の支払の全部又は一部について次の一方又は双方の規定に基いて措置をとることができる.

第７項　債務不履行の場合における銀行の債務履行の方法

銀行が行い, 参加し, 又は保証した貸付の債務不履行の場合には, 次の規定による.

(a) 銀行は, 本条第４項(c)に基く取極又は本条第４項(c)に定める取極に類似する取極を含めて, 当該貸付に基く債務を調整するため実行可能な取極をするものとする.

(b) 本条第１項(a)(ii)及び(iii)に基く借入又は保証に対する銀行の債務履行のための支払には,

(i) 第１に, 本条第６項に定める特別準備金を充て,

(ii) 第２に, 必要な程度において, 且つ, 銀行の裁量により, 銀行が使用することができるその他の準備金, 剰余金及び資本を充てる.

第10項　政治活動の禁止

銀行及びその役員は, 加盟国の政治問題に関与してはならず, また, 決定を行うに当って関係加盟国の政治的性格に影響されてはならない. その決定は, 経済的事項のみを考慮して行うものとし, これらの事項は, 第１条に掲げる目的の達成のため公平に考慮されなければならない.

第５条（組織及び運営）

第１項　銀行の機構

銀行に, 総務会, 理事会, 総裁並びに銀行が定める任務を遂行するためのその他の役員及び職員を置く.

第２項　総務会

(a) 銀行のすべての権限は, 各加盟国がその決定する方法で任命する総務１人及び代理１人からなる総務会に付与される. 各総務及び各代理は, 任命した加盟国に異議がない限り, ５年間在任するものとし, 再任されることができる. 代理は, 総務が不在である場合を除く外, 投票することができない. 総務会は, 総務のうちの１人を議長に選定する.

(b) 総務会は, その権限を行使することを理事会に委任することができる. 但し, 次の権限を除く.

(i) 新加盟国の加盟を承認し, 及びその加盟の承認の条件を決定する権限

(ii) 資本を増加し, 又は減少する権限

(iii) 加盟国の資格停止を行う権限

(iv) 理事会が行ったこの協定の解釈に関する異議の申立を裁決する権限

(v) 他の国際機関と協力するための取極（暫定的及び事務的性質の非公式取極を除く.）を結ぶ権限

(vi) 銀行の業務を永久的に停止すること及び銀行の資産を分配することを決定する権限

(vii) 銀行の純益の分配を決定する権限

(d) 総務会の会合の定足数は, 総務の過半数でその行使する投票権数が総投票権数の３分の２以上であるものとする.

(f) 総務会及び, 委任された範囲内で, 理事会は, 銀行の業務上必要な又は適当な規則及び細則に採択することができる.

(g) 総務及び代理は, その資格においては, 銀行から報酬を受けないで勤務する. 但し, 銀行は, これらの者に, 会合への出席に際して負担する相当の費用を支払う.

第３項　投票

(a) 各加盟国の投票権数は, 基本票数と保有株式数に基づく票数との合計に等しいものとする.

(i) 各加盟国の基本票数は, すべての加盟国の投票権数の合計票数の 5.55 パーセントをすべての加盟国の間に均等に分配して算出される票数とする. ただし, 基本票数は, １未満の端数を伴ってはならない.

(ii) 各加盟国の保有株式数に基づく票数は, 自国の保有する１株式ごとに１票を分配して算出される票数とする.

(b) 別段の明文規定がある場合を除く外, 銀行が決定すべきすべての事項は, 投票の過半数によって決定する.

第４項　理事会

(a) 理事会は, 銀行の一般的業務を運営する責

任を有し，このため，総務会から委任されたすべての権限を行使する．

(b) 理事は，12人とし，総務であることを必要としない．そのうち，

(i) 5人は，最大の株式数を有する5加盟国が各1人を任命する．

(ii) 7人は，(i)に掲げる5加盟国が任命した総務以外のすべての総務が附表Bに従って選挙する．

本項(b)の適用上，加盟国とは，原加盟国であると第2条第1項(b)に従って加盟国となったとを問わず，附表Aに掲げる国の政府をいう．その他の国の政府が加盟国となったときは，総務会は，選任されるべき理事の数を総投票権数の5分の4の多数により増加することができる．

理事は，2年ごとに任命され，又は選任される．

(c) 各理事は，不在のときに自己に代って行動する完全な権限を有する代理を任命する．代理を任命した理事が出席しているときは，代理は，会合に参加することはできるが，投票することはできない．

(e) 理事会は，銀行の主たる事務所で常にその職務を行い，銀行の業務の必要に応じて会合する．

(f) 理事会の会合の定足数は，理事の過半数で投票権数の2分の1以上を行使するものとする．

(g) 各任命理事は，本条第3項に基いて各自を任命した加盟国に割り当てられた票数を投票する資格を有する．各選任理事は，各自の選出のために算入された票数を投票する資格を有する．理事が投票する資格を有する票数は，すべて一括して投票しなければならない．

第5項　総裁及び職員

(a) 理事会は，総裁1人を選出する．総裁は，総務若しくは理事又はそれらの代理であってはならない．総裁は，理事会の議長となるが，可否同数の場合の決定投票を除く外，投票権を有しない．総裁は，総務会の会合に参加することができるが，その会合では投票してはならない．総裁は，理事会の決定により退任する．

(b) 総裁は，銀行に従事する職員の長であって，理事会の指揮の下に，銀行の通常業務を行う．総裁は，理事会の一般的監督の下に，役員及び職員の組織及び任免の責任を負う．

(c) 銀行の総裁，役員及び職員は，その職務の遂行に当って，銀行に対してのみ責任を負うものとし，その他の当局に対しては負わない．各加盟国は，この責任の国際的な性質を尊重し，これらの者の職務執行についてこれらの者を左右しようとするすべての企図を慎まなければならない．

(d) 役員及び職員の任命に当っては，最高水準の能率及び技術的能力を確保することが最も重要であるが，総裁は，役員及び職員をなるべく広い地理的基礎に基いて採用することの重要性についても充分な考慮を払わなければならない．

第7条（地位，免除及び特権）

第1項　本条の目的

銀行が与えられた任務を遂行することができるようにするため，銀行に，各加盟国の領域において本条に掲げる地位，免除及び特権を与える．

第2項　銀行の地位

銀行は，完全な法人格を有し，特に，次の能力を有する．

(i) 契約をすること．

(ii) 動産及び不動産を取得し，及び処分すること．

(iii) 訴を提起すること．

79 WTO協定（抄）

世界貿易機関を設立するマラケシュ協定（世界貿易機関協定）
〔署名〕1994年4月15日，マラケシュ
〔効力発生〕1995年1月1日／〔日本国〕1995年1月1日

この協定の締約国は，

貿易及び経済の分野における締約国間の関係が，生活水準を高め，完全雇用並びに高水準の実質所得及び有効需要並びにこれらの着実な増加を確保し並びに物品及びサービスの生産及び貿易を拡大する方向に向けられるべきであることを認め，他方において，経済開発の水準が異なるそれぞれの締約国のニーズ及び関心に沿って環境を保護し及び保全し並びにそのための手段を拡充することに努めつつ，持続可能な開発の目的に従って世界の資源を最も適当な形で利用することを考慮し，

更に，成長する国際貿易において開発途上国特に後発開発途上国がその経済開発のニーズに応じた貿易量を確保することを保証するため，積極的に努力する必要があることを認め，

関税その他の貿易障害を実質的に軽減し及び国際貿易関係における差別待遇を廃止するため

の相互的かつ互恵的な取極を締結することにより，前記の目的の達成に寄与することを希望し，

よって，関税及び貿易に関する一般協定，過去の貿易自由化の努力の結果及びウルグァイ・ラウンドの多角的貿易交渉のすべての結果に立脚する統合された一層永続性のある多角的貿易体制を発展させることを決意し，

この多角的貿易体制の基礎を成す基本原則を維持し及び同体制の基本目的を達成することを決意して，

次のとおり協定する．

第１条（機関の設立） この協定により世界貿易機関（WTO）を設立する．

第２条（世界貿易機関の権限） 1　世界貿易機関は，附属書に含まれている協定及び関係文書に関する事項について，加盟国間の貿易関係を規律する共通の制度上の枠組みを提供する．

2　附属書1，附属書２及び附属書３に含まれている協定及び関係文書（以下「多角的貿易協定」という．）は，この協定の不可分の一部を成し，すべての加盟国を拘束する．

3　附属書４に含まれている協定及び関係文書（以下「複数国間貿易協定」という．）は，これらを受諾した加盟国についてはこの協定の一部を成し，当該加盟国を拘束する．複数国間貿易協定は，これらを受諾していない加盟国の義務又は権利を創設することはない．

4　附属書1A の 1994 年の関税及び貿易に関する一般協定（以下「1994 年のガット」という．）は，国際連合貿易雇用会議準備委員会第２会期の終了の時に採択された最終議定書に附属する 1947 年 10 月 30 日付けの関税及び貿易に関する一般協定がその後訂正され，改正され又は修正されたもの（以下「1947 年のガット」という．）と法的に別個のものである．

第３条（世界貿易機関の任務） 1　世界貿易機関は，この協定及び多角的貿易協定の実施及び運用を円滑にし並びにこれらの協定の目的を達成するものとし，また，複数国間貿易協定の実施及び運用のための枠組みを提供する．

2　世界貿易機関は，附属書に含まれている協定で取り扱われる事項に係る多角的貿易関係に関する加盟国間の交渉のための場を提供する．同機関は，また，閣僚会議の決定するところに従い，多角的貿易関係に関する加盟国間の追加的な交渉のための場及びこれらの交渉の結果を実施するための枠組みを提供することができる．

3　世界貿易機関は，附属書２の紛争解決に係る規則及び手続に関する了解（以下「紛争解決了解」という．）を運用する．

4　世界貿易機関は，附属書３の貿易政策検討制度を運用する．

5　世界貿易機関は，世界的な経済政策の策定が一層統一のとれたものとなるようにするため，適当な場合には，国際通貨基金並びに国際復興開発銀行及び同銀行の関連機関と協力する．

第４条（世界貿易機関の構成） 1　すべての加盟国の代表で構成する閣僚会議を設置するものとし，同会議は，少なくとも２年に１回会合する．閣僚会議は，世界貿易機関の任務を遂行し，そのために必要な措置をとる．閣僚会議は，加盟国から要請がある場合には，意思決定につきこの協定及び関連する多角的貿易協定に特に定めるところに従い，多角的貿易協定に関するすべての事項について決定を行う権限を有する．

2　すべての加盟国の代表で構成する一般理事会を設置するものとし，同理事会は，適当な場合に会合する．閣僚会議の会合から会合までの間においては，その任務は，一般理事会が遂行する．一般理事会は，また，この協定によって自己に与えられる任務を遂行する．一般理事会は，その手続規則を定め，及び７に規定する委員会の手続規則を承認する．

3　一般理事会は，紛争解決了解に定める紛争解決機関としての任務を遂行するため，適当な場合に会合する．紛争解決機関に，議長を置くことができるものとし，同機関は，その任務を遂行するために必要と認める手続規則を定める．

4　一般理事会は，貿易政策検討制度に定める貿易政策検討機関としての任務を遂行するため，適当な場合に会合する．貿易政策検討機関に，議長を置くことができるものとし，同機関は，その任務を遂行するために必要と認める手続規則を定める．

5　物品の貿易に関する理事会，サービスの貿易に関する理事会及び知的所有権の貿易関連の側面に関する理事会（以下「貿易関連知的所有権理事会」という．）を設置するものとし，これらの理事会は，一般理事会の一般的な指針に基づいて活動する．物品の貿易に関する理事会は，附属書1A の多角的貿易協定の実施に関することをつかさどる．サービスの貿易に関する理事会は，サービスの貿易に関する一般協定（以下「サービス貿易一般協定」という．）の実施に関することをつかさどる．貿易関連知的所有権理事会は，知的所有権の貿易関連の側面に関する協定（以下「貿易関連知的所有権協定」

a という．）の実施に関することをつかさどる．これらの理事会は，それぞれの協定及び一般理事会によって与えられる任務を遂行する．これらの理事会は，一般理事会の承認を条件として，それぞれの手続規則を定める．これらの理
b 事会の構成員の地位は，すべての加盟国の代表に開放する．これらの理事会は，その任務を遂行するため，必要に応じて会合する．

6　物品の貿易に関する理事会，サービスの貿易に関する理事会及び貿易関連知的所有権理
c 事会は，必要に応じて補助機関を設置する．これらの補助機関は，それぞれの理事会の承認を条件として，それぞれの手続規則を定める．

7　閣僚会議は，貿易及び開発に関する委員会，国際収支上の目的のための制限に関する委
d 員会及び予算，財政及び運営に関する委員会を設置する．これらの委員会は，この協定及び多角的貿易協定によって与えられる任務並びに一般理事会によって与えられる追加的な任務を遂行する．また，閣僚会議は，適当と認める任
e 務を有する追加的な委員会を設置することができる．貿易及び開発に関する委員会は，その任務の一部として，定期的に，多角的貿易協定の後発開発途上加盟国のための特別な規定を検討し，適当な措置について一般理事会に報告
f する．これらの委員会の構成員の地位は，すべての加盟国の代表に開放する．

8　複数国間貿易協定に定める機関は，これらの協定によって与えられる任務を遂行するものとし，世界貿易機関の制度上の枠組みの中で
g 活動する．これらの機関は，その活動について一般理事会に定期的に通報する．

第8条（世界貿易機関の地位） 1　世界貿易機関は，法人格を有するものとし，その任務の遂行のために必要な法律上の能力を各加盟国に
h よって与えられる．

2　世界貿易機関は，その任務の遂行のために必要な特権及び免除を各加盟国によって与えられる．

3　2と同様に，世界貿易機関の職員及び加盟
i 国の代表は，同機関に関連する自己の任務を独立に遂行するために必要な特権及び免除を各加盟国によって与えられる．

4　世界貿易機関，その職員及びその加盟国の代表に対して加盟国が与える特権及び免除は，
j 1947年11月21日に国際連合総会が採択した専門機関の特権及び免除に関する条約に定める特権及び免除と同様のものとする．

5　世界貿易機関は，本部協定を締結することができる．

k **第9条（意思決定）** 1　世界貿易機関は，1947年のガットの下でのコンセンサス方式による意思決定の慣行（注1）を維持する．コンセンサス方式によって決定することができない場合には，問題となっている事項は，別段の定めがある場合を除くほか，投票によって決定する．世界貿易機関の各加盟国は，閣僚会議及び一般理事会の会合において1の票を有する．欧州共同体が投票権を行使する場合には，同共同体は，世界貿易機関の加盟国であるその構成国の数と同数の票を有する（注2）．閣僚会議及び一般理事会の決定は，この協定又は関連する多角的貿易協定に別段の定めがある場合を除くほか，投じられた票の過半数による議決で行う．（注3）

注1：いずれかの内部機関がその審議のために提出された事項について決定を行う時にその会合に出席しているいずれの加盟国もその決定案に正式に反対しない場合には，当該内部機関は当該事項についてコンセンサス方式によって決定したものとみなす．

注2：欧州共同体及びその構成国の有する票数は，いかなる場合にも同共同体の構成国の数を超えないものとする．

注3：一般理事会が紛争解決機関として会合する場合には，その決定は，紛争解決了解第2条4の規定にのみ従って行う．

2　閣僚会議及び一般理事会は，この協定及び多角的貿易協定の解釈を採択する排他的権限を有する．附属書1の多角的貿易協定の解釈については，閣僚会議及び一般理事会は，当該協定の実施に関することをつかさどる理事会の勧告に基づいてその権限を行使する．解釈を採択する決定は，加盟国の4分の3以上の多数による議決で行う．この2の規定は，改正に関する次条の規定を害するように用いてはならない．

3　閣僚会議は，例外的な場合には，この協定又はいずれかの多角的貿易協定によって加盟国に課される義務を免除することを決定することができる．その決定は，この3に別段の定めがない限り，加盟国の4分の3（注）による議決で行う．

(a) この協定に関する免除の要請は，審議（コンセンサス方式による意思決定の慣行に従う．）のため，閣僚会議に提出される．閣僚会議は，その要請を審議するために，90日を超えない範囲でその期間を定める．その期間内にコンセンサスに達しない場合には，免除の決定は，加盟国の4分の3（注）による議決で行う．

(b) 附属書1A，附属書1B又は附属書1Cの多

角的貿易協定及びこれらの協定の附属書に関する免除の要請は，審議（その期間は，90日を超えないものとする.）のため，まず，物品の貿易に関する理事会，サービスの貿易に関する理事会又は貿易関連知的所有権理事会にそれぞれ提出する．当該理事会は，審議の期間の終了に当たって，閣僚会議に報告を提出する．

注：経過期間又は段階的な実施のための期間が設けられている義務であって，その免除を要請する加盟国が当該期間の終了までに履行しなかったものに関する免除の決定は，コンセンサス方式によってのみ行う．

4　閣僚会議による免除の決定には，その決定を正当化する例外的な事情，免除の適用に関する条件及び免除が終了する日を示すものとする．免除の期間が1年を超える場合には，当該免除の開始後1年以内に，及びその後は当該免除が終了するまで毎年，閣僚会議の審査を受ける．閣僚会議は，審査において，免除を正当化する例外的な事情が引き続き存在するかしないか及び免除に付された条件が満たされているかいないかを検討する．閣僚会議は，毎年の審査に基づき，免除を延長し，変更し又は終了させることができる．

5　複数国間貿易協定に関する決定（解釈及び免除に関する決定を含む.）については，当該協定の定めるところによる．

第10条（改正） 1　世界貿易機関の加盟国は，この協定又は附属書1の多角的貿易協定を改正する提案を，閣僚会議に提出することによって行うことができる．第4条5に規定する理事会も，自己が実施に関することをつかさどる附属書1の多角的貿易協定を改正する提案を閣僚会議に提出することができる．改正案を加盟国に対し受諾のために送付することについての閣僚会議の決定は，同会議が一層長い期間を定めない限り，提案が正式に同会議に提出された後90日の間にコンセンサス方式によって行う．2，5又は6の規定が適用される場合を除くほか，当該決定には，3又は4のいずれの規定が適用されるかを明示するものとする．コンセンサスに達した場合には，閣僚会議は，直ちに改正案を加盟国に対し受諾のために送付する．定められた期間内にコンセンサスに達しない場合には，閣僚会議は，加盟国の3分の2以上の多数による議決で，改正案を加盟国に対し受諾のために送付するかしないかを決定する．2，5又は6の規定が適用される場合を除くほか，3の規定が改正案について適用される．ただし，閣僚会議が加盟国の4分の3以上の多数による議決で4の規定が適用されると決定する場合は，この限りでない．

2　この条及び次に掲げる規定の改正は，すべての加盟国が受諾した時に効力を生ずる．

この協定の第9条
1994年のガットの第1条及び第2条
サービス貿易一般協定第2条1
貿易関連知的所有権協定第4条

3　この協定又は附属書1A及び附属書1Cの多角的貿易協定の改正（2及び6に掲げる規定の改正を除く.）であって，加盟国の権利及び義務を変更する性質のものは，加盟国の3分の2が受諾した時に当該改正を受諾した加盟国について効力を生じ，その後は，その他の各加盟国について，それぞれによる受諾の時に効力を生ずる．閣僚会議は，加盟国の4分の3以上の多数による議決で，この3の規定に基づいて効力を生じた改正が，それぞれの場合について閣僚会議の定める期間内に当該改正を受諾しなかった加盟国が世界貿易機関から脱退し又は閣僚会議の同意を得て加盟国としてとどまり得る性質のものである旨を決定することができる．

4　この協定又は附属書1A及び附属書1Cの多角的貿易協定の改正（2及び6に掲げる規定の改正を除く.）であって，加盟国の権利及び義務を変更しない性質のものは，加盟国の3分の2が受諾した時にすべての加盟国について効力を生ずる．

5　2の規定が適用される場合を除くほか，サービス貿易一般協定の第1部から第3部までの規定及び同協定の各附属書の改正は，加盟国の3分の2が受諾した時に当該改正を受諾した加盟国について効力を生じ，その後は，その他の加盟国について，それぞれによる受諾の時に効力を生ずる．閣僚会議は，加盟国の4分の3以上の多数による議決で，前段の規定に基づいて効力を生じた改正が，それぞれの場合について閣僚会議の定める期間内に当該改正を受諾しなかった加盟国が世界貿易機関から脱退し又は閣僚会議の同意を得て加盟国としてとどまり得る性質のものである旨を決定することができる．サービス貿易一般協定の第4部から第6部までの規定及び同協定の各附属書の改正は，加盟国の3分の2が受諾した時にすべての加盟国について効力を生ずる．

6　この条の他の規定にかかわらず，貿易関連知的所有権協定の改正であって同協定第71条2の要件を満たすものは，閣僚会議が採択することができるものとし，その後の正式な受諾の手続を要しない．

7　この協定又は附属書1の多角的貿易協定の改正を受諾する加盟国は，閣僚会議が定める受諾の期間内に受諾書を世界貿易機関事務局長に寄託する．

8　世界貿易機関の加盟国は，附属書2及び附属書3の多角的貿易協定を改正する提案を，閣僚会議に提出することによって行うことができる．附属書2の多角的貿易協定の改正を承認する決定は，コンセンサス方式によって行うものとし，当該改正は，閣僚会議が承認した時にすべての加盟国について効力を生ずる．附属書3の多角的貿易協定の改正を承認する決定は，閣僚会議が承認した時にすべての加盟国について効力を生ずる．

9　閣僚会議は，いずれかの貿易協定の締約国である加盟国の要請に基づき，当該協定を附属書4に追加することをコンセンサス方式によってのみ決定することができる．閣僚会議は，いずれかの複数国間貿易協定の締約国である加盟国の要請に基づき，当該協定を附属書4から削除することを決定することができる．

10　複数国間貿易協定の改正については，当該協定の定めるところによる．

第11条（原加盟国） 1　この協定が効力を生ずる日における1947年のガットの締約国及び欧州共同体であって，この協定及び多角的貿易協定を受諾し，かつ，1994年のガットに自己の譲許表が附属され及びサービス貿易一般協定に自己の特定の約束に係る表が附属されているものは，世界貿易機関の原加盟国となる．

2　国際連合が後発開発途上国として認める国は，個別の開発上，資金上及び貿易上のニーズ又は行政上及び制度上の可能性と両立する範囲において，約束及び譲許を行うことを要求される．

第16条（雑則） 1　世界貿易機関は，この協定又は多角的貿易協定に別段の定めがある場合を除くほか，1947年のガットの締約国団及び1947年のガットの枠組みの中で設置された機関が従う決定，手続及び慣行を指針とする．

2　実行可能な範囲において，1947年のガットの事務局は，世界貿易機関の事務局となるものとし，かつ，1947年のガットの締約国団の事務局長は，第6条2の規定に従って閣僚会議が事務局長を任命する時まで，世界貿易機関の事務局長としての職務を遂行する．

3　この協定の規定といずれかの多角的貿易協定の規定とが抵触する場合には，抵触する限りにおいて，この協定の規定が優先する．

4　加盟国は，自国の法令及び行政上の手続を附属書の協定に定める義務に適合したものとすることを確保する．

5　留保は，この協定のいかなる規定についても付することができない．多角的貿易協定の規定についての留保は，これらの協定に定めがある場合に限り，その限度において付することができる．複数国間貿易協定の規定についての留保は，当該協定の定めるところによる．

6　この協定は，国際連合憲章第102条の規定に従って登録する．

1994年4月15日にマラケシュで，ひとしく正文である英語，フランス語及びスペイン語により本書1通を作成した．

注釈　この協定及び多角的貿易協定において用いられる「国」には，世界貿易機関の加盟国である独立の関税地域を含む．

この協定及び多角的貿易協定において「国」を含む表現（例えば，「国内制度」，「内国民待遇」）は，世界貿易機関の加盟国である独立の関税地域については，別段の定めがある場合を除くほか，当該関税地域に係るものとして読むものとする．

附属書の一覧表

附属書1
- 附属書1A　物品の貿易に関する多角的協定
  - 1994年の関税及び貿易に関する一般協定
  - 農業に関する協定
  - 衛生植物検疫措置の適用に関する協定
  - 繊維及び繊維製品（衣類を含む．）に関する協定
  - 貿易の技術的障害に関する協定
  - 貿易に関連する投資措置に関する協定
  - 1994年の関税及び貿易に関する一般協定第6条の実施に関する協定
  - 1994年の関税及び貿易に関する一般協定第7条の実施に関する協定
  - 船積み前検査に関する協定
  - 原産地規則に関する協定
  - 輸入許可手続に関する協定
  - 補助金及び相殺措置に関する協定
  - セーフガードに関する協定
- 附属書1B　サービスの貿易に関する一般協定
- 附属書1C　知的所有権の貿易関連の側面に関する協定

附属書2
- 紛争解決に係る規則及び手続に関する了解

附属書3
- 貿易政策検討制度

附属書4　複数国間貿易協定
- 民間航空機貿易に関する協定

政府調達に関する協定
国際酪農品協定
国際牛肉協定

80 GATT（ガット）（抄）

関税及び貿易に関する一般協定
〔署名〕1947年10月30日，ジュネーヴ
〔効力発生〕1948年1月1日（暫定的適用）（改正：1955年3月10日（前文，第2部，第3部改正議定書），1965年2月8日（第4部追加議定書））／〔日本国〕1955年9月10日（改正：1957年10月7日，1966年6月27日）

第1部

第1条（一般的最恵国待遇） 1　いずれかの種類の関税及び課徴金で，輸入若しくは輸出について若しくはそれらに関連して課され，又は輸入若しくは輸出のための支払手段の国際的移転について課せられるものに関し，それらの関税及び課徴金の徴収の方法に関し，輸入及び輸出に関連するすべての規則及び手続に関し，並びに第3条2及び4に掲げるすべての事項に関しては，いずれかの締約国が他国の原産の産品又は他国に仕向けられる産品に対して許与する利益，特典，特権又は免除は，他のすべての締約国の領域の原産の同種の産品又はそれらの領域に仕向けられる同種の産品に対して，即時かつ無条件に許与しなければならない．

2　前項の規定は，輸入税又は輸入に関する課徴金についての特恵で，4に定める限度をこえずかつ次に掲げるところに該当するものの廃止を要求するものではない．

(a) 附属書Aに掲げる地域のうちの2以上の地域の間にのみ有効な特恵．ただし，同附属書に定める条件に従わなければならない．

(b) 1939年7月1日に共通の主権又は保護関係若しくは宗主権関係によって結合されていた2以上の地域で，附属書B，C及びDに掲げるものの間にのみ有効な特恵．ただし，それらの附属書に定める条件に従わなければならない．

(c) アメリカ合衆国とキューバ共和国との間にのみ有効な特恵

(d) 附属書E及びFに掲げる隣接国の間にのみ有効な特恵

3　1の規定は，以前オットマン帝国の一部であり，かつ，1923年7月24日に同帝国から分離した諸国間の特恵には適用しない．ただし，その特恵は，この点について第29条1の規定に照らして適用される第25条5(a)の規定に基いて承認されなければならない．

4　2の規定に基いて特恵を許与される産品に対する特恵の限度は，この協定に附属する該当の譲許表に特恵の最高限度が明示的に定められていない場合には，次のものをこえてはならない．

(a) 前記の譲許表に掲げる産品に対する輸入税又は課徴金については，その譲許表に定める最恵国税率と特恵税率との間の差．特恵税率が定められていない場合には，特恵税率は，この4の規定の適用上，1947年4月10日に有効であったものとし，また，最恵国税率が定められていない場合には，その限度は，1947年4月10日における最恵国税率と特恵税率との間の差をこえてはならない．

(b) 該当の譲許表に掲げられていない産品に対する輸入税又は課徴金については，1947年4月10日における最恵国税率と特恵税率との間の差

附属書Gに掲げる締約国の場合には，(a)及び(b)の1947年4月10日という日付は，同附属書に定めるそれぞれの日付と置き替える．

第2条（譲許表） 1 (a) 各締約国は，他の締約国の通商に対し，この協定に附属する該当の譲許表の該当の部に定める待遇より不利でない待遇を許与するものとする．

(b) いずれかの締約国の譲許表の第1部に掲げる産品に該当する他の締約国の領域の産品は，その譲許表が関係する領域への輸入に際し，その譲許表に定める条件又は制限に従うことを条件として，その譲許表に定める関税をこえる通常の関税を免除される．これらの産品は，また，輸入について又は輸入に関連して課せられるその他のすべての種類の租税又は課徴金で，この協定の日付の日に課せられているものをこえるもの又はその日にその輸入領域において有効である法令によりその後課することを直接にかつ義務的に要求されているものをこえるものを免除される．

(c) いずれかの締約国の譲許表の第2部に掲げる産品に該当するもので，その譲許表が関係する領域への輸入に際して特恵待遇を受ける権利を前条の規定によって与えられている領域の産品であるものは，その輸入領域への輸入に際し，その譲許表に定める条件又は制限に従うことを条件として，その譲許表の第2部に定める関税をこえる通常の関税を免除される．これらの産品は，また，輸入について又は輸入に関連して課せられるその

他のすべての種類の租税又は課徴金で，この協定の日付の日に課せられているものをこえるもの又はその日にその輸入領域において有効である法令によりその後課することを直接にかつ義務的に要求されているものをこえるものを免除される．この条のいかなる規定も，特恵税率による産品の輸入のための適格要件については，締約国がこの協定の日付の日に存在する要件を維持することを妨げるものではない．

2　この条のいかなる規定も，締約国が産品の輸入に際して次のものを随時課することを妨げるものではない．

(a) 同種の国内産品について，又は当該輸入産品の全部若しくは一部がそれから製造され若しくは生産されている物品について次条2の規定に合致して課せられる内国税に相当する課徴金

(b) 第6条の規定に合致して課せられるダンピング防止税又は相殺関税

(c) 提供された役務の費用に相応する手数料その他の課徴金

3　締約国は，課税価額の決定の方法又は通貨換算の方法をこの協定に附属する該当の譲許表に定める譲許の価値を減ずるように変更してはならない．

4　締約国が，この協定に附属する該当の譲許表に掲げるいずれかの産品の輸入の独占を，正式に又は事実上，設定し，維持し，又は認可するときは，その独占は，その譲許表に別段の定がある場合又は直接に当該譲許を交渉した当事国の間に別段の取極がある場合を除くほか，その譲許表に定める保護の量を平均してこえるように運用してはならない．この項の規定は，締約国がこの協定の他の規定により認められるいずれかの形式の援助を国内生産者に与えることを制限するものではない．

5　締約国は，他の締約国が，いずれかの産品に対して，この協定に附属する該当の譲許表に定める譲許によって意図されていると考えられる待遇を与えていないと認めるときは，その問題について直接にその締約国の注意を喚起しなければならない．その締約国が，注意を喚起した締約国の要求に同意はするが，その締約国の関税に関する法律に基いてこの協定に意図された待遇を許与するように当該産品を分類することができないと裁判所その他の権限のある機関が裁定したためにその待遇を許与することができないと宣言するときは，これらの2締約国及び実質的に利害関係を有するその他の締約国は，その問題の補償的調整のための交渉を直ちに開始しなければならない．

6 (a) 国際通貨基金の加盟国たる締約国の譲許表に含まれている従量税及び従量課徴金並びにそれらの締約国が維持する従量税及び従量課徴金に関する特恵の限度は，この協定の日付の日に同基金が受諾し又は暫定的に認めた平価における該当の通貨により表示する．したがって，その平価が国際通貨基金協定に従って20パーセントをこえて引き下げられる場合には，その従量税及び従量課徴金並びに特恵の限度は，その引下げを考慮して調整することができる．ただし，締約国団（第25条の規定に従って共同して行動する締約国をいう．）が，その調整の必要性又は緊急性に影響を及ぼすすべての要素を考慮に入れた上，その調整が該当の譲許表又はこの協定の他の部分に定める譲許の価値を減じないものであることに同意することを条件とする．

(b) 同基金の加盟国でない締約国は，同基金の加盟国となる日又はその締約国が第15条に従って特別為替取極を締結する日から，(a)の規定の適用を受ける．

7　協定附属譲許表は，この協定の第1部の不可分の一体をなす．

第2部

第3条（内国の課税及び規則に関する内国民待遇） 1　締約国は，内国税その他の内国課徴金と，産品の国内における販売，販売のための提供，購入，輸送，分配又は使用に関する法令及び要件並びに特定の数量又は割合による産品の混合，加工又は使用を要求する内国の数量規則は，国内生産に保護を与えるように輸入産品又は国内産品に適用してはならないことを認める．

2　いずれかの締約国の領域の産品で他の締約国の領域に輸入されるものは，同種の国内産品に直接又は間接に課せられるいかなる種類の内国税その他の内国課徴金をこえる内国税その他の内国課徴金も，直接であると間接であるとを問わず，課せられることはない．さらに，締約国は，前項に定める原則に反するその他の方法で内国税その他の内国課徴金を輸入産品又は国内産品に課してはならない．

3　現行の内国税で，前項の規定に反するが，1947年4月10日に有効であり，かつ，当該課税産品に対する輸入税を引き上げないように固定している貿易協定に基いて特に認められているものに関しては，それを課している締約国は，その貿易協定の義務を免除されてその内

国税の保護的要素を撤廃する代償として必要な限度までその輸入税を引き上げることができるようになるまでは，その内国税に対する前項の規定の適用を延期することができる．

4　いずれかの締約国の領域の産品で他の締約国の領域に輸入されるものは，その国内における販売，販売のための提供，購入，輸送，分配又は使用に関するすべての法令及び要件に関し，国内原産の同種の産品に許与される待遇より不利でない待遇を許与される．この項の規定は，輸送手段の経済的運用にのみ基き産品の国籍には基いていない差別的国内輸送料金の適用を妨げるものではない．

5　締約国は，特定の数量又は割合による産品の混合，加工又は使用に関する内国の数量規則で，産品の特定の数量又は割合を国内の提供源から供給すべきことを直接又は間接に要求するものを設定し，又は維持してはならない．さらに，締約国は，１に定める原則に反するその他の方法で内国の数量規則を適用してはならない．

6　前項の規定は，締約国の選択により，1939年７月１日，1947年４月10日又は1948年３月24日にいずれかの締約国の領域において有効である内国の数量規則には適用されない．ただし，これらの規則で前項の規定に反するものは，輸入に対する障害となるように修正してはならず，また，交渉上は関税とみなして取り扱うものとする．

7　特定の数量又は割合による産品の混合，加工又は使用に関する内国の数量規則は，その数量又は割合を国外の供給源別に割り当てるような方法で適用してはならない．

8 (a)　この条の規定は，商業的再販売のため又は商業的販売のための貨物の生産に使用するためではなく政府用として購入する産品の政府機関による調達を規制する法令又は要件には適用しない．

(b)　この条の規定は，国内生産者のみに対する補助金（この条の規定に合致して課せられる内国税又は内国課徴金の収入から国内生産者に交付される補助金及び政府の国内産品購入の方法による補助金を含む．）の交付を妨げるものではない．

9　締約国は，内国の最高価格統制措置が，この条の他の規定に合致していてもなお，輸入産品を供給する締約国の利益に不利な影響を及ぼすことがあることを認める．よって，その措置を執っている締約国は，その不利な影響をできる限り避けるため，輸出締約国の利益を考慮しなければならない．

10　この条の規定は，締約国が，露出済映画フィルムに関する内国の数量規則で第４条の要件に合致するものを設定し，又は維持することを妨げるものではない．

第６条（ダンピング防止税及び相殺関税） **1**　締約国は，ある国の産品をその正常な価額より低い価額で他国の商業へ導入するダンピングが締約国の領域における確立された産業に実質的な損害を与え若しくは与えるおそれがあり，又は国内産業の確立を実質的に遅延させるときは，そのダンピングを非難すべきものと認める．この条の規定の適用上，ある国から他国へ輸出される産品の価格が次のいずれかの価格より低いときは，その産品は，正常の価額より低い価額で輸入国の商業に導入されるものとみなす．

(a)　輸出国における消費に向けられる同種の産品の通常の商取引における比較可能の価格

(b)　前記の国内価格がない場合には，

(i)　第三国に輸出される同種の産品の通常の商取引における比較可能の最高価格

(ii)　原産国における産品の生産費に妥当な販売経費及び利潤を加えたもの

販売条件の差異，課税上の差異及び価格の比較に影響を及ぼすその他の差異に対しては，それぞれの場合について妥当な考慮を払わなければならない．

2　締約国は，ダンピングを相殺し又は防止するため，ダンピングされた産品に対し，その産品に関するダンピングの限度をこえない金額のダンピング防止税を課することができる．この条の適用上，ダンピングの限度とは，１の規定に従って決定される価格差をいう．

3　いずれかの締約国の領域の産品で他の締約国の領域に輸入されるものは，原産国又は輸出国においてその産品の製造，生産又は輸出について直接又は間接に与えられていると認められる奨励金又は補助金（特定の産品の輸送に対する特別の補助金を含む．）の推定額に等しい金額をこえる相殺関税を課せられることはない．「相殺関税」とは，産品の製造，生産又は輸出について直接又は間接に与えられる奨励金又は補助金を相殺する目的で課する特別の関税をいう．

4　いずれかの締約国の領域の産品で他の締約国の領域に輸入されるものは，その産品が原産国若しくは輸出国における消費に向けられる同種の産品が課せられる租税を免除されることを理由として，又はその租税の払いもどしを受けることを理由としてダンピング防止税又は相殺関税を課せられることはない.

5　いずれかの締約国の領域の産品で他の締約国の領域に輸入されるものは，ダンピング又は輸出補助金から生ずる同一の事態を補償するためにダンピング防止税と相殺関税とを併課されることはない.

6 (a) 締約国は，他の締約国のダンピング又は補助金の影響が，自国の確立された国内産業に実質的な損害を与え若しくは与えるおそれがあり，又は自国の国内産業の確立を実質的に遅延させるものであると決定する場合を除くほか，当該他の国の領域の産品の輸入についてダンピング防止税又は相殺関税を課してはならない.

(b) 締約国団は，締約国が，輸入締約国の領域に当該産品を輸出する第三国たる締約国の領域における産業に実質的な損害を与え又は与えるおそれがあるダンピング又は補助金の交付を相殺するため当該産品の輸入にダンピング防止税又は相殺関税を課することができるように，(a)の要件を免除することができる．締約国団は，補助金が輸入締約国の領域に当該産品を輸出する第三国たる締約国の領域における産業に実質的な損害を与え又は与えるおそれがあると認める場合には，相殺関税を課することができるように，(a)の要件を免除しなければならない.

(c) もっとも，遅延すれば回復しがたい損害を生ずるような特別の場合においては，締約国は，(b)の目的のため，締約国団の事前の承認を得ないで相殺関税を課することができる．ただし，この措置は，直ちに締約国団に報告しなければならず，かつ，締約国団が否認するときは，相殺関税は，直ちに撤回されるものとする.

7　輸出価格の変動に関係なく，一次産品の国内価格又は国内生産者の収入を安定させるための制度であって，同種の産品についての国内市場の買手に対する比較可能の価格より低い価格で当該産品を輸出のために販売することがあるものは，当該産品について実質的な利害関係を有する締約国間の協議によって次の事実が確定されるときは，前項の規定の意味において実質的な損害を与えることになるものとみなさない.

(a) その制度が，また，同種の産品についての国内市場の買手に対する比較可能の価格より高い価格で当該産品を輸出のため販売することにもなったこと及び

(b) その制度が，生産の実効的な規制その他の方法により不当に輸出を促進しないように，又はその他の締約国の利益を著しく害しないように運用されていること

第7条（関税上の評価） 1　締約国は，次の諸項に定める関税上の評価の一般原則が妥当であることを認め，かつ，輸入及び輸出に関する関税その他の課徴金又は制限で価額に基くか又はなんらかの方法で価額によって規制されるものを課せられるすべての産品について，それらの原則を実施することを約束する．さらに，締約国は，他の締約国の要請を受けたときは，関税上の価額に関する法令の実施について，前記の原則に照らして検討しなければならない．締約国団は，締約国に対し，この条の規定に従って締約国が執った措置に関する報告を提出するように要請することができる.

2 (a) 輸入貨物の関税上の価額は，関税を課せられる輸入貨物又は同種の貨物の実際の価額に基くものでなければならず，国内原産の産品の価額又は任意の若しくは架空の価額に基くものであってはならない.

(b)「実際の価額」とは，輸入国の法令で定める時に，及びその法令で定める場所で，その貨物又は同種の貨物が通常の商取引において完全な競争的条件の下に販売され，又は販売のために提供される価格をいう．その貨物又は同種の貨物の価格が特定の取引の数量によって支配される限り，考慮される価格は，(i)比較可能の数量又は(ii)輸出国と輸入国との間の貿易において一層多量の貨物が販売される場合の数量より輸入業者にとって不利でない数量のいずれかに関連を有するものでなければならない.

(c) 実際の価額を(b)の規定に従って確定することができないときは，関税上の価額は，その価額に最も近い相当額に基くものでなければならない.

3　輸入産品の関税上の価額は，原産国又は輸出国において課せられる内国税で，当該輸入産品が免除されたもの又は払いもどしを受けたもの若しくはその後受けるものの金額を含まないものでなければならない.

5　価額に基くか又は何らかの方法で価額によって規制される関税その他の課徴金又は制限を課せられる産品の価額を決定するための基準及び方法は，安定したものでなければならず，また，貿易業者が相当の確実性をもって関税上の価額を推定することができるように十分に公表されなければならない.

第9条（原産地表示） 1　各締約国は，他の締約国の領域の産品の表示の要件に関し，第三国の同種の産品に許与する待遇より不利でない

待遇を許与しなければならない.

2　締約国は, 原産地表示に関する法令の制定及び実施に当り, 虚偽の表示又は誤解のおそれのある表示から消費者を保護する必要について妥当な考慮を払った上で, そのような措置が輸出国の商業及び産業にもたらす困難及び不便を局限しなければならないことを認める.

3　締約国は, 行政上可能なときはいつでも, 所定の原産地表示を輸入の時に附することを許可しなければならない.

4　輸入産品の表示に関する締約国の法令は, 産品に著しい損害を与えることなく, その価値を実質的に減ずることなく, 又はその価格を過度に引き上げることなく, 遵守することができるものでなければならない.

5　締約国は, 表示の訂正が不当に遅延し, 虚偽の表示が附され, 又は所定の表示が故意に省かれた場合を除くほか, 輸入前に表示の要件に従わなかったことに対しては, 原則として, 特別税又は罰を課してはならない.

6　締約国は, 産品の真の原産地を誤認させるような方法, すなわち, 他の締約国の領域の産品の特殊の地方的の又は地理的の名称でその国の法令によって保護されているものを侵害するような方法による商標の使用を防止するため相互に協力しなければならない. 各締約国は, 他の締約国が自国に通告した産品の名称に対する前記の侵害に関して当該他の締約国が行う要請又は申入れに対して, 十分かつ好意的な考慮を払わなければならない.

第11条（数量制限の一般的廃止） 1　締約国は, 他の締約国の領域の産品の輸入について, 又は他の締約国の領域に仕向けられる産品の輸出若しくは輸出のための販売について, 割当によると, 輸入又は輸出の許可によると, その他の措置によるとを問わず, 関税その他の課徴金以外のいかなる禁止又は制限も新設し, 又は維持してはならない.

2　前項の規定は, 次のものには適用しない.

(a) 輸出の禁止又は制限で, 食糧その他輸出締約国にとって不可欠の産品の危機的な不足を防止し, 又は緩和するために一時的に課するもの

(b) 輸入及び輸出の禁止又は制限で, 国際貿易における産品の分類, 格付又は販売に関する基準又は規則の適用のために必要なもの

(c) 農業又は漁業の産品に対して輸入の形式のいかんを問わず課せられる輸入制限で, 次のことを目的とする政府の措置の実施のために必要なもの

(i) 販売若しくは生産を許された同種の国内産品の数量又は, 同種の産品の実質的な国内生産がないときは, 当該輸入産品をもって直接に代替することができる国内産品の数量を制限すること.

(ii) 同種の国内産品の一時的な過剰又は, 同種の産品の実質的な国内生産がないときは, 当該輸入産品をもって直接に代替することができる国内産品の一時的な過剰を, 無償で又は現行の市場価格より低い価格で一定の国内消費者の集団に提供することにより, 除去すること.

(iii) 生産の全部又は大部分を輸入産品に直接に依存する動物産品について, 当該輸入産品の国内生産が比較的にわずかなものである場合に, その生産許可量を制限すること.

この(c)の規定に従って産品の輸入について制限を課している締約国は, 将来の特定の期間中に輸入することを許可する産品の総数量又は総価額及びその数量又は価額の変更を公表しなければならない. さらに, (i)の規定に基いて課せられる制限は, 輸入の総計と国内生産の総計との割合を, その制限がない場合に両者の間に成立すると合理的に期待される割合より小さくするものであってはならない. 締約国は, この割合を決定するに当り, 過去の代表的な期間に存在していた割合について, 及び当該産品の取引に影響を及ぼしたか又は影響を及ぼしている特別の要因について, 妥当な考慮を払わなければならない.

第12条（国際収支の擁護のための制限） 1　前条1の規定にかかわらず, 締約国は, 自国の対外資金状況及び国際収支を擁護するため, この条の次の諸項の規定に従うことを条件として, 輸入を許可する商品の数量又は価額を制限することができる.

2 (a) この条の規定に基いて締約国が新設し, 維持し, 又は強化する輸入制限は, 次のいずれかの目的のために必要な限度をこえてはならない.

(i) 自国の貨幣準備の著しい減少の急迫した脅威の予防又はそのような減少の阻止

(ii) きわめて低い貨幣準備を有する締約国の場合には, その貨幣準備の合理的な率による増加

前記のいずれの場合においても, 当該締約国の貨幣準備又はその貨幣準備の必要性に影響を及ぼしていると思われる特別の要因（その締約国が外国の特別の信用その他の資金を利用することができる場合には, その信用又は資金の適当な使用のための準備の必要性を含む.）について妥当な考慮を払わなければなら

ない.

(b) (a)の規定に基く制限を課している締約国は,(a)に定める状態がその制限を課することを正当とする限度においてのみこれを維持するものとし,その状態が改善されるにしたがってその制限を漸次緩和しなければならない.その締約国は,(a)の規定に基く制限の新設又は維持をもはや正当としないような状態になったときは,その制限を廃止しなければならない.

3 (a) 締約国は,国内政策の実施に当り,自国の国際収支の均衡を健全かつ永続的な基礎の上に維持し,又は回復することの必要性について,及び生産資源の非経済的利用を防止することが望ましいことについて,妥当な考慮を払うことを約束する.締約国は,この目的を達成するため,国際貿易の縮少ではなくその拡大のための措置をできる限り採用することが望ましいことを認める.

(b) この条の規定に基く制限を課している締約国は,一層重要な産品の輸入に優先権を与えるように,産品別又は産品の種類別に輸入に対する制限の範囲を定めることができる.

(c) この条の規定に基く制限を課している締約国は,次のことを約束する.

(i) 他の締約国の商業上又は経済上の利益に対する不必要な損害を避けること.

(ii) いずれかの種類の貨物の商業上の最少限度の数量の輸入でそれを排除すれば正常な交易を阻害することとなるものを不当に妨げるような制限を課さないこと.

(iii) 商業上の見本の輸入を妨げ,又は特許権,商標権若しくは著作権に関する手続若しくは他の類似の手続に従うことを妨げるような制限を課さないこと.

(d) 締約国は,完全かつ生産的な雇用の達成及び維持又は経済資源の開発をめざす国内政策の結果として,いずれかの締約国において,2(a)にいうような貨幣準備に対する脅威をもたらす高水準の輸入需要が生ずることがあることを認める.よって,この条の規定に従っている締約国は,これらの政策を変更すればこの条の規定に基いて自国が課している制限が不必要になるであろうということを理由として制限を撤回し又は修正するように要求されることはない.

第13条（数量制限の無差別適用） 1 締約国は,他の締約国の領域の産品の輸入又は他の締約国の領域に仕向けられる産品の輸出について,すべての第三国の同種の産品の輸入又はすべての第三国に仕向けられる同種の産品の輸出が同様に禁止され,又は制限される場合を除くほか,いかなる禁止又は制限も課してはならない.

2 締約国は,産品に対して輸入制限を課するに当り,その制限がない場合に諸締約国が獲得すると期待される取分にできる限り近づくようにその産品の貿易量を配分することを目標としなければならず,このため次の規定を遵守しなければならない.

(a) 可能なときはいつでも,輸入許可品の総量を表わす割当量（供給国間に割り当てられているかどうかを問わない.）を決定し,かつ,その総量を3(b)の規定に従って公表しなければならない.

(b) 割当量の決定が不可能である場合には,割当量を定めない輸入の許可又は免許によって制限を課することができる.

(c) 締約国は,(d)の規定に従って割り当てられる割当量を実施する場合を除くほか,当該産品を特定の国又は供給源から輸入するために輸入の許可又は免許を利用することを要求してはならない.

(d) 供給国間に割当量を割り当てる場合には,制限を課している締約国は,割当量の割当について,当該産品の供給について実質的な利害関係を有する他のすべての締約国と合意することができる.この方法が事実上実行不可能な場合には,関係締約国は,その産品の供給について実質的な利害関係を有する締約国に対し,その産品の貿易に影響を及ぼしたか又は及ぼしているすべての特別の要因に妥当な考慮を払い,過去の代表的な期間中にその締約国がその産品の輸入の総数量又は総価額に対して供給した割合に基いてその産品の取分を割り当てなければならない.いずれかの締約国が前記の総数量又は総価額のうち自国に割り当てられた取分の全部を使用することを妨げるような条件又は手続は,課してはならない.ただし,輸入が当該割当量に関する所定の期間内に行われることを条件とする.

3 (a) 輸入制限に関連して輸入許可証を発給する場合には,制限を課している締約国は,当該産品の貿易について利害関係を有する締約国の要請があったときは,その制限の実施,最近の期間について与えられた輸入許可及び供給国間におけるその許可証の配分に関するすべての関係情報を提供しなければならない.ただし,輸入又は供給を行なう企業の名称に関する情報を提供する義務を負わない.

(b) 輸入制限が割当量の決定を伴う場合には，制限を課している締約国は，将来の特定の期間中に輸入することを許可する産品の総数量又は総価額及びその総数量又は総価額の変更を公表しなければならない．公表が行われた時に輸送の途中にあった当該産品の輸入は，拒否してはならない．ただし，実行可能な場合には，当該期間中に輸入することを許可する数量からこれを差し引いて計算することができ，また，必要な場合には，その次の1又は2以上の期間中に輸入することを許可する数量からこれを差し引いて計算することもできる．さらに，締約国が，前記の公表の日の後30日の期間内に消費のため輸入され，又は消費のため保税倉庫から引き取られる産品について，慣習的に前記の制限を免除するときは，その慣習は，この(b)の規定に完全に合致するものと認める．

(c) 供給国間に割当量を割り当てる場合には，制限を課している締約国は，その時に供給国間に割り当てた割当量の取分の数量又は価額を当該産品の供給について利害関係を有する他のすべての締約国に直ちに通報しなければならず，かつ，これを公表しなければならない．

4　2(d)の規定又は第11条2(c)の規定に基いて課せられる制限に関し，産品に関する代表的な期間の選定及び産品の貿易に影響を及ぼしている特別の要因の評価は，当該制限を課している締約国が最初に行わなければならない．ただし，その締約国は，その産品の供給について実質的な利害関係を有する他の締約国又は締約国団の要請を受けたときは，決定した割当若しくは選定した基準期間の調整の必要について，関係のある特別の要因の再評価の必要について，又は適当な割当量の割当若しくはその割当の無制限使用に関して一方的に設定した条件，手続その他の規定の廃止の必要について，当該他の締約国又は締約国団と直ちに協議しなければならない．

5　この条の規定は，締約国が設定し，又は維持する関税割当に適用するものとし，この条の原則は，できる限り輸出制限にも適用するものとする．

第14条（無差別待遇の原則の例外） 1　第12条又は第18条Bの規定に基く制限を課する締約国は，その制限を課するに当り，国際通貨基金協定第8条若しくは第14条の規定に基き又はこの協定の第15条6の規定により締結した特別為替取極の類似の規定に基き当該時にその締約国が経常的国際取引のための支払及び資金移動について課することができる a
制限と等しい効果を有するような方法で，第13条の規定から逸脱することができる．

2　第12条又は第18条Bの規定に基く輸入制限を課している締約国は，自国の対外貿易の一小部分に関し，関係締約国の受ける利益が他 b
の締約国の貿易に与える損害より実質的に大きいときは，締約国団の同意を得て，一時的に第13条の規定から逸脱することができる．

3　第13条の規定は，国際通貨基金において共同の割当額をもつ一群の地域が，相互間の輸 c
入にではなく他国からの輸入に対し，第12条又は第18条Bの規定に従って制限を課することを妨げるものではない．ただし，その制限は，他のすべての点で第13条の規定に合致するものでなければならない． d

4　第12条又は第18条Bの規定に基く輸入制限を課している締約国は，第13条の規定から逸脱しないで使用しうる通貨の獲得を増加するように自国の輸出を導く措置を実施することを，この協定の第11条から第15条まで e
の規定又は第18条Bの規定によって，妨げられることはない．

5　締約国は，次のいずれかの数量制限を課することを，この協定の第11条から第15条までの規定又は第18条Bの規定によって，妨げ f
られることはない．

(a) 国際通貨基金協定第7条第3項(b)の規定に基づいて許可された為替制限と等しい効果を有する数量制限

(b) この協定の附属書Aに定める交渉が成立 g
するまでの間，同附属書に定める特恵取極に基く数量制限

第16条（補助金）

A　補助金一般

1　締約国は，補助金（なんらかの形式による h
所得又は価格の支持を含む．）で，直接又は間接に自国の領域からの産品の輸出を増加させ又は自国の領域への産品の輸入を減少させるものを許与し，又は維持するときは，当該補助金の交付の範囲及び性格について，自国の領域 i
に輸入され又は自国の領域から輸出される産品の数量に対して当該補助金の交付が及ぼすと推定される効果について，並びにその補助金の交付を必要とする事情について，書面により締約国団に通告しなければならない．その補助 j
金が他の締約国の利益に重大な損害を与え，又は与えるおそれがあると決定された場合には，補助金を許与している締約国は，要請を受けたときは，その補助金を制限する可能性について他の関係締約国又は締約国団と討議しな k

ければならない.

B 輸出補助金に関する追加規定

2 締約国団は，締約国によるいずれかの産品に対する輸出補助金の許与が，他の輸入締約国及び輸出締約国に有害な影響を与え，それらの締約国の通常の商業上の利益に不当な障害をもたらし，及びこの協定の目的の達成を阻害することがあることを認める.

3 よって，締約国は，一次産品の輸出補助金の許与を避けるように努めなければならない.ただし，締約国が自国の領域からの一次産品の輸出を増加するようないずれかの形式の補助金を直接又は間接に許与するときは，その補助金は，過去の代表的な期間における当該産品の世界輸出貿易におけるその締約国の取分及びこのような貿易に影響を与えたか又は与えていると思われる特別の要因を考慮して，当該産品の世界輸出貿易における当該締約国の衡平な取分をこえて拡大するような方法で与えてはならない.

4 さらに，締約国は，1958年1月1日に，又はその後のできる限り早い日に，一次産品以外の産品の輸出に対し，国内市場の買手が負担する同種の産品の比較可能な価格より低い価格で当該産品を輸出のため販売することとなるようないかなる形式の補助金も，直接であると間接であるとを問わず，許与することを終止するものとする.締約国は，1957年12月31日までの間，補助金の交付の範囲を，補助金を新設することにより，又は現行の補助金を拡大することにより，1955年1月1日現在の補助金の交付の範囲をこえて拡大してはならない.

5 締約国団は，この条の規定が，この協定の目的の助長に対し，及び締約国の貿易又は利益に著しく有害な補助金の交付の防止に対し，有効であるかどうかを実際の経験に照らして審査するため，その規定の運用を随時検討しなければならない.

第17条（国家貿易企業） 1 (a) 各締約国は，所在地のいかんを問わず国家企業を設立し，若しくは維持し，又はいずれかの企業に対して排他的な若しくは特別の特権を正式に若しくは事実上許与するときは，その企業を，輸入又は輸出のいずれかを伴う購入又は販売に際し，民間貿易業者が行う輸入又は輸出についての政府の措置に関してこの協定に定める無差別待遇の一般原則に合致する方法で行動させることを約束する.

(b) (a)の規定は，前記の企業が，この協定の他の規定に妥当な考慮を払った上で，商業的考慮（価格，品質，入手の可能性，市場性，輸送等の購入又は販売の条件に対する考慮をいう.）のみに従って前記の購入又は販売を行い，かつ，他の締約国の企業に対し，通常の商慣習に従って前記の購入又は販売に参加するために競争する適当な機会を与えることを要求するものと了解される.

(c) 締約国は，自国の管轄権の下にある企業（(a)に定める企業であるかどうかを問わない.）が(a)及び(b)の原則に従って行動することを妨げてはならない.

2 1の規定は，再販売するため又は販売のための貨物の生産に使用するための産品ではなく政府が直接に又は最終的に消費するための産品の輸入には，適用しない.その輸入については，各締約国は，他の締約国の貿易に対して公正かつ衡平な待遇を許与しなければならない.

3 締約国は，1(a)に定める種類の企業の運営が貿易に著しい障害を与えることがあること，よって，その障害を制限し，又は減少するための相互的かつ互恵的な基礎における交渉が国際貿易の拡大のため重要であることを認める.

4 (a) 締約国は，1(a)に定める種類の企業により自国の領域に輸入され，又はそこから輸出される産品を締約国団に通告しなければならない.

(b) 第2条の規定に基く譲許の対象とならない産品について輸入独占を設定し，維持し，又はその特権を与える締約国は，当該産品について実質的数量の貿易を行う他のいずれかの締約国の要請を受けたときは，最近の代表的な期間における当該産品の輸入差益を締約国団に通報しなければならず，その通報を行うことが不可能なときは，当該産品の再販売に当り課せられる価格を通報しなければならない.

(c) 締約国団は，この協定に基く自国の利益が1(a)に定める種類の企業の運営により悪影響を受けていると信ずべき根拠を有する締約国から要請を受けたときは，その企業を設立し，維持し，又はこれに特権を与えている締約国に対し，その企業の運営に関する情報でこの協定の規定の実施に関連のあるものを提供するように要請することができる.

(d) この4の規定は，締約国に対し，法令の実施を妨げ，公共の利益に反し，又は特定の企業の正当な商業上の利益を害することとなるような秘密の情報の提供を要求するものではない.

第18条（経済開発に対する政府の援助） 1

締約国は，この協定の目的の達成が，締約国，特に，経済が低生活水準を維持することができるにすぎず，かつ，開発の初期の段階にある締約国の経済の漸進的開発により容易にされることを認める．

2　締約国は，さらに，これらの締約国が，その国民の一般的生活水準を引き上げるための経済開発の計画及び政策を実施するため，輸入に影響する保護措置その他の措置を必要とする場合があること並びにそれらの措置が，この協定の目的の達成を容易にする限り，正当とされることを認める．よって，締約国は，前記の締約国が，(a)特定の産業の確立のため必要な関税上の保護を与えることができるように，自国の関税構造に十分な弾力性を維持すること及び(b)自国の経済開発計画の実施により予想される継続的な高度の輸入需要を十分に考慮して国際収支のための数量制限を課することを可能ならしめる追加的便益を享有することに同意する．

3　締約国は，最後に，A 及び B に定める追加的便益が与えられれば，この協定の規定が締約国にとつてその経済開発の要件を満たすために通常十分であることを認める．もっとも，締約国は，経済開発の過程にある締約国がその国民の一般的生活水準の引上げの意図をもってする特定の産業の確立を促進するため必要な政府援助を許与するためには，A 及び B の規定に合致するいかなる措置も実際上執りえないような事態が存在するかもしれないことに同意する．このような事態に対処するため，C 及び D に特別の手続を定める．

4 (a) よって，経済が低生活水準を維持することができるにすぎず，かつ，開発の初期の段階にある締約国は，A，B 及び C に定めるとおり，この協定の他の条項の規定から一時的に逸脱することができるものとする．

(b) 経済が開発の過程にあるが(a)の規定の範囲内にはいらない締約国は，締約国団に対し，D の規定に基く申請を行うことができる．

5　締約国は，経済が 4 (a)及び(b)にいう形態をそなえ，かつ，少数の一次産品の輸出に依存する締約国の輸出収入が，その産品の販売の低下により，著しく減少することがあることを認める．よって，このような締約国は，自国の一次産品の輸出が他の締約国の執った措置により著しい影響を受けるときは，この協定の第 22 条の協議規定を援用することができる．

6　締約国団は，毎年，C 及び D の規定に従って執られるすべての措置を審査しなければならない．

第 19 条（特定の産品の輸入に対する緊急措置）

1 (a) 締約国は，事情の予見されなかった発展の結果及び自国がこの協定に基いて負う義務（関税譲許を含む．）の効果により，産品が，自国の領域内における同種の産品又は直接的競争産品の国内生産者に重大な損害を与え又は与えるおそれがあるような増加した数量で，及びそのような条件で，自国の領域内に輸入されているときは，その産品について，前記の損害を防止し又は救済するために必要な限度及び期間において，その義務の全部若しくは一部を停止し，又はその譲許を撤回し，若しくは修正することができる．

(b) 特恵譲許の対象となっている産品が締約国の領域内に(a)に定める事情の下に輸入され，その結果，その特恵を受けているか又は受けていた他の締約国の領域内における同種の産品又は直接的競争産品の国内生産者に重大な損害を与え又は与えるおそれがある場合において，当該他の締約国の要請を受けたときは，輸入締約国は，当該産品について，前記の損害を防止し又は救済するために必要な限度及び期間において，該当の義務の全部若しくは一部を停止し，又は譲許を撤回し，若しくは修正することができる．

2　締約国は，1 の規定に従って措置を執るに先だち，提案する措置についてできる限り早目に書面により締約国団に通告しなければならず，また，自国と協議する機会を，締約国団及び当該産品の輸出国として実質的に利害関係を有する締約国に与えなければならない．特恵譲許について前記の通告を行うときは，その通告には，その措置を要請した締約国の名を掲げなければならない．遅延すれば回復しがたい損害を生ずるような急迫した事態においては，1 の規定に基く措置は，事前の協議を行うことなく暫定的に執ることができる．ただし，その措置を執った後直ちに協議を行うことを条件とする．

3 (a) 前記の措置について関係締約国間に合意が成立しなかった場合にも，締約国は，希望するときは，その措置を執り，又は継続することができる．また，その措置が執られ，又は継続されるときは，それによって影響を受ける締約国は，その措置が執られた後 90 日以内に，かつ，締約国団が停止の通告書を受領した日から 30 日の期間が経過した時に，その措置を執っている締約国の貿易に対し，又は 1 (b)に定める場合にはその措置を要請している締約国の貿易に対し，この協定に基く実質的に等価値の譲許その他の義務で締約国団が否認しないものの適用を停止することができる.

(b) (a)の規定にかかわらず，締約国は，事前の協議を行うことなく2の規定に基いて措置が執られ，かつ，その措置がその影響を受ける産品の国内生産者に対して自国の領域内において重大な損害を与え又は与えるおそれがある場合において，遅延すれば回復しがたい損害を生ずるおそれがあるときは，その措置が執られると同時に，及び協議の期間を通じて，損害を防止し又は救済するために必要な譲許その他の義務を停止することができる.

第20条（一般的例外） この協定の規定は，締約国が次のいずれかの措置を採用すること又は実施することを妨げるものと解してはならない．ただし，それらの措置を，同様の条件の下にある諸国の間において任意の若しくは正当と認められない差別待遇の手段となるような方法で，又は国際貿易の偽装された制限となるような方法で，適用しないことを条件とする.

(a) 公徳の保護のために必要な措置

(b) 人，動物又は植物の生命又は健康の保護のために必要な措置

(c) 金又は銀の輸入又は輸出に関する措置

(d) この協定の規定に反しない法令（税関行政に関する法令，第2条4及び第17条の規定に基いて運営される独占の実施に関する法令，特許権，商標権及び著作権の保護に関する法令並びに詐欺的慣行の防止に関する法令を含む.）の遵守を確保するために必要な措置

(e) 刑務所労働の産品に関する措置

(f) 美術的，歴史的又は考古学的価値のある国宝の保護のために執られる措置

(g) 有限天然資源の保存に関する措置．ただし，この措置が国内の生産又は消費に対する制限と関連して実施される場合に限る.

(h) 締約国団に提出されて否認されなかった基準に合致する政府間商品協定又は締約国団に提出されて否認されなかった政府間商品協定のいずれかに基く義務に従つて執られる措置

(i) 国内原料の価格が政府の安定計画の一部として国際価格より低位に保たれている期間中，国内の加工業に対してその原料の不可欠の数量を確保するために必要な国内原料の輸出に制限を課する措置．ただし，この制限は，国内産業の産品の輸出を増加するように，又は国内産業に与えられる保護を増大するように運用してはならず，また，無差別待遇に関するこの協定の規定から逸脱してはならない.

(j) 一般的に又は地方的に供給が不足している産品の獲得又は分配のために不可欠の措置．ただし，このような措置は，すべての締約国が当該産品の国際的供給について衡平な取分を受ける権利を有するという原則に合致するものでなければならず，また，この協定の他の規定に反するこのような措置は，それを生ぜしめた条件が存在しなくなったときは，直ちに終止しなければならない．締約国団は，1960年6月30日以前に，この(j)の規定の必要性について検討しなければならない.

第21条（安全保障のための例外） この協定のいかなる規定も，次のいずれかのことを定めるものと解してはならない.

(a) 締約国に対し，発表すれば自国の安全保障上の重大な利益に反するとその締約国が認める情報の提供を要求すること.

(b) 締約国が自国の安全保障上の重大な利益の保護のために必要であると認める次のいずれかの措置を執ることを妨げること.

(i) 核分裂性物質又はその生産原料である物質に関する措置

(ii) 武器，弾薬及び軍需品の取引並びに軍事施設に供給するため直接又は間接に行なわれるその他の貨物及び原料の取引に関する措置

(iii) 戦時その他の国際関係の緊急時に執る措置

(c) 締約国が国際の平和及び安全の維持のため国際連合憲章に基く義務に従う措置を執ることを妨げること.

第22条（協議） **1** 各締約国は，この協定の運用に関して他の締約国が行う申立に対し好意的な考慮を払い，かつ，その申立に関する協議のため適当な機会を与えなければならない.

2 締約国団は，いずれかの締約国の要請を受けたときは，前項の規定に基く協議により満足しうる解決が得られなかった事項について，いずれかの1又は2以上の締約国と協議することができる.

第23条（無効化又は侵害） **1** 締約国は，(a)他の締約国がこの協定に基く義務の履行を怠った結果として，(b)他の締約国が，この協定の規定に抵触するかどうかを問わず，なんらかの措置を適用した結果として，又は(c)その他のなんらかの状態が存在する結果として，この協定に基き直接若しくは間接に自国に与えられた利益が無効にされ，若しくは侵害され，又はこの

協定の目的の達成が妨げられていると認めるときは，その問題について満足しうる調整を行うため，関係があると認める他の締約国に対して書面により申立又は提案をすることができる．この申立又は提案を受けた締約国は，その申立又は提案に対して好意的な考慮を払わなければならない．

2　妥当な期間内に関係締約国間に満足しうる調整が行われなかったとき，又は困難が前項(c)に掲げるものに該当するときは，その問題を締約国団に付託することができる．締約国団は，このようにして付託された問題を直ちに調査し，かつ，関係があると認める締約国に対して適当な勧告を行い，又はその問題について適当に決定を行わなければならない．締約国団は，必要と認めるときは，締約国，国際連合経済社会理事会及び適当な政府間機関と協議することができる．締約国団は，事態が重大であるためそのような措置が正当とされると認めるときは，締約国に対し，この協定に基く譲許その他の義務でその事態にかんがみて適当であると決定するものの他の締約国に対する適用の停止を許可することができる．当該他の締約国に対するいずれかの譲許その他の義務の適用が実際に停止されたときは，その締約国は，停止の措置が執られた後60日以内に，この協定から脱退する意思を書面により締約国団の書記局長に通告することができ，この脱退は，同書記局長がその脱退通告書を受領した日の後60日目に効力を生ずる．

第3部

第24条（適用地域―国境貿易―関税同盟及び自由貿易地域）　1　この協定の規定は，締約国の本土関税地域及び第26条の規定に基いてこの協定が受諾され，又は第33条の規定に基いて若しくは暫定的適用に関する議定書に従ってこの協定が適用されている他の関税地域に適用する．これらの関税地域は，この協定の適用地域に関する場合に限り，それぞれ一締約国として取り扱うものとする．ただし，この項の規定は，単一の締約国が第26条の規定に基いてこの協定を受諾しており，又は第33条の規定に基いて若しくは暫定的適用に関する議定書に従ってこの協定を適用している2以上の関税地域の間になんらかの権利又は義務を発生させるものと解してはならない．

2　この協定の適用上，関税地域とは，当該地域とその他の地域との間の貿易の実質的な部分に対して独立の関税その他の通商規則を維持している地域をいう．

3　この協定の規定は，次のものを妨げるものと解してはならない．

(a) 締約国が国境貿易を容易にするため隣接国に与える利益

(b) トリエステ自由地域の隣接国が同地域との貿易に与える利益．ただし，その利益が第2次世界戦争の結果締結された平和条約に抵触しないことを条件とする．

4　締約国は，任意の協定により，その協定の当事国間の経済の一層密接な統合を発展させて貿易の自由を増大することが望ましいことを認める．締約国は，また，関税同盟又は自由貿易地域の目的が，その構成領域間の貿易を容易にすることにあり，そのような領域と他の締約国との間の貿易に対する障害を引き上げることにはないことを認める．

5　よって，この協定の規定は，締約国の領域の間で，関税同盟を組織し，若しくは自由貿易地域を設定し，又は関税同盟の組織若しくは自由貿易地域の設定のために必要な中間協定を締結することを妨げるものではない．ただし，次のことを条件とする．

(a) 関税同盟又は関税同盟の組織のための中間協定に関しては，当該関税同盟の創設又は当該中間協定の締結の時にその同盟の構成国又はその協定の当事国でない締約国との貿易に適用される関税その他の通商規則は，全体として，当該関税同盟の組織又は当該中間協定の締結の前にその構成地域において適用されていた関税の全般的な水準及び通商規則よりそれぞれ高度なものであるか又は制限的なものであってはならない．

(b) 自由貿易地域又は自由貿易地域の設定のための中間協定に関しては，各構成地域において維持されている関税その他の通商規則で，その自由貿易地域の設定若しくはその中間協定の締結の時に，当該地域に含まれない締約国又は当該協定の当事国でない締約国の貿易に適用されるものは，自由貿易地域の設定又は中間協定の締結の前にそれらの構成地域に存在していた該当の関税その他の通商規則よりそれぞれ高度なものであるか又は制限的なものであってはならない．

(c) (a)及び(b)に掲げる中間協定は，妥当な期間内に関税同盟を組織し，又は自由貿易地域を設定するための計画及び日程を含むものでなければならない．

6　5(a)の要件を満たすに当り，締約国が第2条の規定に反して税率を引き上げることを提案したときは，第28条に定める手続を適用する．補償的調整を決定するに当っては，関税同盟の他の構成国の対応する関税の引下げによってすでに与えられた補償に対して妥当な考慮を払わなければならない．

7 (a) 関税同盟若しくは自由貿易地域又は関税同盟の組織のため若しくは自由貿易地域の設定のために締結される中間協定に参加することを決定する締約国は，その旨を直ちに締約国団に通告し，かつ，締約国団が適当と認める報告及び勧告を締約国に対して行うことができるようにその関税同盟又は自由貿易地域に関する情報を締約国団に提供しなければならない．

(b) 締約国団は，5に掲げる中間協定に含まれる計画及び日程をその中間協定の当事国と協議して検討し，かつ，(a)の規定に従って提供された情報に妥当な考慮を払った後，その協定の当事国の意図する期間内に関税同盟が組織され若しくは自由貿易地域が設定される見込がないか又はその期間が妥当でないと認めたときは，その協定の当事国に対して勧告を行わなければならない．当事国は，その勧告に従ってその中間協定を修正する用意がないときは，それを維持し，又は実施してはならない．

(c) 5(c)に掲げる計画又は日程の実質的な変更は，締約国団に通報しなければならない．締約国団は，その変更が関税同盟の組織又は自由貿易地域の設定を危くし，又は不当に遅延させるものであると認めるときは，関係締約国に対し，締約国団と協議するように要請することができる．

8 この協定の適用上，

(a) 関税同盟とは，次のことのために単一の関税地域をもって2以上の関税地域に替えるものをいう．

(i) 関税その他の制限的通商規則（第11条，第12条，第13条，第14条，第15条及び第20条の規定に基いて認められるもので必要とされるものを除く．）を同盟の構成地域間の実質上のすべての貿易について，又は少くともそれらの地域の原産の産品の実質上のすべての貿易について，廃止すること．

(ii) 9の規定に従うことを条件として，同盟の各構成国が，実質的に同一の関税その他の通商規則をその同盟に含まれない地域の貿易に適用すること．

(b) 自由貿易地域とは，関税その他の制限的通商規則（第11条，第12条，第13条，第14条，第15条及び第20条の規定に基いて認められるもので必要とされるものを除く．）がその構成地域の原産の産品の構成地域間における実質上のすべての貿易について廃止されている2以上の関税地域の集団をいう．

9 第1条2に掲げる特恵は，関税同盟の組織又は自由貿易地域の設定によって影響を受けるものではないが，これによって影響を受ける締約国との交渉によって廃止し，又は調整することができる．影響を受ける締約国とのこの交渉の手続は，特に，8(a)(i)及び(b)の規定に合致するために必要とされる特恵の廃止に適用するものとする．

10 締約国団は，5から9までに定める要件に完全には合致しない提案を3分の2の多数によって承認することができる．ただし，その提案は，この条の規定の意味における関税同盟の組織又は自由貿易地域の設定のためのものでなければならない．

11 締約国は，インド及びパキスタンの独立国としての確立の結果生ずる例外的な事態を考慮し，かつ，両国が長期にわたって単一の経済単位を構成してきたことを認めるので，両国間の貿易関係が確定的な基礎の上に確立されるまでの間は，この協定の規定が，両国間の貿易に関する両国間の特別の取極の締結を妨げるものではないことに同意する．

12 各締約国は，自国の領域内の地域的な及び地方的な政府及び機関によるこの協定の規定の遵守を確保するため，執ることができる妥当な措置を講ずるものとする．

第27条（譲許の停止又は撤回） 締約国は，この協定に附属する該当の譲許表に定める譲許で，締約国とならなかった政府又は締約国でなくなった政府と直接に交渉した譲許であると決定するものについては，いつでもその全部又は一部を停止し，又は撤回することができる．この措置を執る締約国は，その旨を締約国団に通告しなければならず，また，要請を受けたときは，当該産品について実質的な利害関係を有する締約国と協議しなければならない．

第28条（譲許表の修正） 1 締約国（以下この条において「申請締約国」という．）は，この協定に附属する該当の譲許表に含まれる譲許を，その譲許について直接に交渉した締約国及び主要供給国としての利害関係を有すると締約国団により決定された他の締約国（これらの2種類の締約国は，申請締約国とともに，以下この条において「主要関係締約国」という．）と交渉し，かつ，合意することにより，及びその譲許について実質的な利害関係を有すると締約国団が決定する他の締約国と協議することを条件として，1958年1月1日から始まる各

3年の期間の最初の日（又は締約国団が投票の3分の2の多数決により定めるその他の期間の最初の日）に，修正し，又は撤回することができる．

2　前記の交渉及び合意（他の産品に関する補償的調整の規定を含むことができる．）において，関係締約国は，その交渉前におけるこの協定に定められた水準より貿易にとって不利でない相互的かつ互恵的な譲許の一般的水準を維持するように努めなければならない．

3 (a) 1958年1月1日前に，又は1にいう期間の満了前に，主要関係締約国の間に合意が成立しなかった場合においても，前記の譲許の修正又は撤回を申し出る締約国は，その修正又は撤回を行うことができ，この措置が執られた場合には，その譲許について直接に交渉した締約国，1の規定に基き主要供給国としての利害関係を有すると決定された締約国及び1の規定に基き実質的な利害関係を有すると決定された締約国は，申請締約国と直接に交渉した譲許のうちその措置と実質的に等価値の譲許の撤回を行なうことができる．ただし，その措置が執られた後6箇月以内に，その撤回について，締約国団が30日の事前の通告書を受領していることを条件とする．

(b) 主要関係締約国の間に合意が成立した場合において，1の規定に基き実質的な利害関係を有すると決定された他の締約国がそれに満足しないときは，当該他の締約国は，申請締約国と直接に交渉した譲許のうち実質的に等価値の譲許の撤回を行うことができる．ただし，前記の合意に基く措置が執られた後6箇月以内に，その撤回について，締約国団が30日の事前の通告書を受領していることを条件とする．

4　締約国団は，特別の事情があるときはいつでも，次の手続及び条件に従うことを条件として，締約国が，この協定に附属する該当の譲許表に含まれる譲許の修正又は撤回のための交渉を開始することを承認することができる．

(a) この交渉及びそれに関連する協議は，1及び2の規定に従って行わなければならない．

(b) 交渉において主要関係締約国の間に合意が成立したときは，3(b)の規定が適用される．

(c) 交渉を開始することが承認された日の後60日の期間内に又は締約国団が定めるそれより長い期間内に主要関係締約国の間に合意が成立しなかったときは，申請締約国は，その問題を締約国団に付託することができる．

(d) 締約国団は，前記の問題を付託されたときは，直ちにその問題を審査し，かつ，解決を得るために締約国団の見解を主要関係締約国に提示しなければならない．解決が得られたときは，主要関係締約国の間に合意が成立した場合と同様に，3(b)の規定が適用される．主要関係締約国の間で解決が得られなかったときは，申請締約国は，適当な補償を提案しなかったことが不当であると締約国団により決定されない限り，当該譲許を修正し，又は撤回することができる．この措置が執られたときは，その譲許について直接に交渉した締約国，(a)の規定に基き主要供給国としての利害関係を有すると決定された締約国及び(a)の規定に基き実質的な利害関係を有すると決定された締約国は，申請締約国と直接に交渉した譲許のうちその措置と実質的に等価値の譲許の修正又は撤回を行うことができる．ただし，その措置が執られた後6箇月以内に，その修正又は撤回について，締約国団が30日の事前の通告書を受領していることを条件とする．

5　締約国は，締約国団に通告することにより，1958年1月1日前に，又は1にいう期間の満了前に，該当の譲許表を，次の期間中，1から3までに定める手続に従つて修正する権利を留保することができる．いずれかの締約国がこの権利を留保するときは，他の締約国は，当該期間中，その締約国と直接に交渉した譲許を，同一の手続に従つて修正し，又は撤回する権利を有する．

第28条の2（関税交渉） **1** 締約国は，関税がしばしば貿易に対する著しい障害となること，したがって，関税その他輸入及び輸出に関する課徴金の一般的水準の実質的な引下げ，特に，最少限度の数量の輸入をも阻害するような高関税の引下げをめざし，かつ，この協定の目的及び各締約国の異なる必要に妥当な考慮を払って行われる相互的かつ互恵的な交渉が国際貿易の拡大のためきわめて重要であることを認める．よって，締約国団は，このような交渉を随時主催することができる．

2 (a) この条の規定に基く交渉は，個個の産品について，又は関係締約国が受諾する多角的手続を適用して，行うことができる．この交渉は，関税の引下げ，関税の現行水準におけるすえ置又は個個の関税若しくは特定の部類の産品に対する平均関税が特定の水準をこえてはならないという約束を目的とすることができる．低関税又は無税のすえ置は，原則として，高関税の引下げと等価値の譲許とみなされる.

(b) 締約国は，多角的交渉の成功が，相互間で行う貿易が自国の対外貿易の相当の部分を占めるすべての締約国の参加に依存するものであることを認める.

3　交渉は，次のことを十分に考慮して行わなければならない.

(a) 各締約国及び各産業の必要

(b) 低開発国がその経済開発を助長するため関税による保護を一層弾力的に利用することの必要及びこれらの国が歳入上の目的で関税を維持することの特別の必要

(c) その他関連のあるすべての事情（関係締約国の財政上，開発上，戦略上その他の必要を含む.）

第4部　貿易及び開発

第36条（原則及び目的） 1　締約国は，

(a) この協定の基本的な目的がすべての締約国の生活水準の引上げ及び経済の漸進的開発を含むことを想起し，また，この目的の達成が低開発締約国にとって特に緊急なものであることを考慮し，

(b) 低開発締約国の輸出収入がこれらの締約国の経済開発において決定的な役割を果たすことができること並びにこの寄与の程度が低開発締約国により不可欠な輸入に対して支払われる価格，これらの締約国の輸出の数量及びこれらの輸出に対して支払われる価格にかかつていることを考慮し，

(c) 低開発国における生活水準と他の国における生活水準との間に大きい格差があることに留意し，

(d) 低開発締約国の経済開発を促進し，かつ，これらの国における生活水準の急速な引上げをもたらすため，個別行動及び共同行動が不可欠であることを認め，

(e) 経済的及び社会的な発展を達成する手段としての国際貿易が，この条に定める目的に合致する規則及び手続並びにそのような規則及び手続に適合する措置によって規律されるべきであることを認め，

(f) 低開発締約国がその貿易及び開発を促進するための特別の措置を執ることを締約国団が認めることができることに留意して，

次のとおり協定する.

2　低開発締約国の輸出収入の急速かつ持続的な増大が，必要である.

3　成長する国際貿易において低開発締約国がその経済開発上の必要に相応した取分を占めることを確保することを意図した積極的な努力が，必要である.

4　多くの低開発締約国が限られた範囲の一次産品の輸出に引き続き依存しているので，これらの産品の世界市場への進出のための一層有利な条件であつて受諾可能なものを可能な最大限度において設けることが必要であり，また，適当な場合にはいつでも，経済開発のための一層多くの資源をこれらの国に提供するために世界の貿易及び需要の拡大並びにこれらの国の実質的な輸出収入の不断のかつ着実な増大を可能にするように，これらの産品についての世界市場の条件の安定及び改善を意図した措置（特に，価格を安定した，衡平な，かつ，採算のとれるものにすることを意図した措置を含む.）を講ずることが必要である.

5　低開発締約国の経済の急速な拡大は，その経済構造の多様化及び一次産品の輸出に対する過度の依存の回避によって容易にされる. したがって，低開発締約国が輸出について特別の関心を現に有し又は将来有することがある加工品及び製品の有利な条件による市場への進出を可能な最大限度において増進することが，必要である.

6　低開発締約国における輸出収入その他の外国為替収入の慢性的な不足のため，貿易と開発のための資金上の援助との間には，重要な相互関係がある. したがって，締約国団及び国際的な融資機関が，これらの低開発締約国によるその経済開発のための負担を軽減するために最も効果的に貢献することができるように，緊密かつ継続的な協力を行なうことが，必要である.

7　締約国団並びに低開発国の貿易及び経済開発に関連がある活動を行なっている他の政府間機関及び国際連合の諸機関が適切な協力を行なうことが，必要である.

8　先進締約国は，貿易交渉において行なった関税その他低開発締約国の貿易に対する障害の軽減又は廃止に関する約束について相互主義を期待しない.

9　これらの原則及び目的を具体化するための措置を執ることは，締約国が個個に，及び共同して，目的意識をもって努力すべき問題である.

81 経済協力開発機構条約（OECD）（抄）

〔署名〕1960年12月14日，パリ
〔効力発生〕1961年9月30日／〔日本国〕1964年4月28日

第1条〔目的〕 経済協力開発機構（以下「機構」

という.）の目的は, 次のことを意図した政策を推進することにある.

(a) 加盟国において, 財政金融上の安定を維持しつつ, できる限り高度の経済成長及び雇用並びに生活水準の向上を達成し, もって世界の経済の発展に貢献すること.

(b) 経済的発展の途上にある加盟国及び非加盟国の経済の健全な拡大に貢献すること.

(c) 国際的義務に従って, 世界の貿易の多角的かつ無差別的な拡大に貢献すること.

第2条〔約束〕 加盟国は, 第1条の諸目的を達成するため, 次のことに同意する.

(a) 個個に, 及び共同して, 自国の経済的資源の効果的利用を促進すること.

(b) 科学及び技術の分野において, 個個に, 及び共同して, 自国の資源の開発を促進し, 研究を奨励し, かつ, 職業訓練を促進すること.

(c) 経済の成長並びに国内的及び対外的な財政金融上の安定を達成し, かつ, 自国又は他国の経済を危うくするおそれがある事態を回避することを意図した政策を, 個個に, 及び共同して実施すること.

(d) 貨物及び役務の交換並びに経常的支払に対する障害を軽減し又は除去し, かつ, 資本移動の自由化を維持拡大するための努力を, 個個に, 及び共同して続けること.

(e) 技術援助の受入れ及び輸出市場の拡大が経済的発展の途上にある加盟国及び非加盟国の経済にとって重要であることを考慮して, 適当な方法により, 特に, これらの国への資本の導入により, 個個に, 及び共同して, これらの国の経済的発展に貢献すること.

第3条〔行動〕 加盟国は, 第1条の諸目的を達成し, かつ, 第2条の約束を履行するため, 次のことに同意する.

(a) 相互の間で常に情報を交換し, また, 機構に対し, その任務の遂行に必要な情報を提供すること.

(b) 継続的に協議を行ない, 研究を行ない, また, 合意された計画に参加すること.

(c) 緊密に協力し, 適当な場合には協調した行動をとること.

第5条〔決定, 勧告, 協定〕 機構は, その目的を達成するため, 次のことを行なうことができる.

(a) 別段の規定がある場合を除きすべての加盟国を拘束する決定

(b) 加盟国に対する勧告

(c) 加盟国, 非加盟国又は国際機関との協定の締結

第6条〔議決〕 1　決定及び勧告は, 機構が特別の場合につき全会一致で別段の定めをしない限り, すべての加盟国の間の合意によって行なわれる.

2　各加盟国は, 1個の投票権を有する. いずれかの加盟国が決定又は勧告について棄権した場合には, その棄権は, 当該決定又は勧告の成立を妨げるものではなく, 当該決定又は勧告は, 棄権した加盟国以外の加盟国に適用される.

3　いかなる決定も, いずれかの加盟国がその憲法上の手続の要件を満たすまでは, 当該加盟国を拘束しない. その他の加盟国は, 当該決定が相互の間で暫定的に適用されることを合意することができる.

第7条〔理事会の地位〕 すべての加盟国で構成する理事会をもってすべての機構の文書の源である機関とする. 理事会の会議は, 大臣の会議又は常駐代表の会議とする.

第8条〔議長, 副議長〕 理事会は, 毎年, 大臣会議を主宰する議長1人及び副議長2人を指名する. 議長は, 最初の任期に続く1年について重ねて指名されることができる.

第9条〔執行委員会, 補助機関〕 理事会は, 執行委員会及び機構の目的を達成するため必要な補助機関を設置することができる.

第10条〔事務総長〕 1　理事会は, 理事会に対して責任を有する事務総長1人を5年の任期で任命する. 事務総長は, その勧告に従って理事会が任命する1人又は2人以上の事務次長又は事務総長補佐によって補佐される.

2　事務総長は, 常駐代表会議である場合の理事会の会議を主宰する. 事務総長は, すべての適当な方法で理事会を補佐するものとし, また, 理事会その他の機構の機関に対して提案を行なうことができる.

82 日欧EPA（抄）

経済上の連携に関する日本国と欧州連合との間の協定
〔署名〕2018年7月17日, 東京
〔効力発生〕2018年12月27日／〔日本国〕同左

前　文

日本国及び欧州連合（以下「締約国」という.）は,

共通の原則及び価値観に基づく両締約国間の多年にわたる強固な連携並びに両締約国間の重要な経済, 貿易及び投資の関係を意識し,

各締約国の産業界, 特に中小企業のニーズ並びに高い水準の環境及び労働に関する保護で

あって，国際的に認められた関連する基準及び両締約国が締結している国際協定を通じたものの必要性に留意しつつ，経済面，社会面及び環境面での持続可能な開発という目的に従って両締約国間の経済，貿易及び投資の関係を強化すること並びに両締約国間の貿易及び投資を促進することの重要性を認識し，

この協定が高い水準の消費者の保護及び経済的福祉を確保する政策を通じて消費者の福祉を向上させることに寄与することを認識し，

国際化及び世界経済の一層緊密な統合によってもたらされる活発なかつ急速に変化する国際環境において，新たな多数の経済上の課題及び機会が両締約国に提示されていることを理解し，

両締約国の経済がお互いを補完する条件に恵まれていること並びにそのような補完性が両締約国間の貿易及び投資の活動を通じたそれぞれの経済力の利用により両締約国間の貿易及び投資の発展を一層促進することに寄与するものであることを認識し，

両締約国間の貿易及び投資を規律する互恵的な規則を通じて貿易及び投資に関する明確かつ強固な枠組みを創設することが，両締約国の経済の競争力を強化し，両締約国の市場をより効率的かつ活発なものとし，並びに両締約国間の貿易及び投資の一層の拡大のための予見可能な通商上の環境を確保するであろうことを信じ，

国際連合憲章に係る両締約国の約束を再確認し，また，世界人権宣言に示された原則を考慮し，

全ての利害関係者の利益のために国際的な貿易及び投資における透明性が重要であることを認識し，

両締約国間の貿易及び投資を規律する明確かつ互恵的な規則を定め，並びにこれらに対する障害を軽減し，又は撤廃することを希望し，

この協定を通じて国際的な貿易及び投資に対する障害を除去することによりこれらの調和のとれた発展及び拡大に寄与し，並びにこの協定による利益を減少させるおそれがある両締約国間の貿易又は投資に対する新たな障害を設けることを回避することを決意し，

世界貿易機関設立協定その他の両締約国が締結している多数国間の，地域的な及び２国間の協定に基づく各締約国の権利及び義務を強化し，

両締約国間の経済上の連携の強化のための法的枠組みを設定することを決意して，

次のとおり協定した．

第１章　総　則

第 1. 1 条（目的） この協定は，貿易及び投資を自由化し，及び円滑にすること並びに両締約国間の一層緊密な経済関係を促進することを目的とする．

第 1. 3 条（地理的適用） 1　この協定は，次の領域について適用する．

(a) 欧州連合については，欧州連合に関する条約及び欧州連合運営条約がこれらの条約に定める条件の下に適用される領域

(b) 日本国については，その領域

第 1. 6 条（秘密の情報） 1　この協定に別段の定めがある場合を除くほか，この協定のいかなる規定も，締約国に対し，秘密の情報であって，その開示が法令の実施を妨げ，若しくは公共の利益に反することとなるもの又は公私の特定の企業の正当な商業上の利益を害することとなるものの提供を要求するものではない．

2　この協定において一方の締約国がその法令により秘密とされる情報を他方の締約国に提供する場合には，他方の締約国は，当該情報を提供する締約国が同意するときを除くほか，当該情報の秘密性を保持する．

第 1. 7 条（義務の履行及び委任された権限） 1　各締約国は，この協定を実施するために必要な全ての措置がとられることを確保する．

2　各締約国は，この協定に別段の定めがある場合を除くほか，この協定に基づく自国の義務を履行するために自国が規制上又は行政上の権限を委任した者又は団体が，その委任された権限の行使に当たり自国の義務に従って活動することを確保する．

3　各締約国は，自国のいずれかの段階の政府又は自国によって委任された権限を行使するいずれかの非政府機関がこの協定の規定に従わない場合であっても，この協定に基づく義務を免れることはできない．

第 1. 9 条（他の協定との関係） 1　欧州連合又は欧州連合構成国と日本国との間の現行の協定は，この協定によって代替されず，又は終了されない．

2　この協定のいかなる規定も，締約国に対し，世界貿易機関設立協定に基づく義務に反する態様で行動することを要求するものではない．

3　この協定と両締約国が締結している協定（世界貿易機関設立協定を除く．）とが抵触する場合には，両締約国は，相互に満足すべき解決を得るため，直ちに相互に協議する．

4　この協定において，国際協定[注]の全部又は一部が引用されており，又は組み込まれている場合には，当該国際協定には，当該国際協定の改正又は当該国際協定を承継する協定であって，この協定の署名の日以後に両締約国につい

て効力を生ずるものが含まれるものと了解する．当該国際協定の改正又は当該国際協定を承継する協定の結果，この協定の実施又は適用について問題が生ずる場合において，いずれかの締約国の要請があったときは，両締約国は，当該問題について相互に満足すべき解決を得るため，必要に応じて相互に協議することができる．

注　この協定において引用されており，又は組み込まれている国際協定は，この協定の署名の日前に両締約国について効力を生じている直近の改正を含むものと了解する．

第2.21条（原産地表示） 締約国は，この協定に別段の定めがある場合を除くほか，自国の法令において規定する食品，農産品及び水産品以外の産品について，原産国の義務的な表示に関する要件を適用するときは，欧州連合については「Made in Japan」の表示又は輸入国の現地の言語によるこれに類する表示を，日本国については「Made in EU」の表示又は日本語によるこれに類する表示を，当該要件を満たしているものとして受け入れる．次章の規定は，この条の規定については，適用しない．

第2.22条（一般的例外） 1　この章の規定の適用上，1994年のガット第20条の規定は，必要な変更を加えた上で，この協定に組み込まれ，この協定の一部を成す．

2　一方の締約国は，1994年のガット第20条(i)及び(j)の規定に基づいて措置をとる意図を有する場合には，次のことを行う．

(a) 他方の締約国に対して全ての関連する情報を提供すること．

(b) 他方の締約国の要請があった場合には，相互に受け入れることができる解決を求めることを目的として，他方の締約国に対し，当該措置に関するあらゆる問題について協議を行う適当な機会を与えること．

3　両締約国は，2(b)に規定する協議の対象となる問題を終了させるために必要な方法について合意することができる．

4　一方の締約国は，事前の情報の提供又は検討を不可能とするような緊急の行動が必要となる例外的かつ危機的な状況において，関係する措置をとる意図を有する場合には，当該状況に対処するために必要な措置を直ちにとることができるものとし，他方の締約国に対し当該措置を直ちに通報する．

第C節　ぶどう酒産品の輸出の促進

第2.24条（一般原則） 次条から第2.28条までに別段の定めがある場合を除くほか，両締約国間で取引されるこの節の規定の対象となるぶどう酒産品の輸入及び販売は，輸入締約国の法令に従って行う．

第2.28条（自己証明） 1　日本国の法令の範囲内で認証された証明書（日本国の権限のある当局によって承認された生産者が作成する自己証明書を含む．）は，日本国を原産とするぶどう酒産品の欧州連合における輸入及び販売のための要件（前3条に定めるもの）が満たされた証拠となる文書として十分なものと認められる．

2　第22.4条の規定に基づいて設置されるぶどう酒に関する作業部会は，この協定の効力発生の日に，次の方法を決定により採択する．

(a) 1の規定の実施のための方法（特に証明書において使用される様式及び提供される情報）

(b) 欧州連合が指定する各欧州連合構成国の連絡部局と日本国が指定する連絡部局との間の協力のための方法

3　欧州連合を原産とするぶどう酒産品については，日本国における輸入及び販売のための要件（前3条に定めるもの）が満たされた証拠として，証明書又は他の同等の文書を要求されないものとする．

第2.29条（検討，協議及び自己証明の一時的な停止） 1　両締約国は，次のことを行う．

(a) この協定の効力発生の日の後2年間は，定期的にかつ少なくとも年1回，第2.26条の規定の実施について検討すること．

(b) この協定の効力発生の日の後3年以内に第2.27条の規定の実施について検討すること．

2　両締約国は，第2.26条の規定の実施について検討する過程において，同条に規定する通告がこの協定の効力発生の日から2年以内に交換されていないと認める場合には，実際的な解決について合意するために協議を行う．

3　第2.26条2に規定する通告がこの協定の効力発生の日から2年以内に送付されておらず，かつ，同条1に規定する通告が送付されている場合において，2に規定する協議の開始から3箇月以内に2に規定する実際的な解決について合意が得られなかったときは，欧州連合は，前条に規定するぶどう酒産品の自己証明の受入れを一時的に停止することができる．

4　3に規定する自己証明の受入れの一時的な停止は，日本国が欧州連合に対して第2.26条2に規定する通告を送付した場合には，速やかに終了する．

5　両締約国は，第2.27条の規定の実施に関する1に規定する検討の過程において，同条に規定する通告がこの協定の効力発生の日から5年以内に交換されていないと認める場合には，協議を行う．

6　この条のいかなる規定も，衛生植物検疫措置の適用に関する協定に基づく締約国の権利及び義務に影響を及ぼすものではない．

第6章　衛生植物検疫措置

第6.1条（目的） この章の規定は，次のことを目的とする．

(a) 両締約国間の貿易への悪影響を最小限にしつつ，衛生植物検疫措置の作成，採用及び実施を通じて，人，動物又は植物の生命又は健康を保護すること．

(b) 衛生植物検疫措置の適用に関する協定の実施に関して両締約国間の協力を促進すること．

(c) 両締約国間の連絡及び協力を改善するための手段，衛生植物検疫措置の実施に関する事項に対処するための枠組み並びに相互に受け入れることができる解決を得るための手段を提供すること．

第6.2条（適用範囲） この章の規定は，衛生植物検疫措置の適用に関する協定に基づく両締約国の全ての衛生植物検疫措置であって，両締約国間の貿易に直接又は間接に影響を及ぼす可能性があるものについて適用する．

第6.3条（定義） 1　この章の規定の適用上，衛生植物検疫措置の適用に関する協定附属書Aに定める定義を適用する．

2　この章の規定の適用上，

(a)「輸入条件」とは，産品の輸入のために満たすことが求められる衛生植物検疫措置をいう．

(b)「保護区域」とは，締約国の領域の公式に定められた地理的な部分であって，特定の規制有害動植物の定着に好ましい条件があり，かつ，当該締約国の領域の他の部分において当該規制有害動植物が存在しているにもかかわらず，当該規制有害動植物が定着していないものをいう．

3　さらに，第22.3条の規定に基づいて設置される衛生植物検疫措置に関する専門委員会は，食品規格委員会，国際獣疫事務局及び国際植物防疫条約の枠内で活動する関連する国際機関その他の関連する国際機関により作成された用語集及び定義を考慮しつつ，この章の規定の適用のための他の用語の定義について合意することができる．衛生植物検疫措置に関する専門委員会が合意する定義と衛生植物検疫措置の適用に関する協定に定める定義とが抵触する場合には，衛生植物検疫措置の適用に関する協定に定める定義が優先する．

第6.4条（世界貿易機関設立協定との関係） 両締約国は，衛生植物検疫措置の適用に関する協定に基づく衛生植物検疫措置に関する権利及び義務を確認する．この章のいかなる規定も，衛生植物検疫措置の適用に関する協定に基づく各締約国の権利及び義務に影響を及ぼすものではない．

第7章　貿易の技術的障害

第7.1条（目的） この章の規定は，次の事項によって両締約国間の物品の貿易を促進し，及び増大することを目的とする．

(a) 強制規格，任意規格及び適合性評価手続が貿易に不必要な障害をもたらすことのないようにすることを確保すること．

(b) 両締約国間の協力（貿易の技術的障害に関する協定の実施に関するものを含む．）を促進すること．

(c) この章の規定の対象となる措置の貿易への不必要な悪影響を軽減する適当な方法を追求すること．

第7.2条（適用範囲） 1　この章の規定は，貿易の技術的障害に関する協定に定める中央政府機関による強制規格，任意規格及び適合性評価手続であって，両締約国間の物品の貿易に影響を及ぼす可能性があるものの立案，制定及び適用について適用する．

2　各締約国は，自国の領域内にある中央政府の段階の直下の段階に属する地方政府機関であって，強制規格，任意規格及び適合性評価手続の立案，制定及び適用に責任を有するものが第7.5条から第7.11条までの規定を遵守することを奨励するため，利用し得る妥当な措置をとる．

3　この章の規定は，次のものについては，適用しない．

(a) 政府機関が自らの生産又は消費の必要上作成する購入仕様

(b) 衛生植物検疫措置の適用に関する協定附属書Aに定義する衛生植物検疫措置

第7.3条（貿易の技術的障害に関する協定の特定の規定の組込み） 1　両締約国は，貿易の技術的障害に関する協定に基づく権利及び義務を確認する．

2　貿易の技術的障害に関する協定第2条から第9条まで並びに貿易の技術的障害に関する協定附属書1及び附属書3の規定は，必要な変更を加えた上で，この協定に組み込まれ，この協定の一部を成す．

3　一方の締約国の特定の措置について，他方の締約国が2に規定する貿易の技術的障害に関する協定の規定にのみ違反していると申し立てる紛争が生じた場合には，第21.27条1の規定にかかわらず，他方の締約国は，世界貿易機関設立協定による紛争解決の制度を選択する．

第8章　サービスの貿易，投資の自由化及び電子商取引

第A節　一般規定

第8.1条（適用範囲）　**1**　両締約国は，世界貿易機関設立協定に基づくそれぞれの締約国の義務並びに両締約国間の貿易及び投資を発展させるためにより良い環境を作り出すことについての両締約国の約束を確認しつつ，サービスの貿易及び投資の漸進的かつ相互主義的な自由化のため並びに電子商取引に関する協力のために必要な措置を定める．

2　この章の規定の適用上，両締約国は，公衆衛生，安全，環境又は公衆の道徳の保護，社会的な保護，消費者の保護，文化の多様性の促進及び保護その他の正当な政策目的を達成するために必要な規制措置を自国の領域内で採用する権利を確認する．

3　この章の規定は，一方の締約国の自然人であって，他方の締約国の雇用市場へのアクセスを求めるものに影響を及ぼす措置及び国籍又は永続的な市民権，居住若しくは雇用に関する措置については，適用しない．

4　この章の規定は，一方の締約国が自国への自然人の入国又は自国における自然人の一時的な滞在を規制するための措置（自国の国境を保全し，及び自国の国境を越える自然人の秩序ある移動を確保するために必要な措置を含む．）を適用することを妨げるものではない．ただし，この章に規定する条件に従って他方の締約国に与えられる利益を無効にし，又は損なうような態様で当該措置を適用しないことを条件とする．特定の国の自然人に対しては査証を要求し，他の国の自然人に対しては要求しないという事実のみをもって，この章の規定に従って与えられる利益が無効にされ，又は損なわれているとはみなさない．

第B節　投資の自由化

第8.6条（適用範囲）　**1**　この節の規定は，次の者による経済活動の設立又は運営に関する締約国による措置について適用する．

(a) 他方の締約国の企業家

(b) 対象企業

(c) 第8.11条の規定の適用に当たっては，当該措置を採用し，又は維持する締約国の領域に所在するあらゆる企業

第8.7条（市場アクセス）　一方の締約国は，他方の締約国の企業家又は対象企業による設立又は運営を通じた市場アクセスに関し，小地域を単位とするか自国の全領域を単位とするかを問わず，次の措置を維持し，又は採用してはならない．

(a) 次の制限を課する措置[注]

注　(i)から(iii)までに規定する制限には，農産品の生産を制限するためにとられる措置を含まない．

(i) 企業の数の制限（数量割当て，独占，排他的権利又は経済上の需要を考慮するとの要件のいずれによるものであるかを問わない．）

(ii) 取引総額又は資産総額の制限（数量割当てによるもの又は経済上の需要を考慮するとの要件によるもの）

(iii) 事業の総数又は指定された数量単位によって表示された総産出量の制限（数量割当てによるもの又は経済上の需要を考慮するとの要件によるもの）

(iv) 外国資本の参加の制限（外国資本による株式保有の比率の上限を定めるもの又は外国資本による個別若しくは全体の投資総額の比率の上限を定めるもの）

(v) 特定の分野において雇用され，又は企業が雇用する自然人であって，経済活動の実施に必要であり，かつ，直接関係するものの総数の制限（数量割当てによるもの又は経済上の需要を考慮するとの要件によるもの）

(b) 他方の締約国の企業家が法定の事業体又は合弁企業を通じて経済活動を実施するに当たり，当該法定の事業体又は合弁企業について特定の形態を制限し，又は要求する措置

第8.8条（内国民待遇）　**1**　一方の締約国は，自国の領域における設立に関し，他方の締約国の企業家及び対象企業に対し，同様の状況において自国の企業家及びその企業に与える待遇よりも不利でない待遇を与える．

2　一方の締約国は，自国の領域における運営に関し，他方の締約国の企業家及び対象企業に対し，同様の状況において自国の企業家及びその企業に与える待遇よりも不利でない待遇を与える．

3　1及び2の規定は，締約国が対象企業に関連して統計のための手続又は情報に関する要件

を定めることを妨げるものと解してはならない. ただし, 当該手続又は当該要件がこの条の規定に基づく締約国の義務を回避するための手段とならないことを条件とする.

第8.9条（最恵国待遇） 1　一方の締約国は, 自国の領域における設立に関し, 他方の締約国の企業家及び対象企業に対し, 同様の状況において第三国の企業家及びその企業に与える待遇よりも不利でない待遇を与える.

2　一方の締約国は, 自国の領域における運営に関し, 他方の締約国の企業家及び対象企業に対し, 同様の状況において第三国の企業家及びその企業に与える待遇よりも不利でない待遇を与える.

3　1及び2の規定は, 一方の締約国が次のいずれかのものによる待遇から得られる利益を他方の締約国の企業家及び対象企業に与えることを義務付けるものと解してはならない.

(a) 二重課税の回避のための国際協定又は専ら若しくは主として租税に関する他の国際協定若しくは取決め

(b) 資格若しくは免許の承認又は信用秩序の維持のための措置の承認であって, サービス貿易一般協定第七条又はサービス貿易一般協定金融サービスに関する附属書3に規定するものを定める現行の又は将来における措置

4　1及び2に規定する待遇には, 他の国際協定に規定する投資家と国との間の紛争解決手続を含まない.

5　締約国が第三国との間で締結した他の国際協定の実体規定（注1）自体は, この条の規定に基づく待遇を構成しない. 当該実体規定に関連する締約国の作為又は不作為は, 待遇（注2）を構成し得るものであり, したがって, この条の規定の違反となり得る. ただし, 当該違反が当該実体規定を根拠とすることのみでは成立しないことを条件とする.

注1　当該実体規定を国内法令に転換することのみでは, 当該実体規定の国際法の規定としての位置付けは変更されず, したがって, この5の規定が適用されることについても変更は生じない.

注2　他方の締約国の企業家又はその対象企業は, 第三国の企業家によって設立された企業が比較が行われる時点において存在しない場合にも, 当該待遇を受ける権利を有する.

第8.10条（経営幹部及び取締役会） 締約国は, 対象企業に対し, 特定の国籍を有する個人を役員, 理事又は取締役に任命することを要求してはならない.

第8.11条（特定措置の履行要求の禁止） 1　締約国は, 自国の領域におけるいかなる企業の設立又は運営に関しても, 次の事項の要求を課し, 又は強制してはならず, また, 当該事項を約束し, 又は履行することを強制してはならない.（注）

注　2に規定する利益の享受又はその継続のための条件は, この1の規定の適用上, 要求又は約束若しくは履行を構成しない.

(a) 一定の水準又は割合の物品又はサービスを輸出すること.

(b) 一定の水準又は割合の現地調達を達成すること.

(c) 自国の領域において生産された物品若しくは提供されたサービスを購入し, 利用し, 若しくは優先し, 又は自国の領域内の自然人若しくは法人その他の事業体から物品若しくはサービスを購入すること.

(d) 輸入数量又は輸入価額を, 輸出数量若しくは輸出価額と又は当該企業に関連する外国為替の流入の量と何らかの形で関連付けること.

(e) 当該企業が生産する物品又は提供するサービスの自国の領域における販売を, 輸出数量若しくは輸出価額と又は外国為替の流入と何らかの形で関連付けることにより制限すること.

(f) 輸出又は輸出のための販売を制限すること.

(g) 技術, 製造工程その他の財産的価値を有する知識を自国の領域内の自然人又は法人その他の事業体に移転すること.

(h) 自国の領域内に特定地域又は世界市場に向けた当該企業の事業本部を設置すること.

(i) 一定の数又は割合の自国民を雇用すること.

(j) 自国の領域において一定の水準又は価額の研究開発を達成すること.

(k) 当該企業が生産する物品又は提供するサービスの一又は二以上を, 特定地域又は世界市場に向けて自国の領域のみから供給すること.

(l) この(l)に規定する事項の要求が課され, 若しくは強制される時点若しくは当該事項を約束し, 若しくは履行することを強制される時点において存在するライセンス契約（注1）又は将来のライセンス契約であって当該企業と自国の領域内の自然人若しくは法人その他の事業体との間で任意に締結されるものについて次の事項を採用すること. ただし, 当該締約国が非司法的な政府の権限の行

使として，これらのライセンス契約に直接的に介入するような方法でこの（1）に規定する事項の要求を課し，若しくは強制し，又は当該事項を約束し，若しくは履行することを強制する場合に限る．（注2）

注1　この(1)に規定する「ライセンス契約」とは，技術，製造工程その他の財産的価値を有する知識の実施許諾に関する契約をいう．

注2　この(1)の規定は，当該ライセンス契約が当該企業と締約国との間で締結される場合には，適用しない．

(i) 使用料に係る一定の水準を下回る率又は額

(ii) 当該ライセンス契約の有効期間に係る一定の期間

2　締約国は，自国の領域におけるいかなる企業の設立又は運営に関しても，利益の享受又はその継続のための条件として，次の事項を要求し，これに従うことを求めてはならない．

(a) 一定の水準又は割合の現地調達を達成すること．

(b) 自国の領域において生産された物品を購入し，利用し，若しくは優先し，又は自国の領域内の自然人若しくは法人その他の事業体から物品を購入すること．

(c) 輸入数量又は輸入価額を，輸出数量若しくは輸出価額と又は当該企業に関連する外国為替の流入の量と何らかの形で関連付けること．

(d) 当該企業が生産する物品又は提供するサービスの自国の領域における販売を，輸出数量若しくは輸出価額と又は外国為替の流入と何らかの形で関連付けることにより制限すること．

(e) 輸出又は輸出のための販売を制限すること．

3　2のいかなる規定も，締約国が，自国の領域におけるいかなる企業の設立又は運営に関しても，利益の享受又はその継続のための条件として，自国の領域において，生産拠点を設け，サービスを提供し，労働者を訓練し，若しくは雇用し，特定の施設を建設し，若しくは拡張し，又は研究開発を行うことを要求し，これに従うことを求めることを妨げるものと解してはならない．

4　1(a)から(c)まで並びに2(a)及び(b)の規定は，輸出促進又は対外援助に関する計画に関連して物品又はサービスについて必要とされる要件については，適用しない．

5　1(g)及び(l)の規定は，次の場合には，適用しない．

(a) 競争法令の違反を是正するために，司法裁判所，行政裁判所又は競争当局が，1(g)若しくは(l)に規定する事項の要求を課し，若しくは強制し，又は当該事項を約束し，若しくは履行することを強制する場合

(b) 締約国が，貿易関連知的所有権協定第31条若しくは第31条の2の規定に従って知的財産権の使用を許諾する場合又はデータ若しくは財産的価値を有する情報の開示を要求する措置であって，貿易関連知的所有権協定第39条3の規定の適用対象となり，かつ，同条3の規定に反しないものをとる場合

6　1(l)の規定は，締約国の著作権に関する法令に基づく衡平な報酬として裁判所が1(l)に規定する事項の要求を課し，若しくは強制し，又は当該事項を約束し，若しくは履行することを強制する場合には，適用しない．

7　2(a)及び(b)の規定は，輸入締約国が物品の内容に関して課し，又は強制する要件であって，特恵的な関税又は特恵的な割当ての適用を受けるために必要なものについては，適用しない．

8　この条の規定は，世界貿易機関設立協定に基づく締約国の義務に影響を及ぼすものではない．

83 TPP11【全文】

環太平洋パートナーシップに関する包括的及び先進的な協定
〔採択〕2018年3月8日，サンチアゴ
〔効力発生〕2018年12月30日／〔日本国〕同左

前　文

この協定の締約国は，

2016年2月4日にオークランドで作成された環太平洋パートナーシップ協定（以下「TPP」という．）の前文に規定する事項を再確認すること，

この協定を通じてもたらされるTPPの利益並びにTPP及びこの協定の戦略上及び経済上の意義を迅速に実現すること，

開放された市場を維持し，世界貿易を増大し，並びにあらゆる所得及び経済的背景の人々に新たな経済的機会を創出することに寄与すること，

締約国間の一層の地域的な経済統合及び協力を促進すること，

地域における貿易の自由化及び投資の促進のた

めの機会を増大させること，

企業の社会的責任，文化的な同一性及び多様性，環境の保護及び保全，性の平等，先住民の権利，労働者の権利，包摂的な貿易，持続可能な開発並びに伝統的な知識を促進することの重要性並びに公共の利益のために締約国が規制を行う権利を有することの重要性を再確認すること並びに

他の国又は独立の関税地域のこの協定への加入を歓迎することを決意して，

次のとおり協定した．

第1条（環太平洋パートナーシップ協定の組込み） **1**　締約国は，2016年2月4日にオークランドで作成された環太平洋パートナーシップ協定（TPP）（第30.4条（加入），第30.5条（効力発生），第30.6条（脱退）及び第30.8条（正文）を除く．）の規定が，この協定の規定に従い，必要な変更を加えた上で，この協定に組み込まれ，この協定の一部を成すことをここに合意する（注）．

注　この協定の規定は，この協定の非締約国に対していかなる権利も与えるものではない．

2　この協定の適用上，TPPにおける署名の日については，この協定の署名の日を意味するものとする．

3　TPPが効力を有する場合において，この協定とTPPとが抵触するときは，その抵触の限りにおいて，この協定が優先する．

第2条（特定の規定の適用の停止） 締約国は，この協定の効力発生の日に，この協定の附属書に掲げる規定の適用を停止する．締約国は，これらの規定のうち1又は2以上の規定の適用の停止を終了させることに締約国が合意する時まで，当該規定の適用を停止する（注）．

注　適用の停止を終了させるための締約国によるいかなる合意も，一の締約国の関係する国内法上の手続の完了後にのみ，当該締約国について適用する．

第3条（効力発生） **1**　この協定は，この協定の署名国のうち少なくとも6又は少なくとも半数のいずれか少ない方の国がそれぞれの関係する国内法上の手続を完了した旨を書面により寄託者に通報した日の後60日で効力を生ずる．

〔平成30年12月外務告416号により，平成30・12・30から発効〕

2　この協定は，1の規定に従ってこの協定が自国について効力を生じていないこの協定の署名国については，当該署名国が自国の関係する国内法上の手続を完了した旨を書面により寄託者に通報した日の後60日で効力を生ずる．

第4条（脱退） **1**　締約国は，書面により寄託者に対して脱退の通告を行うことにより，この協定から脱退することができる．脱退する締約国は，同時に，TPP第27.5条（連絡部局）の規定に従って指定される総合的な連絡部局を通じて，他の締約国に対して自国の脱退を通報する．

2　脱退は，締約国が異なる期間について合意する場合を除くほか，いずれかの締約国が1の規定に従って書面により寄託者に対して通告を行った後六箇月で効力を生ずる．この協定は，いずれかの締約国が脱退する場合には，残余の締約国について引き続き効力を有する．

第5条（加入） 国又は独立の関税地域は，この協定の効力発生の日の後，締約国と当該国又は独立の関税地域との間で合意する条件に従ってこの協定に加入することができる．

第6条（環太平洋パートナーシップに関する包括的及び先進的な協定の見直し） 締約国は，TPP第27.2条（委員会の任務）の規定を適用するほか，TPPの効力発生が差し迫っている場合又はTPPが効力を生ずる見込みがない場合には，いずれかの締約国の要請に応じ，この協定の改正及び関係する事項を検討するため，この協定の運用を見直す．

第7条（正文） この協定は，英語，スペイン語及びフランス語をひとしく正文とする．これらの本文の間に相違がある場合には，英語の本文による．

以上の証拠として，下名は，各自の政府から正当に委任を受けてこの協定に署名した．

2018年3月8日にサンティアゴで，英語，フランス語及びスペイン語により作成した．

附属書

1　第5章（税関当局及び貿易円滑化）中次に掲げる規定

第5.7条（急送貨物） **1**　(f)第二文の規定

2　第9章（投資）のうち次に掲げる規定

(a) 第9.1条（定義）中次に掲げる規定

(i)「投資に関する合意」の定義（注を含む．）に係る規定

(ii)「投資の許可」の定義（注を含む．）に係る規定

(b) 第9.19条（請求の仲裁への付託）のうち次に掲げる規定

(i) 第9.19条（請求の仲裁への付託）1中次に掲げる規定

(A) 第9.19条（請求の仲裁への付託）1(a)(i)(B)（注を含む．）の規定

(B) 第9.19条（請求の仲裁への付託）1(a)(i)(C)の規定
(C) 第9.19条（請求の仲裁への付託）1(b)(i)(B)の規定
(D) 第9.19条（請求の仲裁への付託）1(b)(i)(C)の規定
(E) 第9.19条（請求の仲裁への付託）1ただし書（「ただし，申立人は，請求の対象である事項及び請求に係る損害が，関連する投資に関する合意に依拠して設立され，若しくは取得された又は設立され，若しくは取得されようとした対象投資財産に直接関連する場合にのみ，(a)(i)(C)又は(b)(i)(C)の規定に従い当該投資に関する合意に対する違反についての請求を付託することができる．」）の規定
(ii) 第9.19条（請求の仲裁への付託）2（注を含む．）の規定
(iii) 第9.19条（請求の仲裁への付託）3(b)中「投資の許可又は投資に関する合意」の規定
(c) 第9.22条（仲裁人の選定）5の規定
(d) 第9.25条（準拠法）2（注を含む．）の規定
(e) 附属書9−L（投資に関する合意）の規定

3 第10章（国境を越えるサービスの貿易）のうち次に掲げる規定
附属書10−B（急送便サービス）中次に掲げる規定
(a) 附属書10−B（急送便サービス）5（注を含む．）の規定
(b) 附属書10−B（急送便サービス）6（注を含む．）の規定

4 第11章（金融サービス）のうち次に掲げる規定
(a) 第10.2条（適用範囲）2(b)中「第九・六条（待遇に関する最低基準）」(注1を含む．）の規定
(b) 附属書11−Eの規定

5 第13章（電気通信）中次に掲げる規定
第13.21条（電気通信に関する紛争の解決）1 (d)（見出し（「再検討」）及び当該見出しの注を含む．）の規定

6 第15章（政府調達）のうち次に掲げる規定
(a) 第15.8条（参加のための条件）5（注を含む．）の規定
(b) 第15.24条（追加的な交渉）2中「この協定の効力発生の日の後3年以内に」の規定（注）
注　締約国は，締約国が別段の合意をする場合を除くほか，第15.24条（追加的な交渉）2に規定する交渉をこの協定の効力発生の後5年以後に開始することに合意する．当該交渉は，いずれかの締約国の要請に応じて開始する． a

7 第18章（知的財産）のうち次に掲げる規定 b
(a) 第18.8条（内国民待遇）1の注2第3文及び第4文の規定
(b) 第18.37条（特許を受けることができる対象事項）中次に掲げる規定
(i) 第18.37条（特許を受けることができる対象事項）2の規定 c
(ii) 第18.37条（特許を受けることができる対象事項）4第2文の規定
(c) 第18.46条（特許を与える当局の不合理な遅延についての特許期間の調整）（注を含む．）の規定 d
(d) 第18.48条（不合理な短縮についての特許期間の調整）（注を含む．）の規定
(e) 第18.50条（開示されていない試験データその他のデータの保護）（注を含む．）の規定 e
(f) 第18.51条（生物製剤）（注を含む．）の規定
(g) 第18.63条（著作権及び関連する権利の保護期間）（注を含む．）の規定 f
(h) 第18.68条（技術的保護手段）(注を含む．）の規定
(i) 第18.69条（権利管理情報）（注を含む．）の規定
(j) 第18.79条（衛星放送用及びケーブル放送用の暗号化された番組伝送信号の保護）（注を含む．）の規定 g
(k) 第18.82条（法的な救済措置及び免責）(注を含む．）の規定
(l) 附属書18−E（第J節（インターネット・サービス・プロバイダ）の附属書）の規定 h
(m) 附属書18−F（第J節（インターネット・サービス・プロバイダ）の附属書）の規定

8 第20章（環境）のうち次に掲げる規定
第20.17条（保存及び貿易） 5中「又は他の関係法令」（注2を含む．）の規定 i

9 第26章（透明性及び腐敗行為の防止）中次に掲げる規定
附属書26−A（医薬品及び医療機器に関する透明性及び手続の公正な実施）第3条（手続の公正な実施）（注を含む．）の規定 j

10 附属書Ⅱのうち次に掲げる規定
ブルネイ・ダルサラーム国の表の留保事項九の概要3中「この協定の署名の後」の規定（注）
注　締約国は，この規定の適用の停止の結果， k

「この協定の署名の後」とは，この協定がブルネイ・ダルサラーム国について効力を生じた後をいうものとすることに合意する．したがって，締約国は，当該留保事項の概要3中「採用し，又は維持する適合しない措置」とは，この協定がブルネイ・ダルサラーム国について効力を生ずる日の後に採用し，又は維持する適合しない措置を意味することを了解する．

11　附属書Ⅳのうち次に掲げる規定

マレーシアの表の留保事項2の適合しない活動の範囲（以下この11の規定において「範囲」という．）中「この協定の署名の後」の規定(注)

注　締約国は，この規定の適用の停止の結果，「この協定の署名の後」とは，この協定がマレーシアについて効力を生じた後をいうものとすることに合意する．したがって，締約国は，範囲中の各規定であって次に掲げるものについては，この協定がマレーシアについて効力を生ずる日から起算する次に掲げる期間とすることを了解する．

(a)「1年目」とは，最初の1年間
(b)「2年目及び3年目」とは，2番目及び3番目の1年間
(c)「4年目」とは，4番目の1年間
(d)「5年目」とは，5番目の1年間
(e)「6年目」とは，6番目の1年間

84 2030目標（SDGs）（抄）

我々の世界を変革する：
持続可能な開発のための2030アジェンダ
2015年9月25日第70回国連総会で採決

前　文

このアジェンダは，人間，地球及び繁栄のための行動計画である．これはまた，より大きな自由における普遍的な平和の強化を追求ものでもある．我々は，極端な貧困を含む，あらゆる形態と側面の貧困を撲滅することが最大の地球規模の課題であり，持続可能な開発のための不可欠な必要条件であると認識する．

すべての国及びすべてのステークホルダーは，協同的なパートナーシップの下，この計画を実行する．我々は，人類を貧困の恐怖及び欠乏の専制から解き放ち，地球を癒やし安全にすることを決意している．我々は，世界を持続的かつ強靱（レジリエント）な道筋に移行させるために緊急に必要な，大胆かつ変革的な手段をとることに決意している．我々はこの共同の旅路に乗り出すにあたり，誰一人取り残さないことを誓う．

今日我々が発表する17の持続可能な開発のための目標（SDGs）と，169のターゲットは，この新しく普遍的なアジェンダの規模と野心を示している．これらの目標とターゲットは，ミレニアム開発目標（MDGs）を基にして，ミレニアム開発目標が達成できなかったものを全うすることを目指すものである．これらは，すべての人々の人権を実現し，ジェンダー平等とすべての女性と女児の能力強化を達成することを目指す．これらの目標及びターゲットは，統合され不可分のものであり，持続可能な開発の三側面，すなわち経済，社会及び環境の三側面を調和させるものである．

これらの目標及びターゲットは，人類及び地球にとり極めて重要な分野で，向こう15年間にわたり，行動を促進するものになろう．

人間

我々は，あらゆる形態及び側面において貧困と飢餓に終止符を打ち，すべての人間が尊厳と平等の下に，そして健康な環境の下に，その持てる潜在能力を発揮することができることを確保することを決意する．

地球

我々は，地球が現在及び将来の世代の需要を支えることができるように，持続可能な消費及び生産，天然資源の持続可能な管理並びに気候変動に関する緊急の行動をとることを含めて，地球を破壊から守ることを決意する．

繁栄

我々は，すべての人間が豊かで満たされた生活を享受することができること，また，経済的，社会的及び技術的な進歩が自然との調和のうちに生じることを確保することを決意する．

平和

我々は，恐怖及び暴力から自由であり，平和的，公正かつ包摂的な社会を育んでいくことを決意する．平和なくしては持続可能な開発はあり得ず，持続可能な開発なくして平和もあり得ない．

パートナーシップ

我々は，強化された地球規模の連帯の精神に基づき，最も貧しく最も脆弱な人々の必要に特別の焦点をあて，全ての国，全てのステークホルダー及び全ての人の参加を得て，再活性化された「持続可能な開発のためのグローバル・パートナーシップ」を通じてこのアジェンダを実施するに必要とされる手段を動員することを決意する．

持続可能な開発目標の相互関連性及び統合された性質は，この新たなアジェンダ（以後「新アジェンダ」と呼称）の目的が実現されることを確保する上で極めて重要である．もし我々がこのアジェンダのすべての範囲にわたり自らの野心を実現することができれば，すべての人々の生活は大いに改善され，我々の世界はより良いものへと変革されるであろう．

持続可能な開発目標

目標１．あらゆる場所のあらゆる形態の貧困を終わらせる
目標２．飢餓を終わらせ，食料安全保障及び栄養改善を実現し，持続可能な農業を促進する
目標３．あらゆる年齢のすべての人々の健康的な生活を確保し，福祉を促進する
目標４．すべての人々への包摂的かつ公正な質の高い教育を提供し，生涯学習の機会を促進する
目標５．ジェンダー平等を達成し，すべての女性及び女児の能力強化を行う
目標６．すべての人々の水と衛生の利用可能性と持続可能な管理を確保する
目標７．すべての人々の，安価かつ信頼できる持続可能な近代的エネルギーへのアクセスを確保する
目標８．包摂的かつ持続可能な経済成長及びすべての人々の完全かつ生産的な雇用と働きがいのある人間らしい雇用（ディーセント・ワーク）を促進する
目標９．強靱（レジリエント）なインフラ構築，包摂的かつ持続可能な産業化の促進及びイノベーションの推進を図る
目標10．各国内及び各国間の不平等を是正する
目標11．包摂的で安全かつ強靱（レジリエント）で持続可能な都市及び人間居住を実現する
目標12．持続可能な生産消費形態を確保する
目標13．気候変動及びその影響を軽減するための緊急対策を講じる*
目標14．持続可能な開発のために海洋・海洋資源を保全し，持続可能な形で利用する
目標15．陸域生態系の保護，回復，持続可能な利用の推進，持続可能な森林の経営，砂漠化への対処，ならびに土地の劣化の阻止・回復及び生物多様性の損失を阻止する
目標16．持続可能な開発のための平和で包摂的な社会を促進し，すべての人々に司法へのアクセスを提供し，あらゆるレベルにおいて効果的で説明責任のある包摂的な制度を構築する
目標17．持続可能な開発のための実施手段を強化し，グローバル・パートナーシップを活性化する

*国連気候変動枠組条約（UNFCCC）が，気候変動への世界的対応について交渉を行う基本的な国際的，政府間対話の場であると認識している．

ii） 環境保護

85 人間環境宣言 翻訳

〔採択〕1972年６月16日，ストックホルム

国連人間環境会議は，1972年６月５日から16日までストックホルムで開催され，人間環境の保全と向上に関し，世界の人々を励まし，導くため共通の見解と原則が必要であると考え，以下のとおり宣言する．

1 宣 言

(1) 人は環境の創造物であると同時に，環境の形成者である．環境は人間の生存を支えるとともに，知的，道徳的，社会的，精神的な成長の機会を与えている．地球上での人類の苦難に満ちた長い進化の過程で，人は，科学技術の加速度的な進歩により，自らの環境を無数の方法と前例のない規模で変革する力を得る段階に達した．自然のままの環境と人によって作られた環境は，共に人間の福祉，基本的人権ひいては，生存権（right to life）そのものの享受のため基本的に重要である．
(2) 人間環境を保護し，改善させることは，世界中の人々の福祉と経済発展に影響を及ぼす主要な課題である．これは，全世界の人々が緊急に望むところであり，すべての政府の義務である．
(3) 人は，絶えず経験を生かし，発見，発明，創造及び進歩を続けなければならない．今日四囲の環境を変革する人間の力は，賢明に用い

るならば，すべての人々に開発の恩恵と生活の質を向上させる機会をもたらすことができる．誤って，又は不注意に用いるならば，同じ力は，人間と人間環境に対しはかり知れない害をもたらすことにもなる．我々は地球上の多くの地域において，人工の害が増大しつつあることを知っている．その害とは，水，大気，地球，及び生物の危険なレベルに達した汚染，生物圏の生態学的均衡に対する大きな，かつ望ましくないかく乱，かけがえのない資源の破壊と枯渇及び人工の環境，特に生活環境，労働環境における人間の肉体的，精神的，社会的健康に害を与える甚だしい欠陥である．

(4) 開発途上国では，環境問題の大部分が低開発から生じている．何百万の人々が十分な食物，衣服，住居，教育，健康，衛生を欠く状態で，人間としての生活を維持する最低水準をはるかに下回る生活を続けている．このため開発途上国は，開発の優先順位と環境の保全，改善の必要性を念頭において，その努力を開発に向けなければならない．同じ目的のため先進工業国は，自らと開発途上国との間の格差を縮めるよう努めなければならない．先進工業国では，環境問題は一般に工業化及び技術開発に関連している．

(5) 人口の自然増加は，絶えず環境の保全に対し問題を提起しており，この問題を解決するため，適切な政策と措置が十分に講じられなければならない．万物の中で，人間は最も貴重なものである．社会の進歩を推し進め，社会の富を作り出し，科学技術を発達させ，労働の努力を通じて人間環境を常に変えてゆくのは人間そのものである．社会の発展，生産及び科学技術の進歩とともに，環境を改善する人間の能力は日に日に向上する．

(6) 我々は歴史の転回点に到達した．いまや我々は世界中で，環境への影響に一層の思慮深い注意を払いながら，行動をしなければならない．無知，無関心であるならば，我々は，我々の生命と福祉が依存する地球上の環境に対し，重大かつ取り返しのつかない害を与えることになる．逆に十分な知識と賢明な行動をもってするならば，我々は，我々自身と子孫のため，人類の必要と希望にそった環境で，より良い生活を達成することができる．環境の質の向上と良い生活の創造のための展望は広く開けている．いま必要なものは，熱烈ではあるが冷静な精神と，強烈ではあるが秩序だった作業である．自然の世界で自由を確保するためには，自然と協調して，より良い環境を作るため知識を活用しなければならない．現在及び将来の世代のために人間環境を擁護し向上させることは，人類にとって至上の目標，すなわち平和と，世界的な経済社会発展の基本的かつ確立した目標と相並び，かつ調和を保って追求されるべき目標となった．

(7) この環境上の目標を達成するためには，市民及び社会，企業及び団体が，すべてのレベルで責任を引き受け，共通な努力を公平に分担することが必要である．あらゆる身分の個人も，すべての分野の組織体も，それぞれの行動の質と量によって，将来の世界の環境を形成することになろう．地方自治体及び国の政府は，その管轄の範囲内で大規模な環境政策とその実施に関し最大の責任を負う．この分野で開発途上国が責任を遂行するのを助けるため，財源調達の国際協力も必要とされる．環境問題は一層複雑化するであろうが，その広がりにおいて地域的又は全地球的なものであり，また共通の国際的領域に影響を及ぼすものであるので，共通の利益のため国家間の広範囲な協力と国際機関による行動が必要となるであろう．国連人間環境会議は，各国政府と国民に対し，人類とその子孫のため，人間環境の保全と改善を目指して，共通の努力をすることを要請する．

2 原　則

共通の信念を次のとおり表明する．

第1原則〔環境に関する権利と義務〕 人は，尊厳と福祉を保つに足る環境で，自由，平等及び十分な生活水準を享受する基本的権利を有するとともに，現在及び将来の世代のため環境を保護し改善する厳粛な責任を負う．これに関し，アパルトヘイト（人種隔離政策），人種差別，差別的取扱い，植民地主義その他の圧制及び外国支配を促進し，又は恒久化する政策は非難され，排除されなければならない．

第2原則〔天然資源の保護〕 大気，水，大地，動植物及び特に自然の生態系の代表的なものを含む地球上の天然資源は，現在及び将来の世代のために，注意深い計画と管理により適切に保護されなければならない．

第3原則〔再生可能な資源〕 再生可能な重要な資源を生み出す地球の能力は維持され，可能な限り，回復又は向上されなければならない．

第4原則〔野生生物の保護〕 祖先から受け継いできた野生生物とその生息地は，今日種々の有害な要因により重大な危機にさらされており，人はこれを保護し，賢明に管理する特別な責任を負う．野生生物を含む自然の保護は，経済開発の計画立案において重視しなければならない．

第5原則〔再生不能な資源〕 地球上の再生できない資源は将来の枯渇の危険に備え，かつ，その使用から生ずる成果がすべての人間に分かち与えられるような方法で，利用されなければならない．

第6原則〔有害物質の排出規制〕 生態系に重大又は回復できない損害を与えないため，有害物質その他の物質の排出及び熱の放出を，それらを無害にする環境の能力を超えるような量や濃度で行うことは，停止されなければならない．環境汚染に反対するすべての国の人々の正当な闘争は支持されなければならない．

第7原則〔海洋汚染の防止〕 各国は，人間の健康に危険をもたらし，生物資源と海洋生物に害を与え，海洋の快適な環境を損ない，海洋の正当な利用を妨げるような物質による海洋の汚染を防止するため，あらゆる可能な措置をとらなければならない．

第8原則〔経済社会開発〕 経済及び社会の開発は，人にとって好ましい生活環境と労働環境の確保に不可欠なものであり，かつ，生活の質の向上に必要な条件を地球上に作りだすために必須のものである．

第9原則〔開発促進の援助〕 低開発から起こる環境上の欠陥と自然災害は重大な問題になっているが，これは開発途上国の自らの努力を補うための相当量の資金援助及び技術援助の提供と，必要が生じた際の時宜を得た援助で促進された開発により，最もよく救済することができる．

第10原則〔一次産品・原材料の価格安定〕 開発途上国にとって，一次産品及び原材料の価格の安定とそれによる十分な収益は環境の管理に不可欠である．生態学的なプロセスと並んで経済的な要素を考慮に入れなければならないからである．

第11原則〔環境政策の影響〕 すべての国の環境政策は，開発途上国の現在又は将来の開発の可能性を向上させねばならず，その可能性に対して悪影響を及ぼすものであってはならず，すべての人のより良い生活条件の達成を妨げてはならない．また，環境上の措置によってもたらされる国内及び国際的な経済的帰結を調整することの合意に達するため，各国及び国際機関は適当な措置をとらなければならない．

第12原則〔環境保護の援助〕 開発途上国の状態とその特別の必要性を考慮し，開発計画に環境保護を組み入れることから生ずる費用を考慮に入れ，さらに要求があったときは，この目的のための追加的な技術援助及び資金援助が必要であることを考慮し，環境の保護向上のため援助が供与されなければならない．

第13原則〔総合的な開発計画〕 合理的な資源管理を行い，環境を改善するため，各国は，その開発計画の立案に当たり国民の利益のために人間環境を保護し向上する必要性と開発が両立しうるよう，総合性を保ち，調整をとらなければならない．

第14原則〔合理的計画〕 合理的な計画は，開発の必要性と環境の保護向上の必要性との間の矛盾を調整する必須の手段である．

第15原則〔居住・都市化の計画〕 居住及び都市化の計画は，環境に及ぼす悪影響を回避し，すべての人が最大限の社会的，経済的及び環境上の利益を得るよう，立案されなければならない．これに関し，植民地主義者及び人種差別主義者による支配のため立案された計画は放棄されなければならない．

第16原則〔人口政策〕 政府によって適当と考えられ，基本的人権を害することのない人口政策は，人口増加率若しくは過度の人口集中が環境上若しくは開発上悪影響を及ぼすような地域，又は人口の過疎が人間環境の向上と開発を妨げるような地域で，実施されなければならない．

第17原則〔環境所轄庁〕 国の適当な機関に，環境の質を向上させる目的で，当該国の環境資源につき計画し，管理し，又は規制する任務が委ねられなければならない．

第18原則〔科学技術〕 科学技術は経済・社会の発展への寄与の一環として，人類の共通の利益のため環境の危険を見極め，回避し，制御すること，及び環境問題を解決することに利用されなければならない．

第19原則〔環境教育〕 環境問題についての若い世代と成人に対する教育は—恵まれない人々に十分に配慮して行うものとし—個人，企業及び地域社会が環境を保護改善するよう，その考え方を啓発し，責任ある行動を取るための基盤を拡げるのに必須のものである．

　マスメディアは，環境悪化に力を貸してはならず，すべての面で，人がその資質を伸ばすことができるよう，環境を保護改善する必要性に関し，教育的な情報を広く提供することが必要である．

第20原則〔研究開発の促進，交流〕 国内及び国際的な環境問題に関連した科学的研究開発は，すべての国特に開発途上国において推進されなければならない．これに関連し，最新の科

a 学的情報及び経験の自由な交流は，環境問題の解決を促進するため支持され，援助されなければならない．環境に関連した技術は，開発途上国に経済的負担を負わせることなしに，広く普及されることを促進するような条件で提供されなければならない．

b **第21原則〔環境に対する国の権利と責任〕** 各国は，国連憲章及び国際法の原則に従い，自国の資源をその環境政策に基づいて開発する主権を有する．各国はまた，自国の管轄又は支配
c 下にある活動が他国の環境又は国家の管轄権の範囲を越えた地域の環境に損害を与えないよう措置する責任を負う．

第22原則〔責任・補償に関する国際法の発展〕 各国は，自国の管轄または支配下にある活動に
d よって引き起こされ，自国の管轄外の地域に及ぶ汚染その他の被害者に対する責任と補償（liability and compensation）に関する国際法を，迅速かつより確固たる方法で，更に発展せるべく協力しなければならない．

e **第23原則〔基準の設定要因〕** 国際社会において合意される規準（criteria）であれ，国によって決定されるべき基準（standard）であれ，それぞれの国の価値体系を考慮することがすべての場合において重要である．最も進んだ先進
f 国にとって妥当な基準でも開発途上国にとっては，不適切であり，かつ，不当な社会的費用をもたらすことがあり，このような基準の適用の限度についても考慮することが重要である．

第24原則〔国際協力〕 環境の保護と改善に関
g する国際問題は，国の大小を問わず，平等の立場で，協調的な精神により扱われなければならない．多国間協定，2国間協定その他の適当な方法による協力は，すべての国の主権と利益に十分な考慮を払いながら，すべての分野におけ
h る活動から生ずる環境に対する悪影響を予防し，除去し，減少し，効果的に規制するため不可欠である．

第25原則〔国際組織の役割〕 各国は，環境の保護と改善のため，国際組織が調整された能率
i 的で力強い役割を果たすよう，協力しなければならない．

第26原則〔核兵器その他の大量破壊兵器の除去〕 人とその環境は，核兵器その他すべての大量破壊の手段の影響から免れなければならな
j い．各国は，関連する国際的機関において，このような兵器の除去と完全な破棄について，すみやかに合意に達するよう努めなければならない．

k

86 リオ宣言 翻訳

環境と開発に関するリオ宣言
〔採択〕1992年6月14日，リオデジャネイロ

前　文

環境と開発に関する国連会議は，1992年6月3日から14日までリオ・デ・ジャネイロで開催され，ストックホルム宣言を再確認するとともにこれを発展させることを求め，各国，社会の重要部門及び国民間の新たな水準の協力を作り出すことによって新しい公平な地球的規模のパートナーシップを構築するという目標を持ち，すべての者のための利益を尊重し，かつ地球的規模の環境及び開発のシステムの一体性を保持する国際的合意に向けて作業し，我々の家庭である地球の不可分性，相互依存性を認識し，以下のとおり宣言する．

第1原則〔人の権利〕 人は，持続可能な開発（sustainable development）への関心の中心にある．人は，自然と調和しつつ健康で生産的な生活を享有する権利を有する．

第2原則〔国の権利と責任〕 各国は，国連憲章及び国際法の原則に則り，自国の環境及び開発政策に従って，自国の資源を開発する主権的権利及びその管轄又は支配下にある活動が他の国，又は自国の管轄権の限界を超えた地域の環境に損害を与えないようにする責任を有する．

第3原則〔開発の権利〕 開発の権利（right to development）は，現在及び将来の世代の開発及び環境上の必要性を公平に充たすことができるよう行使されなければならない．

第4原則〔持続可能な開発〕 持続可能な開発を達成するため，環境保護は，開発過程の不可分の部分とならなければならず，それから分離しては考えられないものである．

第5原則〔貧困の撲滅〕 すべての国及びすべての国民は，生活水準の格差を減少し，世界の大部分の人々の必要性をより良く充たすため，持続可能な開発に必要不可欠なものとして，貧困の撲滅という重要な課題において協力しなければならない．

第6原則〔途上国の優先〕 開発途上国，特に最貧国及び環境の影響を最も受け易い国の特別な状況及び必要性に対して，特別の優先度が与えられなければならない．環境と開発における国際的行動は，すべての国の利益と必要性にも向けられるべきである．

第7原則〔共通のしかし差異のある責任〕 各

国は，地球の生態系の健全性及び完全性を，保全，保護及び修復するグローバル・パートナーシップの精神に則り，協力しなければならない．地球環境の悪化への異なった寄与という観点から，各国は共通のしかし差異のある責任（common but differentiated responsibitities）を有する．先進諸国は，彼等の社会が地球環境へかけている圧力及び彼等の支配している技術及び財源の観点から，持続可能な開発の国際的な追及において有している義務を認識する．

第 8 原則〔人口政策等〕 各国は，すべての人々のために持続可能な開発及び質の高い生活を達成するために，持続可能でない生産及び消費の様式を減らし，取り除き，そして適切な人口政策を推進すべきである．

第 9 原則〔科学的理解の改善〕 各国は，科学的，技術的な知見の交換を通じた科学的な理解を改善させ，そして，新しくかつ革新的なものを含む技術の開発，適用，普及及び移転を強化することにより，持続可能な開発のための各国内の対応能力の強化のために協力すべきである．

第 10 原則〔市民参加〕 環境問題は，それぞれのレベルで，関心のあるすべての市民が参加することにより最も適切に扱われる．国内レベルでは，各個人が，有害物質や地域社会における活動の情報を含め，公共機関が有している環境関連情報を適切に入手し，そして，意思決定過程に参加する機会を有しなくてはならない．各国は，情報を広く行き渡らせることにより，国民の啓発と参加を促進しかつ奨励しなくてはならない．賠償，救済を含む司法及び行政手続きへの実効的なアクセスが与えられなければならない．

第 11 原則〔実効的環境立法〕 各国は，実効的な環境立法を制定しなくてはならない．環境基準，管理目的及び優先度は，適用される環境と開発の状況を反映するものとすべきである．一部の国が適用した基準は，他の国，特に開発途上国にとっては不適切であり，不当な経済的及び社会的な費用となるかもしれない．

第 12 原則〔環境と貿易〕 各国は，環境の悪化の問題により適切に対処するため，すべての国における経済成長と持続可能な開発をもたらすような協力的で開かれた国際経済システムを促進するため，協力すべきである．環境の目的のための貿易政策上の措置は，恣意的な，あるいは不当な差別又は国際貿易に対する偽装された規制手段とされるべきではない．輸入国の管轄外の環境問題に対処する一方的な行動は避けるべきである．国境を越える，あるいは地球規模の環境問題に対処する環境対策は，可能な限り，国際的な合意に基づくべきである．

第 13 原則〔責任・補償の国内・国際法の発展〕 各国は，汚染その他の環境損害の被害者に対する責任と補償（liability and compensation）に関する国内法を発展させせなければならない．各国は，また，自国の管轄又は支配下にある活動によって引き起こされ，自国の管轄外の地域に及ぶ環境損害の悪影響に対する責任と補償に関する国際法を，迅速かつより確固たる方法で，更に発展させるべく協力しなければならない．

第 14 原則〔有害物資の移転防止〕 各国は，深刻な環境悪化を引き起こす，あるいは人間の健康に有害であるとされているいかなる活動及び物質も，他の国への移動及び移転を控えるべく，あるいは防止すべく実効的に協力すべきである．

第 15 原則〔予防措置〕 環境を保護するため，予防的方策は，各国により，その能力に応じて広く適用されなければならない．深刻な，あるいは不可逆的な被害のおそれがある場合には，完全な科学的確実性の欠如が，環境悪化を防止するための費用対効果の大きい対策を延期する理由として使われてはならない．

第 16 原則〔汚染者負担〕 国の機関は，汚染者が原則として汚染による費用を負担するとの方策を考慮しつつ，また，公益に適切に配慮し，国際的な貿易及び投資を歪めることなく，環境費用の内部化と経済的手段の使用の促進に努めるべきである．

第 17 原則〔環境影響評価〕 環境影響評価は，国の手段として環境に重大な悪影響を及ぼすかもしれず，かつ権限ある国家機関の決定に服す活動に対して実施されなければならない．

第 18 原則〔緊急事態の通報と支援〕 各国は，突発の有害な効果を他国にもたらすかも知れない自然災害，あるいはその他の緊急事態を，それらの国に直ちに報告しなければならない．被災した国を支援するため国際社会によるあらゆる努力がなされなければならない．

第 19 原則〔事前通報と情報提供〕 各国は，国境をこえる環境への重大な悪影響をもたらしうる活動について，潜在的に影響を被る国に対し，事前の時宜にかなった通告と関連情報の提供を行わなければならず，また早期の段階で誠意を持ってこれらの国と協議を行わなければならない．

第 20 原則〔女性の完全な参加〕 女性は，環境管理と開発において重要な役割を有する．そのため，彼女らの完全な参加は，持続可能な開発の達成のために不可欠である.

第21原則〔青年の役割〕 持続可能な開発を達成し，すべての者のためのより良い将来を確保するため，世界の若者の創造力，理想及び勇気が，地球的規模のパートナーシップを構築するよう結集されるべきである.

第22原則〔先住民の実効的参加〕 先住民とその社会及びその他の地域社会は，その知識及び伝統に鑑み，環境管理と開発において重要な役割を有する．各国は彼らの同一性，文化及び利益を認め，十分に支持し，持続可能な開発の達成への実効的参加を可能とするべきである.

第23原則〔抑圧下にある人民の保護〕 抑圧，支配及び占領の下にある人民の環境及び天然資源は，保護されなければならない.

第24原則〔武力紛争時の環境の保護〕 戦争は，元来，持続可能な開発を破壊する性格を有する．そのため，各国は，武力紛争時における環境保護に関する国際法を尊重し，必要に応じ，その一層の発展のため協力しなければならない.

第25原則〔平和・開発・環境保全の相互依存性〕 平和，開発及び環境保全は，相互依存的であり，切り離すことはできない.

第26原則〔紛争の平和的解決〕 各国は，すべての環境に関する紛争を平和的に，かつ，国連憲章に従って適切な手段により解決しなければならない.

第27原則〔本宣言実施の国際協力〕 各国及び国民は，この宣言に表明された原則の実施及び持続可能な開発の分野における国際法の一層の発展のため，誠実に，かつ，パートナーシップの精神で協力しなければならない.

87 オゾン層保護条約（抄）

オゾン層保護のためのウィーン条約
〔採択〕1985年3月22日
〔効力発生〕1988年9月22日／〔日本国〕1988年12月29日

この条約の締約国は，

オゾン層の変化が人の健康及び環境に有害な影響を及ぼすおそれのあることを認識し，

（略）

人の活動に起因するオゾン層の変化を防止するための措置は，国際的な協力及び活動を必要とすること並びに関連のある科学的及び技術的考慮に基づくべきであることを認識し，

オゾン層及びその変化により生ずるおそれのある悪影響についての科学的知識を一層増進させるため，一層の研究及び組織的観測が必要であることを認識し，

オゾン層の変化により生ずる悪影響から人の健康及び環境を保護することを決意して，

次のとおり協定した.

第1条（定義） この条約の適用上，

1 「オゾン層」とは，大気境界層よりも上の大気オゾンの層をいう.

2 「悪影響」とは，自然環境又は生物相の変化（気候の変化を含む.）であって，人の健康，自然の生態系及び管理された生態系の構成，回復力及び生産力又は人類に有用な物質に対し著しく有害な影響を与えるものをいう.

3 「代替技術」又は「代替装置」とは，その使用により，オゾン層に悪影響を及ぼし又は及ぼすおそれのある物質の放出を削減し又は実質的に無くすことを可能にする技術又は装置をいう.

4 「代替物質」とは，オゾン層に対する悪影響が削減され，除去され又は回避される物質をいう.

5 「締約国」とは，文脈により別に解釈される場合を除くほか，この条約の締約国をいう.

6 「地域的な経済統合のための機関」とは，特定の地域の主権国家によって構成され，この条約又はその議定書が規律する事項に関して権限を有し，かつ，その内部手続に従ってこの条約若しくはその議定書の署名，批准，受諾，承認又はこの条約若しくはその議定書への加入が正当に委任されている機関をいう.

7 「議定書」とは，この条約の議定書をいう.

第2条（一般的義務） 1　締約国は，この条約及び自国が締約国であり，かつ，効力が生じている議定書に基づき，オゾン層を変化させ又は変化させるおそれのある人の活動の結果として生じ又は生ずるおそれのある悪影響から人の健康及び環境を保護するために適当な措置をとる.

2　締約国は，この目的のため，利用することができる手段により及び自国の能力に応じ，

(a) 人の活動がオゾン層に及ぼす影響並びにオゾン層の変化が人の健康及び環境に及ぼす影響を一層理解し及び評価するため，組織的観測，研究及び情報交換を通じて協力する.

(b) 自国の管轄又は管理の下における人の活動がオゾン層を変化させ又は変化させるおそれがあり，その変化により悪影響が生じ又は生ずるおそれのあることが判明した場合には，当該活動を規制し，制限し，縮小し又は防止するため，適当な立法措置又は行政措置をとり及び適当な政策の調整に協力する.

(c) 議定書及び附属書の採択を目的として，この条約の実施のための合意された措置，手続及び基準を定めることに協力する．
(d) この条約及び自国が締約国である議定書を効果的に実施するため，関係国際団体と協力する．

3　この条約は，締約国が1及び2の措置のほかに追加的な国内措置を国際法に従ってとる権利に影響を及ぼすものではなく，また，締約国により既にとられている追加的な国内措置に影響を及ぼすものではない．ただし，当該追加的な国内措置は，この条約に基づく締約国の義務に抵触するものであってはならない．

4　この条の規定は，関連のある科学的及び技術的考慮に基づいて適用する．

第3条（研究及び組織的観測）　1　締約国は，適宜，直接に又は関係国際団体を通じて次の事項並びに附属書Ⅰ及び附属書Ⅱに定める事項に関する研究及び科学的評価に着手すること並びにその実施に協力することを約束する．
(a) オゾン層に影響を及ぼす可能性のある物理学的及び化学的過程
(b) オゾン層の変化が及ぼす人の健康に対する影響その他の生物学的影響，特に，生物学的影響のある太陽紫外放射（UV−B）の変化が及ぼす影響
(c) オゾン層の変化が及ぼす気候的影響
(d) オゾン層の変化及びそれに伴うUV−Bの変化が人類に有用な天然及び合成の物質に及ぼす影響
(e) オゾン層に影響を及ぼす可能性のある物質，習慣，製法及び活動並びにこれらの累積作用
(f) 代替物質及び代替技術
(g) 関連のある社会経済問題

2　締約国は，附属書Ⅰに定めるオゾン層の状態及び他の関連要素の組織的観測のための共同の又は相互に補完的な計画を，直接に又は関係国際団体を通じ，国内法並びに国内的及び国際的に行われている関連活動を十分に考慮して適宜推進し又は策定することを約束する．

3　締約国は，適当な世界的な資料センターを通じた研究資料及び観測資料の収集，確認及び送付が定期的かつ適時に行われることを確保するため直接に又は関係国際団体を通じて協力することを約束する．

第4条（法律，科学及び技術の分野における協力）　1　締約国は，附属書Ⅱに定めるところにより科学，技術，社会経済，商業及び法律に関する情報であってこの条約に関連のあるものの交換を円滑にし及び奨励する．当該情報は，締約国の合意する団体に提供する．当該団体は，情報を提供する締約国により秘密とされた情報を提供された場合には，当該情報がすべての締約国により入手可能となるまで，その秘密性を保護するため，当該情報を開示しないことを確保し，一括して保管する．

2　締約国は，自国の法令及び慣行に従い，開発途上国の必要を特に考慮して，技術及び知識の発展及び移転を直接に又は関係国際団体を通じて促進することに協力するその協力は，特に次の手段を通じて実施する．
(a) 他の締約国による代替技術の取得の円滑化
(b) 代替技術及び代替装置に関する情報及び特別の手引書又は案内書の提供
(c) 研究及び組織的観測に必要な装置及び設備の提供
(d) 科学上及び技術上の要員の適当な訓練

第10条（附属書の採択及び改正）　1　この条約の附属書又は議定書の附属書は，それぞれ，この条約又は当該議定書の不可分の一部を成すものとし，「この条約」又は「議定書」というときは，別段の明示の定めがない限り，附属書を含めていうものとする．附属書は，科学的，技術的及び管理的な事項に限定される．
（以下略）

第15条（投票権）　1　この条約又は議定書の各締約国は，1の票を有する．

2　地域的な経済統合のための機関は，1の規定にかかわらず，その権限の範囲内の事項について，この条約又は関連議定書の締約国であるその構成国の数と同数の票を投票する権利を行使する．当該機関は，その構成国が自国の投票権を行使する場合には，投票権を行使してはならない．その逆の場合も，同様とする．

第16条（この条約と議定書との関係）　1　国及び地域的な経済統合のための機関は，この条約の締約国である場合又は同時にこの条約の締約国となる場合を除くほか，議定書の締約国となることができない．

2　議定書に関する決定は，当該議定書の締約国が行う．

第18条（留保）　この条約については，留保は，付することができない．

附属書Ⅰ　研究及び組織的観測（略）
附属書Ⅱ　情報の交換（略）
(a) オゾン層の保護に関連のある国内法，行政措置及び法的な研究
(b) オゾン層の保護に関連のある国際取極（2国間取極を含む．）

(c) オゾン層の保護に関連のある特許権の利用の可能性並びに特許権の実施許諾の方法及び条件

88 気候変動枠組条約（抄）

気候変動に関する国際連合枠組条約
〔採択〕1992年5月9日，ニューヨーク
〔効力発生〕1994年3月21日（改正：1998年8月13日）
〔日本国〕1994年3月21日（改正：2002年6月28日）

この条約の締約国は，

地球の気候の変動及びその悪影響が人類の共通の関心事であることを確認し，

人間活動が大気中の温室効果ガスの濃度を著しく増加させてきていること，その増加が自然の温室効果を増大させていること並びにこのことが，地表及び地球の大気を全体として追加的に温暖化することとなり，自然の生態系及び人類に悪影響を及ぼすおそれがあることを憂慮し，

過去及び現在における世界全体の温室効果ガスの排出量の最大の部分を占めるのは先進国において排出されたものであること，開発途上国における1人当たりの排出量は依然として比較的少ないこと並びに世界全体の排出量において開発途上国における排出量が占める割合はこれらの国の社会的な及び開発のためのニーズに応じて増加していくことに留意し，

温室効果ガスの吸収源及び貯蔵庫の陸上及び海洋の生態系における役割及び重要性を認識し，

気候変動の予測には，特に，その時期，規模及び地域的な特性に関して多くの不確実性があることに留意し，

気候変動が地球的規模の性格を有することから，すべての国が，それぞれ共通に有しているが差異のある責任，各国の能力並びに各国の社会的及び経済的状況に応じ，できる限り広範な協力を行うこと及び効果的かつ適当な国際的対応に参加することが必要であることを確認し，

1972年6月16日にストックホルムで採択された国際連合人間環境会議の宣言の関連規定を想起し，

（略）

海面の上昇が島及び沿岸地域（特に低地の沿岸地域）に及ぼし得る悪影響に関する1989年12月22日の国際連合総会決議第206号（第44回会期）の規定及び砂漠化に対処するための行動計画の実施に関する1989年12月19日の国

気候変動枠組条約の概要

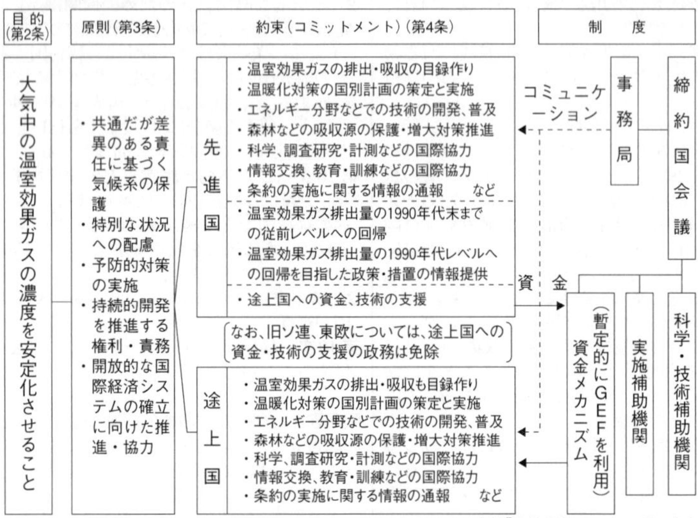

目的（第2条）
原則（第3条）
約束（コミットメント）（第4条）
制　度
大気中の温室効果ガスの濃度を安定化させること
・共通だが差異のある責任に基づく気候系の保護
・特別な状況への配慮
・予防的対策の実施
・持続的開発を推進する権利・責務
・開放的な国際経済システムの確立に向けた推進・協力
先進国
・温室効果ガスの排出・吸収の目録作り
・温暖化対策の国別計画の策定と実施
・エネルギー分野などでの技術の開発、普及
・森林などの吸収源の保護・増大対策推進
・科学、調査研究・計測などの国際協力
・情報交換、教育・訓練などの国際協力
・条約の実施に関する情報の通報　など
・温室効果ガス排出量の1990年代末までの従前レベルへの回帰
・温室効果ガス排出量の1990年代レベルへの回帰を目指した政策・措置の情報提供
・途上国への資金、技術の支援
なお、旧ソ連、東欧については、途上国への資金・技術の支援の政務は免除
途上国
・温室効果ガスの排出・吸収も目録作り
・温暖化対策の国別計画の策定と実施
・エネルギー分野などでの技術の開発、普及
・森林などの吸収源の保護・増大対策推進
・科学、調査研究・計測などの国際協力
・情報交換、教育・訓練などの国際協力
・条約の実施に関する情報の通報　など
コミュニケーション
事務局
締約国会議
資金
資金メカニズム（暫定的にGEFを利用）
実施補助機関
科学・技術補助機関

資料「最新環境キーワード 第2版」
（財団法人経済調査会発行）

際連合総会決議第172号(第44回会期)の関連規定を想起し,

更に,1985年のオゾン層の保護のためのウィーン条約並びに1990年6月29日に調整され及び改正された1987年のオゾン層を破壊する物質に関するモントリオール議定書(以下「モントリオール議定書」という)を想起し,

1990年11月7日に採択された第2回世界気候会議の閣僚昼言に留意し,

(略)

先進国が,明確な優先順位に基づき,すべての温室効果ガスを考慮に入れ,かつ,それらのガスがそれぞれ温室効果の増大に対して与える相対的な影響を十分に勘案した包括的な対応戦略(地球的,国家的及び合意がある場合には地域的な規模のもの)に向けた第一歩として,直ちに柔軟に行動することが必要であることを認め,

更に,標高の低い島しょ国その他の島しょ国,低地の沿岸地域,乾燥地城若しくは半乾燥地域又は洪水,干ばつ若しくは砂漠化のおそれのある地域を有する国及びぜい弱な山岳の生態系を有する開発途上国は,特に気候変動の悪影響を受けやすいことを認め,

経済が化石燃料の生産,使用及び輸出に特に依存している国(特に開発途上国)について,温室効果ガスの排出抑制に関してとられる措置の結果特別な困難が生ずることを認め,

持続的な経済成長の達成及び貧困の撲滅という開発途上国の正当かつ優先的な要請を十分に考慮し,気候変動への対応については,社会及び経済の開発に対する悪影響を回避するため,これらの開発との間で総合的な調整が図られるべきであることを確認し,

すべての国(特に開発途上国)が社会及び経済の持続可能な開の達成のための資源の取得の機会を必要としていること,並びに発途上国がそのような開発の達成という目標に向かって前進するため,一層高いエネルギー効率の達成及び温室効果ガスの排出の一般的な抑制の可能性(特に,新たな技術が経済的にも社会的にも有利な条件で利用されることによるそのような可能性)をも考慮に入れつつ,そのエネルギー消費を増加させる必要があることを認め,

現在及び将来の世代のために気候系を保護することを決意して,

次のとおり協定した.

第1条(定義) この条約の適用上,

1 「気候変動の悪影響」とは,気候変動に起因する自然環境又は生物相の変化であって,自然の及び管理された生態系の構成,回復力若しくは生産力,社会及び経済の機能又は人の健康及び福祉に対し著しく有害な影響を及ぼすものをいう.

2 「気候変動」とは,地球の大気の組成を変化させる人間活動に直接又は間接に起因する気候の変化であって,比較可能な期間において観測される気候の自然な変動に対して追加的に生ずるものをいう.

3 「気候系」とは,気圏,水圏,生物圏及び岩石圏の全体並びにこれらの間の相互作用をいう.

4 「排出」とは,特定の地域及び期間における温室効果ガス又はその前駆物質の大気中への放出をいう.

5 「温室効果ガス」とは,大気を構成する気体(天然のものであるか人為的に排出されるものであるかを問わない.)であって,赤外線を吸収し及び再放射するものをいう.

6 「地域的な経済統合のための機関」とは,特定の地域の主権国家によって構成され,この条約又はその議定書が規律する事項に関して権限を有し,かつ,その内部手続に従ってこの条約若しくはその議定書の署名,批准,受諾若しくは承認又はこの条約若しくはその議定書への加入が正当に委任されている機関をいう.

7 「貯蔵庫」とは,温室効果ガス又はその前駆物質を貯蔵する気候系の構成要素をいう.

8 「吸収源」とは,温室効果ガス,エーロゾル又は温室効果ガスの前駆物質を大気中から除去する作用,活動又は仕組みをいう.

9 「発生源」とは,温室効果ガス,エーロゾル又は温室効果ガスの前駆物質を大気中に放出する作用又は活動をいう.

第2条(目的) この条約及び締約国会議が採択する法的文書には,この条約の関連規定に従い,気候系に対して危険な人為的干渉を及ぼすこととならない水準において大気中の温室効果ガスの濃度を安定化させることを究極的な目的とする.そのような水準は,生態系が気候変動に自然に適応し,食糧の生産が脅かされず,かつ,経済開発が持続可能な態様で進行することができるような期間内に達成されるべきである.

第3条(原則) 締約国は,この条約の目的を達成し及びこの条約を実施するための措置をとるに当たり,特に,次に掲げるところを指針とする.

1 締約国は,衡平の原則に基づき,かつ,それぞれ共通に有しているが差異のある責任及び各国の能力に従い,人類の現在及び将来の世代のために気候系を保護すべきである.したがって,先進締約国は,率先して気候変動及びその

悪影響に対処すべきである.

2　開発途上締約国(特に気候変動の悪影響を著しく受けやすいもの)及びこの条約によって過重又は異常な負担を負うこととなる締約国(特に開発途上締約国)の個別のニーズ及び特別な事情について十分な考慮が払われるべきである.

3　締約国は,気候変動の原因を予測し,防止し又は最小限にするための予防措置をとるとともに,気候変動の悪影響を緩和すべきである.深刻な又は回復不可能な損害のおそれがある場合には,科学的な確実性が十分にないことをもって,このような予防措置とることを延期する理由とすべきではない.もっとも,気候変動に対処するための政策及び措置は,可能な限り最小の費用によって地球的規模で利益がもたらされるように費用対効果の大きいものとすることについても考慮を払うべきである.このため,これらの政策及び措置は,社会経済状況の相違が考慮され,包括的なものであり,関連するすべての温室効果ガスの発生源,吸収源及び貯蔵庫並びに適応のための措置を網羅し,かつ,経済のすべての部門を含むべきである.気候変動に対処するための努力は,関心を有する締約国の協力によっても行われ得る.

4　締約国は,持続可能な開発を促進する権利及び責務を有する.気候変動に対処するための措置をとるためには経済開発が不可欠であることを考慮し,人に起因する変化から気候系を保護するための政策及び措置については,各締約国の個別の事情に適合したものとし,各国の開発計画に組み入れるべきである.

5　締約国は,すべての締約国(特に開発途上締約国)において持続可能な経済成長及び開発をもたらし,もって締約国が一層気候変動の問題に対処することを可能にするような協力的かつ開放的な国際経済体制の確立に向けて協力すべきである.気候変動に対処するためにとられる措置(一方的なものを含む.)は,国際貿易における恣意的若しくは不当な差別の手段又は偽装した制限となるべきではない.

第4条（約束） 1　すべての締約国は,それぞれ共通に有しているが差異のある責任,各国及び地域に特有の開発の優先順位並びに各国特有の目的及び事情を考慮して,次のことを行う.

(a) 締約国会議が合意する比較可能な方法を用い,温室効果ガス(モントリオール議定書によって規制されているものを除く.)について,発生源による人為的な排出及び吸収源による除去に関する自国の目録を作成し,定期的に更新し,公表し及び第12条の規定に従って締約国会議に提供すること.

(b) 自国の(適当な場合には地域の)計画を作成し,実施し,公表し及び定期的に更新すること.この計画には,気候変動を緩和するための措置(温室効果ガス(モントリオール議定書によって規制されているものを除く.)の発生源による人為的な排出及び吸収源による除去を対象とするもの)及び気候変動に対する適応を容易にするための措置を含めるものとする.

(c) エネルギー,運輸,工業,農業,林業,廃棄物の処理その他すべての関連部門において,温室効果ガス(モントリオール議定書によって規制されているものを除く.)の人為的な排出を抑制し,削減し又は防止する技術,慣行及び方法の開発,利用及び普及(移転を含む.)を促進し,並びにこれらについて協力すること.

(d) 温室効果ガス(モントリオール議定書によって規制されているものを除く.)の吸収源及び貯蔵庫(特に,バイオマス,森林,海その他陸上,沿岸及び海洋の生態系)の持続可能な管理を促進すること並びにこのような吸収源及び貯蔵庫の保全(適当な場合には強化)を促進し並びにこれらについて協力すること.

(e) 気候変動の影響に対する適応のための準備について協力すること.沿岸地域の管理,水資源及び農業について,並びに干ばつ及び砂漠化により影響を受けた地域(特にアフリカにおける地域)並びに洪水により影響を受けた地域の保護及び回復について,適当かつ総合的な計画を作成すること.

(f) 気候変動に関し,関連する社会,経済及び環境に関する自国の政策及び措置において可能な範囲内で考慮を払うこと.気候変動を緩和し又はこれに適応するために自国が実施する事業又は措置の経済,公衆衛生及び環境に対する悪影響を最小限にするため,自国が案出し及び決定する適当な方法(例えば影響評価)を用いること.

(g) 気候変動の原因,影響,規模及び時期並びに種々の対応戦略の経済的及び社会的影響についての理解を増進し並びにこれらについて残存する不確実性を減少させ又は除去することを目的として行われる気候系に関する科学的,技術的,社会経済的研究その他の研究,組織的観測及び資料の保管制度の整備を促進し,並びにこれらについて協力すること.

(h) 気候系及び気候変動並びに種々の対応戦

略の経済的及び社会的影響に関する科学上,技術上,社会経済上及び法律上の情報について,十分な,開かれた及び迅速な交換を促進し,並びにこれらについて協力すること.

(i) 気候変動に関する教育,訓練及び啓発を促進し,これらについて協力し,並びにこれらへの広範な参加(民間団体の参加を含む.)を奨励すること.

(j) 第12条の規定に従い,実施に関する情報を締約国会議に送付すること.

2 附属書Ⅰに掲げる先進締約国その他の締約国(以下「附属書Ⅰの締約国」という.)は,特に,次に定めるところに従って約束する.

(a) 附属書Ⅰの締約国は,温室効果ガスの人為的な排出を抑制すること並びに温室効果ガスの吸収源及び貯蔵庫を保護し及び強化することによって気候変動を緩和するための自国の政策を採用し,これに沿った措置をとる[注].これらの政策及び措置は,温室効果ガスの人為的な排出の長期的な傾向をこの条約の目的に沿って修正することについて,先進国が率先してこれを行っていることを示すこととなる.二酸化炭素その他の温室効果ガス(モソトリオール議定書によって規制されているものを除く.)の人為的な排出の量を1990年代の終わりまでに従前の水準に戻すことは,このような修正に寄与するものであることが認識される.また,附属書Ⅰの締約国の出発点,対処の方法,経済構造及び資源的基盤がそれぞれ異なるものであること,強力かつ持続可能な経済成長を維持する必要があること,利用可能な技術その他の個別の事情があること,並びにこれらの締約国がこの条約の目的のための世界的な努力に対して衡平かつ適当な貢献を行う必要があることについて,考慮が払われる.附属書Ⅰの締約国が,これらの政策及び措置を他の締約国と共同して実施すること並びに他の締約国によるこの条約の目的,特に,この(a)の規定の目的の達成への貢献について当該他の締約国を支援することもあり得る.

注 これらの政策及び措置には,地域的な経済統合のための機関がとるものが含まれる.

(b) (a)の規定の目的の達成を促進するため,附属書Ⅰの締約国は,(a)に規定する政策及び措置並びにこれらの政策及び措置をとった結果(a)に規定する期間について予測される二酸化炭素その他の温室効果ガス(モントリオール議定書によって規制されているものを除く.)の発生源による人為的な排出及び吸収源による除去に関する詳細な情報を,この条約が自国について効力を生じた後6箇月以内に及びその後は定期的に,第12条の規定に従って送付する.その送付は,二酸化炭素その他の温室効果ガス(モントリオール議定書によって規制されているものを除く.)の人為的な排出の量を個別に又は共同して1990年の水準に戻すという目的をもって行われる.締約国会議は,第7条の規定に従い,第1回会合において及びその後は定期的に,当該情報について検討する.

(c) (b)の規定の適用上,温室効果ガスの発生源による排出の量及び吸収源による除去の量の算定に当たっては,入手可能な最良の科学上の知識(吸収源の実効的な能力及びそれぞれの温室効果ガスの気候変動への影響の度合に関するものを含む.)を考慮に入れるべきである.締約国会議は,この算定のための方法について,第1回会合において検討し及び合意し,その後は定期的に検討する.

(d) 締約国会議は,第1回会合において,(a)及び(b)の規定の妥当性について検討する.その検討は,気候変動及びその影響に関する入手可能な最良の科学的な情報及び評価並びに関連する技術上,社会上及び経済上の情報に照らして行う.締約国会議は,この検討に基づいて適当な措置((a)及び(b)に定める約束に関する改正案の採択を含む.)をとる.締約国会議は,また,第1回会合において,(a)に規定する共同による実施のための基準に関する決定を行う.(a)及び(b)の規定に関する2回目の検討は,1998年12月31日以前に行い,その後は締約国会議が決定する一定の間隔で,この条約の目的が達成されるまで行う.

(e) 附属書Ⅰの締約国は,次のことを行う.

(i) 適当な場合には,この条約の目的を達成するために開発された経済上及び行政上の手段を他の附属書Ⅰの締約国と調整すること.

(ii) 温室効果ガス(モントリオール議定書によって規制されているものを除く.)の人為的な排出の水準を一層高めることとなるような活動を助長する自国の政策及び慣行を特定し及び定期的に検討すること.

(f) 締約国会議は,関係する締約国の承認を得て附属書Ⅰ及び附属書Ⅱの一覧表の適当な改正について決定を行うために,1998年12月31日以前に,入手可能な情報について検討する.

(g) 附属書Ⅰの締約国以外の締約国は,批准書,受諾書,承認書若しくは加入書において又はその後いつでも,寄託者に対し,自国が

(a)及び(b)の規定に拘束される意図を有する旨を通告することができる. 寄託者は, 他の署名国及び締約国に対してその通告を通報する.

3～5（略）

6　締約国会議は, 附属書Ⅰの締約国のうち市場経済への移行の過程にあるものによる2の規定に基づく約束の履行については, これらの締約国の気候変動に対処するための能力を高めるために, ある程度の弾力的適用（温室効果ガス（モントリオール議定書によって規制されているものを除く.）の人為的な排出の量の基準として用いられる過去の水準に関するものを含む.）を認めるものとする.

7　開発途上締約国によるこの条約に基づく約束の効果的な履行の程度は, 先進締約国によるこの条約に基づく資金及び技術移転に関する約束の効果的な履行に依存しており, 経済及び社会の開発並びに貧困の撲滅が開発途上締約国にとって最優先の事項であることが十分に考慮される.

8　締約国は, この条に規定する約束の履行に当たり, 気候変動の悪影響又は対応措置の実施による影響（特に, 次の(a)から(i)までに掲げる国に対するもの）に起因する開発途上締約国の個別のニーズ及び懸念に対処するためにこの条約の下でとるべき措置（資金供与, 保険及び技術移転に関するものを含む.）について十分な考慮を払う.

(a) 島嶼(しょ)国
(b) 低地の沿岸地域を有する国
(c) 乾燥地域, 半乾燥地域, 森林地域又は森林の衰退のおそれのある地域を有する国
(d) 自然災害が起こりやすい地域を有する国
(e) 干ばつ又は砂漠化のおそれのある地域を有する国
(f) 都市の大気汚染が著しい地域を有する国
(g) ぜい弱な生態系（山岳の生態系を含む.）を有する地域を有する国
(h) 化石燃料及び関連するエネルギー集約的な製品の生産, 加工及び輸出による収入又はこれらの消費に経済が大きく依存している国
(i) 内陸国及び通過国

更に, この8の規定に関しては, 適当な場合には締約国会議が措置をとることができる.

9　締約国は, 資金供与及び技術移転に関する措置をとるに当たり, 後発開発途上国の個別のニーズ及び特別な事情について十分な考慮を払う.

10　締約国は, 第10条の規定に従い, この条約に基づく約束の履行に当たり, 気候変動に対応するための措置の実施による悪影響を受けやすい経済を有する締約国（特に開発途上締約国）の事情を考慮に入れる. この場合において, 特に, 化石燃料及び関連するエネルギー集約的な製品の生産, 加工及び輸出による収入若しくはこれらの消費にその経済が大きく依存している締約国又は化石燃料の使用にその経済が大きく依存し, かつ, 代替物への転換に重大な困難を有する締約国の事情を考慮に入れる.

第5条（研究及び組織的観測）　締約国は, 前条1(g)の規定に基づく約束の履行に当たって, 次のことを行う.

(a) 研究, 資料の収集及び組織的観測について企画し, 実施し, 評価し及び資金供与を行うことを目的とする国際的な及び政府間の計画, 協力網又は機関について, 努力の重複を最小限にする必要性に考慮を払いつつ, これらを支援し及び, 適当な場合には, 更に発展させること.
(b) 組織的観測並びに科学的及び技術的研究に関する各国（特に開発途上国）の能力を強化するための並びに各国が自国の管轄の外の区域において得られた資料及びその分析について利用し及び交換することを促進するための国際的な及び政府間の努力を支援すること.
(c) 開発途上国の特別の懸念及びニーズに考慮を払うこと並びに(a)及び(b)に規定する努力に参加するための開発途上国の固有の能力を改善することについて協力すること.

第6条（教育, 訓練及び啓発）　締約国は, 第4条1(i)の規定に基づく約束の履行に当たって, 次のことを行う.

(a) 国内的な（適当な場合には小地域的及び地域的な）規模で, 自国の法令に従い, かつ, 自国の能力の範囲内で, 次のことを促進し及び円滑にすること.
　(i) 気候変動及びその影響に関する教育啓発事業の計画の作成及び実施
　(ii) 気候変動及びその影響に関する情報の公開
　(iii) 気候変動及びその影響についての検討並びに適当な対応措置の策定への公衆の参加
　(iv) 科学, 技術及び管理の分野における人材の訓練
(b) 国際的に及び適当な場合には既存の団体を活用して, 次のことについて協力し及びこれを促進すること.
　(i) 気候変動及びその影響に関する教育及び啓発の資料の作成及び交換

(ii) 教育訓練事業の計画（特に開発途上国のためのもの．国内の教育訓練機関の強化及び教育訓練専門家を養成する者の交流又は派遣に関するものを含む．）の作成及び実施

第7条（締約国会議） 1　この条約により締約国会議を設置する．

2　締約国会議は，この条約の最高機関として，この条約及び締約国会議が採択する関連する法的文書の実施状況を定期的に検討するものとし，その権限の範囲内で，この条約の効果的な実施を促進するために必要な決定を行う．このため，締約国会議は，次のことを行う．

(a) この条約の目的，この条約の実施により得られた経験並びに科学上及び技術上の知識の進展に照らして，この条約に基づく締約国の義務及びこの条約の下における制度的な措置について定期的に検討すること．

(b) 締約国の様々な事情，責任及び能力並びにこの条約に基づくそれぞれの締約国の約束を考慮して，気候変動及びその影響に対処するために締約国が採用する措置に関する情報の交換を促進し及び円滑にすること．

(c) 2以上の締約国の要請に応じ，締約国の様々な事情，責任及び能力並びにこの条約に基づくそれぞれの締約国の約束を考慮して，気候変動及びその影響に対処するために締約国が採用する措置の調整を円滑にすること．

(d) 締約国会議が合意することとなっている比較可能な方法，特に，温室効果ガスの発生源による排出及び吸収源による除去に関する目録を作成するため並びに温室効果ガスの排出の抑制及び除去の増大に関する措置の効果を評価するための方法について，この条約の目的及び規定に従い，これらの開発及び定期的な改善を促進し及び指導すること．

(e) この条約により利用が可能となるすべての情報に基づき，締約国によるこの条約の実施状況，この条約に基づいてとられる措置の全般的な影響（特に，環境，経済及び社会に及ぼす影響並びにこれらの累積的な影響）及びこの条約の目的の達成に向けての進捗状況を評価すること．

(f) この条約の実施状況に関する定期的な報告書を検討し及び採択すること並びに当該報告書の公表を確保すること．

(g) この条約の実施に必要な事項に関する勧告を行うこと．

(h) 第4条の3から5までの規定及び第11条の規定に従って資金が供与されるよう努めること．

(i) この条約の実施に必要と認められる補助機関を設置すること．

(j) 補助機関により提出される報告書を検討し，及び補助機関を指導すること．

(k) 締約国会議及び補助機関の手続規則及び財政規則をコンセンサス方式により合意し及び採択すること．

(l) 適当な場合には，能力を有する国際機関並びに政府間及び民間の団体による役務，協力及び情報の提供を求め及び利用すること．

(m) その他この条約の目的の達成のために必要な任務及びこの条約に基づいて締約国会議に課されるすべての任務を遂行すること．

3～4（略）

5　締約国会議の特別会合は，締約国会議が必要と認めるとき又はいずれかの締約国から書面による要請のある場合において事務局がその要請を締約国に通報した後6箇月以内に締約国の少なくとも3分の1がその要請を支持するときに開催する．

6　国際連合，その専門機関，国際原子力機関及びこれらの国際機関の加盟国又はオブザーバーであってこの条約の締約国でないものは，締約国会議の会合にオブザーバーとして出席することができる．この条約の対象とされている事項について認められた団体又は機関（国内若しくは国際の又は政府若しくは民間のもののいずれであるかを問わない．）であって，締約国会議の会合にオブザーバーとして出席することを希望する旨事務局に通報したものは，当該会合に出席する締約国の3分の1以上が反対しない限り，オブザーバーとして出席することを認められる．オブザーバーの出席については，締約国会議が採択する手続規則に従う．

第8条（事務局） 1　この条約により事務局を設置する．

2　事務局は，次の任務を遂行する．

(a) 締約国会議の会合及びこの条約により設置される補助機関の会合を準備すること並びに必要に応じてこれらの会合に役務を提供すること．

(b) 事務局に提出される報告書を取りまとめ及び送付すること．

(c) 要請に応じ，締約国（特に開発途上締約国）がこの条約に従って情報を取りまとめ及び送付するに当たり，当該締約国に対する支援を円滑にすること．

(d) 事務局の活動に関する報告書を作成し，これを締約国会議に提出すること．

(e) 他の関係国際団体の事務局との必要な調整を行うこと．

(f) 締約国会議の全般的な指導の下に，事務局の任務の効果的な遂行のために必要な事務的な及び契約上の取決めを行うこと．

(g) その他この条約及びその議定書に定める事務局の任務並びに締約国会議が決定する任務を遂行すること．

3　締約国会議は，第1回会合において，常設の事務局を指定し，及びその任務の遂行のための措置をとる．

〔編者注　常設事務所は，1996年8月以来，ドイツのボンに置かれ，約200名のスタッフからなる．〕

第9条（科学上及び技術上の助言に関する補助機関） 1　この条約により科学上及び技術上の助言に関する補助機関を設置する．当該補助機関は，締約国会議及び適当な場合には他の補助機関に対し，この条約に関連する科学的及び技術的な事項に関する時宜を得た情報及び助言を提供する．当該補助機関は，すべての締約国による参加のために開放するものとし，学際的な性格を有する．当該補助機関は，関連する専門分野に関する知識を十分に有している政府の代表者により構成する．当該補助機関は，その活動のすべての側面に関して，締約国会議に対し定期的に報告を行う．

2　1の補助機関は，締約国会議の指導の下に及び能力を有する既存の国際団体を利用して次のことを行う．

(a) 気候変動及びその影響に関する科学上の知識の現状の評価を行うこと．

(b) この条約の実施に当たってとられる措置の影響に関する科学的な評価のための準備を行うこと．

(c) 革新的な，効率的な及び最新の技術及びノウハウを特定すること並びにこれらの技術の開発又は移転を促進する方法及び手段に関する助言を行うこと．

(d) 気候変動に関する科学的な計画，気候変動に関する研究及び開発における国際協力並びに開発途上国の固有の能力の開発を支援する方法及び手段に関する助言を行うこと．

(e) 締約国会議及びその補助機関からの科学，技術及び方法論に関する質問に回答すること．

3　1の補助機関の任務及び権限については，締約国会議が更に定めることができる．

第10条（実施に関する補助機関） 1　この条約により実施に関する補助機関を設置する．当該補助機関は，この条約の効果的な実施について評価し及び検討することに関して締約国会議を補佐する．当該補助機関は，すべての締約国による参加のために開放するものとし，気候変動に関する事項の専門家である政府の代表者により構成する．当該補助機関は，その活動のすべての側面に関して，締約国会議に対し定期的に報告を行う．

2　1の補助機関は，締約国会議の指導の下に，次のことを行う．

(a) 気候変動に関する最新の科学的な評価に照らして，締約国によってとられた措置の影響を全体として評価するため，第12条1の規定に従って送付される情報を検討すること．

(b) 締約国会議が第4条2(d)に規定する検討を行うことを補佐するため，第12条2の規定に従って送付される情報を検討すること．

(c) 適当な場合には，締約国会議の行う決定の準備及び実施について締約国会議を補佐すること．

第11条（資金供与の制度） 1　贈与又は緩和された条件による資金供与（技術移転のためのものを含む．）のための制度についてここに定める．この制度は，締約国会議の指導の下に機能し，締約国会議に対して責任を負う．締約国会議は，この条約に関連する政策，計画の優先度及び適格性の基準について決定する．当該制度の運営は，1又は2以上の既存の国際的組織に委託する．

2　1の資金供与の制度については，透明な管理の仕組みの下に，すべての締約国から衡平なかつ均衡のとれた形で代表されるものとする．

3　締約国会議及び1の資金供与の制度の運営を委託された組織は，1及び2の規定を実施するための取決めについて合意する．この取決めには，次のことを含む．

(a) 資金供与の対象となる気候変動に対処するための事業が締約国会議の決定する政策，計画の優先度及び適格性の基準に適合していることを確保するための方法

(b) 資金供与に関する個別の決定を(a)の政策，計画の優先度及び適格性の基準に照らして再検討するための方法

(c) 1に規定する責任を果たすため，当該組織か締約国会議に対し資金供与の実施に関して定期的に報告書を提出すること．

(d) この条約の実施のために必要かつ利用可能な資金の額について，予測し及び特定し得るような方法により決定すること，並びにこの額の定期的な検討に関する要件

（略）

第12条（実施に関する情報の送付） 1　締約国は，第4条1の規定に従い，事務局を通じて

締約国会議に対し次の情報を送付する.

(a) 温室効果ガス（モントリオール議定書によって規制されているものを除く.）の発生源による人為的な排出及び吸収源による除去に関する自国の目録. この目録は, 締約国会議が合意し及び利用を促進する比較可能な方法を用いて, 自国の能力の範囲内で作成する.

(b) この条約を実施するために締約国がとり又はとろうとしている措置の概要

(c) その他この条約の目的の達成に関連を有し及び通報に含めることが適当であると締約国が認める情報(可能なときは, 世界全体の排出量の傾向の算定に関連する資料を含む.)

2　附属書Ⅰの締約国は, 送付する情報に次の事項を含める.

(a) 第4条2の(a)及び(b)の規定に基づく約束を履行するために採用した政策及び措置の詳細

(b) (a)に規定する政策及び措置が, 温室効果ガスの発生源による人為的な排出及び吸収源による除去に関して第4条2(a)に規定する期間についてもたらす効果の具体的な見積り

3～10（略）

第13条（実施に関する問題の解決） 締約国会議は, 第1回会合において, この条約の実施に関する問題の解決のための多数国間の協議手続（締約国がその要請により利用することができるもの）を定めることを検討する.

第14条（紛争の解決） **1**　この条約の解釈又は適用に関して締約国間で紛争が生じた場合には, 紛争当事国は, 交渉又は当該紛争当事国が選択するその他の平和的手段により紛争の解決に努める.

2　地域的な経済統合のための機関でない締約国は, この条約の解釈又は適用に関する紛争について, 同一の義務を受諾する締約国との関係において次の一方又は双方の手段を当然にかつ特別の合意なしに義務的であると認めることをこの条約の批准, 受諾若しくは承認若しくはこれへの加入の際に又はその後いつでも, 寄託者に対し書面により宣言することができる.

(a) 国際司法裁判所への紛争の付託

(b) 締約国会議ができる限り速やかに採択する仲裁に関する附属書に定める手続による仲裁

地域的な経済統合のための機関である締約国は, 他に規定する手続による仲裁に関して同様の効果を有する宣言を行うことができる.

3　2の規定に基づいて行われる宣言は, 当該宣言の期間が満了するまで又は書面による当該宣言の撤回の通告が寄託者に寄託された後3箇月が経過するまでの間, 効力を有する.

4　新たな宣言, 宣言の撤回の通告又は宣言の期間の満了は, 紛争当事国が別段の合意をしない限り, 国際司法裁判所又は仲裁裁判所において進行中の手続に何ら影響を及ぼすものではない.

5　2の規定が適用される場合を除くほか, いずれかの紛争当事国が他の紛争当事国に対して紛争が存在する旨の通告を行った後12箇月以内にこれらの紛争当事国が1に定める手段によって当該紛争を解決することができなかった場合には, 当該紛争は, いずれかの紛争当事国の要請により調停に付される.

6　いずれかの紛争当事国の要請があったときは, 調停委員会が設置される. 調停委員会は, 各紛争当事国が指名する同数の委員及び指名された委員が共同で選任する委員長によって構成される. 調停委員会は, 勧告的な裁定を行い, 紛争当事国は, その裁定を誠実に検討する.

7　1から6までに定めるもののほか, 調停に関する手続は, 締約国会議ができる限り速やかに採択する調停に関する附属書に定める.

8　この条の規定は, 締約国会議が採択する関連する法的文書に別段の定めがある場合を除くほか, 当該法的文書について準用する.

第16条（この条約の附属書の採択） **1**　この条約の附属書は, この条約の不可分の一部を成すものとし,「この条約」というときは, 別段の明示の定めがない限り, 附属書を含めていうものとする. 附属書は, 表, 書式その他科学的, 技術的, 手続的又は事務的な性格を有する説明的な文書に限定される(ただし, 第14条の2(b)及び7の規定については, この限りでない.).

第17条（議定書） **1**　締約国会議は, その通常会合において, この条約の議定書を採択することができる.

2　議定書案は, 1の通常会合の少なくとも6箇月前に事務局が締約国に通報する.

3　議定書の効力発生の要件は, 当該議定書に定める.

4　この条約の締約国のみが, 議定書の締約国となることができる.

5　議定書に基づく決定は, 当該議定書の締約国のみが行う

第24条（留保） この条約には, いかなる留保も付することができない.

89 パリ協定（抄）

〔採択〕2015年12月12日
〔効力発生〕2016年11月4日／〔日本国〕2016年12月8日

前　文

この協定の締約国は，

気候変動に関する国際連合枠組条約（以下「条約」という．）の締約国として，

条約の締約国会議第17回会合における決定第1号（第17回会合）によって設けられた強化された行動のためのダーバン・プラットフォームに従い，

条約の目的を達成するため，また，条約の諸原則（衡平の原則並びに各国の異なる事情に照らした共通に有しているが差異のある責任及び各国の能力に関する原則を含む．）を指針とし，

気候変動という緊急の脅威に対し，利用可能な最良の科学上の知識に基づき効果的かつ進歩的に対応することが必要であることを認め，

また，条約に定めるところに従い，開発途上締約国（特に気候変動の悪影響を著しく受けやすいもの）の個別のニーズ及び特別な事情を認め，

資金供与及び技術移転に関し，後発開発途上国の個別のニーズ及び特別な事情について十分な考慮を払い，

締約国が気候変動のみでなく，気候変動に対応してとられる措置によっても影響を受けるおそれがあることを認め，

気候変動に対処するための行動，気候変動に対する対応及び気候変動の影響と持続可能な開発のための衡平な機会及び貧困の撲滅との間に存在する内在的な関係を強調し，

食糧安全保障及び飢餓の撲滅という基本的な優先事項並びに気候変動の悪影響に対する食糧生産体系の著しいぜい弱性を認め，

自国が定める開発の優先順位に基づく労働力の公正な移動並びに適切な仕事及び質の高い雇用の創出が必要不可欠であることを考慮し，

気候変動が人類の共通の関心事であることを確認しつつ，締約国が，気候変動に対処するための行動をとる際に，人権，健康についての権利，先住民，地域社会，移民，児童，障害者及び影響を受けやすい状況にある人々の権利並びに開発の権利に関するそれぞれの締約国の義務の履行並びに男女間の平等，女子の自律的な力の育成及び世代間の衡平を尊重し，促進し，及び考慮すべきであり，

条約に規定する温室効果ガスの吸収源及び貯蔵庫を保全し，及び適当な場合には強化することの重要性を認め，

気候変動に対処するための行動をとる際に，全ての生態系（海洋を含む．）の本来のままの状態における保全及び生物の多様性の保全（「母なる地球」として一部の文化によって認められるもの）を確保することの重要性に留意し，並びに「気候の正義」の概念の一部の者にとっての重要性に留意し，

この協定において取り扱う事項に関するあらゆる段階における教育，訓練，啓発，公衆の参加，情報の公開及び協力の重要性を確認し，

締約国のそれぞれの国内法令に従い全ての段階の政府及び種々の関係者が気候変動への対処に従事することの重要性を認め，

また，持続可能な生活様式並びに消費及び生産の持続可能な態様が，気候変動への対処において，先進締約国が率先することにより，重要な役割を果たすことを認めて，

次のとおり協定した．

【中略】

第2条

1　この協定は，条約（その目的を含む．）の実施を促進する上で，持続可能な開発及び貧困を撲滅するための努力の文脈において，気候変動の脅威に対する世界全体での対応を，次のことによるものを含め，強化することを目的とする．

(a) 世界全体の平均気温の上昇を工業化以前よりも摂氏2度高い水準を十分に下回るものに抑えること並びに世界全体の平均気温の上昇を工業化以前よりも摂氏1.5度高い水準までのものに制限するための努力を，この努力が気候変動のリスク及び影響を著しく減少させることとなるものであることを認識しつつ，継続すること．

(b) 食糧の生産を脅かさないような方法で，気候変動の悪影響に適応する能力並びに気候に対する強靱（じん）性を高め，及び温室効果ガスについて低排出型の発展を促進する能力を向上させること．

(c) 温室効果ガスについて低排出型であり，及び気候に対して強靱（じん）である発展に向けた方針に資金の流れを適合させること．

2　この協定は，衡平並びに各国の異なる事情に照らした共通に有しているが差異のある責任及び各国の能力に関する原則を反映するように実施される．

第3条

全ての締約国は，気候変動に対する世界全体での対応に向けた自国が決定する貢献（以下「国が決定する貢献」という．）に関し，前条に規定するこの協定の目的を達成するため，次条，第7

条，第9条から第11条まで及び第13条に定める野心的な努力に取り組み，並びにその努力を通報する．全ての締約国の努力については，この協定の効果的な実施のために開発途上締約国を支援することの必要性についての認識の下で，時間とともに前進を示すものとなる．

第4条

1　締約国は，第2条に定める長期的な気温に関する目標を達成するため，衡平に基づき並びに持続可能な開発及び貧困を撲滅するための努力の文脈において，今世紀後半に温室効果ガスの人為的な発生源による排出量と吸収源による除去量との間の均衡を達成するために，開発途上締約国の温室効果ガスの排出量がピークに達するまでには一層長い期間を要することを認識しつつ，世界全体の温室効果ガスの排出量ができる限り速やかにピークに達すること及びその後は利用可能な最良の科学に基づいて迅速な削減に取り組むことを目的とする．

2　各締約国は，自国が達成する意図を有する累次の国が決定する貢献を作成し，通報し，及び維持する．締約国は，当該国が決定する貢献の目的を達成するため，緩和に関する国内措置を遂行する．

3　各締約国による累次の国が決定する貢献については，各締約国によるその直前の国が決定する貢献を超える前進を示し，並びに各国の異なる事情に照らした共通に有しているが差異のある責任及び各国の能力を考慮しつつ，各締約国のできる限り高い野心を反映するものとなる．

4　先進締約国は，経済全体における排出の絶対量での削減目標に取り組むことによって，引き続き先頭に立つべきである．開発途上締約国は，自国の緩和に関する努力を引き続き強化すべきであり，各国の異なる事情に照らして経済全体における排出の削減目標又は抑制目標に向けて時間とともに移行していくことが奨励される．

5　開発途上締約国に対しては，開発途上締約国に対する強化された支援がその行動を一層野心的なものにすることを可能にするとの認識の下で，この条の規定を実施するための支援を第九条から第11条までの規定に従って提供する．

6　後発開発途上国及び開発途上にある島嶼（しょ）国は，温室効果ガスについて低排出型の発展のための戦略，計画及び行動であって，自国の特別な事情を反映するものを作成し，及び通報することができる．

8　全ての締約国は，国が決定する貢献の通報に際し，締約国会議第21回会合における決定第1号（第21回会合）及びこの協定の締約国の会合としての役割を果たす締約国会議における関連の決定に従い，明確性，透明性及び理解のために必要な情報を提供する．

9　各締約国は，締約国会議第21回会合における決定第1号（第21回会合）及びこの協定の締約国の会合としての役割を果たす締約国会議における関連の決定に従い，国が決定する貢献を5年ごとに通報する．第14条に規定する世界全体としての実施状況の検討の結果については，各締約国に対し，情報が提供される．

10　この協定の締約国の会合としての役割を果たす締約国会議は，第1回会合において，国が決定する貢献に係る共通の期間について検討する．

12　締約国が通報する国が決定する貢献については，事務局が管理する公的な登録簿に記録する．

13　締約国は，国が決定する貢献の計算を行う．締約国は，国が決定する貢献に関し，人為的な排出量及び除去量の計算を行うに際しては，この協定の締約国の会合としての役割を果たす締約国会議が採択する指針に従い，環境の保全，透明性，正確性，完全性，比較可能性及び整合性を促進し，並びに二重の計上の回避を確保する．

15　締約国は，この協定の実施に際し，対応措置により最も影響を受ける経済を有する締約国（特に開発途上締約国）の懸念を考慮に入れる．

16　2の規定の下で共同して行動することについて合意に達した締約国（地域的な経済統合のための機関及びその構成国を含む．）は，国が決定する貢献を通報する際に，事務局に対し，当該合意の条件（各締約国に割り当てられた該当する期間内の排出量の水準を含む．）を通報する．事務局は，条約の締約国及び署名国に対し，当該合意の条件を通報する．

17　16に規定する合意に達した各締約国は，13及び14の規定並びに第13条及び第15条の規定に従い，当該合意に定める自国の排出量の水準について責任を負う．

18　共同して行動する締約国がこの協定の締約国である地域的な経済統合のための機関の枠組みにおいて，かつ，当該地域的な経済統合のための機関と共に行動する場合には，当該地域的な経済統合のための機関の構成国は，個別に，かつ，当該地域的な経済統合のための機関と共に，13及び14の規定並びに第13条及び第15条の規定に従い，16の規定に基づいて通報した合意に定める自国の排出量の水準について責任を負う.

【中略】

第7条

1　締約国は, 第2条に定める気温に関する目標の文脈において, 持続可能な開発に貢献し, 及び適応に関する適当な対応を確保するため, この協定により, 気候変動への適応に関する能力の向上並びに気候変動に対する強靱(じん)性の強化及びぜい弱性の減少という適応に関する世界全体の目標を定める.

2　締約国は, 気候変動の悪影響を著しく受けやすい開発途上締約国の緊急かつ即時のニーズを考慮しつつ, 適応が地区, 地方, 国及び地域の規模並びに国際的な規模で全ての者が直面する世界全体の課題であること並びに適応が人, 生活の手段及び生態系を守るための気候変動に対する長期的な世界全体での対応の重要な構成要素であり, かつ, 当該対応に貢献するものであることを認識する.

3　開発途上締約国の適応に関する努力については, この協定の締約国の会合としての役割を果たす締約国会議が第1回会合において採択する方法に従って確認する.

4　締約国は, 現時点における適応の必要性が顕著であること及び一層高い水準の緩和が適応に関する追加的な努力の必要性を低減し得ることを認識し, 並びに一層高い適応の必要性が一層高い適応に係る費用を伴い得ることを認識する.

5　締約国は, 適応に関する行動について, 影響を受けやすい集団, 地域社会及び生態系を考慮に入れた上で, 各国主導であり, ジェンダーに配慮した, 参加型であり, 及び十分に透明性のある取組によるものとすべきであること並びに適宜適応を関連の社会経済及び環境に関する政策及び行動に組み入れるため, 利用可能な最良の科学並びに適当な場合には伝統的な知識, 先住民の知識及び現地の知識の体系に基づき, 並びにこれらを指針とするものとすべきであることを確認する.

6　締約国は, 適応に関する努力に対する支援及び適応に関する努力についての国際協力の重要性並びに開発途上締約国（特に気候変動の悪影響を著しく受けやすいもの）のニーズを考慮に入れることの重要性を認める.

7　締約国は, カンクン適応枠組みを考慮に入れつつ, 適応に関する行動の強化についての協力（次のことに関するものを含む.）を拡充すべきである.

(a) 情報, 良い事例, 経験及び得られた教訓（適当な場合には, 適応に関する行動に関連する科学, 計画, 政策及び実施に関するものを含む.）を共有すること.

(b) 関連の情報及び知識の統合並びに締約国に対する技術的な支援及び指針の提供を支援するための制度的な措置（条約に基づく措置であって, この協定のためにその役割を果たすものを含む.）を強化すること.

(c) 気候サービスに情報を提供し, 及び意思決定を支援するような方法で, 気候に関する科学上の知識（研究, 気候系の組織的観測及び早期警戒体制を含む.）を拡充すること.

(d) 開発途上締約国が, 奨励される良い事例に適合するような方法で, 適応に関する効果的な事例, 適応のニーズ, 優先事項, 適応に関する行動及び努力のために提供され, 及び受領される支援並びに課題及び隔たりを特定することができるよう支援すること.

(e) 適応に関する行動の有効性及び持続性を向上させること.

8　国際連合の専門機関は, 5の規定を考慮しつつ, 締約国が7に規定する行動を実施するために行う努力を支援することが奨励される.

9　各締約国は, 適当な場合には, 適応に関する計画の作成の過程及び行動の実施（関連の計画, 政策又は貢献の作成又は強化を含み, 及び次の事項を含むことができる.）に関与する.

(a) 適応に関する行動, 取組又は努力の実施

(b) 自国の適応に関する計画を立案し, 及び実施する過程

(c) 自国が決定する優先的な行動を立案するために行う気候変動の影響及び気候変動に対するぜい弱性の評価（影響を受けやすい人々, 場所及び生態系を考慮に入れたもの）

(d) 適応に関する計画, 政策, プログラム及び行動についてのモニタリング及び評価並びにこれらからの学習

(e) 社会経済システム及び生態系の強靱(じん)性の構築（経済の多角化及び天然資源の持続可能な管理によるものを含む.）

10　各締約国は, 適当な場合には, 開発途上締約国に追加の負担を生じさせることなく, 適応に関する情報（自国の優先事項, 実施及び支援の必要性, 計画並びに行動に関するものを含むことができる.）を定期的に提出し, 及び更新すべきである.

11　10に規定する適応に関する情報については, 適当な場合には, 他の情報若しくは文書(自国の適応に関する計画, 第4条2に規定する国が決定する貢献又は自国の情報を含む.）の構成要素として又はこれらと併せて, 定期的に

提出し，及び更新する．
12　10に規定する適応に関する情報については，事務局が管理する公的な登録簿に記録する．
13　開発途上締約国に対しては，7及び9から11までの規定を実施するための継続的であり，及び強化された国際的な支援を第九条から第11条までの規定に従って提供する．
14　第14条に規定する世界全体としての実施状況の検討においては，特に，次のことを行う．
(a) 開発途上締約国の適応に関する努力を確認すること．
(b) 10に規定する適応に関する情報を考慮しつつ，適応に関する行動の実施を促進すること．
(c) 適応及び適応のために提供された支援の妥当性及び有効性を検討すること．
(d) 1に規定する適応に関する世界全体の目標の達成に向けた全体としての進捗状況を検討すること．

第8条
1　締約国は，気候変動の悪影響（気象についての極端な事象及び緩やかに進行する事象を含む．）に伴う損失及び損害を回避し，及び最小限にし，並びにこれらに対処することの重要性を認め，並びに損失及び損害の危険性を減少させる上での持続可能な開発の役割を認識する．
2　気候変動の影響に伴う損失及び損害に関するワルシャワ国際制度（以下「ワルシャワ国際制度」という．）は，この協定の締約国の会合としての役割を果たす締約国会議の権限及び指導に従うものとし，この協定の締約国の会合としての役割を果たす締約国会議が決定するところに従って改善し，及び強化することができる．
3　締約国は，気候変動の悪影響に伴う損失及び損害に関し，協力及び促進に基づき，適当な場合には，例えばワルシャワ国際制度を通じ，理解を増進し，並びに行動及び支援を強化すべきである．
4　3に規定する理解の増進並びに行動及び支援の強化のための協力及び促進の分野には，次のものを含むことができる．
(a)　早期警戒体制
(b)　緊急事態のための準備
(c)　緩やかに進行する事象
(d)　回復不可能及び半永久的な損失及び損害を伴い得る事象
(e)　包括的なリスクの評価及び管理
(f)　リスクに対処する保険の制度，気候リスクの共同管理その他保険による解決
(g) 経済外の損失 a
(h) 地域社会，生活の手段及び生態系の強靱（じん）性
5　ワルシャワ国際制度は，この協定の下にある既存の機関及び専門家団体並びにこの協定の外にある関連の機関及び専門家団体と協力 b
する．

第9条
1　先進締約国は，条約に基づく既存の義務を継続するものとして，緩和及び適応に関し，開発途上締約国を支援するため，資金を供与する． c
2　1に規定する支援について，他の締約国は，任意に，提供すること又は引き続き提供することが奨励される．
3　先進締約国は，世界全体の努力の一環として，開発途上締約国のニーズ及び優先事項を考 d
慮しつつ，種々の行動（各国主導の戦略を支援することを含む．）を通じ，公的資金の重要な役割に留意して，多様な資金源及び経路から並びに多様な手段により気候に関する資金を動員することに引き続き率先して取り組むべき e
である．そのような気候に関する資金の動員については，従前の努力を超える前進を示すものとすべきである．
4　規模を拡大して行われる資金の供与については，適応のために公的でかつ贈与に基づく資 f
金が必要であることを考慮しつつ，各国主導の戦略並びに開発途上締約国（特に，気候変動の悪影響を著しく受けやすく，及び著しく能力に制約があるもの．例えば，後発開発途上国及び開発途上にある島嶼（しよ）国）の優先事項 g
及びニーズを考慮に入れて，適応と緩和との間の均衡を達成することを目的とすべきである．
5　先進締約国は，適当な場合には，1及び3の規定に関連する情報であって，定量的及び定性的に示されるもの（可能な場合には，開発途上 h
締約国に供与される公的資金の予定された水準を含む．）を2年ごとに通報する．資金を供与する他の締約国は，任意に当該情報を2年ごとに通報することが奨励される．
6　第14条に規定する世界全体としての実施 i
状況の検討においては，気候に関する資金に関連する努力についての先進締約国又はこの協定の機関が提供する関連の情報を考慮する．
7　先進締約国は，第13条13に定めるところによりこの協定の締約国の会合としての役割 j
を果たす締約国会議が第1回会合において採択する方法，手続及び指針に従い，開発途上締約国のために提供され，及び公的な関与を通じて動員された支援に関する透明性及び一貫性のある情報を2年ごとに提供する．他の締約 k

国は，同様に当該情報を提供することが奨励される．

8　条約の資金供与の制度（運営組織を含む．）は，この協定の資金供与の制度としての役割を果たす．

9　この協定のためにその役割を果たす組織（条約の資金供与の制度の運営組織を含む．）は，開発途上締約国（特に後発開発途上国及び開発途上にある島嶼（しょ）国）の気候に関する戦略及び計画の文脈において，簡素化された承認の手続及び受入準備のための強化された支援により，当該開発途上締約国のため資金を効率的に利用する機会を確保することを目的とする．

第10条

1　締約国は，気候変動に対する強靱（じん）性を向上させ，及び温室効果ガスの排出を削減するために技術開発及び技術移転を十分に実現することについての重要性に関する長期的な展望を共有する．

2　締約国は，この協定に基づく緩和及び適応に関する行動を実施するための技術の重要性に留意しつつ，技術の導入及び普及に関して既に行われている努力を認識して，技術開発及び技術移転に関する協力的な行動を強化する．

3　条約に基づいて設立された技術に関する制度は，この協定のためにその役割を果たす．

4　1に規定する長期的な展望の達成に向け，この協定の実施を支援するため，技術開発及び技術移転に関する強化された行動を促進し，及び円滑化するに当たり，この協定により，技術に関する制度における活動に包括的な指針を与える技術に関する枠組みを設定する．

5　イノベーションを加速し，奨励し，及び可能にすることは，気候変動に対する効果的及び長期的な世界全体での対応並びに経済成長及び持続可能な開発の促進のために不可欠である．このような努力に対しては，適当な場合には，研究及び開発に関する協調的な取組のため並びに開発途上締約国が特に技術の周期の初期の段階において技術を利用する機会を得やすくするため，支援（技術に関する制度による支援及び条約の資金供与の制度による資金上の手段を通じた支援を含む．）を行う．

6　開発途上締約国に対しては，緩和のための支援と適応のための支援との間の均衡を達成することを目指し，この条の規定の実施（技術の周期の種々の段階における技術開発及び技術移転に関する協力的な行動の強化を含む．）のための支援（資金上の支援を含む．）を提供する．第十四条に規定する世界全体としての実施状況の検討においては，開発途上締約国に対する技術開発及び技術移転のための支援に関する努力についての入手可能な情報を考慮する．

90 生物多様性条約（抄）

生物の多様性に関する条約
〔採択〕1992年6月5日，リオ・デ・ジャネイロ
〔効力発生〕1993年12月29日／〔日本国〕1993年12月29日

前　文

締約国は，

生物の多様性が有する内在的な価値並びに生物の多様性及びその構成要素が有する生態学上，遺伝上，社会上，経済上，科学上，教育上，文化上，レクリエーション上及び芸術上の価値を意識し，

生物の多様性が進化及び生物圏における生命保持の機構の維持のため重要であることを意識し，

生物の多様性の保全が人類の共通の関心事であることを確認し，

諸国が自国の生物資源について主権的権利を有することを再確認し，

諸国が，自国の生物の多様性の保全及び自国の生物資源の持続可能な利用について責任を有することを再確認し，

生物の多様性がある種の人間活動によって著しく減少していることを懸念し，

生物の多様性に関する情報及び知見が一般的に不足していること並びに適当な措置を計画し及び実施するための基本的な知識を与える科学的，技術的及び制度的能力を緊急に開発する必要があることを認識し，

生物の多様性の著しい減少又は喪失の根本原因を予想し，防止し及び取り除くことが不可欠であることに留意し，

生物の多様性の著しい減少又は喪失のおそれがある場合には，科学的な確実性が十分にないことをもって，そのようなおそれを回避し又は最小にするための措置をとることを延期する理由とすべきではないことに留意し，

更に，生物の多様性の保全のための基本的な要件は，生態系及び自然の生息地の生息域内保全並びに存続可能な種の個体群の自然の生息環境における維持及び回復であることに留意し，

更に，生息域外における措置も重要な役割を果たすこと及びこの措置は原産国においてとることが望ましいことに留意し，

伝統的な生活様式を有する多くの原住民の社会及び地域社会が生物資源に緊密にかつ伝統的に依存していること並びに生物の多様性の保全及びその構成要素の持続可能な利用に関して伝統的な知識, 工夫及び慣行の利用がもたらす利益を衡平に配分することが望ましいことを認識し,

生物の多様性の保全及び持続可能な利用において女子が不可欠の役割を果たすことを認識し, また, 生物の多様性の保全のための政策の決定及び実施のすべての段階における女子の完全な参加が必要であることを確認し,

生物の多様性の保全及びその構成要素の持続可能な利用のため, 国家, 政府間機関及び民間部門の間の国際的, 地域的及び世界的な協力が重要であること並びにそのような協力の促進が必要であることを強調し,

新規のかつ追加的な資金の供与及び関連のある技術の取得の適当な機会の提供が生物の多様性の喪失に取り組むための世界の能力を実質的に高めることが期待できることを確認し,

更に, 開発途上国のニーズに対応するため, 新規のかつ追加的な資金の供与及び関連のある技術の取得の適当な機会の提供を含む特別な措置が必要であることを確認し,

この点に関して後発開発途上国及び島嶼(しょ)国の特別な事情に留意し,

生物の多様性を保全するため多額の投資が必要であること並びに当該投資から広範な環境上, 経済上及び社会上の利益が期待されることを確認し,

経済及び社会の開発並びに貧困の撲滅が開発途上国にとって最優先の事項であることを認識し,

生物の多様性の保全及び持続可能な利用が食糧, 保健その他増加する世界の人口の必要を満たすために決定的に重要であること, 並びにこの目的のために遺伝資源及び技術の取得の機会の提供及びそれらの配分が不可欠であることを認識し,

生物の多様性の保全及び持続可能な利用が, 究極的に, 諸国間の友好関係を強化し, 人類の平和に貢献することに留意し,

生物の多様性の保全及びその構成要素の持続可能な利用のための既存の国際的な制度を強化し及び補完することを希望し,

現在及び将来の世代のため生物の多様性を保全し及び持続可能であるように利用することを決意して,

次のとおり協定した.

第1条（目的） この条約は, 生物の多様性の保全, その構成要素の持続可能な利用及び遺伝資源の利用から生ずる利益の公正かつ衡平な配分をこの条約の関係規定に従って実現することを目的とする. この目的は, 特に, 遺伝資源の取得の適当な機会の提供及び関連のある技術の適当な移転（これらの提供及び移転は, 当該遺伝資源及び当該関連のある技術についてのすべての権利を考慮して行う.）並びに適当な資金供与の方法により達成する.

第2条（用語） この条約の適用上,

「生物の多様性」とは, すべての生物（陸上生態系, 海洋その他の水界生態系, これらが複合した生態系その他生息又は生育の場のいかんを問わない.）の間の変異性をいうものとし, 種内の多様性, 種間の多様性及び生態系の多様性を含む.

「生物資源」には, 現に利用され若しくは将来利用されることがある又は人類にとって現実の若しくは潜在的な価値を有する遺伝資源, 生物又はその部分, 個体群その他生態系の生物的な構成要素を含む.

「バイオテクノロジー」とは, 物又は方法を特定の用途のために作り出し又は改変するため, 生物システム, 生物又はその派生物を利用する応用技術をいう.

「遺伝資源の原産国」とは, 生息域内状況において遺伝資源を有する国をいう.

「遺伝資源の提供国」とは, 生息域内の供給源（野生種の個体群であるか飼育種又は栽培種の個体群であるかを問わない.）から採取された遺伝資源又は生息域外の供給源から取り出された遺伝資源（自国が原産国であるかないかを問わない.）を提供する国をいう.

「飼育種又は栽培種」とは, 人がその必要を満たすため進化の過程に影響を与えた種をいう.

「生態系」とは, 植物, 動物及び微生物の群集とこれらを取り巻く非生物的な環境とが相互に作用して1の機能的な単位を成す動的な複合体をいう.

「生息域外保全」とは, 生物の多様性の構成要素を自然の生息地の外において保全することをいう.

「遺伝素材」とは, 遺伝の機能的な単位を有する植物, 動物, 微生物その他に由来する素材をいう.

「遺伝資源」とは, 現実の又は潜在的な価値を有する遺伝素材をいう.

「生息地」とは, 生物の個体若しくは個体群が自然に生息し若しくは生育している場所又はその類型をいう.

「生息域内状況」とは, 遺伝資源が生態系及び自然の生息地において存在している状況を

いい，飼育種又は栽培種については，当該飼育種又は栽培種が特有の性質を得た環境において存在している状況をいう．

「生息域内保全」とは，生態系及び自然の生息地を保全し，並びに存続可能な種の個体群を自然の生息環境において維持し及び回復することをいい，飼育種又は栽培種については，存続可能な種の個体群を当該飼育種又は栽培種が特有の性質を得た環境において維持し及び回復することをいう．

「保護地域」とは，保全のための特定の目的を達成するために指定され又は規制され及び管理されている地理的に特定された地域をいう．

「地域的な経済統合のための機関」とは，特定の地域の主権国家によって構成される機関であって，この条約が規律する事項に関しその加盟国から権限の委譲を受け，かつ，その内部手続に従ってこの条約の署名，批准，受諾若しくは承認又はこれへの加入の正当な委任を受けたものをいう．

「持続可能な利用」とは，生物の多様性の長期的な減少をもたらさない方法及び速度で生物の多様性の構成要素を利用し，もって，現在及び将来の世代の必要及び願望を満たすように生物の多様性の可能性を維持することをいう．

「技術」には，バイオテクノロジーを含む．

第3条（原則） 諸国は，国際連合憲章及び国際法の諸原則に基づき，自国の資源をその環境政策に従って開発する主権的権利を有し，また，自国の管轄又は管理の下における活動が他国の環境又はいずれの国の管轄にも属さない区域の環境を害さないことを確保する責任を有する．

第4条（適用範囲） この条約が適用される区域は，この条約に別段の明文の規定がある場合を除くほか，他国の権利を害さないことを条件として，各締約国との関係において，次のとおりとする．

(a) 生物の多様性の構成要素については，自国の管轄の下にある区域

(b) 自国の管轄又は管理の下で行われる作用及び活動（それらの影響が生ずる場所のいかんを問わない．）については，自国の管轄の下にある区域及びいずれの国の管轄にも属さない区域

第5条（協力） 締約国は，生物の多様性の保全及び持続可能な利用のため，可能な限り，かつ，適当な場合には，直接に又は適当なときは能力を有する国際機関を通じ，いずれの国の管轄にも属さない区域その他相互に関心を有する事項について他の締約国と協力する．

第6条（保全及び持続可能な利用のための一般的な措置） 締約国は，その個々の状況及び能力に応じ，次のことを行う．

(a) 生物の多様性の保全及び持続可能な利用を目的とする国家的な戦略若しくは計画を作成し，又は当該目的のため，既存の戦略若しくは計画を調整し，特にこの条約に規定する措置で当該締約国に関連するものを考慮したものとなるようにすること．

(b) 生物の多様性の保全及び持続可能な利用について，可能な限り，かつ，適当な場合には，関連のある部門別の又は部門にまたがる計画及び政策にこれを組み入れること．

第7条（特定及び監視） 締約国は，可能な限り，かつ，適当な場合には，特に次条から第10条までの規定を実施するため，次のことを行う．

(a) 附属書Ⅰに列記する区分を考慮して，生物の多様性の構成要素であって，生物の多様性の保全及び持続可能な利用のために重要なものを特定すること．

(b) 生物の多様性の構成要素であって，緊急な保全措置を必要とするもの及び持続可能な利用に最大の可能性を有するものに特別の考慮を払いつつ，標本抽出その他の方法により，(a)の規定に従って特定される生物の多様性の構成要素を監視すること．

(c) 生物の多様性の保全及び持続可能な利用に著しい悪影響を及ぼし又は及ぼすおそれのある作用及び活動の種類を特定し並びに標本抽出その他の方法によりそれらの影響を監視すること．

(d) (a)から(c)までの規定による特定及び監視の活動から得られる情報を何らかの仕組みによって維持し及び整理すること．

第8条（生息域内保全） 締約国は，可能な限り，かつ，適当な場合には，次のことを行う．

(a) 保護地域又は生物の多様性を保全するために特別の措置をとる必要がある地域に関する制度を確立すること．

(b) 必要な場合には，保護地域又は生物の多様性を保全するために特別の措置をとる必要がある地域の選定，設定及び管理のための指針を作成すること．

(c) 生物の多様性の保全のために重要な生物資源の保全及び持続可能な利用を確保するため，保護地域の内外を問わず，当該生物資源について規制を行い又は管理すること．

(d) 生態系及び自然の生息地の保護並びに存続可能な種の個体群の自然の生息環境にお

ける維持を促進すること.

(e) 保護地域における保護を補強するため, 保護地域に隣接する地域における開発が環境上適正かつ持続可能なものとなることを促進すること.

(f) 特に, 計画その他管理のための戦略の作成及び実施を通じ, 劣化した生態系を修復し及び復元し並びに脅威にさらされている種の回復を促進すること.

(g) バイオテクノロジーにより改変された生物であって環境上の悪影響（生物の多様性の保全及び持続可能な利用に対して及び得るもの）を与えるおそれのあるものの利用及び放出に係る危険について, 人の健康に対する危険も考慮して, これを規制し, 管理し又は制御するための手段を設定し又は維持すること.

(h) 生態系, 生息地若しくは種を脅かす外来種の導入を防止し又はそのような外来種を制御し若しくは撲滅すること.

(i) 現在の利用が生物の多様性の保全及びその構成要素の持続可能な利用と両立するために必要な条件を整えるよう努力すること.

(j) 自国の国内法令に従い, 生物の多様性の保全及び持続可能な利用に関連する伝統的な生活様式を有する原住民の社会及び地域社会の知識, 工夫及び慣行を尊重し, 保存し及び維持すること, そのような知識, 工夫及び慣行を有する者の承認及び参加を得てそれらの一層広い適用を促進すること並びにそれらの利用がもたらす利益の衡平な配分を奨励すること.

(k) 脅威にさらされている種及び個体群を保護するために必要な法令その他の規制措置を定め又は維持すること.

(l) 前条の規定により生物の多様性に対し著しい悪影響があると認められる場合には, 関係する作用及び活動の種類を規制し又は管理すること.

(m) (a)から(l)までに規定する生息域内保全のための財政的な支援その他の支援（特に開発途上国に対するもの）を行うことについて協力すること.

第9条（生息域外保全） 締約国は, 可能な限り, かつ, 適当な場合には, 主として生息域内における措置を補完するため, 次のことを行う.

(a) 生物の多様性の構成要素の生息域外保全のための措置をとること. この措置は, 生物の多様性の構成要素の原産国においてとることが望ましい.

(b) 植物, 動物及び微生物の生息域外保全及び研究のための施設を設置し及び維持すること. その設置及び維持は, 遺伝資源の原産国において行うことが望ましい.

(c) 脅威にさらされている種を回復し及びその機能を修復するため並びに当該種を適当な条件の下で自然の生息地に再導入するための措置をとること.

(d) (c)の規定により生息域外における特別な暫定的措置が必要とされる場合を除くほか, 生態系及び生息域内における種の個体群を脅かさないようにするため, 生息域外保全を目的とする自然の生息地からの生物資源の採取を規制し及び管理すること.

(e) (a)から(d)までに規定する生息域外保全のための財政的な支援その他の支援を行うことについて並びに開発途上国における生息域外保全のための施設の設置及び維持について協力すること.

第10条（生物の多様性の構成要素の持続可能な利用） 締約国は, 可能な限り, かつ, 適当な場合には, 次のことを行う.

(a) 生物資源の保全及び持続可能な利用についての考慮を自国の意思決定に組み入れること.

(b) 生物の多様性への悪影響を回避し又は最小にするため, 生物資源の利用に関連する措置をとること.

(c) 保全又は持続可能な利用の要請と両立する伝統的な文化的慣行に沿った生物資源の利用慣行を保護し及び奨励すること.

(d) 生物の多様性が減少した地域の住民による修復のための作業の準備及び実施を支援すること.

(e) 生物資源の持続可能な利用のための方法の開発について, 自国の政府機関と民間部門との間の協力を促進すること.

第11条（奨励措置） 締約国は, 可能な限り, かつ, 適当な場合には, 生物の多様性の構成要素の保全及び持続可能な利用を奨励することとなるような経済的及び社会的に健全な措置をとる.

第12条（研究及び訓練） 締約国は, 開発途上国の特別のニーズを考慮して, 次のことを行う.

(a) 生物の多様性及びその構成要素の特定, 保全及び持続可能な利用のための措置に関する科学的及び技術的な教育訓練事業のための計画を作成し及び維持すること並びに開発途上国の特定のニーズに対応するためこのような教育及び訓練を支援すること.

(b) 特に科学上及び技術上の助言に関する補助機関の勧告により締約国会議が行う決定

に従い，特に開発途上国における生物の多様性の保全及び持続可能な利用に貢献する研究を促進し及び奨励すること．

(c) 第16条，第18条及び第20条の規定の趣旨に沿い，生物資源の保全及び持続可能な利用のための方法の開発について，生物の多様性の研究における科学の進歩の利用を促進し及びそのような利用について協力すること．

第13条（公衆のための教育及び啓発） 締約国は，次のことを行う．

(a) 生物の多様性の保全の重要性及びその保全に必要な措置についての理解，各種の情報伝達手段によるそのような理解の普及並びにこのような題材の教育事業の計画への導入を促進し及び奨励すること．

(b) 適当な場合には，生物の多様性の保全及び持続可能な利用に関する教育啓発事業の計画の作成に当たり，他国及び国際機関と協力すること．

第14条（影響の評価及び悪影響の最小化） 1 締約国は，可能な限り，かつ，適当な場合には，次のことを行う．

(a) 生物の多様性への著しい悪影響を回避し又は最小にするため，そのような影響を及ぼすおそれのある当該締約国の事業計画案に対する環境影響評価を定める適当な手続を導入し，かつ，適当な場合には，当該手続への公衆の参加を認めること．

(b) 生物の多様性に著しい悪影響を及ぼすおそれのある計画及び政策の環境への影響について十分な考慮が払われることを確保するため，適当な措置を導入すること．

(c) 適宜，2国間の，地域的な又は多数国間の取極を締結することについて，これを促進することにより，自国の管轄又は管理の下における活動であって，他国における又はいずれの国の管轄にも属さない区域における生物の多様性に著しい悪影響を及ぼすおそれのあるものに関し，相互主義の原則に基づき，通報，情報の交換及び協議を行うことを促進すること．

(d) 自国の管轄又は管理の下で生ずる急迫した又は重大な危険又は損害が他国の管轄の下にある区域又はいずれの国の管轄にも属さない区域における生物の多様性に及ぶ場合には，このような危険又は損害を受ける可能性のある国に直ちに通報すること及びこのような危険又は損害を防止し又は最小にするための行動を開始すること．

(e) 生物の多様性に重大なかつ急迫した危険を及ぼす活動又は事象（自然に発生したものであるかないかを問わない．）に対し緊急に対応するための国内的な措置を促進し及びそのような国内的な努力を補うための国際協力（適当であり，かつ，関連する国又は地域的な経済統合のための機関の同意が得られる場合には，共同の緊急時計画を作成するための国際協力を含む．）を促進すること．

2 締約国会議は，今後実施される研究を基礎として，生物の多様性の損害に対する責任及び救済（原状回復及び補償を含む．）についての問題を検討する．ただし，当該責任が純粋に国内問題である場合を除く．

第15条（遺伝資源の取得の機会） 1 各国は，自国の天然資源に対して主権的権利を有するものと認められ，遺伝資源の取得の機会につき定める権限は，当該遺伝資源が存する国の政府に属し，その国の国内法令に従う．

2 締約国は，他の締約国が遺伝資源を環境上適正に利用するために取得することを容易にするような条件を整えるよう努力し，また，この条約の目的に反するような制限を課さないよう努力する．

3 この条約の適用上，締約国が提供する遺伝資源でこの条，次条及び第19条に規定するものは，当該遺伝資源の原産国である締約国又はこの条約の規定に従って当該遺伝資源を獲得した締約国が提供するものに限る．

4 取得の機会を提供する場合には，相互に合意する条件で，かつ，この条の規定に従ってこれを提供する．

5 遺伝資源の取得の機会が与えられるためには，当該遺伝資源の提供国である締約国が別段の決定を行う場合を除くほか，事前の情報に基づく当該締約国の同意を必要とする．

6 締約国は，他の締約国が提供する遺伝資源を基礎とする科学的研究について，当該他の締約国の十分な参加を得て及び可能な場合には当該他の締約国において，これを準備し及び実施するよう努力する．

7 締約国は，遺伝資源の研究及び開発の成果並びに商業的利用その他の利用から生ずる利益を当該遺伝資源の提供国である締約国と公正かつ衡平に配分するため，次条及び第19条の規定に従い，必要な場合には第20条及び第21条の規定に基づいて設ける資金供与の制度を通じ，適宜，立法上，行政上又は政策上の措置をとる．その配分は，相互に合意する条件で行う．

第16条（技術の取得の機会及び移転） 1 締約国は，技術にはバイオテクノロジーを含むこと並びに締約国間の技術の取得の機会の提供及び移転がこの条約の目的を達成するための不可欠の要素であることを認識し，生物の多様性の保全及び持続可能な利用に関連のある技術又は環境に著しい損害を与えることなく遺伝資源を利用する技術について，他の締約国に対する取得の機会の提供及び移転をこの条の規定に従って行い又はより円滑なものにすることを約束する．

2　開発途上国に対する１の技術の取得の機会の提供及び移転については，公正で最も有利な条件（相互に合意する場合には，緩和されたかつ特恵的な条件を含む．）の下に，必要な場合には第20条及び第21条の規定に基づいて設ける資金供与の制度に従って，これらを行い又はより円滑なものにする．特許権その他の知的所有権によって保護される技術の取得の機会の提供及び移転については，当該知的所有権の十分かつ有効な保護を承認し及びそのような保護と両立する条件で行う．この２の規定は，３から５までの規定と両立するように適用する．

3　締約国は，遺伝資源を利用する技術（特許権その他の知的所有権によって保護される技術を含む．）について，当該遺伝資源を提供する締約国（特に開発途上国）が，相互に合意する条件で，その取得の機会を与えられ及び移転を受けられるようにするため，必要な場合には第20条及び第21条の規定の適用により，国際法に従い並びに４及び５の規定と両立するような形で，適宜，立法上，行政上又は政策上の措置をとる．

4　締約国は，開発途上国の政府機関及び民間部門の双方の利益のために自国の民間部門が１の技術の取得の機会の提供，共同開発及び移転をより円滑なものにするよう，適宜，立法上，行政上又は政策上の措置をとり，これに関し，１から３までに規定する義務を遵守する．

5　締約国は，特許権その他の知的所有権がこの条約の実施に影響を及ぼす可能性があることを認識し，そのような知的所有権がこの条約の目的を助長しかつこれに反しないことを確保するため，国内法令及び国際法に従って協力する．

第17条（情報の交換）　1　締約国は，開発途上国の特別のニーズを考慮して，生物の多様性の保全及び持続可能な利用に関連する公に入手可能なすべての情報源からの情報の交換を円滑にする．

2　１に規定する情報の交換には，技術的，科学的及び社会経済的な研究の成果の交換を含むものとし，また，訓練計画，調査計画，専門知識，原住民が有する知識及び伝統的な知識に関する情報並びに前条１の技術と結び付いたこれらの情報の交換を含む．また，実行可能な場合には，情報の還元も含む．

第18条（技術上及び科学上の協力）　1　締約国は，必要な場合には適当な国際機関及び国内の機関を通じ，生物の多様性の保全及び持続可能な利用の分野における国際的な技術上及び科学上の協力を促進する．

2　締約国は，この条約の実施に当たり，特に自国の政策の立案及び実施を通じ，他の締約国（特に開発途上国）との技術上及び科学上の協力を促進する．この協力の促進に当たっては，人的資源の開発及び組織の整備という手段によって，各国の能力を開発し及び強化することに特別の考慮を払うべきである．

3　締約国会議は，その第１回会合において，技術上及び科学上の協力を促進し及び円滑にするために情報の交換の仕組みを確立する方法について決定する．

4　締約国は，この条約の目的を達成するため，自国の法令及び政策に従い，技術（原住民が有する技術及び伝統的な技術を含む．）の開発及び利用についての協力の方法を開発し並びにそのような協力を奨励する．このため，締約国は，また，人材の養成及び専門家の交流についての協力を促進する．

5　締約国は，相互の合意を条件として，この条約の目的に関連のある技術の開発のための共同研究計画の作成及び合弁事業の設立を促進する．

第19条（バイオテクノロジーの取扱い及び利益の配分）　1　締約国は，バイオテクノロジーの研究のために遺伝資源を提供する締約国（特に開発途上国）の当該研究の活動への効果的な参加（実行可能な場合には当該遺伝資源を提供する締約国における参加）を促進するため，適宜，立法上，行政上又は政策上の措置をとる．

2　締約国は，他の締約国（特に開発途上国）が提供する遺伝資源を基礎とするバイオテクノロジーから生ずる成果及び利益について，当該他の締約国が公正かつ衡平な条件で優先的に取得する機会を与えられることを促進し及び推進するため，あらゆる実行可能な措置をとる．その取得の機会は，相互に合意する条件で与えられる．

3　締約国は，バイオテクノロジーにより改変された生物であって，生物の多様性の保全及び持続可能な利用に悪影響を及ぼす可能性のあるものについて，その安全な移送，取扱い及び利用の分野における適当な手続（特に事前の情報に基づく合意についての規定を含むもの）を定める議定書の必要性及び態様について検討する．

4　締約国は，3に規定する生物の取扱いについての自国の規則（利用及び安全に係るもの）並びに当該生物が及ぼす可能性のある悪影響に関する入手可能な情報を当該生物が導入される締約国に提供する．その提供は，直接に又は自国の管轄の下にある自然人若しくは法人で当該生物を提供するものに要求することにより，行う．

第20条（資金） 1　締約国は，その能力に応じ，自国の計画及び優先度に従い，この条約の目的を達成するための各国の活動に関して財政的に支援し及び奨励することを約束する．

2　先進締約国は，開発途上締約国が，この条約に基づく義務を履行するための措置の実施に要するすべての合意された増加費用を負担すること及びこの条約の適用から利益を得ることを可能にするため，新規のかつ追加的な資金を供与する．その増加費用は，締約国会議が立案する政策，戦略，計画の優先度，適格性の基準及び増加費用の一覧表に従い，開発途上締約国と次条に規定する制度的組織との間で合意される．先進締約国以外の締約国（市場経済への移行の過程にある国を含む．）は，先進締約国の義務を任意に負うことができる．この条の規定の適用のため，締約国会議は，その第1回会合において，先進締約国及び先進締約国の義務を任意に負うその他の締約国の一覧表を作成する．締約国会議は，定期的に当該一覧表を検討し，必要に応じて改正する．その他の国及び資金源からの任意の拠出も勧奨される．これらの約束は，資金の妥当性，予測可能性及び即応性が必要であること並びに当該一覧表に掲げる拠出締約国の間の責任分担が重要であることを考慮して履行する．

3　先進締約国は，また，2国間の及び地域的その他の多数国間の経路を通じて，この条約の実施に関連する資金を供与することができるものとし，開発途上締約国は，これを利用することができる．

4　開発途上締約国によるこの条約に基づく約束の効果的な履行の程度は，先進締約国によるこの条約に基づく資金及び技術の移転に関する約束の効果的な履行に依存しており，経済及び社会の開発並びに貧困の撲滅が開発途上締約国にとって最優先の事項であるという事実が十分に考慮される．

5　締約国は，資金供与及び技術の移転に関する行動をとるに当たり，後発開発途上国の特定のニーズ及び特別な状況を十分に考慮に入れる．

6　締約国は，開発途上締約国（特に島嶼(しょ)国）における生物の多様性への依存並びに生物の多様性の分布及び所在から生ずる特別な事情も考慮に入れる．

7　開発途上国（特に，環境上最も害を受けやすいもの，例えば，乾燥地帯，半乾燥地帯，沿岸地域及び山岳地域を有するもの）の特別な状況も考慮に入れる．

第21条（資金供与の制度） 1　この条約の目的のため，贈与又は緩和された条件により開発途上締約国に資金を供与するための制度を設けるものとし，その制度の基本的な事項は，この条に定める．この条約の目的のため，当該制度は，締約国会議の管理及び指導の下に機能し，締約国会議に対して責任を負う．当該制度は，締約国会議がその第1回会合において決定する制度的組織によって運営する．この条約の目的のため，締約国会議は，第一文の資金の利用（その機会の提供を含む．）についての政策，戦略，計画の優先度及び適格性の基準を決定する．拠出については，締約国会議が定期的に決定する必要な資金の額に基づき，前条に規定する資金の予測可能性，妥当性及び即応性が必要であること並びに同条2に規定する一覧表に掲げる拠出締約国の間の責任分担が重要であることを考慮に入れる．先進締約国その他の国及び資金源から任意の拠出を行うこともできる．当該制度は，民主的で透明な管理の仕組みの下で運営する．

2　締約国会議は，この条約の目的を達成するため，その第1回会合において，資金の利用（その機会の提供を含む．）についての政策，戦略及び計画の優先度並びに適格性の詳細な基準及び指針に関する決定（資金の利用を定期的に監視し及び評価することについてのものを含む．）を行う．締約国会議は，資金供与の制度の運営を委託された制度的組織との協議の後，1の規定を実施するための取決めを決定する．

3　締約国会議は，この条約の効力発生の日から少なくとも2年を経過した日及びその後は定期的に，この条の規定に基づいて設けられる制度の有効性（2の基準及び指針の有効性を含む．）について検討するものとし，その検討に基づき，必要に応じ，当該制度の有効性を高めるために適当な措置をとる．

4　締約国は，生物の多様性の保全及び持続可能な利用のための資金を供与するため，既存の資金供与の制度を強化することについて検討する．

第22条（他の国際条約との関係） 1　この条約の規定は，現行の国際協定に基づく締約国の権利及び義務に影響を及ぼすものではない．ただし，当該締約国の権利の行使及び義務の履行が生物の多様性に重大な損害又は脅威を与える場合は，この限りでない．

2　締約国は，海洋環境に関しては，海洋法に基づく国家の権利及び義務に適合するようこの条約を実施する．

第 23 条（締約国会議）（略）

第 25 条（科学上及び技術上の助言に関する補助機関）（略）

第 26 条（報告） 締約国は，締約国会議が決定する一定の間隔で，この条約を実施するためにとった措置及びこの条約の目的を達成する上での当該措置の効果に関する報告書を締約国会議に提出する．

第 28 条（議定書の採択） 1　締約国は，この条約の議定書の作成及び採択について協力する．

2　議定書は，締約国会議の会合において採択する．

3　議定書案は，2 の会合の少なくとも 6 箇月前に事務局が締約国に通報する．

第 32 条（この条約と議定書との関係） 1　いずれの国又は地域的な経済統合のための機関も，この条約の締約国である場合又は同時にこの条約の締約国となる場合を除くほか，議定書の締約国となることができない．

2　議定書に基づく決定は，当該議定書の締約国のみが行う．当該議定書の批准，受諾又は承認を行わなかったこの条約の締約国は，当該議定書の締約国の会合にオブザーバーとして参加することができる．

第 37 条（留保） この条約には，いかなる留保も付することができない．

附属書Ⅰ　特定及び監視

1　生態系及び生息地

　高い多様性を有するもの，固有の若しくは脅威にさらされた種を多く有するもの又は原生地域を有するもの

　移動性の種が必要とするもの

　社会的，経済的，文化的又は科学的に重要であるもの

　代表的であるもの，特異なもの又は重要な進化上その他生物学上の過程に関係しているもの

2　種及び群集

　脅威にさらされているもの

　飼育種又は栽培種と近縁の野生のもの

　医学上，農業上その他経済上の価値を有するもの

　社会的，科学的又は文化的に重要であるもの

　指標種のように生物の多様性の保全及び持続可能な利用に関する研究のために重要であるもの

3　社会的，科学的又は経済的に重要であり，かつ，記載がされたゲノム及び遺伝子

附属書Ⅱ（略）

ミニ解説：生物の「多様性」がなぜ重要なのか

食物連鎖や生物間の相互関係と生物をとりまく水，大気，光などの無機的環境の相互的な関係を総合的に表す言葉が生態系であるが，人間その他の生物が生存するために，生態系の保護は不可欠である．そのため，1992 年の地球サミットにおいて，地球規模で生態系を包括的に保護するための条約として生物多様性条約が採択された．特定の種や特定の場所を保護する環境条約と相互補完関係にある．

91 生物の多様性に関する条約のバイオセーフティに関するカルタヘナ議定書（抄）

〔採択〕2000年 1 月29日，モントリオール
〔効力発生〕2003年 9 月11日／〔日本国〕2004年 2 月19日

この議定書の締約国は，

生物の多様性に関する条約（以下「条約」という．）の締約国として，

条約第 19 条 3 及び 4，第 8 条(g)並びに第 17 条の規定を想起し，

また，特に，事前の情報に基づく合意のための適当な手続を検討のために示しつつ，現代のバイオテクノロジーにより改変された生物であって生物の多様性の保全及び持続可能な利用に悪影響を及ぼす可能性のあるものの国境を越える移動に特に焦点を合わせたバイオセーフティに関する議定書を作成するとの条約の締約国会議による 1995 年 11 月 17 日の決定第 5 号（第 2 回会合）を想起し，

環境及び開発に関するリオ宣言の原則 15 に規定する予防的な取組方法を再確認し，

現代のバイオテクノロジーが急速に拡大していること及び現代のバイオテクノロジーが生物の多様性に及ぼす可能性のある悪影響（人の健康に対する危険も考慮したもの）について公衆の懸念が増大していることを認識し，

環境及び人の健康のための安全上の措置が十分にとられた上で開発され及び利用されるならば，現代のバイオテクノロジーは人類の福祉にとって多大な可能性を有することを認識し，

また，起原の中心及び遺伝的多様性の中心が人類にとって決定的に重要であることを認識し，

改変された生物に係る既知の及び潜在的な危

険の性質及び規模に対処するための多くの国，特に開発途上国の能力は限られていることを考慮し，

貿易及び環境に関する諸協定が持続可能な開発を達成するために相互に補完的であるべきことを認識し，

この議定書が現行の国際協定に基づく締約国の権利及び義務を変更することを意味するものと解してはならないことを強調し，

このことは，この議定書を他の国際協定に従属させることを意図するものではないことを了解して，

次のとおり協定した．

第1条（目的） この議定書は，環境及び開発に関するリオ宣言の原則15に規定する予防的な取組方法に従い，特に国境を越える移動に焦点を合わせて，現代のバイオテクノロジーにより改変された生物であって生物の多様性の保全及び持続可能な利用に悪影響（人の健康に対する危険も考慮したもの）を及ぼす可能性のあるものの安全な移送，取扱い及び利用の分野において十分な水準の保護を確保することに寄与することを目的とする．

第2条（一般規定） 1　締約国は，この議定書に基づく義務を履行するため，必要かつ適当な法律上の措置，行政上の措置その他の措置をとる．

2　締約国は，人の健康に対する危険も考慮して，改変された生物の作成，取扱い，輸送，利用，移送及び放出が生物の多様性に対する危険を防止し又は減少させる方法で行われることを確保する．

3　この議定書のいかなる規定も，国際法に従って確立している領海に対する国の主権，国際法に従い排他的経済水域及び大陸棚において国が有する主権的権利及び管轄権並びに国際法に定められ及び関連する国際文書に反映されている航行上の権利及び自由をすべての国の船舶及び航空機が行使することに何ら影響を及ぼすものではない．

4　この議定書のいかなる規定も，締約国が生物の多様性の保全及び持続可能な利用につきこの議定書に定める措置に比し一層の保護を与える措置をとる権利を制限するものと解してはならない．ただし，そのような措置がこの議定書の目的及び規定に適合し，かつ，国際法に基づく当該締約国の他の義務に従うものであることを条件とする．

5　締約国は，専門知識，文書及び人の健康に対する危険の分野において権限を有する国際的な場で行われる作業であって利用可能なものを適宜考慮することを奨励される．

第3条（用語） この議定書の適用上，

(a)「締約国会議」とは，条約の締約国会議をいう．

(b)「拡散防止措置の下での利用」とは，施設，設備その他の物理的な構造物の中で行われる操作であって，外部の環境との接触及び外部の環境に対する影響を効果的に制限する特定の措置によって制御されている改変された生物に係るものをいう．

(c)「輸出」とは，一の締約国から他の締約国への意図的な国境を越える移動をいう．

(d)「輸出者」とは，改変された生物の輸出を行う法人又は自然人であって輸出締約国の管轄の下にあるものをいう．

(e)「輸入」とは，一の締約国への他の締約国からの意図的な国境を越える移動をいう．

(f)「輸入者」とは，改変された生物の輸入を行う法人又は自然人であって輸入締約国の管轄の下にあるものをいう．

(g)「改変された生物」とは，現代のバイオテクノロジーの利用によって得られる遺伝素材の新たな組合せを有する生物をいう．

(h)「生物」とは，遺伝素材を移転し又は複製する能力を有するあらゆる生物学上の存在（不稔性の生物，ウイルス及びウイロイドを含む．）をいう．

(i)「現代のバイオテクノロジー」とは，自然界における生理学上の生殖又は組換えの障壁を克服する技術であって伝統的な育種及び選抜において用いられない次のものを適用することをいう．

a　生体外における核酸加工の技術（組換えデオキシリボ核酸（組換えＤＮＡ）の技術及び細胞又は細胞小器官に核酸を直接注入することを含む．）

b　異なる分類学上の科に属する生物の細胞の融合

(j)「地域的な経済統合のための機関」とは，特定の地域の主権国家によって構成される機関であって，この議定書が規律する事項に関しその加盟国から権限の委譲を受け，かつ，その内部手続に従いこの議定書の署名，批准，受諾若しくは承認又はこれへの加入について正当な委任を受けたものをいう．

(k)「国境を越える移動」とは，第17条及び第24条の規定の適用上締約国と非締約国との間の移動について適用される場合を除くほか，改変された生物の一の締約国から他の締約国への移動をいう．

第4条（適用範囲） この議定書は，生物の多様性の保全及び持続可能な利用に悪影響（人の

健康に対する危険も考慮したもの）を及ぼす可能性のあるすべての改変された生物の国境を越える移動，通過，取扱い及び利用について適用する．

第5条（医薬品） この議定書は，前条の規定にかかわらず，他の関連する国際協定又は国際機関において取り扱われる人のための医薬品である改変された生物の国境を越える移動については，適用しない．もっとも，締約国が輸入の決定に先立ちすべての改変された生物を危険性の評価の対象とする権利を害するものではない．

第6条（通過及び拡散防止措置の下での利用）

1　事前の情報に基づく合意の手続に関するこの議定書の規定は，第4条の規定にかかわらず，改変された生物の通過については，適用しない．もっとも，通過国である締約国がその領域を通過する改変された生物の輸送を規制する権利及び特定の改変された生物の当該領域の通過について行われる決定であって第2条3の規定に従うものをバイオセーフティに関する情報交換センターに提供する権利を害するものではない．

2　事前の情報に基づく合意の手続に関するこの議定書の規定は，第4条の規定にかかわらず，輸入締約国の基準に従って行われる拡散防止措置の下での利用を目的とする改変された生物の国境を越える移動については，適用しない．もっとも，締約国が輸入の決定に先立ちすべての改変された生物を危険性の評価の対象とする権利及びその管轄内における拡散防止措置の下での利用のための基準を設定する権利を害するものではない．

第7条（事前の情報に基づく合意の手続の適用） 1　次条から第10条まで及び第12条に定める事前の情報に基づく合意の手続は，第5条及び前条の規定に従うことを条件として，輸入締約国の環境への意図的な導入を目的とする改変された生物の最初の意図的な国境を越える移動に先立って適用する．

2　1にいう「環境への意図的な導入」は，食料若しくは飼料として直接利用し又は加工することを目的とする改変された生物についていうものではない．

3　食料若しくは飼料として直接利用し又は加工することを目的とする改変された生物については，その最初の国境を越える移動に先立って，第11条の規定を適用する．

4　事前の情報に基づく合意の手続は，この議定書の締約国の会合としての役割を果たす締約国会議の決定により，生物の多様性の保全及び持続可能な利用に悪影響（人の健康に対する a 危険も考慮したもの）を及ぼすおそれがないものとして特定された改変された生物の意図的な国境を越える移動については，適用しない．

第8条（通告） 1　輸出締約国は，前条1の規 b 定の対象となる改変された生物の意図的な国境を越える移動に先立ち，輸入締約国の権限のある当局に対して書面により当該移動について通告し，又は輸出者がその通告を確実に行うよう義務付ける．その通告には，少なくとも附 c 属書Ⅰに定める情報を含める．

2　輸出締約国は，輸出者の提供する情報を正確なものとするための法的要件を設けることを確保する．

第9条（通告の受領の確認） 1　輸入締約国は， d 通告を受領してから90日以内に，当該通告をした者に対して書面により当該通告の受領を確認する．

2～4（略）

第10条（決定手続） 1　輸入締約国による決 e 定は，第15条の規定に従って行う．

2　輸入締約国は，前条に定める期間内に，通告をした者に対して次のいずれかのことを書面により通報する．

(a) 自国が書面による同意を与えた後におい f てのみ，意図的な国境を越える移動を行うことができること．

(b) 少なくとも90日を経過した後，その後の書面による同意なしに意図的な国境を越える移動を行うことができること． g

3～5（略）

6　改変された生物が輸入締約国における生物の多様性の保全及び持続可能な利用に及ぼす可能性のある悪影響（人の健康に対する危険も考慮したもの）の程度に関し，関連する科学 h 的な情報及び知識が不十分であるために科学的な確実性のないことは，当該輸入締約国がそのような悪影響を回避し又は最小にするため，適当な場合には，当該改変された生物の輸入について3に規定する決定を行うことを妨 i げるものではない．

7　この議定書の締約国の会合としての役割を果たす締約国会議は，その第一回会合において，輸入締約国の意思決定を容易にするための適当な手続及び制度について決定する． j

第11条（食料若しくは飼料として直接利用し又は加工することを目的とする改変された生物のための手続） 1　食料若しくは飼料として直接利用し又は加工することを目的として行われる国境を越える移動の対象となり得る k

改変された生物の国内利用（市場取引に付することを含む.）について最終的な決定を行う締約国は，当該決定から15日以内に，バイオセーフティに関する情報交換センターを通じて当該決定を他の締約国に通報する．その通報には，少なくとも附属書Ⅱに定める情報を含める．当該締約国は，同センターを利用することができないことを事前に事務局に通報した締約国の中央連絡先に対して，書面により通報の写しを提供する．この1の規定は，屋外試験についての決定については，適用しない．

2～7（略）

8　改変された生物が輸入締約国における生物の多様性の保全及び持続可能な利用に及ぼす可能性のある悪影響（人の健康に対する危険も考慮したもの）の程度に関し，関連する科学的な情報及び知識が不十分であるために科学的な確実性のないことは，当該輸入締約国がそのような悪影響を回避し又は最小にするため，適当な場合には，食料若しくは飼料として直接利用し又は加工することを目的とする当該改変された生物の輸入について決定することを妨げるものではない．

9　締約国は，食料若しくは飼料として直接利用し又は加工することを目的とする改変された生物についての財政上及び技術上の支援並びに能力の開発に関するニーズを表明することができる．締約国は，第22条及び第28条の規定に従い，これらのニーズを満たすために協力する．

第12条（決定の再検討） 1　輸入締約国は，生物の多様性の保全及び持続可能な利用に及ぼす可能性のある悪影響（人の健康に対する危険も考慮したもの）に関する新たな科学的な情報に照らし，意図的な国境を越える移動についての決定をいつでも再検討し，変更することができる．そのような場合には，当該輸入締約国は，30日以内に，先に当該決定に係る改変された生物の移動について通告をした者及びバイオセーフティに関する情報交換センターに通報するとともに，その変更についての決定の理由を明示する．

2　輸出締約国又は通告をした者は，次のいずれかのことがあると認める場合には，輸入締約国に対し，当該輸入締約国が第10条の規定に従って自国について行った決定を再検討するよう要請することができる．

(a) 当該決定の基礎となった危険性の評価の結果に影響を及ぼし得る状況の変化が生じたこと．

(b) 追加的な関連の科学的又は技術的な情報が利用可能となったこと．

3　輸入締約国は，2に規定する要請に対する決定を90日以内に書面により回答するとともに，当該決定の理由を明示する．

4　輸入締約国は，その裁量により，2回目以降の輸入について危険性の評価を実施することを義務付けることができる．

第13条（略）

第14条（二国間の，地域的な及び多数国間の協定及び取決め） 1　締約国は，改変された生物の意図的な国境を越える移動に関する二国間の，地域的な及び多数国間の協定及び取決めであってこの議定書の目的に適合するものを締結することができる．ただし，これらの協定及び取決めがこの議定書に定める保護の水準よりも低い水準の保護を与えることにならないことを条件とする．

2　締約国は，1に規定する二国間の，地域的な及び多数国間の協定及び取決めであってこの議定書の効力発生の日の前又は後に締結したもののすべてを，バイオセーフティに関する情報交換センターを通じて相互に通報する．

3　この議定書の規定は，1に規定する協定又は取決めの締約国がこれらの協定又は取決めにより行う意図的な国境を越える移動に影響を及ぼすものではない．

4　締約国は，自国の国内規制を自国への特定の輸入について適用することを決定することができるものとし，その決定をバイオセーフティに関する情報交換センターに通報する．

第15条（危険性の評価） 1　この議定書に従って行われる危険性の評価は，附属書Ⅲの規定に従い，認められた危険性の評価の技術を考慮して，科学的に適正な方法で実施する．そのような危険性の評価は，改変された生物が生物の多様性の保全及び持続可能な利用に及ぼす可能性のある悪影響（人の健康に対する危険も考慮したもの）を特定し及び評価するため，少なくとも，第8条の規定により提供される情報及びその他の入手可能な科学的な証拠に基づいて実施する．

2　輸入締約国は，危険性の評価が第10条の規定に従って行われる決定のために実施されることを確保する．輸入締約国は，輸出者に対し危険性の評価を実施することを要求することができる．

3　危険性の評価の費用は，輸入締約国が要求する場合には，通告をした者が負担する．

第16条（危険の管理） 1　締約国は，条約第8条の規定を考慮して，この議定書の危険性の評価に関する規定によって特定された危険であって,改変された生物の利用,取扱い及び国境を越える移動に係るものを規制し,管理し及び制御するための適当な制度,措置及び戦略を定め及び維持する.

2　危険性の評価に基づく措置は,輸入締約国の領域内において,改変された生物が生物の多様性の保全及び持続可能な利用に及ぼす悪影響（人の健康に対する危険も考慮したもの）を防止するために必要な範囲内でとる.

3　締約国は,改変された生物の意図的でない国境を越える移動を防止するため,改変された生物の最初の放出に先立って危険性の評価を実施することを義務付ける措置等の適当な措置をとる.

4　締約国は,２の規定の適用を妨げることなく,輸入されたものか国内で作成されたものかを問わず,改変された生物が意図された利用に供される前にその生活環又は世代時間に相応する適当な期間観察されることを確保するよう努める.

5　締約国は,次のことのために協力する.

(a) 生物の多様性の保全及び持続可能な利用に悪影響（人の健康に対する危険も考慮したもの）を及ぼす可能性のある改変された生物又はその具体的な形質を特定すること.

(b) (a)の改変された生物の取扱い又はその具体的な形質に係る取扱いについて適当な措置をとること.

第17条（意図的でない国境を越える移動及び緊急措置） 1　締約国は,生物の多様性の保全及び持続可能な利用に著しい悪影響（そのような影響を受け又は受ける可能性のある国における人の健康に対する危険も考慮したもの）を及ぼすおそれのある改変された生物の意図的でない国境を越える移動につながり又はつながる可能性のある放出をもたらす事態が自国の管轄下において生じたことを知った場合には,これらの国,バイオセーフティに関する情報交換センター及び適当な場合には関連する国際機関に通報するための適当な措置をとる.その通報は,締約国がそのような状況を知ったときは,できる限り速やかに行う.

2　締約国は,この議定書が自国について効力を生ずる日までに,この条の規定に基づく通報を受領するための自国の連絡先が明示されている関連事項をバイオセーフティに関する情報交換センターに対して利用可能にする.

3　１の規定に基づく通報には,次の事項を含めるべきである.

(a) 改変された生物の推定される量及び関連する特性又は形質に関する入手可能な関連情報

(b) 放出の状況及びその推定される日並びに当該放出が生じた締約国における改変された生物の利用に関する情報

(c) 生物の多様性の保全及び持続可能な利用に及ぼす可能性のある悪影響（人の健康に対する危険も考慮したもの）並びに危険の管理のためにとり得る措置に関する入手可能な情報

(d) その他の関連情報

(e) 追加的な情報のための連絡先

4　締約国は,その管轄下において１に規定する改変された生物の放出が生じたときは,生物の多様性の保全及び持続可能な利用に及ぼす著しい悪影響（人の健康に対する危険も考慮したもの）を最小にするため,そのような悪影響を受け又は受ける可能性のある国が適切な対応を決定し及び緊急措置を含む必要な行動を開始することができるよう,これらの国と直ちに協議する.

第18条（取扱い,輸送,包装及び表示） 1　締約国は,生物の多様性の保全及び持続可能な利用に及ぼす悪影響（人の健康に対する危険も考慮したもの）を回避するため,関連する国際的な規則及び基準を考慮して,意図的な国境を越える移動の対象となる改変された生物であってこの議定書の対象とされるものが安全な状況の下で取り扱われ,包装され及び輸送されることを義務付けるために必要な措置をとる.

2　締約国は,次のことを義務付ける措置をとる.

(a) 食料若しくは飼料として直接利用し又は加工することを目的とする改変された生物に添付する文書において,改変された生物を「含む可能性がある」こと及び環境への意図的な導入を目的とするものではないこと並びに追加的な情報のための連絡先を明確に表示すること.このため,この議定書の締約国の会合としての役割を果たす締約国会議は,この議定書の効力発生の日から２年以内に,これらの改変された生物の識別についての情報及び統一された識別記号を明記することを含む表示に関する詳細な要件について決定する.

(b) 拡散防止措置の下での利用を目的とする改変された生物に添付する文書において,これらが改変された生物であることを明確に表示し,並びに安全な取扱い,保管,輸送及び利用に関する要件並びに追加的な情報のための連絡先（これらの改変された生物の仕向先である個人又は団体の氏名又は名称及び住所を含む.）を明記すること.

(c) 輸入締約国の環境への意図的な導入を目的とする改変された生物及びこの議定書の対象とされるその他の改変された生物に添付する文書において，これらが改変された生物であることを明確に表示し，並びにその識別についての情報及び関連する形質又は特性，安全な取扱い，保管，輸送及び利用に関する要件，追加的な情報のための連絡先並びに適当な場合には輸入者及び輸出者の氏名又は名称及び住所を明記し，また，当該文書にこれらの改変された生物の移動が輸出者に適用されるこの議定書の規定に従って行われるものである旨の宣言を含めること.

3　この議定書の締約国の会合としての役割を果たす締約国会議は，他の関連する国際機関と協議して，表示，取扱い，包装及び輸送の方法に関する基準を作成する必要性及び態様について検討する.

第21条（秘密の情報） 1　輸入締約国は，通告をした者に対し，この議定書の手続に従って提出された情報又はこの議定書に定める事前の情報に基づく合意の手続の一部として当該輸入締約国が必要とする情報であって，秘密のものとして取り扱われるべきものを特定することを認める．その特定が行われる場合において，当該輸入締約国が要請するときは，その理由が示されるものとする.

2　輸入締約国は，通告をした者が秘密のものとして特定した情報がそのような取扱いの対象とはならないと認める場合には，当該通告をした者と協議し，開示に先立ち当該通告をした者に対し自国の決定を通報する．そのような通報を行う場合には，輸入締約国は，当該通告をした者の要請に応じて当該決定の理由を示し，並びに開示に先立ち協議の機会及び当該決定についての内部における検討の機会を提供する.

3　締約国は，この議定書に定める事前の情報に基づく合意の手続において受領した秘密の情報等この議定書に基づいて受領した秘密の情報を保護する．締約国は，そのような情報を保護する手続を有することを確保し，及び国内で生産される改変された生物に関する秘密の情報の取扱いよりも不利でない方法でそのような情報の秘密性を保護する.

4　輸入締約国は，通告をした者の書面による同意がある場合を除くほか，秘密の情報を商業上の目的のために利用してはならない.

5　輸入締約国は，通告をした者がその通告を撤回する場合又は既に撤回している場合には，研究及び開発に関する情報，その秘密性について自国及び当該通告をした者の意見が一致しない情報等の商業上及び産業上の情報の秘密性を尊重する.

6　次の情報は，5の規定の適用を妨げることなく，秘密のものとはみなさない.

(a) 通告をした者の氏名又は名称及び住所

(b) 改変された生物に関する一般的な説明

(c) 生物の多様性の保全及び持続可能な利用に及ぼす影響（人の健康に対する危険も考慮したもの）についての危険性の評価の概要

(d) 緊急事態に対応するための方法及び計画

第22条（略）

第23条（公衆の啓発及び参加） 1　締約国は，次のことを行う.

(a) 生物の多様性の保全及び持続可能な利用に関し，人の健康に対する危険も考慮して，改変された生物の安全な移送，取扱い及び利用に係る公衆の啓発，教育及び参加を促進し，及び容易にすること．これらのことを行うに当たり，締約国は，適当な場合には，他の国及び国際的な団体と協力する.

(b) 公衆の啓発及び教育には，この議定書に従って特定される改変された生物であって輸入される可能性のあるものに関する情報の取得の機会の提供を含めることを確保するよう努めること.

2　締約国は，第21条の規定に従って秘密の情報を尊重しつつ，自国の法令に従って改変された生物についての意思決定の過程において公衆の意見を求め，当該意思決定の結果を公衆が知ることのできるようにする.

3　締約国は，バイオセーフティに関する情報交換センターを利用する方法について自国の公衆に周知させるよう努力する.

第24条（非締約国） 1　締約国と非締約国との間の改変された生物の国境を越える移動は，この議定書の目的に適合するものでなければならない．締約国は，そのような国境を越える移動に関する二国間の，地域的な及び多数国間の協定及び取決めを非締約国との間で締結することができる.

2　締約国は，非締約国に対し，この議定書に参加し及び当該非締約国の管轄の下にある区域において放出され又は当該区域に若しくは当該区域から移動する改変された生物に関する適当な情報をバイオセーフティに関する情報交換センターに提供することを奨励する.

第25条（不法な国境を越える移動） 1　締約国は，この議定書を実施するための自国の国内措置に違反して行われる改変された生物の国境を越える移動を防止し及び適当な場合には処罰するための適当な国内措置をとる．そのような移動は，不法な国境を越える移動とする．

2　不法な国境を越える移動があった場合には，その影響を受けた締約国は，当該移動が開始された締約国に対し，当該改変された生物を当該移動が開始された締約国の負担で適宜送り返し又は死滅させることによって処分することを要請することができる．

3　締約国は，自国についての不法な国境を越える移動の事例に関する情報をバイオセーフティに関する情報交換センターに対して利用可能にする．

第26条（社会経済上の配慮） 1　締約国は，この議定書又はこの議定書を実施するための国内措置に従い輸入について決定するに当たり，特に原住民の社会及び地域社会にとっての生物の多様性の価値との関連において，改変された生物が生物の多様性の保全及び持続可能な利用に及ぼす影響に関する社会経済上の配慮を自国の国際的な義務に即して考慮することができる．

2　締約国は，改変された生物の社会経済的な影響（特に原住民の社会及び地域社会に及ぼすもの）に関する研究及び情報交換について協力することを奨励される．

第27条（責任及び救済） この議定書の締約国の会合としての役割を果たす締約国会議は，その第一回会合において，改変された生物の国境を越える移動から生ずる損害についての責任及び救済の分野における国際的な規則及び手続を適宜作成することに関する方法を，これらの事項につき国際法の分野において進められている作業を分析し及び十分に考慮しつつ採択し，並びにそのような方法に基づく作業を四年以内に完了するよう努める．

第32条（条約との関係） 条約における議定書に関する規定は，この議定書に別段の定めがある場合を除くほか，この議定書について適用する．

> **ミニ解説：遺伝子組み換え作物への対応**
>
> 交配などの品種改良ではなく，自然界では起こりえないような操作を行う「遺伝子組み換え」とその安全性については，今日でも賛否両論がある．カルタヘナ議定書は，生物多様性条約の枠内で，遺伝子組み換え作物が越境移動する際に，それを輸入する国による事前の同意を得るための枠組みを定めた．なお，同じ生物多様性条約の下では，遺伝資源の公正な配分に関する名古屋議定書も，2010年に採択された．

92 ワシントン野生動植物取引規制条約（抄）

絶滅のおそれのある野生動植物の種の国際取引に関する条約
〔採択〕1973年3月3日，ワシントン
〔効力発生〕1975年7月1日（改正：1987年4月13日）／〔日本国〕1980年11月4日（改正：1987年4月13日）

締約国は，

美しくかつ多様な形体を有する野生動植物が現在及び将来の世代のために保護されなければならない地球の自然の系のかけがえのない一部をなすものであることを認識し，

野生動植物についてはその価値が芸術上，科学上，文化上，レクリエーション上及び経済上の見地から絶えず増大するものであることを意識し，

国民及び国家がそれぞれの国における野生動植物の最良の保護者であり，また，最良の保護者でなければならないことを認識し，

更に，野生動植物の一定の種が過度に国際取引に利用されることのないようこれらの種を保護するために国際協力が重要であることを認識し，

このため，適当な措置を緊急にとる必要があることを確信して，

次のとおり協定した．

第1条（定義） この条約の適用上，文脈によって別に解釈される場合を除くほか，

(a)「種」とは，種若しくは亜種又は種若しくは亜種に係る地理的に隔離された個体群をいう．

(b)「標本」とは，次のものをいう．

(i) 生死の別を問わず動物又は植物の個体

(ii) 動物にあっては，附属書Ⅰ若しくは附属書Ⅱに掲げる種の個体の部分若しくは派生物であって容易に識別することができるもの，又は附属書Ⅲに掲げる種の個体の部分若しくは派生物であって容易に識別することができるもののうちそれぞれの種について附属書Ⅲにより特定されるもの

(iii) 植物にあっては，附属書Ⅰに掲げる種の個体の部分若しくは派生物であって容易に識別することができるもの，又は附属書Ⅱ若しくは附属書Ⅲに掲げる種の個体の部分若しくは派生物であって容易に識別することができるもののうちそれぞれの種について附属書Ⅱ若しくは附属書Ⅲにより特定されるもの

(c)「取引」とは，輸出，再輸出，輸入又は海からの持込みをいう．

(d)「再輸出」とは，既に輸入されている標本を輸出することをいう．

(e)「海からの持込み」とは，いずれの国の管轄の下にもない海洋環境において，捕獲され又は採取された種の標本をいずれかの国へ輸送することをいう．

(f)「科学当局」とは，第９条の規定により指定される国の科学機関をいう．

(g)「管理当局」とは，第９条の規定により指定される国の管理機関をいう．

(h)「締約国」とは，その国についてこの条約が効力を生じている国をいう．

第２条（基本原則） 1　附属書Ⅰには，絶滅のおそれのある種であって取引による影響を受けており又は受けることのあるものを掲げる．これらの種の標本の取引は，これらの種の存続を更に脅かすことのないよう特に厳重に規制するものとし，取引が認められるのは，例外的な場合に限る．

2　附属書Ⅱには，次のものを掲げる．

(a) 現在必ずしも絶滅のおそれのある種ではないが，その存続を脅かすこととなる利用がされないようにするためにその標本の取引を厳重に規制しなければ絶滅のおそれのある種となるおそれのある種

(b) (a)の種以外の種であって，(a)の種の標本の取引を効果的に取り締まるために規制しなければならない種

3　附属書Ⅲには，いずれかの締約国が，捕獲又は採取を防止し又は制限するための規制を自国の管轄内において行う必要があると認め，かつ，取引の取締りのために他の締約国の協力が必要であると認める種を掲げる．

4　締約国は，この条約に定めるところによる場合を除くほか，附属書Ⅰ，附属書Ⅱ及び附属書Ⅲに掲げる種の標本の取引を認めない．

第３条（附属書Ⅰに掲げる種の標本の取引に対する規制） 1　附属書Ⅰに掲げる種の標本の取引は，この条に定めるところにより行う．

2　附属書Ⅰに掲げる種の標本の輸出については，事前に発給を受けた輸出許可書を事前に提出することを必要とする．輸出許可書は，次の条件が満たされた場合にのみ発給される．

(a) 輸出国の科学当局が，標本の輸出が当該標本に係る種の存続を脅かすこととならないと助言したこと．

(b) 輸出国の管理当局が，標本が動植物の保護に関する自国の法令に違反して入手されたものでないと認めること．

(c) 生きている標本の場合には，輸出国の管理当局が，傷を受け，健康を損ね若しくは生育を害し又は虐待される危険性をできる限り小さくするように準備され，かつ，輸送されると認めること．

(d) 輸出国の管理当局が，標本につき輸入許可書の発給を受けていると認めること．

3　附属書Ⅰに掲げる種の標本の輸入については，事前に発給を受けた輸入許可書及び輸出許可書又は輸入許可書及び再輸出証明書を事前に提出することを必要をする．輸入許可書は，次の条件が満たされた場合にのみ発給される．

(a) 輸入国の科学当局が，標本の輸入が当該標本に係る種の存続を脅かす目的のために行われるものでないと助言したこと．

(b) 生きている標本の場合には，輸入国の科学当局が，受領しようとする者がこれを収容し及びその世話をするための適当な設備を有していると認めること．

(c) 輸入国の管理当局が，標本が主として商業的目的のために使用されるものでないと認めること．

4　附属書Ⅰに掲げる種の標本の再輸出については，事前に発給を受けた再輸出証明書を事前に提出することを必要とする．再輸出証明書は，次の条件が満たされた場合にのみ発給される．

(a) 再輸出国の管理当局が，標本がこの条約に定めるところにより自国に輸入されたと認めること．

(b) 生きている標本の場合には，再輸出国の管理当局が，傷を受け，健康を損ね若しくは生育を害し又は虐待される危険性をできる限り小さくするように準備され，かつ，輸送されると認めること．

(c) 生きている標本の場合には，再輸出国の管理当局が，輸入許可書の発給を受けていると認めること．

5　附属書Ⅰに掲げる種の標本の海からの持込みについては，当該持込みがされる国の管理当局から事前に証明書の発給を受けていることを必要とする．証明書は，次の条件が満たされた場合にのみ発給される．

(a) 当該持込みがされる国の科学当局が，標本の持込みが当該標本に係る種の存続を脅かすこととならないと助言していること．

(b) 生きている標本の場合には，当該持込みがされる国の管理当局が，受領しようとする者がこれを収容し及びその世話をするための適当な設備を有していると認めること．

(c) 当該持込みがされる国の管理当局が，標本が主として商業的目的のために使用されるものでないと認めること．

第４条（附属書Ⅱに掲げる種の標本の取引に対する規制） 1　附属書Ⅱに掲げる種の標本の取引は，この条に定めるところにより行う．

2　附属書Ⅱに掲げる種の標本の輸出については，事前に発給を受けた輸出許可書を事前に提出することを必要とする．輸出許可書は，次の条件が満たされた場合にのみ発給される．

(a) 輸出国の科学当局が，標本の輸出が当該標本に係る種の存続を脅かすこととならないと助言したこと．

(b) 輸出国の管理当局が，標本が動植物の保護に関する自国の法令に違反して入手されたものでないと認めること．

(c) 生きている標本の場合には，輸出国の管理当局が，傷を受け，健康を損ね若しくは生育を害し又は虐待される危険性をできる限り小さくするように準備され，かつ，輸送されると認めること．

3　締約国の科学当局は，附属書Ⅱに掲げる種の標本に係る輸出許可書の自国による発給及びこれらの標本の実際の輸出について監視する．科学当局は，附属書Ⅱに掲げるいずれかの種につき，その属する生態系における役割を果たすことのできる個体数の水準を及び附属書Ⅰに掲げることとなるような当該いずれかの種の個体数の水準よりも十分に高い個体数の水準を当該いずれかの種の分布地域全体にわたって維持するためにその標本の輸出を制限する必要があると決定する場合には，適当な管理当局に対し，その標本に係る輸出許可書の発給を制限するためにとるべき適当な措置を助言する．

4　附属書Ⅱに掲げる種の標本の輸入については，輸出許可書又は再輸出証明書を事前に提出することを必要とする．

5　附属書Ⅱに掲げる種の標本の再輸出については，事前に発給を受けた再輸出証明書を事前に提出することを必要とする．再輸出証明書は，次の条件が満たされた場合にのみ発給される．

(a) 再輸出国の管理当局が，標本がこの条約に定めるところにより自国に輸入されたと認めること．

(b) 生きている標本の場合には，再輸出国の管理当局が，傷を受け，健康を損ね若しくは生育を害し又は虐待される危険性をできる限り小さくするように準備され，かつ，輸送されると認めること．

6　附属書Ⅱに掲げる種の標本の海からの持込については，当該持込みがされる国の管理当局から事前に証明書の発給を受けていることを必要とする．証明書は，次の条件が満たされた場合にのみ発給される．

(a) 当該持込みがされる国の科学当局が，標本の持込みが当該標本に係る種の存続を脅かすこととならないと助言していること．

(b) 生きている標本の場合には，当該持込みがされる国の管理当局が，傷を受け，健康を損ね若しくは生育を害し又は虐待される危険性をできる限り小さくするように取り扱われると認めること．

7　6の証明書は，科学当局が自国の他の科学機関及び適当な場合には国際科学機関と協議の上行う助言に基づき，1年を超えない期間につきその期間内に持込みが認められる標本の総数に限り発給することができる．

第5条（附属書Ⅲに掲げる種の標本の取引に対する規制） 1　附属書Ⅲに掲げる種の標本の取引は，この条に定めるところにより行う．

2　附属書Ⅲに掲げる種の標本の輸出で附属書Ⅲに当該種を掲げた国から行われるものについては，事前に発給を受けた輸出許可書を事前に提出することを必要とする．輸出許可書は，次の条件が満たされた場合にのみ発給される．

(a) 輸出国の管理当局が，標本が動植物の保護に関する自国の法令に違反して入手されたものでないと認めること．

(b) 生きている標本の場合には，輸出国の管理当局が，傷を受け，健康を損ね若しくは生育を害し又は虐待される危険性をできる限り小さくするように準備され，かつ，輸送されると認めること．

3　附属書Ⅲに掲げる種の標本の輸入については，4の規定が適用される場合を除くほか，原産地証明書及びその輸入が附属書Ⅲに当該種を掲げた国から行われるものである場合には輸出許可書を事前に提出することを必要とする．

4　輸入国は，再輸出に係る標本につき，再輸出国内で加工された標本であること又は再輸出される標本であることを証する再輸出国の管理当局が発給した証明書をこの条約が遵守されている証拠として認容する．

第6条（許可書及び証明書） 1　前3条の許可書及び証明書の発給及び取扱いは，この条に定めるところにより行う．

2　輸出許可書には，附属書Ⅳのひな形に明示する事項を記載するものとし，輸出許可書は，その発給の日から6箇月の期間内に行われる輸出についてのみ使用することができる．

3　許可書及び証明書には，この条約の表題，許可書及び証明書を発給する管理当局の名称及び印章並びに管理当局の付する管理番号を表示する．

4　管理当局が発給する許可書及び証明書の写しには，写しであることを明示するものとし，写しが原本の代わりに使用されるのは，写しに特記されている場合に限る.

5　許可書又は証明書は, 標本の各送り荷について必要とする.

6　輸入国の管理当局は標本の輸入について提出された輸出許可書又は再輸出証明書及びこれらに対応する輸入許可書を失効させた上保管する.

7　管理当局は, 適当かつ可能な場合には, 標本の識別に資するため標本にマークを付することができる. この7の規定の適用上,「マーク」とは, 権限のない者による模倣ができないようにするように工夫された標本の識別のための消すことのできない印章, 封鉛その他の適当な方法をいう.

第8条（締約国のとる措置） **1**　締約国は, この条約を実施するため及びその条約に違反して行われる標本の取引を防止するため, 適当な措置をとる. この措置には, 次のことを含む.

(a) 違反に係る標本の取引若しくは所持又はこれらの双方について処罰すること.

(b) 違反に係る標本の没収又はその輸出国への返送に関する規定を設けること.

2　締約国は, 1の措置に加え, 必要を認めるときは, この条約を適用するためにとられた措置に違反して行われた取引に係る標本の没収の結果負うこととなった費用の国内における求償方法について定めることができる.

3　締約国は, 標本の取引上必要な手続が速やかに完了することをできる限り確保する. 締約国は, その手続の完了を容易にするため, 通関のために標本が提示される輸出港及び輸入港を指定することができる. 締約国は, また, 生きている標本につき, 通過, 保管又は輸送の間に傷を受け, 健康を損ね若しくは生育を害し又は虐待される危険性をできる限り小さくするように適切に世話をすることを確保する.

4　1の措置がとられることにより生きている標本が没収される場合には,

(a) 当該標本は, 没収した国の管理当局に引き渡される.

(b) (a)の管理当局は, 当該標本の輸出国との協議の後, 当該標本を, 当該輸出国の負担する費用で当該輸出国に返送し又は保護センター若しくは管理当局の適当かつこの条約の目的に沿うと認める他の場所に送る.

(c) (a)の管理当局は, (b)の規定に基づく決定（保護センター又は他の場所の選定に係る決定を含む.）を容易にするため, 科学当局の助言を求めることができるものとし, 望ましいと認める場合には, 事務局と協議することができる.

5　4にいう保護センターとは, 生きている標本, 特に, 没収された生きている標本の健康を維持し又は生育を助けるために管理当局の指定する施設をいう.

6　締約国は, 附属書Ⅰ, 附属書Ⅱ及び附属書Ⅲに掲げる種の標本の取引について次の事項に関する記録を保持する.

(a) 輸出者及び輸入者の氏名又は名称及び住所

(b) 発給された許可書及び証明書の数及び種類, 取引の相手国, 標本の数又は量及び標本の種類, 附属書Ⅰ, 附属書Ⅱ及び附属書Ⅲに掲げる種の名称並びに可能な場合には標本の大きさ及び性別

7　締約国は, この条約の実施に関する次の定期的な報告書を作成し, 事務局に送付する.

(a) 6(b)に掲げる事項に関する情報の概要を含む年次報告書

(b) この条約を実施するためにとられた立法措置, 規制措置及び行政措置に関する2年ごとの報告書

8　7の報告書に係る情報は, 関係締約国の法令に反しない限り公開される.

第13条（国際的な措置） **1**　事務局は, 受領した情報を参考にして, 附属書Ⅰ又は附属書Ⅱに掲げる種がその標本の取引によって望ましくない影響を受けていると認める場合又はこの条約が効果的に実施されていないと認める場合には, 当該情報を関係締約国の権限のある管理当局に通告する.

2　締約国は, 1の通告を受けたときは, 関連する事実を自国の法令の認める限度においてできる限り速やかに事務局に通報するものとし, 適当な場合には, 是正措置を提案する. 当該締約国が調査を行うことが望ましいと認めるときは, 当該締約国によって明示的に権限を与えられた者は, 調査を行うことができる.

3　締約国会議は, 締約国の提供した情報又は2の調査の結果得られた情報につき, 次回の会合において, 検討するものとし, 適当と認める勧告を行うことができる.

第14条（国内法令及び国際条約に対する影響）

1　この条約は, 締約国が次の国内措置をとる権利にいかなる影響も及ぼすものではない.

(a) 附属書Ⅰ, 附属書Ⅱ及び附属書Ⅲに掲げる種の標本の取引, 捕獲若しくは採取, 所持若しくは輸送の条件に関する一層厳重な国内措置又はこれらの取引, 捕獲若しくは採取, 所持若しくは輸送を完全に禁止する国内措置

(b) 附属書Ⅰ, 附属書Ⅱ及び附属書Ⅲに掲げる

種以外の種の標本の取引, 捕獲若しくは採取, 所持若しくは輸送を制限し又は禁止する国内措置

2　この条約は, 標本の取引, 捕獲若しくは採取, 所持又は輸送についてこの条約に定めているもの以外のものを定めている条約又は国際協定であって締約国について現在効力を生じており又は将来効力を生ずることのあるものに基づく国内措置又は締約国の義務にいかなる影響も及ぼすものではない. これらの国内措置又は義務には, 関税, 公衆衛生, 動植物の検疫の分野に関するものを含む.

3　この条約は, 共通の対外関税規制を設定し若しくは維持し, かつ, その構成国間の関税規制を撤廃する同盟若しくは地域的な貿易機構を創設する条約若しくは国際協定であって現在締結されており若しくは将来締結されることのある条約若しくは国際協定の規定のうち又はこれらの条約若しくは国際協定に基づく義務のうち, これらの同盟又は地域的な貿易機構の構成国間の貿易に関するものにいかなる影響も及ぼすものではない.

4　この条約の締約国は, 自国がその締約国である他の条約又は国際協定がこの条約の効力発生の時に有効であり, かつ, 当該他の条約又は国際協定に基づき附属書Ⅱに掲げる海産の種に対し保護を与えている場合には, 自国において登録された船舶が当該他の条約又は国際協定に基づいて捕獲し又は採取した附属書Ⅱに掲げる種の標本の取引についてこの条約に基づく義務を免除される.

5　4の規定により捕獲され又は採取された標本の輸出については, 第3条から第5条までの規定にかかわらず, 当該標本が4に規定する他の条約又は国際協定に基づいて捕獲され又は採取された旨の持込みがされた国の管理当局の発給する証明書のみを必要とする.

6　この条約のいかなる規定も, 国際連合総会決議第2750号C (第25回会期) に基づいて招集される国際連合海洋法会議による海洋法の法典化及び発展を妨げるものではなく, また, 海洋法に関し並びに沿岸国及び旗国の管轄権の性質及び範囲に関する現在又は将来におけるいずれの国の主張及び法的見解も害するものではない.

第23条（留保） 1　この条約については, 一般的な留保は, 付することができない. 特定の留保は, この条, 第15条及び第16条の規定に基づいて付することができる.

2　いずれの国も, 批准書, 受諾書, 承認書又は加入書を寄託する際に, 次のものについて特定の留保を付することができる.

(a) 附属書Ⅰ, 附属書Ⅱ又は附属書Ⅲに掲げる種

(b) 附属書Ⅲに掲げる種の個体の部分又は派生物であって附属書Ⅲにより特定されるもの

3　締約国は, この条の規定に基づいて付した留保を撤回するまでの間, 留保に明示した特定の種又は特定の種の個体の部分若しくは派生物に係る取引につきこの条約の締約国でない国として取り扱われる.

第24条（廃棄） いずれの締約国も, 寄託政府に対して書面による通告を行うことにより, この条約をいつでも廃棄することができる. 廃棄は, 寄託政府が通告を受領した後12箇月で効力を生ずる.

以上の証拠として, 下名の全権委員は, 正当に委任を受けてこの条約に署名した.

1973年3月3日にワシントンで作成した.

附属書Ⅰ～附属書Ⅳ（略）

ミニ解説：ワシントン条約規制対象動植物と日本の留保

1. 規制対象動植物等詳細については, 経済産業省の「ワシントン条約（CITES）」（http://www.meti.go.jp/policy/external_economy/trade_control/boekikanri/cites/）参照.
2. 日本の留保. 国内産業保護を理由に, べっこうの原料となるウミガメやタイマイ等9種につき留保していたが, これらはすべて撤回した. 現在は, 附属書Ⅰ掲載中のナガスクジラ等クジラ種につき, 持続的利用可能な資源量があり, 掲載自体に科学的根拠がないとして, 留保をしている. また附属書Ⅱ掲載中のジンベイザメ, タツノオトシゴ等4種について留保しており, 他にも絶滅のおそれがあるとの科学的情報が不足している等から留保した.

93 海洋汚染防止条約（抄）

1978年の議定書によって修正された1973年の船舶による汚染の防止のための国際条約（通称：MARPOL条約）
〔署名〕1973年11月2日
〔効力発生〕1983年10月2日（最終改正：2018年3月1日）
／〔日本国〕1983年10月2日（最終改正：2018年3月1日）

前　文

この条約の締約国は, 人間の環境, 特に海洋環境を保護する必要があることを認め, 船舶からの油その他の有害物質の故意若しくは過失又は事故による流出か汚染の重大な原因となること

を認識し，環境の保護を主要な目的として締結された最初の多数国間の条約である1954年の油による海水の汚濁の防止のための国際条約の重要性を認め，並びに同条約か海洋環境及び沿岸環境を汚染から保護する上て重要な貢献をしてきたことを評価し，油その他の有害物買による意図的な海洋環境の汚染を完全に無くすこと及び事故による油その他の有害物質の排出を最小にすることを希望し，油による汚染にのみ限定されない広範な内容を有する規則の作成によりこの目的を最もよく達成することができることを考慮して，次のとおり協定した．

第1条（この条約に基づく一般的義務） 1　締約国は，有害物質又は有害物質を含有する混合物がこの条約に違反して排出されることにより海洋現境が汚染されることを防止するため，この条約及び自国が拘束されるこの条約の附属書を実施することを約束する．

［後略］

第2条（定義） この条約の適用上，別段の明文の規定がない限り，

(1)「規則」とは，この条約の附属書の規則をいう．

(2)「有害物質」とは，海洋に入った場合に，人の健康に危険をもたらし，生物資源及び海洋生物に害を与え，海洋の快適性を損ない又は他の適法な海洋の利用を妨げるおそれのあるすべての物質をいい，この条約により規制される物質を含む．

(3) (a)「排出」とは，有害物質又は有害物質を含有する混合物についていうときは，原因のいかんを問わず船舶かちのすべての流出をいい，いかなる流失，処分，漏出，吸排又は放出をも含む．

(b)「排出」には，次のものを含めない．

(i) 1972年11月13日にロンドンで採択された廃棄物その他の物の投棄による海洋汚染の防止に関する条約上の投棄

(ii) 海底鉱物資源の探究及び開発並びにこれらに関連して行われる沖合における加工から直接生ずる有害物質の流出

(iii) 汚染の低減又は抑制に関する適法な科学的研究を目的とする有害物質の流出

(4)「船舶」とは，海洋環境において運航するすべての型式の船舟類をいい，水中翼船，エアクッション船，潜水船，浮遊機器及び固定され又は浮いているプラットフォームを含む．

第3条（適用） (1) この条約は，次の船舶に適用する．

(a) 締約国を旗国とする船舶

(b) 締約国を旗国としない船舶のうち締約国の権限の下で運転されているもの

(2) この条のいかなる規定も，天然資源の探企及び開発について締約国の海岸に接続する海底及びその下に対し国際法に基づき当該締約国が有する主権的権利を害し又は拡張するものと解してはならない．

(3) この条約は，軍艦，軍の補助艦又は国が所有し若しくは運航する他の船舶で政府の非商業的業務にのみ使用しているものについては，適用しない．もつとも，締約国は，自国が所有し又は運航するこれらの船舶の運航又は運航能力を阻害しないような適当な措置をとることにより，これらの船舶が合理的かつ実行可能である限りこの条約に即して行動することを確保する．

94 文化多様性条約（抄）

文化的表現の多様性の保護及び促進に関する条約
〔採択〕2005年10月20日
〔効力発生〕2007年3月18日（最終改正：2008年12月1日）／〔日本国〕未批准

第1条（目的） この条約の目的は，次のとおりである．

(a) 文化的表現の多様性を保護し促進すること．

(b) 互恵的な形で文化を繁栄させかつ自由に相互作用させるための条件を創出すること．

(c) 文化間の尊重及び平和の文化のために一層広範で均衡のとれた文化交流を世界的に確保するという観点から，文化間の対話を奨励すること．

(d) 人民間の架橋という精神から，文化の相互作用を発展させるために文化相互性（interculturality）を育成すること．

(e) 文化的表現の多様性の尊重を促進し，地域的，国内的及び国際的にその価値についての認知度を向上させること．

(f) すべての国，特に開発途上国のため，文化と開発の間の連関の重要性を再確認すること，及び当該連関の真の価値についての認知を確立するためになされる国内的及び国際的な行動を支援すること．

(g) 自己同一性，価値及び意味の表現手段として文化的な活動，文化的物品及び文化的サービスが持つ特有の性質について認知すること．

(h) 領域内における文化的表現の多様性を保

護し促進するために締約国が妥当と認める政策及び措置を維持し，採用し，及び実施する主権的権利を再確認すること．

(i) 文化的表現の多様性を保護し，及び促進するために特に開発途上国の能力を向上させるという観点から，連携の精神に基づいて国際協力及び連帯を強化すること．

第2条（基本原則）

1　人権及び基本的自由の尊重の原則

文化の多様性は，表現，情報及び伝達の自由のような人権及び基本的自由並びに文化的表現についての個人の選択可能性が保障される場合にのみ，保護し促進することができる．いかなる者も，世界人権宣言にうたわれた又は国際法によって保障される人権及び基本的自由を侵害するため又はその範囲を限定するためにこの条約の規定を援用することはできない．

2　主権の原則

締約国は，国際連合憲章及び国際法の原則に従い，その領域内で文化的表現の多様性を保護し，及び促進する措置及び政策を採用する主権的権利を有する．

3　すべての文化の平等な尊厳及び尊重の原則

すべての文化（少数者及び先住民の文化を含む．）についての平等の尊厳及び尊重を認知することが，文化的表現の多様性を保護し促進することの前提となる．

4　国際的な連帯及び協力の原則

国際協力及び連帯は，諸国特に開発途上国が文化産業（幼稚産業であるか確立したものであるかを問わない）を含む文化的表現の方法を地域的，国内的及び国際的に創出し強化することを可能ならしめることを目的とすべきである．

5　開発の経済的及び文化的側面の補完性の原則

文化が開発の推進力の一つであることから，開発の文化的側面は，個人及び人民が参加し享有する基本的権利を有するものであり，開発の経済的側面と同様に重要である．

6　持続可能な開発の原則

文化の多様性は，個人及び社会にとって豊かな資産である．文化の多様性の保護，促進及び維持は，現在及び将来の世代の利益となる持続可能な開発の必須要素である．

7　衡平なアクセスの原則

豊かで多様な範囲の文化的表現への世界中からの衡平なアクセス，及び表現方法や普及方法についての諸文化からのアクセスは，文化多様性を促進し，及び相互理解を奨励するための重要な要素である．

8　開放及び均衡の原則

締約国は，文化的表現の多様性を支援する措置をとるにあたって世界の他文化への開放を妥当な方法で促進し，及びそのような措置のこの条約が追求する目的との整合性を確保するよう努めるべきである．

第3条（適用範囲） この条約は，文化的表現の多様性の保護及び促進に関して締約国が採用する政策及び措置に適用する．

第4条（定義） この条約においては，次のことが了解される．

1　文化多様性

「文化多様性」とは，集団及び社会において文化が表現される様々な方法をいう．これらの表現は，集団又は社会の内部で及びその相互間でやり取りされる．

文化の多様性は，多様な方法で人類の文化遺産が種々の文化的表現により表現され，拡張され，又は伝達される場合のみならず，多様な形態（用いられる方法及び科学技術を問わない．）の芸術的な創造，生産，普及，配布及び享受によっても表明される．

2　文化的コンテンツ

「文化的コンテンツ」とは，象徴的な意味，芸術的な視覚及び文化的価値であって，文化的自己同一性に起源を有する又はそれを表現するものをいう．

3　文化的表現

「文化的表現」とは，個人，集団又は社会の創造性に起源を有し，かつ文化的コンテンツを有する表現をいう．

4　文化的な活動，物品及びサービス

「文化的活動，文化的物品及び文化的サービス」とは，その特定の属性，使用又は目的が認められるときに，文化的表現を具体化し又は伝達する活動，物品及びサービスをいい，当該表現が有する商業的価値のいかんを問わない．文化的な活動は，添 r 自体が目的となる場合もあれば，文化的な物品又はサービスの生産に貢献する場合もある．

5　文化的な産業

「文化的な産業」とは，4に規定する文化的な物品又はサービスを生産し又は配布する産業をいう．

6　文化に関する政策及び措置

「文化に関する政策及び措置」とは，文化に関連する政策又は措置であって，地方，国内，地域又は国際的なレベルでなされ，文化そのものに焦点を合わせるか，個人，集団又は社会の文化的表現（文化的活動，文化的物品及び文化的サービスの創造，生産，普及及び配布並びにそれのアクセスを含む．）に直接的な影響を与えるかを問わない.

7 保護

「保護」とは, 文化的表現の多様性の保全, 保護及び強化を目的として措置をとることをいう. 「保護する」とは, そのような措置をとることをいう.

8 文化相互性

「文化相互性」とは, 多様な文化が存在し又はそれらの間の衡平な相互作用が存在すること, 並びに対話及び相互尊重に基づいて共有の文化的表現が生ずる可能性が存在することをいう.

［中略］

第9条（情報の共有及び透明性） 締約国は, 次のことを行う.

(a) 文化的表現の多様性を保護し促進するために自国領域内で及び国際的なレベルでとられた措置について, 4年ごとのユネスコに対する報告書において妥当な情報を提供すること.

(b) この条約に関連する情報共有について責任を有する連絡部局を指定すること.

(c) 文化的表現の多様性の保護及び促進に関連する情報を共有し交換すること.

［中略］

第18条（文化の多様性のための国際基金） 1 この条約により, 文化多様性のための国際基金（以下「基金」という.）を設立する.

2 基金は, ユネスコの財政規則に従って設立される信託基金とする.

3 基金の資金は, 次のものから成る.

(a) 締約国の任意拠出金

(b) ユネスコの総会がこの目的のために充当する資金

(c) 他の国, 国際連合の機関及び計画, 他の地域的又は国際的機関並びに公私の機関又は個人による拠出金, 贈与又は遺贈

(d) 基金の資金から生ずる利子

(e) 基金のために, 募金によって調達された資金及び企画された行事による収入

(f) 基金の規則によって認められるその他のあらゆる資金

4 政府間委員会は, その資金の使途を第22条に規定する締約国会議が定める指針に基づいて決定する.

5 政府間委員会は, 特定の事業に関連する一般的及び特別な目的のための拠出金及びその他の形態による援助を受けることができる. ただし, 当該事業が政府間委員会により承認されている場合に限る.

6 基金に対する拠出に対し, この条約の目的と両立しないいかなる政治的又は経済的条件その他の条件も付することができない.

7 締約国は, この条約の実施に向けて定期的に任意拠出金を供与するよう努める.

iii） 文化財保護

95 世界遺産保護条約

世界の文化遺産及び自然遺産の保護に関する条約
〔採択〕1972年11月16日, パリ
〔効力発生〕1975年12月17日／〔日本国〕1992年9月30日

ユネスコの総会は, 1972年10月17日から11月21日までパリにおいてその第17回会期として会合し,

文化遺産及び自然遺産が, 衰亡という在来の原因によるのみでなく, 一層深刻な損傷又は破壊という現象を伴って事態を悪化させている社会的及び経済的状況の変化によっても, ますます破壊の脅威にさらされていることに留意し,

文化遺産及び自然遺産のいずれの物件が損壊し又は滅失することも, 世界のすべての国民の遺産の憂うべき貧困化を意味することを考慮し,

これらの遺産の国内的保護に多額の資金を必要とするため並びに保護の対象となる物件の存在する国の有する経済的, 学術的及び技術的な能力が十分でないため, 国内的保護が不完全なものになりがちであることを考慮し,

ユネスコ憲章が, 同機関が世界の遺産の保存及び保護を確保し, かつ, 関係諸国民に対して必要な国際条約を勧告することにより, 知識を維持し, 増進し及び普及することを規定していることを想起し,

文化財及び自然の財に関する現存の国際条約, 国際的な勧告及び国際的な決議が, この無類の及びかけがえのない物件（いずれの国民に属するものであるかを問わない）を保護することが世界のすべての国民のために重要であることを明らかにしていることを考慮し,

文化遺産及び自然遺産の中には, 特別の重要性を有しており, したがって, 人類全体のための世界の遺産の一部として保存する必要があるものがあることを考慮し,

このような文化遺産及び自然遺産を脅かす新たな危険の大きさ及び重大さにかんがみ, 当該国がとる措置の代わりにはならないまでも有効な補足的手段となる集団的な援助を供与することによって, 顕著な普遍的価値を有する文化遺産及び自然遺産の保護に参加することが, 国際

社会全体の任務であることを考慮し,

このため,顕著な普遍的価値を有する文化遺産及び自然遺産を集団で保護するための効果的な体制であって,常設的に,かつ,現代の科学的方法により組織されたものを確立する新たな措置を,条約の形式で採択することが重要であることを考慮し,

総会の第16回会期においてこの問題が国際条約の対象となるべきことを決定して,

この条約を1972年11月16日に採択する.

I 文化遺産及び自然遺産の定義

第1条(文化遺産の定義) この条約の適用上,「文化遺産」とは,次のものをいう.

- 記念工作物 建築物,記念的意義を有する彫刻及び絵画,考古学的な性質の物件及び構造物,金石文,洞穴住居並びにこれらの物件の組合せであって,歴史上,芸術上又は学術上顕著な普遍的価値を有するもの
- 建造物群 独立し又は連続した建造物の群であって,その建築様式,均質性又は景観内の位置のために,歴史上,芸術上又は学術上顕著な普遍的価値を有するもの
- 遺跡 人工の所産(自然と結合したものを含む.)及び考古学的遺跡を含む区域であって,歴史上,芸術上,民族学上又は人類学上顕著な普遍的価値を有するもの

第2条(自然遺産の定義) この条約の適用上,「自然遺産」とは,次のものをいう.

- 無生物又は生物の生成物又は生成物群から成る特徴のある自然の地域であって,観賞上又は学術上顕著な普遍的価値を有するもの
- 地質学的又は地形学的形成物及び脅威にさらされている動物又は植物の種の生息地又は自生地として区域が明確に定められている地域であって,学術上又は保存上顕著な普遍的価値を有するもの
- 自然の風景地及び区域が明確に定められている自然の地域であって,学術上,保存上又は景観上顕著な普遍的価値を有するもの

第3条(認定) 前2条に規定する種々の物件で自国の領域内に存在するものを認定し及びその区域を定めることは,締約国の役割である.

II 文化遺産及び自然遺産の国内的及び国際的保護

第4条(締約国の義務) 締約国は,第1条及び第2条に規定する文化遺産及び自然遺産で自国の領域内に存在するものを認定し,保護し, a
保存し,整備し及び将来の世代へ伝えることを確保することが第一義的には自国に課された義務であることを認識する.このため,締約国は,自国の有するすべての能力を用いて並びに適当な場合には取得し得る国際的な援助及び b
協力,特に,財政上,芸術上,学術上及び技術上の援助及び協力を得て,最善を尽くすものとする.

第5条(締約国の措置) 締約国は,自国の領域内に存在する文化遺産及び自然遺産の保護,保 c
存及び整備のための効果的かつ積極的な措置がとられることを確保するため,可能な範囲内で,かつ,自国にとって適当な場合には,次のことを行うよう努める.

(a) 文化遺産及び自然遺産に対し社会生活に d
における役割を与え並びにこれらの遺産の保護を総合的な計画の中に組み入れるための一般的な政策をとること.

(b) 文化遺産及び自然遺産の保護,保存及び整備のための機関が存在しない場合には,適当 e
な職員を有し,かつ,任務の遂行に必要な手段を有する1又は2以上の機関を自国の領域内に設置すること.

(c) 学術的及び技術的な研究及び調査を発展させること並びに自国の文化遺産又は自然 f
遺産を脅かす危険に対処することを可能にする実施方法を開発すること.

(d) 文化遺産及び自然遺産の認定,保護,保存,整備及び活用のために必要な立法上,学術上,技術上,行政上及び財政上の適当な措置 g
をとること.

(e) 文化遺産及び自然遺産の保護,保存及び整備の分野における全国的又は地域的な研修センターの設置又は発展を促進し,並びにこれらの分野における学術的調査を奨励する h
こと.

第6条(協力・援助義務) 1 締約国は,第1条及び第2条に規定する文化遺産及び自然遺産が世界の遺産であること並びにこれらの遺産の保護について協力することが国際社会全 i
体の義務であることを認識する.この場合において,これらの遺産が領域内に存在する国の主権は,これを十分に尊重するものとし,また,国内法令に定める財産権は,これを害するものではない. j

2 締約国は,この条約に従い,第11条の2及び4に規定する文化遺産及び自然遺産の認定,保護,保存及び整備につき,当該遺産が領域内に存在する国の要請に応じて援助を与えることを約束する. k

3　締約国は，第1条及び第2条に規定する文化遺産及び自然遺産で他の締約国の領域内に存在するものを直接又は間接に損傷することを意図した措置をとらないことを約束する．

第7条（国際的保護）　この条約において，世界の文化遺産及び自然遺産の国際的保護とは，締約国がその文化遺産及び自然遺産を保存し及び認定するために努力することを支援するための国際的な協力及び援助の体制を確立することであると了解される．

Ⅲ　世界の文化遺産及び自然遺産の保護のための政府間委員会

第8条（政府間委員会）　1　この条約によりユネスコに，顕著な普遍的価値を有する文化遺産及び自然遺産の保護のための政府間委員会（以下「世界遺産委員会」という．）を設置する．同委員会は，同機関の総会の通常会期の間に開催される締約国会議において締約国により選出される15の締約国によって構成される．同委員会の構成国の数は，この条約が少なくとも40の国について効力を生じた後における最初の総会の通常会期からは21とする．

2　世界遺産委員会の構成国の選出に当たっては，世界の異なる地域及び文化が衡平に代表されることを確保する．

3　世界遺産委員会の会議には，文化財の保存及び修復の研究のための国際センター（ローマ・センター）の代表1人，記念物及び遺跡に関する国際会議（ICOMOS）の代表1人及び自然及び天然資源の保全に関する国際同盟（IUCN）の代表1人が，顧問の資格で出席することができるものとし，ユネスコの総会の通常会期の間に開催される締約国会議における締約国の要請により，同様の目的を有する他の政府間機関又は非政府機関の代表も，顧問の資格で出席することができる．

第10条（委員会の権限）　1　世界遺産委員会は，その手続規則を採択する．

2　世界遺産委員会は，特定の問題について協議するため，公私の機関又は個人に対し会議に参加するよういつでも招請することができる．

3　世界遺産委員会は，その任務を遂行するために同委員会が必要と認める諮問機関を設置することができる．

第11条（目録）　1　締約国は，できる限り，文化遺産又は自然遺産の一部を構成する物件で，自国の領域内に存在し，かつ，2に規定する一覧表に記載することが適当であるものの目録を世界遺産委員会に提出する．この目録は，すべてを網羅したものとはみなされないものとし，当該物件の所在地及び重要性に関する資料を含む．

2　世界遺産委員会は，1の規定に従って締約国が提出する目録に基づき，第1条及び第2条に規定する文化遺産又は自然遺産の一部を構成する物件であって，同委員会が自己の定めた基準に照らして顕著な普遍的価値を有すると認めるものの一覧表を「世界遺産一覧表」の表題の下に作成し，常時最新のものとし及び公表する．最新の一覧表は，少なくとも2年に1回配布される．

3　世界遺産一覧表に物件を記載するに当たっては，当該国の同意を必要とする．2以上の国が主権又は管轄権を主張している領域内に存在する物件を記載することは，その紛争の当事国の権利にいかなる影響も及ぼすものではない．

4　世界遺産委員会は，事情により必要とされる場合には，世界遺産一覧表に記載されている物件であって，保存のために大規模な作業が必要とされ，かつ，この条約に基づいて援助が要請されているものの一覧表を「危険にさらされている世界遺産一覧表」の表題の下に作成し，常時最新のものとし及び公表する．危険にさらされている世界遺産一覧表には，当該作業に要する経費の見積りを含むものとし，文化遺産又は自然遺産の一部を構成する物件であって，重大かつ特別な危険にさらされているもののみを記載することができる．このような危険には，急速に進む損壊，大規模な公共事業若しくは民間事業又は急激な都市開発事業若しくは観光開発事業に起因する滅失の危険，土地の利用又は所有権の変更に起因する破壊，原因が不明である大規模な変化，理由のいかんを問わない放棄，武力紛争の発生及びそのおそれ，大規模な災害及び異変，大火，地震及び地滑り，噴火並びに水位の変化，洪水及び津波が含まれる．同委員会は，緊急の必要がある場合にはいつでも，危険にさらされている世界遺産一覧表に新たな物件の記載を行うことができるものとし，その記載について直ちに公表することができる．

5　世界遺産委員会は，文化遺産又は自然遺産を構成する物件が2及び4に規定するいずれかの一覧表に記載されるための基準を定める．

6　世界遺産委員会は，2及び4に規定する一覧表のいずれかへの記載の要請を拒否する前に，当該文化遺産又は自然遺産が領域内に存在する締約国と協議する．

7　世界遺産委員会は，当該国の同意を得て，2及び4に規定する一覧表の作成に必要な研究及び調査を調整し及び奨励する．

第12条（一覧表未記載の効果） 文化遺産又は自然遺産を構成する物件が前条の2及び4に規定する一覧表のいずれにも記載されなかったという事実は，いかなる場合においても，これらの一覧表に記載されることによって生ずる効果については別として，それ以外の点について顕著な普遍的価値を有しないという意味に解してはならない．

第13条（国際的援助） 1　世界遺産委員会は，文化遺産又は自然遺産の一部を構成する物件であって，締約国の領域内に存在し，かつ，第11条の2及び4に規定する一覧表に記載されており又は記載されることが適当であるがまだ記載されていないものにつき，当該締約国が表明する国際的援助の要請を受理し，検討する．当該要請は，当該物件を保護し，保存し，整備し又は活用することを確保するために行うことができる．

2　1の国際的援助の要請は，また，予備調査の結果更に調査を行うことが必要と認められる場合には，第1条及び第2条に規定する文化遺産及び自然遺産を認定するためにも行うことができる．

3　世界遺産委員会は，これらの要請についてとられる措置並びに適当な場合には援助の性質及び範囲を決定するものとし，同委員会のための当該政府との間の必要な取極の締結を承認する．

4　世界遺産委員会は，その活動の優先順位を決定するものとし，その優先順位の決定に当たり，保護を必要とする物件が世界の文化遺産及び自然遺産において有する重要性，自然環境又は世界の諸国民の特質及び歴史を最もよく代表する物件に対して国際的援助を与えることの必要性，実施すべき作業の緊急性並びに脅威にさらされている物件が領域内に存在する国の利用し得る能力，特に，当該国が当該物件を自力で保護することができる程度を考慮する．

5　世界遺産委員会は，国際的援助が供与された物件の一覧表を作成し，常時最新のものとし及び公表する．

6　世界遺産委員会は，第15条の規定によって設立される基金の資金の使途を決定する．同委員会は，当該資金を増額するための方法を追及し，及びこのためすべての有用な措置をとる．

7　世界遺産委員会は，この条約の目的と同様の目的を有する政府間国際機関及び国際的な非政府機関並びに国内の政府機関及び非政府機関と協力する．同委員会は，その計画及び事業を実施するため，これらの機関，特に，文化財の保存及び修復の研究のための国際センター（ローマ・センター），記念物及び遺跡に関する国際会議（ICOMOS）及び自然及び天然資源の保全に関する国際同盟（IUCN），公私の機関並びに個人の援助を求めることができる．

8　世界遺産委員会の決定は，出席しかつ投票する構成国の3分の2以上の多数による議決で行う．同委員会の会合においては，過半数の構成国が出席していなければならない．

第14条（事務局の補佐） 1　世界遺産委員会は，ユネスコ事務局長が任命する事務局の補佐を受ける．

2　ユネスコ事務局長は，文化財の保存及び修復の研究のための国際センター（ローマ・センター），記念物及び遺跡に関する国際会議（ICOMOS）及び自然及び天然資源の保全に関する国際同盟（IUCN）の各自の専門の分野及び能力の範囲における活動を最大限度に利用して，世界遺産委員会の書類及び会議の議事日程を作成し，並びに同委員会の決定の実施について責任を負う．

Ⅳ　世界の文化遺産及び自然遺産の保護のための基金

第15条（世界遺産基金） 1　この条約により顕著な普遍的価値を有する世界の文化遺産及び自然遺産の保護のための基金（以下「世界遺産基金」という）を設立する．

2　世界遺産基金は，ユネスコの財政規則に基づく信託基金とする．

3　世界遺産基金の資金は，次のものから成る．

(a) 締約国の分担金及び任意拠出金
(b) 次の者からの拠出金，贈与又は遺贈
　(i) 締約国以外の国
　(ii) ユネスコ，国際連合の他の機関（特に国際連合開発計画）又は他の政府間機関
　(iii) 公私の機関又は個人
(c) 同基金の資金から生ずる利子
(d) 募金によって調達された資金及び同基金のために企画された行事による収入
(e) 世界遺産委員会が作成する同基金の規則によって認められるその他のあらゆる資金

4　世界遺産基金に対する拠出及び世界遺産委員会に対するその他の形式による援助は，同委員会が決定する目的にのみ使用することができる．同委員会は，特定の計画又は事業に用途を限った拠出を受けることができる．ただし，同委員会が当該計画又は事業の実施を決定している場合に限る．同基金に対する拠出には，いかなる政治的な条件も付することができない．

第16条（分担金） 1　締約国は，追加の任意拠

出金とは別に，2年に1回定期的に世界遺産基金に分担金を支払うことを約束する．分担金の額は，ユネスコの総会の間に開催される締約国会議がすべての締約国について適用される同一の百分率により決定する．締約国会議におけるこの決定には，会議に出席しかつ投票する締約国（2の宣言を行っていない締約国に限る．）の過半数による議決を必要とする．締約国の分担金の額は，いかなる場合にも，同機関の通常予算に対する当該締約国の分担金の額の1パーセントを超えないものとする．

2　もっとも，第31条及び第32条に規定する国は，批准書，受諾書又は加入書を寄託する際に，1の規定に拘束されない旨を宣言することができる．

3　2の宣言を行った締約国は，ユネスコ事務局長に通告することにより，いつでもその宣言を撤回することができる．この場合において，その宣言の撤回は，当該締約国が支払うべき分担金につき，その後の最初の締約国会議の日まで効力を生じない．

4　2の宣言を行った締約国の拠出金は，世界遺産委員会がその活動を実効的に計画することができるようにするため，少なくとも2年に1回定期的に支払う．その拠出金の額は，1の規定に拘束される場合に支払うべき分担金の額を下回ってはならない．

5　当該年度及びその直前の暦年度についての分担金又は任意拠出金の支払が延滞している締約国は，世界遺産委員会の構成国に選出される資格を有しない．ただし，この規定は，最初の選挙については適用しない．支払が延滞している締約国であって，同委員会の構成国であるものの任期は，第8条1に規定する選挙の時に終了する．

第17条（財団等の設立） 締約国は，第1条及び第2条に規定する文化遺産及び自然遺産の保護のための寄附を求めることを目的とする国の財団又は団体及び公私の財団又は団体の設立を考慮し又は奨励する．

第18条（募金への便宜） 締約国は，世界遺産基金のためユネスコの主催の下に組織される国際的な募金運動に対して援助を与えるものとし，このため，第15条3に規定する機関が行う募金について便宜を与える．

Ⅴ　国際的援助の条件及び態様

第19条（援助の要請） いかなる締約国も，顕著な普遍的価値を有する文化遺産又は自然遺産の一部を構成する物件で自国の領域内に存在するもののため，国際的援助を要請することができる．締約国は，当該要請を行う場合には，自国が所有しており，かつ，世界遺産委員会が決定を行う上で必要とされる第21条に規定する情報及び資料を提出する．

第20条（援助の条件） この条約に規定する国際的援助は，第13条2，第22条(c)及び第23条の規定が適用される場合を除くほか，文化遺産又は自然遺産を構成する物件であって，世界遺産委員会が第11条の2及び4に規定する一覧表のいずれかに記載することを決定し又は決定することとなっているものにのみ与えることができる．

第21条（援助の検討） 1　世界遺産委員会は，国際的援助の要請を検討する手続及び要請書の記載事項を定める．要請書は，作業計画，必要な作業，作業に要する経費の見積り，緊急度及び援助を要請する国の資力によってすべての経費を賄うことができない理由を明らかにするものとする．要請書は，できる限り，専門家の報告書によって裏付けられなければならない．

2　天災その他の災害に起因する要請は，緊急な作業を必要とすることがあるため，世界遺産委員会が直ちにかつ優先的に考慮するものとし，同委員会は，このような不測の事態に備えて同委員会が使用することができる予備基金を設けるものとする．

3　世界遺産委員会は，決定に先立ち，同委員会が必要と認める研究及び協議を行う．

第22条（援助の形態） 世界遺産委員会は，次の形態の援助を供与することができる．

(a) 第11条2及び4に規定する文化遺産及び自然遺産の保護，保存，整備及び活用において生ずる芸術上，学術上及び技術上の問題に関する研究
(b) 同委員会が承認した作業が正しく実施されることを確保するための専門家，技術者及び熟練工の提供
(c) 文化遺産及び自然遺産の認定，保護，保存，整備及び活用の分野におけるあらゆる水準の職員及び専門家の養成
(d) 当該国が所有せず又は入手することができない機材の供与
(e) 長期で返済することができる低利又は無利子の貸付け
(f) 例外的かつ特別の理由がある場合における返済を要しない補助金の供与

第23条（研修センターへの援助） 世界遺産委員会は，また，文化遺産及び自然遺産の認定，保護，保存，整備及び活用の分野におけるあらゆる水準の職員及び専門家のための全国的又は地域的な研修センターに対して国際的援助を

与えることができる.

第 24 条（学術的その他の研究） 大規模な国際的援助の供与に先立ち，詳細な学術的，経済的及び技術的な研究が行われなければならない．これらの研究は，文化遺産及び自然遺産の保護，保存，整備及び活用のための最も進歩した技術を利用するものとし，この条約の目的に適合するものでなければならない．これらの研究は，また，当該国が利用し得る能力を合理的に用いる方法を追及するものとする.

第 25 条（経費の負担） 国際社会は，原則として，必要な作業に要する経費の一部のみを負担する．国際的援助を受ける国は，財政的に不可能な場合を除くほか，各計画又は事業に充てられる資金のうち相当な割合の額を拠出する.

第 26 条（協定の締結） 世界遺産委員会及び国際的援助を受ける国は，両者の間で締結する協定において，この条約に基づいて国際的援助が与えられる計画又は事業の実施条件を定める．当該国際的援助を受ける国は，当該協定に定める条件に従い，このようにして保護される物件を引き続き保護し，保存し及び整備する責任を負う.

Ⅵ　教育事業計画

第 27 条（教育事業計画） **1**　締約国は，あらゆる適当な手段を用いて，特に教育及び広報事業計画を通じて，自国民が第１条及び第２条に規定する文化遺産及び自然遺産を評価し及び尊重することを強化するよう努める.

2　締約国は，文化遺産及び自然遺産を脅かす危険並びにこの条約に従って実施される活動を広く公衆に周知させることを約束する.

第 28 条（広報活動） この条約に基づいて国際的援助を受ける締約国は，援助の対象となった物件の重要性及び当該国際的援助の果たした役割を周知させるため，適当な措置をとる.

Ⅶ　報　告

第 29 条（報告制度） **1**　締約国は，ユネスコの総会が決定する期限及び様式で同総会に提出する報告において，この条約を適用するために自国がとった立法措置，行政措置その他の措置及びこの分野で得た経験の詳細に関する情報を提供する.

2　１の報告については，世界遺産委員会に通知する.

3　世界遺産委員会は，その活動に関する報告書をユネスコの総会の通常会期ごとに提出する.

96 武力紛争時の文化財保護条約 a

武力紛争の際の文化財の保護に関する条約（抄）
〔署名〕1954年５月14日，ハーグ
〔効力発生〕1956年８月７日／〔日本国〕2007年12月10日 b

締約国は，

文化財が近年の武力紛争において重大な損傷を受けてきたこと及び戦闘技術の発達により文
化財が増大する破壊の危険にさらされているこ c
とを認識し，

各人民が世界の文化にそれぞれ寄与していることから，いずれの人民に属する文化財に対する損傷も全人類の文化遺産に対する損傷を意味
するものであることを確信し， d

文化遺産の保存が世界のすべての人民にとって極めて重要であること及び文化遺産が国際的な保護を受けることが重要であることを考慮し，

1899 年のハーグ条約，1907 年のハーグ条約
及び 1935 年４月 15 日のワシントン条約に定 e
める武力紛争の際の文化財の保護に関する諸原則に従い，

このような保護は，そのための国内的及び国際的な措置が平時においてとられない限り，効
果的に行われ得ないことを認め， f

文化財を保護するためにあらゆる可能な措置をとることを決意して，

次のとおり協定した.

第１章　保護に関する一般規定 g

第１条（文化財の定義） この条約の適用上，「文化財」とは，出所又は所有者のいかんを問わず，次に掲げるものをいう.

(a) 各人民にとってその文化遺産として極め h
て重要である動産又は不動産．例えば，次のものをいう.

建築学上，芸術上又は歴史上の記念工作物（宗教的なものであるか否かを問わない.）

考古学的遺跡 i

全体として歴史的又は芸術的な関心の対象となる建造物群

芸術品

芸術的，歴史的又は考古学的な関心の対象
となる手書き文書，書籍その他のもの j

学術上の収集品，書籍若しくは記録文書の重要な収集品又はこの(a)に掲げるものの複製品の重要な収集品

(b) (a)に規定する動産の文化財を保存し，又は
展示することを主要な及び実際の目的とす k

る建造物. 例えば, 次のものをいう.
博物館
大規模な図書館及び記録文書の保管施設
武力紛争の際に(a)に規定する動産の文化財を収容するための避難施設

(c) (a)及び(b)に規定する文化財が多数所在する地区（以下「記念工作物集中地区」という.）

第2条（文化財の保護） この条約の適用上, 文化財の保護は, 文化財の保全及び尊重から成る.

第3条（文化財の保全） 締約国は, 適当と認める措置をとることにより, 自国の領域内に所在する文化財を武力紛争による予見可能な影響から保全することにつき, 平時において準備することを約束する.

第4条（文化財の尊重） 1　締約国は, 自国及び他の締約国の領域内に所在する文化財, その隣接する周囲並びに当該文化財の保護のために使用されている設備を武力紛争の際に当該文化財を破壊又は損傷の危険にさらすおそれがある目的のために利用することを差し控えること並びに当該文化財に対する敵対行為を差し控えることにより, 当該文化財を尊重することを約束する.

2　1に定める尊重する義務は, 軍事上の必要に基づき当該義務の免除が絶対的に要請される場合に限り, 免除され得る.

3　締約国は, いかなる方法により文化財を盗取し, 略奪し, 又は横領することも, また, いかなる行為により文化財を損壊することも禁止し, 防止し, 及び必要な場合には停止させることを約束する. 締約国は, 他の締約国の領域内に所在する動産の文化財の徴発を差し控える.

4　締約国は, 復仇の手段として行われる文化財に対するいかなる行為も差し控える.

5　締約国は, 他の締約国が前条に定める保全の措置を実施しなかったことを理由として, 当該他の締約国についてこの条の規定に従って自国が負う義務を免れることはできない.

第5条（占領） 1　他の締約国の領域の全部又は一部を占領しているいずれの締約国も, 被占領国の文化財の保全及び保存に関し, 被占領国の権限のある当局をできる限り支援する.

2　占領地域内に所在する文化財であって軍事行動により損傷を受けたものを保存するための措置をとることが必要である場合において, 被占領国の権限のある当局が当該措置をとることができないときは, 占領国は, できる限り, かつ, 当該当局と緊密に協力して, 最も必要とされる保存のための措置をとる.

3　いずれの締約国も, その政府が抵抗運動団体の構成員により正当な政府であると認められている場合において, 可能なときは, 文化財の尊重に関するこの条約の規定を遵守する義務について当該抵抗運動団体の構成員の注意を喚起する.

第6条（文化財の識別のための表示） 第16条の規定に従い, 文化財には, その識別を容易にするために特殊標章を付することができる.

第7条（軍事的な措置） 1　締約国は, 平時において軍事上の規則又は命令にこの条約の遵守を確保するための規定を含めること並びに自国の軍隊の構成員についてすべての人民の文化及び文化財に対する尊重の精神を育成することを約束する.

2　締約国は, 平時に, 自国の軍隊において, 文化財の尊重を確保すること及び文化財の保全について責任を有する軍当局以外の当局と協力することを目的とする機関若しくは専門官の設置を計画すること又はこれらを設置することを約束する.

第2章　特別の保護

第8条（特別の保護の付与） 1　武力紛争の際に動産の文化財を収容するための限定された数の避難施設, 限定された数の記念工作物集中地区及びその他の特に重要な不動産の文化財は, これらの避難施設等が次の(a)及び(b)の条件を満たす場合に限り, 特別の保護の下に置くことができる.

(a) 大規模な工業の中心地又は攻撃を受けやすい地点となっている重要な軍事目標（飛行場, 放送局, 国家の防衛上の業務に使用される施設, 比較的重要な港湾又は鉄道停車場, 幹線道路等）から十分な距離を置いて所在すること.

(b) 軍事的目的のために利用されていないこと.

2　動産の文化財のための避難施設は, いかなる状況においても爆弾による損傷を受けることがないように建造されている場合には, その所在地のいかんを問わず, 特別の保護の下に置くことができる.

3　記念工作物集中地区は, 軍事上の要員又は資材の移動のために利用されている場合（通過の場合を含む.）には, 軍事的目的のために利用されているものとみなす. 軍事行動, 軍事上の要員の駐屯又は軍需品の生産に直接関連する活動が記念工作物集中地区内で行われる場合についても, 同様とする.

4　1に規定する文化財の警備について特に権限を与えられた武装した管理者が当該文化財の警備を行うこと又は公の秩序の維持について通常責任を有する警察が当該文化財の付近

に所在することは，当該文化財の軍事的目的のための利用には該当しないものとする．

5　1に規定する文化財のいずれかが1に規定する重要な軍事目標の付近に所在する場合であっても，特別の保護を要請する締約国が武力紛争の際に当該軍事目標を使用しないこと及び特に港湾，鉄道停車場又は飛行場について当該港湾等を起点とするすべての運送を他に振り替えることを約束するときは，当該文化財を特別の保護の下に置くことができる．この場合においては，その振替は，平時において準備するものとする．

6　特別の保護は，文化財を「特別の保護の下にある文化財の国際登録簿」に登録することにより，当該文化財に対して与えられる．この登録は，この条約の規定に従って，かつ，この条約の施行規則に定める条件に従ってのみ行う．

第9条（特別の保護の下にある文化財に関する特別な取扱い）　締約国は，前条6に規定する国際登録簿への登録の時から，特別の保護の下にある文化財に対する敵対行為を差し控えること及び同条5に規定する場合を除くほか当該文化財又はその周囲の軍事的目的のための利用を差し控えることにより，当該文化財に関する特別な取扱いを確保することを約束する．

第10条（識別及び管理）　特別の保護の下にある文化財は，武力紛争の間，第16条に規定する特殊標章によって表示するものとし，この条約の施行規則に定める国際的な管理の下に置かれる．

第11条（特別な取扱いの停止）　1　締約国の1が特別の保護の下にあるいずれかの文化財に関して第9条の規定に基づく義務に違反する行為を行う場合には，敵対する紛争当事国は，そのような違反行為が継続する限り，当該文化財に関する特別な取扱いを確保する義務を免れる．ただし，当該敵対する紛争当事国は，可能なときはいつでも，まず，合理的な期間内に当該違反行為を中止するよう要請するものとする．

2　1に規定する場合を除くほか，特別の保護の下にある文化財に関する特別な取扱いは，やむを得ない軍事上の必要がある例外的な場合にのみ，かつ，当該軍事上の必要が継続する間に限り，停止される．当該軍事上の必要は，師団に相当する規模の兵力又は師団よりも大きい規模の兵力の指揮官のみが認定することができる．事情が許すときはいつでも，敵対する紛争当事国は，特別な取扱いが停止される旨の決定について合理的な期間内に事前に通報を受ける．

3　特別な取扱いを停止する紛争当事国は，この条約の施行規則に規定する文化財管理官に対し，理由を明示した書面により，できる限り速やかにその旨を通報する．

第3章　文化財の輸送

第12条（特別の保護の下における輸送）　1　専ら文化財の移動を行う輸送は，1の領域内で行うか又は他の領域に向けて行うかを問わず，関係締約国の要請により，この条約の施行規則に定める条件に従って特別の保護の下で行うことができる．

2　特別の保護の下における輸送については，この条約の施行規則に定める国際的な監視の下で行うものとし，第16条に規定する特殊標章を表示する．

3　締約国は，特別の保護の下における輸送に対するいかなる敵対行為も差し控える．

第13条（緊急の場合における輸送）　1　締約国は，特に武力紛争が開始された時に，特定の文化財の安全のため当該文化財の移動が必要であり，かつ，事態が緊急であるために前条に定める手続をとることができないと認める場合には，当該文化財について同条に定める特別な取扱いの要請がかつて行われ，拒否されたことがない限り，当該文化財の輸送について，第16条に規定する特殊標章を表示することができる．この移動については，できる限り，敵対する紛争当事国に対して通報を行うべきである．ただし，他の国の領域への文化財の輸送については，特別な取扱いが明示的に認められていない場合には，特殊標章を表示することができない．

2　締約国は，1に規定する輸送であって特殊標章を表示しているものに対する敵対行為を避けるため，できる限り，必要な予防措置をとる．

第14条（押収，拿捕及び捕獲からの免除）　1　次の(a)及び(b)については，押収，拿捕及び捕獲からの免除が与えられる．

(a) 第12条又は前条に定める保護を受ける文化財

(b) 専ら(a)に規定する文化財の移動のために用いられる輸送手段

2　この条の規定は，臨検及び捜索の権利を制限するものではない．

第4章　要　員

第15条（要員）　安全保障上の利益に合致する限りにおいて，文化財の保護に従事する要員は，文化財の保護のために尊重され，また，敵対する紛争当事国の支配下に置かれた場合においても，当該要員が責任を有する文化財が同様に当該敵対する紛争当事国の支配下に置かれたときは，自己の任務を引き続き遂行することが認められる．

第５章　特殊標章

第 16 条（条約の標章）１　この条約の特殊標章は，先端が下方に向き，かつ，青色と白色とで斜め十字に４分された盾（一角がその盾の先端を形成する紺青色の正方形，当該正方形の上方に位置する紺青色の三角形及び当該三角形の両側を占める白色の三角形から成るもの）の形をしたものとする．

２　特殊標章は，次条に定める条件に従い，１個のみで，又は３個を三角形の形（１個の盾を下方に置く.）に並べて用いる．

第 17 条（標章の使用）１　３個を並べて用いる特殊標章は，次のものを識別する手段としてのみ使用することができる．

(a) 特別の保護の下にある不動産の文化財
(b) 第 12 条及び第 13 条に定める条件に従って行われる文化財の輸送
(c) この条約の施行規則に定める条件に従って設置される臨時の避難施設

２　１個のみで用いる特殊標章は，次のものを識別する手段としてのみ使用することができる．

(a) 特別の保護の下に置かれていない文化財
(b) この条約の施行規則に従って管理の任務について責任を有する者
(c) 文化財の保護に従事する要員
(d) この条約の施行規則に定める身分証明書

３　武力紛争の間，特殊標章の使用は，１及び２の場合を除くほか，いかなる場合においても禁止するものとし，特殊標章に類似する標識の使用は，その目的のいかんを問わず禁止する．

４　特殊標章は，締約国の権限のある当局が正当に日付を記入し，かつ，署名した許可書が同時に表示されない限り，いかなる不動産の文化財にも付することができない．

第６章　条約の適用範囲

第 18 条（条約の適用）１　この条約は，平時に効力を有する規定を除くほか，２以上の締約国の間に生ずる宣言された戦争又はその他の武力紛争の場合について，当該締約国の１又は２以上が戦争状態を承認するか否かを問わず，適用する．

２　この条約は，また，締約国の領域の一部又は全部が占領されたすべての場合について，その占領が武力抵抗を受けるか否かを問わず，適用する．

３　紛争当事国の１がこの条約の締約国でない場合にも，締約国である紛争当事国は，その相互の関係においては，この条約によって引き続き拘束される．さらに，締約国である紛争当事国は，締約国でない紛争当事国がこの条約の規定を受諾する旨を宣言し，かつ，この条約の規定を適用する限り，当該締約国でない紛争当事国との関係においても，この条約によって拘束される．

第 19 条（国際的性質を有しない紛争）１　締約国の１の領域内に生ずる国際的性質を有しない武力紛争の場合には，各紛争当事者は，少なくとも，この条約の文化財の尊重に関する規定を適用しなければならない．

２　紛争当事者は，特別の合意により，この条約の他の規定の全部又は一部を実施するよう努める．

３　ユネスコは，その役務を紛争当事者に提供することができる．

４　１から３までの規定の適用は，紛争当事者の法的地位に影響を及ぼすものではない．

第７章　条約の実施

第 20 条（条約の施行規則）　この条約を適用するための手続は，この条約の不可分の一部を成す施行規則に定める．

第 21 条（利益保護国）　この条約及びその施行規則は，紛争当事国の利益の保護について責任を有する利益保護国の協力を得て適用する．

第 22 条（調停手続）１　利益保護国は，文化財の保護のために有益と認めるすべての場合，特に，この条約又はその施行規則の適用又は解釈に関して紛争当事国たる締約国の間で意見の相違がある場合には，あっせんを行う．

２　このため，各利益保護国は，１の締約国若しくはユネスコ事務局長からの要請により又は自己の発意により，紛争当事国たる締約国に対し，それぞれの代表者，特に文化財の保護について責任を有する当局が，適当と認められる場合には適切に選ばれた中立の地域において，会合するよう提案することができる．紛争当事国たる締約国は，自国に対してなされた会合の提案に従わなければならない．利益保護国は，紛争当事国たる締約国に対し，その承認を求めるため，中立国に属する者又は同事務局長から提示された者であって当該会合に議長の資格で参加するよう招請されるものを提案する．

第 23 条（ユネスコによる援助）１　締約国は，自国の文化財の保護に関する業務の遂行について，又はこの条約若しくはその施行規則の適用から生ずるその他のあらゆる問題について，ユネスコに技術上の援助を要請することができる．同機関は，その計画及び資力の範囲内で当該援助を与える.

2　ユネスコは, その発意により, 締約国に対し1の事項に関する提案を行うことができる.

第24条（特別の協定） 1　締約国は, 別個に規定を設けることを適当と認めるすべての事項について, 特別の協定を締結することができる.

2　この条約が文化財及びその保護に従事する要員に与える保護の程度を弱めることとなる特別の協定は, 締結することができない.

第25条（条約の周知）　締約国は, 平時において武力紛争の際と同様に, 自国において, できる限り広い範囲においてこの条約及びその施行規則の本文の周知を図ることを約束する.

特に, 締約国は, この条約の原則をすべての住民, 特に軍隊及び文化財の保護に従事する要員に周知させるため, 軍事教育及び可能な場合には非軍事教育の課目に, この条約についての学習を取り入れることを約束する.

第26条（訳文及び報告） 1　締約国は, ユネスコ事務局長を通じて, この条約及びその施行規則の公定訳文を相互に送付する.

2　締約国は, また, この条約及びその施行規則を実施するために自国政府がとり, 準備し, 又は計画する措置に関する情報であって適当と認めるすべてのものを提供する報告を, 少なくとも4年に1回ユネスコ事務局長に提出する.

第27条（会合） 1　ユネスコ事務局長は, 同機関の執行委員会の承認を得て, 締約国の代表の会合を招集することができる. 同事務局長は, 締約国の少なくとも5分の1が要請する場合には, そのような会合を招集しなければならない.

2　この会合は, この条約及びその施行規則によって与えられる他の任務のほか, この条約及びその施行規則の適用に関する問題を研究し, 並びに当該問題に関する勧告を行うことを目的とする.

3　この会合は, また, 締約国の過半数が代表を出席させている場合には, 第39条の規定に従い, この条約又はその施行規則の改正を行うことができる.

第28条（制裁）　締約国は, この条約に違反し, 又は違反するよう命じた者について, 国籍のいかんを問わず, 訴追し, 及び刑罰又は懲戒罰を科するため, 自国の通常の刑事管轄権の枠組みの中で, 必要なすべての措置をとることを約束する.

97 武力紛争時の文化財保護条約議定書（抄）

武力紛争の際の文化財の保護に関する議定書
〔署名〕1954年5月14日, ハーグ
〔効力発生〕1956年8月7日／〔日本国〕2007年9月12日公布及び公示

締約国は, 次のとおり協定した.

I

1　締約国は, 1954年5月14日にハーグで署名された武力紛争の際の文化財の保護に関する条約第1条に定義する文化財が, 武力紛争の際に自国が占領した地域から輸出されることを防止することを約束する.

2　締約国は, 占領地域から直接又は間接に自国の領域内に輸入される文化財を管理することを約束する. この管理は, 文化財が輸入された時に自動的に行い, 又は自動的に行うことができない場合には当該占領地域の当局からの要請により行う.

3　締約国は, 自国の領域内にある文化財であって1に定める原則に違反して輸出されたものを, 敵対行為の終了の際に, 従前に占領された地域の権限のある当局に返還することを約束する. このような文化財は, 戦争の賠償として留置してはならない.

4　自国が占領した地域から文化財が輸出されることを防止する義務を負っていた締約国は, 3の規定に従って返還されなければならない文化財の善意の所持者に対して補償を行う.

II

5　締約国の領域を出所とする文化財であって武力紛争による危険からの保護を目的として当該締約国により他の締約国の領域内に寄託されたものは, 敵対行為の終了の際に, 当該他の締約国により, 当該文化財の出所である領域の権限のある当局に返還される.

III

10 (a) この議定書は, 5の国の批准書が寄託された後3箇月で効力を生ずる.

(b) この議定書は, その後は, 各締約国について, その批准書又は加入書の寄託の後3箇月で効力を生ずる.

(c) 1954年5月14日にハーグで署名された武力紛争の際の文化財の保護に関する条約第18条又は第19条に規定する事態において, 紛争当事国が敵対行為又は占領の開始前又は開始後に行った批准又は加入は, 直ちに効力を生ずる. この場合には, ユネスコ事務局長は, 14に規定する通報を最も速やかな方法で送付する.

11 (a) この議定書の効力発生の日にこの議定書の締約国である国は，当該効力発生の日の後6箇月以内に，この議定書の効果的な適用を確保するため必要なすべての措置をとる.

(b) (a)に規定する期間は，この議定書の効力発生の日の後に批准書又は加入書を寄託する国については，批准書又は加入書の寄託の日の後6箇月とする.

12 いずれの締約国も，批准若しくは加入の際に又はその後いつでも，ユネスコ事務局長にあてた通告により，自国が国際関係について責任を有する領域の全部又は一部にこの議定書を適用することを宣言することができる. この通告は，その受領の日の後3箇月で効力を生ずる.

13 (a) 締約国は，自国について，又は自国が国際関係について責任を有する領域について，この議定書を廃棄することができる.

(b) 廃棄は，ユネスコ事務局長に寄託する文書により通告する.

(c) 廃棄は，廃棄書の受領の後1年で効力を生ずる. ただし，廃棄を行う締約国がこの期間の満了の時において武力紛争に巻き込まれている場合には，廃棄は，敵対行為の終了の時又は文化財の返還に関する業務が完了する時のいずれか遅い時まで効力を生じない.

（以下略）

98 武力紛争時の文化財保護条約第２議定書（抄）

1999年３月26日にハーグで作成された武力紛争の際の文化財の保護に関する1954年のハーグ条約の第２議定書
〔署名〕1999年５月17日，ハーグ
〔効力発生〕2004年３月９日／〔日本国〕2007年９月12日公布及び公示

締約国は，

武力紛争の際の文化財の保護について改善し，及び特に指定された文化財の保護について強化された体制を確立する必要があることを認め，

1954年５月14日にハーグで作成された武力紛争の際の文化財の保護に関する条約の重要性を再確認し，また，その実施を強化するための措置を通じて同条約の規定を補足することの必要性を強調し，

適当な手続を定めることにより，同条約の締約国に対し，武力紛争の際の文化財の保護に一層密接に関与するための手段を提供することを希望し，

武力紛争の際の文化財の保護について規律する規則が国際法の発展を反映すべきであることを考慮し，

この議定書により規律されない問題については，引き続き国際慣習法の諸規則により規律されることを確認して，

次のとおり協定した.

第１章　序

第１条（定義） この議定書の適用上，

(a)「締約国」とは，この議定書の締約国をいう.

(b)「文化財」とは，条約第１条に定義する文化財をいう.

(c)「条約」とは，1954年５月14日にハーグで作成された武力紛争の際の文化財の保護に関する条約をいう.

(d)「条約締約国」とは，条約の締約国をいう.

(e)「強化された保護」とは，第10条及び第11条に定める強化された保護の制度をいう.

(f)「軍事目標」とは，その性質，位置，用途又は使用が軍事活動に効果的に資する物であって，その全面的又は部分的な破壊，奪取又は無効化がその時点における状況において明確な軍事的利益をもたらすものをいう.

(g)「不法な」とは，強制的な手段又はその他の手段により，被占領国の国内法又は国際法の適用可能な規則に違反することをいう.

(h)「一覧表」とは，第27条1(b)の規定に従って作成される強化された保護の下にある文化財の国際的な一覧表をいう.

(i)「事務局長」とは，ユネスコ事務局長をいう.

(j)「ユネスコ」とは，国際連合教育科学文化機構をいう.

(k)「第１議定書」とは，1954年５月14日にハーグで作成された武力紛争の際の文化財の保護に関する議定書をいう.

第２条（条約との関係） この議定書は，締約国間の関係において，条約を補足する.

第３条（適用範囲） **1** この議定書は，平時に適用する規定を除くほか，条約第18条1及び2並びにこの議定書の第22条1に規定する事態について適用する.

2 紛争当事国の1がこの議定書によって拘束されない場合にも，締約国は，その相互の関係においては，この議定書によって引き続き拘束される. さらに，締約国は，この議定書によって拘束されない紛争当事国がこの議定書の規定を受諾し，かつ，適用する限り，当該紛争当事国との関係においても，この議定書によって拘束される.

第４条（第３章の規定と条約及びこの議定書の

他の規定との関係）　第3章の規定の適用は，次の(a)及び(b)の規定の適用を妨げるものではない．

(a) 条約第1章の規定及びこの議定書の第2章の規定

(b) 条約第2章の規定．ただし，この議定書の締約国間又はこの議定書の締約国と前条2の規定に従ってこの議定書を受諾し，かつ，適用する国との間においては，文化財に特別の保護及び強化された保護の双方が与えられている場合には，強化された保護に関する規定のみを適用する．

第2章　保護に関する一般規定

第5条（文化財の保全）　条約第3条の規定に従い武力紛争による予見可能な影響から文化財を保全するために平時にとる準備措置には，適当な場合には，目録の作成，火災又は構造的崩壊から保護するための緊急措置の立案，動産の文化財を移動するため又は当該動産の文化財に対しその所在地において適当な保護を与えるための準備及び文化財の保全について責任を有する権限のある当局の指定を含める．

第6条（文化財の尊重）　条約第4条の規定に従い文化財の尊重を確保することを目的として，

(a) 同条2の規定による絶対的な軍事上の必要に基づく免除は，文化財に対する敵対行為については，次の(i)及び(ii)の条件が満たされる場合に限り，主張することができる．

(i) 当該文化財が，その機能により軍事目標となっていること．

(ii) (i)の軍事目標に対して敵対行為を行うことによって得られる軍事的利益と同様の軍事的利益を得るために利用し得る実行可能な代替的手段がないこと．

(b) 同条2の規定による絶対的な軍事上の必要に基づく免除は，破壊又は損傷の危険にさらすおそれがある目的のための文化財の利用については，当該文化財のこのような利用と，当該利用によって得られる軍事的利益と同様の軍事的利益を得るための他の実行可能な方法との間の選択が不可能である場合に限り，主張することができる．

(c) 絶対的な軍事上の必要を主張することについての決定は，大隊に相当する規模の兵力若しくは大隊よりも大きい規模の兵力の指揮官又は状況によりやむを得ない場合には，大隊よりも小さい規模の兵力の指揮官のみが行う．

(d) (a)の規定により行われた決定に基づき攻撃を行う場合には，事情が許すときはいつでも，効果的な事前の警告を与える．

第7条（攻撃の際の予防措置）　紛争当事国たる締約国は，軍事行動を行うに際して国際人道法によって要請される他の予防措置を妨げることなく次のことを行う．

(a) 攻撃の目標が条約第4条の規定により保護される文化財でないことを確認するためのすべての実行可能なこと．

(b) 攻撃の手段及び方法の選択に当たっては，巻き添えによる条約第4条の規定により保護される文化財の損傷を防止し，又は少なくとも最小限にとどめるため，すべての実行可能な予防措置をとること．

(c) 予期される具体的かつ直接的な軍事的利益との比較において，巻き添えによる条約第4条の規定により保護される文化財の損傷を過度に引き起こすことが予測される攻撃を行う決定を差し控えること．

(d) 次のことが明白となった場合には，攻撃を中止し，又は停止すること．

(i) 攻撃の目標が，条約第4条の規定により保護される文化財であること．

(ii) 攻撃が，予期される具体的かつ直接的な軍事的利益との比較において，巻き添えによる条約第4条の規定により保護される文化財の損傷を過度に引き起こすことが予測されること．

第8条（敵対行為の影響に対する予防措置）　紛争当事国たる締約国は，実行可能な最大限度まで，次のことを行う．

(a) 動産の文化財を軍事目標の付近から移動させ，又は当該動産の文化財に対しその所在地において適当な保護を与えること．

(b) 文化財の付近に軍事目標を設けることを避けること．

第9条（占領地域における文化財の保護）　1　条約第4条及び第5条の規定の適用を妨げることなく，他の締約国の領域の全部又は一部を占領している締約国は，占領地域について，次の事項を禁止し，及び防止する．

(a) 文化財のあらゆる不法な輸出，その他の移動又は所有権の移転

(b) あらゆる考古学上の発掘（文化財を保全し，記録し，又は保存するために真に必要とされる場合を除く．）

(c) 文化上，歴史上又は学術上の証拠資料を隠匿し，又は破壊することを意図する文化財のあらゆる改造又は利用の変更

2　占領地域内の文化財のいかなる考古学上の発掘，改造又は利用の変更も，状況によりやむ

を得ない場合を除くほか，当該占領地域の権限のある当局との緊密な協力の下に行う．

第３章　強化された保護

第10条（強化された保護）　文化財は，次のすべての条件を満たす場合には，強化された保護の下に置くことができる．

(a) 当該文化財が，人類にとって最も重要な文化遺産であること．

(b) 当該文化財の文化上及び歴史上の特別の価値を認め，並びに最も高い水準の保護を確保する適当な立法上及び行政上の国内措置により当該文化財が保護されていること．

(c) 当該文化財が軍事的目的で又は軍事施設を掩護するために利用されておらず，かつ，当該文化財を管理する締約国がそのような利用を行わないことを確認する旨の宣言を行っていること．

第11条（強化された保護の付与） **1**　締約国は，強化された保護の付与を要請しようとする文化財を記載した表を第24条に規定する委員会に提出するものとする．

2　1に規定する文化財に対して管轄権を有し，又はこれを管理する締約国は，当該文化財を第27条1(b)の規定に従って作成される一覧表に記載することを要請することができる．この要請には，前条に定める基準に関連するすべての必要な情報を含める．第24条に規定する委員会は，締約国に対し，当該文化財が一覧表に記載されることを要請するよう促すことができる．

3　関連する専門的知識を有する他の締約国，ブルーシールド国際委員会及びその他の非政府機関は，特定の文化財を第24条に規定する委員会に推薦することができる．このような場合には，当該委員会は，締約国に対し，一覧表への当該文化財の記載を要請するよう促すことを決定することができる．

4　2以上の国が主権若しくは管轄権を主張している領域内に所在する文化財を一覧表に記載することを要請すること又は当該文化財を一覧表に記載することは，そのような紛争の当事者の権利にいかなる影響も及ぼすものではない．

5　第24条に規定する委員会は，一覧表への記載の要請を受領したときは，当該要請をすべての締約国に通報する．締約国は，60日以内に当該委員会に対して当該要請に関する意見を提出することができる．これらの意見は，前条に定める基準に基づくものに限る．これらの意見は，具体的なものであり，かつ，事実に関するものでなければならない．当該委員会は，これらの意見について審議するものとし，当該委員会としての決定を行う前に，一覧表への記載を要請している締約国に対し，当該意見に対する見解を表明するための適当な機会を与える．当該委員会は，これらの意見について審議するに際しては，第26条の規定にかかわらず，出席し，かつ，投票する当該委員会の構成国の5分の4以上の多数による議決により，一覧表への記載を決定する．

6　第24条に規定する委員会は，一覧表への記載の要請について決定を行うに当たり，政府機関及び非政府機関並びに個人の専門家の助言を求めるものとする．

7　強化された保護を付与し，又は付与しない旨の決定は，前条に定める基準に基づいてのみ行うことができる．

8　例外的な場合には，第24条に規定する委員会は，一覧表への文化財の記載を要請している締約国が前条(b)の基準を満たしていないと判断したときであっても，その要請を行った締約国が第32条の規定に基づいて国際的援助の要請を提出することを条件として，強化された保護を付与することを決定することができる．

9　紛争当事国たる締約国は，敵対行為の開始に際し，自国が管轄権を有し，又は管理する文化財について強化された保護の付与を要請することを第24条に規定する委員会に通報することにより，強化された保護の付与を緊急に要請することができる．当該委員会は，その要請をすべての紛争当事国たる締約国に直ちに送付する．このような場合には，当該委員会は，関係締約国からの意見について迅速に審議する．暫定的な強化された保護を付与する旨の決定は，第26条の規定にかかわらず，出席し，かつ，投票する当該委員会の構成国の5分の4以上の多数による議決により，できる限り速やかに行う．当該委員会は，前条(a)及び(c)の基準が満たされているときは，強化された保護を付与するための正規の手続による結果が出るまでの間，暫定的な強化された保護を付与することができる．

10　強化された保護は，一覧表に文化財が記載された時から，第24条に規定する委員会により付与される．

11　事務局長は，国際連合事務総長及びすべての締約国に対し，第24条に規定する委員会による一覧表に文化財を記載する旨の決定の通報を遅滞なく送付する．

第12条（強化された保護の下にある文化財に関する特別な取扱い）　紛争当事国たる締約国

は，強化された保護の下にある文化財を攻撃の対象とすることを差し控えること及び軍事活動を支援するための当該文化財又はその隣接する周囲のいかなる利用も差し控えることにより，当該文化財に関する特別な取扱いを確保する．

第 13 条（強化された保護の喪失） 1　強化された保護の下にある文化財は，次のいずれかの場合に限り，強化された保護を喪失する．

(a) 強化された保護が，次条の規定に基づいて停止され，又は取り消される場合

(b) 当該文化財が，その利用により軍事目標となっている場合

2　1(b)の状況においては，１の文化財は，次のすべての条件を満たす場合に限り，攻撃の対象とすることができる．

(a) 当該攻撃が，1(b)に規定する利用を終了させるための唯一の実行可能な手段であること．

(b) 攻撃の手段及び方法の選択に当たっては，1(b)に規定する利用を終了させるため，及び当該文化財の損傷を防止し，又は少なくとも最小限にとどめるため，すべての実行可能な予防措置をとること．

(c) 緊急の自衛上の必要のため状況によりやむを得ない場合を除くほか，

(i) 当該攻撃が，最も上級の作戦上の指揮機関により命令されること．

(ii) 1(b)に規定する利用を終了することを要請する効果的な事前の警告が，敵対する兵力に対して発出されること．

(iii) 事態を是正するための合理的な期間が，敵対する兵力に与えられること．

第 14 条（強化された保護の停止及び取消し）

1　第 24 条に規定する委員会は，文化財が第 10 条に定める基準のいずれかを満たさなくなった場合には，強化された保護を停止し，又は当該文化財を一覧表から削除することによりこれを取り消すことができる．

2　第 24 条に規定する委員会は，強化された保護の下にある文化財に関し，軍事活動を支援するための当該文化財の利用により第 12 条の規定に対する著しい違反が生じている場合には，強化された保護を停止することができる．当該委員会は，当該違反が継続する場合には，例外的に，当該文化財を一覧表から削除することにより強化された保護を取り消すことができる．

3　事務局長は，国際連合事務総長及びすべての締約国に対し，第 24 条に規定する委員会による強化された保護を停止し，又は取り消す旨の決定の通報を遅滞なく送付する．

4　第 24 条に規定する委員会は，３に規定する決定を行う前に，締約国に対し，その意見を表明するための機会を与える．

第４章　刑事上の責任及び裁判権

第 15 条（この議定書の著しい違反） 1　故意に，かつ，条約又はこの議定書に違反して行われる次のいずれの行為も，この議定書上の犯罪とする．

(a) 強化された保護の下にある文化財を攻撃の対象とすること．

(b) 強化された保護の下にある文化財又はその隣接する周囲を軍事活動を支援するために利用すること．

(c) 条約及びこの議定書により保護される文化財の広範な破壊又は徴発を行うこと．

(d) 条約及びこの議定書により保護される文化財を攻撃の対象とすること．

(e) 条約により保護される文化財を盗取し，略奪し若しくは横領し，又は損壊すること．

2　締約国は，この条に規定する犯罪を自国の国内法上の犯罪とするため，及びこのような犯罪について適当な刑罰を科することができるようにするため，必要な措置をとる．締約国は，そのような措置をとるに当たり，法の一般原則及び国際法（行為を直接に行う者以外の者に対しても個人の刑事上の責任を課する規則を含む．）に従う．

第 16 条（裁判権） 1　２の規定の適用を妨げることなく，締約国は，次の場合において前条に規定する犯罪についての自国の裁判権を設定するため，必要な立法上の措置をとる．

(a) 犯罪が自国の領域内で行われる場合

(b) 容疑者が自国の国民である場合

(c) 同条 1(a)から(c)までに規定する犯罪については，容疑者が自国の領域内に所在する場合

2　裁判権の行使に関し，条約第 28 条の規定の適用を妨げることなく，

(a) この議定書は，適用可能な国内法及び国際法に基づき個人が刑事上の責任を負うこと又は裁判権が行使されることを妨げるものではなく，また，国際慣習法に基づく裁判権の行使に影響を及ぼすものでもない．

(b) 締約国でない国が第３条２の規定に従ってこの議定書の規定を受諾し，かつ，適用する場合を除くほか，締約国でない国の軍隊の構成員及び国民（締約国の軍隊において勤務する者を除く．）は，この議定書に基づき個人の刑事上の責任を負うことはなく，また，この議定書は，当該軍隊の構成員及び国民に対する裁判権を設定し，又は当該軍隊の

構成員及び国民を引き渡す義務を課するものではない.

第17条（訴追） 1　締約国は，第15条1(a)から(c)までに規定する犯罪の容疑者が自国の領域内に所在することが判明した場合において，当該容疑者を引き渡さないときは，いかなる例外もなしに，かつ，不当に遅滞することなく，国内法による手続又は適用可能な国際法の関連規則による手続を通じて，訴追のため自国の権限のある当局に事件を付託する.

2　適用可能な国際法の関連規則の適用を妨げることなく，自己につき条約又はこの議定書に関連して訴訟手続がとられているいずれの者も，当該訴訟手続のすべての段階において国内法及び国際法に従って公正な取扱い及び公正な裁判を保障され，かつ，いかなる場合においても，国際法に定める保障よりも不利な保障が与えられることはない.

第18条（犯罪人引渡し） 1　第15条1(a)から(c)までに規定する犯罪は，この議定書が効力を生ずる前に締約国間に存在する犯罪人引渡条約における引渡犯罪とみなされる．締約国は，相互間でその後締結されるすべての犯罪人引渡条約にこれらの犯罪を引渡犯罪として含めることを約束する.

2　条約の存在を犯罪人引渡しの条件とする締約国は，自国との間に犯罪人引渡条約を締結していない他の締約国から犯罪人引渡しの請求を受けた場合には，随意にこの議定書を第15条1(a)から(c)までに規定する犯罪に関する犯罪人引渡しのための法的根拠とみなすことができる.

3　条約の存在を犯罪人引渡しの条件としない締約国は，犯罪人引渡しの請求を受けた締約国の法令に定める条件に従い，相互間で，第15条1(a)から(c)までに規定する犯罪を引渡犯罪と認める.

4　第15条1(a)から(c)までに規定する犯罪は，締約国間の犯罪人引渡しに関しては，必要な場合には，当該犯罪が発生した場所においてのみでなく，第16条1の規定に従って裁判権を設定した締約国の領域内においても行われたものとみなされる.

第19条（法律上の相互援助） 1　締約国は，第15条に規定する犯罪について行われる捜査，刑事訴訟又は犯罪人引渡しに関する手続について，相互に最大限の援助（これらの手続に必要であり，かつ，自国が提供することのできる証拠の収集に係る援助を含む.）を与える.

2　締約国は，相互間に法律上の相互援助に関する条約又は他の取極が存在する場合には，当該条約又は他の取極に合致するように，1に定める義務を履行する．締約国は，そのような条約又は取極が存在しない場合には，国内法に従って相互に援助を与える.

第20条（拒否の理由） 1　第15条1(a)から(c)までに規定する犯罪については，犯罪人引渡しに関し，また，同条に規定する犯罪については，法律上の相互援助に関し，政治犯罪，政治犯罪に関連する犯罪又は政治的な動機による犯罪とみなしてはならない．したがって，政治犯罪，政治犯罪に関連する犯罪又は政治的な動機による犯罪に関係することのみを理由として，同条1(a)から(c)までに規定する犯罪を根拠とする犯罪人引渡しの請求又は同条に規定する犯罪に関する法律上の相互援助の要請を拒否することはできない.

2　この議定書のいかなる規定も，第15条1(a)から(c)までに規定する犯罪を根拠とする犯罪人引渡しの請求又は同条に規定する犯罪に関する法律上の相互援助の要請を受けた締約国が，これらの請求若しくは要請が人種，宗教，国籍，民族的出身若しくは政治的意見を理由としてこれらの請求若しくは要請の対象となる者を訴追し若しくは処罰するために行われたと信じ，又はこれらの請求若しくは要請に応ずることによりその者の地位がこれらの理由によって害されると信ずるに足りる実質的な根拠がある場合には，引渡しを行い，又は法律上の相互援助を与える義務を課するものと解してはならない.

第21条（他の違反に関する措置）　条約第28条の規定の適用を妨げることなく，締約国は，故意に行われる次の行為を抑止するために必要な立法上，行政上又は懲戒上の措置をとる.

(a) 条約又はこの議定書に違反する文化財の利用

(b) 条約又はこの議定書に違反して行われる占領地域からの文化財の不法な輸出，その他の移動又は所有権の移転

第５章　国際的性質を有しない武力紛争における文化財の保護

第22条（国際的性質を有しない武力紛争） 1　この議定書は，締約国の1の領域内に生ずる国際的性質を有しない武力紛争の場合について適用する.

2　この議定書は，暴動，独立の又は散発的な暴力行為その他これらに類する性質の行為等国内における騒乱及び緊張の事態については，適用しない.

3　この議定書のいかなる規定も，国の主権又

は，あらゆる正当な手段によって，国の法及び秩序を維持し若しくは回復し若しくは国の統一を維持し及び領土を保全するための政府の責任に影響を及ぼすことを目的として援用してはならない．

4　この議定書のいかなる規定も，国際的性質を有しない武力紛争が領域内で生ずる締約国の第15条に規定する違反行為に対する第1次の裁判権を害するものではない．

5　この議定書のいかなる規定も，武力紛争が生じている締約国の領域における当該武力紛争又は武力紛争が生じている締約国の国内問題若しくは対外的な問題に直接又は間接に介入することを，その介入の理由のいかんを問わず，正当化するために援用してはならない．

6　1に規定する事態へのこの議定書の適用は，紛争当事者の法的地位に影響を及ぼすものではない．

7　ユネスコは，その役務を紛争当事者に提供することができる．

第６章　組織に関する事項（略）

第７章　情報の周知及び国際的援助

第30条（周知） 1　締約国は，適当な手段を用いて，特に教育及び広報に関する事業計画を通じて，自国のすべての住民が文化財を評価し，及び尊重することを強化するよう努める．

2　締約国は，平時及び武力紛争の際の双方において，できる限り広い範囲においてこの議定書の周知を図る．

3　武力紛争の際にこの議定書の適用について責任を有する軍当局及び軍当局以外の当局は，この議定書の内容を熟知していなければならない．このため，締約国は，適当な場合には，次のことを行う．

(a) 文化財の保護についての指針及び命令を自国の軍事上の規則に含めること．

(b) ユネスコ並びに関連の政府機関及び非政府機関と協力して，平時の訓練及び教育に関する事業計画を作成し，及び実施すること．

(c) 事務局長を通じて，(a)及び(b)の規定を実施するために制定された法律及び行政規則並びに当該規定を実施するためにとられた措置に関する情報を相互に通報すること．

(d) 事務局長を通じて，できる限り速やかに，この議定書の適用を確保するために自国が制定する法律及び行政規則を相互に通報すること．

第31条（国際協力）　締約国は，この議定書に対する著しい違反がある場合には，ユネスコ及び国際連合と協力して，かつ，国際連合憲章に従って，単独で又は委員会を通じて共同して行動することを約束する．

第32条（国際的援助） 1　締約国は，委員会に対し，強化された保護の下にある文化財に関する国際的援助並びに第10条の規定による法律，行政規則及び措置の立案，制定又は実施に関する援助を要請することができる．

2　この議定書の締約国でない紛争当事国であって，第3条2の規定に従ってこの議定書の規定を受諾し，かつ，適用するものは，委員会に対し，適当な国際的援助を要請することができる．

3　委員会は，国際的援助の要請の提出に関する規則を採択し，及び国際的援助の形態について定める．

4　締約国は，要請を行う締約国又は紛争当事国に対し，委員会を通じて，あらゆる種類の技術上の援助を与えることを奨励される．

第33条（ユネスコによる援助） 1　締約国は，自国の文化財の保護に関する業務の遂行（文化財の保全のための準備活動，緊急事態に対する予防措置及び制度上の措置の実施，自国の文化財の目録の作成等）について，又はこの議定書の適用から生ずるその他のあらゆる問題について，ユネスコに技術上の援助を要請することができる．ユネスコは，その計画及び資力の範囲内で当該援助を与える．

2　締約国は，2国間又は多数国間で技術上の援助を与えることを奨励される．

3　ユネスコは，その発意により，締約国に対し1及び2の事項に関する提案を行うことができる．

第８章　議定書の実施

第34条（利益保護国）　この議定書は，紛争当事国たる締約国の利益の保護について責任を有する利益保護国の協力を得て適用する．

第35条（調停手続） 1　利益保護国は，文化財の保護のために有益と認めるすべての場合，特に，この議定書の適用又は解釈に関して紛争当事国たる締約国の間で意見の相違がある場合には，あっせんを行う．

2　このため，各利益保護国は，1の締約国若しくは事務局長からの要請により又は自己の発意により，紛争当事国たる締約国に対し，それぞれの代表者，特に文化財の保護について責任を有する当局が，適当と認められる場合には紛争当事国でない国の領域において，会合するよう提案することができる．紛争当事国たる締約国は，自国に対してなされた会合の提案に従わなければならない．利益保護国は，紛争当事国たる締約国に対し，その承認を求めるため，紛争当事国でない国に属する者又は事務局長から提示された者であって当該会合に議長の資格で参加するよう招請されるものを提案する．

第36条（利益保護国がない場合の調停） 1　事務局長は，利益保護国が任命されていない場合の紛争において，意見の相違を解決するため，あっせんを行い，又はその他調停若しくは仲介の手段を用いて行動することができる．

2　委員会の議長は，1の締約国又は事務局長からの要請により，紛争当事国たる締約国に対し，それぞれの代表者，特に文化財の保護について責任を有する当局が，適当と認められる場合には紛争当事国でない国の領域において，会合するよう提案することができる．

第37条（訳文及び報告） 1　締約国は，この議定書を自国の公用語に翻訳するものとし，その公定訳文を事務局長に送付する．

2　締約国は，この議定書の実施に関する報告を4年に1回委員会に提出する．

第38条（国家責任）　個人の刑事上の責任に関するこの議定書の規定は，国際法に基づく国家責任（賠償を支払う義務を含む．）に影響を及ぼすものではない．

iv）　犯罪鎮圧

99 ジェノサイド条約（抄）　翻訳

集団殺害罪の防止及び処罰に関する条約
〔採択〕1948年12月9日（国連第3総会）
〔効力発生〕1951年1月12日

締約国は，

集団殺害が，国際連合の精神と目的に反し，かつ，文明世界によって罪悪と認められた国際法上の犯罪であるとする1946年12月11日の国際連合総会決議96(1)を考慮し，

歴史上あらゆる時期において集団殺害が人類に多大な損失をもたらしたことを認め，

この忌まわしい苦悩から人類を解放するためには国際協力が必要であることを確信して，

ここに，次に規定するとおり同意する．

第1条〔国際法上の犯罪〕 締約国は，集団殺害が，平時に行われるか戦時に行われるかを問わず，国際法上の犯罪であることを確認し，これを防止し処罰することを約束する．

第2条〔定義〕 この条約において集団殺害とは，国民的，民族的，人種的または宗教的な集団の全部または一部を破壊する意図をもって行われた次のいずれかの行為をいう．

(a) 集団の構成員を殺すこと．
(b) 集団の構成員に重大な肉体的または精神的な危害を加えること．
(c) 全部または一部の身体的破壊をもたらすよう意図された生活条件を故意に集団に課すこと．
(d) 集団内の出生を妨げることを意図する措置を課すこと．
(e) 集団の子どもを他の集団に強制的に移すこと．

第3条〔処罰すべき行為〕 次の行為は，処罰する．

(a) 集団殺害
(b) 集団殺害の共同謀議
(c) 集団殺害の直接かつ公然たる教唆
(d) 集団殺害の未遂
(e) 集団殺害の共犯

第4条〔犯罪者の地位の不問〕 集団殺害または第3条に列挙された他のいずれかの行為を犯す者は，憲法上の責任ある統治者であるか，公務員であるか，または私人であるかを問わず，処罰する．

第5条〔国内立法の約束〕 締約国は，それぞれ自国の憲法に従って，この条約の規定を実施するために，とくに集団殺害または第3条に列挙された他のいずれかの行為を犯した者に対する効果的な刑罰を定めるために，必要な立法を行うことを約束する．

第6条〔管轄裁判所〕 集団殺害または第3条に列挙された他のいずれかの行為について罪に問われている者は，その行為が行われた領域の国の権限ある裁判所により，または国際刑事裁判所の管轄権を受諾している締約国については管轄権を有する国際刑事裁判所により，審理される．

第7条〔犯罪人引渡し〕 集団殺害および第3条に列挙された他の行為は，犯罪人引渡しに関して政治犯罪とはみなされない．

締約国は，この場合，現行の自国の法令および条約に従って犯罪人を引き渡すことを誓約する．

第8条〔国連による防止行動〕 締約国は，国際連合の権限ある機関に対して，集団殺害または第3条に列挙された他のいずれかの行為を防止し，抑止するために適当と認める国際連合憲章に基づく行動をとるように要求することができる．

第9条〔紛争の解決〕 この条約の解釈，適用または履行に関する締約国間の紛争は，集団殺害

または第３条に列挙された他のいずれかの行為に対する国の責任に関するものを含め，いずれかの紛争当事国の要求により国際司法裁判所に付託される．

100 国際刑事裁判所規程（抄）

国際刑事裁判所に関するローマ規程
〔採択〕1998年７月17日，ローマ
〔効力発生〕2002年７月１日／〔日本国〕2007年10月１日

前　文

この規程の締約国は，

すべての人民が共通のきずなで結ばれており，その文化が共有された遺産によって継ぎ合わされていることを意識し，また，この繊細な継ぎ合わされたものがいつでも粉々になり得ることを懸念し，

20 世紀の間に多数の児童，女性及び男性が人類の良心に深く衝撃を与える想像を絶する残虐な行為の犠牲者となってきたことに留意し，

このような重大な犯罪が世界の平和，安全及び福祉を脅かすことを認識し，

国際社会全体の関心事である最も重大な犯罪が処罰されずに済まされてはならないこと並びにそのような犯罪に対する効果的な訴追が国内的な措置をとり，及び国際協力を強化することによって確保されなければならないことを確認し，

これらの犯罪を行った者が処罰を免れることを終わらせ，もってそのような犯罪の防止に貢献することを決意し，

国際的な犯罪について責任を有する者に対して刑事裁判権を行使することがすべての国家の責務であることを想起し，

国際連合憲章の目的及び原則並びに特に，すべての国が，武力による威嚇又は武力の行使を，いかなる国の領土保全又は又は政治的独立に対するものも，また，国際連合の目的と両立しない他のいかなる方法によるものも慎まなければならないことを再確認し，

これに関連して，この規程のいかなる規定も，いずれかの国の武力紛争又は国内問題に干渉する権限を締約国に与えるものと解してはならないことを強調し，

これらの目的のため並びに現在及び将来の世代のために，国際連合及びその関連機関と連携関係を有し，国際社会全体の関心事である最も重大な犯罪についての管轄権を有する独立した常設の国際刑事裁判所を設立することを決意し，

この規程に基づいて設立する国際刑事裁判所が国家の刑事裁判権を補完するものであることを強調し，国際正義の永続的な尊重及び実現を保障することを決意して， a

次のとおり協定した．

b

第１部　裁判所の設立

第１条（裁判所） この規程により国際刑事裁判所（以下「裁判所」という．）を設立する．裁判所は，常設機関とし，この規程に定める国際的な関心事である最も重大な犯罪を行った者に対して管轄権を行使する権限を有し，及び国家の刑事裁判権を補完する．裁判所の管轄権及び任務については，この規程によって規律する． c

第２条（裁判所と国際連合との連携関係） 裁判所は，この規程の締約国会議が承認し，及びその後裁判所のために裁判所長が締結する協定によって国際連合と連携関係をもつ． d

第３条（裁判所の所在地） 1　裁判所の所在地は，オランダ（以下「接受国」という．）のハーグとする． e

2　裁判所は，接受国と本部協定を結ぶ．この協定は，締約国会議が承認し，その後裁判所のために裁判所長が締結する．

3　裁判所は，この規程に定めるところにより，裁判所が望ましいと認める場合に他の地で開廷することができる． f

第４条（裁判所の法的地位及び権限） 1　裁判所は，国際法上の法人格を有する．また，裁判所は，任務の遂行及び目的の達成に必要な法律上の能力を有する． g

2　裁判所は，この規程に定めるところによりいずれの締約国の領域においても，及び特別の合意によりその他のいずれの国の領域においても，任務を遂行し，及び権限を行使することができる． h

第２部　管轄権，受理許容性及び適用される法

第５条（裁判所の管轄権の範囲内にある犯罪） i

1　裁判所の管轄権は，国際社会全体の関心事である最も重大な犯罪に限定する．裁判所は，この規程に基づき次の犯罪について管轄権を有する．

(a) 集団殺害犯罪 j
(b) 人道に対する犯罪
(c) 戦争犯罪
(d) 侵略犯罪

2　第 121 条及び第 123 条の規定に従い，侵略犯罪を定義し，及び裁判所がこの犯罪について k

管轄権を行使する条件を定める規定が採択された後に，裁判所は，この犯罪について管轄権を行使する．この規定は，国際連合憲章の関連する規定に適合したものとする．

第6条（集団殺害犯罪） この規程の適用上，「集団殺害犯罪」とは，国民的，民族的，人種的又は宗教的な集団の全部又は一部に対し，その集団自体を破壊する意図をもって行う次のいずれかの行為をいう．

(a) 当該集団の構成員を殺害すること．
(b) 当該集団の構成員の身体又は精神に重大な害を与えること．
(c) 当該集団の全部又は一部に対し，身体的破壊をもたらすことを意図した生活条件を故意に課すること．
(d) 当該集団内部の出生を妨げることを意図する措置をとること．
(e) 当該集団の児童を他の集団に強制的に移すこと．

第7条（人道に対する犯罪） 1　この規程の適用上，「人道に対する犯罪」とは，文民たる住民に対する攻撃であって広範又は組織的なものの一部として，そのような攻撃であると認識しつつ行う次のいずれかの行為をいう．

(a) 殺人
(b) 絶滅させる行為
(c) 奴隷化すること．
(d) 住民の追放又は強制移送
(e) 国際法の基本的な規則に違反する拘禁その他の身体的な自由の著しいはく奪
(f) 拷問
(g) 強姦，性的な奴隷，強制売春，強いられた妊娠状態の継続，強制断種その他あらゆる形態の性的暴力であってこれらと同等の重大性を有するもの
(h) 政治的，人種的，国民的，民族的，文化的又は宗教的な理由，3に定義する性に係る理由その他国際法の下で許容されないことが普遍的に認められている理由に基づく特定の集団又は共同体に対する迫害であって，この1に掲げる行為又は裁判所の管轄権の範囲内にある犯罪を伴うもの
(i) 人の強制失踪
(j) アパルトヘイト犯罪
(k) その他の同様の性質を有する非人道的な行為であって，身体又は心身の健康に対して故意に重い苦痛を与え，又は重大な傷害を加えるもの

2　1の規定の適用上，

(a)「文民たる住民に対する攻撃」とは，そのような攻撃を行うとの国若しくは組織の政策に従い又は当該政策を推進するため，文民たる住民に対して1に掲げる行為を多重的に行うことを含む一連の行為をいう．
(b)「絶滅させる行為」には，住民の一部の破壊をもたらすことを意図した生活条件を故意に課すること（特に食糧及び薬剤の入手の機会のはく奪）を含む．
(c)「奴隷化すること」とは，人に対して所有権に伴ういずれか又はすべての権限を行使することをいい，人（特に女性及び児童）の取引の過程でそのような権限を行使することを含む．
(d)「住民の追放又は強制移送」とは，国際法の下で許容されている理由によることなく，退去その他の強制的な行為により，合法的に所在する地域から関係する住民を強制的に移動させることをいう．
(e)「拷問」とは，身体的なものであるか精神的なものであるかを問わず，抑留されている者又は支配下にある者に著しい苦痛を故意に与えることをいう．ただし，拷問には，専ら合法的な制裁に固有の又はこれに付随する苦痛が生ずることを含まない．
(f)「強いられた妊娠状態の継続」とは，住民の民族的な組成に影響を与えること又は国際法に対するその他の重大な違反を行うことを意図して，強制的に妊娠させられた女性を不法に監禁することをいう．この定義は，妊娠に関する国内法に影響を及ぼすものと解してはならない．
(g)「迫害」とは，集団又は共同体の同一性を理由として，国際法に違反して基本的な権利を意図的にかつ著しくはく奪することをいう．
(h)「アパルトヘイト犯罪」とは，1に掲げる行為と同様な性質を有する非人道的な行為であって，一の人種的集団が他の一以上の人種的集団を組織的に抑圧し，及び支配する制度化された体制との関連において，かつ，当該体制を維持する意図をもって行うものをいう．
(i)「人の強制失踪」とは，国若しくは政治的組織又はこれらによる許可，支援若しくは黙認を得た者が，長期間法律の保護の下から排除する意図をもって，人を逮捕し，拘禁し，又は拉致する行為であって，その自由をはく奪していることを認めず，又はその消息若しくは所在に関する情報の提供を拒否することを伴うものをいう．

3　この規程の適用上，「性」とは，社会の文脈における両性，すなわち，男性及び女性をいう．「性」の語は，これと異なるいかなる意味も示

すものではない.

第8条（戦争犯罪） 1　裁判所は，戦争犯罪，特に，計画若しくは政策の一部として又は大規模に行われたそのような犯罪の一部として行われるものについて管轄権を有する.

2　この規程の適用上，「戦争犯罪」とは，次の行為をいう.

(a) 1949年8月12日のジュネーヴ諸条約に対する重大な違反行為，すなわち，関連するジュネーヴ条約に基づいて保護される人又は財産に対して行われる次のいずれかの行為

(i) 殺人

(ii) 拷問又は非人道的な待遇（生物学的な実験を含む.）

(iii) 身体又は健康に対して故意に重い苦痛を与え，又は重大な傷害を加えること.

(iv) 軍事上の必要性によって正当化されない不法かつ恣意的に行う財産の広範な破壊又は徴発

(v) 捕虜その他の被保護者を強制して敵国の軍隊において服務させること.

(vi) 捕虜その他の被保護者からの公正な正式の裁判を受ける権利のはく奪

(vii) 不法な追放，移送又は拘禁

(viii) 人質をとること.

(b) 確立された国際法の枠組みにおいて国際的な武力紛争の際に適用される法規及び慣例に対するその他の著しい違反，すなわち，次のいずれかの行為

(i) 文民たる住民それ自体又は敵対行為に直接参加していない個々の文民を故意に攻撃すること.

(ii) 民用物，すなわち，軍事目標以外の物を故意に攻撃すること.

(iii) 国際連合憲章の下での人道的援助又は平和維持活動に係る要員，施設，物品，組織又は車両であって，武力紛争に関する国際法の下で文民又は民用物に与えられる保護を受ける権利を有するものを故意に攻撃すること.

(iv) 予期される具体的かつ直接的な軍事的利益全体との比較において，攻撃が，巻き添えによる文民の死亡若しくは傷害，民用物の損傷又は自然環境に対する広範，長期的かつ深刻な損害であって，明らかに過度となり得るものを引き起こすことを認識しながら故意に攻撃すること.

(v) 手段のいかんを問わず，防衛されておらず，かつ，軍事目標でない都市，町村，住居又は建物を攻撃し，又は砲撃し若しくは爆撃すること.

(vi) 武器を放棄して又は防衛の手段をもはや a
持たずに自ら投降した戦闘員を殺害し，又は負傷させること.

(vii) ジュネーヴ諸条約に定める特殊標章のほか，休戦旗又は敵国若しくは国際連合の旗若しくは軍隊の記章及び制服を不適正に使用 b
して，死亡又は重傷の結果をもたらすこと.

(viii) 占領国が，その占領地域に自国の文民たる住民の一部を直接若しくは間接に移送すること又はその占領地域の住民の全部若しくは一部を当該占領地域の内において若し c
くはその外に追放し若しくは移送すること.

(ix) 宗教，教育，芸術，科学又は慈善のために供される建物，歴史的建造物，病院及び傷病者の収容所であって，軍事目標以外のものを故意に攻撃すること. d

(x) 敵対する紛争当事国の権力内にある者に対し，身体の切断又はあらゆる種類の医学的若しくは科学的な実験であって，その者の医療上正当と認められるものでも，その者の利益のために行われるものでもなく，かつ，その e
者を死に至らしめ，又はその健康に重大な危険が生ずるものを受けさせること.

(xi) 敵対する紛争当事国又は軍隊に属する個人を背信的に殺害し，又は負傷させること.

(xii) 助命しないことを宣言すること. f

(xiii) 敵対する紛争当事国の財産を破壊し，又は押収すること．ただし，戦争の必要性から絶対的にその破壊又は押収を必要とする場合は，この限りでない.

(xiv) 敵対する紛争当事国の国民の権利及び訴 g
権が消滅したこと，停止したこと又は裁判所において受理されないことを宣言すること.

(xv) 敵対する紛争当事国の国民が戦争の開始前に本国の軍役に服していたか否かを問わず，当該国民に対し，その本国に対する軍事 h
行動への参加を強制すること.

(xvi) 襲撃により占領した場合であるか否かを問わず，都市その他の地域において略奪を行うこと.

(xvii) 毒物又は毒を施した兵器を使用すること. i

(xviii) 窒息性ガス，毒性ガス又はこれらに類するガス及びこれらと類似のすべての液体，物質又は考案物を使用すること.

(xix) 人体内において容易に展開し，又は扁平となる弾丸（例えば，外包が硬い弾丸であっ j
て，その外包が弾芯を全面的には被覆しておらず，又はその外包に切込みが施されたもの）を使用すること.

(xx) 武力紛争に関する国際法に違反して，その性質上過度の傷害若しくは無用の苦痛を k

与え，又は本質的に無差別な兵器，投射物及び物質並びに戦闘の方法を用いること．ただし，これらの兵器，投射物及び物質並びに戦闘の方法が，包括的な禁止の対象とされ，かつ，第121条及び第123条の関連する規定に基づく改正によってこの規程の附属書に含められることを条件とする．

(xxi) 個人の尊厳を侵害すること（特に，侮辱的で対面を汚す待遇）．

(xxii) 強姦（かん），性的な奴隷，強制売春，前条2(f)に定義する強いられた妊娠状態の継続，強制断種その他あらゆる形態の性的暴力であって，ジュネーヴ諸条約に対する重大な違反行為を構成するものを行うこと．

(xxiii) 文民その他の被保護者の存在を，特定の地点，地域又は軍隊が軍事行動の対象とならないようにするために利用すること．

(xxiv) ジュネーヴ諸条約に定める特殊標章を国際法に従って使用している建物，物品，医療組織，医療用輸送手段及び要員を故意に攻撃すること．

(xxv) 戦闘の方法として，文民からその生存に不可欠な物品をはく奪すること（ジュネーヴ諸条約に規定する救済品の分配を故意に妨げることを含む．）によって生ずる飢餓の状態を故意に利用すること．

(xxvi) 15歳未満の児童を自国の軍隊に強制的に徴集し若しくは志願に基づいて編入すること又は敵対行為に積極的に参加させるために使用すること．

(c) 国際的性質を有しない武力紛争の場合には，1949年8月12日のジュネーヴ諸条約のそれぞれの第3条に共通して規定する著しい違反，すなわち，敵対行為に直接に参加しない者（武器を放棄した軍隊の構成員及び病気，負傷，抑留その他の事由により戦闘能力のない者を含む．）に対する次のいずれかの行為

(i) 生命及び身体に対し害を加えること（特に，あらゆる種類の殺人，身体の切断，虐待及び拷問）．

(ii) 個人の尊厳を侵害すること（特に，侮辱的で体面を汚す待遇）．

(iii) 人質をとること．

(iv) 一般に不可欠と認められるすべての裁判上の保障を与える正規に構成された裁判所の宣告する判決によることなく刑を言い渡し，及び執行すること．

(d) (c)の規定は，国際的性質を有しない武力紛争について適用するものとし，暴動，独立の又は散発的な暴力行為その他これらに類する性質の行為等国内における騒乱及び緊張の事態については，適用しない．

(e) 確立された国際法の枠組みにおいて国際的性質を有しない武力紛争の際に適用される法規及び慣例に対するその他の著しい違反，すなわち，次のいずれかの行為

(i) 文民たる住民それ自体又は敵対行為に直接参加していない個々の文民を故意に攻撃すること．

(ii) ジュネーヴ諸条約に定める特殊標章を国際法に従って使用している建物，物品，医療組織，医療用輸送手段及び要員を故意に攻撃すること．

(iii) 国際連合憲章の下での人道的援助又は平和維持活動に係る要員，施設，物品，組織又は車両であって，武力紛争に関する国際法の下で文民又は民用物に与えられる保護を受ける権利を有するものを故意に攻撃すること．

(iv) 宗教，教育，芸術，科学又は慈善のために供される建物，歴史的建造物，病院及び傷病者の収容所であって，軍事目標以外のものを故意に攻撃すること．

(v) 襲撃により占領した場合であるか否かを問わず，都市その他の地域において略奪を行うこと．

(vi) 強姦（かん），性的な奴隷，強制売春，前条2(f)に定義する強いられた妊娠状態の継続，強制断種その他あらゆる形態の性的暴力であって，ジュネーヴ諸条約のそれぞれの第3条に共通して規定する著しい違反を構成するものを行うこと．

(vii) 15歳未満の児童を軍隊若しくは武装集団に強制的に徴集し若しくは志願に基づいて編入すること又は敵対行為に積極的に参加させるために使用すること．

(viii) 紛争に関連する理由で文民たる住民の移動を命ずること．ただし，その文民の安全又は絶対的な軍事上の理由のために必要とされる場合は，この限りでない．

(ix) 敵対する紛争当事者の戦闘員を背信的に殺害し，又は負傷させること．

(x) 助命しないことを宣言すること．

(xi) 敵対する紛争当事者の権力内にある者に対し，身体の切断又はあらゆる種類の医学的若しくは科学的な実験であって，その者の医療上正当と認められるものでも，その者の利益のために行われるものでもなく，かつ，その者を死に至らしめ，又はその健康に重大な危険が生ずるものを受けさせること．

(xii) 敵対する紛争当事者の財産を破壊し，又は押収すること．ただし，紛争の必要性から絶

対的にその破壊又は押収を必要とする場合は，この限りでない．
〔2010年検討会議で採択された改正条文（未発効）
(xiii)（(b)(xvii)と同じ）
(xiv)（(b)(xviii)と同じ）
(xv)（(b)(xix)と同じ）〕
(f) (e)の規定は，国際的性質を有しない武力紛争について適用するものとし，暴動，独立の又は散発的な暴力行為そのほかこれらに類する性質の行為等国内における騒乱及び緊張の事態については，適用しない．同規定は，政府当局と組織された武装集団との間又はそのような集団相互の間の長期化した武力紛争がある場合において，国の領域内で生ずるそのような武力紛争について適用する．
3　2(c)及び(e)の規定は，あらゆる正当な手段によって，国内の法及び秩序を維持し若しくは回復し，又は国の統一を維持し，及び領土を保全するための政府の責任に影響を及ぼすものではない．
〔2010年検討会議で採択され2018年に発効した改正条文(日本は未批准)〕
8条の2（侵略犯罪） **1**　この規程の適用上，「侵略犯罪」とは，その性質，重大性および規模により国際連合憲章の明白な違反を構成する侵略行為の，国の政治的又は軍事的行動を実効的に支配又は指揮する立場にある者による計画，準備，開始又は実行をいう．
2　前項の適用上，「侵略行為」とは，国による他国の主権，領土保全若しくは政治的独立に対する，又は国際連合憲章と両立しないその他の方法による武力の行使をいう．次に掲げるいずれの行為も，宣戦布告の有無にかかわりなく，1974年12月14日の国際連合総会決議3314（XXIX）にしたがって，侵略行為とされる．
（以下，侵略の定義決議第3条(a)〜(g)と同文)〕
第9条（犯罪の構成要件に関する文書） **1**　裁判所は，前3条の規定の解釈及び適用に当たり，犯罪の構成要件に関する文書を参考とする．犯罪の構成要件に関する文書は，締約国会議の構成国の3分の2以上の多数による議決で採択される．
2　犯罪の構成要件に関する文書の改正は，次の者が提案することができる．
(a) 締約国
(b) 絶対多数による議決をもって行動する裁判官
(c) 検察官
この改正は，締約国会議の構成国の3分の2以上の多数による議決で採択される．
3　犯罪の構成要件に関する文書及びその改正は，この規程に適合したものとする． a
第10条　この部のいかなる規定も，この規程の目的以外の目的のために現行の又は発展する国際法の規則を制限し，又はその適用を妨げるものと解してはならない． b
第11条（時間についての管轄権） **1**　裁判所は，この規程が効力を生じた後に行われる犯罪についてのみ管轄権を有する．
2　いずれかの国がこの規程が効力を生じた後にこの規程の締約国となる場合には，裁判所は，この規程が当該国について効力が生じた後に行われる犯罪についてのみ管轄権を行使することができる．ただし，当該国が次条3に規定する宣言を行った場合は，この限りでない． c
第12条（管轄権を行使する前提条件） **1**　この規程の締約国となる国は，第5条に規定する犯罪についての裁判所の管轄権を受諾する． d
2　裁判所は，次条(a)又は(c)に規定する場合において，次の(a)又は(b)に掲げる国の1又は2以上がこの規程の締約国であるとき又は3の規定に従い裁判所の管轄権を受諾しているときは，その管轄権を行使することができる． e
(a) 領域内において問題となる行為が発生した国又は犯罪が船舶内若しくは航空機内で行われた場合の当該船舶若しくは航空機の登録国 f
(b) 犯罪の被疑者の国籍国
3　この規程の締約国でない国が2の規定に基づき裁判所の管轄権の受諾を求められる場合には，当該国は，裁判所書記に対して行う宣言により，問題となる犯罪について裁判所が管轄権を行使することを受諾することができる．受諾した国は，第9部の規定に従い遅滞なくかつ例外なく裁判所に協力する． g
第13条（管轄権の行使） 裁判所は，次の場合において，この規程に基づき，第5条に規定する犯罪について管轄権を行使することができる． h
(a) 締約国が次条の規定に従い，これらの犯罪の1又は2以上が行われたと考えられる事態を検察官に付託する場合 i
(b) 国際連合憲章第7章の規定に基づいて行動する安全保障理事会がこれらの犯罪の1又は2以上が行われたと考えられる事態を検察官に付託する場合
(c) 検察官が第15条の規定に従いこれらの犯罪に関する捜査に着手した場合 j
第14条（締約国による事態の付託） **1**　締約国は，裁判所の管轄権の範囲内にある犯罪の1又は2以上が行われたと考えられる事態を検察官に付託することができるものとし，これに k

より，検察官に対し，そのような犯罪を行ったことについて１人又は２人以上の特定の者が訴追されるべきか否かを決定するために当該事態を捜査するよう要請する．

2 付託については，可能な限り，関連する状況を特定し，及び事態を付託する締約国が入手することのできる裏付けとなる文書を添付する．

第15条（検察官） 1 検察官は，裁判所の管轄権の範囲内にある犯罪に関する情報に基づき自己の発意により捜査に着手することができる．

2 検察官は，取得した情報の重大性を分析する．このため，検察官は，国，国際連合の諸機関，政府間機関，非政府機関その他の自己が適当と認める信頼し得る情報源に対して追加的な情報を求めることができるものとし，裁判所の所在地において書面又は口頭による証言を受理することができる．

3 検察官は，捜査を進める合理的な基礎があると結論する場合には，収集した裏付けとなる資料とともに捜査に係る許可を予審裁判部に請求する．被害者は，手続及び証拠に関する規則に従い，予審裁判部に対して陳述をすることができる．

4 予審裁判部は，３に規定する請求及び裏付けとなる資料の検討に基づき，捜査を進める合理的な基礎があり，かつ，事件が裁判所の管轄権の範囲内にあるものと認める場合には，捜査の開始を許可する．ただし，この許可は，事件の管轄権及び受理許容性について裁判所がその後に行う決定に影響を及ぼすものではない．

5 予審裁判部が捜査を不許可としたことは，検察官が同一の事態に関し新たな事実又は証拠に基づいてその後に請求を行うことを妨げるものではない．

6 検察官は，１及び２の規定の下での予備的な検討の後，提供された情報が捜査のための合理的な基礎を構成しないと結論する場合には，その旨を当該情報を提供した者に通報する．このことは，検察官が同一の事態に関し新たな事実又は証拠に照らして自己に提供される追加的な情報を検討することを妨げるものではない．

〔2010年検討会議で採択され2018年に発効した改正条文（日本は未批准）〕

第15条の2（侵略犯罪に対する管轄権の行使：締約国による付託，検察官の職権による捜査開始） 1 裁判所は，本条の規定を条件として，第13条(a)及び(c)にしたがって，侵略犯罪に対する管轄権を行使することができる．

2 裁判所は，30の締約国による本改正の批准又は受諾が行われ１年を経過した後に行われた侵略犯罪についてのみ管轄権を行使することができる．

3 裁判所は，本規程の改正採択に必要とされるのと同じ締約国の多数によって，2017年1月1日以後に行われる決定にしたがうことを条件として，本条にしたがって，侵略犯罪に対する管轄権を行使することができる．

4 裁判所は，第12条にしたがって，締約国によって行われた侵略行為から生じる侵略犯罪に対して管轄権を行使することができる．ただし，当該締約国が書記に宣言を寄託することによって，かかる管轄権を受諾しないことを事前に宣言している場合は，このかぎりではない．かかる宣言の撤回は，いつでも行うことができ，３年以内に当該締約国により検討されなければならない．

5 裁判所は，本規程の締約国ではない国については，当該国国民によって行われ，又は当該国領域において行われた侵略犯罪に対して管轄権を行使してはならない．

6 検察官は，侵略犯罪について捜査を進める合理的な基礎があると結論する場合には，まず安全保障理事会が関係国によって行われた侵略行為の決定を行ったか否かを確認しなければならない．検察官は，裁判所に係属する事態について，関連する情報及び文書を含めて，国際連合事務総長に通報しなければならない．

7 安全保障理事会がかかる決定を行ったときには，検察官は侵略犯罪について捜査を進めることができる．

8 検察官による通報の日から６ヶ月以内にかかる決定が行われないときは，予審裁判部門が第15条の手続にしたがって侵略犯罪について捜査の開始を許可したこと，および安全保障理事会が第16条にしたがって別段の決定をしないことを条件として，検察官は侵略犯罪について捜査を進めることができる．

9 裁判所外の機関による侵略行為の決定は，本規程による裁判所の認定を害するものではない．

10 本条は，第５条に列挙された他の犯罪についての管轄権行使に関わる規定を害するものではない．

第15条の3（侵略犯罪に対する管轄権の行使：安全保障理事会による付託） 1 裁判所は，本条の規定を条件として，第13条(b)にしたがって，侵略犯罪に対する管轄権を行使することができる．

2 （前条２項と同じ）

3 （前条３項と同じ）

4 （前条９項と同じ）

5　(前条10項と同じ)〕

第16条(捜査又は訴追の延期) いかなる捜査又は訴追についても,安全保障理事会が国際連合憲章第7章の規定に基づいて採択した決議により裁判所に対してこれらを開始せず,又は続行しないことを要請した後12箇月の間,この規程に基づいて開始し,又は続行することができない.安全保障理事会は,その要請を同一の条件において更新することができる.

第17条(受理許容性の問題) 1　裁判所は,前文の第10段落及び第1条の規定を考慮した上で,次の場合には,事件を受理しないことを決定する.

(a) 当該事件がそれについての管轄権を有する国によって現に捜査され,又は訴追されている場合.ただし,当該国にその捜査又は訴追を真に行う意思又は能力がない場合は,この限りでない.

(b) 当該事件がそれについての管轄権を有する国によって既に捜査され,かつ,当該国が被疑者を訴追しないことを決定している場合.ただし,その決定が当該国に訴追を真に行う意思又は能力がないことに起因する場合は,この限りでない.

(c) 被疑者が訴えの対象となる行為について既に裁判を受けており,かつ,第20条3の規定により裁判所による裁判が認められない場合

(d) 当該事件が裁判所による新たな措置を正当化する十分な重大性を有しない場合

2　裁判所は,特定の事件において捜査又は訴追を真に行う意思がないことを判定するため,国際法の認める適正な手続の原則を考慮した上で,妥当な場合には,次の1又は2以上のことが存在するか否かを検討する.

(a) 第5条に規定する裁判所の管轄権の範囲内にある犯罪についての刑事責任から被疑者を免れさせるために手続が行われた若しくは行われていること又はそのために国の決定が行われたこと.

(b) その時の状況において被疑者を裁判に付する意図に反する手続上の不当な遅延があったこと.

(c) 手続が,独立して又は公平に行われなかった又は行われておらず,かつ,その状況において被疑者を裁判に付する意図に反する方法で行われた又は行われていること.

3　裁判所は,特定の事件において捜査又は訴追を真に行う能力がないことを判定するため,国が自国の司法制度の完全又は実質的な崩壊又は欠如のために,被疑者を確保し,若しくは必要な証拠及び証言を取得することができないか否か又はその他の理由から手続を行うことができないか否かを検討する.

第18条(受理許容性についての予備的な決定) 1　検察官は,事態が第13条(a)の規定に従って裁判所に付託されており,かつ,捜査を開始する合理的な基礎があると決定している場合又は同条(c)及び第15条の規定に従って捜査に着手する場合には,すべての締約国及び利用可能な情報を考慮して問題となる犯罪について裁判権を通常行使し得る国に通報する.検察官は,これらの国に対し情報を秘密のものとして通報することができるものとし,また,関係者を保護し,証拠の破壊を防止し,又は被疑者の逃亡を防止するために必要と認める場合には,これらの国に提供する情報の範囲を限定することができる.

2　国は,1に規定する通報を受領した後1箇月以内に,裁判所に対し,第5条に規定する犯罪を構成する可能性のある犯罪行為であって各国に対する通報において提供された情報に関連するものに関し,自国の裁判権の範囲内にある自国民その他の者を現に捜査しており,又は既に捜査した旨を通報することができる.検察官は,自己の請求に基づき予審裁判部が捜査を許可することを決定しない限り,当該国の要求により,これらの者に対する当該国が行う捜査にゆだねる.

3　国の行う捜査にゆだねたことについては,ゆだねた日の後6箇月を経過した後又は当該国に当該捜査を真に行う意思若しくは能力がないことに基づく著しい状況の変化があった場合にはいつでも,検察官が再検討することができる.

4　関係国又は検察官は,第82条の規定に従い予審理裁判部の決定に対して上訴裁判部に上訴をすることができる.当該上訴については,迅速に審理する.

5　検察官は,2の規定に従って関係国に捜査をゆだねた場合には,当該関係国に対しその捜査の進捗(ちょく)状況及びその後の訴追につい定期的に自己に報告するよう要請することができる.締約国は,不当に遅延することなくその要請に応ずる.

6　検察官は,予審裁判部による決定がなされるまでの間において,又はこの条の規定に従って捜査をゆだねた場合にはいつでも,重要な証拠を得るための得難い機会が存在し,又はそのような証拠がその後に入手することができなくなる著しい危険が存在するときは,例外的に,証拠を保全するために必要な捜査上の措置

をとることについて予審裁判部の許可を求めることができる.

7　この条の規定に従い予審裁判部の決定について上訴をした国は, 追加的な重要な事実又は著しい状況の変化を理由として, 次条の規定に従い事件の受理許容性について異議を申し立てることができる.

第19条（裁判所の管轄権又は事件の受理許容性についての異議の申立て） 1　裁判所は, 提起された事件について管轄権を有することを確認する. 裁判所は, 職権により第17条の規定に従って事件の受理許容性を決定することができる.

2　裁判の管轄権についての異議の申立て又は第17条の規定を理由とする事件の受理許容性についての異議の申立ては, 次の者が行うことができる.

(a) 被告人又は第58条の規定に従って逮捕状若しくは召喚状が発せられている者

(b) 当該事件について裁判権を有する国であって, 当該事件を現に捜査し若しくは訴追しており, 又は既に捜査し若しくは訴追したことを理由として異議の申立てを行うもの

(c) 第12条の規定に従って裁判所の管轄権の受諾を求められる国

3　検察官は, 管轄権又は受理許容性の問題に関して裁判所による決定を求めることができる. また, 第13条の規定に従って事態を付託した者及び被害者は, 管轄権又は受理許容性に関する手続において, 裁判所に対して意見を提出することができる.

4　裁判所の管轄権又は事件の受理許容性については, 異議の申立てを2に規定する者が1回のみ行うことができる. 異議の申立ては, 公判の前又は開始時に行う. 裁判所は, 例外的な状況において, 異議の申立てが2回以上行われること又は公判の開始時よりも遅い時に行われることについて許可を与えることができる. 公判の開始時において又はその後に裁判所の許可を得て行われる事件の受理許容性についての異議の申立ては, 第17条1(c)の規定にのみ基づいて行うことができる.

5　2(b)及び(c)に掲げる国は, できる限り早い機会に異議の申立てを行う.

6　裁判所の管轄権についての異議の申立て又は事件の受理許容性についての異議の申立ては, 犯罪事実の確認の前は予審裁判部に対して行い, 犯罪事実の確認の後は第一審裁判部に対して行う. 管轄権又は受理許容性に関する決定については, 第82条の規定に従い上訴裁判部に上訴することができる.

7　異議の申立てが2(b)又は(c)に掲げる国によって行われる場合には, 検察官は, 裁判所が第17条の規定に従って決定を行うまでの間, 捜査を停止する.

8　検察官は, 裁判所が決定を行うまでの間, 次のことについて裁判所の許可を求めることができる.

(a) 前条6に規定する措置と同種の必要な捜査上の措置をとること.

(b) 証人から供述若しくは証言を取得すること又は異議の申立てが行われる前に開始された証拠の収集及び見分を完了すること.

(c) 関係国との協力の下に, 第58条の規定に従って既に逮捕状を請求した者の逃亡を防止すること.

9　異議の申立ては, 当該異議の申立てが行われる前に検察官が行ったいかなる行為又は裁判所が発したいかなる命令若しくは令状の有効性にも影響を及ぼすものではない.

10　裁判所が第17条の規定に従って事件を受理しないことを決定した場合において, 検察官は, 先に同条の規定に従って事件を受理しないとされた根拠を否定する新たな事実が生じたと認めるときは, その決定の再検討を要請することができる.

11　検察官は, 第17条に規定する事項を考慮して関係国に捜査をゆだねる場合には, 当該関係国に対して自己が手続に関する情報を入手することができるよう要請することができる. 当該情報は, 当該関係国の要請により, 秘密とする. 検察官は, その後捜査を続行することを決定するときは, その旨を当該関係国に通報する.

第20条（一事不再理） 1　いかなる者も, この規程に定める場合を除くほか, 自己が裁判所によって既に有罪又は無罪の判決を受けた犯罪の基礎を構成する行為について裁判所によって裁判されることはない.

2　いかなる者も, 自己が裁判所によって既に有罪又は無罪の判決を受けた第5条に規定する犯罪について他の裁判所によって裁判されることはない.

3　第6条から第8条までの規定によっても禁止されている行為について他の裁判所によって裁判されたいかなる者も, 当該他の裁判所における手続が次のようなものであった場合でない限り, 同一の行為について裁判所によって裁判されることはない.

(a) 裁判所の管轄権の範囲内にある犯罪についての刑事責任から当該者を免れさせるためのものであった場合

(b) 国際法の認める適正な手続の規範に従って独立して又は公平に行われず，かつ，その時の状況において当該者を裁判に付する意図に反するような態様で行われた場合

第21条（適用される法） 1　裁判所は，次のものを適用する．

(a) 第1に，この規程，犯罪の構成要件に関する文書及び手続及び証拠に関する規則

(b) 第2に，適当な場合には，適用される条約並びに国際法の原則及び規則（確立された武力紛争に関する国際法の原則を含む．）

(c) (a)及び(b)に規定するもののほか，裁判所が世界の法体系の中の国内法から見いだした法の一般原則（適当な場合には，その犯罪について裁判権を通常行使し得る国の国内法を含む．）．ただし，これらの原則がこの規程，国際法並びに国際的に認められる規範及び基準に反しないことを条件とする．

2　裁判所は，従前の決定において解釈したように法の原則及び規則を適用することができる．

3　この条に規定する法の適用及び解釈は，国際的に認められる人権に適合したものでなければならず，また，第7条3に定義する性，年齢，人種，皮膚の色，言語，宗教又は信条，政治的意見その他の意見，国民的，民族的又は社会的出身，貧富，出生又は他の地位等を理由とする不利な差別をすることなく行われなければならない．

第3部　刑法の一般原則

第22条（「法なくして犯罪なし」） 1　いずれの者も，問題となる行為が当該行為の発生した時において裁判所の管轄権の範囲内にある犯罪を構成しない限り，この規程に基づく刑事上の責任を有しない．

2　犯罪の定義については，厳格に解釈するものとし，類推によって拡大してはならない．あいまいな場合には，その定義については，捜査され，訴追され，又は有罪の判決を受ける者に有利に解釈する．

3　この条の規定は，この規程とは別に何らかの行為を国際法の下で犯罪とすることに影響を及ぼすものではない．

第23条（「法なくして刑罰なし」）　裁判所によって有罪の判決を受けた者については，この規程に従ってのみ処罰することができる．

第24条（人に関する不遡及） 1　いかなる者も，この規程が効力を生ずる前の行為についてこの規程に基づく刑事上の責任を有しない．

2　確定判決の前にその事件に適用される法に変更がある場合には，捜査され，訴追され，又は有罪の判決を受ける者に一層有利な法が適用される．

第25条（個人の刑事責任） 1　裁判所は，この規程に基づき自然人について管轄権を有する．

2　裁判所の管轄権の範囲内にある犯罪を行った者は，この規程により，個人として責任を有し，かつ，刑罰を科される．

3　いずれの者も，次の行為を行った場合には，この規程により，裁判所の管轄権の範囲内にある犯罪について刑事上の責任を有し，かつ，刑罰を科される．

(a) 単独で，他の者と共同して，又は他の者が刑事上の責任を有するか否かにかかわりなく当該他の者を通じて当該犯罪を行うこと．

(b) 既遂又は未遂となる当該犯罪の実行を命じ，教唆し，又は勧誘すること．

(c) 当該犯罪の実行を容易にするため，既遂又は未遂となる当該犯罪の実行をほう助し，唆し，又はその他の方法で援助すること（実行のための手段を提供することを含む．）．

(d) 共通の目的をもって行動する人の集団による既遂又は未遂となる当該犯罪の実行に対し，その他の方法で寄与すること．ただし，故意に行われ，かつ，次のいずれかに該当する場合に限る．

(i) 当該集団の犯罪活動又は犯罪目的の達成を助長するために寄与する場合．ただし，当該犯罪活動又は犯罪目的が裁判所の管轄権の範囲内にある犯罪の実行に関係する場合に限る．

(ii) 当該犯罪を実行するという当該集団の意図を認識しながら寄与する場合

(e) 集団殺害犯罪に関し，他の者に対して集団殺害の実行を直接にかつ公然と扇動すること．

(f) 実質的な行為によって犯罪の実行を開始させる行動をとることにより当該犯罪の実行を試みること（その者の意図にかかわりない事情のために当該犯罪が既遂とならない場合を含む．）．ただし，当該犯罪を実行する試みを放棄し，又は犯罪の完遂を防止する者は，完全かつ自発的に犯罪目的を放棄した場合には，当該犯罪の未遂についてこの規程に基づく刑罰を科されない．

〔2010年検討会議で採択され2018年に発効した改正条文（日本は未批准）〕

3の2　侵略犯罪について，本条の規定は，国の政治的又は軍事的行動を実効的に支配又は指揮する立場にある者にのみ適用される．〕

4　個人の刑事責任に関するこの規程のいかなる規定も，国際法の下での国家の責任に影響を及ぼすものではない．

第26条（18歳未満の者についての管轄権の除外） 裁判所は，犯罪を実行したとされる時に18歳未満であった者について管轄権を有しない．

第27条（公的資格の無関係） **1** この規程は，公的資格に基づくいかなる区別もなく，すべての者についてひとしく適用する．特に，元首，政府の長，政府若しくは議会の一員，選出された代表又は政府職員としての公的資格は，いかなる場合にも個人をこの規程に基づく刑事責任から免れさせるものではなく，また，それ自体が減刑のための理由を構成するものでもない．

2 個人の公的資格に伴う免除又は特別な手続上の規則は，国内法又は国際法のいずれに基づくかを問わず，裁判所が当該個人について管轄権を行使することを妨げない．

第28条（指揮官その他の上官の責任） 裁判所の管轄権の範囲内にある犯罪についての刑事責任であってこの規程に定める他の事由に基づくもののほか，

(a) 軍の指揮官又は実質的に軍の指揮官として行動する者は，その実質的な指揮及び管理の下にあり，又は状況に応じて実質的な権限及び管理の下にある軍隊が，自己が当該軍隊の管理を適切に行わなかった結果として裁判所の管轄権の範囲内にある犯罪を行ったことについて，次の(i)及び(ii)の条件が満たされる場合には，刑事上の責任を有する．

(i) 当該指揮官又は当該者が，当該軍隊が犯罪を行っており若しくは行おうとしていることを知っており，又はその時における状況によって知っているべきであったこと．

(ii) 当該指揮官又は当該者が，当該軍隊による犯罪の実行を防止し若しくは抑止し，又は捜査及び訴追のために事案を権限のある当局に付託するため，自己の権限の範囲内ですべての必要かつ合理的な措置をとることをしなかったこと．

(b) (a)に規定する上官と部下との関係以外の上官と部下との関係に関し，上官は，その実質的な権限及び管理の下にある部下が，自己が当該部下の管理を適切に行わなかった結果として裁判所の管轄権の範囲内にある犯罪を行ったことについて，次の(i)から(iii)までのすべての条件が満たされる場合には，刑事上の責任を有する．

(i) 当該上官が，当該部下が犯罪を行っており若しくは行おうとしていることを知っており，又はこれらのことを明らかに示す情報を意識的に無視したこと．

(ii) 犯罪が当該上官の実質的な責任及び管理の範囲内にある活動に関係していたこと．

(iii) 当該上官が，当該部下による犯罪の実行を防止し若しくは抑止し，又は捜査及び訴追のために事案を権限のある当局に付託するため，自己の権限の範囲内ですべての必要かつ合理的な措置をとることをしなかったこと．

第29条（出訴期限の不適用） 裁判所の管轄権の範囲内にある犯罪は，出訴期限の対象とならない．

第30条（主観的な要素） **1** いずれの者も，別段の定めがある場合を除くほか，故意に及び認識して客観的な要素を実行する場合にのみ，裁判所の管轄権の範囲内にある犯罪について刑事上の責任を有し，かつ，刑罰を科される．

2 この条の規定の適用上，次の場合には，個人に故意があるものとする．

(a) 行為に関しては，当該個人がその行為を行うことを意図している場合

(b) 結果に関しては，当該個人がその結果を生じさせることを意図しており，又は通常の成り行きにおいてその結果が生ずることを意識している場合

3 この条の規定の適用上，「認識」とは，ある状況が存在し，又は通常の成り行きにおいてある結果が生ずることを意識していることをいう．「知っている」及び「知って」は，この意味に従って解釈するものとする．

第31条（刑事責任の阻却事由） **1** いずれの者も，この規程に定める他の刑事責任の阻却事由のほか，その行為の時において次のいずれかに該当する場合には，刑事上の責任を有しない．

(a) 当該者が，その行為の違法性若しくは性質を判断する能力又は法律上の要件に適合するようにその行為を制御する能力を破壊する精神疾患又は精神障害を有する場合

(b) 当該者が，その行為の違法性若しくは性質を判断する能力又は法律上の要件に適合するようにその行為を制御する能力を破壊する酩酊（めいてい）又は中毒の状態にある場合．ただし，当該者が，酩酊（めいてい）若しくは中毒の結果として裁判所の管轄権の範囲内にある犯罪を構成する行為を行うおそれがあることを知っており，又はその危険性を無視したような状況において，自ら酩酊（めいてい）又は中毒の状態となった場合は，この限りでない．

(c) 当該者が，自己その他の者又は戦争犯罪の場合には自己その他の者の生存に不可欠な財産若しくは軍事上の任務の遂行に不可欠な財産を急迫したかつ違法な武力の行使から防御するため，自己その他の者又は財産に対する危険の程度と均衡のとれた態様で

合理的に行動する場合. ただし, 当該者が軍隊が行う防衛行動に関与した事実それ自体は, この(c)の規定に基づく刑事責任の阻却事由を構成しない.

(d) 裁判所の管轄権の範囲内にある犯罪を構成するとされる行為が, 当該者又はその他の者に対する切迫した死の脅威又は継続的な若しくは切迫した重大な傷害の脅威に起因する圧迫によって引き起こされ, かつ, 当該者がこれらの脅威を回避するためにやむを得ずかつ合理的に行動する場合. ただし, 当該者が回避しようとする損害よりも大きな損害を引き起こす意図を有しないことを条件とする. そのような脅威は, 次のいずれかのものとする.

(i) 他の者により加えられるもの

(ii) その他の当該者にとってやむを得ない事情により生ずるもの

2　裁判所は, 裁判所に係属する事件について, この規程に定める刑事責任の阻却事由の適用の可否を決定する.

3　裁判所は, 裁判において, 1に規定する刑事責任の阻却事由以外の刑事責任の阻却事由であって, 第21条に定める適用される法から見いだされるものを考慮することができる. そのような事由を考慮することに関する手続は, 手続及び証拠に関する規則において定める.

第32条（事実の錯誤又は法律の錯誤） 1　事実の錯誤は, 犯罪の要件となる主観的な要素を否定する場合にのみ, 刑事責任の阻却事由となる.

2　特定の類型の行為が裁判所の管轄権の範囲内にある犯罪であるか否かについての法律の錯誤は, 刑事責任の阻却事由とならない. ただし, 法律の錯誤は, その犯罪の要件となる主観的な要素を否定する場合又は次条に規定する場合には, 刑事責任の阻却事由となり得る.

第33条（上官の命令及び法律の規定） 1　裁判所の管轄権の範囲内にある犯罪が政府又は上官（軍人であるか文民であるかを問わない.）の命令に従ってある者によって行われたという事実は, 次のすべての条件が満たされない限り, 当該者の刑事責任を阻却するものではない.

(a) 当該者が政府又は当該上官の命令に従う法的義務を負っていたこと.

(b) その命令が違法であることを当該者が知らなかったこと.

(c) その命令が明白に違法ではなかったこと.

2　この条の規定の適用上, 集団殺害犯罪又は人道に対する犯罪を実行するよう命令することは, 明白に違法である.

第4部　裁判所の構成及び運営 a

第34条（裁判所の機関） 裁判所は, 次の機関により構成される.

(a) 裁判所長会議

(b) 上訴裁判部門, 第一審裁判部門及び予審裁判部門 b

(c) 検察局

(d) 書記局

第35条～第37条（略）

第38条（裁判所長会議） 1　裁判所長, 裁判所第一次長及び裁判所第二次長は, 裁判官の絶対多数による議決で選出される. これらの者は, それぞれ, 3年の期間又は裁判官としてのそれぞれの任期の終了までの期間のいずれか早い満了の時まで在任するものとし, 1回に限って再選される資格を有する. c d

2　裁判所第一次長は, 裁判所長に支障がある場合又は裁判所長がその資格を失った場合には, 裁判所長に代わって行動する. 裁判所第二次長は, 裁判所長及び裁判所第一次長の双方に支障がある場合又はこれらの者がその資格を失った場合には, 裁判所長に代わって行動する. e

3　裁判所長は, 裁判所第一次長及び裁判所第二次長と共に裁判所長会議を構成するものとし, 同会議は, 次の事項について責任を有する. f

(a) 裁判所（検察局を除く.）の適正な運営

(b) その他の任務であってこの規程によって裁判所長会議に与えられるもの

4　裁判所長会議は, 3(a)の規定の下での責任を果たすに当たり, 相互に関心を有するすべての事項について検察官と調整し, 及びその同意を求める. g

第39条（裁判部） 1　裁判所は, 裁判官の選挙の後できる限り速やかに, 第34条(b)に規定する裁判部門を組織する. 上訴裁判部門は裁判所長及び他の4人の裁判官で, 第一審裁判部門は6人以上の裁判官で, また, 予審裁判部門は6人以上の裁判官で構成する. 裁判官の裁判部門への配属は, 各裁判部門が遂行する任務の性質並びに選出された裁判官の資格及び経験に基づき, 刑事法及び刑事手続についての専門的知識と国際法についての専門的知識とが各裁判部門において適当に組み合わされるように行う. 第一審裁判部門及び予審裁判部門は, 主として刑事裁判の経験を有する裁判官で構成する. h i j

2 (a) 裁判所の司法上の任務は, 各裁判部門において遂行する.

(b)(i) 上訴裁判部は, 上訴裁判部門のすべての裁判官で構成する.

(ii) 第一審裁判部の任務は, 第一審裁判部門 k

の3人の裁判官が遂行する.

(iii) 予審裁判部の任務は, この規程及び手続及び証拠に関する規則に従い予審裁判部門の3人の裁判官又は予審裁判部門の1人の裁判官が遂行する.

(c) この2の規定は, 裁判所の仕事量の効率的な管理に必要となる場合には, 2以上の第一審裁判部又は予審裁判部を同時に設置することを妨げるものではない.

3(a) 第一審裁判部門又は予審裁判部門に配属された裁判官は, その裁判部門に3年間在任し, 及びその後その裁判部門において審理が既に開始されている事件が完了するまで在任する.

(b) 上訴裁判部門に配属された裁判官は, その裁判部門に自己の任期の全期間在任する.

4 上訴裁判部門に配属された裁判官は, その裁判部門にのみ在任する. この条のいかなる規定も, 裁判所長会議が裁判所の仕事量の効率的な管理に必要と認める場合には, 裁判官を第一審裁判部門から予審裁判部門に又は予審裁判部門から第一審裁判部門に一時的に配属することを妨げるものではない. ただし, いかなる場合にも, いずれかの事件の予審裁判段階に関与した裁判官は, 当該事件の審理を行う第一審裁判部の一員となる資格を有しない.

第42条（検察局） 1 検察局は, 裁判所内の別個の組織として独立して行動する. 検察局は, 裁判所の管轄権の範囲内にある犯罪の付託及びその裏付けとなる情報の受理及び検討並びに捜査及び裁判所への訴追について責任を有する. 検察局の構成員は, 同局外から指示を求めてはならず, また, 同局外からの指示に基づいて行動してはならない.

2 検察局の長は, 検察官とする. 検察官は, 検察局（職員, 設備その他資産を含む.）の管理及び運営について完全な権限を有する. 検察官は, 1人又は2人以上の次席検察官の補佐を受けるものとし, 次席検察官は, この規程に基づき検察官に求められる行為を行う権限を有する. 検察官と次席検察官とは, それぞれ異なる国籍を有する者とする. これらの者は, 常勤で職務を遂行する.

3 検察官及び次席検察官は, 徳望が高く, かつ, 刑事事件の訴追又は裁判について高い能力及び広範な実務上の経験を有する者とし, 裁判所の常用語の少なくとも一について卓越した知識を有し, かつ, 堪能でなければならない.

4 検察官は, 秘密投票によって締約国会議の構成国の絶対多数による議決で選出される. 次席検察官は, 検察官が提供する候補者名簿の中から同様の方法によって選出される. 検察官は, 選出される次席検察官のそれぞれの職について3人の候補者を指名する. 選挙の際に一層短い任期が決定されない限り, 検察官及び次席検察官は, 9年の任期で在任するものとし, 再選される資格を有しない.

5 検察官及び次席検察官は, その訴追上の任務を妨げ, 又はその独立性についての信頼に影響を及ぼすおそれのあるいかなる活動にも従事してはならないものとし, 他のいかなる職業的性質を有する業務にも従事してはならない.

6 裁判所長会議は, 検察官又は次席検察官の要請により, 当該検察官又は次席検察官を特定の事件についての任務の遂行から回避させることができる.

7 検察官及び次席検察官は, 何らかの理由により自己の公平性について合理的に疑義が生じ得る事案に関与してはならない. 検察官及び次席検察官は, 特に, 裁判所に係属する事件又は被疑者若しくは被告人に係る国内における関連する刑事事件に何らかの資格において既に関与したことがある場合には, この7の規定に従い当該事件から除斥される.

8 検察官又は次席検察官の特定の事件からの除斥に関する問題は, 上訴裁判部が決定する.

(a) 被疑者又は被告人は, この条に規定する理由に基づきいつでも検察官又は次席検察官の特定の事件からの除斥を申し立てることができる.

(b) (a)に規定する検察官又は次席検察官は, 適当と認める場合には, この事項について意見を提出する権利を有する.

9 検察官は, 特定の問題（特に, 性的暴力及び児童に対する暴力を含む.）に関する法的知見を有する顧問を任命する.

第40条～第52条（略）

第5部　捜査及び訴追

第53条（捜査の開始） 1 検察官は, 入手することのできた情報を評価した後, この規程に従って手続を進める合理的な基礎がないと決定しない限り, 捜査を開始する. 検察官は, 捜査を開始するか否かを決定するに当たり, 次の事項を検討する.

(a) 利用可能な情報により, 裁判所の管轄権の範囲内にある犯罪が行われた又は行われていると信ずるに足りる合理的な起訴が認められるか否か.

(b) 事件について第17条に規定する受理許容性があるか否か又は受理許容性があり得るか否か.

(c) 犯罪の重大性及び被害者の利益を考慮してもなお捜査が裁判の利益に資するものでないと信ずるに足りる実質的な理由があるか否か.

検察官は,手続を進める合理的な基礎がないと決定し,及びその決定が専ら(c)の規定に基づく場合には,予審裁判部に通知する.

2 検察官は,捜査に基づき,次のことを理由として訴追のための十分な根拠がないと結論する場合には,予審裁判部及び第 14 条の規定に基づいて付託を行った国又は第 13 条(b)に規定するときは安全保障理事会に対し,その結論及びその理由を通報する.

(a) 第 58 条の規定に基づく令状又は召喚状を求めるための法的な又は事実に係る根拠が十分でないこと.

(b) 事件について第 17 条に規定する受理許容性がないこと.

(c) すべての事情(犯罪の重大性,被害者の利益,被疑者の年齢又は心身障害及び被疑者が行ったとされる犯罪における当該者の役割を含む.)を考慮して,訴追が裁判の利益のためにならないこと.

3 (a) 第 14 条の規定に基づいて付託を行った国又は第 13 条(b)に規定するときは安全保障理事会の要請により,予審裁判部は,手続を進めない旨の 1 又は 2 の規定に基づく検察官の決定を検討することができるものとし,検察官に対し当該決定を再検討するよう要請することができる.

(b) 予審裁判部は,手続を進めない旨の検察官の決定が専ら 1(c)又は 2(c)の規定に基づく場合には,職権によって当該決定を検討することができる.そのような場合には,検察官の決定は,予審裁判部が追認するときにのみ効力を有する.

4 検察官は,新たな事実又は情報に基づき,捜査又は訴追を開始するか否かの決定をいつでも再検討することができる.

第 54 条(捜査についての検察官の責務及び権限) **1** 検察官は,次のことを行う.

(a) 真実を証明するため,この規程に基づく刑事責任があるか否かの評価に関連するすべての事実及び証拠を網羅するよう捜査を及ぼし,並びにその場合において罪があるものとする事情及び罪がないものとする事情を同等に捜査すること.

(b) 裁判所の管轄権の範囲内にある犯罪の効果的な捜査及び訴追を確保するために適切な措置をとり,その場合において被害者及び証人の利益及び個人的な事情(年齢,第 7 条 3 に定義する性及び健康を含む.)を尊重し,並びに犯罪(特に,性的暴力又は児童に対する暴力を伴う犯罪)の性質を考慮すること.

(c) この規程に基づく被疑者の権利を十分に尊重すること.

2 検察官は,次の(a)又は(b)の場合には,いずれかの国の領域において捜査を行うことができる.

(a) 第 9 部の規定に基づく場合

(b) 第 57 条 3(d)の規定に基づく予審裁判部の許可がある場合

3 検察官は,次の行為を行うことができる.

(a) 証拠を収集し,及び検討すること.

(b) 被疑者,被害者及び証人の出頭を要請し,並びにこれらの者を尋問すること.

(c) 国若しくは政府間機関による協力又は政府間取極に基づく協力であってそれぞれの権限又は任務に基づくものを求めること.

(d) 国,政府間機関又は個人の協力を促進するために必要な取決め又は取極であってこの規程に反しないものを締結すること.

(e) 手続のいずれの段階においても,専ら新たな証拠を得るために秘密を条件として自己が入手する文書又は情報について,これらの情報の提供者が同意しない限り開示しないことに同意すること.

(f) 情報の秘密性,関係者の保護又は証拠の保全を確保するために必要な措置をとること又は必要な措置をとるよう要請すること.

第 55 条(捜査における被疑者の権利) **1** 被疑者は,この規程による捜査に関し,次の権利を有する.

(a) 自己負罪又は有罪の自白を強要されないこと.

(b) あらゆる形態の強制,強迫若しくは脅迫,拷問又はその他のあらゆる形態の残虐な,非人道的な若しくは体面を汚す待遇若しくは処罰を与えられないこと.

(c) 自己が十分に理解し,かつ,話す言語以外の言語によって尋問される場合には,有能な通訳の援助及び公正の要件を満たすために必要な翻訳を無償で与えられること.

(d) 恣意的に逮捕され,又は抑留されないこと.また,この規程に定める理由及び手続によらない限り,その自由を奪われないこと.

2 被疑者が裁判所の管轄権の範囲内にある犯罪を行ったと信ずるに足りる理由があり,かつ,当該被疑者が検察官により又は第 9 部の規定に基づく請求によって国内当局により尋問されようとしている場合には,当該被疑者は,次の権利も有するものとし,その旨を尋問に先立って告げられる.

(a) 尋問に先立ち, 当該被疑者が裁判所の管轄権の範囲内にある犯罪を行ったと信ずるに足りる理由があることを告げられること.

(b) 黙秘をすること. この黙秘は, 有罪又は無罪の決定において考慮されない.

(c) 自ら選任する弁護人を持つこと. また, 弁護人がおらず, かつ, 裁判の利益のために必要な場合には, 十分な支払手段を有しないときは自らその費用を負担することなく, 弁護人を付されること.

(d) 自ら任意に弁護人に係る権利を放棄した場合を除くほか, 弁護人の立会いの下に尋問されること.

第 56 条（略）

第 57 条（予審裁判部の任務及び権限） **1** 予審裁判部は, この規程に別段の定めがある場合を除くほか, この条の規定に従って任務を遂行する.

2 (a) 第 15 条, 第 18 条, 第 19 条, 第 54 条 2, 第 61 条 7 及び第 72 条の規定に従ってなされる予審裁判部の命令又は決定は, その裁判官の過半数の同意を得なければならない.

(b) (a)に規定する場合以外の場合には, 手続及び証拠に関する規則に別段の定めがあるとき又は予審裁判部の過半数により別段の定めをするときを除くほか, 予審裁判部の 1 人の裁判官がこの規程に定める任務を遂行することができる.

3 予審裁判部は, この規程に定める他の任務のほか, 次の任務を遂行することができる.

(a) 検察官の要請により, 捜査のために必要とされる命令及び令状を発すること.

(b) 逮捕された者又は次条の規定に基づく召喚状に応じて出頭した者の要請により, 防御の準備において当該者を支援するために必要な命令（前条に規定する措置を含む.）を発し, 又は第 9 部の規定に基づく協力を求めること.

(c) 必要な場合には, 被害者及び証人の保護並びにこれらの者のプライバシーの保護, 証拠の保全, 逮捕された者又は召喚状に応じて出頭した者の保護並びに国家の安全保障に関する情報の保護のための措置をとること.

(d) 検察官に対し, 第 9 部の規定に基づく締約国の協力を確保することなく当該締約国の領域内において特定の捜査上の措置をとることを許可すること. ただし, その事件について, 可能な場合には当該締約国の見解を考慮した上で, 当該協力を実施する権限を有する当局又は司法制度の構成要素の欠如のために当該締約国が当該協力を明らかに実施することができない旨の決定を予審裁判部が行った場合に限る.

(e) 次条の規定に従って逮捕状又は召喚状が発せられている場合には, この規程及び手続及び証拠に関する規則の規定に従い, 証拠の証明力及び関係当事者の権利を十分に考慮した上で, 第 93 条 1 (k)の規定に基づき締約国の協力を求めることにより, 特に被害者の最終的な利益のために没収のための保全措置をとること.

第 58 条（予審裁判部による逮捕状又は召喚状の発付） **1** 予審裁判部は, 捜査の開始後いつでも, 検察官の請求により, 当該請求及び検察官が提出した証拠その他の情報を検討した上で, 次の(a)及び(b)の要件に該当していると認める場合には, 被疑者に係る逮捕状を発する.

(a) 当該被疑者が裁判所の管轄権の範囲内にある犯罪を行ったと信ずるに足りる合理的な理由が存在すること.

(b) 当該被疑者の逮捕が次のいずれかのことに必要と認められること.

(i) 当該被疑者の出廷を確保すること.

(ii) 当該被疑者が捜査又は訴訟手続を妨害せず, 又は脅かさないことを確保すること.

(iii) 妥当な場合には, 当該被疑者が当該犯罪又は裁判所の管轄権の範囲内にあり, かつ, 同一の状況から生ずる関連する犯罪を継続して行うことを防止すること.

2 検察官の請求には, 次の事項を含める.

(a) 被疑者の氏名その他当該被疑者を特定する関連情報

(b) 裁判所の管轄権の範囲内にある犯罪であって当該被疑者が行ったとされるものに関する具体的な言及

(c) 当該犯罪を構成するとされる事実の簡潔な説明

(d) 当該被疑者が当該犯罪を行ったと信ずるに足りる合理的な理由を証明する証拠その他の情報の要約

(e) 検察官が当該被疑者を逮捕することが必要であると信ずる理由

3 逮捕状には, 次の事項を含める.

(a) 被疑者の氏名その他当該被疑者を特定する関連情報

(b) 裁判所の管轄権の範囲内にある犯罪であって当該被疑者の逮捕が求められているものに関する具体的な言及

(c) 当該犯罪を構成するとされる事実の簡潔な説明

4 逮捕状は, 裁判所が別段の命令を発するまでの間, 効力を有する.
5　裁判所は, 逮捕状に基づき, 第9部の規定により被疑者の仮逮捕又は逮捕及び引渡しを請求することができる.
6　検察官は, 予審裁判部に対し, 逮捕状に記載された犯罪を変更し, 又はこれに追加することにより当該逮捕状を修正するよう要請することができる. 予審裁判部は, 変更され, 又は追加された犯罪を被疑者が行ったと信ずるに足りる合理的な理由があると認める場合には, 当該逮捕状をそのように修正する.
7　検察官は, 逮捕状を求めることに代わるものとして, 被疑者に出頭を命ずる召喚状を予審裁判部が発することを請求することができる. 予審裁判部は, 当該被疑者が行ったとされる犯罪を行ったと信ずるに足りる合理的な理由があり, かつ, その出頭を確保するために召喚状が十分なものであると認める場合には, 当該被疑者に出頭を命ずる召喚状を発する（国内法に定めがあるときは, 自由を制限する条件（抑留を除く.）を付するか否かを問わない.）. 召喚状には, 次の事項を含めるものとし, これを当該被疑者に送付する.
(a) 当該被疑者の氏名その他当該被疑者を特定する関連情報
(b) 当該被疑者が出頭すべき特定の日
(c) 裁判所の管轄権の範囲内にある犯罪であって当該被疑者が行ったとされるものに関する具体的な言及
(d) 当該犯罪を構成するとされる事実の簡潔な説明

第59条（拘束を行う国における逮捕の手続）
1　仮逮捕又は逮捕及び引渡しの請求を受けた締約国は, その国内法及び第九部の規定に従い, 被疑者を逮捕するための措置を直ちにとる.
2　逮捕された者は, 拘束を行う国の権限のある司法当局に遅滞なく引致されるものとし, 当該司法当局は, 自国の国内法に従って次のことを判断する.
(a) 当該者が逮捕状の対象とされていること.
(b) 当該者が適正な手続に従って逮捕されたこと.
(c) 当該者の権利が尊重されていること.
3　2に規定する者は, 拘束を行う国の権限のある当局に対し, 引渡しまでの間暫定的な釈放を請求する権利を有する.
4　拘束を行う国の権限のある当局は, 3に規定する請求について決定を行うに当たり, 行われたとされる犯罪の重大性にかんがみ, 暫定的な釈放を正当化する緊急かつ例外的な状況が存在するか否か及び当該拘束を行う国が2に規定する者を裁判所に引き渡す義務を履行することができることを確保するために必要な保障措置が存在するか否かを検討する. 当該当局は, 逮捕状が前条1(a)及び(b)の規定に従って適切に発せられたか否かを検討することはできない.
5　予審裁判部は, 暫定的な釈放の請求について通報されるものとし, 拘束を行う国の権限のある当局に対して勧告を行う. 当該当局は, その決定を行う前に, 当該勧告（2に規定する者の逃亡を防止するための措置に関する勧告を含む.）に十分な考慮を払う.
6　2に規定する者に暫定的な釈放が認められた場合には, 予審裁判部は, その暫定的な釈放の状況について定期的に報告するよう要請することができる.
7　2に規定する者は, 拘束を行う国が引渡しを決定した後, できる限り速やかに裁判所に引き渡される.

第60条（裁判所における最初の手続） 1　被疑者が裁判所に引き渡され, 又は自発的に若しくは召喚状に応じて出頭した場合には, 予審裁判部は, 当該被疑者が行ったとされる犯罪及びこの規程に基づく被疑者の権利（公判までの間暫定的な釈放を請求する権利を含む.）について, 当該被疑者が告げられていることを確認する.
2　逮捕された者は, 公判までの間暫定的な釈放を請求することができる. 予審裁判部は, 第58条1に定める要件に該当していると認める場合には当該者を引き続き拘禁し, そのように認めない場合には条件付又は無条件で当該者を釈放する.
3　予審裁判部は, 2に規定する者の拘禁又は釈放についての決定を定期的に再検討するものとし, また, 検察官又は当該者の要請によっていつでもその決定を再検討することができる. 予審裁判部は, そのような再検討に当たり, 状況の変化によって必要と認める場合には, 拘禁, 釈放又は釈放の条件についての決定を修正することができる.
4　予審裁判部は, 被疑者が検察官による許容されない遅延のために公判前に不合理な期間拘禁されないことを確保する. そのような遅延が生じた場合には, 裁判所は, 条件付又は無条件で当該被疑者を釈放することを検討する.
5　予審裁判部は, 必要な場合には, 釈放された者の出頭を確保するために逮捕状を発することができる.

第61条（公判前の犯罪事実の確認） 1　予審裁判部は, 2の規定に従うことを条件として,被疑者の引渡し又は自発的な出頭の後合理的な期間内に，検察官が公判を求めようとしている犯罪事実を確認するための審理を行う．その審理は，検察官並びに訴追された者及びその弁護人の立会いの下に行う．

2　予審裁判部は，訴追された者の立会いがなくても，検察官の要請又は自己の職権により，次の場合には，検察官が公判を求めようとしている犯罪事実を確認するために審理を行うことができる．

(a) 当該者が自己の立会いの権利を放棄した場合

(b) 当該者が逃亡した場合又は当該者を発見することができない場合であって，当該者の出頭を確保し，並びに当該者に対して犯罪事実及びその犯罪事実を確認するための審理が行われることを通知するためのすべての合理的な措置がとられたとき．

　これらの場合において，予審裁判部が裁判の利益のためになると判断するときは，当該者は，弁護人によって代表される．

3　訴追された者に対しては，審理の前の合理的な期間内に，次のものを提供する．

(a) 検察官が当該者を裁判に付そうとしている犯罪事実を記載した文書の写し

(b) 審理において検察官が依拠しようとしている証拠についての通知

　予審裁判部は，審理のための情報の開示に関する命令を発することができる．

4　審理の前，検察官は，捜査を継続し，及び犯罪事実の改定又は撤回を行うことができる．訴追された者は，審理の前に犯罪事実の改定又は撤回について妥当な通知を受ける．検察官は，犯罪事実を撤回する場合には，予審裁判部に対してその撤回の理由を通知する．

5　審理において，検察官は，訴追された者が訴追された犯罪を行ったと信ずるに足りる実質的な理由を証明するために十分な証拠をもってそれぞれの犯罪事実を裏付けなければならない．検察官は，証拠書類又はその要約に依拠することができるものとし，公判における証言が予定されている証人を招致する必要はない．

6　審理において，訴追された者は，次のことを行うことができる．

(a) 犯罪事実について異議を申し立てること．

(b) 検察官が提出する証拠について異議を申し立てること．

(c) 証拠を提出すること．

7　予審裁判部は，審理に基づき，訴追された者が訴追されたそれぞれの犯罪を行ったと信ずるに足りる実質的な理由を証明するために十分な証拠が存在するか否かを決定し，その決定に基づいて次のことを行う．

(a) 十分な証拠が存在すると決定した犯罪事実について確認し，及び確認された犯罪事実について当該者を公判のために第一審裁判部に送致すること．

(b) 十分な証拠が存在しないと決定した犯罪事実についての確認を拒否すること．

(c) 審理を延期し，かつ，検察官に対して次のことを検討するよう要請すること．

(i) 特定の犯罪事実について更なる証拠を提出し，又は更に捜査を行うこと．

(ii) 提出された証拠が裁判所の管轄権の範囲内にある異なる犯罪を証明すると認められることを理由として犯罪事実を改定すること．

8　検察官は，予審裁判部が犯罪事実についての確認を拒否する場合であっても，追加的な証拠によって要請が裏付けられるときは，その後に確認の要請を行うことを妨げられない．

9　検察官は，犯罪事実が確認されてから公判が開始されるまでの間，予審裁判部の許可を得て，かつ，被告人に通知した後に犯罪事実を改定することができる．検察官が追加的な犯罪事実を加え，又は一層重大な犯罪事実に改めることを求める場合には，これらの犯罪事実を確認するためのこの条の規定に基づく審理が行われなければならない．検察官は，公判の開始後，第一審裁判部の許可を得て犯罪事実を撤回することができる．

10　既に発せられたいかなる令状も，予審裁判部により確認されなかった犯罪事実又は検察官により撤回された犯罪事実について効力を失う．

11　この条の規定に従って犯罪事実が確認された後，裁判所長会議は，第一審裁判部を組織する．第一審裁判部は，9及び第64条4の規定に従いその後の手続を行う責任を有するものとし，これらの手続において関連し，かつ，適用することができる予審裁判部の任務を遂行することができる．

第6部　公　判

第62条（公判の場所）　公判の場所は，別段の決定が行われる場合を除くほか，裁判所の所在地とする．

第63条（被告人の在廷による公判）　1　被告人は，公判の間在廷するものとする．

2　第一審裁判部は，在廷している被告人が公判を妨害し続ける場合には，当該被告人を退廷させることができるものとし，必要な場合には通信技術を使用することにより, 被告人が法廷の外から公判を観察し, 及び弁護人に指示することができるようにするための措置をとる. このような措置については, 他の合理的な代替措置が十分でないことが判明した後の例外的な状況においてのみ, かつ, 真に必要な期間においてのみとるものとする.

第64条（第一審裁判部の任務及び権限） 1 この条に規定する第一審裁判部の任務及び権限は, この規程及び手続及び証拠に関する規則に従って行使する.

2　第一審裁判部は, 公判が, 公正かつ迅速なものであること並びに被告人の権利を十分に尊重して, かつ, 被害者及び証人の保護に十分な考慮を払って行われることを確保する.

3　この規程に従って事件の公判を割り当てられたときは, 当該事件を取り扱う第一審裁判部は, 次のことを行う.

(a) 当事者と協議し, 公判手続の公正かつ迅速な実施を促進するために必要な手続を採用すること.

(b) 公判で使用する1又は2以上の言語を決定すること.

(c) この規程の他の関連する規定に従うことを条件として, 事前に開示されていない文書又は情報を, 公判のために十分な準備をすることができるよう公判の開始前に十分な余裕をもって開示するための措置をとること.

4　第一審裁判部は, 効果的かつ公正な任務の遂行に必要な場合には, 予備的な問題を予審裁判部に又は必要なときは予審裁判部門における対応可能な裁判官に付託することができる.

5　第一審裁判部は, 適当な場合には, 当事者に通知することにより, 2人以上の被告人に対する犯罪事実に関して併合し, 又は分離することを指示することができる.

6　第一審裁判部は, 公判前に又はその過程において任務を遂行するに当たり, 必要に応じて次のことを行うことができる.

(a) 第61条11に規定する予審裁判部の任務を遂行すること.

(b) 必要な場合にはこの規程に基づき国の援助を得ることにより, 証人の出席及び証言並びに文書その他の証拠の提出を求めること.

(c) 秘密の情報を保護するための措置をとること.

(d) 当事者が公判前に既に収集し, 又は公判の間に提出した証拠に加え, 証拠の提出を命ずること.

(e) 被告人, 証人及び被害者を保護するための措置をとること.

(f) その他の関連する事項について決定すること.

7　公判は, 公開で行う. ただし, 第一審裁判部は, 第68条に規定する目的のため又は証拠として提出される秘密の若しくは機微に触れる情報を保護するため, 特別の事情により特定の公判手続を非公開とすることを決定することができる.

8 (a) 公判の開始時において, 第一審裁判部は, 予審裁判部が事前に確認した犯罪事実を被告人に対して読み聞かせ, 当該被告人が当該犯罪事実の性質を理解していることを確認する. 第一審裁判部は, 当該被告人に対し, 次条の規定に従って有罪を自認する機会又は無罪の陳述をする機会を与える.

(b) 公判において, 裁判長は, 公判手続の実施（公正かつ公平な態様によって実施されることを確保することを含む.）について指示を与えることができる. 当事者は, 裁判長の指示に従うことを条件として, この規程に従って証拠を提出することができる.

9　第一審裁判部は, 当事者の申立て又は自己の職権により, 特に次のことを行う権限を有する.

(a) 証拠の許容性又は関連性を決定すること.

(b) 審理の過程において秩序を維持するために必要なすべての措置をとること.

10　第一審裁判部は, 公判の完全な記録であって公判手続を正確に反映したものが作成され, 及び裁判所書記によって保持され, かつ, 保存されることを確保する.

第65条（有罪の自認についての公判手続） 1 第一審裁判部は, 被告人が前条8(a)の規定に従って有罪を自認する場合には, 次のことが認められるか否かを判断する.

(a) 被告人が有罪を自認することの性質及び結果を理解していること.

(b) 被告人が弁護人と十分に協議した後に自発的に自認していること.

(c) 有罪の自認が, 次に掲げるものに含まれる事件の事実によって裏付けられていること.

(i) 検察官が提起し, かつ, 被告人が自認した犯罪事実

(ii) 検察官が提示する資料であって, 犯罪事実を補足し, かつ, 被告人が受け入れるもの

(iii) 証人の証言等検察官又は被告人が提出するその他の証拠

2　第一審裁判部は, 1に規定することが認められる場合には, 提出された追加的な証拠とともに有罪の自認を当該有罪の自認に係る犯罪の立証に求められるすべての不可欠な事実を

証明するものとして認めるものとし，被告人を当該犯罪について有罪と決定することができる．

3 第一審裁判部は，１に規定することが認められない場合には，有罪の自認がなされなかったものとみなす．この場合には，この規程に定める通常の公判手続に従って公判を続けることを決定するものとし，また，事件を他の第一審裁判部に移送することができる．

4 第一審裁判部は，裁判の利益，特に被害者の利益のために事件について一層完全な事実の提示が必要であると認める場合には，次のことを行うことができる．

(a) 検察官に対し，証人の証言を含む追加的な証拠の提出を求めること．

(b) この規程に定める通常の公判手続に従って公判を続けることを決定すること．この場合には，有罪の自認がなされなかったものとみなし，事件を他の第一審裁判部に移送することができる．

5 検察官と被告人との間の協議であって，犯罪事実の改定，有罪の自認又は科される刑罰に関するものは，裁判所を拘束しない．

第66条（無罪の推定） **1** いずれの者も，適用される法に基づいて裁判所において有罪とされるまでは無罪と推定される．

2 被告人の有罪を証明する責任は，検察官にある．

3 裁判所は，被告人を有罪と決定するためには，合理的な疑いを超えて当該被告人の有罪を確信していなければならない．

第67条（被告人の権利） **1** 被告人は，犯罪事実の決定に当たり，この規程を考慮した上で公開審理を受ける権利，公正かつ公平な審理を受ける権利及び少なくとも次の保障を十分に平等に受ける権利を有する．

(a) 自己が十分に理解し，かつ，話す言語で，犯罪事実の性質，理由及び内容を速やかにかつ詳細に告げられること．

(b) 防御の準備のために十分な時間及び便益を与えられ，並びに自ら選任する弁護人と自由かつ内密に連絡を取ること．

(c) 不当に遅延することなく裁判に付されること．

(d) 第63条２の規定に従うことを条件として，公判に出席すること，直接に又は自ら選任する弁護人を通じて防御を行うこと，弁護人がいない場合には弁護人を持つ権利を告げられること及び裁判の利益のために必要な場合には，十分な支払手段を有しないときは自らその費用を負担することなく，裁判所によって弁護人を付されること．

(e) 自己に不利な証人を尋問し，又はこれに対して尋問させること並びに自己に不利な証人と同じ条件で自己のための証人の出席及びこれに対する尋問を求めること．また，防御を行うこと及びこの規程に基づいて許容される他の証拠を提出すること．

(f) 裁判所の公判手続又は裁判所に提示される文書が自己が十分に理解し，かつ，話す言語によらない場合には，有能な通訳の援助及び公正の要件を満たすために必要な翻訳を無償で与えられること．

(g) 証言又は有罪の自白を強要されないこと及び黙秘をすること．この黙秘は，有罪又は無罪の決定において考慮されない．

(h) 自己の防御において宣誓せずに口頭又は書面によって供述を行うこと．

(i) 自己に挙証責任が転換されず，又は反証の責任が課されないこと．

2 検察官は，この規程に定める他の開示のほか，被告人に対し，できる限り速やかに，自己が保持し，又は管理する証拠であって，当該被告人の無罪を示し若しくは無罪を示すことに資すると信じ若しくは当該被告人の罪を軽減することに資すると信ずるもの又は訴追に係る証拠の信頼性に影響を及ぼし得るものを開示する．この２の規定の適用について疑義がある場合には，裁判所が決定する．

第68条（被害者及び証人の保護及び公判手続への参加） **1** 裁判所は，被害者及び証人の安全，心身の健康，尊厳及びプライバシーを保護するために適切な措置をとる．裁判所は，その場合において，すべての関連する要因（年齢，第７条３に定義する性，健康及び犯罪（特に，性的暴力又は児童に対する暴力を伴う犯罪）の性質を含む．）を考慮する．検察官は，特にこれらの犯罪の捜査及び訴追の間このような措置をとる．当該措置は，被告人の権利及び公正かつ公平な公判を害するものであってはならず，また，これらと両立しないものであってはならない．

2 裁判所の裁判部は，前条に規定する公開審理の原則の例外として，被害者及び証人又は被告人を保護するため，公判手続のいずれかの部分を非公開で行い，又は証拠の提出を電子的手段その他特別な手段によって行うことを認めることができる．これらの措置については，特に，性的暴力の被害者である場合又は児童が被害者若しくは証人である場合には，裁判所が別段の命令を発する場合を除くほか，すべての事情，特に被害者又は証人の意見を尊重して実施する．

3　裁判所は，被害者の個人的な利益が影響を受ける場合には，当該被害者の意見及び懸念が，裁判所が適当と判断する公判手続の段階において並びに被告人の権利及び公正かつ公平な公判を害さず，かつ，これらと両立する態様で，提示され，及び検討されることを認める．これらの意見及び懸念は，裁判所が適当と認めるときは，手続及び証拠に関する規則に従い被害者の法律上の代理人が提示することができる．
4　被害者・証人室は，検察官及び裁判所に対し，第43条6に規定する適当な保護及び安全のための措置，カウンセリングその他の援助について助言することができる．
5　この規程に基づく証拠又は情報の開示が証人又はその家族の安全に重大な危険をもたらし得る場合には，検察官は，公判の開始前に行われるいかなる手続のためにも，当該証拠又は情報の提供を差し控え，これらに代えてその要約を提出することができる．これらの措置については，被告人の権利及び公正かつ公平な公判を害さず，かつ，これらと両立する態様で実施する．
6　国は，自国の職員又は代理人の保護及び秘密の又は機微に触れる情報の保護について必要な措置をとるよう要請することができる．

第69条～第74条（略）

第75条（被害者に対する賠償）　1　裁判所は，被害者に対する又は被害者に係る賠償（原状回復，補償及びリハビリテーションの提供を含む．）に関する原則を確立する．その確立された原則に基づき，裁判所は，その判決において，請求により又は例外的な状況においては職権により，被害者に対する又は被害者に係る損害，損失及び傷害の範囲及び程度を決定することができるものとし，自己の行動に関する原則を説明する．
2　裁判所は，有罪の判決を受けた者に対し，被害者に対する又は被害者に係る適切な賠償（原状回復，補償及びリハビリテーションの提供を含む．）を特定した命令を直接発することができる．
　裁判所は，適当な場合には，第79条に規定する信託基金を通じて賠償の裁定額の支払を命ずることができる．
3　裁判所は，この条の規定に基づき命令を発する前に，有罪の判決を受けた者，被害者その他の関係者若しくは関係国又はこれらの代理人の意見を求めることができるものとし，それらの意見を考慮する．
4　裁判所は，この条に基づく権限を行使するに当たり，いずれかの者が裁判所の管轄権の範囲内にある犯罪について有罪の判決を受けた後，この条の規定に基づいて発することができる命令を執行するため，第93条1の規定に基づく措置を求めることが必要か否かを決定することができる．
5　締約国は，第109条の規定の例により，この条の規定に基づく命令を執行する．
6　この条のいかなる規定も，国内法又は国際法に基づく被害者の権利を害するものと解してはならない．

第76条～第85条（略）

第9部　国際協力及び司法上の援助

第86条（協力を行う一般的義務）　締約国は，この規程に従い，裁判所の管轄権の範囲内にある犯罪について裁判所が行う捜査及び訴追において，裁判所に対し十分に協力する．

第87条（協力の請求についての一般規定）　1
(a) 裁判所は，締約国に対して協力を求める権限を有する．このような請求については，外交上の経路又は各締約国が批准，受諾，承認又は加入の際に指定する他の適当な経路を通じて送付する．
　締約国は，その指定のその後の変更については，手続及び証拠に関する規則に従って行う．
(b) 請求については，適当な場合には，（a）の規定の適用を妨げない限りにおいて，国際刑事警察機構又は適当な地域的機関を通じて送付することができる．
2　協力の請求及び請求の裏付けとなる文書については，被請求国が批准，受諾，承認又は加入の際にした選択に従い，被請求国の公用語若しくは裁判所の常用語のうちの一によって行い，又はこれらの言語のうちの一による訳文を添付することによって行う．
　その選択のその後の変更については，手続及び証拠に関する規則に従って行う．
3　被請求国は，協力の請求及び請求の裏付けとなる文書を秘密のものとして取り扱う．ただし，請求内容を実施するために開示が必要となる限度においては，この限りでない．
4　裁判所は，この部の規定に従って提供される援助を求めることとの関連で，被害者及び証人となる可能性のある者並びにこれらの者の家族の安全又は心身の健康を確保するために必要な措置（情報の保護に関する措置を含む．）をとることができる．裁判所は，この部の規定に基づいて入手することのできる情報が被害者及び証人となる可能性のある者並びにこれらの者の家族の安全又は心身の健康を保護する方法によって提供され，及び取り扱われるよう要請することができる.

5 (a) 裁判所は, この規程の締約国でない国に対し, 当該国との特別の取極又は協定その他の適当な根拠に基づき, この部の規定に従って援助を提供するよう求めることができる.

(b) 裁判所は, この規程の締約国でない国であって裁判所と特別の取極又は協定を締結したものがこれらの取極又は協定に基づく請求に協力しない場合には, 締約国会議又はこの事案が安全保障理事会によって裁判所に付託されたものであるときは安全保障理事会に対し, その旨を通報することができる.

6 裁判所は, 政府間機関に対して情報又は文書の提供を要請することができる. また, 裁判所は, そのような機関の権限又は任務に基づくその他の形態の協力及び援助であって当該機関との合意によって定めるものを要請することができる.

7 締約国がこの規程に反して裁判所による協力の請求に応ぜず, それにより裁判所のこの規程に基づく任務及び権限の行使を妨げた場合には, 裁判所は, その旨の認定を行うことができるものとし, 締約国会議又はこの事案が安全保障理事会によって裁判所に付託されたものであるときは安全保障理事会に対し, その問題を付託することができる.

第88条（国内法の手続の確保） 締約国は, 自国の国内法の手続がこの部に定めるすべての形態の協力のために利用可能であることを確保する.

第89条（裁判所への人の引渡し） **1** 裁判所は, ある者の逮捕及び引渡しの請求を第91条に規定するその裏付けとなる資料とともに, 当該者がその領域に所在するとみられる国に対して送付することができるものとし, 当該者の逮捕及び引渡しにおいて当該国の協力を求める. 締約国は, この部の規定及び自国の国内法の手続に従って逮捕及び引渡しの請求に応ずる.

2 引渡しを求められた者が第20条に規定する一事不再理の原則に基づいて国内裁判所に異議の申立てを行う場合には, 被請求国は, 受理許容性についての関連する決定が行われているか否かを確認するために直ちに裁判所と協議する. 事件を受理することが決定されているときは, 被請求国は, 請求された引渡しの実施を続行する. 受理許容性についての決定がなされていないときは, 被請求国は, 裁判所が受理許容性についての決定を行うまで当該引渡しの実施を延期することができる.

3 (a) 締約国は, 他の国が裁判所に引き渡す者を自国の領域内を通過して護送することについて, 自国内の通過が引渡しを妨げ, 又は遅延させ得るものでない限り, 自国の国内法の手続に従って承認する.

(b) 裁判所による通過についての請求は, 第87条の規定に従って送付される. 通過についての請求には, 次の事項を含める.

(i) 護送される者に関する記述

(ii) 犯罪事実及びその法的な評価に関する簡潔な説明

(iii) 逮捕及び引渡しのための令状

(c) 護送される者は, 通過の間抑留される.

(d) 護送される者が空路によって護送される場合において通過国の領域に着陸する予定がないときは, その承認は, 必要とされない.

(e) 通過国は, その領域において予定外の着陸が行われる場合には, (b)に規定する裁判所による通過についての請求を求めることができる. 通過国は, 通過についての請求を受領して当該通過が行われるようになるまで護送される者を抑留する. ただし, この(e)に規定する目的のための抑留は, 請求が予定外の着陸から96時間以内に受領されない限り, 当該時間を超える期間にわたることができない.

4 被請求国は, 裁判所への引渡しを求められている者に関し, 自国において引渡しを求められている犯罪とは異なる犯罪について訴訟手続がとられており, 又は当該者が服役している場合には, 請求を認める決定を行った後に裁判所と協議する.

第90条（請求の競合） **1** 前条の規定に基づいて裁判所からある者の引渡しの請求を受ける締約国は, 裁判所が当該者の引渡しを求める犯罪の基礎を構成する同一の行為に関し, 他の国からも当該者について犯罪人引渡しの請求を受ける場合には, その事実を裁判所及び請求国に通報する.

2 請求国が締約国である場合には, 被請求国は, 次のときは, 裁判所からの請求を優先する.

(a) 裁判所が, 引渡しを求める事件を第18条又は第19条の規定に従って受理することを決定しており, かつ, その決定において請求国がその犯罪人引渡しの請求に関して行った捜査又は訴追を考慮しているとき.

(b) 裁判所が1の規定に基づく被請求国からの通報の後に(a)に規定する決定を行うとき.

3 被請求国は, 2(a)に規定する決定が行われていない場合には, 自国の裁量により, 2(b)に規定する裁判所による決定がなされるまでの間, 請求国からの犯罪人引渡しの請求についての処理を進めることができるものの，裁判所が事件を受理しないことを決定するまでは，1に規定する者についての犯罪人引渡しを行わないものとする．裁判所の決定は，迅速に行う．

4　被請求国は，請求国がこの規程の締約国でない国であり，かつ，請求国に対して1に規定する者についての犯罪人引渡しを行う国際的な義務を有していない場合であって，裁判所が事件を受理することを決定しているときは，裁判所からの引渡しの請求を優先する．

5　4に規定する場合であって裁判所が事件を受理することを決定していないときは，被請求国は，自国の裁量により，請求国からの犯罪人引渡しの請求についての処理を進めることができる．

6　被請求国は，自国がこの規程の締約国でない請求国に対して1に規定する者についての犯罪人引渡しを行う国際的な義務を有する場合であって，裁判所が事件を受理することを決定しているときは，当該者を裁判所に引き渡すか又は請求国に対して当該者についての犯罪人引渡しを行うかを決定する．被請求国は，その決定に当たり，次の事項を含むすべての関連する事項を考慮する．

(a) それぞれの請求の日付

(b) 請求国の利益（適当な場合には，犯罪が請求国の領域内で行われたか否か並びに被害者及び引渡しを求められている者の国籍を含む．）

(c) 裁判所と請求国との間においてその後に引渡しが行われる可能性

7　被請求国は，裁判所が当該者の引渡しを求める犯罪を構成する行為以外の行為に関して他の国から当該者についての犯罪人引渡しの請求を受ける場合には，次のことを行う．

(a) 請求国に対して当該者についての犯罪人引渡しを行う国際的な義務を有していない場合には，裁判所からの請求を優先すること．

(b) 請求国に対して当該者についての犯罪人引渡しを行う国際的な義務を有している場合には，当該者を裁判所に引き渡すか又は請求国に対して犯罪人引渡しを行うかを決定すること．被請求国は，その決定に当たり，6に規定する事項を含むすべての関連する事項を考慮するものとし，当該行為の相対的な重大性及び性質に特別の考慮を払う．

8　被請求国は，この条の規定に基づく通報の後に裁判所が事件を受理しないことを決定し，その後に自国が請求国への犯罪人引渡しを拒否する場合には，裁判所にその拒否の決定を通報する．

第91条～第96条（略）

第97条（**協議**）締約国は，この部の規定に基づく請求であって，その関係において，その請求内容の実施を遅らせ，又は妨げるおそれのある問題があると認めるものを受けるときは，この事態を解決するために裁判所と遅滞なく協議する．この問題には，特に次のようなものを含めることができる．

(a) 当該請求内容を実施するためには情報が不十分であること．

(b) 引渡しの請求のときは，最善の努力にもかかわらず引渡しを求められている者を発見することができないという事実又は行われた捜査により被請求国にいる者が明らかに令状に示された者でないと判断されたという事実

(c) 被請求国が当該請求内容をそのままの形態によって実施することが他の国との関係において負っている既存の条約上の義務に違反し得るという事実

第98条（**免除の放棄及び引渡しへの同意に関する協力**）**1**　裁判所は，被請求国に対して第三国の人又は財産に係る国家の又は外交上の免除に関する国際法に基づく義務に違反する行動を求めることとなり得る引渡し又は援助についての請求を行うことができない．ただし，裁判所が免除の放棄について当該第三国の協力をあらかじめ得ることができる場合は，この限りでない．

2　裁判所は，被請求国に対して派遣国の国民の裁判所への引渡しに当該派遣国の同意を必要とするという国際約束に基づく義務に違反する行動を求めることとなり得る引渡しの請求を行うことができない．ただし，裁判所が引渡しへの同意について当該派遣国の協力をあらかじめ得ることができる場合は，この限りでない．

第99条～第100条（略）

第101条（**特定性の原則**）**1**　この規程に従って裁判所に引き渡された者は，行為又は一連の行為であって自己が引き渡された犯罪の基礎を構成するものを除き，引渡しの前に行った行為のために，訴訟手続に付されず，処罰されず，又は拘禁されない．

2　裁判所は，1に規定する者を裁判所に引き渡した国に対して1に規定する条件を放棄するよう要請することができるものとし，必要な場合には，第91条の規定に従って追加的な情報を提供する．締約国は，裁判所に対して放棄を行う権限を有するものとし，放棄を行うよう努めるべきである．

第102条（用語）この規程の適用上，

(a)「引渡し」とは，この規程に基づき，国がいずれかの者を裁判所に引き渡すことをいう．

(b)「犯罪人引渡し」とは，条約，協定又は国内法に基づき，一の国がいずれかの者を他の国に引き渡すことをいう．

第103条～第111条（略）

第11部　締約国会議

第112条（締約国会議）1　この規程によりこの規程の締約国会議を設置する．各締約国は，締約国会議において1人の代表を有するものとし，代表は，代表代理及び随員を伴うことができる．その他の国であってこの規程又は最終文書に署名したものは，締約国会議においてオブザーバーとなることができる．

2　締約国会議は，次の任務を遂行する．

(a) 適当な場合には，準備委員会の勧告を検討し，及び採択すること．

(b) 裁判所の運営に関して裁判所長会議，検察官及び裁判所書記に対する管理監督を行うこと．

(c) 3の規定により設置される議長団の報告及び活動を検討し，並びにこれらについて適当な措置をとること．

(d) 裁判所の予算を検討し，及び決定すること．

(e) 第36条の規定に従い裁判官の人数を変更するか否かを決定すること．

(f) 第87条5及び7に規定する請求に協力しないことに関する問題を検討すること．

(g) その他の任務であってこの規程又は手続及び証拠に関する規則に適合するものを遂行すること．

3 (a) 締約国会議には，3年の任期で締約国会議によって選出される1人の議長，2人の副議長及び18人の構成員から成る議長団を置く．

(b) 議長団は，特に，配分が地理的に衡平に行われること及び世界の主要な法体系が適切に代表されることを考慮して，代表としての性質を有するものとする．

(c) 議長団は，必要に応じ，少なくとも年1回会合する．議長団は，締約国会議が任務を遂行するに当たって同会議を補助する．

4　締約国会議は，裁判所の効率性及び経済性を高めるため，必要に応じ，補助機関（裁判所を検査し，評価し，及び調査するための独立した監督機関を含む．）を設置することができる．

5　裁判所長，検察官及び裁判所書記又はこれらの代理人は，適当な場合には，締約国会議及び議長団の会合に出席することができる．

6　締約国会議は，裁判所の所在地又は国際連合本部において年1回会合するものとし，必要な場合には，特別会合を開催する．この規程に別段の定めがある場合を除くほか，特別会合は，議長団の発意により又は締約国の3分の1の要請により招集される．

7　各締約国は，1の票を有する．締約国会議及び議長団においては，決定をコンセンサス方式によって行うようあらゆる努力を払う．コンセンサスに達することができない場合には，この規程に別段の定めがあるときを除くほか，次のとおり決定を行う．

(a) 実質事項についての決定は，出席し，かつ，投票する締約国の3分の2以上の多数による議決で承認されることにより行わなければならない．この場合において，締約国の絶対多数をもって投票のための定足数とする．

(b) 手続事項についての決定は，出席し，かつ，投票する締約国の単純多数による議決で行う．

8　裁判所の費用に対する分担金の支払が延滞している締約国は，その延滞金の額がその時までの満2年間に当該締約国が支払うべきであった分担金の額に等しいか又はこれを超える場合には，締約国会議及び議長団における投票権を失う．ただし，締約国会議は，支払の不履行が当該締約国にとってやむを得ない事情によると認めるときは，当該締約国に締約国会議及び議長団における投票を認めることができる．

9　締約国会議は，その手続規則を採択する．

10　締約国会議の公用語及び常用語は，国際連合総会の公用語及び常用語とする．

第113条～第118条（略）

第13部　最終規定

第119条（紛争の解決）1　裁判所の司法上の任務に関する紛争については，裁判所の決定によって解決する．

2　その他の2以上の締約国間の紛争であってこの規程の解釈又は適用に関するもののうち，交渉によってその開始から3箇月以内に解決されないものについては，締約国会議に付託する．締約国会議は，当該紛争を自ら解決するよう努め，又は当該紛争を解決するための追加的な方法（国際司法裁判所規程に基づく国際司法裁判所への付託を含む．）について勧告を行うことができる．

第120条（留保）この規程には，いかなる留保も付することができない．

第121条（改正）1　締約国は，この規程の効力発生から7年を経過した後，その改正を提案することができる. 改正案については, 国際連合事務総長に提出するものとし, 同事務総長は, これをすべての締約国に対して速やかに通報する.

2　締約国会議は, 通報の日から3箇月以後に開催するその次回の会合において, 出席し, かつ, 投票する締約国の過半数による議決で改正案を取り上げるか否かを決定する. 締約国会議は, 当該改正案を直接取り扱い, 又は関係する問題により正当化される場合には, 検討会議を招集することができる.

3　締約国会議の会合又は検討会議における改正の採択については, コンセンサスに達することができない場合には, 締約国の3分の2以上の多数による議決を必要とする.

4　改正は, 5に規定する場合を除くほか, 国際連合事務総長に対する締約国の8分の7による批准書又は受諾書の寄託の後1年ですべての締約国について効力を生ずる.

5　第5条から第8条までの規定の改正は, 当該改正を受諾した締約国については, その批准書又は受諾書の寄託の後1年で効力を生ずる. 当該改正を受諾していない締約国については, 裁判所は, 当該改正に係る犯罪であって, 当該締約国の国民によって又は当該締約国の領域内において行われたものについて管轄権を行使してはならない.

6　改正が4の規定に従い締約国の8分の7によって受諾されたときは, 当該改正を受諾していない締約国は, 当該改正の効力発生の後1年以内に通告を行うことによってこの規程から脱退することができる. この脱退は, 第127条1の規定にかかわらず, 直ちに効力を生ずるが, 同条2の規定に従うことを条件とする.

7　国際連合事務総長は, 締約国会議の会合又は検討会議において採択された改正をすべての締約国に通報する.

第122条（制度的な性質を有する規定の改正）

1　いずれの締約国も, 専ら制度的な性質を有する規定, すなわち, 第35条, 第36条8及び9, 第37条, 第38条, 第39条1（第1文及び第2文）, 2及び4, 第42条4から9まで, 第43条2及び3, 第44条, 第46条, 第47条並びに第49条の規定の改正について, 前条1の規定にかかわらず, いつでも提案することができる. 改正案については, 国際連合事務総長又は締約国会議が指名する他の者に対して提出するものとし, これらの者は, これをすべての締約国及び締約国会議に参加する他の者に対して速やかに通報する.

2　この条の規定に基づく改正については, コンセンサスに達することができない場合には, 締約国会議又は検討会議が締約国の3分の2の多数による議決で採択する. その改正は, 締約国会議又は検討会議による採択の後6箇月ですべての締約国について効力を生ずる.

第123条（この規程の検討）　**1**　国際連合事務総長は, この規程の効力発生の後7年目にこの規程の改正を審議するために検討会議を招集する. この規程の検討には, 少なくとも第5条に規定する犯罪を含めることができる. 検討会議は, 締約国会議に参加する者に同一の条件で開放される.

2　その後いつでも, いずれかの締約国の要請があるときは, 国際連合事務総長は, 1に規定する目的のため, 締約国の過半数による承認を得て検討会議を招集する.

3　第121条3から7までの規定は, 検討会議において審議されるこの規程の改正の採択及びその効力発生について適用する.

第124条（経過規定）　いずれの国も, 第12条1及び2の規定にかかわらず, この規程の締約国になる際, この規程が当該国について効力を生じてから7年の期間, ある犯罪が当該国の国民によって又は当該国の領域内において行われたとされる場合には, 第8条に規定する犯罪類型に関して裁判所が管轄権を有することを受諾しない旨を宣言することができる. この条の規定に基づく宣言は, いつでも撤回することができる. この条の規定については, 前条1の規定に従って招集される検討会議で審議する.

第125条～第128条（略）

ミニ解説：国際刑事裁判所規程と日本の国内法

日本政府は, 国際刑事裁判所（ICC）が対象としている重大犯罪についてはほとんどのものが刑法等により処罰可能との認識に基づき, ICC規程の批准に際して, ICCが管轄権を有する事件の捜査等への協力のための手続規定およびICCにおける偽証等その運営を害する行為についての罰則を整備する「国際刑事裁判所に対する協力等に関する法律」を制定した.

101 カンパラ了解

国際刑事裁判所に関するローマ規程の侵略犯罪に関わる改正にかかる了解（Understandings）

安全保障理事会による付託

1　裁判所は, 規程第15条の3, 3項にしたがった決定が行われた日, 又は30の締約国による本改正の批准又は受諾が行われ1年を経過した日の，いずれか遅い日の後に行われる侵略犯罪についてのみ，規程第13条(b)にしたがった安全保障理事会による付託に基づいて，管轄権を行使しうるものと了解される．

2 裁判所は，関係国が侵略犯罪について裁判所の管轄権を受諾しているか否かにかかわらず，規程第13条(b)にしたがった安全保障理事会による付託に基づいて，侵略犯罪に対して管轄権を行使しうるものと了解される．

時間的管轄

3 裁判所は，規程第13条(a)又は(c)の場合には，規程第15条の2, 3項にしたがった決定が行われるか，30の締約国による本改正の批准又は受諾が行われ1年を経過したかの，いずれか遅い日の後に行われる侵略犯罪についてのみ，管轄権を行使しうるものと了解される．

侵略犯罪に対する国家管轄権

4 侵略行為及び侵略犯罪の定義のための改正は，この規程の適用の目的に限ってなされたものと了解される．この改正は，規程第10条にしたがって，この規程の目的以外の目的のために現行の又は発展する国際法の規則を制限し，又はその適用を妨げるものと解してはならないと了解される．

5 この改正は，他国により行われる侵略行為について国家の管轄権を行使する権利又は義務を創設するものと解してはならないと了解される．

その他の了解

6 侵略は武力行使の最も深刻で危険な形態であると了解される．侵略行為が行われたか否かの決定においては，個々の事件におけるすべての状況（問題となる行為の重大性及びその結果を含む）の国際連合憲章にしたがった考慮が必要であると了解される．

7 侵略行為が国際連合憲章の明白な違反を構成するかどうかの決定においては，行為の性質，重大性及び規模という3つの要素が，「明白な」決定を可能とするのに十分でなければならないと了解される．これらの要素は，単独では明白性の基準を充足するのに十分ではない．

102 テロ行為による国際の平和と安全に関する脅威（抄）

ミニ解説：テロ行為による国際平和と安全に関する安保理決議の法的意義

安保理決議1373は，国連憲章第7章下の決定として，テロ行為への資金提供禁止やテロリストおよび支援者の資産凍結等を求めているため，安保理による「立法（一般的規則の定立）」とも考えられている．

安全保障理事会決議1373（2001）
〔採択〕2001年9月28日

安全保障理事会は，

1999年10月19日の決議第1269号(1999)及び2001年9月12日の決議第1368号(2001)を再確認し，

また，2001年9月11日にニューヨーク，ワシントンD. C.及びペンシルバニアで発生したテロの攻撃に対する明確な非難を再確認し，すべてのそのような行為を防止することについての同理事会の決意を表明し，

さらに，そのような行為は，国際テロリズムのあらゆる行為と同様に，国際の平和及び安全に対する脅威であることを再確認し，

決議第1368号(2001)において改めて表明されたとおり，国際連合憲章によって認められた個別的又は集団的自衛の固有の権利を再確認し，

国際連合憲章に従って，テロ行為によって引き起こされた国際の平和及び安全に対する脅威に対してあらゆる手段を用いて闘う必要性があることを再確認し，

世界の様々な地域において，不寛容又は過激主義に動機付けられたテロリズムの行為が増大していることを深く懸念し，

各国に対し，テロ行為を防止し抑止するために，一層の協力及びテロリズムに関する関係国際諸条約の完全な実施を通じることなどにより緊急に共同して取り組むことを求め，

各国が，自国の領域内における適法なすべての手段を通じ，あらゆるテロリズムの行為に対する資金供与及び準備を防止し抑止するための追加的な措置をとることによって，国際協力を補完する必要があることを認識し，

総会によって1970年10月の同総会宣言（決議第2625号（XXV））によって確立され，また，安全保障理事会によって1998年8月13日の同理事会決議第1189号（1998）によって改めて表明された原則，すなわち，いずれの国も，他国においてテロ行為を組織し，教唆し，援助し若しくはそれに参加し，又は，このような行為を行うことを目的とした自国の領域内における組

織的活動を黙認することを慎む義務を負うとの原則を再確認し,

国際連合憲章第７章の下に行動して,

1　すべての国が次のことを行うことを決定する.

a　テロ行為への資金提供を防止しまた抑止すること.

b　自国民による行為又は自国の領域内における行為であって,テロ行為を実施するために使用されることを意図して又は使用されることを知りながら,手段のいかんを問わず,直接又は間接に,資金を故意に提供し又は収集する行為を犯罪化すること.

c　テロ行為を行い若しくは行うことを試みた者の又はテロ行為の実行に参加し若しくは便宜を図る者の資金その他の金融資産又は経済資源,そのような者により直接又は間接に所有され又は支配されている団体の資金その他の金融資産又は経済資源並びにそのような者及び団体に代わって又はそのような者及び団体の指示により行動する者及び団体の資金その他の金融資産又は経済資源（これらの者及びこれらの者と関係を有する個人及び団体により直接又は間接に所有され又は支配されている財産から生ずる資金を含む.）を遅滞なく凍結すること.

d　自国民又は自国領域内のいかなる者及び団体に対しても,テロ行為を実行し若しくは実行を試み又はテロ行為の実行に便宜を図り若しくは参加する者の利益のために,そのような者により直接若しくは間接に所有され又は支配されている団体の利益のために及びそのような者に代わって又はそのような者の指示により行動する個人及び団体の利益のために,すべての資金,金融資産若しくは経済資源又は金融その他の役務を,直接又は間接に利用可能にすることを禁止すること.

2　また,すべての国が次のことを行うことを決定する.

a　テロ行為に関与する団体又は者に対して,能動的であれ受動的であれ,テロリスト集団のメンバーの採用の抑止,及びテロリストへの武器の供与の廃絶を含む,いかなる形態の支援を行うことも慎むこと.

b　情報交換による他国への早期警報の提供を含むテロ行為の実行を防止するための必要な措置をとること.

c　テロ行為に対し資金を供与し,テロ行為を計画し,支援し若しくは実行する者又は安全な避難所を提供する者に対し安全な避難所を提供することを拒否すること.

d　テロ行為に対し資金を供与し,テロ行為を計画し,テロ行為に便宜を図り又はテロ行為を実行する者が,他国又はその市民に対してこれらの行為を行うために自国の領域を使用することを防止すること.

e　テロ行為に対する資金の供与,計画,準備若しくは実行又はテロ行為の支援に参加するすべての者を法に照らして裁くことを確保すると共に,テロ行為に対するその他の措置に加えて,そのようなテロ行為が自国の国内法令において重大な犯罪とされ,刑罰がそのようなテロ行為の重大さを適切に反映していることを確保すること.

f　テロ行為に対する資金供与又はテロ行為の支援に関する犯罪捜査あるいは刑事訴訟手続に関連して,最大限の支援措置（各国が保有する刑事訴訟手続に必要な証拠の入手についての支援を含む.）を相互に提供すること.

g　国境並びに身分証明書及び旅行証明書の発行についての効果的な管理により並びに身分証明書及び旅行証明書の変造,偽造及び不正使用の防止措置を通じて,テロリストあるいはテロリスト集団の移動を防止すること.

3　すべての国に対し,次のことを行うことを求める.

a　活動情報（特に,テロリスト個人又はテロリスト集団の活動又は動静,偽造又は変造された旅行証明書,武器,爆発物又は機微な物質の輸送,テロリスト集団による通信技術の使用及びテロリスト集団による大量破壊兵器の保有により生じる脅威に関連する情報）の交換を強化しかつ加速するための方途を見つけること.

b　国際法及び国内法に従って情報交換を行うとともに,テロ行為の実行を防止するために行政上の及び司法上の事項に関し協力すること.

c　テロ攻撃を防止しかつ抑止し,かかる行為の犯人に対して行動をとるために,特に２国間又は多国間の取決め又は協定を通じて協力すること.

d　できるだけ早期に，1999 年 12 月 9 日のテロリズムに対する資金供与の防止に関する国際条約を含め,テロリズムに関連する国際条約及び議定書の締約国となること.

e　協力を強化し,関連する国際条約及び議定書並びに安全保障理事会決議第 1269 号（1999）及び決議 1368 号（2001）を完全に実施すること.

f 庇護を求める者がテロ行為を計画し，テロ行為に便宜を図り又はテロ行為に参加していないことを確保するために，これらの者に難民の地位を付与するに先立ち，関連する国内法及び国際法（人権の国際的な基準を含む.）に合致する，適当な手段をとること.

g 難民の地位が，テロ行為の犯人，組織者又は助長者により濫用されないこと及び政治的動機に関する請求がテロ行為の容疑者の引渡し請求の拒否の理由として認められないことを，国際法に従って，確保すること.

4 国際テロリズム及び国際組織犯罪，麻薬，資金洗浄，武器の不法取引並びに核・化学・生物その他潜在的に致死性を有する物質の不法な移動の間の緊密な関連を懸念をもって留意し，この観点から，国際の安全に対する重大な挑戦と脅威に対するグローバルな対応を強化するため，国内的，準地域的，地域的及び国際的レベルにおける努力の調整を高める必要性を強調すること.

5 テロリズムの行為，方法及び慣行は国際連合の目的及び原則に反するものであること並びに意図的にテロ行為に対し資金提供し，テロ行為を計画し，教唆することも国際連合の目的と原則に反することを宣言する.

6 安全保障理事会仮手続規則の規則 28 に従って，適切な専門的知見の支援を得ながら，この決議の実施を監視するため，安全保障理事会のすべての理事国により構成される安全保障理事会の委員会を設置することを決定するとともに，すべての国は，この決議を実施するためにとった措置について，この決議の採択の日から 90 日以内に，かつ，その後は委員会によって提案される日程に従って，委員会に対して報告するよう要請する.

v） 犯罪人引渡

103 日米犯罪人引渡条約

日本国とアメリカ合衆国との間の犯罪人引渡しに関する条約
〔採択〕1978年 3 月 3 日，東京
〔効力発生〕1980年 3 月26日

日本国及びアメリカ合衆国は，

犯罪の抑圧のための両国の協力を一層実効あるものとすることを希望して，

次のとおり協定した.

第 1 条〔引渡義務〕 各締約国は，第 2 条 1 に規定する犯罪について訴追し，審判し，又は刑罰を執行するために他方の締約国からその引渡しを求められた者であってその領域において発見されたものを，この条約の規定に従い当該他方の締約国に引き渡すことを約束する. 当該犯罪が請求国の領域の外において行われたものである場合には，特に，第 6 条 1 に定める条件が適用される.

第 2 条〔引渡犯罪〕 1 引渡しは，この条約の規定に従い，この条約の不可分の一部をなす付表に掲げる犯罪であって両締約国の法令により死刑又は無期若しくは長期 1 年を超える拘禁刑に処することとされているものについて並びに付表に掲げる犯罪以外の犯罪であって日本国の法令及び合衆国の連邦法令により死刑又は無期若しくは長期 1 年を超える拘禁刑に処することとされているものについて行われる.

前記犯罪の 1 が実質的な要素をなしている犯罪については，合衆国政府に連邦管轄権を認めるために州際間の輸送又は郵便その他州際間の設備の使用が特定の犯罪の要件とされている場合であっても，引渡しを行う.

2 引渡しを求められている者が 1 の規定の適用を受ける犯罪について請求国の裁判所により刑の言渡しを受けている場合には，その者が死刑の言渡しを受けているとき又は服すべき残りの刑が少なくとも 4 箇月あるときに限り，引渡しを行う.

第 3 条〔理由・証拠〕 引渡しは，引渡しを求められている者が被請求国の法令上引渡しの請求に係る犯罪を行ったと疑うに足りる相当な理由があること又はその者が請求国の裁判所により有罪の判決を受けた者であることを証明する十分な証拠がある場合に限り，行われる.

第 4 条〔不引渡犯罪〕 1 この条約の規定に基づく引渡しは，次のいずれかに該当する場合には，行われない.

(1) 引渡しの請求に係る犯罪が政治犯罪である場合又は引渡しの請求が引渡しを求められている者を政治犯罪について訴追し，審判し，若しくはその者に対し刑罰を執行する目的で行われたものと認められる場合. この規定の適用につき疑義が生じたときは，被請求国の決定による.

(2) 引渡しを求められている者が被請求国において引渡しの請求に係る犯罪について訴追されている場合又は確定判決を受けた場合

(3) 日本国からの引渡しの請求にあっては，合

衆国の法令によるならば時効の完成によって引渡しの請求に係る犯罪について訴追することができないとき.

(4) 合衆国からの引渡しの請求にあっては,次のいずれかに該当する場合であって,日本国の法令によるならば時効の完成その他の事由によって引渡しの請求に係る犯罪について刑罰を科し又はこれを執行することができないとき.

(a) 日本国が当該犯罪に対する管轄権を有するとした場合

(b) 日本国がその管轄権を現に有しており,かつ,その審判が日本国の裁判所において行われたとした場合

2 被請求国は,引渡しを求められている者が引渡しの請求に係る犯罪について第三国において無罪の判決を受け又は刑罰の執行を終えている場合には,引渡しを拒むことができる.

3 被請求国は,引渡しを求められている者が被請求国の領域において引渡しの請求に係る犯罪以外の犯罪について訴追されているか又は刑罰の執行を終えていない場合には,審判が確定するまで又は科されるべき刑罰若しくは科された刑罰の執行が終わるまで,その引渡しを遅らせることができる.

第5条〔自国民の引渡〕 被請求国は,自国民を引き渡す義務を負わない.ただし,被請求国は,その裁量により自国民を引き渡すことができる.

第6条〔領域外の犯罪〕 1 引渡しの請求に係る犯罪が請求国の領域の外において行われたものである場合には,被請求国は,自国の法令が自国の領域の外において行われたそのような犯罪を罰することとしているとき又は当該犯罪が請求国の国民によって行われたものであるときに限り,引渡しを行う.

2 この条約の適用上,締約国の領域とは,当該締約国の主権又は権力の下にあるすべての陸地,水域及び空間をいい,当該締約国において登録された船舶及び当該締約国において登録された航空機であって飛行中のものを含む.この規定の適用上,航空機は,そのすべての乗降口が乗機の後に閉ざされた時からそれらの乗降口のうちいずれか一が降機のために開かれる時まで,飛行中のものとみなす.

第7条〔引き渡された犯罪者の処罰〕 1 請求国は,次のいずれかに該当する場合を除くほか,この条約の規定に従って引き渡された者を,引渡しの理由となった犯罪以外の犯罪について拘禁し,訴追し,審判し,若しくはその者に対し刑罰を執行しないものとし,又はその者を第三国に引き渡さない.ただし,この規定は,引渡しの後に行われた犯罪については,適用しない.

(1) 引き渡された者が引渡しの後に請求国の領域から離れて当該請求国の領域に自発的に戻ってきたとき.

(2) 引き渡された者が請求国の領域から自由に離れることができるようになった日から45日以内に請求国の領域から離れなかったとき.

(3) 被請求国が,引き渡された者をその引渡しの理由となった犯罪以外の犯罪について拘禁し,訴追し,審判し,若しくはその者に対し刑罰を執行すること又はその者を第三国に引き渡すことに同意したとき.

2 請求国は,引渡しの理由となった犯罪を構成する基本的事実に基づいて行われる限り,第2条1の規定に従い引渡しの理由となるべきいかなる犯罪についても,この条約の規定に従って引き渡された者を拘禁し,訴追し,審判し,又はその者に対し刑罰を執行することができる.

第8条〔引渡請求手続〕 1 引渡しの請求は,外交上の経路により行う.

2 引渡しの請求には,次に掲げるものを添える.

(a) 引渡しを求められている者を特定する事項を記載した文書

(b) 犯罪事実を記載した書面

(c) 引渡しの請求に係る犯罪の構成要件及び罪名を定める法令の条文

(d) 当該犯罪の刑罰を定める法令の条文

(e) 当該犯罪の訴追又は刑罰の執行に関する時効を定める法令の条文

3 引渡しの請求が有罪の判決を受けていない者について行われる場合には,次に掲げるものを添える.

(a) 請求国の裁判官その他の司法官憲が発した逮捕すべき旨の令状の写し

(b) 引渡しを求められている者が逮捕すべき旨の令状にいう者であることを証明する証拠資料

(c) 引渡しを求められている者が被請求国の法令上引渡しの請求に係る犯罪を行ったと疑うに足りる相当な理由があることを示す証拠資料

4 引渡しの請求が有罪の判決を受けた者について行われる場合には,次に掲げるものを添える.

(a) 請求国の裁判所が言い渡した判決の写し

(b) 引渡しを求められている者が当該判決にいう者であることを証明する証拠資料

(c) (i) 有罪の判決を受けた者が刑の言渡しを受けていないときは,逮捕すべき旨の令状の

写し

(ii) 有罪の判決を受けた者が刑の言渡しを受けているときは，刑の言渡し書の写し及び当該刑の執行されていない部分を示す書面

5　引渡しの請求には，被請求国の法令により必要とされるその他の資料を添える．

6　この条約の規定に従い請求国が提出するすべての文書は，被請求国の法令の要求するところに従い正当に認証されるものとし，これらの文書には被請求国の国語による正当に認証された翻訳文を添付する．

7　被請求国の行政当局は，引渡しを求められている者の引渡請求の裏付けとして提出された資料がこの条約の要求するところを満たすのに十分でないと認める場合には，自国の裁判所に当該引渡請求を付託するかどうかを決定する前に請求国が追加の資料を提出することができるようにするため，請求国に対しその旨を通知する．被請求国の行政当局は，その資料の提出につき期限を定めることができる．

第9条〔緊急時の仮拘禁〕 1　緊急の場合において，請求国が外交上の経路により，被請求国に対し，引渡しを求める者につき第2条1の規定に従い引渡しの理由となる犯罪について逮捕すべき旨の令状が発せられ又は刑の言渡しがされていることの通知を行い，かつ，引渡しの請求を行うべき旨を保証して仮拘禁の要請を行ったときは，被請求国は，その者を仮に拘禁することができる．仮拘禁の要請においては，引渡しを求める者を特定する事項及び犯罪事実を明らかにするものとし，被請求国の法令により必要とされるその他の情報を含める．

2　仮拘禁が行われた日から45日以内に請求国が引渡しの請求を行わない場合には，仮に拘禁された者は，釈放される．ただし，この規定は，被請求国がその後において引渡しの請求を受けた場合に，引渡しを求められる者を引き渡すための手続を開始することを妨げるものではない．

第10条〔引渡手続の促進〕 被請求国は，引渡しを求められている者が，被請求国の裁判所その他の権限のある当局に対し，その引渡しのために必要とされる国内手続における権利を放棄する旨を申し出た場合には，被請求国の法令の許す範囲内において，引渡しを促進するために必要なすべての措置をとる．

第11条〔引渡請求の競合〕 被請求国は，同一の又は異なる犯罪につき同一の者について他方の締約国及び第三国から引渡しの請求を受けた場合には，いずれの請求国にその者を引き渡すかを決定する．

第12条〔引渡の実行〕 1　被請求国は，請求国に対し，外交上の経路により引渡しの請求についての決定を速やかに通知する．

2　被請求国は，その権限のある当局が引渡状を発したにもかかわらず，その法令により定められた期限内に請求国が引渡しを求めている者の引渡しを受けない場合には，その者を釈放し，その後において同一の犯罪についてその者の引渡しを拒むことができる．請求国は，引渡しを受けた者を被請求国の領域から速やかに出国させる．

第13条〔証拠物の引渡〕 引渡しが行われる場合において，犯罪行為の結果得られたすべての物又は証拠として必要とされるすべての物は，被請求国の法令の許す範囲内において，かつ，第三者の権利を害さないことを条件として，これを引き渡す．

第14条〔引渡費用〕 1　被請求国は，引渡しの請求に起因する国内手続（引渡しを求められている者の拘禁を含む．）について必要なすべての措置をとるものとし，そのための費用を負担する．ただし，引渡しを命ぜられた者の護送に要した費用は，請求国が支払う．

2　被請求国は，請求国に対し，引渡しを求められた者がこの条約の規定に従い拘禁され，審問され，又は引き渡されたことによりその者が受けた損害につきその者に支払った賠償金を理由とする金銭上の請求を行わない．

第15条〔引渡犯罪者の護送通過〕 1　各締約国は，外交上の経路により請求が行われた場合には，次のいずれかに該当する場合を除くほか，第三国から他方の締約国に対し引き渡された者をその領域を経由の上護送する権利を他方の締約国に認める．

(1) 引渡しの原因となった犯罪行為が通過を求められている締約国の法令によるならば犯罪を構成しないとき．

(2) 引渡しの原因となった犯罪行為が政治犯罪であるとき又は引渡しの請求が引き渡された者を政治犯罪について訴追し，審判し，若しくはその者に対し刑罰を執行する目的で行われたものと認められるとき．この規定の適用につき疑義が生じたときは，通過を求められている締約国の決定による．

(3) 通過により公共の秩序が乱されると認められるとき．

2　1の場合において，引渡しを受けた締約国は，その領域を経由の上護送が行われた締約国に対し，護送に関連してその要した費用を償還する．

第16条〔批准，遡及効，旧条約，廃棄〕 1　この

条約は, 批准されなければならず, 批准書は, できる限り速やかにワシントンで交換されるものとする. この条約は, 批准書の交換の日の後30日目の日に効力を生ずる.
2　この条約は, 第2条1に規定する犯罪であってこの条約の効力発生前に行われたものについても適用する.
3　日本国とアメリカ合衆国との間で1886年4月29日に東京で署名された犯罪人引渡条約及び1906年5月17日に東京で署名された追加犯罪人引渡条約は, この条約の効力発生の時に終了する. ただし, この条約の効力発生の際に被請求国において係属している引渡しに係る事件は, 前記の犯罪人引渡条約及び追加犯罪人引渡条約に定める手続に従う.
4　いずれの一方の締約国も, 他方の締約国に対し6箇月前に文書による予告を与えることによっていつでもこの条約を終了させることができる.

以上の証拠として, 下名は, 各自の政府から正当に委任を受けてこの条約に署名した.
1978年3月3日に東京で, ひとしく正文である日本語及び英語により本書2通を作成した.
（署名略）

付　表
1　殺人, 傷害致死又は重過失致死（自殺の教唆又はほう助を含む.）
2　人を殺す意図をもって行われた暴行
3　悪質な傷害, 重過失致傷又は暴行
4　堕胎
5　遺棄致死傷
6　略取, 誘かい又は不法な逮捕若しくは監禁に関する罪
7　脅迫
8　強かん, 強制わいせつ
9　いん行勧誘又は売春に関する罪
10　わいせつ物に関する罪
11　重婚
12　住居侵入
13　強盗
14　窃盗
15　恐かつ
16　詐欺（欺もう的手段により財物, 金銭, 有価証券その他の経済的価値を有するものを取得すること）
17　横領, 背任
18　ぞう物に関する罪
19　財物, 文書又は施設の損壊に関する罪
20　工業所有権又は著作権の保護に関する法令に違反する罪
21　暴行又は脅迫による業務妨害
22　放火, 重過失による失火
23　騒じょうの主導, 指揮又はせん動
24　公衆の健康の保護に関する法令に違反する罪
25　激発力, 水力その他の破壊的手段により公共の危険を生じさせる罪
26　国際法上の海賊
27　列車, 航空機, 船舶その他の交通手段の不法な奪取又は管理に関する罪
28　列車, 航空機, 船舶その他の交通手段の正常な運行を妨げ又はこれに危険を生じさせる罪
29　爆発物, 火炎装置又は危険な若しくは禁止された武器の規制に関する法令に違反する罪
30　麻薬, 大麻, 向精神薬若しくはコカイン又はそれらの原料若しくは派生物その他の危険な薬品若しくは化学製品の規制に関する法令に違反する罪
31　毒物その他の健康に有害な物質の規制に関する法令に違反する罪
32　偽造に関する罪
33　とばく又は富くじの規制に関する法令に違反する罪
34　公務執行妨害, 職務強要
35　虚偽報告に関する罪
36　偽証に関する罪
37　この条約の第2条1に規定する犯罪を行ったことによって拘禁され又は刑に服している者の逃走に関する罪
38　犯人蔵匿, 証拠隠滅その他の司法作用の妨害に関する罪
39　贈賄, 収賄
40　職権濫用に関する罪
41　公職の選挙又は政治資金の規制に関する法令に違反する罪
42　脱税に関する罪
43　会社その他の法人の規制に関する法令に違反する罪
44　破産又は会社更生に関する法令に違反する罪
45　私的独占又は不公正な商取引の禁止に関する法令に違反する罪
46　輸出入又は資金の国際移動の規制に関する法令に違反する罪
47　前記の各罪の未遂, 共謀, ほう助, 教唆又は予備

交換公文（1978年3月3日東京）

（合衆国側書簡訳文）

書簡をもって啓上いたします．本使は，本日署名されたアメリカ合衆国と日本国との間の犯罪人引渡しに関する条約に言及するとともに，両政府の代表者の間で到達した次の了解をアメリカ合衆国政府に代わって確認する光栄を有します．

1　この条約の第14条の「措置」には，アメリカ合衆国については適当なアメリカ合衆国の法務職員による日本国政府を代表するための措置，日本国については適当な日本国の法務職員によるアメリカ合衆国からの引渡しの請求に係る必要な措置を含む．

2　この条約のいかなる規定も，両締約国が1960年1月19日にワシントンで署名されたアメリカ合衆国と日本国との間の相互協力及び安全保障条約第6条に基づく施設及び区域並びに日本国における合衆国軍隊の地位に関する協定に基づいて有する権利及び義務に影響を及ぼすものではない．

本使は，閣下が前記の了解を日本国政府に代わって確認されれば幸いであります．

本使は，以上を申し進めるに際し，ここに重ねて閣下に向かって敬意を表します．

1978年3月3日に東京で
アメリカ合衆国特命全権大使
マイケル・J・マンスフィールド

日本国外務大臣　園田直閣下

（日本側書簡）

書簡をもって啓上いたします．本大臣は，本日付けの閣下の次の書簡を受領したことを確認する光栄を有します．

（米国側書簡　略）

本大臣は，更に，閣下の書簡に掲げられた了解を日本国政府に代わって確認する光栄を有します．

本大臣は，以上を申し進めるに際し，ここに重ねて閣下に向かって敬意を表します．

104 日韓犯罪人引渡条約

犯罪人引渡しに関する日本国と大韓民国との間の条約
〔採択〕2002年4月8日，ソウル
〔効力発生〕2002年6月21日

前　文（略）

第1条（引渡しの義務） 一方の締約国は，引渡犯罪について訴追し，審判し，又は刑罰を執行するために他方の締約国からその引渡しを求められた者であって当該一方の締約国の領域において発見されたものを，この条約の規定に従い当該他方の締約国に引き渡すことに同意する．

第2条（引渡犯罪） 1　この条約の適用上，両締約国の法令における犯罪であって，死刑又は無期若しくは長期1年以上の拘禁刑に処することとされているものを引渡犯罪とする．

2　引渡しを求められている者が引渡犯罪について請求国の裁判所により刑の言渡しを受けている場合には，その者が死刑の言渡しを受けているとき又は服すべき残りの刑が少なくとも4箇月あるときに限り，引渡しを行う．

3　この条の規定の適用において，いずれかの犯罪が両締約国の法令における犯罪であるかどうかを決定するに当たっては，次の(a)及び(b)に定めるところによる．

(a) 当該いずれかの犯罪を構成する行為が，両締約国の法令において同一の区分の犯罪とされていること又は同一の罪名を付されていることを要しない．

(b) 引渡しを求められている者が犯したとされる行為の全体を考慮するものとし，両締約国の法令上同一の構成要件により犯罪とされることを要しない．

4　3の規定にかかわらず，租税，関税その他の歳入事項又は外国為替に係る規制に関する法令上の犯罪について引渡しの請求が行われる場合にあっては，同一の種類の租税，関税その他の歳入事項又は外国為替に係る規制について当該犯罪に相当する犯罪が被請求国の法令において規定されている場合に限り，両締約国の法令における犯罪とされる．

5　そのいずれもが両締約国の法令における犯罪である複数の犯罪について引渡しの請求が行われる場合には，そのうち一部の犯罪が1又は2に規定する条件を満たしていないときであっても，被請求国は，少なくとも1の引渡犯罪について引渡しを行うことを条件として，当該一部の犯罪について引渡しを行うことができる．

第3条（引渡しを当然に拒むべき事由） この条約に基づく引渡しは，次のいずれかに該当する場合には，行われない．

(a) 引渡しを求められている者が請求国において引渡しの請求に係る犯罪について有罪の判決を受けていない場合にあっては，被請求国の法令上当該犯罪をその者が行ったと疑うに足りる相当な理由がない場合

(b) 引渡しを求められている者に裁判が行われることが十分に通知されておらず, 又は法廷における防御の機会を与えられておらず, かつ, 自ら出席して再審を受ける機会を与えられておらず, 又はそのような機会を今後与えられることのない場合において, その者が請求国において引渡しの請求に係る犯罪について欠席裁判により有罪の判決を受けているとき.

(c) 引渡しの請求に係る犯罪が政治犯罪であると被請求国が認める場合又は引渡しの請求が引渡しを求められている者を政治犯罪について訴追し, 審判し, 若しくはその者に対し刑罰を科する目的で行われたものと被請求国が認める場合. この場合において, 次の犯罪は, それ自体を政治犯罪と解してはならない.

(i) いずれかの締約国の元首若しくは政府の長若しくはそれらの家族に対し, そのような者であることを知りながら行った殺人その他故意に行う暴力的犯罪又はそれらの犯罪の未遂 (当該未遂が犯罪とされる場合に限る.)

(ii) 両締約国が当事国である多数国間の条約により, 引渡犯罪に含めることを両締約国が義務付けられている犯罪

(d) 引渡しを求められている者が被請求国において引渡しの請求に係る犯罪について訴追されている場合又は確定判決を受けた場合

(e) 引渡しの請求に係る犯罪について, 被請求国の法令によるならば時効の完成その他の事由によって引渡しを求められている者に対し刑罰を科し又はこれを執行することができないと認められる場合 (当該犯罪についての管轄権を有しないことが理由である場合を除く.)

(f) 引渡しを求められている者を人種, 宗教, 国籍, 民族的出身, 政治的意見若しくは性を理由に訴追し若しくは刑罰を科する目的で引渡しの請求がなされていると, 又はその者の地位がそれらの理由により害されるおそれがあると被請求国が認めるに足る十分な理由がある場合

第4条 (引渡しを裁量により拒むことのできる事由) この条約に基づく引渡しは, 次のいずれかに該当する場合には, 拒むことができる.

(a) 被請求国の法令により, 引渡しの請求に係る犯罪の全部又は一部が被請求国の領域又は船舶若しくは航空機において犯されたものと認められる場合

(b) 引渡しを求められている者が第三国において引渡しの請求に係る犯罪について無罪の判決を受けた場合又は有罪の判決を受け, 科された刑罰の執行を終えているか若しくは執行を受けないこととなった場合

(c) 引渡しを求められている者の年齢, 健康その他個人的な事情にかんがみ, 引渡しを行うことが人道上の考慮に反すると被請求国が認める場合

(d) 引渡しを求められている者に関し, 引渡しの請求に係る犯罪について訴追をしないこと又は訴えを取り消すことを被請求国が決定した場合

第5条 (手続の延期) 被請求国は, 引渡しを求められている者が自国において引渡しの請求に係る犯罪以外の犯罪について訴追されているか又は刑罰の執行を終えていない場合には, 審判が確定するまで又は科されるべき刑罰若しくは科された刑罰の執行を終えるまで若しくは執行を受けないこととなるまで, 引渡しを遅らせることができる.

第6条 (自国民の引渡し) 1 (略) 〔(103 日米犯罪人引渡条約第5条類似〕

2　被請求国は, 引渡しを求められている者が自国民であることのみを理由として引渡しを拒んだ場合であって, 請求国の求めのあるときは, 被請求国の法令の範囲内において, 訴追のためその当局に事件を付託する.

第7条 (領域外の犯罪) 引渡しの請求に係る犯罪が請求国の領域の外において行われたものであって, 請求国の船舶又は航空機の中において行われたものでない場合には, 被請求国は, 自国の法令が自国の領域の外において行われたそのような犯罪を罰することとしているとき又は当該犯罪が請求国の国民によって行われたものであるときに限り, 引渡しを行う. もっとも, 被請求国の法令がそのように規定しておらず, かつ, 当該犯罪が請求国の国民でない者によって行われたものである場合であっても, 被請求国は, その裁量により, この条約の規定に従って引渡しを行うことができるものとする.

第8条 (特定性の原則) 1　請求国は, 次のいずれかに該当する場合を除くほか, 引渡しの理由となった犯罪以外の犯罪であって引渡しの前に行われたものについて, この条約の規定に従って引き渡された者を拘禁し, 訴追し, 若しくは審判し, 又はその者に対し刑罰を執行してはならず, また, その者を第三国に引き渡してはならない.

(a) 引き渡された者が, 引渡しの後に請求国の

領域から離れて，当該領域に自発的に戻ってきた場合

(b) 引き渡された者が，請求国の領域から自由に離れることができるようになった後45日以内に当該領域から離れなかった場合

(c) 被請求国が，引き渡された者をその引渡しの理由となった犯罪以外の犯罪について拘禁し，訴追し，審判し，若しくはその者に対し刑罰を執行すること又はその者を第三国に引き渡すことに同意した場合．この(c)の規定の適用上，被請求国は，次条に掲げる文書に類する文書及び引き渡された者が当該犯罪について行った供述の記録がある場合において，当該記録の提出を求めることができる．

2　請求国は，引渡しの理由となった犯罪を構成する基本的事実に基づいて行われる限り，いかなる引渡犯罪についても，この条約の規定に従って引き渡された者を拘禁し，訴追し，審判し，又はその者に対し刑罰を執行することができる．

第9条（引渡手続及び必要な文書）（略）〔103 日米犯罪人引渡条約第8条類似〕

第10条（仮拘禁）（略）（日米条約第9条類似）

第11条（引渡請求の競合）　1　同一の又は異なる犯罪に関し，同一の者について他方の締約国及び第三国から引渡しの請求を受けた場合において，いずれの請求国にその者を引き渡すかについては，被請求国が，これを決定する．

2　被請求国は，引渡しを求められている者をいずれの国に引き渡すかを決定するに当たっては，次に掲げる事項その他関連するすべての事情を考慮する．

(a) 関係する犯罪の行われた時期及び場所

(b) 犯罪の重大性

(c) それぞれの請求の日付

(d) 引渡しを求められている者の国籍及び通常の居住地

(e) 条約に基づく請求であるかどうか．

第12条（引渡しの決定及び実施）（略）〔103 日米犯罪人引渡条約第12条類似〕

第13条（物の提供）　1　引渡しが行われる場合において，犯罪行為の結果得られた又は証拠として必要とされるすべての物は，請求国の求めのあるときは，被請求国の法令の範囲内において，かつ，第三者の権利を十分に尊重し，その権利を害さないことを条件として，これを提供するものとする．引渡しを求められている者の逃走によりその者の引渡しを行うことができない場合にあっても，同様とする．

2　1の規定により提供された物は，被請求国の求めのある場合は，関係手続の終了後に請求国による経費の負担において被請求国に返還されるものとする．

第14条（経費）　1　被請求国は，引渡しの請求に起因する国内手続について必要なすべての措置をとるものとし，そのためのすべての経費を負担する．

2　被請求国は，特に，引渡しを求められている者を拘禁し，その者を請求国の指名する者に引き渡すときまで抑留するために被請求国の領域において生ずる経費を負担する．

3　請求国は，引き渡された者を被請求国の領域から移送するための経費を負担する．

第15条（通過）（略）〔103 日米犯罪人引渡条約第15条類似〕

第16条（協議）　1　両締約国は，いずれか一方の締約国の要請により，この条約の解釈及び適用に関し協議する．

2　日本国の権限のある当局及び大韓民国法務部は，個別の事案の処理に関連して，並びにこの条約を実施するための手続の維持及び改善を促進するため，直接に相互間の協議を行うことができる．

第17条（最終規定）

1，2（略）

3　この条約は，この条約の効力発生の日以後に行われた引渡しの請求（当該請求がこの条約の効力発生の日の前に行われた犯罪に係るものである場合を含む．）について適用する．

4　いずれの一方の締約国も，他方の締約国に対し書面による通告を行うことにより，いつでもこの条約を終了させることができる．この条約の終了は，通告が行われた日の後6箇月で効力を生ずる．

以上の証拠として，下名は，各自の政府から正当に委任を受けてこの条約に署名した．

2002年4月8日にソウルで，ひとしく正文である日本語，韓国語及び英語により本書2通を作成した．解釈に相違がある場合には，英語の本文による．

V 国際裁判

国はその国際紛争を平和的手段によって国際の平和と安全ならびに正義を危うくしないように解決しなければならない（友好関係宣言参照）．紛争の平和的解決のための手段としては，交渉，審査，仲介，調停，仲裁裁判，司法的解決，地域的機関や地域的取極の利用がある．国には手段選択の自由があり，いずれかの手段を選択して解決する．解決できなかった場合には，引き続き他の平和的手段によって解決しなければならない．仲裁裁判，司法的解決という手段は，通常国際裁判と呼ばれる．

国際裁判は，国内の仲裁手続がそうであるように，関係当事者の同意によって始まる．したがって，本質的に仲裁裁判である．仲裁裁判と司法的解決とが区別されるのは，第1世界大戦の後，国際連盟が創設され，その下で，従来の裁判毎に当事国の同意によって設けられる臨時（アド・ホック）裁判機関を常設化することが図られ，常設裁判機関（当時の常設国際司法裁判所，現在の国際司法裁判所）がオランダのハーグに設けられることとなり，この常設裁判機関での裁判を司法的解決と呼ぶようになったからである．司法的解決とはいえ，強制的裁判権をもつ国内の司法裁判とは明確に異なる．

国際裁判の課題は従来から2つある．1つは裁判機関の常設化であり，他の1つは裁判機関に強制的裁判権を持たせることである．裁判機関は，今日，一般的な裁判機関であり，世界法廷とも呼ばれる国際司法裁判所のほかに，海洋法の諸問題，とくに抑留された船舶・乗組員の速やかな釈放にかかる事件を処理する国際海洋法裁判所，国家と他の国民との間の投資紛争の解決に当たる世界銀行投資紛争解決国際センターがあり，また，多角的貿易体制に安定性と予見可能性を与える中心的要素として世界貿易機関（WTO）に紛争解決制度が設けられている．

国際社会は，諸国が武力に訴えて物事を解決することを止めさせるため，裁判機関を常設化し，これに強制的裁判権を持たせることを試みた．確かにこれは常設国際司法裁判所（その後身の国際司法裁判所）規程第36条2項のいわゆる選択条項（この条項を前もって受諾することを宣言している国家間では強制的裁判権が作用する）の制度をもたらしたが，充分に成功したとは言い難い．

紛争の平和的解決には，紛争が国際化，政治化する前に，その芽を摘むことが大事である．多様化した紛争に対し多様な紛争解決機関が登場するのは必然であり，また望ましい．先に掲げた国際海洋法裁判所，投資紛争解決センター，WTO 紛争解決制度の他に，EU 司法裁判所，欧州人権裁判所，米州人権裁判所が目覚ましい成果を上げてきていることは，国際法の分断化を招くものと危惧するのではなく，むしろ，望ましいものとして捉えるべきものである．なお，国際刑事裁判所は国際刑事裁判所規定が2002年7月に発効したほか，旧ユーゴスラビア刑事裁判所，ルワンダ刑事裁判所やカンボジア特別法廷等が設置されてきた．

105 国際司法裁判所規程

(ICJ 規程)
〔署名〕1945年6月26日，サンフランシスコ
〔効力発生〕1945年10月24日／〔日本国〕1954年4月2日

第1条〔国際連合の主要司法機関〕 国際連合の主要な司法機関として国際連合憲章によって設置される国際司法裁判所は，この規程の規定に従って組織され，且つ，任務を遂行する．

第1章　裁判所の構成

第2条〔裁判官の被選挙資格〕 裁判所は，徳望が高く，且つ，各自の国で最高の司法官に任ぜられるのに必要な資格を有する者又は国際法に有能の名のある法律家のうちから，国籍のいかんを問わず，選挙される独立の裁判官の一団で構成する．

第3条〔裁判所の構成〕 1　裁判所は，15人の裁判官で構成し，そのうちのいずれの2人も，同一国の国民であってはならない．

2　2以上の国の国民と認められることのある者は，裁判所における裁判官の地位については，私権及び公権を通常行使する国の国民とみなす．

第4条〔裁判官候補者の指名者〕 1　裁判所の裁判官は，常設仲裁裁判所の国別裁判官団によって指名される者の名簿の中から，以下の規定に従って総会及び安全保障理事会が選挙する．

2　常設仲裁裁判所に代表されない国際連合加盟国については，候補者は，国際紛争の平和的処理に関する1907年のヘーグ条約の第44条によって常設仲裁裁判所裁判官について規定される条件と同一の条件で政府が指名のために任命する国別裁判官団が指名する．

3　この規程の当事国であるが国際連合加盟国でない国が裁判所の裁判官の選挙に参加することができるための条件は，特別の協定がない場合には，安全保障理事会の勧告に基いて総会が定める．

第5条〔裁判官候補者の指名〕 1　国際連合事務総長は，選挙の日の少くとも3箇月前に，この規程の当事国たる国に属する常設仲裁裁判所の裁判官及び第4条2に基いて任命される国別裁判官団の構成員に対して，裁判所の裁判官の任務を遂行する地位にある者の指名を一定の期間内に国別裁判官団ごとに行うことを書面で要請しなければならない．

2　いかなる国別裁判官団も，4人をこえて指名することができない．そのうち，自国の国籍を有する者は，2人をこえてはならない．いかなる場合にも，一国別裁判官団の指名する候補者の数は，補充すべき席の数の2倍をこえてはならない．

第6条〔候補者の指名の条件〕 各国別裁判官団は，この指名をする前に自国の最高司法裁判所，法律大学及び法律学校並びに法律研究に従事する学士院及び国際学士院の自国の部の意見を求めることを勧告される．

第7条〔候補者名簿〕 1　事務総長は，こうして指名されるすべての者のアルファベット順の名簿を作成する．第12条2に規定する場合を除く外，これらの者のみが選挙される資格を有する．

2　事務総長は，この名簿を総会及び安全保障理事会に提出する．

第8条〔裁判官の選挙〕 総会及び安全保障理事会は，各別に裁判所の裁判官の選挙を行う．

〔編者注〕　日本からは，田中耕太郎（在任1961～70年），小田滋（1976～03年），小和田恆（2003年～2018年），および岩澤雄司（2018年～）が裁判官として勤めている．

第9条〔選挙人の留意すべき事項〕 各選挙において，選挙人は，選挙されるべき者が必要な資格を各自に具備すべきものであることのみならず，裁判官全体のうちに世界の主要文明形態及び主要法系が代表されるべきものであることに留意しなければならない．

第10条〔当選〕 1　総会及び安全保障理事会で投票の絶対多数を得た候補者は，当選したものとする．

2　安全保障理事会の投票は，裁判官の選挙のためのものであると第12条に規定する協議会の構成員の任命のためのものであるとを問わず，安全保障理事会の常任理事国と非常任理事国との区別なしに行う．

3　同一国の国民の2人以上が総会及び安全保障理事会の双方の投票の絶対多数を得た場合には，最年長者だけを当選したものとする．

第11条〔選挙の会議〕 選挙のために開かれた第1回の会の後になお補充すべき1以上の席がある場合には，第2回の会を，また，必要があるときは第3回の会を開く．

第12条〔連合協議会〕 1　第3回の会の後に1以上の席がなお補充されないときは，なお空席たる各席について1人を総会及び安全保障理事会の各別の採択に付するために絶対多数の投票によって選出する目的で，3人は総会によって，3人は安全保障理事会によって任命される6人からなる連合協議会を総会又は安全保障理事会のいずれかの要請によってい

つでも設けることができる.

2　必要な条件をみたす者について連合協議会が全会一致で合意した場合には,この者は,第7条に掲げる指名名簿に記載されていなかったときでも,協議会の名簿に記載されることができる.

3　連合協議会が当選者を確保することができないと認めるときは,既に選挙された裁判所の裁判官は,総会又は安全保障理事会のいずれかで投票を得た候補者のうちから選定して,安全保障理事会の定める期間内に空席の補充を行う.

4　裁判官の間で投票が同数である場合には,最年長の裁判官は,決定投票権を有する.

第13条〔裁判官の任期〕 1　裁判所の裁判官は,9年の任期で選挙され,再選されることができる.但し,第1回の選挙で選挙された裁判官のうち,5人の裁判官の任期は3年の終に終了し,他の5人の裁判官の任期は6年の終に終了する.

2　前記の最初の3年及び6年の期間の終に任期が終了すべき裁判官は,第1回の選挙が完了した後直ちに事務総長がくじで選定する.

3　裁判所の裁判官は,後任者の補充に至るまで職務の執行を継続し,補充後も,既に着手した事件を完結しなければならない.

4　裁判所の裁判官が辞任する場合には,辞表は,裁判所長に提出され,事務総長に転達される.この転達によって空席が生ずる.

第14条〔補欠選挙〕 空席は,後段の規定に従うことを条件として,第1回の選挙について定める方法と同一の方法で補充しなければならない.事務総長は,空席が生じた時から1箇月以内に第5条に規定する招請状を発するものとし,選挙の日は,安全保障理事会が定める.

第15条〔補欠裁判官の任期〕 任期がまだ終了しない裁判官の後任者として選挙される裁判所の裁判官は,前任者の残任期間中在任するものとする.

第16条〔他の業務の禁止〕 1　裁判所の裁判官は,政治上又は行政上のいかなる職務を行うことも,職業的性質をもつ他のいかなる業務に従事することもできない.

2　この点に関する疑義は,裁判所の裁判で決定する.

第17条〔裁判事件に関与することの禁止〕

1　裁判所の裁判官は,いかなる事件においても,代理人,補佐人又は弁護人として行動することができない.

2　裁判所の裁判官は,一方の当事者の代理人,補佐人若しくは弁護人として,国内裁判所若しくは国際裁判所の裁判官として,調査委員会の構成員として,又はその他の資格において干与したことのあるいかなる事件の裁判にも参与することができない. a

3　この点に関する疑義は,裁判所の裁判で決定する. b

第18条〔解任〕 1　裁判所の裁判官は,必要な条件をみたさないようになったと他の裁判官が全員一致で認める場合を除く外,解任することができない.

2　解任の正式の通告は,裁判所書記が事務総長に対して行う. c

3　この通告によって空席が生ずる.

第19条〔外交特権〕 裁判所の裁判官は,裁判所の事務に従事する間,外交官の特権及び免除を享有する. d

第20条〔宣誓〕 裁判所の各裁判官は,職務をとる前に,公平且つ誠実にその職権を行使すべきことを公開の法廷で厳粛に宣言しなければならない.

第21条〔裁判所長,裁判所次長及び裁判所書記〕 1　裁判所は,3年の任期で裁判所長及び裁判所次長を選挙する.裁判所長及び裁判所次長は,再選されることができる. e

2　裁判所は,裁判所書記を任命するものとし,その他の必要な職員の任命について規定することができる. f

第22条〔所在地〕 1　裁判所の所在地は,ヘーグとする.但し,裁判所が望ましいと認める場合に他の地で開廷して任務を遂行することを妨げない. g

2　裁判所長及び裁判所書記は,裁判所の所在地に居住しなければならない.

第23条〔常時開廷裁判官の休暇〕 1　裁判所は,裁判所の休暇中を除く外,常に開廷され,休暇の時期及び期間は,裁判所が定める. h

2　裁判所の裁判官は,定期休暇をとる権利を有する.その時期及び期間は,ヘーグと各裁判官の家庭との間の距離を考慮して,裁判所が定める.

3　裁判所の裁判官は,休暇の場合又は病気その他裁判所長が正当と認める重大な事由による故障の場合を除く外,常に裁判所の指示の下にある義務を負う. i

第24条〔回避〕 1　裁判所の裁判官は,特別の理由によって特定の事件の裁判に自己が参与すべきでないと認めるときは,裁判所長にその旨を通報しなければならない. j

2　裁判所長は,裁判所の裁判官が特別の理由によつて特定の事件に参与すべきでないと認めるときは,その者にその旨を通告するものと k

する.

3　前記のいずれの場合においても，裁判所の裁判官及び裁判所長の意見が一致しないときは，裁判所の裁判で決定する.

第25条〔開廷〕 1　この規程に別段の明文規定がある場合を除く外，裁判所は，全員が出席して開廷する.

2　裁判所を構成するために指示の下にある裁判官の数が11人を下らないことを条件として，裁判所規則は，事情に応じ且つ順番に1人又は2人以上の裁判官の出席を免除することができる旨を規定することができる.

3　裁判所を成立させるに足りる裁判官の定足数は，9人とする.

第26条〔特別裁判部〕 1　裁判所は，特定の部類の事件，たとえば，労働事件並びに通過及び運輸通信に関する事件の処理のために，裁判所が決定するところにより3人以上の裁判官からなる1又は2以上の部を随時設けることができる.

2　裁判所は，特定の事件の処理のためにいつでも部を設けることができる．この部を構成する裁判官の数は，当事者の承認を得て裁判所が決定する.

3　当事者の要請があるときは，事件は，本条に規定する部が審理し，及び裁判する.

第27条〔部の判決〕 第26条及び第29条に定める部のいずれかが言い渡す判決は，裁判所が言い渡したものとみなす.

第28条〔所在地以外における部の開廷〕 第26条及び第29条に定める部は，当事者の同意を得てヘーグ以外の地で開廷して任務を遂行することができる.

第29条〔簡易手続部〕 事務の迅速な処理のために，裁判所は，当事者の要請によって簡易手続で事件を審理し，及び裁判をすることができる5人の裁判官からなる部を毎年設ける．なお，出席することができない裁判官に交替するために，2人の裁判官を選定する.

第30条〔裁判所規則〕 1　裁判所は，その任務を遂行するために規則を定める．裁判所は，特に，手続規則を定める.

2　裁判所規則は，裁判所又はその部に投票権なしで出席する補佐員について規定することができる.

第31条〔国籍裁判官〕 1　各当事者の国籍裁判官は，裁判所に係属する事件について出席する権利を有する.

2　裁判所がその裁判官席に当事者の一の国籍裁判官を有する場合には，他のいずれの当事者も，裁判官として出席する者1人を選定することができる．この者は，第4条及び第5条の規定により候補者として指名された者のうちから選定されることが望ましい.

3　裁判所が裁判官席に当事者の国籍裁判官を有しない場合には，各当事者は，本条2の規定により裁判官を選定することができる.

4　本条の規定は，第26条及び第29条の場合に適用する．この場合には，裁判所長は，部を構成する裁判官中の1人又は必要があるときは2人に対して，関係当事者の国籍裁判官のために，また，国籍裁判官がないとき又は出席することができないときは当事者が特に選定する裁判官のために，席を譲るように要請しなければならない.

5　多数当事者が同一利害関係にある場合には，その多数当事者は，前記の規定の適用上，一当事者とみなす．この点に関する疑義は，裁判所の裁判で決定する.

6　本条2，3及び4の規定によって選定される裁判官は，この規程の第2条，第17条2，第20条及び第24条が要求する条件をみたさなければならない．これらの裁判官は，その同僚と完全に平等の条件で裁判に参与する.

第32条〔裁判官と書記の待遇〕 1　裁判所の各裁判官は，年俸を受ける.

2　裁判所長は，特別の年手当を受ける.

3　裁判所次長は，裁判所長の職務をとる各日について特別の手当を受ける.

4　第31条により選定される裁判官で裁判所の裁判官でないものは，その職務をとる各日について補償を受ける.

5　これらの俸給，手当及び補償は，総会が定めるものとし，任期中は減額してはならない.

6　裁判所書記の俸給は，裁判所の提議に基いて総会が定める.

7　裁判所の裁判官及び書記に恩給を支給する条件並びに裁判所の裁判官及び書記がその旅費の弁償を受ける条件は，総会が採択する規則によつて定める.

8　前記の俸給，手当及び補償は，すべての租税を免除されなければならない.

第33条〔裁判所の費用〕 裁判所の費用は，総会が定める方法で国際連合が負担する.

第2章　裁判所の管轄

第34条〔裁判事件の当事者，事件に関する情報〕

1　国のみが，裁判所に係属する事件の当事者となることができる.

2　裁判所は，その規則で定める条件で，裁判所に係属する事件に関係のある情報を公的国際機関から請求することができ，また，同機関が自発的に提供するこのような情報を受領する.
3　公的国際機関の組織文書又はこの文書に基いて採択される国際条約の解釈が裁判所に係属する事件において問題となる場合には, 裁判所書記は, 当該公的国際機関にその旨を通告し, 且つ, すべての書面手続の謄本を送付する.

第35条〔裁判所の開放〕 1　裁判所は, この規程の当事国である諸国に開放する.
2　裁判所をその他の国に開放するための条件は, 現行諸条約の特別の規定を留保して, 安全保障理事会が定める. 但し, この条件は, いかなる場合にも, 当事者を裁判所において不平等の地位におくものであってはならない.
3　国際連合加盟国でない国が事件の当事者である場合には, 裁判所は, その当事者が裁判所の費用について負担する額を定める. 但し, この規定は, その国が裁判所の費用を分担しているときは, 適用しない.

第36条〔裁判所の管轄〕 1　裁判所の管轄は, 当事者が裁判所に付託するすべての事件及び国際連合憲章又は現行諸条約に特に規定するすべての事項に及ぶ.
2　この規程の当事国である国は, 次の事項に関するすべての法律的紛争についての裁判所の管轄を同一の義務を受諾する他の国に対する関係において当然に且つ特別の合意なしに義務的であると認めることを, いつでも宣言することができる.
　a　条約の解釈
　b　国際法上の問題
　c　認定されれば国際義務の違反となるような事実の存在
　d　国際義務の違反に対する賠償の性質又は範囲
3　前記の宣言は, 無条件で, 多数の国若しくは一定の国との相互条件で, 又は一定の期間を付して行うことができる.
4　その宣言書は, 国際連合事務総長に寄託され, 事務総長は, その謄本を規程の当事国及び裁判所書記に送付する.
5　常設国際司法裁判所規程第36条に基いて行われた宣言でなお効力を有するものは, この規程の当事国の間では, 宣言が今後存続すべき期間中及び宣言の条項に従って国際司法裁判所の義務的管轄を受諾しているものとみなす.
6　裁判所が管轄権を有するかどうかについて争がある場合には, 裁判所の裁判で決定する.

第37条〔常設国際司法裁判所等に付託すべき事項〕　現行諸条約が国際連盟の設けた裁判所又は常設国際司法裁判所にある事項を付託することを規定している場合には, その事項は, この規程の当事国の間では国際司法裁判所に付託される.

第38条〔裁判の基準〕 1　裁判所は, 付託される紛争を国際法に従って裁判することを任務とし, 次のものを適用する.
　a　一般又は特別の国際条約で係争国が明らかに認めた規則を確立しているもの
　b　法として認められた一般慣行の証拠としての国際慣習
　c　文明国が認めた法の一般原則
　d　法則決定の補助手段としての裁判上の判決及び諸国の最も優秀な国際法学者の学説. 但し, 第59条の規定に従うことを条件とする.
2　この規定は, 当事者の合意があるときは, 裁判所が衡平及び善に基いて裁判をする権限を害するものではない.

第3章　手　続

第39条〔用語〕 1　裁判所の公用語は, フランス語及び英語とする. 事件をフランス語で処理することに当事者が同意したときは, 判決は, フランス語で行う. 事件を英語で処理することに当事者が同意したときは, 判決は, 英語で行う.
2　いずれの公用語を使用するかについて合意がないときは, 各当事者は, その選択する公用語を争訟において使用することができ, 裁判所の裁判は, フランス語及び英語で行う. この場合には, 裁判所は, 両本文中のいずれを正文とするかをあわせて決定する.
3　裁判所は, いずれかの当事者の要請があったときは, この当事者がフランス語又は英語以外の言語を使用することを許可しなければならない.

第40条〔提起の手続〕 1　裁判所に対する事件の提起は, 場合に応じて, 特別の合意の通告によって, 又は書面の請求によって, 裁判所書記にあてて行う. いずれの場合にも, 紛争の主題及び当事者が示されていなければならない.
2　裁判所書記は, この請求を直ちにすべての利害関係者に通知する.
3　裁判所書記は, また, 事務総長を経て国際連合加盟国に, 及び裁判所で裁判を受けることができる国に通告する.

第41条〔暫定措置〕 1　裁判所は, 事情によって必要と認めるときは, 各当事者のそれぞれの権利を保全するためにとられるべき暫定措置を指示する権限を有する.
2　終結判決があるまでは, 指示される措置は, 直ちに当事者及び安全保障理事会に通告さ

a れる.

第 42 条〔代理人, 補佐人, 弁護人〕 1　当事者は, 代理人によって代表される.

2　当事者は, 裁判所で補佐人又は弁護人の援助を受けることができる.

b 3　裁判所における当事者の代理人, 補佐人及び弁護人は, その職務の独立の遂行に必要な特権及び免除を享有する.

第 43 条〔書面手続と口頭手続〕 1　手続は, 書面及び口頭の2部分からなる.

c 2　書面手続とは, 申述書, 答弁書及び必要があるときは抗弁書並びに援用のためのすべての文書及び書類を裁判所及び当事者に送付することをいう.

3　この送付は, 裁判所が定める順序及び期間
d 内において, 裁判所書記を経て行う.

4　一方の当事者から提出したすべての書類の認証謄本は, 他方の当事者に送付する.

5　口頭手続とは, 裁判所が証人, 鑑定人, 代理人, 補佐人及び弁護人から行う聴取をいう.

e 第 44 条〔代理人, 補佐人, 弁護人以外の者への通告〕 1　代理人, 補佐人及び弁護人以外の者に対するすべての通告の送達については, 裁判所は, その通告が送達されるべき地の属する国の政府にあてて直接に行う.

f 2　1の規定は, 実地について証拠を収集するために手続を行うべきすべての場合に適用する.

第 45 条〔弁論の指揮〕　弁論は, 裁判所長又は, 所長が指揮することができないときは, 裁判所次長の統制の下にあるものとし, 所長及び
g 次長がいずれも指揮することができないときは, 出席する先任の裁判官が指揮するものとする.

第 46 条〔弁論の公開〕　裁判所における弁論は, 公開とする. 但し, 裁判所が別段の決定をす
h るとき, 又は両当事者が公開としないことを請求したときは, この限りでない.

第 47 条〔弁論調書〕 1　調書は, 弁論ごとに作成し, 裁判所書記及び裁判所長がこれに署名する.

i 2　この調書のみを公正の記録とする.

第 48 条〔事件の進行に関する措置〕　裁判所は, 事件の進行について命令を発し, 各当事者が陳述を完結すべき方式及び時期を定め, 且つ, 証拠調に関するすべての措置をとる.

j 第 49 条〔弁論開始前の書類の提出〕　裁判所は, 弁論の開始前でも, 書類を提出し, 又は説明をするように代理人に要請することができる. 拒絶があったときは, そのことを正式に記録にとどめる.

k 第 50 条〔取調と鑑定の嘱託〕　裁判所は, その選択に従って, 個人, 団体, 官公庁, 委員会その他の機関に, 取調を行うこと又は鑑定をすることをいつでも嘱託することができる.

第 51 条〔証人及び鑑定人に対する質問〕　弁論中は, 関係のある質問は, 第 30 条に掲げる手続規則中に裁判所が定める条件に基いて, 証人及び鑑定人に対して行われる.

第 52 条〔証拠と証言の受理〕　裁判所は, 証拠及び証言を裁判所が定める期間内に受理した後は, 一方の当事者の同意がない限り, 他方の当事者が提出することを希望する新たな人証又は書証の受理を拒否することができる.

第 53 条〔欠席裁判〕 1　一方の当事者が出廷せず, 又はその事件の防ぎょをしない場合には, 他方の当事者は, 自己の請求に有利に裁判するように裁判所に要請することができる.

2　裁判所は, この裁判をする前に, 裁判所が第 36 条及び第 37 条に従って管轄権を有することのみならず, 請求が事実上及び法律上充分に根拠をもつことを確認しなければならない.

第 54 条〔弁論の終結〕 1　裁判所の指揮の下に代理人, 補佐人及び弁護人が事件の主張を完了したときは, 裁判所長は, 弁論の終結を言い渡す.

2　裁判所は, 判決を議するために退廷する.

3　裁判所の評議は, 公開せず, 且つ, 秘密とする.

第 55 条〔決定〕 1　すべての問題は, 出席した裁判官の過半数で決定する.

2　可否同数のときは, 裁判所長又はこれに代る裁判官は, 決定投票権を有する.

第 56 条〔判決〕 1　判決には, その基礎となる理由を掲げる.

2　判決には, 裁判に参与した裁判官の氏名を掲げる.

第 57 条〔反対意見〕　判決がその全部又は一部について裁判官の全員一致の意見を表明していないときは, いずれの裁判官も, 個別の意見を表明する権利を有する.

第 58 条〔判決の朗読〕　判決には, 裁判所長及び裁判所書記が署名する. 判決は, 代理人に正当に通告して公開の法廷で朗読する.

第 59 条〔裁判の拘束力〕　裁判所の裁判は, 当事者間において且つその特定の事件に関してのみ拘束力を有する.

第 60 条〔判決の終結, 解釈〕　判決は, 終結とし, 上訴を許さない. 判決の意義又は範囲について争がある場合には, 裁判所は, いずれかの当事者の要請によってこれを解釈する.

第 61 条〔再審〕 1　判決の再審の請求は, 決定的要素となる性質をもつ事実で判決があっ

た時に裁判所及び再審請求当事者に知られていなかったものの発見を理由とする場合に限り，行うことができる．但し，その事実を知らなかったことが過失によらなかった場合に限る．
2　再審の手続は，新事実の存在を確認し，この新事実が事件を再審に付すべき性質をもつものであることを認め，且つ，請求がこの理由から許すべきものであることを言い渡す裁判所の判決によって開始する．
3　裁判所は，再審の手続を許す前に，原判決の条項に予め従うべきことを命ずることができる．
4　再審の請求は，新事実の発見の時から遅くとも6箇月以内に行わなければならない．
5　判決の日から10年を経過した後は，いかなる再審の請求も，行うことができない．

第62条〔第三国の参加〕 1　事件の裁判によって影響を受けることのある法律的性質の利害関係をもつと認める国は，参加の許可の要請を裁判所に行うことができる．
2　裁判所は，この要請について決定する．

第63条〔第三国の加入している条約の解釈〕 1　事件に関係する国以外の国が当事国である条約の解釈が問題となる場合には，裁判所書記は，直ちにこれらのすべての国に通告する．
2　この通告を受けた各国は，手続に参加する権利を有するが，この権利を行使した場合には，判決によって与えられる解釈は，その国もひとしく拘束する．

第64条〔訴訟費用〕　裁判所が別段の決定をしない限り，各当事者は，各自の費用を負担する．

第4章　勧告的意見

第65条〔勧告的意見の要請〕 1　裁判所は，国際連合憲章によって又は同憲章に従って要請することを許可される団体の要請があったときは，いかなる法律問題についても勧告的意見を与えることができる．
2　裁判所の勧告的意見を求める問題は，意見を求める問題の正確な記述を掲げる請求書によつて裁判所に提出するものとする．この請求書には，問題を明らかにすることができるすべての書類を添付するものとする．

第66条〔要請の通告〕 1　裁判所書記は，勧告的意見の要請を，裁判所で裁判を受けることができるすべての国に直ちに通告する．
2　裁判所書記は，また，裁判所で裁判を受けることができる国又は国際機関で問題に関する資料を提供することができると裁判所又は，開廷中でないときは，裁判所長が認めるものに対して，裁判所が裁判所長の定める期間内にこの問題に関する陳述書を受理し，又は特に開かれる公開の法廷でこの問題に関する口頭陳述を聴取する用意があることを，特別の且つ直接の通知によって通告する．
3　裁判所で裁判を受けることができる前記の国は，本条2に掲げる特別の通知を受領しなかったときは，陳述書を提出し，又は聴取される希望を表明することができる．裁判所は，これについて決定する．
4　書面若しくは口答の陳述又はこの双方の陳述を行った国及び機関は，裁判所又は，開廷中でないときは，裁判所長が各個の事件について決定する形式，範囲及び期間内において，他の国又は機関が行った陳述について意見を述べることを許される．このために，裁判所書記は，前記の書面の陳述を，同様の陳述を行った国及び機関に適当な時期に送付する．

第67条〔勧告の発表〕　裁判所は，事務総長並びに直接に関係のある国際連合加盟国，その他の国及び国際機関の代表者に通告した後に，公開の法廷で勧告的意見を発表する．

第68条〔規程の適用〕　勧告の任務の遂行については，以上の外，裁判所は，適用することができると認める範囲内で，係争事件に適用されるこの規程の規定による．

第5章　改　正

第69条〔改正〕　この規程の改正は，国際連合憲章が同憲章の改正について規定する手続と同一の手続で行う．但し，総会がこの規程の当事国で国際連合加盟国でないものの参加に関して安全保障理事会の勧告に基いて採択することのある規定には従うものとする．

第70条〔改正の提案〕　裁判所は，必要と認めるこの規程の改正を，第69条の規定による審議のために事務総長にあてた通告書で提案する権限を有する．

106 強制管轄受諾に関する日本国の宣言

国際司法裁判所規程第36条2の規定に基づく国際司法裁判所の強制管轄を承認する日本国の宣言
〔効力発生〕2015年10月6日

書簡をもって啓上いたします．
本使は，外務大臣の命により，日本国が，国際司法裁判所規程第36条2の規定に従い，1958年9月15日以後の事態又は事実に関して同日以後に発生するすべての紛争であって他の平和的解決方法によって解決されないものについて，国際司法裁判所の管轄を，同一の義務を受諾する他の国に対する関係において，かつ，相互条件で，当然にかつ特別の合意なしに義務的であると認めることを日本国政府のために宣言する光栄を有します．

この宣言は，以下の紛争には適用がないものとします．

(1) 紛争の当事国が，最終的かつ拘束力のある決定のために，仲裁裁判又は司法的解決に付託することを合意したか又は合意する紛争

(2) 紛争の他のいずれかの当事国が当該紛争との関係においてのみ若しくは当該紛争を目的としてのみ国際司法裁判所の義務的管轄を受諾した紛争，又は紛争の多のいずれかの当事国による国際司法裁判所の義務的管轄の受諾についての寄託若しくは批准が当該紛争を国際司法裁判所に付託する請求の提出に先立つ12箇月未満の期間内に行われる場合の紛争

(3) 海洋生物資源の調査，保存，管理又は開発について，これから生じる，これらに関する又はこれらに関係のある紛争

日本国政府は，いかなる時にも，国際連合事務総長にたいする書面による通告によって，及びかかる通告の時点から効力を有するものとして，この宣言を修正し，又は廃棄する権利を留保します．

以上を申し進めるに際し，本使は貴事務総長にむかって経緯を表します．

2015年10月6日

ミニ解説：日本の強制管轄受諾宣言

2010年に豪州は，同国および日本の強制管轄受諾宣言を管轄権の基礎として，日本をICJに提訴した（南極海捕鯨事件）．2014年3月31日の判決においてICJは，日本の第2期南極海鯨類捕獲調査（JARPA II）が国際捕鯨取締条約（ICRW）第8条1の範囲内に収まらないと判示した．その後，2015年10月6日に日本は，国連海洋法条約の締約国として引き続きその義務に服する中で，海洋生物資源の調査，保存，管理又は開発について国際的な紛争が生じた場合には，他の特別の合意が存在しない限り，海洋生物資源に関する規定が置かれ，また，科学的・技術的見地から専門家の関与に関する具体的な規定が置かれている国連海洋法条約上の紛争解決手続を用いることがより適当であるとの考えに基づいて，留保を追加する新たな宣言を行った．

107 国際海洋法裁判所規程（抄）

海洋法に関する国際連合条約附属書VI

第1条（総則） 1　国際海洋法裁判所（以下この附属書において「裁判所」という．）は，この条約及びこの規程によって組織され，かつ，任務を遂行する．

2　裁判所の所在地は，ドイツ連邦共和国の自由ハンザ都市ハンブルグとする．

3　裁判所は，裁判所が望ましいと認める場合に他の地で開廷して任務を遂行することができる．

4　裁判所への紛争の付託は，条約の第11部及び第15部の規定に従うものとする．

第1節　裁判所の組織

第2条（構成） 1　裁判所は，公平であり及び誠実であることについて最高水準の評価を得ており，かつ，海洋法の分野において有能の名のある者のうちから選挙される21人の独立の裁判官の一団で構成される．

2　裁判所全体のうちに世界の主要な法体系が代表されること及び裁判官の配分が地理的に衡平に行われることを確保する．

第3条（裁判官の地位） 1　裁判所の裁判官については，そのうちのいずれの2人も，同一の国の国民であってはならない．裁判所における裁判官の地位との関連でいずれかの者が2以上の国の国民であると認められる場合には，当該者は，市民的及び政治的権利を通常行使する国の国民とみなす．

2　裁判所には，国際連合総会において確立している地理的集団からそれぞれ3人以上の裁判官を含める．

第4条（指名及び選挙） 1　各締約国は，第2条に定める資格を有する者を1人又は2人指名することができる．裁判所の裁判官については，このようにして指名された者の名簿の中から選挙する．

2　第1回の選挙については国際連合事務総長，その後の選挙については裁判所書記が，選挙の日の遅くとも3箇月前までに，締約国に対し，裁判所の裁判官に推す者として指名する者の氏名を2箇月以内に提出するよう書面で要請する．同事務総長又は裁判所書記は，このようにして指名されたすべての者のアルファベット順による名簿（これらの者を指名した締約国の国名を表示した名簿とする．）を作成し，この名簿を各選挙の日の属する月の前月の

7日より前に締約国に送付する.

3 第1回の選挙は, この条約の効力発生の日から6箇月以内に行う.

4 裁判所の裁判官は, 秘密投票によって選出される. 第1回の選挙は国際連合事務総長によって招集される締約国の会合において行われ, その後の選挙は締約国が合意する手続によって招集される締約国の会合において行われる. 締約国の会合は, 締約国の3分の2をもって定足数とする. 出席しかつ投票する締約国によって投じられた票の最多数で, かつ, 3分の2以上の多数（ただし, 締約国の過半数でなければならない.）の票を得た指名された者をもって, 裁判官に選出された者とする.

第5条（裁判官の任期） 1 裁判所の裁判官は, 9年の任期で選出されるものとし, 再選されることができる. ただし, 第1回の選挙において選出された裁判官のうち, 7人の裁判官の任期は3年で終了し, 他の7人の裁判官の任期は6年で終了する.

2 最初の3年及び6年で任期が終了する裁判官は, 第1回の選挙の後直ちに国際連合事務総長によりくじ引で選ばれる.

3 裁判所の裁判官は, 後任者が補充されるまで引き続きその職務を遂行するものとし, 補充の後も, 交代の日よりも前に着手した手続を完遂する.

4 裁判所の裁判官が辞任する場合には, 辞表は, 裁判所長に提出される. 辞表が受理された時に空席が生ずる.

第6条（空席） 1 裁判所に空席が生じたときは, 第1回の選挙について定める方法と同一の方法によって補充する. この場合において, 裁判所書記は, 空席が生じた時から1箇月以内に第4条に規定する書面による要請を行うものとし, 選挙の日については, 締約国と協議の後裁判所長が定める.

2 任期がまだ終了しない裁判官の後任者として選出される裁判所の裁判官は, 前任者の残任期間中在任する.

第7条（両立しない活動） 1 裁判所の裁判官は, 政治上又は行政上のいかなる職務も行ってはならず, また, 海洋若しくは海底の資源の探査若しくは開発又は海洋若しくは海底のその他の商業的利用に関連する企業のいかなる業務にも積極的に関与し又は財政的に関係してはならない.

2 裁判所の裁判官は, いかなる事件においても, 代理人, 補佐人又は弁護人として行動することができない.

3 これらの点に関する疑義については, 出席する他の裁判官の過半数の決定によって解決 a
する.

第8条（特定の事件への裁判官の関与に関する条件） 1 裁判所の裁判官は, いずれか一の紛争当事者の代理人, 補佐人若しくは弁護人として, 国内裁判所若しくは国際裁判所の裁判官と b
して又は他の資格において関与したことのあるいかなる事件の決定にも関与することができない.

2 裁判所の裁判官は, 特別の理由によって特定の事件の決定に自己が関与すべきでないと c
認める場合には, 裁判所長にその旨を通報する.

3 裁判所長は, 裁判官が特別の理由によって特定の事件に関与すべきでないと認める場合には, 当該裁判官にその旨を通告する.

4 これらの点に関する疑義については, 出席 d
する他の裁判官の過半数の決定によって解決する.

第9条（必要な条件を満たさなくなった場合の結果） 裁判官が必要な条件を満たさなくなったと他の裁判官が一致して認める場合には, 裁 e
判所長は, 当該裁判官の職が空席となったことを宣言する.

第10条（特権及び免除） 裁判所の裁判官は, 裁判所の事務に従事する間, 外交官の特権及び免除を享受する. f

第11条（裁判官の厳粛な宣誓） 裁判所の各裁判官は, その職務に就く前に, 公開の法廷において, 公平かつ誠実にその職権を行使する旨の厳粛な宣誓を行う.

第12条（裁判所長, 裁判所次長及び裁判所書記） g
1 裁判所は, 3年の任期で裁判所長及び裁判所次長を選挙する. 裁判所長及び裁判所次長は, 再選されることができる.

2 裁判所は, 裁判所書記を任命するものとし, その他の必要な職員の任命のための措置を h
とることができる.

3 裁判所長及び裁判所書記は, 裁判所の所在地に居住する.

第13条（定足数） 1 裁判所は, 欠席事由がないすべての裁判官が出席して開廷するものと i
し, 裁判所を成立させるために必要な選出された裁判官の定足数は, 11人とする.

2 裁判所は, 第17条の規定に従うことを条件として, 次条及び第15条に規定する裁判部の任務の効果的な遂行を考慮しつつ, 個別の紛争 j
について, 裁判官の欠席事由の有無を決定し, 当該紛争を取り扱う上での裁判所の構成を決定する.

3 裁判所に付託されるすべての紛争及び裁判所に対して行われるすべての申立てについて k

は，裁判所が審理し，決定を行う．ただし，次条の規定が適用される場合又は紛争当事者が第15条の規定に従って取り扱うよう要請した場合，この限りでない．

第14条（海底紛争裁判部） 海底紛争裁判部は，第4節の規定によって設置される．海底紛争裁判部の管轄権，権限及び任務については，条約第11部第5節に規定する．

第15条（特別裁判部） 1　裁判所は，特定の種類の紛争を取り扱うために必要と認める場合には，3人以上の選出された裁判官から成る裁判部を設置することができる．

2　裁判所は，紛争当事者の要請があるときは，付託された個別の紛争を取り扱うために裁判部を設置する．この裁判部の構成については，紛争当事者の承認を得て裁判所が決定する．

3　事務の迅速な処理のために，裁判所は，簡易手続で紛争について審理し，決定を行うことができる5人の選出された裁判官から成る裁判部を毎年設置する．個別の手続についてそれに関与することができない裁判官と交代させるために，2人の裁判官を選出する．

4　紛争当事者の要請があるときは，その紛争については，この条に規定する裁判部が審理し，決定を行う．

5　この条及び前条に規定する裁判部が言い渡す判決は，裁判所が言い渡したものとみなす．

第16条（裁判所の規則） 裁判所は，その任務を遂行するために規則を定める．裁判所は，特に，手続規則を定める．

第17条（裁判官の国籍） 1　紛争当事者の国籍を有する裁判官は，裁判所の裁判官として関与する権利を有する．

2　裁判所が紛争の審理に当たってその裁判官席に紛争当事者の国籍を有する一の裁判官を有する場合には，他のいずれの紛争当事者も，裁判官として関与する者1人を選定することができる．

3　裁判所が紛争の審理に当たってその裁判官席に紛争当事者の国籍を有する裁判官を有しない場合には，各紛争当事者は，裁判官として関与する者1人を選定することができる．

4　この条の規定は，第14条及び第15条に規定する裁判部について適用する．この場合において，裁判所長は，紛争当事者と協議の上，裁判部を構成する裁判官のうち必要な人数の特定の裁判官に対して，当該紛争当事者の国籍を有する裁判官のために及び，当該紛争当事者の国籍を有する裁判官がいないとき又は出席することができないときは，紛争当事者が特に選定する裁判官のために，席を譲るよう要請する．

5　2以上の紛争当事者が同一の利害関係にある場合には，これらの紛争当事者は，1から4までの規定の適用上，一の紛争当事者とみなす．この点に関する疑義については，裁判所の決定によって解決する．

6　2から4までの規定によって選定される裁判官は，第2条，第8条及び第11条の規定が要求する条件を満たさなければならない．これらの裁判官は，他の裁判官と完全に平等な条件で決定に関与する．

第2節　権　限

第20条（裁判所の開放） 1　裁判所は，締約国に開放する．

2　裁判所は，条約第11部に明示的に規定する事件について又は裁判所に管轄権を与える他の取決めに従って付託され，かつ，当該裁判所が管轄権を有することを事件のすべての当事者が受け入れている事件について，締約国以外の主体に開放する．

第21条（管轄権） 裁判所の管轄権は，この条約に従って裁判所に付託されるすべての紛争及びこの条約に従って裁判所に対して行われるすべての申立て並びに裁判所に管轄権を与える他の取決めに特定されているすべての事項に及ぶ．

第22条（他の条約に係る紛争の付託） この条約の適用の対象となる事項に関連する現行の条約の解釈又は適用に関するいずれの紛争についても，当該条約のすべての締約国が合意する場合には，その合意に従って裁判所に付託することができる．

第23条（適用のある法） 裁判所は，すべての紛争及び申立てにつき条約第293条の規定によって決定する．

第3節　手　続

第24条（手続の開始） 1　裁判所への紛争の付託については，場合に応じ，特別の合意の通告により又は書面による申立てにより，裁判所書記にあてて行う．いずれの場合にも，紛争の対象となっている事項及び当事者を明示する．

2　裁判所書記は，1に規定する特別の合意又は申立てを直ちにすべての利害関係者に通告する．

3　裁判所書記は，また，すべての締約国に対して通報する．

第25条（暫定措置） 1　裁判所（海底紛争裁判部を含む．）は，条約第290条の規定に基づき，暫定措置を定める権限を有する．

2　裁判所が開廷期中でない場合又は裁判官の数が定足数に満たない場合には，第15条3の規定によって設置される簡易手続による裁判部が暫定措置を定める．同条4の規定にかかわらず，この暫定措置は，いずれの紛争当事者の要請によってもとることができる．暫定措置は，裁判所による再検討及び修正の対象となる．

第26条（審理） 1　審理は，裁判所長又は，裁判所長が指揮することができない場合には，裁判所次長の指揮権の下にあるものとし，裁判所長及び裁判所次長のいずれも指揮することができない場合には，出席する先任の裁判官が指揮する．

2　審理は，公開とする．ただし，裁判所が別段の決定をする場合又は紛争当事者が公開しないことを要求する場合は，この限りでない．

第27条（手続の進行） 裁判所は，手続の進行について命令を発し，各紛争当事者が陳述を完結すべき方式及び時期を定め，並びに証拠調べに関するすべての措置をとる．

第28条（欠席） いずれかの紛争当事者が裁判所に出廷せず又は自己の立場を弁護しない場合には，他の紛争当事者は，裁判所に対し，手続を継続し及び決定を行うよう要請することができる．いずれかの紛争当事者が欠席し又は弁護を行わないことは，手続の進行を妨げるものではない．裁判所は，決定を行うに先立ち，裁判所が当該紛争について管轄権を有することのみならず，請求が事実及び法において十分な根拠を有することも確認しなければならない．

第29条（決定のための多数） 1　すべての問題については，出席する裁判官の過半数による議決で決定する．

2　可否同数のときは，裁判所長又はこれに代わる裁判官の決するところによる．

第30条（判決） 1　判決には，その理由を明示する．

2　判決には，裁判に関与した裁判官の氏名を付する．

3　判決がその全部又は一部について裁判官の全会一致の意見を反映するものでない場合には，いずれの裁判官も，別個の意見を表明することができる．

4　判決には，裁判所長及び裁判所書記が署名する．判決は，紛争当事者に適当な通告を行った後公開の法廷で朗読する．

第31条（参加の要請） 1　締約国は，紛争についての裁判によって影響を受け得る法的な利害関係を有すると認める場合には，裁判所に対して参加を許可するよう要請することができる．

2　裁判所は，1の要請について決定する．

3　参加の要請が認められた場合には，1の紛争についての裁判所の裁判は，当該裁判が締約国の参加の理由となった事項に関連する限度 a
において，参加する当該締約国を拘束する．

第32条（解釈及び適用が問題となる場合に手続に参加する権利） 1　この条約の解釈又は適用が問題となる場合には，裁判所書記は，直ちにすべての締約国に通告する． b

2　第21条又は第22条の規定により国際協定の解釈又は適用が問題となる場合には，裁判所書記は，当該協定のすべての締約国に通告する．

3　1及び2の締約国は，手続に参加する権利を有するものとし，これらの締約国がこの権利を c
行使する場合には，判決によって与えられる解釈は，これらの締約国もひとしく拘束する．

第33条（裁判が最終的なものであること及び裁判の拘束力）

1　裁判所の裁判は，最終的なものとし，すべて d
の紛争当事者は，これに従う．

2　1の裁判は，紛争当事者間において，かつ，当該紛争に関してのみ拘束力を有する．

3　裁判の意義又は範囲について争いがある場合には，裁判所は，いずれかの紛争当事者の要 e
請によってこれを解釈する．

第34条（費用） 裁判所が別段の決定をしない限り，紛争当事者は，各自の費用を負担する．

第4節　海底紛争裁判部

第35条（構成） 1　第14条に規定する海底紛 f
争裁判部は，裁判所の選出された裁判官が過半数による議決で互選する11人の裁判官で構成される．

2　海底紛争裁判部の裁判官の選出に当たっては，世界の主要な法体系が代表されること及び g
裁判官の配分が地理的に衡平に行われることを確保する．機構の総会は，このような代表及び配分の態様に関する一般的な性格の勧告を採択することができる．

3　海底紛争裁判部の裁判官は，3年ごとに選 h
出されるものとし，再選されることができる．

4　海底紛争裁判部の裁判官は，海底紛争裁判部長を互選する．裁判部長は，選出された海底紛争裁判部の裁判官の任期中在任する．

5　選出された海底紛争裁判部の裁判官の3年 i
の任期の終了の時にいずれかの手続が進行中である場合には，海底紛争裁判部は，その裁判官の任期の終了前の構成の下で当該手続を完遂する．

6　海底紛争裁判部に空席が生じたときは，裁 j
判所の選出された裁判官は，後任者を互選する．後任者は，前任者の残任期間中在任する．

7　海底紛争裁判部を成立させるために必要な選出された裁判官の定足数は，7人とする．

第36条（臨時裁判部） 1　海底紛争裁判部は， k

条約第188条1(b)の規定に従って付託される個別の紛争を処理するため，海底紛争裁判部の3人の裁判官から成る臨時裁判部を設置する．臨時裁判部の構成については，紛争当事者の承認を得て海底紛争裁判部が決定する．

2　紛争当事者が臨時裁判部の構成に同意しない場合には，各紛争当事者は，1人の裁判官を任命するものとし，3人目の裁判官については，紛争当事者の合意によって任命する．紛争当事者が合意することができない場合又はいずれかの紛争当事者が任命を行わない場合には，海底紛争裁判部長は，紛争当事者と協議の後，海底紛争裁判部の裁判官の中から裁判官を速やかに任命する．

3　臨時裁判部の裁判官は，紛争当事者のために役務を行う者であってはならず，また，紛争当事者の国民であってはならない．

第37条（海底紛争裁判部の開放） 海底紛争裁判部は，締約国，機構及び条約第11部第5節に規定するその他の主体に開放する．

第38条（適用のある法） 海底紛争裁判部は，条約第293条の規定のほか，次のものを適用する．

(a) この条約によって採択された機構の規則及び手続

(b) 深海底における活動であって契約に関連する事項に関するものについては，当該契約の条項

第39条（海底紛争裁判部の裁判の執行） 海底紛争裁判部の裁判については，執行が求められる領域の属する締約国の最上級の裁判所の判決又は命令と同様の方法で，当該締約国の領域内において執行可能なものとする．

第40条（この附属書の他の節の規定の適用）

1　この附属書の他の節の規定であってこの節の規定に反しないものは，海底紛争裁判部について適用する．

2　海底紛争裁判部は，勧告的意見に関する任務の遂行に当たっては，適用可能と認める範囲内で，裁判所における手続に関するこの附属書の規定を指針とする．

第5節　改　正

第41条（改正） 1　この附属書（第4節の規定を除く．）の改正については，条約第313条の規定に従って行う場合又はこの条約に従って招集される会議においてコンセンサス方式によって行う場合に限り，採択することができる．

2　第4節の規定の改正については，条約第314条の規定に従って行う場合に限り採択することができる．

3　裁判所は，必要と認めるこの規程の改正を，1及び2の規定による審議のため，書面による通報により締約国に提案することができる．

108 紛争解決了解（WTO協定付属書 2）

紛争解決に係る規則及び手続に関する了解

ミニ解説：日本とパネル案件

1995年のWTO発足以来，WTO紛争解決手続の下で約600件弱（協議要請数）の紛争案件が提起され，そのうち，約6割にあたる300件強においてパネルの設置がなされている．近年，日本政府は他国の貿易制限措置を対象として積極的に紛争付託を行うようになっており，日本を当事国とするパネル案件は延べ30件強（上記総数の概ね1割）にのぼっている．

第1条（適用対象及び適用） 1　この了解に定める規則及び手続は，附属書1に掲げる協定（この了解において「対象協定」という．）の協議及び紛争解決に関する規定に従って提起される紛争について適用する．この了解に定める規則及び手続は，また，世界貿易機関を設立する協定（この了解において「世界貿易機関協定」という．）及びこの了解に基づく権利及び義務に関する加盟国間の協議及び紛争解決（その他の対象協定に基づく権利及び義務にも係るものとして行われるものであるかないかを問わない．）について適用する．

2　この了解に定める規則及び手続の適用は，対象協定に含まれている紛争解決に関する特別又は追加の規則及び手続（附属書2に掲げるもの）の適用がある場合には，これに従う．この了解に定める規則及び手続と同附属書に掲げる特別又は追加の規則及び手続とが抵触する場合には，同附属書に掲げる特別又は追加の規則及び手続が優先する．2以上の対象協定に定める規則及び手続に関する紛争において，検討される当該2以上の対象協定に定める特別又は追加の規則及び手続が相互に抵触する場合であって，紛争当事国が小委員会の設置から20日以内に規則及び手続について合意することができないときは，次条1に定める紛争解決機関の議長は，いずれかの加盟国の要請の後10日以内に，紛争当事国と協議の上，従うべき規則及び手続を決定する．議長は，特別又は追加の規則及び手続が可能な限り用いられるべきであり，かつ，この了解に定める規則及び手続は抵触を避けるために必要な限度

において用いられるべきであるという原則に従う.

第2条（運用） 1　この了解に定める規則及び手続並びに対象協定の協議及び紛争解決に関する規定を運用するため，この了解により紛争解決機関を設置する．ただし，対象協定に係る運用について当該対象協定に別段の定めがある場合には，これによる．同機関は，小委員会を設置し，小委員会及び上級委員会の報告を採択し，裁定及び勧告の実施を継続的に監視し並びに対象協定に基づく譲許その他の義務の停止を承認する権限を有する．対象協定のうち複数国間貿易協定であるものの下で生ずる紛争に関し，この了解において「加盟国」とは，当該複数国間貿易協定の締約国である加盟国のみをいう．同機関がいずれかの複数国間貿易協定の紛争解決に関する規定を運用する場合には，当該協定の締約国である加盟国のみが，当該紛争に関する同機関の決定又は行動に参加することができる.

2　紛争解決機関は，世界貿易機関の関連する理事会及び委員会に対し各対象協定に係る紛争における進展を通報する.

3　紛争解決機関は，その任務をこの了解に定める各期間内に遂行するため，必要に応じて会合する.

4　この了解に定める規則及び手続に従って紛争解決機関が決定を行う場合には，その決定は，コンセンサス方式による（注）.

注　紛争解決機関がその審議のために提出された事項について決定を行う時にその会合に出席しているいずれの加盟国もその決定案に正式に反対しない場合には，同機関は，当該事項についてコンセンサス方式によって決定したものとみなす.

第3条（一般規定） 1　加盟国は，1947年のガットの第22条及び第23条の規定の下で適用される紛争の処理の原則並びにこの了解によって詳細に定められ，かつ，修正された規則及び手続を遵守することを確認する.

2　世界貿易機関の紛争解決制度は，多角的貿易体制に安定性及び予見可能性を与える中心的な要素である．加盟国は，同制度が対象協定に基づく加盟国の権利及び義務を維持し並びに解釈に関する国際法上の慣習的規則に従って対象協定の現行の規定の解釈を明らかにすることに資するものであることを認識する．紛争解決機関の勧告及び裁定は，対象協定に定める権利及び義務に新たな権利及び義務を追加し，又は対象協定に定める権利及び義務を減ずることはできない.

3　加盟国が，対象協定に基づき直接又は間接に自国に与えられた利益が他の加盟国がとる措置によって侵害されていると認める場合において，そのような事態を迅速に解決することは，世界貿易機関が効果的に機能し，かつ，加盟国の権利と義務との間において適正な均衡が維持されるために不可欠である.

4　紛争解決機関が行う勧告又は裁定は，この了解及び対象協定に基づく権利及び義務に従って問題の満足すべき解決を図ることを目的とする.

5　対象協定の協議及び紛争解決に関する規定に基づいて正式に提起された問題についてのすべての解決（仲裁判断を含む.）は，当該協定に適合するものでなければならず，また，当該協定に基づきいずれかの加盟国に与えられた利益を無効にし若しくは侵害し，又は当該協定の目的の達成を妨げるものであってはならない.

6　対象協定の協議及び紛争解決に関する規定に基づいて正式に提起された問題についての相互に合意された解決は，紛争解決機関並びに関連する理事会及び委員会に通報される．いずれの加盟国も，同機関並びに関連する理事会及び委員会において，当該解決に関する問題点を提起することができる.

7　加盟国は，問題を提起する前に，この了解に定める手続による措置が有益なものであるかないかについて判断する．紛争解決制度の目的は，紛争に関する明確な解決を確保することである．紛争当事国にとって相互に受け入れることが可能であり，かつ，対象協定に適合する解決は，明らかに優先されるべきである．相互に合意する解決が得られない場合には，同制度の第1の目的は，通常，関係する措置がいずれかの対象協定に適合しないと認められるときに当該措置の撤回を確保することである．代償に関する規定は，当該措置を直ちに撤回することが実行可能でない場合に限り，かつ，対象協定に適合しない措置を撤回するまでの間の一時的な措置としてのみ，適用すべきである．紛争解決手続を利用する加盟国は，この了解に定める最後の解決手段として，紛争解決機関の承認を得て，他の加盟国に対し対象協定に基づく譲許その他の義務の履行を差別的に停止することができる.

8　対象協定に基づく義務に違反する措置がとられた場合には，当該措置は，反証がない限り，無効化又は侵害の事案を構成するものと認められる．このことは，対象協定に基づく義務についての違反は当該対象協定の締約国である他の加盟国に悪影響を及ぼすとの推定が通常存在することを意味する. この場合において, 違反の疑いに対し反証を挙げる責任は, 申立てを受けた加盟国の側にあるものとする.

9　この了解の規定は, 世界貿易機関協定又は対象協定のうち複数国間貿易協定であるものに基づく意思決定により対象協定について権威のある解釈を求める加盟国の権利を害するものではない.

10　調停及び紛争解決手続の利用についての要請は, 対立的な行為として意図され又はそのような行為とみなされるべきでない. 紛争が生じた場合には, すべての加盟国は, 当該紛争を解決するために誠実にこれらの手続に参加する. また, ある問題についての申立てとこれに対抗するために行われる別個の問題についての申立てとは, 関連付けられるべきでない.

11　この了解は, 世界貿易機関協定が効力を生ずる日以後に対象協定の協議規定に基づいて行われた協議のための新たな要請についてのみ適用する. 世界貿易機関協定が効力を生ずる日前に1947年のガット又は対象協定の前身であるその他の協定に基づいて協議の要請が行われた紛争については, 世界貿易機関協定が効力を生ずる日の直前に有効であった関連する紛争解決に係る規則及び手続を引き続き適用する(注).

注　この11の規定は, 小委員会の報告が採択されず又は完全に実施されなかった紛争についても適用する.

12　11の規定にかかわらず, 対象協定のいずれかに基づく申立てが開発途上加盟国により先進加盟国に対してされる場合には, 当該開発途上加盟国は, 次条から第6条まで及び第12条の規定に代わるものとして, 1966年4月5日の決定（ガット基本文書選集（BISD）追録第14巻18ページ）の対応する規定を適用する権利を有する. ただし, 小委員会が, 同決定の7に定める期間がその報告を作成するために不十分であり, かつ, 当該開発途上加盟国の同意を得てその期間を延長することができると認める場合は, この限りでない. 次条から第6条まで及び第12条に定める規則及び手続と同決定に定める対応する規則及び手続とが抵触する場合には, 抵触する限りにおいて, 後者が優先する.

第4条（協議） **1**　加盟国は, 加盟国が用いる協議手続の実効性を強化し及び改善する決意を確認する.

2　各加盟国は, 自国の領域においてとられた措置であっていずれかの対象協定の実施に影響を及ぼすものについて他の加盟国がした申立てに好意的な考慮を払い, かつ, その申立てに関する協議のための機会を十分に与えることを約束する(注).

注　加盟国の領域内の地域又は地方の政府又は機関によってとられる措置に関する他の対象協定の規定がこの2の規定と異なる規定を含む場合には, 当該他の対象協定の規定が優先する.

3　協議の要請が対象協定に従って行われる場合には, 当該要請を受けた加盟国は, 相互間の別段の合意がない限り, 当該要請を受けた日の後10日以内に当該要請に対して回答し, かつ, 相互に満足すべき解決を得るため, 当該要請を受けた日の後30日以内に誠実に協議を開始する. 当該加盟国が当該要請を受けた日の後10日以内に回答せず又は当該要請を受けた日の後30日以内若しくは相互に合意した期間内に協議を開始しない場合には, 当該要請を行った加盟国は, 直接小委員会の設置を要請することができる.

4　すべての協議の要請は, 協議を要請する加盟国が紛争解決機関並びに関連する理事会及び委員会に通報する. 協議の要請は, 書面によって提出され, 並びに要請の理由, 問題となっている措置及び申立ての法的根拠を示すものとする.

5　加盟国は, この了解に基づいて更なる措置をとる前に, 対象協定の規定に従って行う協議において, その問題について満足すべき調整を行うよう努めるべきである.

6　協議は, 秘密とされ, かつ, その後の手続においていずれの加盟国の権利も害するものではない.

7　協議の要請を受けた日の後60日の期間内に協議によって紛争を解決することができない場合には, 申立てをした紛争当事国（この了解において「申立国」という.）は, 小委員会の設置を要請することができる. 協議を行っている国が協議によって紛争を解決することができなかったと共に認める場合には, 申立国は, 当該60日の期間内に小委員会の設置を要請することができる.

8　緊急の場合（腐敗しやすい物品に関する場合等）には, 加盟国は, 要請を受けた日の後10日以内に協議を開始する. 要請を受けた日の後20日以内に協議によって紛争を解決することができなかった場合には, 申立国は, 小委員会の設置を要請することができる.

9　緊急の場合（腐敗しやすい物品に関する場合等）には, 紛争当事国, 小委員会及び上級委員会は, 最大限可能な限り, 手続が速やかに行われるようあらゆる努力を払う.

10　加盟国は，協議の間，開発途上加盟国の特有の問題及び利益に特別の注意を払うべきである．

11　協議を行っている加盟国以外の加盟国が，1994 年のガット第 22 条 1，サービス貿易一般協定第 22 条 1 又はその他の対象協定の対応する規定(注)によって行われている協議について実質的な貿易上の利害関係を有すると認める場合には，当該加盟国は，当該規定による協議の要請の送付の日の後 10 日以内に，協議を行っている加盟国及び紛争解決機関に対し，その協議に参加することを希望する旨を通報することができる．その通報を行った加盟国は，実質的な利害関係に関する自国の主張が十分な根拠を有することについて協議の要請を受けた加盟国が同意する場合には，協議に参加することができる．この場合において，両加盟国は，同機関に対しその旨を通報する．協議への参加の要請が受け入れられなかった場合には，要請を行った加盟国は，1994 年のガットの第 22 条 1 若しくは第 23 条 1，サービス貿易一般協定の第 22 条 1 若しくは第 23 条 1 又はその他の対象協定の対応する規定により協議を要請することができる．

注　対象協定の対応する協議規定は，次に掲げるとおりである．

農業に関する協定　第 19 条
衛生植物検疫措置の適用に関する協定第 11 条 1
繊維及び繊維製品（衣類を含む．）に関する協定　第 8 条 4
貿易の技術的障害に関する協定　第 14 条 1
貿易に関する投資措置に関する協定　第 8 条
1994 年の関税及び貿易に関する一般協定第 6 条の実施に関する協定　第 17 条 2
1994 年の関税及び貿易に関する一般協定第 7 条の実施に関する協定　第 19 条 2
船積み前検査に関する協定　第 7 条
原産地規則に関する協定　第 7 条
輸入許可手続に関する協定　第 6 条
補助金及び相殺措置に関する協定　第 30 条
セーフガードに関する協定　第 14 条
知的所有権の貿易関連の側面に関する協定　第 64 条 1
各複数国間貿易協定の権限のある内部機関が指定し，かつ，紛争解決機関に通報した当該協定の対応する協議規定

第 5 条（あっせん，調停及び仲介） 1　あっせん，調停及び仲介は，紛争当事国の合意がある場合において任意に行われる手続である．

2　あっせん，調停及び仲介に係る手続の過程（特にこれらの手続の過程において紛争当事国がとる立場）は，秘密とされ，かつ，この了解に定める規則及び手続に従って進められるその後の手続においていずれの当事国の権利も害するものではない．

3　いずれの紛争当事国も，いつでも，あっせん，調停又は仲介を要請し並びに開始し及び終了することができる．あっせん，調停又は仲介の手続が終了した場合には，申立国は，小委員会の設置を要請することができる．

4　あっせん，調停又は仲介が協議の要請を受けた日の後 60 日の期間内に開始された場合には，申立国は，当該 60 日の期間内においては，小委員会の設置を要請することができない．紛争当事国があっせん，調停又は仲介の手続によって紛争を解決することができなかったことを共に認める場合には，申立国は，当該 60 日の期間内に小委員会の設置を要請することができる．

5　紛争当事国が合意する場合には，小委員会の手続が進行中であっても，あっせん，調停又は仲介の手続を継続することができる．

6　事務局長は，加盟国が紛争を解決することを援助するため，職務上当然の資格で，あっせん，調停又は仲介を行うことができる．

第 6 条（小委員会の設置） 1　申立国が要請する場合には，小委員会を設置しないことが紛争解決機関の会合においてコンセンサス方式によって決定されない限り，遅くとも当該要請が初めて議事日程に掲げられた同機関の会合の次の会合において，小委員会を設置する(注)．

注　申立国が要請する場合には，紛争解決機関の会合は，その要請から 15 日以内にこの目的のために開催される．この場合において，少なくとも会合の 10 日前に通知が行われる．

2　小委員会の設置の要請は，書面によって行われる．この要請には，協議が行われたという事実の有無及び問題となっている特定の措置を明示するとともに，申立ての法的根拠についての簡潔な要約（問題を明確に提示するために十分なもの）を付する．申立国が標準的な付託事項以外の付託事項を有する小委員会の設置を要請する場合には，書面による要請には，特別な付託事項に関する案文を含める．

第 7 条（小委員会の付託事項） 1　小委員会は，紛争当事国が小委員会の設置の後 20 日以内に別段の合意をする場合を除くほか，次の付託事項を有する．

「（紛争当事国が引用した対象協定の名称）の関連規定に照らし（当事国の名称）により文書（文書番号）によって紛争解決機関に付された問題を検討し，及び同機関が当該協定に規

定する勧告又は裁定を行うために役立つ認定を行うこと．」

2　小委員会は，紛争当事国が引用した対象協定の関連規定について検討する．

3　小委員会の設置に当たり，紛争解決機関は，その議長に対し，1の規定に従い紛争当事国と協議の上小委員会の付託事項を定める権限を与えることができる．このようにして定められた付託事項は，すべての加盟国に通報される．標準的な付託事項以外の付託事項について合意がされた場合には，いずれの加盟国も，同機関においてこれに関する問題点を提起することができる．

第8条（小委員会の構成）1　小委員会は，次に掲げる者その他の十分な適格性を有する者（公務員であるかないかを問わない．）で構成する．

小委員会の委員を務め又は小委員会において問題の提起に係る陳述を行ったことがある者

加盟国又は1947年のガットの締約国の代表を務めたことがある者

対象協定又はその前身である協定の理事会又は委員会への代表を務めたことがある者

事務局において勤務したことがある者

国際貿易に関する法律又は政策について教授し又は著作を発表したことがある者

加盟国の貿易政策を担当する上級職員として勤務したことがある者

2　小委員会の委員は，委員の独立性，多様な経歴及び広範な経験が確保されるように選任されるべきである．

3　紛争当事国又は第10条2に定める第三国である加盟国の国民(注)は，紛争当事国が別段の合意をする場合を除くほか，当該紛争に関する小委員会の委員を務めることはできない．

注　関税同盟又は共同市場が紛争当事国である場合には，この3の規定は，当該関税同盟又は共同市場のすべての構成国の国民について適用する．

4　事務局は，小委員会の委員の選任に当たって参考となるようにするため，1に規定する資格を有する公務員及び公務員以外の者の候補者名簿を保持し，適当な場合には，その名簿から委員を選ぶことができるようにする．その名簿には，1984年11月30日に作成された公務員以外の者である委員の登録簿（ガット基本文書選集（BISD）追録第31巻9ページに規定するもの）並びに対象協定に基づいて作成されるその他の登録簿及び候補者名簿を含めるものとし，世界貿易機関協定が効力を生ずる時におけるこれらの登録簿及び候補者名簿の氏名を継続して掲載する．加盟国は，第一段の候補者名簿に掲げるために公務員及び公務員以外の者の氏名を定期的に提案し，並びに国際貿易及び対象協定の分野又はその対象とする問題に関するこれらの者の知識についての関連情報を提供することができる．これらの氏名は，紛争解決機関が承認した時に当該候補者名簿に追加される．当該候補者名簿には，掲載される者について，対象協定の分野又はその対象とする問題における経験又は専門知識の具体的分野を記載する．

5　小委員会は，3人の委員で構成する．ただし，紛争当事国が小委員会の設置の後10日以内に合意する場合には，小委員会は，5人の委員で構成することができる．加盟国は，小委員会の構成について速やかに通報を受ける．

6　事務局は，紛争当事国に対し小委員会の委員の指名のための提案を行う．紛争当事国は，やむを得ない理由がある場合を除くほか，指名に反対してはならない．

7　小委員会の設置の日の後20日以内に委員について合意がされない場合には，事務局長は，いずれか一方の紛争当事国の要請に基づき，紛争当事国と協議の後，紛争解決機関の議長及び関連する理事会又は委員会の議長と協議の上，紛争において問題となっている対象協定に定める関連する特別又は追加の規則及び手続に従い，自らが最も適当と認める委員を任命することによって，小委員会の構成を決定する．同機関の議長は，当該要請を受けた日の後10日以内に，このようにして組織された小委員会の構成を加盟国に対して通報する．

8　加盟国は，原則として，自国の公務員が小委員会の委員を務めることを認めることを約束する．

9　小委員会の委員は，政府又は団体の代表としてではなく，個人の資格で職務を遂行する．したがって，加盟国は，小委員会に付託された問題につき，小委員会の委員に指示を与えてはならず，また，個人として活動するこれらの者を左右しようとしてはならない．

10　紛争が開発途上加盟国と先進加盟国との間のものである場合において，開発途上加盟国が要請するときは，小委員会は，少なくとも1人の開発途上加盟国出身の委員を含むものとする．

11　小委員会の委員の旅費，滞在費その他の経費は，予算，財政及び運営に関する委員会の勧告に基づいて一般理事会が採択する基準に従い，世界貿易機関の予算から支弁する．

第9条（複数の加盟国の申立てに関する手続）

1　2以上の加盟国が同一の問題について小委員会の設置を要請する場合には，すべての関係加盟国の権利を考慮した上，これらの申立てを検討するために単一の小委員会を設置することができる．実行可能な場合には，このような申立てを検討するために単一の小委員会を設置すべきである．

2　単一の小委員会は，別々の小委員会が申立てを検討したならば紛争当事国が有したであろう権利がいかなる意味においても侵害されることのないように，検討を行い，かつ，認定を紛争解決機関に提出する．一の紛争当事国が要請する場合には，小委員会は，自己の取り扱う紛争について別々の報告を提出する．いずれの申立国も，他の申立国の意見書を入手することができるものとし，かつ，他の申立国が小委員会において意見を表明する場合には，当該小委員会に出席する権利を有する．

3　同一の問題に関する申立てを検討するために2以上の小委員会が設置される場合には，最大限可能な限り，同一の者がそれぞれの小委員会の委員を務めるものとし，そのような紛争における小委員会の検討の日程については，調整が図られるものとする．

第10条（第三国） 1　問題となっている対象協定に係る紛争当事国その他の加盟国の利害関係は，小委員会の手続において十分に考慮される．

2　小委員会に付託された問題について実質的な利害関係を有し，かつ，その旨を紛争解決機関に通報した加盟国（この了解において「第三国」という．）は，小委員会において意見を述べ及び小委員会に対し意見書を提出する機会を有する．意見書は，紛争当事国にも送付され，及び小委員会の報告に反映される．

3　第三国は，小委員会の第1回会合に対する紛争当事国の意見書の送付を受ける．

4　第三国は，既に小委員会の手続の対象となっている措置がいずれかの対象協定に基づき自国に与えられた利益を無効にし又は侵害すると認める場合には，この了解に基づく通常の紛争解決手続を利用することができる．そのような紛争は，可能な場合には，当該小委員会に付される．

第11条（小委員会の任務） 小委員会の任務は，この了解及び対象協定に定める紛争解決機関の任務の遂行について同機関を補佐することである．したがって，小委員会は，自己に付託された問題の客観的な評価（特に，問題の事実関係，関連する対象協定の適用の可能性及び当該協定との適合性に関するもの）を行い，及び同機関が対象協定に規定する勧告又は裁定を行うために役立つその他の認定を行うべきである．小委員会は，紛争当事国と定期的に協議し，及び紛争当事国が相互に満足すべき解決を図るための適当な機会を与えるべきである．

第12条（小委員会の手続） 1　小委員会は，紛争当事国と協議の上別段の決定を行う場合を除くほか，附属書3に定める検討手続に従う．

2　小委員会の手続は，その報告を質の高いものとするために十分に弾力的なものであるべきであるが，小委員会の検討の進行を不当に遅延させるべきでない．

3　小委員会の委員は，紛争当事国と協議の上，適当な場合には第4条9の規定を考慮して，実行可能な限り速やかに，可能な場合には小委員会の構成及び付託事項について合意がされた後1週間以内に，小委員会の検討の日程を定める．

4　小委員会は，その検討の日程を決定するに当たり，紛争当事国に対し，自国の意見を準備するために十分な時間を与える．

5　小委員会は，当事国による意見書の提出について明確な期限を定めるべきであり，当事国は，その期限を尊重すべきである．

6　各紛争当事国は，意見書を事務局に提出するものとし，事務局は，当該意見書を速やかに小委員会及びその他の紛争当事国に送付する．申立国は，申立てを受けた当事国が最初の意見書を提出する前に自国の最初の意見書を提出する．ただし，小委員会が，3の検討の日程を定めるに当たり，紛争当事国と協議の上，紛争当事国がその最初の意見書を同時に提出すべきである旨を決定する場合は，この限りでない．最初の意見書の提出について順序がある場合には，小委員会は，申立てを受けた当事国の意見書を当該小委員会が受理するための具体的な期間を定める．2回目以降の意見書は，同時に提出される．

7　紛争当事国が相互に満足すべき解決を図ることができなかった場合には，小委員会は，その認定を報告書の形式で紛争解決機関に提出する．この場合において，小委員会の報告には，事実認定，関連規定の適用の可能性並びに自己が行う認定及び勧告の基本的な理由を記載する．紛争当事国間で問題が解決された場合には，小委員会の報告は，当該問題に関する簡潔な記述及び解決が得られた旨の報告に限定される．

8　小委員会の検討期間（小委員会の構成及び付託事項について合意がされた日から最終報告が紛争当事国に送付される日まで）は，手続を一層効率的にするため，原則として6箇月を超えないものとする．緊急の場合（腐敗しやすい物品に関する場合等）には，小委員会は，3箇月以内に紛争当事国に対しその報告を送付することを目標とする．

9　小委員会は，6箇月以内又は緊急の場合は3箇月以内に報告を送付することができないと認める場合には，報告を送付するまでに要する期間の見込みと共に遅延の理由を書面により紛争解決機関に通報する．小委員会の設置から加盟国への報告の送付までの期間は，いかなる場合にも，9箇月を超えるべきでない．

10　当事国は，開発途上加盟国がとった措置に係る協議において，第4条の7及び8に定める期間を延長することについて合意することができる．当該期間が満了した場合において，協議を行っている国が協議が終了したことについて合意することができないときは，紛争解決機関の議長は，当該協議を行っている国と協議の上，当該期間を延長するかしないか及び，延長するときは，その期間を決定する．更に，小委員会は，開発途上加盟国に対する申立てを検討するに当たり，開発途上加盟国に対し，その立論を準備し及び提出するために十分な時間を与える．第20条及び第21条4の規定は，この10の規定の適用によって影響を受けるものではない．

11　1又は2以上の当事国が開発途上加盟国である場合には，小委員会の報告には，紛争解決手続の過程で当該開発途上加盟国が引用した対象協定の規定であって，開発途上加盟国に対する異なるかつ一層有利な待遇に関するものについていかなる考慮が払われたかを明示するものとする．

12　小委員会は，申立国の要請があるときはいつでも，12箇月を超えない期間その検討を停止することができる．この場合には，8及び9，第20条並びに第21条4に定める期間は，その検討が停止された期間延長されるものとする．小委員会の検討が12箇月を超えて停止された場合には，当該小委員会は，その設置の根拠を失う．

第13条（情報の提供を要請する権利） 1　各小委員会は，適当と認めるいかなる個人又は団体に対しても情報及び技術上の助言の提供を要請する権利を有する．この場合において，小委員会は，いずれかの加盟国の管轄内にある個人又は団体に対して情報又は助言の提供を要請するに先立ち，当該加盟国の当局にその旨を通報する．加盟国は，小委員会が必要かつ適当と認める情報の提供を要請した場合には，速やかかつ完全に応ずるべきである．提供された秘密の情報は，当該情報を提供した個人，団体又は加盟国の当局の正式の同意を得ないで開示してはならない．

2　小委員会は，関連を有するいかなる者に対しても情報の提供を要請し，及び問題の一定の側面についての意見を得るために専門家と協議することができる．小委員会は，一の紛争当事国が提起した科学上又は技術上の事項に関する事実に係る問題については，専門家検討部会からの書面による助言的な報告を要請することができる．専門家検討部会の設置のための規則及び同部会の手続は，附属書4に定める．

第14条（秘密性） 1　小委員会の審議は，秘密とされる．

2　小委員会の報告は，提供された情報及び行われた陳述を踏まえて起草されるものとし，その起草に際しては，紛争当事国の出席は，認められない．

3　小委員会の報告の中で各委員が表明した意見は，匿名とする．

第15条（検討の中間段階） 1　小委員会は，書面及び口頭陳述による反論を検討した後，その報告案のうち事実及び陳述に関する説明部分を紛争当事国に送付する．当事国は，小委員会が定める期間内に，自国の意見を書面により提出する．

2　小委員会は，紛争当事国からの意見の受理に係る定められた期間の満了の後，中間報告（説明部分並びに小委員会の認定及び結論から成る．）を当事国に送付する．当事国は，小委員会が加盟国に最終報告を送付する前に中間報告の特定の部分を検討するよう要請することができる．その要請は，小委員会が定める期間内に，書面によって行われる．小委員会は，当事国の要請がある場合には，その書面の中で明示された事項に関し，当事国との追加的な会合を開催する．要請のための期間内にいずれの当事国も要請を行わなかった場合には，中間報告は，小委員会の最終報告とみなされ，速やかに加盟国に送付される．

3　小委員会の最終報告の認定には，検討の中間段階で行われた陳述における議論を含める．中間段階での検討は，第12条8に定める期間内に行う．

第16条（小委員会の報告の採択） 1　小委員会の報告は，加盟国にその検討のための十分な時間を与えるため，報告が加盟国に送付された日の後20日間は紛争解決機関により採択のために検討されてはならない．

2　小委員会の報告に対して異議を有する加盟

国は，小委員会の報告を検討する紛争解決機関の会合の少なくとも 10 日前に，当該異議の理由を説明する書面を提出する．

3　紛争当事国は，紛争解決機関による小委員会の報告の検討に十分に参加する権利を有するものとし，当該紛争当事国の見解は，十分に記録される．

4　小委員会の報告は，加盟国への送付の後 60 日以内に，紛争解決機関の会合において採択される (注)．ただし，紛争当事国が上級委員会への申立ての意思を同機関に正式に通報し又は同機関が当該報告を採択しないことをコンセンサス方式によって決定する場合は，この限りでない．紛争当事国が上級委員会への申立ての意思を通報した場合には，小委員会の報告は，上級委員会による検討が終了するまでは，同機関により採択のために検討されてはならない．この 4 に定める採択の手続は，小委員会の報告について見解を表明する加盟国の権利を害するものではない．

注　紛争解決機関の会合が 1 及びこの 4 に定める要件を満たす期間内に予定されていない場合には，この目的のために開催される．

第 17 条（上級委員会による検討）

常設の上級委員会

1　紛争解決機関は，常設の上級委員会を設置する．上級委員会は，小委員会が取り扱った問題についての申立てを審理する．上級委員会は，7 人の者で構成するものとし，そのうちの 3 人が一の問題の委員を務める．上級委員会の委員は，順番に職務を遂行する．その順番は，上級委員会の検討手続で定める．

2　紛争解決機関は，上級委員会の委員を 4 年の任期で任命するものとし，各委員は，1 回に限り，再任されることができる．ただし，世界貿易機関協定が効力を生じた後直ちに任命される 7 人の者のうちの 3 人の任期は，2 年で終了するものとし，これらの 3 人の者は，くじ引で決定される．空席が生じたときは，補充される．任期が満了しない者の後任者として任命された者の任期は，前任者の任期の残余の期間とする．

3　上級委員会は，法律，国際貿易及び対象協定が対象とする問題一般についての専門知識により権威を有すると認められた者で構成する．上級委員会の委員は，いかなる政府とも関係を有してはならず，世界貿易機関の加盟国を広く代表する．上級委員会のすべての委員は，いつでも，かつ，速やかに勤務することが可能でなければならず，また，世界貿易機関の紛争解決に関する活動その他関連する活動に常に精通していなければならない．上級委員会の委員は，直接又は間接に自己の利益との衝突をもたらすこととなる紛争の検討に参加してはならない．

4　紛争当事国のみが，小委員会の報告について上級委員会への申立てをすることができる．第 10 条 2 の規定に基づき小委員会に提起された問題について実質的な利害関係を有する旨を紛争解決機関に通報した第三国は，上級委員会に意見書を提出することができるものとし，また，上級委員会において意見を述べる機会を有することができる．

5　紛争当事国が上級委員会への申立ての意思を正式に通報した日から上級委員会がその報告を送付する日までの期間は，原則として 60 日を超えてはならない．上級委員会は，その検討の日程を定めるに当たり，適当な場合には，第 4 条 9 の規定を考慮する．上級委員会は，60 日以内に報告を作成することができないと認める場合には，報告を送付するまでに要する期間の見込みと共に遅延の理由を書面により紛争解決機関に通報する．第 1 段に定める期間は，いかなる場合にも，90 日を超えてはならない．

6　上級委員会への申立ては，小委員会の報告において対象とされた法的な問題及び小委員会が行った法的解釈に限定される．

7　上級委員会は，必要とする適当な運営上の及び法律問題に関する援助を受ける．

8　上級委員会の委員の旅費，滞在費その他の経費は，予算，財政及び運営に関する委員会の勧告に基づいて一般理事会が採択する基準に従い，世界貿易機関の予算から支弁する．

上級委員会による検討に関する手続

9　上級委員会は，紛争解決機関の議長及び事務局長と協議の上，検討手続を作成し，加盟国に情報として送付する．

10　上級委員会による検討は，秘密とされる．上級委員会の報告は，提供された情報及び行われた陳述を踏まえて起草されるものとし，その起草に際しては，紛争当事国の出席は，認められない．

11　上級委員会の報告の中で各委員が表明した意見は，匿名とする．

12　上級委員会は，その検討において，6 の規定に従って提起された問題を取り扱う．

13　上級委員会は，小委員会の法的な認定及び結論を支持し，修正し又は取り消すことができる．

上級委員会の報告の採択

14　紛争解決機関は，上級委員会の報告を，加盟国への送付の後30日以内に採択し[注]，紛争当事国は，これを無条件で受諾する．ただし，同機関が当該報告を採択しないことをコンセンサス方式によって決定する場合は，この限りでない．この14に定める採択の手続は，上級委員会の報告について見解を表明する加盟国の権利を害するものではない．

注　紛争解決機関の会合がこの期間内に予定されていない場合には，この目的のために開催される．

第18条（小委員会又は上級委員会との接触）

1　小委員会又は上級委員会により検討中の問題に関し，小委員会又は上級委員会といずれか一方の紛争当事国のみとの間で接触があってはならない．

2　小委員会又は上級委員会に対する意見書は，秘密のものとして取り扱われるものとするが，紛争当事国が入手することができるようにする．この了解のいかなる規定も，紛争当事国が自国の立場についての陳述を公開することを妨げるものではない．加盟国は，他の加盟国が小委員会又は上級委員会に提出した情報であって当該他の加盟国が秘密であると指定したものを秘密のものとして取り扱う．紛争当事国は，また，加盟国の要請に基づき，意見書に含まれている情報の秘密でない要約であって公開し得るものを提供する．

第19条（小委員会及び上級委員会の勧告） **1**　小委員会又は上級委員会は，ある措置がいずれかの対象協定に適合しないと認める場合には，関係加盟国[注1]に対し当該措置を当該協定に適合させるよう勧告する[注2]．小委員会又は上級委員会は，更に，当該関係加盟国がその勧告を実施し得る方法を提案することができる．

注1「関係加盟国」とは，小委員会又は上級委員会の勧告を受ける紛争当事国をいう．

注2　1994年のガットその他の対象協定についての違反を伴わない問題に関する勧告については，第26条を参照．

2　小委員会及び上級委員会は，第3条2の規定に従うものとし，その認定及び勧告において，対象協定に定める権利及び義務に新たな権利及び義務を追加し，又は対象協定に定める権利及び義務を減ずることはできない．

第20条（紛争解決機関による決定のための期間） 紛争解決機関が小委員会を設置した日から同機関が小委員会又は上級委員会の報告を採択するために審議する日までの期間は，紛争当事国が別段の合意をする場合を除くほか，原則として，小委員会の報告につき上級委員会への申立てがされない場合には9箇月，申立てがされる場合には12箇月を超えてはならない．小委員会又は上級委員会が第12条9又は第17条5の規定に従い報告を作成するための期間を延長する場合には，追加的に要した期間が，前段に定める期間に加算される．

第21条（勧告及び裁定の実施の監視） **1**　紛争解決機関の勧告又は裁定の速やかな実施は，すべての加盟国の利益となるような効果的な紛争解決を確保するために不可欠である．

2　紛争解決の対象となった措置に関し，開発途上加盟国の利害関係に影響を及ぼす問題については，特別の注意が払われるべきである．

3　関係加盟国は，小委員会又は上級委員会の報告の採択の日の後30日以内に開催される紛争解決機関の会合において，同機関の勧告及び裁定の実施に関する自国の意思を通報する[注]．勧告及び裁定を速やかに実施することができない場合には，関係加盟国は，その実施のための妥当な期間を与えられる．妥当な期間は，次の(a)から(c)までに定めるいずれかの期間とする．

注　紛争解決機関の会合がこの期間内に予定されていない場合には，この目的のために開催される．

(a) 関係加盟国が提案する期間．ただし，紛争解決機関による承認を必要とする．

(b) (a)の承認がない場合には，勧告及び裁定の採択の日の後45日以内に紛争当事国が合意した期間

(c) (b)の合意がない場合には，勧告及び裁定の採択の日の後90日以内に拘束力のある仲裁によって決定される期間[注1]．仲裁が行われる場合には，仲裁人[注2]に対し，小委員会又は上級委員会の勧告を実施するための妥当な期間がその報告の採択の日から15箇月を超えるべきではないとの指針が与えられるべきである．この15箇月の期間は，特別の事情があるときは，短縮し又は延長することができる．

注1　紛争当事国が問題を仲裁に付した後10日以内に仲裁人について合意することができない場合には，事務局長は，10日以内に，当該当事国と協議の上仲裁人を任命する．

注2　仲裁人は，個人であるか集団であるかを問わない．

4　紛争解決機関による小委員会の設置の日から妥当な期間の決定の日までの期間は，小委員会又は上級委員会が第12条9又は第17条5の規定に従いその報告を作成する期間を延長した場合を除くほか，15箇月を超えてはならない．ただし，紛争当事国が別段の合意をする場合は，この限りでない．小委員会又は上級委

員会がその報告を作成する期間を延長する場合には，追加的に要した期間が，この 15 箇月の期間に加算される．ただし，合計の期間は，紛争当事国が例外的な事情があることについて合意する場合を除くほか，18 箇月を超えてはならない．

5　勧告及び裁定を実施するためにとられた措置の有無又は当該措置と対象協定との適合性について意見の相違がある場合には，その意見の相違は，この了解に定める紛争解決手続の利用によって解決される．この場合において，可能なときは，当該勧告及び裁定の対象となった紛争を取り扱った小委員会（この了解において「最初の小委員会」という．）にその意見の相違を付することができる．最初の小委員会は，その問題が付された日の後 90 日以内にその報告を加盟国に送付する．最初の小委員会は，この期間内に報告を作成することができないと認める場合には，報告を送付するまでに要する期間の見込みと共に遅延の理由を書面により紛争解決機関に通報する．

6　紛争解決機関は，採択された勧告又は裁定の実施を監視する．加盟国は，勧告又は裁定が採択された後いつでも，これらの実施の問題を同機関に提起することができる．勧告又は裁定の実施の問題は，同機関が別段の決定を行う場合を除くほか，3 の規定に従って妥当な期間が定められた日の後 6 箇月後に同機関の会合の議事日程に掲げられるものとし，当該問題が解決されるまでの間同機関の会合の議事日程に引き続き掲げられる．関係加盟国は，これらの各会合の少なくとも 10 日前に，勧告又は裁定の実施の進展についての状況に関する報告を書面により同機関に提出する．

7　問題が開発途上加盟国によって提起されたものである場合には，紛争解決機関は，同機関がその状況に応じて更にいかなる適当な措置をとり得るかを検討する．

8　問題が開発途上加盟国によって提起されたものである場合には，紛争解決機関は，同機関がいかなる適当な措置をとり得るかを検討するに当たり，申し立てられた措置の貿易に関する側面のみでなく，関係を有する開発途上加盟国の経済に及ぼす影響も考慮に入れる．

第 22 条（代償及び譲許の停止） 1　代償及び譲許その他の義務の停止は，勧告及び裁定が妥当な期間内に実施されない場合に利用することができる一時的な手段であるが，これらのいずれの手段よりも，当該勧告及び裁定の対象となった措置を対象協定に適合させるために勧告を完全に実施することが優先される．代償は，任意に与えられるものであり，また，代償が与えられる場合には，対象協定に適合するものでなければならない．

2　関係加盟国は，対象協定に適合しないと認定された措置を当該協定に適合させ又は前条 3 の規定に従って決定された妥当な期間内に勧告及び裁定に従うことができない場合において，要請があるときは，相互に受け入れることができる代償を与えるため，当該妥当な期間の満了までに申立国と交渉を開始する．当該妥当な期間の満了の日の後 20 日以内に満足すべき代償について合意がされなかった場合には，申立国は，関係加盟国に対する対象協定に基づく譲許その他の義務の適用を停止するために紛争解決機関に承認を申請することができる．

3　申立国は，いかなる譲許その他の義務を停止するかを検討するに当たり，次に定める原則及び手続を適用する．

(a) 一般原則として，申立国は，まず，小委員会又は上級委員会により違反その他の無効化又は侵害があると認定された分野と同一の分野に関する譲許その他の義務の停止を試みるべきである．

(b) 申立国は，同一の分野に関する譲許その他の義務を停止することができず又は効果的でないと認める場合には，同一の協定のその他の分野に関する譲許その他の義務の停止を試みることができる．

(c) 申立国は，同一の協定のその他の分野に関する譲許その他の義務を停止することができず又は効果的でなく，かつ，十分重大な事態が存在すると認める場合には，その他の対象協定に関する譲許その他の義務の停止を試みることができる．

(d) (a)から(c)までの原則を適用するに当たり，申立国は，次の事項を考慮する．

(i) 小委員会又は上級委員会により違反その他の無効化又は侵害があると認定された分野又は協定に関する貿易及び申立国に対するその貿易の重要性

(ii) (i)の無効化又は侵害に係る一層広範な経済的要因及び譲許その他の義務の停止による一層広範な経済的影響

(e) 申立国は，(b)又は(c)の規定により譲許その他の義務を停止するための承認を申請することを決定する場合には，その申請においてその理由を示すものとする．当該申請は，紛争解決機関への提出の時に，関連する理事会に対しても及び，(b)の規定による申請の場合には，関連する分野別機関にも提出する．

(f) この3の規定の適用上,

(i) 物品に関しては,すべての物品を一の分野とする.

(ii) サービスに関しては,現行の「サービス分野分類表」に明示されている主要な分野（注）のそれぞれを一の分野とする.

注　サービス分野分類表（文書番号MTN・GNS－W－120の文書中の表）は，11の主要な分野を明示している.

(iii) 貿易関連の知的所有権に関しては,貿易関連知的所有権協定の第2部の第1節から第7節までの規定が対象とする各種類の知的所有権のそれぞれ並びに第3部及び第4部に定める義務のそれぞれを一の分野とする.

(g) この3の規定の適用上,

(i) 物品に関しては,世界貿易機関協定附属書1Aの協定の全体（紛争当事国が複数国間貿易協定の締約国である場合には,当該複数国間貿易協定を含む.）を一の協定とする.

(ii) サービスに関しては,サービス貿易一般協定を一の協定とする.

(iii) 知的所有権に関しては,貿易関連知的所有権協定を一の協定とする.

4　紛争解決機関が承認する譲許その他の義務の停止の程度は,無効化又は侵害の程度と同等のものとする.

5　紛争解決機関は,対象協定が禁じている譲許その他の義務の停止を承認してはならない.

6　2に規定する状況が生ずる場合には,申請に基づき,紛争解決機関は,同機関が当該申請を却下することをコンセンサス方式によって決定する場合を除くほか,妥当な期間の満了の後30日以内に譲許その他の義務の停止を承認する.ただし,関係加盟国が提案された停止の程度について異議を唱える場合又は申立国が3の(b)若しくは(c)の規定により譲許その他の義務を停止するための承認を申請するに当たり3に定める原則及び手続を遵守していなかったと関係加盟国が主張する場合には,その問題は,仲裁に付される.仲裁は,最初の小委員会（その委員が職務を遂行することが可能である場合）又は事務局長が任命する仲裁人（注）によって行われるものとし,妥当な期間が満了する日の後60日以内に完了する.譲許その他の義務は,仲裁の期間中は停止してはならない.

注　仲裁人は,個人であるか集団であるかを問わない.

7　6の規定に従って職務を遂行する仲裁人（注）は,停止される譲許その他の義務の性質を検討してはならないが,その停止の程度が無効化又は侵害の程度と同等であるかないかを決定する.仲裁人は,また,提案された譲許その他の義務の停止が対象協定の下で認められるものであるかないかを決定することができる.ただし，3に定める原則及び手続が遵守されていなかったという主張が仲裁に付された問題に含まれている場合には,仲裁人は,当該主張について検討する.当該原則及び手続が遵守されていなかった旨を仲裁人が決定する場合には,申立国は，3の規定に適合するように当該原則及び手続を適用する.当事国は,仲裁人の決定を最終的なものとして受け入れるものとし,関係当事国は,他の仲裁を求めてはならない.紛争解決機関は,仲裁人の決定について速やかに通報されるものとし,申請に基づき,当該申請が仲裁人の決定に適合する場合には,譲許その他の義務の停止を承認する.ただし,同機関が当該申請を却下することをコンセンサス方式によって決定する場合は,この限りでない.

注　仲裁人は,個人,集団又は最初の小委員会の委員（仲裁人の資格で職務を遂行する.）のいずれであるかを問わない.

8　譲許その他の義務の停止は,一時的なものとし,対象協定に適合しないと認定された措置が撤回され,勧告若しくは裁定を実施しなければならない加盟国により利益の無効化若しくは侵害に対する解決が提供され又は相互に満足すべき解決が得られるまでの間においてのみ適用される.紛争解決機関は,前条6の規定に従い,採択した勧告又は裁定の実施の監視を継続する.代償が与えられ又は譲許その他の義務が停止されたが,措置を対象協定に適合させるための勧告が実施されていない場合も,同様とする.

9　対象協定の紛争解決に関する規定は,加盟国の領域内の地域又は地方の政府又は機関によるこれらの協定の遵守に影響を及ぼす措置について適用することができる.紛争解決機関が対象協定の規定が遵守されていない旨の裁定を行う場合には,責任を有する加盟国は,当該協定の遵守を確保するために利用することができる妥当な措置をとる.代償及び譲許その他の義務の停止に関する対象協定及びこの了解の規定は,対象協定の遵守を確保することができなかった場合について適用する（注）.

注　加盟国の領域内の地域又は地方の政府又は機関がとる措置に関するいずれかの対象協定の規定が,この9の規定と異なる規定を含む場合には,当該対象協定の規定が優先する.

第23条（多角的体制の強化） **1**　加盟国は,対象協定に基づく義務についての違反その他の利益の無効化若しくは侵害又は対象協定の目的の達成に対する障害について是正を求める場合には，この了解に定める規則及び手続によるものとし，かつ，これらを遵守する．

2　1の場合において，加盟国は，

(a) この了解に定める規則及び手続に従って紛争解決を図る場合を除くほか，違反が生じ，利益が無効にされ若しくは侵害され又は対象協定の目的の達成が妨げられている旨の決定を行ってはならず，また，紛争解決機関が採択する小委員会又は上級委員会の報告に含まれている認定又はこの了解に従って行われた仲裁判断に適合する決定を行う．

(b) 関係加盟国が勧告及び裁定を実施するための妥当な期間の決定に当たっては，第 21 条に定める手続に従う．

(c) 譲許その他の義務の停止の程度の決定に当たっては，前条に定める手続に従うものとし，関係加盟国が妥当な期間内に勧告及び裁定を実施しないことに対応して対象協定に基づく譲許その他の義務を停止する前に，同条に定める手続に従って紛争解決機関の承認を得る．

第 24 条（後発開発途上加盟国に係る特別の手続）　1　後発開発途上加盟国に係る紛争の原因の決定及び紛争解決手続のすべての段階において，後発開発途上加盟国の特殊な状況に特別の考慮が払われるものとする．加盟国は，特に，この了解に定める手続に従って，後発開発途上加盟国に係る問題を提起することについて妥当な自制を行う．無効化又は侵害が後発開発途上加盟国によってとられた措置に起因すると認定される場合には，申立国は，この了解に定める手続に従って代償を要求し又は譲許その他の義務の履行を停止するための承認を申請することについて，妥当な自制を行う．

2　後発開発途上加盟国に係る紛争解決の事案において，満足すべき解決が協議によって得られなかった場合には，事務局長又は紛争解決機関の議長は，後発開発途上加盟国の要請に基づき，小委員会の設置の要請が行われる前に，当事国が紛争を解決することを援助するために，あっせん，調停又は仲介を行う．事務局長又は同機関の議長は，その援助を与えるに当たり，適当と認めるいかなる者とも協議することができる．

第 25 条（仲裁）　1　紛争解決の代替的な手段としての世界貿易機関における迅速な仲裁は，両当事国によって明示された問題に関する一定の紛争の解決を容易にすることを可能とするものである．

2　仲裁に付するためには，この了解に別段の定めがある場合を除くほか，当事国が合意しなければならず，当該当事国は，従うべき手続について合意する．仲裁に付することについての合意は，仲裁手続が実際に開始される前に十分な余裕をもってすべての加盟国に通報される．

3　他の加盟国は，仲裁に付することについて合意した当事国の合意によってのみ仲裁手続の当事国となることができる．仲裁手続の当事国は，仲裁判断に服することについて合意する．仲裁判断は，紛争解決機関及び関連する協定の理事会又は委員会（加盟国が仲裁判断に関する問題点を提起することができる理事会又は委員会）に通報される．

4　第 21 条及び第 22 条の規定は，仲裁判断について準用する．

第 26 条　1　1994 年のガット第 23 条 1(b)に規定する類型の非違反措置に関する申立て

1994 年のガット第 23 条 1(b)の規定がいずれかの対象協定について適用され又は準用される場合において，小委員会又は上級委員会は，紛争当事国が，いずれかの加盟国が何らかの措置（当該対象協定に抵触するかしないかを問わない．）を適用した結果として，当該対象協定に基づき直接若しくは間接に自国に与えられた利益が無効にされ若しくは侵害されており又は当該対象協定の目的の達成が妨げられていると認めるときに限り，裁定及び勧告を行うことができる．問題が同条 1(b)の規定の適用又は準用に係る対象協定に抵触しない措置に関するものである旨を当該紛争当事国が認め，かつ，小委員会又は上級委員会がその旨を決定する場合には，その限度において，この了解に定める手続は，次の規定に従って適用される．

(a) 申立国は，当該対象協定に抵触しない措置に関する申立てを正当化するための詳細な根拠を提示する．

(b) ある措置が当該対象協定に違反することなく，当該対象協定に基づく利益を無効にし若しくは侵害し又は当該対象協定の目的の達成を妨げていることが認定された場合には，関係加盟国は，当該措置を撤回する義務を負わない．この場合において，小委員会又は上級委員会は，当該関係加盟国に対し相互に満足すべき調整を行うよう勧告する．

(c) 第 21 条 3 に規定する仲裁は，同条の規定にかかわらず，いずれかの当事国の要請に基づき，無効にされ又は侵害された利益の程度についての決定を含むことができるものとし，かつ，相互に満足すべき調整を行う方法及び手段を提案することができる. これらの提案は, 紛争当事国を拘束するものであってはならない.

(d) 代償は, 第 22 条 1 の規定にかかわらず, 紛争の最終的解決としての相互に満足すべき調整の一部とすることができる.

2　1994 年のガット第 23 条 1 (c)に規定する類型に関する申立て

1994 年のガット第 23 条 1 (c)の規定がいずれかの対象協定について適用され又は準用される場合において, 小委員会は, 当事国が, 同条 1 の(a)及び(b)の規定が適用される状態以外の状態が存在する結果として, 当該対象協定に基づき直接若しくは間接に自国に与えられた利益が無効にされ若しくは侵害されており又は当該対象協定の目的の達成が妨げられていると認めるときに限り, 裁定及び勧告を行うことができる. 問題がこの 2 の規定の対象となる旨を当該当事国が認め, かつ, 小委員会がその旨を決定する場合には, その限度において, この了解の手続は, 小委員会の報告が加盟国に送付される時以前のものに限って適用される. 勧告及び裁定の採択のための検討, 監視及び実施については, 1989 年 4 月 12 日の決定（ガット基本文書選集（BISD）追録第 36 巻 61 ページから 67 ページまで）に含まれている紛争解決の規則及び手続が適用される. 次の規定も, また, 適用される.

(a) 申立国は, この 2 の規定が対象とする問題に関して行われる陳述を正当化するための詳細な根拠を提示する.

(b) 小委員会は, この 2 の規定が対象とする問題に係る紛争解決の事案において, 当該事案がこの 2 の規定が対象とする問題以外の問題に関係すると認める場合には, それぞれの問題に関する別個の報告を紛争解決機関に送付する.

第 27 条（事務局の任務） **1**　事務局は, 取り扱う問題の特に法律上, 歴史上及び手続上の側面について小委員会を援助し並びに事務局としての支援及び技術的支援を提供する任務を有する.

2　事務局は, 加盟国の要請に基づき紛争解決に関し加盟国を援助するに当たり, 開発途上加盟国に対し紛争解決に関する追加的な法律上の助言及び援助を与える必要が生ずる可能性がある. 事務局は, このため, 要請を行う開発途上加盟国に対し, 世界貿易機関の技術協力部門の能力を有する法律専門家による援助を利用することができるようにする. この専門家は, 事務局の公平性が維持されるような方法で開発途上加盟国を援助する.

3　事務局は, 関心を有する加盟国のために, 当該加盟国の専門家が紛争解決のための手続及び慣行に関して理解を深めることができるように, これらに関する特別の研修を実施する.

附属書 1

この了解が対象とする協定

(A)　世界貿易機関を設立する協定

(B)　多角的貿易協定

附属書 1 A　物品の貿易に関する多角的協定

附属書 1 B　サービスの貿易に関する一般協定

附属書 1 C　知的所有権の貿易関連の側面に関する協定

附属書 2　紛争解決に係る規則及び手続に関する了解

(C)　複数国間貿易協定

附属書 4　民間航空機貿易に関する協定
政府調達に関する協定
国際酪農品協定
国際牛肉協定

この了解は, 複数国間貿易協定については, 各協定についてのこの了解の適用の条件（附属書 2 に規定する特別又は追加の規則及び手続等）に関し当該協定の締約国が採択する決定に従って適用されるものとし, その決定は, 紛争解決機関に通報される.

附属書 2 ～ 4　（略）

109 投資紛争解決条約（抄）

国家と他の国家の国民との間の投資紛争の解決に関する条約
〔作成〕1965年 3 月18日，ワシントン
〔効力発生〕1966年10月14日／〔日本国〕1967年 9 月16日

ミニ解説：ICSID の現実

投資紛争解決国際センター（ICSID）仲裁手続（投資家対国家）は, 多くの投資保護協定や経済連携協定（EPA）に取り込まれている. 近年, ICSID 仲裁への付託件数は急増しており, 投資家が数百億円といった賠償金を勝ち取る例も多い.

前　文

締約国は,

経済開発のための国際協力の必要性及びこの分野における国際的な民間投資の役割を考慮し,

締約国と他の締約国の国民との間でこの投資に関連して随時紛争が生ずる可能性に留意し,

これらの紛争が通常は国内の訴訟手続に従う

ものであるが，場合によっては，国際的な解決方法も適当であることを認め，

締約国及び他の締約国の国民が，希望するときは，これらの紛争を付託することができる国際的な調停又は仲裁のための施設を利用することができるようになることを特に重視し，

国際復興開発銀行の主唱により前記の施設を設けることを希望し，

前記の施設を通じてこれらの紛争を調停又は仲裁に付託する旨の両当事者の同意が，調停人のいかなる勧告に対しても妥当な考慮を払うこと又はいかなる仲裁判断にも服することが特に要求される拘束力のある合意を構成することを認め，また，

いかなる締約国も，その同意なしに，単にこの条約の批准，受諾又は承認の事実のみによっては，特定の紛争を調停又は仲裁に付託する義務を負うものとはみなされないことを宣言して，

次のとおり協定した．

第1章　投資紛争解決国際センター

第1節　設立及び組織

第1条〔センターの設立，目的〕 (1) 投資紛争解決国際センター（以下「センター」という．）をここに設立する．

(2) センターの目的は，締約国と他の締約国の国民との間の投資紛争をこの条約の規定に従って解決する調停及び仲裁のための施設を提供することである．

第2条〔センターの所在地〕 センターの所在地は，国際復興開発銀行（以下「銀行」という．）の主たる事務所とする．所在地は，理事会がその構成員の3分の2以上の多数をもって採択する決定により，他の場所に移すことができる．

第3条〔センターの構成〕 センターに，理事会及び事務局を設置し，並びに調停人名簿及び仲裁人名簿を常備する．

第4節　調停人名簿及び仲裁人名簿

第12条〔名簿の構成〕 調停人名簿及び仲裁人名簿は，それぞれ，次の規定に従って指名される適格者で，これらの名簿に登載されることを受諾するものをもって構成する．

第13条〔名簿のための指名〕 (1) 各締約国は，各名簿のためにそれぞれ4人を指名することができる．もっとも，それらの者は，当該国の国民であることを要しない．

(2) 議長は，各名簿のためにそれぞれ10人を指名することができる．このようにしていずれか一の名簿のために指名される者は，それぞれ異なる国籍を有する者でなければならない．

第14条〔被指名者の資格〕 (1) 名簿に登載されるために指名される者は，徳望高く，かつ，法律，商業，産業又は金融の分野で有能の名のある者であって，独立の判断力を行使することができると信頼されるものでなければならない．仲裁人名簿に登載される者については，法律の分野で有能であることが特に重要である．

(2) 議長は，さらに，名簿に登載される者を指名するにあたっては，世界の主要法系及び経済活動の主要形態が名簿の上で代表されるように確保することの重要性についても，十分な考慮を払わなければならない．

第15条〔名簿の構成員の任期〕 (1) 名簿の構成員の任期は，6年とし，更新することができる．

(2) 名簿の構成員の死亡又は辞任の場合には，その構成員を指名した当局は，その構成員の残任期間中在任する他の者を指名する権利を有する．

(3) 名簿の構成員は，後任者が指名されるまで在任する．

第16条〔名簿への登載〕 (1) 1人の者が双方の名簿に登載されることができる．

(2) 1人の者が2以上の締約国により又は1若しくは2以上の締約国及び議長により，同一の名簿に登載されるために指名された場合には，その者は，これを最初に指名した当局により指名されたものとみなす．ただし，これらの当局の一がその者の国籍の属する締約国であるときは，その締約国により指名されたものとみなす．

(3) すべての指名は，事務局長に通告されるものとし，その通告が受領された日から効力を生ずる．

第2章　センターの管轄

第25条〔センターの管轄〕 (1) センターの管轄は，締約国（その行政区画又は機関でその締約国がセンターに対して指定するものを含む．）と他の締約国の国民との間で投資から直接生ずる法律上の紛争であって，両紛争当事者がセンターに付託することにつき書面により同意したものに及ぶ．両当事者が同意を与えた後は，いずれの当事者も，一方的にその同意を撤回することはできない．

(2)「他の締約国の国民」とは，次の者をいう．

(a) 両当事者が紛争を調停又は仲裁に付託することに同意した日及び第28条(3)又は第36条(3)の規定に基づいて請求が登録された日に紛争当事者である国以外の締約国の

国籍を有していた自然人．ただし，そのいずれかの日に紛争当事者である締約国の国籍をも有していた者は，含まれない．

(b) 両当事者が紛争を調停又は仲裁に付託することに同意した日に紛争当事者である国以外の締約国の国籍を有していた法人及びその日に紛争当事者である締約国の国籍を有していた法人であって外国人が支配しているために両当事者がこの条約の適用上他の締約国の国民として取り扱うことに合意したもの

(3) 締約国の行政区画又は機関の同意は，その国の承認を必要とする．ただし，その国がその承認を必要としない旨をセンターに通告する場合は，この限りでない．

(4) 締約国は，この条約の批准，受諾若しくは承認の時に，又はその後いつでも，センターの管轄に属させることを考慮し又は考慮しない紛争の種類をセンターに通告することができる．事務局長は，その通告を直ちにすべての締約国に通知する．この通告は，(1)に規定する同意とはならない．

第 26 条〔仲裁への付託同意〕 この条約に基づく仲裁に付託する旨の両当事者の同意は，別段の意思が表示されない限り，他のいかなる救済手段をも排除してその仲裁に付託することの同意とみなされる．締約国は，この条約に基づく仲裁に付託する旨の同意の条件として，その締約国における行政上又は司法上の救済手段を尽くすことを要求することができる．

第 27 条〔仲裁判断の尊重〕 (1) いかなる締約国も，その国民及び他の締約国がこの条約に基づく仲裁に付託することに同意し又は付託した紛争に関し，外交上の保護を与え，又は国家間の請求を行なうことができない．ただし，当該他の締約国がその紛争について行なわれた仲裁判断に服さなかった場合は，この限りでない．

(2) (1)の規定の適用上，外交上の保護には，紛争の解決を容易にすることのみを目的とする非公式の外交上の交渉を含まない．

第 4 章　仲　裁

第 1 節　仲裁の請求

第 36 条〔仲裁手続の開始〕 (1) 仲裁手続を開始することを希望する締約国又は締約国の国民は，事務局長に対し書面によりその旨の請求を行なうものとし，事務局長は，その請求の謄本を他方の当事者に送付する．

(2) 前記の請求は，紛争の争点，両当事者の表示並びに調停及び仲裁の開始のための手続規則に従って仲裁に付託する旨の両当事者の同意に関する情報を含むものとする．

(3) 事務局長は，請求に含まれた情報に基づいて紛争が明らかにセンターの管轄外のものであると認めない限り，その請求を登録する．事務局長は，登録又は登録の拒否を直ちに両当事者に通告する．

第 2 節　裁判所の構成

第 37 条〔裁判所の構成〕 (1) 仲裁裁判所（以下「裁判所」という．）は，第 36 条の規定に基づいて請求が登録された後，できる限りすみやかに構成されなければならない．

(2)(a) 裁判所は，両当事者の合意により任命された単独の仲裁人又は奇数の仲裁人により構成される．

(b) 裁判所は，両当事者が仲裁人の数及びその任命の方法について合意に達しないときは，各当事者が任命する各 1 人の仲裁人と，両当事者の合意により任命され，裁判長となる第三の仲裁人との 3 人の仲裁人により構成される．

第 38 条〔議長による仲裁人の任命〕 議長は，第 36 条(3)の規定に従つて事務局長が請求の登録の通告を発した後 90 日以内又は両当事者が別に合意する期間内に裁判所が構成されなかったときは，いずれか一方の当事者の要請により，かつ，できる限り両当事者と協議した後，まだ任命されていない 1 人又は 2 人以上の仲裁人を任命する．この条の規定に基づいて議長により任命される仲裁人は，紛争当事者である締約国又は紛争当事者の国籍の属する締約国の国民であってはならない．

第 39 条〔過半数の仲裁人の国籍〕 仲裁人の過半数は，紛争当事者である締約国及び紛争当事者の国籍の属する締約国以外の国の国民でなければならない．ただし，単独の仲裁人又は裁判所のすべての構成員が両当事者の合意により任命された場合は，この限りでない．

第 40 条〔名簿以外からの仲裁人の任命〕

(1) 仲裁人は，第 38 条の規定に基づいて議長が任命する場合を除き，仲裁人名簿以外から任命することができる．

(2) 仲裁人名簿以外から任命される仲裁人は，第 14 条(1)に定める資質を有しなければならない．

第 3 節　裁判所の権限及び任務

第 41 条〔裁判所の管轄〕 (1) 裁判所は，自己の管轄について判断するものとする．

(2) 紛争がセンターの管轄に属しない旨又はその他の理由により裁判所の管轄に属しない旨の紛争当事者の抗弁は，裁判所が審理するものとし，裁判所は，これを先決問題として取り扱うか又は紛争の本案に併合させるかを決定する．

第42条〔裁判所が適用する法規〕 (1) 裁判所は，両当事者が合意する法規に従って紛争について決定を行なう．この合意がない場合には，裁判所は，紛争当事者である締約国の法(法の抵触に関するその締約国の規則を含む．)及び該当する国際法の規則を適用するものとする．

(2) 裁判所は，法の沈黙又は法の不明確を理由として裁判拒否の決定を行なってはならない．

(3) (1)及び(2)の規定は，両当事者が合意する場合には，裁判所が衡平及び善に基づき紛争について決定を行なう権限を害するものではない．

第43条〔検証又は調査〕 裁判所は，両当事者が別段の合意をする場合を除き，手続のいかなる段階においても，必要と認めるときは，次のことを行なうことができる．

(a) 当事者に対し文書その他の証拠の提出を要求すること．

(b) 紛争に関連のある場所を検証し，かつ，適当と認める調査をその場所で行なうこと．

第44条〔仲裁手続〕 仲裁手続は，この節の規定及び，両当事者が別段の合意をする場合を除き，両当事者が仲裁への付託に同意した日に効力を有する仲裁規則に従って実施する．裁判所は，この節の規定又は仲裁規則若しくは両当事者が合意する規則に定めのない手続問題が生じたときは，その問題について決定を行なう．

第45条〔欠席当事者に対する措置〕 (1) 一方の当事者が出廷しないか又は自己の立場を表明しないときでも，その当事者は，他方の当事者の主張を認めたものとはみなされない．

(2) 一方の当事者が出廷しないか又は手続のいずれかの段階において自己の立場を表明しないときは，他方の当事者は，裁判所に対し，提出された問題を審理し，仲裁判断を行なうように要請することができる．裁判所は，仲裁判断を行なうに先だち，出廷しなかったか又は自己の立場を表明しなかった当事者に対し通告を行ない，及び猶予期間を与えるものとする．ただし，その当事者が出廷し，又は自己の立場を表明する意思を有しないことが明らかであると認められる場合は，この限りでない．

第46条〔紛争の対象に直接関連ある請求〕 裁判所は，両当事者が別段の合意をする場合を除き，いずれか一方の当事者の要請があるとき a は，紛争の対象に直接関連する附随的な若しくは追加の請求又は反対請求について，それらが両当事者の同意の範囲内にあり，かつ，センターの管轄に属することを条件として，決定を行なうものとする． b

第47条〔保全措置〕 裁判所は，両当事者が別段の合意をする場合を除き，事情により必要と認めるときは，各当事者の権利を保全するために執られるべき保全措置を勧告することができる． c

第4節 仲裁判断

第48条〔仲裁判断〕 (1) 裁判所は，そのすべての構成員の投票の過半数により問題について決定を行なう．

(2) 裁判所の仲裁判断は，書面によるものと d し，賛成の投票を行なった裁判所の構成員がこれに署名するものとする．

(3) 仲裁判断は，裁判所に提出されたすべての問題を処理するものとし，その仲裁判断の基礎となった理由を述べるものとする． e

(4) 裁判所の構成員は，各自の意見（多数意見に同意しないものであるかどうかを問わない．）又はその不同意の表明を仲裁判断に添附することができる．

(5) センターは，両当事者の同意を得ないで仲 f 裁判断を公表してはならない．

第49条〔仲裁判断の認証謄本〕 (1) 事務局長は，仲裁判断の認証謄本をすみやかに両当事者に発送する．仲裁判断は，認証謄本が発送された日に行なわれたものとみなす． g

(2) 裁判所は，仲裁判断が行なわれた日の後45日以内に行なわれるいずれか一方の当事者の要請に基づき，他方の当事者に通告を行なった後，仲裁判断において脱落した問題について決定を行ない，及び仲裁判断における h 書損，違算その他これに類する誤りを訂正する．これらの決定は，仲裁判断の一部となり，それと同じ方法で両当事者に通告される．第51条(2)及び第52条(2)に定める期間は，これらの決定が行なわれた日から起算す i る．

第5節 仲裁判断の解釈，再審及び取消し

第50条〔仲裁判断の解釈〕 (1) 仲裁判断の意味又は範囲に関し当事者間に紛争が生じたときは，いずれの一方の当事者も，事務局長 j にあてた書面により，その仲裁判断の解釈を請求することができる．

(2) その請求は，可能なときは，当該仲裁判断を行なった裁判所に付託する．これが不可能なときは，新たな裁判所がこの章の第2節の k

規定に従って構成される. 裁判所は, 事情により必要と認めるときは, 決定を行なうまで仲裁判断の執行を停止することができる.

第 51 条〔仲裁判断の再審〕 (1) いずれの一方の当事者も, 仲裁判断に決定的な影響を及ぼす性質の事実の発見を理由として, 事務局長にあてた書面により, 仲裁判断の再審を請求することができる. ただし, 仲裁判断が行なわれた時にその事実が裁判所及び再審の請求者に知られておらず, かつ, 再審の請求者がその事実を知らなかったことが過失によらなかった場合に限る.

(2) その請求は, 当該事実の発見の後 90 日以内に行なわなければならず, かつ, いかなる場合にも, 仲裁判断が行なわれた日の後 3 年以内に行なわなければならない.

(3) その請求は, 可能なときは, 当該仲裁判断を行なった裁判所に付託する. これが不可能なときは, 新たな裁判所がこの章の第 2 節の規定に従って構成される.

(4) 裁判所は, 事情により必要と認めるときは, 決定を行なうまで仲裁判断の執行を停止することができる. 再審の請求者がその請求において仲裁判断の執行の停止を要請するときは, 執行は, 裁判所がその要請について裁定を行なうまで暫定的に停止される.

第 52 条〔仲裁判断の取消し〕 (1) いずれの一方の当事者も, 次の一又は二以上の理由に基づき, 事務局長にあてた書面により, 仲裁判断の取消しを請求することができる.

(a) 裁判所が正当に構成されなかったこと.
(b) 裁判所が明らかにその権限をこえていること.
(c) 裁判所の構成員に不正行為があつたこと.
(d) 手続の基本原則からの重大な離反があったこと.
(e) 仲裁判断において, その仲裁判断の基礎となった理由が述べられていないこと.

(2) その請求は, 仲裁判断が行なわれた日の後 120 日以内に行なわなければならない. ただし, その請求は, 不正行為を理由として取消しが請求されるときは, 不正行為の発見の後 120 日以内に行なわなければならず, また, いかなる場合にも, 仲裁判断が行なわれた日の後 3 年以内に行なわなければならない.

(3) 議長は, その請求を受けたときは, 直ちに, 仲裁人名簿のうちから 3 人の者を任命して, 特別委員会を構成する. 特別委員会の委員は, 仲裁判断を行なった裁判所の構成員, これらの構成員と同一の国籍を有する者, 紛争当事国若しくは紛争当事者の国籍の属する国の国民, これらの国のいずれかによって仲裁人名簿のために指名された者又は当該紛争について調停人として行動した者であってはならない. 特別委員会は, (1)に掲げるいずれかの理由により仲裁判断又はその一部の取消しを行なう権限を有する.

(4) 第 41 条から第 45 条まで, 第 48 条, 第 49 条, 第 53 条及び第 54 条並びに第 6 章及び第 7 章の規定は, 特別委員会の手続について準用する.

(5) 特別委員会は, 事情により必要と認めるときは, 決定を行なうまで仲裁判断の執行を停止することができる. 仲裁判断の取消しの請求者がその請求において仲裁判断の執行の停止を要請するときは, 執行は, 特別委員会がその要請について裁定を行なうまで暫定的に停止される.

(6) 仲裁判断が取り消されたときは, 紛争は, いずれか一方の当事者の要請により, この章の第 2 節の規定に従って構成される新たな裁判所に付託されるものとする.

第 6 節　仲裁判断の承認及び執行

第 53 条〔仲裁判断の拘束力〕 (1) 仲裁判断は, 両当事者を拘束し, この条約に規定しないいかなる上訴その他の救済手段も, 許されない. 各当事者は, 執行がこの条約の関係規定に従って停止された場合を除き, 仲裁判断の条項に服さなければならない.

(2) この節の規定の適用上,「仲裁判断」には, 第 50 条, 第 51 条又は第 52 条の規定に基づく仲裁判断の解釈, 再審又は取消しの決定が含まれるものとする.

第 54 条〔仲裁判断の承認及び執行〕 (1) 各締約国は, この条約に従って行なわれた仲裁判断を拘束力があるものとして承認し, また, その仲裁判断を自国の裁判所の確定判決とみなしてその仲裁判断によって課される金銭上の義務をその領域において執行するものとする. 連邦制の締約国は, 連邦裁判所により当該仲裁判断を執行することができ, また, 連邦裁判所が当該仲裁判断を州裁判所の確定判決とみなして取り扱うことを定めることができる.

(2) いずれかの締約国の領域において仲裁判断の承認及び執行を求める当事者は, その締約国がこのために定める管轄裁判所その他権限のある当局に対し, 事務局長により証明された仲裁判断の謄本を提出しなければならない. 各締約国は, このための管轄裁判所その他権限のある当局の指定及びその後日の変更を事務局長に通告する.

(3) 仲裁判断の執行は，執行が求められている領域の属する国で現に適用されている判決の執行に関する法令に従って行なわれる．

第55条〔国の執行からの免除〕 第54条のい
かなる規定も，いずれかの締約国の現行法令で a
その締約国又は外国を執行から免除することに関するものに影響を及ぼすものと解してはならない．

Ⅵ 武力衝突

人が武力を用いることについては，中央政治権力は自国内でその使用を禁止し，刀狩り等によって武力の所有さえ禁止した．国境を越えた武力の使用に関しては，まず，山賊や海賊等私人によるもの，私兵によるものを禁じ，合法的なものを主権者による武力行使に限定し，さらに正当原因による正当戦争に限った．しかし，交戦当事者は互いに正当原因を主張してやまず，武力行使時における害悪を最小限にする方策を探った．これがいわゆる交戦法規に結実した．交戦法規は，戦闘の手段と方法を規律するハーグ法と，戦争犠牲者の保護に関するジュネーヴ法に大別されてきた．

20世紀に入り，ヨーロッパ諸国は，戦争を不意打ちで開始することを良しとせず，開戦を一定の条件下に認めた．そして，「人類の福利と文明」の名の下に，ナポレオン戦争以来の近代的な「戦争の惨害を減殺」するために，従来の交戦規則を法典化した．

その後，両大戦の経験，とくに第２世界大戦が総力戦ということで，無差別攻撃，いわゆる絨毯（じゅうたん）爆撃等が行われ，法的にもこれが許されるという雰囲気が醸（じょう）成され，軍事目標主義が軽視され，多大な損害が生じたこと，またレジスタンス運動が澎湃（ほうはい）として起きたことなどから，文民の保護と軍事目標主義の強化のため1949年にジュネーヴ諸条約の改訂がなされた．しかし，その後の植民地独立運動は熾烈（しれつ）さを極め，近代的軍隊とゲリラ部隊との闘い等武力紛争の形態の多様化，軍事技術の飛躍的発達等新しい課題に適応することが難しく，夥（おびただ）しい死傷者・損害を出した．これらの考慮の上に審議を重ね，ついに1977年，ジュネーヴ諸条約に対する追加議定書が採択され，文民の保護が徹底された．

ジュネーヴ諸条約第１追加議定書は2019年７月末現在世界の174国が当事国で，国際連合安全保障理事会常任理事国では，米国を除く，英，仏，露，中が当事国であり，日本のほか，韓国，北朝鮮も当事国である．同議定書は，文民たる住民と戦闘員，民用物と軍事目標とを常に区別し，軍事目標のみを軍事行動の対象とするべきこと，文民および民用物に対する攻撃を差し控えるよう不断の注意を怠らないこと等を規定している．こうした原則は，単に国家の軍隊のみならず，今日では，派遣される国連の部隊も遵守すべき原則として，国連事務総長によって布告されている．

110 陸戦の法規慣例に関する条約（抄）

〔署名〕1907年10月18日，ハーグ
〔効力発生〕1910年1月26日／〔日本国〕1912年2月12日

ドイツ皇帝プロシア国皇帝陛下〔以下締約国元首名省略〕は，平和を維持し且諸国間の戦争を防止するの方法を講ずると同時に，其の所期に反し避くること能はざる事件の為兵力に訴ふることあるべき場合に付攻究を為すの必要なることを考慮し，斯の如き非常の場合に於ても尚能く人類の福利と文明の駸駸として止むことなき要求とに副はむことを希望し，之が為戦争に関する一般の法規慣例は一層之を精確ならしむるを目的とし，又は成るべく戦争の惨害を減殺すべき制限を設くるを目的として，之を修正するの必要を認め，1874年のブリュッセル会議の後に於て，聡明仁慈なる先見より出てたる前記の思想を体して，陸戦の慣習を制定するを以て目的とする諸条規を採用したる第1回平和会議の事業を或点に於て補充し，且精確にするを必要と判定せり．

締約国の所見に依れは，右条規は，軍事上の必要の許す限，努めて戦争の惨害を軽減するの希望を以て定められたるものにして，交戦者相互間の関係及人民との関係に於て，交戦者の行動の一般の準縄たるべきものとす．

但し，実際に起る一切の場合に普く適用すべき規定は，此の際之を協定し置くこと能はざりしと雖，明文なきの故を以て，規定せられざる総ての場合を軍隊指揮者の擅断に委するは，亦締約国の意思に非ざりしなり．

一層完備したる戦争法規に関する法典の制定せらるるに至る迄は，締約国は，其の採用したる条規に含まれざる場合に於ても，人民及交戦者が依然文明国の間に存立する慣習，人道の法則及公共良心の要求より生ずる国際法の原則の保護及支配の下に立つことを確認するを以て適当と認む．

締約国は，採用せられたる規則の第1条及第2条は，特に右の趣旨を以て之を解すべきものなることを宣言す．

締約国は，之が為新なる条約を締結せむことを欲し，各左の全権委員を任命せり．

（全権委員名省略）

因て各全権委員は，其の良好妥当なりと認められたる委任状を寄託したる後，左の条項を協定せり．

第1条〔陸軍に対する訓令〕 締約国は，其の陸軍軍隊に対し，本条約に附属する陸戦の法規慣例に関する規則に適合する訓令を発すべし．

第2条〔総加入条項〕 第1条に掲けたる規則及本条約の規定は，交戦国が悉く本条約の当事者なるときに限，締約国間にのみ之を適用す．

第3条〔違反〕 前記規則の条項に違反したる交戦当事者は，損害あるときは，之が賠償の責を負ふべきものとす．交戦当事者は，其の軍隊を組成する人員の一切の行為に付責任を負ふ．

条約附属書

陸戦の法規慣例に関する規則

第1款　交戦者

第1章　交戦者の資格

第1条〔民兵と義勇兵〕 戦争の法規及権利義務は，単に之を軍に適用するのみならず，左の条件を具備する民兵及義勇兵団にも亦之を適用す．

1　部下の為に責任を負ふ者其の頭に在ること
2　遠方より認識し得へき固著の特殊徽章を有すること
3　公然兵器を携帯すること
4　其の動作に付戦争の法規慣例を遵守すること

民兵又は義勇兵団を以て軍の全部又は一部を組織する国に在りては，之を軍の名称中に包含す．

第2条〔群民兵〕 占領せられざる地方の人民にして，敵の接近するに当り，第1条に依りて編成を為すの遑なく，侵入軍隊に抗敵する為自ら兵器を操る者か公然兵器を携帯し，且戦争の法規慣例を遵守するときは，之を交戦者と認む．

第3条〔戦闘員と非戦闘員〕 交戦当事者の兵力は，戦闘員及非戦闘員を以て之を編成することを得．敵に捕はれたる場合に於ては，二者均しく俘虜の取扱を受くるの権利を有す．

第2章　俘　虜（略）

第3章　病者及傷者（略）

第2款　戦　闘

第1章　害敵手段，攻囲及砲撃

第22条〔害敵手段の制限〕 交戦者は，害敵手段の選択に付，無制限の権利を有するものに非ず．

第23条〔禁止条項〕 特別の条約を以て定めたる禁止の外，特に禁止するもの左の如し．

イ　毒又は毒を施したる兵器を使用すること
ロ　敵国又は敵軍に属する者を背信の行為を以て殺傷すること
ハ　兵器を捨て又は自衛の手段尽きて降を乞

へる敵を殺傷すること
ニ　助命せざることを宣言すること
ホ　不必要の苦痛を与ふべき兵器, 投射物其の他の物質を使用すること
ヘ　軍使旗, 国旗其の他の軍用の標章, 敵の制服又は「ジェネヴァ」条約の特殊徽章を擅に使用すること
ト　戦争の必要上万已むを得ざる場合を除くの外敵の財産を破壊し又は押収すること
チ　対手当事国国民の権利及訴権の消滅, 停止又は裁判上不受理を宣言すること

交戦者は, 又対手当事国の国民を強制して其の本国に対する作戦動作に加らしむることを得ず. 戦争開始前其の役務に服したる場合と雖亦同じ.

第 24 条〔奇計〕 奇計並敵情及地形探知の為必要なる手段の行使は, 適法と認む.

第 25 条〔防守されない都市の攻撃〕 防守せざる都市, 村落, 住宅又は建物は, 如何なる手段に依るも, 之を攻撃又は砲撃することを得ず.

第 26 条〔砲撃の通告〕 攻撃軍隊の指揮官は, 強襲の場合を除くの外, 砲撃を始むるに先て其の旨官憲に通告する為, 施し得べき一切の手段を尽すべきものとす.

第 27 条〔砲撃の制限〕 攻囲及砲撃を為すに当りては, 宗教, 技芸, 学術及慈善の用に供せらるる建物, 歴史上の紀念建造物, 病院並病者及傷者の収容所は, 同時に軍事上の目的に使用せられざる限, 之をして成るべく損害を免れしむる為, 必要なる一切の手段を執るべきものとす.
被囲者は, 看易き特別の徽章を以て, 右建物又は収容所を表示するの義務を負ふ. 右徽章は予め之を攻囲者に通告すべし.

第 28 条〔略奪〕 都市其の他の地域は, 突撃を以て攻取したる場合と雖, 之を掠奪に委することを得す.

第 2 章　間　諜

第 29 条〔間諜の定義〕 交戦者の作戦地帯内に於て, 対手交戦者に通報するの意思を以て, 隠密に又は虚偽の口実の下に行動して, 情報を蒐集し又は蒐集せむとする者に非ざれば, 之を間諜と認むることを得ず.

故に変装せざる軍人にして情報を蒐集せむが為敵軍の作戦地帯内に進入したる者は, 之を間諜と認めず. 又, 軍人たると否とを問はず, 自国軍又は敵軍に宛てたる通信を伝達するの任務を公然執行する者も亦之を間諜と認めず. 通信を伝達する為, 及総て軍又は地方の各部間の聯絡を通ずる為, 軽気球にて派遣せられたるもの亦同じ.

第 30 条〔間諜の裁判〕 現行中捕へられたる間諜は, 裁判を経るに非ざれは, 之を罰することを得ず.

第 31 条〔前の間諜行為に対する責任〕 一旦所属軍に復帰したる後に至り敵の為に捕へられたる間諜は, 俘虜として取扱はるべく, 前の間諜行為に対しては, 何等の責を負ふことなし.

第 3 章　軍　使

第 32 条〔不可侵権〕 交戦者の一方の命を帯び, 他の一方と交渉する為, 白旗を掲げて来る者は, 之を軍使とす. 軍使並之に随従する喇叭手, 鼓手, 旗手及通訳は不可侵権を有す.

第 33 条〔軍使を受ける義務〕 軍使を差向けられたる部隊長は, 必ずしも之を受くるの義務なきものとす.

部隊長は, 軍使が軍状を探知する為其の使命を利用するを防ぐに必要なる一切の手段を執る事を得.

濫用ありたる場合に於ては, 部隊長は, 一時軍使を抑留することを得.

第 34 条〔背信行為〕 軍使が背信の行為を教唆し, 又は自ら之を行ふ為其の特権ある地位を利用したるの証迹明確なるときは, 其の不可侵権を失ふ.

第 4 章　降伏規約

第 35 条〔軍人の名誉に関する例規〕 締約当事者間に協定せらるる降伏規約には, 軍人の名誉に関する例規を参酌すべきものとす.
降伏規約一旦確定したる上は, 当事者双方に於て厳密に之を遵守すべきものとす.

第 5 章　休　戦

第 36 条〔作戦動作の停止〕 休戦は, 交戦当事者の合意を以て作戦動作を停止す. 若其の期間の定なきときは, 交戦当事者は, 何時にても再び動作を開始することを得. 但し, 休戦の条件に遵依し, 所定の時期に於て其の旨敵に通告すべきものとす.

第 37 条〔全般的と部分的の休戦〕 休戦は, 全般的又は部分的たることを得. 全般的休戦は, 普く交戦国の作戦動作を停止し, 部分的休戦は, 単に特定の地域に於て交戦軍の或部分間に之を停止するものとす.

第 38 条〔通告〕 休戦は, 正式に且適当の時期に於て之を当該官憲及軍隊に通告すべし. 通告の後直に又は所定の時期に至り, 戦闘を停止す.

第 39 条〔人民との関係〕 戦地に於ける交戦者と人民との間及人民相互間の関係を休戦規約の条項中に規定することは, 当事者に一任する

ものとす.

第40条〔違反〕 当事者の一方に於て休戦規約の重大なる違反ありたるときは，他の一方は，規約廃棄の権利を有するのみならず，緊急の場合に於ては，直に戦闘を開始することを得．

第41条〔処罰〕 個人が自己の発意を以て休戦規約の条項に違反したるときは，唯其の違反者の処罰を要求し，且損害ありたる場合に賠償を要求するの権利を生ずるに止るべし．

第3款　敵国の領土に於ける軍の権力

第42条〔占領地域〕 一地方にして事実上敵軍の権力内に帰したるときは，占領せられたるものとす．

占領は右権力を樹立したる且之を行使し得る地域を以て限とす．

第43条〔占領地の法律の尊重〕 国の権力が事実上占領者の手に移りたる上は，占領者は，絶対的の支障なき限，占領地の現行法律を尊重して，成るべく公共の秩序及生活を回復確保する為施し得べき一切の手段を尽すべし．

第44条〔情報提供の強制〕 交戦者は，占領地の人民を強制して他方の交戦者の軍又は其の防禦手段に付情報を供与せしむることを得ず．

第45条〔忠誠の強制〕 占領地の人民は，之を強制して其の敵国に対し忠誠の誓を為さしむることを得ず．

第46条〔私権の尊重〕 家の名誉及権利，個人の生命，私有財産並宗教の信仰及其の遵行は，之を尊重すべし．私有財産は，之を没収することを得ず．

第47条〔略奪の禁止〕 掠奪は，之を厳禁す．

第48条〔租税等の徴収〕 占領者が占領地に於て国の為に定められたる租税，賦課金及通過税を徴収するときは，成るべく現行の賦課規則に依り之を徴収すべし．此の場合に於ては，占領者は，国の政府が支弁したる程度に於て占領地の行政費を支弁するの義務あるものとす．

第49条〔取立金〕 占領者が占領地に於て前条に掲げたる税金以外の取立金を命ずるは，軍又は占領地行政上の需要に応ずる為にする場合に限るものとす．

第50条〔連坐罰〕 人民に対しては，連帯の責ありと認むべからざる個人の行為の為，金銭上其の他の連坐罰を科することを得ず．

第51条〔取立金の徴収方法〕 取立金は，総て総司令官の命令書に依り，且其の責任を持てするに非ざれば，之を徴収することを得ず．

取立金は，成るべく現行の租税賦課規則に依り之を徴収すべし．

一切の取立金に対しては，納付者に領収証を交付すべし．

第52条〔徴発と課役〕 現品徴発及課役は，占領軍の需要の為にするに非ざれば，市区町村又は住民に対して之を要求することを得ず．徴発及課役は，地方の資力に相応し，且人民をして其の本国に対する作戦動作に加るの義務を負はしめざる性質のものたることを要す．

右徴発及課役は，占領地方に於ける指揮官の許可を得るに非ざれば，之を要求することを得ず．

現品の供給に対しては，成るべく即金にて支払ひ，然らざれば領収証を以て之を証明すべく，且成るべく速に之に対する金額の支払を履行すべきものとす．

第53条〔国有動産〕 一地方を占領したる軍は，国の所有に属する現金，基金及有価証券，貯蔵兵器，輸送材料，在庫品及糧秣其の他総て作戦動作に供することを得べき国有動産の外，之を押収することを得ず．

海上法に依り支配せらるる場合を除くの外，陸上，海上及空中に於て報道の伝送又は人若は物の輸送の用に供せらるる一切の機関，貯蔵兵器其の他各種の軍需品は，私人に属するものと雖，之を押収することを得．但し，平和克復に至り，之を還付し，且之か賠償を決定すべきものとす．

第54条〔海底電線〕 占領地と中立地とを連絡する海底電線は，絶対的必要ある場合に非ざれば，之を押収し又は破壊することを得ず．右電線は，平和克復に至り之を還付し，且之が賠償を決定すべきものとす．

第55条〔国有不動産〕 占領国は，敵国に属し占領地に在る公共建物，不動産，森林及農場に付ては，其の管理者及用益権者たるに過ぎざるものなりと考慮し，右財産の基本を保護し，且用益権の法則に依りて之を管理すべし．

第56条〔公有財産の例外〕 市区町村の財産並国に属するものと雖，宗教，慈善，教育，技芸及学術の用に供せらるる建設物は，私有財産と同様に之を取扱ふべし．

右の如き建設物，歴史上の紀念建造物，技芸及学術上の製作品を故意に押収，破壊又は毀損することは，総て禁ぜられ且訴追せらるべきものとす．

111 捕虜条約（抄）

捕虜の待遇に関する1949年8月12日のジュネーヴ条約（第3条約）
〔署名〕1949年8月12日，ジュネーヴ
〔効力発生〕1950年10月21日／〔日本国〕1953年10月21日

前　文（略）

第1編　総　則

第1条〔条約の尊重〕 締約国は，すべての場合において，この条約を尊重し，且つ，この条約の尊重を確保することを約束する．

第2条〔すべての国家間武力紛争及び占領への適用と総加入条項の排除〕 平時に実施すべき規定の外，この条約は，二以上の締約国の間に生ずるすべての宣言された戦争又はその他の武力紛争の場合について，当該締約国の一が戦争状態を承認するとしないとを問わず，適用する．

この条約は，また，一締約国の領域の一部又は全部が占領されたすべての場合について，その占領が武力抵抗を受けると受けないとを問わず，適用する．

紛争当事国の一がこの条約の締約国でない場合にも，締約国たる諸国は，その相互の関係においては，この条約によって拘束されるものとする．更に，それらの諸国は，締約国でない紛争当事国がこの条約の規定を受諾し，且つ，適用するときは，その国との関係においても，この条約によって拘束されるものとする．

第3条〔内乱の場合〕 締約国の一の領域内に生ずる国際的性質を有しない武力紛争の場合には，各紛争当事者は，少なくとも次の規定を適用しなければならない．

(1) 敵対行為に直接に参加しない者（武器を放棄した軍隊の構成員及び病気，負傷，抑留その他の事由により戦闘外に置かれた者を含む．）は，すべての場合において，人種，色，宗教若しくは信条，性別，門地若しくは貧富又はその他類似の基準による不利な差別をしないで人道的に待遇しなければならない．

このため，次の行為は，前記の者については，いかなる場合にも，また，いかなる場所でも禁止する．

(a) 生命及び身体に対する暴行，特に，あらゆる種類の殺人，傷害，虐待及び拷問

(b) 人質

(c) 個人の尊厳に対する侵害，特に，侮辱的で体面を汚す待遇

(d) 正規に構成された裁判所で文明国民が不可欠と認めるすべての裁判上の保障を与えるものの裁判によらない判決の言渡及び刑の執行 a

(2) 傷者及び病者は，収容して看護しなければならない．

赤十字国際委員会のような公平な人道的機関は，その役務を紛争当事者に提供することができる． b

紛争当事者は，また，特別の協定によって，この条約の他の規定の全部又は一部を実施することに努めなければならない．

前記の規定の適用は，紛争当事者の法的地位に影響を及ぼすものではない． c

第4条〔捕虜〕 A　この条約において捕虜とは，次の部類の1に属する者で敵の権力内に陥ったものをいう．

(1) 紛争当事国の軍隊の構成員及びその軍隊の一部をなす民兵隊又は義勇隊の構成員 d

(2) 紛争当事国に属するその他の民兵隊及び義勇隊の構成員（組織的抵抗運動団体の構成員を含む．）で，その領域が占領されているかどうかを問わず，その領域の内外で行動するもの． e 但し，それらの民兵隊又は義勇隊（組織的抵抗運動団体を含む．）は，次の条件を満たすものでなければならない．

(a) 部下について責任を負う1人の者が指揮していること． f

(b) 遠方から認識することができる固着の特殊標章を有すること．

(c) 公然と武器を携行していること．

(d) 戦争の法規及び慣例に従って行動していること． g

(3) 正規の軍隊の構成員で，抑留国が承認していない政府又は当局に忠誠を誓ったもの

(4) 実際には軍隊の構成員でないが軍隊に随伴する者，たとえば，文民たる軍用航空機の乗組員，従軍記者，需品供給者，労務隊員又は h 軍隊の福利機関の構成員等．但し，それらの者がその随伴する軍隊の認可を受けている場合に限る．このため，当該軍隊は，それらの者に附属書のひな型と同様の身分証明書を発給しなければならない． i

(5) 紛争当事国の商船の乗組員（船長，水先人及び見習員を含む．）及び民間航空機の乗組員で，国際法の他のいかなる規定によっても一層有利な待遇の利益を享有することがないもの j

(6) 占領されていない領域の住民で，敵の接近に当り，正規の軍隊を編成する時日がなく，侵入する軍隊に抵抗するために自発的に武器を執るもの．但し，それらの者が公然と武器を携行し，且つ，戦争の法規及び慣例を尊 k

重する場合に限る.

B　次の者も，また，この条約に基いて捕虜として待遇しなければならない.

(1) 被占領国の軍隊に所属する者又は当該軍隊に所属していた者で，特に戦闘に従事している所属軍隊に復帰しようとして失敗した場合又は抑留の目的でされる召喚に応じなかった場合に当該軍隊への所属を理由として占領国が抑留することを必要と認めるもの．その占領国が，その者を捕虜とした後，その占領する領域外で敵対行為が行われていた間にその者を解放したかどうかを問わない.

(2) 本条に掲げる部類の1に属する者で，中立国又は非交戦国が自国の領域内に収容しており，且つ，その国が国際法に基いて抑留することを要求されるもの．但し，それらの者に対しては，その国がそれらの者に与えることを適当と認める一層有利な待遇を与えることを妨げるものではなく，また，第8条，第10条，第15条，第30条第5項，第58条から第67条まで，第92条及び第126条の規定並びに，紛争当事国と前記の中立国又は非交戦国との間に外交関係があるときは，この条約の利益保護国に関する規定を適用しないものとする．前記の外交関係がある場合には，それらの者が属する紛争当事国は，それらの者に対し，この条約で規定する利益保護国の任務を行うことを認められる．但し，当該紛争当事国が外交上及び領事業務上の慣習及び条約に従って通常行う任務を行うことを妨げない.

C　本条は，この条約の第33条に規定する衛生要員及び宗教要員の地位に何らの影響を及ぼすものではない.

第5条〔適用の始期及び終期〕　この条約は，第4条に掲げる者に対し，それらの者が敵の権力内に陥った時から最終的に解放され，且つ，送還される時までの間，適用する.

交戦行為を行って敵の権力内に陥った者が第4条に掲げる部類の1に属するかどうかについて疑が生じた場合には，その者は，その地位が権限のある裁判所によって決定されるまでの間，この条約の保護を享有する.

第6条〔特別協定〕　締約国は，第10条，第23条，第28条，第33条，第60条，第65条，第66条，第67条，第72条，第73条，第75条，第109条，第110条，第118条，第119条，第122条及び第132条に明文で規定する協定の外，別個に規定を設けることを適当と認めるすべての事項について，他の特別協定を締結することができる．いかなる特別協定も，この条約で定める捕虜の地位に不利な影響を及ぼし，又はこの条約で捕虜に与える権利を制限するものであってはならない.

捕虜は，この条約の適用を受ける間は，前記の協定の利益を引き続き享有する．但し，それらの協定に反対の明文規定がある場合又は紛争当事国の一方若しくは他方が捕虜について一層有利な措置を執った場合は，この限りでない.

第7条〔権利放棄の禁止〕　捕虜は，いかなる場合にも，この条約及び，前条に掲げる特別協定があるときは，その協定により保障される権利を部分的にも又は全面的にも放棄することができない.

第8条〔利益保護国〕　この条約は，紛争当事国の利益の保護を任務とする利益保護国の協力により，及びその監視の下に適用されるものとする．このため，利益保護国は，その外交職員又は領事職員の外，自国の国民又は他の中立国の国民の中から代表を任命することができる．それらの代表は，任務を遂行すべき国の承認を得なければならない.

紛争当事国は，利益保護国の代表者又は代表の職務の遂行をできる限り容易にしなければならない.

利益保護国の代表者又は代表は，いかなる場合にも，この条約に基く自己の使命の範囲をこえてはならない．それらの者は，特に，任務を遂行する国の安全上絶対的に必要なことには考慮を払わなければならない.

第9条〔赤十字国際委員会〕　この条約の規定は，赤十字国際委員会その他の公平な人道的団体が捕虜の保護及び救済のため関係紛争当事国の同意を得て行う人道的活動を妨げるものではない.

第10条〔利益保護の確保〕　締約国は，公平及び有効性についてすべての保障をする団体に対し，いつでも，この条約に基く利益保護国の任務を委任することに同意することができる.

捕虜が，理由のいかんを問わず，利益保護国若しくは前項に規定するいずれかの団体の活動による利益を受けない場合又はその利益を受けなくなった場合には，抑留国は，中立国又は同項に規定するいずれかの団体に対し，紛争当事国により指定された利益保護国がこの条約に基いて行う任務を引き受けるように要請しなければならない.

保護が前項により確保されなかったときは，抑留国は，赤十字国際委員会のような人道的団体に対し，利益保護国がこの条約に基いて行う人道的任務を引き受けるように要請し，又は，本条の規定を留保して，その団体による役務の提供の申出を承諾しなければならない.

前記の目的のため当該国の要請を受け, 又は役務の提供を申し出る中立国又は団体は, この条約によって保護される者が属する紛争当事国に対する責任を自覚して行動することを要求され, また, その任務を引き受けて公平にこれを果す能力があることについて充分な保障を与えることを要求されるものとする.

軍事的事件, 特に, 領域の全部又は主要な部分が占領されたことにより, 一時的にでも相手国又はその同盟国と交渉する自由を制限された一国を含む諸国間の特別協定は, 前記の規定とてい触するものであってはならない.

この条約において利益保護国とは, 本条にいう団体をも意味するものとする.

第 11 条〔利益保護国による紛議解決の仲介〕 利益保護国は, この条約によって保護される者の利益のために望ましいと認める場合, 特に, この条約の規定の適用又は解釈に関して紛争当事国の間に紛議がある場合には, その紛議を解決するために仲介をしなければならない.

このため, 各利益保護国は, 紛争当事国の1の要請又は自国の発意により, 紛争当事国に対し, それぞれの代表者, 特に, 捕虜について責任を負う当局ができれば適当に選ばれた中立の地域で会合するように提案することができる. 紛争当事国は, 自国に対するこのための提案に従わなければならない. 利益保護国は, 必要がある場合には, 紛争当事国に対し, その承認を求めるため, 中立国に属する者又は赤十字国際委員会の委任を受けた者で前記の会合に参加するように招請されるものの氏名を提出することができる.

第 2 編　捕虜の一般的保護

第 12 条〔捕虜の待遇の責任〕 捕虜は, 敵国の権力内にあるものとし, これを捕えた個人又は部隊の権力内にあるものではない. 抑留国は, 個人の責任があるかどうかを問わず, 捕虜に与える待遇について責任を負う.

捕虜は, 抑留国が, この条約の締約国に対し, 当該締約国がこの条約を適用する意思及び能力を有することを確認した後にのみ, 移送することができる. 捕虜が前記により移送されたときは, 捕虜を受け入れた国は, 捕虜を自国に抑留している間, この条約を適用する責任を負う.

もっとも, 捕虜を受け入れた国がいずれかの重要な点についてこの条約の規定を実施しなかった場合には, 捕虜を移送した国は, 利益保護国の通告に基いて, その状態を改善するために有効な措置を執り, 又は捕虜の返還を要請しなければならない. この要請には, 従わなければならない.

第 13 条〔捕虜の人道的待遇〕 捕虜は常に人道的に待遇しなければならない. 抑留国の不法の作為又は不作為で, 抑留している捕虜を死に至らしめ, 又はその健康に重大な危険を及ぼすものは, 禁止し, 且つ, この条約の重大な違反と認める. 特に, 捕虜に対しては, 身体の切断又はあらゆる種類の医学的若しくは科学的実験で, その者の医療上正当と認められず, 且つ, その者の利益のために行われるものでないものを行ってはならない.

また, 捕虜は, 常に保護しなければならず, 特に, 暴行又は脅迫並びに侮辱及び公衆の好奇心から保護しなければならない.

捕虜に対する報復措置は, 禁止する.

第 14 条〔捕虜の身体の尊重〕 捕虜は, すべての場合において, その身体及び名誉を尊重される権利を有する.

女子は, 女性に対して払うべきすべての考慮をもって待遇されるものとし, いかなる場合にも, 男子に与える待遇と同等に有利な待遇の利益を受けるものとする.

捕虜は, 捕虜とされた時に有していた完全な私法上の行為能力を保持する. 抑留国は, 捕虜たる身分のためやむを得ない場合を除く外, 当該国の領域の内外においてその行為能力に基く権利の行使を制限してはならない.

第 15 条〔捕虜の給養〕 捕虜を抑留する国は, 無償で, 捕虜を給養し, 及びその健康状態に必要な医療を提供しなければならない.

第 16 条〔平等な待遇〕 階級及び性別に関するこの条約の規定に考慮を払い, また, 健康状態, 年令又は職業上の能力を理由として与えられる有利な待遇を留保して, 捕虜は, すべて, 抑留国が人種, 国籍, 宗教的信条若しくは政治的意見に基く差別又はこれらに類する基準によるその他の差別をしないで均等に待遇しなければならない.

第 3 編　捕虜たる身分

第 1 部　捕虜たる身分の開始

第 17 条〔捕虜の尋問〕 各捕虜は, 尋問を受けた場合には, その氏名, 階級及び生年月日並びに軍の番号, 連隊の番号, 個人番号又は登録番号（それらの番号がないときは, それに相当する事項）については答えなければならない.

捕虜は, 故意に前記の規定に違反したときは, その階級又は地位に応じて与えられる特権に制限を受けることがあるものとする.

各紛争当事国は，その管轄の下にある者で捕虜となることがあるもののすべてに対し，その氏名，階級，軍の番号，連隊の番号，個人番号若しくは登録番号又はそれらの番号に相当する事項及び生年月日を示す身分証明書を発給しなければならない．身分証明書には，更に，本人の署名若しくは指紋又はその双方及び紛争当事国が自国の軍隊に属する者に関し追加することを希望するその他の事項を掲げることができる．身分証明書は，できる限り，縦横がそれぞれ6.5センチメートル及び10センチメートルの規格で2部作成するものとする．捕虜は，要求があった場合には，身分証明書を呈示しなければならない．但し身分証明書は，いかなる場合にも，取り上げてはならない．

捕虜からいかなる種類の情報を得るためにも，これに肉体的又は精神的拷問その他の強制を加えてはならない．回答を拒む捕虜に対しては，脅迫し，侮辱し，又は種類のいかんを問わず不快若しくは不利益な待遇を与えてはならない．

肉体的又は精神的状態によって自己が何者であるかを述べることができない捕虜は，衛生機関に引き渡さなければならない．それらの捕虜が何者であるかは，前項の規定に従うことを留保して，すべての可能な方法によって識別して置かなければならない．

捕虜に対する尋問は，その者が理解する言語で行わなければならない．

第18条〔捕虜の財産〕 すべての個人用品（武器，馬，軍用装具及び軍用書類を除く．）及び金属かぶと，防毒面その他の身体の防護のために交付されている物品は，捕虜が引き続いて所持するものとする．捕虜の衣食のために用いられる物品も，正規の軍用装具に属するかどうかを問わず，捕虜が引き続いて所持するものとする．

捕虜は，常に身分証明書を携帯しなければならない．抑留国は，身分証明書を所持していない捕虜に対しては，これを与えなければならない．

階級及び国籍を示す記章，勲章並びに主として個人的又は感情的価値のみを有する物品は，捕虜から取り上げてはならない．

捕虜が所持する金銭は，将校の命令によってでなければ，且つ，金額及び所持者の詳細を特別の帳簿に記入し，並びに受領証発行人の氏名，階級及び部隊を読みやすく記載した詳細な受領証を発給した後でなければ，取り上げてはならない．抑留国の通貨で有する額又は捕虜の要請により抑留国の通貨に両替した額は，第64条に定めるところにより，捕虜の勘定に貸記しなければならない．

抑留国は，安全を理由とする場合にのみ，捕虜から有価物を取り上げることができる．有価物を取り上げる場合には金銭を取り上げる場合について定める手続と同一の手続を適用しなければならない．

前記の有価物は，捕虜から取り上げた金銭で抑留国の通貨でなく，且つ，所持者からその両替を要請されなかったものとともに，抑留国が保管し，及び捕虜たる身分の終了の際原状で捕虜に返還しなければならない．

第19条〔捕虜の後送〕 捕虜は，捕虜とされた後できる限りすみやかに，戦闘地域から充分に離れた危険の圏外にある地域の収容所に後送しなければならない．　負傷又は病気のため，後送すれば現在地にとどめるよりも大きな危険にさらすこととなる捕虜に限り，これを一時的に危険地帯にとどめることができる．

捕虜は，戦闘地域から後送するまでの間に，不必要に危険にさらしてはならない．

第20条〔後送の条件〕 捕虜の後送は，常に，人道的に，且つ，抑留国の軍隊の移駐の場合に適用される条件と同様の条件で行わなければならない．

抑留国は，後送中の捕虜に対し，食糧及び飲料水を充分に供給し，且つ，必要な被服及び医療上の手当を与えなければならない．抑留国は，捕虜の後送中その安全を確保するために適当なすべての予防措置を執り，且つ，後送される捕虜の名簿をできる限りすみやかに作成しなければならない．

捕虜が後送中に通過収容所を経由しなければならない場合には，その収容所における捕虜の滞在は，できる限り短期間のものとしなければならない．

第2部　捕虜の抑留

第1章　総　則

第21条〔移動の自由の制限〕 抑留国は，捕虜を抑留して置くことができる．抑留国は，捕虜に対し，抑留されている収容所から一定の限界をこえて離れない義務又は，その収容所にさくをめぐらしてある場合には，そのさくの外に出ない義務を課することができる．刑罰及び懲戒罰に関するこの条約の規定を留保し，捕虜は，衛生上の保護のために必要な場合を除く外，拘禁してはならない．この拘禁は，その時の状況により必要とされる期間をこえてはならない．

捕虜は，その属する国の法令により許される限り，宣誓又は約束に基いて不完全又は完全に解放することができる．この措置は，特に，捕虜の健康状態を改善するために役立つ場合に執るものとする．捕虜に対しては，宣誓又は約束に基く解放を受諾することを強制してはならない．

各紛争当事国は，敵対行為が始まったときは，自国民が宣誓又は約束に基いて解放されることを受諾することを許可し，又は禁止する法令を敵国に通告しなければならない．こうして通告された法令に従って宣誓又は約束をした捕虜は，その個人的名誉に基いて，その者が属する国及びその者を捕虜とした国に対して宣誓及び約束に係る約定を果す義務を負う．この場合には，その者が属する国は，宣誓又は約束に反する役務をその者に要求し，また，その者から受けてはならない．

第 22 条〔抑留場所及び抑留条件〕 捕虜は，衛生上及び保健上のすべての保障を与える地上の建物にのみ抑留することができる．捕虜は，捕虜自身の利益になると認められる特別の場合を除く外，懲治所に抑留してはならない．

不健康な地域又は気候が捕虜にとって有害である地域に抑留されている捕虜は，できる限りすみやかに一層気候の良い地域に移さなければならない．

抑留国は，捕虜の国籍，言語及び習慣に応じて，捕虜を２以上の収容所又は収容所内の区画に分類収容しなければならない．但し，捕虜が同意しない限り，その者が捕虜となった時に勤務していた軍隊に属する捕虜と分離してはならない．

第 23 条〔捕虜の安全〕 捕虜は，いかなる場合にも戦闘地域の砲火にさらされる虞のある地域に送り，又は抑留してはならず，捕虜の所在は，特定の地点又は区域が軍事行動の対象とならないようにするために利用してはならない．

捕虜は，現地の住民と同じ程度に空襲その他の戦争の危険に対する避難所を利用する権利を有する．捕虜は，前記の危険からその営舎を防護する作業に従事する者を除く外，警報があった後できる限りすみやかに避難所に入ることができる．住民のために執るその他の防護措置は，捕虜にも適用しなければならない．

抑留国は，利益保護国の仲介により，関係国に対し，捕虜収容所の地理的位置に関するすべての有益な情報を提供しなければならない．

捕虜収容所は，軍事上許される場合にはいつでも，昼間は，空中から明白に識別することができるＰＷ又はＰＧという文字によって表示しなければならない．但し，関係国は，その他の表示の方法についても合意することができる．それらの表示は，捕虜収容所のみに使用するものとする．

第 24 条〔常設通過収容所〕 通過又は審査のための常設的性質を有する収容所には，この部に定める条件と同様の条件で設備を施さなければならず，それらの収容所にある捕虜は，他の収容所にある場合と同一の待遇を受けるものとする．

第 25 条～第 57 条（略）

第４部　捕虜の金銭収入

第 58 条〔現金〕 敵対行為が始まったときは，抑留国は，利益保護国と取極をするまでの間，現金又はそれに類する形式で捕虜が所持することができる最高限度の額を定めることができる．捕虜の正当な所有に属するこれをこえる額で，取り上げられ，又は留置されたものは，捕虜が預託した金銭とともに捕虜の勘定に入れなければならず，また，捕虜の同意を得ないで他の通貨に両替してはならない．

捕虜が収容所外で役務又は物品を購入して現金を支払うことを許される場合には，その支払は，捕虜自身又は収容所の当局が行うものとし，当該捕虜の勘定に借記するものとする．抑留国は，これに関して必要な規則を定めるものとする．

第 59 条〔捕虜から取り上げた現金〕 捕虜となった時に捕虜から第 18 条に従って取り上げた抑留国の通貨たる現金は，この部の第 64 条の規定に従って各捕虜の勘定に貸記しなければならない．

捕虜となった時に捕虜から取り上げたその他の通貨を抑留国の通貨に両替した時も，各捕虜の勘定に貸記しなければならない．

第 60 条〔俸給の前払〕 抑留国は，すべての捕虜に対し，毎月俸給を前払しなければならない．その額は，次の額を抑留国の通貨に換算した額とする．

第１類　軍曹より下の階級の捕虜　８スイス・フラン

第２類　軍曹その他の下士官又はこれに相当する階級の捕虜　12 スイス・フラン

第３類　准士官及び少佐より下の階級の将校又はこれらに相当する階級の捕虜　50 スイス・フラン

第４類　少佐，中佐及び大佐又はこれらに相当する階級の捕虜　60 スイス・フラン

第５類　将官又はこれに相当する階級の捕虜　75 スイス・フラン

もっとも，関係紛争当事国は，特別協定によって，前記の各類の捕虜に対して支払うべき前払の額を改訂することができる．

また，前記の第一項に定める額が，抑留国の

軍隊の俸給に比べて不当に高額である場合又は何らかの理由により抑留国に重大な支障を与える場合には，抑留国は，前記の支払額の改訂のために捕虜が属する国と特別協定を締結するまでの間，

(a) 前記の第1項に定める額を引き続き捕虜の勘定に貸記しなければならず，

(b) 前払の俸給中捕虜の使用に供する額を合理的な額に臨時に制限することができる．但し，その額は，第1類に関しては，抑留国が自国の軍隊の構成員に支給する額よりも低額であってはならない．

前記の制限の理由は，遅滞なく利益保護国に通知するものとする．

第61条〔追加給与〕 抑留国は，捕虜が属する国が捕虜に送付する額を捕虜に対する追加給与として分配することを受諾しなければならない．但し，分配される額が，同一の類の各捕虜について同額であり，当該国に属する同一の類のすべての捕虜に分配され，且つ，できる限りすみやかに第64条の規定に従って各捕虜の勘定に貸記される場合に限る．その追加給与は，抑留国に対し，この条約に基く義務を免除するものではない．

第62条〔労働賃金〕 捕虜に対しては，抑留当局が直接に公正な労働賃金を支払わなければならない．その賃金は，抑留当局が定めるが，いかなる場合にも，1労働日に対し4分の1スイス・フラン未満であってはならない．抑留国は，自国が定めた日給の額を捕虜及び，利益保護国の仲介によって，捕虜が属する国に通知しなければならない．

労働賃金は，収容所の管理，営繕又は維持に関連する任務又は熟練労働若しくは半熟練労働を恒常的に割り当てられている捕虜及び捕虜のための宗教上又は医療上の任務の遂行を要求される捕虜に対し，抑留当局が，同様に支払わなければならない．

捕虜代表並びにその顧問及び補助者の労働賃金は，酒保の利益で維持する基金から支払わなければならない．その賃金の額は，捕虜代表が定め，且つ，収容所長の承認を得なければならない．前記の基金がない場合には，抑留当局は，これらの捕虜に公正な労働賃金を支払わなければならない．

第63条〔賃金の移送〕 捕虜に対しては，個人的又は集団的に当該捕虜にあてて送付された金銭を受領することを許さなければならない．

各捕虜は，抑留国が定める範囲内において，次条に規定する自己の勘定の貸方残高を処分することができるものとし，抑留国は，要請があった支払をしなければならない．捕虜は，また，抑留国が肝要と認める財政上又は通貨上の制限に従うことを条件として，外国へ向けた支払をすることができる．この場合には，抑留国は，捕虜が被扶養者にあてる支払に対して優先権を与えなければならない．

捕虜は，いかなる場合にも，その属する国の同意があったときは，次のようにして自国へ向けた支払をすることができる．すなわち，抑留国は，捕虜が属する国に対し，利益保護国を通じ，捕虜，受領者及び抑留国の通貨で表示した支払額に関するすべての必要な細目を記載した通告書を送付する．この通告書には，当該捕虜が署名し，且つ，収容所長が副署する抑留国は，前記の額を捕虜の勘定に借記し，こうして借記された額は，抑留国が，捕虜が属する国の勘定に貸記する．

抑留国は，前記の規定を適用するため，この条約の第5附属書に掲げるひな型規則を有効に利用することができる．

第64条〔捕虜の勘定〕 抑留国は，各捕虜について，少くとも次の事項を示す勘定を設けなければならない．

(1) 捕虜に支払うべき額，捕虜が俸給の前払若しくは労働賃金として得た額又はその他の源泉から得た額，捕虜から取り上げた抑留国の通貨の額及び捕虜から取り上げた金銭でその要請によって抑留国の通貨に両替したものの額

(2) 現金その他これに類する形式で捕虜に支払われた額，捕虜のためにその要請によって支払われた額及び前条第3項に基いて振り替えられた額

第65条〔勘定の管理〕 捕虜の勘定に記入された各事項については，当該捕虜又はその代理をする捕虜代表が，副署又はかしら字署名をしなければならない．

捕虜に対しては，いつでも，その勘定を閲覧し，及びその写を入手する適当な便益を与えなければならない．その勘定は，利益保護国の代表者が，収容所を訪問した際検査をすることができる．

捕虜を1収容所から他の収容所に移動する場合には，その捕虜の勘定は，その捕虜とともに移転するものとする．捕虜を1抑留国から他の抑留国に移送する場合には，その捕虜の財産たる金銭で前抑留国の通貨でないものは，その捕虜とともに移転するものとする．その捕虜に対しては，その勘定に貸記されている他のすべての金銭の額について証明を発給しなければならない．

関係紛争当事国は，利益保護国を通じて定期的に捕虜の勘定の額を相互に通告するため，協定することができる．

第66条〔勘定の清算〕 捕虜たる身分が解放又は送還によって終了したときは，抑留国は，捕虜たる身分が終了した時における捕虜の貸方残高を示す証明書で抑留国の権限のある将校が署名したものを捕虜に交付しなければならない．抑留国は，また，捕虜が属する国に対し，利益保護国を通じ，送還，解放，逃走，死亡その他の事由で捕虜たる身分が終了したすべての捕虜に関するすべての適当な細目及びそれらの捕虜の貸方残高を示す表を送付しなければならない．その表は，1枚ごとに抑留国の権限のある代表者が証明しなければならない．

本条の前記の規定は，紛争当事国間の相互の協定で変更することができる．

捕虜が属する国は，捕虜たる身分が終了した時に抑留国から捕虜に支払うべき貸方残高を当該捕虜に対して決済する責任を負う．

第67条〔紛争当事国間の清算〕 第60条に従って捕虜に支給される俸給の前払は，捕虜が属する国に代ってされる前払と認める．その俸給の前払並びに第63条第3項及び第68条に基いて当該国が行ったすべての支払は，敵対行為の終了の際，関係国の間の取極の対象としなければならない．

第68条〔補償の請求〕 労働による負傷又はその他の身体障害に関する捕虜の補償の請求は，利益保護国を通じ，捕虜が属する国に対してしなければならない．抑留国は，第54条に従って，いかなる場合にも，負傷又は身体障害について，その性質，それが生じた事情及びそれに与えた医療上の又は病院における処置に関する細目を示す証明書を当該捕虜に交付するものとする．この証明書には，抑留国の責任のある将校が署名し，医療の細目は，軍医が証明するものとする．

第18条に基いて抑留国が取り上げた個人用品，金銭及び有価物で送還の際返還されなかったもの並びに捕虜が被った損害で抑留国又はその機関の責に帰すべき事由によると認められるものに関する捕虜の補償の請求も，捕虜が属する国に対してしなければならない．但し，前記の個人用品で捕虜が捕虜たる身分にある間その使用を必要とするものについては，抑留国がその費用で現物補償しなければならない．抑留国は，いかなる場合にも，前記の個人用品，金銭又は有価物が捕虜に返還されなかった理由に関する入手可能なすべての情報を示す証明書で責任のある将校が署名したものを捕虜に交付するものとする．この証明書の写1通は，第123条に定める中央捕虜情報局を通じ，捕虜が属する国に送付するものとする．

第5部　捕虜と外部との関係

第69条〔措置の通知〕 抑留国は，捕虜がその権力内に陥ったときは，直ちに，捕虜及び，利益保護国を通じ，捕虜が属する国に対し，この部の規定を実施するために執る措置を通知しなければならない．抑留国は，その措置が後に変更されたときは，その変更についても同様に前記の関係者に通知しなければならない．

第70条〔捕虜通知票〕 各捕虜に対しては，その者が，捕虜となった時直ちに，又は収容所（通過収容所を含む．）に到着した後1週間以内に，また，病気になった場合又は病院若しくは他の収容所に移動された場合にもその後1週間以内に，その家族及び第123条に定める中央捕虜情報局に対し，捕虜となった事実，あて名及び健康状態を通知する通知票を直接に送付することができるようにしなければならない．その通知票は，なるべくこの条約の附属のひな型と同様の形式のものでなければならない．その通知票は，できる限りすみやかに送付するものとし，いかなる場合にも，遅延することがあってはならない．

第71条〔通信〕 捕虜に対しては，手紙及び葉書を送付し，及び受領することを許さなければならない．抑留国が各捕虜の発送する手紙及び葉書の数を制限することを必要と認めた場合には，その数は，毎月，手紙2通及び葉書（第70条に定める通知票を除く．）4通より少いものであってはならない．それらの手紙及び葉書は，できる限りこの条約の附属のひな型と同様の形式のものでなければならない．その他の制限は，抑留国が必要な検閲の実施上有能な翻訳者を充分に得ることができないために翻訳に困難をきたし，従って，当該制限を課することが捕虜の利益であると利益保護国が認める場合に限り，課することができる．捕虜にあてた通信が制限されなければならない場合には，その制限は，通常抑留国の要請に基いて，捕虜が属する国のみが命ずることができる．前記の手紙及び葉書は，抑留国が用いることができる最もすみやかな方法で送付するものとし，懲戒の理由で，遅延させ，又は留置してはならない．

長期にわたり家族から消息を得ない捕虜又は家族との間で通常の郵便路線により相互に消息を伝えることができない捕虜及び家族から著しく遠い場所にいる捕虜に対しては，電報を発信することを許さなければならない．その料金は，抑留国における捕虜の勘定に借記し，又は捕虜が処分することができる通貨で支払うものとする．捕虜は，緊急の場合にも，この措置による利益を受けるものとする．

捕虜の通信には，原則として，母国語で書かなければならない．紛争当事国は，その他の言語で通信することを許すことができる．

捕虜の郵便を入れる郵袋は，確実に封印し，且つ，その内容を明示する札を附した上で，名あて郵便局に送付しなければならない．

第 72 条〔救済品の一般原則〕 捕虜に対しては，特に，食糧，被服，医療品及び捕虜の必要を満たす宗教，教育又は娯楽用物品（図書，宗教用品，科学用品，試験用紙，楽器，運動具及び捕虜がその研究又は文化活動をすることを可能にする用品を含む．）を内容とする個人又は集団あての荷物を郵便その他の径路により受領することを許さなければならない．

それらの荷物は，抑留国に対し，この条約で抑留国に課せられる義務を免除するものではない．

前記の荷物に対して課することができる唯一の制限は，利益保護国が捕虜自身の利益のために提案する制限又は赤十字国際委員会その他捕虜に援助を与える団体が運送上の異常な混雑を理由として当該団体自身の荷物に関してのみ提案する制限とする．

個人又は集団あての荷物の発送に関する条件は，必要があるときは，関係国間の特別協定の対象としなければならない．関係国は，いかなる場合にも，捕虜による救済品の受領を遅延させてはならない．図書は，被服又は食糧の荷物の中に入れてはならない．医療品は，原則として，集団あての荷物として送付しなければならない．

第 73 条〔集団あての救済品〕 集団あての救済品の受領及び分配の条件に関して関係国間に特別協定がない場合には，この条約に附属する集団的救済に関する規則を適用しなければならない．

前記の特別協定は，いかなる場合にも，捕虜代表が捕虜にあてられた集団的救済品を保有し，分配し，及び捕虜の利益となるように処分する権利を制限するものであってはならない．

前記の特別協定は，また，利益保護国，赤十字国際委員会又は捕虜に援助を与えるその他の団体で集団あての荷物の伝達について責任を負うものの代表者が受取人に対する当該貨物の分配を監督する権利を制限するものであってはならない．

第 74 条〔課徴金，郵便料金の免除〕 捕虜のためのすべての救済品は，輸入税，税関手数料その他の課徴金を免除される．

捕虜にあてられ，又は捕虜が発送する通信，救済品及び認められた送金で郵便によるものは，直接に送付されると第 122 条に定める捕虜情報局及び第 123 条に定める中央捕虜情報局を通じて送付されるとを問わず，差出国，名あて国及び仲介国において郵便料金を免除される．

捕虜にあてられた救済品が重量その他の理由により郵便で送付することができない場合には，その輸送費は，抑留国の管理の下にあるすべての地域においては，抑留国が負担しなければならない．この条約のその他の締約国は，それぞれの領域における輸送費を負担しなければならない．

関係国間に特別協定がない場合には，前記の救済品の輸送に関連する費用（前記により免除される費用を除く．）は，発送人が負担しなければならない．

締約国は，捕虜が発信し，又は捕虜にあてられる電報の料金をできる限り低額にするように努めなければならない．

第 75 条〔特別の輸送手段〕 軍事行動のため，関係国が第 70 条，第 71 条，第 72 条及び第 77 条に定める送付品の輸送を確保する義務を遂行することができなかった場合には，関係利益保護国，赤十字国際委員会又は紛争当事国が正当に承認したその他の団体は，適当な輸送手段（鉄道車両，自動車，船舶，航空機等）によりその送付品を伝達することを確保するように企画することができる．このため，締約国は，それらのものに前記の輸送手段を提供することに努め，且つ，特に，必要な安導券を与えて輸送手段の使用を許さなければならない．

前記の輸送手段は，次のものの輸送のためにも使用することができる．

(a) 第 123 条に定める中央捕虜情報局と第 122 条に定める各国の捕虜情報局との間で交換される通信，名簿及び報告書

(b) 利益保護国，赤十字国際委員会又は捕虜に援助を与えるその他の団体がその代表又は紛争当事国との間で交換する捕虜に関する通信及び報告書

前記の規定は，紛争当事国が希望した場合に他の輸送手段について取極をする権利を制限するものではなく，また，安導券が相互に同意された条件でその輸送手段に関して与えられることを排除するものでもない．

特別協定がない場合には，輸送手段の使用に要する費用は，それによって利益を得る者の国

籍が属する紛争当事国が，あん分して負担しなければならない．

第76条〔検閲及び検査〕 捕虜にあてられ，又は捕虜が発送する通信の検閲は，できる限りすみやかに行わなければならない．その通信は，差出国及び名あて国のみがそれぞれ1回に限り検閲することができる．

捕虜にあてられた荷物の検査は，その中の物品をそこなう虞のある条件の下で行ってはならない．その検査は，文書又は印刷物の場合を除く外，名あて人又は名あて人が正当に委任した捕虜の立会の下に行わなければならない．捕虜に対する個人又は集団あての荷物の引渡は，検査の困難を理由として遅滞することがあってはならない．

紛争当事国が命ずる通信の禁止は，軍事的理由によるものであると政治的理由によるものであるとを問わず，一時的のものでなければならず，その禁止の期間は，できる限り短いものでなければならない．

第77条〔法律文書〕 抑留国は，捕虜にあてられ，又は捕虜が発送する証書，文書及び記録，特に，委任状及び遺言状が利益保護国又は第123条に定める中央捕虜情報局を通じて伝達されるように，すべての便益を提供しなければならない．

抑留国は，いかなる場合にも，前記の書類の作成について捕虜に便益を与えなければならない．特に，抑留国は，捕虜が法律家に依頼することを許さなければならず，また，捕虜の署名の認証のため必要な措置を執らなければならない．

第6部 捕虜と当局との関係

第1章 抑留条件に関する捕虜の苦情

第78条〔苦情及び要請〕 捕虜は，自己を権力内に有する軍当局に対し，抑留条件に関する要請を申し立てる権利を有する．

捕虜は，また，その抑留条件に関して苦情を申し立てようとする事項に対して利益保護国の代表者の注意を喚起するため，捕虜代表を通じ，又は必要と認めるときは直接に，利益保護国の代表者に対して申入れをする権利を無制限に有する．

前記の要請及び苦情は，制限してはならず，また，第71条に定める通信の割当数の1部を構成するものと認めてはならない．この要請及び苦情は，直ちに伝達しなければならない．この要請及び苦情は，理由がないと認められた場合にも，処罰の理由としてはならない．

捕虜代表は，利益保護国の代表者に対し，収容所の状態及び捕虜の要請に関する定期的報告をすることができる．

第2章 捕虜代表

第79条〔選挙〕 捕虜は，捕虜が収容されているすべての場所（将校が収容されている場所を除く．）において，軍当局，利益保護国，赤十字国際委員会及び捕虜を援助するその他の団体に対して捕虜を代表することを委任される捕虜代表を，6箇月ごとに及び欠員を生じたつど，自由に秘密投票で選挙しなければならない．この捕虜代表は，再選されることができる．

将校及びこれに相当する者の収容所又は混合収容所では，捕虜中の先任将校をその収容所の捕虜代表と認める．将校の収容所では，捕虜代表は，将校により選ばれた1人又は2人以上の顧問によって補助されるものとする．混合収容所では，捕虜代表の補助者は，将校でない捕虜の中から選ばなければならず，また，将校でない捕虜によって選挙されたものでなければならない．

収容所の管理に関する任務で捕虜が責任を負うものを遂行するため，捕虜の労働収容所には，同一の国籍を有する捕虜たる将校を置かなければならない．これらの将校は，本条第1項に基いて捕虜代表として選挙されることができる．この場合には，捕虜代表の補助者は，将校でない捕虜の中から選ばなければならない．

選挙された捕虜代表は，すべて，その任務につく前に抑留国の承認を得なければならない．抑留国は，捕虜により選挙された捕虜代表について承認を拒否したときは，その拒否の理由を利益保護国に通知しなければならない．

捕虜代表は，いかなる場合にも，自己が代表する捕虜と同一の国籍，言語及び慣習の者でなければならない．国籍，言語及び慣習に従って収容所の異なる区画に収容された捕虜は，こうして，前各項に従って各区画ごとにそれぞれの捕虜代表を有するものとする．

第80条〔任務〕 捕虜代表は，捕虜の肉体的，精神的及び知的福祉のために貢献しなければならない．

特に，捕虜がその相互の間で相互扶助の制度を組織することに決定した場合には，この組織は，この条約の他の規定によって捕虜代表に委任される特別の任務とは別に，捕虜代表の権限に属するものとする．

捕虜代表は，その任務のみを理由としては，捕虜が犯した罪について責任を負うものではない．

第 81 条〔特権〕 捕虜代表に対しては，その任務の遂行が他の労働によって一層困難となるときは，他の労働を強制してはならない．

捕虜代表は，その必要とする補助者を捕虜の中から指名することができる．捕虜代表に対しては，すべての物質的便益，特に，その任務の達成のために必要なある程度の行動の自由（労働分遣所の訪問，需品の受領等）を許さなければならない．

捕虜代表に対しては，捕虜が抑留されている施設を訪問することを許さなければならない．各捕虜は，その捕虜代表と自由に協議する権利を有する．

捕虜代表に対しては，また，抑留国の当局，利益保護国及び赤十字国際委員会並びにそれらの代表，混成医療委員会並びに捕虜を援助する団体と郵便及び電信で通信するためのすべての便益を与えなければならない．労働分遣所の捕虜代表は，主たる収容所の捕虜代表と通信するため，同一の便益を享有する．この通信は，制限してはならず，また，第 71 条に定める割当数の一部を構成するものと認めてはならない．

移動される捕虜代表に対しては，その事務を後任者に引き継ぐための充分な時間を与えなければならない．

捕虜代表が解任された場合には，その理由は，利益保護国に通知しなければならない．

第 3 章　刑罰及び懲戒罰

I　総　則

第 82 条〔適用法令〕 捕虜は，抑留国の軍隊に適用される法律，規則及び命令に服さなければならない．抑留国は，その法律，規則及び命令に対する捕虜の違反行為について司法上又は懲戒上の措置を執ることができる．但し，その手続又は処罰は，本章の規定に反するものであってはならない．

抑留国の法律，規則又は命令が，捕虜が行った一定の行為について処罰すべきものと定めている場合において，抑留国の軍隊の構成員が行った同一の行為については処罰すべきものでないときは，その行為については，懲戒罰のみを科することができる．

第 83 条〔懲戒，司法手続〕 抑留国は，捕虜が行ったと認められる違反行為に対する処罰が司法上又は懲戒上の手続のいずれによるべきかを決定するに当っては，権限のある当局が最大の寛容を示し，且つ，できる限り司法上の措置よりも懲戒上の措置を執ることを確保しなければならない．

第 84 条〔裁判所〕 捕虜は，軍事裁判のみが裁判することができる．但し，非軍事裁判所が，捕虜が犯したと主張されている当該違反行為と同一の行為に関して抑留国の軍隊の構成員を裁判することが抑留国の現行の法令によって明白に認められている場合は，この限りでない．

捕虜は，いかなる場合にも，裁判所のいかんを問わず，一般に認められた独立及び公平についての不可欠な保障を与えない裁判所，特に，その手続が第 105 条に定める防ぎょの権利及び手段を被告人に与えない裁判所では，裁判してはならない．

第 85 条〔捕虜となる前の違反行為〕 捕虜とされる前に行った行為について抑留国の法令に従って訴追された捕虜は，この条約の利益を引き続き享有する．有罪の判決を受けても，同様である．

第 86 条〔一事不再理〕 捕虜は，同一の行為又は同一の犯罪事実については，重ねて処罰することができない．

第 87 条〔刑罰〕 抑留国の軍当局及び裁判所は，捕虜に対しては，同一の行為を行った抑留国の軍隊の構成員に関して規定された刑罰以外の刑罰を科してはならない．

抑留国の裁判所又は当局は，刑罰を決定するに当っては，被告人が抑留国の国民ではなくて同国に対し忠誠の義務を負わない事実及び被告人がその意思に関係のない事情によって抑留国の権力内にある事実をできる限り考慮に入れなければならない．前記の裁判所又は当局は，捕虜が訴追された違反行為に関して定める刑罰を自由に軽減することができるものとし，従って，このためには，所定の最も軽い刑罰にかかわりなく刑罰を科することができる．

個人の行為に関して集団に科する刑罰，肉体に加える刑罰，日光が入らない場所における拘禁及び一般にあらゆる種類の拷問又は残虐行為は，禁止する．

抑留国は，捕虜の階級を奪ってはならず，また，捕虜の階級章の着用を妨げてはならない．

第 88 条〔刑罰の執行〕 懲戒罰又は刑罰に服する捕虜たる将校，下士官及び兵に対しては，同一の罰に関して抑留国の軍隊の同等の階級に属する構成員に適用される待遇よりもきびしい待遇を与えてはならない．

女子の捕虜に対しては，抑留国の軍隊の構成員たる女子が同様の違反行為について受けるところよりも，きびしい罰を科してはならず，又はきびしい待遇を罰に服する間与えてはならない．

女子の捕虜に対しては，いかなる場合にも，抑留国の軍隊の構成員たる男子が同様の違反行為について受けるところよりも，きびしい罰を科してはならず，又はきびしい待遇を罰に服する間与えてはならない．

捕虜は，懲戒罰又は刑罰に服した後は，他の捕虜と差別して待遇してはならない．

Ⅱ　懲戒罰

第 89 条〔懲戒罰の形式〕　捕虜に対して科することができる懲戒罰は，次のものとする．

(1) 30 日以内の期間について行う，第 60 条及び第 62 条の規定に基いて捕虜が受領すべき前払の俸給及び労働賃金の 100 分の 50 以下の減給
(2) この条約で定める待遇以外に与えられている特権の停止
(3) 1 日につき 2 時間以内の労役
(4) 拘置

(3)に定める罰は，将校には科さないものとする．

懲戒罰は，いかなる場合にも，非人道的なもの，残虐なもの又は捕虜の健康を害するものであってはならない．

第 90 条〔懲戒罰の期間〕　1 の懲戒罰の期間は，いかなる場合にも，30 日をこえてはならない．紀律に対する違反行為に関する審問又は懲戒の決定があるまでの間における拘禁の期間は，捕虜に言い渡す本罰に通算しなければならない．

捕虜が懲戒の決定を受ける場合において，同時に 2 以上の行為について責任を問われているときでも，それらの行為の間に関連があるかどうかを問わず，前記の 30 日の最大限度は，こえてはならない．

懲戒の言渡と執行との間の期間は，1 箇月をこえてはならない．

捕虜について重ねて懲戒の決定があった場合において，いずれかの懲戒罰の期間が 10 日以上であるときは，いずれの 2 の懲戒についても，その執行の間には，少くとも 3 日の期間を置かなければならない．

第 91 条〔成功した逃走〕　捕虜の逃走は，次の場合には，成功したものと認める．

(1) 捕虜がその属する国又はその同盟国の軍隊に帰着した場合
(2) 捕虜が抑留国又はその同盟国の支配下にある地域を去った場合
(3) 捕虜がその属する国又はその同盟国の国旗を掲げる船舶で抑留国の領水内にあるものに帰着した場合．但し，その船舶が抑留国の支配下にある場合を除く．

本条の意味における逃走に成功した後に再び捕虜とされた者に対しては，以前の逃走について罰を科してはならない．

第 92 条〔不成功の逃走〕　逃走を企てた捕虜で第 91 条の意味における逃走に成功する前に再び捕虜とされたものに対しては，その行為が重ねて行われたものであるとないとを問わず，その行為については懲戒罰のみを科することができる．

再び捕虜とされた者は，権限のある軍当局に遅滞なく引き渡さなければならない．

第 88 条第 4 項の規定にかかわらず，成功しなかった逃走の結果として処罰された捕虜は，特別の監視の下に置くことができる．その監視は，捕虜の健康状態を害するものであってはならず，捕虜収容所内で行われるものでなければならず，また，この条約によって捕虜に与えられる保護のいずれをも排除するものであってはならない．

第 93 条〔関連の違反行為〕　逃走又は逃走の企図は，その行為が重ねて行われたものであるとないとを問わず，捕虜が逃走中又は逃走の企図中に行った犯罪行為について司法手続による裁判に付されたときに刑を加重する情状と認めてはならない．

捕虜が逃走を容易にする意思のみをもって行った違反行為で生命及び身体に対する暴行を伴わないもの，たとえば，公の財産に対して行った違反行為，利得の意思を伴わない盗取，偽造文書の作成又は行使，軍服以外の被服の着用等については，第 83 条に掲げる原則に従って懲戒罰のみを科することができる．

逃走又は逃走の企図をほう助し，又はそそのかした捕虜に対しては，その行為について懲戒罰のみを科することができる．

第 94 条〔再び捕虜とした旨の通知〕　逃走した捕虜が再び捕虜とされた場合にはその事実については，第 122 条に定めるところにより，捕虜が属する国に通告しなければならない．但し，その逃走が既に通告されているときに限る．

第 95 条〔懲戒決定までの拘禁〕　紀律に対する違反行為について責任を問われた捕虜は，抑留国の軍隊の構成員が同様の違反行為について責任を問われたとき同様に拘禁される場合又は収容所の秩序及び紀律の維持のために必要とされる場合を除く外，懲戒の決定があるまでの間，拘禁してはならない．

紀律に対する違反行為についての処分があるまでの間における捕虜の拘禁の期間は，最少限度としなければならず，また，14 日をこえてはならない．

本章第 97 条及び第 98 条の規定は，紀律に対する違反行為についての処分があるまでの間に拘禁されている捕虜に適用する．

第96条〔権限ある当局〕 紀律に対する違反行為を構成する行為は，直ちに調査しなければならない．

懲戒罰は，収容所長の資格で懲戒権を有する将校又はその代理をし，若しくはその懲戒権を委任される責任のある将校のみが，言い渡すことができる．但し，裁判所及び上級の軍当局の権限を害するものではない．

懲戒権は，いかなる場合にも，捕虜に委任され，又は捕虜により行使されてはならない．

違反行為の責任を問われた捕虜に対しては，懲戒の決定の言渡の前に，責任を問われた違反行為に関する正確な情報を告げ，且つ，当該捕虜が自己の行為を弁明し，及び自己を防ぎょする機会を与えなければならない．その捕虜に対しては，特に，証人の喚問を求めること及び必要があるときは資格のある通訳人に通訳させることを許さなければならない．決定は，当該捕虜及び捕虜代表に対して告知しなければならない．

懲戒の記録は，収容所長が保存し，且つ，利益保護国の代表者の閲覧に供しなければならない．

第97条〔懲戒罰の執行場所〕 捕虜は，いかなる場合にも，懲治施設（監獄，懲治所，徒刑場等）に移動して懲戒罰に服させてはならない．

捕虜を懲戒罰に服させるすべての場所は，第25条に掲げる衛生上の要件を満たすものでなければならない．懲戒罰に服する捕虜については，第29条の規定に従って，清潔な状態を保つことができるようにしなければならない．

将校及びこれに相当する者は，下士官又は兵と同一の場所に拘禁してはならない．

懲戒罰に服する女子の捕虜は，男子の捕虜と分離した場所に拘禁し，且つ，女子の直接の監視の下に置かなければならない．

第98条〔重要な保障〕 懲戒罰として拘禁される捕虜は，拘禁された事実だけでこの条約の規定の適用が必然的に不可能となった場合を除く外，引き続きこの条約の規定の利益を享有する．第78条及び第126条の規定の利益は，いかなる場合にも，その捕虜から奪ってはならない．

懲戒罰に服する捕虜からは，その階級に伴う特権を奪ってはならない．

懲戒罰に服する捕虜に対しては，1日に少くとも2時間，運動し，及び戸外にあることを許さなければならない．

それらの捕虜に対して，その請求があったときは，日日の検診を受けることを許さなければならない．それらの捕虜は，その健康状態により必要とされる治療を受けるものとし，また，必要がある場合には，収容所の病室又は病院に移されるものとする．

それらの捕虜に対しては，読むこと，書くこと及び信書を発受することを許さなければならない．但し，送付を受けた小包及び金銭は，処置が終了するまでの間，留置することができる．その間は，送付を受けた小包及び金銭は，捕虜代表に委託しなければならず，捕虜代表は，その荷物の中にある変敗しやすい物を病室に引き渡さなければならない．

III 司法手続

第99条〔一般原則〕 捕虜は，実行の時に効力があった抑留国の法令又は国際法によって禁止されていなかった行為については，これを裁判に付し，又はこれに刑罰を科してはならない．

捕虜に対しては，責任を問われた行為について有罪であると認めさせるために精神的又は肉体的強制を加えてはならない．

捕虜は，防ぎょ方法を提出する機会を与えられ，且つ，資格のある弁護人の援助を受けた後でなければ，これに対して有罪の判決をしてはならない．

第100条〔死刑〕 捕虜及び利益保護国に対しては，抑留国の法令に基いて死刑を科することができる犯罪行為について，できる限りすみやかに通知しなければならない．

その他の犯罪行為は，その後は，捕虜が属する国の同意を得ないでは，死刑を科することができる犯罪行為としてはならない．

死刑の判決は，第87条第2項に従って，被告人が抑留国の国民ではなくて同国に対し忠誠の義務を負わない事実及び被告人がその意思に関係のない事情によって抑留国の権力内にある事実を裁判所が特に留意した後でなければ，捕虜に言い渡してはならない．

第101条〔死刑執行までの期間〕 捕虜に対して死刑の判決の言渡があった場合には，その判決は，利益保護国が第107条に定める詳細な通告を指定のあて先で受領した日から少くとも6箇月の期間が経過する前に執行してはならない．

第102条〔判決の有効条件〕 捕虜に対して言い渡された判決は，抑留国の軍隊の構成員の場合と同一の裁判所により同一の手続に従って行われ，且つ，本章の規定が遵守された場合でなければ，効力を有しない．

第103条〔裁判までの勾留〕 捕虜に関する司法上の取調は，事情が許す限りすみやかに，且つ，裁判ができる限りすみやかに開始されるように，行わなければならない．捕虜は，抑留国の軍隊の構成員が同様の犯罪行為について責任を問われれば勾留される場合又は国の安全上その勾留を必要とする場合を除く外, 裁判があるまでの間, 勾留してはならない. いかなる場合にも, この勾留の期間は, 3箇月をこえてはならない.

裁判があるまでの間に捕虜が勾留された期間は, 当該捕虜に科する拘禁の本刑に通算しなければならず, また, 刑の決定に当って考慮に入れなければならない.

本章第97条及び第98条の規定は, 裁判があるまでの間において勾留される捕虜に適用する.

第104条〔手続の通知〕 抑留国は, 捕虜について司法手続を開始することに決定した場合には, 利益保護国に対し, できる限りすみやかに, 且つ, 少くとも裁判の開始の3週間前に, その旨を通知しなければならない. この3週間の期間は, その通知が, 利益保護国があらかじめ抑留国に対して指定したあて先において利益保護国に到達した日から起算する.

前記の通知書には, 次の事項を掲げなければならない.

(1) 捕虜の氏名, 階級, 軍の番号, 連隊の番号, 個人番号又は登録番号, 生年月日及び職業
(2) 抑留又は勾留の場所
(3) 捕虜に関する公訴事実の細目及び適用される法令の規定
(4) 事件を裁判する裁判所並びに裁判の開始の期日及び場所

抑留国は, 捕虜代表に対しても同一の通知をしなければならない.

利益保護国, 当該捕虜及び関係のある捕虜代表が裁判の開始の少くとも3週間前に前記の通知を受領した旨の証拠が裁判の開始に当って提出されなかった場合には, 裁判は, 開始してはならず, 延期しなければならない.

第105条〔防御の権利〕 捕虜は, 同僚の捕虜の1人に補佐を受け, 防ぎょのため資格のある弁護人を選任し, 証人の喚問を求め, 及び必要と認めるときは有能な通訳人に通訳をさせる権利を有する. 抑留国は, 捕虜に対し, 裁判の開始前の適当な時期に, これらの権利を有する旨を告げなければならない.

利益保護国は, 捕虜が弁護人を選任しなかった場合には, 捕虜に弁護人を附さなければならない. このため, 利益保護国には, 少くとも1週間の猶予期間を与えなければならない. 抑留国は, 利益保護国の請求があったときは, これに弁護人たる資格のある者の名簿を交付しなければならない. 抑留国は, 捕虜及び利益保護国が弁護人を選任しなかった場合には, 防ぎょに当らせるため, 資格のある弁護人を指名しなければならない.

捕虜の防ぎょに当る弁護人に対しては, 被告人の防ぎょの準備をさせるため, 裁判の開始前に少くとも2週間の猶予期間を与え, 及び必要な便益を与えなければならない. この弁護人は, 特に, 自由に被告人を訪問し, 且つ, 立会人なしで被告人と接見することができる. この弁護人は, また防ぎょのために証人（捕虜を含む.）と協議することができる. この弁護人は, 不服申立又は請願の期間が満了するまでの間, 前記の便益を享有する.

捕虜に関する起訴状及び抑留国の軍隊に適用される法令に従って通常被告人に送達される書類は, 捕虜が理解する言語で記載して, 裁判の開始前に充分に早く被告人たる捕虜に送達しなければならない. 捕虜の防ぎょに当る弁護人に対しても, 同一の条件で同一の送達をしなければならない.

利益保護国の代表者は, 事件の裁判に立ち会う権利を有する. 但し, 例外的に国の安全のため裁判が非公開で行われる場合は, この限りでない. この場合には, 抑留国は, 利益保護国にその旨を通知しなければならない.

第106条〔不服申立〕 各捕虜は, 自己について言い渡された判決に関しては, 抑留国の軍隊の構成員と同様に, 判決の破棄若しくは訂正又は再審を請求するため不服を申し立て, 又は請願をする権利を有する. その捕虜に対しては, 不服申立又は請願の権利及びこれを行使することができる期間について完全に告げなければならない.

第107条〔判決の通知〕 捕虜について言い渡された判決は, その概要の通知書により, 直ちに利益保護国に対して通知しなければならない. その通知書には, 捕虜が判決の破棄若しくは訂正又は再審を請求するため不服を申し立て, 又は請願をする権利を有するかどうかをも記載しなければならない. その通知書は, 関係のある捕虜代表に対しても交付しなければならない. その通知書は, 捕虜が出頭しないで判決が言い渡されたときは, 被告人たる捕虜に対しても, 当該捕虜が理解する言語で記載して交付しなければならない. 抑留国は, また, 利益保護国に対し, 不服申立又は請願の権利を行使するかどうかについての捕虜の決定を直ちに通知しなければならない.

更に, 捕虜に対する有罪の判決が確定した場合及び捕虜に対し第1審判決で死刑の言渡があった場合には, 抑留国は, 利益保護国に対し, 次の事項を記載する詳細な通知書をできる

限りすみやかに送付しなければならない.
(1) 事実認定及び判決の正確な本文
(2) 予備的な取調及び裁判に関する概要の報告で特に訴追及び防ぎょの要点を明示するもの
(3) 必要がある場合には, 刑を執行する営造物

前各号に定める通知は, 利益保護国があらかじめ抑留国に通知したあて名にあてて利益保護国に送付しなければならない.

第108条〔刑の執行, 執行規則〕 適法に確定した有罪の判決により捕虜に対して言い渡した刑は, 抑留国の軍隊の構成員の場合と同一の営造物において同一の条件で執行しなければならない. この条件は, いかなる場合にも, 衛生上及び人道上の要件を満たすものでなければならない.

前記の刑を言い渡された女子の捕虜は, 分離した場所に拘禁し, 且つ, 女子の監視の下に置かなければならない.

自由刑を言い渡された捕虜は, いかなる場合にも, この条約の第78条及び第126条の規定による利益を引き続いて享有する. 更に, それらの捕虜は, 通信を発受し, 毎月少くとも1個の救済小包を受領し, 規則的に戸外で運動し, 並びにその健康状態により必要とされる医療及び希望する宗教上の援助を受けることを許されるものとする. それらの捕虜に科せられる刑罰は, 第87条第3項の規定に従うものでなければならない.

第4編　捕虜たる身分の終了

第1部　直接送還及び中立国における入院

第109条〔一般的観察〕 本条第3項の規定を留保して, 紛争当事国は, 重傷及び重病の捕虜を, その数及び階級のいかんを問わず, 輸送に適する状態になるまで治療した後次条第1項に従って本国に送還しなければならない.

紛争当事国は, 敵対行為の期間を通じて, 関係中立国の協力により, 次条第2項に掲げる傷者又は病者たる捕虜の中立国における入院について措置を執ることに努めなければならない. 更に, 紛争当事国は, 長期間にわたり捕虜たる身分にあった健康な捕虜の直接送還又は中立国における抑留について協定を締結することができる.

本条第1項に基いて送還の対象となる傷者又は病者たる捕虜は, 敵対行為の期間中は, その意思に反して送還してはならない.

第110条〔送還及び入院〕 次の者は, 直接に送還しなければならない.
(1) 不治の傷者及び病者で, 精神的又は肉体的機能が著しく減退したと認められるもの
(2) 1年以内に回復する見込がないと医学的に診断される傷者及び病者で, その状態が療養を必要としており, 且つ, 精神的又は肉体的機能が著しく減退したと認められるもの
(3) 回復した傷者及び病者で, 精神的又は肉体的機能が著しく, 且つ, 永久的に減退したと認められるもの

次の者は, 中立国において入院させることができる.
(1) 負傷又は発病の日から1年以内に回復すると予想される傷者又は病者で, 中立国で療養すれば一層確実且つ迅速に回復すると認められるもの
(2) 引き続き捕虜たる身分にあれば精神又は肉体の健康に著しく危険があると医学的に診断される捕虜で, 中立国で入院すればこの危険が除かれると認められるもの

中立国で入院した捕虜が送還されるために満たすべき条件及びそれらの捕虜の地位は, 関係国間の協定で定めなければならない. 一般に中立国で入院した捕虜で次の部類に属するものは, 送還しなければならない.
(1) 健康状態が直接送還について定めた条件を満たす程度に悪化した者
(2) 精神的又は肉体的機能が療養後も著しく害されている者

直接送還又は中立国における入院の理由となる障害又は疾病の種類を決定するための特別協定が関係紛争当事国間に締結されていない場合には, それらの種類は, この条約に附属する傷者及び病者たる捕虜の直接送還及び中立国における入院に関するひな型協定並びに混成医療委員会に関する規則に定める原則に従って定めなければならない.

第111条〔中立国における抑留〕 抑留国及び捕虜が属する国並びにその2国が合意した中立国は, 敵対行為が終了するまでの間その中立国の領域内に捕虜を抑留することができるようにする協定の締結に努めなければならない.

第112条〔混成医療委員会〕 敵対行為が生じたときは, 傷者及び病者たる捕虜を診察し, 並びにその捕虜に関して適当なすべての決定をさせるため, 混成医療委員会を任命しなければならない. 混成医療委員会の任命, 任務及び活動については, この条約に附属する規則で定めるところによる.

もっとも, 抑留国の医療当局が明白に重傷又は重病であると認めた捕虜は, 混成医療委員会

の診察を要しないで送還することができる.

第113条〔診療を受ける権利〕 抑留国の医療当局が指定した捕虜の外,次の部類に属する傷者又は病者たる捕虜は,前条に定める混成医療委員会の診察を受ける権利を有する.

(1) 同一の国籍を有する医師又は当該捕虜が属する国の同盟国たる紛争当事国の国民である医師で収容所内でその任務を行うものが指定した傷者及び病者

(2) 捕虜代表が指定した傷者及び病者

(3) その属する国又は捕虜に援助を与える団体でその国が正当に承認したものにより指定された傷者及び病者

もっとも,前記の3部類の1に属しない捕虜も,それらの部類に属する者の診察後は,混成医療委員会の診察を受けることができる.

混成医療委員会の診察を受ける捕虜と同一の国籍を有する医師及び捕虜代表に対しては,その診察に立ち会うことを許さなければならない.

第114条〔災害を受けた捕虜〕 災害を被った捕虜は,故意に傷害を受けた場合を除く外,送還又は中立国における入院に関してこの条約の規定の利益を享有する.

第115条〔判決に服している捕虜〕 懲戒罰を科せられている捕虜で送還又は中立国における入院の条件に適合するものは,その捕虜がその罰を受け終っていないことを理由として抑留して置いてはならない.

訴追され,又は有罪の判決を言い渡された捕虜で送還又は中立国における入院を指定されたものは,抑留国が同意したときは,司法手続又は刑の執行を終る前の送還又は中立国における入院の利益を享有する.

紛争当事国は,司法手続又は刑の執行を終るまでの間抑留される捕虜の氏名を相互に通知しなければならない.

第116条〔送還の費用〕 捕虜の送還又は中立国への移送の費用は,抑留国の国境からは,捕虜が属する国が負担しなければならない.

第117条〔送還後の活動〕 送還された者は,現役の軍務に服させてはならない.

第2部 敵対行為の終了の際における捕虜の解放及び送還

第118条〔解放及び送還〕 捕虜は,実際の敵対行為が終了した後遅滞なく解放し,且つ,送還しなければならない.

このための規定が敵対行為を終了するために紛争当事国間で締結した協定中にない場合又はそのような協定がない場合には,各抑留国は,前項に定める原則に従って,遅滞なく送還の計画を自ら作成し,且つ,実施しなければならない.

前記のいずれの場合にも,採択した措置は,捕虜に知らせなければならない.

捕虜の送還の費用は,いかなる場合にも,抑留国及び捕虜が属する国に公平に割り当てなければならない.この割当は,次の基礎に基いて行うものとする.

(a) 両国が隣接国であるときは,捕虜が属する国は,抑留国の国境からの送還の費用を負担しなければならない.

(b) 両国が隣接国でないときは,抑留国は,自国の国境に至るまで又は捕虜が属する国の領域に最も近い自国の乗船港に至るまでの自国の領域内における捕虜の輸送の費用を負担しなければならない.関係国は,その他の送還の費用を公平に割り当てるために相互に協定しなければならない.この協定の締結は,いかなる場合にも,捕虜の送還を遅延させる理由としてはならない.

第119条〔手続の細部〕 送還は,第118条及び次項以下の規定を考慮して,捕虜の移動についてこの条約の第46条から第48条までに定める条件と同様の条件で,実施しなければならない.

送還に当っては,第18条の規定に基いて捕虜から取り上げた有価物及び抑留国の通貨に両替されなかった外国通貨は,捕虜に返還しなければならない.理由のいかんを問わず送還に当って捕虜に返還されなかった有価物及び外国通貨は,第122条に基いて設置される捕虜情報局に引き渡さなければならない.

捕虜は,その個人用品並びに受領した通信及び小包を携帯することを許される.それらの物品の重量は,送還の条件により必要とされるときは,各捕虜が携帯することができる適当な重量に制限することができる.各捕虜は,いかなる場合にも,少くとも25キログラムの物品を携帯することを許される.

送還された捕虜のその他の個人用品は,抑留国が保管しなければならない.それらの個人用品は,抑留国が,捕虜が属する国との間で輸送条件及び輸送費用の支払を定める協定を締結した場合には,直ちに捕虜に送付しなければならない.

訴追することができる違反行為についての刑事訴訟手続がその者について進行中の捕虜は,司法手続及び必要があるときは刑の執行を終るまでの間,抑留して置くことができる.訴追することができる違反行為について既に有罪の判決を受けた捕虜についても，同様とする．

紛争当事国は，司法手続又は刑の執行を終るまでの間抑留して置く捕虜の氏名を相互に通知しなければならない．

紛争当事国は，離散した捕虜を捜索し，且つ，できる限り短期間内に送還することを確保するため，協定で委員会を設置しなければならない．

第3部　捕虜の死亡

第120条〔遺言書，死亡証明書〕　捕虜の遺言書は，その本国法で必要とされる要件を満たすように作成しなければならない．本国は，この点に関する要件を抑留国に通知するために必要な措置を執るものとする．遺言書は，捕虜の要請があった場合及び捕虜の死亡後はあらゆる場合に，利益保護国に遅滞なく送付し，その認証謄本は，中央捕虜情報局に送付しなければならない．

捕虜として死亡したすべての者については，第122条に従って設置される捕虜情報局に対し，できる限りすみやかに，この条約に附属するひな型に合致する死亡証明書又は責任のある将校が認証した表を送付しなければならない．その証明書又は認証した表には，第17条第3項に掲げる身分証明書の細目，死亡の年月日及び場所，死因，埋葬の年月日及び場所並びに墓を識別するために必要なすべての明細を記載しなければならない．

捕虜の土葬又は火葬は，死亡を確認すること，報告書の作成を可能にすること及び必要があるときは死者を識別することを目的とする死体の医学的検査の後に行わなければならない．

抑留当局は，捕虜たる身分にある間に死亡した捕虜ができる限りその属する宗教の儀式に従って丁重に埋葬されること並びにその墓が尊重され，適当に維持され，及びいつでも見出されるように標示されることを確保しなければならない．死亡した捕虜で同一の国に属したものは，できる限り同じ場所に埋葬しなければならない．

死亡した捕虜は，避けがたい事情によって共同の墓を使用する必要がある場合を除く外，各別の墓に埋葬しなければならない．その死体は，衛生上絶対に必要とされる場合，死者の宗教に基く場合又は本人の明示的な希望による場合に限り，火葬に付することができる．火葬に付した場合には，捕虜の死亡証明書に火葬の事実及び理由を記載しなければならない．

埋葬及び墓に関するすべての明細は，墓をいつでも見出すことができるように，抑留国が設置する墳墓登録機関に記録しなければならない．墓の表及び墓地その他の場所に埋葬された捕虜に関する明細書は，その捕虜が属した国に送付しなければならない．それらの墓を管理し，及び死体のその後の移動を記録する責任は，その地域を支配する国がこの条約の締約国である場合には，その国が負う．本項の規定は，本国の希望に従ってその遺骨が適当に処分されるまでの間，墳墓登録機関が保管する遺骨についても，適用する．

第121条〔特別の場合の死亡原因調査〕　捕虜の死亡又は重大な傷害で衛兵，他の捕虜その他の者に起因し，又は起因した疑があるもの及び捕虜の原因不明の死亡については，抑留国は，直ちに公の調査を行わなければならない．

前記の事項に関する通知は，直ちに利益保護国に与えなければならない．証人，特に，捕虜たる証人からは，供述を求め，それからの供述を含む報告書を利益保護国に送付しなければならない．

調査によって1人又は2人以上の者が罪を犯したと認められるときは，抑留国は，責任を負うべき者を訴追するためにすべての措置を執らなければならない．

第5編　捕虜に関する情報局及び救済団体

第122条〔情報局〕　各紛争当事国は，紛争の開始の際及び占領のあらゆる場合に，その権力内にある捕虜に関する公の情報局を設置しなければならない．第4条に掲げる部類の1に属する者を領域内に収容した中立国又は非交戦国は，それらの者に関して同一の措置を執らなければならない．それらの国は，捕虜情報局に対してその能率的な運営のため必要な建物，設備及び職員を提供することを確保しなければならない．それらの国は，この条約中の捕虜の労働に関する部に定める条件に基いて，捕虜情報局で捕虜を使用することができる．

各紛争当事国は，その権力内に陥った第4条に掲げる部類の1に属する敵人に関し，本条第4項，第5項及び第6項に掲げる情報をできる限りすみやかに自国の捕虜情報局に提供しなければならない．中立国又は非交戦国は，その領域内に収容した前記の部類に属する者に関し，同様の措置を執らなければならない．

捕虜情報局は，利益保護国及び第123条に定める中央捕虜情報局の仲介により，関係国に対してその情報を最もすみやかな方法で直ちに通知しなければならない．

その情報は，関係のある近親者にすみやかに了知させることを可能にするものでなければならない. 第17条の規定を留保して, その情報は, 捕虜情報局にとって入手可能である限り, 各捕虜について, 氏名, 階級, 軍の番号, 連隊の番号, 個人番号又は登録番号, 出生地及び生年月日, その属する国, 父の名及び母の旧姓, 通知を受ける者の氏名及び住所並びに捕虜に対する通信を送付すべきあて名を含むものでなければならない.

捕虜情報局は, 捕虜の移動, 解放, 送還, 逃走, 入院及び死亡に関する情報を各種の機関から得て, その情報を前記の第3項に定める方法で通知しなければならない.

同様に, 重病又は重傷の捕虜の健康状態に関する情報も, 定期的に, 可能なときは, 毎週, 提供しなければならない.

捕虜情報局は, また, 捕虜（捕虜たる身分にある間に死亡した者を含む.）に関するすべての問合せに答える責任を負う. 捕虜情報局は, 情報を求められた場合において, その情報を有しないときは, それを入手するために必要な調査を行うものとする.

捕虜情報局のすべての通知書は, 署名又は押印によって認証しなければならない.

捕虜情報局は, 更に, 送還され, 若しくは解放された捕虜又は逃走し, 若しくは死亡した捕虜が残したすべての個人的な有価物（抑留国の通貨以外の通貨及び近親者にとって重要な書類を含む.）を取り集めて関係国に送付しなければならない. 捕虜情報局は, それらの有価物を封印袋で送付しなければならない. その封印袋には, それらの有価物を所持していた者を識別するための明確且つ完全な明細書及び内容の完全な目録を附さなければならない. 前記の捕虜のその他の個人用品は, 関係紛争当事国間に締結される取極に従って送付しなければならない.

第123条〔中央捕虜情報局〕 中央捕虜情報局は, 中立国に設置する. 赤十字国際委員会は, 必要と認める場合には, 関係国に対し, 中央捕虜情報局を組織することを提案しなければならない.

中央捕虜情報局の任務は, 公的又は私的径路で入手することができる捕虜に関するすべての情報を収集し, 及び捕虜の本国又は捕虜が属する国にその情報をできる限りすみやかに伝達することとする. 中央捕虜情報局は, この伝達については, 紛争当事国からすべての便益を与えられるものとする.

締約国, 特に, その国民が中央捕虜情報局の役務の利益を享有する国は, 中央捕虜情報局に対し, その必要とする財政的援助を提供するように要請されるものとする.

前記の規定は, 赤十字国際委員会又は第125条に定める救済団体の人道的活動を制限するものと解してはならない.

第124条〔料金の減免〕 各国の捕虜情報局及び中央捕虜情報局は, 郵便料金の免除及び第74条に定めるすべての免除を受けるものとし, 更に, できる限り電報料金の免除又は少くともその著しい減額を受けるものとする.

第125条〔救済団体〕 抑留国は, その安全を保障し, 又はその他合理的な必要を満たすために肝要であると認める措置を留保して, 宗教団体, 救済団体その他捕虜に援助を与える団体の代表者及びその正当な委任を受けた代理人に対し, 捕虜の訪問, 出所いかんを問わず宗教的, 教育的又は娯楽的目的に充てられる救済用の需品及び物資の捕虜に対する分配並びに収容所内における捕虜の余暇の利用の援助に関してすべての必要な便益を与えなければならない. 前記の団体は, 抑留国の領域内にも, また, その他の国にも設立することができる. また, 前記の団体には, 国際的性質をもたせることができる.

抑留国は, 代表が抑留国の領域内で抑留国の監督の下に任務を行うことを許される団体の数を制限することができる. 但し, その制限は, すべての捕虜に対する充分な救済の効果的な実施を妨げないものでなければならない.

この分野における赤十字国際委員会の特別の地位は, 常に, 認め, 且つ, 尊重しなければならない.

前記の目的に充てられる需品又は物資が捕虜に交付されたときは, 直ちに又は交付の後短期間内に, 捕虜代表が署名した各送付品の受領証を, その送付品を発送した救済団体その他の団体に送付しなければならない. 同時に, 捕虜の保護について責任を負う当局は, その送付品の受領証を送付しなければならない.

第6編　条約の実施

第1部　総　則

第126条〔監視〕 利益保護国の代表者又は代表は, 捕虜がいるすべての場所, 特に, 収容, 拘禁及び労働の場所に行くことを許されるものとし, 且つ, 捕虜が使用するすべての施設に出入することができるものとする. それらの者は, また, 移動中の捕虜の出発, 通過又は到着の場所に行くことを許される. それらの者は, 立会人なしで, 直接に又は通訳人を通じて, 捕虜に, 特に, 捕虜代表と会見することができる.

[a] 利益保護国の代表者及び代表は, 訪問する場所を自由に選定することができる. その訪問の期間及び回数は, 制限してはならない. 訪問は, 絶対的な軍事上の必要を理由とする例外的且つ一時的な措置として行われる場合を除く [b] 外, 禁止されないものとする.

抑留国及び前記の訪問を受ける捕虜が属する国は, 必要がある場合には, それらの捕虜の同国人が訪問に参加することに合意することができる.

[c] 赤十字国際委員会の代表も, 同一の特権を享有する. その代表の任命は, 訪問を受ける捕虜を抑留している国の承認を必要とする.

第127条〔条約の普及〕 締約国は, この条約の原則を自国のすべての軍隊及び住民に知ら [d] せるため, 平時であると戦時であるとを問わず, 自国においてこの条約の本文をできる限り普及させること, 特に, 軍事教育及びできれば非軍事教育の課目中にこの条約の研究を含ませることを約束する.

[e] 戦時において捕虜について責任を負う軍当局その他の当局は, この条約の本文を所持し, 及び同条約の規定について特別の教育を受けなければならない.

第128条〔訳文及び国内法令の相互通知〕 締 [f] 約国は, スイス連邦政府を通じて, また, 敵対行為が行われている間は利益保護国を通じて, この条約の公の訳文及び締約国がこの条約の適用を確保するために制定する法令を相互に通知しなければならない.

[g] **第129条〔重大な違反行為の処罰〕** 締約国は, 次条に定義するこの条約に対する重大な違反行為の1を行い, 又は行うことを命じた者に対する有効な刑罰を定めるため必要な立法を行うことを約束する.

[h] 各締約国は, 前記の重大な違反行為を行い, 又は行うことを命じた疑のある者を捜査する義務を負うものとし, また, その者の国籍のいかんを問わず, 自国の裁判所に対して公訴を提起しなければならない. 各締約国は, また, 希望 [i] する場合には, 自国の法令の規定に従って, その者を他の関係締約国に裁判のため引き渡すことができる. 但し, 前記の関係締約国が事件について一応充分な証拠を示した場合に限る.

各締約国は, この条約の規定に違反する行為 [j] で次条に定義する重大な違反行為以外のものを防止するため必要な措置を執らなければならない.

被告人は, すべての場合において, この条約の第105条以下に定めるところよりも不利で [k] ない正当な裁判及び防ぎょの保障を享有する.

第130条〔重大な違反行為〕 前条にいう重大な違反行為とは, この条約が保護する人又は物に対して行われる次の行為, すなわち, 殺人, 拷問若しくは非人道的待遇（生物学的実験を含む.）, 身体若しくは健康に対して故意に重い苦痛を与え, 若しくは重大な傷害を加えること, 捕虜を強制して敵国の軍隊で服務させること又はこの条約に定める公正な正式の裁判を受ける権利を奪うことをいう.

第131条〔締約国の責任〕 締約国は, 前条に掲げる違反行為に関し, 自国が負うべき責任を免かれ, 又は他の締約国をしてその国が負うべき責任から免かれさせてはならない.

第132条〔違反行為に対する調査〕 この条約の違反の容疑に関しては, 紛争当事国の要請により, 関係国の間で定める方法で調査を行わなければならない.

調査の手続について合意が成立しなかった場合には, 前記の関係国は, その手続を決定する審判者の選任について合意しなければならない.

違反行為が確認されたときは, 紛争当事国は, できる限りすみやかに, 違反行為を終止させ, 且つ, これに対して処置しなければならない.

第2部　最終規定

第133条（略）

第134条〔旧条約との関係〕 この条約は, 締約国間の関係においては, 1929年7月27日の条約に代るものとする.

第135条〔陸戦条約との関係〕 1899年7月29日又は1907年10月18日の陸戦の法規及び慣例に関するヘーグ条約によって拘束されている国でこの条約の締約国であるものの間の関係においては, この条約は, それらのヘーグ条約に附属する規則の第2章を補完するものとする.

第136条～第140条（略）

第141条〔直接の効果〕 第2条及び第3条に定める状態は, 紛争当事国が敵対行為又は占領の開始前又は開始後に行った批准又は加入に対し, 直ちに効力を与えるものとする. スイス連邦政府は, 紛争当事国から受領した批准書又は加入通告書について最も速やかな方法で通知しなければならない.

（以下略）

112 文民条約（抄）

戦時における文民の保護に関する1949年8月12日のジュネーヴ条約（第4条約）
〔署名〕1949年8月12日，ジュネーヴ
〔効力発生〕1950年10月21日／（日本）1953年10月21日

前　文（略）

第1編　総　則

第1条～第3条
（111 捕虜条約　第1条～第3条と共通）

第4条〔被保護者の定義〕 この条約によって保護される者は，紛争又は占領の場合において，いかなる時であると，また，いかなる形であるとを問わず，紛争当事国又は占領国の権力内にある者でその紛争当事国又は占領国の国民でないものとする．

この条約によって拘束されない国の国民は，この条約によって保護されることはない．中立国の国民で交戦国の領域内にあるもの及び共同交戦国の国民は，それらの者の本国が，それらの者を権力内に有する国に通常の外交代表を駐在させている間は，被保護者と認められない．

もっとも，第2編の規定の適用範囲は，第13条に定めるとおり一層広いものである．

戦地にある軍隊の傷者及び病者の状態の改善に関する1949年8月12日のジュネーヴ条約，海上にある軍隊の傷者，病者及び難船者の状態の改善に関する1949年8月12日のジュネーヴ条約又は捕虜の待遇に関する1949年8月12日のジュネーヴ条約によって保護される者は，この条約における被保護者と認められない．

第5条〔抵触行為〕 紛争当事国の領域内において，被保護者が個人として紛争当事国の安全に対する有害な活動を行った明白なけん疑があること又はそのような活動に従事していることを当該紛争当事国が確認した場合には，その被保護者は，この条約に基く権利及び特権でその者のために行使されれば当該紛争当事国の安全を害するようなものを主張することができない．

占領地域内において，被保護者が間ちょう若しくは怠業者（サボタージュを行う者）又は個人として占領国の安全に対する有害な活動を行った明白なけん疑がある者として抑留された場合において，軍事上の安全が絶対に必要とするときは，その被保護者は，この条約に基く通信の権利を失うものとする．

a もっとも，いずれの場合においても，前記の者は，人道的に待遇されるものとし，また，訴追された場合には，この条約で定める公平な且つ正式の裁判を受ける権利を奪われない．それらの者は，また，それぞれ紛争当事国又は占領国の安全が許す限り，すみやかにこの条約に基く b 被保護者の権利及び特権を完全に許与されるものとする．

第6条〔適用の始期及び終期〕 この条約は，第2条に定める紛争又は占領の開始の時から適用する． c

この条約は，紛争当事国の領域内においては，軍事行動の全般的終了の時にその適用を終る．

この条約は，占領地域内においては，軍事行動の全般的終了の後一年でその適用を終る．但 d し，占領国は，その地域で管理を行っている限り，占領の継続期間中，この条約の第1条から第12条まで，第27条，第29条から第34条まで，第47条，第49条，第51条，第52条，第53条，第59条，第61条から第77条まで及び第 e 143条の規定により拘束されるものとする．

被保護者は，その解放，送還又は居住地の設定がそれらの期間の終了の後に行われる場合には，それまでの間，この条約による利益を引き続き受けるものとする． f

第7条〔特別協定〕

締約国は，第11条，第14条，第15条，第17条，第36条，第108条，第109条，第132条，第133条及び第149条に明文で規定する協定の外，別個に規定を設けることを適当と認めるす g べての事項について，他の特別協定を締結することができる．いかなる特別協定も，この条約で定める被保護者の地位に不利な影響を及ぼし，又はこの条約で被保護者に与える権利を制限するものであってはならない． h

被保護者は，この条約の適用を受ける間は，前記の協定の利益を引き続き享有する．但し，それらの協定に反対の明文規定がある場合又は紛争当事国の一方若しくは他方が被保護者について一層有利な措置を執った場合は，この i 限りでない．

第2編　戦争の影響に対する住民の一般的保護

第13条〔適用範囲〕 第2編の規定は，特に人 j 種，国籍，宗教又は政治的意見による不利な差別をしないで，紛争当事国の住民全体に適用されるものとし，また，戦争によって生ずる苦痛を軽減することを目的とする．

第14条〔病院地帯〕 締約国は平時において， k

紛争当事国は敵対行為の開始の時以後，自国の領域及び必要がある場合には占領地区において，傷者，病者，老者，15歳未満の児童，妊産婦及び7歳未満の幼児の母を戦争の影響から保護するために組織される病院及び安全のための地帯及び地区を設定することができる．

② 関係当事国は，敵対行為の開始に当り，及び敵対行為の期間中，それらが設定した地帯及び地区を相互に承認するための協定を締結することができる．このため，関係当事国は，必要と認める修正を加えて，この条約に附属する協定案の規定を実施することができる．

③ 利益保護国及び赤十字国際委員会は，これらの地帯及び地区の設定及び承認を容易にするために仲介を行うように勧誘される．

第15条〔中立地帯〕 紛争当事国は，次の者を差別しないで戦争の危険から避難させるための中立地帯を戦闘が行われている地域内に設定することを，直接に又は中立国若しくは人道的団体を通じて，敵国に提案することができる．

(a) 傷者及び病者（戦闘員であると非戦闘員であるとを問わない．）

(b) 敵対行為に参加せず，且つ，その地帯に居住する間いかなる軍事的性質を有する仕事にも従事していない文民

② 関係当事国が提案された中立地帯の地理的位置，管理，食糧の補給及び監視について合意したときは，紛争当事国の代表者は，文書による協定を確定し，且つ，これに署名しなければならない．その協定は，その地帯の中立化の開始の時期及び存続期間を定めなければならない．

第16条〔傷病者の一般的保護〕 傷者，病者，虚弱者及び妊産婦は，特別の保護及び尊重を受けるものとする．

② 各紛争当事国は，軍事上の事情が許す限り，死者及び傷者を捜索し，難船者その他重大な危険にさらされた者を救援し，並びにそれらの者をりやく奪及び虐待から保護するために執られる措置に便益を与えなければならない．

第17条〔収容〕 紛争当事国は，傷者，病者，虚弱者，老者，児童及び妊産婦を攻囲され，又は包囲された地域から避難させるため，並びにそれらの地域へ向うすべての宗教の聖職者，衛生要員及び衛生材料を通過させるため，現地協定を締結するように努めなければならない．

第18条〔文民病院〕 傷者，病者，虚弱者及び妊産婦を看護するために設けられる文民病院は，いかなる場合にも，攻撃してはならず，常に紛争当事国の尊重及び保護を受けるものとする．

② 紛争当事国は，すべての文民病院に対し，それらの病院が文民病院であること及びそれらの病院が使用する建物が第19条の規定に従って病院の保護を失うこととなるような目的に使用されていないことを示す証明書を発給しなければならない．

③ 文民病院は，国の許可がある場合に限り，戦地にある軍隊の傷者及び病者の状態の改善に関する1949年8月12日のジュネーヴ条約第38条に定める標章によって表示するものとする．

④ 紛争当事国は，軍事上の事情が許す限り，敵対行為が行われる可能性を除くため，敵の陸軍，空軍又は海軍が文民病院を表示する特殊標章を明白に識別することができるようにするために必要な措置を執らなければならない．

⑤ それらの病院は，軍事目標に近接しているためさらされる危険にかんがみ，できる限り軍事目標から離れた位置にあることが望ましい．

第19条〔保護の消滅〕 文民病院が享有することができる保護は，それらの病院がその人道的任務から逸脱して敵に有害な行為を行うために使用された場合を除く外，消滅しないものとする．但し，その保護は，すべての適当な場合に合理的な期限を定めた警告が発せられ，且つ，その警告が無視された後でなければ，消滅させることができない．

② 傷者若しくは病者たる軍隊の構成員がそれらの文民病院で看護を受けている事実又はそれらの戦闘員から取り上げられたがまだ正当な機関に引き渡されていない小武器及び弾薬の存在は，敵に有害な行為と認めてはならない．

第20条〔病院職員〕 文民病院の運営及び管理に正規にもっぱら従事する職員（傷者及び病者たる文民，虚弱者並びに妊産婦の捜索，収容，輸送及び看護に従事する者を含む．）は，尊重し，且つ，保護しなければならない．

② 前記の職員は，占領地域及び作戦地帯においては，身分を証明し，本人の写真を添附し，且つ，責任のある当局の印を浮出しにして押した身分証明書及び任務の遂行中左腕につけなければならない押印した防水性の腕章によって識別することができるようにしなければならない．この腕章は，国が交付するものとし，且つ，この腕章には，戦地にある軍隊の傷者及び病者の状態の改善に関する1949年8月12日のジュネーヴ条約第38条に定める標章を付さなければならない．

③ 文民病院の運営及び管理に従事するその他の職員は，その任務を遂行する間，本条で定めるところにより，且つ，本条に定める条件の下

に，尊重及び保護を受け，並びに腕章をつけることができる．身分証明書には，それらの職員が従事する任務を記載しなければならない．

④ 各病院の事務所は，常に，それらの職の最新の名簿を自国又は占領軍の権限のある当局に自由に使用させるため備えて置かなければならない．

第 21 条〔輸送手段〕 陸上にある護送車両隊若しくは病院列車又は海上にある特別仕立の船舶で傷者及び病者たる文民，虚弱者並びに妊産婦を輸送するものは，第 18 条に定める病院と同様に尊重し，且つ，保護しなければならず，また，国の同意を得て，戦地にある軍隊の傷者及び病者の状態の改善に関する 1949 年 8 月 12 日のジュネーヴ条約第 38 条に定める特殊標章を掲げて表示しなければならない．

第 22 条〔衛生航空機〕 傷者及び病者たる文民，虚弱者並びに妊産婦の輸送又は衛生要員及び衛生材料の輸送にもっぱら使用される航空機は，すべての紛争当事国の間で特別に合意された高度，時刻及び路線に従って飛行している間，攻撃してはならず，尊重しなければならない．

② それらの航空機は，戦地にある軍隊の傷者及び病者の状態の改善に関する 1949 年 8 月 12 日のジュネーヴ条約第 38 条に定める特殊標章で表示しなければならない．

③ 反対の合意がない限り，敵の領域又は敵の占領地域の上空の飛行は，禁止する．

④ それらの航空機は，すべての着陸要求に従わなければならない．この要求によって着陸した場合には，航空機及びその乗員は，検査があるときはそれを受けた後，飛行を継続することができる．

第 23 条〔送付品〕 各締約国は，他の締約国（敵国である場合を含む．）の文民のみにあてられた医療品及び病院用品並びに宗教上の行事に必要な物品からなるすべての送付品の自由通過を許可しなければならない．各締約国は，また，15 歳未満の児童及び妊産婦にあてられた不可欠の食糧品，被服及び栄養剤からなるすべての送付品の自由通過を許可しなければならない．

② 締約国は，次のことをおそれる重大な理由がないと認めた場合に限り，前項に掲げる送付品の自由通過を許可する義務を負う．

(a) 当該送付品についてその名あて地が変えられるかもしれないこと．

(b) 管理が有効に実施されないこと．

(c) 敵国が，当該送付品がなければ自ら供給し，若しくは生産しなければならない物品の代りにその送付品を充当することにより，又は当該送付品がなければそれらの物品の生産に必要となる原料，役務若しくは設備を使用しないですむことによって，その軍事力又は経済に明白な利益を受けること．

③ 本条第 1 項に掲げる送付品の通過を許可する国は，その送付品の利益を受ける者に対する分配が現地における利益保護国の監督の下に行われることをその許可の条件とすることができる．

④ 前記の送付品は，できる限りすみやかに輸送しなければならず，また，送付品の自由通過を許可する国は，その通過を許可するための技術的条件を定める権利を有する．

第 24 条～第 26 条（略）

第 3 編　被保護者の地位及び取扱

第 1 部　紛争当事国の領域及び占領地域に共通する規定

第 27 条〔被保護者の待遇〕 被保護者は，すべての場合において，その身体，名誉，家族として有する権利，信仰及び宗教上の行事並びに風俗及び習慣を尊重される権利を有する．それらの者は，常に人道的に待遇しなければならず，特に，すべての暴行又は脅迫並びに侮辱及び公衆の好奇心から保護しなければならない．

女子は，その名誉に対する侵害，特に，強かん，強制売いんその他あらゆる種類のわいせつ行為から特別に保護しなければならない．

被保護者を権力内に有する紛争当事国は，健康状態，年令及び性別に関する規定を害することなく，特に人種，宗教又は政治的意見に基く不利な差別をしないで，すべての被保護者に同一の考慮を払ってこれを待遇しなければならない．

もっとも，紛争当事国は，被保護者に関して，戦争の結果必要とされる統制及び安全の措置を執ることができる．

第 28 条〔危険地帯〕 被保護者の所在は，特定の地点又は区域が軍事行動の対象とならないようにするために利用してはならない．

第 29 条〔責任〕 被保護者を権力内に有する紛争当事国は，その機関がそれらの被保護者に与える待遇については，個人に責任があるかどうかを問わず，自らその責任を負う．

第 30 条（略）

第 31 条〔強制の禁止〕 特に被保護者又は第三者から情報を得るために，被保護者に肉体的又は精神的強制を加えてはならない．

第 32 条〔肉体罰禁止〕 締約国は，特に，その権力内にある被保護者に肉体的苦痛を与え，又はそれらの者をみな殺しにするような性質の措置を執ることを禁止することに同意する．この禁止は，被保護者の殺害，拷問，肉体に加える罰，身体の切断及びそれらの者の医療上必要でない医学的又は科学的実験に適用されるばかりでなく，文民機関によって行われると軍事機関によって行われるとを問わず，その他の残虐な措置にも適用される．

第 33 条〔集団罰禁止〕 被保護者は，自己が行わない違反行為のために罰せられることはない．集団に科する罰及びすべての脅迫又は恐かつによる措置は，禁止する．

りゃく奪は，禁止する．

被保護者及びその財産に対する報復は，禁止する．

第 34 条〔人質〕 人質は，禁止する．

第 2 部　紛争当事国の領域にある外国人

第 35 条〔領域退去〕 紛争の開始に当り又はその期間中に紛争当事国の領域を去ることを希望するすべての被保護者は，その退去がその国の国家的利益に反しない限り，その領域を去る権利を有する．それらの者の退去の申請に対しては，正規に定める手続に従って決定しなければならず，この決定は，できる限りすみやかに行わなければならない．退去を許されたそれらの者は，その旅行に必要な金銭を所持し，及び適当な量の個人用品を携帯することができる．

当該領域を去ることを拒否された者は，再審査のために抑留国が指定する適当な裁判所又は行政庁で，その拒否についてできる限りすみやかに再審査を受ける権利を有する．

利益保護国の代表者に対しては，その要請に基き，当該領域を去る許可の申請に対する拒否の理由及び退去が拒否された者の氏名をできる限りすみやかに通知しなければならない．但し，安全上の理由がこれを妨げ，又は関係者が反対したときは，この限りでない．

第 36 条，第 37 条（略）

第 38 条〔送還されない者〕 被保護者の地位は，この条約，特に，第 27 条及び第 41 条により認められる特別の措置を例外として，原則として平時における外国人に関する規定によって引き続き規律されるものとする．いかなる場合にも，被保護者に対しては，次の権利を与えなければならない．

(1) 被保護者は，送付される個人又は集団あての救済品を受領することができること．

(2) 被保護者は，その健康状態により必要とされる場合には，関係国の国民が受けると同等の程度まで医療上の手当及び入院治療を受けること．

(3) 被保護者は，信仰を実践し，且つ，同一の宗派に属する聖職者から宗教上の援助を受けることを許されること．

(4) 被保護者は，戦争の危険に特にさらされている地区に居住している場合には，関係国の国民に許されると同等の程度までその地区から移転することを許されること．

(5) 15 歳未満の児童，妊産婦及び 7 歳未満の幼児の母は，それらに該当する関係国の国民が享有する有利な待遇と同等な待遇を享有すること．

第 39 条，第 40 条（略）

第 41 条〔住所指定，抑留〕 被保護者を権力内に有する国は，この条約に掲げる統制措置が不充分と認める場合においても，第 42 条及び第 43 条の規定による住居指定又は抑留の措置以上にきびしい統制措置を執ってはならない．

住居を指定する決定によって通常の住居から他の場所に移転を要求された者に対して第 39 条第 2 項の規定を適用するに当っては，抑留国は，できる限りこの条約の第 3 編第 4 部に定める福祉の基準に従わなければならない．

第 42 条〔抑留の理由〕 被保護者の抑留又は住居指定は，抑留国の安全がこれを絶対に必要とする場合に限り，命ずることができる．

利益保護国の代表者を通じて自発的に抑留を求める者があって，その者の事情が抑留を必要とするときは，その者を権力内に有する国は，その者を抑留しなければならない．

第 43 条〔再審査手続〕 被保護者で抑留され，又は住居を指定されたものは，再審査のために抑留国が指定する適当な裁判所又は行政庁で，その処分についてできる限りすみやかに再審査を受ける権利を有する．抑留又は住居指定が継続される場合には，前記の裁判所又は行政庁は，事情が許すときは，原決定に対して有利な変更をするため，定期的に且つ少くとも年に 2 回，各事件の審査を行わなければならない．

抑留国は，抑留され，若しくは住居を指定され，又は抑留若しくは住居指定から解放された被保護者の氏名をできる限りすみやかに利益保護国に通知しなければならない．但し，それらの者が反対した場合は，この限りでない．本条第 1 項に掲げる裁判所又は行政庁の決定は，同一の条件の下に，できる限りすみやかに利益保護国に通告しなければならない．

第 44 条～第 46 条（略）

第 3 部　占領地域

第 47 条〔権利の不可侵〕占領地域にある被保護者は, いかなる場合にも及びいかなる形においても, 占領の結果その地域の制度若しくは政治にもたらされる変更, 占領地域の当局と占領国との間に締結される協定又は占領国による占領地域の全部若しくは一部の併合によってこの条約の利益を奪われることはない.

第 48 条〔送還〕領域を占領された国の国籍を有しない被保護者は, 第 35 条の規定に従うことを条件として, その領域を去る権利を行使することができる. これに関する決定は, 同条に基いて占領国が定める手続に従って行わなければならない.

第 49 条〔追放〕被保護者を占領地域から占領国の領域に又は占領されていると占領されていないとを問わず他の国の領域に, 個人的若しくは集団的に強制移送し, 又は追放することは, その理由のいかんを問わず, 禁止する.

もっとも, 占領国は, 住民の安全又は軍事上の理由のため必要とされるときは, 一定の区域の全部又は一部の立ちのきを実施することができる. この立ちのきは, 物的理由のためやむを得ない場合を除く外, 被保護者を占領地域の境界外に移送するものであってはならない. こうして立ちのかされた者は, 当該地区における敵対行為が終了した後すみやかに, 各自の家庭に送還されるものとする.

前記の移送又は立ちのきを実施する占領国は, できる限り, 被保護者を受け入れる適当な施設を設けること, その移転が衛生, 保健, 安全及び給食について満足すべき条件で行われること並びに同一家族の構成員が離散しないことを確保しなければならない.

移送及び立ちのきを実施するときは, 直ちに, 利益保護国に対し, その移送及び立ちのきについて通知しなければならない.

占領国は, 住民の安全又は緊急の軍事上の理由のため必要とされる場合を除く外, 戦争の危険に特にさらされている地区に被保護者を抑留してはならない.

占領国は, その占領している地域へ自国の文民の一部を追放し, 又は移送してはならない.

第 50 条, 第 51 条（略）

第 52 条〔労働者保護〕いかなる契約, 協定又は規則も, 労働者の自発的意志があるとないとを問わず, また, その者の在留する場所のいかんを問わず, 利益保護国の介入を要請するため同国の代表者に申し立てる労働者の権利を害するものであってはならない.

占領国のために労働者を働かせる目的で占 a
領地域において失業を生じさせ, 又は労働者の就職の機会を制限するためのすべての措置は, 禁止する.

第 53 条〔破壊禁止〕個人的であると共同的で
あるとを問わず私人に属し, 又は国その他の当 b
局, 社会的団体若しくは協同団体に属する不動産又は動産の占領軍による破壊は, その破壊が軍事行動によって絶対的に必要とされる場合を除く外, 禁止する.

第 54 条（略） c

第 55 条〔食糧, 医薬品〕占領国は, 利用することができるすべての手段をもって, 住民の食糧及び医療品の供給を確保する義務を負う. 特に, 占領国は, 占領地域の資源が不充分である
場合には, 必要な食糧, 医療品その他の物品を d
輸入しなければならない.

占領国は, 占領軍及び占領行政機関の要員の使用に充てる場合であって, 文民たる住民の要求を考慮したときを除く外, 占領地域にある食
糧, 物品又は医療品を徴発してはならない. 占 e
領国は, 他の国際条約の規定に従うことを条件として, 徴発された貨物に対して公正な対価が支払われることを確保するため必要な措置を執らなければならない.

利益保護国は, いつでも, 占領地域における f
食糧及び医療品の供給状態を自由に調査することができる. 但し, 緊急の軍事上の要求により一時的制限が必要とされる場合は, この限りでない.

第 56 条〔健康, 衛生〕占領国は, 利用すること g
ができるすべての手段をもって, 占領地域における医療上及び病院の施設及び役務並びに公衆の健康及び衛生を, 国及び現地の当局の協力の下に, 確保し, 且つ, 維持する義務を負う. 占
領国は, 特に, 伝染病及び流行病のまん延を防 h
止するため必要な予防措置を採用し, 且つ, 実施しなければならない. すべての種類の衛生要員は, その任務の遂行を許されるものとする.

占領地域において新しい病院が設立され, 且
つ, 被占領国の権限のある機関がその地域で活 i
動していない場合には, 占領当局は, 必要があるときは, それらの病院に対して第 18 条に定める承認を与えなければならない. また, この場合には, 占領当局は, 第 20 条及び第 21 条の
規定に基いて, 病院の職員及び輸送車両に対し j
ても承認を与えなければならない.

占領国は, 健康及び衛生の措置の採用並びにその実施に当っては, 占領地域の住民の道徳的及び倫理的感情を考慮しなければならない.

第 57 条, 第 58 条（略） k

第59条〔集団的救済〕占領地域の住民の全部又は一部に対する物資の供給が不充分である場合には，占領国は，その住民のための救済計画に同意し，且つ，その使用することができるすべての手段によりその計画の実施を容易にしなければならない．

国又は赤十字国際委員会のような公平な人道的団体によって実施される前記の計画は，特に，食糧，医療品及び被服の送付を内容とするものでなければならない．

すべての締約国は，それらの送付品の自由通過を許可し，且つ，それらの保護を保障しなければならない．

もっとも，敵国によって占領されている地域にあてられた送付品に自由通過を許可する国は，送付品を検査し，指定する時刻及び径路による通過を規律し，並びにそれらの送付品が窮乏した住民の救済のために使用されるものであって占領国の利益のために使用されるものでないことを利益保護国を通じて充分に確かめる権利を有する．

第60条〔占領国の責任〕救済品は，第55条，第56条及び第59条に基く占領国の責任を免除するものではない．占領国は，いかなる形においても，救済品の指定された用途を変更してはならない．但し，緊急の必要がある場合であって，占領地域の住民の利益のためであり，且つ，利益保護国の同意を得たときは，この限りでない．

第61条～第63条（略）

第64条〔刑罰規定〕被占領国の刑罰法令は，これらの法令が占領国の安全を脅かし，又はこの条約の適用を妨げる場合において，占領国が廃止し，又は停止するときを除く外，引き続き効力を有する．占領地域の裁判所は，このことを考慮し，且つ，裁判の能率的な運営を確保する必要を認め，前記の法令で定めるすべての犯罪行為についてその任務を引き続き行わなければならない．

もっとも，占領国は，占領地域の住民をして，自国がこの条約に基くその義務を履行し，当該地域の秩序ある政治を維持し，且つ，占領国の安全，占領軍又は占領行政機関の構成員及び財産の安全並びにそれらが使用する施設及び通信線の安全を確保することができるようにするため必要な規定に従わせることができる．

第65条〔刑罰法令の公布〕占領国が制定した刑罰規定は，住民の言語で公布し，且つ，住民に周知させた後でなければ，効力を生じない．それらの刑罰規定の効力は，そ及しないものとする．

第66条〔裁判所〕第64条第2項に基き占領国が公布した刑罰規定に違反する行為があった場合には，占領国は，被疑者を占領国の正当に構成された非政治的な軍事裁判所に引き渡すことができる．但し，この軍事裁判所は，被占領国で開廷しなければならない．上訴のための裁判所は，なるべく被占領国で開廷しなければならない．

第67条〔適用法令〕裁判所は，犯罪行為が行われる前に適用されており，且つ，法の一般原則，特に，刑罰は犯罪行為に相応するものでなければならないという原則に合致する法令の規定のみを適用しなければならない．裁判所は，被告人が占領国の国民ではないという事実を考慮に入れなければならない．

第68条〔刑罰〕占領国を害する意思のみをもって行った犯罪行為であって，占領軍又は占領行政機関の構成員の生命又は身体に危害を加えず，重大な集団的危険を生ぜず，且つ，占領軍若しくは占領行政機関の財産又はそれらが使用する施設に対して重大な損害を与えないものを行った被保護者は，抑留又は単なる拘禁に処せられる．但し，その抑留又は拘禁の期間は，犯罪行為に相応するものでなければならない．また，抑留又は拘禁は，そのような犯罪行為に関し被保護者から自由を奪うために執る唯一の措置としなければならない．この条約の第66条に定める裁判所は，その裁量により，拘禁の刑を同期間の抑留の刑に変えることができる．

第64条及び第65条に従って占領国が公布する刑罰規定は，被保護者が間ちょうとして行った行為，占領国の軍事施設に対して行った重大な怠業（サボタージュ）又は一人若しくは2人以上の者を死に至らしめた故意による犯罪行為のため有罪とされた場合にのみ，その被保護者に対し死刑を科することができる．但し，占領開始前に実施されていた占領地域の法令に基いてそのような犯罪行為に死刑を科することができた場合に限る．

死刑の判決は，被告人が占領国の国民ではなくて同国に対し忠誠の義務を負わない事実を裁判所が特に留意した後でなければ，被保護者に言い渡してはならない．

死刑の判決は，いかなる場合にも，犯罪行為のあった時に18歳未満であった被保護者に言い渡してはならない．

第69条（略）

第70条〔占領前の犯罪行為〕被保護者は，占領前若しくは占領の一時的中断の間に行った行為又はそれらの期間中に発表した意見のために，占領国によって逮捕され，訴追され，又は有罪とされることはない．但し，戦争の法規及び慣例に違反した場合は，この限りでない．

敵対行為の開始前に被占領国の領域内に亡命していた占領国の国民は，敵対行為の開始後に行った犯罪行為に係る場合又は敵対行為の開始前に行った普通法上の犯罪行為で被占領国の法令によれば平時において犯罪人引渡が行われるものに係る場合を除く外，逮捕され，訴追され，有罪とされ，又は占領地域から追放されることはない．

第71条〔裁判手続〕 占領国の権限のある裁判所は，正式の裁判を行った後でなければ，判決を言い渡してはならない．

占領国により訴追された被告人は，自己が理解する言語で書かれた文書により自己に対する公訴事実の細目をすみやかに通知され，且つ，できる限りすみやかに裁判に付されるものとする．利益保護国は，死刑又は2年以上の拘禁の刑に係る公訴事実に関し占領国が被保護者に対して開始したすべての司法手続を通知されるものとする．利益保護国は，また，それらの司法手続の状況についていつでも情報を得ることができる．利益保護国は，また，その要請により，前記の司法手続及び被保護者に対して占領国が開始したその他の司法手続のすべての細目を通知される権利を有する．

利益保護国に対する前記の第2項に定める通知書は，直ちに送付され，且つ，いかなる場合にも第一回公判の期日の3週間前に到達しなければならない．裁判は，本条の規定が完全に遵守されている旨の証拠が裁判の開始に当って提出されなかった場合には，開始してはならない．通知書には，次の事項を記載しなければならない．

(a) 被告人の身元
(b) 居住又は抑留の場所
(c) 公訴事実の細目（訴追が行われる基礎となった刑罰規定の記載を含む．）
(d) 事件を裁判する裁判所
(e) 第一回の公判の場所及び期日

第72条～第149条（略）

第4編　条約の実施

第2部　最終規定

第150条～第152条（略）

第154条〔ヘーグ条約との関係〕

1899年7月29日又は1907年10月18日の陸戦の法規及び慣例に関するヘーグ条約によって拘束されている国でこの条約の締約国であるものの間の関係においては，この条約は，それらのヘーグ条約に附属する規則の第2款及び第3款を補完するものとする．

（以下略）

113 1949年ジュネーヴ諸条約の第1追加議定書（抄）

1949年8月12日のジュネーヴ諸条約の国際的な武力紛争の犠牲者の保護に関する追加議定書（議定書Ⅰ）
〔署名〕1977年12月12日，ベルン
〔効力発生〕1978年12月7日／〔日本国〕2005年2月28日

前　文

締約国は，

人々の間に平和が広まることを切望することを宣明し，

国際連合憲章に基づき，各国が，その国際関係において，武力による威嚇又は武力の行使であって，いかなる国の主権，領土保全又は政治的独立に対するものも，また，国際連合の目的と両立しない他のいかなる方法によるものも慎む義務を負っていることを想起し，

それにもかかわらず，武力紛争の犠牲者を保護する諸規定を再確認し及び発展させること並びにそれらの規定の適用を強化するための措置を補完することが必要であると確信し，

この議定書又は1949年8月12日のジュネーヴ諸条約のいかなる規定も，侵略行為その他の国際連合憲章と両立しない武力の行使を正当化し又は認めるものと解してはならないとの確信を表明し，

1949年8月12日のジュネーヴ諸条約及びこの議定書が，武力紛争の性質若しくは原因又は紛争当事者が掲げ若しくは紛争当事者に帰せられる理由に基づく不利な差別をすることなく，これらの文書によって保護されているすべての者について，すべての場合において完全に適用されなければならないことを再確認して，

次のとおり協定した．

第1編　総　則

第1条（一般原則及び適用範囲） 1　締約国は，すべての場合において，この議定書を尊重し，かつ，この議定書の尊重を確保することを約束する．

2　文民及び戦闘員は，この議定書その他の国際取極がその対象としていない場合においても，確立された慣習，人道の諸原則及び公共の良心に由来する国際法の諸原則に基づく保護

並びにこのような国際法の諸原則の支配の下に置かれる.

3　この議定書は，戦争犠牲者の保護に関する1949年8月12日のジュネーヴ諸条約を補完するものであり，同諸条約のそれぞれの第2条に共通して規定する事態について適用する.

4　3に規定する事態には，国際連合憲章並びに国際連合憲章による諸国間の友好関係及び協力についての国際法の諸原則に関する宣言にうたう人民の自決の権利の行使として人民が植民地支配及び外国による占領並びに人種差別体制に対して戦う武力紛争を含む.

第2条（定義） この議定書の適用上，

(a)「第1条約」，「第2条約」，「第3条約」及び「第4条約」とは，それぞれ，戦地にある軍隊の傷者及び病者の状態の改善に関する1949年8月12日のジュネーヴ条約，海上にある軍隊の傷者，病者及び難船者の状態の改善に関する1949年8月12日のジュネーヴ条約，捕虜の待遇に関する1949年8月12日のジュネーヴ条約及び戦時における文民の保護に関する1949年8月12日のジュネーヴ条約をいう.「諸条約」とは，戦争犠牲者の保護に関する1949年8月12日の4のジュネーヴ条約をいう.

(b)「武力紛争の際に適用される国際法の諸規則」とは，紛争当事者が締約国となっている国際取極に定める武力紛争の際に適用される諸規則並びに一般的に認められた国際法の諸原則及び諸規則であって武力紛争について適用されるものをいう.

(c)「利益保護国」とは，1の紛争当事者によって指定され，かつ，敵対する紛争当事者によって承諾された中立国その他の紛争当事者でない国であって，諸条約及びこの議定書に基づいて利益保護国に与えられる任務を遂行することに同意したものをいう.

(d)「代理」とは，第5条の規定に従い利益保護国に代わって行動する団体をいう.

第3条（適用の開始及び終了） 常に適用される規定の適用を妨げることなく，

(a) 諸条約及びこの議定書は，第1条に規定する事態が生じた時から適用する.

(b) 諸条約及びこの議定書については，紛争当事者の領域においては軍事行動の全般的終了の時に，また，占領地域においては占領の終了の時に，適用を終了する．ただし，軍事行動の全般的終了又は占領の終了の後に最終的解放，送還又は居住地の設定が行われる者については，この限りでない．これらの者は，その最終的解放，送還又は居住地の設定の時まで諸条約及びこの議定書の関連規定による利益を引き続き享受する.

第4条（紛争当事者の法的地位） 諸条約及びこの議定書の適用並びに諸条約及びこの議定書に規定する取極の締結は，紛争当事者の法的地位に影響を及ぼすものではない．領域の占領又は諸条約若しくはこの議定書の適用のいずれも，関係する領域の法的地位に影響を及ぼすものではない.

第5条（利益保護国及びその代理の任命） 1　紛争当事者は，紛争の開始の時から，2から7までの規定に従って利益保護国の制度を適用すること（特に，利益保護国の指定及び承諾を含む.）により，諸条約及びこの議定書について監視し及びこれらを実施することを確保する義務を負う．利益保護国は，紛争当事者の利益を保護する義務を負う.

2　紛争当事者は，第1条に規定する事態が生じた時から，諸条約及びこの議定書を適用する目的で利益保護国を遅滞なく指定し，並びに同様に遅滞なく，かつ，同一の目的で，敵対する紛争当事者による指定の後に自らが承諾した利益保護国の活動を認める.

3　赤十字国際委員会は，第1条に規定する事態が生じた時から利益保護国が指定されておらず又は承諾されていない場合には，他の公平な人道的団体が同様のことを行う権利を害することなく，紛争当事者の同意する利益保護国を遅滞なく指定するために紛争当事者に対してあっせんを行う．このため，同委員会は，特に，紛争当事者に対し，当該紛争当事者が敵対する紛争当事者との関係で自らのために利益保護国として行動することを受け入れることができると認める少なくとも5の国を掲げる一覧表を同委員会に提出するよう要請し，及び敵対する紛争当事者に対し，当該敵対する紛争当事者が当該紛争当事者の利益保護国として承諾することができる少なくとも5の国を掲げる一覧表を提出するよう要請することができる．これらの一覧表は，その要請の受領の後2週間以内に同委員会に送付する．同委員会は，これらの一覧表を比較し，及び双方の一覧表に記載されたいずれかの国について合意を求める.

4　3の規定にかかわらず利益保護国がない場合には，紛争当事者は，赤十字国際委員会又は公平性及び有効性についてすべてを保障する他の団体が当該紛争当事者と十分に協議した後その協議の結果を考慮に入れて行う代理として行動する旨の申出を遅滞なく受け入れ又は承諾する．代理の任務の遂行は，紛争当事者の同意を条件とする.紛争当事者は,諸条約及びこの議定書に基づく任務の遂行における代理の活動を容易にするため,あらゆる努力を払う.

5 諸条約及びこの議定書の適用を目的とする利益保護国の指定及び承諾は,前条の規定に従い,紛争当事者の法的地位又はいずれの領域(占領された領域を含む.)の法的地位に影響を及ぼすものではない.

6 紛争当事者間に外交関係が維持されていること又は外交関係に関する国際法の諸規則に従い紛争当事者及び紛争当事者の国民の利益の保護を第三国にゆだねることは,諸条約及びこの議定書の適用を目的とする利益保護国の指定を妨げるものではない.

7 以下,この議定書における利益保護国には,代理を含む.

第6条(資格を有する者) **1** 締約国は,平時においても,各国の赤十字社,赤新月社又は赤のライオン及び太陽社の援助を得て,諸条約及びこの議定書の適用,特に利益保護国の活動を容易にするため,資格を有する者を養成するよう努める.

2 1の資格を有する者の採用及び養成は,国内管轄権に属する.

3 赤十字国際委員会は,締約国が作成し及び同委員会に送付した資格を有する者として養成された者の名簿を締約国の利用に供するために保管する.

4 資格を有する者の自国の領域外における使用を規律する条件は,それぞれの場合において関係締約国間の特別の合意に従う.

第7条(会議) この議定書の寄託者は,1又は2以上の締約国の要請により,かつ,締約国の過半数の承認に基づき,諸条約及びこの議定書の適用に関する一般的な問題を検討するために締約国会議を招集する.

第2編 傷者,病者及び難船者

第1部 一般的保護

第8条(用語) この議定書の適用上,

(a)「傷者」及び「病者」とは,軍人であるか文民であるかを問わず,外傷,疾病その他の身体的又は精神的な疾患又は障害のために治療又は看護を必要とし,かつ,いかなる敵対行為も差し控える者をいう.これらの者には,産婦,新生児及び直ちに治療又は看護を必要とする者(例えば,虚弱者,妊婦)であって,いかなる敵対行為も差し控えるものを含む.

(b)「難船者」とは,軍人であるか文民であるかを問わず,自己又は自己を輸送している船舶若しくは航空機が被った危難の結果として海その他の水域において危険にさらされており,かつ,いかなる敵対行為も差し控える者をいう.これらの者は,敵対行為を差し控えている限り,救助の間においても,諸条約又はこの議定書に基づいて他の地位を得るまで引き続き難船者とみなす.

(c)「医療要員」とは,紛争当事者により,専ら(e)に規定する医療上の目的,医療組織の管理又は医療用輸送手段の運用若しくは管理のために配属された者をいう.その配属は,常時のものであるか臨時のものであるかを問わない.医療要員には,次の者を含む.

(i) 紛争当事者の医療要員(軍人であるか文民であるかを問わない.また,第1条約及び第2条約に規定する衛生要員並びに文民保護組織に配属された医療要員を含む.)

(ii) 各国の赤十字社,赤新月社又は赤のライオン及び太陽社及び紛争当事者が正当に認める各国のその他の篤志救済団体の医療要員

(iii) 次条2に規定する医療組織又は医療用輸送手段における医療要員

(d)「宗教要員」とは,聖職者等専ら宗教上の任務に従事する軍人又は文民であって次のいずれかに配置されているものをいう.

(i) 紛争当事者の軍隊

(ii) 紛争当事者の医療組織又は医療用輸送手段

(iii) 次条2に規定する医療組織又は医療用輸送手段

(iv) 紛争当事者の文民保護組織

宗教要員の配置は,常時のものであるか臨時のものであるかを問わない.また,宗教要員については,(k)の規定の関連部分を準用する.

(e)「医療組織」とは,軍のものであるか軍のもの以外のものであるかを問わず,医療上の目的,すなわち,傷者,病者及び難船者の捜索,収容,輸送,診断若しくは治療(応急治療を含む.)又は疾病の予防のために設置された施設その他の組織をいう.これらのものには,例えば,病院その他の類似の組織,輸血施設,予防医療に関する施設及び研究所,医療物資貯蔵庫並びにこれらの組織の医薬品の保管所を含む.医療組織は,固定されたものであるか移動するものであるか,また,常時のものであるか臨時のものであるかを問わない.

(f)「医療上の輸送」とは,諸条約及びこの議定書によって保護される傷者,病者,難船者,医療要員,宗教要員,医療機器又は医療用品の陸路,水路又は空路による輸送をいう.

(g)「医療用輸送手段」とは，軍のものであるか軍のもの以外のものであるか，また，常時のものであるか臨時のものであるかを問わず，専ら医療上の輸送に充てられ，かつ，紛争当事者の権限のある当局の監督の下にある輸送手段をいう．

(h)「医療用車両」とは，陸路による医療用輸送手段をいう．

(i)「医療用船舶及び医療用舟艇」とは，水路による医療用輸送手段をいう．

(j)「医療用航空機」とは，空路による医療用輸送手段をいう．

(k)「常時の医療要員」，「常時の医療組織」及び「常時の医療用輸送手段」とは，期間を限定することなく専ら医療目的に充てられた医療要員，医療組織及び医療用輸送手段をいう．「臨時の医療要員」，「臨時の医療組織」及び「臨時の医療用輸送手段」とは，限られた期間につきその期間を通じて専ら医療目的に充てられた医療要員，医療組織及び医療用輸送手段をいう．別段の定めがない限り，「医療要員」，「医療組織」及び「医療用輸送手段」には，それぞれ，常時のもの及び臨時のものを含む．

(l)「特殊標章」とは，医療組織，医療用輸送手段，医療要員，医療機器，医療用品，宗教要員，宗教上の器具及び宗教上の用品の保護のために使用される場合における白地に赤十字，赤新月又は赤のライオン及び太陽から成る識別性のある標章をいう．

(m)「特殊信号」とは，専ら医療組織又は医療用輸送手段の識別のためにこの議定書の附属書Ｉ第３章に規定する信号又は通報をいう．

第９条（適用範囲） １　この編の規定は，傷者，病者及び難船者の状態を改善することを目的としたものであり，人種，皮膚の色，性，言語，宗教又は信条，政治的意見その他の意見，国民的又は社会的出身，貧富，出生又は他の地位その他これらに類する基準による不利な差別をすることなく，第１条に規定する事態によって影響を受けるすべての者について適用する．

２　第１条約第 27 条及び第 32 条の関連する規定は，常時の医療組織及び常時の医療用輸送手段（第２条約第 25 条の規定が適用される病院船を除く．）並びにこれらの要員であって，次に掲げる国又は団体が人道的目的で紛争当事者の利用に供するものについて適用する．

(a) 中立国その他の紛争当事者でない国

(b) (a)に規定する国の認められた救済団体

(c) 公平で国際的な人道的団体

第 10 条（保護及び看護） １　すべての傷者，病者及び難船者は，いずれの締約国に属する者であるかを問わず，尊重され，かつ，保護される．

２　傷者，病者及び難船者は，すべての場合において，人道的に取り扱われるものとし，また，実行可能な限り，かつ，できる限り速やかに，これらの者の状態が必要とする医療上の看護及び手当を受ける．医療上の理由以外のいかなる理由によっても，これらの者の間に差別を設けてはならない．

第 11 条（身体の保護） １　敵対する紛争当事者の権力内にある者又は第１条に規定する事態の結果収容され，抑留され若しくは他の方法によって自由を奪われた者の心身が健康かつ健全であることを，不当な作為又は不作為によって脅かしてはならない．このため，この条に規定する者に対し，その者の健康状態が必要としない医療上の措置又はその措置をとる締約国の国民であり何ら自由を奪われていない者について類似の医学的状況の下で適用される一般に受け入れられている医療上の基準に適合しない医療上の措置をとることは，禁止する．

２　特に，１に規定する者に対し次の行為を行うこと（1に定める条件によって正当とされる場合を除く．）は，本人の同意がある場合であっても，禁止する．

(a) 身体の切断

(b) 医学的又は科学的実験

(c) 移植のための組織又は器官の除去

３　2(c)に規定する禁止に対する例外は，輸血のための献血又は移植のための皮膚の提供であって，自発的に及び強制又は誘引なしに行われ，かつ，一般に受け入れられている医療上の基準並びに提供者及び受領者双方の利益のための規制に適合する条件の下で治療を目的として行われるものについてのみ認める．

４　いかなる者についても，その者の属する締約国以外の締約国の権力内にある場合において心身が健康かつ健全であることを著しく脅かす故意の作為又は不作為であって，１及び２の禁止の規定に違反するもの又は３に定める条件に合致しないものは，この議定書の重大な違反行為とする．

５　１に規定する者は，いかなる外科手術も拒否する権利を有する．医療要員は，拒否された場合には，その旨を記載した書面であって当該者が署名し又は承認したものを取得するよう努める．

６　紛争当事者は，１に規定する者が行う輸血のための献血又は移植のための皮膚の提供が当該紛争当事者の責任の下で行われる場合には，このような献血又は皮膚の提供についての医療記録を保管する．さらに，紛争当事者は，第1条に規定する事態の結果収容され，抑留され又は他の方法によって自由を奪われた者についてとったすべての医療上の措置の記録を保管するよう努める．これらの記録は，利益保護国がいつでも検査することができるようにしておく．

第12条（医療組織の保護） 1　医療組織は，常に尊重され，かつ，保護されるものとし，また，これを攻撃の対象としてはならない．

2　1の規定は，次のいずれかの場合には，軍の医療組織以外の医療組織について適用する．

(a) 紛争当事者の1に属する場合

(b) 紛争当事者の1の権限のある当局が認める場合

(c) 第9条2又は第1条約第27条の規定に基づいて承認を得た場合

3　紛争当事者は，自己の固定された医療組織の位置を相互に通報するよう求められる．通報のないことは，紛争当事者の1の規定に従う義務を免除するものではない．

4　いかなる場合にも，軍事目標を攻撃から保護することを企図して医療組織を利用してはならない．紛争当事者は，可能なときはいつでも，医療組織が軍事目標に対する攻撃によってその安全を危うくされることのないような位置に置かれることを確保する．

第13条（軍の医療組織以外の医療組織の保護の終了） 1　軍の医療組織以外の医療組織が受けることのできる保護は，当該軍の医療組織以外の医療組織がその人道的任務から逸脱して敵に有害な行為を行うために使用される場合を除くほか，消滅しない．ただし，この保護は，適当な場合にはいつでも合理的な期限を定める警告が発せられ，かつ，その警告が無視された後においてのみ，消滅させることができる．

2　次のことは，敵に有害な行為と認められない．

(a) 軍の医療組織以外の医療組織の要員が自己又はその責任の下にある傷者及び病者の防護のために軽量の個人用の武器を装備していること．

(b) 軍の医療組織以外の医療組織が監視兵，歩哨又は護衛兵によって警護されていること．

(c) 傷者及び病者から取り上げた小型武器及び弾薬であってまだ適当な機関に引き渡されていないものが軍の医療組織以外の医療組織の中にあること．

(d) 軍隊の構成員又は他の戦闘員が医療上の理由により軍の医療組織以外の医療組織の中にいること．

第14条（軍の医療組織以外の医療組織に対する徴発の制限） 1　占領国は，占領地域の文民たる住民の医療上の必要が常に満たされることを確保する義務を負う．

2　占領国は，文民たる住民に対する適当な医療の提供並びに既に治療中の傷者及び病者の治療の継続に必要な限り，軍の医療組織以外の医療組織，その設備，その物品又はその要員の役務を徴発してはならない．

3　占領国は，2に定める一般的な規則が遵守されている限り，次に掲げる条件に従って2に規定する資源を徴発することができる．

(a) 当該資源が占領国の軍隊の構成員であって傷者及び病者であるもの又は捕虜の適切かつ迅速な治療のために必要であること．

(b) 徴発が(a)に規定する必要のある間に限り行われること．

(c) 文民たる住民の医療上の必要並びに徴発によって影響を受ける治療中の傷者及び病者の医療上の必要が常に満たされることを確保するため直ちに措置をとること．

第15条（軍の医療要員以外の医療要員及び軍の宗教要員以外の宗教要員の保護） 1　軍の医療要員以外の医療要員は，尊重され，かつ，保護される．

2　軍の医療要員以外の医療要員は，戦闘活動のために軍の医療活動以外の医療活動が中断されている地域において，必要なときは，すべての利用可能な援助を与えられる．

3　占領国は，占領地域の軍の医療要員以外の医療要員に対し，その軍の医療要員以外の医療要員が最善を尽くして人道的任務を遂行することができるようにするためにすべての援助を与える．占領国は，当該軍の医療要員以外の医療要員がその任務を遂行するに当たり，医療上の理由に基づく場合を除くほか，いずれかの者の治療を優先させるよう求めてはならない．軍の医療要員以外の医療要員は，その人道的使命と両立しない任務を遂行することを強要されない．

4　軍の医療要員以外の医療要員は，関係紛争当事者が必要と認める監督及び安全のための措置に従うことを条件として，当該軍の医療要員以外の医療要員の役務を必要とするいずれの場所にも立ち入ることができる．

5　軍の宗教要員以外の宗教要員は，尊重され，かつ，保護される．医療要員の保護及び識別に関する諸条約及びこの議定書の規定は，軍の宗教要員以外の宗教要員についてもひとしく適用する．

第16条（医療上の任務の一般的保護） 1　いずれの者も，いかなる場合においても，医療上の倫理に合致した医療活動（その受益者のいかんを問わない.）を行ったことを理由として処罰されない.

2 医療活動に従事する者は, 医療上の倫理に関する諸規則若しくは傷者及び病者のために作成された他の医療上の諸規則又は諸条約若しくはこの議定書の規定に反する行為又は作業を行うことを強要されず, また, これらの諸規則及び規定によって求められる行為又は作業を差し控えることを強要されない.

3 医療活動に従事する者は, 自己が現に看護しているか又は看護していた傷者及び病者に関する情報がこれらの傷者及び病者又はその家族にとって有害となると認める場合には, 自国の法律によって求められている場合を除くほか, 敵対する紛争当事者又は自国のいずれかに属する者に対し当該情報を提供することを強要されない. もっとも, 伝染病の義務的通報に関する諸規則は, 尊重する.

第17条（文民たる住民及び救済団体の役割）

1 文民たる住民は, 傷者, 病者及び難船者が敵対する紛争当事者に属する場合においても, これらの者を尊重し, また, これらの者に対していかなる暴力行為も行ってはならない. 文民たる住民及び各国の赤十字社, 赤新月社又は赤のライオン及び太陽社のような救済団体は, 自発的に行う場合であっても, 侵略され又は占領された地域においても, 傷者, 病者及び難船者を収容し及び看護することを許される. いずれの者も, このような人道的な行為を理由として危害を加えられ, 訴追され, 有罪とされ又は処罰されることはない.

2 紛争当事者は, 1に規定する文民たる住民及び救済団体に対して, 傷者, 病者及び難船者を収容し及び看護し並びに死者を捜索し及びその死者の位置を報告するよう要請することができる. 紛争当事者は, 要請に応じた者に対し, 保護及び必要な便益の双方を与える. 敵対する紛争当事者は, そのような保護及び必要な便益の双方を与えられる地域を支配し又はその地域に対する支配を回復した場合には, 必要な限り, 同様の保護及び便益を与える.

第18条（識別） 1 紛争当事者は, 医療要員, 宗教要員, 医療組織及び医療用輸送手段が識別されることのできることを確保するよう努める.

2 紛争当事者は, また, 特殊標章及び特殊信号を使用する医療組織及び医療用輸送手段の識別を可能にする方法及び手続を採用し及び実施するよう努める.

3 軍の医療要員以外の医療要員及び軍の宗教要員以外の宗教要員は, 占領地域及び戦闘が現に行われ又は行われるおそれのある地域において, 特殊標章及び身分証明書によって識別されることができるようにすべきである.

4 医療組織及び医療用輸送手段は, 権限のある当局の同意を得て, 特殊標章によって表示する. 第22条に規定する船舶及び舟艇は, 第2条約に従って表示する.

5 紛争当事者は, 特殊標章に加え, 附属書I第3章に定めるところにより, 医療組織及び医療用輸送手段を識別するために特殊信号の使用を許可することができる. 同章に規定する特別の場合には, 例外的に, 医療用輸送手段は, 特殊標章を表示することなく特殊信号を使用することができる.

6 1から5までの規定の適用は, 附属書I第1章から第3章までに定めるところによる. 医療組織及び医療用輸送手段が専ら使用するために同附属書第3章に指定する信号は, 同章に定める場合を除くほか, 同章の医療組織及び医療用輸送手段を識別する目的以外の目的で使用してはならない.

7 この条の規定は, 平時において第1条約第44条に規定する使用よりも広範な特殊標章の使用を認めるものではない.

8 特殊標章の使用についての監督並びに特殊標章の濫用の防止及び抑止に関する諸条約及びこの議定書の規定は, 特殊信号について適用する.

第19条（中立国その他の紛争当事者でない国） 中立国その他の紛争当事者でない国は, この編の規定によって保護される者であってこれらの国が自国の領域において受け入れ又は収容するもの及びこれらの国によって発見される紛争当事者の死者について, この議定書の関連規定を適用する.

第20条（復仇の禁止） この編の規定によって保護される者及び物に対する復仇(ふっきゅう)は, 禁止する.

第2部 医療上の輸送

第21条（医療用車両） 医療用車両は, 諸条約及びこの議定書における移動する医療組織と同様の方法により尊重され, かつ, 保護される.

第22条（病院船及び沿岸救助艇） 1 次の(a)から(d)までに掲げるものに関する諸条約の規定は, (a)及び(b)に規定する船舶が第2条約第13条に規定するいずれの部類にも属しない文民たる傷者, 病者及び難船者を輸送する場合についても適用する. もっとも, これらの者は, 自国以外の締約国に引き渡され又は海上において捕らえられない. これらの者が自国以外の紛争当事者の権力内にある場合には, これらの者は，第4条約及びこの議定書の対象となる．
(a) 第2条約第22条，第24条，第25条及び第27条に規定する船舶
(b) (a)の船舶の救命艇及び小舟艇
(c) (a)の船舶の要員及び乗組員
(d) 船舶上の傷者，病者及び難船者

2 第2条約第25条に規定する船舶に対し諸条約によって与えられる保護は，次の(a)及び(b)に掲げるものが人道的目的で紛争当事者の利用に供した病院船に及ぶものとする．
(a) 中立国その他の紛争当事者でない国
(b) 公平で国際的な人道的団体

ただし，いずれの場合にも，同条の要件が満たされることを条件とする．

3 第2条約第27条に規定する小舟艇は，同条に定めるところによる通告が行われなかった場合にも，保護される．もっとも，紛争当事者は，当該小舟艇の識別を容易にする要目を相互に通報するよう求められる．

第23条（他の医療用船舶及び他の医療用舟艇）
1 医療用船舶及び医療用舟艇であって前条及び第2条約第38条に規定するもの以外のものは，海上であるか他の水域であるかを問わず，諸条約及びこの議定書における移動する医療組織と同様の方法により尊重され，かつ，保護される．その保護は，当該医療用船舶及び医療用舟艇が医療用船舶及び医療用舟艇として識別されることができるときにのみ実効的となるので，当該医療用船舶及び医療用舟艇は，特殊標章によって表示され，かつ，できる限り第2条約第43条第2項の規定に従うべきである．

2 1に規定する医療用船舶及び医療用舟艇は，戦争の法規の適用を受ける．自己の命令に直ちに従わせることのできる海上の軍艦は，当該医療用船舶及び医療用舟艇に対し，停船若しくは退去を命ずること又は航路を指定することができる．当該医療用船舶及び医療用舟艇は，これらのすべての命令に従う．当該医療用船舶及び医療用舟艇が船舶上にある傷者，病者及び難船者のために必要とされる限り，その医療上の任務は，他のいかなる方法によっても変更することができない．

3 1に規定する保護は，第2条約第34条及び第35条に定める条件によってのみ消滅する．2の規定による命令に従うことを明確に拒否することは，同条約第34条に規定する敵に有害な行為とする．

4 紛争当事者は，敵対する紛争当事者に対し，1に規定する医療用船舶又は医療用舟艇（特に総トン数2000トンを超える船舶）の船名，要目，予想される出航時刻，航路及び推定速度を出航のできる限り前に通報すること並びに識別を容易にする他の情報を提供することができる．敵対する紛争当事者は，そのような情報の受領を確認する．

5 第2条約第37条の規定は，1に規定する医療用船舶又は医療用舟艇における医療要員及び宗教要員について適用する．

6 第2条約は，同条約第13条及びこの議定書の第44条に規定する部類に属する傷者，病者及び難船者であって1に規定する医療用船舶及び医療用舟艇にあるものについて適用する．第2条約第13条に規定するいずれの部類にも属しない文民たる傷者，病者及び難船者は，海上では自国以外のいずれの締約国にも引き渡されず，また，当該医療用船舶又は医療用舟艇から移動させられない．これらの者が自国以外の紛争当事者の権力内にある場合には，これらの者は，第4条約及びこの議定書の対象となる．

第24条（医療用航空機の保護） 医療用航空機は，この編の規定により尊重され，かつ，保護される．

第25条（敵対する紛争当事者が支配していない区域における医療用航空機） 友軍が実際に支配している地域及びその上空又は敵対する紛争当事者が実際に支配していない海域及びその上空においては，紛争当事者の医療用航空機の尊重及び保護は，敵対する紛争当事者との合意に依存しない．もっとも，そのような区域において当該医療用航空機を運航する紛争当事者は，一層の安全のため，特に当該医療用航空機が敵対する紛争当事者の地対空兵器システムの射程内を飛行するときは，第29条の規定により，敵対する紛争当事者に通報することができる．

第26条（接触地帯又は類似の地域における医療用航空機） 1 接触地帯のうち友軍が実際に支配している地域及びその上空並びに実際の支配が明確に確立していない地域及びその上空においては，医療用航空機の保護は，第29条に定めるところにより，紛争当事者の権限のある軍当局の間の事前の合意によってのみ十分に実効的となる．このような合意のない場合には，医療用航空機は，自己の責任で運航されるが，医療用航空機であると識別された後は尊重される．

2 「接触地帯」とは，敵対する軍隊の前線部隊が相互に接触している地域，特に前線部隊が地上からの直接の砲火にさらされている地域をいう．

第27条（敵対する紛争当事者が支配している区域における医療用航空機） 1　紛争当事者の医療用航空機は，敵対する紛争当事者が実際に支配している地域又は海域の上空を飛行している間，敵対する紛争当事者の権限のある当局からその飛行に対する事前の同意を得ていることを条件として，引き続き保護される．

2　医療用航空機であって航行上の過誤又は飛行の安全に影響を及ぼす緊急事態のため1に規定する同意なしに又は同意の条件に相違して敵対する紛争当事者が実際に支配している地域の上空を飛行するものは，自己が識別され及びその状況を敵対する紛争当事者に通報するようあらゆる努力を払う．当該敵対する紛争当事者は，当該医療用航空機を識別した場合には直ちに，第30条1に規定する着陸若しくは着水を命令し又は自国の利益を保護するための他の措置をとるよう，及びいずれの場合にも当該医療用航空機に対して攻撃を加える前にその命令又は措置に従うための時間を与えるよう，すべての合理的な努力を払う．

第28条（医療用航空機の運航の制限） 1　紛争当事者が敵対する紛争当事者に対して軍事的利益を得ることを企図して自国の医療用航空機を使用することは，禁止する．医療用航空機の所在は，軍事目標が攻撃の対象とならないようにすることを企図して利用してはならない．

2　医療用航空機は，情報データを収集し又は伝達するために使用してはならず，また，このような目的に使用するための機器を備えてはならない．医療用航空機が第8条(f)の定義に該当しない者又は積荷を輸送することは，禁止する．搭乗者の手回品又は航行，通信若しくは識別を容易にすることのみを目的とした機器を搭載することは，禁止されるものと認められない．

3　医療用航空機は，機上の傷者，病者及び難船者から取り上げた小型武器及び弾薬であってまだ適当な機関に引き渡されていないもの並びに機上の医療要員が自己及びその責任の下にある傷者，病者及び難船者の防護のために必要な軽量の個人用の武器を除くほか，いかなる武器も輸送してはならない．

4　医療用航空機は，前2条に係る飛行を実施している間，敵対する紛争当事者との事前の合意による場合を除くほか，傷者，病者及び難船者を捜索するために使用してはならない．

第29条（医療用航空機に関する通報及び合意）

1　第25条の規定に基づく通報又は第26条，第27条，前条4若しくは第31条の規定に基づく事前の合意のための要請については，医療用航空機の予定されている数，その飛行計画及び識別方法を明示し，並びにすべての飛行が前条の規定を遵守して実施されることを意味するものと了解する．

2　第25条の規定に基づいて行われる通報を受領した締約国は，その通報の受領を直ちに確認する．

3　第26条，第27条，前条4又は第31条の規定に基づく事前の合意のための要請を受領した締約国は，要請を行った締約国に対しできる限り速やかに次のいずれかのことを通報する．

(a) 要請に同意すること．

(b) 要請を拒否すること．

(c) 要請に対する合理的な代わりの提案．また，要請のあった飛行が実施される期間及び地域における他の飛行の禁止又は制限を提案することができる．要請を行った締約国が代わりの提案を受諾する場合には，当該要請を行った締約国は，その受諾を当該要請を受領した締約国に通報する．

4　締約国は，通報及び合意が速やかに行われることを確保するために必要な措置をとる．

5　締約国は，通報及び合意の内容を関係部隊に速やかに周知させるために必要な措置をとり，並びに医療用航空機の使用する識別方法について当該関係部隊に指示を与える．

第30条（医療用航空機の着陸及び検査） 1　敵対する紛争当事者が実際に支配している地域又は実際の支配が明確に確立していない地域の上空を飛行する医療用航空機については，2から4までに定める規定に従って検査を受けるため着陸し又は着水するよう命ずることができる．医療用航空機は，その命令に従う．

2　命令によるか他の理由によるかを問わず1に規定する医療用航空機が着陸し又は着水した場合には，3及び4に規定する事項を決定するためにのみ当該医療用航空機を検査することができる．検査は，遅滞なく開始し，迅速に実施する．検査を行う締約国は，検査のために不可欠である場合を除くほか，傷者及び病者を当該医療用航空機から移動させるよう求めてはならない．当該検査を行う締約国は，いかなる場合にも，傷者及び病者の状態が検査又は移動によって不利な影響を受けないことを確保する．

3　検査によって次のすべてのことが明らかになった場合には，その検査を受けた航空機及び敵対する紛争当事者又は中立国その他の紛争当事者でない国に属する当該航空機の搭乗者は，飛行を継続することを遅滞なく認められる．

(a) 当該航空機が第8条(j)の規定の意味における医療用航空機であること．

(b) 当該航空機が第28条に定める条件に違反していないこと.

(c) 事前の合意が求められている場合に, 当該航空機が当該合意なしに又は当該合意に違反して飛行していなかったこと.

4 検査によって次のいずれかのことが明らかになった場合には, その検査を受けた航空機は, 捕獲することができる. 当該航空機の搭乗者は, 諸条約及びこの議定書の関連規定に従って取り扱われる. 捕獲した航空機が常時の医療用航空機として充てられていたものである場合には, これを医療用航空機としてのみ, その後も使用することができる.

(a) 当該航空機が第8条(j)の規定の意味における医療用航空機でないこと.

(b) 当該航空機が第28条に定める条件に違反していること.

(c) 事前の合意が求められている場合に, 当該航空機が当該合意なしに又は当該合意に違反して飛行していたこと.

第31条（中立国その他の紛争当事者でない国）

1 医療用航空機は, 事前の同意がある場合を除くほか, 中立国その他の紛争当事者でない国の領域の上空を飛行し又は当該領域に着陸してはならない. 医療用航空機は, 同意がある場合には, その飛行中及び当該領域における寄港中, 尊重される. もっとも, 医療用航空機は, 着陸又は着水の命令に従う.

2 医療用航空機は, 航行上の過誤又は飛行の安全に影響を及ぼす緊急事態のため同意なしに又は同意の条件に相違して中立国その他の紛争当事者でない国の領域の上空を飛行する場合には, その飛行を通報し及び自己が識別されるようあらゆる努力を払う. 当該中立国その他の紛争当事者でない国は, 当該医療用航空機を識別した場合には直ちに, 前条1に規定する着陸若しくは着水を命令し又は自国の利益を保護するための他の措置をとるよう, 及びいずれの場合にも当該医療用航空機に対して攻撃を加える前にその命令又は措置に従うための時間を与えるよう, すべての合理的な努力を払う.

3 医療用航空機は, 同意がある場合又は2に規定する状況において, 命令によるか他の理由によるかを問わず中立国その他の紛争当事者でない国の領域に着陸し又は着水したときは, 実際に医療用航空機であるか否かを決定するための検査を受ける. 検査は, 遅滞なく開始し, 迅速に実施する. 検査を行う締約国は, 検査のために不可欠である場合を除くほか, 当該航空機を運航している紛争当事者の傷者及び病者を航空機から移動させるよう求めてはならない. 当該検査を行う締約国は, いかなる場合にも, 傷者及び病者の状態が検査又は移動によって不利な影響を受けないことを確保する. 検査によって当該航空機が実際に医療用航空機であることが明らかになった場合には, 当該航空機は, 搭乗者（武力紛争の際に適用される国際法の諸規則に従って抑留しなければならない者を除く.）とともに, 飛行を再開することを認められ, 飛行の継続のために合理的な便益を与えられる. 検査によって当該航空機が医療用航空機でないことが明らかになった場合には, 当該航空機は, 捕獲され, 及び当該搭乗者は, 4の規定によって取り扱われる.

4 中立国その他の紛争当事者でない国は, 武力紛争の際に適用される国際法の諸規則が求める場合には, 自己と紛争当事者との間に別段の合意がない限り, 自国の領域で現地当局の同意を得て医療用航空機から降機（一時的な場合を除く.）した傷者, 病者及び難船者が敵対行為に再び参加することのできないようにそれらの者を抑留する. 病院における治療及び収容の費用は, これらの者の属する国が負担する.

5 中立国その他の紛争当事者でない国は, 医療用航空機が自国の領域の上空を飛行すること又は自国の領域に着陸することに関する条件及び制限をすべての紛争当事者についてひとしく適用する.

第3部 行方不明者及び死者

第32条（一般原則） 締約国, 紛争当事者並びに諸条約及びこの議定書に規定する国際的な人道的団体の活動は, この部の規定の実施に当たり, 主として家族がその近親者の運命を知る権利に基づいて促進される.

第33条（行方不明者） 1 紛争当事者は, 事情が許す限り速やかに, 遅くとも現実の敵対行為の終了の時から, 敵対する紛争当事者により行方不明であると報告された者を捜索する. 当該敵対する紛争当事者は, その捜索を容易にするため, これらの者に関するすべての関連情報を伝達する.

2 紛争当事者は, 1の規定に基づき情報の収集を容易にするため, 諸条約及びこの議定書に基づく一層有利な考慮が払われない者について, 次のことを行う.

(a) 敵対行為又は占領の結果2週間以上抑留され, 投獄され若しくは他の方法で捕らわれた場合又は捕らわれている期間中に死亡した場合には, 第4条約第138条に規定する情報を記録すること.

(b) 敵対行為又は占領の結果他の状況におい

て死亡した場合には，その者に関する情報の収集及び記録を，できる限り，容易にし及び必要な場合に行うこと．

3　1の規定に基づき行方不明であると報告された者に関する情報及びその情報についての要請は，直接に又は利益保護国，赤十字国際委員会の中央安否調査部若しくは各国の赤十字社，赤新月社若しくは赤のライオン及び太陽社を通じて伝達する．紛争当事者は，赤十字国際委員会及びその中央安否調査部を通じて情報を伝達しない場合には，当該情報を中央安否調査部に対しても提供することを確保する．

4　紛争当事者は，死者を捜索し，識別し及び戦場から収容するための調査団に関する取極（適当な場合には，敵対する紛争当事者の支配している地域において調査団がその任務を行っている間，当該敵対する紛争当事者の要員に伴われるためのものを含む．）に合意するよう努める．調査団の要員は，専らその任務を行っている間，尊重され，かつ，保護される．

第34条（遺体） 1　占領に関連する理由のために死亡し又は占領若しくは敵対行為に起因して捕らわれている期間中に死亡した者及び敵対行為の結果自国以外の国で死亡した者の遺体又は墓地に対して諸条約及びこの議定書に基づく一層有利な考慮が払われない場合には，これらの者の遺体は，尊重されるものとし，また，これらの者の墓地は，第4条約第130条に定めるところにより尊重され，維持され，かつ，表示される．

2　締約国は，敵対行為の結果として又は占領中若しくは捕らわれている期間中に死亡した者の墓その他遺体のある場所が自国の領域にある場合には，事情及び敵対する紛争当事者との関係が許す限り速やかに，次のことを行うため取極を締結する．

(a) 死亡した者の近親者及び公の墳墓登録機関の代表者による墓地への立入りを容易にすること並びに当該立入りのための実際的な手続を定めること．

(b) 墓地を永続的に保護し，かつ，維持すること．

(c) 本国の要請又は本国が反対しない限り近親者の要請に基づいて遺体及び個人用品を本国へ返還することを容易にすること．

3　自国の領域に墓地のある締約国は，2(b)又は(c)の規定に係る取極のない場合及び死亡した者の本国が自国の費用で墓地の維持を行う意思を有しない場合には，本国への遺体の返還を容易にするよう提案することができる．締約国は，その提案が受諾されなかった場合には，当該提案の日から5年を経過した後に，かつ，本国への適当な通報を行った後に，墓地及び墓に関する自国の法律に定める手続をとることができる．

4　この条に規定する墓地が自国の領域にある締約国は，次のいずれかの場合にのみ，遺体を発掘することを許される．

(a) 2(c)及び3の規定による場合

(b) 発掘が優先的な公共上の必要事項である場合（衛生上及び調査上必要な場合を含む．）．締約国は，この場合において，常に遺体を尊重し，並びに遺体を発掘する意図及び再埋葬予定地の詳細を本国へ通報する．

第3編　戦闘の方法及び手段並びに戦闘員及び捕虜の地位

第1部　戦闘の方法及び手段

第35条（基本原則） 1　いかなる武力紛争においても，紛争当事者が戦闘の方法及び手段を選ぶ権利は，無制限ではない．

2　過度の傷害又は無用の苦痛を与える兵器，投射物及び物質並びに戦闘の方法を用いることは，禁止する．

3　自然環境に対して広範，長期的かつ深刻な損害を与えることを目的とする又は与えることが予測される戦闘の方法及び手段を用いることは，禁止する．

第36条（新たな兵器） 締約国は，新たな兵器又は戦闘の手段若しくは方法の研究，開発，取得又は採用に当たり，その使用がこの議定書又は当該締約国に適用される他の国際法の諸規則により一定の場合又はすべての場合に禁止されているか否かを決定する義務を負う．

第37条（背信行為の禁止） 1　背信行為により敵を殺傷し又は捕らえることは，禁止する．武力紛争の際に適用される国際法の諸規則に基づく保護を受ける権利を有するか又は保護を与える義務があると敵が信ずるように敵の信頼を誘う行為であって敵の信頼を裏切る意図をもって行われるものは，背信行為を構成する．背信行為の例として，次の行為がある．

(a) 休戦旗を掲げて交渉の意図を装うこと，又は投降を装うこと．

(b) 負傷又は疾病による無能力を装うこと．

(c) 文民又は非戦闘員の地位を装うこと．

(d) 国際連合又は中立国その他の紛争当事者でない国の標章又は制服を使用して，保護されている地位を装うこと．

2　奇計は，禁止されない．奇計とは，敵を欺くこと又は無謀に行動させることを意図した行為であって，武力紛争の際に適用される国際法の諸規則に違反せず，かつ，そのような国際法に基づく保護に関して敵の信頼を誘うことがないために背信的ではないものをいう．奇計の例として，偽装，囮，陽動作戦及び虚偽の情報の使用がある．

第38条（認められた標章） 1　赤十字，赤新月若しくは赤のライオン及び太陽の特殊標章又は諸条約若しくはこの議定書に規定する他の標章若しくは信号を不当に使用することは，禁止する．また，休戦旗を含む国際的に認められた他の保護標章又は信号及び文化財の保護標章を武力紛争において故意に濫用することは，禁止する．

2　国際連合によって認められた場合を除くほか，国際連合の特殊標章を使用することは，禁止する．

第39条（国の標章） 1　中立国その他の紛争当事者でない国の旗，軍の標章，記章又は制服を武力紛争において使用することは，禁止する．

2　攻撃を行っている間，又は軍事行動を掩護し，有利にし，保護し若しくは妨げるため，敵対する紛争当事者の旗，軍の標章，記章又は制服を使用することは，禁止する．

3　この条及び第37条1(d)の規定は，諜報活動又は海上の武力紛争における旗の使用に適用される現行の一般に認められた国際法の諸規則に影響を及ぼすものではない．

第40条（助命） 生存者を残さないよう命令すること，そのような命令で敵を威嚇すること又はそのような方針で敵対行為を行うことは，禁止する．

第41条（戦闘外にある敵の保護） 1　戦闘外にあると認められる者又はその状況において戦闘外にあると認められるべき者は，攻撃の対象としてはならない．

2　次の者は，戦闘外にある．

(a) 敵対する紛争当事者の権力内にある者

(b) 投降の意図を明確に表明する者

(c) 既に無意識状態となっており又は負傷若しくは疾病により無能力となっているため自己を防御することができない者

ただし，いずれの者も，いかなる敵対行為も差し控え，かつ，逃走を企てないことを条件とする．

3　捕虜としての保護を受ける権利を有する者が第3条約第3編第1部に規定する後送を妨げる通常と異なる戦闘の状態の下で敵対する紛争当事者の権力内に陥った場合には，そのような権利を有する者を解放し，及びその者の安全を確保するためにすべての実行可能な予防措置をとる．

第42条（航空機の搭乗者） 1　遭難航空機から落下傘で降下する者は，降下中は攻撃の対象としてはならない．

2　遭難航空機から落下傘で降下した者は，敵対する紛争当事者が支配する地域に着地したときは，その者が敵対行為を行っていることが明白でない限り，攻撃の対象とされる前に投降の機会を与えられる．

3　空挺部隊は，この条の規定による保護を受けない．

第2部　戦闘員及び捕虜の地位

第43条（軍隊） 1　紛争当事者の軍隊は，部下の行動について当該紛争当事者に対して責任を負う司令部の下にある組織され及び武装したすべての兵力，集団及び部隊から成る（当該紛争当事者を代表する政府又は当局が敵対する紛争当事者によって承認されているか否かを問わない．）．このような軍隊は，内部規律に関する制度，特に武力紛争の際に適用される国際法の諸規則を遵守させる内部規律に関する制度に従う．

2　紛争当事者の軍隊の構成員（第3条約第33条に規定する衛生要員及び宗教要員を除く．）は，戦闘員であり，すなわち，敵対行為に直接参加する権利を有する．

3　紛争当事者は，準軍事的な又は武装した法執行機関を自国の軍隊に編入したときは，他の紛争当事者にその旨を通報する．

第44条（戦闘員及び捕虜） 1　前条に規定する戦闘員であって敵対する紛争当事者の権力内に陥ったものは，捕虜とする．

2　すべての戦闘員は，武力紛争の際に適用される国際法の諸規則を遵守する義務を負うが，これらの諸規則の違反は，3及び4に規定する場合を除くほか，戦闘員である権利又は敵対する紛争当事者の権力内に陥った場合に捕虜となる権利を戦闘員から奪うものではない．

3　戦闘員は，文民たる住民を敵対行為の影響から保護することを促進するため，攻撃又は攻撃の準備のための軍事行動を行っている間，自己と文民たる住民とを区別する義務を負う．もっとも，武装した戦闘員は，武力紛争において敵対行為の性質のため自己と文民たる住民とを区別することができない状況があると認められるので，当該状況において次に規定する間武器を公然と携行することを条件として，戦闘員としての地位を保持する．

(a) 交戦の間

(b) 自己が参加する攻撃に先立つ軍事展開中に敵に目撃されている間

この3に定める条件に合致する行為は，第37条1(c)に規定する背信行為とは認められない．

4　3中段に定める条件を満たすことなく敵対する紛争当事者の権力内に陥った戦闘員は，捕虜となる権利を失う．もっとも，第3条約及びこの議定書が捕虜に与える保護と同等のものを与えられる．この保護には，当該戦闘員が行った犯罪のため裁判され及び処罰される場合に，第3条約が捕虜に与える保護と同等のものを含む．

5　攻撃又は攻撃の準備のための軍事行動を行っていない間に敵対する紛争当事者の権力内に陥った戦闘員は，それ以前の活動を理由として戦闘員である権利及び捕虜となる権利を失うことはない．

6　この条の規定は，いずれかの者が第3条約第4条の規定に基づいて捕虜となる権利を害するものではない．

7　この条の規定は，紛争当事者の武装し，かつ，制服を着用した正規の部隊に配属された戦闘員について，その者が制服を着用することに関する各国の慣行であって一般に受け入れられているものを変更することを意図するものではない．

8　第1条約第13条及び第2条約第13条に規定する部類に属する者に加え，前条に規定する紛争当事者の軍隊のすべての構成員は，傷者若しくは病者又は海その他の水域における難船者（ただし，難船者については，第2条約に係るもの）である場合には，これらの条約に基づく保護を受ける権利を有する．

第45条（敵対行為に参加した者の保護） 1　敵対行為に参加して敵対する紛争当事者の権力内に陥った者については，その者が捕虜の地位を要求した場合，その者が捕虜となる権利を有すると認められる場合又はその者が属する締約国が抑留国若しくは利益保護国に対する通告によりその者のために捕虜の地位を要求した場合には，捕虜であると推定し，第3条約に基づいて保護する．その者が捕虜となる権利を有するか否かについて疑義が生じた場合には，その者の地位が権限のある裁判所によって決定されるまでの間，引き続き捕虜の地位を有し，第3条約及びこの議定書によって保護する．

2　敵対する紛争当事者の権力内に陥った者が捕虜としては捕らえられない場合において敵対行為に係る犯罪について当該敵対する紛争当事者による裁判を受けるときは，その者は，司法裁判所において捕虜となる権利を有することを主張し及びその問題について決定を受ける権利を有する．この決定については，適用される手続に従って可能なときはいつでも，当該犯罪についての裁判の前に行う．利益保護国の代表者は，その問題が決定される手続に立ち会う権利を有する．ただし，例外的に手続が国の安全のために非公開で行われる場合は，この限りでない．この場合には，抑留国は，利益保護国にその旨を通知する．

3　敵対行為に参加した者であって，捕虜となる権利を有せず，また，第4条約に基づく一層有利な待遇を受けないものは，常にこの議定書の第75条に規定する保護を受ける権利を有する．いずれの者も，占領地域においては，間諜として捕らえられない限り，第4条約第5条の規定にかかわらず，同条約に基づく通信の権利を有する．

第46条（間諜） 1　諸条約又はこの議定書の他の規定にかかわらず，紛争当事者の軍隊の構成員であって諜報活動を行っている間に敵対する紛争当事者の権力内に陥ったものについては，捕虜となる権利を有せず，間諜として取り扱うことができる．

2　紛争当事者の軍隊の構成員であって，当該紛争当事者のために及び敵対する紛争当事者が支配する地域において，情報を収集し又は収集しようとしたものは，そのような活動の間に自国の軍隊の制服を着用していた場合には，諜報活動を行っていたとは認められない．

3　敵対する紛争当事者が占領している地域の居住者である紛争当事者の軍隊の構成員であって，自己が属する紛争当事者のために当該地域において軍事的価値のある情報を収集し又は収集しようとしたものは，虚偽の口実に基づく行為による場合又は故意にひそかな方法で行われた場合を除くほか，諜報活動を行っていたとは認められない．さらに，当該居住者は，諜報活動を行っている間に捕らえられた場合を除くほか，捕虜となる権利を失わず，また，間諜として取り扱われない．

4　敵対する紛争当事者が占領している地域の居住者でない紛争当事者の軍隊の構成員であって，当該地域において諜報活動を行ったものは，その者の属する軍隊に復帰する前に捕らえられる場合を除くほか，捕虜となる権利を失わず，また，間諜として取り扱われない．

第47条（傭兵） 1　傭兵は，戦闘員である権利又は捕虜となる権利を有しない．

2　傭兵とは，次のすべての条件を満たす者をいう．

(a) 武力紛争において戦うために現地又は国外で特別に採用されていること．

(b) 実際に敵対行為に直接参加していること．

(c) 主として私的な利益を得たいとの願望により敵対行為に参加し，並びに紛争当事者により又は紛争当事者の名において，当該紛争当事者の軍隊において類似の階級に属し及び類似の任務を有する戦闘員に対して約束され又は支払われる額を相当上回る物質的な報酬を実際に約束されていること．
(d) 紛争当事者の国民でなく，また，紛争当事者が支配している地域の居住者でないこと．
(e) 紛争当事者の軍隊の構成員でないこと．
(f) 紛争当事者でない国が自国の軍隊の構成員として公の任務で派遣した者でないこと．

第4編　文民たる住民

第1部　敵対行為の影響からの一般保護

第1章　基本原則及び適用範囲

第48条（基本原則） 紛争当事者は，文民たる住民及び民用物を尊重し及び保護することを確保するため，文民たる住民と戦闘員とを，また，民用物と軍事目標とを常に区別し，及び軍事目標のみを軍事行動の対象とする．

第49条（攻撃の定義及び適用範囲） 1　「攻撃」とは，攻勢としてであるか防御としてであるかを問わず，敵に対する暴力行為をいう．

2　この議定書の攻撃に関する規定は，いずれの地域（紛争当事者に属する領域であるが敵対する紛争当事者の支配の下にある地域を含む．）で行われるかを問わず，すべての攻撃について適用する．

3　この部の規定は，陸上の文民たる住民，個々の文民又は民用物に影響を及ぼす陸戦，空戦又は海戦について適用するものとし，また，陸上の目標に対して海又は空から行われるすべての攻撃についても適用する．もっとも，この部の規定は，海上又は空中の武力紛争の際に適用される国際法の諸規則に影響を及ぼすものではない．

4　この部の規定は，第4条約特にその第2編及び締約国を拘束する他の国際取極に含まれる人道的保護に関する諸規則並びに陸上，海上又は空中の文民及び民用物を敵対行為の影響から保護することに関する他の国際法の諸規則に追加される．

第2章　文民及び文民たる住民

第50条（文民及び文民たる住民の定義） 1　文民とは，第3条約第4条A(1)から(3)まで及び(6)並びにこの議定書の第43条に規定する部類のいずれにも属しない者をいう．いずれの者も，文民であるか否かについて疑義がある場合には，文民とみなす．

2　文民たる住民とは，文民であるすべての者から成るものをいう．

3　文民の定義に該当しない者が文民たる住民の中に存在することは，文民たる住民から文民としての性質を奪うものではない．

第51条（文民たる住民の保護） 1　文民たる住民及び個々の文民は，軍事行動から生ずる危険からの一般的保護を受ける．この保護を実効的なものとするため，適用される他の国際法の諸規則に追加される2から8までに定める規則は，すべての場合において，遵守する．

2　文民たる住民それ自体及び個々の文民は，攻撃の対象としてはならない．文民たる住民の間に恐怖を広めることを主たる目的とする暴力行為又は暴力による威嚇は，禁止する．

3　文民は，敵対行為に直接参加していない限り，この部の規定によって与えられる保護を受ける．

4　無差別な攻撃は，禁止する．無差別な攻撃とは，次の攻撃であって，それぞれの場合において，軍事目標と文民又は民用物とを区別しないでこれらに打撃を与える性質を有するものをいう．
(a) 特定の軍事目標のみを対象としない攻撃
(b) 特定の軍事目標のみを対象とすることのできない戦闘の方法及び手段を用いる攻撃
(c) この議定書で定める限度を超える影響を及ぼす戦闘の方法及び手段を用いる攻撃

5　特に，次の攻撃は，無差別なものと認められる．
(a) 都市，町村その他の文民又は民用物の集中している地域に位置する多数の軍事目標であって相互に明確に分離された別個のものを単一の軍事目標とみなす方法及び手段を用いる砲撃又は爆撃による攻撃
(b) 予期される具体的かつ直接的な軍事的利益との比較において，巻き添えによる文民の死亡，文民の傷害，民用物の損傷又はこれらの複合した事態を過度に引き起こすことが予測される攻撃

6　復仇（きゅう）の手段として文民たる住民又は個々の文民を攻撃することは，禁止する．

7　文民たる住民又は個々の文民の所在又は移動は，特定の地点又は区域が軍事行動の対象とならないようにするために，特に，軍事目標を攻撃から掩（えん）護し又は軍事行動を掩（えん）護し，有利にし若しくは妨げることを企図して利用してはならない．紛争当事者は，軍事目標を攻撃から掩（えん）護し又は軍事行動を掩（えん）護することを企図して文民たる住民又は個々の文民の移動を命じ

てはならない.

8　この条に規定する禁止の違反があったときにおいても，紛争当事者は，文民たる住民及び個々の文民に関する法的義務（第57条の予防措置をとる義務を含む.）を免除されない.

第3章　民用物

第52条（民用物の一般的保護） 1　民用物は，攻撃又は復仇の対象としてはならない. 民用物とは，2に規定する軍事目標以外のすべての物をいう.

2　攻撃は，厳格に軍事目標に対するものに限定する. 軍事目標は，物については，その性質，位置，用途又は使用が軍事活動に効果的に資する物であってその全面的又は部分的な破壊，奪取又は無効化がその時点における状況において明確な軍事的利益をもたらすものに限る.

3　礼拝所，家屋その他の住居，学校等通常民生の目的のために供される物が軍事活動に効果的に資するものとして使用されているか否かについて疑義がある場合には，軍事活動に効果的に資するものとして使用されていないと推定される.

第53条（文化財及び礼拝所の保護） 1954年5月14日の武力紛争の際の文化財の保護に関するハーグ条約その他の関連する国際文書の規定の適用を妨げることなく，次のことは，禁止する.

(a) 国民の文化的又は精神的遺産を構成する歴史的建造物，芸術品又は礼拝所を対象とする敵対行為を行うこと.

(b) (a)に規定する物を軍事上の努力を支援するために利用すること.

(c) (a)に規定する物を復仇の対象とすること.

第54条（文民たる住民の生存に不可欠な物の保護） 1　戦闘の方法として文民を飢餓の状態に置くことは，禁止する.

2　食糧，食糧生産のための農業地域，作物，家畜，飲料水の施設及び供給設備，かんがい設備等文民たる住民の生存に不可欠な物をこれらが生命を維持する手段としての価値を有するが故に文民たる住民又は敵対する紛争当事者に与えないという特定の目的のため，これらの物を攻撃し，破壊し，移動させ又は利用することができないようにすることは，文民を飢餓の状態に置き又は退去させるという動機によるかその他の動機によるかを問わず，禁止する.

3　2に規定する禁止は，2に規定する物が次の手段として敵対する紛争当事者によって利用される場合には，適用しない.

(a) 専ら当該敵対する紛争当事者の軍隊の構成員の生命を維持する手段

(b) 生命を維持する手段でないときであっても軍事行動を直接支援する手段. ただし，いかなる場合においても，2に規定する物に対し，文民たる住民の食糧又は水を十分でない状態とし，その結果当該文民たる住民を飢餓の状態に置き又はその移動を余儀なくさせることが予測される措置をとってはならない.

4　2に規定する物は，復仇の対象としてはならない.

5　いずれの紛争当事者にとっても侵入から自国の領域を防衛する重大な必要があることにかんがみ，紛争当事者は，絶対的な軍事上の必要によって要求される場合には，自国の支配の下にある領域において2に規定する禁止から免れることができる.

第55条（自然環境の保護） 1　戦闘においては，自然環境を広範，長期的かつ深刻な損害から保護するために注意を払う. その保護には，自然環境に対してそのような損害を与え，それにより住民の健康又は生存を害することを目的とする又は害することが予測される戦闘の方法及び手段の使用の禁止を含む.

2　復仇の手段として自然環境を攻撃することは，禁止する.

第56条（危険な力を内蔵する工作物及び施設の保護） 1　危険な力を内蔵する工作物及び施設，すなわち，ダム，堤防及び原子力発電所は，これらの物が軍事目標である場合であっても，これらを攻撃することが危険な力の放出を引き起こし，その結果文民たる住民の間に重大な損失をもたらすときは，攻撃の対象としてはならない. これらの工作物又は施設の場所又は近傍に位置する他の軍事目標は，当該他の軍事目標に対する攻撃がこれらの工作物又は施設からの危険な力の放出を引き起こし，その結果文民たる住民の間に重大な損失をもたらす場合には，攻撃の対象としてはならない.

2　1に規定する攻撃からの特別の保護は，次の場合にのみ消滅する.

(a) ダム又は堤防については，これらが通常の機能以外の機能のために，かつ，軍事行動に対し常時の，重要なかつ直接の支援を行うために利用されており，これらに対する攻撃がそのような支援を終了させるための唯一の実行可能な方法である場合

(b) 原子力発電所については，これが軍事行動に対し常時の，重要なかつ直接の支援を行うために電力を供給しており，これに対する攻撃がそのような支援を終了させるための唯

一の実行可能な方法である場合
(c) 1に規定する工作物又は施設の場所又は近傍に位置する他の軍事目標については，これらが軍事行動に対し常時の，重要なかつ直接の支援を行うために利用されており，これらに対する攻撃がそのような支援を終了させるための唯一の実行可能な方法である場合

3　文民たる住民及び個々の文民は，すべての場合において，国際法によって与えられるすべての保護（次条の予防措置による保護を含む．）を受ける権利を有する．特別の保護が消滅し，1に規定する工作物，施設又は軍事目標が攻撃される場合には，危険な力の放出を防止するためにすべての実際的な予防措置をとる．

4　1に規定する工作物，施設又は軍事目標を復仇の対象とすることは，禁止する．

5　紛争当事者は，1に規定する工作物又は施設の近傍にいかなる軍事目標も設けることを避けるよう努める．もっとも，保護される工作物又は施設を攻撃から防御することのみを目的として構築される施設は，許容されるものとし，攻撃の対象としてはならない．ただし，これらの構築される施設が，保護される工作物又は施設に対する攻撃に対処するために必要な防御措置のためのものである場合を除くほか，敵対行為において利用されず，かつ，これらの構築される施設の装備が保護される工作物又は施設に対する敵対行為を撃退することのみが可能な兵器に限られていることを条件とする．

6　締約国及び紛争当事者は，危険な力を内蔵する物に追加的な保護を与えるために新たな取極を締結するよう要請される．

7　紛争当事者は，この条の規定によって保護される物の識別を容易にするため，この議定書の附属書Ⅰ第16条に規定する1列に並べられた3個の明るいオレンジ色の円から成る特別の標章によってこれらの保護される物を表示することができる．その表示がないことは，この条の規定に基づく紛争当事者の義務を免除するものではない．

第4章　予防措置

第57条（攻撃の際の予防措置） 1　軍事行動を行うに際しては，文民たる住民，個々の文民及び民用物に対する攻撃を差し控えるよう不断の注意を払う．

2　攻撃については，次の予防措置をとる．
(a) 攻撃を計画し又は決定する者は，次のことを行う．
(i) 攻撃の目標が文民又は民用物でなく，かつ，第52条2に規定する軍事目標であって特別の保護の対象ではないものであること及びその目標に対する攻撃がこの議定書によって禁止されていないことを確認するためのすべての実行可能なこと．
(ii) 攻撃の手段及び方法の選択に当たっては，巻き添えによる文民の死亡，文民の傷害及び民用物の損傷を防止し並びに少なくともこれらを最小限にとどめるため，すべての実行可能な予防措置をとること．
(iii) 予期される具体的かつ直接的な軍事的利益との比較において，巻き添えによる文民の死亡，文民の傷害，民用物の損傷又はこれらの複合した事態を過度に引き起こすことが予測される攻撃を行う決定を差し控えること．
(b) 攻撃については，その目標が軍事目標でないこと若しくは特別の保護の対象であること，又は当該攻撃が，予期される具体的かつ直接的な軍事的利益との比較において，巻き添えによる文民の死亡，文民の傷害，民用物の損傷若しくはこれらの複合した事態を過度に引き起こすことが予測されることが明白となった場合には，中止し又は停止する．
(c) 文民たる住民に影響を及ぼす攻撃については，効果的な事前の警告を与える．ただし，事情の許さない場合は，この限りでない．

3　同様の軍事的利益を得るため複数の軍事目標の中で選択が可能な場合には，選択する目標は，攻撃によって文民の生命及び民用物にもたらされる危険が最小であることが予測されるものでなければならない．

4　紛争当事者は，海上又は空中における軍事行動を行うに際しては，文民の死亡及び民用物の損傷を防止するため，武力紛争の際に適用される国際法の諸規則に基づく自国の権利及び義務に従いすべての合理的な予防措置をとる．

5　この条のいかなる規定も，文民たる住民，個々の文民又は民用物に対する攻撃を認めるものと解してはならない．

第58条（攻撃の影響に対する予防措置） 紛争当事者は，実行可能な最大限度まで，次のことを行う．
(a) 第4条約第49条の規定の適用を妨げることなく，自国の支配の下にある文民たる住民，個々の文民及び民用物を軍事目標の近傍から移動させるよう努めること．
(b) 人口の集中している地域又はその付近に軍事目標を設けることを避けること．
(c) 自国の支配の下にある文民たる住民，個々の文民及び民用物を軍事行動から生ずる危険から保護するため，その他の必要な予防措

置をとること.

第5章 特別の保護の下にある地区及び地帯

第59条（無防備地区） **1** 紛争当事者が無防備地区を攻撃することは, 手段のいかんを問わず, 禁止する.

2 紛争当事者の適当な当局は, 軍隊が接触している地帯の付近又はその中にある居住地区であって敵対する紛争当事者による占領に対して開放されるものを, 無防備地区として宣言することができる. 無防備地区は, 次のすべての条件を満たしたものとする.

(a) すべての戦闘員が撤退しており並びにすべての移動可能な兵器及び軍用設備が撤去されていること.

(b) 固定された軍事施設の敵対的な使用が行われないこと.

(c) 当局又は住民により敵対行為が行われないこと.

(d) 軍事行動を支援する活動が行われないこと.

3 諸条約及びこの議定書によって特別に保護される者並びに法及び秩序の維持のみを目的として保持される警察が無防備地区に存在することは, 2に定める条件に反するものではない.

4 2の規定に基づく宣言は, 敵対する紛争当事者に対して行われ, できる限り正確に無防備地区の境界を定め及び記述したものとする. その宣言が向けられた紛争当事者は, その受領を確認し, 2に定める条件が実際に満たされている限り, 当該地区を無防備地区として取り扱う. 条件が実際に満たされていない場合には, その旨を直ちに, 宣言を行った紛争当事者に通報する. 2に定める条件が満たされていない場合にも, 当該地区は, この議定書の他の規定及び武力紛争の際に適用される他の国際法の諸規則に基づく保護を引き続き受ける.

5 紛争当事者は, 2に定める条件を満たしていない地区であっても, 当該地区を無防備地区とすることについて合意することができる. その合意は, できる限り正確に無防備地区の境界を定め及び記述したものとすべきであり, また, 必要な場合には監視の方法を定めたものとすることができる.

6 5に規定する合意によって規律される地区を支配する紛争当事者は, できる限り, 他の紛争当事者と合意する標章によって当該地区を表示するものとし, この標章は, 明瞭(りょう)に見ることができる場所, 特に当該地区の外縁及び境界並びに幹線道路に表示する.

7 2に定める条件又は5に規定する合意に定める条件を満たさなくなった地区は, 無防備地区としての地位を失う. そのような場合にも, 当該地区は, この議定書の他の規定及び武力紛争の際に適用される他の国際法の諸規則に基づく保護を引き続き受ける.

第60条（非武装地帯） **1** 紛争当事者がその合意によって非武装地帯の地位を与えた地帯に軍事行動を拡大することは, その拡大が当該合意に反する場合には, 禁止する.

2 合意は, 明示的に行う. 合意は, 直接に又は利益保護国若しくは公平な人道的団体を通じて口頭又は文書によって, また, 相互的なかつ一致した宣言によって行うことができる. 合意は, 平時に及び敵対行為の開始後に行うことができるものとし, また, できる限り正確に非武装地帯の境界を定め及び記述したものとし並びに必要な場合には監視の方法を定めたものとすべきである.

3 合意の対象である地帯は, 通常, 次のすべての条件を満たしたものとする.

(a) すべての戦闘員が撤退しており並びにすべての移動可能な兵器及び軍用設備が撤去されていること.

(b) 固定された軍事施設の敵対的な使用が行われないこと.

(c) 当局又は住民により敵対行為が行われないこと.

(d) 軍事上の努力に関連する活動が終了していること.

紛争当事者は, (d)に定める条件についての解釈及び4に規定する者以外の者であって非武装地帯に入ることを認められるものについて合意する.

4 諸条約及びこの議定書によって特別に保護される者並びに法及び秩序の維持のみを目的として保持される警察が非武装地帯に存在することは, 3に定める条件に反するものではない.

5 非武装地帯を支配する紛争当事者は, できる限り, 他の紛争当事者と合意する標章によって当該非武装地帯を表示するものとし, この標章は, 明瞭(りょう)に見ることができる場所, 特に当該非武装地帯の外縁及び境界並びに幹線道路に表示する.

6 戦闘が非武装地帯の付近に迫ってきたときであっても, 紛争当事者が合意している場合には, いずれの紛争当事者も, 軍事行動を行うことに関する目的のために当該非武装地帯を利用し又はその地位を一方的に取り消すことができない.

7　1の紛争当事者が3又は6の規定に対する重大な違反を行った場合には，他の紛争当事者は，非武装地帯にその地位を与えている合意に基づく義務を免除される．その場合において，当該非武装地帯は，非武装地帯としての地位を失うが，この議定書の他の規定及び武力紛争の際に適用される他の国際法の諸規則に基づく保護を引き続き受ける．

第6章　文民保護

第61条（定義及び適用範囲） この議定書の適用上，

(a)「文民保護」とは，文民たる住民を敵対行為又は災害の危険から保護し，文民たる住民が敵対行為又は災害の直接的な影響から回復することを援助し，及び文民たる住民の生存のために必要な条件を整えるため次の人道的任務の一部又は全部を遂行することをいう．

(i) 警報の発令
(ii) 避難の実施
(iii) 避難所の管理
(iv) 灯火管制に係る措置の実施
(v) 救助
(vi) 応急医療その他の医療及び宗教上の援助
(vii) 消火
(viii) 危険地域の探知及び表示
(ix) 汚染の除去及びこれに類する防護措置の実施
(x) 緊急時の収容施設及び需品の提供
(xi) 被災地域における秩序の回復及び維持のための緊急援助
(xii) 不可欠な公益事業に係る施設の緊急の修復
(xiii) 死者の応急処理
(xiv) 生存のために重要な物の維持のための援助
(xv) (i)から(xiv)までに掲げる任務のいずれかを遂行するために必要な補完的な活動（計画立案及び準備を含む．）

(b)「文民保護組織」とは，(a)に規定する任務を遂行するために紛争当事者の権限のある当局によって組織され又は認められる団体その他の組織であって，専らこれらの任務に充てられ，従事するものをいう．

(c) 文民保護組織の「要員」とは，紛争当事者により専ら(a)に規定する任務を遂行することに充てられる者（当該紛争当事者の権限のある当局により専ら当該文民保護組織を運営することに充てられる者を含む．）をいう．

(d) 文民保護組織の「物品」とは，当該文民保護組織が(a)に規定する任務を遂行するために使用する機材，需品及び輸送手段をいう．

第62条（一般的保護） 1　軍の文民保護組織 a
以外の文民保護組織及びその要員は，この議定
書の規定，特にこの部の規定に基づき尊重さ
れ，かつ，保護される．これらの者は，絶対的な
軍事上の必要がある場合を除くほか，文民保護
の任務を遂行する権利を有する． b
2　1の規定は，軍の文民保護組織以外の文民保
護組織の構成員ではないが，権限のある当局の
要請に応じて当該権限のある当局の監督の下
に文民保護の任務を遂行する文民についても
適用する． c
3　文民保護のために使用される建物及び物品
並びに文民たる住民に提供される避難所は，
第52条の規定の適用を受ける．文民保護のた
めに使用される物は，破壊し又はその本来の使
用目的を変更することができない．ただし，そ d
の物が属する締約国によって行われる場合を
除く．

第63条（占領地域における文民保護） 1　軍
の文民保護組織以外の文民保護組織は，占領地
域において，その任務の遂行に必要な便益を当 e
局から与えられる．軍の文民保護組織以外の文
民保護組織の要員は，いかなる場合において
も，その任務の適正な遂行を妨げるような活動
を行うことを強要されない．占領国は，軍の文
民保護組織以外の文民保護組織の任務の効率 f
的な遂行を妨げるような方法で当該軍の文民
保護組織以外の文民保護組織の機構又は要員
を変更してはならない．軍の文民保護組織以外
の文民保護組織は，占領国の国民又は利益を優
先させることを求められない． g
2　占領国は，軍の文民保護組織以外の文民保
護組織に対し文民たる住民の利益を害する方
法でその任務を遂行することを強要し，強制し
又は誘引してはならない．
3　占領国は，安全保障上の理由により文民保 h
護の要員の武装を解除することができる．
4　占領国は，文民保護組織に属し若しくは文
民保護組織が使用する建物若しくは物品の本
来の使用目的を変更し又はこれらを徴発する
ことが文民たる住民に有害であるような場合 i
には，その変更又は徴発を行うことができない．
5　占領国は，4に定める一般的な規則が遵守
されている限り，次の特別の条件に従い，4に
規定する資源を徴発し又はその使用目的を変
更することができる． j
(a) 建物又は物品が文民たる住民の他の要求にとって必要であること．
(b) 徴発又は使用目的の変更が(a)に規定する必要のある間に限り行われること．
6　占領国は，文民たる住民の使用のために提 k

供され又は文民たる住民が必要とする避難所の使用目的を変更し又はこれらを徴発してはならない.

第64条（軍の文民保護組織以外の文民保護組織であって中立国その他の紛争当事者でない国のもの及び国際的な調整を行う団体） 1 前2条, 次条及び第66条の規定は, 紛争当事者の領域において, 当該紛争当事者の同意を得て, かつ, その監督の下に第61条に規定する文民保護の任務を遂行する軍の文民保護組織以外の文民保護組織であって中立国その他の紛争当事者でない国のものの要員及び物品についても適用する. 軍の文民保護組織以外の文民保護組織であって中立国その他の紛争当事者でない国のものによる援助については, 敵対する紛争当事者に対しできる限り速やかに通報する. この活動については, いかなる場合においても, 紛争への介入とみなしてはならない. もっとも, この活動については, 関係紛争当事者の安全保障上の利益に妥当な考慮を払って行うべきである.

2 1に規定する援助を受ける紛争当事者及び当該援助を与える締約国は, 適当な場合には, 文民保護の活動の国際的な調整を容易なものとすべきである. その場合には, 関連する国際的な団体は, この章の規定の適用を受ける.

3 占領国は, 占領地域において, 自国の資源又は当該占領地域の資源により文民保護の任務の適切な遂行を確保することができる場合にのみ, 軍の文民保護組織以外の文民保護組織であって中立国その他の紛争当事者でない国のもの及び国際的な調整を行う団体の活動を排除し又は制限することができる.

第65条（保護の消滅） 1 軍の文民保護組織以外の文民保護組織並びにその要員, 建物, 避難所及び物品が受けることのできる保護は, これらのものが本来の任務から逸脱して敵に有害な行為を行い又は行うために使用される場合を除くほか, 消滅しない. ただし, この保護は, 適当な場合にはいつでも合理的な期限を定める警告が発せられ, かつ, その警告が無視された後においてのみ, 消滅させることができる.

2 次のことは, 敵に有害な行為と認められない.

(a) 文民保護の任務が軍当局の指示又は監督の下に遂行されること.

(b) 文民保護の文民たる要員が文民保護の任務の遂行に際して軍の要員と協力すること又は軍の要員が軍の文民保護組織以外の文民保護組織に配属されること.

(c) 文民保護の任務の遂行が軍人たる犠牲者特に戦闘外にある者に付随的に利益を与えること.

3 文民保護の文民たる要員が秩序の維持又は自衛のために軽量の個人用の武器を携行することも, 敵に有害な行為と認められない. もっとも, 紛争当事者は, 陸上における戦闘が現に行われており又は行われるおそれのある地域においては, 文民保護の要員と戦闘員との区別に資するようにそのような武器をピストル又は連発けん銃のようなけん銃に制限するための適当な措置をとる. 文民保護の要員は, そのような地域において他の軽量の個人用の武器を携行する場合であっても, 文民保護の要員であると識別されたときは, 尊重され, かつ, 保護される.

4 軍の文民保護組織以外の文民保護組織において軍隊に類似した編成がとられており又は強制的な役務が課されていることは, この章の規定に基づく保護をこれらの軍の文民保護組織以外の文民保護組織から奪うものではない.

第66条（識別） 1 紛争当事者は, 自国の文民保護組織並びにその要員, 建物及び物品が専ら文民保護の任務の遂行に充てられている間, これらのものが識別されることのできることを確保するよう努める. 文民たる住民に提供される避難所も, 同様に識別されることができるようにすべきである.

2 紛争当事者は, また, 文民保護の国際的な特殊標章が表示される文民のための避難所並びに文民保護の要員, 建物及び物品の識別を可能にする方法及び手続を採用し及び実施するよう努める.

3 文民保護の文民たる要員については, 占領地域及び戦闘が現に行われており又は行われるおそれのある地域においては, 文民保護の国際的な特殊標章及び身分証明書によって識別されることができるようにすべきである.

4 文民保護の国際的な特殊標章は, 文民保護組織並びにその要員, 建物及び物品の保護並びに文民のための避難所のために使用するときは, オレンジ色地に青色の正三角形とする.

5 紛争当事者は, 特殊標章に加えて文民保護に係る識別のための特殊信号を使用することについて合意することができる.

6 1から4までの規定の適用は, この議定書の附属書Ⅰ第5章の規定によって規律される.

7 4に規定する標章は, 平時において, 権限のある国内当局の同意を得て, 文民保護に係る識別のために使用することができる.

8 締約国及び紛争当事者は, 文民保護の国際的な特殊標章の表示について監督し並びにその濫用を防止し及び抑止するために必要な措置をとる.

9　文民保護の医療要員, 宗教要員, 医療組織及び医療用輸送手段の識別は, 第18条の規定によっても規律される.

第67条（文民保護組織に配属される軍隊の構成員及び部隊） 1　文民保護組織に配属される軍隊の構成員及び部隊は, 次のことを条件として, 尊重され, かつ, 保護される.

(a) 要員及び部隊が第61条に規定する任務のいずれかの遂行に常時充てられ, かつ, 専らその遂行に従事すること.

(b) (a)に規定する任務の遂行に充てられる要員が紛争の間他のいかなる軍事上の任務も遂行しないこと.

(c) 文民保護の国際的な特殊標章であって適当な大きさのものを明確に表示することにより, 要員が他の軍隊の構成員から明瞭(りょう)に区別されることができること及び要員にこの議定書の附属書Ⅰ第5章に規定する身分証明書が与えられていること.

(d) 要員及び部隊が秩序の維持又は自衛のために軽量の個人用の武器のみを装備していること. 第65条3の規定は, この場合についても準用する.

(e) 要員が敵対行為に直接参加せず, かつ, その文民保護の任務から逸脱して敵対する紛争当事者に有害な行為を行わず又は行うために使用されないこと.

(f) 要員及び部隊が文民保護の任務を自国の領域においてのみ遂行すること.

(a)及び(b)に定める条件に従う義務を負う軍隊の構成員が(e)に定める条件を遵守しないことは, 禁止する.

2　文民保護組織において任務を遂行する軍の要員は, 敵対する紛争当事者の権力内に陥ったときは, 捕虜とする. そのような軍の要員は, 占領地域においては, 必要な限り, その文民たる住民の利益のためにのみ文民保護の任務に従事させることができる. ただし, この作業が危険である場合には, そのような軍の要員がその任務を自ら希望するときに限る.

3　文民保護組織に配属される部隊の建物並びに主要な設備及び輸送手段は, 文民保護の国際的な特殊標章によって明確に表示する. この特殊標章は, 適当な大きさのものとする.

4　文民保護組織に常時配属され, かつ, 専ら文民保護の任務の遂行に従事する部隊の物品及び建物は, 敵対する紛争当事者の権力内に陥ったときは, 戦争の法規の適用を受ける. そのような物品及び建物については, 絶対的な軍事上の必要がある場合を除くほか, 文民保護の任務の遂行にとって必要とされる間, 文民保護上の a
使用目的を変更することができない. ただし, 文民たる住民の必要に適切に対応するためにあらかじめ措置がとられている場合は, この限りでない.

b

第2部　文民たる住民のための救済

第68条（適用範囲） この部の規定は, この議定書に定める文民たる住民について適用するものとし, また, 第4条約第23条, 第55条及び第59条から第62条までの規定その他の関 c
連規定を補完する.

第69条（占領地域における基本的な必要） 1　占領国は, 食糧及び医療用品について第4条約第55条に定める義務のほか, 利用することができるすべての手段により, かつ, 不利な差 d
別をすることなく, 占領地域の文民たる住民の生存に不可欠な被服, 寝具, 避難のための手段その他の需品及び宗教上の行事に必要な物品の供給を確保する.

2　占領地域の文民たる住民のための救済活動 e
については, 第4条約第59条から第62条まで及び第108条から第111条までの規定並びにこの議定書の第71条の規定により規律し, かつ, 遅滞なく実施する.

第70条（救済活動） 1　占領地域以外の地域 f
であって紛争当事者の支配の下にあるものの文民たる住民が前条に規定する物資を適切に供給されない場合には, 性質上人道的かつ公平な救済活動であって不利な差別をすることなく行われるものが実施されるものとする. ただ g
し, そのような救済活動については, 関係締約国の同意を条件とする. そのような救済の申出は, 武力紛争への介入又は非友好的な行為と認められない. 救済品の分配に当たっては, 第4条約又はこの議定書により有利な待遇又は特 h
別の保護を受けることとされている児童, 妊産婦等を優先させる.

2　紛争当事者及び締約国は, この部の規定に従って提供されるすべての救済品, 救済設備及び救済要員の迅速な, かつ, 妨げられることの i
ない通過について, これらによる援助が敵対する紛争当事者の文民たる住民のために提供される場合においても, 許可し及び容易にする.

3　2の規定に従い救済品, 救済設備及び救済要員の通過を許可する紛争当事者及び締約国 j
は, 次の権利及び義務を有する.

(a) 通過を許可するための技術的条件（検査を含む.）を定める権利

(b) 援助の分配が利益保護国による現地での監督の下に行われることを許可の条件とす k

ることができること.

(c) 関係する文民たる住民の利益のために緊急の必要がある場合を除くほか, いかなる形においても, 救済品の指定された用途を変更してはならず, また, その送付を遅延させてはならないこと.

4 紛争当事者は, 救済品を保護し, 及びその迅速な分配を容易にする.

5 紛争当事者及び関係締約国は, 1の救済活動の効果的で国際的な調整を奨励し及び容易にする.

第71条（救済活動に参加する要員） 1 救済要員については, 必要な場合には, 特に救済品の輸送及び分配のため救済活動における援助の一部として提供することができる. 救済要員の参加は, 当該救済要員がその任務を遂行する領域の属する締約国の同意を条件とする.

2 救済要員は, 尊重され, かつ, 保護される.

3 救済品を受領する締約国は, 実行可能な限り, 1の救済要員が救済のための任務を遂行することを支援するものとし, 絶対的な軍事上の必要がある場合に限り, 救済要員の活動を制限し, 又はその移動を一時的に制限することができる.

4 救済要員は, いかなる場合においても, この議定書に基づくその任務の範囲を超えることができないものとし, 特に, その任務を遂行している領域の属する締約国の安全保障上の要求を考慮する. これらの条件を尊重しない救済要員の任務は, 終了させることができる.

第3部 紛争当事者の権力内にある者の待遇

第72条（適用範囲） この部の規定は, 第4条約特にその第1編及び第3編に定める紛争当事者の権力内にある文民及び民用物の人道上の保護に関する諸規則並びに国際的な武力紛争の際に基本的人権の保護に関して適用される他の国際法の諸規則に追加される.

第73条（難民及び無国籍者） 敵対行為の開始前に, 関係締約国が受諾した関連する国際文書又は避難国若しくは居住国の国内法令により無国籍者又は難民と認められていた者については, すべての場合において, かつ, 不利な差別をすることなく, 第4条約第1編及び第3編に定める被保護者とする.

第74条（離散した家族の再会） 締約国及び紛争当事者は, 武力紛争の結果離散した家族の再会をあらゆる可能な方法で容易にするものとし, また, 特に, 諸条約及びこの議定書の規定並びに自国の安全上の諸規則に従ってこの任務に従事する人道的団体の活動を奨励する.

第75条（基本的な保障） 1 紛争当事者の権力内にある者であって諸条約又はこの議定書に基づく一層有利な待遇を受けないものは, 第1条に規定する事態の影響を受ける限り, すべての場合において人道的に取り扱われるものとし, また, 人種, 皮膚の色, 性, 言語, 宗教又は信条, 政治的意見その他の意見, 国民的又は社会的出身, 貧富, 出生又は他の地位その他これらに類する基準による不利な差別を受けることなく, 少なくともこの条に規定する保護を受ける. 紛争当事者は, これらのすべての者の身体, 名誉, 信条及び宗教上の実践を尊重する.

2 次の行為は, いかなる場合においても, また, いかなる場所においても, 文民によるものか軍人によるものかを問わず, 禁止する.

(a) 人の生命, 健康又は心身の健全性に対する暴力, 特に次の行為

(i) 殺人

(ii) あらゆる種類の拷問（身体的なものであるか精神的なものであるかを問わない.）

(iii) 身体刑

(vi) 身体の切断

(b) 個人の尊厳に対する侵害, 特に, 侮辱的で体面を汚す待遇, 強制売春及びあらゆる形態のわいせつ行為

(c) 人質をとる行為

(d) 集団に科する刑罰

(e) (a)から(d)までに規定する行為を行うとの脅迫

3 武力紛争に関連する行為のために逮捕され, 抑留され又は収容される者は, これらの措置がとられた理由をその者が理解する言語で直ちに知らされるものとする. これらの者は, 犯罪を理由として逮捕され又は抑留される場合を除くほか, できる限り遅滞なく釈放されるものとし, いかなる場合においてもその逮捕, 抑留又は収容を正当化する事由が消滅したときは, 直ちに釈放される.

4 通常の司法手続に関する一般的に認められている諸原則を尊重する公平かつ正規に構成された裁判所が言い渡す有罪の判決によることなく, 武力紛争に関連する犯罪について有罪とされる者に刑を言い渡すことはできず, また, 刑を執行することはできない. これらの原則には, 次のものを含む.

(a) 司法手続は, 被告人が自己に対する犯罪の容疑の詳細を遅滞なく知らされることを定めるものとし, 被告人に対し裁判の開始前及び裁判の期間中すべての必要な防御の権利及び手段を与える.

(b) いずれの者も, 自己の刑事責任に基づく場

合を除くほか，犯罪について有罪の判決を受けない．

(c) いずれの者も，実行の時に国内法又は国際法により犯罪を構成しなかった作為又は不作為を理由として訴追され又は有罪とされない．いずれの者も，犯罪が行われた時に適用されていた刑罰よりも重い刑罰を科されない．犯罪が行われた後に一層軽い刑罰を科する規定が法律に設けられる場合には，当該犯罪を行った者は，その利益を享受する．

(d) 罪に問われている者は，法律に基づいて有罪とされるまでは，無罪と推定される．

(e) 罪に問われている者は，自ら出席して裁判を受ける権利を有する．

(f) いずれの者も，自己に不利益な供述又は有罪の自白を強要されない．

(g) 罪に問われている者は，自己に不利な証人を尋問し又はこれに対し尋問させる権利並びに自己に不利な証人と同じ条件での自己のための証人の出席及びこれに対する尋問を求める権利を有する．

(h) いずれの者も，無罪又は有罪の確定判決が既に言い渡された犯罪について，同一の締約国により同一の法律及び司法手続に基づいて訴追され又は処罰されない．

(i) 訴追された者は，公開の場で判決の言渡しを受ける権利を有する．

(j) 有罪の判決を受ける者は，その判決の際に，司法上その他の救済措置及びこれらの救済措置をとることのできる期限について告知される．

5　武力紛争に関連する理由で自由を制限されている女子は，男子の区画から分離した区画に収容され，かつ，女子の直接の監視の下に置かれる．ただし，家族が抑留され又は収容される場合には，これらの者は，できる限り同一の場所に家族単位で置かれる．

6　武力紛争に関連する理由で逮捕され，抑留され又は収容される者は，武力紛争が終了した後も，その最終的解放，送還又は居住地の設定の時までこの条の規定に基づく保護を受ける．

7　戦争犯罪又は人道に対する犯罪について責任を問われる者の訴追及び裁判に関する疑義を避けるため，次の原則を適用する．

(a) 戦争犯罪又は人道に対する犯罪について責任を問われる者は，適用される国際法の諸規則に従って訴追され及び裁判に付されるべきである．

(b) 諸条約又はこの議定書に基づく一層有利な待遇を受けない者は，その責任を問われる犯罪が諸条約又はこの議定書に対する重大な違反行為であるか否かを問わず，この条の規定に基づく待遇を与えられる．

8　この条のいかなる規定も，適用される国際法の諸規則に基づき1に規定する者に対して一層厚い保護を与える他の一層有利な規定を制限し又は侵害するものと解してはならない．

第2章　女子及び児童のための措置

第76条（女子の保護） 1　女子は，特別の尊重を受けるものとし，特に強姦，強制売春その他のあらゆる形態のわいせつ行為から保護される．

2　武力紛争に関連する理由で逮捕され，抑留され又は収容される妊婦及び依存する幼児を有する母については，その事案を最も優先させて審理する．

3　紛争当事者は，実行可能な限り，妊婦又は依存する幼児を有する母に対し武力紛争に関連する犯罪を理由とする死刑の判決を言い渡すことを避けるよう努める．武力紛争に関連する犯罪を理由とする死刑は，これらの女子に執行してはならない．

第77条（児童の保護） 1　児童は，特別の尊重を受けるものとし，あらゆる形態のわいせつ行為から保護される．紛争当事者は，児童に対し，年齢その他の理由によって必要とされる保護及び援助を与える．

2　紛争当事者は，15歳未満の児童が敵対行為に直接参加しないようすべての実行可能な措置をとるものとし，特に，これらの児童を自国の軍隊に採用することを差し控える．紛争当事者は，15歳以上18歳未満の者の中から採用するに当たっては，最年長者を優先させるよう努める．

3　15歳未満の児童は，2の規定にかかわらず，敵対行為に直接参加して敵対する紛争当事者の権力内に陥った例外的な場合にも，これらの児童が捕虜であるか否かを問わず，この条の規定によって与えられる特別の保護を受ける．

4　児童は，武力紛争に関連する理由で逮捕され，抑留され又は収容される場合には，第75条5の規定により家族単位で置かれる場合を除くほか，成人の区画から分離した区画に置かれる．

5　武力紛争に関連する犯罪を理由とする死刑は，その犯罪を実行した時に18歳未満であった者に執行してはならない．

第78条（児童の避難） 1　いかなる紛争当事者も，児童の健康若しくは治療又は児童の安全（占領地域における場合を除く．）のためやむを得ない理由で一時的に避難させる必要がある場合を除くほか，自国の国民でない児童を外国に避難させる措置をとってはならない．父母又は法定保護者を発見することができる場合には，その避難についてこれらの者の書面による同意を必要とする．これらの者を発見することができない場合には，その避難につき，法律又は慣習により児童の保護について主要な責任を有する者の書面による同意を必要とする．利益保護国は，児童の避難につき，関係締約国，すなわち，避難の措置をとる締約国，児童を受け入れる締約国及びその国民が避難させられる締約国との合意によって監視する．すべての紛争当事者は，それぞれの場合に，児童の避難が危険にさらされることを避けるためのすべての実行可能な予防措置をとる．

2　1の規定に従って避難が行われるときは，児童の教育（その父母が希望する宗教的及び道徳的教育を含む．）については，当該児童が避難させられている間，最大限可能な限り継続して与える．

3　この条の規定によって避難させられた児童がその家族の下に及び自国に帰ることを容易にするため，避難の措置をとる締約国の当局及び適当な場合には受入国の当局は，当該児童のためにその写真をはり付けたカードを作成し，赤十字国際委員会の中央安否調査部に送付する．このカードには，可能な限り，かつ，当該児童に対して害を及ぼすおそれがない限り，次の情報を記載する．

(a) 児童の姓
(b) 児童の名
(c) 児童の性別
(d) 出生地及び生年月日（生年月日が明らかでないときは，おおよその年齢）
(e) 父の氏名
(f) 母の氏名及び旧姓
(g) 児童の近親者
(h) 児童の国籍
(i) 児童の母国語及び当該児童が話すその他の言語
(j) 児童の家族の住所
(k) 児童の識別のための番号
(l) 児童の健康状態
(m) 児童の血液型
(n) 特徴
(o) 児童が発見された年月日及び場所
(p) 児童が避難の措置をとる国から出国した年月日及び場所
(q) 児童の宗教があるときはその宗教
(r) 受入国における児童の現在の住所
(s) 児童が帰国する前に死亡した場合には，死亡した年月日，場所及び状況並びに埋葬の場所

第3章　報道関係者

第79条（報道関係者のための保護措置） 1　武力紛争の行われている地域において職業上の危険な任務に従事する報道関係者は，第50条1に規定する文民と認められる．

2　報道関係者は，諸条約及びこの議定書に基づき文民として保護される．ただし，その保護は，文民としての地位に不利な影響を及ぼす活動を行わないことを条件とするものとし，また，軍隊の認可を受けている従軍記者が第3条約第4条A(4)に規定する地位を与えられる権利を害するものではない．

3　報道関係者は，この議定書の附属書IIのひな型と同様の身分証明書を取得することができる．この身分証明書は，報道関係者がその国籍を有し若しくはその領域に居住する国又は雇用される報道機関の所在する国の政府によって発行され，報道関係者としての地位を証明する．

第5編　諸条約及びこの議定書の実施

第1部　総　則

第80条（実施のための措置） 1　締約国及び紛争当事者は，諸条約及びこの議定書に基づく義務を履行するため，遅滞なくすべての必要な措置をとる．

2　締約国及び紛争当事者は，諸条約及びこの議定書の遵守を確保するために命令及び指示を与え，並びにその実施について監督する．

第81条（赤十字その他の人道的団体の活動） 1　紛争当事者は，赤十字国際委員会に対し，同委員会が紛争の犠牲者に対する保護及び援助を確保するために諸条約及びこの議定書によって与えられる人道的任務を遂行することのできるよう，可能なすべての便益を与える．また，赤十字国際委員会は，関係紛争当事者の同意を得ることを条件として，紛争の犠牲者のためにその他の人道的活動を行うことができる．

2　紛争当事者は，自国の赤十字，赤新月又は赤のライオン及び太陽の団体に対し，これらの団体が諸条約及びこの議定書の規定並びに赤十字国際会議によって作成された赤十字の基本原則に従って紛争の犠牲者のための人道的活動を行うため，必要な便益を与える．

3　締約国及び紛争当事者は，赤十字，赤新月又は赤のライオン及び太陽の団体及び赤十字社連盟が諸条約及びこの議定書の規定並びに赤十字国際会議によって作成された赤十字の

基本原則に従って紛争の犠牲者に与える援助を，できる限りの方法で容易にする．

4　締約国及び紛争当事者は，諸条約及びこの議定書にいう他の人道的団体であって，それぞれの紛争当事者によって正当に認められ，かつ，諸条約及びこの議定書の規定に従って人道的活動を行うものが2及び3に規定する便益と同様の便益を，できる限り，利用することのできるようにする．

第82条（軍隊における法律顧問） 締約国はいつでも，また，紛争当事者は武力紛争の際に，諸条約及びこの議定書の適用並びにその適用について軍隊に与えられる適当な指示に関して軍隊の適当な地位の指揮官に助言する法律顧問を必要な場合に利用することができるようにする．

第83条（周知） 1　締約国は，平時において武力紛争の際と同様に，自国において，できる限り広い範囲において諸条約及びこの議定書の周知を図ること，特に，諸条約及びこの議定書を自国の軍隊及び文民たる住民に周知させるため，軍隊の教育の課目に諸条約及びこの議定書についての学習を取り入れ並びに文民たる住民によるその学習を奨励することを約束する．

2　武力紛争の際に諸条約及びこの議定書の適用について責任を有する軍当局又は軍当局以外の当局は，諸条約及びこの議定書の内容を熟知していなければならない．

第84条（細目手続） 締約国は，寄託者及び適当な場合には利益保護国を通じて，この議定書の自国の公の訳文及びその適用を確保するために自国が制定する法令をできる限り速やかに相互に通知する．

第2部　諸条約及びこの議定書に対する違反行為の防止

第85条（この議定書に対する違反行為の防止）

1　この部の規定によって補完される違反行為及び重大な違反行為の防止に関する諸条約の規定は，この議定書に対する違反行為及び重大な違反行為の防止について適用する．

2　諸条約において重大な違反行為とされている行為は，敵対する紛争当事者の権力内にある者であって第44条，第45条及び第73条の規定によって保護されるもの，敵対する紛争当事者の傷者，病者及び難船者であってこの議定書によって保護されるもの又は敵対する紛争当事者の支配の下にある医療要員，宗教要員，医療組織若しくは医療用輸送手段であってこの議定書によって保護されるものに対して行われる場合には，この議定書に対する重大な違反行為とする．

3　第11条に規定する重大な違反行為のほか，次の行為は，この議定書の関連規定に違反して故意に行われ，死亡又は身体若しくは健康に対する重大な傷害を引き起こす場合には，この議定書に対する重大な違反行為とする．

(a) 文民たる住民又は個々の文民を攻撃の対象とすること．

(b) 第57条2(a)(iii)に規定する文民の過度な死亡若しくは傷害又は民用物の過度な損傷を引き起こすことを知りながら，文民たる住民又は民用物に影響を及ぼす無差別な攻撃を行うこと．

(c) 第57条2(a)(iii)に規定する文民の過度な死亡若しくは傷害又は民用物の過度な損傷を引き起こすことを知りながら，危険な力を内蔵する工作物又は施設に対する攻撃を行うこと．

(d) 無防備地区及び非武装地帯を攻撃の対象とすること．

(e) 戦闘外にある者であることを知りながら，その者を攻撃の対象とすること．

(f) 赤十字，赤新月若しくは赤のライオン及び太陽の特殊標章又は諸条約若しくはこの議定書によって認められている他の保護標章を第37条の規定に違反して背信的に使用すること．

4　2及び3並びに諸条約に定める重大な違反行為のほか，次の行為は，諸条約又はこの議定書に違反して故意に行われる場合には，この議定書に対する重大な違反行為とする．

(a) 占領国が，第4条約第49条の規定に違反して，その占領地域に自国の文民たる住民の一部を移送すること又はその占領地域の住民の全部若しくは一部を当該占領地域の内において若しくはその外に追放し若しくは移送すること．

(b) 捕虜又は文民の送還を不当に遅延させること．

(c) アパルトヘイトの慣行その他の人種差別に基づき個人の尊厳に対する侵害をもたらす非人道的で体面を汚す慣行

(d) 明確に認められている歴史的建造物，芸術品又は礼拝所であって，国民の文化的又は精神的遺産を構成し，かつ，特別の取極（例えば，権限のある国際機関の枠内におけるもの）によって特別の保護が与えられているものについて，敵対する紛争当事者が第53条(b)の規定に違反しているという証拠がなく，かつ，これらの歴史的建造物，芸術品及び礼拝所が軍事目標に極めて近接して位置していない場合において，攻撃の対象とし，その結果広範な破壊を引き起こすこと.
(e) 諸条約によって保護される者又は2に規定する者から公正な正式の裁判を受ける権利を奪うこと.

5 諸条約及びこの議定書に対する重大な違反行為は，これらの文書の適用を妨げることなく，戦争犯罪と認める.

第86条（不作為） 1 締約国及び紛争当事者は，作為義務を履行しなかったことの結果生ずる諸条約又はこの議定書に対する重大な違反行為を防止し，及び作為義務を履行しなかったことの結果生ずる諸条約又はこの議定書に対するその他のすべての違反行為を防止するために必要な措置をとる.

2 上官は，部下が諸条約若しくはこの議定書に対する違反行為を行っており若しくは行おうとしていることを知っており又はその時点における状況においてそのように結論することができる情報を有していた場合において，当該違反行為を防止し又は抑止するためにすべての実行可能な措置をとらなかったときは，当該違反行為が当該部下によって行われたという事実により場合に応じた刑事上又は懲戒上の責任を免れない.

第87条（指揮官の義務） 1 締約国及び紛争当事者は，軍の指揮官に対し，その指揮の下にある軍隊の構成員及びその監督の下にあるその他の者による諸条約及びこの議定書に対する違反行為を防止するよう，並びに必要な場合にはこれらの違反行為を抑止し及び権限のある当局に報告するよう求める.

2 締約国及び紛争当事者は，違反行為を防止し及び抑止するため，指揮官に対し，その指揮の下にある軍隊の構成員が諸条約及びこの議定書に基づく自己の義務について了知していることをその責任の程度に応じて確保するよう求める.

3 締約国及び紛争当事者は，指揮官であってその部下又はその監督の下にあるその他の者が諸条約又はこの議定書に対する違反行為を行おうとしており又は行ったことを認識しているものに対し，諸条約又はこの議定書に対するそのような違反行為を防止するために必要な措置を開始するよう，及び適当な場合にはそのような違反行為を行った者に対する懲戒上又は刑事上の手続を開始するよう求める.

第88条（刑事問題に関する相互援助） 1 締約国は，諸条約又はこの議定書に対する重大な違反行為についてとられる刑事訴訟手続に関し，相互に最大限の援助を与える.

2 締約国は，諸条約及び第85条1に定める権利及び義務に従うことを条件として，事情が許すときは，犯罪人引渡しに関する事項について協力する. 締約国は，犯罪が行われたとされる領域の属する国の要請に妥当な考慮を払う.

3 すべての場合において，相互援助の要請を受けた締約国の法令が適用される. もっとも，1及び2の規定は，刑事問題についての相互援助に関する事項の全部又は一部を現在規律しており又は将来規律する他の2国間又は多数国間の条約に基づく義務に影響を及ぼすものではない.

第89条（協力） 締約国は，諸条約又はこの議定書に対する著しい違反がある場合には，国際連合と協力して，かつ，国際連合憲章に従って，単独で又は共同して行動することを約束する.

第90条（国際事実調査委員会） 1 (a) 徳望が高く，かつ，公平と認められる15人の委員で構成する国際事実調査委員会（以下「委員会」という.）を設置する.
(b) 寄託者は，20以上の締約国が2の規定に従って委員会の権限を受け入れることに同意したときは，その時に及びその後5年ごとに，委員会の委員を選出するためにこれらの締約国の代表者の会議を招集する. 代表者は，その会議において，これらの締約国によって指名された者（これらの締約国は，それぞれ1人を指名することができる.）の名簿の中から秘密投票により委員会の委員を選出する.
(c) 委員会の委員は，個人の資格で職務を遂行するものとし，次回の会議において新たな委員が選出されるまで在任する.
(d) 締約国は，選出に当たり，委員会に選出される者が必要な能力を個々に有していること及び委員会全体として衡平な地理的代表が保証されることを確保する.
(e) 委員会は，臨時の空席が生じたときは，(a)から(d)までの規定に妥当な考慮を払ってその空席を補充する.
(f) 寄託者は，委員会がその任務の遂行のために必要な運営上の便益を利用することのできるようにする.

2 (a) 締約国は，この議定書の署名若しくは批准若しくはこれへの加入の際に又はその後いつでも，同一の義務を受諾する他の締約国との関係において，この条の規定によって認められる当該他の締約国による申立てを調査する委員会の権限について当然に，かつ，特別の合意なしに認めることを宣言することができる.
(b) (a)に規定する宣言については，寄託者に寄託するものとし，寄託者は，その写しを締約国に送付する．
(c) 委員会は，次のことを行う権限を有する．
(i) 諸条約及びこの議定書に定める重大な違反行為その他の諸条約又はこの議定書に対する著しい違反であると申し立てられた事実を調査すること．
(ii) あっせんにより，諸条約及びこの議定書を尊重する態度が回復されることを容易にすること．
(d) その他の場合には，委員会は，紛争当事者の要請がある場合であって，他の関係紛争当事者の同意があるときにのみ調査を行う．
(e) (a)から(d)までの規定に従うことを条件として，第1条約第52条，第2条約第53条，第3条約第132条及び第4条約第149条の規定は，諸条約の違反の容疑について引き続き適用するものとし，また，この議定書の違反の容疑についても適用する．
3 (a) すべての調査は，関係紛争当事者の間に別段の合意がない限り，次のとおり任命される7人の委員で構成する部が行う．
(i) 委員会の委員長が，紛争当事者と協議した後，地理的地域が衡平に代表されることを基準として任命する委員会の紛争当事者の国民でない5人の委員
(ii) 双方の紛争当事者が1人ずつ任命する紛争当事者の国民でない2人の特別の委員
(b) 委員会の委員長は，調査の要請を受けたときは，部を設置する適当な期限を定める．委員長は，特別の委員が当該期限内に任命されなかったときは，部の定数を満たすために必要な追加の委員会の委員を直ちに任命する．
4 (a) 調査を行うために3の規定に従って設置される部は，紛争当事者に対し，援助及び証拠の提出を求める．また，部は，適当と認める他の証拠を求めることができるものとし，現地において状況を調査することができる．
(b) すべての証拠は，紛争当事者に十分に開示されるものとし，当該紛争当事者は，その証拠について委員会に対して意見を述べる権利を有する．
(c) 紛争当事者は，(b)に規定する証拠について異議を申し立てる権利を有する．
5 (a) 委員会は，適当と認める勧告を付して，事実関係の調査結果に関する部の報告を紛争当事者に提出する．
(b) 委員会は，部が公平な事実関係の調査結果を得るための十分な証拠を入手することのできない場合には，入手することのできない理由を明示する．
(c) 委員会は，すべての紛争当事者が要請した場合を除くほか，調査結果を公表しない．
6 委員会は，その規則（委員会の委員長及び部の長に関する規則を含む．）を定める．この規則は，委員会の委員長の任務がいつでも遂行されること及び調査の場合についてはその任務が紛争当事者の国民でない者によって遂行されることを確保するものとする．
7 委員会の運営経費は，2の規定に基づく宣言を行った締約国からの分担金及び任意の拠出金をもって支弁する．調査を要請する紛争当事者は，部が要する費用のために必要な資金を前払し，当該費用の50パーセントを限度として申立てを受けた紛争当事者による償還を受ける．対抗する申立てが部に対して行われた場合には，それぞれの紛争当事者が必要な資金の50パーセントを前払する．

第91条（責任） 諸条約又はこの議定書に違反した紛争当事者は，必要な場合には，賠償を行う責任を負う．紛争当事者は，自国の軍隊に属する者が行ったすべての行為について責任を負う．

第6編　最終規定

第92条〜第95条（略）

第96条（この議定書の効力発生の後の条約関係） **1** 諸条約は，この締約国がこの議定書の締約国である場合には，この議定書によって補完されるものとして適用する．
2 いずれか1の紛争当事者がこの議定書に拘束されていない場合にも，この議定書の締約国相互の関係においては，当該締約国は，この議定書に拘束される．さらに，当該締約国は，この議定書に拘束されない紛争当事者がこの議定書の規定を受諾し，かつ，適用するときは，当該紛争当事者との関係において，この議定書に拘束される．
3 第1条4に規定する武力紛争においていずれかの締約国と戦う人民を代表する当局は，寄託者にあてた一方的な宣言により，当該武力紛争について諸条約及びこの議定書を適用することを約束することができる．この宣言は，寄託者がこれを受領したときは，当該武力紛争に関し，次の効果を有する．
(a) 諸条約及びこの議定書は，紛争当事者としての当該当局について直ちに効力を生ずる．
(b) 当該当局は，諸条約及びこの議定書の締約国の有する権利及び義務と同一の権利及び義務を有する．
(c) 諸条約及びこの議定書は，すべての紛争当事者をひとしく拘束する．

第99条（廃棄） 1　いずれかの締約国がこの議定書を廃棄する場合には，その廃棄は，廃棄書の受領の後1年で効力を生ずる．ただし，廃棄は，廃棄を行う締約国が当該1年の期間の満了の時において第1条に規定する事態にある場合には，武力紛争又は占領の終了の時まで効力を生じず，また，いかなる場合においても，諸条約又はこの議定書によって保護されている者の最終的解放，送還又は居住地の設定に関連する活動が終了する時まで効力を生じない．

2　廃棄は，書面により寄託者に通告するものとし，寄託者は，その通告をすべての締約国に通報する．

3　廃棄は，廃棄を行う締約国についてのみ効力を有する．

4　1に規定する廃棄は，廃棄が効力を生ずる前に行われた行為について，廃棄を行う締約国がこの議定書に基づいて負っている武力紛争に係る義務に影響を及ぼすものではない．

附属書Ⅰ　識別に関する規則（略）

附属書Ⅱ　職業上の危険な任務に従事する報道関係者のための身分証明書（略）

【第1追加議定書加入に際しての日本国の宣言】

日本国政府は，1949年8月12日のジュネーヴ諸条約の国際的な武力紛争の犠牲者の保護に関する追加議定書（議定書Ⅰ）の第44条3中段に規定する状況は，占領地域又は同議定書第1条4に規定する武力紛争においてのみ存在し得ると理解するものであることを宣言する．

また，日本国政府は，同議定書第44条3(b)の「展開」とは，攻撃が行われる場所へのあらゆる移動をいうものと解釈するものであることを宣言する．

日本国政府は，同一の義務を受諾する他の締約国との関係において，同議定書第90条の規定によって認められる当該他の締約国による申立てを調査する国際事実調査委員会の権限について当然に，かつ，特別の合意なしに認めることを宣言する．

ミニ解説：第1追加議定書の慣習法性

第1追加議定書は，旧植民地諸国（途上国）の意見をふまえて導入された44条3項の規定などが，文民に紛れて戦うテロ行為を助長するのではないかとの理由で，アメリカやイスラエルなどの諸国により批准されていない．しかしそれらの国も，捕虜資格に関するそれら規定を除けば，議定書の多くの規定が国際慣習法を反映したものだと認めている．

114 1949年ジュネーヴ諸条約の第2追加議定書（抄）

1949年8月12日のジュネーヴ諸条約の非国際的な武力紛争の犠牲者の保護に関する追加議定書（議定書Ⅱ）
〔署名〕1977年12月12日，ベルン
〔効力発生〕1978年12月7日／〔日本国〕2005年2月28日公布

締約国は，

国際的性質を有しない武力紛争の場合には，1949年8月12日のジュネーヴ諸条約のそれぞれの第3条に共通してうたう人道上の諸原則が人間に対する尊重の基礎を成すものであることを想起し，

さらに，人権に関する国際文書が人間に基本的保護を与えていることを想起し，

国際的性質を有しない武力紛争の犠牲者のためにより良い保護を確保することが必要であることを強調し，

有効な法の対象とされていない場合においても，人間が人道の諸原則及び公共の良心の保護の下に置かれていることを想起して，

次のとおり協定した．

第1編　この議定書の適用範囲

第1条（適用範囲） 1　この議定書は，1949年8月12日のジュネーヴ諸条約のそれぞれの第3条に共通する規定をその現行の適用条件を変更することなく発展させかつ補完するものであり，1949年8月12日のジュネーヴ諸条約の国際的な武力紛争の犠牲者の保護に関する追加議定書（議定書Ⅰ）第1条の対象とされていない武力紛争であって，締約国の領域において，当該締約国の軍隊と反乱軍その他の組織された武装集団（持続的にかつ協同して軍事行動を行うこと及びこの議定書を実施することができるような支配を責任のある指揮の下で当該領域の一部に対して行うもの）との間に生ずるすべてのものについて適用する．

2　この議定書は，暴動，独立の又は散発的な暴力行為その他これらに類する性質の行為等国内における騒乱及び緊張の事態については，武力紛争に当たらないものとして適用しない．

第2条（人的適用範囲） 1　この議定書は，人種，皮膚の色，性，言語，宗教又は信条，政治的意見その他の意見，国民的又は社会的出身，貧富，出生又は他の地位その他これらに類する基準による不利な差別（以下「不利な差別」という．）をすることなく，前条に規定する武力紛争によって影響を受けるすべての者について適用する．

2　武力紛争の終了時に武力紛争に関連する理由で自由を奪われ又は制限されているすべての者及び武力紛争の後に同様の理由で自由を奪われ又は制限されるすべての者は，その自由のはく奪又は制限が終了する時まで，第5条及び第6条に規定する保護を受ける．

第3条（不介入） 1　この議定書のいかなる規定も，国の主権又は，あらゆる正当な手段によって，国の法及び秩序を維持し若しくは回復し若しくは国の統一を維持し及び領土を保全するための政府の責任に影響を及ぼすことを目的として援用してはならない．

2　この議定書のいかなる規定も，武力紛争が生じている締約国の領域における当該武力紛争又は武力紛争が生じている締約国の国内問題若しくは対外的な問題に直接又は間接に介入することを，その介入の理由のいかんを問わず，正当化するために援用してはならない．

第2編　人道的待遇

第4条（基本的な保障） 1　敵対行為に直接参加せず又は敵対行為に参加しなくなったすべての者は，その自由が制限されているか否かにかかわらず，身体，名誉並びに信条及び宗教上の実践を尊重される権利を有する．これらの者は，すべての場合において，不利な差別を受けることなく，人道的に取り扱われる．生存者を残さないよう命令することは，禁止する．

2　1の原則の適用を妨げることなく，1に規定する者に対する次の行為は，いかなる場合においても，また，いかなる場所においても禁止する．

(a) 人の生命，健康又は心身の健全性に対する暴力，特に，殺人及び虐待（拷問，身体の切断，あらゆる形態の身体刑等）

(b) 集団に科する刑罰

(c) 人質をとる行為

(d) テロリズムの行為

(e) 個人の尊厳に対する侵害，特に，侮辱的で体面を汚す待遇，強姦，強制売春及びあらゆる形態のわいせつ行為

(f) あらゆる形態の奴隷制度及び奴隷取引

(g) 略奪

(h) (a)から(g)までに規定する行為を行うとの脅迫

3　児童は，その必要とする保護及び援助を与えられる．特に，

(a) 児童は，その父母の希望又は父母がいない場合には児童の保護について責任を有する者の希望に沿って，教育（宗教的及び道徳的教育を含む．）を受ける．

(b) 一時的に離散した家族の再会を容易にするために，すべての適当な措置がとられなければならない．

(c) 15歳未満の児童については，軍隊又は武装した集団に採用してはならず，また，敵対行為に参加することを許してはならない．

(d) 15歳未満の児童は，(c)の規定にかかわらず敵対行為に直接参加し，捕らえられた場合には，この条の規定によって与えられる特別の保護を引き続き受ける．

(e) 児童については，必要な場合には，その父母又は法律若しくは慣習によりその保護について主要な責任を有する者の同意を可能な限り得て，敵対行為が行われている地域から国内の一層安全な地域へ一時的に移動させる措置並びにその安全及び福祉について責任を有する者の同行を確保するための措置がとられなければならない．

第5条（自由を制限されている者） 1　武力紛争に関連する理由で自由を奪われた者（収容されているか抑留されているかを問わない．以下この条において「自由を奪われた者」という．）については，前条の規定のほか，少なくとも次の規定を尊重する．

(a) 傷者及び病者は，第7条の規定に従って取り扱われる．

(b) 自由を奪われた者は，地域の文民たる住民と同じ程度に，食糧及び飲料水を提供され，並びに保健上及び衛生上の保護並びに気候の厳しさ及び武力紛争の危険からの保護を与えられる．

(c) 自由を奪われた者は，個人又は集団あての救済品を受領することができる．

(d) 自由を奪われた者は，自己の宗教を実践することができるものとし，また，要請しかつ適当である場合には，聖職者等の宗教上の任務を遂行する者から宗教上の援助を受けることができる．

(e) 自由を奪われた者は，労働させられる場合には，地域の文民たる住民が享受する労働条件及び保護と同様の労働条件及び保護の利益を享受する．

2　自由を奪われた者の収容又は抑留について責任を有する者は，可能な範囲内で，自由を奪われた者に関する次の規定を尊重する．

(a) 家族である男子及び女子が共に収容される場合を除くほか，女子は，男子の区画から分離した区画に収容され，かつ，女子の直接の監視の下に置かれる．

(b) 自由を奪われた者は，手紙及び葉書を送付し及び受領することができる．権限のある当

局は，必要と認める場合には，手紙及び葉書の数を制限することができる．

(c) 収容及び抑留の場所は，戦闘地帯に近接して設けてはならない．自由を奪われた者については，収容され又は抑留されている場所が特に武力紛争から生ずる危険にさらされることとなった場合において，安全に関する適切な条件の下で避難を実施することができるときは，避難させる．

(d) 自由を奪われた者は，健康診断の利益を享受する．

(e) 自由を奪われた者の心身が健康かつ健全であることを，不当な作為又は不作為によって脅かしてはならない．このため，自由を奪われた者に対し，その者の健康状態が必要としない医療上の措置又は自由を奪われていない者について類似の医学的状況の下で適用される一般に受け入れられている医療上の基準に適合しない医療上の措置をとることは，禁止する．

3 1の規定の対象とされない者であって，武力紛争に関連する理由で何らかの方法によって自由が制限されているものは，前条並びにこの条の1(a)，(c)及び(d)並びに2(b)の規定に従って人道的に取り扱われる．

4 自由を奪われた者を解放することを決定した場合には，その決定を行った者は，当該自由を奪われた者の安全を確保するために必要な措置をとる．

第6条（刑事訴追） 1 この条の規定は，武力紛争に関連する犯罪の訴追及び処罰について適用する．

2 不可欠な保障としての独立性及び公平性を有する裁判所が言い渡す有罪の判決によることなく，犯罪について有罪とされる者に刑を言い渡してはならず，また，刑を執行してはならない．特に，

(a) 司法手続は，被告人が自己に対する犯罪の容疑の詳細を遅滞なく知らされることを定めるものとし，被告人に対し裁判の開始前及び裁判の期間中すべての必要な防御の権利及び手段を与える．

(b) いずれの者も，自己の刑事責任に基づく場合を除くほか，犯罪について有罪の判決を受けない．

(c) いずれの者も，実行の時に法により犯罪を構成しなかった作為又は不作為を理由として有罪とされない．いずれの者も，犯罪が行われた時に適用されていた刑罰よりも重い刑罰を科されない．犯罪が行われた後に一層軽い刑罰を科する規定が法律に設けられる場合には，当該犯罪を行った者は，その利益を享受する．

(d) 罪に問われている者は，法律に基づいて有罪とされるまでは，無罪と推定される．

(e) 罪に問われている者は，自ら出席して裁判を受ける権利を有する．

(f) いずれの者も，自己に不利益な供述又は有罪の自白を強要されない．

3 有罪の判決を受ける者は，その判決の際に，司法上その他の救済措置及びこれらの救済措置をとることのできる期限について告知される．

4 死刑の判決は，犯罪を行った時に18歳未満であった者に対して言い渡してはならない．また，死刑は，妊婦又は幼児の母に執行してはならない．

5 敵対行為の終了の際に，権限のある当局は，武力紛争に参加した者又は武力紛争に関連する理由で自由を奪われた者（収容されているか抑留されているかを問わない．）に対して，できる限り広範な恩赦を与えるよう努力する．

第3編　傷者，病者及び難船者

第7条（保護及び看護） 1 すべての傷者，病者及び難船者は，武力紛争に参加したか否かを問わず，尊重され，かつ，保護される．

2 傷者，病者及び難船者は，すべての場合において，人道的に取り扱われるものとし，また，実行可能な限り，かつ，できる限り速やかに，これらの者の状態が必要とする医療上の看護及び手当を受ける．医療上の理由以外のいかなる理由によっても，これらの者の間に差別を設けてはならない．

第8条（捜索） 事情が許す場合には，特に交戦の後に，傷者，病者及び難船者を捜索し及び収容し，これらの者を略奪及び虐待から保護し，これらの者に十分な看護を確保し並びに死者を捜索し，死者がはく奪を受けることを防止し及び死者を丁重に処理するため，遅滞なくすべての可能な措置がとられなければならない．

第9条（医療要員及び宗教要員の保護） 1 医療要員及び宗教要員は，尊重され，かつ，保護されるものとし，また，その任務の遂行のためすべての利用可能な援助を与えられる．これらの者は，その人道的使命と両立しない任務を遂行することを強要されない．

2 医療要員は，その任務の遂行に当たり，医療上の理由に基づく場合を除くほか，いずれかの者を優先させるよう求められない．

第10条（医療上の任務の一般的保護） 1 いずれの者も，いかなる場合においても，医療上

の倫理に合致した医療活動（その受益者のいかんを問わない.）を行ったことを理由として処罰されない.

2　医療活動に従事する者は, 医療上の倫理に関する諸規則若しくは傷者及び病者のために作成された他の諸規則又はこの議定書に反する行為又は作業を行うことを強要されず, また, これらの諸規則又はこの議定書によって求められる行為を差し控えることを強要されない.

3　医療活動に従事する者が自己が看護している傷者及び病者について取得する情報に関して負う職業上の義務については, 国内法に従うことを条件として尊重する.

4　医療活動に従事する者は, 国内法に従うことを条件として, 自己が現に看護しているか又は看護していた傷者及び病者に関する情報を提供することを拒否し又は提供しなかったことを理由として処罰されない.

第11条（医療組織及び医療用輸送手段の保護）
1　医療組織及び医療用輸送手段は, 常に尊重され, かつ, 保護されるものとし, また, これらを攻撃の対象としてはならない.

2　医療組織及び医療用輸送手段が受けることのできる保護は, 当該医療組織及び医療用輸送手段がその人道的任務から逸脱して敵対行為を行うために使用される場合を除くほか, 消滅しない. ただし, この保護は, 適当な場合にはいつでも合理的な期限を定める警告が発せられ, かつ, その警告が無視された後においてのみ, 消滅させることができる.

第12条（特殊標章）　医療要員及び宗教要員, 医療組織並びに医療用輸送手段は, 権限のある関係当局の監督の下で, 白地に赤十字, 赤新月又は赤のライオン及び太陽の特殊標章を表示する. 特殊標章は, すべての場合において尊重するものとし, また, 不当に使用してはならない.

第4編　文民たる住民

第13条（文民たる住民の保護）　**1**　文民たる住民及び個々の文民は, 軍事行動から生ずる危険からの一般的保護を受ける. この保護を実効的なものとするため, 2及び3に定める規則は, すべての場合において, 遵守する.

2　文民たる住民それ自体及び個々の文民は, 攻撃の対象としてはならない. 文民たる住民の間に恐怖を広めることを主たる目的とする暴力行為又は暴力による威嚇は, 禁止する.

3　文民は, 敵対行為に直接参加していない限り, この編の規定によって与えられる保護を受ける.

第14条（文民たる住民の生存に不可欠な物の保護）　戦闘の方法として文民を飢餓の状態に置くことは, 禁止する. したがって, 食糧, 食糧生産のための農業地域, 作物, 家畜, 飲料水の施設及び供給設備, かんがい設備等文民たる住民の生存に不可欠な物を, 文民を飢餓の状態に置くことを目的として攻撃し, 破壊し, 移動させ又は利用することができないようにすることは, 禁止する.

第15条（危険な力を内蔵する工作物及び施設の保護）　危険な力を内蔵する工作物及び施設, すなわち, ダム, 堤防及び原子力発電所は, これらの物が軍事目標である場合であっても, これらを攻撃することが危険な力の放出を引き起こし, その結果文民たる住民の間に重大な損失をもたらすときは, 攻撃の対象としてはならない.

第16条（文化財及び礼拝所の保護）　1954年5月14日の武力紛争の際の文化財の保護に関するハーグ条約の規定の適用を妨げることなく, 国民の文化的又は精神的遺産を構成する歴史的建造物, 芸術品又は礼拝所を対象とする敵対行為を行うこと及びこれらの物を軍事上の努力を支援するために利用することは, 禁止する.

第17条（文民の強制的な移動の禁止）　**1**　文民たる住民の移動は, その文民の安全又は絶対的な軍事上の理由のために必要とされる場合を除くほか, 紛争に関連する理由で命令してはならない. そのような移動を実施しなければならない場合には, 文民たる住民が住居, 衛生, 保健, 安全及び栄養について満足すべき条件で受け入れられるよう, すべての可能な措置がとられなければならない.

2　文民は, 紛争に関連する理由で自国の領域を離れることを強要されない.

第18条（救済団体及び救済活動）　**1**　赤十字, 赤新月又は赤のライオン及び太陽の団体等締約国の領域にある救済団体は, 武力紛争の犠牲者に関する伝統的な任務を遂行するため役務を提供することができる. 文民たる住民は, 傷者, 病者及び難船者を収容し及び看護することを自発的に申し出ることができる.

2　文民たる住民が食糧, 医療用品等生存に不可欠な物資の欠乏のため著しい苦難を被っている場合には, 関係締約国の同意を条件として, 専ら人道的で公平な性質を有し, かつ, 不利な差別をすることなく行われる当該文民たる住民のための救済活動を実施する.

115 国連部隊による国際人道法の遵守

115 国連部隊による国際人道法の遵守 翻訳

1999年国連事務総長告示（国連事務局文書 ST/SGB/1999/13）
〔効力発生〕1999年8月12日

事務総長は，国連の指揮命令の下で活動に従事する国連部隊に適用される国際人道法の基本的原則および規則を規定するため，以下の通り布告する．

第1項（適用範囲） **1・1**　この告示に規定された国際人道法の基本的原則および規則は，国連部隊が，武力紛争の状況において，当該紛争に戦闘員として積極的に関与する場合に，その交戦について，かつ交戦継続の間に限って適用されうる．したがって，それらの規則は，強制行動の場合，または平和維持活動において自衛のために武力行使が許容される場合に適用される．

1・2　この告示の布告は，1994年の「国際連合要員および関連要員の安全に関する条約」に基づく平和維持活動の要員として保護されるべき地位，ならびに武力紛争に適用される国際法の下で文民に与えられる保護を受ける権利を有する場合においては，それらの要員の非戦闘員たる地位に影響を及ぼすものではない．

第2項（国内法の適用）　この規定は，軍事要員を拘束する国際人道法の原則および規則に関する網羅的リストではなく，それらの原則および規則の適用を害することがなく，かつ軍事要員が活動の間を通じてその拘束力の下にとどまる国内法に代わるものではない．

第3項（地位協定）　国連と，その領域内に国連部隊が配置される国家との間に締結された地位協定において，国連は，国連部隊が軍事要員の行動に適用される一般条約の原則および規則を完全に尊重して活動を行うよう確保することを約束する．国連はまた，国連部隊の軍事要員がそれらの国際条約の原則および規則に習熟しているよう確保することを約束する．これらの条約の原則および規則を尊重すべき義務は，地位協定が存在しない場合にも，国連部隊に適用される．

第4項（国際人道法の違反）　国際人道法の違反がある場合には，国連部隊の軍事要員は，部隊派遣国の国内裁判所の訴追に服す．

第5項（文民たる住民の保護） **5・1**　国連部隊は，文民と戦闘員とを，また民用物と軍事目標とを常に明確に区別しなければならない．軍事行動は，戦闘員および軍事目標に対してのみ向けられなければならない．文民または民用物に対する攻撃は禁止される．

5・2　文民は，敵対行為に直接参加していない限り，この項により与えられる保護を受ける．

5・3　国連部隊は，巻添えによる文民の死亡，文民の傷害または文民の財産の損傷を防止し，少なくともこれらを最小限にとどめるため，すべての実行可能な予防措置をとらなければならない．

5・4　国連部隊は，活動地域にあっては，可能な限り，人口周密地域の内部またはその付近に軍事目標を設置することを避けなければならず，また，文民たる住民，個々の文民および民用物を軍事行動から生ずる危険に対して保護するため，必要なすべての予防措置をとらなければならない．平和維持活動の軍事施設および装備そのものは，軍事目標とみなされてはならない．

5・5　国連部隊が，軍事目標および文民に無差別な方法で打撃を与える性質を持ちうる活動，ならびに，予期される具体的かつ直接的な軍事的利益との比較において，巻添えによる文民の死亡，文民の傷害または民用物の損傷を過度に引き起こすことが予想される活動を行うことは禁止される．

5・6　国連部隊は，文民または民用物に対する復仇を行ってはならない．

第6項（戦闘の手段および方法） **6・1**　国連部隊が戦闘の方法および手段を選ぶ権利は，無制限ではない．

6・2　国連部隊は，国際人道法の関連する条約に基づく特定の兵器および戦闘の方法の使用を禁止または制限する規則を尊重しなければならない．これらの規則には，特に次のものの禁止を含む．

(i)　窒息性ガス，毒性ガスまたはこれらに類するガスおよび生物学的戦闘方法
(ii)　人体内において容易に爆発し，開展し，または扁平となりうる弾丸
(iii)　ある種の炸裂性発射物

検出不可能な破片を使った兵器，対人地雷，ブービートラップ，焼夷兵器などの特定通常兵器の使用は禁止される．

6・3　国連部隊が，過度の傷害または無用の苦痛を与えうる，または，自然環境に対して広範，長期的，かつ深刻な損害を与えることを目的とする，もしくは与えることが予想される戦闘の方法を用いることは禁止される．

6・4　国連部隊が，その性質上無用の苦痛を与える兵器，または戦闘方法を用いることは禁止される．

VI 武力衝突

6・5　生存者を残さないように命令することは禁止される．

6・6　国連部隊は，国民の文化的または精神的遺産である芸術上，建築上もしくは歴史上の記念物，考古学的遺跡，美術品，礼拝所，博物館，および図書館に対する攻撃を禁止される．国連部隊は，その活動地域において，そのような文化財，またはその近傍を，それらの文化財を破壊または損傷の危険がある目的に使用してはならない．文化財に対する窃盗，略奪，横領およびいかなる野蛮な行為も，厳しく禁止される．

6・7　国連部隊は，食糧，作物，家畜ならびに飲料水の施設および供給設備のような，文民たる住民の生存に不可欠なものを攻撃し，破壊し，移動させまたは利用することができないようにすることを禁止される．

6・8　国連部隊は，危険な力を内蔵する工作物および施設，すなわち，ダム，堤防および原子力発電所を，その活動が危険な力を放出させ，その結果文民たる住民の間に重大な損失を生じさせる場合には，軍事的活動の対象としてはならない．

6・9　国連部隊は，この項の下で保護される物および施設に対する復仇を行ってはならない．

第7項（文民および戦闘外に置かれた者の取り扱い）　7・1　軍事活動に参加していない，または参加しなくなった者（文民，武器を放棄した軍隊の構成員，および病気，負傷または抑留により戦闘外に置かれた者を含む）は，すべての場合において，人道的に，かつ人種，性，宗教的信念，またはその他のいかなる理由に基づく不利な差別なく取り扱われなければならない．これらの者は，自己の身体，名誉および宗教的その他の信念を完全に尊重されなければならない．

7・2　7・1項に掲げた者に対する次の行為は，いかなる場合にも，またいかなる場所でも禁止される．

(i)　生命または身体的一体性に対する暴力
(ii)　殺人，ならびに拷問，身体の切断，またはあらゆる形態の肉体に加える刑罰などの残虐な取扱い
(iii)　集団に対する刑罰
(iv)　復仇
(v)　人質
(vi)　強姦
(vii)　強制売いん
(viii)　あらゆる形態の性的暴行，ならびに屈辱的および品位を傷つける取扱い
(ix)　奴隷化
(x)　略奪

7・3　女子は，あらゆる攻撃，特に強姦，強制売 a
いんまたはその他のあらゆる形態のわいせつ
行為から特別に保護されなければならない．

7・4　児童は，特別の尊重の対象とし，かつあ
らゆる形態のわいせつ行為から保護しなけれ
ばならない． b

第8項（被抑留者の取り扱い）　8・1　国連部
隊は，抑留された軍隊構成員および抑留により
軍事活動に参加しなくなったその他の者を，
人道的に，かつその尊厳を尊重して取り扱わな
ければならない．その法的地位を害することな c
く，被抑留者は，必要な変更を加えて適用可能
な場合は，1949年のジュネーヴ第3条約の関
連規定にしたがって取り扱われなければなら
ない．

特に， d

(a)　被抑留者の拘束および抑留は，特にその家
族に通知するために，その者の所属する当事
者，および赤十字国際委員会の中央情報局に
速やかに通報されなければならない．

(b)　被抑留者は，衛生上のまたは健康上のすべ e
ての可能な保護が得られる，危険のない安全
な施設内に収容されなければならない．被抑
留者は，戦闘地域のような危険にさらされる
場所に抑留されてはならない．

(c)　被抑留者は，食料，衣服，ならびに衛生的お f
よび医療的処置を受ける権利を有する．

(d)　被抑留者は，いかなる場合にも，あらゆる
形態の拷問または虐待の対象とされない．

(c)　自由を制限されている女子は，男子の区画
から分離した区画に収容され，かつ女子の直 g
接の監視の下に置かれなければならない．

(f)　16歳に達しない児童が敵対行為に直接参
加し，国連部隊により逮捕され，抑留されま
たは収容された場合も，その児童は引き続き
特別な保護の利益を受ける．特に，それらの h
児童は，家族とともに収容される場合を除い
て，成人の区画から分離した区画に収容され
なければならない．

(g)　赤十字国際委員会が，捕虜および被抑留者
を訪問する権利は，尊重され，かつ保障され i
なければならない．

**第9項（傷害および病者，ならびに衛生要員お
よび救援要員の保護）　9・1**　国連部隊の権力
内にある軍隊構成員その他の者で，負傷し病気
にかかった者は，すべての場合において，尊重 j
され保護されなければならない．それらの者
は，人道的に取り扱われなければならず，不利
な差別をすることなく，その者の状態から必要
とされる医療上の治療および処置を受けるこ
とができなければならない．緊急の医療上の理 k

由によってのみ,与えられる治療の順序を優先させることが許される.

9・2 事情が許すときはいつでも,戦場に残された傷者,病者および死者の捜索および確認を行い,またそれらのものの収容,移動,交換および輸送を可能とするために,戦闘停止が合意され,またはその他の現地取り決めがなされなければならない.

9・3 国連部隊は,衛生施設および移動衛生部隊を攻撃してはならない.それらは,その人道的任務を逸脱し,国連部隊に対して攻撃その他の害を及ぼす行為のために使用されないかぎり,常に尊重されかつ保護されなければならない.

9・4 国連部隊は,すべての場合において,専ら傷病者の捜索,輸送または治療に従事する衛生要員,ならびに宗教要員を,尊重しかつ保護しなければならない.

9・5 国連部隊は,移動衛生部隊と同様の条件で,傷病者の輸送手段および衛生設備を尊重し,かつ保護しなければならない.

9・6 国連部隊は,傷病者または本項で保護される要員,施設および設備に対して復仇を行ってはならない.

9・7 国連部隊は,すべての場合において赤十字および赤新月の標章を尊重しなければならない.これらの標章は衛生部隊,衛生施設,衛生要員および衛生物資を表示し,または保護する目的のほかに使用されてはならない.赤十字または赤新月の標章の悪用は禁止される.

9・8 国連部隊は,近親者の罹病,負傷または死亡に関する情報を得る家族の権利を尊重しなければならない.そのために国連部隊は赤十字国際委員会の中央情報局の作業を容易にしなければならない.

9・9 国連部隊は,その性質上人道的かつ公平であり,いかなる不利な差別もなく行われる救援活動の作業を,容易にしなければならず,かかる作業に従事する要員,車両および施設を尊重しなければならない.

第10項（発効） この告示は,1999年8月12日に発効する.

VII 日本の平和友好関係の再構築

日本は19世紀半ば，江戸末期に，ヨーロッパに向けて開国した．そして，猛烈な勢いで欧米の文物を取り入れ，政治・経済・社会の近代化を図った．明治時代の近代化はとりもなおさず欧化であった．

日本は古くからの独立国で近隣の中国や朝鮮との間に往来があり，交流を深めてきたが，西欧諸国に門戸を開き交易を迫られるようになると，周辺の諸島の帰属を明確にする必要が生じた．北方については，1855年の日露通好条約により択捉島とウルップ島との間を国境とし，さらに日露の共有地であった樺太に関しては1875年に樺太千島交換条約を結んで画定した．南方については，1876年になって小笠原群島を編入した．沖縄は17世紀に薩摩（鹿児島）藩の支配下に入ったが，鹿児島藩によりかなりの政教の自由を認められ，清のほか欧米諸国との交際もあったが，1880年以降は清国その他との関係で沖縄の帰属について問題が生じたことはない．

周辺領域の確定とともに，急速に体制を整えた日本は，やがて，朝鮮半島から中国へと市場を求めて進出を始めた．朝鮮に開国を求め，遂には清国と対立して，日清戦争を，そして，ロシアと対峙して日露戦争を引き起こした．日清戦争で台湾を植民地とし，日露戦争で樺太南部を割譲させ，旧満州（中国東北地方）のロシア権益を獲った．そして，1910年朝鮮を併合した．この間に竹島，尖閣諸島を編入した．

日本は欧米列強とともに中国大陸の権益を奪い合い，1931年にはいわゆる柳條湖事件を引き起こし，その後中国大陸での戦争は泥沼化していった．1941年遂に対米英に宣戦布告を行い，ヨーロッパでの戦争が終わった後もひとり闘い続けたが，1945年夏，日本の15年に亘るアジア太平洋戦争は終わった．明治・大正・昭和と膨脹を続けてきた日本は本来の姿の戻ったのである．

こうした戦争終了期の国際文書がカイロ宣言等であり，連合国との戦争を正式に終わらせ，平和を回復するものが対日平和条約である．しかし，対日平和条約が結ばれた1951年にはすでに東西冷戦が始まっており，日本は日米同盟を軸に西側の一員となった．そのため東側との平和の再構築は遅れ，1956年の日ソ共同宣言，1972年の日中共同声明によって平和が回復した．しかし，かつて日本が植民地とした朝鮮半島は，第２世界大戦後，米ソによって南北に分断占領され，分断状態は今も続いている．日本は，南の韓国とは同じ西側の一員ではありながら，かつての植民地本国と被植民地との関係の清算に手間取り，1965年になって日韓交渉がまとまり，基本関係条約等を結んだ．しかし，北の朝鮮民主主義人民共和国との関係は未だ正常化していない．アジアとの関係は基底のところで，「先の戦争」についての認識の違いが諸国民の間にわだかまりとしてあり，戦後50年の機に出されたいわゆる村山総理大臣談話はそれに応えるものである．日本としては戦後の平和憲法下で，人権を尊重する民主主義国家として世界に寄与してきたことを誇りとすることができる．これ抜きでは友好関係の再構築はない．

116 カイロ宣言

〔署名〕1943年11月27日，カイロ

ローズヴェルト大統領，蔣介石総統及びチャーチル総理大臣は，各自の軍事及び外交顧問とともに北アフリカで会議を終了し，次の一般的声明を発した．

「各軍事使節は，日本国に対する将来の軍事行動を協定した．

三大同盟国は，海路，陸路及び空路によって野蛮な敵国に仮借のない圧力を加える決意を表明した．この圧力は，既に増大しつつある．

三大同盟国は，日本国の侵略を制止し罰するため，今次の戦争を行っている．

同盟国は，自国のためには利得も求めず，また領土拡張の念も有しない．

同盟国の目的は，1914年の第1次世界戦争の開始以後に日本国が奪取し又は占領した太平洋におけるすべての島を日本国からはく奪すること，並びに満洲，台湾及び澎湖島のような日本国が清国人から盗取したすべての地域を中華民国に返還することにある．

日本国は，また，暴力及び強慾により日本国が略取した他のすべての地域から駆逐される．

前記の三大国は，朝鮮の人民の奴隷状態に留意し，やがて朝鮮を自由独立のものにする決意を有する．

以上の目的で，三同盟国は，同盟諸国中の日本国と交戦中の諸国と協調し，日本国の無条件降伏をもたらすのに必要な重大で長期間の行動を続行する．」

117 ヤルタ秘密協定

クリミヤ会議の議事に関する議定書中の日本国に関する協定，（ヤルタ協定）
〔署名〕1945年2月11日，ヤルタ

三大国即ちソヴィエト連邦，アメリカ合衆国及び英国の指導者はドイツ国が降伏し且つヨーロッパに於ける戦争が終結したる後2箇月又は3箇月を経て，ソヴィエト連邦が次の条件で連合国において日本国に対する戦争に参加することを協定した．

1　外蒙古（蒙古人民共和国）の現状は維持する．

2　1904年の日本国の背信的攻撃に依り侵害されたるロシア国の旧権利は，次のように回復される．

(イ) 樺太の南部及びこれに隣接するすべての島を，ソヴィエト連邦に返還する．

(ロ) 大連商港を国際化し，この港におけるソヴィエト連邦の優先的利益を擁護し，また，ソヴィエト社会主義共和国連邦の海軍基地としての旅順口の租借権を回復する．

(ハ) 東清鉄道及び大連に出口を提供する南満洲鉄道は，中ソ合弁会社を設立して共同に運営する．但し，ソヴィエト連邦の優先的利益は保障し，また，中華民国は，満洲に於ける完全なる主権を保有するものとする．

3　千島列島はソヴィエト連邦に引渡す．

前記の外蒙古並びに港湾及び鉄道に関する協定は，蔣介石総統の同意を要する．大統領は，スターリン元帥からの通知に依り，この同意を得る為の措置を執る．

三大国の首班は，ソヴィエト連邦のこれらの要求が日本国の敗北した後に確実に満足されることを合意した．

ソヴィエト連邦は，中華民国を日本国の束縛から解放する目的で自己の軍隊に依り之に援助を与える為，ソヴィエト社会主義共和国連邦と中華民国との間の友好同盟条約を中華民国国民政府と締結する用意があることを表明する．

118 ポツダム宣言

〔署名〕1945年7月26日，ポツダム
〔日本国〕1945年8月14日（受諾）

1　吾等合衆国大統領，中華民国政府主席及グレート・ブリテン国総理大臣は，吾等の数億の国民を代表し，協議の上，日本国に対し，今次の戦争を終結するの機会を与ふることに意見一致せり．

2　合衆国，英帝国及中華民国の巨大なる陸，海，空軍は，西方より自国の陸軍及空軍に依る数倍の増強を受け，日本国に対し最後的打撃を加ふるの態勢を整へたり．右軍事力は，日本国が抵抗を終止するに至る迄同国に対し戦争を遂行するの一切の聯合国の決意に依り支持せられ，且鼓舞せられ居るものなり．

3　蹶（けつ）起せる世界の自由なる人民の力に対するドイツ国の無益且無意義なる抵抗の結果は，日本国国民に対する先例を極めて明白に示すものなり．現在日本国に対し集結しつつある力は，抵抗するナチスに対し適用せられたる場合に於て全ドイツ国人民の土地,産業及生活様式を必然的に荒廃に帰せしめたる力に比し,測り知れさる程更に強大なるものなり.吾等の決意に支持せらるる吾等の軍事力の最高度の使用は,日本国軍隊の不可避且完全なる壊滅を意味すべく,又同様必然的に日本国本土の完全なる破壊を意味すべし.

4　無分別なる打算に依り日本帝国を滅亡の淵に陥れたる我儘なる軍国主義的助言者に依り日本国が引続き統御せらるべきか,又は理性の経路を日本国が履むべきかを日本国が決意すべき時期は,到来せり.

5　吾等の条件は左の如し.

吾等は右条件より離脱することなかるべし.右に代る条件存在せず.吾等は,遅延を認むるを得ず.

6　吾等は,無責任なる軍国主義が世界より駆逐せらるるに至る迄は,平和,安全及正義の新秩序が生じ得ざることを主張するものなるを以て,日本国国民を欺瞞し,之をして世界征服の挙に出づるの過誤を犯さしめたる者の権力及勢力は,永久に除去せられざるべからず.

7　右の如き新秩序が建設せられ,且日本国の戦争遂行能力が破砕せられたることの確証ある迄は,聯合国の指定すべき日本国領域内の諸地点は,吾等の茲に指示する基本的目的の達成を確保するため占領せらるべし,

8　カイロ宣言の条項は,履行せらるべく,又日本国の主権は本州,北海道,九州及四国並に吾等の決定する諸小島に局限せらるべし.

9　日本国軍隊は,完全に武装を解除せられたる後,各自の家庭に復帰し,平和的且生産的の生活を営むの機会を得しめらるべし.

10　吾等は,日本人を民族として奴隷化せんとし,又は国民として滅亡せしめんとするの意図を有するものに非ざるも,吾等の俘虜を虐待せる者を含む一切の戦争犯罪人に対しては,厳重なる処罰加へらるべし.日本国政府は,日本国国民の間に於ける民主主義的傾向の復活強化に対する一切の障礙を除去すべし.言論,宗教及思想の自由並に基本的人権の尊重は,確立せらるべし.

11　日本国は,其の経済を支持し,且公正なる実物賠償の取立を可能ならしむるが如き産業を維持することを許さるべし.但し,日本国をして戦争の為再軍備を為すことを得しむるが如き産業は,此の限に在らず右目的の為,原料の入手(其の支配とは之を区別す.)を許さるべし.日本国は,将来世界貿易関係への参加を許さるべし.

12　前記諸目的が達成せられ,且日本国国民の自由に表明せる意思に従ひ平和的傾向を有し且責任ある政府が樹立せらるるに於ては,連合国の占領軍は,直に日本国より撤収せらるべし.

13　吾等は,日本国政府が直に全日本国軍隊の無条件降伏を宣言し,且右行動に於ける同政府の誠意に付,適当且充分なる保障を提供せんことを同政府に対し要求す,右以外の日本国の選択は迅速且完全なる壊滅あるのみとす.

119 降伏文書

〔署名〕1945年9月2日署名,東京湾

下名は,茲に,合衆国,中華民国及グレート,ブリテン国の政府の首班が,1945年7月26日ポツダムに於て発し後にソヴィエト社会主義共和国聯邦が参加したる宣言の条項を,日本国天皇,日本国政府及日本帝国大本営の命に依り且之に代り受諾す.右四国は,以下之を聯合国と称す.

下名は,茲に,日本帝国大本営並に何れの位置に在るを問はず,一切の日本国軍隊及日本国の支配下に在る一切の軍隊の聯合国に対する無条件降伏を布告す.

下名は,茲に,何れの位置に在るを問はず,一切の日本国軍隊及日本国臣民に対し敵対行為を直に終止すること,一切の船舶,航空機並に軍用及非軍用財産を保存し,之が毀損を防止すること,及聯合国最高令官又は其の指示に基き,日本国政府の諸機関の課すべき一切の要求に応ずることを命ず.

下名は,茲に,日本帝国大本営が,何れの位置に在るを問はず,一切の日本国軍隊及日本国の支配下に在る一切の軍隊の指揮官に対し,自身及其の支配下に在る一切の軍隊が無条件に降伏すべき旨の命令を直に発することを命ず.

下名は,茲に,一切の官庁,陸軍及海軍の職員に対し,聯合国最高司令官が,本降伏実施の為適当なりと認めて自ら発し又は其の委任に基き発せしむる一切の布告,命令及指示を遵守し且之を施行することを命じ,並に右職員が聯合国最高司令官に依り又は其の委任に基き特に任務を解かれざる限り各自の地位に留り且引続き各自の非戦闘的任務を行ふことを命ず.

下名は,茲に,ポツダム宣言の条項を誠実に履行すること,並に右宣言を実施する為聯合国最高司令官又は其の他特定の聯合国代表者が要求

することあるべき一切の命令を発し，且斯る一切の措置を執ることを天皇，日本国政府及其の後継者の為に約す．

下名は，茲に，日本帝国政府及日本帝国大本営に対し，現に日本国の支配下に在る一切の聯合国俘虜及被抑留者を直に解放すること，並に其の保護，手当，給養及指示せられたる場所への即時輸送の為の措置を執ることを命ず．

天皇及日本国政府の国家統治の権限は，本降伏条項を実施する為適当と認むる措置を執る連合国最高司令官の制限の下に置かるるものとす．

1945 年 9 月 2 日午前 9 時 4 分日本国東京湾上に於て署名す．

大日本帝国天皇陛下及日本国政府の命に依り且其の名に於て

重光葵

日本帝国大本営の命に依り且其の名に於て

梅津美治郎

1945 年 9 月 2 日午前 9 時 8 分日本国東京湾上に於て合衆国，中華民国，聯合王国及ソヴィエト社会主義共和国聯邦の為に，並に日本国と戦争状態に在る他の聯合諸国家の利益の為に受諾す

連合国最高司令官　ダグラス・マックアーサー

（以下，アメリカ合衆国，中華民国，イギリス，ソヴィエト，オーストラリア，カナダ，フランス，オランダ，ニュージーランド各国代表者署名省略）

120 対日平和条約（抄）

日本国との平和条約
〔署名〕1951年 9 月 8 日，サンフランシスコ
〔効力発生〕1952年 4 月28日／〔日本国〕1952年 4 月28日

連合国及び日本国は，両者の関係が，今後，共通の福祉を増進し且つ国際の平和及び安全を維持するために主権を有する対等のものとして友好的な連携の下に協力する国家の間の関係でなければならないことを決意し，よって，両者の間の戦争状態の存在の結果として今なお未決である問題を解決する平和条約を締結することを希望するので，

日本国としては，国際連合への加盟を申請し，且つあらゆる場合に国際連合憲章の原則を遵守し，世界人権宣言の目的を実現するために努力し，国際連合憲章第 55 条及び第 56 条に定められ且つ既に降伏後の日本国の法制によつて作られはじめた安定及び福祉の条件を日本国内に創造するために努力し，並びに公私の貿易及び通商において国際的に承認された公正な慣行に従う意思を宣言するので，

連合国は，前項に掲げた日本国の意思を歓迎するので，

よって，連合国及び日本国は，この平和条約を締結することに決定し，これに応じて下名の全権委員を任命した．これらの全権委員は，その全権委任状を示し，それが良好妥当であると認められた後，次の規定を協定した．

第 1 章　平　和

第 1 条〔戦争の終了〕（a）日本国と各連合国との間の戦争状態は，第 23 条の定めるところによりこの条約が日本国と当該連合国との間に効力を生ずる日に終了する．

（b）連合国は，日本国及びその領水に対する日本国民の完全な主権を承認する．

第 2 章　領　域

第 2 条〔領土権の放棄〕（a）日本国は，朝鮮の独立を承認して，済州島，巨文島及び鬱陵島を含む朝鮮に対するすべての権利，権原及び請求権を放棄する．

（b）日本国は，台湾及び澎湖諸島に対するすべての権利，権原及び請求権を放棄する．

（c）日本国は，千島列島並びに日本国が 1905 年 9 月 5 日のポーツマス条約の結果として主権を獲得した樺太の一部及びこれに近接する諸島に対するすべての権利，権原及び請求権を放棄する．

（d）日本国は，国際連盟の委任統治制度に関連するすべての権利，権原及び請求権を放棄し，且つ，以前に日本国の委任統治の下にあつた太平洋の諸島に信託統治制度を及ぼす 1947 年 4 月 2 日の国際連合安全保障理事会の行動を受諾する．

（e）日本国は，日本国民の活動に由来するか又は他に由来するかを問わず，南極地域のいずれの部分に対する権利若しくは権原又はいずれの部分に関する利益についても，すべての請求権を放棄する．

（f）日本国は，新南群島及び西沙群島に対するすべての権利，権原及び請求権を放棄する．

第 3 条〔信託統治〕日本国は，北緯 29 度以南の南西諸島（琉球諸島及び大東諸島を含む．），孀婦岩の南の南方諸島（小笠原群島，西之島及び火山列島を含む．）並びに沖の鳥島及び南鳥島を合衆国を唯一の施政権者とする信託統治

制度の下におくこととする国際連合に対する合衆国のいかなる提案にも同意する.このような提案が行われ且つ可決されるまで,合衆国は,領水を含むこれらの諸島の領域及び住民に対して,行政,立法及び司法上の権力の全部及び一部を行使する権利を有するものとする.

第4条〔財産〕(a) この条の(b)の規定を留保して,日本国及びその国民の財産で第2条に掲げる地域にあるもの並びに日本国及びその国民の請求権(債権を含む.)で現にこれらの地域の施政を行っている当局及びそこの住民(法人を含む.)に対するものの処理並びに日本国におけるこれらの当局及び住民の財産並びに日本国及びその国民に対するこれらの当局及び住民の請求権(債権を含む.)の処理は,日本国とこれらの当局との間の特別取極の主題とする.第2条に掲げる地域にある連合国又はその国民の財産は,まだ返還されていない限り,施政を行っている当局が現状で返還しなければならない.(国民という語は,この条約で用いるときはいつでも,法人を含む.)

(b) 日本国は,第2条及び第3条に掲げる地域のいずれかにある合衆国軍政府により,又はその指令に従って行われた日本国及びその国民の財産の処理の効力を承認する.

(c) 日本国とこの条約に従って日本国の支配から除かれる領域とを結ぶ日本所有の海底電線は,二等分され,日本国は,日本の終点施設及びこれに連なる電線の半分を保有し,分離される領域は,残りの電線及びその終点施設を保有する.

第3章 安 全

第5条〔国連憲章の原則,自衛権〕(a) 日本国は,国際連合憲章第2条に掲げる義務,特に次の義務を受諾する.

(i) その国際紛争を,平和的手段によつて国際の平和及び安全並びに正義を危うくしないように解決すること.

(ii) その国際関係において,武力による威嚇又は武力の行使は,いかなる国の領土保全又は政治的独立に対するものも,また,国際連合の目的と両立しない他のいかなる方法によるものも慎むこと.

(iii) 国際連合が憲章に従つてとるいかなる行動についても国際連合にあらゆる援助を与え,且つ,国際連合が防止行動又は強制行動をとるいかなる国に対しても援助の供与を慎むこと.

(b) 連合国は,日本国との関係において国際連合憲章第2条の原則を指針とすべきことを確認する. a

(c) 連合国としては,日本国が主権国として国際連合憲章第51条に掲げる個別的又は集団的自衛の固有の権利を有すること及び日本国が集団的安全保障取極を自発的に締結 b することができることを承認する.

第6条〔占領の終了〕(a) 連合国のすべての占領軍は,この条約の効力発生の後なるべくすみやかに,且つ,いかなる場合にもその後90日以内に,日本国から撤退しなければならな c い.但し,この規定は,1又は2以上の連合国を一方とし,日本国を他方として双方の間に締結された若しくは締結される2国間若しくは多数国間の協定に基く,又はその結果としての外国軍隊の日本国の領域における d 駐とん又は駐留を妨げるものではない.

(b) 日本国軍隊の各自の家庭への復帰に関する1945年7月26日のポツダム宣言の第9項の規定は,まだその実施が完了されていない限り,実行されるものとする. e

(c) まだ代価が支払われていないすべての日本財産で,占領軍の使用に供され,且つ,この条約の効力発生の時に占領軍が占有しているものは,相互の合意によつて別段の取極が行われない限り,前記の90日以内に日本国 f 政府に返還しなければならない.

第4章 政治及び経済条項

第7条〔2国間条約の効力〕(a) 各連合国は,自国と日本国との間にこの条約が効力を生 g じた後1年以内に,日本国との戦前のいずれの2国間の条約又は協約を引き続いて有効とし又は復活させることを希望するかを日本国に通告するものとする.こうして通告された条約又は協約は,この条約に適合するこ h とを確保するための必要な修正を受けるだけで,引き続いて有効とされ,又は復活される.こうして通告された条約及び協約は,通告の日の後3箇月で,引き続いて有効なものとみなされ,又は復活され,且つ,国際連合事 i 務局に登録されなければならない.日本国にこうして通告されないすべての条約及び協約は,廃棄されたものとみなす.

(b) この条の(a)に基いて行う通告においては,条約又は協約の実施又は復活に関し,国際関 j 係について通告国が責任をもつ地域を除外することができる.この除外は,除外の適用を終止することが日本国に通告される日の3箇月後まで行われるものとする.

第8条〔終戦関係条約の承認 特定条約上の権 k

益の放棄〕(a) 日本国は，連合国が 1939 年 9 月 1 日に開始された戦争状態を終了するために現に締結し又は今後締結するすべての条約及び連合国が平和の回復のため又はこれに関連して行う他の取極の完全な効力を承認する．日本国は，また，従前の国際連盟及び常設国際司法裁判所を終止するために行われた取極を受諾する．

(b) 日本国は，1919 年 9 月 10 日のサン・ジェルマン＝アン＝レイの諸条約及び 1936 年 7 月 20 日のモントルーの海峡条約の署名国であることに由来し，並びに 1923 年 7 月 24 日にローザンヌで署名されたトルコとの平和条約の第 16 条に由来するすべての権利及び利益を放棄する．

(c) 日本国は，1930 年 1 月 20 日のドイツと債権国との間の協定及び 1930 年 5 月 17 日の信託協定を含むその附属書並びに 1930 年 1 月 20 日の国際決済銀行に関する条約及び国際決済銀行の定款に基いて得たすべての権利，権原及び利益を放棄し，且つ，それらから生ずるすべての義務を免かれる．日本国は，この条約の最初の効力発生の後 6 箇月以内に，この項に掲げる権利，権原及び利益の放棄をパリの外務省に通告するものとする．

第 9 条〔漁業協定〕 日本国は，公海における漁猟の規制又は制限並びに漁業の保存及び発展を規定する 2 国間及び多数国間の協定を締結するために，希望する連合国とすみやかに交渉を開始するものとする．

第 10 条〔中国における権益〕 日本国は，1901 年 9 月 7 日に北京で署名された最終議定書並びにこれを補足するすべての附属書，書簡及び文書の規定から生ずるすべての利得及び特権を含む中国におけるすべての特殊の権利及び利益を放棄し，且つ，前記の議定書，附属書，書簡及び文書を日本国に関して廃棄することに同意する．

第 11 条〔戦争犯罪〕 日本国は，極東国際軍事裁判所並びに日本国内及び国外の他の連合国戦争犯罪法廷の裁判を受諾し，且つ，日本国で拘禁されている日本国民にこれらの法廷が課した刑を執行するものとする．これらの拘禁されている者を赦免し，減刑し，及び仮出獄させる権限は，各事件について刑を課した 1 又は 2 以上の政府の決定及び日本国の勧告に基く場合の外，行使することができない．極東国際軍事裁判所が刑を宣告した者については，この権限は，裁判所に代表者を出した政府の過半数の決定及び日本国の勧告に基く場合の外，行使することができない．

〔編者注〕

極東国際軍事裁判所条例第 5 条〔人並に犯罪に関する管轄〕

本裁判所は，平和に対する罪を包含せる犯罪に付個人として又は団体員として訴追せられたる極東戦争犯罪人を審理し，処罰するの権限を有す．左に掲ぐる 1 又は数個の行為は，個人責任あるものとし，本裁判所の管轄に属する犯罪とす．

(イ) **平和に対する罪**　即ち，宣戦を布告せる又は布告せざる侵略戦争，若は国際法，条約，協定又は誓約に違反せる戦争の計画，準備，開始，又は遂行，若は右諸行為の何れかを達成する為の共通の計画又は共同謀議への参加．

(ロ) **通例の戦争犯罪**　即ち，戦争の法規又は慣例の違反

(ハ) **人道に対する罪**　即ち，戦前又は戦時中為されたる殺人，殲滅，奴隷的虐使，追放其の他の非人道的行為，若は犯行地の国内違反たると否とを問はず，本裁判所の管轄に属する犯罪の遂行として又は之に関聯して為されたる政治的又は人種的理由に基く迫害行為．

上記犯罪の何れかを犯さんとする共通の計画又は共同謀議の立案又は実行に参加せる指導者，組織者，教唆者及び共犯者は，斯かる計画の遂行上為されたる一切の行為に付，其の何人に依りて為されたるとを問はず，責任を有す．

第 12 条〔通商航海条約〕（略）

第 13 条〔国際民間航空〕（略）

第 5 章　請求権及び財産

第 14 条〔賠償，在外財産〕 (a) 日本国は，戦争中に生じさせた損害及び苦痛に対して，連合国に賠償を支払うべきことが承認される．しかし，また，存立可能な経済を維持すべきものとすれば，日本国の資源は，日本国がすべての前記の損害及び苦痛に対して完全な賠償を行い且つ同時に他の債務を履行するためには現在充分でないことが承認される．

よって

1　日本国は，現在の領域が日本国軍隊によって占領され，且つ，日本国によって損害を与えられた連合国が希望するときは，生産，沈船引揚げその他の作業における日本人の役務を当該連合国の利用に供することによって，与えた損害を修復する費用をこれらの国に補償することに資するために，当該連合国とすみやかに交渉を開始するものとする．その取極は，他の連合国に追加負担を課することを避けなけれ

ばならない．また，原材料からの製造が必要とされる場合には，外国為替上の負担を日本国に課さないために，原材料は，当該連合国が供給しなければならない．

2 (I) 次の(II)の規定を留保して，各連合国は，次に掲げるもののすべての財産，権利及び利益でこの条約の最初の効力発生の時にその管轄の下にあるものを差し押え，留置し，清算し，その他何らかの方法で処分する権利を有する．

(a) 日本国及び日本国民

(b) 日本国又は日本国民の代理者又は代行者並びに

(c) 日本国又は日本国民が所有し，又は支配した団体

この(I)に明記する財産，権利及び利益は，現に，封鎖され，若しくは所属を変じており，又は連合国の敵産管理当局の占有若しくは管理に係るもので，これらの資産が当該当局の管理の下におかれた時に前記の(a)，(b)又は(c)に掲げるいずれかの人又は団体に属し，又はこれらのために保有され，若しくは管理されていたものを含む．

(II) 次のものは，前記の(I)に明記する権利から除く．

(i) 日本国が占領した領域以外の連合国の1国の領域に当該政府の許可を得て戦争中に居住した日本の自然人の財産．但し，戦争中に制限を課され，且つ，この条約の最初の効力発生の日にこの制限を解除されない財産を除く．

(ii) 日本国政府が所有し，且つ，外交目的又は領事目的に使用されたすべての不動産，家具及び備品並びに日本国の外交職員又は領事職員が所有したすべての個人の家具及び用具類その他の投資的性質をもたない私有財産で外交機能又は領事機能の遂行に通常必要であったもの

(iii) 宗教団体又は私的慈善団体に属し，且つ，もっぱら宗教又は慈善の目的に使用した財産

(iv) 関係国と日本国との間における1945年9月2日後の貿易及び金融の関係の再開の結果として日本国の管轄内にはいった財産，権利及び利益．但し，当該連合国の法律に反する取引から生じたものを除く．

(v) 日本国若しくは日本国民の債務，日本国に所在する有体財産に関する権利，権原若しくは利益，日本国の法律に基いて組織された企業に関する利益又はこれらについての証書．但し，この例外は，日本国の通貨で表示された日本国及びその国民の債務にのみ適用する．

(III) 前記の例外(i)から(v)までに掲げる財産は，その保存及び管理のために要した合理的な費用が支払われることを条件として，返還しなければならない．これらの財産が清算されているときは，代りに売得金を返還しなければならない．

(IV) 前記の(I)に規定する日本財産を差し押え，留置し，清算し，その他何らかの方法で処分する権利は，当該連合国の法律に従って行使され，所有者は，これらの法律によって与えられる権利のみを有する．

(V) 連合国は，日本の商標並びに文学的及び美術的著作権を各国の一般的事情が許す限り日本国に有利に取り扱うことに同意する．

(b) この条約に別段の定がある場合を除き，連合国は，連合国のすべての賠償請求権，戦争の遂行中に日本国及びその国民がとった行動から生じた連合国及びその国民の他の請求権並びに占領の直接軍事費に関する連合国の請求権を放棄する．

第15条〔連合国財産の返還〕（略）

第16条〔非連合国にある日本資産の赤十字国際委員会への引渡しと連合国捕虜への分配〕（略）

第17条〔裁判の再審査〕（略）

第18条〔戦前からの債務〕 (a) 戦争状態の介在は，戦争状態の存在前に存在した債務及び契約（債券に関するものを含む．）並びに戦争状態の存在前に取得された権利から生ずる金銭債務で，日本国の政府若しくは国民が連合国の1国の政府若しくは国民に対して，又は連合国の1国の政府若しくは国民が日本国の政府若しくは国民に対して負つているものを支払う義務に影響を及ぼさなかつたものと認める．戦争状態の介在は，また，戦争状態の存在前に財産の滅失若しくは損害又は身体傷害若しくは死亡に関して生じた請求権で，連合国の1国の政府が日本国政府に対して，又は日本国政府が連合国政府のいずれかに対して提起し又は再提起するものの当否を審議する義務に影響を及ぼすものとみなしてはならない．この項の規定は，第14条によって与えられる権利を害するものではない．

(b) 日本国は，日本国の戦前の対外債務に関する責任と日本国が責任を負うと後に宣言された団体の債務に関する責任とを確認する．また，日本国は，これらの債務の支払再開に関して債権者とすみやかに交渉を開始し，他の戦前の請求権及び債務に関する交渉を促進し，且つ，これに応じて金額の支払を

容易にする意図を表明する.

第19条〔戦争請求権の放棄〕 (a) 日本国は, 戦争から生じ, 又は戦争状態が存在したためにとられた行動から生じた連合国及びその国民に対する日本国及びその国民のすべての請求権を放棄し, 且つ, この条約の効力発生の前に日本国領域におけるいずれかの連合国の軍隊又は当局の存在, 職務遂行又は行動から生じたすべての請求権を放棄する.

(b) 前記の放棄には, 1939年9月1日からこの条約の効力発生までの間に日本国の船舶に関していずれかの連合国がとつた行動から生じた請求権並びに連合国の手中にある日本人捕虜及び被抑留者に関して生じた請求権及び債権が含まれる. 但し, 1945年9月2日以後いずれかの連合国が制定した法律で特に認められた日本人の請求権を含まない.

(c) 相互放棄を条件として, 日本国政府は, また, 政府間の請求権及び戦争中に受けた滅失又は損害に関する請求権を含むドイツ及びドイツ国民に対するすべての請求権（債権を含む.）を日本国政府及び日本国民のために放棄する. 但し, (a) 1939年9月1日前に締結された契約及び取得された権利に関する請求権並びに(b) 1945年9月2日後に日本国とドイツとの間の貿易及び金融の関係から生じた請求権を除く. この放棄は, この条約の第16条及び第20条に従ってとられる行動を害するものではない.

(d) 日本国は, 占領期間中に占領当局の指令に基いて, 若しくはその結果として行われ, 又は当時の日本国の法律によつて許可されたすべての作為又は不作為の効力を承認し, 連合国民をこの作為又は不作為から生ずる民事又は刑事の責任に問ういかなる行動もとらないものとする.

第20条〔在日ドイツ財産の保存・管理〕 (略)

第21条〔中国と朝鮮の受益権〕 この条約の第25条の規定にかかわらず, 中国は, 第10条及び第14条(a)2の利益を受ける権利を有し, 朝鮮は, この条約の第2条, 第4条, 第9条及び第12条の利益を受ける権利を有する.

第6章　紛争の解決

第22条〔条約の解釈〕 この条約のいずれかの当事国が特別請求権裁判所への付託又は他の合意された方法で解決されない条約の解釈又は実施に関する紛争が生じたと認めるときは, 紛争は, いずれかの紛争当事国の要請により, 国際司法裁判所に決定のため付託しなければならない. 日本国及びまだ国際司法裁判所規程の当事国でない連合国は, それぞれがこの条約を批准する時に, 且つ, 1946年10月15日の国際連合安全保障理事会の決議に従つて, この条に掲げた性質をもつすべての紛争に関して一般的に同裁判所の管轄権を特別の合意なしに受諾する一般的宣言書を同裁判所書記に寄託するものとする.

第7章　最終条項

第23条〔批准〕 (a) この条約は, 日本国を含めて, これに署名する国によって批准されなければならない. この条約は, 批准書が日本国により, 且つ, 主たる占領国としてのアメリカ合衆国を含めて, 次の諸国, すなわちオーストラリア, カナダ, セイロン, フランス, インドネシア, オランダ, ニュー・ジーランド, パキスタン, フィリピン, グレート・ブリテン及び北部アイルランド連合王国及びアメリカ合衆国の過半数により寄託された時に, その時に批准しているすべての国に関して効力を生ずる. この条約は, その後これを批准する各国に関しては, その批准書の寄託の日に効力を生ずる.

(b) この条約が日本国の批准書の寄託の日の後9箇月以内に効力を生じなかったときは, これを批准した国は, 日本国の批准書の寄託の日の後3年以内に日本国政府及びアメリカ合衆国政府にその旨を通告して, 自国と日本国との間にこの条約の効力を生じさせることができる.

第24条〔批准書の寄託〕 すべての批准書は, アメリカ合衆国政府に寄託しなければならない. 同政府は, この寄託, 第23条(a)に基くこの条約の効力発生の日及びこの条約の第23条(b)に基いて行われる通告をすべての署名国に通告する.

第25条〔連合国の定義〕 この条約の適用上, 連合国とは, 日本国と戦争していた国又は以前に第23条に列記する国の領域の一部をなしていたものをいう. 但し, 各場合に当該国がこの条約に署名し且つこれを批准したことを条件とする. 第21条の規程を留保して, この条約は, ここに定義された連合国の1国でないいずれの国に対しても, いかなる権利, 権原又は利益も与えるものではない. また, 日本国のいかなる権利, 権原又は利益も, この条約のいかなる規定によっても前記のとおり定義された連合国の1国でない国のために減損され, 又は害されるものとみなしてはならない.

第26条〔2国間の平和条約〕 日本国は, 1942

年1月1日の連合国宣言に署名し若しくは加入しており且つ日本国に対して戦争状態にある国又は以前に第23条に列記する国の領域の一部をなしていた国で，この条約の署名国でないものと，この条約に定めるところと同一の又は実質的に同一の条件で2国間の平和条約を締結する用意を有すべきものとする．但し，この日本国の義務は，この条約の最初の効力発生の後3年で満了する．日本国が，いずれかの国との間で，この条約で定めるところよりも大きな利益をその国に与える平和処理又は戦争請求権処理を行ったときは，これと同一の利益は，この条約の当事国にも及ぼさなければならない．

〔編者注〕2国間平和条約として，日中国交回復に伴い終了した日華平和条約のほか，インド，ビルマ，インドネシアとの平和条約がある．ロシアとは依然として交渉中．

第27条〔条約文の保管〕 この条約は，アメリカ合衆国政府の記録に寄託する．同政府は，その認証謄本を各署名国に交付する．

以上の証拠として，下名の全権委員は，この条約に署名した．

1951年9月8日にサン・フランシスコ市で，ひとしく正文である英語，フランス語及びスペイン語により，並びに日本語により作成した．

（全権委員署名略）

121 日ソ共同宣言

ミニ解説：ソ連とロシア

1991年12月8日，かつてソ連邦を構成していたベラルーシ共和国，ロシア連邦およびウクライナが「独立国家共同体」を創設し，ソ連邦の消滅を宣言した．日本は，同月27日，宮沢総理大臣からエリツイン大統領に書簡を送り，「ロシア連邦がソ連邦と継続性を有する同一の国家であり，我国とソ連邦との間で締結されたすべての条約その他の国際約束が我国とロシア連邦との間で引き続き有効に適用されると理解している」ことを伝達した．なお，国際連合事務総長は，同月24日，「ソ連の国連加盟国たる地位がロシア連邦によって継続されている」とするロシア大統領からの書簡を受領したことを加盟各国に通報した．

日本国とソヴィエト社会主義共和国連邦（現・ロシア）との共同宣言〔署名〕1956年10月19日，モスクワ
〔効力発生〕1956年12月12日

前　文（略）

1　日本国とソヴィエト社会主義共和国連邦との間の戦争状態は，この宣言が効力を生ずる日に終了し，両国間の間に平和及び友好善隣関係が回復される．

2　日本国とソヴィエト社会主義共和国連邦との間に外交及び領事関係が回復される．両国は，大使の資格を有する外交使節を遅滞なく交換するものとする．また，両国は，外交機関を通じて，両国内におけるそれぞれの領事館の開設の問題を処理するものとする．

3　日本国及びソヴィエト社会主義共和国連邦は，相互の関係において，国際連合憲章の諸原則，なかんずく同憲章第2条に掲げる次の原則を指針とすべきことを確認する．

(a) その国際紛争を，平和的手段によって，国際の平和及び安全並びに正義を危うくしないように，解決すること．

(b) その国際関係において，武力による威嚇又は武力の行使は，いかなる国の領土保全又は政治的独立に対するものも，また，国際連合の目的と両立しない他のいかなる方法によるものも慎むこと．

日本国及びソヴィエト社会主義共和国連邦は，それぞれ他方の国が国際連合憲章第51条に掲げる個別的又は集団的自衛の固有の権利を有することを確認する．

日本国及びソヴィエト社会主義共和国連邦は，経済的，政治的又は思想的のいかなる理由であるとを問わず，直接間接に一方の国が他方の国の国内事項に干渉しないことを，相互に，約束する．

4　ソヴィエト社会主義共和国連邦は，国際連合への加入に関する日本国の申請を支持するものとする．

5　ソヴィエト社会主義共和国連邦において有罪の判決を受けたすべての日本人は，この共同宣言の効力発生とともに釈放され，日本国へ送還されるものとする．

また，ソヴィエト社会主義共和国連邦は，日本国の要請に基づいて，消息不明の日本人について引き続き調査を行うものとする．

6　ソヴィエト社会主義共和国連邦は，日本国に対し一切の賠償請求権を放棄する．

日本国及びソヴィエト社会主義共和国連邦は，1945年8月9日以来の戦争の結果として生じたそれぞれの国，その団体及び国民のそれぞれ他方の国，その団体及び国民に対するすべての請求権を，相互に，放棄する．

7　日本国及びソヴィエト社会主義共和国連邦は，その貿易，海運その他の通商の関係を安定したかつ友好的な基礎の上に置くために，条約又は協定を締結するための交渉をできる限り

すみやかに開始することに同意する.

8　1956年5月14日にモスクワで署名された北西太平洋の公海における漁業に関する日本国とソヴィエト社会主義共和国連邦との間の条約及び海上において遭難した人の救助のための協力に関する日本国とソヴィエト社会主義共和国連邦との間の協定は,この宣言の効力発生と同時に効力を生ずる.

日本国及びソヴィエト社会主義共和国連邦は,魚類その他の海洋生物資源の保存及び合理的利用に関して日本国及びソヴィエト社会主義共和国連邦が有する利害関係を考慮し,協力の精神をもって,漁業資源の保存及び発展並びに公海における漁猟の規制及び制限のための措置を執るものとする.

9　日本国及びソヴィエト社会主義共和国連邦は,両国間に正常な外交関係が回復された後,平和条約の締結に関する交渉を継続することに同意する.

ソヴィエト社会主義共和国連邦は,日本国の要望にこたえかつ日本国の利益を考慮して,歯舞群島及び色丹島を日本国に引き渡すことに同意する.ただし,これらの諸島は,日本国とソヴィエト社会主義共和国連邦との間の平和条約が締結された後に現実に引き渡されるものとする.

10　この共同宣言は,批准されなければならない.この共同宣言は,批准書の交換の日に効力を生ずる.批准書の交換は,できる限りすみやかに東京で行われなければならない.

122 日中共同声明

日本国政府と中華人民共和国政府の共同声明
〔署名〕1972年9月29日,北京

日本国内閣総理大臣田中角栄は,中華人民共和国国務院総理周恩来の招きにより,1972年9月25日から9月30日まで,中華人民共和国を訪問した.田中総理大臣には大平正芳外務大臣,二階堂進内閣官房長官その他の政府職員が随行した.

毛沢東主席は,9月27日に田中角栄総理大臣と会見した.双方は,真剣かつ友好的な話合いを行った.

田中総理大臣及び大平外務大臣と周恩来総理及び姫鵬飛外交部長は,日中両国間の国交正常化問題をはじめとする両国間の諸問題及び双方が関心を有するその他の諸問題について,終始,友好的な雰囲気のなかで真剣かつ率直に意見を交換し,次の両政府の共同声明を発出することに合意した.

日中両国は,一衣帯水の間にある隣国であり,長い伝統的友好の歴史を有する.両国国民は,両国間にこれまで存在していた不正常な状態に終止符を打つことを切望している.戦争状態の終結と日中国交の正常化という両国国民の願望の実現は,両国関係の歴史に新たな1頁を開くこととなろう.

日本側は,過去において日本国が戦争を通じて中国国民に重大な損害を与えたことについての責任を痛感し,深く反省する.また,日本側は,中華人民共和国政府が提起した「復交三原則」を十分理解する立場に立って国交正常化の実現をはかるという見解を再確認する.中国側は,これを歓迎するものである.

日中両国間には社会制度の相違があるにもかかわらず,両国は,平和友好関係を樹立すべきであり,また,樹立することが可能である.両国間の国交を正常化し,相互に善隣友好関係を発展させることは,両国国民の利益に合致するところであり,また,アジアにおける緊張緩和と世界の平和に貢献するものである.

1　日本国と中華人民共和国との間のこれまでの不正常な状態は,この共同声明が発出される日に終了する.

2　日本国政府は,中華人民共和国政府が中国の唯一の合法政府であることを承認する.

3　中華人民共和国政府は,台湾が中華人民共和国の領土の不可分の一部であることを重ねて表明する.日本国政府は,この中華人民共和国政府の立場を十分理解し,尊重し,ポツダム宣言第8項に基づく立場を堅持する.

4　日本国政府及び中華人民共和国政府は,1972年9月29日から外交関係を樹立することを決定した.両政府は,国際法及び国際慣行に従い,それぞれの首都における他方の大使館の設置及びその任務遂行のために必要なすべての措置をとり,また,できるだけすみやかに大使を交換することを決定した.

5　中華人民共和国政府は,中日両国国民の友好のために,日本国に対する戦争賠償の請求を放棄することを宣言する.

6　日本国政府及び中華人民共和国政府は,主権及び領土保全の相互尊重,相互不可侵,内政に対する相互不干渉,平等及び互恵並びに平和共存の諸原則の基礎の上に両国間の恒久的な平和友好関係を確立することに合意する.

両政府は,右の諸原則及び国際連合憲章の原則に基づき,日本国及び中国が,相互の関係において，すべての紛争を平和的手段により解決し，武力又は武力による威嚇に訴えないことを確認する．

7　日中両国間の国交正常化は，第三国に対するものではない．両国のいずれも，アジア・太平洋地域において覇権を求めるべきではなく，このような覇権を確立しようとする他のいかなる国あるいは国の集団による試みにも反対する．

8　日本国政府及び中華人民共和国政府は，両国間の平和友好関係を強固にし，発展させるため，平和友好条約の締結を目的として，交渉を行うことに合意した．

9　日本国政府及び中華人民共和国政府は，両国間の関係を一層発展させ，人的往来を拡大するため，必要に応じ，また，既存の民間取決めをも考慮しつつ，貿易，海運，航空，漁業等の事項に関する協定の締結を目的として，交渉を行うことに合意した．

123 日中平和友好条約

日本国と中華人民共和国との間の平和友好条約
〔署名〕1978年8月12日，北京
〔効力発生〕1978年10月23日

日本国及び中華人民共和国は，

1972年9月29日に北京で日本国政府及び中華人民共和国政府が共同声明を発出して以来，両国政府及び両国民の間の友好関係が新しい基礎の上に大きな発展を遂げていることを満足の意をもって回顧し，

前記の共同声明が両国間の平和友好関係の基礎となるものであること及び前記の共同声明に示された諸原則が厳格に遵守されるべきことを確認し，

国際連合憲章の原則が十分に尊重されるべきことを確認し，アジア及び世界の平和及び安定に寄与することを希望し，

両国間の平和友好関係を強固にし，発展させるため，

平和友好条約を締結することに決定し，このため，次のとおりそれぞれ全権委員を任命した．

日本国　　　　　外務大臣　園田　直
中華人民共和国　外交部長　黄　　華

これらの全権委員は，互いにその全権委任状を示し，それが良好妥当であると認められた後，次のとおり協定した．

第1条〔平和友好関係の発展〕 1　両締約国は，主権及び領土保全の相互尊重，相互不可侵，内政に対する相互不干渉，平等及び互恵並びに平和共存の諸原則の基礎の上に，両国間の恒久的な平和友好関係を発展させるものとする．

2　両締約国は，前記の諸原則及び国際連合憲章の原則に基づき，相互の関係において，すべての紛争を平和的手段により解決し及び武力又は武力による威嚇に訴えないことを確認する．

第2条〔覇権〕 両締約国は，そのいずれも，アジア・太平洋地域においても又は他のいずれの地域においても覇権を求めるべきではなく，また，このような覇権を確立しようとする他のいかなる国又は国の集団による試みにも反対することを表明する．

第3条〔経済文化関係の発展〕 両締約国は，善隣友好の精神に基づき，かつ，平等及び互恵並びに内政に対する相互不干渉の原則に従い，両国間の経済関係及び文化関係の一層の発展並びに両国民の交流の促進のために努力する．

第4条〔第三国との関係〕 この条約は，第三国との関係に関する各締約国の立場に影響を及ぼすものではない．

第5条〔批准，効力〕 1　この条約は，批准されるものとし，東京で行われる批准書の交換の日に効力を生ずる．この条約は，10年間効力を有するものとし，その後は，2の規定に定めるところによって終了するまで効力を存続する．

2　いずれの一方の締約国も，1年前に他方の締約国に対して文書による予告を与えることにより，最初の10年の期間の満了の際またはその後いつでもこの条約を終了させることができる．

124 日韓基本関係条約（抄）

日本国と大韓民国との間の基本関係に関する条約
〔署名〕1965年6月22日，東京
〔効力発生〕1965年12月18日

日本国及び大韓民国は，

両国民間の関係の歴史的背景と，善隣関係及び主権の相互尊重の原則に基づく両国間の関係の正常化に対する相互の希望とを考慮し，

両国の相互の福祉及び共通の利益の増進のため並びに国際の平和及び安全の維持のために，両国が国際連合憲章の原則に適合して緊密に協力することが重要であることを認め，

1951年9月8日にサン・フランシスコ市で

署名された日本国との平和条約の関係規定及び1948年12月12日に国際連合総会で採択された決議第195号(Ⅲ)を想起し，

この基本関係に関する条約を締結することに決定し，よって，その全権委員として次のとおり任命した．

日本国
日本国外務大臣　椎名悦三郎
　　　　　　　　高杉晋一

大韓民国
大韓民国外務部長官　　李東元
大韓民国特命全権大使　金東祚

これらの全権委員は，互いにその全権委任状を示し，それが良好妥当であると認められた後，次の諸条を協定した．

第1条〔外交及び領事関係〕 両締約国間に外交及び領事関係が開設される．両締約国は，大使の資格を有する外交使節を遅滞なく交換するものとする．また，両締約国は，両国政府により合意される場所に領事館を設置する．

第2条〔旧条約の効力〕 1910年8月22日以前に大日本帝国と大韓帝国との間で締結されたすべての条約及び協定は，もはや無効であることが確認される．

第3条〔韓国政府の地位〕 大韓民国政府は，国際連合総会決議第195号(Ⅲ)に明らかに示されているとおりの朝鮮にある唯一の合法的な政府であることが確認される．

（以下略）

1965年6月22日に東京で，ひとしく正文である日本語，韓国語及び英語により本書2通を作成した．解釈に相違がある場合には，英語の本文による．

125 日韓請求権協定（抄）

財産及び請求権に関する問題の解決並びに経済協力に関する日本国と大韓民国との間の協定
〔署名〕1965年6月22日，東京
〔効力発生〕1965年12月18日

日本国及び大韓民国は，

両国及びその国民の財産並びに両国及びその国民の間の請求権に関する問題を解決することを希望し，

両国間の経済協力を増進することを希望して，

次のとおり協定した．

第1条〔経済協力〕 1　日本国は，大韓民国に対し，

(a) 現在において1080億円（108,000,000,000円）に換算される3億合衆国ドル（300,000,000ドル）に等しい円の価値を有する日本国の生産物及び日本人の役務を，この協定の効力発生の日から10年の期間にわたつて無償で供与するものとする．各年における生産物及び役務の供与は，現在において108億円（10,800,000,000円）に換算される3千万合衆国ドル（30,000,000ドル）に等しい円の額を限度とし，各年における供与がこの額に達しなかったときは，その残額は，次年以降の供与額に加算されるものとする．ただし，各年の供与の限度額は，両締約国政府の合意により増額されることができる．

(b) 現在において720億円(72,000,000,000円)に換算される2億合衆国ドル（200,000,000ドル）に等しい円の額に達するまでの長期低利の貸付けで，大韓民国政府が要請し，かつ，3の規定に基づいて締結される取極に従って決定される事業の実施に必要な日本国の生産物及び日本人の役務の大韓民国による調達に充てられるものをこの協定の効力発生の日から10年の期間にわたって行なうものとする．この貸付けは，日本国の海外経済協力基金により行なわれるものとし，日本国政府は，同基金がこの貸付けを各年において均等に行ないうるために必要とする資金を確保することができるように，必要な措置を執るものとする．

前記の供与及び貸付けは，大韓民国の経済の発展に役立つものでなければならない．

2　両締約国政府は，この条の規定の実施に関する事項について勧告を行なう権限を有する両政府間の協議機関として，両政府の代表者で構成される合同委員会を設置する．

3　両締約国政府は，この条の規定の実施のため，必要な取極を締結するものとする．

第2条〔財産・請求権―問題の解決〕 1　両締約国は，両締約国及びその国民（法人を含む．）の財産，権利及び利益並びに両締約国及びその国民の間の請求権に関する問題が，1951年9月8日にサン・フランシスコ市で署名された日本国との平和条約第4条(a)に規定されたものを含めて，完全かつ最終的に解決されたこととなることを確認する．

2　この条の規定は，次のもの（この協定の署名の日までにそれぞれの締約国が執つた特別の措置の対象となったものを除く．）に影響を及ぼすものではない．

(a) 一方の締約国の国民で1947年8月15日からこの協定の署名の日までの間に他方の

締約国に居住したことがあるものの財産，権利及び利益

(b) 一方の締約国及びその国民の財産，権利及び利益であつて1945年8月15日以後における通常の接触の過程において取得され又は他方の締約国の管轄の下にはいったもの

3　2の規定に従うことを条件として，一方の締約国及びその国民の財産，権利及び利益であってこの協定の署名の日に他方の締約国の管轄の下にあるものに対する措置並びに一方の締約国及びその国民の他方の締約国及びその国民に対するすべての請求権であって同日以前に生じた事由に基づくものに関しては，いかなる主張もすることができないものとする．

(以下略)

1965年6月22日に東京で，ひとしく正文である日本語及び韓国語により本書2通を作成した．

126 在日韓国人法的地位協定(抄)

日本国に居住する大韓民国国民の法的地位及び待遇に関する日本国と大韓民国との間の協定
〔署名〕1965年6月22日，東京
〔効力発生〕1966年1月17日

日本国及び大韓民国は，

多年の間日本国に居住している大韓民国国民が日本国の社会と特別な関係を有するに至っていることを考慮し，

これらの大韓民国国民が日本国の社会秩序の下で安定した生活を営むことができるようにすることが，両国間及び両国民間の友好関係の増進に寄与することを認めて，

次のとおり協定した．

第1条〔協定永住〕 1　日本国政府は，次のいずれかに該当する大韓民国国民が，この協定の実施のため日本国政府の定める手続に従い，この協定の効力発生の日から五年以内に永住許可の申請をしたときは，日本国で永住することを許可する．

(a) 1945年8月15日以前から申請の時まで引き続き日本国に居住している者

(b) (a)に該当する者の直系卑属として1945年8月16日以後この協定の効力発生の日から5年以内に日本国で出生し，その後申請の時まで引き続き日本国に居住している者

2　日本国政府は，1の規定に従い日本国で永住することを許可されている者の子としてこの協定の効力発生の日から5年を経過した後に日本国で出生した大韓民国国民が，この協定の実施のため日本国政府の定める手続に従い，その出生の日から60日以内に永住許可の申請をしたときは，日本国で永住することを許可する．

3　1(b)に該当する者でこの協定の効力発生の日から4年10箇月を経過した後に出生したものの永住許可の申請期限は，1の規定にかかわらず，その出生の日から60日までとする．

4　前記の申請及び許可については，手数料は，徴収されない．

第2条〔協議〕 1　日本国政府は，第1条の規定に従い日本国で永住することを許可されている者の直系卑属として日本国で出生した大韓民国国民の日本国における居住については，大韓民国政府の要請があれば，この協定の効力発生の日から25年を経過するまでは協議を行なうことに同意する．

2　1の協議に当たっては，この協定の基礎となっている精神及び目的が尊重されるものとする．

(以下略)

1965年6月22日に東京で，ひとしく正文である日本語及び韓国語により本書2通を作成した．

日韓覚書 (1991年1月10日)

前　文 (略)

1991年1月9日及び10日の海部俊樹日本国内閣総理大臣の大韓民国訪問の際，日本側は，在日韓国人の有する歴史的経緯及び定住性を考慮し，これらの在日韓国人が日本国でより安定した生活を営むことができるようにすることが重要であるという認識に立ち，かつ，これまでの協議の結果をふまえ，日本国政府として今後本件については下記の方針で対処する旨を表明した．なお，双方は，これをもって法的地位協定第2条1の規定に基づく協議を終了させ，今後は本協議の開始に伴い開催を見合わせていた両国外交当局間の局長レベルの協議を年1回程度を目途に再開し，在日韓国人の法的地位及び待遇について両政府間で協議すべき事項のある場合は，同協議の場で取り上げていくことを確認した．

1　入管法関係の各事項については (略)

2　外国人登録法関係の各事項については (略)

3　教育問題については次の方向で対処する．

(1) 日本社会において韓国語等の民族の伝統及び文化を保持したいとの在日韓国人社会の希望を理解し，現在，地方自治体の判断により学校の課外で行われている韓国語や韓国文化等の学習が今後も支障なく行われるよう日本国政府として配慮する．

(2) 日本人と同様の教育機会を確保するため，保護者に対し就学案内を発給することについて，全国的な指導を行うこととする．

4　公立学校の教員への採用については，その途をひらき，日本人と同じ一般の教員採用試験の受験を認めるよう各都道府県を指導する．この場合において，公務員任用に関する国籍による合理的な差異を踏まえた日本国政府の法的見解を前提としつつ，身分の安定や待遇についても配慮する．

5　地方公務員への採用については，公務員任用に関する国籍による合理的な差異を踏まえた日本国政府の法的見解を前提としつつ，採用機会の拡大が図られるよう地方公共団体を指導していく．

なお，地方自治体選挙権については，大韓民国政府より要望が表明された．

127 日朝平壌宣言

〔署名〕2002年9月17日，平壌

小泉純一郎日本国総理大臣と金正日朝鮮民主主義人民共和国国防委員長は，2002年9月17日，平壌で出会い会談を行った．

両首脳は，日朝間の不幸な過去を清算し，懸案事項を解決し，実りある政治，経済，文化的関係を樹立することが，双方の基本利益に合致するとともに，地域の平和と安定に大きく寄与するものとなるとの共通の認識を確認した．

1．　双方は，この宣言に示された精神及び基本原則に従い，国交正常化を早期に実現させるため，あらゆる努力を傾注することとし，そのために2002年10月中に日朝国交正常化交渉を再開することとした．

双方は，相互の信頼関係に基づき，国交正常化の実現に至る過程においても，日朝間に存在する諸問題に誠意をもって取り組む強い決意を表明した．

2．　日本側は，過去の植民地支配によって，朝鮮の人々に多大の損害と苦痛を与えたという歴史の事実を謙虚に受け止め，痛切な反省と心からのお詫びの気持ちを表明した．

双方は，日本側が朝鮮民主主義人民共和国側に対して，国交正常化の後，双方が適切と考える期間にわたり，無償資金協力，低金利の長期借款供与及び国際機関を通じた人道主義的支援等の経済協力を実施し，また，民間経済活動を支援する見地から国際協力銀行等による融資，信用供与等が実施されることが，この宣言の精神に合致するとの基本認識の下，国交正常化交渉において，経済協力の具体的な規模と内容を誠実に協議することとした．

双方は，国交正常化を実現するにあたっては，1945年8月15日以前に生じた事由に基づく両国及びその国民のすべての財産及び請求権を相互に放棄するとの基本原則に従い，国交正常化交渉においてこれを具体的に協議することとした．

双方は，在日朝鮮人の地位に関する問題及び文化財の問題については，国交正常化交渉において誠実に協議することとした．

3．　双方は，国際法を遵守し，互いの安全を脅かす行動をとらないことを確認した．また，日本国民の生命と安全にかかわる懸案問題については，朝鮮民主主義人民共和国側は，日朝が不正常な関係にある中で生じたこのような遺憾な問題が今後再び生じることがないよう適切な措置をとることを確認した．

4．　双方は，北東アジア地域の平和と安定を維持，強化するため，互いに協力していくことを確認した．

双方は，この地域の関係各国の間に，相互の信頼に基づく協力関係が構築されることの重要性を確認するとともに，この地域の関係国間の関係が正常化されるにつれ，地域の信頼醸成を図るための枠組みを整備していくことが重要であるとの認識を一にした．

双方は，朝鮮半島の核問題の包括的な解決のため，関連するすべての国際的合意を遵守することを確認した．また，双方は，核問題及びミサイル問題を含む安全保障上の諸問題に関し，関係諸国間の対話を促進し，問題解決を図ることの必要性を確認した．

朝鮮民主主義人民共和国側は，この宣言の精神に従い，ミサイル発射のモラトリアムを2003年以降も更に延長していく意向を表明した．

双方は，安全保障にかかわる問題について協議を行っていくこととした．

日本国　　　　　　朝鮮民主主義人民共和国
総理大臣　　　　　国防委員会　委員長

小泉　純一郎　　　金　正日
2002年9月17日　　平壌

128 村山内閣総理大臣談話

「戦後50周年の終戦記念日にあたって」
〔発表〕1995年8月15日

先の大戦が終わりを告げてから，50年の歳月が流れました．今，あらためて，あの戦争によって犠牲となられた内外の多くの人々に思いを馳せるとき，万感胸に迫るものがあります．

敗戦後，日本は，あの焼け野原から，幾多の困難を乗りこえて，今日の平和と繁栄を築いてまいりました．このことは私たちの誇りであり，そのために注がれた国民の皆様1人1人の英知とたゆみない努力に，私は心から敬意の念を表わすものであります．ここに至るまで，米国をはじめ，世界の国々から寄せられた支援と協力に対し，あらためて深甚な謝意を表明いたします．また，アジア太平洋近隣諸国，米国，さらには欧州諸国との間に今日のような友好関係を築き上げるに至ったことを，心から喜びたいと思います．

平和で豊かな日本となった今日，私たちはややもすればこの平和の尊さ，有難さを忘れがちになります．私たちは過去のあやまちを2度と繰り返すことのないよう，戦争の悲惨さを若い世代に語り伝えていかなければなりません．とくに近隣諸国の人々と手を携えて，アジア太平洋地域ひいては世界の平和を確かなものとしていくためには，なによりも，これらの諸国との間に深い理解と信頼にもとづいた関係を培っていくことが不可欠と考えます．政府は，この考えにもとづき，特に近現代における日本と近隣アジア諸国との関係にかかわる歴史研究を支援し，各国との交流の飛躍的な拡大をはかるために，この2つを柱とした平和友好交流事業を展開しております．また，現在取り組んでいる戦後処理問題についても，わが国とこれらの国々との信頼関係を一層強化するため，私は，ひき続き誠実に対応してまいります．

いま，戦後50周年の節目に当たり，われわれが銘記すべきことは，来し方を訪ねて歴史の教訓に学び，未来を望んで，人類社会の平和と繁栄への道を誤らないことであります．

わが国は，遠くない過去の一時期，国策を誤り，戦争への道を歩んで国民を存亡の危機に陥れ，植民地支配と侵略によって，多くの国々，とりわけアジア諸国の人々に対して多大の損害と苦痛を与えました．私は，未来に誤ち無からしめんとするが故に，疑うべくもないこの歴史の事実を謙虚に受け止め，ここにあらためて痛切な反省の意を表し，心からのお詫びの気持ちを表明いたします．また，この歴史がもたらした内外すべての犠牲者に深い哀悼の念を捧げます．

敗戦の日から50周年を迎えた今日，わが国は，深い反省に立ち，独善的なナショナリズムを排し，責任ある国際社会の一員として国際協調を促進し，それを通じて，平和の理念と民主主義とを押し広めていかなければなりません．同時に，わが国は，唯一の被爆国としての体験を踏まえて，核兵器の究極の廃絶を目指し，核不拡散体制の強化など，国際的な軍縮を積極的に推進していくことが肝要であります．これこそ，過去に対するつぐないとなり，犠牲となられた方々の御霊を鎮めるゆえんとなると，私は信じております．

「杖るは信に如くは莫し」と申します．この記念すべき時に当たり，信義を施政の根幹とすることを内外に表明し，私の誓いの言葉といたします．

〈参考〉小泉内閣総理大臣談話
（2005年8月15日）

私は，終戦60年を迎えるに当たり，改めて今私たちが享受している平和と繁栄は，戦争によって心ならずも命を落とされた多くの方々の尊い犠牲の上にあることに思いを致し，2度と我が国が戦争への道を歩んではならないとの決意を新たにするものであります．

先の大戦では，300万余の同胞が，祖国を思い，家族を案じつつ戦場に散り，戦禍に倒れ，あるいは，戦後遠い異郷の地に亡くなられています．

また，我が国は，かつて植民地支配と侵略によって，多くの国々，とりわけアジア諸国の人々に対して多大の損害と苦痛を与えました．こうした歴史の事実を謙虚に受け止め，改めて痛切な反省と心からのお詫びの気持ちを表明するとともに，先の大戦における内外のすべての犠牲者に謹んで哀悼の意を表します．悲惨な戦争の教訓を風化させず，2度と戦火を交えることなく世界の平和と繁栄に貢献していく決意です．

戦後我が国は，国民の不断の努力と多くの国々の支援により廃墟から立ち上がり，サンフランシスコ平和条約を受け入れて国際社会への復帰の第一歩を踏み出しました．いかなる問題も武力によらず平和的に解決するとの立場を貫

a き, ODA や国連平和維持活動などを通じて世界の平和と繁栄のため物的・人的両面から積極的に貢献してまいりました.

我が国の戦後の歴史は, まさに戦争への反省を行動で示した平和の60年であります.

b （以下略）

〈参考〉慰安婦関係調査結果発表に関する河野内閣官房長官談話
c （1993年8月4日）

いわゆる従軍慰安婦問題については, 政府は, 一昨年12月より, 調査を進めて来たが, 今般その結果がまとまったので発表することとした.

d 今次調査の結果, 長期に, かつ広範な地域にわたって慰安所が設置され, 数多くの慰安婦が存在したことが認められた. 慰安所は, 当時の軍当局の要請により設営されたものであり, 慰安所の設置, 管理及び慰安婦の移送については, 旧
e 日本軍が直接あるいは間接にこれに関与した. 慰安婦の募集については, 軍の要請を受けた業者が主としてこれに当たったが, その場合も, 甘言, 強圧による等, 本人たちの意思に反して集められた事例が数多くあり, 更に, 官憲等が直接こ
f れに加担したこともあったことが明らかになった. また, 慰安所における生活は, 強制的な状況の下での痛ましいものであった.

なお, 戦地に移送された慰安婦の出身地については, 日本を別とすれば, 朝鮮半島が大きな比重
g を占めていたが, 当時の朝鮮半島は我が国の統治下にあり, その募集, 移送, 管理等も, 甘言, 強圧による等, 総じて本人たちの意思に反して行われた.

いずれにしても, 本件は, 当時の軍の関与の下に, 多数の女性の名誉と尊厳を深く傷つけた問
h 題である. 政府は, この機会に, 改めて, その出身地のいかんを問わず, いわゆる従軍慰安婦として数多の苦痛を経験され, 心身にわたり癒しがたい傷を負われたすべての方々に対し心からお詫びと反省の気持ちを申し上げる. また, そのよ
i うな気持ちを我が国としてどのように表すかということについては, 有識者のご意見なども徴しつつ, 今後とも真剣に検討すべきものと考える.

われわれはこのような歴史の真実を回避することなく, むしろこれを歴史の教訓として直
j 視していきたい. われわれは, 歴史研究, 歴史教育を通じて, このような問題を永く記憶にとどめ, 同じ過ちを決して繰り返さないという固い決意を改めて表明する.

なお, 本問題については, 本邦において訴訟が
k 提起されており, また, 国際的にも関心が寄せられており, 政府としても, 今後とも, 民間の研究を含め, 十分に関心を払って参りたい.

コラム　アジア女性基金

河野談話を受けて, 翌1994年村山内閣が元従軍慰安婦に対し「心からの深い反省とお詫びの気持ち」を述べる談話を発表, 政府と国民が協力して国民的償いの事業等を行うため, アジア女性基金（正式名称「財団法人 女性のためのアジア平和国民基金」）が1995年に発足した. 政府は必要な協力を行うことを閣議了解し, 基金は国民に対し募金活動を開始, 1996年7月, 国民の募金から元従軍慰安婦1人あたり200万円の「償い金」「総理の手紙」, 政府資金による医療福祉支援事業を総額7億円規模を決定. 同年8月にフィリピンから事業を開始し, 韓国, 台湾, インドネシア, オランダで事業を行い, 2007年3月に解散した（デジタル記念館「慰安婦問題とアジア基金」参照）.

〈参考〉日韓両外相共同記者発表
（2015年12月28日）

1　岸田外務大臣

日韓間の慰安婦問題については, 両国局長協議等において, 集中的に協議を行ってきた. その結果に基づき, 日本政府として, 以下を申し述べる.

(1) 慰安婦問題は, 当時の軍の関与の下に, 多数の女性の名誉と尊厳を深く傷つけた問題であり, かかる観点から, 日本政府は責任を痛感している.

阿部内閣総理大臣は, 日本国の総理大臣として改めて, 慰安婦として数多の苦痛を経験され, 心身にわたり癒しがたい傷を負われた全ての方々に対し, 心からおわびと反省の気持ちを表明する.

(2) 日本政府は, これまでも本問題に真摯に取り組んできたところ, その経験に立って, 今般, 日本政府の予算により, 全ての元慰安婦の方々の心の傷を癒す措置を講じる. 具体的には, 韓国政府が, 元慰安婦の方々の支援を目的として財団を設立し, これに日本政府の予算で資金を一括して拠出し, 日韓両政府が協力し, 全ての元慰安婦の方々の名誉と尊厳の回復, 心の傷の癒しのための事業を行うこととする.

(3) 日本政府は上記を表明するとともに, 上記(2)の措置を着実に実現するとの前提で, 今回の発表により, この問題が最終的かつ不可逆的に解決されることを確認する.

あわせて, 日本政府は, 韓国政府と共に, 今後, 国連等国際社会において, 本問題について互いに非難, 批判することは控える.

2 尹（ユン）外交部長官

韓日間の日本軍慰安婦被害者問題については, これまで, 両国局長協議等において, 集中的に協議を行ってきた. その結果に基づき, 韓国政府として, 以下を申し述べる.

(1) 韓国政府は, 日本政府の表明と今回の発表に至るまでの取組を評価し, 日本政府が上記1, (2)で表明した措置が着実に実施されるとの前提で, 今回の発表により, 日本政府と共に, この問題が最終的かつ不可逆的に解決されることを確認する. 韓国政府は, 日本政府の実施する措置に協力する.

(2)（略）（在韓国日本大使館前の少女像の撤去に関する韓国政府の努力）

(3)（略）（日本側が表明した「あわせて」以 a
下と同内容を韓国側も表明）

コラム　慰安婦財団の設立と解散

2016年7月28日, 前年末の日韓合意に基づき, 韓国に和解・癒し財団が発足. 同8月24 b
日, 日本政府は, 同財団に10億円の拠出を閣議決定し, 送金. 同9月1日, 韓国外交部は受領を確認した.

2017年3月　慰安婦問題解決に関する日韓合意時の朴大統領が弾劾訴追により罷免され, 同5月　同日韓合意の見直しを公約に掲
げた文政権が発足. 同7月には検証作業を開 c
始. 2018年11月　同財団の解散が正式に発表された.

コンパクト学習条約集〔第3版〕

2010(平成 22)年 4 月 1 日　第 1 版第 1 刷発行
2014(平成 26)年 3 月 20 日　第 2 版第 1 刷発行
2016(平成 28)年 9 月 10 日　第 2 版第 2 刷発行
2018(平成 30)年 9 月 5 日　第 2 版第 3 刷発行
2020(令和 2)年 2 月 25 日　第 3 版第 1 刷発行
2021(令和 3)年 1 月 25 日　同電子版発行
2021(令和 3)年 3 月 15 日　第 3 版第 2 刷発行
2021(令和 3)年 9 月 8 日　第 3 版第 3 刷発行
2023(令和 5)年 10 月 20 日　第 3 版第 4 刷発行
5917-9:P536　¥ 1800E-012-015-005

編集代表　芹田健太郎
発行者　今井 貴・稲葉文子
発行所　株式会社 信山社©
〒113-0033 東京都文京区本郷 6-2-9-102
Tel 03-3818-1019　Fax 03-3818-0344
henshu@shinzansha.co.jp
笠間才木支店　〒309-1611 茨城県笠間市笠間 515-3
Tel 0296-71-9081　Fax 0296-71-9082
笠間来栖支店　〒309-1625 茨城県笠間市来栖 2345-1
Tel 0296-71-0215　Fax 0296-72-5410
出版契約 No.2021-5917-9　Printed in Japan

組版・印刷／亜細亜印刷　製本／亜細亜印刷
ISBN978-4-7972-5917-9 C0532　分類 329.100 条約集

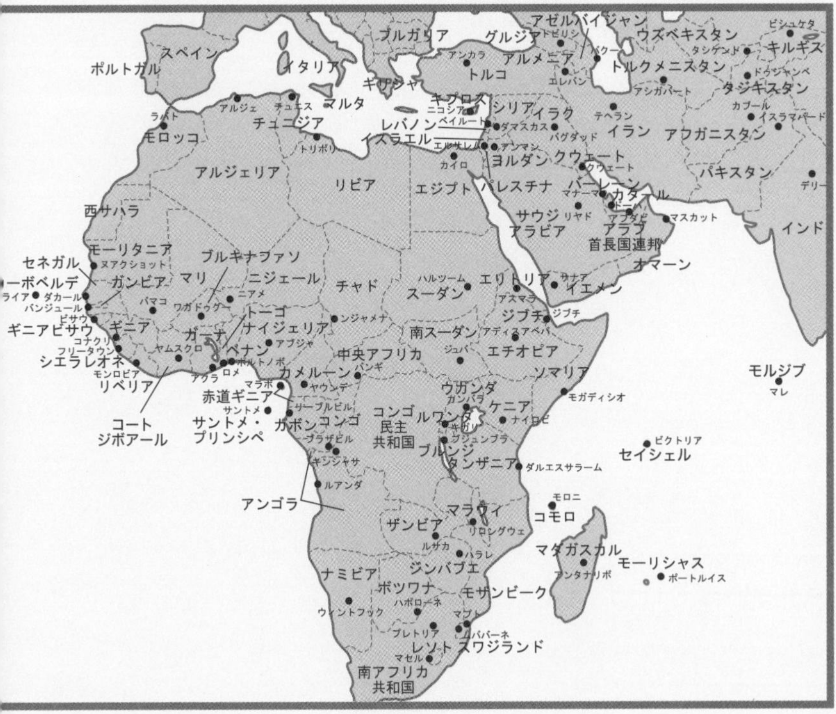
アゼルバイジャン
ブルガリア
グルジア
トビリシ
ビシュケク
ウズベキスタン
キルギス
スペイン
イタリア
アンカラ
アルメニア
バクー
タシケント
ポルトガル
トルコ
トルクメニスタン
ドゥシャンベ
ギリシャ
エレバン
タジキスタン
アシガバート
マルタ
キプロス
カブール
ラバト
アルジェ
チュニス
ニコシア
シリア
イラク
テヘラン
イスラマバード
チュニジア
レバノン
ベイルート
ダマスカス
モロッコ
トリポリ
イスラエル
バグダッド
イラン
アフガニスタン
エルサレム
アンマン
ヨルダン
クウェート
カイロ
アルジェリア
リビア
エジプト
パレスチナ
パキスタン
デリー
マナーマ
バーレーン
カタール
ドーハ
西サハラ
サウジ
アラビア
リヤド
アブダビ
アラブ
首長国連邦
マスカット
インド
モーリタニア
セネガル
ヌアクショット
ブルキナファソ
オマーン
カーボベルデ
ガンビア
マリ
ニジェール
チャド
ハルツーム
スーダン
エリトリア
サナア
イエメン
プライア
ダカール
バマコ
ニアメ
アスマラ
バンジュール
ワガドゥグー
トーゴ
ジブチ
ビサウ
ンジャメナ
ギニアビサウ
ギニア
ナイジェリア
南スーダン
アディスアベバ
コナクリ
ガーナ
アブジャ
フリータウン
ヤムスクロ
ベナン
ポルトノボ
中央アフリカ
エチオピア
シエラレオネ
ジュバ
モンロビア
ロメ
バンギ
モルジブ
アクラ
リベリア
マラボ
カメルーン
ソマリア
ヤウンデ
ウガンダ
マレ
赤道ギニア
カンパラ
モガディシオ
サントメ
リーブルビル
コンゴ
ケニア
コート
ジボアール
サントメ・
プリンシペ
ガボン
コンゴ
民主
共和国
ルワンダ
キガリ
ナイロビ
ブラザビル
ブジュンブラ
ビクトリア
ブルンジ
セイシェル
キンシャサ
タンザニア
ダルエスサラーム
ルアンダ
アンゴラ
モロニ
マラウイ
コモロ
ザンビア
リロングウェ
ルサカ
マダガスカル
ハラレ
ジンバブエ
モーリシャス
ナミビア
アンタナナリボ
ポートルイス
ボツワナ
モザンビーク
ウィントフック
ハボローネ
マプト
プレトリア
ムババーネ
レソト
スワジランド
マセル
南アフリカ
共和国

B

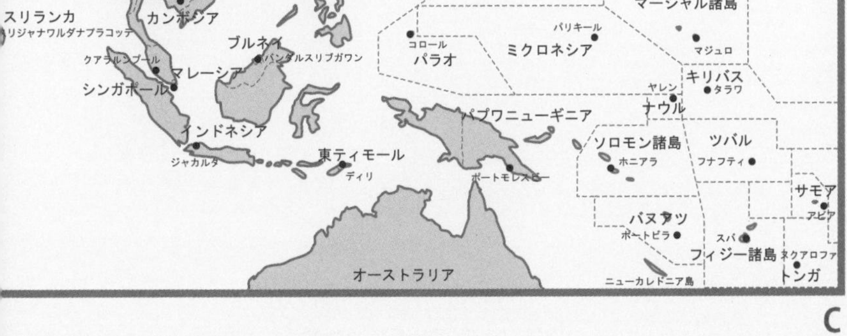
ネパール
ブータン
ティンプー
中華人民共和国
カトマンズ
沖縄島
硫黄島
バングラデシュ
与那国島
南鳥島
インド
ダッカ
ハノイ
沖ノ鳥島
ミャンマー
台湾
ラオス
北マリアナ諸島
ヤンゴン
ビエンチャン
タイ
ベトナム
マニラ
フィリピン
バンコク
プノンペン
グアム
スリランカ
マーシャル諸島
カンボジア
スリジャヤワルダナプラコッテ
パリキール
ブルネイ
コロール
マジュロ
ミクロネシア
クアラルンプール
バンダルスリブガワン
パラオ
マレーシア
キリバス
シンガポール
ヤレン
タラワ
ナウル
パプワニューギニア
インドネシア
ソロモン諸島
ツバル
ジャカルタ
東ティモール
ホニアラ
フナフティ
ディリ
ポートモレスビー
サモア
アピア
バヌアツ
ポートビラ
スバ
フィジー諸島
ヌクアロファ
オーストラリア
トンガ
ニューカレドニア島

C

世界の国々

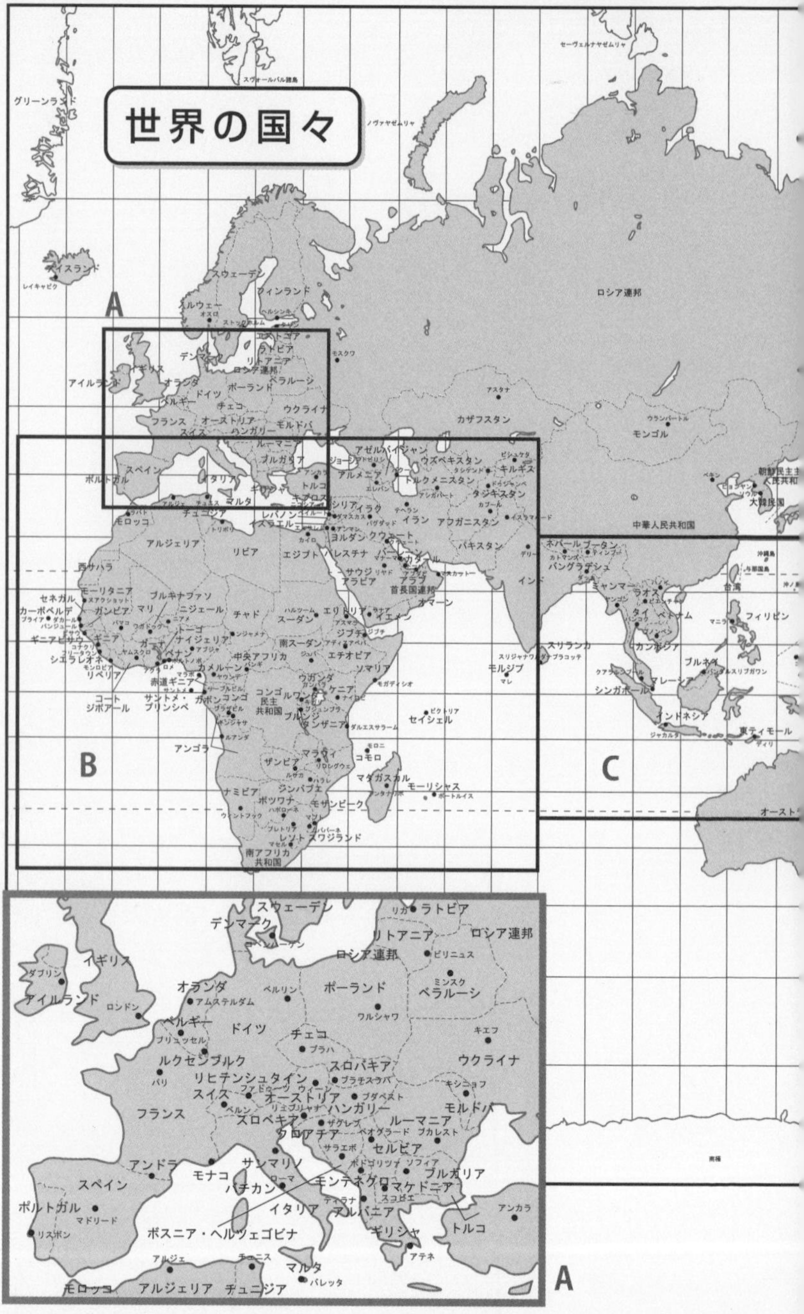

グリーンランド
スヴァールバル諸島
セーヴェルナヤゼムリャ
ノヴァヤゼムリャ
アイスランド
レイキャビク
A
スウェーデン
フィンランド
ノルウェー
オスロ
ヘルシンキ
ストックホルム
ロシア連邦
エストニア
ラトビア
デンマーク
リトアニア
モスクワ
イギリス
アイルランド
オランダ
ベラルーシ
ドイツ
ポーランド
ベルギー
チェコ
ウクライナ
フランス
オーストリア
スイス
ハンガリー
モルドバ
ルーマニア
アスタナ
カザフスタン
ウランバートル
モンゴル
アゼルバイジャン
ウズベキスタン
キルギス
ブルガリア
スペイン
ポルトガル
イタリア
ギリシャ
トルコ
アルメニア
トルクメニスタン
タジキスタン
朝鮮民主主義人民共和国
大韓民国
マルタ
キプロス
シリア
イラク
イラン
アフガニスタン
チュニジア
モロッコ
レバノン
イスラエル
ヨルダン
クウェート
パキスタン
中華人民共和国
ネパール
ブータン
バングラデシュ
沖縄島
アルジェリア
リビア
エジプト
パレスチナ
カタール
西サハラ
サウジアラビア
アラブ首長国連邦
インド
台湾
モーリタニア
セネガル
カーボベルデ
ガンビア
マリ
ブルキナファソ
ニジェール
チャド
スーダン
エリトリア
イエメン
オマーン
ミャンマー
ラオス
タイ
ベトナム
フィリピン
ギニアビサウ
ギニア
シエラレオネ
リベリア
ガーナ
トーゴ
ベナン
ナイジェリア
ジブチ
南スーダン
中央アフリカ
エチオピア
カンボジア
スリランカ
ブルネイ
カメルーン
赤道ギニア
ウガンダ
ソマリア
モルジブ
マレーシア
シンガポール
コートジボアール
サントメ・プリンシペ
ガボン
コンゴ
コンゴ民主共和国
ルワンダ
ケニア
ブルンジ
タンザニア
セイシェル
インドネシア
東ティモール
アンゴラ
B
マラウイ
コモロ
ザンビア
マダガスカル
C
ナミビア
ジンバブエ
モーリシャス
ボツワナ
モザンビーク
レソト
スワジランド
南アフリカ共和国
オーストラリア
南極
スウェーデン
ラトビア
デンマーク
リトアニア
ロシア連邦
ロシア連邦
ビリニュス
イギリス
ダブリン
アイルランド
ロンドン
オランダ
アムステルダム
ベルリン
ポーランド
ミンスク
ベラルーシ
ワルシャワ
ベルギー
ブリュッセル
ドイツ
チェコ
プラハ
キエフ
ルクセンブルク
スロバキア
ウクライナ
パリ
リヒテンシュタイン
ブラチスラバ
キシニョフ
スイス
オーストリア
ブダペスト
モルドバ
ベルン
ウィーン
フランス
スロベニア
ハンガリー
ルーマニア
クロアチア
ザグレブ
ベオグラード
ブカレスト
サラエボ
セルビア
アンドラ
サンマリノ
ソフィア
モナコ
ブルガリア
スペイン
バチカン
ローマ
モンテネグロ
マケドニア
スコピエ
ポルトガル
マドリード
イタリア
アルバニア
ティラナ
アンカラ
リスボン
ボスニア・ヘルツェゴビナ
ギリシャ
トルコ
アテネ
アルジェ
チュニス
マルタ
バレッタ
モロッコ
アルジェリア
チュニジア
A